LA CAISSE DES DÉPÔTS ET CONSIGNATIONS

Logiques Juridiques

Collection dirigée par Gérard Marcou

Le droit n'est pas seulement un savoir, il est d'abord un ensemble de rapports et pratiques que l'on rencontre dans presque toutes les formes de sociétés. C'est pourquoi il a toujours donné lieu à la fois à une littérature de juristes professionnels, produisant le savoir juridique, et à une littérature sur le droit, produite par des philosophes, des sociologues ou des économistes notamment.

Parce que le domaine du droit s'étend sans cesse et rend de plus en plus souvent nécessaire le recours au savoir juridique spécialisé, même dans des matières où il n'avait jadis qu'une importance secondaire, les ouvrages juridiques à caractère professionnel ou pédagogique dominent l'édition, et ils tendent à réduire la recherche en droit à sa seule dimension positive. A l'inverse de cette tendance, la collection *Logiques juridiques* des Éditions L'Harmattan est ouverte à toutes les approches du droit. Tout en publiant aussi des ouvrages à vocation professionnelle ou pédagogique, elle se fixe avant tout pour but de contribuer à la publication et à la diffusion des recherches en droit, ainsi qu'au dialogue scientifique sur le droit. Comme son nom l'indique, elle se veut plurielle.

Déjà parus

ROSIER Guy, *L'enracinement créole*, 2006.
DESMONS É. (sous la dir.), *Figures de la citoyenneté*, 2006.
MACERA B.-F. et FERNANDEZ GARCIA Y., *La responsabilité administrative dans le contentieux de l'urbanisme*, 2006.
NGO Mai-Anh, *La qualité et la sécurité des produits agro-alimentaires*, 2006.
GUILLARD David, *Les armes de guerre et l'environnement naturel. Essai d'étude juridique*, 2006.
BOEGLIN Jean-Georges, *Etats et religions en Europe* (2 tomes), 2006.
KASSIS Antoine, *L'autonomie de l'arbitrage commercial international*, 2006.
F. MICHAUT (sous la coord.), *Ecrire l'histoire du droit*, 2006.
Y. LUCHAIRE (sous la dir.), *Collectivités territoriales et gouvernance contractuelle*, 2006.
C. MEIMON-NISENBAUM et E. GRONDARD, *Guide de l'indemnisation : juridique-médical-social*, 2006.
Monnier Sophie, *Les conflits d'éthique et de droit* , 2005.
G. LABRECQUE , *Les différends territoriaux en Afrique*, 2005.
ROMANET DE VALICOURT Éliane, *L'erreur judiciaire*, 2005.

Jean-François Boudet

LA CAISSE DES DÉPÔTS ET CONSIGNATIONS

Histoire, statut, fonction

Contribution à l'étude de ses fondements juridiques

Préface de Luc Saïdj

Professeur de Droit public
à l'université Jean Moulin Lyon III

L'Harmattan
5-7, rue de l'École-Polytechnique ; 75005 Paris
FRANCE

L'Harmattan Hongrie
Könyvesbolt
Kossuth L. u. 14-16
1053 Budapest

Espace L'Harmattan Kinshasa
Fac..des Sc. Sociales, Pol. et Adm. ;
BP243, KIN XI
Université de Kinshasa – RDC

L'Harmattan Italia
Via Degli Artisti, 15
10124 Torino
ITALIE

L'Harmattan Burkina Faso
1200 logements villa 96
12B2260
Ouagadougou 12

http://www.librairieharmattan.com
diffusion.harmattan@wanadoo.fr
harmattan1@wanadoo.fr

ISBN : 2-296-00762-7
EAN : 9782296007628

« Je ne démens aucun conte, je travaille, je m'en remets au temps et à la bonne foi publique pour me découvrir ».

ZOLA (E.), *L'Assommoir*,
Folio classique, n°3303,
éd. d'H. Mitterand, 2001, p.18 :
Préface du 1er janvier 1877

« La perfection est fille de l'expérience et du temps »,

Rapport blanc, 1816, p.36

« On voit naître des institutions dont la structure est un défi aux constructions juridiques contemporaines. Si elles durent, il faut bien que la doctrine révise ses idées générales et intègre l'existence de ces monstres dans une nouvelle explication de l'ordre social ».

CHENOT (B.), *Organisation économique de l'Etat*, Paris,
Dalloz, 2ème éd., 1965, p.101

SOMMAIRE

PRINCIPALES ABREVIATIONS

ACFCI, Assemblée des chambres françaises de commerce et d'industrie
ACOSS, Agence centrale des organismes de Sécurité sociale
ADEME, Agence de l'environnement et de la maîtrise de l'énergie
ADF, Autoroutes de France
AEF, Association d'économie financière
AFB, Association française des banques
AFD, Agence française de développement
AFEP, Association française des entreprises privées
AFSSA, Agence française de sécurité sanitaire et des aliments
AGIRC, Association générale des institutions de retraites des cadres
AJDA, Actualité juridique, droit administratif
AMF, Association des maires de France
ANDRA, Agence nationale pour la gestion des déchets radioactifs
ANRT, Association nationale de la recherche technique
ANVAR, Agence nationale de valorisation de la recherche
APCCI, Assemblée permanente des Chambre de commerce et d'industrie
ASF, Société des autoroutes du Sud de la France
BO, Bulletin officiel du Royaume du Maroc
BAN, Bulletin de l'Assemblée nationale
BDPME, Banque du développement des PME
BEI, Banque européenne d'investissement
BETAM, Bureau des techniques d'actuariat et de management de la CDC
BETURE, Société d'études et de réalisations d'infrastructures urbaines et d'équipements
BJCP, Bulletin juridiques des contrats publics
BOEN, Bulletin officiel de l'Education nationale
BOSP, Bulletin officiel des services des prix (Bulletin officiel de la concurrence, de la consommation et de la répression des fraudes)
BS, Bulletin du Sénat
C. Cass., Cour de Cassation
C3D, Caisse des dépôts – développement
CA, Cour d'appel
CAA, Cour administrative d'appel
CADA, Commission d'accès aux documents administratifs
CAECL, Caisse d'aide à l'équipement des collectivités locales
CC, Conseil constitutionnel
Cco, Cour des comptes
CDC, Caisse des dépôts et consignations
CE, Conseil d'Etat
CENCEP, Centre national des Caisses d'épargnes
CEP, Caisses d'épargnes et de prévoyance
CEPME, Crédit d'équipement des PME
CES, Conseil économique et social
CFF, Crédit Foncier de France

CFP, Cahiers de la Fonction publique
CGLS, Caisse de garantie du logement social
Ch. Mixte, Chambre mixte
CHEFF, Comité pour l'Histoire économique et financière de la France
Chr., Chronique
CIADT, Conseil interministériel à l'aménagement et au développement du territoire
CISI, Conseil interministériel de la société de l'information
Civ., Chambre civile
CJEG, Cahiers juridiques de l'électricité et du gaz
CLF, Crédit local de France
Cls, Conclusions
CMPC, Comité mixte paritaire central
CNA, Caisse nationale des autoroutes
CNCA, Caisse nationale de crédit agricole
CNE, Caisse nationale d'épargne
CNP, Caisse nationale de prévoyance
CNRACL, Caisse nationale de retraites des agents des collectivités locales
COB, Commission des opérations de bourse
CODEVI, Compte pour le développement industriel
Com., Chambre commerciale
Crim., Chambre criminelle
CSSF, Commission de Surveillance du Secteur financier du Grand Duché du Luxembourg
CVCEP, Commission de vérification des comptes des entreprises publiques
D., Recueil Dalloz Sirey
DA, Revue Droit administratif
DATAR, Délégation à l'aménagement du territoire et à l'action régionale
DCRA, Droits des citoyens dans leurs relations avec les administrations
DDOEF, Loi portant diverses dispositions d'ordre économique et financier
DDOSEC, Loi portant diverses dispositions d'ordre social, éducatif et culturel
DIAN, Documents d'information de l'Assemblée nationale
DMOST, Diverses mesures d'ordre sanitaire, social et statutaire
DS, revue Droit social
DSFC, Direction de la stratégie, des finances, du contrôle de gestion et de la comptabilité
DVNI, Direction des vérifications nationales et internationales
EHESS, Ecole des hautes études en sciences sociales
Europe, Revue Europe
FBF, Fédération bancaire française
FNSP, Fondation Nationale des Sciences politiques
FREL, Fonds de réserve de l'épargne-logement
FRFL, Fonds de réserve du financement du logement
FRGCE, Fonds de réserve et de garantie des Caisses d'épargnes
FRGCNE, Fonds de réserve et de garantie de la Caisse nationale d'épargne
FRLEP, Fonds de réserve du livret d'épargne populaire
GACE, Grands avis du Conseil d'Etat
GAJA, Grands arrêts de la Jurisprudence administrative (12ème éd.)
GAJF, Grands arrêts de la Jurisprudence financière
Gaz. Pal., Gazette du Palais
GDCC, Grandes décisions du Conseil constitutionnel (14ème éd.)

GERAP, Groupe d'études et de recherches en administration publique, Université de Lille II « Droit et Santé »
GERFIP, Groupement européen de recherches en finances publiques
GIAT, Groupement industriels des armements terrestres
GRALE, Groupement de recherches sur l'administration locale en Europe
GREEF, Groupe de recherches et d'études sur l'éthique financière, Université de Lille II « Droit et Santé »
HLM, Habitations à loyers modérés
IGF, Inspection générale des finances
Institut CDC pour la recherche, Institut CDC pour la Recherche Scientifique, Economique, Financière et Sociale
IR, Informations rapides
IREPP, Institut de recherche, d'études et de prospective postale
JO, AN, Journal officiel. Débats parlementaires. Assemblée nationale
JO, S, Journal officiel, Débats parlementaires, Sénat
JOCE, Journal officiel des Communautés européennes
JORF, Journal officiel de la République française. Lois et Décrets
Jur., Jurisprudence
LDPA, Lettre du Droit public des affaires
LEP, Livret d'épargne populaire
LPA, Les Petites Affiches
MEDEF, Mouvement des Entreprises de France
MTH, Mission des Travaux historiques de la Caisse des dépôts et consignations
NED, Notes et études documentaires
NRE, Loi sur les nouvelles régulations économiques
Obs., Observations
OPCVM, Organisme de placement collectif en valeurs mobilières
PEA, Plan d'épargne en actions
PEL, Plan épargne logement
PEP, Plan épargne populaire
PLI, Prêt locatif intermédiaire
PPU, Prêt projets urbains
Préf., Préface
PRU, Programme renouvellement urbain
RA, Revue administrative
RD Bancaire et Financier, Revue de droit bancaire et financier
RDAI, Revue de droit des affaires internationales (International Business Law Journal)
RDCC, Recueil des décisions du Conseil constitutionnel
RDP, Revue du droit public et de la science politique
RDUE, Revue du Droit de l'Union européenne
Rec., Recueil
REF, Revue d'économie financière
Req., Requête
Rev. Hist. Fac. Droit et Sc. juridique, Revue d'histoire des Facultés de Droit et de la science juridique
RFAP, Revue française d'administration publique
RFDA, Revue française de Droit administratif
RFDC, Revue française de Droit constitutionnel
RFFP, Revue française de finances publiques

RFSP, Revue française de sciences politiques
RIDA, Revue internationale du droit de l'Antiquité
RIDE, Revue internationale de droit économique
RIDP, Revue internationale de droit comparé
RJF, Revue de jurisprudence fiscale
RJS, Revue de jurisprudence sociale
RMCUE, Revue du Marché commun et de l'Union européenne
RMUE, Revue du Marché unique européen
RPP, Revue politique et parlementaire
RRJ, Revue de la recherche juridique Droit prospectif
RSF, Revue de Science financière
RSLF, Revue de Science et de Législation financière
RT, Revue du Trésor
RTDC, Revue trimestrielle de Droit commercial
SCDC, GIE « Groupement des sociétés constitué sous l'égide de la CDC »
SCET, Société centrale pour l'équipement du territoire
SCIC, Société centrale immobilière de la Caisse des dépôts
SJF, Direction juridique et fiscale de la Caisse des dépôts et consignations
Soc., Chambre sociale
SOFARIS, Société française de garantie des financements des petites et moyennes entreprises
Somm., Sommaire
TA, Tribunal administratif
TC, Tribunal des conflits
TGI, Tribunal de Grande instance
V., Voir

AVANT PROPOS

Le présent ouvrage est le résultat d'une thèse pour le doctorat en droit de l'Université de Lille II, soutenue le 7 juillet 2004.

Le jury, présidé par M. Luc SAÏDJ, Professeur à l'Université de Lyon III, Doyen de la Faculté de Droit de Lyon III, était composé de M. Jean-Pierre BALLIGAND, Député de l'Aisne, membre de la Commission de surveillance de la Caisse des dépôts et consignations, ancien Président de la Commission de surveillance de la Caisse des dépôts et consignations, de M. Jacques BUISSON, Professeur à l'Université de Paris V (Rapporteur), de M. Vincent CATTOIR-JONVILLE, Professeur à l'Université de Lille II (Directeur de recherche), de M. Etienne DOUAT, Professeur à l'Université de Montpellier I, Doyen honoraire de la Faculté de Droit de Rennes I (Rapporteur) et de M. Xavier VANDENDRIESSCHE, Professeur à l'Université de Lille II, Premier vice-président de l'Université de Lille II.

AVERTISSEMENT

Cette recherche a fait l'objet d'un financement du ministère de la Recherche (sous la forme d'une bourse CIFRE) associant le Groupe CDC (par le biais de sa filiale CD-Consultants) et l'Université de Lille II (par le biais du GERAP-GREEF).

Dans ce cadre, l'auteur de la présente thèse, en accord avec son directeur de recherche, a souhaité privilégier l'étude des sources internes au groupe CDC : travaux écrits, témoignages et entretiens.

Le déséquilibre des parties s'explique essentiellement par ce choix et par l'accès à une documentation interne parfois partielle ou incomplète, et difficilement exploitable par l'auteur de ce travail.

Les institutions qui ont participé à son financement n'entendent donner ni approbation ni improbation aux opinions émises par l'auteur de cette recherche. Celles-ci doivent être considérées comme étant propres à ce dernier.

REMERCIEMENTS

Je tiens très sincèrement à remercier tous ceux qui m'ont soutenu dans cette belle aventure de thèse.

J'exprime tout d'abord ma gratitude à toutes celles et tous ceux qui, à la Caisse des dépôts et consignations, m'ont soutenu de manière formelle ou informelle dans ce travail. Je remercie tout spécialement le personnel du Service juridique et fiscal, du Service des Archives ou de la Direction des fonds d'épargnes. Bien que leurs fonctions ne me permettent pas de les citer, ils se reconnaîtront.

Je remercie aussi toutes celles et tous ceux qui ont bien voulu donner de leur précieux temps pour un soutien, une relecture, une discussion ou une entrevue par le biais de questionnaires.

Je pense plus particulièrement à MM. LION et LEBEGUE, respectivement Directeur général de la CDC de 1982 à 1992 et Directeur général de la CDC de 1997 à 2002, ainsi que Mesdames et Messieurs les membres des corps constitués, administratifs ou juridictionnels, qui ont bien voulu me recevoir.

A cet égard, je pense plus spécialement à MM. les Conseillers d'Etat BRESSON et BONICHOT, MM. les Conseillers-Maîtres CIEUTAT, ADHEMAR et DRIOL.

Je remercie également les Présidents de la Commission de surveillance de la Caisse des dépôts et consignations, leurs directeurs de cabinets, ainsi que les agents des directions du Trésor et de la comptabilité publique du ministre des Finances, qui ont bien voulu m'accorder un entretien.

Je pense encore aux personnels des services de documentation de la Caisse des dépôts et consignations, du Sénat et de l'Assemblée nationale, de la Mairie de Paris, des Bibliothèques Cujas et des Sciences politiques de Paris, de la Bibliothèque centrale de l'Université catholique de Lille, de la Cour des comptes et du Conseil d'Etat, de la Banque de France et de la Chambre de commerce et d'industrie de Paris.

Cette thèse n'aurait pas pu voir le jour sans les conseils, la patience et l'amitié du Professeur Vincent CATTOIR-JONVILLE, Directeur de thèse, qui m'a accompagné dans mon cheminement intellectuel et juridique de la première année de DEUG de Droit jusqu'à ce travail de doctorat. Qu'il trouve ici l'expression de toute ma gratitude et de ma plus haute estime.

En outre, ce travail de recherche n'aurait pas pu avoir lieu sans les contacts du corps professoral, qui, de façon directe ou indirecte, m'ont soutenu, tout particulièrement, Mesdames les Professeurs Christine BRECHON-MOULENES et Delphine COSTA, Messieurs les Doyens Michel LASCOMBE et Luc SAÏDJ ainsi que Messieurs les Professeurs Jacques BUISSON, David CAPITANT et Xavier VANDENDRIESSCHE.

Cette thèse est enfin le fruit d'amitiés, de rencontres et de soutiens plus ponctuels.

Je pense ici à ma famille, mes parents, Delphine et Flore, Nicole et Norbert, Anne et Dominique, Juliette et Nicolas.

A Maria, Anne-Laure et Gérald, Jean-Pierre, Stéphane, François, Christine et Hervé, Emilie et Charlie, Luc, Isabelle et Cédric, Emmanuel et Céline, Magalie, Jean-François, Olivier, Frank, Hélène et Paul-Henri, Séverine, Lucie, Céline et Thibault, Caroline, Valérie et Paul, et tant d'autres, absents et présents, que je ne peux citer.

Je tiens à remercier plus particulièrement Anne-Laure et Maria pour la relecture fastidieuse de ce travail ainsi que Frank Zerdoumi pour son douloureux travail de dernière lecture et de mise en page.

Je pense enfin à mes amis de Maredsous qui ont bien voulu m'accueillir dans leurs murs les derniers mois et qui m'ont porté tout au long de la rédaction de ce travail de recherche et d'étude.

PREFACE

L'étude des institutions financières n'est pas, et n'a que rarement été, à la mode, notamment dans les travaux de recherche universitaire, la plupart du temps empreints du dogme de la synthèse et d'un certain mépris corrélatif pour les recherches monographiques. Il s'agit probablement d'une erreur, en tout cas au sujet d'une institution telle que la Caisse des dépôts et consignations. Ce travers avait, en effet, conduit à ce que l'histoire, l'organisation et le fonctionnement d'un élément aussi essentiel du système politico-administratif et financier français ne soit présenté que de façon partielle, superficielle ou téléologique – pour tout dire : non universitaire – par les écrits sur ce sujet.

L'ouvrage de M. Jean-François Boudet rompt avec cette tradition et comble une lacune de la littérature en ce domaine. L'auteur y décrit l'origine, l'évolution et les rouages de l'institution avec, à la fois, un souci d'exhaustivité et d'impartialité remarquable et des résultats scientifiques d'autant plus louables que la tâche n'était pas chose facile, car l'histoire et le fonctionnement de la Caisse ne semblent pas avoir été marqués par une préoccupation première de transparence ; discrétion au demeurant compréhensible, au moins à certains égards, dès lors que la Caisse passait, au fil des décennies, d'un statut d'indépendance officiellement placé dès 1816 sous le sceau de la surveillance parlementaire, à un rôle effectif d'« allié du Trésor », mis, comme l'indique pudiquement l'auteur, dans une position d'« interdépendance » vis-à-vis du ministère des Finances et qu'il était donc difficile d'afficher contra legem.

On comprend aussi mieux pourquoi et comment l'institution de la rue de Lille, débordant ses attributions initiales de caissier des dépôts légaux et consignations puis, étape décisive, de bénéficiaire de l'essentiel des fonds des Caisses d'épargnes, a suivi l'extension de l'interventionnisme public jusque dans ses aspects les plus discutés, ce qui ne pouvait, en conséquence, manquer d'exposer la Caisse aux remises en cause de cet interventionnisme et d'entraîner, pour elle, les réajustements dont elle a fait l'objet au cours de la dernière décennie.

Car l'ouvrage de M. Boudet amène, au-delà de l'étude d'une institution, à une nécessaire et stimulante réflexion sur l'évolution du rôle de la puissance publique, sur les modalités d'intervention – ou de non-intervention – de l'Etat, ainsi que sur les perspectives qui s'ouvrent en ce domaine au début du XXI° siècle... Réflexion qui appelle, au surplus, les juristes, comme tous les responsables politiques, à se pencher, comme les y invite l'auteur, sur des notions aussi essentielles, mais trop souvent oubliées, que celles de « foi publique » ou de « crédit public », dont le mépris, l'histoire le montre, n'a jamais été de bon augure.

Autant de raisons pour remercier, à la fois, l'auteur pour ce travail de connaissance et de réflexion, et les éditions L'Harmattan, qui permettent, fort opportunément, que l'ouvrage soit connu du plus grand nombre.

Luc SAÏDJ
Professeur de Droit public à l'Université Jean Moulin Lyon III

INTRODUCTION

La Foi publique : fondement de la Caisse des dépôts et consignations

« Etablissement spécial », « Etablissement financier », « organisme public », « organisme soumis par son statut au contrôle du Parlement », « établissement public », « établissement public administratif », « établissement public industriel et commercial », « groupe public », « catégorie d'établissement public », « instrument de l'Etat »..., le « mystérieux établissement »[1] de la rue de Lille, suscite intérêt et méfiance[2].

Son bilan consolidé affiche, après intégration d'EULIA[3], en 2002 le chiffre de 328 milliards d'€, hors encours des fonds d'épargne (faisant l'objet d'un bilan séparé de 200 milliards d'€)[4], tandis que certains se demandent traditionnellement si la Caisse des dépôts et consignations n'est pas « l'autre cagnotte de l'Etat »[5] destinée à être démantelée[6], un « Trésor public bis »[7].

Institution du XIXe siècle créée par la loi sur les finances du 28 avril 1816, la « vieille Dame »[8] prend naissance sous la Restauration.

Après deux défaites militaires en 1814 et le traité rigoureux du 20 novembre 1815[9], le gouvernement doit liquider au plus vite les arriérés des dettes dont l'Empire a légué le fardeau à la France[10]. Pour payer les contributions de guerre et pour satisfaire aux besoins des créanciers de l'Etat, les impôts et taxes ne suffisent plus à procurer les

---

[1]JOSEPH-BARTHELEMY, *La caisse des dépôts et consignations. Son rôle au point de vue financier, économique et social*, RPP, 1931, p. 185 ; et plus généralement, (X.), *En ce temps là. Dans le Larousse du XIXe*, CDscope n°44, mai 1986, p. 29 ; M. (J.-M.), *Premiers pas dans l'Encyclopaedia*, CDscope n°95, mai 1991, p. 18.

[2]Cette remarque s'applique aussi aux homologues étrangers de la Caisse des dépôts et consignations française : JACOT (M.), *La Caisse des dépôts a une petite cousine au Québec*, Le Monde, 3 novembre 1989.

[3]La Compagnie financière EULIA regroupe depuis juillet 2001 les activités financières jugées « concurrentielles » de la Caisse des dépôts et consignations et celles correspondantes de la Caisse nationale des Caisse d'épargne. Ces dernières procèderont à une augmentation de capital d'Eulia en juin 2004 au détriment de la CDC. EULIA est le troisième acteur financier français par ses fonds propres, la diversité de ses clientèles et l'envergure de ses métiers.

[4]Le Directeur général de la Caisse des dépôts et consignations a présenté dernièrement les résultats du Groupe Caisse des dépôts pour 2003 : il a enregistré un résultat net consolidé part du groupe de 1581 milliards d'Euros, à comparer au résultat de 710 milliards d'Euros en 2002 (soit une hausse de 123%). Cette évolution était en partie liée à la dégradation des marchés qui avait affecté négativement les résultats de 2002 (dotations aux provisions exceptionnelles sur le portefeuille d'investissement à long terme en actions notamment). V. (X.), *Un résultat net consolidé en forte diminution*, CDscope n°229, avril-mai 2003, p. 7. Corrigé de ces facteurs, le résultat net du Groupe en 2003 s'inscrit en progression de près de 25% par rapport à 2002. La contribution de l'Etablissement Caisse des dépôts et consignations au résultat net consolidé part du groupe en 2003 est de 759 milliards d'Euros (48% du résultat net consolidé part du groupe). V. également en annexe les chiffres-clefs de l'activité CDC.

[5]MARCHAL (G.), *La CDC apportera au budget 2001 20 milliards de francs*, L'Agefi, 17 novembre 2000.

[6]Déclaration de politique générale du 8 avril 1993 de M. BALLADUR, Premier ministre, dont on retrouve un écho dans le programme électoral du parti *« Démocratie Libérale »* V. TABARD (G.), *« DL propose dix « grands choix » à la France »*, Le Figaro, 6 février 2002 ; CONESA (E.), *Les syndicats de la CDC craignent le démantèlement de la Caisse*, La Tribune, 27 décembre 2002 ou CORI (N.), *La Caisse des dépôts objet des désirs*, Libération, 29 novembre 2002. V. aussi BALLIGAND (J.-P.), question n°270 adressée à M. le ministre de l'Economie, *Caisse des dépôts et consignations*, JORF, 18 décembre 2002, p. 6823.

[7]SAIDJ. (L.), *Finances publiques*, Paris, Dalloz, coll. Cours, 4ème éd., 2003, p. 26.

[8]Sobriquet de la Caisse des dépôts et consignations, dont le siège historique se situe au 56 rue de Lille à Paris. Elle a acquis une bonne partie de la rue de Lille, à tel point que les agents de la Caisse qualifient ce lieu de *« l'archipel CDC »*.

[9]Ce traité prévoit que la France doit payer une lourde indemnité de guerre (700 millions de francs de l'époque) et doit supporter pendant cinq années non seulement l'occupation d'une armée sur ses frontières Nord et Nord-est, mais aussi son entretien.

[10]MALLEZ (P.), *La restauration des finances françaises après 1814*, Dalloz, 1927, p. 91.

ressources nécessaires et le gouvernement se voit dans l'obligation de recourir à l'emprunt[11]. C'est pourquoi, la première urgence reste la réhabilitation du crédit ruiné par les excès de l'Ancien Régime, bouleversé par la banqueroute des deux tiers et anéanti par les décisions arbitraires de l'Empereur.

Pour ce faire, la Charte du 4 juin 1814 est un véritable programme politique imité des institutions politiques britanniques[12]. Charte octroyée, le Roi gouverne par la divine providence une France qui souhaite mettre entre parenthèses la période révolutionnaire et impériale, période malgré tout fondamentale pour la construction des finances publiques modernes[13]. Les relations économiques entre les citoyens s'organisent désormais autour d'un « droit public des français » en principe égalitaire[14].

La monarchie restaurée fait en 1816 l'apprentissage d'un système parlementaire dont la France ignore encore les modalités[15]. Le Comte de CORVETTO[16], à l'époque ministre des Finances de LOUIS XVIII[17], fait de l'amortissement la pierre angulaire de la politique de redressement économique du pays. Dans le respect des grands principes

---

[11]FLECHAIRE (L.) et VASLIN (J.-M.), *Et Bonaparte créa la Banque de France*, Le Monde, 9 novembre 1999.

[12]LAQUIEZE (A.), *Les origines du régime parlementaire en France (1814-1848)*, PUF, Léviathan, 2002, p. 6 et sqq.

[13]MANGIN (X.), *L'introduction du régime parlementaire sous la Monarchie constitutionnelle (1814-1848)*, mémoire, DEA, Théorie de l'Etat, Lille II, 1996, p. 41 et sqq.

[14]Art. 1er de la Charte du 4 juin 1814.

[15]V. par ex. JOSEPH-BARTHELEMY et DUEZ (P.), *Traité de droit constitutionnel (éd. de 1933)*, Paris, Economica, rééd. 1985, p. 172 et sqq. ou CAPITANT (R.), *Ecrits constitutionnels*, Paris, Editions du CNRS, 1982, p. 240.

[16]Louis-Emmanuel CORVETTO (1756-1821), avocat dans sa ville natale quand les Français entrent en Italie, partisan de la Révolution, devient en 1797 Président du Directoire, exécutif de la République ligurienne créée par BONAPARTE. Après la réunion de Gênes à la France, NAPOLEON Ier le nomme Conseiller d'Etat en 1806 et Comte d'Empire en 1809. Naturalisé français en 1814, il devient ministre des Finances sous la Restauration de 1815 à 1818. V. les travaux de M. le Baron DE NERVO sur *Le Comte Corvetto. Ministre secrétaire d'Etat des finances sous le Roi Louis XVIII. Sa vie- son temps- son ministère*, Paris, Michel Lévy, 1869.

[17]Le Duc DE GAËTE et le Comte MOLLIEN, ministres sous l'Empire, ne pouvaient pas en effet être appelés au ministère des Finances, étant donné leur attitude pendant les Cent Jours. Le baron LOUIS, solidaire de ses collègues du cabinet TALLEYRAND-FOUCHE déchu, était, lui aussi exclu. Les commis des finances n'avaient pas en outre l'autorité suffisante pour assurer une telle responsabilité (V. VILLELE (comte de), *Mémoires et Correspondances*, Paris, Perrin et Cie, 1888, t. 1, p. 335). BEUGNOT avait proposé au Roi BECQUEY, DE LA BOUILLERIE ou CORVETTO ; de leur côté, TALLEYRAND et LOUIS avaient recommandé CORVETTO, conseiller d'Etat, illustre inconnu à l'époque (V. BOTTENHEIM (J.), *CORVETTO et son œuvre financière*, Paris, PUF, 1941, p. 63 ; MALLEZ (P.), *op. cit.*, p. 97). VILLELE dira de CORVETTO qu'il est *« le prête-nom du Baron Louis, un des coryphées du même parti...l'âme damnée de l'Abbé Louis, qu'on a en horreur »* (VILLELE (Comte de), *op.cit.*, t. 1, p. 367 confirmé p. 448 et 461). Il ne fait aucun doute que CORVETTO poursuit les travaux de LOUIS. En effet, dans les remous qui entourent la transformation de la Caisse d'Escompte sous la Révolution, LOUIS va acquérir ses premières doctrines sur le crédit public et l'amortissement, qu'il mettra en pratique notamment en 1814-1815 : il les développa ensuite dans l'émigration, où il a pu observer à Londres le mécanisme des finances publiques. Tour à tour commis de banque, journaliste à Hambourg, mêlé aux intrigues royalistes, il ne rentra à Paris, rappelé par TALLEYRAND, son « patron », qu'après le 18 Brumaire. Sous le Consulat et l'Empire, LOUIS fit carrière au ministère de la Guerre où il dirigea l'important bureau chargé de liquider les fournitures militaires du Directoire, puis à partir de 1806, au ministère du Trésor, comme directeur de la Caisse de service. Surveillant le mouvement des fonds publics sous l'Empire, il mit sur pied, sous la direction de MOLLIEN, le système liant au Trésor les intérêts des receveurs généraux. On lui confia des missions délicates (règlement de l'affaire des négociants réunis, dette de la Hollande), dont le succès lui permit de devenir baron et conseillers d'Etat en 1811. A la fin de l'Empire, LOUIS est le fonctionnaire qui connaît le mieux les mécanismes du Trésor. C'est ce qui lui valut, dans le gouvernement provisoire de 1814, le département des Finances et du Trésor. Il conserva ce portefeuille pendant la première Restauration (à l'exception notamment de la période de CORVETTO) et quelques semaines encore après le retour de Gand ; il retrouva les Finances dans le ministère DECAZES (1818-1819), après la Révolution de juillet 1830 et dans le ministère CASIMIR-PERIER (1831-1832). Favorable à ce que l'Etat paie scrupuleusement ses dettes, on considère traditionnellement LOUIS comme l'auteur du premier budget français. Eléments bibliographiques tirés de l'essai de M. le Président GUENA (*Le Baron Louis 1755-1837*, Paris, Perrin, 1999).

proclamés par la Restauration, et dans un esprit qui lui est personnel, libéral et novateur, CORVETTO décide de créer les institutions financières indispensables au pays[18].

Dans le climat d'intolérance et de passion d'une chambre « introuvable », la loi sur les finances du 28 avril 1816, votée après d'interminables débats[19], constitue le premier code de finances publiques dans l'histoire de France et fixe les responsabilités financières de l'Etat[20]. Son titre X intitulé des Caisses d'amortissement et des dépôts et consignations, a été codifié dans quelques articles de la partie législative du Code monétaire et financier[21], qui consacre à nouveau une institution dont les principales règles statutaires subsistent toujours.

Les premiers projets de loi élaborés en 1815 ne visent encore que la création d'une seule Caisse d'amortissement, investie des mêmes prérogatives que la Caisse de l'an VIII et réunissant l'amortissement, les dépôts et consignations, conformément aux dispositions de l'an XIII[22]. Les détournements commis lors des Cent Jours entraînent cependant la séparation juridique et comptable des deux fonctions, et donc, la création de deux établissements[23].

On estimera avec certitude qu'il n'existe entre la Caisse d'amortissement et la Caisse des dépôts et consignations qu'un lien analogue à celle d'une « union personnelle », dont le droit international nous a fourni quelques exemples et dans laquelle deux Etats possèdent une complète autonomie, externe et interne, mais ayant cependant le même monarque[24].

La disposition la plus singulière, et qui fonde toute l'évolution de la Caisse des dépôts et consignations[25], réside dans la mise hors de portée des actes arbitraires du pouvoir exécutif, en plaçant les deux établissements sous la surveillance et la garantie de l'autorité législative. Cette position répond sans doute aux exigences les plus antiques de la Justice et des vertus publiques et anticipe peut-être la conception d'une société où l'Etat et les citoyens négocient leurs responsabilités respectives.

En tout état de cause, l'institution de ces deux caisses par voie législative représente déjà une singulière exception à une époque où la « puissance législative » n'intervient que rarement pour créer de nouvelles institutions administratives. La solennité du procédé et l'effet qu'il recherche sont encore aujourd'hui symboliques[26]. Ils ont pour but de rétablir le crédit public et la confiance des citoyens dans les capacités financières de l'Etat. L'esprit qui inspire la création de ces deux caisses jumelles se résume plus

[18]V. *infra.*

[19]BOTTENHEIM (J.), *ibid.*, p. 71 et sqq. ; MALLEZ (P.), *ibid.*, p. 100 et sqq.

[20]Loi sur les finances du 28 avril 1816, dans RONDONNEAU et DECLE, *Loi sur les finances du 28 avril 1816 et ordonnances du Roi, sur les contributions directes, les cautionnements, l'enregistrement, le timbre, les hypothèques, la caisse d'amortissement, & précédées d'une table des titres, chapitres et paragraphes de la loi et des ordonnances ; et suivies d'une table alphabétique des matières, avec la Notice chronologique des Lois, Décrets et Ordonnances dont l'exécution est rappelée et maintenue par le budget, et l'indication des numéros sous lesquels on les trouve au Bulletin des lois*, De l'imprimerie royale, Paris, 1816, p. 27.

[21]Ordonnance n°2000-1223 du 14 décembre 2000 relative *à la partie législative du Code monétaire et financier*, JORF, 16 décembre 2000, p. 20004 ; annexe p. 38303 ; *Rapport au Président de la République*, p. 20003.

[22]*Avant propos*, Rec. Varnier ; *législation précédente à 1816 relative à la caisse d'amortissement, ibid.*, p. 511 et sqq.

[23]Art. 99 et 110 de la loi sur les finances de 1816.

[24]MALLEZ (P.), *op. cit.* p. 138.

[25]AUDIFFRET (Mis d'), *Système financier de la France*, Paris, 2ème éd., revue et considérablement augmentée, Guillaumin, 1854, t. 1, p. 165.

[26] Par analogie, les politiques publiques traitant les thèmes nouveaux à caractère scientifique et technique ont fait l'objet de la création d'un établissement public en même temps que le gouvernement formulait une politique qu'il faisait adopter par le Parlement. C'est le cas de l'ADEME (1990 : politique de l'environnement), de l'ANDRA (1991 : politique de gestion des déchets radioactifs) ou de l'AFSSA (1998 : politique de lutte contre les risques sanitaires liés à l'alimentation).

particulièrement par le sceau de la Foi publique[27] : « comme chacun le sait »[28], c'est un véritable paradigme fondateur[29]. Cette notion de Foi publique sacraliserait notamment la responsabilité de l'Etat, lorsqu'il s'engage à protéger les fonds qui lui sont confiés par les citoyens.

Par suite, la Foi publique déterminerait l'assentiment légitime de l'édifice juridique institué en 1816 et ce sur quoi reposent la qualification statutaire spéciale de la CDC et ses activités maintenues et développées depuis l'origine. Cette confusion conceptuelle entre la raison d'être de l'institutionnalisation de « l'Etablissement spécial CDC » et de la Foi publique justifierait alors, dans la situation de 1816, la double acceptation de la construction juridique d'un ordre sous son aspect financier et d'une solennité particulière sous son aspect organisationnel.

De ce concept, les instances dirigeantes des Caisses d'amortissement et des dépôts et consignations, selon les époques, en ont fait une ligne de conduite, un principe directeur, l'associant tantôt à une certaine déontologie publique, tantôt aux règles juridiques et financières (section introductive 1). Cela étant, la Foi publique ne constitue qu'une des multiples facettes d'une problématique nettement plus complexe justifiant encore aujourd'hui la probable singularité de la Caisse des dépôts (section introductive 2).

[27]Ce sceau est frappé des trois fleurs de lys et du collier de l'ordre du Saint Esprit, les armes de la royauté sous la Restauration et figure toujours dans les correspondances administratives de l'établissement et sur les frontons du *« 56 rue de Lille »*, siège de la Caisse des dépôts et consignations.

[28]Intervention de M. GAYMARD, à l'époque secrétaire d'Etat à la Santé et à la Sécurité sociale, lors de la discussion du projet de loi portant *DMOSSS* devant le Sénat, Compte-rendu intégral, JORF, S, séance du 18 avril 1996 ; p. 2061.

[29]DELATOUR (A.), *Caisse des dépôts et consignations. Caisse nationale des retraites pour la vieillesse. Caisses nationales d'assurances en cas de décès et en cas d'accidents*, Paris, Berger-Levrault, 1906, p. 3 ; Rapport rouge exercice 1983, p. 6.

SECTION I- La Foi publique, devise inscrite sur le sceau de la CDC : règle de conduite, standard juridique, principe directeur, principe juridique ?

La Caisse des dépôts et consignations a fondé sur la Foi publique le principe de son organisation et des missions qui lui sont confiées. Pourtant, ni la norme juridique (§1.), ni la terminologie politique (§2.) ne reconnaissent explicitement ce concept.

§1. L'absence de normativité de la Foi publique

Bien que les tribunaux refusent de consacrer la Foi publique (I), il existe des liens étroits entre cette notion et le concept de sécurité juridique (II).

I- Le refus des tribunaux de se référer à la Foi publique

Le droit public tant interne qu'européen refuse de donner une quelconque valeur normative à la Foi publique, alors même qu'elle ferait partie de notre patrimoine commun issu de notre héritage gréco-romain[30] ; comme le montre l'institution d'une Caisse des dépôts et consignations en Belgique s'inspirant très largement de la législation du 28 avril 1816 citée dans le corps même du droit Outre Quiévrain[31], tandis que la Cassa di depositi e prestiti[32] et la Caixa geral de depositos[33] empruntent au modèle français leurs fondements dans le sceau de la Foi publique.

La Foi publique, inscrite sur le sceau de la Caisse des dépôts et consignations, est une notion héritée de la religion[34] et du droit romain[35], sur laquelle repose tout l'édifice juridique des contrats et obligations de la République jusqu'à la fin du Bas Empire[36] : Fides publica ou encore la confiance publique.

Les « premiers grands traités de droit public français du XVIIe siècle »[37] renouent avec le concept tandis que le siècle des Lumières invoque le Foi publique quand le Trésor royal, en faillite permanente, est incapable d'honorer les dettes de l'Etat[38]. A la même

---

[30]MALAURIE (P.), *Droit romain des obligations. Droit français contemporain des contrats et l'Europe d'aujourd'hui*, JCP, G, 19 juillet 2000, p. 1415 ; VIGNERON (M.), *Résistances du droit romain aux influences hellénistiques : le cas du dépôt irrégulier*, RIDA, 1984, p. 307.

[31]Loi du 15 novembre 1847 *créant l'administration de la Caisse des dépôts et consignations*. Elle est actuellement régie par l'arrêté royal n°150 du 18 mars 1935 *coordonnant les lois relatives à l'organisation et au fonctionnement de la Caisse des dépôts et consign*ations modifiée, Moniteur belge, 21 mars 1935. V. article *« Caisse des dépôts et consignations »* publié dans le Répertoire pratique du Droit belge, t. 5, Bruxelles, éd. Bruylant (1977).

[32](CDC), *Traité des consignations en France*, LGDJ, 1998, p. 53.

[33]DE OLIVEIRA (M.), *La Caixa geral de depositos : origines, fondations et évolution*, dans MALVE (P.) et THIVEAUD (J.-M.) (mélanges recueillis par), *Caisse des dépôts et consignations 175 ans*, REF, numéro spécial hors série, Le Monde éditions, Paris, novembre 1991, p. 327.

[34]THIVEAUD (J.-M.) (dir.), *Du dépôt au dépositaire,* CDC, Direction du dépositaire/PTH, 1998, AEF, p. 16.

[35]*«Il n'est pas de lieu plus sûr ni plus sacré, écrit Tite-Live, que la protection de la Foi publique »* (Histoire romaine, livre XXIV, chapitre 18, 2ème guerre punique vers 215 av. JC).

[36]GAUDEMET (J.), *Droit privé romain*, Paris, 2ème éd., Montchrestien, Domat privé, 2000, p. 18 et 268 ; JALUZOT (B.), *La bonne foi dans les contrats. Etude comparative de droit français, allemand et japonais*, Paris, Dalloz, Nouvelles bibliothèques des thèses, 2001, p. 20 sqq.

[37]SALOME (L.), THIVEAUD (J.-M.) et TOYTOT (A. de), *1816-1986 Caisse des dépôts et consignations*, Service de l'information et de la communication internes, CDC, 1988, p. 14 (sans pour autant en citer).

[38]Il semblerait que ces traités de droit public soient notamment pour ces auteurs les écrits de ROUSSEAU (dans *Discours sur l'Economie politique* (édition, introduction et commentaire sous la direction de B. BERNARDI, Paris, Vrin éditeur, 2002, p. 48) et de MONTESQUIEU (*De l'Esprit des Lois*, Livre XX, *Des lois,dans le rapport qu'elles ont avec le commerce, considéré dans sa nature et ses distinctions*, chapitre XVI *Belle Loi*, dans MONTESQUIEU (C.-L.), *De l'Esprit des Lois* [Eloge de M. ... de Montesquieu et analyse... par M. D'ALEMBERT], Londres, [s.n.], 1768-1791, t. 2, p. 258 et Livre XXII : *Des lois, dans le rapport qu'elles ont*

époque, HELLO refusera, à d'autres égards, que les lois soient contrôlées par un organe spécifique sur le fondement de la Foi publique[39].

Sur le plan jurisprudentiel, la Foi publique aurait pu faire obstacle à une réforme de la Caisse des dépôts et consignations française par voie législative ordinaire.

Saisissant le Conseil constitutionnel en 1994 à propos de la réforme du statut du Directeur général de la Caisse des dépôts et consignations, les députés[40] soutenaient que « la remise en cause [de ce statut] met[tait] en cause la nature même de l'Etablissement, l'indépendance vis-à-vis du pouvoir exécutif étant un des piliers de la notion de Foi publique qui fait la spécificité de l'Etablissement ».

Le juge constitutionnel[41] a refusé cette manière de voir et a jugé qu'« aucune disposition, ni aucun principe à valeur constitutionnelle », telle la Foi publique, ne rendait la limitation du mandat du Directeur général à cinq ans[42] comme statutairement incompatible avec une simple loi portant diverses dispositions d'ordre économique et financier.

Plus généralement, un requérant espagnol suggérait que la Foi publique judiciaire emporterait obligation du dépôt de recours de reposicion[43] au greffe du tribunal, et non pas par voie d'un bureau de poste, entité administrative[44]. Le juge espagnol[45] estime cette demande irrecevable, car trop tardive. Ce dernier déclare nul un acte de conciliation, duquel il résultait une demande d'exécution, alors même que la requérante avait déposé auparavant son recours par courrier. Le tribunal constitutionnel[46], saisi sur le fondement du droit à la protection juridictionnelle[47], confirme l'interprétation des premiers juges sans invoquer la Foi publique.

Ces deux décisions jurisprudentielles restent, au demeurant, les seuls exemples contemporains connus, ce qui laisserait présumer que la notion de Foi publique, limitée à la seule Europe latine, n'a plus aucun fondement juridique.

---

avec l'usage de la monnaie, Chapitre XVIII *Du payment des dettes publiques*, dans MONTESQUIEU, *Ibidem*, t. 3, p. 50) ouvrages qu'ils distinguent des travaux de CONDORCET (*Mémoires sur les Monnoies, Paris, Baudouin, 1790 dans Mémoires et discours sur les monnaies et les finances* (édition établie par B. COURBIS et L. GILLARD, Paris, Cahiers d'économie politique. Cahiers monnaie et financement, L'Harmattan, 1994, p. 43 ; *Discours sur les finances prononcé à l'Assemblée nationale le 12 mars 1792*, ibidem, p. 125) et de SAY (L.), *Dictionnaire des finances*, Paris, Berger-Levrault, 1894, t. 1, p. 1335 : article « Crédit public ».

En 1788, CLAVIERE (financier et homme d'Etat, ministre des contributions puis des finances de 1792 à 1793) publie, en écho au livre de BRISSOT (*Point de banqueroute ou lettres à un créancier de l'Etat sur l'impossibilité de la banqueroute nationale et sur les moyens de ramener le crédit et la paix,* Londres, 1ère éd., 1787, 58 p.) son traité *De la Foi publique envers les créanciers de l'Etat* (Londres, 1788, 184 p.) où il propose d'instituer un système d'amortissement et de dépôts publics. Les libelles et pamphlets sur les mêmes thèmes foisonnent dans les mêmes périodes : DE MAISTRE (J.), *Considérations sur la France*, Bruxelles, éd. complexe, coll. Historiques-Politiques (présentation de P. MANENT), 1797 (rééd.1988), p. 134 ; MIRABEAU (V. de), *Dénonciation de l'agiotage au Roi et à l'assemblée des Notables*, 1787, 143 p. ; ROBESPIERRE (M. de), *Cahier de doléances des savetiers d'Arras : Sur la question religieuse*, novembre 1792, (extrait), www.perso.wanadoo.fr/amisrob/ecrits.rob.html (site de l'association des amis de Robespierre), recherche effectuée le 3 juillet 2002 V. aussi STOURM (R.), *Bibliographie historique des finances de la France au XVIIIe siècle*, Paris, Guillaumin, 1895, notamment p. 147 sqq.

[39]HELLO (C-G.), *Du régime constitutionnel*, Paris, Pissin, 1830, p. 120.

[40]Il semblerait que les parlementaires aient saisi le Conseil constitutionnel, à la demande de la CDC. On pourrait alors se demander s'il ne s'agit pas d'une saisine *« par ricochet »*.

[41]94-347 DC, 3 août 1994, *Loi portant diverses dispositions d'ordre économique et financier*, RDCC 1994, p. 113 ; LPA, 1995, p. 4 : note MATHIEU (B.) et VERPEAUX (M.) ; RFDC 1994, p. 826 : obs. TREMEAU (J.)

[42]V. *infra* Partie I Titre 1.

[43]Cette procédure en droit espagnol est une forme de recours en appel devant une juridiction supérieure.

[44]Soutien au recours formulé devant la CEDH : CEDH, 28 octobre 1998, *Perez de Rada Cavanilles c/ Espagne,* Rec. 1998-VIII, p. 3242.

[45]Tribunal d'instance d'Aoiz, 25 mai 1994, cité par la requérante devant la Cour européenne, *idem.*

[46]Décision du 8 mai 1995 appliquant une ligne jurisprudentielle traditionnelle, *idem.*

[47]Art. 24-1 de la Constitution espagnole de 1978.

Pourtant, rien n'empêche le juge européen et le juge français d'accepter la normativité de ce concept. En effet, aux sources de ces deux décisions juridictionnelles évoquant la Foi publique, se trouve un fondement argumentaire sérieux de sécurité juridique. Résumant sa position dès 1961, la Cour constitutionnelle fédérale allemande énonçait ainsi que « pour le citoyen, la sécurité juridique consiste en premier lieu dans la protection de la confiance »[48]. Il existerait dès lors un lien évident entre la Foi publique et la sécurité juridique.

II- Un lien étroit entre la Foi publique et la sécurité juridique

La sécurité juridique implique que toute personne ait droit à une certaine stabilité de la règle de droit et soit à l'abri des revirements brutaux qui peuvent affecter cette dernière[49]. Corollaire du principe de confiance légitime[50], la sécurité juridique a été érigée en principe faisant partie de l'ordre juridique européen[51].

Le juge espagnol, dans l'affaire précitée, conclut à l'irrecevabilité de la requête parce que le dépôt d'un recours par courrier « battrait en brèche le principe de sécurité juridique, dans la mesure où un bureau de poste, entité administrative, ne peut être assimilé à un organe judiciaire ». La Cour européenne des droits de l'homme, saisie à son tour le 28 octobre 1998 sur le fondement de l'article 6-1 de la CEDH, lui répond que le rejet de recours de reposicion pour tardiveté a empêché la requérante d'interjeter appel, alors même qu'elle avait manifesté son intention claire de former un tel recours. Cette application rigoureuse d'une règle de procédure l'a donc empêchée d'avoir droit d'accès à un tribunal. L'assise juridique de la Foi publique judiciaire serait ainsi implicitement admise sur le principe de la sécurité juridique.

Il en est autrement en droit français, où la portée contentieuse du principe européen de sécurité juridique reste limitée[52]. La jurisprudence constitutionnelle et administrative le reconnaît toutefois indirectement au travers d'autres principes[53], tels le respect des droits acquis[54] et la non rétroactivité des décisions des autorités publiques[55]. Cette notion de sécurité juridique, principe « venant d'autres horizons » [56], est également à

[48]BVerfGE, 13, 215 (224) cité par le Professeur Otto PFERSMANN dans son *« Regard externe sur la protection de la confiance légitime en droit constitutionnel allemand »*, RFDA, 2000, p. 236 ; et plus généralement le dossier *« De nouveaux principes généraux du droit ? »*, RFDA 2000, p. 235 sqq.

[49]HEERS (M.), *La sécurité juridique en droit administratif français : vers une consécration du principe de confiance légitime ?*, RFDA, 1995, p. 963 ; pour une application jurisprudentielle ambiguë, V. par ex., 404-1998 DC, 18 décembre 1998, *Limites de la rétroactivité fiscale*, GDCC n°50.

[50]PUISSOCHET (J.-P.), *"Vous avez dit confiance légitime ?" (Le principe de confiance légitime en droit communautaire)*, Mélanges Guy BRAIBANT : L'Etat de droit, Paris, Dalloz, 1996, p. 581.

[51]CJCE, aff. 112/77, 3 mai 1978, *Gesellschaft mbH in Firma August Töpfer & Co., c/ Commission des Communautés européennes*, Rec. p. 1019.

[52]CALMES (S.), *Du principe de confiance légitime en droit allemand, communautaire et français*, Dalloz, bibliothèque des thèses, 2001, p. 536.

[53]RICCI (R.), *Les sources normatives du principe de sécurité juridique en droit public économique*, RIDE, 2000, p. 301 ; CHEROT (J.-Y.), *Droit public économique*, Paris, Economica, 2002, p. 27.

[54]CE, 25 juin 1954, *Syndicat national de la meunerie du seigle*, Rec. p. 379.

[55]187-1985 DC, 25 janvier 1985, *Etat d'urgence en Nouvelle Calédonie*, Rec. p. 43.

[56]Selon les mots du commissaire du gouvernement POMMIER dans ses conclusions en première instance (TA de Strasbourg, 8 décembre 1994, *Entreprise Freymuth c/ ministre de l'Environnement*, cls. J. POMMIER, AJDA, 1995, p. 555 ; RFDA 1995, p. 963, note M. HEERS) ; plus généralement, FOURNIOL (I.), *L'émergence du principe de la confiance légitime dans la jurisprudence communautaire*, RRJ, 2001-1, p. 291.
Pour complément, V. la confirmation du jugement de premier ressort devant la Haute assemblée : CE, 9 mai 2001, *Entreprise personnelle Transports Freymuth*, Environnement, janvier 2002, note D. DEHARBE.

l'origine de la Caisse des dépôts et consignations[57] : sécurité politique visant à soustraire les fonds privés de l'impérialisme de la puissance publique, tout d'abord ; sécurité juridique tendant à donner un statut stable et précis aux dépôts et consignations, ensuite ; sécurité économique et financière, enfin, apportant à ses investissements l'évaluation nécessaire sans attendre une rentabilité immédiate[58].

La sécurité juridique n'emporte pas cependant en totalité le concept de Foi publique. En effet, la confiance légitime entend ordonner le respect de règles juridiques, alors que la Foi publique commande que l'Etat respecte ses simples engagements financiers. Ce concept de Foi publique est ainsi incompatible avec une politique d'inertie économique favorisant la dépréciation financière ou avec toute manipulation économique[59]. Elle doit s'étendre à l'Etat, comme débiteur d'impôt rétroactif et comme garant de l'épargne bancaire[60]. En fait, la Foi publique est à l'économie politique ce que la sécurité juridique est au droit.

Il convient alors de se demander si cette notion de Foi publique ne pourrait pas servir à conforter la consécration d'un principe constitutionnel de sécurité juridique en France[61] et réciproquement[62]. En effet, l'affirmation d'un principe fondamental reconnu par les lois de la République[63] par le juge constitutionnel français repose sur une interprétation large du bloc de constitutionnalité[64].

Il doit d'abord s'agir d'une loi républicaine correspondant à une période durant laquelle les principes républicains ont été appliqués[65] : cela exclut la législation intervenue sous d'autres régimes. Bien que les Caisses d'amortissement et des dépôts et consignations

---

[57]Allocution de R. LION, Directeur général de la Caisse des dépôts et consignations, 27 septembre 1991, dans (X.), *175 ans de Foi publique 1816-1991*, Paris, éd. Direction de la communication externe, CDC – Direction de la Communication externe, février 1992.

[58]Rapport de la Cour des comptes sur *la politique de la ville*, 2002, p. 306 ; Le rapport NOYER-NASSE sur *l'équilibre des Fonds d'épargne*, de janvier 2003 la résume ainsi (p. 4) : la gestion des fonds par la Caisse des dépôts et consignations doit assurer un haut niveau de sécurité aux fonds dont elle a la charge (www.finances.gouv.fr, 69 p. (recherche effectuée le 11 février 2003) ; V. aussi LION (R.) (Interview de), *« Notre avenir se joue avant 1992 »*, Journal des Caisses d'épargne, novembre-décembre 1988, p. 12 et LEBEGUE (D.) (entretien avec le Directeur général de la Caisse des dépôts et consignations), *« Démultiplier les actions publiques, sécuriser, faciliter l'intervention des acteurs privés »*, Régions Magazine, 1er trimestre 2000.

[59]Tel fut le cas par exemple dans l'adoption de la loi du 25 mars 1949 qui permettait de faire varier les rentes viagères en fonction d'un élément convenu, sans tenir compte d'une quelconque indexation, la dépréciation monétaire étant le seul fondement à cette législation. Le terme de Foi publique est implicitement admis dans les débats parlementaires et doctrinaux par les concepts de confiance publique, d'opinion publique, d'équité ou d'iniquité publique. On remarquera d'ailleurs que les majorations légales étaient financées en grande partie par le budget de l'Etat. V. MARIE (H.), *La révision des rentes viagères*, Th., Paris II, 1976, *passim* ; RIPERT (G.), *La révision des rentes viagères*, Dalloz, 1949, chr., p. 89 et sqq.

[60]DURRIEU (J.), *rapport d'informations de la délégation française à l'assemblée parlementaire du Conseil de l'Europe*, Sénat, Paris, n°435 (1998-1999), annexe au procès-verbal du 16 juin 1999, point II-9 ; source : www.senat.fr recherche effectuée le 8 juillet 2002.

[61]CARLE (J.-C.), Proposition de loi constitutionnelle n°222 portant *reconnaissance du principe de sécurité juridique dans la Constitution*, annexe au procès-verbal de la séance du 8 février 2001, Sénat, session ordinaire de 2000-2001, www.senat.fr; (recherche effectuée le 27 avril 2001) ; PACTEAU (B.), *La sécurité juridique, un principe qui nous manque ?*, AJDA 1995, spécial, p. 151.

[62]WOEHRLING (J.-M.), *La France peut-elle se passer du principe de confiance légitime ?*, Mélanges J. WALINE, *Liber amicorum* : gouverner, administrer, juger, Dalloz, 2002, p. 749. L'auteur montre avec aisance le lien entre la bonne foi et la confiance en droit français, malgré la défiance posée par principe de notre société à sa consécration.

[63]Consacré par la décision 71-44 DC, 16 juillet 1971, *Liberté d'association*, GDCC n°19, expliqué par la lecture de la décision 88-244 DC, 20 juillet 1988, *Loi d'amnistie*, Rec. p. 119.

[64]RIVERO (J.), *« Les principes fondamentaux reconnus par les lois de la République : une nouvelle catégorie constitutionnelle »*, Dalloz, 1972, p. 265.

[65]Sauf si cette législation est compatible avec les lois républicaines. V. les validations législatives du régime de Vichy.

aient été créées par une loi monarchique qui ne paraît pas contraire au régime républicain, le problème ne serait pas nécessairement résolu par une réponse positive.

Le Conseil constitutionnel aurait pu s'appuyer sur la Déclaration des droits de l'Homme et du Citoyen de 1789 pour consacrer un principe constitutionnel issu par exemple d'une législation impériale ou monarchique. C'est en ce sens que le Conseil constitutionnel[66] introduit d'office dans son raisonnement les articles 2 et 17 de la Déclaration pour actualiser le caractère sacré[67] du droit de propriété et rapprocher ainsi le cas de la France de celui des démocraties occidentales[68]. A ce titre, le Président GENEVOIS[69] souligne que le législateur de la IIIe République a entériné les choix législatifs de la Monarchie de juillet : « dans ces conditions, il n'est pas surprenant que le 23ème considérant de la décision n°89-256 DC fasse état de « l'importance des attributions conférées à l'autorité judiciaire en matière de protection immobilière par les principes fondamentaux reconnus par les lois de la République ». Par analogie, ce raisonnement pourrait s'appuyer sur la Foi publique comme source fondamentale de notre droit public moderne. Elle est citée dans les préambules des ordonnances du 3 juillet 1816 qui fixent les attributions de la nouvelle Caisse des dépôts et consignations[70].

La question qui se pose alors est de savoir quelle est la valeur de ces textes puisqu'il résulte du raisonnement développé par le Conseil constitutionnel qu'un principe fondamental ne saurait être utilement invoqué que s'il trouve son fondement dans un texte législatif. A première vue, lors de la codification du Code monétaire et financier[71], ces « textes anciens dont le caractère législatif ou réglementaire [est] difficilement discernable au regard des critères actuels » ont obligé le Conseil d'Etat à un délicat travail de distinction. Au plus près, il s'avère que ces trois ordonnances[72] procèdent de l'application de la loi sur les finances de 1816[73] et doivent être assimilées à des règlements d'application de ladite loi[74]. Leur caractère législatif demeure donc incertain[75], même si le Conseil constitutionnel a accepté d'envisager l'existence d'un principe fondamental reconnu par les lois de la République à partir d'un décret-loi de la IIIe République et d'une ordonnance du gouvernement provisoire de la République française dans l'affaire « Allocations

[66]89-256 DC du 25 juillet 1989, *Loi portant dispositions diverses en matière d'urbanisme et d'agglomérations nouvelles*, CJEG, janvier 1990, p. 10 : chronique B. GENEVOIS : *La soumission du régime de l'expropriation à la Constitution.*

[67]Le choix des adjectifs est clairement établi dès 1789 : *droit naturel et imprescriptible* (art. 2 DDHC), *inviolable et sacré* (art. 17 DDHC). Si le Conseil constitutionnel n'a aucunement les limitations à ce droit, il n'en demeure pas moins qu'elles ne remettent pas en cause son caractère fondamental. V. 81-132 DC, 16 janvier 1982, *Loi de nationalisation*, GDCC n°31.

[68]*Le droit de propriété dans les jurisprudences constitutionnelles européennes*, AIJC, 1985, p. 207.

[69]GENEVOIS (B.), *op.cit.*, p. 7.

[70]L'ordonnance sur les consignations dispose que *« frappé de tant de désordres, résolu d'y mettre fin et convaincu que les intérêts particuliers ne peuvent trouver une plus sûre garantie que dans un dépôt placé sous la Foi publique...nous avons proposé aux Chambres et elles ont adopté...l'institution d'une Caisse des dépôts et consignations»* ; tandis que l'ordonnance sur les dépôts volontaires souligne que *« ...nous avons jugé que le moment était venu de faire jouir le public des avantages d'un établissement qui, placé sous la plus forte des garanties, peut faire fructifier les capitaux qui lui sont confiés et les rendre à la première réquisition».*

[71]V. *infra*, Section introductive 2.

[72]Ordonnance du roi relative *aux attributions de la Caisse des dépôts et consignations créée par la loi du 28 avril 1816*, BARROT (O. et al.) (avec les notices de), *Recueil annoté des lois, décrets, ordonnances, etc., etc., depuis le mois de juin 1789 jusqu'au mois d'août 1830*, Paris, Journal des notaires, 1837, t. 14, p. 50 ; Ordonnance du roi *qui autorise la Caisse des dépôts et consignations à recevoir les dépôts volontaires et particuliers*, op.cit., t. 14, p. 56 ; Ordonnance du roi relative *au versement à la Caisse des dépôts et consignations des fonds de retraite des ministères, administration et établissements*, *ibidem*, t. 14, p. 58.

[73]Art. 110 et 111 de la loi de 1816 codifié aux articles L-518-2 al.3 et L-518-3 du Code monétaire et financier.

[74]Art. 13 et 14 de la Charte du 4 juin 1814.

[75]Toutefois, certaines dispositions ont été considérées comme législatives, au regard de l'art. 34 de la Constitution de 1958.

familiales »[76]. Cela étant – et dans ce cas le raisonnement du juge constitutionnel français s'applique strictement – la Constitution de l'An III[77] consacre la Foi publique pour garantir la propriété des acquéreurs de biens nationaux[78]. Le Conseil constitutionnel peut donc aisément s'appuyer sur cette disposition pour consacrer la Foi publique au rang des principes fondamentaux reconnus par les lois de la République.

S'il n'en était pas convaincu, le Conseil constitutionnel pourrait ensuite invoquer la tradition républicaine[79], devant être entendue comme tradition libérale[80]. Le fondement de la constitutionnalisation d'un principe fondamental de Foi publique peut trouver encore sa justification dans la référence à la « conception française de la séparation des pouvoirs », raisonnement opéré par le Conseil en 1987[81]. Il s'agirait de faire comprendre que la Foi publique a pris historiquement une signification toute particulière, dont la matérialisation demeure garantie dans le sceau de l'Etablissement de la rue de Lille[82]. Ayant connu trois rois, un empereur et quatre républiques, la Caisse des dépôts et consignations est, en effet, une des plus anciennes institutions financières, toujours régie par l'esprit de la loi du 28 avril 1816, sous réserve, il est vrai, de la réforme statutaire du Directeur général en 1994[83]. Ses textes d'application ont été récemment codifiés par la partie législative du Code monétaire et financier.

Dans la mesure où les fonds privés qu'elle gère sont des fonds obligatoirement confiés à son monopole, la Caisse des dépôts et consignations est directement concernée, en outre, par « les principes fondamentaux du régime de propriété, des droits réels et des obligations civiles et commerciales »[84]. L'article 34-1-12ème de la Constitution du 4 octobre 1958 confirme la vocation même de la Caisse des dépôts et consignations, placée sous le sceau de la Foi publique : protéger la propriété privée[85]. Selon l'article 70 de la Charte de 1814 où il est écrit : « La dette publique est garantie. Tout espèce d'engagement pris par l'Etat avec ses créanciers est inviolable », la Foi publique, s'appuyant sur l'article 34 de la Constitution d'une part, sur les articles 2 et 17 de la Déclaration des Droits de l'Homme de 1789 d'autre part, aurait le caractère d'une liberté fondamentale au sens de l'article L.521-2 du Code de Justice administrative[86] et de la jurisprudence du Conseil constitutionnel[87].

Au demeurant, le juge constitutionnel peut encore faire référence aux « principes particulièrement nécessaires à notre temps » pour consacrer la Foi publique. En effet, cette

---

[76]97-393 DC, 18 décembre 1997, allocations familiales, GDCC n°49.
[77]Art. 374 de la Constitution du V Fructidor An III
[78]Le Conseil constitutionnel indique dans son raisonnement que la loi républicaine de référence doit être intervenue avant l'entrée en vigueur du préambule de la Constitution de 1946. C'est bien le cas en l'espèce.
[79]CE, avis n° 60.497, 6 février 1953, *Tradition républicaine*, GACE, 2ème éd., n°2, comment. B. STIRN.
[80]VERPEAUX (M.), *Les principes fondamentaux reconnus par les lois de la République ou les principes énoncés dans les lois des Républiques*, LPA, 14 juillet 1993 (1ère partie), p. 9 et 16 juillet 1993 (2ème partie), p. 6.
[81]86-224 DC, 23 janvier 1987, *Loi transférant à la juridiction judiciaire dans le contentieux des décisions du conseil de la concurrence*, GDCC n°41.
[82]V. à ce sujet les propos du Doyen VEDEL, à propos de la décision *Conseil de la concurrence* préc. V. VEDEL (G.), *La loi des 16-24 août 1790 : Texte ? Prétexte ? Contexte ?*, RFDA, 1990, p. 698.
[83]V. *infra*, Partie 1, Titre 2.
[84]POMEY (M.), *Le régime juridique de la Caisse des dépôts et consignations*, RA, 1974, p. 23 ; POMEY (M.), *Le régime juridique de la Caisse des dépôts et consignations*, Droit social, 1966, p. 549.
[85]Ce principe avait déjà été évoqué en Commission de surveillance de la Caisse des dépôts et consignations. V. par ex. : procès-verbal du 28 janvier 1890 ; Le Moniteur Universel, vendredi 1er juin 1838, p. 1476 : séance du jeudi 31 mai, présentation par ROY du rapport des Caisses d'amortissement et des dépôts et consignations.
Pour des illustrations jurisprudentielles contemporaines, V CE, 9 février 2000, *Ministre de l'économie et des finances*, Rec. p. 37 et C.Cass., 26 avril 2000, *Dargent c/ Farfelan*, Actualités des procédures collectives, 16 juin 2000, n°120. V aussi, LANOË (C.), *La construction d'un crédit public et l'apparition de la notion de garantie de l'Etat (1715-1851) ou De la confiance en l'Etat à la confiance par l'Etat*, mémoire de maîtrise, Paris IV, maîtrise d'Histoire, 1992, p. 58.
[86]CE, ord. du 29 mars 2002, *SCI Stéphane et autres*, req. n°243338.
[87]81-132 DC, *préc.*

référence est l'expression de la volonté de créer une démocratie économique et sociale[88] qui dépasserait la démocratie libérale du constituant de 1946. C'est d'autant plus vrai que certains auteurs[89] font de la IVe République, la République de la Caisse des dépôts et consignations[90]. BLOCH-LAINE, Directeur général de la Caisse des dépôts et consignations de 1952 à 1967, confirme cette manière de voir en accueillant son homologue québécois à Paris par la déclaration suivante: « La Caisse des dépôts et consignations est un outil socialiste dans une économie libérale »[91]. En ce sens, la Caisse des dépôts et consignations, placée sous le sceau de la Foi publique, a une filiation avérée avec les idées saint-simoniennes du culte des préséances, du pèlerinage aux sources, de la procédure et de la mystique[92]. M. LION, Directeur général de 1982 à 1992, associe, quant à lui, le principe de sécurité et l'utilité pour montrer toute la nécessité de la confiance dans la finance[93].

Au cœur des fondements de la Caisse d'amortissement et des dépôts et consignations, la Foi publique peut ainsi soutenir la sécurité juridique tout comme la sécurité juridique peut porter la Foi publique au rang des principes fondamentaux de nos démocraties occidentales[94]. Le refus de consacrer un principe de Foi publique, comme d'ailleurs celui de la sécurité juridique[95], ne se fonde pas sur le corpus constitutionnel[96] mais sur un terrain plus politique de philosophie du droit[97]. En effet, le caractère juridique d'un principe, voire d'une « liberté publique » s'affirme plus qu'il ne se démontre. Si la Foi publique n'a ni l'évidence canonique, ni la même importance que d'autres notions plus illustres (telles que la liberté d'aller et venir, la liberté de conscience et d'opinion, ...), il n'est pas difficile pour autant de la déclarer « garantie fondamentale », voir principe législatif[98], en vue de l'exercice pratique des autres principes juridiques.

---

[88]HAURIOU (A.), *Droit des services publics (doctorat)*, Cours professé par A. HAURIOU à la Faculté de Droit de Paris : *L'évolution des modes de gestion des services publics*, Paris, Cours de droit ; cours polycopié, mémoire DES, 1954-1955.

[89]V. BONIN (H.), *Les banques et la IVe République*, Historiens et Géographes, mars-avril 1998, p. 208 ; et plus généralement, CHAGNOLLAUD (D.), *La Haute administration au pouvoir ? Les « grands commis » de la IV^è^ République*, Pouvoirs, n°76, 1996, p. 107.

[90]Il semblerait davantage que cette transformation de la Caisse des dépôts et consignations comme outil financier des pouvoirs publics date des années 1935 avec l'arrivée de DEROY à la Direction de la Caisse V. DAFFLON (A.), *Henri Deroy et la Caisse des dépôts (1935-1945)*, dans AGLAN (A.), MARGAIRAZ (M.) et VERHEYDE (P.) (dir.), *La Caisse des dépôts et consignations, la Seconde Guerre mondiale et le XXe siècle*, Paris, A. Michel, Histoire, *mission historique de la Banque de France*, 2003, p. 229 sqq.

[91]PELLETIER (M.), *La machine à milliards. L'histoire de la Caisse de dépôt et de placement du Québec*, Montréal, éd. Québec/Amérique, 1989, p. 35. Propos tenu aussi par M. DAILEY dans sa thèse sur *la Caisse des dépôts et consignations* (Faculté de Droit de Paris, 1934, p. 168) et par S. PASSERON dans *L'autonomie de gestion des établissements publics nationaux* (Paris, LGDJ, 1968, p. 228).

[92]VIER (J.), *Histoire de la littérature française. XVIIIe siècle*. t. 1 : *l'armature intellectuelle et morale*, A. Colin, 1965, p. 33.

[93]LION (R.), *La sécurité et l'utilité*, dans MALVE (P.) et THIVEAUD (J.-M.), *op.cit.*, p. 575.

[94]On peut donc rester amer de la décision précitée du Conseil constitutionnel de 1994, en ce sens où une simple loi *« fourre tout »* peut porter atteinte à la pérennité de la Caisse des dépôts et consignations.

[95]PACTEAU (B.), *op.cit.*, p. 151 ; FOURNIOL (I.), *La confiance légitime : un principe communautaire intégré aux ordres juridiques nationaux ?*, La Tribune du droit public, 1997-1, p. 16.

[96]RICCI (R.), *op.cit*, p. 301 ; KDHIR (M.), *Vers la fin de la sécurité juridique en droit français ?*, RA, 1993, p. 538 ; MODERNE (F.), *Du droit communautaire au droit interne (à la recherche d'un fondement constitutionnel du principe de la protection de la confiance légitime)*, Mélanges L. DUBOUIS : *Au carrefour des droits*, Paris, Dalloz, 2002, p. 595.

[97]MALAURIE (P.), *op.cit.*, p.1415.

[98]Se justifiant par exemple sur l'article L-518-2 al.2 du Code monétaire et financier : *« La Caisse des dépôts et consignations est placée, de la manière la plus spéciale, sous la surveillance et la garantie de l'autorité législative »*. A titre d'illustration de principe législatif, CE, 29 avril 2002, *Ullmann*, DA, juin 2002, p. 19, note D. P. : l'accès aux documents administratifs est placé sous la protection du législateur.

Cela étant, encore faut-il, comme pour un certain principe fondamental reconnu par les lois de la République relatif à la justice sur les mineurs[99], lui en donner un contenu normatif incontestable.

§2. L'absence de définition d'un principe général de Foi publique

La principale difficulté de compréhension du sceau de la Caisse des dépôts et consignations vient de ce que le concept de Foi publique n'est ni explicité, ni même simplement défini par le législateur (I). Certaines règles fondamentales, connues du droit et gardant une filiation avec la Foi publique, ne permettent pas néanmoins de conclure à la stérilité du terme (II)[100].

I- La Foi publique, principe latent

On ne peut être que frappé de la récurrence fréquente de ces mots de « Foi », « Foi publique », « Bonne Foi » dans les discours politiques ou les écrits philosophiques[101] du XIXe siècle en général, lors de la création des Caisses d'amortissement et des dépôts et consignations en particulier[102]. C'est pourquoi il convient de se demander s'il n'y a pas, dans l'esprit public, une assimilation entre la CDC et la Foi publique lorsque les dirigeants de l'Etablissement ont mis la main sur un sceau timbré de ces deux mots : « Foi publique »[103].

Pourtant, cette devise n'est nullement l'apanage de la Caisse des dépôts et consignations[104] ; d'autres administrations ou agents publics l'utilisaient avec une finalité bien précise : les règles du courrier et des postes[105]. Elle ne signifie pas, comme la franchise postale, une immunité ou une exonération quelconque, mais elle annonce le caractère d'inviolabilité des documents confiés à la poste[106]. C'est à cette définition qu'obéit la

---

[99]ROUX (J.), *La reconnaissance par le Conseil constitutionnel du principe fondamental reconnu par les lois de la République relatif à la justice des mineurs (A propos de la décision n°2002-461 DC du 29 août 2002)*, RDP, 2002, p.1731.

[100]V. à ce sujet, les conclusions du Professeur François LUCHAIRE *à propos du « droit à la sûreté » : la sûreté : droit de l'homme ou sabre de M. Prud'homme ?*, RDP 1989, p. 609.

[101]Notamment de certains auteurs qui ont illustré la littérature mais rempli aussi des charges politiques : CONSTANT (B.), dans *Cours de politique constitutionnelle et collection des ouvrages publiés sur le gouvernement représentatif* (avec une introduction et des notes de E. LABOULAYE), 2ème éd., 1872, Paris, Guillaumin, Genève réimp. Stlatkine, 1982,.t. 1, p. 112 et 123, en s'appuyant sur le *Traité d'économie politique de SAY* (t. II, p. 5), ERCKMANN-CHATRIAN, *Le requiem du corbeau*, 1859 (texte diffusé par la bibliothèque municipale de Lisieux) ; HUGO (V.), *Les Châtiments* : Livre I, XV : Confrontations, 30 janvier 1853, dans HUGO (V.), *Les Châtiments* (introduction de P. ABRAHAM), Paris, Club des amis du livre progressiste, 1961, p. 72; SAND (G.), *Fanchette*, 1843 (cité dans PERROT M. (présentation de), *Georges SAND. Politique et polémiques (1843-1850)*, Paris, Imprimerie nationale, coll. Acteurs de l'Histoire, 1997, p. 67 ; VOLTAIRE, *Dictionnaire philosophique* dans *Œuvres complètes de Voltaire avec des remarques et des notes historiques, scientifiques et littéraires*, Paris, Baudouin, 1825, t. 57 [MQ], p. 425 : Poste ; ZOLA (E.), *L'Assommoir*, Folio classique, n°3303, éd. d'H. Mitterrand, 2001, p. 18 : préface du 1er janvier 1877.

[102]MARION (M.), *Histoire financière de la France depuis 1715*, Paris, A. Rousseau, 1925, en particulier le t. 4 : 1797-1818, p. 398 sqq.

[103]Cls L'HOPITAL sous CE, 18 décembre 1862, *Bergerat*, Rec. p. 814.

[104]Allocution de BLOCH-LAINE lors du 150ème anniversaire de la Caisse des dépôts et consignations, Paris, le 7 octobre 1966 dans X, *150ème anniversaire de la Caisse des dépôts et consignations. Allocution du Général de Gaulle, de Michel Debré, ...*, Paris, Imprimerie Nationale, 1966, p. 19. C'est ainsi qu'au Brésil, le notaire est considéré comme un professionnel du droit, doué de Foi publique à qui l'Etat délègue l'exercice de l'activité notariale, www.notariado.org.br , recherche effectuée le 3 juillet 2002 (V. aussi *infra*, Partie II, Titre 2, les justifications du monopole du dépôt des fonds des notaires à la Caisse française des dépôts et consignations).

[105]Ce qui expliquerait aussi l'argument de la Foi publique dans la requête de la CEDH.

[106](X.), *En ce temps là. Sous les auspices de la Foi publique*, CDscope, n°47, septembre 1986, p. 29 ; VOLTAIRE, *op. cit.*, p. 423 et sqq. ; BOULMIER (D.), *La crise de foi dans le cachet de la Poste*, JCP, G., 7 mai 2003, p. 821.

mention Foi publique gravée sur les sceaux de la Caisse des dépôts et consignations entre 1816 et 1914[107] pour la correspondance avec ses préposés et ses usagers, notamment pour les consignations judiciaires.

Plus généralement, les premières grandes décisions financières de la Révolution font de la « Foi publique » le devoir fondamental de la Nation[108]. En 1785, dans un arrêt du Conseil des finances[109] accompagnant la création de la nouvelle caisse d'amortissement de 1784[110], le ministre des Finances CALONNE invoque déjà la Foi publique tandis qu'un décret de l'Assemblée nationale du 13 juillet 1789 insiste solennellement sur cette vertu : « L'Assemblée interprète de la nation...déclare que la dette publique ayant été mise sous la garde de l'honneur et de la loyauté française...nul pouvoir n'a le droit de prononcer l'infâme mot de banqueroute, nul pouvoir n'a le droit de manquer à la Foi publique sous quelques forme et dénomination que ce puisse être ». LOUIS XVI déclare ainsi le 23 juin 1789 que les « représentants d'une Nation fidèle aux lois de l'honneur et de la probité ne donneront aucune atteinte à la Foi publique, et le roi attend d'eux que la confiance des créanciers de l'Etat soit assurée et consolidée de la manière la plus authentique »[111].

Si l'on considère les débats qui entourent la loi sur les finances du 28 avril 1816[112] au cours desquels ces expressions ont une puissante valeur de leitmotiv ou de mot d'ordre politique[113], il est clair que l'utilisation qui en est faite par les orateurs et essentiellement par le comte de CORVETTO[114], ministre des Finances, renvoie toujours au domaine financier[115] : la Foi publique est assurément le fondement indispensable du crédit public dont le gouvernement a besoin, lui qui vient, auprès des alliés, d'engager « la Foi des

---

[107]En 1913, un ministre des Finances, pris à parti à la Chambre, à propos de quelques excès prêtés à la Caisse des dépôts et consignations, invoque pour la défense de celle-ci, la référence la Foi publique (Document archives MTH/CDC).

[108]V. Assemblée constituante, séance du jeudi 1er octobre 1789, présidence de M. MOUNIER, Le journal des débats, La constituante, notes et archives 1789-1794 : NECKER vient présenter un projet de décret sur les finances ; la première partie est relative aux revenus et aux dépenses fixes : en d'autre termes, elle règle les économies ; la seconde partie est relative aux besoins extraordinaires ; en voici les considérants et les principaux articles : *« De nouveaux emprunts ne pouvant qu'augmenter le déficit actuel, et l'état actuel du crédit public ne permettant pas d'ailleurs de trouver par ce moyen des fonds équivalents aux besoins extraordinaires de cette année et de la suivante, l'assemblée nationale, ayant eu égard au péril dans lequel se trouve la chose publique, et pénétrée de l'intérêt qu'ont tous les citoyens au maintien de l'ordre et de la foi publique, a statué et statue ce qu'il suit. ... ».*

[109]THIVEAUD (J.-M.), *1er janvier 1785 Ouverture de la nouvelle caisse d'amortissement créée par un édit royal d'août 1784*, Une semaine à la CDC, supplément n° de janvier 1985, 85-3 et 85-4 (archives CDC).

[110]*« Les principes d'ordre et de respect pour la Foi publique dont ils ne devraient jamais s'écarter ».*

[111]LOUIS XVIII, de retour d'exil, se souviendra de ce discours pour préparer sa *« déclaration de Saint Ouen du 2 mai 1814 »,* en particulier son article 10 : *« La dette publique sera garantie »* V. SIMON (P.), *L'élaboration de la Charte constitutionnelle de 1814 (1er avril-4 juin 1814)*, Paris, E. Cornély, p. 59 à 68.

[112]Allocutions de M. le commissaire du Roi PORTAL à la Commission du budget de la Chambre, débats parlementaires, 19 mars 1816 ; débats entre les ultras et les modérés V Chambre des députés, 23 décembre 1815, archives parlementaires, 2ème série, t. 16, p. 437, 1er avril 1816, t. 17, p. 457, 14 mars 1816, t. 17, p. 537.

[113]Le tableau *« La Paix de Gand »* (1576), représente la première constitution éphémère des Pays-Bas par une allégorie de *Fides* qui garantit l'Union nouvelle V. Cd-rom Encyclopédia Universalis, 1997 ; et plus généralement, MALLEZ (P.), *op.cit.*, notamment p. 110.

[114]*«La dette est sacrée, elle repose sur la Foi publique... »,* Moniteur universel, 24 décembre 1815, chambre des députés, séance du 23 décembre 1815, p. 1419. V. aussi SALOME (L.) et al., *op.cit.*, p. 14.
De plus, cette notion de Foi publique est connue de CORVETTO de par ses origines : vers 1550, les deux Républiques de Venise et de Gênes décident en effet de fonder respectivement un établissement central de crédit et elles créent la Banque de Venise et la Banque de Saint Georges *sotto la fede publica.*

[115]Dans la continuité historique V. par ex., déclaration du Parlement de Paris, 3 mai 1788, *Lois fondamentales du Royaume* (www.mjp.univ-perp.fr) ; intervention de NECKER présentant un *projet de décret sur les finances*, préc. ; art. IX de la déclaration des devoirs de l'homme et du citoyen votée par la Convention dans sa séance du 23 germinal An III, Moniteur National, 27 germinal An III (www.fm-europe.org) recherches effectuées le 3 juillet 2002).

traités »[116], au nom d'un monarque qui a établi la Charte constitutionnelle sur les bases sacrées de la « Foi jurée »[117]. La mise en place de la Caisse d'amortissement et des dépôts et consignations en mai-juillet 1816, jouissant de l'indépendance nécessaire du pouvoir exécutif et garanti par la Foi publique, donne des résultats rapides et spectaculaires par la hausse du cours de la rente et l'instauration d'un crédit public[118].

La Foi publique exprime alors le caractère sacré de l'engagement de l'Etat envers les fonds qui lui sont confiés[119], tandis que le crédit public plus technique[120], existe lorsque l'Etat a les moyens d'intervenir sur les marchés et qu'il peut facilement y emprunter[121]. L'expression de crédit public va s'imposer et faire disparaître de l'usage courant l'expression de Foi publique[122], tout en gardant une synonymie[123]. On a pu dire alors que la Caisse des dépôts et consignations était le « ballast du crédit public de l'appareil financier français »[124]. Le cent cinquantième anniversaire de la Caisse des dépôts et consignations[125] est l'occasion de confirmer publiquement l'attachement des pouvoirs publics à cette Foi publique. Le Général de GAULLE, lors de cette célébration, lui donne le sens de confiance générale[126]. BLOCH-LAINE[127] la résume ainsi : « restaurer la Foi dans le crédit public en confiant à un organisme intermédiaire entre l'Etat et les épargnants le soin d'obliger le premier à se bien comporter vis-à-vis des seconds, (...) interposer entre le Grand débiteur et

---

[116]Face à l'Europe diplomatique.

[117]A la constitution et serment politique pour les représentants de l'Etat. V aussi *infra* le serment du Directeur général de la Caisse des dépôts et consignations.

[118]A la tête des Caisses d'amortissement et des dépôts et consignations, le Roi place DU TREMBLAY qui a travaillé avec TURGOT puis avec DELESSERT dans la Compagnie royale d'assurance sur la vie, directeur de la Caisse de l'extraordinaire en 1791 ; il organise le rendement de l'emprunt et l'articulation entre les deux Caisses d'amortissement et des dépôts et consignations. Celle-ci emploie naturellement les fonds qu'elle gère en achetant des rentes. L'obsession du gouvernement est de faire baisser les taux d'intérêt, cette dernière opération étant considérée comme la condition fondamentale du développement de l'économie. L'amortissement est achevé dès 1825 et, en 1828, la Caisse d'amortissement est mise en sommeil pour ne retrouver une activité que dans des périodes de crises graves (sur cette dernière question, v. *infra*). V. LANOË (C.), *op. cit.*, p. 59 et VÜHRER (A.), *Histoire de la dette publique en France*, Nancy, Berger-Levrault, 1886, t. 2, p. 165 ; COQUELIN (M.), *Du crédit et des banques*, 2ème éd. revue et annotée par M. COURCELLE-SENEUIL, Paris, Guillaumin, 1859, p. 110.

[119]Par ex. : procès-verbaux des 9 avril 1886 et 16 juin 1887 à propos d'un prêt d'un million de francs que sollicite la ville de Nouméa ; procès-verbal du 25 mars 1932 à propos de la garantie de l'Etat pour des avances de crédit à moyen terme aux petits commerces et à la petite industrie.

[120]JEZE (G.), *Le crédit public*, Paris, Giard, 1925 ; COLLY (F.), *Les emprunts publics de l'Etat*, Th., Paris I, 1982, *passim*.

[121]Procès-verbal, 24 juin 1936 ; procès-verbal 19 février 1908 ; présentation du rapport de la Commission de surveillance à la Chambre des Députés, 23 novembre 1816, dans MAVIDAL (J.) et LAURENT (E.), *Archives parlementaires de 1787 à 1860*, recueil complet des débats des chambres françaises, deuxième série (1800 à 1860), t. 17 : 1er avril au 30 décembre 1816, Paris, P. Dupont, p. 542 ; et plus généralement BAZEX (M.), *Les garanties d'emprunt accordées par les (et aux) personnes publiques*, RT, juin 1989, p. 321.

[122]M. JEANNENEY cite, à cet égard, la CDC dans la partie *« le Crédit public »* de son ouvrage *Eléments d'économie politique* (PUF, Thémis, 1974, p. 173). Le même raisonnement a pu se tenir par MACAREL et BOULATIGNIER, pour la bonne administration de la fortune publique, *« puisqu'il s'agit du crédit public »*. D'ailleurs, ces auteurs présentent la Caisse des dépôts et consignations et ses opérations dans le tableau synoptique des matières contenues dans leur ouvrage. V. MACAREL (L.-A.) et BOULATIGNIER (J.), *De la Fortune publique et de son administration*, Paris, Pourchet, 2 t., 1838 et 1840. Foi publique et fortune publique disparaissent au profit de la notion de crédit public, chère à Gaston JEZE. V. *op. cit.*

[123]LANOË (C.), *op. cit.*, p. 4 ; SAY (L.), *Dictionnaire des finances*, *op.cit.*, t. 1, p.1335 : article *« Crédit public »* ; VÜHRER (A.), *op. cit.*, t. 2, 559 p.103 ; Le Moniteur Universel, vendredi 1er juin 1838, p. 1476 : séance du jeudi 31 mai, présentation par ROY du rapport des Caisses d'amortissement et des dépôts et consignations.

[124]THIVEAUD (J.-M.) (Propos recueilli par J.-M. MESTRES), *1816 : La restauration financière*, CDscope, n°127, mai 1994, p. 12.

[125]*150ème anniversaire de la Caisse des dépôts et consignations...*, *op. cit.*

[126]Allocution du Général de GAULLE lors du 150ème anniversaire de la Caisse des dépôts et consignations, *ibid.*, p. 33.

[127]Postface de BLOCH-LAINE, dans PRIOURET (R.), *La Caisse des dépôts et consignations, cent cinquante ans d'histoire financière*, Paris, PUF, 1966, p. 423.

la foule des créanciers un agent de confiance indépendant ». La délégation française à l'assemblée parlementaire du Conseil de l'Europe rapporte aussi qu' « un Etat de droit, c'est aussi une communauté nationale où est respectée la foi publique, c'est-à-dire où les salaires et les retraites sont payés, où les épargnants ne sont pas bernés par des publicités mensongères et finalement ruinés »[128].

Dans ce sens, la Foi publique matérialise pour les Caisses d'amortissement et des dépôts et consignations la garantie de l'Etat[129], c'est à dire un engagement permanent, fidèle et prudent, tant du point de vue de la morale que de la finance, de l'Etat envers ses créanciers. L'émergence d'un droit public financier moderne mariant l'éthique et la technique juridique confirmerait en définitive la Foi publique comme principe directeur certain de la Caisse des dépôts et consignations[130].

II- La Foi publique, principe directeur

De la Foi publique dérivent au moins deux règles à valeurs normatives, éthiques ou sociologiques qui inspirent le législateur en général, les dispositions statuaires de la Caisse des dépôts et consignations en particulier[131] : la transparence d'une part (A), la probité d'autre part (B).

A) La transparence aux sources de la Foi publique

La Caisse des dépôts et consignations est peut-être la première institution publique française à être soumise à une obligation précise de transparence. En effet, les articles 112 et 114 de la loi sur les finances du 28 avril 1816[132] prévoient l'adresse d'un rapport annuel de la Commission de surveillance au Parlement et la publication tous les trois mois des comptes de l'Etablissement. La Caisse des dépôts et consignations est restée, jusqu'en 1832[133], la seule institution à déposer, devant les chambres, un rapport. Ce n'est que par une ordonnance de 1958, prise en application de l'article 92 de la Constitution de la Ve République[134], que les entreprises publiques se sont vues contraintes d'informer le Parlement de leurs activités, tandis qu'il faudra attendre l'institution en 1993 de l'indépendance de la Banque de France pour obtenir le même résultat[135].

---

[128]DURRIEU (J.), *op. cit.*

[129]Confirmé par l'avis du comité des finances du Conseil d'Etat du 11 janvier 1848, relatif aux sommes versées à la Caisse pour le compte des successions en déshérence ; arrêts de la Cour de Cassation, chambres des requêtes du 25 mai 1841, rendu sur le pourvoi formé par la Caisse des dépôts et consignations contre un arrêt de la Cour de mars 1837, jurisprudences non publiées au Recueil ou au Bulletin (sources : archives MTH/CDC).

[130]LION (R.), *La Foi publique au tournant du siècle*, Revue des sciences morales et politiques, Travaux de l'Académie de sciences morales et politiques, 1991, n°1, p. 57.

[131]LAGAYETTE (P.), *Message du Directeur général*, La semaine n°91-31, document, décembre 1992, dans la Semaine n°484 (archives CDC) ; (X.), *Vœux 2003. Trois principes d'action pour l'avenir*, CDscope, n°218, février 2003, p. 3.

[132]Art. L.518-10 du Code monétaire et financier.

[133]Ce n'est qu'avec l'article 15 de la loi du 21 avril 1832 que le rapport de la Cour des comptes est distribué aux chambres. V. DESCHEEMAEKER (C.), *La Cour des Comptes*, La documentation française, série Institutions, Paris, 1999, p. 134.

[134]Art. 164 IV 1 de l'ordonnance n°58-1374 du 30 décembre 1958 *portant loi de finances pour 1958*, JORF, 31 décembre 1958, p. 12071.

[135]Art. L.143-1 du Code monétaire et financier. Le terme de transparence a été utilisé par M. de LAROSIERE devant la commission des finances de l'Assemblée nationale le 26 mai 1993 (Bulletin des commissions, 1993, n°7, p. 552) pour légitimer l'indépendance de la Banque centrale.

La loi de 1816 demande implicitement à la Commission de surveillance d'exercer un contrôle « permanent, fidèle et prudent »[136]. En vertu de ce principe, la Commission de surveillance doit sincèrement[137] faire rapport « sur la direction morale et la situation matérielle » de l'Etablissement[138]. Cela étant, transparence et sincérité n'étant pas synonymes[139], ce n'est pas le rapport de la Commission de surveillance qui est rendu public ; seule l'information concernant la date de sa remise au Parlement fait l'objet d'une publication au JORF[140].

Toutefois, si on peut dire que la Foi publique a instauré une tradition certaine de transparence à la Caisse des dépôts et consignations, il n'en demeure pas moins qu'elle a aussi favorisé en sens inverse une certaine culture du secret visant à ne pas rendre public ce qui serait susceptible d'altérer la confiance[141]. C'est ainsi que la CDC considère systématiquement que « les rapports du service de l'audit interne ne sont communiqués qu'aux autorités habilitées par leur mission à connaître du sujet traité », alors même que le Conseil d'Etat[142] a jugé illégale la décision du gouverneur de la Banque de France refusant de communiquer les rapports de la direction de l'audit et du contrôle de gestion concernant la direction du crédit et la direction de la centrale des bilans de la Banque de France[143].

Pendant longtemps, la Caisse des dépôts et consignations s'en est tenue, en matière de transparence, au strict respect des obligations qui lui étaient imposées par la loi de 1816[144]. Ce n'est que sous l'impulsion parlementaire et les recommandations du sénateur CHINAUD[145], membre de la Commission de surveillance, que les procès-verbaux de la Commission ont fini par être rendus publics[146]. Le rapport au Parlement sur les opérations de 1991, conformément aux procès-verbaux de Commission de surveillance des 14 mai et 11 juin 1991, fait état de cette réforme, tout en notant sous forme d'avertissement la rétroactivité de la mesure au 1er janvier 1991 et « le petit nombre d'aménagements de forme

---

[136]Rapport blanc 1816, p. 2 et sqq. ; plus généralement, v. CRUCIS (H.-M.), *La sincérité des lois de finances Nouveau principe de droit budgétaire*, JCP, G, 12 juillet 2000, p. 1348.

[137]Ce qui n'est pas sans rappeler le caractère fonctionnel, performatif et fédérateur du principe de sincérité. V. DESTRET (C.), *L'émergence d'un nouveau concept : le principe de sincérité de la loi de finances,* dans DUSSART (V.) et ESPUGLAS (P.) (études coordonnées par), *L'ordonnance du 2 janvier 1959 : 40 ans après*, IREDE, Presses de l'université des sciences sociales de Toulouse, 2000, p. 105 ; LASCOMBE (M.) et VANDENDRIESSCHE (X.), *Le contrôle parlementaire et la proposition de la loi organique du 12 juillet 2000*, RFFP, janvier 2001, p. 115 ; ARBOUSSET (H.), *La violation de la sincérité budgétaire : un grief plein d'avenir*, RFFP, avril 2001, p. 183 ; LANDBECK (D.), *La notion de sincérité en finances publiques*, RFDA, 2002, p. 798.

[138]Art. L.518-10 du Code monétaire et financier.

[139]V. n° 40 de la RFFP : *Transparence et finances publiques*, 1992.

[140]Ceci étant, l'opinion publique peut le consulter en bibliothèques parlementaires ou sur simple demande à la Caisse des dépôts et consignations. V. page de garde des rapports rouges; le citoyen dispose en outre des rapports annuels d'activité de la Caisse des dépôts et consignations d'une part, des différentes filiales d'autre part. communicationexterne@caissedesdepots.fr

[141]BELORGEY (J.-M.), *L'Etat entre transparence et secret*, Pouvoirs, n°97, 2001, p. 25.

[142]CE, 23 décembre 1988, *Banque de France c/ Huberschwiller*, Rec, p. 464.

[143]Et ce, malgré l'avis favorable de la CADA.

[144]Pour une attitude constante de la Commission de surveillance, v. par ex. procès verbaux du 21 novembre 1924, du 12 juillet 1935, 11 février 1992.

[145]C'est la justification que donne le député ALPHANDERY, membre de la Commission de surveillance, de l'amendement qu'il propose, JORF, AN, 1ère séance du 6 mai 1991, p. 2013 ; et les annexes du rapport sénatorial dans lequel figurent pour la première fois depuis 1816 des comptes rendus de séances de Commission de surveillance : CHINAUD (R.), Rapport d'information fait au nom de la Commission des finances, du contrôle budgétaire et des comptes économiques de la Nation *sur les suites susceptibles d'être données au relevé des constatations de la Cour des comptes sur certaines opérations financières de la Caisse des dépôts et consignations*, Sénat, 24 avril 1991, n°298, dit Rapport CHINAUD, n°298.

[146]Art. 20 de la loi n°11-635 du 10 juillet 1991 modifiant la loi n°83-557 du 1er juillet 1991 portant *réforme des caisses d'épargne et de prévoyance*, JORF, 11 juillet 1991, p. 9023. V. Art. L.518-10 al. 2 du Code monétaire et financier et *infra*.

que comporte cette nouvelle présentation »[147]. Une fois publiés officiellement dans le rapport remis au Parlement, les procès-verbaux deviennent alors libres d'accès[148].

C'est encore le souci de ne pas compromettre la Foi publique qui a inspiré l'article L.131-3 du Code des juridictions financières selon lequel : « les conditions dans lesquelles le contrôle de la Cour des comptes s'exerce sur des opérations de la Caisse des dépôts et consignations sont fixées par décret en Conseil d'Etat, compte tenu du caractère spécial de cet établissement ». Le décret d'application du 5 août 1970[149] excluait précisément les observations de la Cour du rapport annuel de la Commission de surveillance au Parlement et du rapport de la Cour elle-même[150]. La Caisse des dépôts et consignations était ainsi le seul de tous les organismes publics examinés par la Cour à ne pouvoir donner lieu à une insertion au rapport public.

Si ce régime « inutilement confidentiel » a été vivement critiqué dans le rapport CHINAUD de 1992[151], il est à noter qu'il s'agit plus d'une pratique que du droit[152]. En effet, les procès-verbaux de la Commission de surveillance sont riches d'enseignement, et, malgré des débats tendus, ne laissaient nullement hors de portée du rapport public de la Cour des comptes les activités de la Caisse des dépôts et consignations[153]. En outre, M. DESCHEEMAEKER fait remarquer que ce régime spécial « difficilement justifiable »[154] a été sensiblement réduit du fait du processus de filialisation des activités de l'Etablissement de la rue de Lille. La codification réglementaire[155] est venue faire disparaître cette singularité, sans poser de véritables difficultés pratiques ou heurts politiques de la part de la Caisse des dépôts et consignations[156].

Plus généralement, la transparence a été source de nombreuses législations[157] et demeure un principe fondamental de la démocratie. La Caisse des dépôts et consignations,

---

[147]Rapport blanc 1991, t. 2, p. 1

[148]Sur le fondement de la loi CADA, dès lors que le Parlement en a la priorité (v. les dispositions de la loi de 1991).

[149]Codifié aux art. R.131-4 à R.131-15 du Code des juridictions financières.

[150]Rapport P. RIVAIN, Rapporteur général sur le projet de loi du 22 juin 1967 relatif à la Cour des comptes, AN, 1967, annexe n°178.

[151]CHINAUD (R.), Rapport d'information fait au nom de la Commission des finances, du contrôle budgétaire et des comptes économiques de la Nation *sur la Caisse des dépôts et consignations*, Sénat, 9 juin 1992, n°394, dit rapport CHINAUD n°394, p. 19.

[152]Par ex., insertion au rapport public 1937 de la Cour des comptes portant *sur les comptabilités de la Caisse des dépôts et consignations vérifiées en 1936 et 1937*, imprimerie nationale, 1938, p. 121.

[153]Procès verbal du 22 mars 1974.

[154]DESCHEEMAEKER (C.), *op. cit.*, 1999, p. 49 ; doctrine constante de la Cour. V. par ex., (X.) (Préf. de A. CHANDERNAGOR, avant propos de P. MOINOT), *La Cour des comptes*, éd. CNRS, 1984, p. 869 ; régime inutile rappelé par un surveillant en Commission de surveillance (v. procès verbal du 29 janvier 1997). V. *infra*, Partie I, Titre 2.

[155]On peut néanmoins s'interroger sur la rigueur systémique de cette réforme demandée par la Cour des comptes, eu égard à la notion de codification *« à droit constant »*. Le principe du parallélisme des formes demandait un décret pris sur proposition de la Commission de surveillance. V. *a contrario*, le commentaire sous art. R.131-13 du Code des juridictions financières de MM. CONAN, DOYELLE, POUJADE et VACHIA, éd. Le Moniteur, 2001.

[156]V. les satisfactions apparentes du Directeur général et du Président de la Commission de surveillance dans les réponses aux observations concernant la Caisse des dépôts et consignations dans le rapport public 2000 de la Cour des comptes.

[157]Les années 1990 ont vu une prolifération des textes généraux tendant à une plus grande transparence des marchés financiers, des marchés publics ou de la vie politique, tels :

- Loi n°89-531 du 2 août 1989 sur *la sécurité et la transparence du marché financier* modifiée.
- Loi n°91-3 du 3 janvier 1991 relative à *la transparence et à la régularité des procédures de marchés et soumettant la passation de certains contrats à des règles de publicité et de mise en concurrence* modifiée (délit de favoritisme).
- Loi n°93-122 du 29 janvier 1993 relative à *la prévention de la corruption et à la transparence de la vie économique et des procédures publiques* modifiée, dite Loi Sapin.

en tant qu'institution publique, est notamment tenue par la loi de 1978 modifiée[158] de communiquer, sur demande, tous les documents administratifs de caractère général à l'exception des documents relatifs au crédit public, aux documents nominatifs[159] et ceux concernant le secret des affaires[160]. Les instructions de la Direction générale de la CDC pour l'application des lois et règlements relatifs aux dépôts et consignations sont donc librement accessibles. Les instructions relatives aux contentieux et consignations semblent aussi publiques[161] ; le sont également les directives et notes concernant le fonctionnement des établissements publics, caisses et fonds relevant d'un statut de droit public gérés par la Caisse des dépôts et consignations[162].

On peut donc affirmer que la Foi publique dirige la transparence de la Caisse des dépôts et consignations qui doit être, selon les mots de François BLOCH-LAINE, un « agent de confiance », crédit pouvant demander l'application mesurée de la législation[163]. Cette confiance doit alors se marier avec l'honnêteté et l'intégrité, autres principes rappelant la Foi publique.

B) La probité aux sources de la Foi publique

La probité se définit traditionnellement comme « l'exacte régularité à remplir tous les devoirs de la vie civile. La probité est uniquement relative aux devoirs envers autrui et aux devoirs de la vie civile. A l'intégrité s'attache l'idée particulière d'une pureté qui ne se laisse entamer ni corrompre »[164]. Ce propos n'est pas sans rappeler le cœur même de la définition de la Foi publique voulue par les philosophes des Lumières. En ce sens, BOUCHER d'ARGIS, dans l'article de l'Encyclopédie qu'il consacre au mot « Foi » propose une définition concrète de la Foi publique : « Est la créance que la loi accorde à certaines personnes pour ce qui est de leur ministère : tels sont les juges, greffiers, notaires, huissiers et sergents ; ces officiers ont chacun la Foi publique en ce qui les concerne, c'est-

- Loi organique n°95-63 du 19 janvier 1995 relative *à la déclaration de patrimoine est aux incompatibilités applicables aux membres du Parlement et à ceux du Conseil constitutionnel.*
- Loi n°95-126 du 8 février 1995 relative à *la déclaration du patrimoine des membres du gouvernement et des titulaires de certaines fonctions.*

[158]Loi n°78-753, portant *diverses mesures d'amélioration des relations entre l'administration et le public et diverses dispositions d'ordre administratif, social et fiscal*, JORF, 18 juillet 1978, loi modifiée par la loi n°2000-321 du 12 avril 2000 relative *aux droits des citoyens dans leurs relations avec les administrations*, JORF, 13 avril 2000, p. 5646.

[159]Par ex. s'il s'agit de manière générale d'une consignation ; c'est encore plus vrai si cette consignation est individuelle. V. *infra*, Partie II, Titre 2.

[160]Des analyses rétrospectives et prospectives de la situation financière de la commune de Caussade, dossier réalisé par une direction régionale de la Caisse des dépôts et consignations, doivent être communiquées. V. CADA, *demande d'avis de M. BONHOMME,* avis n°20010553-MD.

[161]Il en serait ainsi du *« manuel des consignations »* à l'usage des préposés qui a remplacé l'ancienne *« instruction générale du contentieux et des consignations »* : SERVICE DES PROFESSIONS JURIDIQUES ET DU RESEAU DU TRESOR, *Manuel des consignations*, CDC, 1995, 3 t.

[162]En seraient évidemment exclus, par exemple, les documents concernant la Caisse de la dette publique parce qu'intéressant le crédit public. Cette Caisse a remplacé, à compter du 15 janvier 2003, le fonds de soutien des rentes (FSR). V. art. 125 de la loi n°2002-1575 *de finances pour 2003* du 30 décembre 2002 (JORF, 31 décembre 2002, p.22025) et plus généralement CRUCIS (H-M.), *Finances publiques*, Paris, Montchrestien, coll. Focus Droit, 2003, not. p. 69.

[163]A titre d'exemple, si la Commission pour la transparence financière de la vie politique estime que la loi du 8 février 1995 ne s'applique pas à la Caisse des dépôts et consignations et à ses filiales, c'est pour le déplorer. Il n'est pas sûr que cette non application vienne d'une volonté consciente du législateur. Légalement, la Caisse des dépôts et consignations ne rentrait pas dans les catégories prévues par la loi, ce qui confirme le caractère atypique de la CDC. V. *8ème rapport de la Commission pour la transparence financière de la vie politique*, JORF, 25 mars 1999, p. 4484 ; *idem* sur l'application de la loi bancaire ou sur le droit des établissements publics.

[164]LITTRE (E.), *Dictionnaire de la langue française,* t. 6, Gallimard-Hachette, 1964, p. 451.

à-dire que l'on ajoute Foi, tant en jugement que hors, aux actes qui sont émanés d'eux en leur qualité, et à tout ce qui est rapporté comme étant de leur fait ou s'étant passé sous leurs yeux ». Par conséquent, les actes accomplis par ces officiers publics, sous l'égide de la Foi publique, ne doivent pas pouvoir être juridiquement ou moralement contestables. Le Conseil d'Etat[165] a confirmé cette manière de voir en estimant que toute personne dépositaire de l'autorité publique ou chargée d'une mission de service public ne doit pas se trouver dans une situation telle que son intérêt personnel puisse être en contradiction avec celui de la collectivité qu'elle sert.

Les articles L.311-1 et suivants du Code des juridictions financières permettent de poursuivre devant la Cour de discipline budgétaire et financière et de sanctionner pécuniairement les agents publics pour faute de gestion commise à l'égard de l'Etat ou d'une collectivité, certaines de ces fautes de gestion pouvant constituer un manquement à la probité[166]. Il est donc clair que l'exigence de probité, commandée par la Foi publique (ou la confiance publique), doit guider l'action des dirigeants de la Caisse des dépôts et consignations. Les dirigeants de l'Etablissement[167] et des filiales[168] semblent être justiciables de la CDBF sur le fondement de l'article L.312-1 du Code des juridictions financières et de l'alinéa 1er de l'article L.518-12 du Code monétaire et financier.

Le Directeur général de la Caisse, comme les directeurs adjoints et chefs de service, devaient en outre prêter serment devant la Commission de surveillance entre les mains du Président comme les tribuns de la Plèbe[169]. Ils doivent prêter désormais un simple serment en prononçant la formule : « Je jure de me conduire avec honneur et probité dans l'exercice de mes fonctions, d'exécuter et faire exécuter par mes subordonnés les lois et règlements concernant la Caisse des dépôts et consignations, dont la direction m'est confiée, et de maintenir de tout mon pouvoir l'inviolabilité de cette Caisse ». Ce serment suggère, à nouveau, la « Foi jurée », celle que certains parlementaires voudraient remettre à jour[170]. Cette apparente force du serment du Directeur général de la Caisse des dépôts et consignations – et donc de l'institution elle-même – suggère au Conseiller d'Etat VIGOUROUX de confier, sur le modèle américain, à l'Etablissement de la rue de Lille, la gestion du patrimoine des fonctionnaires pendant la durée de leurs fonctions dites sensibles[171].

---

[165] Par ex. : CE, 15 octobre 1969, *Préfet de police c/ sieur Schweitzer*, Rec p. 433.

[166] V. art. L.313-6 du Code des juridictions financières.

[167] Bien qu'établissement à statut spécial, la CDBF doit naturellement être considérée compétente à l'égard de la CDC ; dispositif à mettre en parallèle avec la jurisprudence de la Cour à l'égard de l'Institut de France. V. CDBF, 1er octobre 1997, *Institut de France*, RT, 1999, p. 183. V. aussi, en ce qui concerne le statut juridique de l'Institut, Rapport public 1992 de la Cour des comptes, p. 161.

[168] Procès verbal du 27 mars 2002. V. aussi REY-LEFEBVRE (I.), *La Cour de discipline budgétaire examine des transactions de la SCIC*, Le Monde, 22 mars 2002. Cette affaire est pendante devant la Cour.

[169] Lors de la codification des dispositions législatives relatives à la Caisse des dépôts et consignations dans un Code monétaire et financier, le législateur a suivi la commission de codification en abrogeant simplement cette disposition «*entre les mains du Président*", jugée obsolète. Le codificateur peut, en effet, supprimer des formules qu'il juge anachroniques. V. art. L.518-11 al. 2 du Code monétaire et financier.

[170] HAENEL (H.) et plusieurs de ses collègues, proposition de loi constitutionnelle n°231 *instaurant pour le Président de la République, pour le Président du Sénat et pour le Président de l'Assemblée nationale, une prestation de serment*, enregistrée à la Présidence du Sénat le 16 février 2001, www.senat.fr ; HAENEL (H.) et plusieurs de ses collègues, proposition de loi organique n°232 *modifiant l'article 6 de l'ordonnance n°58-1270 du 22 décembre 1958 portant loi organique relative au statut de la magistrature*, enregistrée à la Présidence du Sénat le 16 février 2001, www.senat.fr ; HAENEL (H.) et plusieurs de ses collègues, proposition de loi n°233 *instaurant pour le maire, le président du conseil général et le président du conseil régional, une prestation de serment*, enregistrée à la Présidence du Sénat le 16 février 2001, www.senat.fr

[171] Le système américain impose au responsable public de mettre en pension ses biens à un *« blind trust »* qui les gère. V. à ce sujet, notamment son ouvrage sur la *Déontologie des fonctions publiques*, paru aux éditions Dalloz en 1995.

Parce que « la Caisse des dépôts et consignations est placée sous le sceau de la Foi publique », le Parlement a aussi approuvé les dispositions gouvernementales tendant à confier à la CDC la gestion administrative du fonds de réserve des retraites (F2R)[172]. Il n'en demeure pas moins que le législateur n'a pas donné pleine compétence de gestion du F2R à la Caisse des dépôts et consignations, demandant expressément que la gestion financière soit confiée au marché concurrentiel hors de portée des filiales de la CDC[173]. C'est pourquoi, on peut dire que la Foi publique n'oblige pas à confier à la CDC l'ensemble des compétences qu'on veut bien entendre lui assigner.

Il convient de constater qu'il existe aussi une éthique professionnelle dans le droit de la fonction publique[174]. C'est à ce titre seulement[175], que le Directeur général de la Caisse des dépôts et consignations prend un arrêté fixant les règles à suivre pour tout agent de l'Etablissement, quel que soit son statut[176]. Les recherches entreprises par M. JEAN-PIERRE[177] laissent entendre qu'il n'y a pas de lien fondateur véritable entre Foi publique et déontologie du fonctionnaire : les deux notions divergent déjà sur le plan de l'histoire puisque la déontologie naît avec la Grèce antique tandis que la Foi publique s'appuie sur l'histoire romaine. Pourtant, éthique et Foi publique commandent ensemble un code de bonne conduite. C'est bien un sens politique qu'il faut donner au serment du Directeur général de la CDC[178], s'apparentant au serment imposé aux membres de tel ou tel ordre professionnel, de tel ou tel magistrat, de telle ou telle profession[179]. Ces textes ne présentent qu'un caractère incitatif et protecteur de l'institution, dont la sanction nous semble imparfaite, car morale[180]. Dès lors qu'elle engendre d'autres droits de portée et de valeur différentes, la Foi publique ne serait alors qu'un principe matriciel, issu du droit naturel, illustrant de manière topique la construction doctrinale des Professeurs MATHIEU et VERPEAUX[181].

---

[172]Communiqué de presse de la Commission des affaires sociales, Sénat, Service des commissions, Paris, 23 mai 2001 ; sur le F2R.

[173]Art. L.135-10 du Code de la sécurité sociale.

[174]JEAN-PIERRE (D.), *L'éthique du fonctionnaire civil. Son contrôle dans les jurisprudences administratives et constitutionnelles françaises*, LGDJ, bibliothèque de droit public, 1999, t. 202.

[175]La Caisse des dépôts et consignations semble être novatrice sur ce terrain (V. procès-verbal 13 novembre 1990 ; sur les modalités pratiques, v. note pour la Commission de surveillance : Communication du Contrôleur général sur l'avancement des principales démarches mises en œuvre à la Caisse des dépôts et consignations pour renforcer la déontologie, les contrôles internes, et les sécurités informatiques). V. aussi arrêté du Directeur général du 18 mai 1988 précisant les règles de déontologie personnelle à observer par les agents de la Caisse des dépôts et consignations modifié par arrêté du Directeur général du 22 septembre 1999 précisant les règles de déontologie personnelle à observer par les agents de la Caisse des dépôts et consignations ; plus spécialement v. LAGAYETTE (P.) et COCHEME (B.), *Professionnalisme et déontologie. Nos règles de comportement*, CDC/ Branche Retraites, [s.d., 1992-1997].

[176]Rien ne lui interdisait auparavant de le faire sur le seul fondement de la Foi publique.

[177]JEAN-PIERRE (D.), *op. cit.*, p. 13.

[178]PASQUIER, Directeur général de 1818 à 1848, prête, en ce sens, deux fois serment. V. procès-verbal du 20 juillet 1818 et procès-verbal du 11 septembre 1830.

[179]JEAN-PIERRE (D.), *passim.*

[180]La déontologie est une notion plus familière des systèmes anglo-américains que du droit français. Cela n'empêche que le droit français a évolué en la matière depuis les années 1990 avec la création de Commissions de déontologie dans les trois fonctions publiques et dans la fonction publique militaire.

[181]Selon ces auteurs, sont principes matriciels des principes majeurs en ce qu'ils engendrent d'autres droits de portée et de valeurs différentes, et ce, sans que soit établie une véritable hiérarchie entre les principes constitutionnels. Il en serait ainsi par exemple de la dignité qui est la matrice d'un certain nombre de garanties, formellement légales, mais dont la protection est nécessaire pour assurer le respect du principe lui-même (respect de l'être humain dès le commencement de la vie, droit à un logement décent...). V. MATHIEU (B.) et VERPEAUX (M.), *Contentieux constitutionnel des Droits fondamentaux*, LGDJ, Manuel, Paris, 2002, p. 418 et 422.

Cela étant, le Nouveau code pénal[182] prévoit des sanctions aux atteintes à la confiance publique et peut être considéré comme une version laïcisée de la Foi publique englobant le crédit public et la Foi publique au sens strict[183]: correctionnalisation de faux, fausse monnaie, falsification des titres ou autres valeurs fiduciaires émises par l'autorité publique et falsification des marques de l'autorité, détournement de fonds publics[184]. La Chambre criminelle de la Cour cassation a ainsi jugé « que le préjudice auquel peut donner lieu un faux dans un acte authentique résulte nécessairement de l'atteinte portée à la foi publique et à l'ordre social par une falsification de cette nature ». Bien qu'y faisant allusion dans cette affaire apparemment inédite, le droit privé général ne reconnaît pourtant pas la Foi publique, source fondamentale de la Caisse des dépôts et consignations, comme un principe général autonome[185].

Il faut donc admettre que la Foi publique, d'un principe constitutionnel manqué, d'un principe directeur souhaité, demeure et reste, en droit positif, virtuelle.

---

[182]DESPORTES (F.) et LE GUHENEC (F.), *Etude : Présentation des dispositions du nouveau code pénal*, JCP, G., I 3615, p. 436 ; titre IV du Nouveau Code pénal : Des atteintes à la confiance publique (art. 441-4 sqq. du Code).

[183]C. Cass. crim., 24 mai 2000, *M. Brown et al.*, n°3534.

[184]V. notamment procès-verbal du 3 novembre 1993, à propos de l'affaire dite des *« Beaux sites »* ; et surtout, sur la même affaire : CA, Paris, 18 février 2002, *Aballéa et autres*, Bulletin Joly Bourse, septembre-octobre 2002, p. 451, note L. RUET.

[185]SARGOS (P.), *Les principes généraux du Droit privé dans la jurisprudence de la Cour de Cassation. Les garde-fous des excès du droit,* JCP, G, 21 mars 2001, p. 589.

SECTION II- Les virtualités de la Foi publique en droit positif

Si la Foi publique a pu justifier, dans le passé, la particularité de la Caisse des dépôts et consignations (§1.), elle s'inscrit davantage aujourd'hui comme l'expression d'un droit post moderne (§2.).

§1. La Foi publique, justification originaire de la spécificité de la Caisse des dépôts et consignations

Le cadre initial de la loi organique de 1816 instituant la Caisse des dépôts et consignations avait pour objet de prévenir tout abus du pouvoir exécutif et de protéger des fonds privés notamment les dépôts et consignations[186]. Ce texte fondateur a simultanément institué une nouvelle Caisse d'amortissement et une Caisse des dépôts et consignations. Ces deux établissements étaient soumis à la même surveillance et aux mêmes règles, placés dans les mêmes locaux et soumis à la même administration. La séparation des responsabilités entre les deux caisses isole la tâche de l'amortissement de toute autre opération et réduit ainsi les risques de contrevenir aux engagements pris pour amortir la dette publique.

Institutionnalisé symboliquement par la loi, acte fondamental de souveraineté (I), le statut des Caisses d'amortissement et des dépôts et consignations demeure suffisamment souple et confiant en la Foi publique (II).

I- Une institutionnalisation législative symbolique

Cette forme d'institutionnalisation législative est très symbolique en 1816 dans les premiers moments d'une monarchie constitutionnelle[187]. Elle laisse percevoir l'application, avant l'heure, d'un certain principe de précaution[188], puisqu'il s'agissait avant tout de prémunir l'argent de l'épargnant de toute mainmise autoritaire du pouvoir exécutif. Cette protection élevée contre l'Etat débiteur face à l'Etat créditeur[189] a pour conséquence de prendre en charge les dettes issues du règne napoléonien pour financer ses conquêtes européennes. Elle doit donc être fondée sur le principe selon lequel des mesures préventives doivent être arrêtées. C'est bien la clef fondamentale de l'institutionnalisation de la Caisse des dépôts et consignations en 1816 ; à ce titre, un Président de Commission de surveillance rappelait en 1837 que la « Caisse des dépôts et consignations n'a pas été établie comme un moyen de finance»[190]. Toutefois, le principe de précaution s'apprécie au regard de

[186]DELATOUR (A.), *op.cit.*, p. 2.

[187]Ce n'est qu'avec l'art. 205 de la loi du 25 juillet 1925 qu'est réservée à la loi la création des établissements publics nationaux. Cet état de droit a été modifié par l'article 34 de la Constitution de 1858.

[188]Le principe de précaution est néanmoins *« un outil moralement indiscutable mais juridiquement sans rigueur ».* V. GROS (M.) et DEHARBE (D.), *La controverse du principe de précaution*, RDP, 2002, not. p. 845. V. aussi LECOCQ (P.-A.), *A génie génétique et vache folle, principe sage ? Fortunes et infortunes juridiques du principe de précaution*, Etudes en l'honneur de P. SANDEVOIR : *service public, services publics*, Paris, L'Harmattan, 2000, p. 168.

[189]Procès-verbal du 26 février 1873 ; et plus généralement, GUILLEMOT (R.), *Caisse des dépôts et consignations –Traité des consignations*, Paris, Cercles des Sociétés savantes, 1868, p. 2 ; SAY (L.), *Dictionnaire des finances*, Paris, Berger-Levrault, 1894, t. 1, p. 800.

[190]Le Moniteur universel, 3 juin 1837, p. 1394, interpellation formulée lors de la discussion de l'article 4 de la loi du 9 juillet 1836 relative au règlement du budget de 1833. Le comte Antoine ROY (1764-1847), pair de France, ministre des Finances en 1818, 1819, et de 1828 à 1829, a été Président de la Commission de surveillance de la Caisse des dépôts et consignations de 1837 à 1847.

l'environnement juridique et de l'évolution politique d'une société[191], laissant alors entrevoir une redéfinition éventuelle, matérielle et fonctionnelle de la Caisse des dépôts et consignations.

D'une indépendance statutaire dominante s'est ouvert très tôt[192] un débat sur l'autonomie de la Caisse des dépôts et consignations (A) comme l'institution d'un Etablissement spécial des dépôts et consignations (B).

A) La réalité de l'indépendance statutaire de la CDC

La Caisse des dépôts et consignations, sous le sceau de la Foi publique, s'est vu accorder en 1816 un statut d'indépendance réelle[193] vis-à-vis du pouvoir exécutif en général, du ministre des Finances en particulier[194]. ODIER[195] déclare : « le but du législateur à cette époque a été d'établir une spécialité indépendante, pour ainsi dire, non pas de la surveillance, mais de toute administration du ministre des Finances... ». Le Rapport GAZIER[196] note à ce sujet que la Caisse des dépôts et consignations peut prétendre à la qualification d'autorité administrative indépendante. La jurisprudence du Conseil d'Etat établit, dès 1906[197], le caractère spécial de l'Etablissement « qui participe à la vie propre de l'Etat, tout en ne se rangeant pas néanmoins dans la catégorie des Administrations publiques ». Ce vocabulaire n'est pas sans rappeler celui exprimé par le commissaire du gouvernement RIGAUD sous l'arrêt Ministre des Armées c/ Sieur Ruffin, référence jurisprudentielle de la doctrine sur les autorités administratives indépendantes[198].

---

[191]Bien que certains auteurs demandent la constitutionnalisation du principe de précaution, il ne s'agit aujourd'hui que d'un principe naissant : *« La précaution n'est encore pas moins, même lorsqu'elle est prévue par les textes, qu'un principe politique et non une règle de droit qui appellerait une définition précise et des conséquences également précises »* (M. LONG, préface à l'ouvrage d'O. GODARD, *Le principe de précaution dans la conduite des Affaires publiques*, éd. de la Maison des Sciences de l'Homme , 1997, p. 21). V. également DERBOULLES (L.), *La réception par le Parlement français du principe de précaution*, RRJ, 2001, p. 763 ; GRECIANO (L.), *Sur le principe de précaution en droit communautaire*, LPA, 20 mars 2001, p. 4 ; COUTRELIS (N.), *Le principe de précaution : aspects juridiques*, www.rajf.org (recherche effectuée le 27 novembre 2001) et le refus du Conseil Constitutionnel de l'admettre au rang des objectifs à valeur constitutionnelle (v. 2001-446 DC, 27 juin 2001, *Loi relative à l'interruption volontaire de grossesse*, JORF, 7 juillet 2001, p. 10828).

[192]Intervention non publiée d'A. PEZARD, Directeur du Service juridique et fiscal du Groupe Caisse des dépôts, sur *« Les débats juridiques des années 1930 et 1940 sur le statut et l'autonomie de l'institution [la CDC] »* lors du colloque *« La Caisse des dépôts et consignations, la Seconde Guerre mondiale et le XX*e *siècle »* tenu à la Maison de la Chimie (Paris) les 28, 29 et 30 novembre 2001.

[193]GIRAULT (A.), *Manuel de législation financière*, Paris, Génin, 1912, p. 169.

[194]VÜHRER (A.), *op. cit.*, t. 2, p. 107.

[195]Suite au rapport fait au nom de la Commission chargée d'examiner le projet de loi relatif au règlement définitif des comptes de l'exercice 1835, par M. DUPRAT, Député de Tarn et Garonne, Moniteur universel, Chambre des députés, séance du mercredi 26 et vendredi 28 avril 1837. V. aussi lors des débats sur la création éventuelle de la caisse de gestion des bons de la défense nationale et d'amortissement de la dette publique : *« La caisse n'aura d'utilité véritable que si son indépendance et sa dotation présentent un caractère définitif »* (motifs de la loi du 7 août 1926 ayant pour objet la création d'une caisse de gestion des bons de la défense nationale et d'amortissement de la dette publique ; *« La confiance n'est jamais définitive...est donc la première condition du retour au calme, mais elle ne peut le fixer que si elle est elle-même à l'abri de toutes surprises »* (séance du 10 août 1926, intervention du Président du Conseil à l'Assemblée nationale). Sur l'origine et la création de la Caisse autonome d'amortissement de 1926, v. not. BABY (G.-G.), *La Caisse autonome d'amortissement*, Paris, Sirey, 1932, p. 19 sqq. et BOCA (A.), *La Caisse autonome d'amortissement. Sa politique financière. Son rôle à l'égard des marchés monétaire et financier*, Paris, Sirey, 1935, p. 29 et sqq.

[196]GAZIER (F.) et CANNAC (Y.) *Etude sur les autorités administratives indépendantes*, EDCE, 1983-1985, p. 13 ; DUPUIS (G.), GUEDON (M.-J.) et CHRETIEN (P.), *Droit administratif*, 7ème éd., A. Colin, Droit U, 2000 , p. 283.

[197]CE, 29 juin 1906, *Sieur Lurton*, Rec. p. 585.

[198]CE, 6 décembre 1968, *Ministre des Armées c/ Sieur Ruffin*, cls J. RIGAUD, RDP, 1969, p. 700.

Cette qualification n'est pourtant pas satisfaisante et ne correspond plus aux caractéristiques communes des autorités administratives indépendantes : le rapport 2001 du Conseil d'Etat[199] relatif aux autorités administratives indépendantes ne signale pas la Caisse des dépôts et consignations sous cet éventuel vocable.

On a pu aussi dire que la loi du 28 avril 1816 donnait un statut et une protection constitutionnels aux Caisses d'amortissement et des dépôts et consignations[200]. Malgré son nom, la loi sur les finances du 28 avril 1816 va, en effet, bien au-delà d'un simple budget de l'Etat[201] et correspond, dans une certaine mesure, à la définition contemporaine de la loi de finances[202]. C'est « un ensemble de dispositions considérées comme fondamentales, et maintenu »[203], réorganisant le Trésor, la Bourse, la Banque de France, les Caisses d'amortissement et des dépôts et consignations. Elle divise le budget de 1816 en budget ordinaire et budget extraordinaire et revoie l'ensemble du dispositif financier et fiscal[204]. Elle contient, en fait, trois lois distinctes portant ses différentes mesures. Elle met en place en France ce qu'on appelle communément le « premier code des finances publiques »[205], voire sa première constitution économique[206]. Si le budget de la Caisse des dépôts et consignations ne figure pas dans la loi de finances – et pour cause[207] – cela n'empêche que l'Etablissement soit directement intéressé chaque année par certaines mesures prévues dans le budget de l'Etat[208].

En tout état de cause, la loi de 1816 pourrait être considérée comme une loi d'application de la loi fondamentale, une loi constitutionnelle avant la lettre[209]. A titre d'analogie, le Doyen CARBONNIER faisait remarquer que le Code civil, en vertu de

---

[199]V. Rapport CE 2001, *Considérations générales. Les autorités administratives indépendantes*, Paris, La documentation française, Etudes et documents n°52, 2001, not. p. 257 : la définition que donne le Conseil de l'autorité administrative indépendante ne correspond plus d'un point de vue juridique aux garanties accordées à la Caisse des dépôts et consignations.

[200]Au même titre que la Banque centrale européenne, dont les statuts figurent dans le traité de Maastricht ; il faudrait l'accord unanime de l'ensemble des membres de l'Union pour la réformer. V. JABKO (N.), *Expertise et politique à l'âge de l'Euro : La Banque centrale européenne sur le terrain de la démocratie*, RFSP, décembre 2001, p. 903 et ALLEMAND (F.), *La réforme de la Banque centrale européenne*, Problèmes économiques, 13 août 2003, p. 17. V. néanmoins une interprétation restrictive de l'article 108 du TCE : CJCE, aff. C-11/00, 10 juillet 2003, *Commission CE c/ Banque centrale européenne*, JCP, G, 5 novembre 2003, p. 1937, note E. DOUAT et A. ERRABIH.

[201]BOTTENHEIM (J.), *op. cit.*, p. 76 sqq.

[202]QUEROL (F.), *Le concept de Loi de finances dans l'ordonnance 59-2 du 2 janvier 1959 portant loi organique relative aux lois de finances*, dans DUSSART (V.) et ESPUGLAS (P.) (études coordonnées par), *op. cit.*, p. 89. La réforme de notre constitution financière ne semble pas remettre en cause en profondeur cette notion.

[203]V. les observations de BARROT (O.) et al., *op. cit.*, 1837, t. 13, p. 482.

[204]DALLOZ (Ai.) et DALLOZ (Ar.), *Répertoire méthodique et alphabétique de législation, de doctrine et de jurisprudence en matière de droit civil, commercial, criminel, administratif, de droit des gens et de droit public*, Bureau de jurisprudence générale, 1862, t. 42, 2e partie, p. 1070.

[205]Expression reprise par Mme BON-GARCIN : *« La Banque de France de 1800 à nos jours »* lors de son intervention au colloque tenu le 25 mars 1994 à la Faculté de Droit de Lyon 2 sur *L'autonomie de la Banque de France ou le réaménagement des pouvoirs monétaires*, LPA, 20 juin 1994, p. 5; V. DUTRIEUX (J.-B.), *Les finances publiques sous la Restauration, 1814-1830*, rapport de recherche présenté dans la cadre du séminaire d'histoire des finances publiques, DEA, Droit public général, mention droit public financier (Lille II), dispensé par le Professeur Vincent CATTOIR-JONVILLE en 1996 et 1997.

[206]Bien que la loi sur les finances de 1816 ne soit pas expressément citée dans l'étude de M. RABAULT. V. RABAULT (H.), *La constitution économique de la France*, RFDC, 2000, p. 706.

[207]La Caisse des dépôts et consignations vit en effet de ses propres ressources et n'alimente le budget de l'Etat que par une contribution représentative de l'impôt sur les sociétés. V. art. L.518-12 et L.518-16 du Code monétaire et financier.

[208]Par ex., la mesure de surcompensation entre les régimes spéciaux d'assurance vieillesse, à l'origine de certaines difficultés de la trésorerie de la CNRACL, gérée par la CDC, fut décidée par la loi de finances pour 1986.

[209]V. par ex., BARTHELEMY (J.), *La distinction des lois constitutionnelles et des lois ordinaires sous la Monarchie de Juillet*, RDP, 1909, p. 5. Et plus généralement, MESTRE (J.-L.), *Les juridictions judiciaires et l'inconstitutionnalité des ordonnances royales de la Restauration au Second Empire*, RFDC, 1993, p. 451.

l'article 68 de la Charte, avait force de loi subordonnée à la Charte[210], à ce qui était sinon une constitution au sens moderne du mot, du moins un acte additionnel aux lois fondamentales du royaume[211].

De plus, les modifications du statut de la Caisse d'amortissement créée en 1926, à la place de celle créée en 1816, étant prises dans le cadre d'une loi constitutionnelle ont fait dire que la Caisse des dépôts et consignations aurait également un statut constitutionnel[212]. C'est pourquoi, si les modifications apportées à la Caisse d'amortissement ont parfois fait l'objet d'un recours à la forme constitutionnelle[213], toute modification apportée à la loi de 1816 devrait naturellement réclamer les mêmes formes[214], notamment pour ce qui concerne les dispositions relatives à la Caisse des dépôts et consignations[215]. Pourtant, l'évolution institutionnelle et financière de l'état du droit a refusé cette interprétation[216] : la loi qui régit la Caisse des dépôts et consignations est une loi ordinaire[217].

Le Conseil constitutionnel a cependant relevé que la nécessité de certains services publics nationaux « découle de principes ou de règles de valeur constitutionnelles[218] » ou que leur « existence et [leur] fonctionnement seraient exigés pas la constitution[219] ». Ce n'est donc pas de la Foi publique que découlerait le statut constitutionnel de la Caisse des dépôts et consignations, si un tel statut lui était reconnu[220]. Cela étant, la distinction des services publics exigés par la constitution des autres services publics créés par le législateur

---

[210]CARBONNIER (J.), *En l'année 1817*, dans Mélanges offerts à Pierre RAYNAUD, Paris, Dalloz, 1985, p. 83.

[211]V. plus généralement RIALS (S.), *Essai sur le concept de monarchie limitée (autour de la charte de 1814)*, Droit prospectif, 1982-2, p. 281.

[212]La Caisse d'amortissement créée en 1816 a été supprimée par la loi du 29 avril 1926 qui a institué une Caisse d'amortissement autonome, elle-même supprimée par la loi du 7 août 1926 qui a créé indépendamment de la Caisse des dépôts et consignations, la Caisse de gestion des bons de la défense nationale, d'exploitation industrielle des tabacs et d'amortissement de la dette publique. Il a été mis fin à l'existence de cette Caisse par l'article 77 de la loi de finances du 30 octobres 1958. Par ailleurs, l'article 32 de la loi de finances n°86-824 du 11 juillet 1986 a institué une Caisse d'amortissement de la dette publique. Cette Caisse créée pour une durée de dix ans a cessé ses activités. Enfin, l'ordonnance du 24 janvier 1996 relative au remboursement de la dette sociale a créé à compter du 1er janvier 1996 et pour une durée de 13 ans et un mois la Caisse d'amortissement de la dette sociale (CADES).

[213]Ce raisonnement n'est pas absolu, puisque, à titre d'exemple, une loi du 10 septembre 1871 supprime la dotation de la Caisse d'amortissement V. SALOME (L.) et al., *op. cit.*, p. 86.

[214]Le cas de 1926 est le plus manifeste et instrumenté (V. BABY (G.-G.), *op. cit.*, p. 231 et sqq.), aveç d'ailleurs la suppression de l'institution lors de l'avènement de la Constitution du 4 octobre 1958. V. loi du 10 août 1926, complétant la loi constitutionnelle du 25 février 1875, JORF, 11 août 1926, p. 9138 et art. 77 de l'ordonnance du 30 décembre 1958, portant *loi de finances pour 1959*, JORF, 31 décembre 1958, p. 12071 ; BURDEAU (G.), *Le pouvoir politique et l'Etat - introduction à l'étude du droit constitutionnel*, Paris, Pichon et Durand-Auzias, 3ème éd., 1945, p. 44: *« Il s'agit là de matières qui n'ont en soi rien de constitutionnelles, mais que l'autorité constituante a entendu faire bénéficier de la stabilité qui, dans les pays dotés d'une constitution rigide, s'attache au contenu de celle-ci »*. V. aussi JOSPEH-BARTHELEMYet DUEZ (P.), *op. cit.*, p. 33.

[215]Conclusion logique que l'on peut tirer des propos de MOLLIEN, Président de la Commission de surveillance de 1819 à 1826 dans le rapport blanc 1820, p. 10.

[216]94-347 DC, 3 août 1994, *préc.*

[217]Le caractère constitutionnel de la Caisse d'amortissement disparaîtrait avec le référendum du 21 octobre 1945 qui a donné à l'Assemblée nationale élue ce jour un pouvoir constituant. La Constitution du 27 octobre 1946 ne fit aucune allusion à la loi constitutionnelle du 10 août 1926. On peut admettre que cette loi ait subsisté comme loi ordinaire alors que la loi du 25 février 1875 a disparu. Les constitutions politiques peuvent contenir des dispositions étrangères à l'organisation des pouvoirs publics proprement dits. A la suite de l'effondrement des régimes politiques, ces articles subsistent à titre de lois ordinaires. Le plus célèbre exemple en la matière est constitué par les articles 76 à 82 de la Constitution de l'an VIII sur l'inviolabilité du domicile et les garanties contre les dotations arbitraires qui ont subsisté depuis 1814 à titre de loi ordinaire. On pourrait donc ranger dans cette catégorie la loi du 10 août 1926. V aussi *supra*.

[218]86-207 DC, 25-26 juin 1986, *Privatisations*, GDCC n°39.

[219]87-232 DC, 7 janvier 1988, *Loi relative à la mutualisation de la Caisse nationale de Crédit agricole*, Rec. p. 17 et 96-375 DC, 9 avril 1996, *Loi portant diverses dispositions d'ordre économique et financière,* Rec. p. 60.

[220]94-347 DC, 3 août 1994, V. *supra*.

ou le pouvoir réglementaire étant désormais admise[221], on peut se demander si la Caisse des dépôts et consignations ne rentrerait pas dans cette catégorie. En effet, on présente de manière générale une classification juridique des services publics[222]: certaines missions constitutionnelles régaliennes peuvent tout d'abord être remplies entièrement et de façon permanente par l'Etat. D'autres missions constitutionnelles peuvent ensuite être garanties de façon permanente par l'Etat, leur exécution relevant par nature des personnes privées. Enfin, les missions non constitutionnelles ou missions exceptionnelles sont des missions qui doivent être également régies par l'Etat, mais à titre exceptionnel et pendant un temps limité et dont l'existence relève en principe des personnes privées[223].

Cette dernière hypothèse a été soutenue notamment par la proposition de loi, dite « projet BALLADUR »[224], qui estime que si la création de la Caisse des dépôts et consignations avait sa raison d'être en 1816, rien ne justifie aujourd'hui un monopole des dépôts et consignations. La sécurité du système financier et bancaire permet, selon lui, de « confier sans risque toute sorte de dépôt à tout établissement de crédit dûment agréé, sur une base de concurrence ». Le Conseil constitutionnel est d'accord sur ce principe puisqu'il a admis largement que le « service public du crédit »[225] n'est pas constitutionnel : il n'y a pas besoin d'une institution particulière pour recevoir et administrer les sommes et valeurs dont il importe d'assurer la conservation en raison de leur origine[226]. C'est pourquoi la doctrine libérale[227] serait tentée d'admettre une évolution vers le statut de société de la Caisse des dépôts et consignations[228]. Tout en maintenant une filiation directe avec son homologue française, les législations québécoise, italienne ou marocaine ont formé des « Caisses des dépôts et consignations », sous forme de sociétés privées, ce qui confirmerait cette manière de voir.

Encore faudrait-il savoir ce qu'est la Caisse des dépôts et consignations établie en 1816 sous forme d'établissement spécial, notion discutée par la doctrine et la jurisprudence. En effet, par analogie, la Banque de France était formée, sous forme de société avant 1993, alors même que le législateur, puis, avec plus d'incertitude, les juridictions, constateront la personnalité publique de la haute institution monétaire[229]. L'article L.142-1 du Code monétaire et financier confirme d'ailleurs, avec quelque ambiguïté, que « la Banque de France est une institution dont le capital appartient à l'Etat ». On pourrait alors fort bien imaginer cette forme statutaire pour la Caisse des dépôts et consignations, bien qu'en l'état actuel du droit, la Caisse des dépôts et consignations ne possède pas de capital, mais des réserves[230]. Le capital pourrait même appartenir aux deux assemblées parlementaires[231], à

---

[221]FAVOREU (L.), *Service public et Constitution*, AJDA 1997, n°spécial, p. 16 ; les observations sous GDCC n°39.

[222]RACLET (A.), *L'encadrement des prérogatives de puissance publique nationale par le droit communautaire des affaires*, th., Paris II, 2000, vol. 2, p. 405 sqq.

[223]Du fait d'une carence du secteur privé, d'une menace à un droit fondamental ou d'un intérêt national menacé.

[224]BALLADUR (E.) et al. Proposition de loi relative *à la désétatisation de la Caisse des dépôts et consignations et à la suppression de ses privilèges*, Assemblée nationale, n°609, seconde session ordinaire de 1988-1989, 17 avril 1989, p. 3.

[225]86-207 DC, *op. cit.*

[226]A propos du crédit agricole V. 87-232 DC, *op. cit.* Plus généralement, la CJCE a considéré que ne relèvent pas de service d'intérêt économique général les transactions bancaires. V. aussi Aff. 10/71, 17 juillet 1971, *Muller*, Rec. p. 723.

[227](X.), *Le démantèlement de la Caisse des dépôts : une nécessité*, RPR banque, n°2, janvier 1993.

[228]Sur le plan formellement juridique, la forme sociétaire a peu d'importance, puisque, société à un seul actionnaire, elle est vidée de son contenu. Sur le plan financier, en revanche, l'opération serait, à court terme, intéressante, eu égard au bilan de la Caisse des dépôts et consignations. V. ECKERT (G.), *Droit public des affaires*, Paris, Montchrestien, coll. Focus droit, 2001, p. 190, *« Société à capital public »*.

[229]TOUBOUL (C.), *Existe-t-il une divergence jurisprudentielle entre la Cour de cassation et le Conseil d'Etat à propos du statut juridique de la Banque de France ?*, JCP, G, 5 juin 2002, p. 1046.

[230]V. *infra*, Partie 1, Titre 1.

l'image de ce que la loi du 30 décembre 1999 a prévu pour la Chaîne parlementaire[232]. L'indépendance à l'égard du pouvoir exécutif serait alors à son apogée, comme en a pu le décider la Caisse des dépôts et de Placement du Québec, dès sa création, en adoptant un statut sociétal[233]. C'est pourquoi, il pourrait être admis que la Caisse des dépôts et consignations française reçoive une qualification similaire à celle de la Banque de France[234]. Elle formerait alors une personne publique sui generis[235], au même titre que notre banque centrale.

Sur le plan historique et philosophique, le législateur de 1816 semble à première vue s'être inspiré du modèle financier anglo-américain[236] et suédois[237]. La Révolution anglaise de la fin du XVIIe siècle a inauguré la révolution financière et créé la Banque d'Angleterre, indépendante de l'Echiquier et sous le contrôle du Parlement[238]. Cette nouvelle institution garantit aux Anglais, devant l'Europe étonnée, le nerf de la guerre. Et elle concentre, à côté de son rôle encore vague d'émetteur et de régulateur du système de crédit, les deux fonctions d'amortissement et de dépositaire[239]. Cette manière de voir n'est certainement pas à exclure tout au moins au regard des idées institutionnelles fondatrices de 1816[240] et du rôle monétaire que peut jouer la Caisse des dépôts et consignations[241]. En ce

---

[231]Il peut paraître surprenant que les assemblées parlementaires, qui n'ont pas en principe la personnalité morale, puissent être déclarées, comme tel, actionnaires. V. aussi PINON (X.), *La personnalité de fait des assemblées parlementaires, un cadavre bien vivant*, RDP, 2003, p. 283.

[232]Loi n°99-1174 du 30 décembre 1999 portant *création de la Chaîne parlementaire*, JORF, 31 décembre 1999, p. 19990.

[233]PELLETIER (M.), *op. cit.*, p. 28 et sqq.

[234]TC, 16 juin 1997, *Société La Fontaine de Mars, M. et Mme Huet c/ Banque de France*, Rec. p. 532 ; CE, 22 mars 2000, *Syndicat national autonome personnel Banque de France*, n°203854, DA, avril 2000, p. 20 ; CE, Section des finances (Assemblée générale), Avis n°364 834, 9 décembre 1999.

[235]THIVEAUD (J.-M.), *1814 : La Banque de France ou la définition de son indépendance*, REF, n°22, 1992, p. 246.

[236]V. par ex., art. 1ère section VIII paragraphe 5 de la Constitution des Etats Unis d'Amérique de 1787.

[237]La banque de Suède a été créée en 1656. V. ALBERT (M.), *Les banques centrales*, dans DRAGO (R.) (dir.), *Quel avenir pour les entreprises publiques*, PUF, 2001, p. 24. Par ailleurs, l'Empire de Pierre le Grand est à l'époque en pleine mutation : les successeurs de la Grande Catherine continuent son œuvre de despote éclairé pour faire de la Russie un Etat moderne et éclairé. La création administrative se conjugue avec les conquêtes intérieures, véritable colonisation au Sud et à l'Est. A côté d'une Banque de noblesse (1754), institution centrale, est créée en 1772 une Caisse de dépôts attachée à la Maison des enfants trouvés, destinée à lutter contre l'usure et à conserver une épargne rémunérée. Ainsi, épargne, prévoyance et crédit se trouvent liés au sein de l'Etat. V. LASSALLE (V.), *Les Caisses des dépôts russes, XVIIIe –XIXe siècles*, dans MALVET (P.) et THIVEAUD (J.-M.), *op. cit.*, p. 323.

[238]JEZE (G.) et BOUCART (M.), *Eléments de la science des finances* et de la législation financière, Paris, Giard et Brière, 2ème éd., 1902, vol. 1, p. 366.

[239]CANTILLON (R.), *Essai sur la nature du commerce en général*, 1755, New York, éd. with an English translation and other material by Henary Higgs, réimp. 1964 ; SMITH (A.), *Recherche sur la nature et les causes de la richesse des Nations* (trad. C. BAKER…), Paris, Economica, réimp. 2002 ; THIVEAUD (J.-M.), *Le statut de la Caisse des dépôts : tutelle parlementaire et crédit de la Nation (La Foi publique)*, Bulletin de l'IREPP, janvier 1991, p. 165.

[240]DE LEOBARDY et UZAN (M.) (textes réunis par), *Finance et confiance : une urgence*, dans MALVE (P.) et THIVEAUD (J.-M.), *op. cit.*, p. 587; et plus spécialement les travaux présentés par la mission des travaux historiques et les service de l'information et de la communication interne en mai 1989, lors d'une exposition *« Au 56 rue de Lille »* (source archives MTH/CDC).

[241]Procès verbal du 4 juin 1937; BURGARD (J.-J.), CORNUT (C.) et ROBERT de MASSY (O.), *La Banque de France*, Paris, Dalloz et PFNSP, 1995, 4ème éd., p. 101 et p. 119 ; FLOUZAT (D.), *Economie contemporaine*, Paris, PUF, Thémis, t. 2 : Les phénomènes monétaires, 1979, p. 82 ; BARDELLI (P.), *L'intégration de la Caisse des dépôts et consignations dans le processus de création de la Monnaie*, Revue d'économie politique, 1980, p. 19 ; TERASSE (B.), *La Caisse des dépôts et consignations et le marché monétaire*, mémoire de DEA, *Théorie et politique monétaire*, Paris II, 1978 ; WATTEAU (M.) (Conférence faite par), *La Caisse des dépôts et consignations et la Caisse d'amortissement*, Centre d'Etudes Supérieures de Banque, 4 juillet 1946, Conférences 1946-1947, n°1-13, dans Les cours du Droit, 1947, p. 7 sqq. ; WINTER (A.), *Le rôle monétaire et financier de la Caisse des dépôts et consignations*, Mémoire DES : UER 20 Sciences économiques, Paris II, 1975.

sens, la loi de 1816 place, d'une part, les Caisses d'amortissement et des dépôts et consignations « sous la surveillance et la garantie de l'autorité législative » et d'autre part, assure une position singulière au Directeur général au regard de ses attributions et de sa révocation. C'est par l'intermédiaire d'une commission dite précisément « Commission de surveillance » que le Parlement connaît la direction morale et la situation matérielle de l'Etablissement CDC. Cette commission est composée de parlementaires, de magistrats de l'ordre financier et de membres du Conseil d'Etat et des forces vives de la société économique de l'époque[242] : le gouverneur de la Banque de France et le Président de la Chambre de commerce de Paris.

Sur le plan juridique, l'analogie que présente le statut sui generis de la Banque de France à celui de la Caisse des dépôts et consignations n'est pas surprenante[243]. Cette analogie mérite toutefois d'être approfondie. Le critère de l'indépendance de l'institution à l'égard des pouvoirs publics, politique ou administratif est difficile à apprécier, car, chargé d'un contenu émotionnel[244], il n'est que relatif[245]. Il doit se distinguer de l'autonomie juridique de certaines institutions qui font partie de l'Etat ou auxquelles elles sont rattachées, tout en étant dotés d'une certaine liberté interne de se gouverner et de s'administrer elles-mêmes[246]. En effet, le terme d'indépendance n'a pas la même résonance en français et en anglais[247]. Quand le linguiste français songe, au sens large, à une personnalité qui n'est pas dépendante d'une autorité ni soumise à des intérêts particuliers[248], le monde anglo-saxon désigne par ce terme de surcroît une personne qui assure volontairement une responsabilité, de façon clairement positive et autonome. C'est tout le sens affirmé – et à donner – à la responsabilité personnelle du Directeur général de la Caisse des dépôts et consignations, garant de sa gestion et des fonds qui lui sont confiés[249]. Alors que l'autonomie constitue le cœur du régime des établissements publics par rapport à l'administration et selon le droit administratif, le vocable d'indépendance, à l'image du travailleur indépendant exerçant en dehors de l'entreprise une activité qu'il est libre d'organiser à sa guise, s'étend au delà des qualifications légales pour désigner l'existence

---

[242]V. *infra* : l'évolution de l'organisation et du fonctionnement de cette Commission.

[243]GARNIER (D.), *L'indépendance de la Banque de France depuis le Traité de Maastricht*, mémoire DEA de Droit public, Rennes I, 1996, p. 8 ; à la vérité, la Caisse des dépôts et consignations correspond, en tout cas lors de sa création, au modèle de la banque d'Angleterre et elle se déplacera sur d'autres institutions étrangères du même type, lors de la mise en œuvre de l'Union monétaire latine, sous le Second Empire. La *Casse dei depositi et prestiti* italienne, créée en 1862, jouit du même statut, de même l'éphémère *caja de depositos* espagnole créée en 1868 et réduite, vingt ans plus tard, à une ligne comptable dans les services du Trésor V. THIVEAUD (J.-M.) (dir.), *Du dépôt* ... op.cit., p. 95.

[244]BRAIBANT (G.), *Droits d'accès et droit à l'information*, Mélanges R.-E. CHARLIER : *Service public et libertés*, éd. de l'Université et de l'enseignement moderne, 1981, p. 703 ; ARTUS (P.), Quel est vraiment le sens de l'indépendance des banques centrales ?, Problèmes économiques, 28 janvier 1998, p. 8.

[245]SABOURIN (P.), *Les autorités administratives indépendantes. Une catégorie nouvelle*, AJDA, 1983, p. 275.

[246]*Quel avenir pour l'autonomie des collectivités locales ?*, Les 2es entretiens de la Caisse des dépôts pour le développement local, éd. L'Aube, 1999 ; DUSSART (V.), *L'autonomie financière des pouvoirs publics constitutionnels. Eléments pour une théorie de l'autonomie financière constitutionnelle*, th. Lille II, 1995, CNRS Editions, 2000 ; MAITROT (J.-C.), *Recherches sur la notion d'autonomie financière en droit public*, th., Paris I, 1972.

[247]ELGIE (R.), *Responsabilité démocratique et indépendance de la banque centrale : La Banque centrale européenne dans une perspective historique et comparative*, RFAP, octobre-décembre 1999, p. 635.

[248]Cette résonance est plutôt négative.

[249]Art. L.518-12 al. 1 du Code monétaire et financier ; et tout le sens à donner à la Foi publique : *« Quand une éthique religieuse est prépondérante dans une communauté (et peu importe au fond de quelle religion particulière il s'agit), ce cadre religieux est plus apte que n'importe quel procédé séculier à garantir la responsabilité »*. V. Carl J. FRIEDRICH (trad. d'A. MARTINIERE et al.), *La démocratie constitutionnelle*, Paris, PUF : *3ème série : Les institutions politiques*, 1958, p. 17 sq. V. aussi LAUFENBURGER (H.), *Traité d'économie et de législation financières*, Paris, Sirey, 5ème éd. entièrement refondue, 1956, t. 1 : *Traité économique et psychologique des finances publiques*, p. 311.

dans l'univers administratif, mais en marge de structures traditionnelles, d'institutions soustraites à tout pouvoir hiérarchique ou de tutelle[250]. L'existence d'une Commission de surveillance comprenant entre autres des représentants du Parlement au sein de la Caisse des dépôts et consignations justifierait alors l'exclusion de la CDC des contraintes applicables aux banques[251] et aux établissements publics[252]. Malgré ces considérations, BLOCH-LAINE a entendu circonscrire l'indépendance de la Caisse des dépôts et consignations au regard des textes de 1816 pour éviter deux écueils : « une trop grande indépendance laissée aux détenteurs de moyens puissants, une trop grande soumission à l'autorité politique »[253].

Formulation paradoxale où l'on retrouve alors la fameuse formule de Napoléon BONAPARTE : « La Banque [de France] doit être entre les mains du gouvernement et n'y être pas trop ». En fait, autant la Banque de France a été érigée en gardienne de la monnaie nationale, autant la loi de 1816 a érigé la Caisse des dépôts et consignations en véritable gardienne de l'épargne publique considérée comme bien commun de tous les Français, dans le but de la mettre au service de l'économie nationale[254].

Dans ce cas, le droit doit tenir compte des réalités politiques et administratives[255], l'indépendance de l'institution ne signifiant pas son isolement[256]. De ce postulat découle la Foi publique, sceau de la Caisse des dépôts, institution au service de la Nation[257].

En tout état de cause, cette volonté originelle de se situer dans un cadre spécial dépasse les structures traditionnelles des institutions administratives. Toute l'histoire de la Caisse des dépôts et consignations, comme d'ailleurs celle de la Banque de France[258], est largement marquée par la recherche d'un équilibre entre indépendance vis-à-vis de l'Etat et autonomie[259]. PRIOURET présente sa Somme de 1966 sous le titre « La Caisse des dépôts, cent cinquante ans d'histoire financière »[260], tant il est vrai que le rôle historique et financier de l'institution de la rue de Lille et le rôle de l'Etat interventionniste sont intimement liés.

Il semblerait néanmoins que le balancier renforce parfois la présence des administrations publiques au sein de la Caisse des dépôts et consignations. Par exemple, après la révolution de 1848, viendront s'ajouter deux membres du Conseil d'Etat et le Directeur du mouvement général des fonds[261] au sein de la Commission de surveillance[262].

---

[250]RAPP (L.) et TERNEYRE (P.) (dir.), *Droit public des affaires*, Lamy, 1999, p. 130 ; CHEVALLIER (J.), *Régulation et polycentrisme dans l'administration française*, RA, janvier-février 1998, p. 43.
[251]CLIQUENNOIS (M.), *Droit public économique*, Ellipses, Universités Droit, 2001, p. 83.
[252]ORSONI (G.), *L'administration de l'économie*, LGDJ, coll. Système, 1995, p. 79.
[253]Postface de BLOCH LAINE, dans PRIOURET (R.), *op. cit.*, p. 423.
[254]Allocution de François MITTERRAND, Président de la République, le 27 septembre 1991, dans X, *175 ans de Foi publique 1816-1991*, éd. Direction de la communication externe, CDC – Direction de la Communication externe, Paris, février 1992.
[255]FERENCZI (T.), *Autorités indépendantes ou institutions partisanes ?*, Le Monde, 16 janvier 2001 ; PISIER (E.), *Vous avez dit indépendantes ? Réflexions sur les AAI*, Pouvoirs, n°6, 1988, p. 71.
[256]DELCROS (X.), *Le CSA, nouvelles institutions constitutionnelles*, AJDA, 1988, p. 467 ; GARNIER (D.), *op. cit.* ; SUBRA (E.), *Le statut de la Banque de France depuis la loi du 4 août 1993*, intervention au colloque tenu le 25 mars 1994 à la Faculté de Droit de Lyon 2, *op. cit.*, LPA, 20 juin 1994, p. 9.
[257](X.), *La Caisse des dépôts et consignations : un groupe au service de la Nation*, RT, août-septembre 1992, p.543.
[258]V. par ex., l'étude récente de M. BLANCHETON, *Histoire d'un conflit entre le Trésor et la Banque de France : l'intervention sur le marché des changes de mai-juin 1926*, RT, décembre 2002, p. 750 et plus généralement sur la même période BLANCHETON (B.), *Le Pape et l'Empereur : la Banque de France, la Directeur du Trésor, et la politique de France – 1914-1928*, Paris, A. Michel, coll. *Historique de la Banque de France*, 2001.
[259]Cas par exemple pour ce qui concerne les bénéfices de la Caisse des dépôts et consignations. V. procès-verbal du 28 janvier 1890. V. *infra*. Pour la Banque de France, le seul intitulé de l'étude de M. BLANCHETON est évocateur à ce sujet V. *Le Pape et l'Empereur : la Banque de France, la Directeur du Trésor, et ..., ibidem*
[260]PRIOURET (R.), *op. cit.*
[261]L'actuel Directeur du Trésor au ministère des Finances.

Plus récemment, dans le but officiel d'harmoniser le statut du Directeur général de la Caisse des dépôts et consignations avec celui des grands dirigeants d'entreprises nationales, l'article 14 de la loi n°94-679 du 8 août 1994 limite à cinq ans le mandat du Directeur général de la Caisse des dépôts et consignations. Ces réformes seraient un changement dans la qualification de la Caisse des dépôts et consignations, mutation qui accorderait plus d'importance à l'autonomie des établissements publics et moins de considération à l'indépendance des personnes sui generis. Le statut de la CDC, comme établissement spécial, demeure par conséquent un véritable Janus juridique.

B) L'ambiguïté du concept d'établissement spécial appliqué à la CDC

Il est incontestable que la Caisse des dépôts et consignations appartient au secteur public[263] : la tradition[264] le commande d'une part, l'identification des personnes morales le confirme unanimement d'autre part.

DUMESNIL rappelle dans son commentaire des Lois et règlements de la Caisse des dépôts et consignations[265] que, dès l'Antiquité, « l'on a toujours reconnu au débiteur le droit de se libérer en consignant sa dette dans un dépôt public établi à cet effet »[266]. Si, par la suite, avec le développement du christianisme, les dépôts prennent naturellement asile au sein de l'Eglise[267], cette compétence publique des dépôts et consignations apparaîtra plus

---

[262]V. *infra*, Partie I, Titre 2.

[263]Aff. T-358/94, 12 décembre 1996, *Compagnie nationale Air France c/ Commission des CE*, Rec. p.II-2109 sans tenir compte du seul lien capitalistique. V. plus généralement avis n°362-610, section des finances, 17 septembre 1998, *Entreprise appartenant au secteur public*, GACE, 2ème éd., 2002, n°41, obs. F. ROLIN. V. aussi LAUFENBURGER (H.), *Enquêtes sur les changements de structure du crédit et de la banque*, t. 1, Paris, Sirey, 1940, p. 63 ; LAUFENBURGER (H.), *Les banques françaises*, Paris, Sirey, 1940, t. 1, p. 63. En l'état actuel du droit, on ne connaît pas de doctrines ou d'auteurs soumettant entièrement la CDC au droit privé.

[264](X.), *Un grand établissement financier : la Caisse des dépôts et consignations*, L'Economie, 17 décembre 1953, n°425, p. 24.

[265]DUMESNIL (J.), *Lois et règlements de la Caisse des dépôts et consignations dans ses rapports avec les particuliers, les offices ministériels et les administrations publiques, suivis d'un traité des offres de paiement, de la consignation et du remboursement des sommes consignées*, Paris, Videcocq, Joubert et Mme Gouillet, 1839, p. 5 sqq.

[266]ROY, dans son *Etude historique sur les consignations, antérieurement à 1816* (Imprimerie nationale, 1881) rapporte que Delphes, la ville sainte renfermait un lieu spécialement affecté aux dépôts des Etats et des particuliers tandis qu'à Athènes les fonds consignés étaient déposés au Prytanée. Chez les premiers Romains, c'est également aux temples que l'on confiait la garde des dépôts judiciaires, appelés par VARRON et CICERON, *sacramentum* (v. notamment les articles de l'Encyclopédie Universalis, 1997 : Cicéron, Varron, Fétiaux, Fides). Pierre BOYANCE souligne pendant une séance publique des cinq académies (*Fides Romana et la vie internationale*, séance publique annuelle des cinq académies, jeudi 25 octobre 1962, présidé par J. DELAY, Paris, F. Didot, 1962, brochure n°32, p. 25) que le temple de la Foi publique, *Fides Publica*, se trouvait à Rome sur le capitole à côté du temple de Jupiter, garant suprême du respect des engagements. La très grande aptitude des romains au maniement du droit les a conduit, poursuit-il, à détacher de Jupiter, une déesse, *Fides*, garante de tous les types d'engagement. *Numa* fonda le culte de la bonne Foi. Il voulait *« que la bonne Foi et le serment, et non pas la crainte des lois et des châtiments, régissent la cité »* (TITE-LIVE, *Histoire romaine*, Livre XXI, 1). La Foi publique était officiellement engagée à l'instigation du Sénat par un magistrat supérieur (le Consul en principe) par la main droite offerte. *« Fidem publicam jussu senatus dedi »* souligne CICERON (*Catilinaires* III, 8).
L'engagement est scellé quand le magistrat et la partie contractante ont les mains jointes. TITE-LIVE (*op. cit.*, Livre XXIV, 18) pouvait alors dire que *« les déposants ne plaçaient leur argent nulle part plus sûrement ni plus inviolablement pour les créanciers que sous la protection de la Foi publique »*. V. aussi plus spécialement VIGNERON (R.), *Résistances du droit romain aux influences hellénistiques : le cas du dépôt irrégulier*, RIDA, 1984, p. 307.

[267]C'est la même idée superstitieuse qui domine : le temple païen est remplacé par le temple de Dieu. Le temps faisant, le dépôt dans les églises et les monastères tomba en désuétude ; le juge se réserva le droit d'indiquer le gardien de la consignation : parent du juge, juge lui même ... *« quel gardien pouvait-on demander aux greffiers ou*

nettement avec l'Edit du 15 juin 1578[268]. Considéré comme les lointaines origines de la Caisse des dépôts et consignations moderne, ce texte crée, en effet, les receveurs des consignations par tout le royaume. Il entend également remédier aux abus antérieurs tout en procurant des ressources au Trésor par la vente de ces nouveaux offices. Ce système demeura presque inchangé jusqu'à la fin de l'Ancien Régime. Pendant la période révolutionnaire dominera un régime de confusion entre débiteur, créancier et dépositaire, tandis que les périodes napoléoniennes, après la banqueroute de l'An VI, inaugureront, de manière plus politique, une séparation du gouvernement des charges qui relèvent de la Foi publique et isolent au sein de l'appareil de l'Etat les fonctions de débiteur et de dépositaire dans une Caisse d'amortissement[269]. Confondus avec la masse des ressources destinées au rachat de la dette publique, les dépôts volontaires et judiciaires qui auraient pu contribuer à la puissance de la Caisse d'amortissement finissent, pourtant, par souffrir des nouveaux détournements. La nouvelle Caisse des dépôts et consignations, créée par la loi de finances du 28 avril 1816, sous forme « d'établissement spécial»[270], entend rétablir la confiance et la Foi publique sans traduire nécessairement une conception bien arrêtée du procédé juridique[271]. Si les établissements publics se trouvent traditionnellement placés sous la tutelle d'un département ministériel[272], la Caisse des dépôts et consignations[273] est placée « de la manière la plus spéciale sous la surveillance et la garantie de l'autorité législative »[274]. Son directeur général est nommé par décret en Conseil des ministres[275], ses directeurs sont nommés par décret du Président de la République et ses directeurs adjoints et chefs de service par décret du Premier ministre[276]. Elle est soumise au contrôle de la Cour des comptes[277] et son budget est soumis à l'approbation du ministre des Finances[278]. Par conséquent, la Caisse des dépôts et consignations de 1816 reprend la tradition du dépôt dans un lieu public « sacré ».

Cet établissement spécial[279] répond aujourd'hui sans aucun doute à la définition juridique de la personnalité morale de droit public, même si ce dernier caractère fut discuté

---

aux notaires ! » (V BEQUET (L.) (avec le concours de P. DUPRE), *Répertoire de droit administratif*, Paris, P. Dupont, 1885, t. 4, p. 100 sqq.

[268]*« Anciennes lois françaises »,* coll. Isambert, t. 14, p. 344.

[269]Loi du 6 frimaire An VIII relative *aux obligations et aux cautionnements à fournir par les receveurs généraux des départements,* Rec. Varnier, 1894, p. 545 et loi du 28 nivôse An XIII *relative aux consignations*, *ibidem*, p. 143.

[270]Art. L.518-2 alinéa 1 du Code monétaire et financier.

[271]DUBOIS (J.-P.), *Le contrôle administratif sur les établissements publics*, Paris, LGDJ, 1982, p. 108 sqq. ; pour justifier, pendant un temps, la suppression de l'adjectif *« spécial »*, les membres de la Commission de codification faisaient observer que ce terme n'avait aucune valeur juridique et était même en contradiction avec la grande diversité des activités de l'Etablissement. Par la suite, leurs motivations ont évolué et le législateur en est resté à la vision primitive de la loi de 1816.

[272]En Belgique, le ministre des Finances va rendre un rapport au Parlement sur la gestion de la Caisse des dépôts et consignations belge, administration de son ministère.

[273]La notion d'établissement public n'existant pas en 1816.

[274]Art. L.518-2 al. 2 du Code monétaire et financier.

[275]Art. L.518-11 al. 1 du Code monétaire et financier.

[276]Art. 3 du décret n°68-632 du 10 juillet 1968 relatif à *l'organisation et à l'encadrement des services de la caisse des dépôts et consignations*, modifié.

[277]Art. L.131-3 du Code des juridictions financières.

[278]Art. L.518-12 al. 2 du Code monétaire et financier.

[279]DUCROCQ a, par exemple, soutenu dans son *Cours de Droit administratif* (Paris, Thorin, 5ème éd. 1877, t. 2 p. 222 et sqq. ; DUCROCQ (Th.) et PETIT (E.), *Cours de droit administratif et de législation française des finances*, Paris, Fontenoing, 7ème éd., 1904, t. 5, p. 255 et sqq.) *« qu'il ne faut pas voir dans la Caisse des dépôts et consignations un établissement public ayant une personnalité civile distincte de celle de l'Etat. Elle est une caisse de l'Etat, l'Etat lui-même ».* La Caisse des dépôts et consignations ne serait alors autre chose que l'Etat dépositaire et séquestre, comme le Trésor public est l'Etat débiteur et créancier. Parce qu'il ne faut pas confondre l'individualité juridique et l'individualité financière, la Caisse des dépôts et consignations ne serait qu'un rouage de l'administration générale (TISSIER (T.), *Traité théorique et pratique des dons et legs...*, Paris, Dupont, 1896, t.

en son temps par la doctrine[280]. S'il a été soutenu dans les années 1930 que la Caisse des dépôts et consignations formait un office, selon la terminologie de l'époque[281] ou plus encore, s'il a été proposé dans les années 1990 de lui donner la dénomination d'agence des dépôts[282], ces débats ne demeurent que des querelles sémantiques sans aucun intérêt juridique[283]. La notion de caisse a le simple avantage de garantir une connotation financière à l'institution (Caisses d'épargne, Caisse des écoles, ...)[284].

1, p. 231). Pour s'en convaincre, ces différents auteurs invoquent à ce titre deux arrêts de la Cour de cassation des 23 mars 1864 (*Caisse des dépôts et consignations c/ Veuve Gavaudan*, Dalloz, 1864-I, p. 220) et 4 janvier 1865 (*Receveur général de la Gironde c/ Bergerat*, Dalloz, 1865-I, p. 172). Le premier qualifie la CDC d'*« administration publique »* tandis que le second emploie l'argument suivant : *« Bien que la Caisse des dépôts et consignations soit un établissement spécial vivant de sa propre vie et distinct de l'Etat, elle n'en constitue pas moins une administration publique ».* MICHOUD (L.) (*La théorie de la personnalité morale et son application en droit français*, Paris, LGDJ, 1906, t. 1, p. 358 sqq.) confirme que *« la Caisse des dépôts et consignations est bien l'Etat lui-même, l'Etat dépositaire... »* (*op. cit.*, p. 365).

Pourtant, les jurisprudences civiles, par une décision de la Cour de cassation du 22 février 1893 (*Caisse des dépôts et consignations c/ demoiselle Jouenne et Lenormand*, Dalloz, 1893-I, p. 235 ; validées en Commission de surveillance le 8 mars 1893) et administratives, par l'arrêt du Conseil d'Etat, *Lurton* du 29 juin 1906 (Rec. p. 585) ont nettement reconnu la personnalité civile de la Caisse des dépôts et consignations. Dans l'espèce soumise à la Cour de cassation de 1893, il s'agissait de savoir si la CDC devait ou ne devait pas supporter le timbre de quittance à l'occasion d'un paiement qu'elle avait à faire en vertu d'un bordereau de collocation délivré contre elle : *« Attendu que [le droit de quittance] est applicable au paiement des sommes réclamées directement au Trésor public ou à des administrations publiques non spécialement réglementées ...., qu'il en est autrement quand ces administrations ayant une personnalité civile distincte de l'Etat sont soumises à un ensemble de règles qui déterminent leur organisation, leurs attributions....qu'ainsi en est-il de la Caisse des dépôts et consignations, personne morale.... ».* Le Conseil d'Etat confirme cette interprétation en 1906 en affirmant *« qu'il résulte des textes des lois et règlements visées [la loi de 1816] que cette caisse [la Caisse des dépôts et consignations] constitue un établissement ayant une personnalité distincte de celle de l'Etat ».*

La personnalité morale de la Caisse des dépôts et consignations s'affirmera alors dans la littérature juridique au tournant du XXe siècle. V. ALLIX (E.), *Traité élémentaire de science des finances et de législation financière française*, Paris, Rousseau, 6ème éd., 1931, Vol. 1, p. 344 ; AUCOC (L.), *Conférences sur l'administration et le droit administratif*, Paris, Dunod, 3ème éd., t. 1, 1869, p. 360 et t. 2, 1870, p. 156 et 291 ; BERTHELEMY (H.), *Traité élémentaire de droit administratif*, Paris, Rousseau, 12ème éd., 1930, p. 646 ; BEQUET (L.), *op. cit.*, p. 107 ; BLANCHE (A.) (dir., avec le concours de Th. Ymbert), *Dictionnaire général d'administration*, Paris, Dupont, 1884, vol. 1, p. 206 ; BLOCK (M.), *Dictionnaire de l'administration*, Paris, Berger-Levrault, 2ème éd., 1877, p. 134; BORNOT (P.), *La Caisse des dépôts et consignations*, Paris, Dupont, 1886, p. 26 et sqq.; DUFOUR (G.), *Traité général de Droit administratif appliqué*, Paris, Delamotte, t. 5, 1868, p. 154; FUZIER-HERMAN (Ed.) (dir.), *Répertoire général alphabétique du Droit français*, Paris, Larose et Forcel, 1901, t. 8, p. 545 ; HAURIOU (M.), *Précis de droit administratif et de droit public...*, Paris Sirey, 8ème éd., 1914, p. 348 ; HUET (T.) et VARNIER (P.), *Manuel du service des consignations, précédé d'une étude sur l'organisation administrative de la Caisse des dépôts et consignations*, Paris, Larose, 1898, p. 1; JEZE (G.) et BOUCART (M.), *op. cit.*, t. 1, p. 476 ; SAY (L.) et CHAILLEY (J.) (dir.), *Nouveau dictionnaire d'économie politique*, Paris, Guillaumin, 1894, t. 1, p. 292 ; SIMONET (J.-B.), *Traité élémentaire de droit public et administratif*, Paris, Cotillon, 4ème éd., 1902, p. 517 ; SOLANET (P.), *La Caisse des dépôts et consignations*, Paris, Sirey, 1943, p. 15 et sqq.; STOURM (R.), *Cours de Finances : Le Budget*, Paris, Guillaumin, 4ème éd., 1900, p. 86.

[280]La question semble aujourd'hui close, inutile et sans intérêt. V. de manière très explicite, CONNOIS (R.), *La notion d'établissement public en droit administratif français*, Paris, LGDJ, 1958, p. 131 ; DI MALTA (P.), *Finances publiques 1/ Le budget*, Paris, PUF, coll. Droit fondamental, Droit financier, 1999, p. 241.

[281]Commission des offices, séance du 26 mars 1935 (Archives MTH/CDC). Et plus généralement sur les offices : ROLLAND (L.), *La personnification des services publics (création d'offices dans les administrations centrales)*, RDP, 1912, p. 480 et BERTHELEMY (H.) et RIVERO (J.), *Cinq ans de réformes administratives (1933-1938)*, Rousseau, 1938. V. aussi décret du 25 octobre 1935 *instituant le contrôle financier des offices et des établissements publics autonomes*, Rec.Varnier, 1957, p. 55.

[282]Le terme de consignations dans la dénomination de la Caisse des dépôts et consignations disparaîtrait. Cela s'expliquerait par leur faible part dans le bilan financier de l'établissement (v. Partie II, Titre 2, et en annexe chiffres-clefs des activités de la CDC). Cette donnée n'est pas officiellement soutenable, dès lors que le bilan de la Caisse des dépôts et consignations ne distingue pas les dépôts des consignations.

[283]Pour les agences, v. CE, 1er décembre 1997, *Syndicat national des affaires sanitaires et sociales*, Rec. p. 453 (à propos des ARH, organisées sous la forme de GIP). Plus concrètement, v. décret n°92-1176 du 30 octobre 1992 relatif *à la Caisse française de développement* (JORF, 1er novembre 1992, p. 15163), modifié par décret n°98-294 du 17 avril 1998 relatif *à l'Agence française de développement* (JORF, 19 avril 1998, p. 6067) ; et plus

Il reste que la question de la capacité d'action de la Caisse des dépôts et consignations[285] se pose en prenant conscience de l'influence prépondérante de la direction du Trésor sur la Caisse des dépôts et consignations[286]. Administration éminemment discrète[287], la direction du Trésor joue un rôle de tutelle directe sur l'Etablissement dans son activité de caisse centrale de l'épargne défiscalisée[288]. Elle détermine en particulier le tableau ressources-emplois des sections spécialisées de la Caisse des dépôts[289]. Cette influence, légalement délimitée, tend en pratique à s'étendre à l'ensemble de la politique de l'Etablissement. Les ministres des Finances[290] et les Directeurs généraux de la Caisse des dépôts et consignations ont pleinement conscience de la valeur d'outil de politique conjoncturelle que constitue la CDC[291]. C'est donc soit sous forme d'allégeance, d'indépendance ou de tensions que vont s'établir ces relations discrètes et personnelles entre le ministère et l'établissement public[292]. Parler de confiance à propos d'une relation qui se noue en raison de l'intérêt économique uniquement est alors une source de confusion[293]. C'est d'ailleurs pour éviter cet écueil que le Conseil d'orientation économique

---

généralement, v. BRAUD (C.), *La notion d' « agence » en France : réalité juridique ou mode administrative ?*, LPA, 30 août 1995, p. 4. Pour les offices, V. BERTHELEMY (H.) et RIVERO (J.), *op. cit.*

284BLOCH-LAINE (F.) et PALLEZ (G.), *Finances publiques*, Paris, Les Cours du Droit, Université de Paris – Sciences politiques, 1959-1960, Fascicule I : p. 43.

285MOIREAU (A.), *La caisse des dépôts et consignations*, La Revue des deux mondes, janvier 1891, p. 68. On parlera plus généralement d'une personne douée de moyens d'actions (PAYNOT-ROUVILLOIS (A.), *Personnalité morale et volonté*, Droits, 1999, n°28, p. 16 ; GRIDEL (J.-P.), *La personne morale en droit français*, RIDC, 1990, p. 499) ou alors de son simple caractère fictif (COSTA (D.), *Les fictions juridiques en droit administratif*, Paris, LGDJ, Bibliothèque de droit public, n°210, 2000.

286Sur le plan politique, V. SOLANET (P.), *op. cit.*, p. 15 ; STOURM (R.), *Cours de finances*, *op. cit.*, p. 87 et sq. : au même titre, pour ce dernier auteur, que la Cour des comptes, la Banque de France ou le Crédit foncier de France.

Sur un plan strictement financier, la reprise par l'Etat de la dette de l'ACOSS à l'égard de la Caisse des dépôts et consignations doit s'analyser comme un prêt à long terme au fonds de solidarité vieillesse. Cette opération doit alors figurer dans le budget (technique dite de l'opération budgétaire complexe). V. 93-330 DC, 29 décembre 1993, *Loi de finances pour 1994*, JORF, 31 décembre 1993, p. 18750.

287Peu de choses en général ont été écrites sur la direction du Trésor. Il est traditionnellement cité les travaux de BLOCH-LAINE et DE VOGÜE, *Le Trésor et le mouvement général des fonds* paru aux PUF en 1960 ; *Le Trésor* par F. ECK aux PUF (1982) et dans la coll. QSJ? (1988), ainsi qu'*Une machine de pouvoir. La direction du Trésor* d'Y. MANOU aux éd. La Découverte (1988). Restent également les fascicules des cours traditionnellement professés à l'Ecole des Sciences politiques de Paris par le Directeur du Trésor lui-même, généralement assisté de l'un des chefs de service (v. Services de documentation de la Fondation nationale des Sciences politiques). Soit peu de travaux juridiques.

288Débats récurrents entre la Commission de surveillance et le ministre des Finances. V. not. à ce sujet les développements du titre 1er de la Ière Partie.

289JURGENSEN (P.) et LEBEGUE (D.), *Le Trésor et la politique financière*, Paris, Montchrestien, coll. Domat - Economie, 1988, p. 40.

290*« J'utilise les instruments à ma disposition pour faire en sorte que les entreprises publiques puissent prospérer et se développer »* déclare BEREGOVOY, en réponse à une question parlementaire sur l'apport, par la Caisse des dépôts et consignations, d'un milliard ½ de francs au Crédit Lyonnais (Le Monde du 19 mai 1989).

291Les périodes d'émissions massives de titres d'Etat destinés à financer le déficit budgétaire se sont ainsi traduites par un resserrement du contrôle exercé par le Trésor. De 1979 1982, par exemple, il avait été à même de contraindre la Caisse des dépôts et consignations d'absorber un volume croissant de bons du Trésor, passés de 33 à 68 % des placements nets de trésorerie de l'Etablissement. Atteignant 13 % des bons du Trésor en 1975, la part de la Caisse des dépôts dans l'encours total devait ainsi s'élever à 36 % en 1984.

292ECK (F.), *op.cit.*, QSJ n°2342, 1986, p. 54.

293ORLEAN (A.), *La confiance : un concept économique ?*, Problèmes économiques, n°2422, 2 mai 1995, p. 7 ; confusion que l'on retrouve aussi dans les propos de POINCARE en 1894 : *« comment pouvez-vous dire qu'il suffirait d'indications ou d'instructions données par le ministre des finances à la Caisse des dépôts et consignations pour que, dans telle ou telle affaire, elle prît tel ou tel parti ! C'est une légende qui existe dans le pays que, pour mon compte, je ne puis laisser passer sans une protestation très énergique. Je ne conteste pas que la Caisse des dépôts et consignations soit, dans une certaine mesure, sous la surveillance et sous l'autorité du ministre des finances, mais elle a une indépendance qui est la garantie même de sa gestion, et cette indépendance,* de la Caisse de dépôt et de Placement québécoise, tout en affirmant que cette dernière doit être « le principal instrument financier de l'Etat », souligne qu' « il importe de lui donner un statut...l'isole, jusqu'à un certain point, des aléas de la politique » [294]. A l'inverse, les Caisses des dépôts et consignations belge[295] et espagnole[296] dépendent de l'administration du Trésor de leur pays respectif, dont elles sont des simples rouages administratifs.

Une partie de la doctrine française[297] soutient, quant à elle, que « l'établissement spécial »[298] CDC relève d'une catégorie d'établissement public à exemplaire unique[299], telle qu'elle résultait des décisions du Conseil constitutionnel n°107 L du 30 mai 1979[300] et n°108 L du 25 juillet 1979 ANPE[301]. Relèvent d'une même catégorie les établissements publics qui se caractérisent, d'une part, par le rattachement territorial de l'établissement public, et, d'autre part, par l'absence d'établissements exerçant une spécialité analogue. L'appartenance de la CDC à une catégorie d'établissements publics est fondée sur la prise en considération, non seulement de l'objet de l'activité exercée, mais aussi de sa nature et des règles de tutelle[302]. Son caractère spécial tiendrait essentiellement à son organisation, son autonomie et à son rattachement au pouvoir législatif[303]. Cela n'empêche pas que le juge constitutionnel, comme le juge administratif, avait toute la latitude pour affirmer clairement ce caractère unique de catégorie d'établissements publics à la CDC[304]. Le Doyen Louis FAVOREU et le Professeur Loïc PHILIP[305] limitent le recensement de catégories d'établissement public à sept, sans y inclure explicitement ou tacitement la Caisse des dépôts et consignations[306].

---

il n'y a pas un ministre des finances qui pourrait y porter atteinte », dans DEBUS (D.) et THIVEAUD (J.-M.) (dir.), *op. cit.*, p. 29.

[294]PELLETIER (M.), *op.cit.*, p. 28.

[295]Art. 4 de l'arrêté royal du 18 mars 1935 modifié, *op. cit.*

[296]SOUYET (A.), *La Caisse générale des dépôts d'Espagne au XIXe siècle,* dans MALVE (P.) et THIVEAUD (J.-M.), *op.cit.*, p. 361.

[297]Par ex. BOUVIER (M.), ESCLASSAN (M.-C.), LASSALE (J.-P.), *Finances publiques*, Paris, LGDJ, coll. Manuel, 6ème éd., 2003, p. 559 ; DI MALTA (P.), *op.cit.*, p. 241 ; DUGRIP (O.) et SAIDJ (L.), *Les établissements publics nationaux*, Paris, LGDJ, coll. «Systèmes», 1992, p. 143 ; MARTINEZ (J.-C.) et DI MALTA (P.), *Droit budgétaire: Budget de l'Etat, budgets locaux, budget de la Sécurité sociale et budget européen,* Paris, Litec, 3ème éd. entièrement refondue, 1999, p. 835 ; PAYSANT (A.), *Caisse des dépôts et consignations*, dans Dictionnaire encyclopédique de finances publiques (dir. de L. PHILIP), Economica, 1991, p. 242 ; PAYSANT (A.), *Finances publiques*, Paris, A. Colin, coll. U, 4ème éd., 1997, p. 263, 5ème éd., 1999, p. 271 ; POMEY (M.), *op.cit.*, RA, 1974, p. 18 ; POMEY (M.), *op.cit.,* Droit social, 1966, p. 545 ; RICOUR (S.), *Les filiales de la Caisse des dépôts et consignations*, mémoire de DEA Droit public de l'économie, Paris II, 1997, p. 5 ; THIVEAUD (J.-M.), *Petit livret d'identité de la Caisse des dépôts et consignations*, dans MALVE (P.) et THIVEAUD (J.-M.), *op. cit.* p. 33 ; VALLET (E.), *Les correspondants du Trésor,* th., Grenoble II, 2000, p. 120, note 226.

[298]L'article L.518-2 du Code monétaire et financier reprend *in extenso* l'article 110 de la loi de finances du 28 avril 1816.

[299]59-1 L, 27 novembre 1959, *RATP*, GDCC n°5.

[300]79-107 L, 30 mai 1979, *ANVAR*, Rec. p. 44.

[301]79-108 L, 25 juillet 1979, *ANPE*, JORF, 27 juillet 1979, p. 1954.

[302]V. par analogie, CE, 6 mars 1991, *Syndicat CGT du Crédit d'équipement des petites et moyennes entreprises (CEPME)*, Rec. p. 657 et Rec. p. 972 (pour la Caisse nationale des marchés de l'Etat) et de manière implicite pour la Caisse des dépôts et consignations v. CE, 24 avril 1992, *Union nationale des fédérations d'organismes d'habitations à loyer modéré*, Rec. p. 191.

[303]Avis CE n°6024, 8 janvier 1952, *Commission de contrôle des opérations immobilières et nature juridique de la Caisse des dépôts et consignations* (Bulletin de la direction des impôts-Enregistrements et du service des domaines, n°22, 30 mai 1952, p. 43 ; procès-verbal du 12 octobre 1951 ; procès-verbal du 25 janvier 1952 ; procès-verbal du 22 février 1952) confirmé par 89-268 DC, 29 décembre 1990, *Loi de finances pour 1990*, JORF, 30 décembre 1989, p. 16498 ; Rec. p. 118 ; RFDA, 1990, p. 143 : B. GENEVOIS ; RFDC, 1990 p. 122 : L. PHILIP ; RJF, 1990, p. 127 : note X.

[304]*ibidem ;* les hautes autorités juridictionnelles ont simplement remarqué la spécificité du statut de la CDC.

[305]V. leurs commentaires sous GDCC n°11, not. p. 143.

[306]On pourrait alors pousser le paradoxe en affirmant que la Caisse des dépôts et consignations est un simple établissement public, la loi de finances de 1816 n'étant ni une loi constitutionnelle, ni une loi ordinaire. Elle serait

Cette imprécision[307] de la loi du 28 avril 1816, explicable à l'époque, que ni le législateur, ni le juge n'osent relever et réformer aujourd'hui, montre l'ambiguïté et la difficulté de clarifier rationnellement le statut juridique de certains organismes[308], voire de les inventorier[309]. La Caisse des dépôts et consignations se trouverait bien dans cette situation[310]. A une autre époque, les arrêts Monpeurt[311] et Bouguen[312] ont, avec plus ou moins d'assurance, refusé aux comités d'organisations et aux ordres professionnels la qualité d'établissement public. Le Conseil d'Etat n'avait pas entendu leur dénier la qualité de personnes publiques : il les avait implicitement reconnues comme des personnes publiques d'un type nouveau et plus largement soumises au droit public[313]. La haute juridiction administrative ne fait pas autrement à propos de la Banque de France ou des groupements d'intérêt public[314] qui, bien que personnes sui generis, relèvent de l'article 34 de la Constitution. Faut-il alors comprendre que cette réticence législative et jurisprudentielle pour reconnaître la qualité d'établissement public à une organisation n'exclut pas que la Caisse des dépôts et consignations pourrait être considérée comme une institution publique, mais d'un type autre que celui d'établissement public[315]. En fait, enfermer la Caisse des dépôts et consignations dans une classification juridique stricte lui enlèverait son originalité et sa raison d'être tant dans le domaine financier que dans le domaine de l'interventionnisme économique[316], à tel point qu'il faut bien, pour paraphraser le Président CHENOT, « que la doctrine révise ses idées générales et intègre [si elles demeurent] l'existence de ces monstres dans une nouvelle explication de l'ordre social »[317]. Autrement dit, c'est la fonction qui crée l'organe[318]. Le droit belge utilise à ce sujet une notion matérielle d'établissement parastatal, qualification qui peut être plus appropriée pour la Caisse des dépôts et consignations française. En effet, il a toujours été admis que la CDC relevait davantage de l'économie mixte mariant les techniques de la sphère privée et de la

---

un acte d'administration supérieure, dont la seule partie contenant l'établissement des impôts a le caractère législatif. V. DUGUIT (L.), *Traité de Droit constitutionnel*, Paris, Boccard, 2ème éd. t. 2, p. 155, p. 643 et sq. ; LA PRADELLE (G. de), *Cours de droit constitutionnel*, Paris, Pedone, 1912, p. 385.

[307] A l'époque, rappelons-nous que le droit administratif n'était qu'émergent et que la notion d'établissement public n'existe que sur un plan strictement générique. Le Doyen VEDEL et le Professeur DELVOLVE reprennent par exemple cette définition : *« est établissement public tout pouvoir public autre que l'Etat et les collectivités territoriales »*. V. VEDEL (G.) et DELVOLVE (P.), *Droit administratif*, PUF, 1992, p. 611. Plus généralement, v. DRAGO (R.), *Les crises de la notion d'établissement public*, th., Faculté de Droit de Paris, 1950.

[308] EISENMANN (Ch.), *Quelques problèmes de méthodologie des définitions et de classifications en science juridique*, Archives de philosophie du droit, 1966, p. 25.

[309] V. CE, *Les établissements publics nationaux. Catégories et spécificités*, Paris, La documentation française, NED n°4784, 1985, p. 93.

[310] PRADA (M.) et SONRIER (A.), *La comptabilité publique*, Paris, Berger-Levrault, coll. L'administration nouvelle, 2ème éd., 1985, p. 191.

[311] CE, 31 juillet 1942, *Sieur Monpeurt, verreries et critalleries d'Alfortville*, Rec. p. 239.

[312] CE, 2 avril 1943, *Sieur Bouguen*, Rec. p. 86.

[313] EISENMANN (C.), *L'arrêt Monpeurt : légende et réalité*, Mélanges MESTRE, 1956, p. 221.

[314] TC, 14 février 2000, *GIP « Habitat et Interventions Sociales pour les mal-logés et les sans-abris »*, n°3170, DA, mars 2000, p. 20. DEMAYE (P.), *Une nouvelle catégorie de personnes morales de Droit public : Les groupements d'intérêt public*, LPA, 24 juillet 2001, p. 9.

[315] BAZEX (M.), *Vers de nouveaux modèles normatifs pour le secteur public ?*, AJDA, 1990, p. 659.

[316] CA Bruxelles, 17e ch., 6 août 1992, *SA Cobefin c/ Compagnie financière Aurore international et autres*, Bulletin JOLY n°10, Sociétés, 1992, p. 3 pour la Caisse des dépôts et consignations française ; sans oublier l'expérience de *l'Instituzione per la Recostruzione Industriale* établi par Mussolini en 1933, après l'effondrement du système bancaire italien (v. aussi art. 43 de la Constitution italienne du 27 décembre 1947).

[317] CHENOT (B.), *Organisation économique de l'Etat*, Paris, Dalloz, 2ème éd., 1965, p. 101.

[318] SERRAND (P.), *Manuel d'institutions administratives françaises*, Paris, PUF, coll. Droit fondamental, 2002, not. p. 23 sqq.

sphère publique[319]. A ce titre, un Président de la Commission de surveillance soulignait que la Caisse des dépôts et consignations est un « service public entrepreunarial »[320].

Or, si la Caisse des dépôts et consignations est, en droit français, un établissement public d'Etat[321], la détermination de son caractère administratif ou de son caractère industriel et commercial peut prêter à hésitation. En effet, si dans sa conception d'origine la Caisse des dépôts et consignations a été créée pour assurer la protection de certains fonds qui relèvent d'abord de fonctions administratives[322], il n'en demeure pas moins que ces fonctions pourraient aussi être remplies par des établissements industriels et commerciaux[323]. Ce n'est donc pas nécessairement parce que la Caisse des dépôts et consignations a des fonctions administratives qu'elle est en elle-même un établissement public administratif, à partir du moment où elle n'a pas été qualifiée comme telle par le législateur. Sur le plan du statut du personnel, la Caisse des dépôts et consignations se voit appliquer les règles de la fonction publique pour ses agents de droit public et les règles de droit commun pour son personnel de droit privé[324]. Cela emportera évidemment la qualification d'établissement public administratif au contentieux de la fonction publique[325]. Cela étant, il n'en découlera pas une caractéristique générale de la Caisse des dépôts et consignations, tout au plus une présomption d'administrativité[326], faute de mieux[327]. A l'inverse, aucune jurisprudence n'a reconnu strictement à la Caisse des dépôts et consignations le caractère d'établissement industriel et commercial, à la différence par exemple de l'aéroport de Paris[328] ou de certaines Chambres de commerce et d'industrie[329]. D'ailleurs, la filialisation isolant les activités bancaires et financières de l'Etablissement sous le régime du droit privé a conforté cette situation[330]. Ce n'est donc pas parce que la Caisse des dépôts et consignations paie une contribution représentative de l'impôt sur les sociétés[331] qu'elle se rapportera au caractère industriel et commercial des établissements

---

[319]Procès-verbal du 24 janvier 1989 ; COUNIS (A.) et GAY (P.-A.), *Voyage au sein de la Caisse des dépôts (1) Public-privé, un composé instable*, Les Echos, 16 décembre 2002.

[320]Par ex. *« Le Groupe Caisse des dépôts : un service public « entrepreneurial »*, titre de l'intervention de M. PIERRET, Président de la Commission de surveillance de 1988 à 1993, dans rapport rouge 1988, p. 5.

[321]Parce que son autorité de rattachement (le Parlement) relève naturellement de l'Etat, CJCE, aff. C-323/96, 17 septembre 1998, *Commission des Communautés européennes / Royaume de Belgique*, Rec. 1998, I, p. 5063 ; et concernant la Caisse des dépôts et consignations, V. TPICE, aff. T-358/94, 12 décembre 1996, *préc.*

[322]A l'instar de celle de centralisation des informations que remplit la Banque de France. V. TC, 6 juin 1997, *Société la Fontaine de Mars, préc.*

[323]TC, 10 février 1949, *Guis*, Rec. p. 590 ; TC, 9 juin 1986, *Commune de Kinzheim*, Rec. p. 448.

[324]Sans pour autant en faire une généralité, v. CE, 21 avril 2000, *Union des syndicats CGT de la Caisse des dépôts et autres*, n°199638 (à propos du régime juridique des instances de concertation propres à la Caisse des dépôts et consignations) et C.Cass., soc. 28 novembre 1995, *Caisse des dépôts et consignations et autres ; Union autonome intercatégorielle de la Caisse des dépôts et consignations et autres ; Syndicat Force ouvrière Caisse des dépôts et consignations et autres* ; n°94-60278 ; 94-60570 ; 94-60580 (selon laquelle le Code du travail n'est pas applicable à la CDC).

[325]CAA, Lyon, 31 décembre 1993, *Madame Guidicelli*, n°92LY00458.

[326]ALLINE (J.-P.), *La Caisse des dépôts et consignations. Son rôle, ses opérations de 1816 à 1895*, Paris, PUF, 1972, p. 73 ; AMSELEK (P.), *Les établissements publics sans comptable public et le principe de l'insaisissabilité des biens des personnes publiques*, JCP, I, 3236, 1986, p. 16 ; HAURIOU (A.), *Droit des services publics (doctorat)*, Cours professé par A. HAURIOU à la Faculté de Droit de Paris : l'évolution des modes de gestion des services publics, Paris, Cours de droit ; cours polycopié, mémoire DES, 1954-1955, p. 89 ; CE, *op.cit.*, NED n°4784, p. 94 ; CE, *Rapport public pour 1997*, EDCE, n°49, 1998, p. 82.

De manière générale, V. FATOME (E.), *A propos de la distinction entre les établissements publics à caractère administratif et les établissements publics à caractère industriel et commercial*, Mélanges René CHAPUS : Droit administratif, Montchrestien, 1992, p. 183.

[327]PASSERON (S.), *op. cit.*, p. 217.

[328]TC, 13 décembre 1976, *Zaoui*, Rec. p. 706.

[329]CE, 8 mars 1968, *CCI de Nice*, Rec. p. 174.

[330]V. *infra*, Partie II, Titre 1.

[331]Art. L.518-16 du Code monétaire et financier.

publics[332]. Ce n'est pas l'organisme, tel qu'il existe aujourd'hui dans sa totalité, qui contribue au budget de l'Etat, mais l'activité bancaire de prestation des dépôts et consignations[333]. Bien que la CDC ne puisse pas utiliser les fonds reçus des épargnants proprement dits sans garantie de l'Etat, Elle accomplit les mêmes opérations qu'une banque[334]. La doctrine[335] et la jurisprudence[336] verront alors dans la Caisse des dépôts et consignations un établissement financier. En conséquence de quoi, comme la chauve-souris de la Fable[337], le caractère administratif ou industriel et commercial de la Caisse des dépôts et consignations semble s'entremêler au gré de la commodité des pouvoirs publics. Tout au plus, elle pourra être qualifiée d'établissement public à double visage[338], exerçant à la fois des activités administratives[339] et des activités industrielles[340]. Cette qualification n'emportera pas de conséquences juridiques qui soient immédiatement perceptibles[341].

Dans ce cadre, on pourrait imaginer que la Caisse des dépôts et consignations puisse alors former une catégorie singulière d'établissements financiers avec la Banque de France, du fait de leurs caractères spécifiques communs. La « Foi publique » rejoindrait « la sagesse qui fixe la Fortune »[342]. Admise très tôt, de par son statut particulier, comme « une sorte de succédané, d'ersatz de notre Institut d'émission »[343], la Caisse des dépôts et consignations constituerait avec la Banque de France une catégorie d'institutions administratives et financières sui generis, sur le modèle des établissements publics économiques[344]. Cette manière de voir serait conforme avec l'histoire des deux établissements d'une part, et, d'autre part, laisserait entrevoir toutes les possibilités de modifications institutionnelles ou fonctionnelles et de la Banque de France et de la Caisse des dépôts et consignations[345]. Face au flou de cette qualification d'établissements publics

---

[332]Cette question, plus fonctionnelle, ne s'est posée que très récemment à la Caisse des dépôts et consignations ; on n'a pu relever dans les procès verbaux qu'une seule mention de gestion commerciale. V. procès-verbal du 16 novembre 1892. V. aussi COQUELIN (M.) et GUILLAUMIN (M.) (dir.), *Dictionnaire d'économie politique*, Paris, Guillaumin, 1852, t. 1, p. 244.

[333]Par analogie, v. TC 23 janvier 1978, *Marchand*, Rec. p. 643.

[334]A l'exclusion des consignations et des dépôts réglementés.

[335]FLANDIN (G.), *La Caisse des dépôts et consignations. Son rôle dans la vie financière du pays*, Annales des Sciences politiques, 1902, p. 749 et 1903, p. 209; TROTABAS (L.) et ISAORT (P.), *Droit public*, Paris, LGDJ, Coll. Manuel, 24ème éd., 1998, p. 249 ; VOGUE (P. de), *Finances publiques. Le Trésor et les fonctions de trésorerie*, Paris, Les Cours du droit, 1965-1966, p. 26.

[336]CE, 26 mars 1997, *Association française des banques*, Rec. p. 110.

[337]*« Je suis oiseau, voyez mes ailes, ...je suis souris, vivent les rats ! »* (Livre 2, Fable V : La Chauve-souris et les deux belettes). V LA FONTAINE, *Œuvres complètes I, Fables, contes et nouvelles*, éd. établie, présentée et annotée par J.-C. COLLINET, Paris, Gallimard, Bibliothèque de la Pléiade, 1991, p. 75 et 76.

[338]PRADA (M.) et SONRIER (A.), *op. cit.*, p. 197.

[339]Gestion des fonds d'épargne par exemple.

[340]Organisation et financement du développement local par exemple, à l'image du Crédit Agricole avant sa privatisation.

[341]LACHAUME (J.-F.), *Droit administratif*, Paris, PUF, Droit, *coll. Thémis, Les grandes décisions de la jurisprudence* 13e éd. entièrement mise à jour, 2002, p. 356 ; note C. DEBBASCH sous CE, 29 janvier 1965, *L'Herbier*, Dalloz, 1965, p. 826 : la qualification donnée à l'établissement n'est *« qu'une enseigne sans portée juridique »*.

[342]Et rappelant par exemple l'île de Délos, v. BOYANCE (P.), *op. cit.*, p. 31, *Délos* où est présente une inscription à l'effigie de *Fides*. Le Gouverneur de la Banque de France notait dans le même sens l'importance de la question de confiance dans les rapports monétaires actuels V. lettre introductive au rapport annuel de la Banque de France, exercice 2002, Paris, 2003, p. 6.

[343]LEDUC (G.), *La Caisse des dépôts et consignations*, Chronique sociale de France, Lyon, mars 1933, p. 6.

[344]DURAND (G.), *L'établissement public économique, une nouvelle catégorie d'établissement public*, JCP, 1995, I, p. 3877.

[345](X.), *Banque de France et Caisse des dépôts dans le collimateur du gouvernement*, L'Humanité, 5 avril 1993 ; MICHEL (A.), *La Banque de France réfléchit à son avenir après le passage à l'Euro*, Le Monde, 16 février 2002.

économiques, et eu égard aux activités qu'elles exercent, le Tribunal des conflits[346] a considéré que « si la loi du 8 août 1994 a précisé qu'il s'agissait d'établissements publics économiques, les chambres de commerce et d'industrie n'en sont pas moins des établissements publics administratifs dont seuls certains peuvent avoir le caractère industriel et commercial ». Dans ce cas, bien que les fonctions financières de la Caisse des dépôts et consignations se soient à l'évidence accrues depuis 1816, elles n'ont conduit à remettre en cause ni ses fonctions premières[347], ni son statut initial[348]. La Banque de France, notamment depuis le 1er janvier 2002, suivrait le même cheminement[349]. Au plus, il paraît difficile d'écarter la qualification d'établissement public administratif de l'Etat, dès lors que la Caisse des dépôts et consignations figure dans la liste annexée à la directive 97/52/CE du Parlement européen et du Conseil du 13 octobre 1997[350], modifiant les directives sur les marchés publics n°92/50[351], 93/36[352] et 93/31[353], sous la rubrique « établissements publics nationaux à caractère administratif ».

En définitive, quelle que soit la qualification retenue, la Caisse des dépôts et consignations n'est pas un service public constitutionnel par vocation, aux fonctions bien définies, mais doit à chaque instant anticiper les besoins de service public par l'exercice de fonctions toujours renouvelées. C'est sa raison d'être. Appliquant par principe le droit commun matériel des établissements publics, la Caisse des dépôts et consignations utilisera des procédés formels de droit privé[354]. Cette manière de voir est conforme avec le droit européen[355] et le renouveau des personnes publiques sui generis en droit interne[356]. Malgré

---

[346]TC, 18 décembre 1995, *Préfet de région Ile de France, Préfet de Paris et Institut de formation pour les entreprise de la région parisienne c/ Chambre de commerce et d'industrie de Paris*, Rec. p. 700 ; confirmation du Conseil constitutionnel, v. 98-17 I, 28 janvier 1999, *Situation du président de la Chambre de commerce et d'industrie de Bastia (Haute-Corse)*, JORF, 31 janvier 1999, p. 1652 ; RFDC, 2000, p. 359 : chr. R. GHEVONTIAN.

[347]La protection de certains fonds a été accrue par l'extension même des fonds dont la gestion lui a été attribuée.

[348]ALLINE (J.-P.), *op. cit.*, p. 74 ; LESER (E.), *Faut-il démanteler la Caisse des dépôts et consignations ?*, Science & Vie économique, septembre 1991 ; MARINI (P.), *Peut-on réformer la Caisse des dépôts ?*, Le Nouvel Economiste, 29 janvier 1993.

[349]ALBERT (M.), *op. cit.*, p. 23; ROUGEAUX (J.-P.), *Le statut de la Banque de France*, dans Université de Paris II, Clés pour le siècle, Paris, Dalloz, Droit et sciences politiques, information et communication, sciences économiques et de gestion, 2000, p. 53 sqq.

[350]Directive 97/52/CE du Parlement européen et du Conseil, 13 octobre 1997 *modifiant les directives 92/50/CEE, 93/36/CEE et 93/37/CEE portant coordination des procédures de passation des marchés publics de services, des marchés publics de fournitures et des marchés de travaux respectivement*, JOCE n°L 328, 28 novembre 1997, p. 1.

[351]Directive 92/50/CEE du Conseil, du 18 juin 1992, *portant coordination des procédures de passation des marchés publics de services*, JOCE L 209, 24 juillet 1992, p. 1. Modifiée en dernier lieu par l'acte d'adhésion de 1994.

[352]Directive 93/36/CEE du Conseil, 14 juin 1993, *portant coordination des procédures de passation des marchés de fournitures*, JOCE L 199, 9 août 1993, p. 1. Modifiée en dernier lieu par l'acte d'adhésion de 1994.

[353]Directive 93/37/CEE de Conseil, 14 juin 1993, *portant coordination des procédures de passation des marchés publics de travaux*, JOCE L 199, 1993, p. 54. Modifiée en dernier lieu par l'acte d'adhésion de 1994.

[354]Cela n'empêche que l'acte de dépôt est un acte réglementaire et relève de la juridiction administrative. V. CE, 25 novembre 1852, *Baudon et Cie, c/ Caisse des dépôts et consignations*, Rec. p. 504 ; jurisprudence constante. V. par ex. CE, 18 avril 1947, *Société de secours mutuels en cas de décès des fonctionnaires et employés de l'Institut d'assurances sociales d'Alsace et de Lorraine*, Rec. p. 150.

Plus généralement, dans ce même ordre d'idée, eu égard au particularisme de la recherche publique, les EPST ne peuvent être qualifiés ni d'établissements publics administratifs, ni d'établissements industriels et commerciaux. V. CALAMARTE-GOGUET (M.-G.), *Les établissements publics à caractère scientifique et technologique. Un cadre institutionnel pour la recherche publique*, AJDA, 2002, p. 569.

[355]V. CHENOT (B.), *La notion de service public dans la jurisprudence économique du Conseil d'Etat*, Paris, EDCE, La Documentation française, 1950, p. 77 : CHENOT se prononce en faveur d'un critère matériel ; il n'est désormais plus possible de dire que telle ou telle institution administrative est un service public. On peut seulement rechercher si telle ou telle catégorie d'actes juridiques a été accomplie sous l'emprise de règles qui dérogent au droit commun. La jurisprudence communautaire est nette à ce sujet : v. par ex. CJCE, Aff. 31/87, 20

des discussions sur la qualification de la Caisse des dépôts et consignations, la commission de codification a confirmé, à propos des dispositions législatives de la Caisse des dépôts et consignations, la qualification de cet « établissement spécial », prévue par la loi du 28 avril 1816.

II- L'application souple du statut de la CDC

Cette mise en application des textes statutaires de la Caisse des dépôts et consignations est suffisamment souple pour n'avoir subi que quelques modifications plus de forme que de fond[357]. La Banque de France, par exemple, qui fut créée le 6 janvier 1800, a connu depuis le Consulat de nombreuses réformes statutaires la plaçant tantôt sous la dépendance du gouvernement, lui accordant tantôt une plus grande autonomie[358].

Le corpus composé de la loi du 28 avril 1816 sur les finances et des trois ordonnances réglementaires en date du 3 juillet de la même année, a été longtemps considéré comme formant « le code de la Caisse des dépôts »[359]. La Caisse des dépôts et consignations demeure ainsi l'un des rares établissements qui a conservé pour l'essentiel son statut d'origine[360]. Le décret n°48-800 du 10 mai 1948[361] prévoyait un projet de codification des dispositions législatives[362] et réglementaires[363] relatives à la Caisse des dépôts et consignations, à la Caisse nationale d'Assurance sur la Vie et à la Caisse nationale d'assurances en cas d'accidents. Code unique aux trois institutions tout d'abord, il devient ensuite code distinct à partir de 1951 avec la réunion de la Caisse nationale d'assurances en cas de décès et de la Caisse nationale de retraites pour la vieillesse, sous le nom de Caisse nationale d'assurance sur la Vie[364] et en attendant en 1959 la création de la Caisse nationale

---

septembre 1988, *Beentjes B.V.*, Rec. p. 4635, not. point 10 des conclusions et la politique jurisprudentielle de la Cour en matière de pouvoir adjudicateur.

[356]Loi n°2003-706 du 1er août 2003 de *sécurité financière* (JORF, 2 août 2003, p. 13220) et décret n°2003-1109 du 21 novembre 2003 relatif à *l'Autorité des marchés financiers* (JORF, 23 novembre 2003, p. 199). V. surtout MELLERAY (F.), *Une nouvelle crise de la notion d'établissement public. La reconnaissance d'autres personnes publiques spécialisées*, AJDA, 2003, p. 711 et SERRAND (P.), *op. cit*, p. 312.

[357]Lorsqu'en mars 1848, le gouvernement provisoire de la IIe République prend des mesures autoritaires à l'encontre de la Caisse des dépôts et consignations en supprimant la Commission de surveillance, il s'emploie, à peine deux mois plus tard, à restaurer le statut original de 1816, créé pourtant par la monarchie qu'il vient d'abolir. V. Rapport fait par le citoyen BERRYER, au nom du Comité des finances, sur le projet de décret relatif à la Commission de surveillance de la Caisse d'amortissement et de la Caisse des dépôts et consignations, addition à la séance du 2 septembre 1848, Moniteur universel, 6 septembre 1848, p. 2323.
Si le Premier ministre BALLADUR souhaitait une refonte générale du statut de la Caisse des dépôts et consignations dans sa déclaration de politique générale du 8 avril 1993, son gouvernement s'est contenté de réformer le mandat du Directeur général sur le modèle des entreprises publiques. V. aussi LESER (E.), *op. cit.*, Science & Vie économique, septembre 1991 ; MARINI (P.), *op. cit.*, Le Nouvel Economiste, 29 janvier 1993.

[358]BON-GARCIN (I.), *« La Banque de France de 1800 à nos jours »*, *op. cit.*, LPA, 20 juin 1994, p. 5.

[359]DELATOUR (A.), *op. cit.*, p. 13.

[360]V. *supra* cependant la modification du statut du Directeur général.

[361]Décret n°48-800 du 10 mai 1948 instituant *une commission supérieure chargée d'étudier la codification et la simplification des textes législatifs et réglementaires*, JORF, 13 mai 1948, p. 4627.

[362]La Commission de précodification suggérait d'intégrer la loi de finances de 1816, les deux premières ordonnances de 1816 et l'ordonnance de 1839. On notera que ce projet de codification s'inscrivait dans une démarche strictement administrative, à la différence de la codification des dispositions législatives de la Caisse des dépôts et consignations de 2000. V. le rapport introductif du décret n°48-800 *préc.*

[363]La codification des textes réglementaires concernant la Caisse des dépôts et consignations reposait essentiellement sur l'ordonnance du 22 mai 1816, le chapitre XXIX du décret du 31 mai 1862 portant *Règlement général de la comptabilité publique* et le décret du 4 juillet 1926 modifié *fixant le statut du personnel de la Caisse des dépôts et consignations.*

[364]Décret n°49-669 du 16 mai 1949 *réunissant la caisse nationale d'assurances en cas de décès et la caisse nationale des retraites pour la vieillesse sous le nom de caisse nationale d'assurances sur la vie*, JORF, 17 mai 1949, p. 4831.

de prévoyance par la fusion de la Caisse nationale d'assurance sur la Vie et de la Caisse nationale d'assurances en cas d'accident[365]. Le projet de codification des textes relatifs à la Caisse des dépôts et consignations est rapidement abandonné, à l'époque, pour des raisons d'opportunité administrative[366].

Le processus de codification entrepris ces dernières années[367] emportera cependant une codification à droit constant des dispositions législatives relatives à la Caisse des dépôts et consignations[368] dans un Code monétaire et financier[369]. Il ancre officiellement la Caisse des dépôts et consignations dans le paysage économique[370]. Cela étant, toute la difficulté du travail de codification est de savoir distinguer les dispositions législatives des textes à valeur réglementaire. Il fallait par ailleurs recenser l'ensemble de textes relatifs à la Caisse des dépôts et consignations et juger de l'opportunité de les insérer dans ce Code.

En premier lieu, ont été codifiées les dispositions à caractère législatif, encore fallait-il pouvoir en être sûr[371]. En effet, comme toutes les Constitutions qui se sont succédées jusqu'en 1958, la Charte du 4 juin 1814 n'instituait pas de distinction entre les domaines de la loi et du règlement. Sur la proposition du Roi, les chambres pouvaient légiférer en toute matière, le pouvoir exécutif intervenant pour préciser ou compléter les règles fixées par la loi. C'est pourquoi il convient de se demander s'il n'est pas contestable d'avoir codifié, dans la partie législative, certains textes formellement de nature réglementaire[372]. S'il est aisément estimé que la loi du 28 avril 1816 résulte de la

---

[365]V. *infra*, notamment Partie I, Titre 2 et Partie II, Titre 1.

[366]La Commission de précodification estime le 4 novembre 1949 qu' *« il ne saurait être question d'exclure ce dernier texte [le décret du 4 juillet 1926 modifié fixant le statut du personnel de la Caisse des dépôts et consignations] d'une codification destinée à rassembler (...) les décrets relatifs à l'organisation et au fonctionnement de la Caisse des dépôts et consignations»*. Or, il s'avère que de nombreuses dispositions du décret de 1926 étaient devenues caduques et d'autres le deviendraient avec l'achèvement de la réforme de la fonction publique de l'après-guerre. La Commission de précodification proposait alors des modifications subséquentes importantes. Sur les questions de personnel de la Caisse des dépôts et consignations, v. *infra*, Partie I, Titre 1.
Par ailleurs, dans sa séance du 25 octobre 1949, la Commission de précodification rappelle que l'idée d'une codification législative, confirmée par le Parlement, est considérée à l'époque dangereuse ; *« c'est l'autonomie de la Caisse qui serait alors en jeu »* (archives CDC).

[367]Loi portant *habilitation du gouvernement à procéder, par voie d'ordonnances, à l'adoption de la partie législative de certains codes*, JORF, 22 décembre 1999, p. 19040, confirmée par l'article 3 de la loi du 12 avril 2000 relative *aux droits des citoyens dans leurs relations avec les administrations*, JORF, 13 avril 2000, p. 5646. V. aussi circulaire du 30 mai 1996 relative *à la codification des textes législatifs et réglementaires*, JORF, 5 juin 1996, p. 8263.

[368]Le livre V de ce Code intéresse plus spécialement la Caisse des dépôts et consignations, puisque s'y trouvent codifiées les principales dispositions législatives fondatrices de *« la vieille Dame de la rue de Lille »*. V. tableau de correspondance en annexe.

[369]Ordonnance n°2000-1223 du 14 décembre 2000 relative *à la partie législative du Code monétaire et financier*, JORF, 16 décembre 2000, p. 20004 ; annexe p. 38303.

[370]Le Code ne fait jamais allusion au ministre des Finances mais au *« ministre chargé de l'économie »*. L'analyse économique du droit est à ce jour appliquée de manière quasi-exclusive aux règles du droit privé et à l'action des services publics. V. les obs. de M. BAZEX et S. BLAZY sous CJCE, 25 octobre 2001, *Glockner*, DA, janvier 2002, p. 16 et plus généralement le rapport public 2002 du CE, consacré aux collectivités publiques et la concurrence.

[371]Le rapport au Président de la République, introduisant cette codification fait remarquer à ce sujet que *« la Caisse des dépôts et consignations est régie par des textes anciens dont le caractère législatif ou réglementaire est difficilement discernable au regard des critères actuels»*. V. Rapport au Président de la République *relatif à l'ordonnance n°2000-1223 du 14 décembre 2000 relative à la partie législative du Code monétaire et financier*, JORF, 16 décembre 2000, p. 20003.

[372]La question méritait d'être débattue, ne serait-ce que parce que la nature juridique des ordonnances royales de la Restauration a été discutée, au regard d'un éventuel contrôle de constitutionnalité (V. MESTRE (J.-L.), *Les juridictions judiciaires et l'inconstitutionnalité des ordonnances royales de la Restauration au Second Empire*, RFDC, 1993, p. 451). Les ordonnances de 1816 ne semblent pas avoir fait l'objet d'un tel contrôle de constitutionnalité.

collaboration du roi et des chambres qui se partageaient alors le pouvoir législatif[373], l'ordonnance d'application du 22 mai 1816 et les deux[374] ordonnances de juillet 1816, prises à l'initiative de la Commission de surveillance, sont alors l'œuvre du seul pouvoir exécutif détenu uniquement par le roi qui prenait les ordonnances nécessaires pour l'exécution des lois[375]. Le décret impérial du 31 mai 1862, portant Règlement général sur la comptabilité publique, autre texte réglementaire, a repris sans l'abroger formellement l'ordonnance du 22 mai 1816 et est resté en vigueur, pour ce qui est de ces dispositions relatives à la Caisse des dépôts et consignations[376], jusqu'à la codification dans le Code monétaire et financier. C'est pourquoi, compte tenu de ces conditions d'élaboration, la qualification d'acte réglementaire ne poserait pas de difficultés si l'article 34 de la Constitution du 4 octobre 1958 n'avait réservé à la loi un certain nombre de matières limitativement énumérées[377]. C'est ainsi, par exemple, que l'article 9 de l'ordonnance du 22 mai 1816[378], remplacé par l'article 827 du décret de 1862, est considéré comme réglementaire. C'est encore l'article 830[379] du décret du 31 mai 1862 qui paraît de nature réglementaire. En revanche, le codificateur a admis la nature législative aux articles 832[380] et 833[381] du décret de 1862, conformément au statut des comptables publics défini à l'article 60 de la loi de finances du 23 février 1963. Parce qu'il institue une charge à la Caisse des dépôts et consignations, il en est de même de l'alinéa 1er de l'article 11 de l'ordonnance du 3 juillet 1816[382]. Il résulte de la jurisprudence du Conseil constitutionnel comme du Conseil d'Etat que l'article 34 de la Constitution n'a pu avoir pour effet de réduire la compétence réglementaire résultant des situations antérieures à 1958. En d'autres termes, lorsque certains points ont fait l'objet d'une réglementation éditée pour l'exécution d'une loi antérieure à la Constitution de 1958, ils restent du domaine réglementaire aussi longtemps qu'ils n'ont pas été repris par une loi adoptée dans le cadre de l'article 34[383].

Pour autant, on remarquera que la question de leur compatibilité avec la charte de 1814 et la loi de 1816 a été discutée brièvement au Parlement, à propos de la désignation du Président de la Chambre de commerce de Paris à la Commission de surveillance. V. *infra* ; et plus particulièrement sur cette question, les travaux de Mme LEMERCIER, *La Chambre de commerce de Paris 1803-1852. Un « corps consultatif » entre représentation et informations économiques*, EHESS (Histoire), 2001, p. 387.

[373] Art. 14 et 15 de la Charte du 4 juin 1814.

[374] V. *supra*, la justification de ce chiffre.

[375] V. cls L'HOPITAL, sous CE, *Bergerat*, préc. ; solution analogue à propos de l'approbation du règlement de l'Académie des Beaux-Arts par une ordonnance royale. Le CE estime que cette ordonnance, prise en vertu de l'article 14 de la charte du 4 juin 1814, a un caractère réglementaire (V. CE, 25 janvier 1963, *Sieur Lemaresquier*, cls KAHN, Dalloz, jur., 1963, p. 333 et plus généralement CE, 19 décembre 1952, *Ville de Toulouse*, Rec. p. 590).

[376] Contrairement à une idée reçue, toutes les dispositions du décret impérial n'ont pas été abrogées par le décret du centenaire.

[377] Le Conseil constitutionnel reste néanmoins souple sur l'interprétation à donner au domaine de la loi. V. par ex. 82-143 DC, 30 juillet 1982, *« Blocage des prix »*, GDCC n°33.

[378] Art. 9 de l'ordonnance du 22 mai 1816 : *« Le Directeur général ordonne toutes les opérations et règle les diverses parties du service des deux établissements ; il prescrit les mesures nécessaires pour la tenue régulière des livres et des caisses ; il veille à ce que les écritures, qui sont tenues en partie double, en soient distinctes ; il ordonnance les payements ; il vise et arrête les divers états de toute nature ».*

[379] Art. 830 du décret du 31 mai 1862 : *« En cas d'absence ou de maladie du Directeur général, le secrétaire général le remplace dans l'exercice de ses fonctions. Il est, dans ce cas soumis, aux mêmes règles et à la même responsabilité que le Directeur général ».*

[380] Art. 832 du décret du 31 mai 1862 : *« Il [le caissier] est chargé de la recette, de la garde et de la conservation des deniers et valeurs actives déposés entre ses mains à quelque titre que ce soit. Il acquitte toutes les dépenses et solde tous les effets payables à la caisse. Il tient, pour chaque caisse, des journaux distincts, sur lesquels il inscrit, jour par jour, ses recettes et ses dépenses».*

[381] Art. 833 du décret du 31 mai 1862 : *« Il [le caissier] est responsable des erreurs et des déficits autres que ceux provenant de force majeure ».*

[382] Art. 11 al. 1er de l'ordonnance du 3 juillet 1816 : *« La Caisse des dépôts et consignations aura des préposés pour le service qui lui est confié dans toutes les villes où siège un tribunal de grande instance ».*

[383] Sans préjudice à l'article 37 al. 2 de la Constitution de 1958.

C'est précisément ce qui a été fait dans la loi de codification. Le codificateur a voulu, par ailleurs, comme le préconisait la loi d'habilitation de 1999[384], assurer « le respect de la hiérarchie des normes », la « cohérence rédactionnelle des textes » et « harmoniser [ainsi] l'état du droit »[385]. Désormais, toutes les dispositions de la partie législative du Code monétaire et financier ainsi codifié ont par voie de conséquence valeur législative, tout ce qui a trait à la procédure et aux modalités de mise en œuvre de ces dispositions relève du domaine réglementaire[386].

Il faut admettre néanmoins, en second lieu, que seuls ont été codifiés les textes généraux relatifs à la compétence et à l'organisation de la CDC. Un certain nombre de textes concernant la Caisse des dépôts et consignations n'ont pas été repris dans le Code monétaire et financier, car étrangers à son domaine. C'est ainsi, par exemple, que l'article 34 de la loi n°96-452 du 28 mai 1996[387] relatif au personnel de la Caisse des dépôts et consignations n'a pas été repris dans ce code[388]. Le choix du codificateur était malaisé en voulant faciliter plus spécialement l'activité des opérateurs financiers et de l'ensemble des entreprises et des usagers. Ceci expliquerait cela.

Il faut remarquer en dernier lieu que le législateur est venu modifier une partie du Code monétaire et financier en confirmant la vocation d'intérêt général de la Caisse des dépôts et consignations[389]. On notera cependant qu'il s'agit d'un ajout à l'article L.518-1 du Code monétaire et financier (dispositions générales relatives aux établissements et services autorisés à effectuer des opérations de banque), et non d'une modification d'une quelconque disposition codifiée dans le chapitre consacré à la Caisse des dépôts et consignations[390].

La pratique d'un droit postmoderne[391], expression contemporaine de la Caisse des dépôts et consignations, combinant au sein de la Caisse des dépôts et consignations, éthique financière et régulation économique de ses activités, norme plus pragmatique, expliquerait la pérennité statutaire et écrite de « la vieille Dame de la rue de Lille ».

§2. La Foi publique, expression d'un droit postmoderne

Cette originalité et cet exemple unique en Europe, l'absence de référence doctrinale et jurisprudentielle claire, l'ambiguïté de la nature des relations entre l'Etablissement et le ministère des Finances, l'incertitude quant à la nature juridique du

---

[384]Dans l'interprétation qu'en fait le Conseil constitutionnel. V. 99-421 DC, *Loi portant habilitation du gouvernement à procéder, par voie d'ordonnances, à l'adoption de la partie législative de certains codes,* 16 décembre 1999, JORF, 22 décembre 1999, p. 19041, notamment le 14ème considérant. V. aussi MOYSAN (H.), *L'accessibilité et l'intelligibilité de la loi. Des objectifs à l'épreuve de la pratique normative*, AJDA, 2001, p. 428.

[385]Le codificateur a, en ce sens, tout d'abord confirmé la spécificité du statut de la Caisse des dépôts (l'article L.518-12 du Code monétaire et financier reprend *in extenso* l'article 110 de la loi de 1816) ; il a écarté, ensuite, les dispositions implicitement abrogées relatives à la Caisse d'amortissement ; il a enfin tenu compte de l'évolution institutionnelle et administrative (par ex. pour désigner le représentant du Sénat à la Commission de surveillance il était utilisé le terme de *« Conseil de la République »*; le terme d'ordonnance est remplacé par sa traduction contemporaine de décret).

[386]La question inverse peut se poser : des textes formellement législatifs pourraient être éventuellement intégrés dans une future partie réglementaire du Code monétaire et financier.

[387]Loi n°96-452 du 28 mai 1996 portant *diverses mesures d'ordre sanitaire, social et statutaire*, JORF, 29 mai 1996, p. 7912.

[388]Ce texte en vigueur pourrait néanmoins être intégré dans le Code du travail ou dans un prochain Code de la fonction publique.

[389]Loi n°2001-420 du 15 mai 2001, relative *aux nouvelles régulations économiques*, JORF, 16 mai 2001, p. 7776.

[390]Il eût été souhaitable que ces deux textes soient fusionnés en un article unique pour satisfaire les exigences de rigueur et de clarté de la codification. V. 2ème partie.

[391]CHEVALLIER (J.), *Vers un droit post-moderne ? Les transformations de la régulation juridique*, RDP, 1998, p. 659.

groupe de la Caisse des dépôts et consignations et la difficulté d'encadrer, dans un statut précis, la diversité des fonctions de l'Etablissement, peuvent laisser perplexe la logique cartésienne et méthodique du système juridique français[392] quant à l'insertion des fondements juridiques de la Caisse des dépôts et consignations dans le droit public aujourd'hui.

Si certains sont tentés de soutenir l'incompatibilité de la loi fondatrice de 1816 avec la situation juridique contemporaine[393], tenant compte notamment de l'évolution du droit financier, ils se substitueraient au législateur et au politique, ce qui n'est pas du ressort de l'objectivité scientifique ; ce serait en outre remettre en cause le principe même de la codification dans le Code monétaire et financier et contraire à la vision pragmatique de droit communautaire en général[394], de la libre concurrence européenne en particulier[395].

C'est pourquoi cette étude des fondements juridiques de la Caisse des dépôts et consignations et de leur insertion en droit public demande au préalable le respect d'une méthode certaine, qui s'est affinée avec le temps sur le modèle du droit anglo-saxon : une institution française, fonctionnant à l'anglaise[396]. Les fondements juridiques de la Caisse des dépôts et consignations devront donc se comprendre très largement pour apprécier ou non leur insertion en droit public contemporain.

Cette manière de voir, sur laquelle repose tout l'édifice conceptuel et institutionnel de la Caisse des dépôts et consignations, expliquerait ainsi le consensus général et durable de la singularité du statut de la « vieille Dame de la rue de Lille ».

A certains égards, la Caisse des dépôts et consignations affinera sa doctrine de concert avec les pouvoirs publics en général, et avec le ministre des Finances en particulier[397]. La Commission de surveillance, réunie en moyenne deux fois par mois[398], soutiendra officiellement ou non cette démarche en séances. Les procès-verbaux de la Commission de surveillance d'une part, les rapports « blancs »[399], « rouges »[400] ou « verts »[401] d'autre part, seront une source intarissable d'informations. Ce pouvoir d'appréciation de la Caisse des dépôts et consignations[402] laisse penser, dans une moindre

[392]EISENMANN (C.), *Quelques problèmes de méthodologie des définitions et de classifications en science juridique*, Archives de philosophie du droit, 1966, p. 25.

[393]Du fait de la théorie jurisprudentielle des changements de circonstances de fait ou de droit, la jurisprudence *Alitalia* est, pour le Pr. CHAPUS, transposable partiellement en matière législative. V. CHAPUS (R.), *Droit administratif général*, Paris, Montchrestien, t. 1, 2001, p. 691 et CE, 2 juin 1999, *Meyet*, LPA, 9 juin 1999, p. 11 avec les conclusions de J.-C. BONICHOT. Cette manière de voir pourrait s'agencer aussi pour la loi organique de la Caisse des dépôts et consignations.

[394]Not. l'art. 222 TCE.

[395]V. aff. T-358/94, 12 décembre 1996, *op. cit.*

[396]CLAMEN (M.), *Bruxelles au jour le jour. Petit guide des négociations communautaires*, Paris, La documentation française, Réflexe Europe, 1996, p. 20.

[397]Par ex., sa politique d'intervention en matière de développement du territoire : Programme du développement durable du territoire (PA2T) et Programme renouvellement urbain (PRU) ; ou sur ses relations financières (Contribution relative à l'impôt sur le sociétés CRIS).

[398]Ces procès-verbaux ont été tenus depuis 1816. La Commission de surveillance se réunissait les premiers temps en fonction des sessions parlementaires et sans périodicité régulière. En 1858, il a été décidé de tenir une réunion mensuelle puis à partir de 1880, deux réunions par mois. V. *infra*, Partie 1, Titre 2.

[399]On appelle ainsi les rapports au Parlement que la Commission de surveillance lui présente chaque année. V. art. L.518-10 du Code monétaire et financier. Ces rapports sont dits aussi *« rapports statutaires »*.

[400]Les rapports annuels d'activités rendent compte à l'intention du public de l'activité du groupe de la Caisse des dépôts et de son organisation.

[401]On appelle ainsi les rapports annuels de la direction des fonds d'épargne. Ils retracent notamment les fonds d'épargne centralisés à la Caisse des dépôts, leurs emplois, le bilan et leurs résultats.

[402]Critiquable pour Mme CLIQUENNOIS, dans son ouvrage de Droit public économique, *op. cit.*, p. 84.

mesure, au pouvoir discrétionnaire de la commission européenne[403] et la méthodologie qu'elle emploie en matière de politique d'aides d'Etat[404]. Néanmoins, l'approbation par la Commission de surveillance de la politique entreprise par la CDC n'emporte pas en principe valeur normative, dès lors que la Commission n'est chargée que de la surveillance de la Caisse des dépôts et consignations[405] et de rapporter au Parlement de « la direction morale et la situation matérielle »[406] de l'Etablissement de la rue de Lille. Elle emporte simplement à la Commission l'obligation de préciser sa doctrine, « ses observations »[407] qu'elle entend suivre dans l'exercice de son pouvoir de surveillance des fonds que les citoyens confient à la Caisse des dépôts et consignations et au statut particulier de cet établissement qui en découle.

Cette liberté d'appréciation, dont dispose la Caisse des dépôts et consignations, en la personne de son Directeur général et de sa Commission de surveillance, repose avant tout sur la combinaison de deux principes directeurs, résultant de l'essence même de l'institution d'une Caisse des dépôts et consignations en 1816 : la Foi publique.

Le premier de ces principes est de mériter la confiance des déposants tout en étant, en même temps, utile pour le bien commun[408].

I- Mériter la confiance des déposants

La première vocation de la Caisse des dépôts et consignations est de mériter la confiance des déposants et de gérer en toute sécurité les fonds que les citoyens lui confient, au même titre qu'une banque centrale d'émission monétaire[409].

Le législateur lui confie ainsi en 1816 trois fonctions : consignataire, dépositaire, gestionnaire des fonds de retraite des fonctionnaires et d'une liste nominative de quelques fonds[410].

La croissance du bilan de la Caisse des dépôts et consignations[411] s'accélère en 1837 avec le transfert à l'Etablissement de la rue de Lille des fonds collectés par les Caisses d'épargne auparavant déposés dans un compte courant au Trésor[412].

---

[403]La CJCE a rappelé par exemple ce pouvoir discrétionnaire de la Commission européenne pour apprécier la compatibilité ou l'incompatibilité des articles visés à l'article 87-3 du TCE dans une affaire 730/79 (17 septembre 1980, *Philip Morris*, Rec. p. 2671).

[404]COMMUNIER (J.-M.), *Le droit communautaire des aides d'Etat*, Paris, LGDJ, coll. système, 2000, p. 49.

[405]Art. L.518-7 du Code monétaire et financier.

[406]Art. L.518-12 du Code monétaire et financier.

[407]Art. L.518-9 du Code monétaire et financier.

[408]DESWARTE (M.-P.), *Intérêt général, bien commun*, RDP, 1988, p. 1289.

[409]AGLIETTA (M.) et ORLAN (A.), *La monnaie entre violence et confiance*, Paris, O. Jacob, 2002 ; AUBERT (M.), JUVIGNY (M. de) et MESSIN (M.), (dir. des études), *La Banque de France*, Paris, Berger-Levrault, coll. L'administration nouvelle, 1975, p. 13 ; ENFRUN (B.), *La Banque de France et le système européen des banques centrales*, RFAP, octobre-décembre 1999, p. 626.

[410]Parmi lesquels les services relatifs à la légion d'honneur, à la compagnie des canaux ou la Caisse de dotation de l'armée. V. art. 110 de la loi du 28 avril 1816.

[411]LAVIGNE (A.), *Cent soixante-quinze ans de Bilans. Jalons pour une histoire financière de la Caisse des dépôts et consignations*, dans MALVE (P.) et THIVEAUD (J.-M.), *op. cit.*, p. 287 : l'auteur distingue trois grandes périodes « bilantielles » pour la Caisse des dépôts et consignations: 1848-1871 avec le repli relatif de l'épargne et le renforcement de la prévoyance (et des ressources longues pour la Caisse des dépôts et consignations) ; 1891-1976, l'apogée de l'épargne et le renforcement de la prévoyance ; 1976-1990, le déclin relatif du poids de l'épargne. Des années 1990 jusqu'à nos jours, on pourrait ajouter une quatrième partie pouvant s'intituler le temps des mutations de la Caisse des dépôts et consignations : aux sources de 1816 ?
V. aussi MARTY (M.), *La Caisse des dépôts et consignations. Analyse bilantielle de 1816 à 1946*, DEA, Analyse économique et financière, Université d'Orléans, 1992 et DAFFLON (A.), *La Caisse des dépôts et consignations, des origines jusqu'à la Libération*, dans Rapport définitif : *La spoliation antisémite sous l'Occupation : consignations et restitutions*, Paris, CDC, mars 2001, p. 43 et sqq.

Sous le Second Empire, le bilan de la Caisse connaît une croissance lente, reflétant sa nouvelle orientation vers la prévoyance[413].

De la IIIe République au premier conflit mondial, la croissance s'accélère en raison notamment des grands travaux amorcés après 1870, financés en partie sur fonds affectés. De 1884 à 1914, le bilan de la Caisse se stabilise autour de 5 milliards de francs, la Caisse retrouvant d'une part, sa mission fondamentale de gestion des ressources privées et, d'autre part, ayant parallèlement acquis un poids considérable dans le paysage financier français[414].

Dans l'Entre deux guerres, la CDC connaît deux phases de croissance opposées avec une expansion soutenue jusqu'en 1932[415], suivie d'une contraction sans précédent du bilan avec la réduction des capacités d'épargne, de la baisse des taux du marché en France et d'une intervention massive de la Caisse sur les marchés obligataires. DAILEY soutiendra ainsi en 1934 dans sa thèse en Droit que la Caisse des dépôts et consignations est « le plus gros capitaliste du monde »[416], tandis que les presses nationaliste[417] et gauchisante[418], selon les époques, la pourfendront.

En 1948, le bilan de la CDC représente 3,8 milliards de francs constants, soit le même total qu'en 1881. La Caisse des dépôts et consignations connaît à partir de 1948 une croissance forte, régulière et quasi ininterrompue ; et son bilan indique en 1998 le chiffre de 3778,099 milliards de francs constants (base 1948), soit un chiffre mille fois supérieur à 1948[419].

Le deuxième principe directeur de la Caisse des dépôts et consignations est de servir l'intérêt général.

II- Etre utile pour le bien commun

Pour rester « fidèle à la Foi publique »[420], la Caisse des dépôts et consignations veut être une institution au service de la Nation[421], utile[422] : métier de la finance[423] et de

---

[412]Même si la crise de 1848 freine cette évolution avec la limitation du plafond des livrets d'épargne et l'utilisation par les personnes privées de leur épargne de précaution. En effet, les pouvoirs publics avaient imposé un emploi limitatif de ces fonds en valeur du Trésor, les rentes de l'Etat prenant alors une part importante dans l'actif du bilan de la Caisse des dépôts et consignations. Cette réglementation exposait davantage la CDC par la transformation entre passif à vue et actif à très long terme.

[413]THIVEAUD (J.-M.) (dir.), *200 ans de prévoyance*, Paris, Caisse nationale de Prévoyance, 1989, p. 111 et sqq.

[414]En 1914, la Caisse des dépôts et consignations détient ainsi près d'un quart de la dette à long terme de l'Etat et près de la dette flottante (PRIOURET (R.), *op. cit.*, p. 249).

[415]Liée à la reconstruction et lui donnant un rôle notamment dans le financement du secteur agricole, industriel, prévoyance et action sociale. V. DAFFLON (A.), *op. cit.*, p. 50 et sq.

[416]DAILEY (M.), *op. cit.*, p. 6 ; à la même époque : GEIBEL (M.), *Le plus gros capitaliste du monde*, Revue de France, Janvier 1932, p. 15 ; BRAUDEL (F.) et LABROUSSE (E.) (dir.), *Histoire économique et sociale de la France*, Partie IV, vol. 1, Paris, PUF, 1982, p. 173.

[417]La presse nationaliste assimilera la Caisse des dépôts et consignations à *« un danger public »* : L'Espoir français, n° spécial, 23 mars 1934 ; SAINT GERMAIN (J.), *Chez la plus riche capitaliste de France*, Les Nouveaux temps, 24 et 27 avril 1943.

[418]MARIS (B.), dit Oncle Bernard, *Epargne. Privatisation de l'argent*, Charlie Hebdo, 18 décembre 2001.

[419]En francs courants, il est de 672,6 milliards de francs (conversion en francs constants établie à partir de www.membres.lycos.fr/consommation/40.htlm). Ce chiffre reflète le bilan de l'établissement Caisse des dépôts et consignations ; le bilan du groupe CDC (avec filiales) étant de 960,2 milliards en 1998. V. aussi en annexe les chiffres-clefs représentatifs de l'activité de la Caisse des dépôts et consignations.

[420]Expression volontairement tautologique.

[421]JOSEPH-BARTHELEMY, *op.cit.*, RPP, 1931, p. 185 ; LINYER (L.), *La Caisse des dépôts et consignations. Son rôle dans la vie économique, financière et sociale du pays*, Revue Politique des idées et des institutions, juin 1943, p. 162 ; (X.), *La Caisse des dépôts et consignations : un groupe au service de la Nation*, RT, « Etudes », août-septembre 1992, p. 543.

[422]LION (R.), *La sécurité et l'utilité*, dans MALVE (P.) et THIVEAUD (J.-M.), *op. cit.*, p. 575 ; CHANUT (P.-Y.), *Foi publique, utilité sociale : Un bilan de deux ans de lutte contre le démantèlement de la Caisse des dépôts et consignations*, Analyse et documents économiques, décembre 1994, p. 4 ; X, *Vœux 2003. Trois principes d'action*

l'assurance[424], centrale de services[425] et groupe public[426]. Pour ce faire, la Caisse des dépôts et consignations est en éternelle réforme, pénétrant de nombreux secteurs d'activités correspondant à un « métier »[427].

L'article 143 de la loi sur les Nouvelles régulations économiques, inséré à l'article L.518-1al.3 du Code monétaire et financier, valide désormais ce caractère singulier d'un groupe autour d'un établissement spécial et de filiales privées :

« La Caisse des dépôts et consignations et ses filiales constituent un groupe public au service de l'intérêt général et du développement économique du pays. Ce groupe remplit des missions d'intérêt général en appui des politiques publiques conduites par l'Etat et les collectivités locales et peut exercer des activités concurrentielles.

Dans ce cadre, la Caisse des dépôts et consignations est plus particulièrement chargée de la gestion des dépôts réglementés et des consignations, de la protection de l'épargne populaire, du financement du logement social et de la gestion d'organismes de retraite. Elle contribue également au développement économique local et national, particulièrement dans les domaines de l'emploi, de la politique de la ville, de la lutte contre l'exclusion bancaire et financière, de la création d'entreprise et du développement durable».

En l'état du droit positif, cette nouvelle définition ne se substitue pas à la définition originaire de la Caisse des dépôts et consignations, cette dernière étant prévue à l'article L.518-2 du Code monétaire et financier.

La Foi publique exprimerait alors, au regard de ces deux critères généraux ainsi définis, un « droit de la Caisse des dépôts et consignations », droit « mou », un droit démotique[428]. En se fondant sur le principe de sécurité juridique, la CJCE a admis que la Commission européenne doit suivre la doctrine[429] qu'elle a dégagée dans des communications, des textes d'encadrement, des lignes directrices ou de simples lettres aux Etats membres relatifs aux différentes catégories d'aides d'Etats[430]. Avec la Foi publique, la Caisse des dépôts et consignations consacrerait une valeur sûre en nouant un pacte avec l'Etat et le Citoyen, selon le modèle du panthéon latin.

A travers des manifestations et des activités éparses de développement dit durable[431], la Caisse des dépôts et consignations serait un véritable organe de régulation[432],

---

pour l'avenir, CDscope, n°218, février 2003, p. 3. V. aussi la plaquette d'information *Informatique CDC : au cœur du groupe Caisse des dépôts*, Informatique CDC, septembre 1999, 8 p. qui prend pour référence *« l'utilité sociale collective »* pour qualifier les activités du Groupe CDC.

[423]Par l'intermédiaire de CDC-Ixis et d'EULIA.

[424]Par l'intermédiaire de la CNP.

[425]Par l'intermédiaire de C3D.

[426]Organisé directement sous l'égide de l'Etablissement.

[427]Pour reprendre la terminologie employée rue de Lille. Plus généralement, V. PIOTET (F.) (dir.), *La Révolution des métiers*, Paris, PUF, coll. Le lien social, 2002.

[428]C'est-à-dire des règles concernant la définition du substrat « CDC ». V. aussi ORLEAN (A.), *La confiance : un concept économique ?*, Problèmes économiques, n°2422, 2 mai 1995, p. 7 citant K. ARROW, *The Limits of organizations*. Plus généralement, V. PIERRE-CAPS (S.), *La constitution démotique ou les mutations de la constitution au seuil du XXIe siècle*, Mélanges F. BORELLA : *Etat, Société et pouvoir à l'aube du XXIe siècle*, Presse universitaire de Nancy, 1999, p. 403.

[429]Aff. C 282/99, 13 juin 2002, *Royaume des Pays-Bas / commission des Communautés européennes*, Rec. I, p. 5202 ; aff. C-313/90, 21 mars 1993, *CIRFS*, Rec. I, p. 1125 ; IDOT (L.), *Les aides aux entreprises en difficulté et le droit communautaire*, RDTE 1998, p. 297.

[430]Sous réserve évidente du respect des traités constitutifs : aff. 59/75, 3 février 1976, *Manghera*, Rec. p. 91.

[431]Référence faite à la dimension que veut en donner la Caisse des dépôts et consignations : efficacité économique, souci de protection de l'environnement et du long terme, responsabilité sociale. V. LEBEGUE (D.), (propos recueillis par I. GOURMELON et Y. LE BOURDONNEC), « *Le développement durable sera le grand enjeu du XXIe siècle* », Le Nouvel Economiste, 8 février 2002 ; et plus spécialement *« La responsabilité sociétale du groupe Caisse des dépôts »*, rapport 2001, disponible sur le site Internet www.caissedesdepots.fr (recherche effectuée le 15 décembre 2002). L'approche juridique ne permet pas bien entendu de lui en donner une valeur normative certaine. V. SANS (C.), *Le développement durable en droit interne : apparence du droit et droit des apparences*,

au delà des compréhensions de son statut juridique ancien et au delà de la distinction entre le droit public et le droit privé[433]. D'ailleurs, c'est bien dans la loi « Nouvelles régulations économiques », dans laquelle le législateur parle pour la première fois d' « organe de régulation »[434], que se situe l'article de loi précité consacrant les fonctions du groupe CDC.

Ravalée au simple principe directeur, à une simple ligne de conduite, la source fondamentale de l'indépendance de la Caisse des dépôts perd de sa force mythique, à tel point qu'il convient désormais de s'interroger sur la particularité institutionnelle de l'Etablissement de la rue de Lille et sur son indépendance sacralisée dès 1816 (I PARTIE).

BLOCH-LAINE confirme ainsi que « les textes constitutifs de la Caisse ne s'expliqueraient pas si elle n'était pas fondamentalement un dépositaire, à la fois dépendant et indépendant du gouvernement, à la fois organisme public et banquier privé...Peu à peu (et dès le lendemain de sa naissance), en raison des sécurités et des commodités offertes par sa constitution, elle a été chargée de tâches autres que celle de dépositaire »[435].

Admis alors comme simple « label »[436] vivant de la Caisse des dépôts et consignations, on pourrait se demander quelle est l'interprétation et l'utilité à donner à la mission fiduciaire de la Caisse des dépôts et consignations[437], dont l'insertion tant en droit interne qu'en droit européen demeure délicat, car il risque d'ébranler l'établissement public. Si l'évolution du droit européen transforme tout autant les relations Etat/Union européenne/ démembrements de l'Etat[438], on ne voit pas en quoi la globalisation de la norme ne s'appliquerait pas à la Caisse des dépôts et consignations[439].

Une doctrine avertie[440] considère désormais la Foi publique de manière restrictive puisqu'elle s'applique exclusivement à la gestion des fonds d'épargne. « En d'autres termes, la Caisse des dépôts et consignations ne garantit plus l'épargne contre une défaillance des finances publiques mais bien les finances publiques contre une défaillance

---

AJDA, 2003, p. 210 et de manière plus positive v. HELAND (L.), *Vers « un droit » du développement durable ?*, Economie et Humanisme, mars 2002, p. 29.

432 Intervention du sénateur MONIS lors de la discussion de la première proposition de loi relative *aux retraites ouvrières*, séance du 10 décembre 1909, JORF, S., 11 décembre 1909, p. 1057 : *« Ils [les placements] se feront, mon cher collègue, sous l'autorité de la Caisse des dépôts et consignations, qui serait l'instrument régulateur ; et je ne saurais jamais trop dire combien j'ai confiance dans ce régulateur ; parce qu'il est organisé de la façon la plus savante... »*.

433 Sur le concept de régulation, V. FRISON-ROCHE (A.-M.), *Le droit de la régulation*, Dalloz, Aff., 2001, p. 610 ; GALLOT (J.), *Qu'est ce que la régulation ? Contribution pour une définition*, Revue de la concurrence et de la consommation, janvier 2001, p. 5 ; TIMSIT (G.), *Les deux corps du droit. Essai sur la notion de régulation*, RFAP, 1996, p. 375 et plus généralement MARAIS (B. du), *Droit public de la régulation économique*, Dalloz, 2003.

434 DELVOLVE (P.), *Le pouvoir de sanction et le contrôle du juge*, colloque Droit et démocratie, Palais du Luxembourg, 22 janvier 2001 : *La puissance publique, l'organisation et le contrôle des marchés*, actes du colloque publiés aux LPA, 17 septembre 2001, p. 18 ; BOY (L.), *Réflexions sur le « droit de la régulation »*, Dalloz, Aff., 2001, p. 3031.

435 Cité par DEBUS (D.) et THIVEAUD (J.-M.), *op. cit.*, p. 56.

436 TRUCHET (D.), *Nouvelles récentes d'un illustre vieillard. Label de service public et statut du service public*, AJDA, 1982, p. 427 ; et plus généralement : PONTIER (J.-M.), *L'intérêt général existe-t-il encore ?*, Dalloz, 1998, p. 327.

437 DELALANDE (J.-P.), JEGOU (J.-J.) et PONCELET (C.), *Changer la Caisse des dépôts ? Une erreur historique*, Le Figaro, 23 juillet 1996.

438 Il est couramment admis que l'Europe transforme les relations Etat/UE et qu'il n'y a plus véritablement de tête à tête. V. DRAGO (R.) dans DRAGO R. (dir.), *op. cit.*, p. 7 et VOISSET (M.), *Les entreprises publiques et l'Europe*, Mélanges P. SABOURIN, 2001, p. 3999 ; et sur la réalité du déplacement des rapports fonctionnels et conceptuels du droit public lié à la globalisation, V. AUBY (J.-B.), *Globalisation et droit public*, Mélanges *Liber amicorum*, J. WALINE, 2002, p. 135 et AUBY (J.-B.), *Globalisation et décentralisation*, Mélanges B. JEANNEAU, 2002, p. 563.

439 COHEN (E.), *L'ordre économique mondial : essai sur les autorités de régulation*, Paris, Fayard, 2001, not. p. 74 sqq.

440 Procès-verbal du 21 mars 1991 ; rapport Rouge, exercice 1984, p. 6 ; DELATOUR (A.), *op. cit.*, p. 3.

de l'épargne. L'intérêt général s'attache désormais beaucoup plus à l'emploi de la ressource qu'à la ressource elle-même »[441]. D'autres[442] verront encore la Foi publique s'appliquer à l'ensemble du groupe de la Caisse des dépôts et consignations.

L'évolution de la Caisse des dépôts et consignations[443], admise aujourd'hui comme Groupe public[444], de même que le fondement de sa légitimité, conduisent effectivement à mener une réflexion sur l'insertion des dispositions originelles de l'Etablissement dans notre droit contemporain, largement européen[445].

« Que dire de ces textes méconnus, dont les préoccupations se révèlent aujourd'hui si modernistes ?», s'interrogeait, à ce sujet, un Président de la Commission de surveillance lors du 175ème anniversaire de l'Etablissement de la rue de Lille[446].

L'enjeu public que revêt le rôle attribué à la Caisse des dépôts et consignations résulte du débat général qu'elle suscite et des questions fondamentales qui lui sont admises par ses détracteurs et par son environnement.

Sans doute est-il sage de ne pas trop démembrer l'imperium institutionnel de la CDC[447] afin de lui modeler avec prudence une place singulière dans le paysage juridique et financier du XXIe siècle[448]. Dans ce cadre[449], l'insertion des fondements juridiques de la Caisse des dépôts et consignations en droit contemporain, sous une construction renouvelée de Foi publique, et, au delà d'une question fructueuse tant pour le théoricien que pour le praticien, incorpore obligatoirement des relations d'interdépendance entre la CDC et les autorités publiques nationales et européennes (IIe PARTIE).

---

[441]Rapport CHINAUD, n°394, p. 16.

[442]*Le métier du dépositaire*, CDC, Direction du dépositaire clientèles institutionnelles, mars 1996 ; pour la SCET : *« La « Foi publique », emblème de la Caisse des dépôts et consignations, est une référence pour la SCET. L'utilité, la sécurité, la confiance publique et la transparence sont les valeurs qui inspirent constamment notre conduite ».*(www.scet.fr/boby/PF42.htm recherche effectuée le 31 juillet 2000). Pour M. BOARETTO, Président de CDC Kinéon, présentant la filiale chargée du système d'archivage électronique de confiance CDC Zantaz : *« le métier de « Tiers archiveur électronique » est dans le prolongement direct des valeurs de la Caisse des dépôts, de neutralité, d'éthique et de confiance (« Foi publique ») »* V. www.Cdc-zantaz.com (recherche effectuée le 3 juillet 2002). Ou également, présentation générale de la Société forestière : *« ...est une filiale de la Caisse des dépôts et consignations, créée en 1816 sous le sceau de la Foi publique. Son appartenance à l'un des plus grands groupes financiers mondiaux lui permet de tenir ses engagements et d'être avant tout le partenaire de confiance de ses clients ».* V. www.forestiere-Cdc.fr (recherche effectuée le 3 juillet 2002) ; Lettre économique de la CDC, Etudes économiques et financières, mensuelle du groupe Caisse des dépôts, utilisant la Foi publique comme fond de couverture de la revue. V. aussi BONIN (H.), *Les Groupes financiers français*, Paris, PUF, coll. QSJ, 1995, p. 96.

[443]PEROUSE (M.), *La Caisse des dépôts est-elle adaptée aux besoins actuels ?*, Le Monde, 12 juin 1979 ; LAMY (J.-M.), *Le modèle Caisse des dépôts est-il à conserver ?*, Le Nouvel Economiste, 28 mars 2003 (avec des entretiens de MM. BALLIGAND et AUBERGER, successivement Présidents de la Commission de surveillance depuis 1997).

[444]Art. L.518-1 du Code monétaire et financier.

[445]AUBERGER (P.) (propos recueillis pas A. DRIF et E. COULOMB), *« La loi de sécurité financière n'est plus intelligible »*, Banque magazine, juin 2003.

[446]PIERRET (C.), Président de la Commission de surveillance, 27 septembre 1991, dans (X.), 175 ans de Foi publique 1816-1991, éd. Direction de la communication externe, CDC – Direction de la Communication externe, Paris, février 1992.

[447]Idée sous-jacente énoncée lors de l'examen du plan CDC 1988-1990 du groupe financier. V. procès-verbal du 15 décembre 1987.

[448]M. (J.-M.), *Banque-Finance. A l'heure des changements*, CDscope, n°180, mai 1999, p. 9 ; COLLAS (P.), *Le « Dépeçage de l'administration – un nouveau pas : la tentative d'autonomiser la Banque de France*, Droit prospectif, Vol. 2, p. 561.

[449]LONG (M.), *Service public et réalités économiques du XIXe Siècle au droit communautaire*, RFDA, 2001, p. 1161.

PREMIERE PARTIE

DES FONDEMENTS JURIDIQUES DESACRALISES : L'INDEPENDANCE DE LA CAISSE DES DEPOTS ET CONSIGNATIONS REMISE EN CAUSE

L'indépendance de la Caisse des dépôts et consignations, caractéristique essentielle de la volonté du législateur de 1816[1], se déclinait traditionnellement par l'institution de deux entités indépendantes du pouvoir exécutif : un Directeur général d'une part, et une Commission de surveillance, d'autre part.

En effet, le Directeur général de la Caisse des dépôts et consignations, seul responsable de l'organisation du service et de la conduite des affaires[2], ne dépend des liens de hiérarchie directe d'aucune autorité ministérielle[3]. Le Conseil d'Etat a confirmé cette interprétation de la loi de 1816 dans l'affaire *Bergerat* de 1852[4]. Pourtant, l'évolution de la fonction directoriale de la Caisse des dépôts, plus particulièrement depuis la réforme de son statut en 1994[5], tend à montrer que le Directeur général reste dans les faits un homme du pouvoir. Il conviendra alors de se demander dans un premier temps quelle est la réalité de cette indépendance (titre premier).

Cela étant, le Directeur général dispose d'une grande liberté d'action à l'égard de la Commission de surveillance elle-même, à laquelle il n'est tenu de référer que pour information, avis et compte rendu ; les observations qu'elle lui fait ne sont pas, pour lui, obligatoires[6]. Le Directeur général s'est vu aussi conférer les pouvoirs les plus étendus pour diriger et administrer l'établissement, notamment en ordonnant toutes les opérations, en réglant les diverses parties du service, en ordonnançant les paiements de toute nature, en nommant enfin à tous les emplois ; tandis que la Commission n'a vraiment à la lettre qu'une mission de surveillance[7].

Les textes régissant les rapports entre le Directeur général et la Commission de surveillance ne constituent qu'un cadre relativement peu contraignant. Cependant, la doctrine régissant ces rapports s'est petit à petit dégagée, notamment à la lumière des séances de la Commission de surveillance ; ces rapports peuvent donc faire l'objet de modifications d'une manière souple, pour peu que la Commission de surveillance accepte de les modifier. Cette dernière subit, au surplus, les joutes électorales et constitutionnelles[8]. En effet, considérée comme émanation

---

[1]V. les propos de CORVETTO pendant les discussions parlementaires de la loi sur les finances de 1816 et l'installation de la Commission de surveillance. V. Introduction générale.

[2]Art. L.518-12 du Code monétaire et financier.

[3]Procès-verbal du 29 mai 1847 invitant le Directeur général à conserver dans ses relations officielles avec le ministre des Finances l'indépendance de situation qui lui a été attribuée par la loi précitée.

[4]Cls L'HOPITAL sous CE, 18 décembre 1852, *Bergerat* : *« Ce n'est pas le Ministère des finances qui administre la Caisse ; il n'est nullement exact de dire que la Caisse soit placée sous son autorité ; sous son contrôle supérieur, voilà tout ».*

[5]La limitation à cinq ans du mandat du Directeur général résulte de la réforme législative du 8 août 1994 (art. 14 de la loi n°94-679 du 8 août 1994). L'article 101 de la loi du 28 avril 1816 disposait auparavant que le Directeur général étant nommé par le roi sans préciser la durée de son mandat. V. art. L.518-11 al.1 du Code monétaire et financier.

[6]Art. L.518-9 al. 1 du Code monétaire et financier.

[7]Art. L.518-7 1ère phrase du Code monétaire et financier.

[8]Décret du 25 mars 1848 *qui supprime la Commission de surveillance de la Caisse d'Amortissement et de la Caisse des dépôts et consignations*, Rec.Varnier, 1894, p. 44 ; décret du 25 octobre 1848 relatif *à la Commission de surveillance des Caisses d'amortissement et des dépôts et consignations*, Rec.Varnier, 1894, p. 44 ; loi du 21 juin 1871 relative *à la composition de la Commission de surveillance des Caisses d'amortissement et des dépôts et consignations*, Rec.Varnier, 1894, p. 81 ; loi du 6 avril 1876 *qui réorganise la Commission de surveillance de la Caisse d'amortissement et de la Caisse des dépôts et consignations*, Rec.Varnier, 1894, p. 82 ; loi du 26 novembre 1941 *relative à la composition de la commission de surveillance de la caisse des dépôts et consignations*, Rec.Varnier, 1960, p. 77 ; loi n°46-438 du 16 mars 1946 *portant modification de l'article 2 de l'ordonnance du 21 décembre 1944 relative à*

parlementaire[9], la Commission de surveillance ne doit rendre compte qu'au Parlement[10], sous la protection duquel la Caisse des dépôts et consignations est placée[11]. A partir de là, les pouvoirs, *de jure* ou *de facto,* de cette Commission, ne peuvent être qu'influencés par le système politique choisi et le degré de la séparation des pouvoirs mise en place. C'est pourquoi, la surveillance de la Caisse des dépôts et consignations reste à géométrie variable, alors même que les textes de 1816 demandent une surveillance permanente, autonome et illimitée[12]. C'est ce qu'il conviendra d'étudier dans un second temps (titre second).

Titre premier : Le Directeur général, une autorité administrative théoriquement indépendante

Titre second : La Commission de surveillance, un organisme autonome de contrôle et de protection

---

la composition de la commission de surveillance de la caisse des dépôts et consignations, JORF, 17 mars 1946, p. 2230 ; loi n°48-103 du 17 janvier 1948 relative *à la composition de la commission de surveillance de la caisse des dépôts et consignations*, JORF, 18 janvier 1948, p. 564 V. plus généralement la théorie des cycles constitutionnels chère à HAURIOU ou PROUDHON.

[9]Quatre des membres qui composent la Commission de surveillance sont parlementaires.

[10]Art. L.518-10 al. 1 du Code monétaire et financier.

[11]Art. L.518-2 al. 2 du Code monétaire et financier.

[12]Art. 10 de l'ordonnance du 22 mai 1816, *préc.*

TITRE PREMIER

Le Directeur général,
une autorité administrative théoriquement indépendante

La loi du 28 avril 1816 fixait le statut du Directeur général en le plaçant dans une situation très exceptionnelle. Nommé par le chef de l'Etat, il ne peut être révoqué que par lui et sur demande motivée de la Commission de surveillance.

L'ordonnance du 22 mai 1816 précise le rôle du Directeur général et ses attributions au sein de la Caisse des dépôts et consignations qu'il dirige avec une grande liberté, sous le contrôle pourtant illimité de la Commission de surveillance à qui il rend compte et fait des propositions. L'ordonnance ajoute toutefois qu'en cas de litige, le Commission en réfère au Roi, par l'intermédiaire du ministre des Finances, introduisant ainsi discrètement le ministre dans le système de direction un mois après le texte de la loi qui l'en avait exclu[1].

La réforme de 1994, quant à elle, modifie considérablement le statut du Directeur général de la Caisse des dépôts et consignations qui est désormais nommé pour cinq ans. En effet, les textes précédemment en vigueur donnaient au Directeur général un statut très particulier non pas tant sur le mode de nomination qui est semblable à celui des grandes entreprises publiques, mais par la procédure par laquelle il pouvait être mis fin à ses fonctions. Ce statut protecteur était bien entendu la conséquence directe de l'indépendance conférée à la Caisse des dépôts et consignations par ses textes institutifs, le Directeur général devant être considéré comme protecteur des petits épargnants.

Si la subordination du Directeur général aux pouvoirs publics était historiquement organique (révocation et nomination par le Roi, sur l'initiative de la Commission de surveillance), la loi de 1994 a donc considérablement renforcé cette subordination en l'accentuant sur le plan fonctionnel. C'est pourquoi il convient d'apprécier la réalité de l'indépendance du Directeur général sur le plan tant matériel (chapitre premier) que fonctionnel (chapitre second).

[1]V. *infra*, Partie I, Titre 2.

CHAPITRE PREMIER – LA CONDITION MATERIELLE DE L'INDEPENDANCE DU DIRECTEUR GENERAL

Si la rédaction de l'article 829 du décret du 31 mai 1862 portant *Règlement général sur la comptabilité publique* a été modernisée par le processus de codification des textes statutaires de la Caisse des dépôts et consignations, c'est toujours au seul Directeur général qu'incombe la gestion quotidienne tant administrative que financière de la Caisse des dépôts et consignations. Il dirige et administre la Caisse des dépôts et consignations.

A ce sujet, il jouit d'une grande liberté à l'égard de la Commission de surveillance à laquelle il n'est tenu de référer que pour avis et compte-rendu[2].

Quant au ministère des Finances, son rôle doit se cantonner en principe, après avis de la Commission de surveillance, à une simple proposition pour ce qui est des compétences de l'Etablissement[3], et, à une simple approbation pour le budget de l'Etablissement[4].

Dans ces conditions, on a pu dire que le Directeur général de la CDC avait alors les mêmes prérogatives qu'un ministre, non pas d'un simple pouvoir réglementaire, mais d'une capacité de droit de réglementation assimilable à celle des autorités réglementaires. C'est, donc en principe, une indépendance tant administrative (section I) que financière (section II) que les textes statutaires mettent à la disposition du Directeur général.

SECTION I- L'indépendance administrative du Directeur général

Une particularité du statut du Directeur général est sa capacité à prendre lui-même, dès 1816, des actes réglementaires pour l'organisation de la Caisse des dépôts et consignations (§1), institution où coexistent des personnels de droit public et de droit privé (§2).

§1. La capacité réglementaire du Directeur général dans l'organisation de la CDC

L'article L.518-23 du Code monétaire et financier donne au Directeur général le pouvoir de décider par arrêté, après avis de la Commission de surveillance et approbation du ministre des Finances, du taux et du mode de calcul des intérêts des comptes de dépôts ouverts et des sommes consignées à la Caisse des dépôts et consignations. Le statut d'*«établissement spécial»* de la Caisse des dépôts et consignations et la responsabilité qui incombe au Directeur général justifierait ce droit de réglementation du Directeur général, pouvoir qui trouverait essentiellement ses fondements dans un texte législatif.

L'extrême abondance de circulaires qui, dès l'origine, gouverne le réseau des préposés et informe les représentants de l'Etat, préfets, comptables publics ou Présidents de juridictions[5], montre encore, par exemple, ce droit de réglementation

---

[2]V. *infra*, Partie I, Titre 2.
[3]Art. L.518-3 du Code monétaire et financier.
[4]Art. L.518-12 al. 2 du Code monétaire et financier.
[5]Par ex. pour l'application des art. L.518-14, L.518-19 à 21 du Code monétaire et financier.

régalien du Directeur général. C'est le cas aussi où le Directeur général de la Caisse des dépôts et consignations prend lui-même des arrêtés valant pour d'autres administrations et apporte son contreseing à certaines décisions ministérielles[6].

On a pu voir dans cette capacité un pouvoir réglementaire propre du Directeur général de la Caisse des dépôts et consignations. Par privilège extraordinaire, marquant les liens particuliers de la Caisse des dépôts et consignations avec l'appareil judiciaire, l'article L.518-20 du Code monétaire et financier autorise ainsi le Directeur général à exercer des poursuites *« contre toute personne qui, tenue de verser des sommes dans la caisse de l'Etablissement, est en retard de remplir ses obligations »*. Ce pouvoir est le prolongement naturel de la responsabilité qui lui incombe en vertu de l'article L.518-12 al.1 du Code monétaire et financier. En cas d'abstention de ces personnes enjointes, il conviendra de penser, faute de pratiques concrètes[7], que le Directeur général puisse saisir, s'il y a lieu, d'une plainte la juridiction répressive et après expiration d'un délai fixé par lui, faire appel à la Commission de surveillance pour éventuellement rendre public cet état[8]. Cette *« faculté »*[9], dont le Directeur général n'a guère eu l'occasion d'user en l'espèce[10], s'apparente très largement aux pouvoirs propres du Médiateur de la République, autorité elle aussi indépendante[11].

Le Directeur général pourrait prendre des actes réglementaires accompagnant toute la spécificité de la Caisse des dépôts et consignations, parce que l'Etablissement est placé *« sous l'autorité et la garantie législative »*.

C'est ainsi qu'il a été convenu, en son temps, que le Directeur général de l'Etablissement pouvait prendre une réglementation relative aux règles à suivre pour la passation des marchés publics de l'Etablissement. En effet, le Code des marchés publics ne vise pas expressément la Caisse des dépôts et consignations et il était admis depuis longtemps que ce Code ne s'applique pas à l'Etablissement spécial. Par ailleurs, le Code des marchés étant une codification essentiellement réglementaire[12], sa soumission aurait pour effet de déclencher l'ensemble des contrôles qui relèvent du ministère des Finances, tandis que la Caisse des dépôts et consignations est placée sous la garantie et l'autorité législatives.

Cette argumentation est très inconfortable, car le Code des marchés publics s'applique aux assemblées parlementaires[13]. Au demeurant, cette situation n'est pas

---

[6]V. *supra*.

[7]Il ne ressort d'aucun témoignage écrit ou oral un exemple pratique de cet article.

[8]Ce texte n'a cependant qu'une valeur symbolique et est tombé en désuétude.

[9]CE, 26 février 1947, *Sieur Lescalié,* Rec. p. 78.

[10]Reproche formulé par la partie requérante dans l'arrêt *préc.*

[11]CE, 10 juillet 1981, *Retail*, Rec. p. 303 ; et plus généralement, DELAUNAY (B.), *Le Médiateur de la République*, Paris, PUF, coll. QSJ, 1999.

[12]CE, 5 mars 2003, *Ordre des avocats à la Cour d'appel de Paris*, DA, mai 2003, p. 23, note A. MENEMIS. Cela n'empêche que le Conseil constitutionnel confirme la tendance à la constitutionnalisation du droit de la commande publique (v. par ex. 2001-452 DC, 6 décembre 2001, *Loi portant mesures urgentes de réformes à caractère économique et financier*, JORF, 12 décembre 2001, p. 19712 ; 2002-460 DC, 22 août 2002, *Loi d'orientation et de programmation sur la sécurité intérieure*, AJDA, 2002, p. 1059, note J.-Y. CHEROT et J. TREMEAU ; 2003-473 DC, 26 juin 2003, *Loi habilitant le gouvernement à simplifier le droit*, DA, octobre 2003, note A. MENEMIS. V. encore LINDITCH (F.), *Le droit des marchés publics*, Paris, Dalloz, coll. connaissance du Droit, 2000, p. 7 sqq.

[13]Art. 8 de l'ordonnance du 17 novembre 1958 relative au fonctionnement des assemblées parlementaires, tel que modifié par la loi n°2003-710 du 1er août 2003 *d'orientation et de programmation pour la ville et la rénovation urbaine* (JORF, 2 août 2003, p. 13281). Cette réforme législative valide la jurisprudence du Conseil d'Etat du 5 mars 1999, *Président de l'Assemblée nationale*. V. CE, 5 mars 1999, *Président de l'Assemblée nationale*, Rec. p. 41 avec les cls C. BERGEAL ; *Le contrôle de la passation des assemblées parlementaires*, RFDA, 1999, p. 333 ; JCP, G., 1999, II, 10090, note H. DESCLODURES.

admissible au regard du droit communautaire, dès lors que la Caisse des dépôts et consignations est expressément citée en qualité de pouvoir adjudicateur dans les directives *« marchés »*[14].

On ne voit donc pas en quoi la Caisse des dépôts et consignations ne se conformerait pas à cette situation légale[15]. Surtout, dans de nombreux cas, les marchés font référence à certains articles du Code des marchés publics, de telle sorte que la Caisse des dépôts qui n'est pas censée être soumise à ce Code en fait quand même application, sans l'appliquer totalement (désignation d'une personne responsable du marché, publication au BOAMP, mais non-publication de la décision finale au même bulletin par exemple).

Une telle situation est lourde de risques sur le plan contentieux, dès lors que le Conseil d'Etat a jugé que le respect de l'ensemble des règles du Code des marchés publics devenait obligatoire quand une collectivité qui a la possibilité de passer un marché hors des conditions du Code décide de contracter dans les mêmes conditions du Code[16].

Il suffirait simplement que le Code des marchés publics pose expressément sa compétence pour tout organisme public : dans ce cas, il s'appliquerait sans contestation à la Caisse des dépôts et consignations. Ce n'est malheureusement pas le cas dans la version 2004 du Code.

En outre, aucun texte n'attribue au Directeur général un pouvoir réglementaire général. Tout au contraire, si la Constitution de 1958 n'exclut pas de façon absolue que des mesures réglementaires prises en principe par les pouvoirs publics puissent l'être, en vertu de la loi, par une autre autorité, le Conseil constitutionnel conditionne cette délégation de pouvoir à *« des mesures de portée limitée tant par leur champ d'application que par leur contenu »*[17].

La plupart des règlements en matière de dépôts et de consignations est prise par les autorités normalement investies du pouvoir réglementaire quelles que soient les diverses Constitutions qui se sont succédées en France depuis 1816[18].

A l'instar de toute autorité détenant un pouvoir réglementaire, le Directeur général de la Caisse des dépôts et consignations ne peut exercer ce dernier qu'en vertu d'une loi ou d'un règlement qui l'a expressément prévu[19].

Si l'article 9 de l'ordonnance du 22 mai 1816 précise que le Directeur général *« ordonnera toutes les opérations et règlera les diverses parties du service »* de la Caisse des dépôts et consignations, ce texte ne saurait alors être interprété comme conférant des prérogatives allant au delà du simple pouvoir d'organisation et

---

14 V. *infra*.
15 RICHER (L.), *Droit des contrats administratifs*, Paris, LGDJ, coll. Manuel, 3ème éd., 2002, p. 341.
16 CE, 15 octobre 1982, *Société anonyme « Affichage Giraudy »*, DA, novembre 1982, p. 2.
17 Jurisprudence constante du Conseil constitutionnel. V. par ex., 88-248 DC, 17 janvier 1989, *Loi modifiant la loi n°86-1067 du 30 septembre 1986 relative à la liberté de communication,* GDCC n°42 ; 89-260 DC, 28 juillet 1989, *Loi relative à la sécurité et transparence du marché financier*, Rec. p. 81 ; 91-304 DC, 15 janvier 1992, *Loi modifiant la Loi du 30 septembre 1986 relative à la liberté de communication*, Rec. p. 18 ; 93-324 DC, 3 août 1993, *Banque de France*, JCP, 1993, n°22193, note N. VAN TUONG ; LPA, 4 mars 1994, p. 6, chr. B. MATHIEU et M. VERPEAUX ; RFDC, 1993, p. 843, note P. GAIA ; 96-378 DC, 23 juillet 1996, *Loi de réglementation des télécommunications*, Rec. p. 107.
18 SERVICE DES CONSIGNATIONS, SERVICE JURIDIQUE ET FISCAL, MISSION HISTORIQUE, *Traité des consignations en France*, Paris, LGDJ, 1998.
19 Avis n°324.507, 17 mai 1979, *Pouvoir réglementaire délégué,* GACE, 1ère éd, 1997, n°13, comment. F. CHENEAU.

de commandement que possède tout ministre et tout chef de service à l'égard des services placés sous ses ordres[20].

Dans le cas du Directeur général de la Caisse des dépôts et consignations, ce pouvoir est subordonné aux règles générales fixées par l'article L.518-2 du Code monétaire et financier. L'organisation de la Caisse des dépôts et consignations est subordonnée à la Commission de surveillance.

Le Directeur général peut tout d'abord exercer son pouvoir réglementaire en vue d'instituer des organismes consultatifs destinés à l'assister dans l'exercice de ses fonctions.

Il a été assisté pendant longtemps d'un *« conseil d'administration »*, dont il assurait la présidence et qui était composé des Directeurs-adjoints et du caissier général[21]. Ce conseil lui émettait des avis, qui n'avaient aucun caractère obligatoire, sur les questions qui lui étaient soumises[22].

Plus récemment, a été créé en septembre 1987, à la demande du Directeur général, un comité exécutif. Composé à l'origine du Directeur général et des deux Directeurs généraux adjoints, son objet était d'évoquer les questions relatives à la stratégie et aux orientations de l'établissement, d'assister le Directeur général pour les prises de décisions et de suivre la mise en œuvre de ces dernières. Les Directeurs de branches, qui assistaient aux séances pour les points de l'ordre du jour les concernant, ont été progressivement intégrés comme membres permanents du comité exécutif. Il est composé au 4 septembre 2002 du Directeur général de la Caisse des dépôts et consignations, du Directeur général adjoint, Président du directoire de CDC-Ixis, du Directeur général adjoint, chargé du pôle DEFP, du Président du directoire de CNP Assurances, du Directeur des Fonds d'épargne, du secrétaire général du Groupe, du Président de C3D, du Directeur de la DSFC, du Directeur général, délégué de la compagnie financière EULIA, chargé des Finances et du contrôleur général du Groupe. Le comité exécutif tient une séance hebdomadaire de deux heures environ. Il évoque les axes stratégiques du groupe et des branches, propose l'ordre du jour de la Commission de surveillance et examine les dossiers destinés à la Commission de surveillance. Le secrétariat est traditionnellement assuré par le Directeur de la stratégie, des Finances, du contrôle de gestion et de la comptabilité (DSFC), également Directeur du cabinet du Directeur général de la Caisse des dépôts et consignations.

Pour information, le Directeur général[23] a souhaité la création d'un conseil du comité exécutif comprenant quatre membres au maximum, cadres dirigeants du groupe en instance d'affectation. La position hiérarchique de ces derniers et leurs connaissances du groupe peuvent être utilisées pour leur confier des travaux d'études ou des missions transversales intéressant plusieurs départements.

En vertu de l'autorité hiérarchique qu'il tire des textes institutifs de la Caisse des dépôts et consignations, le Directeur général peut ensuite adresser à ses services, y compris aux préposés[24], des arrêtés, décisions, instructions ou circulaires

---

[20]CE, 7 février 1936, *Jamart*, GAJA, n°54 ; CE, 6 octobre 1961, *Société Duchêne*, Rec. p. 548 ; CE, 23 mai 1969, *Société Distillerie Braibant*, Rec. p. 264.

[21]BEQUET (L.) (avec le concours de P. Dupré), *Caisse des dépôts et consignations*, Répertoire de Droit administratif, Paris, Dupont, 1885, p. 100.

[22]Procès-verbal du 21 février 1872, dont les questions intéressaient le personnel et la politique salariale ; conseil d'administration reconnu par le décret n°59-1503 du 28 décembre 1959 relatif *à l'organisation et à l'encadrement des services de la caisse des dépôts et consignations*, Rec.Varnier, [s.d.], p. 147.

[23]Décision du Directeur général en date du 15 février 1991 portant *création du Conseil du Comité exécutif.*

[24]Art. L.518-14 du Code monétaire et financier.

sur la conduite à suivre dans l'application des lois et règlements. Ces textes, quelle que soit leur dénomination, intéressent la vie interne de l'Etablissement : politique du personnel et déontologie à suivre par les agents de l'Etablissement[25] ou organisation des services[26] par exemple. Tel est le cas aussi d'une décision administrative ordonnant une consignation, au sens de l'article L.518-17 du Code monétaire et financier et relevant de son pouvoir d'organisation. Ils ne revêtent pas, en principe, de caractère réglementaire.

Pour autant, il se peut que certaines décisions prises par le Directeur général de la Caisse des dépôts et consignations disposent de clauses réglementaires ou constituent plus généralement des décisions réglementaires.

Tel est le cas en matière de marchés publics. En effet, les services de la Caisse des dépôts et consignations, considérant le Code des marchés publics comme inapplicable à l'Etablissement, avaient élaboré en 1996 un *« guide de relations avec les fournisseurs et prestataires de services »*. Le guide se réfère à des notions traditionnelles du Code des marchés publics sans les expliciter (égalité de traitement, transparence dans la passation des marchés), autorisant par là même des interprétations divergentes : mise en concurrence, publicité, appel d'offres ouvert, appel d'offre restreint. Des dérogations à la mise en concurrence sont ainsi, à titre d'exemple, prévues, notamment en cas d'urgence, pour des prestations affectées d'un *« fort intuitu personae »* ou pour des prestations dont le caractère très spécifique *« exige les compétences d'un spécialiste dont il est avéré qu'il est le seul à pouvoir les réaliser »*. Cette doctrine interne à la Caisse des dépôts et consignations, qui ne semble pas être stabilisée à ce jour, pose plus de questions et de risques que de transparence et de facilité dans l'organisation pratique des marchés passés par l'Etablissement.

Il semble, par ailleurs, que le manuel des consignations[27], ancienne Instruction générale envoyée aux préposés, rappelle simplement les lois et règlements existants, quoique contenant aussi des recommandations et des prescriptions qui ont un caractère obligatoire pour leurs destinataires. Dans ces conditions, ce manuel des consignations doit être publié, selon les textes en vigueur en la matière, pour être consulté par toute personne qui en fera la demande.

Le Directeur général de la Caisse des dépôts et consignations peut enfin déléguer sa signature *« à l'effet de signer dans les limites de leurs attributions, la*

---

[25]Décision du 16 avril 1999 relative *à l'informatisation du fichier des adresses et modes de règlement des personnes physiques et morales intervenant dans la gestion des pensions et des fonds de prévoyance ainsi que les paiements effectués*, JORF, 24 avril 1999, p. 6111 ; arrêtés relatifs *aux Règles de bonne conduite professionnelle et personnelle – établissement public*, 22 septembre 1999 ; arrêté relatif *aux conditions d'application des dispositions du titre I du décret n°98-596 du 13 juillet 1998*, 18 septembre 1998 ; arrêté portant *organisation des services de la Caisse générale*, 2 juin 1999 ; circulaire relative *aux Règles d'utilisation des moyens de communication électronique*, 6 juillet 2000.

[26]Décision portant *sur la création de la direction de la stratégie, des Finances, du contrôle de gestion et de la comptabilité (DSFC)*, 22 avril 1999 ; décision relative *aux missions imparties au contrôleur général*, 20 avril 1999 ; arrêté portant *création d'un service processus et organisation Groupe au sein du secrétariat général du Groupe*, 1er février 2000 ; arrêté portant *organisation des activités bancaires de la Caisse des dépôts et consignations*, 1er février 2000 ; arrêté portant *organisation du pôle Dépôts, Epargne et Financements Publics*, 31 octobre 2000 ; arrêté portant *réorganisation de la Direction des fonds d'épargne*, 21 juin 1999 ; arrêté portant *réorganisation de services du secrétariat général du groupe*, 2 juin 1999 ; circulaire relative *à l'organisation sommaire de la Caisse des dépôts*, n°1051, Administration, 23 décembre 1957.

[27]SERVICE DES PROFESSIONS JURIDIQUES ET DU RESEAU DU TRESOR, *Manuel des consignations*, CDC, 1995.

correspondance, les mandats de dépense et toutes pièces relatives au service » [28] aux chefs de service, aux Directeurs adjoints, aux sous-Directeurs, aux administrateurs civils chargés d'une sous-direction, ainsi qu'aux fonctionnaires de catégorie A et aux Directeurs d'études, voire, par extension de la jurisprudence, aux agents contractuels de droit public[29]. Ces décisions constituent des actes à caractère réglementaire dont la régularité est subordonnée à l'organisation d'une publicité régulière et suffisante[30]. A défaut de respecter ces règles jurisprudentielles, le juge administratif pourra naturellement annuler les décisions individuelles ou réglementaires prises par les personnes ayant reçu la délégation de signature du Directeur général au motif que les arrêtés de délégation ne sont pas régulièrement publiés[31].

Compte tenu de la nature et de l'objet des décisions réglementaires concernées, ainsi que la qualité des destinataires des décisions individuelles, la modalité de publication qui l'emporte, et, qui permettrait d'apporter aux intéressés une connaissance complète de tels textes, consisterait bien évidemment à leur insertion au Journal officiel.

On pourrait convenir que la mise en place de recueils accessibles au public, conformément à la loi du 17 juillet 1978 modifiée, soit suffisante et que les services de la CDC publient, à cet effet, un recueil spécifique. C'est la doctrine qui a préexisté dans les relations de la Caisse des dépôts et consignations avec ses préposés jusqu'en 1960. Ce procédé a néanmoins l'inconvénient de mobiliser un certain nombre d'agents centralisateurs de telles informations et de ne pas être exhaustif.

Une publication au bulletin officiel du ministère de l'Economie, bien que garantissant la régularité des actes de délégation de signature pris par le Directeur général, doit enfin être exclue, ne serait-ce que parce qu'elle risque de créer une confusion dans l'opinion publique quant à la spécificité de la Caisse des dépôts et consignations, *« placée sous l'autorité et la garantie législative »*, et non sous celle du ministre des Finances.

Par ailleurs, les actes de délégation de signature peuvent concerner aussi bien des agents de la Caisse des dépôts et consignations que des agents d'organismes extérieurs, dont l'activité ne concerne pas obligatoirement les

---

[28]Conformément à l'article 9 du décret n°68-632 du 10 juillet 1968 relatif à *l'organisation et à l'encadrement des services de la Caisse des dépôts et consignations* (JORF, 13 juillet 1968, p. 6685), tel modifié par le décret n°98-596 relatif aux *conditions de recrutement d'agents contractuels sous le régime des conventions collectives par la Caisse des dépôts et consignations et aux instances de concertations propres à cet établissement* (JORF, 16 juillet 1998, p. 10917). L'arrêté du Directeur général en date du 18 janvier 2002 *portant attribution de fonctions et délégation de signature* prévoit les conditions de la délégation et exclut expressément toute subdélégation : *« pour chaque direction ou unité autonome de l'Etablissement, un ou plusieurs arrêtés du Directeur général, pris sur proposition du Directeur concerné, pourront donner délégation aux chefs de service, Directeurs adjoints, sous-Directeurs, administrateurs civils chargés d'une sous direction, à tous fonctionnaires de catégorie A, ainsi qu'aux Directeurs d'études désignés, à l'effet de signer les documents correspondants à leurs attributions respectives ».*

[29]CE, 21 septembre 1992, *Association des administrateurs civils du ministère de l'éducation nationale et association des administrateurs civils et inspecteurs généraux de l'éducation nationale, anciens élèves de l'école nationale d'administration*, req. n°96545.

[30]V. Conseil d'Etat, *Publication et entrée en vigueur des lois et de certains actes administratifs*, Paris, La Documentation française, 2001.

[31]Par ex. : TA Pau, 13 mai 2002, *M. Robert Claverotte*, req. n°99-1738 ; CAA Nantes, 11 mai 2002 *Caisse des dépôts et consignations c/ Mme Mandereau*, req. n°98NT02222 ; CAA Paris 7 mai 2002, *Caisse des dépôts et consignations c/ Mme Galas*, req. n°99PA02569.

Finances. C'est notamment le cas, à titre d'exemple, pour les agents en retraite des collectivités locales, dont les pensions sont généralement gérées par la CNRACL[32].

La délégation peut aussi porter sur les conditions de la représentation de la Caisse des dépôts et consignations en justice[33], représentée en principe par son Directeur général[34].

Dans ces conditions, seule une publication au JORF semble convenir pour assurer une publication suffisante et régulière, demande formulée tant par la législation que par la Foi publique[35].

Cela étant, le Directeur général, bien qu'indépendant, ne peut naturellement pas remettre en cause, par délégation totale, des compétences lui étant attribuées à titre personnel. Tel est le cas dans la création d'un GIE ayant pour objet d'assurer, pour le compte de ses membres, l'emploi et la gestion de personnels de droit privé[36]. Parce que les missions de la CDC sont particulières, la Caisse des dépôts et consignations emploie des agents de droit public, ainsi que du personnel de droit privé.

§2. La coexistence naturelle des personnels de droit public et de droit privé au sein de la CDC

Si l'on fait exception du Directeur général et du Caissier général dont les conditions de nomination sont fixées par les articles 100 à 103 de la loi du 28 avril 1816 modifiés, l'organisation de l'établissement incluant notamment le statut de son personnel résulte, à l'origine, des dispositions de l'ordonnance du 22 mai 1816. L'article 111 de cette ordonnance confère au Directeur général le pouvoir de nomination et de révocation des personnels tandis que les articles 34 et 35 prévoient les appointements des chefs et employés de bureau ainsi que les modalités de leur gratification. Une ordonnance du 28 août 1822 organise les retraites des employés.

Le principe de la responsabilité du Directeur général pour le recrutement et la gestion du personnel de la Caisse des dépôts et consignations a été confirmé par une ordonnance du 13 janvier 1847 puis par décret du 30 octobre 1861. Ces deux textes fixent non seulement les principes d'organisation de l'administration de la Caisse des dépôts et consignations mais édictent aussi pour la première fois une réglementation précise déterminant les droits et obligations des personnels d'une part, et d'autre part, les modalités de leur gestion.

Il convient de considérer ces textes comme l'amorce des principes statutaires de la fonction publique moderne (conditions de recrutement, rémunération, avancement, sanctions...), ce qui aboutira nécessairement, et au fur et à mesure des textes statutaires correspondants, à une entrée progressive de la Caisse des dépôts et consignations dans l'organisation générale de la fonction publique de l'après guerre[37].

Cette situation n'est pas aussi évidente. Pour répondre aux besoins de ses missions et de son Groupe, la Caisse des dépôts et consignations a embauché très

[32]Cas du contentieux discuté au sein du tribunal administratif de Pau, préc.
[33]Cas du contentieux discuté au sein de la Cour administrative de Nantes, préc.
[34]CE, 26 février 1947, *Sieur Lescalié*, préc.
[35]V. Introduction générale.
[36]CE, 19 mars 1993, *Caisse des dépôts et consignations caisse nationale et prévoyance*, Rec. p. 75 ; cls J.-C. BONICHOT, LPA, 18 juin 1993, p. 16 ; Gaz. Pal. 1993.2, p. 160 : panor. adm. ; JCP, IV, 1993, p. 154, obs. M.-C. ROUAULT.
[37]Procès-verbal 20 juillet 1945.

vite des actuaires et d'autres spécialistes des techniques de gestion financière qui ne peuvent l'être en tant que fonctionnaires en raison des limites fixées au recrutement dans la fonction publique.

Pour ces raisons et nécessités, le Directeur général a dû déroger très rapidement aux principes généraux de la fonction publique, assurant par là même son autorité et ses responsabilités. Il a donc très tôt employé simultanément des personnels de droit public et de droit privé (I), la mise à disposition des préposés comptables du Trésor étant au surplus une autre particularité de la Caisse des dépôts et consignations prévue dès 1816 (II).

I- La CDC employant simultanément des personnels de droit public et de droit privé

Si la Caisse des dépôts et consignations n'est pas le seul établissement public qui puisse accueillir des personnels de droit privé[38], la lente intégration formelle d'agents de droit public au sein de l'Etablissement (A) montre toute la spécificité de la Caisse à contenir ces agents publics aux côtés des personnels de droit privé recrutés par nécessité (B).

A) La lente intégration formelle de personnels de droit public

Si la première étape de l'intégration formelle dans le corps des règles de la fonction publique résulte de la loi du 9 juin 1853 sur les pensions civiles[39], c'est surtout le décret du 4 juillet 1926 modifié qui fixe les dispositions applicables au personnel de l'établissement antérieurement au statut général de la fonction publique en 1945.

Le décret de 1926, qui fait notamment expressément référence à l'article 111 de la loi du 28 avril 1816 et à l'ordonnance du 22 mai 1816, soumet les personnels de la Caisse à un corps de règles statutaires très proche de celui applicable aux fonctionnaires des ministères.

Le Directeur général a, tout d'abord, le pouvoir exclusif de nomination de l'ensemble du personnel de la Caisse des dépôts et consignations. L'assimilation du personnel à ceux des administrations centrales est un souci constant des dirigeants de la CDC[40], ce qui se manifeste notamment au travers de la simultanéité et de l'analogie des évolutions des traitements des agents de la Caisse des dépôts et consignations et des fonctionnaires du ministère des Finances[41].

---

[38]CHORIN (J.), *Les établissements publics employant simultanément des personnels de droit public et de droit privé*, AJDA, 20 mai 2000, p. 382.

[39]Ce texte unifie le régime des pensions des administrations en transférant la charge et la gestion à l'Etat ; elle supprime par conséquent la caisse de retraite de la Caisse des dépôts et reconnaît le bénéfice des pensions civiles aux employés de la Caisse des dépôts et consignations au même titre que l'ensemble des fonctionnaires. Pour une application récente du Code des pensions civiles et militaires de retraite à une employée de la Caisse, v. TA, Bordeaux, 9 mars 2000, *Mme Laborde c/ Caisse des dépôts et consignations*, n°952209.

[40]S'il convient de dire qu'il n'existait pas de statut de la fonction publique au sens strict, les Pr. de LAUBADERE et GAUDEMET font remarquer qu'il existait une sorte de statut jurisprudentiel, dont voici, selon eux, une des manifestations. V. LAUBADERE (de) (A.) et GAUDEMET (Y.), *Traité de droit administratif*, Paris, LGDJ, t. 5 : *La fonction publique*, 12ème éd., 2000, p. 51.

[41]De même, les taux des indemnités, tels les frais de mission et de déplacement, étaient alignés sur ceux applicables au ministère des Finances, après consultation de la Commission de surveillance. Par ex. procès-verbal du 9 janvier 1942.

Lorsque s'amorce la réforme qui aboutira au premier *« statut général des fonctionnaires »*, les dirigeants de la Caisse des dépôts et consignations sont soucieux d'un alignement sur *« les diverses administrations centrales autonomes »*[42]. Le Directeur général WATTEAU souligne ainsi devant la Commission de surveillance[43] : *« Au moment où le gouvernement se préoccupe des conditions de recrutement et de formation des fonctionnaires, il convient de s'assurer que les agents de la Caisse des dépôts et consignations ne seront pas moins bien considérés que ceux des diverses administrations... ».*

A partir de ce moment et sans s'attarder sur les dispositions particulières du statut de la Caisse des dépôts, le Directeur général de l'époque va s'efforcer de faire entrer progressivement, dans le cadre statutaire applicable aux fonctionnaires des administrations centrales, les agents de la CDC, considérée, en l'espèce, comme étant un simple établissement public. C'est ainsi qu'au cours de la séance de la Commission de surveillance du 20 juillet 1945, WATTEAU expose que *« ...du fait des réformes en cours concernant la fonction publique et notamment des administrations centrales [...] il y a certainement intérêt, pour la Caisse des dépôts et consignations, à être incorporée dans l'organisation projetée et le personnel souhaite vivement que lui soit applicable le nouveau statut prévoyant la création, dans les administrations centrales, de deux nouveaux cadres : celui des administrations civiles et celui des secrétaires d'administration... ».*

Par la loi du 19 octobre 1946 *portant statut général des fonctionnaires*, l'Etablissement est effectivement en mesure d'intégrer, d'une part, ses agents dans les différents corps de fonctionnaires régis par des statuts interministériels, et, d'autre part, de recruter dans chacun de ces corps nouvellement créés[44].

Il y a donc bien eu une assimilation progressive puis totale de la Caisse des dépôts et consignations dans le système d'organisation générale des carrières des fonctionnaires des administrations centrales.

Comme le souligne le commissaire du gouvernement BONICHOT dans ses conclusions, et, de manière plus implicite, dans la décision du juge administratif du 19 mars 1993[45], la Caisse des dépôts et consignations applique clairement la législation des établissements publics administratifs en ce qui concerne ses agents fonctionnaires.

Dans la pratique, cependant, en raison notamment des limites imposées par le recrutement dans la fonction publique et parce que la Caisse des dépôts et consignations a des besoins spécifiques d'une certaine gestion privée, l'embauche de personnels de droit privé est quasiment obligatoire.

B) Le recours aux personnels de droit privé par nécessité

La Caisse des dépôts et consignations avait imaginé, par contrat du 2 mai 1978, de créer, sous la forme d'un groupement d'intérêt économique (GIE) avec la Caisse nationale de prévoyance, alors établissement public administratif, et avec le

---

[42]Procès-verbal du 7 novembre 1947.
[43]Procès-verbal du 29 juin 1945.
[44]V. notamment le décret du 10 juillet 1948, dont les tableaux annexés mentionnent expressément les emplois de la Caisse des dépôts et consignations. Par ex : administrateurs civils, agents supérieurs, secrétaires d'administration, chefs de groupe et adjoints administratifs.
[45]Cls J.-C. BONICHOT sous la jurisprudence du CE, 19 mars 1993, *Caisse des dépôts et consignations et caisse nationale de prévoyance, préc.*

GIE *« Groupement des sociétés constituées sous l'égide de la CDC »* (SCDC), un *« Bureau des techniques d'actuariat et de management »* (BETAM).

Le GIE BETAM avait pour but de recruter et de gérer des personnels compétents dans la finance et les techniques bancaires afin de les mettre à la disposition des membres du GIE et surtout de la CDC. Par ce truchement, des personnels sous contrat de droit privé occupaient des emplois dans l'établissement public.

Ce dispositif a bien entendu été censuré par le Conseil d'Etat par la jurisprudence précitée de 1993 parce que, considéré comme délégation générale d'une compétence réglementaire personnelle du Directeur général de la Caisse des dépôts et consignations : le BETAM a néanmoins fonctionné sans la participation de la CDC et mettait environ 1600 agents de droit privé à la disposition de l'Etablissement pour les besoins de ses services financiers. En considérant curieusement que la Caisse des dépôts et consignations a été instituée sous l'autorité et la garantie législative, la chambre sociale de la Cour de cassation a refusé elle aussi un tel dispositif : *« que ce statut exclut l'emploi du personnel dans les conditions du droit privé »*[46].

Pour résoudre cet *« imbroglio juridique »*[47] et garantir la paix sociale, les assemblées législatives, sous l'impulsion de leurs parlementaires, membres de la Commission de surveillance, sont intervenues, et, ont quelque peu validé ce schéma organisant résolument la présence de personnels de droit public et de droit privé[48].

L'article 34 de la loi n°96-452 du 28 mai 1996 dispose ainsi, bien en deçà de la réforme projetée dès 1994[49], que :

« Le personnel de la Caisse des dépôts et consignations comprend des agents régis par le statut général de la fonction publique de l'Etat et des agents contractuels de droit public.

La Caisse des dépôts et consignations est en outre autorisée à employer, sous le régime des conventions collectives, des agents contractuels lorsqu'ils ont été recrutés avant la promulgation de la présente loi par le Groupement d'intérêt économique Bureau des techniques d'actuariat et de management (GIE BETAM) et affectés avant cette date à ses services. Elle est également autorisée à recruter dans les mêmes conditions des agents contractuels lorsque les exigences particulières de l'organisation de certains services ou la spécificité de certaines fonctions le justifient. L'emploi des agents mentionnés à l'alinéa précédent n'a pas pour effet de rendre applicables à la Caisse des dépôts et consignations les dispositions du Code du Travail relatives aux comités d'entreprises.

Un décret en Conseil d'Etat détermine, en tant que de besoin, les modalités d'application du présent article et en particulier les catégories d'emplois

---

[46] C.Cass., soc. 28 novembre 1995, *Caisse des dépôts et consignations et autres ; Union autonome intercatégorielle de la Caisse des dépôts et consignations et autres ; Syndicat Force ouvrière Caisse des dépôts et consignations et autres* ; n°94-60278 ; 94-60570 ; 94-60580.

[47] Rapport de M. HURIET devant le Sénat le 26 mars 1996, JORF, S., Débats, p. 22 ; le rapporteur soulignait l'urgence de la solution, en raison de *« la demande présentée par un syndicat du personnel de la Caisse tendant à ce que l'Etablissement soit condamné au versement sous astreinte jusqu'à l'exécution de la décision du Conseil d'Etat du 19 mars 1993 »*.

[48] Présentation et défense de l'amendement proposé par MM. DELALANDE, GRIOTTERAY et JEGOU, *après l'article 15, discussion d'un projet de loi adopté par le Sénat portant diverses mesures d'ordre sanitaire, social et statutaire*, présentées par M. BOURG-BROC. V. JORF, AN, 2e séance du 14 mars 1996, p. 1675 ; réponse du ministre de l'Economie et des Finances à la question n°14505 posée par Mme BERGE-LAVIGNE le 21 mars 1996, JORF, S, 18 juillet 1996, p. 1835.

[49] V. travaux préparatoires, JORF, S, 18 avril 1996, p. 2061.

susceptibles d'être occupés par les agents mentionnés dans la deuxième phrase du deuxième alinéa du présent article. Il détermine également les instances de concertation propres à la Caisse des dépôts et consignations et précise les modalités selon lesquelles ses agents y seront représentés. »

Si on peut constater que la volonté de modifier à l'époque le statut de la Caisse des dépôts et consignations n'a pas été poursuivie, il n'en demeure pas moins, comme le souligne Mme le conseiller BARBEROT[50], que l'imprécision de ces dispositions lacunaires sont à l'origine de nombreuses difficultés d'interprétation pratique tant sur les conditions dans lesquelles la CDC peut recruter des contractuels de droit privé que celles relatives au dialogue social et à la concertation.

Le décret d'application du 13 juillet 1998[51] précise très largement, dans un premier temps, *« les catégories d'emplois susceptibles »* d'être occupées par des agents de droit privé lorsque cela est justifié *« par les exigences particulières de l'organisation de certains services »* ou par *« la spécificité de certaines fonctions »*.

Cette catégorie est constituée d'emplois d'encadrement dans les fonctions :

« a) actuaire, analyste financier, assistant à la maîtrise d'ouvrage informatique, auditeur informatique, cadre commercial pour les activités bancaires et du dépositaire, comptable spécialisé, contrôleur de gestion, fiscaliste, gestionnaire d'actifs, gestionnaire de personnels sous convention collective, juriste spécialisé, spécialiste en ingénierie, financière, spécialiste en communication, d'une part ;

b) chargé de mission et responsable de l'économie mixte, de développement urbain ou de développement des territoires, chargé de mission ou responsable habitat, Directeur régional, d'autre part » .

Cette liste, retenue par la loi de 1996, conduit nécessairement à une énumération qui résulte de l'observation du passé, et non de l'évaluation des besoins futurs de l'établissement en termes d'emplois et en fonction de la réalité des activités de la Caisse des dépôts et consignations[52]. Ce pourrait être le cas, à titre d'illustration, de la fonction de Directeur régional, éventuellement sous statut privé de par les dispositions décrétales alors que les Directeurs inter-régionaux seraient obligatoirement *a contrario* des fonctionnaires. De même, le transfert des métiers de dépositaire et de banquier de l'Etablissement auprès d'une filiale de droit privé laisserait ainsi entrevoir une fonctionnarisation de la CDC et une disparition progressive de ces emplois particuliers.

« Les exigences particulières de certains services » justifieront encore le non renouvellement d'une contractuelle de droit public en contrat à durée déterminée et ayant fait toutes ses preuves comme juriste de droit public pour laisser place à un jeune fonctionnaire, ancien élève des IRA sur ce même poste. Autrement dit, les conditions de nomination ou de non renouvellement semblent être interprétées en fonction de jurisprudence aléatoire, établie au sein de chaque service et de leurs dirigeants.

En cet état en définitive peu restrictif, la Caisse des dépôts et consignations et ses dirigeants disposent d'une large liberté statutaire en ce qui concerne le choix

---

[50]Rapport C. BARBEROT sous C.Cass., 28 octobre 1997, *Mme Delaplanche et autres*, RJS, janvier 1998, p. 8.

[51]Décret n°98-596 relatif aux *conditions de recrutement d'agents contractuels sous le régime des conventions collectives par la Caisse des dépôts et consignations et aux instances de concertations propres à cet établissement*, JORF, 16 juillet 1998, p. 10917.

[52]Procès-verbal du 2 avril 1997.

de leur personnel[53]. A l'inverse, on pourrait voir plus sérieusement, dans ce dispositif, un souci du législateur de garantir la pérennité du statut de la fonction publique par principe à la Caisse des dépôts et consignations, et, plus ponctuellement, le recours à des agents de droit privé.

La qualification d'établissement public administratif proposée notamment par le Conseil d'Etat[54] ne serait pas viciée, dès lors que le principe des contractuels de droit public est respecté.

Dans ces conditions, si les cadres de la direction générale et le personnel d'exécution sont fonctionnaires, l'encadrement intermédiaire est composé aujourd'hui à 70% de salariés de droit privé, ce qui pose d'éventuelles difficultés d'organisation. C'est ainsi, par exemple, que, pour faire suite à une annulation par le tribunal administratif de Montpellier du 26 juin 1998[55] de la notation attribuée au titre de 1995 à un fonctionnaire de la CDC par un notateur de deuxième niveau ne ressortissant pas de la fonction publique d'Etat, un arrêté du Directeur général de la Caisse des dépôts et en date du 4 janvier 1999, pris notamment en application de l'article 34 de la loi précitée, a investi du pouvoir de notation les agents contractuels employés sous le régime des conventions collectives ayant la position de Directeurs d'études.

En fait, comme le souligne notamment WEBER, dans *le Savant et le Politique*, la Caisse des dépôts et consignations peut se voir actuellement comparer dans son organisation traditionnelle au modèle d'organisation bureaucratique : *« « l'Administration rationnelle légale » était le type d'organisation le plus efficace et le mieux adapté aux caractéristiques de notre société industrielle. Dans cette organisation, l'autorité n'a plus comme fondement la tradition, ni le charisme du chef, mais la croyance en la validité d'un statut légal et d'une compétence positive fondée sur des règles établies rationnellement* ».

Un Président de Commission de surveillance confirme avec pragmatisme cette idée : *« Dans les ministères, les attributions des agents peuvent toujours toucher par certains côtés à la politique, il n'en est pas de même à la Caisse des dépôts et consignations chargée avant tout de gérer des intérêts privés. Son personnel doit beaucoup plutôt être assimilé à celui d'institutions privées qu'au personnel des administrations politiques »*[56].

La Foi publique doit alors se concilier avec des règles administratives strictes.

Cette situation d'emploi de personnels de droit public et de droit privé demande ainsi continuellement à l'ensemble de ce personnel de se remettre en question, ce qui peut apparaître d'une part comme délicat pour certains agents et dirigeants[57] et d'autre part comme une manifestation plus générale d'une dérive bureaucratique[58].

---

[53]Le comité mixte paritaire est néanmoins compétent pour examiner le budget du personnel et pour suivre l'évolution des recrutements et des emplois.

[54]V. notamment les conclusions BONICHOT, préc.

[55]TA, Montpellier, 26 juin 1998, *M. Lampin*, n°96-4249.

[56]Procès-verbal du 29 novembre 1888.

[57]V. le dossier du journal *Le Monde* dans lequel la Caisse des dépôts et consignations faisant partie de l'échantillon d'entreprises étudiées. V. BELOT (L.), *« Quand les « psys » auscultent l'entreprise*, Le Monde, 22 octobre 2002 et plus spécialement l'intervention du secrétaire général de la Caisse des dépôts lors d'un colloque en 2001 consacré aux nouvelles innovations en matière d'emploi. V. DUCRET (P.), *La gestion des ressources humaines de la Caisse des dépôts et consignations,* Actes du colloque du 21 juin 2001, *Emploi : quelles innovations ?* Institut CDC-DPME, p. 62.

[58]GOHIN (O.), *Institutions administratives*, Paris, LGDJ, Coll. Manuel, 2002, p. 31.

L'objectif poursuivi est néanmoins de garantir une certaine cohésion de travail au sein de l'Etablissement. Le Directeur général de la Caisse des dépôts et consignations a, en ce sens, arrêté le 18 septembre 1998[59], après consultation du comité mixte paritaire central (CMPC), le dispositif prévoyant tout d'abord une vacance de postes proposés à tout agent à partir d'une bourse télématique de l'emploi et d'une liste récapitulative adressée tous les quinze jours à l'ensemble des cadres publics et privés. Ces postes sont, ensuite, accessibles en priorité par mobilité interne aux personnels publics et privés de la Caisse des dépôts et consignations[60]. Enfin, l'arrêté prévoit la présentation trimestrielle d'un bilan qualitatif et quantitatif des recrutements devant le CMPC, portant notamment sur l'adéquation des descriptions de postes aux emplois à pourvoir et sur les actions de formation susceptibles de faciliter les mobilités internes sur les emplois prévus par le décret du 16 juillet 1998.

L'article 34 de la loi de 1996 et son décret d'application posent, dans un deuxième temps, la question des instances de concertation associant l'ensemble des collaborateurs des deux statuts[61].

Le dispositif législatif autorise l'application du Code du travail aux agents de droit privé. Les termes *« sous le régime des conventions collectives »* ont été préférés, tout d'abord, à ceux de *« sous statut de droit privé »* pour éviter la situation des personnels d'EDF, GDF ou de la SNCF. Cela montre que le législateur avait à l'esprit la négociation d'une convention collective qui reprendrait les dispositions de celle applicable au BETAM[62], dispositif qui s'applique encore aujourd'hui. En revanche, si le législateur a écarté *« les dispositions du Code du travail aux comités d'entreprise »,* c'est en raison de la nature juridique de la Caisse des dépôts et consignations, organisée sous forme d'établissement public. Il a donc prévu des *« instances de concertation »* nationales et locales communes à tous les agents de la CDC.

Cette dernière expression, en apparence imprécise et pratiquement inconnue du droit du travail[63], ne peut se comprendre que parce que le législateur a voulu, semble-t-il, déroger au droit du travail sur ce point[64].

---

[59]Arrêté relatif aux *conditions d'application des dispositions du titre I du décret n°98-596 du 13 juillet 1998*, 18 septembre 1998 ; commenté dans le CDscope de novembre 1998 (p. 7) : *Ressources humaines. De nouvelles conditions de recrutement. Un arrêté du Directeur général en application du décret du 13 juillet.*

[60]A défaut de candidatures dans les quinze jours, il sont ouverts pour une nouvelle période de quinze jours aux salariés des filiales du groupe financier et de C3D ayant, *« sauf situation économique exceptionnelle »*, au moins deux ans d'ancienneté. En l'absence de candidature présentant *« la qualification, la compétence, l'aptitude ou le potentiel »* requis par le poste, le secrétaire général peut autoriser l'ouverture d'une procédure de recrutement externe. Cette procédure doit faire l'objet d'un accord formel du secrétaire général de la Caisse des dépôts et consignations ou, en son absence, du Directeur des Ressources humaines. Chaque demande, validée par le contrôleur budgétaire de la branche concernée, doit être accompagnée d'éléments expliquant les raisons pour lesquelles le poste n'a pu être pourvu en interne.

[61]Une même démarche est utilisée pour les questions d'hygiène et de sécurité. V. art. 4 du décret de 1998 *préc.*

[62]C'est d'ailleurs bien ainsi que la loi a été comprise par la CDC qui, dans une lettre du 18 juin 1996 remise en main propre contre émargement à chaque salarié du BETAM par la CDC, précise *« les dispositions de la convention d'entreprise du BETAM continueront de s'appliquer conformément au Code du Travail »* cité par le rapport BARBEROT *préc.*

[63]Seule Mme CATALA semble y faire une allusion sans être très explicite. V. CATALA (N.), *L'entreprise*, Paris, Dalloz, coll. Droit du Travail, 1980, t. 4, p. 794.

[64]Rapport BARBEROT *préc.*

Le Conseil d'Etat confirme cette interprétation[65]. Le décret de 1998 peut écarter, tant pour les agents placés sous le régime de la convention collective que pour les agents publics, l'application, d'une part des règles du Code du travail relatives aux comités d'entreprise, d'autre part, des règles du statut de la fonction publique de l'Etat relatives aux comités techniques paritaires et aux comités d'hygiène et de sécurité. La Caisse des dépôts et consignations n'est pas en effet un organisme comparable aux entreprises privées au sein desquelles existe un comité d'entreprise.

Il faut donc en conclure que la représentativité des syndicats par rapport aux personnels de statut privé doit s'apprécier au seul regard de cette catégorie de personnels dont les intérêts ne sont pas nécessairement convergents avec ceux qui relèvent du statut public (et inversement pour les agents de droit public)[66]. Il est difficile d'organiser une représentation globale à l'ensemble des agents. En pratique, néanmoins, les délégués du personnel représentant les agents contractuels de droit privé de la Caisse des dépôts et consignations bénéficient des mêmes moyens que ceux accordés à tout délégué du personnel[67]. C'est une instance similaire à celle du comité d'entreprise qui fonctionne dans les faits du dialogue social à la Caisse des dépôts et consignations.

La validation entreprise au printemps 2001 dans la loi sur *les Nouvelles régulations économiques* confirme cette manière de voir quand le législateur a autorisé la Caisse des dépôts et consignations à conclure des accords collectifs sur le fondement de l'article L.134-1 du Code du travail[68].

Dans ces conditions, le Directeur général de la Caisse des dépôts et consignations a une marge de manœuvre considérable dans la politique du personnel qu'il compte entreprendre ; et ce, avec beaucoup plus de considérations que celles admises pour les ministres[69]. C'est en ce sens que la Caisse des dépôts et consignations a mis en place la réduction du temps de travail à 35 heures dès le 1er janvier 2000, alors même qu'elle n'en était pas légalement tenue avant la parution du décret du 25 août 2000[70].

La Caisse des dépôts et consignations serait un *« établissement modèle pour les services de l'Etat »*[71], un laboratoire d'une fonction publique moderne[72].

---

[65]CE, 21 avril 2000, *Union des syndicats de la Caisse des dépôts et consignations et autres*, req. n°199638.

[66]Jugement du tribunal d'instance de Paris 7 du 17 février 1998 relatif aux contentieux des élections professionnelles, *Union autonome intercatégorielle de la Caisse des dépôts et consignations -UAI-CDC*, RG n°11-98-000044.

[67]Not. les art. L.422-1, L.422-1-1 et L.422-2 du Code du travail relatifs aux attributions et pouvoirs des délégués du personnel ; les dispositions du livre IV, titre II, chapitre IV du Code du travail relatif à leurs moyens de fonctionnement ; et, le régime traditionnel de protection défini au livre IV, titre II, chapitre V du Code du travail. Sur ce dernier point, la seule adaptation prévue consiste à poser que l'avis mentionné au premier alinéa de l'article L.425-1 du Code du travail est donné par le CMPC. Cette adaptation mineure et parfaitement logique laisse donc entières les garanties accordées par le Code du travail pour la protection des délégués du personnel.

[68]Art. 143 de la loi n°2001-420 du 15 mai 2001, relative *aux nouvelles régulations économiques*, JORF, 16 mai 2001, p. 7776.

[69]MASSOT (J.), *Les ministres peuvent-ils avoir une politique du personnel ?*, AJDA, 1977, p. 603.

[70]Décret n°2000-815 du 25 août 2000 relatif *à l'aménagement et à la réduction du temps de travail dans la fonction publique d'Etat*, JORF, 29 août 2000, p. 13301.

[71]GRELARD (F.), *L'accommodation sociale de la Caisse des dépôts et consignations sous l'occupation et ses effets sur le moyen terme (1932-1953)*, Paris, IEP : DEA Histoire du XXe siècle, 2001, p. 36.

[72]Procès verbal du 16 décembre 1932 relatant une séance de Commission de surveillance dans laquelle le Président se félicite de la modernisation de la Caisse des dépôts et consignations par des méthodes de

Cela étant, il semble que la mystique de la Foi publique soit, dans ces conditions, totalement rationalisée : le personnel de droit privé a vocation à entraîner les agents de droit public au même titre que ces derniers fonctionnarisent les premiers.

Le recours du Directeur général de la Caisse des dépôts et consignations aux préposés, comptables du Trésor, dès 1816, en est une autre illustration.

II- Le recours original aux comptables du Trésor, préposés de la CDC

L'activité des comptables du Trésor en qualité de *« préposés »* de la Caisse des dépôts et consignations résultait des termes de l'article 27 de l'ordonnance du 22 mai 1816. Cet article codifié à l'article L.518-14 al.2 du Code monétaire et financier dispose que *« le Directeur général peut faire appel aux comptables du Trésor pour effectuer dans les départements les recettes et les dépenses qui concernent la Caisse des dépôts et consignations »*.

L'article L.518-1 codifiant l'article 11 de l'ordonnance du 3 juillet 1816 avait auparavant précisé que *« la Caisse des dépôts et consignations a des préposés pour le service qui lui est confié dans toutes les villes où siège un tribunal de grande instance »*. Ainsi, à l'origine, l'activité de préposé de la Caisse des dépôts et consignations n'était exercée que par les seuls trésoriers-payeurs généraux et receveurs particuliers des Finances essentiellement pour les consignations judiciaires[73]. Elle fut étendue par la suite à l'ensemble des comptables non centralisateurs, les payeurs régionaux et départementaux, indépendamment de leur poste géré à la Trésorerie générale[74].

Par ailleurs, l'activité longtemps limitée à des opérations simples, notamment dans le cadre des dépôts, a fait l'objet d'adaptations tant en ce qui concerne les conditions de fonctionnement des comptes que des services et produits offerts à la clientèle pour faire face aux évolutions des procédures et des techniques des marchés financiers[75]. Depuis le milieu du XIXe siècle, par exemple, le placement des produits d'assurance et de prévoyance de la CNP[76] (gérée à l'époque par la Caisse des dépôts et consignations[77]) a étendu les activités des réseaux du Trésor ou de la Poste en marge de leurs missions traditionnelles respectives. La déréglementation des marchés financiers s'est traduite, en outre, pour les préposés

---

travail et d'outillages informatiques. V. plus récemment MOREAU (I.), *Daniel Lebègue, un réformateur de choc à la Caisse des dépôts*, Liaisons sociales, septembre 2001.

[73]L'ancienne Caisse d'amortissement avait été autorisée auparavant à établir des préposés pour son service des consignations. V. par ex. art. 1er de la loi du 28 nivôse An III, décision ministérielle du 28 Pluviôse an XII et art. 13 du décret du 11 septembre 1808 ; déclaration du ROY portant *règlement pour la fonction des charges de receveurs de consignations et contentieux lié au dépôts et consignations à l'ancienne caisse d'amortissement* ; textes référencés au Rec.Varnier, 1894, p. 514 sqq. V. aussi CE, 4 mai 1843, *Héritiers Debray c/ Caisse des dépôts et consignations*, Rec. p. 191. V. encore BLICK (de) A., *Le Trésor, un partenaire de longue date*, DABF Journal, n°55, 15 février 1996, p. 4 et SALOME (L.) et al. *op. cit.*, p. 42.

[74]Arrêté du 4 novembre 1963 relatif *au service de la Caisse des dépôts et consignations*, non publié au JORF.

[75]V. BARBE (C.), *Le rôle des comptables du Trésor, préposés de la CDC*, Traits d'Union, 1985, p. 33.

[76]Ces réseaux ont été mis en place dès la création de ces institutions. C'est ainsi que le placement par le Trésor des fonds des trois caisses nationales d'assurance, à l'origine de la CNP, date de 1851 et que depuis 1868, les agents de la Poste proposent la souscription de contrats d'assurance au public. V. SALOME (L.) et al., *op. cit.*, p. 78 et v. aussi (X), *Le plan de développement Trésor public – CNP 1991-1993*, RT, 1991, p. 179 et (X.), *Trésor public – Caisse nationale de prévoyance. Plan de développement 1991-1993*, RT, 1991, p. 265.

[77]V. *infra*, notamment Partie I, Titre 2.

de la Caisse des dépôts et consignations, par une nécessité de prises de risques dans un marché de plus en plus concurrentiel[78].

En parallèle, le Directeur général de la Caisse des dépôts a mis en place, dans le cadre de la libéralisation du marché des financements des collectivités locales, une politique de déconcentration de l'Etablissement en vingt-six directions régionales dans les années 1980 et en sept directions interrégionales à partir de 2002[79]. En complément de ces directions interrégionales dont la fonction est d'appuyer les directions régionales en expertises, coordination et animation, les directions régionales assurent un contact de proximité avec les territoires, notamment dans les projets d'investissement et les fonctions de prêteur et de banquier.

Cette situation bicéphale de la représentation locale de la Caisse des dépôts et consignations, partie intégrante de l'Etablissement, reste originale dans l'organisation administrative française : il s'agit bien d'un découpage vertical des compétences, non pas horizontal. En ce sens, la direction du Trésor a toujours considéré comme opérations *« préposées »* toutes les tâches confiées à ses cellules internes spécialisées dans le service de la Caisse des dépôts et consignations : préposé des dépôts et consignations, banquier, réseau de placement, ... sans que la responsabilité de ces comptables du Trésor, préposés de la Caisse des dépôts et consignations, soit en droit public véritablement définie ; à l'inverse, la condition des directions régionales s'entend simplement comme une activité de relais de prestations de services envers les politiques publiques locales[80].

Cela n'empêche qu'au sein de chaque direction régionale de la Caisse des dépôts et consignations et sous l'autorité du Directeur régional, une équipe en charge des activités du *« bancaire réglementé »*[81] assure, pour ce qui la concerne et avec le Trésorier-payeur général, le pilotage des actions, l'animation et la formation du réseau des préposés.

Il convient alors de se demander, dans le cadre de leurs fonctions respectives, si ces deux réseaux déconcentrés de l'organisation locale de la Caisse des dépôts et consignations ne font pas double emploi de compétences établies (A). Par ailleurs, s'il est clair que le personnel des directions régionales fait partie intégrante de l'établissement CDC, il faudra mesurer, à l'inverse, comment les comptables publics, agents du ministère des Finances et préposés de la Caisse, exercent leurs activités dévolues par la loi de 1816, notamment au regard du principe traditionnellement admis de la responsabilité pécuniaire et personnelle du comptable (B).

A) Les compétences établies des directions régionales et des services des préposés

A proximité des acteurs locaux, les directions régionales assurent un service bancaire dans les domaines de l'économie mixte, du logement social et du

[78]SALOME (L.) et al, *op. cit.*, p. 265 et BLANCHON (Ch.) et BRADY (I.) (dossier établi par), *Le Trésor public et la Caisse des dépôts et consignations*, Actualités, Lettre d'information mensuelle de la direction de la comptabilité publique, n°5 bis, juin 1992, p. 1.

[79]LENORMAND (A.) (interview de J.-P. CREMER, Directeur du réseau des directions régionales), *Une nouvelle organisation en régions*, CDscope, n°213, septembre 2002, p. 8.

[80]V. *infra*, Partie II, Titre 2.

[81]Vocable interne à la Caisse des dépôts et consignations regroupant notamment l'ensemble des prestations bancaires de l'Etablissement envers les professions juridiques réglementées, les fonds d'épargnes et les consignations.

renouvellement urbain, et de la création d'activités économiques et de l'emploi[82]. Au delà, les directions régionales accompagnent les projets locaux par la mise en œuvre des programmes d'intérêt général[83], par les prêts aux clientèles institutionnelles et par le développement de l'offre de conseil aux collectivités locales.

Par analogie, l'exposé de ces activités d'investissement d'intérêt général laisse percevoir celles de chargé d'affaires d'une banque d'investissement dans le secteur concurrentiel, notamment dans le cadre de la coordination des différents métiers. En effet, les directions régionales, qui constituent le maillage du réseau (DR), assurent la relation avec les collectivités locales et les autres co-investisseurs et partenaires, en pilotant les projets d'investissement alors que le réseau des Directions interrégionales (DIR) assure l'interface entre les données opérationnelles et les directions régionales sur le métier d'investisseur. C'est en ce sens que le principal bénéfice attendu de la mise en place des DIR concerne le développement des métiers d'investisseur en directions régionales tandis que les fonctions d'expertise en matière de montage de projet existant dans les directions régionales sont transférées dans les DIR. Simplification par la déconcentration des procédures d'un côté, elle demande de l'autre une articulation soutenue et claire entre ces différentes structures, parisienne, interrégionales (DIR), régionales (DR).

Les fonctions fédérales de la direction parisienne de la Caisse des dépôts doivent alors mettre en œuvre une politique de cohérence et de pilotage des interventions internes à l'établissement public, et plus généralement, par rapport aux filiales du Groupe compétentes en ce domaine[84]. A ce niveau, la filiale SOLIDEC SA[85], directement rattachée à la Caisse des dépôts et consignations, réalise des programmes de formation à destination du réseau et intervient pour l'expertise sectorielle dans le montage des projets et dans le recrutement et la gestion de spécialistes en investissement au sein des DIR.

Ce positionnement de SOLIDEC SA pose plus généralement la question de la place de l'Etablissement Caisse des dépôts et consignations, par rapport à celle de ses filiales concurrentielles. En effet, il n'y a pas si longtemps qu'existaient encore dans les régions des directions communes à l'Etablissement CDC et ses filiales, tels la SCET ou le Crédit local de France pour leurs activités en faveur des collectivités locales. Cette situation, sous l'égide notamment du droit communautaire, semble désormais atténuée par la stricte politique de séparation des activités concurrentielles de la Caisse des dépôts et consignations de ses missions d'intérêt général, entreprise cette dernière décennie[86].

Pour autant, les décideurs publics locaux voient le plus souvent l'intervention de la Caisse des dépôts dans sa globalité et dans sa dynamique

[82]RAVARY (L.), *Les interventions des collectivités locales et de la Caisse des dépôts et consignations en faveur du développement local : entre partenariat et complémentarité*, dans DION (F.) (dir.), *Dossier « Finances locales et développement économique »*, La Revue du Financier, n°111-112, 1995-1996, p. 81.
[83]V. *infra*, Partie II, Titre 2.
[84]V. *infra*, Partie II, Titre 1.
[85]SOLIDEC SA est chargée d'assister les directions régionales pour l'instruction et la présentation des dossiers d'investissements au Comité d'engagement des programmes du renouvellement urbain et appui au développement durable des territoires. Elle peut aussi mettre en place des montages juridiques privés. Elle gère enfin certaines participations dans les SEM, dont la Caisse des dépôts et consignations est directement actionnaire. Les capitaux de cette filiale appartiennent en totalité à l'Etablissement.
[86]V. *infra*, Partie II, Titre 1.

positive ou négative de Groupe[87]. On peut alors se demander en pratique si le Directeur régional ne se trouve pas dans cette situation paradoxale d'animateur naturel du Groupe de la Caisse des dépôts sur le plan local - activités concurrentielles et missions d'intérêt général confondues - tout en étant rémunéré par l'établissement public et en bénéficiant de ses moyens et de son image. En effet, les Directeurs régionaux disposent, de par leurs fonctions, de relations privilégiées entretenues avec leurs clientèles et d'informations éventuellement confidentielles, susceptibles d'intéresser l'économie générale du Groupe CDC ou d'une de ses filiales.

A cet égard, et de manière significative, le faible actionnariat privé au sein des SEML est le plus souvent complété par un partenariat financier de l'établissement de la Caisse des dépôts et consignations[88] et des filiales de son groupe[89]. Pour autant, sur un plan plus juridique, dans l'hypothèse d'attribution de marchés à des filiales de la Caisse des dépôts, le juge administratif, saisi d'un éventuel contentieux sur la passation d'un marché public, serait bien évidemment amené à rechercher si les filiales de la Caisse des dépôts et consignations n'ont pas disposé, du fait de leur appartenance au groupe, d'informations confidentielles de nature à fausser le jeu de la concurrence, et le cas échéant, d'en annuler l'attribution[90]. De même, l'ordonnance du 1er décembre 1986 est susceptible de s'appliquer dans le cas où plusieurs filiales ayant le même objet soumissionnent à un même marché[91]. A l'inverse, le Directeur régional, en tant que représentant de l'établissement CDC actionnaire d'une SEML, peut être amené à s'opposer aux demandes des élus locaux, ce qui peut nuire indirectement à leurs relations avec des filiales du Groupe[92].

Le positionnement du Directeur régional est, dans ce contexte, particulièrement délicat s'il veut agir de fait comme représentant du Groupe. Cela étant, le droit de la concurrence n'interdit pas à la Caisse des dépôts et consignations de mener des activités commerciales, sous réserve qu'elle se comporte comme un

---

[87]LE GALES (P.), *Aspects idéologiques et politiques du partenariat public/privé*, dans CHATRIE (I.) et UHALDEBORDE (J.-M.) (dir.), *Partenariat public - privé et développement territorial*, Paris, AEF, Le Monde éditions, Hors série 1995, 1996, p. 51.

[88]Les niveaux de participation souhaitables pour la Caisse des dépôts et consignations sont les suivants : 10 à 20 % pour les SEML à vocation principale d'aménagement ; 5 à 10 % pour les SEML à vocation principale de gestion et 15 à 25 % pour les SEML à vocation principale immobilière.

[89]La SCET et la SCIC pourront être actionnaires des SEM aux côtés de la Caisse des dépôts et consignations. V. par ex., LINOTTE (D.) et ROMI (R.), *Services publics et droit public économique*, Paris, Litec, 5ème éd., 2003 p. 411.

Pour les SEM de gestion, il est souhaitable que la SCET, lorsqu'elle en a conseillé la création, participe au capital de la société, pour une part significative et au moins égale à celle de la CDC.

Pour les SEM d'aménagement, la participation de la SCET au capital peut, par contre, être plus ou moins importante (quelques pour cent) car l'évolution de la société dépend beaucoup plus de l'évolution de l'attitude des collectivités vis-à-vis de la SEM créée.

Pour les SEM patrimoniales à vocation immobilière, il est aussi souhaitable que la SCIC participe au capital des sociétés dont elle a conseillé la création de façon à ce que la part globale (CDC+SCIC+SCET) permette, chaque fois que cela est possible, de disposer de plus du tiers du capital, sans toutefois aller nécessairement au delà, de façon à permettre une ouverture du capital à d'autres partenaires privés.

[90]Dans le prolongement des fameuses jurisprudences du Tribunal des conflits du 6 juin 1989, *Préfet de la région Ile-de-France* dites plus couramment, *Ville de Pamiers* (Rec. p. 293), du Conseil d'Etat du 6 décembre 1996, *Société Lambda*, GAJA n°114 et du Conseil d'Etat du 3 novembre 1997, *Société Million et Marais*, GAJA, n°116 ; ou de la réglementation communautaire des aides d'Etat et des marchés publics. V. *infra*. Pour être complet, il convient aussi de se reporter à l'article L.432-14 du Code pénal.

[91]V. *infra*, Partie II, Titre 1.

[92]LE GALES (P.), *loc. cit.*

investisseur en économie de marché[93]. Le Directeur régional peut alors utilement fournir par exemple aux filiales des informations qui se trouvent dans le domaine public leur permettant de s'intéresser à un marché, sous réserve de ne pas mener d'actions susceptibles de fausser la concurrence et de ne pas faire usage d'informations confidentielles qu'il aurait recueillies. Autrement dit, son intervention doit précéder de trop loin la conclusion d'un contrat de prestations avec la filiale pour que cette convention puisse elle-même être véritablement attachée à une valeur marchande contestable.

Les activités *« préposées »* des comptables du Trésor peuvent, dans une moindre mesure, relater certaines de ces problématiques. En effet, sur un plan matériel, l'article 1er du décret du 20 janvier 2003 *relatif à l'intervention des comptables du Trésor dans les activités de la Caisse des dépôts et consignations*[94], confirme que sont préposés de la Caisse des dépôts et consignations les comptables du Trésor *« lorsqu'ils traitent les consignations et les dépôts des clientèles dont le compte est ouvert dans les livres de la Caisse des dépôts et consignations ».*

Les *« clientèles »*[95] sont tout spécialement des consignateurs ou leurs ayants droits, des professions juridiques, des organismes étant chargés d'une mission d'intérêt général, bénéficiant de subventions publiques et de contrôles des trésoreries, et agissant sans but lucratif. Il s'agit encore des personnes protégées par la loi, des organismes de sécurité sociale, des établissements publics dont le dépôt de fonds au Trésor n'est pas obligatoire ou dont les activités nécessitent des besoins en matière bancaire qui ne peuvent être satisfaits par l'offre de services *« Dépôts de Fonds »* à la direction du Trésor au ministère des Finances (en matière de prêts ou de découverts notamment)[96]. En revanche, aucune démarche commerciale ne peut être entreprise auprès de personnes n'appartenant pas à l'une des catégories de clientèles prédéfinies sans que le ministre des Finances et la Caisse des dépôts et consignations aient décidé de l'y inclure.

La Caisse des dépôts et consignations et ses préposés leur proposent notamment la tenue de compte bancaire, des moyens de paiement, le traitement des prélèvements et des virements, les produits technologiques de type banque électronique, les financements et prêts leur étant nécessaires, la tenue de compte-titre et les produits de gestion de trésorerie et de placements financiers (OPCVM, valeurs du Trésor...).

Si une telle distribution pouvait paraître constituer une activité illicite au regard du principe de liberté du commerce et d'industrie et du droit de la concurrence, elle ne peut être écartée. En effet, la jurisprudence du Conseil d'Etat *Chambre syndicale du commerce en détail de Nevers*[97] postule, qu'à moins que la loi en décide autrement, l'intervention d'une personne publique sur le marché en concurrence de l'initiative privée est illégale lorsque la carence de l'initiative privée

---

[93]V. *infra*, Partie II, Titre 1.

[94]Décret n°2003-66 du 20 janvier 2003 relatif *à l'intervention des comptables du Trésor dans les activités de la Caisse des dépôts et consignations*, JORF, 25 janvier 2003, p. 1521.

[95]BURLATS (C.) et QUEUNIET (V.) (avec C. RIPOSA), *Qui sont les clients du bancaire réglementé ?*, CDscope, n°202, juillet-août 2002, p. 12.

[96]Circulaire n°1005 (comptabilité publique, 1366 (série percepteurs), 30 juillet 1951, gestion des titres appartenant aux collectivités secondaires et aux établissements publics locaux, Bulletin des services du Trésor, 8 août 1951, p. 776. Cette obligation de dépôts de fonds de ces organismes à la Caisse des dépôts et consignations est, entre autres, un des critères jurisprudentiels de la distinction des services publics administratifs et des services publics industriels et commerciaux. V. les cls LAURENT sous CE, 16 novembre 1956, *Union syndicale des industries aéronautiques*, Dalloz, 1956, jp, p. 759.

[97]CE, 30 mai 1930, *Chambre syndicale du commerce en détail de Nevers*, Rec. p. 583, cls ALIBERT.

en présence de besoins de la population, la poursuite d'un intérêt public ou la circonstance que cette intervention constitue le prolongement d'un service public existant, ne le justifient pas.

La lecture de l'art. L.518-14 du Code monétaire et financier correspond à cet exposé, bien que le codificateur de l'article 27 de l'ordonnance du 22 mai 1816 ait modernisé l'art. L.518-14 al.2 du Code monétaire et financier d'une simple autorisation pour le Directeur général de *« se servir de l'intermédiaire des Receveurs généraux »* à une simple possibilité de *« faire appel aux comptables du Trésor pour effectuer dans les départements les recettes et les dépenses qui concernent la Caisse des dépôts et consignations »*.

Le commissaire du gouvernement BERGEAL, évoquant dans ses conclusions sous l'avis *Société Jean-Louis Bernard Consultants* du 8 novembre 2000[98] la jurisprudence *Chambre syndicale de Nevers* précitée, notait avec raison que *« le droit de l'intervention économique publique, qui reposait sur un principe de non-concurrence entre les activités publiques et les activités privées, cherche désormais un nouveau fondement dans le principe d'égale concurrence entre les opérateurs économiques intervenant sur un tel marché, quel que soit leur statut public ou privé. Droit français et droit européen sont depuis quelques années entrés en convergence vers un droit de la concurrence indifférent à la nature juridique de l'opérateur »*.

En d'autres termes, dans la droite ligne de cette jurisprudence, dès lors que les pouvoirs publics ont rappelé qu'une activité se devait de respecter les dispositions de la concurrence, son principe même est considéré comme licite au regard des dispositions et principes essentiels de concurrence, telle l'activité des comptables du Trésor, préposés de la CNP[99]. L'article 2 du décret du 20 janvier 2003 précité fait part, en ce sens, de remboursements à l'Etat par la CDC, *« des charges que celui-ci engage pour le service des préposés, dans les conditions prévues par une convention qui tient compte des pratiques de la profession bancaire »*, en visant notamment le règlement CRB n°97-02 du 21 février 1997[100].

Dès lors, c'est donc beaucoup plus sur le fondement conventionnel[101], au delà de son caractère purement réglementaire[102], de la compétence des préposés et du caractère loyal de la concurrence ainsi établie qu'il convient de s'interroger[103]. En

---

[98]Avis du 8 novembre 2000, *Société Jean-Louis Bernard Consultants (SJLBC)*, RFDA, 2001, p. 112, cls C. BERGEAL.

[99]CE, 28 mars 2001, *Fédération nationale des syndicats d'agents d'assurance*, Collectivités territoriales – intercommunalité, juillet 2001, p. 16: note L. ERSTEIN ; Dalloz, jur., 2002, p. 630, observations N. CHARBIT : *La distribution par les agents du Trésor de produits d'assurance ne méconnaît pas le principe de liberté de concurrence*. Cet arrêt a été rendu sous les conclusions contraires de son commissaire du gouvernement. On notera qu'à l'occasion du renouvellement du pacte d'actionnaires de CNP Assurances, le ministre des Finances a fait part de sa décision d'arrêter à compter du 31 décembre 2003 la distribution de produits CNP par le Trésor public. L'arrêt du Conseil d'Etat apparaît donc de toute évidence comme une jurisprudence circonstanciée. V. en ce sens CE, 18 février 1983, *Fédération nationale des syndicats d'agents généraux d'assurances*, Rec. p. 71.

[100]Règlement CRB n°97-02 du 21 février 1997 relatif *au contrôle interne des établissements de crédit*.

[101]L'avantage de la Convention semble résider dans la plus grande souplesse qu'elle offre. La Convention est conforme aux dispositions législatives et permet un éventuel dénouement sans qu'il soit pour autant besoin de procéder par voie de décret et de passage devant la Commission de surveillance.

[102]CE, 1er avril 1998, *Union hospitalière privée*, Rec. p. 114.

[103]On pourrait constater une entente automatique entre le Trésor et la Caisse des dépôts et consignations conduisant alors nécessairement à des pratiques anticoncurrentielles. Cependant, cette théorie n'a pas encore été admise en droit positif. Comme le souligne M. CHARBIT dans son commentaire sous la jurisprudence du Conseil d'Etat du 28 mars *préc.*, il eût été intéressant que la requérante attaque la

effet, l'article L.518-14 du Code monétaire et financier est un article unique inséré dans un paragraphe *« Les préposés de la caisse et le concours des comptables du Trésor »*.

Rien n'empêcherait alors, par exemple, le réseau des Caisses d'épargne qui remplit aussi des missions d'intérêt général[104] de postuler à de telles prétentions de préposé de la CDC[105], sous la seule condition qu'il se situe *« dans toutes les villes où siège un tribunal de grande instance »*[106]. Les liens historiques entre la Caisse des dépôts et consignations et ce réseau sont, d'une part, tout aussi forts qu'avec le réseau du Trésor. On avait prétendu en ce sens pendant longtemps que les débitants de tabacs ou les conservateurs des hypothèques pourraient être les préposés de la Caisse des dépôts et consignations pour ce qui la concerne[107]. D'autre part, il ne peut être encore sérieusement soutenu, compte tenu des contraintes du droit communautaire et du droit public financier[108], que l'intervention du Trésor, en qualité de préposé de la Caisse des dépôts et consignations, constitue un prolongement de ses missions régaliennes depuis l'arrêt au 31 décembre 2001 de l'activité de fonds particuliers des TPG[109].

C'est donc *« l'effet réseau »* du Trésor public[110] et la qualité des fonds réglementés[111] et des *« clients »* auxquels s'attache le fondement juridique de l'intervention des comptables du Trésor en qualité de préposé de la Caisse des dépôts et consignations : la poursuite d'un intérêt public majeur de protection de la Foi publique[112] le justifie sans nécessairement porter attention à la suffisance de l'initiative privée[113]. En l'état actuel du droit, le Directeur général de la Caisse des dépôts et consignations peut, s'il le souhaite, *« faire appel aux comptables du Trésor »* en qualité de préposé de son Etablissement. S'il n'a pas le choix sur leur qualité de comptable du Trésor, il semble avoir, en revanche, toute latitude dans le

---

convention entre le Trésor et la CNP devant le Conseil de la concurrence au titre des dispositions prohibant les ententes anticoncurrentielles.

[104]Art. L.512-85 al. 1 du Code monétaire et financier. V. également Rapport annuel 2001 Groupe Caisses d'épargnes.

[105]Par extension, v. (X.), *CNP Assurances pourrait créer un nouveau canal de distribution*, La lettre de l'Assurance, 28 novembre 2002 et plus généralement CHAPERON. (I.), *Les caisses d'Epargne s'intéressent à la clientèle bancaire du Trésor*, Les Echos, 28 février 2000.

[106]Art. L.518-14 al. 1 du Code monétaire et financier.

[107]Procès-verbal du 24 mai 1888 ; la question semble cependant délicate en ce qui concerne une formation éventuelle aux dépôts et consignations.

[108]Observations de MM. LASCOMBE et VANDENDRIESSCHE sous CE, 23 février 2000, *Ferrand*, RFDA, 2001, p. 481.

[109]Arrêté du 2 février 2001 relatif *à l'activité de service de dépôts de fonds particuliers exercée par les trésoriers payeurs généraux*, JORF, 6 février 2001, p. 2009 ; VIAL (J.-P.), question n°32777 adressée à M. le ministre de l'Economie, *Perspectives relatives aux activités d'épargne concurrentielle du Trésor public*, JORF, S., 26 avril 2001, p. 1397 et 13 décembre 2001, p. 3927 ; L. (B.), *Les activités bancaires privées du Trésor sont vouées à évoluer*, Les Echos, 21 janvier 2000 ; A. (M.), *L'activité bancaire du Trésor public recentrée sur les institutionnels*, L'Agefi, 31 janvier 2000 ; BUFFER (D.), *Les trésoreries se ferment aux comptes des particuliers*, Le Monde, 18 décembre 2001 ; MICHEL (A.), *Bercy lance la privatisation des activités bancaires privées du Trésor*, La Tribune, 7 février 2001.

[110]Dossier *« Voyage à l'intérieur du Trésor public. Les comptables locaux jouent l'effet réseau »*, La Gazette des communes, 1er novembre 1999.

[111]V. *supra* et déclaration du ROY portant *règlement pour la fonction des charges de receveurs de consignations et contentieux lié aux dépôts et consignations à l'ancienne Caisse d'amortissement*, Recueil Varnier, 1894, p. 514.

[112]V. SALOME (L.), *op. cit.*, p. 43.

[113]BLICK (de) A., *Le Trésor, un partenaire de longue date*, DABF Journal, n°55, 15 février 1996 et v. plus généralement sur l'absence de l'appréciation de l'insuffisance d'initiative privée par le Conseil d'Etat V. CE, 23 décembre 1970, *Commune de Montmagny*, Rec. p. 788.

fonctionnement des services *« préposés »*, dont la Caisse des dépôts et consignations doit répondre.

L'activité de préposés d'un côté, les missions des directions régionales de l'autre, sont, dans ce cadre, strictement établies dans des compétences limitées. Dans cette perspective, cette organisation pose plus généralement la question des responsabilités respectives de la Caisse des dépôts et consignations et de ces institutions déconcentrées à son service.

B) Les responsabilités propres aux deux entités

Si la question de la responsabilité des agents des directions régionales ne pose guère de difficultés, dès lors qu'ils font partie intégrante de l'Etablissement CDC, il en est différent des comptables du Trésor, préposés de la Caisse des dépôts et consignations[114]. En effet, la mise en pratique de l'alinéa 2 de l'article L.518-14 du Code monétaire et financier peut porter à confusion sur le rôle des entités respectives de préposés. Ce dernier dispose que *« le Directeur général peut faire appel aux comptables du Trésor pour effectuer dans les départements les recettes et les dépenses qui concernent la Caisse des dépôts et consignations »*.

L'alinéa 3 de ce même article poursuit : *« l'indemnité accordée en raison de ce service est réglée de concert entre le ministre chargé de l'économie et la Commission de surveillance »*. Bien que l'action de concert soit une notion imprécise mais susceptible d'emporter d'importantes conséquences en droit des marchés de capitaux[115], la même similitude d'accord de volonté semble néanmoins convenir en ce qui concerne le service des préposés de la Caisse des dépôts et consignations[116].

Cette entente, légalement admise, demande tout d'abord transparence et équité dans l'octroi de l'indemnité accordée. Pour asseoir son autorité[117], la Caisse des dépôts et consignations rémunère, dans son ensemble, le service des préposés en fonction des moyens qui sont mis en œuvre et de la qualité des prestations rendues et au regard des pratiques de la profession bancaire. Elle comporte traditionnellement le remboursement des coûts qui doivent être engagés pour assurer ces prestations d'une part[118], et, d'autre part, un intéressement à la qualité du service apporté à la Caisse des dépôts et consignations et des prestations rendues aux clients[119].

De manière plus conventionnelle, l'organisation du réseau des préposés relève ensuite d'accords entre le Directeur de la comptabilité publique auprès du ministère des Finances et le Directeur général de la Caisse des dépôts et consignations. Si ces accords prennent la forme de circulaires désormais simplement

---

[114]Circulaire n°91-3 du Directeur général de la Caisse des dépôts et consignations du 5 novembre 1991, *Responsabilité des comptables du Trésor dans leur activité de préposé de la Caisse des dépôts et consignations*.

[115]AUCKENTHALER (F.), *L'action de concert après les lois NRE et MURCEF*, LPA, 8 novembre 2002, p. 4.

[116]On notera à titre secondaire que l'intervention de la Commission de surveillance est légalement constatée en l'espèce. V. *infra*, Partie I, Titre 2.

[117]Procès-verbal du 15 janvier 1890.

[118]Ce remboursement des coûts est fondé sur un système de contrôle de gestion reposant sur un dispositif d'évaluation comprenant l'identification en équivalent temps plein et par catégorie (A, B, C) des personnels engagés sur l'activité de préposés, ainsi qu'un coefficient de chargement.

[119]Chaque année des objectifs de gains d'efficacité sont fixés en fonction des progrès techniques et de l'évolution des organisations, dans le respect des engagements pris à l'égard des clientèles, et les résultats en sont mesurés. Une partie des économies de coûts ainsi réalisées permet d'accroître le montant de l'intéressement à la qualité, selon des indicateurs définis conjointement.

co-signées[120], le caractère réglementaire ou non de ces documents peut porter à discussion[121]. En effet, il doit être admis en principe que l'immixtion du Directeur général dans l'organisation du ministère des Finances est, dans son ensemble, exclue.

A l'inverse, la Direction générale de la comptabilité publique n'a qu'un rôle de représentation du réseau des préposés, de leur nomination et d'animation du réseau, ce qui signifierait aussi une impossible immixtion de la direction de la comptabilité publique au sein de la Caisse des dépôts et consignations.

Pour autant, il a été convenu, en pratique et en se conformant au rapport de préposition défini par l'alinéa 5 de l'article 1384 du Code civil, que le Directeur général de la Caisse des dépôts et consignations ait une certaine autorité administrative sur ses préposés[122], et puisse par exemple leur accorder, après consultation de la Direction générale de la comptabilité publique, les délégations nécessaires à l'exercice de leurs missions.

En l'espèce, la réalité du lien de subordination semble se trouver davantage entre la direction générale de la comptabilité publique et les Trésoriers généraux, et non entre la CDC et ces derniers. L'organisation du ministère des Finances fait en effet de la direction générale de la comptabilité le responsable du pilotage des services dédiés à l'activité de préposés de la Caisse des dépôts et consignations[123].

Dans ces conditions, l'assimilation du concept civiliste de préposés ne pourrait être reprise dans ce rapport administratif entre la Caisse des dépôts et consignations et les comptables du Trésor[124]. L'hypothèse d'une délégation de signature du Directeur général de la Caisse des dépôts et consignations s'avèrerait inopportune, dès lors que l'article 9 du décret n°68-632 modifié énonce limitativement les personnes pouvant recevoir délégation de signature du Directeur général de la CDC sans y viser les préposés.

C'est d'autant plus vrai que la direction générale de la comptabilité publique assure désormais le contrôle des opérations effectuées par les comptables du Trésor, préposés de la Caisse des dépôts et consignations, cette dernière étant associée à la mise en œuvre et à l'exploitation des résultats de ces contrôles. Or, la Caisse des dépôts et consignations doit exercer sur les comptables un contrôle sur pièces prévues par les articles 27 à 32 de l'ordonnance du 22 mai 1816, complétés par le décret du 31 mai 1862 portant *règlement général sur la comptabilité publique*, articles modifiés ou abrogés en dernier lieu par le décret du 5 août 1970[125]. Dès lors qu'il modifie les relations entre les préposés et la Caisse des dépôts et consignations, il convient de penser que ce contrôle de la direction générale de comptabilité publique, auquel la Caisse des dépôts et consignations est simplement associée, se présente comme une modification de l'ordonnance du 22 mai 1816 et du décret du

[120] Procès-verbal du 26 décembre 1846.

[121] Il ressort, à titre d'exemple, un doute sur la légalité de la circulaire n°109 du 5 mars 1959 modifiant l'article 257 de l'instruction générale sur le service et la comptabilité des préposés du 15 février 1939 prise en application du décret du 26 juin 1956, circulaire qui étend le champ d'application des modalités de conservation des archives aux préposés de la CDC alors même que le décret de 1956 ne les visait pas. En visant la Caisse des dépôts et consignations, il convient néanmoins de considérer que le décret de 1956 les poursuit également.

[122] QUEUNIET (V.), *Géodisation : un chantier conjoint avec le Trésor*, CDscope, n°157, avril 1997, p. 24 ; BLICK (de) (A.), *Le Trésor, un partenaire de longue date*, DABF Journal, n°55, 15 février 1996.

[123] V. notamment décret n°98-977 du 2 novembre 1998 relatif *à la direction générale de la comptabilité publique*, JORF, 3 novembre 1998, p. 16575.

[124] Par ex., WALINE (M.), *Précis de droit administratif*, Paris, Montchrestien, t. 1, 1969, p. 519.

[125] Désormais codifié au Code des juridictions financières.

31 mai 1862 et suppose donc un décret pris sur la proposition de la Commission de surveillance[126].

Par analogie avec l'article 1384 du Code civil, la responsabilité de la Caisse des dépôts et consignations à l'égard de ses préposés ne peut être alors qu'exclusive, sans pour autant qu'il en résulte un critère général et global reconnu en droit privé[127]. La Caisse des dépôts et consignations est en ce sens responsable des dommages causés aux clients dans le cadre de l'exercice des missions de préposé[128]. Seul le Directeur général de la Caisse des dépôts et consignations pourra demander en outre à l'Etat le remboursement de tout ou partie des sinistres qu'elle aurait à supporter et dont elle justifierait l'origine auprès de l'action ou l'inaction des préposés, si cette action est bien entendu imputable à l'Etat[129].

Comme pour celle de la gestion des comptes de particuliers disposant d'un compte auprès du Trésor[130], la responsabilité des comptables du Trésor, préposés de la Caisse des dépôts et consignations, ne peut être alors que personnelle, entraînant la compétence de la juridiction administrative qu'à raison de l'organisation de ce service[131]. De manière réductrice[132], il semble donc bien que seule la responsabilité *« bancaire »*, c'est-à-dire administrative, du comptable du Trésor en tant que préposé de la CDC puisse être engagée. A l'inverse, la responsabilité pécuniaire et personnelle du comptable ne semble pouvoir être mise en jeu que dans le cadre de son activité de comptable principal d'une dépense publique destinée à la Caisse des dépôts et consignations[133].

Seul le Caissier général, comptable unique de la Caisse des dépôts et consignations, pourra alors voir, dans ces conditions, sa responsabilité pécuniaire et personnelle mise en jeu[134]. En effet, les agents du Trésor agissent, en l'espèce, comme des personnes physiques non salariées, préposées[135] : ils sont désignés en ce sens par leur administration et ne perçoivent aucune rémunération directe pour cette activité annexe[136]. Le Trésor encaisse la rémunération de ce service préposé sans qu'il n'existe aucun cumul irrégulier de rémunérations et de fonctions[137].

La responsabilité civile mise à la charge du commettant ne prive pas bien entendu ce dernier, lorsqu'il a été lui-même victime du dommage, du droit

---

[126]On notera par ailleurs à ce sujet que le décret n°2003-66 préc. a été pris après avis de la Commission de surveillance du 5 septembre 2001 (procès-verbal du 5 septembre 2001), et non sur sa proposition, comme le demande l'art. L.518-2 du Code monétaire et financier.

[127]DELVOLVE (P.), *La responsabilité du fait d'autrui en droit administratif*, Mélanges MARTY, Université des sciences sociales de Toulouse, 1978, p. 407 ; ROMANI (A.-M.), *La faute et la responsabilité objective du fait d'autrui*, LPA, 29 juillet 2002, p. 4.

[128]On ne peut que reprendre à ce sujet les célèbres conclusions de Léon BLUM sur l'affaire *Lemonnier*. V. CE, 26 juillet 1918, *Lemonnier*, Rec. p. 761, cls BLUM. V. aussi plus spécifiquement une circulaire n°91-3 du Directeur général de la Caisse des dépôts et consignations du 5 novembre 1991, *Responsabilité des comptables du Trésor dans leur activité de préposé de la Caisse des dépôts et consignations*.

[129]Cls L'HOPITAL sous CE, 18 décembre 1862, *Bergerat*, Rec. p. 814 ; procès-verbal du 8 juillet 1863.

[130]CE, 23 février 2000, *Ferrand, préc.*

[131]CE, 18 décembre 1862, *op. cit.* ; TA, Versailles, 24 novembre 1961, *Sieur Saddo*, Rec. p. 845 et Cco, 25 avril 1996, *Trésorier-payeur général de l'Allier*, RFFP, chr. de comptabilité publique, p. 243 : J. MAGNET et N. ROBERT.

[132]V. à ce sujet les regrets des commentateurs M. CONAN, A. DOYELLE, B. POUJADE et J.-P. VACHIA sous l'art. R.131-14 du Code des juridictions financières, Le Moniteur, 2001.

[133]V. procès-verbaux du 28 juin 1817 et art. R.131-20 du Code des juridictions financières.

[134]Art. R.131-15 du Code des juridictions financières.

[135]Par analogie avec l'art. R.511-2 du Code des assurances.

[136]STOURM (R.), *Cours de Finances : Le Budget*, Paris, Guillaumin, 4ème éd., 1900. p. 471.

[137]V. note L. ERSTEIN, sous CE, 28 mars 2001, *Fédération nationale des syndicats d'agents d'assurance*, Collectivités territoriales – intercommunalité, juillet 2001, p. 16.

appartenant à toute victime d'un préjudice d'en demander en principe réparation à son auteur, fût-il son préposé[138]. Il engagera en revanche sa responsabilité si le préposé agit hors des fonctions auxquelles il était employé, sans autorisation, et à des fins étrangères à ses attributions. De manière générale, ce n'est donc que dans ce lien civiliste de préposés que se trouve le fondement de cette intervention des comptables du Trésor, cette dernière étant par ailleurs justifiée par la nature des fonds confiés, sous le sceau de la Foi publique, à la Caisse des dépôts et consignations.

L'indépendance financière du Directeur général - et donc de l'Etablissement - en est une autre manifestation.

SECTION II- L'indépendance financière du Directeur général

L'indépendance financière du Directeur général se manifeste d'une part par une autonomie comptable (§1) et d'autre part par une autonomie budgétaire (§2).

§1. Une autonomie comptable du Directeur général

L'institution du poste de Caissier général remonte à la création de la Caisse des dépôts et consignations elle-même[139]. Comme pour le Directeur général de l'Etablissement, on constatera une stabilité du personnel dirigeant de la Caisse générale[140].

Sous les ordres du Directeur général, gestionnaire des fonds de l'Etablissement[141] et donc ordonnateur, le *« Caissier »*[142] y apparaît, avec les responsabilités qui lui sont propres, comme chargé simplement de *« la recette, du paiement des dépenses, de la garde et de la conservation des valeurs »*[143].

Malgré son ancienneté et son caractère général, le dispositif institutionnel de 1816 définit toujours, pour l'essentiel, le rôle du Caissier général placé directement sous les ordres du Directeur général[144] (I). Pour autant, la nature exacte des normes comptables que ce Caissier général applique, ainsi que son statut et ses missions demeurent contingents (II).

I- Des contingences relatives à la nature exacte des normes comptables applicables à la CDC

Dans un souci de rendre fiable et exemplaire la comptabilité de la Caisse des dépôts et consignations[145], l'ensemble des documents et états financiers publiés

---

[138]TC, 14 janvier 1935, *Thépaz*, GAJA, n°52 ; et plus généralement, à propos des préposés, C.Cass., Ass. Plén., 14 décembre 2001, *Cousin*, JCP, G, 13 février 2002, p. 345, note M. BILLAU : Le préposé condamné pénalement pour avoir intentionnellement commis, fût-ce sur l'ordre du commettant, une infraction ayant porté préjudice à un tiers, engage sa responsabilité civile à l'égard de celui-ci.
[139]Art. 100 de la loi sur les finances du 28 avril 1816.
[140]V. en annexe, la liste des Caissiers depuis 1816.
[141]Art. L.518-12 al. 1 du Code monétaire et financier.
[142]Qui deviendra *"Caissier général"* par décret du 30 octobre 1861 portant *organisation de l'administration des Caisses d'amortissement et des dépôts et consignations*, Rec.Varnier, 1894, p. 63.
[143]Art. L.518-13 al. 1 du Code monétaire et financier.
[144](X.), *A la Une, ce mois-ci. Au service de tous depuis 1816*, CDscope, n°27, novembre 1984, p. 11.
[145]Procès-verbal du 19 avril 1836.

au rapport au Parlement et au journal officiel reflète les différentes opérations de l'Etablissement en considération de son évolution « bilantielle »[146].

A partir de là, bien que la Cour des comptes note le bilan de la CDC à partir de 1837 en considération des grands établissements de crédit, la direction de la Caisse semble ne se soumettre que volontairement à certaines obligations comptables de tels établissements (B).

C'est ainsi que si les opérations de la Caisse des dépôts et consignations sont effectuées et justifiées suivant les règles en usage dans les établissements bancaires, l'exécution des opérations financières et comptables est opérée conformément aux principes procéduraux applicables aux dépenses publiques[147]. Autrement dit, les services du Directeur général de la CDC appliquent les dispositions de l'article L.518-1 du Code monétaire et financier pour les opérations en numéraires et le droit de la comptabilité publique pour les opérations purement administratives. Dans tous les cas, la Caisse des dépôts et consignations, sous la signature de son Directeur général, doit rendre compte à la Cour des comptes en distinguant bien les opérations en valeurs de celles en numéraire[148]. Pour les opérations d'exécution des dépenses administratives, le règlement est ainsi libératoire lorsqu'il intervient selon les modes de règlement prévus à cet effet, tandis que pour les opérations bancaires en numéraire, le caissier général est libéré de son obligation de règlement selon les principes de la réglementation bancaire[149].

En tout état de cause, eu égard à la singularité de l'Etablissement, les services de la direction générale n'appliquent que de manière supplétive les règles du droit de la comptabilité publique (B).

A) Une soumission volontaire à certaines obligations comptables des établissements de crédit

Si la Caisse des dépôts et consignations échappe en principe au champ d'application de la législation bancaire, l'article L.518-1 du Code monétaire et financier précise que les institutions et services non soumis à la loi bancaire *« peuvent effectuer les opérations de banque prévues par les dispositions législatives et réglementaires qui les régissent »*. Par une décision n°83-167 DC du 19 janvier 1984[150], le Conseil constitutionnel a tranché cette question en validant l'exclusion de principe de la Caisse des dépôts et consignations du champ d'application de la loi bancaire. La Caisse des dépôts et consignations se situe en effet, tant en droit interne qu'en droit communautaire, en marge de la notion d'établissement de crédit[151].

---

[146]MARTY (M.), *La Caisse des dépôts et consignations. Analyse bilantielle de 1816 à 1946*, Orléans : DEA, Analyse économique et financière, 1992.

[147]A ce titre, il semblerait que les fonctions de l'agent comptable de la Caisse nationale du Crédit agricole soit un modèle factuel pour justifier la spécificité des règles comptables à appliquer à la Cour des comptes. V. décret n°81-121 du 6 février 1981 portant *modification des articles 714 et 715 du code rural et relatif à l'agent comptable de la caisse nationale de crédit agricole*, JORF, 10 février 1981, p. 519.

[148]Art. R.131-19 du Code des juridictions financières.

[149]Dans ce cadre, il est cependant personnellement responsable de la justification du fait matériel de l'encaissement ou du paiement envers les ayants droit. Il est comptable de sa gestion personnelle. V. art. R.311-16 du Code des juridictions financières.

[150]83-167 DC, 19 janvier 1984, *Loi relative à l'activité et au contrôle des établissements de crédit*, Rec. p. 23, RDCC 1983-1985, p. 23 ; RDP 1986, p. 395, chr. L. FAVOREU ; Dalloz, IR, p. 357, obs. L. HAMON.

[151]Doctrine constante de la législation européenne. V. 1977/780/CEE du Conseil du 12 décembre 1977 visant *à la coordination des dispositions législatives, réglementaires et administratives concernant*

Bien que ne pouvant être assimilée à un établissement de crédit en raison de la singularité de son statut et de la spécificité de ses missions, elle tend toutefois dans les faits à s'affirmer comme une institution bancaire de plus en plus fortement en concurrence avec l'ensemble du secteur. Elle réalise aujourd'hui toutes les activités de marché et de banque[152]. De ce fait, la loi bancaire, tout en l'excluant de principe de son champ d'application, valide pourtant ses opérations de banque. Dès lors, pour ses activités de marché, la CDC peut être rapprochée dans les faits à une institution bancaire placée en situation de concurrence avec le secteur bancaire, mais tout en conservant ses spécificités. Il en résulte alors pour M. LAGAYETTE, Directeur général de l'Etablissement de 1992 à 1997[153], que la Caisse des dépôts doit être regardée, en droit, comme un membre à part entière de la communauté bancaire. La commodité de la filialisation de certaines de ses activités a permis une meilleure émancipation sur ce terrain concurrentiel. Quant aux autres dépôts et consignations, des hautes considérations, notamment de sécurité et de neutralité, ont prévalu afin que la Caisse en garde la mission[154].

La loi de 1984 a d'ailleurs expressément rappelé que la Caisse des dépôts et consignations peut effectuer des opérations de banque prévues par les textes qui la régissent et ouvrent la possibilité d'une extension à celle-ci, par arrêté du ministre chargé des Finances, de certains règlements du Comité de la réglementation bancaire (CRB) rentrant dans le champ d'application des articles 2 à 4 du décret n°84-768 du 24 juillet 1984[155]. Seules les règles relatives aux réserves obligatoires, aux conditions de rémunérations des fonds, aux bons des institutions et sociétés financières, à l'horodatage des ordres et à la lutte contre le blanchiment des capitaux provenant du trafic des stupéfiants semblent lui avoir été étendues[156]. A ce sujet, il convient de faire remarquer que pour cette dernière application, la base légale du Règlement CRB n°91-07 du 15 février 1991 n'est pas la loi bancaire mais la loi du 12 juillet 1990 modifiée. De même, à l'instar des établissements de crédit et au même titre que le Trésor public, les dispositions de l'article L.330-1 du Code monétaire et financier permettent à la Caisse des dépôts et consignations d'utiliser les procédures des systèmes de règlements interbancaires ou de règlements et de livraison d'instruments financiers pour l'exécution de ses opérations bancaires. Par ailleurs, les articles 1er et 3 d'un arrêté du 12 septembre 2000 du ministre de l'Economie, des Finances et de l'Industrie[157] précisent, notamment, que le Caissier utilise le plan comptable des établissements de crédit pour les opérations en

---

l'accès à l'activité des établissements de crédit et son exercice, JOCE, n°L-322 du 17 décembre 1977, p. 30 ; 1986/524/CEE du Conseil du 27 octobre 1996 modifiant *la directive 1977/780/CEE en ce qui concerne la liste des exclusions permanentes de certains établissements de crédit*, JOCE, n°L-309, 4 novembre 1986, p. 15 ; et plus spécialement, la dernière législation applicable : art. 1er de la directive n°2000/12 du 20 mars 2000 portant *codification des directives bancaires*, JOCE, n°L-126, 26 mai 2000.

[152]V. *infra*, Partie II, Titre 2.

[153]LAGAYETTE (P.), (propos recueillis par C. BLANCHE et B. STERN), *« La Caisse des dépôts pourrait être régie par la loi bancaire »*, Le Monde, 19 septembre 1995.

[154]V. *infra*, Partie II, Titre 2.

[155]Décret n°84-768 du 24 juillet 1984 *pris pour l'application de la loi n°84-46 du 24 janvier 1984 relative à l'activité et au contrôle des établissements de crédit*, JORF, 25 juillet 1984, p. 2444. On fera remarquer que l'avis de la Commission de surveillance n'a pas été prévu pour cette extension d'activité.

[156]Décret n°91-160 du 13 février 1991 fixant *les conditions d'application de la loi n°90-614 du 12 juillet 1990 relative à la participation des organismes financiers à la lutte contre le blanchiment des capitaux provenant du trafic des stupéfiants*, JORF, 14 février 1991, p. 2242.

[157]Arrêté du 12 septembre 2000 relatif *aux décisions principales du compte de gestion et aux justificatifs des opérations du caissier général de la Caisse des dépôts et consignations*, JORF, 28 novembre 2000, p. 18895

numéraires et applique le règlement général du Conseil des marchés financiers pour son activité de teneur de compte-conservateur. Le Directeur général de la Caisse des dépôts et consignations peut enfin signer des conventions, notamment avec les filiales financières du Groupe CDC ou avec la Banque de France[158].

La loi du 2 juillet 1996 transpose, par ailleurs, une directive européenne du 10 mai 1993 sur les services d'investissement et, mieux encore, elle refond également le droit bancaire et le droit des marchés financiers[159]. Or, contrairement à la loi de 1984 et alors qu'elle élimine du champ d'application de son article 11[160] des institutions telles que la Poste, le Trésor public ou la Banque de France, elle ne vise pas expressément la Caisse des dépôts et consignations parmi les exceptions[161]. On en déduit alors que la Caisse des dépôts et consignations n'échappe pas à la procédure d'agrément précitée. Elle ne peut alors fournir, au titre de profession habituelle, les services d'investissement dont seuls les prestataires de services d'investissement ont le monopole[162] et dont la violation est pénalement sanctionnée par l'article L.321-1 du Code monétaire et financier. Parallèlement, à défaut de statut de prestataire de services d'investissement, la Caisse des dépôts et consignations n'a pas de *« passeport européen »* et ne peut s'installer librement dans un autre pays européen, y fournir des services d'investissement et y établir des succursales[163]. Dans ces conditions, c'est pour se mettre en conformité avec cette loi de 1996 que le Directeur général a souhaité la filialisation des activités de marché de la Caisse des dépôts en créant CDC Marchés[164]. Il paraît donc difficilement concevable d'appliquer directement la loi de 1996 à la Caisse des dépôts et consignations, sauf à considérer que l'Etablissement de la rue de Lille fournit d'une part un service d'investissement de manière accessoire à une activité professionnelle et ce, d'autre part, dans la mesure où celle-ci est régie par des règles qui ne le lui interdisent pas formellement. Tel semble être le cas de la Caisse des dépôts et consignations qui peut dès lors effectuer des services d'investissement à titre occasionnel. On peut néanmoins s'interroger sur l'application effective de la notion d'activité professionnelle exercée par la Caisse des dépôts et consignations. Les travaux parlementaires visaient en effet plus spécialement les avocats ou les notaires, ces personnes pouvant être amenées à effectuer des opérations d'investissement dans le cadre de leur activité professionnelle. De même, la Caisse des dépôts peut exercer librement des prestations de services d'investissement connexes[165], c'est-à-dire des activités de dépositaire au sens strict du terme. La réalité de la connexité peut nous laisser également perplexes en pratique.

---

[158]Procès-verbal du 10 mai 1817 (procès-verbal du principe).

[159]TRICOU (J.), *La loi de modernisation des activités financières*, Banque, octobre 1996, p. 55.

[160]C'est-à-dire de la procédure d'agrément.

[161]Art. L.513-2 du Code monétaire et financier.

[162]Il s'agit de la réception et de la transmission d'ordres pour le compte de tiers, l'exécution d'ordres pour compte de tiers, la négociation pour compte propre, la gestion de portefeuille pour compte de tiers, la prise ferme et le placement.

[163]Art. L.532-23 à L.532-26 du Code monétaire et financier. Le principe de liberté d'établissement et de prestations de services sur le territoire des Etats membres de l'Union européenne repose en effet sur la délivrance d'un agrément unique reconnu dans les autres pays membres. Etabli par les autorités du pays d'origine, ce *« passeport européen »* permet l'exercice dans ces autres pays des activités, soit en libre établissement (création d'une succursale dans le pays d'accueil), soit en libre prestation de services (sans installation dans le pays d'accueil). Ainsi, faute d'agrément, la Caisse des dépôts et consignations ne peut bénéficier de ce passeport. V. plus généralement LEROY (C.), *L'organisation et le fonctionnement des marchés financiers aux dimensions de l'Europe*, DA, janvier 1997, p. 6.

[164]V. *supra*, Partie II, Titre 1.

[165]Art. L.321-2 du Code monétaire et financier.

Cette absence de statut d'établissement bancaire soumis au contrôle des autorités bancaires françaises met donc plus généralement la Caisse des dépôts et consignations en marge des standards internationaux et la rend peu lisible pour ses contreparties non résidentes et pour les autorités de tutelle étrangères. En revanche, l'article L.213-3 du Code monétaire et financier autorise clairement la Caisse des dépôts et consignations à émettre des titres de créance négociables. En définitive, le particularisme de la Caisse des dépôts et consignations conduit son Directeur général à lui appliquer la législation bancaire en toute latitude et selon les intérêts en jeu. Le droit de la comptabilité publique s'applique, quant à lui, de manière supplétive.

B) Une application supplétive au droit de la comptabilité publique

Le décret du 31 mai 1962 portant *règlement général sur la comptabilité publique* ne semble s'appliquer au caissier général de la Caisse des dépôts et consignations qu'à titre supplétif, pour autant que la Commission de surveillance y consente, après avis du Directeur général, sous les ordres duquel le caissier est placé par la volonté du législateur. Cela signifierait que les dirigeants de la Caisse des dépôts et consignations ne peuvent se prévaloir d'autres textes que ceux de la loi de Finances du 28 avril 1816 codifiée et de ses trois ordonnances d'application. En effet, l'article 1er du décret du centenaire *« réglemente [notamment] la comptabilité publique applicable à l'Etat et aux établissements publics nationaux »*. Il résulterait alors de la qualité *« spéciale »* du statut de la Caisse des dépôts et consignations[166] que seuls les principes fondamentaux de la comptabilité publique, édictés par le décret précité, lui soient applicables.

En premier lieu, il convient en effet de rappeler que le décret du 29 décembre 1962 a laissé subsister les articles 823 et suivants du décret de 1862 qui visaient directement la Caisse des dépôts et consignations dans son titre XXIX[167]. Ces dispositions demeurent applicables et ont d'ailleurs été codifiées dans la partie législative du Code monétaire et financier[168]. On ne saurait retirer cependant de ce fait la conséquence que seules ces dispositions maintenues régiraient la comptabilité de la Caisse des dépôts et consignations, à l'exclusion des dispositions nouvelles. Un tel raisonnement méconnaîtrait la portée initiale des dispositions maintenues. Ces règles constituaient l'adaptation de la situation spécifique de la Caisse des dépôts et consignations aux principes généraux contenus dans le décret de 1862.

De la même façon, le maintien en 1962 de ces dispositions adaptées au statut spécial de la Caisse des dépôts et consignations doit ensuite être regardé comme la manifestation d'une volonté de maintenir en vigueur des règles spécifiques qui s'intègrent dans la réglementation générale et lui apportent les atténuations ou les assouplissements de nature à permettre la conciliation entre l'indépendance de la Caisse des dépôts et consignations avec les règles de la

---

[166] Art. L.518-2 al. 1 du Code monétaire et financier.

[167] Les articles 515 et suivants de l'ordonnance du Roi du 31 mai 1838 portant *règlement général sur la comptabilité publique réglementant notamment auparavant la comptabilité de la Caisse des dépôts et consignations*. V. Rec.Varnier, 1894, p. 33. V. à ce sujet, le colloque *« La comptabilité publique. Continuité et modernité »*, tenu à Bercy les 25 et 26 novembre 1993 (actes publiés par le CHEFF, Paris, Imprimerie nationale, 1995), bien qu'il n'y ait été question pour autant d'une quelconque information sur la Caisse des dépôts et consignations.

[168] V. Introduction générale.

comptabilité publique. L'examen de la structure du décret de 1962 en apporte une confirmation très nette. La première partie du décret traite des *« principes fondamentaux »* applicables à l'Etat et aux organismes publics ; la deuxième partie traite de l'Etat ; la troisième partie des établissements publics nationaux administratifs ou industriels et commerciaux. En raison de leur maintien, on peut penser que les dispositions relatives à la Caisse des dépôts et consignations constituent en quelque sorte, avec d'autres dérogations prévues par la loi ou par des actes réglementaires pour d'autres établissements, la quatrième partie de la réglementation[169]. Il n'en demeure pas moins que restent applicables plus spécifiquement à la Caisse des dépôts et consignations, d'une part, les principes fondamentaux définis dans la première partie du décret et, d'autre part, les règles spécifiques désormais codifiées résultant de la réglementation de 1862.

Enfin, soutenir que les principes fondamentaux de la comptabilité publique ne seraient pas applicables à la Caisse reviendrait tout spécialement à priver les dispositions spécifiques de leur nécessaire fondement qui, à l'origine, se trouvait dans les dispositions générales du décret de 1862[170]. Plus généralement, cette manière de voir contribuerait à créer un vide juridique puisque les dispositions spécifiques seraient à elles seules insuffisantes pour déterminer le cadre de la comptabilité de la Caisse. Bien que non qualifiée d'établissement public administratif ou d'établissement public industriel et commercial, la Caisse des dépôts et consignations doit être considérée, au moins au sens générique, comme un établissement public. Elle ne peut dès lors échapper, sauf dispositions légales ou réglementaires expresses, aux règles qui s'imposent à l'Etat lui-même. Au demeurant, le décret de 1970 relatif au contrôle de la Cour des comptes sur la Caisse des dépôts et consignations[171], désormais codifié dans la partie réglementaire du Code des juridictions financières aux articles R.131-14 et suivants, faisait référence au décret de 1962. En définitive, la Caisse des dépôts et consignations s'inspire des règles de la comptabilité publique auxquelles elle se soumet de concert avec la direction du budget et la direction de la comptabilité publique au ministère de l'Economie et des Finances[172]. La spécificité de l'Etablissement ne paraît pas ainsi s'opposer à l'application de l'instruction générale M9-1 du ministère de l'Economie et des Finances *relative à la réglementation financière et comptable des établissements publics nationaux à caractère administratif*[173], sauf dispositions dérogatoires expresses spécifiques à la Caisse des dépôts et consignations. En ce sens, il est à penser, par exemple, que certaines opérations d'encaissement ou de versement qui n'ont pas fait l'objet d'un précompte au niveau du Directeur général de la CDC, en sa qualité d'ordonnateur, puissent faire l'objet d'un ordre de reversement du même ordonnateur donnant lieu à un rétablissement de crédit, et, ce,

---

[169]Sans oublier les règles générales relatives aux établissements publics locaux, prises sur le fondement de l'art. 2 al. 3 du règlement général de la comptabilité publique et codifiées au Code général des collectivités territoriales.

[170]Etant entendu naturellement que le principe de base réglant le régime financier des établissements publics est leur soumission aux règles de la comptabilité publique. V. LASCOMBE (M.), *Le juge financier et les établissements publics*, Etudes en l'honneur de P. SANDEVOIR : *service public, services publics*, Paris L'Harmattan, 2000, p. 62.

[171]Décret n°70-733 du 5 août 1970 portant *règlement d'administration publique relatif au contrôle de la Cour des comptes sur la Caisse des dépôts et consignations*, JORF, 13 août 1970, p. 7677.

[172]Supposition découlant de l'art. 11 de l'arrêté du 12 septembre 2000 *préc.*

[173]Complétée par l'instruction n°01-069-M95 du 1er août 2001 portant *réglementation budgétaire, financière et comptable des établissements publics nationaux à caractère industriel et commercial*, BOCP, www.finances.gouv.fr (recherche effectuée le 17 janvier 2002).

conformément à l'instruction M9-1 modifiée. En effet, n'étant pas responsable du recouvrement des recettes, le caissier n'a pas l'initiative de ces opérations. Il appartient au seul Directeur général de la Caisse des dépôts et consignations de donner au Caissier général les justifications et les ordres de rétablissement de crédits aux chapitres sur lesquels la dépense avait été primitivement imputée. Seul un état annuel des dépenses administratives (EDA) est soumis à approbation ministérielle. Le Directeur général a donc encore une liberté d'action conséquente, en ce qui concerne la comptabilité de son Etablissement.

En définitive, la distinction traditionnelle entre ordonnateur et comptable fait l'objet à la CDC d'un aménagement favorisant les pouvoirs de ses dirigeants : le caissier général n'est que le caissier payeur et n'est responsable devant la Cour des comptes que du maniement des deniers et non de leur gestion[174]. En pratique, ce Caissier général n'a d'ailleurs qu'une stature purement historique, placé sous les ordres du Directeur général.

II- La stature historique du Caissier général de la CDC

Initialement nommé par le Roi[175], puis par l'Empereur[176] et aujourd'hui par le Président de la République, les conditions de nomination du caissier général sont actuellement fixées par décret pris sur le rapport du ministre de l'Economie et des Finances après avis du Directeur général de la Caisse des dépôts et consignations, dans les mêmes conditions qu'il est pourvu aux emplois de Directeurs[177]. Pour autant, à la différence de ces derniers, et, à l'exception du secrétaire général, le Caissier général est nécessairement un fonctionnaire[178], ayant le rang au moins de sous-Directeur[179].

La solennité de sa nomination initiale a ainsi cédé la place à un mode de désignation plus général, le parallélisme avec la nomination du Directeur général ayant disparu[180]. En l'absence de dispositions contraires, la fin de l'exercice de son emploi de caissier général suit les mêmes règles que celles prévues pour sa nomination[181].

S'il semble y avoir des éléments probants à la qualification de comptable public pour ce qui est du caissier général, la doctrine[182] reste divergente sur le sujet,

---

[174]POMEY (M.), *Le régime juridique de la Caisse des dépôts et consignations*, RA, 1974, p. 22.

[175]Art. 100 de la loi sur les finances du 28 avril 1816.

[176]Art. 220 du décret du 31 mai 1862 *portant règlement général sur la comptabilité publique.*

[177]Art. 3 du décret n°68-632 modifié, *préc.*

[178]CE, 8 mars 1957, *Jalenques de Labeau*, Dalloz 1957, jur., p. 378, cls. MOSSET, note De LAUBADERE.

[179]Art. 3 du décret n°68-632 modifié, *préc.*

[180]V. *infra* : la réforme du mandat du Directeur général.

[181]Il ne peut pas être révoqué à la différence du Directeur général de l'Etablissement.

[182]V. comment. J. FABRE, en coll. avec A. FROMENT-MEURISSE, sous Cco, *17 mars 1977, Gensollen, caissier général de la Caisse des dépôts et consignations*, Rec. p. 40, GAJF, 4ème éd., n°24 ; AMSELEK (P.), *Les établissements publics sans comptable public et le principe de l'insaisissabilité des biens des personnes publiques*, JCP, I, 3236, 1986, p. 19 ; POMEY (M.), *op. cit.*, RA, 1974, p. 21 ; POMEY (M.), *Le régime juridique de la Caisse des dépôts et consignations*, Droit social, 1966, p. 545. Il existe par ailleurs des établissements publics qui fonctionnent sans comptable public, tels certains établissements publics nationaux à caractère industriel et commercial (v. not. le classement et inventaire des établissements publics nationaux dans *Les catégories d'établissements publics. Les spécificités des établissements publics*, Paris, La Documentation française, Notes et documents n°4784, dit rapport GAZIER, p. 93) ou les chambres de commerce et d'industrie dotées d'un simple trésorier membre non fonctionnaire. On peut également faire référence aux pouvoirs publics constitutionnels. V. DUSSART

en raison notamment de l'étendue des prérogatives qui sont censées découler des textes applicables au caissier général et des implications susceptibles d'affecter le Directeur général lui-même. Le caissier général reste, d'une certaine manière, le garant de l'indépendance du Directeur général de la Caisse des dépôts et consignations.

Ce souci se manifeste à la fois par son statut personnel (A) et par des compétences comptables limitées (B).

A) Le statut personnel du Caissier général de la CDC, placé sous les ordres du Directeur général

La notion organique de comptable public n'est pas juridiquement définie de manière précise[183] et laisserait toute latitude dans la qualification à donner au Caissier général de la Caisse des dépôts et consignations. L'article 100 de la loi sur les Finances de 1816 dispose simplement qu' *« il y aura un caissier responsable »*.

Les articles 11 et suivants du décret du 31 mai 1962 portant *règlement général sur la comptabilité publique* définissent ainsi les catégories de comptables, leurs fonctions, les contrôles qu'ils exercent, les conditions dans lesquelles ils sont nommés ainsi que les garanties qu'ils ont à donner. C'est donc au regard de ces dispositions qu'il convient d'examiner la situation propre du Caissier général de la Caisse des dépôts et consignations résultant des articles 831 et suivants du décret de 1862, afin de déterminer si les règles spécifiques qui s'appliquent à lui sont du même ordre que celles qui régissent les comptables publics.

Bien que placé sous les ordres du Directeur général[184], le caissier général prête, tout d'abord, serment devant la Cour des comptes[185], alors que les cadres dirigeants de la Caisse des dépôts et consignations prêtent serment devant la seule Commission de surveillance. Le cautionnement auquel il est astreint avant sa prise de fonction fixé désormais par arrêté du ministre des Finances[186], sur proposition de la Commission de surveillance, confirme ensuite sa qualité d'agent comptable, par opposition à celle d'ordonnateur. C'est un arrêté du 19 février 2002[187] qui fixe dernièrement le montant du cautionnement de ce comptable, par référence aux TPG de 1ère catégorie[188]. En pratique, et comme l'autorise la réglementation, ce

---

(V.), *L'autonomie financière des pouvoirs publics constitutionnels (Eléments pour une théorie de l'autonomie financière constitutionnelle)*, th. Lille II, 1995, CNRS Editions, 2000.

En revanche, les établissements publics gérés par la Caisse des dépôts et consignations qui sont dotés d'agents comptables propres relèvent eux du droit commun de la comptabilité publique.

[183]Comme d'ailleurs celle de comptabilité publique. V. MAGNET (J.), *Eléments de comptabilité publique*, Paris, LGDJ, coll. Systèmes, 5ème éd., Paris, 2001, p. 9.

[184]Art. 2 de l'ordonnance du 22 mai 1816 *préc.*

[185]La prestation de serment qu'il fait devant la Cour se déroule dans les mêmes termes que pour les autres comptables publics.

[186]Arrêté du 6 janvier 2000 relatif *au cautionnement du caissier général de la Caisse des dépôts et consignations*, JORF, 2 février 2000, p. 1694 et arrêté du 3 juillet 1995 relatif *au cautionnement du caissier général de la Caisse des dépôts et consignations*, JORF, 25 octobre 1995, p. 15568. Auparavant, ce cautionnement était fixé par décret. V. par ex. décret du 23 novembre 1954 portant *relèvement du montant du cautionnement du caissier général de la Caisse des dépôts et consignations*, JORF, 24 novembre 1954, p. 10978 ou décret du 31 octobre 1850 relatif *aux cautionnements de divers agents comptables et non comptables ressortissant au ministère des Finances*, Rec.Varnier, 1894, p. 45.

[187]Arrêté du 19 février 2002 fixant *le montant du cautionnement du Caissier général de la Caisse des dépôts et consignations*, JORF, 1er mars 2002, p. 3907. Soit 642.267,71 €.

[188]Question de principe adoptée en Commission de surveillance en 1976 (procès-verbal du 9 avril 1976). Plus généralement, v. aussi arrêté du 25 novembre 1997 relatif *à la fixation des cautionnements des comptables directs du Trésor et des agents huissiers du Trésor*, non publié au JORF.

cautionnement est remplacé par un engagement de caution solidaire constitué par l'affiliation du Caissier à une « Association de cautionnement mutuel » agréée par le ministre, à laquelle il verse une cotisation annuelle[189].

L'examen de son statut ne permet pas d'affirmer que le régime juridique de cette fonction dérogerait aux principes fondamentaux de la comptabilité publique et permettrait d'écarter la qualification de comptable public. Bien au contraire, l'article 16 du *Règlement général sur la comptabilité publique* de 1962 dispose que les comptables publics sont nommés par le ministre de l'Economie et des Finances ou avec son agrément. L'article 17 précise que les comptables publics sont, avant d'être installés dans leur poste comptable, astreints à la constitution de garanties et à la prestation de serment. Ils doivent rendre des comptes au moins une fois l'an. De plus, les comptables publics sont personnellement et pécuniairement responsables des opérations dont ils sont chargés et de l'exercice régulier des contrôles prévus. Aussi, le Caissier général de la Caisse des dépôts et consignations est quant à lui responsable pécuniairement *« des erreurs et des déficits autres que ceux provenant de cas de force majeure »*[190]. En outre, tout dépassement de crédit sans autorisation préalable entraîne sa responsabilité[191].

Le fait qu'il soit en situation hiérarchique par rapport au Directeur général de la Caisse des dépôts et consignations ne permet pas, à lui seul, de contester la qualification de comptable public[192]. Cette situation hiérarchique procède de la prise en compte du caractère spécifique de l'Etablissement. Le Directeur général est responsable de la gestion des deniers tandis que le Caissier général est responsable de leur maniement[193]. Comme l'a exposé très clairement le Directeur général de la Caisse des dépôts et consignations dans sa réponse à la Cour des comptes dans le rapport annuel 2000, le Caissier général n'est pas chargé de vérifier le bien fondé des ordres de recettes et de dépenses qu'il reçoit des services ordonnateurs. Il n'a qu'à justifier de ces ordres (ou mandats) et du fait matériel de l'encaissement ou du paiement qui résulte de leur exécution[194]. N'étant que l'un des trois organes d'exécution (Caisse générale – préposés – Services dit *« exécutants »*), il ne tient pas la comptabilité de l'Etablissement. Ce soin incombe au Directeur général et plus spécialement au service de la comptabilité générale. Le Caissier général doit seulement, à cet égard, informer de ses exécutions le Service de la comptabilité générale qui les traduit en écritures comptables.

Dans ces conditions, on peut s'interroger sur la pertinence de la prestation de serment devant la Cour des comptes, dès lors qu'on ne voit pas comment en pratique un caissier général pourrait se délier du devoir d'obéissance hiérarchique à l'égard du Directeur général de la Caisse des dépôts et consignations, ordonnateur de l'Etablissement. La fonction du Caissier général doit donc s'entendre strictement, le Directeur général exerçant plus globalement l'activité comptable de la Caisse des

---

[189]De 1976 à 1982, la Caisse des dépôts et consignations prenait en charge la cotisation proprement dite et le versement complémentaire au fonds de réserve de l'association à chaque relèvement du cautionnement. La Commission de surveillance est revenue sur la position prise en 1976 et a estimé en 1982 que la cotisation annuelle à l'AFCM était désormais à la charge du Caissier général. V. procès-verbal du 9 avril 1976 et procès-verbal du 22 décembre 1982.

[190]Art. L.518-13 al. 3 du Code monétaire et financier.

[191]Art. R.131-15 du Code des juridictions financières.

[192]Par analogie, v. décret n°81-121 du 6 février 1981 portant *modification des articles 714 et 715 du code rural et relatif à l'agent comptable de la caisse nationale de crédit agricole, préc.*

[193]Alinéa 1er de l'art. L.518-12 du Code monétaire et financier combiné avec la première phrase de l'art. L.518-13 du même code.

[194]Art. R.131-15 al. 1er du Code des juridictions financières.

dépôts et consignations. De même, le fait que le Caissier général n'appartienne pas aux cadres du ministère des Finances ne permet pas *a priori* d'écarter le caractère de comptable public. Il est cependant le plus souvent administrateur civil hors classe détaché du ministre des Finances[195] à son entrée, et peut, à sa sortie, demander sa nomination en qualité de TPG[196]. A ce sujet, cette situation n'est pas unique : d'autres comptables publics, tels les intendants de lycées ou les agents comptables des Universités, n'appartiennent pas nécessairement aux corps de fonctionnaires du ministère des Finances[197].

Aucun texte ne permet alors d'écarter cette qualification au profit du caissier général de la Caisse des dépôts et consignations. Le régime juridique de ses compétences, comprises dans des fonctions *a minima* de caissier, confirmerait à lui seul ce caractère de comptable public.

B) Les compétences limitées du Caissier général

Ce particularisme se traduit, d'une part, par une conception contenue de la fonction de Caissier général, et d'autre part, par un régime de responsabilité atténuée.

1) Une conception contenue de la fonction de Caissier général

La deuxième phrase de l'article L.518-13 du Code monétaire et financier dispose que *« le Caissier général est chargé de la recette, du paiement des dépenses, de la garde et de la conservation des valeurs »*.

A la différence des fonctions dévolues au comptable public, ces pouvoirs ainsi définis au Caissier général lui apparaissent plus restreints, dès lors que les comptables publics sont aussi chargés en principe de l'encaissement et du paiement[198]. Le Caissier général n'est que le caissier-payeur[199] des deniers qui impliquent la Caisse des dépôts et consignations avec l'extérieur. Il doit alors s'agir de toutes valeurs d'échange représentatif d'une dette ou d'une créance entre la Caisse des dépôts et consignations et ses *« clients »*. Un virement interne de compte à compte entre deux clients CDC n'est pas alors assimilé à un maniement de deniers tandis que l'étendue de l'activité de la Caisse relève du seul Directeur général de l'Etablissement. A l'exception des préposés, un texte de loi est par conséquent nécessaire pour y déroger.

---

[195]Tel était la cas de M. HERMANY, Caissier général de 1984 à 1988 (décret du 2 juillet 1984 portant *nomination (Caisse des dépôts et consignations)*, JORF, 8 juillet 1984, p. 5981), M. BARGEL, Caissier général de 1994 à 1998 (décret du 20 décembre 1993 *portant nomination (Caisse des dépôts et consignations*), JORF, 22 décembre 1993, p. 17859). Il en est de même de l'actuel Caissier général, M. ROSSINOT, nommé par arrêté du 5 décembre 2000 portant *nomination (Caisse des dépôts et consignations)*, JORF, 7 décembre 2000, p. 19413).

[196]Tel est le cas de M. BRUNEL, Caissier général de 1998 à 2000, nommé TPG du département de Saône-et-Loire. V. décret du 25 juillet 2000 portant *mutation, promotion, nomination et réintégration de trésoriers-payeurs généraux*, JORF, 26 juillet 2000, p. 11505.

[197]V. pour une étude récente et plus spécifique : GRAZIANI (G.), *Les établissements publics locaux d'enseignement et de formation professionnelle agricole : statut et régime comptable et financier*, RT, février 2002, p. 114.

[198]DESCHEEMAEKER (C.), *La Cour des Comptes*, Paris, La documentation française, série Institutions, 1999, p. 49.

[199]POMEY (M.), *op. cit.*, RA, 1974, p. 21.

Le Directeur général de la Caisse des dépôts peut aussi confier au Caissier général des tâches supplémentaires qui relèveront de la bonne organisation interne de la CDC et non plus de l'approche strictement juridique[200]. L'organisation administrative peut aussi conduire le Directeur général à confier des opérations de paiement à des tiers[201] que ce soit par la procédure générale de la délégation de compétence ou plus spécialement de la régie. La Cour des comptes[202] précise ainsi que la délégation de compétence doit, d'une part, être expresse et reposer sur un fondement juridique incontestable ; et d'autre part, que le comptable public assignataire pour le compte duquel les paiements sont effectués doit être en mesure d'exercer un contrôle suffisant sur les pièces justificatives. C'est bien entendu le droit public qui régit les délégations de compétence que le Caissier général peut accorder[203]. Par ailleurs, la Cour[204] a considéré, dans une affaire où un établissement public confiait la liquidation de certaines prestations à des organismes tiers sur lesquels l'agent comptable de l'établissement ne pouvait exercer de contrôle, que la responsabilité ne devait pas être partagée. En tout état de cause, si on peut concevoir une délégation soit à un agent subordonné au Caissier général, soit à un agent placé hors de la hiérarchie du Caissier agissant en qualité de mandataire, il ne peut s'agir d'un agent placé sous l'autorité du Directeur général, ordonnateur de la CDC[205]. Il n'existe en effet qu'une seule situation permettant à un agent subordonné à l'ordonnateur d'agir dans les domaines de compétence du comptable : la mise en place de régies. En ce sens, le Directeur général de la Caisse des dépôts peut utiliser les règles générales de la comptabilité publique relatives aux régies[206] pour instituer de telles intendances de recettes, de dépenses et de titres[207] auprès par exemple de la « Branche Caisse de Retraite »[208] et de la « Direction du Bancaire réglementé »[209]. Ce procédé n'a toutefois pas (et ne doit pas avoir) pour effet de permettre une délégation intégrale[210].

---

[200]Il a ainsi existé dans les faits jusqu'en 1984 un agent comptable chargé de la conservation et du stockage de certains titres situé à Cholet, les locaux parisiens de la Caisse des dépôts et consignations étant à la fois insuffisants et trop coûteux. V. procès-verbal du 18 septembre 1942 ; procès-verbal du 11 janvier 1952 ; procès-verbal du 9 décembre 1966 ; procès-verbal du 13 janvier 1978. La dématérialisation des valeurs mobilières à partir de 1984 a supprimé cette fonction. Le décret de codification du Code des juridictions financières a pris en considération cette évolution. V. art. R.131-19 de ce Code.

[201]Par exemple, une filiale, telle GESTITRES. Créée en 1984, GESTITRES est depuis 1991 une société de partenariat entre la Caisse des dépôts et consignations et le Groupe Caisse d'épargne. Elle a pour vocation d'être un prestataire de service pour la gestion administrative, comptable et informatique des opérations de back-office des valeurs mobilières domestiques et internationales. V. par ex., rapport annuel 1999, GESTITRES, p. 3

[202]Référé Cco, 31 août 1992, 1ère ch., n°5802, Rec. p. 236.

[203]Cco, 1ère chambre, 18 et 25 mars 1996, *Caissier général de la Caisse des dépôts et consignations. Exercices 1989 à 1993*, n°13218.

[204]Référé Cco, 22 avril 1990, 1ère ch., n°5497, Rec. p. 176.

[205]Il ressort par ailleurs d'un arrêt de la CDBF du 22 janvier 1992, *Cuvelier et Gonzalez, centre de formation des personnels communaux* (Rec. p. 127), que les bénéficiaires d'une délégation de pouvoir ou de signature sont justiciables également de la Cour de discipline, la loi ne faisant *« aucune distinction suivant que les auteurs des infractions ont agi en vertu d'une délégation ou à un autre titre »*.

[206]V. not. le dernier décret n°2000-424 du 19 mai 2000 modifiant *le décret n°92-681 du 20 juillet 1992 relatif aux régies de recettes et aux régies d'avances des organismes publics*, JORF, 21 mai 2000, p.7687.

[207]Arrêté du 19 mai 2000 relatif *aux régies de recettes, de dépenses et de titres instituées auprès de la Caisse des dépôts et consignations*, JORF, 21 mai 2000, p. 7693.

[208]Arrêté du Directeur général du 20 décembre 2000 portant *création d'une régie de recettes et d'une régie de dépenses auprès de la Branche Caisse de Retraite de la Caisse des dépôts et consignations.*

[209]Arrêté du Directeur général du 20 décembre 2000 portant *création d'une régie de recettes et d'une régie de dépenses auprès de la Direction du Bancaire réglementé de la Caisse des dépôts et consignations.*

[210]QUEUNIET (V.), *Les habits neufs du caissier général*, CDscope, n°187, janvier 2000, p. 23.

Dans l'attente de la nomination de son successeur, le Directeur général peut enfin arrêter la désignation d'un intérimaire[211]. Il n'a pas à prêter serment devant la Cour des comptes ni à constituer de cautionnement. L'agent intérimaire encourt cependant les mêmes responsabilités personnelles et pécuniaires que le Caissier général. On peut néanmoins penser que le Caissier ne saurait exercer aucune fonction dévolue normalement à un ordonnateur.

Cet état de droit résulte en définitive du statut original de la Caisse des dépôts et consignations et des fonds qui lui sont confiés, dont les dispositions du décret de 1862 ont tiré pour partie les conséquences au plan des règles comptables.

Le contrôle qu'effectue le Caissier général s'apparente par ailleurs nettement à celui d'un comptable public, en dépit d'une étendue moindre résultant de la nature même de l'Etablissement dans lequel il exerce ses fonctions.

Si l'article 11 du décret de 1962 prévoit que le comptable public exerce son contrôle en matière de recettes (autorisation de percevoir la recette, mise en recouvrement des créances) et en matière de dépenses (qualité de l'ordonnateur, disponibilité des crédits, exacte imputation des dépenses, ...), les dispositions de l'article 834 du décret de 1862 non codifié, relatif au contrôle exercé par le Caissier général, sont plus succinctes : *« aucun paiement ne peut être fait par le Caissier que sur pièces justificatives régulières et en vertu des mandats du Directeur général ».* Conformément à l'article 37 du décret de 1962, le Caissier doit ainsi signaler les erreurs relevées, et par là même, suspendre le paiement, dans l'attente de sa réponse. L'ordonnateur est responsable des certifications de service fait qu'il délivre[212]. Le Caissier se cantonne au contrôle des règles de la comptabilité.

Le principe de ce contrôle est affirmé par la lettre même du décret de 1862.

En outre, il convient de rappeler que le Caissier général ne peut dépasser les crédits sans autorisation spéciale du ministre des Finances. La responsabilité qu'il encourt, d'ailleurs conjointement avec le Directeur général, peut l'amener à exercer son contrôle pour éviter tout dépassement de crédit[213].

Enfin, si les contrôles qui s'exercent sur le Caissier général tiennent compte de la spécificité de l'Etablissement, ils s'inscrivent néanmoins dans le cadre des contrôles prévus en ce qui concerne les comptables publics.

Cela n'empêche que la pratique montre que le Caissier général reste sous l'autorité du Directeur général : les explications demandées au Caissier général par les autorités de contrôle sont, au préalable, validées directement par le Directeur de la Caisse des dépôts et consignations[214]. La responsabilité du Caissier général demeure alors, dans ces conditions, atténuée au regard du droit commun du droit de la comptabilité publique.

2) Un régime de responsabilité atténuée

La spécificité du régime de responsabilité du Caissier général se retrouve tout d'abord dans le contrôle qu'exerce le Directeur général. Ainsi, chaque jour, le Caissier général doit donner au Directeur général un état de situation par recettes et dépenses restant en caisse, certifié par lui et qui sera arrêté par le Directeur général.

---

[211]Arrêté du 25 mai 1998 portant *attribution de fonctions (Caisse des dépôts et consignations),* JORF, 31 mai 1998, p. 8366.
[212]Art. 7 du *Règlement général sur la comptabilité publique* de 1962.
[213]Art. 38 de l'ordonnance du 22 mai 1816 et R.131-15 du Code des juridictions financières.
[214]V. *infra*, Partie I, Titre 2.

De plus, la situation de la caisse est vérifiée au moins une fois par mois par le Directeur général.

La Commission de surveillance peut également procéder aux vérifications qui lui paraîtraient opportunes, ainsi que le prévoient les articles L-518-8 du Code monétaire et financier et 22 de l'ordonnance du 22 mai 1816[215].

Le Caissier général est enfin, comme tout comptable public, soumis au contrôle de la Cour des comptes, mais dans des conditions particulières[216]. Le fondement juridique de cette limitation était en fait à rechercher dans une ordonnance de 1825, aujourd'hui abrogée[217]. Elle prévoyait notamment que *« les receveurs généraux et le caissier ne seront comptables envers notre Cour des comptes que des actes de leur gestion personnelle ... »* (art. 3) et que *« de la justification du fait matériel du payement... »* (art. 4). Or, la Cour des comptes a toujours combattu cette manière de voir[218] pour considérer le contrôle qu'elle a à exercer sur la Caissier général de la Caisse des dépôts et consignations comme un contrôle classique sur un comptable public[219].

Cette dernière peut le décharger de sa gestion en lui donnant quitus lors de sa sortie de fonction[220]. Il doit, dans le délai de six mois après l'expiration de la gestion annuelle, adresser à la Cour des comptes les comptes des opérations[221], dit *« compte de gestion »*. A ce compte sont jointes les pièces justificatives que le Caissier général est tenu de produire pour sa décharge. La nomenclature de ces pièces est fixée, conformément à l'alinéa 2 de l'article R.311-15 du Code des juridictions financières, par arrêté du ministre des Finances, pris sur la proposition du Directeur général de la Caisse des dépôts et consignations. Le détail de ces pièces a été dernièrement modifié par un arrêté du 12 septembre 2000[222]. Ces deux types de documents doivent être certifiés conformes par le Directeur général.

De plus, comme pour les autres comptables publics, le Caissier général peut être mis en débet. Cette éventualité est d'ailleurs avérée par un arrêt de la Cour des

---

[215]Pour les modalités de ce contrôle, v. *infra*, Partie I, Titre 2.

[216]Art. L.518-15 du Code monétaire et financier ; L.131-3 et R.131-14 al. 1 du Code des juridictions financières.

[217]Ordonnance du 12 mai 1825 relative *aux comptes annuels à présenter à la Cour des comptes par le Caissier général de la Caisse d'amortissement et de celle des dépôts et consignations ; par les receveurs généraux des finances en qualité de préposés de cette dernière administration ; et par le Directeur général des deux établissements*, Rec.Varnier, 1894, p. 16.

[218] V. notamment à ce sujet, ses référés des 9 mars et 26 avril 1937 ainsi que les réponses de la Commission de surveillance. V. procès-verbaux du 4 et 18 juin 1937 ou plus récemment les propos de M. le Premier Président de la Cour des comptes auditionné par la Commission des finances de l'Assemblée nationale sur le projet de loi de règlement pour 1988 (Communiqué à la presse n°12, mercredi 30 mai 1990, sous la présidence de M. STRAUSS-KAHN) et le discours de rentrée du Premier Président de la Cour prononcé le mardi 7 janvier 1992 (source : communiqué Cour des comptes). Certains commentateurs du Code des juridictions financières sont dans le même sens favorables à une réforme de l'organisation comptable de la Caisse des dépôts et consignations. V. CONAN (M.), DOYELLE (A.), POUJADE (B.) et VACHIA (J.-P.), *Code des juridictions financières*, Le Moniteur, 2001, p. 642.

[219]Par ex., pour une position nette de la Cour, v. Cco, 18 et 25 mars 1996, *op. cit.*

[220]Art. R.131-18 du Code des juridictions financières. V. aussi par ex. la décharge de M. BARBOT pour sa gestion pendant les années 1989 à 1992 : Cco, 7 janvier et 1er février 1999, *Caissier général de la Caisse des dépôts et consignations*, arrêt n°21755, RT, chr. de jurisprudence financière, mars-avril 2000, p. 217 : note M. LASCOMBE et X. VANDENDRIESSCHE.

[221]Art. R.131-17 du Code des juridictions financières.

[222]Arrêté du 12 septembre 2000 relatif *aux décisions principales du compte de gestion et aux justificatifs des opérations du caissier général de la Caisse des dépôts et consignations*, JORF, 28 novembre 2000, p. 18895. Ce texte abroge l'arrêté du 10 avril 1987 relatif *aux justifications des opérations du caissier général de la Caisse des dépôts et consignations* (JORF, 30 juin 1987, p. 7019).

comptes du 17 mars 1977 à l'encontre de M. GENSOLLEN[223], Caissier général de 1969 à 1975. En l'espèce, la mise en débet concernait la valeur conventionnelle représentative de titres dérobés à la caisse générale. Le Caissier a alors sollicité la décharge de la responsabilité encourue auprès du ministre de l'Economie et des Finances. Sa requête a été transmise par le Président de la Commission de surveillance accompagnée de l'avis favorable de cette dernière[224]. M. GENSOLLEN a obtenu décharge par décision du ministre en date du 6 septembre 1977. La Cour des comptes l'a alors définitivement déchargé de sa gestion et ordonné mainlevée des oppositions et inscriptions afférentes à ses biens meubles et immeubles.

En dépit de l'originalité de la procédure retenue, force est de constater qu'il a été fait application des règles applicables aux comptables publics. Dans le même sens, la Cour des comptes a pu enjoindre dernièrement le Caissier général à *« mettre en forme »* ses comptes de gestion[225], d'y retracer l'intégralité des opérations de sa comptabilité[226], voire de la compléter[227].

En définitive, il est possible d'affirmer que la Caisse des dépôts et consignations est soumise aux principes fondamentaux de la comptabilité publique définis dans le décret de 1962. Les dispositions résultant des textes constitutifs de la Caisse des dépôts et consignations et la partie codifiée ou non abrogée du décret de 1862 fixent les règles complémentaires apportant les adaptations exigées par le statut spécial de l'Etablissement. Le Caissier général, qui est un comptable public[228], exerce dans ce cadre dérogatoire les attributions qui lui sont dévolues. Il contribue à la spécificité originelle de l'Etablissement et de son Directeur général.

L'autonomie budgétaire de la Caisse des dépôts et consignation relève également de cette même caractéristique.

§2. Une autonomie budgétaire du Directeur général

Si l'article 37 de l'ordonnance du 22 mai 1816 contenait l'expression *« état des dépenses administratives »* (EDA), l'article 828 du décret du 31 mai 1862 a introduit quelques années plus tard le terme de *« budget »,* terme que la codification de 2000 a fait légalement imposer. En effet, cette disposition de 1862 a été considérée comme ayant une valeur juridique supérieure à l'article 37 de l'ordonnance de 1816. Ainsi, l'article L.518-12 alinéa 2 du Code monétaire et financier dispose que le Directeur général *« présente avant la fin de l'année à la Commission de surveillance le budget de l'année suivante. Ce projet de budget, revêtu de l'avis de la commission, est soumis à l'approbation du ministre chargé de l'économie. »*

Au plus près, le mot de *« budget »* du décret de 1862 a toujours été interprété en pratique dans le vocabulaire de la CDC comme ayant le même sens

---

[223]Cco, 17 mars 1977, *op. cit.*

[224]Si cette remise gracieuse excède aujourd'hui 1500 €, le ministre doit en sus se prononcer en principe après l'avis du Conseil d'Etat.

[225]Cco, 1ère chambre, 18 et 25 mars 1996, *Caissier général de la Caisse des dépôts et consignations. Exercices 1989 à 1993*, n°13218.

[226]Cco, 7 janvier et 1er février 1999, *op. cit.*

[227]Cco, 19 juin 2000, *Caissier général de la Caisse des dépôts et consignations (exercices 1994 à 1997)*, arrêt n°26719, RT, janvier 2001, p. 40, chr. de jurisprudence financière, M. LASCOMBE et X. VANDENDRIESSCHE.

[228]Au moins au sens du glossaire rédigé par la Cour des comptes V. www.ccomptes.fr (recherche effectuée le 17 mai 2001) *« fonctionnaire ou agent habilité à titre principal au maniement des deniers publics ou des deniers privés réglementés ».*

qu' *« état des dépenses administratives »*[229]. En effet, le décret de 1862 est pour l'essentiel un décret de *« codification »*, comportant, tout comme l'ordonnance du 26 juin 1838 qui lui a servi de modèle, au regard de chaque article, l'indication de la disposition codifiée. L'article 835 du décret de 1862 reprend lui-même le terme de *« dépenses administratives »*. Bien qu'abrogé par le décret de 1970, ce dernier texte désormais codifié au Code des juridictions financières reprend également, en son article R.131-15, le terme de *« dépenses administratives »*. De même, le décret de base du 10 juillet 1968 relatif à l'organisation des services de la Caisse des dépôts et consignations cite encore l'arrêté ministériel portant approbation de *« l'état annuel des dépenses administratives »*.

Dans le cadre des principes qui ont présidé à la création de la Caisse des dépôts[230], il convient alors d'affirmer que la structure budgétaire de l'Etablissement présente une originalité, toujours maintenue, qui la distingue tout d'abord du régime financier applicable aux établissements publics, des dispositions régissant les administrations centrales ensuite, et, enfin, de considérations budgétaires d'entreprises privées.

C'est ainsi que les ressources de l'Etablissement ne proviennent pas du budget de l'Etat, à l'instar des autres administrations centrales. Les crédits inscrits à l'EDA ne pèsent pas sur le budget de l'Etat, mais sont dégagés par la Caisse des dépôts et consignations à partir de son activité propre. Toutefois, le Directeur général de la Caisse des dépôts et consignations, maître de la ressource issue des activités propres de son Etablissement, n'est pas maître de la détermination de la dépense. Les rémunérations des personnels de droit public sont ainsi bien entendu régies soit par le statut général de la fonction publique soit par des dispositions spécifiques concernant les agents contractuels[231]. Au surplus, la règle de la maîtrise de l'augmentation des dépenses publiques qui s'applique au budget de l'Etat s'étend aussi à la Caisse des dépôts et consignations dans le cadre de l'EDA, notamment en ce qui concerne les dépenses d'équipement. Cela se vérifie autant à travers des échanges entre le Directeur général de la CDC et le Directeur du budget, préalablement à l'approbation[232], qu'à travers des observations formulées par la Cour des comptes dans le cadre de ses contrôles. L'approbation de l'EDA relève en effet du ministre de l'Economie[233], intervenant à cet égard comme autorité de rattachement, et, non de tutelle[234], comme c'est le cas pour les établissements

[229](X), *Gros plan. EDA : Etat des dépenses administratives*, CDscope, n°31, mars 1985, p. 16.
[230]SALOME (L.), THIVEAUD (J.-M.) et TOYTOT (de) (A.), *1816-1986 Caisse des dépôts et consignations, Dossier CDC*, Paris, Service de l'information et de la communication internes, CDC, 1988, p. 25.
[231]Si la marge de manœuvre du Directeur général de la Caisse des dépôts et consignations en ce qui concerne les indemnités est plus large, les dispositions appliquées au sein de l'Etablissement suivent celles appliquées au ministère des Finances.
[232]Procès-verbal du 25 octobre 1988.
[233]C'est actuellement le Directeur du budget agissant au nom du ministre qui prend l'arrêté annuel d'ouverture de crédits pour l'EDA. L'hypothèse d'une simple signature du Directeur du Trésor lors de la discussion en séance de Commission semble alors inopportune. V. *a contrario* procès-verbal du 22 décembre 1992.
[234]Pour l'appréciation de cette notion appliquée à la Caisse des dépôts et consignations, v. *infra*, Partie I, Titre 2.

publics[235]. La Commission de surveillance estime à cet égard que le ministre des Finances n'y a aucun droit de regard[236].

Pour toutes ces raisons, la structure du *« budget »* de l'Etablissement ne peut pas répondre à la définition s'appliquant aux établissements publics : seul l'aspect *« dépenses »* y est retracé. D'ailleurs, l'administration budgétaire a toujours négligé de viser le décret de 1862 dans les arrêtés portant approbation de l'EDA[237].

Ce non conformisme se retrouve tant sur le plan de la nomenclature budgétaire applicable à l'Etablissement qu'en ce qui concerne les conditions d'exécution du budget.

Compte tenu de l'évolution des activités de la Caisse, et après une polémique avec le ministère des Finances relative aux dépenses de chauffage et d'éclairage du concierge et des agents logés, une ordonnance royale du 8 janvier 1817[238] constate ainsi que la CDC est en mesure de subvenir à ses dépenses de fonctionnement grâce à ses *« bénéfices »*[239]. Dès lors, cette ordonnance de 1817 s'en remet essentiellement à la Commission de surveillance pour contrôler l'exécution des charges de fonctionnement de la Caisse des dépôts et consignations. On peut donc dire que c'est ce texte, intervenu dès les premiers mois d'existence de l'Etablissement, qui fonde le développement d'un *« Hors EDA »*, l'EDA ne se justifiant que dans le cadre d'une administration sans revenus propres, financée par des fonds budgétaires.

L'EDA retrace alors l'intégralité des dépenses à caractère administratif[240] : dépenses des personnels, rémunérations des préposés, dépenses ordinaires de fonctionnement et budget immobilier à usage administratif. Le *« Hors EDA »* comprend, quant à lui, les autres dépenses de fonctionnement liées aux activités financières : dépenses du personnel de droit privé, actions sociales spécifiques de l'Etablissement, dépenses d'intervention économique, mécénat[241].

Cette distinction est source de conflits récurrents entre les deux branches de l'autorité budgétaire, dès lors qu'elle est intimement liée au partage du pouvoir budgétaire entre la Caisse et le ministère des Finances tout en étant source d'interprétation divergente sur l'effectivité de l'indépendance de la CDC[242].

Sous cet aspect du *« Hors EDA »*, la Caisse des dépôts et consignations intervient en tant qu'établissement autonome dans ses relations avec des *« clients »* ou partenaires[243]. Cette procédure, que le Directeur général de la Caisse des dépôts

---

[235]Par ex., arrêté du 27 septembre 2002 relatif *au budget pour l'exercice 2002 du Muséum national d'histoire naturelle*, JORF, 16 octobre 2002, p. 17097 et arrêté du 2 janvier 2003 relatif au *budget pour 2003 de l'agence régionale de l'hospitalisation du Nord-Pas-de-Calais*, JORF, 11 janvier 2003, p. 655.

[236]Procès-verbal du 3 février 1858.

[237]Par ex., arrêté du 1er juin 1999 portant *approbation de l'état des dépenses administratives de la Caisse des dépôts et consignations pour l'année 1999 et annulation de crédits au titre et l'exercice 1997*, non publié au JORF.

[238]Ordonnance du 8 janvier 1817 *portant que les dépenses administratives des deux Caisses sont prélevées sur les bénéfices de la Caisse des dépôts et consignations*, Rec.Varnier, 1894, p. 11

[239]L'hypothèse initiale, sur laquelle reposait le principe de l'EDA, était celle d'un financement par le Trésor. Ce terme de « bénéfice » est, à notre sens, lui aussi impropre à la Caisse des dépôts et consignations.

[240]Art 34 à 36 de l'ordonnance du 22 mai 1816.

[241]Procès-verbal du 14 mars 1984.

[242]Procès-verbal du 28 novembre 1984 ; pour AUCOC, l'autonomie budgétaire est une condition de son indépendance. V. AUCOC (L.), *Conférences sur l'administration et le droit administratif*, faites à l'Ecole des Ponts et Chaussées, Paris, Dunod, t. 2, 1870, p. 155 sqq.

[243]Procès-verbal du 11 juillet 1980.

et consignations a utilisée avec intérêt et parcimonie[244], s'affranchit des contraintes et garanties légales affectant le budget statutaire de l'Etablissement[245]. C'est donc sur le seul fondement de l'aliéna 1er de l'article L. 518-9 du Code monétaire et financier que la Commission de surveillance peut demander au Directeur général un document complémentaire à l'EDA retraçant l'ensemble des recettes et dépenses de l'Etablissement[246]. Par convention de gestion interne, PEROUSE, Directeur général de la Caisse des dépôts de 1967 à 1982, observe même que le *« Hors EDA »* doit être officiellement considéré comme un chapitre à caractère limitatif. En revanche, les charges non inscrites ont un caractère évaluatif[247]. Les charges s'imputent enfin sur l'exercice comptable au titre duquel est constaté le fait générateur, ce qui autorise la comptabilisation en N de charges à payer en N+1.

Il a alors été admis au sein de la Caisse des dépôts et consignations un débat analogue à celui du Parlement européen sur la distinction entre les dépenses obligatoires (DO) et les dépenses non obligatoires (DNO)[248], garantissant là aussi l'autonomie de ses ressources et des conditions d'exécution des dépenses[249].

En effet, la Caisse des dépôts et consignations est tout d'abord dans la nécessité de pouvoir s'adapter à ces nouvelles missions : la réalité du *« Hors EDA »* est liée au fait que la Caisse des dépôts et consignations est une entreprise, disposant d'un compte de résultats et de produits couvrant ses charges, et non un organisme strictement dépensier comme on l'avait cru à l'origine. Le *« Hors EDA »* a alors permis à la Caisse des dépôts et consignations d'assurer les gestions nouvelles qui lui ont été régulièrement attribuées par les pouvoirs publics, tels le fonds national de l'habitation (1977)[250], le fonds d'intervention sidérurgique (1983)[251] ou le Livret A HLM (1990).

La discussion doit ensuite s'établir au niveau global des dépenses tant pour l'EDA que pour le *« Hors EDA »*[252]. Ce « budget » de la Caisse des dépôts et consignations retrace alors des opérations qui doivent donner lieu à des flux de trésorerie, mais dont la nature économique peut manifester des charges, des opérations d'investissement ou d'avances. Cela veut dire alors que la comptabilisation de ces charges sera décalée par rapport à l'enregistrement budgétaire. Tel est le cas des avances qui ne seront retenues que lorsqu'elles se seront transformées en charges définitives. Dans le même sens, les investissements seront comptabilisés à l'occasion des amortissements.

---

[244]Ainsi, en 1988, le poids des crédits figurant au hors EDA représentait 37 % du volume total des dépenses de fonctionnement de l'Etablissement ; en 1981, cette catégorie de crédits ne constituait que le quart des dépenses totales de fonctionnement. Cette évolution prend place dans un contexte de forte croissance de l'ensemble des dépenses administratives de l'Etablissement à laquelle la progression du « hors EDA » a particulièrement contribué : sur la période 1981-1988, les crédits ouverts à l'EDA ont connu un accroissement annuel de 6 % en moyenne ; dans le même temps, le taux annuel moyen de progression du « Hors EDA » était de 15 %. V. procès-verbal du 26 novembre 1987 et procès-verbal du 13 septembre 1988. Les chiffres actuels ne nous ont pas été communiqués.

[245]V. *a contrario* l'interprétation donnée par un surveillant : procès-verbal du 13 décembre 1999.

[246]Procès-verbal du 27 février 1985.

[247]Procès-verbal du 23 janvier 1981.

[248]Procès-verbal du 24 octobre 1984.

[249]V. POTTEAU (A.), *Recherches sur l'autonomie financière de l'Union européenne*, th. Lille II, 2002, notamment p. 556 à 625.

[250]Procès-verbal du 30 septembre 1977.

[251]Procès-verbal du 22 juin 1983.

[252]Procès-verbal du 22 septembre 1978, pour répondre au référé de la Cour des comptes en date du 7 mars 1974 (référé discuté en Commission de surveillance, v. procès-verbal du 22 mars 1974 et, plus spécifiquement pendant la débat budgétaire : procès-verbal du 13 décembre 1974).

A partir de là, on a pu s'interroger sur la pérennité d'une telle distinction budgétaire EDA/Hors EDA et de juger opportun de développer un véritable budget d'entreprise[253]. C'est peut-être dans cet esprit que la codification a pris le terme de budget. Rien n'empêcherait en effet de prononcer le classement budgétaire de l'Etablissement, selon les normes des comptabilisations des établissements financiers, dès lors que seul le contenu de l'EDA est statutairement défini par l'ordonnance de 1816 modifiée. En revanche, la suppression de l'EDA aurait pour conséquence de supprimer les tâches liées aux contrôles du Caissier général sur les crédits disponibles et impliquerait la modification des textes susvisés. Cette modification conduirait également à reconsidérer le champ de compétence de la Cour des comptes sur l'activité du Caissier et corrélativement à élargir la responsabilité du Directeur général. Du point de vue de la comptabilité publique, la Caisse des dépôts et consignations serait sans doute amenée à se fondre dans le cadre des établissements publics nationaux, à moins de prévoir des dispositions spéciales à cet égard[254].

En tout état de cause, la présentation d'un tel budget nécessiterait, soit une proposition du Directeur général de la CDC, soit une demande formelle du ministre du Budget[255]. L'accord intervenu par une lettre du 7 avril 1989 entre le Directeur du budget et le Directeur de la Caisse des dépôts a finalement consacré implicitement l'existence du *« Hors EDA »* qui se trouve désormais organisée par ce texte écrit[256].

« [...] Sur un plan général, je relève que l'EDA soumis à approbation ne retrace qu'une part, moins de deux tiers, des charges brutes de fonctionnement de la Section générale de la Caisse.

Bien que les dispositions de l'article 37 de l'ordonnance du 22 mai 1816 n'aient, formellement, soustrait aucune charge de fonctionnement du champ de l'approbation ministérielle, je comprends que l'évolution des activités de l'Etablissement ait conduit, depuis de nombreuses années, à distinguer, selon la nature des charges :

- d'une part, les dépenses de fonctionnement à caractère administratif, correspondant à l'exercice des fonctions originelles de la Caisse, retracées dans l'EDA soumis à approbation ;

- d'autre part, les autres dépenses de fonctionnement dites Hors EDA, liées aux activités financières et commerciales du Groupe, qui se sont développées et diversifiées au fil du temps, dans un contexte concurrentiel, et sont contrôlées par la Commission de surveillance ».

L'unité budgétaire, tant en termes administratifs et juridiques qu'économiques, a été ainsi privilégiée dans le cadre de l'exercice budgétaire annuel.

En outre, la distinction entre l'EDA et le *« Hors EDA »* a pour effet, d'une part, de mettre en œuvre des règles spécifiques d'approbation des dépenses et de

---

253 Procès-verbal du 1er décembre 1987 ; procès-verbal du 22 décembre 1992.

254 On peut penser notamment que la Caisse des dépôts et consignations doive appliquer par exemple les dispositifs de préparation des budgets de tels établissements, telle la circulaire du 28 août 2002 (Direction du budget) relative *à la préparation des budgets des établissements publics nationaux à caractère administratif et à caractère scientifique et technologique – année 2003*, www.minefi.gouv.fr (recherche effectuée le 23 octobre 2002).

255 Arrêté du 12 septembre 2000 *relatif aux décisions principales du compte de gestion et aux justificatifs des opérations du caissier général de la Caisse des dépôts et consignations*, JORF, 28 novembre 2000, p. 18895.

256 Lettre du 7 avril 1989 entre la direction du budget et la Caisse des dépôts et consignations (fonds LION). V. aussi procès-verbal du 28 novembre 1989.

soumettre, d'autre part, les éventuels virements à des conditions et procédures spécifiques[257]. A cet égard, il convient de noter que seul le Caissier général a qualité pour acquitter les dépenses administratives[258]. Il est responsable solidairement avec le Directeur général de tout dépassement éventuel de crédits budgétaires[259].

Le Caissier général ne peut effectuer de paiement qu'au vu des pièces justificatives et des disponibilités de fonds inscrites aux différents chapitres de l'EDA[260]. Il est tenu de justifier d'une part de l'existence des ordres à payer ou d'encaisser émanant des services ordonnateurs et d'autre part du fait matériel de l'encaissement ou du paiement. A défaut, il est tenu de refuser le paiement. En effet, il a la charge du respect par chapitre des crédits approuvés. La répartition par chapitre des dépenses empêche tout dépassement desdites dépenses, sauf à effectuer un transfert d'un chapitre à un autre. Toutefois, cette procédure suppose l'intervention préalable de la direction du budget du ministre des Finances : elle est autorisée par le ministre des Finances et le dépassement ne peut excéder 10% de la dotation des chapitres intéressés.

La consommation des crédits inscrits aux chapitres budgétaires obéit à une procédure d'exécution dont le délai est variable selon les contraintes inhérentes à chaque type de dépense (recherche d'un fournisseur, passation du marché, ...). Au cas où la dotation budgétaire inscrite à un chapitre s'avère insuffisante pour couvrir les besoins qui se sont révélés au cours de l'exercice, la marge de manœuvre apparaît réduite. En effet, parmi les règles d'imputation figurent des règles de fongibilité budgétaire qui s'appliquent à l'exécution administrative du budget[261] : leur recours ne veut être utilisé que de manière restrictive et exceptionnelle. Ces règles concernent autant les crédits inscrits à l'EDA que ceux retranscrits au *« Hors EDA »*. Il doit s'agir alors plus d'un contrôle de moyens que d'objectifs[262].

Par suite, c'est nécessairement un particularisme budgétaire qui préside aux Finances de la Caisse des dépôts et consignations, le terme de *« budget »* contenu à l'article L.518-2 du Code monétaire et financier devant être entendu comme un simple état des dépenses administratives, en l'état actuel des choses. En définitive, le Directeur général dispose de conditions matérielles non négligeables pour assurer son indépendance, notamment face au ministre des Finances et face à la Cour des comptes. Cette condition matérielle de l'indépendance du Directeur général de la Caisse des dépôts et consignations doit être naturellement couplée par une condition fonctionnelle.

---

[257]Par ex., procès-verbal du 27 octobre 1987 (réallocation de crédits déjà approuvés).
[258]Art. L.518-13 du Code monétaire et financier.
[259]Art. R.131-15 du Code des juridictions financières.
[260]Art. 834 du décret de 1862 portant *règlement général sur la comptabilité publique* et R.131-15 al. 3 du Code des juridictions financières.
[261]Fongibilité des dotations de crédits par chapitre ; non fongibilité des dotations inter chapitre ; non fongibilité des dotations de fonctionnement et d'investissements ; non fongibilité des dotations de masses salariales de droit public et de droit privé ; non fongibilité des investissements matériels informatiques et des investissements d'études informatiques par exemple.
[262]V. aussi *supra*, Partie I, Titre 2.

CHAPITRE 2. LA CONDITION FONCTIONNELLE DE L'INDEPENDANCE DU DIRECTEUR GENERAL

Une doctrine avertie[263] explique traditionnellement le maintien en droit de l'originalité du statut du Directeur général depuis plus de 185 ans par l'expérience acquise dans le respect d'un équilibre judicieux entre les pouvoirs du Directeur général et ceux de la Commission de surveillance, d'une part, et par la pratique éprouvée d'une négociation éclairée et d'une gestion habile et prudente, d'autre part. Durant le XIXe et le XXe siècle, par exemple, certains dirigeants remplissent leurs fonctions, trente[264], vingt-cinq[265] ou quinze ans[266] durant, alors que les Directeurs du ministère des Finances changent en moyenne tous les quatre ou cinq ans[267]. Depuis près de 200 ans, la Caisse des dépôts et consignations a compté dix-sept Directeurs généraux dont trois, pour des motifs d'âge et de santé, ont exercé leurs fonctions moins de trois ans[268].

Pour autant, cette longévité, peu ordinaire dans l'histoire de l'Administration, semble aussi trouver son fondement dans une certaine *« allégeance féodale »* - pour reprendre les termes de STOURM confirmés par SOLANET en 1942[269] - qu'entretient le Directeur général de la Caisse des dépôts et consignations avec le ministre des Finances (section I). La réforme statutaire de 1994 confirmerait alors cette interprétation et ne ferait qu'avaliser cette pratique (section II).

SECTION I- Des relations intimement liées avec le ministre des Finances

Ce sont des raisons sociologiques et politiques (§1.), d'une part, et financières (§2.), d'autre part, qui président aux relations intimes du Directeur général de la Caisse des dépôts et consignations et du ministre des Finances.

§1. Des raisons sociologiques et politiques à cette liaison

Le personnel directorial de la Caisse des dépôts et consignations se recrute traditionnellement dans les grands corps de l'Etat et s'articule bien évidemment dans les faits autour des métiers de la finance. Le Conseil d'Etat[270] et l'Inspection

[263]SALOME (L.), THIVEAUD (J.-M.) et TOYTOT (de) (A.), *1816-1986 Caisse des dépôts et consignations, Dossier CDC*, Service de l'information et de la communication internes, Paris, CDC, 1988, p. 21.
[264]Cas du Baron J. PASQUIER, Directeur général de 1818 à 1848.
[265]Cas de G. GUILLEMOT, Directeur général de 1848 à 1873 ou d'A. DELATOUR, Directeur général de 1900 à 1925.
[266]A. DUFRAYER, Directeur général de 1873 à 1888 ; F. BLOCH LAINE, Directeur général de 1952 à 1967 ou M. Pérouse, Directeur général de 1967 à 1982.
[267]V. annexe le tableau synoptique comparé des gouverneurs de la Banque de France, des ministères, des ministres des Finances, des Présidents de Commission de surveillance et des Directeurs généraux de la CDC (1816-2003).
[268]Cas du Baron A. DU TREMBLAY, Directeur général de 1816 à 1818 ; de G. VUARNIER, Directeur général de 1895 à 1898, ou encore d'E. BOUTIN, Directeur général de 1898 à 1900.
[269]SOLANET (P.), *La Caisse des dépôts et consignations*, th. Paris : Droit, 1942, p. 27.
[270]Par ex., Baron J. PASQUIER, Directeur général de 1818 à 1848 ; G. GUILLEMOT, Directeur général de 1848 à 1873 ; A. DUFRAYER, Directeur général de 1873 à 1888 ; A. DELATOUR, Directeur général de 1900 à 1925.

générale[271] des Finances sont incontestablement des lieux privilégiés du recrutement du Directeur général de la Caisse des dépôts et consignations.

Au plus près, ces lieux privilégiés de recrutement méritent toute notre attention quant à l'indépendance effective du Directeur général de la Caisse des dépôts et consignations. En effet, si l'allégeance des membres du Conseil d'Etat au gouvernement n'est plus aussi évidente qu'elle a pu le paraître pendant longtemps, il faudra certainement attendre la jurisprudence *Canal, Robin et Godot* du 19 octobre 1962[272] et surtout, en 1980 et 1987, la reconnaissance constitutionnelle par le Conseil constitutionnel de l'indépendance de la justice administrative[273], pour que le juge administratif puisse véritablement statuer souverainement et qu'on puisse lui accoler le terme de juridiction. Si la justice retenue, telle qu'elle avait été pratiquée, avait sans doute toujours eu le caractère d'une fiction (le chef de l'Etat entérinant les projets d'arrêts qui lui étaient soumis), les membres du Palais Royal doivent toujours *« juger, conseiller, servir »*[274].

En outre, la crise financière de 1848, modifiant la composition de la Commission de surveillance en y introduisant le Directeur du mouvement général des fonds[275], a, de fait, permis une immixtion du ministère des Finances au moins dans la gestion administrative des fonds confiés à la Caisse des dépôts et consignations[276]. GUILLEMOT, ancien secrétaire général du ministère des Finances et Directeur général nommé suite à cette crise de 1848, oriente ainsi la Caisse des dépôts et consignations dans le champ du développement territorial et dans la gestion des capitaux à long terme (prévoyance, épargne), comme le commandait le régime politique présidentiel puis impérial de l'époque[277].

Instrument du pouvoir politique, les pratiques autoritaires du second Empire au sein de l'appareil public ont alors transformé peu à peu les relations entre le Directeur général de la Caisse et le ministre des Finances Ainsi, par exemple, sous la IIIe République, le ministre des Finances POINCARE informe le 14 novembre 1894 la Commission de surveillance qu'un projet de loi l'autorise à remettre à la Caisse des dépôts et consignations, jusqu'à concurrence de 65 millions de francs, des obligations amortissables au moyen d'annuités arrivant à échéances en 1923[278]. Dans le même sens, le Directeur général de la Caisse des dépôts et consignations indique à la Commission de surveillance le 8 novembre 1883 qu'il a accepté une transformation de valeurs à échéance prochaine, en un emploi de fonds à long terme. Il précise qu'il a cru pouvoir accéder à la demande du ministre des Finances[279].

Si besoin s'en faisait sentir, l'idée est très vite admise que le Directeur général de la CDC pourrait directement être recruté au sein du ministère des Finances parmi les trésoriers payeurs généraux[280] ou ses Directeurs[281]. En tout état de cause, le

---

[271]De 1935 à 2002, la direction générale de la CDC était traditionnellement occupée sans discontinuité par des inspecteurs généraux des finances.
[272]CE, 29 octobre 1962, *Canal, Robin et Godot*, GAJA n°84.
[273]80-119 DC, 22 juillet 1980, *Lois portant validation d'actes administratifs*, GDCC n°29 et 86-224 DC, 23 janvier 1987, *Loi transférant à la juridiction judiciaire le contentieux des décisions du Conseil de la Concurrence*, GDCC n°41.
[274]Pour paraphraser le titre de l'ouvrage de MM. ARNOULT et MONNIER, V. ARNOULT (E.) et MONNIER (F.), *Le Conseil d'Etat. Juger, conseiller, servir*, Paris, Gallimard, Coll. *Découvertes*, 1999.
[275]Aujourd'hui, le Directeur du Trésor. V. *infra*, Partie I, Titre 2.
[276]V. *infra*, Partie II, Titre 1.
[277]SALOME (L.), *op. cit.*, p. 75 sqq.
[278]V. procès-verbal du 14 novembre 1894.
[279]V. procès-verbal du 8 novembre 1883.
[280]Cas de LABEYRIE, Directeur général de 1888 à 1895.
[281]Cas de TANNERY, Directeur général de 1925 à 1934.

passage au ministère des Finances dessine obligatoirement le portrait-type de Directeur général de la Caisse des dépôts et consignations : tous les candidats à ce poste ont été, au cours de leur carrière, en fonction au ministère des Finances.

Cette situation semble, dans les faits, tout à fait critiquable, eu égard à l'indépendance proclamée du Directeur général de la CDC à l'égard du ministère des Finances et au statut particulier de l'Etablissement qui préside à sa création depuis 1816. C'est d'autant plus vrai que le mandat quinquennal du Directeur général est désormais juridiquement renouvelable.

Poste doré de la République[282], la direction de la Caisse des dépôts et consignations est, au même titre que la direction du Trésor, un poste recherché par le corps de l'Inspection générale des Finances. Depuis le Second conflit mondial, les deux directions semblaient traditionnellement réservées pour ce dernier corps.

Cette situation doit aujourd'hui s'atténuer aussi bien à la Direction du Trésor, beaucoup moins prestigieuse, qu'à la direction générale de la Caisse des dépôts et consignations, puisqu'elles n'emportent plus véritablement d'obligation d'être tenues par l'Inspection des Finances. C'est ainsi que M. LEBEGUE, administrateur civil, accède à la direction de la Caisse après dix années passées à la Banque nationale de Paris[283]. La nomination de M. MAYER à la tête de l'Etablissement de la rue de Lille confirme ce raisonnement : Ecole nationale d'administration, administrateur civil au Trésor, où il fut notamment Directeur adjoint, puis chef du service des affaires européennes et internationales de 1994 à 1999, il était depuis 1999 un des sept vice-Présidents de la Banque européenne d'investissement avant d'être nommé à la Caisse des dépôts et consignations. Il n'a pas été inspecteur des Finances.

La jurisprudence *Lambda*[284] du Conseil d'Etat n'est certainement pas sans intérêt dans cette nouvelle situation. En effet, il n'était pas rare que le Directeur général émane directement de la direction du Trésor, qui, bien que n'assurant qu'un *« contrôle supérieur »* sur la Caisse des dépôts et consignations[285], dispose d'un service traitant des affaires relatives à l'Etablissement[286] et est membre de droit depuis 1848 de la Commission de surveillance de la Caisse des dépôts et consignations[287]. BLOCH-LAINE et PEROUSE quittent ainsi la direction du Trésor, le premier en 1952 et le second en 1967, pour celle de la Caisse des dépôts et consignations. Plus près, M. LEBEGUE a accompagné les réformes bancaires et

---

[282]Décret n°89-655 du 13 septembre 1989 relatif *aux cérémonies publiques, préséances, honneurs civils et militaires*, JORF, 15 septembre 1989, p. 11648.

[283]Administrateur civil à la direction du Trésor à sa sortie de l'ENA (promotion J. Jaurès) de 1969 à 1973, il a été attaché financier près de l'Ambassade de France au Japon de 1975 à 1976 ; chef du bureau de la balance des paiements et des changes puis chef du bureau de la trésorerie à la direction du Trésor de 1976 à 1980, il est sous-directeur en charge du service épargne et marché financier de 1980 à 1981 ; appelé par Pierre MAUROY comme conseiller technique du Premier ministre, chargé des affaires économiques et financières de 1981 à 1983, il est Directeur du Trésor de 1984 à 1987 ; en 1987, il devient administrateur Directeur général de la BNP jusqu'en 1996 et administrateur Vice-Président de la BNP jusqu'à sa nomination à la tête de la Caisse des dépôts et consignations. V. CHEMINEAU (L.), *Daniel Lebègue prend la tête de la Caisse des dépôts*, La Tribune, 18 décembre 1997 ; LESER (E.), *D. Lebègue prendra la tête de la Caisse des dépôts*, Le Monde, 18 décembre 1997 ; (X.), *Daniel Lebègue : de la BNP à la Caisse des dépôts*, Le Figaro, 18 décembre 1997 ; (X.), *Daniel Lebègue gagne la Caisse des dépôts*, Libération, 18 décembre 1997.

[284]V. à ce sujet les cls PIVETEAU, sous CE, 6 décembre 1996, *Société Lambda*, cls D. PIVETEAU, RFDA, 1997, p. 173 ; DA, février 1997, note D. P.

[285]POMEY (M.), *op. cit.*, RA, 1974, p. 19.

[286]Dans le dernier état, v. arrêté du 2 novembre 1998 portant *organisation en bureaux l'administration centrale de la direction du Trésor*, JORF, 3 novembre 1998, p. 16595.

[287]Art. L.518-4 du Code monétaire et financier.

financières en qualité notamment de sous-Directeur en charge du service épargne et marché financier de 1980 à 1981 et de Directeur du Trésor de 1984 à 1987. Dans une période plus exceptionnelle, DEROY, Directeur général de la Caisse des dépôts et consignations de 1935 à 1944, nommé le 16 juillet 1940 secrétaire général pour les Finances publiques au ministre des Finances, cumulera ces deux postes jusqu'au 15 février 1943[288].

Dans ces conditions, il convient de se demander si le droit positif validant la jurisprudence *Lambda* précitée[289] ne s'appliquerait pas directement à la CDC. En effet, les surveillants et contrôleurs, au sens large, de la Caisse des dépôts et consignations sont principalement les membres de la Commission de surveillance[290], au nombre desquels figure le Directeur du Trésor, des membres de la Cour des comptes, les hauts fonctionnaires de certaines directions du ministère de l'Economie et des Finances[291]. Il ne peut même être exclu que le Directeur du cabinet du ministre ou de tel conseiller technique soient eux-mêmes considérés comme contrôleurs au sens large dans la mesure où ils suivent l'activité de la CDC. Le Commissaire du gouvernement PIVETEAU a fait observer que les intentions du législateur avaient été que l'article L.432-13 du Code pénal s'applique également aux membres des cabinets ministériels.

Le fait que la Caisse des dépôts et consignations ne soit pas qualifiée d'établissement public industriel et commercial ou société ne suffit pas à conclure qu'elle se trouve soustraite à l'article L.432-13 précité puisque cet article ne préjuge pas du régime juridique de l'entreprise. Ainsi, le commissaire du gouvernement PIVETEAU a indiqué que la nomination de M. BEAUFFRET au Crédit foncier de France, entreprise privée, aurait été illégale, même si celui-ci avait été une entreprise publique[292]. En effet, *« depuis 1991, les prêts concurrentiels y dépassent les prêts aidés qui ne représentent plus, selon les années qu'entre le tiers et la moitié des nouveaux prêts »*. A la Caisse des dépôts et consignations, la situation est inverse. L'essentiel de ses ressources provient de ses missions d'intérêt général des dépôts et consignations.

Ces considérations suffisent à admettre que la Caisse des dépôts et consignations ne peut être considérée comme une entreprise publique du secteur concurrentiel et que la jurisprudence *Lambda* ne s'appliquerait pas à l'Etablissement[293]. Du reste, le commissaire du gouvernement a cité la Caisse des dépôts et consignations comme exemple *« non pertinent »* d'infraction à l'article L.432-13 du Code pénal. Il n'en a toutefois pas indiqué les raisons.

Ce débat devrait bien évidemment atteindre l'ensemble des Directeurs de la Caisse des dépôts et consignations. La récente nomination de M. GALLOT[294],

---

[288]DAFFLON (A.), *Henry Deroy et la Caisse des dépôts (1935-1945)*, dans AGLAN (A.), MARGAIRAZ (M.) et VERHEYDE (P.) (dir.), *La Caisse des dépôts et consignations, la Seconde Guerre mondiale et le XXe siècle*, Paris, A. Michel, Histoire, *mission historique de la Banque de France*, 2003, p. 229.

[289]Art. 73 de la loi n°2002-73 du 17 janvier 2002 *de modernisation sociale*, JORF, 18 janvier 2002, p. 1008.

[290]V. *infra*, Partie I, Titre 2.

[291]Un recensement rapide des responsables de la Caisse des dépôts et consignations montre un lien fonctionnel de mobilité évident entre les deux administrations des finances et la Caisse des dépôts et consignations.

[292]Sur le Crédit Foncier de France. V. *infra*, notamment Partie I, Titre 2.

[293]La question paraît plus délicate pour les filiales de la Caisse des dépôts et consignations, qui sont contrôlées à la fois par le ministère auquel elles se rattachent par leur activité et par l'Etablissement lui-même qui les détient directement ou indirectement.

[294]Décret du 29 janvier 2003 portant *nomination d'un Directeur à la Caisse des dépôts et consignations*, JORF, 30 janvier 2003, p. 1879.

Directeur de la Direction générale de la concurrence, de la consommation et de la répression des fraudes, qui, en cette qualité, a eu à connaître le dossier EULIA[295], confirmerait cette interprétation, bien que le secrétaire général du gouvernement ait vivement déconseillé cette concession[296].

Cette instabilité juridique ne doit pas alors cacher des considérations strictement politiques qui dépassent totalement la Caisse des dépôts[297]. A ces raisons sociologiques de l'intimité des relations entre la Caisse des dépôts et consignations et le ministère des Finances font en effet écho des raisons strictement financières.

§2. Des raisons financières présidant cette liaison

Si la procédure budgétaire prend en considération les revenus de la Caisse des dépôts et consignations, aucun texte législatif ne prévoyait de façon définitive les modalités du versement des bénéfices de la Caisse des dépôts et consignations au budget de l'Etat. Durant les premières années, ils sont portés à un fonds de réserve et une ordonnance du 29 décembre 1824[298] prescrit le versement d'une somme de six millions prélevée sur les bénéfices au Trésor public pour couvrir les dépenses d'expédition en Espagne[299].

Cette mesure est à l'origine d'un long débat entre la Caisse des dépôts et consignations et les pouvoirs publics sur le principe et les modalités d'une pratique qui met en cause l'indépendance et la raison d'être de l'Etablissement. Dans les années 1830, plusieurs lois de Finances comprennent dans les prévisions budgétaires des prélèvements à opérer sur les bénéfices de la Caisse, tandis que, dans une période plus contemporaine, le gouvernement s'est servi de l'autonomie juridique de certains services gérés pour en prélever des bénéfices (CNRACL, FRU...)[300].

Malgré de nombreuses protestations parlementaires, conduites notamment par les membres de la Commission de surveillance, l'usage est vite établi de faire figurer dans les prévisions de recettes budgétaires les bénéfices probables de la Caisse des dépôts et consignations. Cette disposition flottante, même après l'élaboration du Code général des impôts, alimente une discussion permanente entre

---

[295]L. (M.), *Les changements à la direction de la Caisse des dépôts créent une controverse*, Le Monde, 11 décembre 2002.

[296]L. (M.), *Nouvelle polémique en vue à la Caisse des dépôts*, Le Monde, 20 décembre 2002.

[297]Considéré pendant un temps comme numéro deux de la Caisse, M. GALLOT a pris la direction de la branche Retraites, pour ne pas intervenir officiellement dans les activités financières concurrentielles du groupe CDC. V. COUNIS (A.) et MABILLE (P.), *Jérôme Gallot sera nommé cette semaine Directeur de la CDC*, Les Echos, 27 janvier 2003.

[298]Ordonnance du 29 septembre 1824 prescrivant *le versement au Trésor public, de la somme de six millions prélevée sur les bénéfices de la Caisse des dépôts et consignations*, p. 15 et rapport blanc pour 1823.

[299]SALOME (L.), *op. cit.*, p. 26.

[300]V. par ex. DOMEIZEL (C.), *Assurer l'avenir de la Caisse nationale de retraites des agents des collectivités locales*, CFP, avril 2000, p. 10 ; (X.), *Retraites : La CNRACL proteste contre les prélèvements*, La Lettre du cadre, 1er mai 1999.

L'article 92 de la loi n°2003-1312 de *finances rectificatives pour 2003* du 30 décembre 2003 (JORF, 31 décembre 2003, p. 22594) est, en ce sens, encore très explicite à propos du fonds pour le renouvellement urbain :

« I- Un prélèvement de 106 millions d'euros est opéré en 2004 sur le fonds pour le renouvellement urbain géré par la Caisse des dépôts et consignations. Ce prélèvement est affecté, à raison de 50 millions d'euros, à l'Agence nationale pour la rénovation urbaine et, pour solde, au budget général de l'Etat.

II- Jusqu'à la clôture du fonds pour le renouvellement urbain et selon les modalités définies par convention entre l'Etat et la Caisse des dépôts et consignations, les disponibilités nettes de ce fonds, constatées au 31 décembre de chaque année, sont versées au budget général de l'Etat ».

la Caisse des dépôts et consignations et le ministre des Finances, jusqu'après le Second conflit mondial.

En l'absence de cadre juridique strict, la négociation s'effectuait, chaque année, selon les interprétations respectives de la loi de 1816 et les nécessités financières du moment. Il faut attendre les années 1960 pour qu'un échange de lettres entre le Directeur général de la Caisse des dépôts et consignations et le ministre des Finances arrête le principe d'une *« contribution volontaire calculée sur la base de l'impôt sur les sociétés »*. L'article 41 de la loi de Finances pour 1990, désormais codifié à l'article L.518-16 du Code monétaire et financier, et non dans le Code général des impôts[301], va plus loin en posant le principe d'un versement à l'Etat chaque année d'une fraction du résultat net de l'activité de la Caisse des dépôts et consignations, après paiement d'une contribution représentative de l'impôt sur les sociétés (« CRIS »).

Pour autant, comme le souligne le Conseil constitutionnel, saisi de cette même loi de Finances, *« la détermination du versement dont le principe est posé par le législateur, ne peut être effectuée sans l'accord de la Caisse des dépôts »*[302]. C'est donc davantage à un régime fiscal dérogatoire, dans le cadre contractuel, que la Caisse des dépôts et consignations est soumise.

A première vue, ce caractère particulier de la fiscalité de la CDC veut exprimer encore une fois l'indépendance traditionnelle de l'Etablissement et de son Directeur général à l'égard des pouvoirs publics (I). Au plus près, il permet aussi à l'Etat de s'assurer avec largesse de moyens de Finances non négligeables (II).

I- L'expression de l'indépendance traditionnelle de la CDC

Résultat de plusieurs décisions ponctuelles, législatives, réglementaires ou administratives, le régime fiscal de la Caisse des dépôts et consignations est généralement le fruit de son histoire et de certaines options que son Directeur général lui soumet. Ce régime dérogatoire concerne en général les traditionnels prélèvements des institutions (A) et plus particulièrement le paiement d'une contribution représentative de l'impôt sur les sociétés (B).

A) Un régime dérogatoire en ce qui concerne les prélèvements fiscaux de droit commun

Si le statut ambigu de la Caisse des dépôts et consignations justifie certaines exonérations fiscales, la disposition la plus singulière en la matière demeure la contribution représentative de l'impôt sur les sociétés.

Fondée sur des particularismes historiques et par une doctrine fiscale fluctuante, la Caisse des dépôts et consignations a été exonérée de certains impôts. C'est ainsi que la Caisse des dépôts et consignations, étant entendue comme établissement public administratif, n'acquitte pas les impôts à caractère commercial normalement dus par les établissements financiers du secteur concurrentiel. En ce sens, la CDC est exonérée de la taxe d'apprentissage[303], de la participation-

[301] Ce qui permet (peut-être accessoirement) d'accroître la souplesse de la procédure de prélèvement.
[302] 89-268 DC, 29 décembre 1990, *Loi de finances pour 1990*, JORF, 30 décembre 1989, p. 16498 ; RFDA, 1990, p. 143 : B. GENEVOIS ; RFDC, 1990, p. 122 : L. PHILIP ; RJF, 1990, p. 127 : note X.
[303] Documentation administrative n°12-4 L 2111 du 1er mai 1992 qui ne mentionne pas expressément la situation de la Caisse des dépôts et consignations.

formation continue[304], de la taxe professionnelle[305] ou encore de la taxe sur les voitures de sociétés[306]. De même, si la Caisse des dépôts et consignations est légalement imposable à l'impôt sur les sociétés à un taux réduit et sur ses seuls revenus patrimoniaux, il a été décidé qu'elle n'y serait pas soumise en pratique, car relevant d'une contribution particulière représentative de l'impôt sur les sociétés[307].

En revanche, l'Etablissement de la rue de Lille est obligatoirement assujetti aux impôts *« non commerciaux »*, normalement dus par les établissements publics administratifs. Il s'agit essentiellement de la taxe sur les salaires[308], de la contribution des institutions financières[309], de la contribution sociale de solidarité sur les bénéfices[310], de la taxe foncière et taxe d'habitation[311] ou encore de la taxe annuelle sur les bureaux en Ile-de-France[312].

Pour ce qui concerne la taxe sur la valeur ajoutée (TVA), la Caisse des dépôts et consignations a considéré qu'elle était soumise au régime des établissements financiers du secteur concurrentiel qui sont exonérés de TVA sur la plupart des opérations bancaires et financières[313]. A ce titre, elle n'est qu'un assujetti partiel, dans la mesure où la CDC exerce des activités placées aussi bien dans le champ d'application de la TVA (garde et gestion de valeurs mobilières, conseils et études financières, fabrications et vente d'imprimés, par exemple) que des activités hors du champ d'application de la TVA (opérations de dividendes par exemple). D'autres opérations énumérées, notamment par l'article 260 B du Code général des impôts, sont imposables sur option de l'établissement (commission sur négociations de valeurs mobilières, sur tenue de compte, sur placement de titres, locations d'immeubles, par exemple).

Cette option, qui est réservée en principe aux banques, aux établissements financiers et aux personnes qui réalisent à titre principal des opérations se rattachant aux activités bancaires et financières, a été souhaitée par le Directeur général de la Caisse des dépôts et consignations avec effet au 1er juillet 1979. Elle s'applique à l'ensemble des opérations pour lesquelles elle est possible, et présente un caractère

---

304 Documentation administrative 5 L 323 n°5 du 1er juin 1995 qui exonère de cet impôt les établissements publics administratifs.

305 Documentation administrative 6 E 131 n°22 du 1er septembre 1991 qui exonère expressément la Caisse des dépôts et consignations, en relevant toutefois que les établissements dont l'activité principale est de nature administrative sont imposables à la taxe professionnelle pour leurs activités industrielles et commerciales à but lucratif.

306 Exonération des établissements publics sans caractère industriel et commercial, not. ceux visés à l'art. 167-3 de l'annexe II du Code général des impôts.

307 Art. 167.3 de l'annexe IV au Code général des impôts, résultant notamment de l'arrêté du 2 juin 1998 modifiant *le 3 de l'article 167 de l'annexe IV au code général des impôts relatif au régime d'imposition de la Caisse des dépôts et consignations en matière d'impôt sur les sociétés*, JORF, 10 juin 1998.

308 Art. 231-1 du Code général des impôts.

309 Documentation administrative 4 L 31 n°6 du 1er mai 1992 qui oblige expressément la Caisse des dépôts et consignations à cet impôt dû en principe par les établissements de crédit (art. 235 ter Y du Code général des impôts).

310 Art. 6 de la loi n°99-1140 de *financement de la Sécurité sociale pour 2000*, JORF, 30 décembre 1999, p.19706.

311 Art. 1380 et 1382 du Code général des impôts. Ces taxes sont dues à raison des immeubles appartenant à la Caisse des dépôts et consignations ; la taxe foncière est due par les établissements publics productifs de revenus (art.1380 et 1382 du Code général des impôts) tandis que la taxe d'habitation est due au titre des logements de fonction.

312 Art. 231 ter du Code général des impôts ; cette taxe est due à raison des immeubles à usage de bureaux utilisés par la Caisse des dépôts et consignations en Ile-de-France. Les établissements publics sans caractère industriel et commercial – et donc la CDC – bénéficient néanmoins d'un tarif réduit égal à quasiment la moitié du taux plein (art. 231 ter Y du Code général des impôts).

313 Procès-verbal du 22 septembre 1978.

irrévocable. Par suite, la Caisse des dépôts et consignations est soumise à la TVA sur environ 3% de son chiffre d'affaires pour des opérations obligatoirement imposables (conseils, imprimerie, garde de valeurs mobilières) et des opérations imposables sur options (commissions diverses).

Il convient de se demander si l'assujettissement de la Caisse des dépôts et consignations à la TVA, et notamment l'option exercée en 1979, était compatible avec sa non imposition aux autres impôts commerciaux. Or, ce raisonnement repose sur une analyse qui consiste à considérer que les critères d'assujettissement sont les mêmes pour la TVA, la taxe professionnelle et l'impôt sur les sociétés, ce que ni les textes, ni la jurisprudence ne reconnaissent. En ce sens, les conclusions du commissaire du gouvernement MARTIN[314] indiquent très clairement que, depuis la transposition de la sixième directive européenne au 1er janvier 1979, le champ d'application de la TVA, en obéissant à un critère distinct de celui de l'impôt sur les sociétés, peut conduire notamment à assujettir à la TVA des activités par ailleurs non soumises à l'impôt sur les sociétés. Tant et si bien que si l'article 206-1 du Code général des impôts, relatif au champ d'application de l'impôt sur les sociétés, pose le critère de *« l'activité à caractère lucratif »,* la TVA est en revanche un impôt de consommation qui s'applique à certaines opérations, telles les prestations de service à titre onéreux.

C'est pourquoi, l'assujettissement de la Caisse des dépôts et consignations à la TVA n'est pas incompatible avec sa non imposition aux autres impôts commerciaux.

En fait, de ce recensement obligatoirement imparfait découle un simple constat d'un régime fiscal hétéroclite et complexe, se situant le plus souvent dans l'opacité, largement en dehors des règles fiscales habituelles[315].

Dans ce cadre, la Cour des comptes a toujours dénoncé ce régime fiscal dérogatoire, les justifications et les explications fournies par le Directeur général de la Caisse des dépôts et consignations ne lui semblant pas convaincantes[316]. C'est tout particulièrement le cas en ce qui concerne la contribution représentative de l'impôt sur les sociétés.

B) La contribution représentative de l'impôt sur les sociétés (CRIS)

D'une contribution dite *« volontaire »*, la Caisse des dépôts et consignations est passée à un régime *« codifié »*[317].

1) De la contribution « volontaire »

Selon la formule traditionnelle soumise à la Commission de surveillance jusqu'en 1990[318], lors de sa réunion annuelle consacrée au *« point »* de son ordre du jour, la contribution représentative de l'impôt sur les sociétés était *« volontaire ».*

Cette contribution, *« calculée de façon à ce que le montant soit équivalent au moins à celui qui résulterait de l'application de l'impôt sur les sociétés au taux*

---

[314]Cls P. MARTIN sur CE, 6 novembre 1995, *Centre interservices de santé et de médecine du travail en entreprises*, Bulletin des conclusions fiscales, 1er février 1996, p. 22.
[315]Rapport public 2000 de la Cour des comptes, p. 112.
[316]Le dernier exemple en date est dans son rapport public 2000.
[317]Selon l'expression admise à la Caisse des dépôts et consignations.
[318]Par ex., procès-verbal du 26 mars 1971 ; procès-verbal du 27 mai 1982 ; procès-verbal du 18 mai 1987.

normal », trouvait sa source dans un échange de lettres entre le ministre des Finances et le Directeur général de la Caisse des dépôts et consignations en 1960 et 1961[319]. Chaque année, l'Etablissement versait une contribution volontaire portant sur les bénéfices de la Caisse des dépôts et consignations provenant des placements effectués à partir de la section générale et excluant d'office les dépôts d'épargne[320].

Jusqu'en 1960, cette contribution était fixée forfaitairement par accord avec la direction du Trésor, pour exclure, de façade, toute assimilation de la Caisse des dépôts et consignations à un établissement industriel et commercial[321]. Aucun texte de loi ne prévoyait, avant cette date, de manière définitive, le versement des bénéfices de la Caisse des dépôts et consignations au budget de l'Etat[322]. Cela faisait partie d'un l'usage, établi à partir de 1836[323] et après de vifs débats politiques entre les ministres des Finances et les Directeurs généraux successifs de la Caisse des

---

[319]Lettre du ministre des Finances et des Affaires économiques du 21 décembre 1960 proposant de nouvelles modalités de calcul de la contribution que la Caisse des dépôts et consignations verse chaque année à l'Etat et réponse du Directeur général de la Caisse des dépôts et consignations après avis de la Commission de surveillance en date du 30 janvier 1961 (archives LION). V. aussi procès-verbaux des séances des 16 septembre, 14 octobre 1960 et 13 et 27 janvier 1961.

[320]Comme le souligne le ministre dans sa lettre préc. en confirmation de la doctrine traditionnelle de la Commission de surveillance (procès-verbal du 4 mars 1863). V. *infra*, les débats sur l'assiette de la CRIS.

[321]V les procès-verbaux de 1961 *préc.*

[322]Trois textes ont été trouvés : une ordonnance de 1817 indique que les dépenses administratives des deux caisses sont prélevées sur les bénéfices de la Caisse des dépôts et consignations ; une ordonnance de 1824 prescrit le versement au Trésor public de la somme de 6 millions prélevée sur les bénéfices de la Caisse des dépôts et consignations ; et, enfin, la loi du 11 juillet 1866 abrogée par la loi du 16 septembre 1871, affectait les bénéfices de la Caisse des dépôts et consignations à l'amortissement V. ordonnance du 8 janvier 1817 *portant que les dépenses administratives des deux Caisses sont prélevées sur les bénéfices de la Caisse des dépôts et consignations*, Rec.Varnier, 1894, p. 11 ; ordonnance du 29 septembre 1824 prescrivant *le versement au Trésor public, de la somme de six millions prélevée sur les bénéfices de la Caisse des dépôts et consignations*, p. 15. C'est aussi le fondement de l'argumentaire développé par la Commission de surveillance quand le ministre des Finances souhaite établir un usage courant de versement des bénéfices de la Caisse des dépôts et consignations au Trésor. V. procès-verbal du 14 juillet 1838.

[323]C'est seulement à partir de 1836 que l'usage de verser les bénéfices au Trésor s'installe peu à peu (V. . procès-verbal du 11 mai 1836 ; rapport blanc 1837 ; procès-verbal du 14 juillet 1838 préc. ; procès-verbal du 27 février 1847 ; procès-verbal du 22 décembre 1849 ; procès-verbal du 4 mars 1863 préc.). De 1866 à 1871, conformément à la loi de finances de 1866, les bénéfices sont affectés à l'amortissement (par ex., procès-verbal du 5 février 1868). Les bénéfices de 1871 et 1872 sont eux portés en atténuation du prix d'achat des rentes 3 % figurant dans le portefeuille de la Caisse des dépôts et consignations (v. les réticences du Directeur général de la Caisse des dépôts et consignations exposées dans le procès-verbal du 4 décembre 1872. V. *infra*, les motivations de la création d'un FRGCE ; procès-verbal du 26 novembre 1873 ; procès-verbal du 1er février 1877 et procès-verbal du 24 mars 1877 ; procès-verbal du 20 août 1877 ; procès-verbal du 27 mai 1880 ; procès-verbal du 16 juin 1887). Le 24 mai 1888, la Commission de surveillance ouvre un compte intitulé *« réserve pour créances litigieuses »*, alimenté chaque année jusqu'en 1897 (procès-verbal du 24 mai 1897), par une partie des bénéfices de la Caisse des dépôts et consignations (v. par ex. procès-verbal du 13 février 1889 et du 21 mars 1889). A partir de 1897, le versement des bénéfices au Trésor se poursuivait à un rythme régulier tout en notant que la Commission de surveillance mettait des réserves lorsque la dépréciation de l'actif de la Caisse des dépôts et consignations devenait important (v. par ex. procès-verbal du 17 juin 1938 ; note du 24 janvier 1952 d'un Président de chambre à la Cour des comptes, membre de la Commission de surveillance au sujet du rapport fait à l'Assemblée nationale et au Conseil de la République par la Commission de surveillance sur les opérations de l'année 1950. V. archives CDC fonds LION et par prolongement procès-verbal du 24 janvier 1952). Ainsi, l'usage établi en 1836 a largement évolué. Après avoir avancé comme condition au versement des bénéfices les besoins du Trésor public, la Commission de surveillance se préoccupe surtout depuis 1872 de la situation financière de la Caisse des dépôts et consignations (v. par ex., procès-verbaux des 13 mars 1872, 26 février 1873 et 2 octobre 1874. Ultérieurement, v. procès-verbal du 27 février 1841).

dépôts et consignations ; c'était, par ailleurs, l'occasion d'interpréter la réalité de l'indépendance du Directeur général et de son Etablissement de 1816[324].

Depuis 1960, la Commission de surveillance, sur proposition du Directeur général de la Caisse, avait admis de manière informelle et pratique que la CDC calculait la somme dont elle serait redevable si elle était soumise à l'impôt sur les sociétés, selon le modèle du régime fiscal des établissements industriels et commerciaux. C'est ainsi que, si la Commission s'estimait, dans un premier temps, libre de déterminer chaque année la mesure dans laquelle le Trésor participerait aux bénéfices réalisés par la Caisse des dépôts et consignations, elle s'engageait dans un deuxième temps à faire en sorte que cette participation soit au moins égale au versement qui résulterait de l'application de l'impôt sur les sociétés[325].

Dans ce même sens, la direction générale de la Caisse a toujours souhaité un rapprochement des modalités de versement de la contribution volontaire avec celles de l'impôt sur les sociétés. Jusqu'à l'exercice 1982, son paiement s'effectuait par un versement unique dans le courant de l'année suivant l'exercice d'imposition. A la suite d'un accord intervenu entre le ministre des Finances et le Directeur général de l'Etablissement en 1983, le paiement d'acomptes sur la contribution volontaire a été approuvé en décembre 1983 par la Commission de surveillance[326].

Dans ce cadre, il conviendra alors de penser que les relations entre le pouvoir exécutif et la direction de la Caisse des dépôts et consignations ne s'inscrivent pas toujours, encore une fois, dans un cadre juridique strictement défini par des textes, et si elles font l'objet d'accords, ces derniers peuvent en pratique être remis en cause par la Commission de surveillance. La doctrine de la Caisse des dépôts et consignations observe à ce sujet que cette contribution *« librement consentie »*[327] est une simple participation du Trésor aux bénéfices qu'elle réalise. D'ailleurs, en pratique, il n'était pas rare que le Président de la Commission de surveillance arrondisse le montant de cette contribution afin de *« marquer »* son caractère volontaire[328].

L'article 41 de la loi de Finances pour 1990 a mis fin, pour paraphraser le rapport CHINAUD, à cette notion de *« quasi bénévolat »*[329] et a confirmé le principe d'une contribution représentative de l'impôt sur les sociétés, communément appelée à la Caisse des dépôts et consignations la *« CRIS »*[330].

2) De la « codification » de la contribution représentative de l'impôt sur les sociétés

Cette légalisation de la CRIS par la loi de finances pour 1990 est considérée à la direction générale de l'Etablissement comme une simple validation législative

[324]Deux thèses se présentent : pour les uns, la Caisse des dépôts et consignations doit verser ses bénéfices au Trésor tandis que les autres estiment qu'elle a le droit d'employer, comme elle le souhaite, ses bénéfices, car la loi de 1816 l'a rendu indépendante du Trésor. V. not. procès-verbal du 15 décembre 1949 ; procès-verbal des 14 décembre 1872 et 26 février 1873.

[325]Principe posé dans le procès-verbal du 13 janvier 1961 préc., à raison de deux acomptes au cours et au titre d'un exercice donné. V. *infra*, les évolutions à ce sujet.

[326]Ce qui n'était pas sans poser certains problèmes d'ordre juridique et technique, notamment pour ce qui est du bénéfice de référence. Il a alors été décidé que ce dernier serait le bénéfice imposable au taux plein, hors plus values à long terme. V. procès-verbal du 28 novembre 1983.

[327]Rapport CHINAUD n°394, p. 24.

[328]Par ex., procès-verbal du 11 juin 1991 ou procès-verbal du 21 mai 1992.

[329]Rapport CHINAUD n°394, p. 25.

[330]Au 31 décembre 2001, la CRIS représentait la somme de 301 millions d'€. Au 31 décembre 2000, elle était de 376 millions d'€. V. rapport blanc 2001, p. 164.

codificatrice des relations fiscales entre la Caisse des dépôts et consignations et l'Etat, sans incidence majeure sur le statut de l'Etablissement.

Parce que la loi ne fixe pas son assiette, son taux et ses modalités de recouvrement, il a toujours été foncièrement admis que la CRIS n'est pas, par nature, un impôt. C'est pourquoi elle n'a été codifiée que dans le Code monétaire et financier.

Dans un premier temps, la CRIS n'est pas, en principe, soumise aux règles de recouvrement de l'impôt sur les sociétés et aux pénalités de droit commun. C'est ainsi que la procédure déclarative reste différente du droit commun parce que la CDC n'est pas tenue de souscrire chaque année les déclarations prévues par la réglementation fiscale. Jusqu'en 1997[331], sur la base d'un arrêté comptable provisoire, un dossier de déclaration était transmis au mois de mars à l'administration fiscale[332], après avis de la Commission de surveillance. En juin, bien après les autres établissements bancaires de la place, la Caisse des dépôts et consignations annonçait son résultat définitif, après imputation de la CRIS calculée par les services des contributions[333]. A partir de cette date, par similitude avec le droit commun et conformément aux préoccupations de la Cour des comptes, la direction générale arrête la CRIS pour la fin mars et établit par la suite un rapport à la Commission de surveillance en vue du contrôle annuel effectué par l'administration fiscale. Elle publie alors ses comptes définitifs. Il n'en demeure pas moins qu'en cas d'éventuelles modifications de la part de la Commission de surveillance, ces dernières seraient prises en compte l'année suivante. En pratique, elles sont habituellement de très faible montant.

Dans un second temps, suite à un échange de lettres du 31 décembre 1987 entre le ministre des Finances et le Directeur général de la Caisse des dépôts et consignations, la Caisse des dépôts et consignations aligne le versement des acomptes de la CRIS sur le régime de droit commun pratiqué en matière d'impôt sur les sociétés. Désormais, le premier acompte est, en principe, exigible le 20 février et égal à 25% de la CRIS afférente à l'exercice N-2 ; le deuxième acompte est exigible le 20 mai et égal à 25% de la CRIS afférente à l'exercice N-1 ; il s'y ajoute une régularisation du premier acompte recalculée sur la base de 25% de la CRIS, afférente à l'exercice N-1 ; le troisième acompte est exigible le 20 août et égal à 25% de la CRIS afférente à l'exercice N-1 ; le quatrième acompte est enfin exigible le 20 novembre et égal à 25% de la CRIS afférente à l'exercice N-1. Ces acomptes peuvent être payés en réalité et sans pénalité jusqu'au 15 du mois suivant. Dans ce cadre, la Caisse des dépôts et consignations peut user, dans les conditions de droit commun, de la faculté de limiter le montant d'un acompte ou de se dispenser de le verser, lorsqu'elle estime probable une baisse de la CRIS due au titre de l'exercice en cours. Toutefois, en cas d'erreur, la Caisse des dépôts et consignations encourt une majoration de 10% sur les sommes non versées à la bonne date ainsi que le

---

[331]Procès-verbal du 19 février 1997.

[332]V. *infra*, plus spécialement la Direction de vérification nationale et internationale (DVNI). Créée par un arrêté du 12 février 1971 (JORF, 18 février 1971, p. 1656), la DVNI exerce ses missions de contrôle, concurremment avec les autres services compétents, sur l'ensemble du territoire national et hors du territoire pour les sociétés soumises au régime du bénéfice mondial ou consolidé ou lors de vérifications coordonnées organisées dans le cadre de l'assistance internationale.

[333]Par ex., procès-verbal du 7 juin 1995.

prévoit l'échange de lettres du 31 décembre 1987. Selon les règles du droit commun, celle-ci n'est toutefois appliquée que si l'erreur est supérieure à 10%[334].

Dans un troisième temps, la direction des vérifications nationales et internationales (DVNI) de la direction générale des impôts ne peut pas effectuer les vérifications nécessaires de comptabilité des résultats de la section générale[335], dès lors qu'elle n'a pas accès à l'ensemble des pièces comptables et des pièces justificatives de la CRIS[336]. Les voies contentieuses normales, prévues en matière d'impôt sur les sociétés, ne peuvent pas par conséquent s'appliquer en cette matière. Il serait, en effet, inéquitable que toute prise de position du vérificateur de la DVNI induise une obligation de correction automatique de la CRIS. Cette manière de voir équivaudrait à faire déterminer directement la CRIS par la DGI et amènerait inévitablement cette dernière à s'immiscer dans la gestion de la Caisse des dépôts et consignations, pratique proscrite par le statut particulier de cette dernière. Toutefois, il semble être traditionnellement admis que la DVNI reçoive du Directeur général de la Caisse des dépôts et consignations, un dossier complet fournissant des explications sur le mode de calcul de la CRIS, et notamment en ce qui concerne le passage du résultat comptable au résultat fiscal. Appartenant à une brigade spécialisée dans la vérification bancaire des établissements bancaires, le vérificateur de la DVNI peut, après examen du présent dossier, demander des informations complémentaires au Directeur général de la Caisse des dépôts pour donner son avis sur les choix fiscaux opérés. Ses observations, consignées dans un rapport transmis notamment au Service de la législation fiscale, sont le plus souvent prises en compte par la Caisse des dépôts et consignations pour la détermination de la CRIS de l'exercice suivant. C'est donc en définitive des échanges de vues entre la CDC et la DVNI, favorables au dialogue et à la concertation, qui sont chaque année à l'origine de l'établissement de la CRIS.

Dans un quatrième temps, en revanche, la Caisse des dépôts et consignations s'est toujours écartée des règles de droit commun de l'impôt sur les sociétés, et par conséquent des termes de la lettre du 31 décembre 1987 précitée, pour le versement du solde. En effet, la liquidation de l'impôt est différée jusqu'à l'approbation du montant de la CRIS par la Commission de surveillance, ayant lieu généralement début juin de l'année N+1. Le paiement a lieu le plus souvent vers le 15 juin au lieu du 15 avril de l'année N+1 pour le droit commun.

C'est pourquoi, ces éléments laissent paraître l'idée selon laquelle l'impôt, dans son essence, ne peut pas s'appliquer strictement à la CRIS, tant sur le plan conceptuel que pour ce qui est de la fixation de son montant[337]. D'ailleurs, le

---

[334]En effet, la tolérance incluse dans la lettre du ministre du 31 décembre 1987 déjà citée, autorisant une erreur maximum de 20 %, présentait un caractère purement temporaire. Elle ne paraît plus pouvoir être invoquée aujourd'hui.

[335]La Caisse des dépôts et consignations a choisi de comptabiliser distinctement les opérations de gestion des fonds d'épargnes (dites section des fonds d'épargnes) de ses autres activités (section générale).

[336]Art L.10 du Livre des procédures fiscales : investigations sur place, mise en œuvre le cas échéant d'une procédure de redressement et application des intérêts de retard par ex. Une telle demande n'aurait, par ailleurs, de sens que dans l'hypothèse d'une banalisation complète du *« statut fiscal »* de la Caisse des dépôts et consignations. V. rapport public 2000 de la Cour des comptes, p. 112.

[337]Encore faut-il savoir définir juridiquement l'impôt. Comme a pu le souligner le Professeur HERTZOG, lors du colloque *« le Conseil d'Etat, juge financier »* organisé par le GERAP-GREEF et la SFFP en décembre 1999, les tentatives doctrinales montrent qu'il n'est pas aisé d'enfermer l'idée d'impôt dans une formulation simple, directement utilisable par un juge. Dans ces conditions, le juge procède par élimination à partir des notions qu'il connaît davantage (taxes parafiscales, cotisations...). V. HERTZOG (R.), *La juridiction administrative et la classification des recettes publiques*, RFFP, juin 2000, p. 97. V.

Conseil constitutionnel, saisi par les parlementaires en 1989 de ce régime dérogatoire, est bien resté muet sur une quelconque qualification de la CRIS[338]. Le terme de contribution, dévolue sur un plan sémantique à la CRIS, semble par conséquent le plus cohérent par rapport aux fondements statutaires de la Caisse des dépôts et consignations, dès lors qu'il suggère davantage, selon son usage sous la Révolution, *« une participation du citoyen au fardeau commun de la dépense publique »*[339] et suppose à l'évidence un certain volontarisme de la part du donateur en vue de sa participation à l'intérêt national[340].

Pour autant, l'évolution radicale des concepts, sous la pression de contraintes politiques, est venue troubler cette définition avec la création par exemples, d'une contribution sociale généralisée (CSG)[341] ou d'une contribution au remboursement de la dette sociale (CRDS)[342]. Dans cette hypothèse, la qualification de taxes parafiscales ou de redevances pourrait satisfaire à la CRIS. Pourtant, ni l'une ni l'autre ne correspond à l'institution même de la contribution représentative de l'impôt sur les sociétés, à son mode de recouvrement ou de contrôle[343]. Par souci de classification[344], la qualification d'imposition de toute nature, mentionnée à l'article 34 de la Constitution et reprise à l'article 2 de la loi organique du 1er août 2001, pourrait alors lui correspondre, car elle n'a le mérite que d'être, sans véritable fonctionnalité, une catégorie sans critère[345], voire une notion dépassée[346] (à la seule limite néanmoins que ces impositions soient incluses dans le domaine de la loi et de l'article 34). Or, la loi ne fixe aucunement les règles relatives à la CRIS : elle affirme simplement son paiement[347].

A défaut, face à ce désordre des qualifications en droit fiscal[348], le Professeur AMSELEK propose alors, sans la nommer expressément, la qualification d' « *impositions quasi-fiscales* », « *autres que fiscales ou parafiscales* »[349]. Bien que

aussi BERGERES (M.-C.), *Les impositions affectées. Ou le développement d'une catégorie juridique sui generis*, LPA, 5 mars 2002, p. 9.

338 Il semblerait, à la lecture de cette décision, que seul le « dividende » (v. *infra*) ait fait l'objet de contestations. V. 89-268 DC, 29 décembre 1990, *Loi de finances pour 1990*, JORF, 30 décembre 1989, p. 16498 : RFDA, 1990, p. 143 : GENEVOIS (B.) ; RFDC, 1990 p. 122 : PHILIP (L.) ; RJF, 1990, p. 127 : note (X.).

339 GROSCLAUDE (J.) et MARCHESSOU (P.), *Droit fiscal général*, Paris, Dalloz, coll. Cours, 4ème éd., 2003, p. 2.

340 V. en Introduction générale, l'idée selon laquelle la Caisse des dépôts et consignations est utile pour la Nation.

341 PHILIP (L.), *La décision du Conseil constitutionnel du 28 décembre 1990 sur la contribution sociale généralisée et la notion d'impôt*, Droit fiscal, 1991, n°14, p. 612.

342 Art. 14-I de l'ordonnance n°96-50 du 24 janvier 1996 relative *au remboursement de la dette sociale*, JORF, 25 janvier 1996, p. 1226.

343 Par ailleurs, l'art. 63 de la loi organique du 1er août 2001 relative *aux lois de finances* (JORF, 2 août 2001, p. 12480) a supprimé les taxes parafiscales. Cette hypothèse n'est donc que purement théorique.

344 HERTZOG (R.), *op. cit.*, RFFP, juin 2000, p. 97.

345 CAMBY (J.-P.), *Les impositions de toutes natures : une catégorie sans critère ?*, AJDA, 1991, p. 339.

346 Propos tenus par M. le Professeur BUISSON dans un numéro spécial des Petites affiches intitulé *« La révision constitutionnelle. Réviser pour quoi faire ? »*. V. BUISSON (J.), *Les impositions de toutes natures : une notion dépassée ?*, LPA, n°spécial, 4 mai 1992, p. 21.

347 V. art. L-518-16 du Code monétaire et financier.

348 Par ex., MODERNE (F.), *Le désordre des qualifications en droit fiscal*, RJF, 1976, p. 157.

349 AMSELEK (P.), *Une curiosité du droit public financier : les impositions autres que fiscales ou parafiscales*, Mélanges offerts à M. WALINE : *Le juge et le Droit public*, Paris, LGDJ, 1974, t. 1, p. 89 confirmé par le même auteur 28 ans plus tard. V. AMSELEK (P.), *Un phénix en droit public financier. Les impositions quasi-fiscales*, Mélanges *Liber amicorum* J. WALINE : *gouverner, administrer, juger*, Paris, Dalloz, 2002, p. 111.

la jurisprudence n'y soit pas favorable[350], cette définition négative de l'imposition a le mérite de reprendre la doctrine interne de la Caisse des dépôts et consignations, qui a toujours vu cette contribution comme *« une participation du Trésor aux bénéfices de la Caisse des dépôts et consignations »*[351] ; elle s'inscrit en outre dans la même logique historique de création de la Caisse des dépôts et consignations, ce régime dérogatoire soustrayant la CRIS à la généralité des règles applicables en droit fiscal.

Pour toutes ces raisons disparates et sans véritable unité juridique[352], la Cour des comptes[353] estime qu'il est nécessaire que soient appliquées plus clairement les règles de la fiscalité de droit commun à la Caisse des dépôts et consignations. C'est à l'occasion de la filialisation des activités bancaires et financières en 2001 qu'elle a entamé publiquement un débat sur la banalisation éventuelle de cette CRIS, dès lors que l'Etablissement de la Caisse des dépôts et consignations n'a plus, en principe, d'activités lucratives et commerciales en son sein en séparant strictement ses activités concurrentielles de ses missions d'intérêt général[354]. Il a été alors jugé souhaitable que la CRIS soit désormais remplacée par l'impôt sur les sociétés de droit commun pour permettre à la Caisse des dépôts et consignations d'opter pour le régime fiscal des groupes de sociétés[355], cela sans modification substantielle de son montant actuel. Cette proposition est néanmoins beaucoup plus complexe, car dépassant le domaine fiscal ; elle remet en cause, en effet, les relations financières entre l'Etat et la Caisse des dépôts et consignations, appelant une modification substantielle de l'article L.518-16 du Code monétaire et financier. Elle pose, en outre, la question des autres prélèvements, plus conventionnels, relevant davantage des besoins budgétaires que des réalités juridiques.

Ces derniers sont aussi l'expression d'un Etat financièrement tentaculaire, que le Directeur général doit affronter pour garantir son indépendance personnelle et préserver les fonds dont la gestion lui a été confiée.

II- L'expression d'un Etat financièrement tentaculaire

L'article 41 de la loi de Finances pour 1990 va plus loin que codifier la contribution représentative de l'impôt sur les sociétés, car il pose aussi le principe d'un versement à l'Etat chaque année d'une fraction du résultat net de l'activité de la Caisse des dépôts et consignations après paiement de la CRIS, comme si l'Etat était actionnaire d'une société des dépôts et consignations (A). Plus encore, l'Etat, notamment à partir des années 1980, s'est mis à prélever une partie des fonds de garantie et de réserve de certains fonds d'épargne gérés par la Caisse des dépôts et consignations (B).

---

[350] 82-124 L, 23 juin 1982, *Nature juridique des dispositions du premier alinéa de l'article 13 et du deuxième alinéa de l'article 14 de la loi n°64-1245 du 16 décembre 1964 relative au régime et à la répartition des eaux et à la lutte contre leur pollution*, Rec. p. 99 et CE, 20 décembre 1985, *Société anonyme « Etablissements Outters »*, cls P. MARTIN, RFDA, 1986, p. 513.
[351] Malgré les critiques du rapport CHINAUD n°394, p. 25.
[352] V. par ex. rapport de la Cour des comptes *sur l'exécution des lois de finances pour 1999*, p. 62 et p.376.
[353] Rapport public 2000 de la Cour des comptes, p. 112.
[354] V. *infra*, notamment Partie II, Titre 1.
[355] Art. 223 A sqq. du Code général des impôts.

A) Le versement à l'Etat chaque année d'une fraction du résultat net de l'activité de la Caisse des dépôts et consignations, après paiement d'une contribution représentative de l'impôt sur les sociétés

La loi de Finances pour 1990 a institué, à compter du 1er janvier 1990, le principe d'un versement annuel dû à l'Etat calculé *« sur le résultat net de son activité pour compte propre après paiement d'une contribution représentative de l'impôt sur les sociétés »* et calculé *« sur une fraction de ce résultat net, déterminé après avis de la Commission de surveillance de l'Etablissement saisie par le Directeur général, dans le cadre des lois et règlements fixant le statut de l'Etablissement »*. A la différence de la CRIS, le Conseil constitutionnel[356] a précisé très clairement, par analogie avec la jurisprudence du Conseil d'Etat et en considération du statut spécial de la Caisse des dépôts et consignations[357], que ce versement n'est pas un impôt.

Après avis de la Commission de surveillance[358], et, à la suite d'un échange de lettres entre le Directeur du Trésor et le Directeur général de la Caisse des dépôts et consignations[359], son montant avait été fixé à 25% du résultat net comptable de l'activité exercée par la Caisse des dépôts et consignations pour compte propre, sous déduction du coût des actions d'intérêt général *« expressément demandées par le ministre des Finances au nom du gouvernement »*[360]. Pour aligner la Caisse des dépôts et consignations sur la pratique de la Place financière de Paris, le versement annuel est porté en 1998 de 25% du résultat net comptable de l'activité exercée par la Caisse des dépôts pour compte propre à 33,3% du résultat net consolidé part du Groupe CDC[361]. Toutefois, la somme à imputer au titre des actions d'intérêt général doit être calculée *« de telle sorte que la partie du résultat portée en réserve par la Caisse des dépôts et consignations, après déduction de la CRIS et après versement à l'Etat, soit la même que celle qu'aurait été enregistrée en l'absence d'action d'intérêt général »*[362].

Le paiement du *« dividende »*, notion improprement débattue au Parlement[363], doit être effectué avant le 31 juillet suivant chaque exercice[364]. En effet, la notion de dividende est intimement liée à la notion d'apport en capital et de détention patrimoniale, ce qui n'a jamais été, en l'état actuel du droit, le cas de la Caisse des dépôts et consignations. Par ailleurs et en tout état de cause, la situation

---

[356] 89-268 DC, 29 décembre 1990, *préc.*

[357] CE, 29 juin 1906, *Sieur Lurton*, Rec. p. 585 ; Avis CE, sect. TP, n°6024, 8 janvier 1952, *Commission de contrôle des opérations immobilières et nature juridique de la Caisse des dépôts et consignations*, Bulletin de la direction des impôts -enregistrements et du service des domaines, n°22, 30 mai 1952, p. 43.

[358] Procès-verbaux des 28 novembre et 12 décembre 1989 ; procès-verbaux des 3 et 17 juillet 1990.

[359] Lettres du Directeur du Trésor en date des 7 et 8 mars 1990 et lettre du Directeur général de la Caisse des dépôts et consignations en date du 31 janvier 1990 (archives CDC fonds LION).

[360] S'est imputé ainsi sur le premier versement effectué au titre de l'exercice 1989, le coût en 1989 du *« programme développement solidarité »*. V. *infra*. Aujourd'hui, on pourrait citer des opérations au service de l'intérêt général dans le secteur du logement social, en faveur des PME, en appui de la politique de la ville et en direction du territoire rural.

[361] Procès-verbal du 26 mai 1998.

[362] Procès-verbal du 3 juillet 1990.

[363] V. not. rapport Sénat n°59 loi de finances pour 1990 du 21 novembre 1989. A l'Assemblée nationale, lors de la discussion de cet amendement, le rapporteur général estime qu'il s'agit *« d'une novation financière [...] La novation, c'est de dégager pour cet établissement une notion comparable à celle de dividendes, de la même façon que l'on avait dans le passé décidé d'assujettir la Caisse à une contribution comparable à l'impôt sur les sociétés »* (archives Fonds LION).

[364] Lettre du Directeur du Trésor du 8 novembre 1990 *préc.*

particulière de la Caisse des dépôts et consignations, ses missions et son statut spécifiques, ne permettent pas de considérer que le pouvoir exécutif est en droit de bénéficier des prérogatives d'actionnaire ordinaire. En outre, la logique de reconnaissance, au profit des pouvoirs publics, d'un droit à distribution de dividende sur les profits de la Caisse des dépôts et consignations conduirait nécessairement à un contrôle de gestion des fonds propres de l'Etablissement, à partir desquels est généré le bénéfice permettant le prélèvement. Cela s'oppose bien entendu aux dispositions statutaires de la CDC, voulue volontairement indépendante en 1816[365].

Sur le fond, les motivations des pouvoirs publics en instaurant un tel versement sont clairement affirmées et visent les activités bancaires de la Caisse des dépôts et consignations. En effet, s'effectuant *« de plus en plus en concurrence avec les autres intermédiaires financiers, publics et privés, la Caisse des dépôts et consignations dégage des bénéfices importants [...] L'instauration de cette rémunération permet de limiter le prélèvement opéré depuis 1983 sur le fonds de réserve et de garantie des Caisses d'épargne en rémunération de la garantie que l'Etat accorde sur les fonds des livrets A des Caisses d'épargne et de prévoyance, et donc de conforter l'affectation prioritaire de ces ressources au financement du logement social »*[366].

Dans les faits, il en est autrement, dès lors que ce prélèvement est effectué au profit du budget de l'Etat et constitue donc une recette générale. En effet, le Président de la commission des Finances du Sénat de l'époque - et par ailleurs surveillant de la Caisse des dépôts et consignations - s'était étonné de l'inscription dans les recettes prévisionnelles au budget de l'Etat pour 1990 du versement exceptionnel de 1,6 milliards de francs[367]. Par l'article 41 de la loi de Finances pour 1990, le gouvernement a donc légalisé l'exceptionnel pour banaliser le statut fiscal de la Caisse des dépôts et consignations, comme une entreprise publique pourvoyeuse de dividende annuel[368].

« Caisse des dépôts et confiscations » pour le député AUBERGER[369] lors de la discussion parlementaire de cet amendement, il est clair que ce processus politique de prélèvement complémentaire présente des risques importants pour la Caisse des dépôts et consignations. La Commission de surveillance doit, d'une part, toujours rester attentive quant aux limites à accorder à ce prélèvement, alors que la politique de distribution des dividendes en droit des sociétés constitue un élément majeur dans le choix de gestion de l'entreprise[370]. Le prélèvement doit, d'autre part, s'exercer sur les profits réalisés et dans les limites compatibles avec le maintien de la capacité financière de la Caisse des dépôts et consignations et les risques de transformation des fonds gérés, non seulement provisionnés mais également difficilement quantifiables sur un plan économique et social au jour le jour, comme a

[365]V. Introduction générale.

[366]Exposé des motifs de l'amendement version 18 octobre 1989 (archives fonds LION) ; le 19 octobre, la dernière partie de notre citation est enlevée.

[367]LOUE (P.), *La Caisse des dépôts et consignations versera 1,6 milliard de dividendes à l'Etat*, Les Echos, 12 octobre 1989 ; LOUE (P.), *La Caisse des dépôts sera contrainte par la loi à payer un « dividende »*, Les Echos, 20 octobre 1989 ; (X), *L'Etat puise dans la Caisse des dépôts*, Le Quotidien, 23 octobre 1989.

[368]Art. L.232-10 sqq. du Code de commerce et art. 79 de la loi n°2001-1276 de *finances rectificative pour 2001* du 28 décembre 2001, JORF, 29 décembre 2001, p. 21133.

[369]On notera que M. AUBERGER assure depuis 2002 la présidence de la Commission de surveillance.

[370]BAYART (B.), *Bras de fer entre la CDC et Bercy*, Le Figaro, 8 juillet 2003 ; MARIETTE (D.), *L'Etat renonce à prélever sa dîme sur les fonds propres de la CDC*, La Tribune, 22 juillet 2003.

pu le montrer par exemple le précédent de 1848[371]. Cela implique enfin que soit déterminé le montant minimum de ces fonds propres nécessaires pour que la Caisse des dépôts et consignations conserve une autonomie certaine, dans l'exercice des missions qui lui incombent. La Caisse des dépôts et consignations ne doit pas être, en effet, une *« pompe à phynance »*[372], voire le *« SAMU du système financier »*[373].

A vrai dire, l'institutionnalisation des prélèvements sur les fonds d'épargne, notamment à partir des années 1980, va dans le même sens[374].

B) L'institutionnalisation des prélèvements sur les fonds de réserve d'épargne gérés par la CDC

Les textes relatifs à l'épargne centralisée[375] à la Caisse des dépôts et consignations prévoient une garantie de remboursement de l'Etat[376]. Pour autant, cette garantie a fait place à un prélèvement annuel automatique de l'Etat, à tel point qu'on est en droit de penser qu'il agit comme leur véritable propriétaire. En effet, cette garantie explicite de l'Etat attachée aux fonds d'épargne repose sur un dispositif mis en place dès 1860 pour le Livret A géré par les Caisses d'épargne et dont les modalités de fonctionnement ont été récemment transposées aux autres produits d'épargne bénéficiaires de la garantie de l'Etat (livret A et B de La Poste, livret d'épargne populaire)[377].

Pour les Livret A des Caisses d'épargne et de prévoyance, la garantie de l'Etat n'interviendrait qu'en dernier ressort (il n'y a d'ailleurs jamais été fait appel en 144 ans). En effet, le premier rempart consiste dans un *« fonds de réserve et de garantie des Caisses d'épargne et de prévoyance »* (FRGCE) alimenté par ses résultats propres et par le résultat net dégagé par la gestion du Livret A. L'Etat perçoit ainsi une rémunération pour sa garantie, via un prélèvement sur le FRGCE opéré chaque année après avis de la Commission de surveillance. Par un décret du 30 décembre 1983[378], son montant ne peut avoir pour effet de ramener le montant du fonds de réserve à une somme inférieure à 2% des dépôts.

Dans le même sens, les Livrets A et B de la Poste ne justifiaient pas, jusqu'en 1990, l'existence d'un dispositif de réserve, puisque l'Etat, au travers de l'un de ses services, garantissait ces dépôts. La réforme de La Poste a conduit à créer un *« fonds de réserve et de garantie de la Caisse nationale d'épargne »* (FRGCNE), identique à celui des Caisses d'épargne. Le décret du 30 décembre 1990 a lui aussi fixé son ratio à 2%[379].

---

[371]V. SALOME (L.) et al., *op. cit.*, p. 72.
[372]MERCIER (A.-S.), *« Pompe à phynance »*, Le Nouvel Economiste, 7 juin 1991.
[373]STERN (B.), *La Caisse des dépôts refuse d'être le SAMU du système financier*, Le Monde, 27 mars 1996.
[374]MARIETTE (D.), *L'attitude du gouvernement sur le Foncier irrite la Commission de surveillance de la CDC*, La Tribune, 24 février 1999.
[375]V. *infra*, Partie I, Titre 2.
[376]Art. 52 à 54 du Code des Caisses d'épargnes codifiant un décret du 21 novembre 1860.
[377]V. *infra*, Partie I, Titre 2.
[378]Décret n°83-1189 du 30 décembre 1983 fixant *la rémunération de la garantie accordée par l'Etat aux fonds collectés par les Caisses d'épargne et de prévoyance*, JORF, 31 décembre 1983, p. 3891.
[379]Décret n°90-1219 modifiant *le code des Caisses d'épargne et relatif aux fonds de réserve et de garantie de la Caisse nationale d'épargne*, JORF, 1er janvier 1991, p. 24 et décret n°90-1220 du 31 décembre 1990 modifiant *le code des Caisses d'épargne et relatif à la fixation de la rémunération de la garantie accordée par l'Etat aux fonds des livrets de la Caisse nationale d'épargne définis à l'article 5 du code des Caisses d'épargne*, JORF, 1er janvier 1991, p. 25.

Le décret du 28 mai 1982[380] a enfin institué un *« fonds de réserve du LEP »* couvrant la part des dépôts centralisés à la Caisse des dépôts (85% pour les réseaux bancaires et 100% pour La Poste).

Par ailleurs, au-delà des fonds qui sont adossés à un produit d'épargne, le *« fonds de réserve du financement du logement »* (FRFL) a été mis en place en 1993 afin de renforcer la sécurité du financement du logement social[381]. Il est alimenté par les excédents éventuels du FRGCE, du FRGCNE et du fonds de réserve du LEP au-delà du montant de 8% des dépôts du livret A et du LEP.

Dans ces conditions, la garantie de l'Etat ne s'étend désormais plus aux seuls dépôts des épargnants, car elle ne couvre plus les opérations des Caisses d'épargne elles-mêmes, mais seulement une mauvaise gestion éventuelle de la Caisse des dépôts et consignations. Ce n'est que lorsque les fonds de la fortune personnelle des Caisses d'épargne et du Fonds de réserve sont épuisés que le Trésor prendrait en charge le remboursement des dépôts d'épargne[382]. Aux Etats-Unis, le système est différent puisque la garantie de l'Etat *a posteriori* traduit plutôt la réaction d'un Etat justicier, sans disposition préventive de crise. A travers les mesures prises par le Sénat pour résoudre la crise américaine de l'épargne dans les années 1980, si l'Etat ne s'est pas dérobé à son devoir de protection des épargnants, le plan de liquidation a finalement coûté cher aux contribuables[383]. En France, si les possibilités de prélèvement sur le fonds de réserve sont strictement réglementées par le Code des Caisses d'épargne[384], ces dispositions ont été entendues très largement[385]. Ainsi, quand M. LAGAYETTE, Directeur général de la Caisse des dépôts et consignations de 1992 à 1997, a déposé, à la demande et pour le compte de l'Etat, une offre publique d'achat des actions du Crédit foncier de France, elle a acquis ses titres par les sections d'épargne sur les excédents de réserves disponibles[386]. Les pouvoirs publics peuvent également effectuer des prélèvements au titre de leur garantie sur le fonds de réserve et de financement du logement (FRFL) et sur les réserves de l'épargne logement, sans que les textes réglementaires en prévoient les plafonnements.

Dans ces conditions, il a été soutenu rapidement que les fonds de réserve et de garantie des fonds d'épargne constituent un élément du patrimoine de l'Etat, dont il aurait la pleine propriété. Or, l'Etat ne paraît pas pouvoir être considéré comme propriétaire des fonds. En effet, accordant sa garantie aux fonds d'épargne, cela suppose tout d'abord qu'il n'en soit pas par définition le propriétaire, car ces fonds lui sont extérieurs. D'ailleurs, les Caisses d'épargne et de prévoyance et la Caisse nationale d'épargne sont juridiquement distinctes de l'Etat[387]. Ces fonds ne peuvent pas alors appartenir à l'Etat.

---

[380]Décret n°82-454 du 28 mai 1982 pris *pour l'application de la loi n°82-357 portant création d'un régime d'épargne populaire*, JORF, 30 mai 1982, p. 1741.

[381]Décret n°93-735 du 30 mars 1993 relatif *au fonds de réserve du financement du logement*, JORF, 30 mars 1993, p. 5585.

[382]EYRAUD (D.), *Les relations Caisse des dépôts et consignations – Caisses d'épargne*, Paris II : DEA Théorie et politiques monétaires, 1980, p. 26.

[383]VIALLON (J.-P.), *Etats-Unis : Caisses d'épargne en faillite*, CDscope, n°89, p. 22.

[384]Par ex., pertes des Caisses d'épargnes, frais de contrôle, dépenses exceptionnelles.

[385]Par exemple, la Commission de surveillance est saisie systématiquement d'un prélèvement.

[386]Procès-verbal du 24 juillet 1996. Sur cette affaire *« Crédit foncier de France »*, v. Rapport au Président de la République suivi des réponses des administrations et des organismes intéressés : *L'intervention de l'Etat dans la crise du secteur financier*, novembre 2000, www.courdescomptes.fr

[387]Art. 3 du Code des Caisses d'épargne. V. aussi TC, 22 septembre 2003, *Bergamo c/ Caisse d'épargne et de prévoyance de la Côte d'Azur*, n°3344 ou CE, 27 avril 1994, KOENIG, n°139285 et CE, 1er février 1980, Caisse d'épargne de Coutances, D, 1980, IR, p. 298, note P. DELVOLVE.

Par ailleurs, cette activité de gestion des fonds d'épargne pourrait être considérée pour la Caisse des dépôts et consignations, comme répondant au moins en partie aux critères d'une activité lucrative passible des impôts sur les sociétés[388]. Il s'agit en effet d'une activité financière (placements, gestion de portefeuilles, prêts,...) par nature concurrentielle[389], effectuée par la Caisse des dépôts et consignations en son nom propre. C'est pourquoi, la Cour des comptes[390] se demande s'il ne serait pas souhaitable, malgré un cadre juridique complexe, que la Caisse des dépôts et consignations soit imposée à raison de sa rémunération de la gestion de ces fonds d'épargne, au titre des impôts commerciaux.

On pourrait alors s'interroger sur l'assimilation des fonds de réserve à des simples prélèvements de l'Etat en rémunération de sa garantie, prélèvements d'autant plus nombreux et exceptionnels que l'Etat a besoin, dans le contexte économique présent, de mannes budgétaires et extrabudgétaires conséquentes. En effet, pour l'Etat, ces fonds de réserve mis en place par la Caisse des dépôts et consignations[391], jouent le même rôle que pour ce qui est du montant de la cotisation d'adhésion au fonds de garantie régi par le droit commun[392] : le prix de la garantie de l'Etat, c'est le moindre rendement qui apparaît dans les comptes des fonds d'épargne du fait des contraintes de liquidité et de solvabilité qui leur sont imposées.

Il conviendra alors de rejeter l'idée selon laquelle le prélèvement des disponibilités des fonds d'épargne est le prix de la garantie étatique : le prix économique de cette garantie, c'est le coût de la gestion très prudente, sous le sceau de la Foi publique, qui justifie une des missions fondatrices de la Caisse des dépôts et consignations et l'indépendance volontairement reconnue au Directeur général de cet Etablissement ; gestion réduisant éventuellement le résultat financier de ces fonds d'épargne. Plus sérieusement, il est donc tout à fait naturel qu'une fois l'intérêt servi au déposant et le prix de la garantie acquitté, les profits tirés de la gestion reviennent à *« l'actionnaire »* du gestionnaire. C'est ce qui se passe dans les réseaux privés et par analogie pour les fonds d'épargne gérés par la Caisse des dépôts et consignations ; c'est donc à l'Etat que doivent revenir ces profits. Dans ce cadre, l'Etat doit assumer la responsabilité des risques pris par les fonds d'épargne, notamment par le comblement d'éventuels déficits ou par la reconstitution de fonds propres si ceux-ci devenaient insuffisants. En pratique, les fonds d'épargne sont actuellement soumis aux principaux ratios de solvabilité de la réglementation bancaire. Fixée réglementairement, après avis de la Commission de surveillance, cette rémunération ne peut avoir actuellement pour effet de ramener le montant des fonds de réserve à une somme inférieure à 2% des dépôts centralisés à la Caisse des dépôts et consignations.

Cette situation est clairement dangereuse dès lors qu'aucun établissement de crédit de droit commun ne pourrait être considéré comme viable avec tout juste le minimum réglementaire de fonds propres. Or, les pouvoirs publics, par souci de financements publics, ont trop souvent utilisé les fonds d'épargne et leurs fonds de garantie comme des moyens de finance extra budgétaires par rattachement à un

---

[388]Documentation administrative DGI 4H-1161 n°6.

[389]Par extension, les banques, qui gèrent des fonds déposés sur des livrets exonérés d'impôt (livret jeunes, quote-part des CODEVI, LEP, ...) sont imposables dans les conditions de droit commun sur les résultats de cette activité.

[390]Rapport public 2000 de la Cour des comptes, p. 113.

[391]Position de principe adoptée en Commission de surveillance. V. procès-verbal du 4 décembre 1872.

[392]V. rapport NOYER-NASSE *sur l'équilibre des Fonds d'épargne* (mission confiée par le ministre de l'Economie, des Finances et de l'Industrie), 2003 : annexe 5 *produits d'épargne réglementée et garantie* p. 64.

fonds de concours[393] ou par simples prélèvements acceptés de fait[394] ou de droit[395], irritant parfois, sans action possible, le Directeur général et la Commission de surveillance de la Caisse des dépôts et consignations[396]. En effet, ces prélèvements peuvent paraître sujets à controverse dans la mesure où jusqu'en 1983, cette garantie de l'Etat n'était pas rémunérée et qu'elle n'a jamais joué en défaveur de ce dernier. On considère que l'Etat a prélevé entre 1984 et 1997 quelques 335 milliards de francs sur le résultat des fonds d'épargne[397]. Ces prélèvements se sont élevés à 400 milliards de francs de 1984 à 2000. Ils représentent chaque année 2,5% de l'encours des dépôts sur la période 1991 à 1995[398].

Pour toutes ces raisons, le rapport NOYER-NASSE[399] propose que le prélèvement éventuel de l'Etat sur le surplus financier de la gestion des fonds d'épargne ne s'applique qu'après constitution de fonds propres suffisants pour respecter les ratios de solvabilité, définis, non plus par l'autorité politique, mais par les autorités financières. Cela éviterait certainement la banalisation politique des prélèvements auxquels la Caisse des dépôts et consignations est assujettie, à titre fiscal ou non fiscal.

En tout état de cause, la richesse financière de la Caisse des dépôts et consignations ne peut que générer des convoitises, notamment si ce trésor vit en indépendance des autres autorités[400]. Le législateur de 1994 a, pour cela, compris l'enjeu d'une réforme du statut du Directeur général, banalisant de fait toute l'institution.

SECTION II- Des relations légalisées par la réforme statutaire de 1994

Le dispositif légal de 1816 du statut du Directeur général de la Caisse des dépôts et consignations donnait au Directeur général la possibilité d'avoir une politique économique et financière indépendante du gouvernement ou à tout le moins lui permettait de montrer des vues différentes de cette politique[401]. Ce privilège découlait de son statut, composante fondamentale du statut de l'ensemble de la Caisse des dépôts et consignations.

Pour autant, le contexte économique difficile des années 1980 et l'instabilité des majorités politiques à l'Assemblée nationale[402], ont trop vite associé

---

[393]Budget 1990 – Réponse à la question n°2 posée par le Sénat : *Le fonds de réserve et de garantie des Caisses d'épargne,* Rapport sur le projet de loi, adopté par l'Assemblée nationale, portant règlement définitif du budget de 1990, 1992-1993, n°17, Imprimerie nationale, p. 124.

[394]Rapport au Parlement sur l'exécution des lois de finances - *budget de l'exercice 1995* www.ccomptes.fr

[395]Les possibilités de prélèvements sur le fonds de réserve des Caisses d'épargne sont en principe réglementées par le Code des Caisses d'épargne. Peuvent y être imputés, au-delà de la garantie préliminaire qui joue avant celle de l'Etat, les frais de contrôle des opérations des Caisses d'épargne par le ministère des Finances ou le financement de campagnes de publicité et le paiement des suppléments éventuels d'intérêt.

[396]MARIETTE (D.), *L'attitude du gouvernement sur le Foncier irrite la Commission de surveillance de la CDC*, La Tribune, 24 février 1999.

[397]Procès-verbal du 21 avril 1999.

[398]ROBERT (A.), *La Caisse des dépôts et consignations à la croisée des chemins*, Paris II : DEA, Sciences administratives, 2001, p. 45.

[399]Rapport NOYER-NASSE, p. 38.

[400]BEAUDEUX (P.), *Monsieur 200 milliards*, L'Expansion, novembre 1973, p. 139 ; PINSON (G.), *La Caisse des dépôts, grand pourvoyeur de fonds pour l'Etat*, La Tribune, 29 mars 2002.

[401]Remarque étant faite que les taux d'intérêt des fonds d'épargne sont fixés avec l'approbation du ministre des Finances.

[402]Qui vacillent entre nationalisations, privatisations et recherches de « noyaux durs » pour les entreprises privatisées.

le Directeur général de la Caisse des dépôts aux majorités en place, à tel point qu'ils ont été à tort ou à raison totalement confondus[403]. Le temps de la deuxième cohabitation et le *« règne »* jugé trop long d'un Directeur général ayant pris d'importantes initiatives[404] ont été l'occasion d'un projet de démantèlement de l'institution de la rue de Lille[405].

Pour finir, cependant, considérant tout l'intérêt de conserver un tel établissement, l'article 14 d'une loi du 8 août 1994 portant *diverses dispositions d'ordre économique et financier*[406] ne réforme apparemment que le statut du Directeur général de la CDC. Auparavant inamovible, il est désormais nommé pour cinq ans renouvelables comme un simple chef d'entreprise publique.

Au plus près, c'est tout le fondement institutionnel qui est ébranlé. De ces causes de la réforme de 1994 (§1.) découleront des effets, dont les conséquences sont encore à mesurer aujourd'hui (§2.).

§1. Les causes de la réforme de 1994

Ce statut protecteur d'inamovibilité du Directeur général de la Caisse des dépôts et consignations était la conséquence directe de l'indépendance conférée à la Caisse des dépôts et consignations par ses textes institutifs. Le législateur de 1994 aurait donc bien pu s'inspirer de la réforme qu'il avait entreprise quelques mois auparavant pour le Gouverneur de la Banque de France[407].

Pour autant, *« l'affaire de la Société générale »* a été un déclencheur inavoué de cette réforme jalousant un tel statut dérogatoire établi dans la tradition. A cette occasion, le Sénat, par l'intermédiaire de son rapporteur général du budget national, membre de la Commission de surveillance de la Caisse des dépôts et consignations, étendra le débat aux méthodes de gestion du Directeur général de l'Etablissement, par la publication de deux rapports d'informations[408].

A l'automne 1987, le Groupe CDC, par l'intermédiaire de la CNP, avait décidé d'épauler, en qualité d'investisseur institutionnel[409], le projet de Marceau-Investissements concernant la restructuration de la Société générale au moment de

---

[403](X.), *Robert Lion et la Banque de France épinglés par la Cour des comptes*, La Tribune de l'Expansion, 2 octobre 1990.

[404]KEMPINSKI (M.), *Les apanages de Robert Lion*, Le spectacle du Monde, juin 1991, p. 65. M. LION a été notamment Directeur de la construction au ministère du Logement, délégué de l'Union nationale des HLM. Il a surtout été Directeur de cabinet du Premier ministre P. MAUROY à Matignon avant de devenir Directeur général de la Caisse des dépôts et consignations en 1982.

[405](X.), *Le démantèlement de la Caisse des dépôts : une nécessité*, RPR Banque, n°2, janvier 1993 sans rappeler la proposition de loi de M. BALLADUR *relative à la désétatisation de la Caisse des dépôts et consignations et à la suppression de ses privilèges*, Assemblée nationale, n°609, seconde session ordinaire de 1988-1989, 17 avril 1989.

[406]Loi n°94-679 du 8 août 1994 portant *diverses dispositions d'ordre économique et financier*, JORF, 10 août 1994, p. 1668.

[407]Loi n°93-980 du 4 août 1993 relative *à la Banque de France et à l'activité et au contrôle des établissements de crédit*, JORF, 6 août 1993, p. 11047.

[408]CHINAUD (R.), Rapport d'information fait au nom de la Commission des finances, du contrôle budgétaire et des comptes économiques de la Nation *sur les suites susceptibles d'être données au relevé des constatations de la Cour des comptes sur certaines opérations financières de la Caisse des dépôts et consignations*, Sénat, 24 avril 1991, n°298, dit rapport CHINAUD n°298. CHINAUD (R.), Rapport d'information fait au nom de la Commission des finances, du contrôle budgétaire et des comptes économiques de la Nation *sur la Caisse des dépôts et consignations*, Sénat, 9 juin 1992, n°394, dit rapport CHINAUD n°394.

[409]V. *infra*, Partie I, Titre 2.

sa privatisation en 1987[410]. A cette époque, la Caisse des dépôts, à la demande du Président de la Société générale, achète des actions de la Banque pour soutenir leurs cours qui étaient très bas. Le Groupe CDC détenait ainsi 4% de la Société générale. Par ailleurs, la Société immobilière de gestion et de participation (SIGP), filiale de Marceau-Investissements, dont la Caisse des dépôts et consignations est également actionnaire, acquiert fin 1988 plus de 10% du capital de la Société générale, la Caisse des dépôts et consignations détenant alors 32,3% de la SIGP (soit une mise de fonds d'un milliard de francs).

Le 21 décembre 1987, le Sénat décide de créer une commission de contrôle sur *« l'action des entreprises publiques dans les opérations financières portant sur le capital des sociétés privatisées »* tandis que le 1er février 1988, la Commission des opérations de bourse (COB) décide d'ouvrir une enquête sur d'éventuels délits d'initiés ou sur une manipulation de cours qui auraient pu se produire à l'occasion des transactions[411].

A la suite d'une négociation menée sous la conduite de M. TRICHET, à l'époque Directeur du Trésor, un accord est trouvé le 23 février 1988 entre la direction de la Société générale et Marceau-Investissements, qui prévoit la revente des titres de la SIGP principalement à la Caisse des dépôts et consignations et à deux grands actionnaires : le groupe d'assurances AXA et Rhône-Poulenc. Deux pôles d'actionnaires sont constitués : le premier est composé de quatre actionnaires publics, dont la Caisse des dépôts et consignations qui, avec 6% des actions, devient le premier actionnaire de la banque ; le second avec quatre actionnaires privés. Ensemble ils contrôlent plus de 35% du capital de la Banque.

La nature et les modalités de cette intervention de la Caisse des dépôts au capital de la Société générale ont alors brusquement souligné les particularités du fonctionnement de cet établissement à statut « spécial » et la place historique considérable, qui est la sienne sur le marché financier. Or, l'affirmation soudaine que la Caisse des dépôts et consignations se faisait d'activer un certain nombre de participations, selon des critères de neutralité par elle-même déterminés, n'a rencontré de la part, ni des entreprises, ni du marché, cette compréhension et cette lisibilité que la Caisse a apparemment toujours ambitionnées[412].

Les opérations analysées dans le rapport de la Cour des comptes et particulièrement les cessions de titres Wagons-lits et l'acquisition de titres Canal Plus ont conduit aux mêmes interrogations concernant l'utilisation des fonds gérés par la Caisse des dépôts et consignations[413]. Les réponses successivement apportées en urgence par la Commission de surveillance de l'Etablissement ont montré toutes les limites de cet organe qui se posait davantage en défenseur de la Caisse des dépôts et consignations ou de son Directeur général qu'en censeur exigeant[414].

Dans un cadre officiel de rapports d'information, la commission des Finances du Sénat a alors décidé de mettre en place un groupe d'études pour réfléchir sur *les suites susceptibles d'être données au relevé des constatations de la Cour des comptes sur ces opérations financières de la Caisse des dépôts et*

410Sur la genèse de ce *« raid politique »*, v. DEMARIGNY (F.), *Les investisseurs institutionnels. Des actionnaires entre l'Etat et le marché*, th., IEP Paris : sciences politiques, 1993, p. 359 sqq.

411ABESCAT (B.), *Société générale : les initiés à la table*, L'Express, 31 octobre 2002, p. 13.

412V. Introduction générale.

413Analyse des principales observations de la Cour des comptes sur ces opérations reproduite dans le rapport CHINAUD n°298, notamment p. 6 sqq.

414Sur l'instant, v. notamment procès-verbal du 25 octobre 1988 ; procès-verbal du 8 novembre 1988 et procès-verbal du 7 février 1989.

consignations[415] et plus généralement sur *la Caisse des dépôts et consignations*[416]. Au-delà de la gravité de cette mise en cause publique de la Caisse des dépôts et consignations sans précédent depuis la crise de 1848, c'est aussi le contexte politique de l'époque qui médiatise le débat[417].

Dans le mouvement entrepris par la droite libérale parlementaire dès 1989[418], les conclusions du second rapport sénatorial, appuyées en cela par la Cour des comptes, sont sévères à l'encontre de la Caisse des dépôts et consignations. Les sénateurs jugent inutiles l'existence d'*« un nouveau groupe financier public doté d'une banque de marché, d'une compagnie d'assurance, d'une banque spécialisée dans le financement des collectivités locales en France et à l'étranger, d'un groupe de promotion immobilière et de services, d'une banque d'investissement ou d'affaires particulièrement active dans les secteurs aussi concurrentiels que la communication ou le tourisme »*[419]. Dans ces conditions, ils récusent l'organisation de la Caisse des dépôts et consignations dans laquelle coexisteraient des activités d'intérêt général et des activités purement concurrentielles et demandent une clarification des missions de la Caisse essentiellement limitées à la gestion des dépôts et consignations. Ils présentent alors un schéma de réforme créant tout d'abord une centrale d'épargne chargée d'une mission d'intérêt général disposant des dépôts des fonds réglementés gérés par l'Etablissement ; un établissement de crédit *« CDC-Banque »,* soumis à la loi bancaire pour tout ce qui concerne ses activités ressortissant du domaine concurrentiel ensuite ; et enfin la sortie complète de la CNP et CLF du périmètre du groupe de la Caisse des dépôts[420].

La seconde cohabitation politique permet au Premier ministre BALLADUR d'annoncer, dans sa déclaration de politique générale du 8 avril 1993, une proposition de réforme générale de la Caisse des dépôts au même titre que la Banque de France. Si cette dernière est réformée avant la fin de l'année 1993, il faudra attendre mars 1994 pour que le projet de démantèlement de la Caisse des dépôts soit à nouveau soumis à discussion par le ministre des Finances ALPHANDERY.

Ce projet soulève de multiples difficultés de réalisation, compte tenu de la nature des activités exercées par l'Etablissement. La Caisse des dépôts défend son utilité et son statut, aussi bien par la voix de son nouveau Directeur général, M. LAGAYETTE, nommé en décembre 1992 après la démission de M. LION[421], que

---

[415]Rapport CHINAUD n°298.

[416]Rapport CHINAUD n°394.

[417]Sont ainsi médiatisés pour la première fois depuis 1816 des extraits de rapports et de référés de la Cour des comptes relatifs à l'Etablissement, ainsi que des procès-verbaux de séances de Commission de surveillance et diverses correspondances internes à la gestion de la Caisse. Elle entraînera d'ailleurs la réforme par la loi n°91-635 du 10 juillet 1991 modifiant la loi n°83-557 du 1er juillet 1991 portant *réforme des caisses d'épargne et de prévoyance* (JORF, 11 juillet 1991, p. 9023) du régime des procès-verbaux de la Commission de surveillance. V. *supra*. Plus généralement, v. par ex. A. (E.), *Caisse des dépôts : Chinaud organise le déballage,* Libération, 25 avril 1991.

[418]V. la proposition BALLADUR précitée de démantèlement de la Caisse des dépôts et consignations.

[419]Rapport CHINAUD n°394, p. 84.

[420]Qui n'est pas sans intérêt à la lumière des réformes entreprises par M. LEBEGUE à la tête de la Caisse des dépôts et consignations de 1997 à 2002. V. *supra*, Partie II, Titre 1.

[421]Décret du 4 décembre 1992 portant *nomination du Directeur général de la Caisse des dépôts et consignations*, JORF, 8 décembre 1992, p. 16771. De ses collaborateurs et personnels de la Caisse des dépôts et consignations est resté un personnage au caractère différent de celui de M. LION. Calme et prudent, après l'Ecole polytechnique, fit partie du corps de génie maritime avant d'entrer à l'Ecole nationale d'administration et d'en sortir inspecteur des finances. Sous-directeur à l'administration centrale du ministère de l'Economie et du Budget, il dirige le cabinet de M. DELORS de 1981 à 1984, avant d'être nommé second sous-gouverneur de la Banque de France et premier sous-gouverneur en 1990. Il ne

par M. DELALANDE, député issu de la nouvelle majorité et nouveau Président de la Commission de surveillance[422], que des organisations syndicales de l'Etablissement ou de certains milieux politiques et bancaires.

De fait, le gouvernement BALLADUR est embarrassé pour mener à bien une réforme dont les modalités techniques doivent être étudiées avec attention. On a pu alors soutenir que l'inscription de cette réforme dans le programme gouvernemental était d'ordre essentiellement politique, M. BALLADUR se souvenant « *avec aigreur du raid mené contre la Société générale en 1988* »[423]. De plus, pendant toute la période de réflexion à Bercy, la Caisse des dépôts et consignations accorde des soutiens importants aux politiques menées par d'autres ministères[424]. Le ministre du Logement remercie ainsi la CDC pour sa contribution au plan de relance du logement tandis que le ministre des Affaires sociales et de la Ville signe le 16 mars 1994 un protocole d'accord avec l'Etablissement[425]. Dans ces conditions, et parce que la situation économique n'est pas favorable à la croissance, les ressources financières de la Caisse des dépôts demeurent un complément indispensable aux politiques ministérielles au service de la cohésion économique et sociale du pays.

Au regard des annonces de démantèlement de la Caisse faites en 1989, la réforme entreprise en 1994 demeure en apparence relativement modeste en faisant perdre au Directeur général son inamovibilité.

Il eût été certainement préférable encore une fois que les pouvoirs publics prennent leurs responsabilités et manifestent leur défiance à l'égard d'un Directeur général sur le fondement de la Foi publique et des comportements directoriaux qui doivent en découler[426].

Si tel en était le cas, les pouvoirs publics auraient pu adopter avec gravité une lecture extensive de l'article 102 de la loi de 1816 et se demander si la faute de gestion avérée ne constituait pas à elle seule un chef de responsabilité distinct du simple détournement volontairement admis lors de la création de l'Etablissement. Dans ce cas, le Président de la République, sur et avec le contreseing du ministre des Finances peut révoquer le Directeur général de la Caisse des dépôts et consignations. En effet, l'alinéa 1er de l'article L.518-12 codifiant pour partie, et de manière très large, l'article 102 précité confirmerait cette manière de voir : *« le Directeur général est responsable de la gestion des fonds et valeurs de la caisse »*. Contrairement au détournement de pouvoir, la faute de gestion n'est pas une notion légale au sens strict ; et, seules les situations mettant en cause la Foi publique seraient constitutives d'une faute de gestion du Directeur général. A l'inverse, une extension moins audacieuse de la notion de faute de gestion consisterait à considérer que les mauvais résultats peuvent entraîner la révocation du Directeur général, sans pour autant apprécier l'opportunité de choix de gestion qui se seraient révélés comme non rentables. Cette éventualité reste néanmoins hypothétique[427]. Elle est susceptible

demandera pas son renouvellement au poste de Directeur général de la Caisse des dépôts et consignations en 1997.

422Procès-verbal du 4 mai 1994.

423HORNY (G.), *Réformer en douceur la Caisse des dépôts*, Investir, 21 mars 1994.

424ROBERT (A.), *La Caisse des dépôts et consignations à la croisée des chemins*, Paris II : DEA, Sciences administratives, 2001, p. 64.

425Cet accord stipule notamment que la Caisse des dépôts et consignations « *amplifie son action et son engagement dans les politiques de la ville...* » cité par M. ROBERT, *loc. cit.*

426Par analogie de la protection de la confiance légitime. V. par ex. CJCE, aff. C-22/94, 15 avril 1997, *The Irish Farmers Association*, Europe, juin 1997, p. 13, note D. RITLENG.

427Ou désormais de son non renouvellement, v. *infra*, le cas de M. LEBEGUE en 2002.

d'importantes extensions, laissant, en tout état de cause, les acteurs en présence – Commission de surveillance et pouvoir exécutif – à prendre, avec vigueur et force, leur responsabilité, bien au-delà de la simple critique.

Une autre lecture des textes institutifs de 1816 a été envisagée en 1994. Avec un mandat désormais limité à cinq ans renouvelable, le Directeur général de la Caisse des dépôts et consignations doit être considéré comme un simple dirigeant d'entreprise publique de droit commun.

§2. Les effets : un mandat conforme à la direction d'une entreprise publique

Le statut protecteur du Directeur général était la conséquence directe de l'indépendance conférée à la Caisse en 1816, indépendance elle-même découlant de ses attributions des dépôts et consignations[428]. Lié à un mandat conforme à la direction d'une entreprise publique, il est donc désormais clair - et la pratique le confirme - que la modification qui a été apportée au statut d'indépendance du Directeur général est de nature à retentir en droit et en fait sur le régime juridique de la Caisse des dépôts et consignations.

Le Directeur général est désormais privé de son indépendance (I), ce qui altère nécessairement le statut de l'Etablissement (II).

I- Un Directeur général privé de son indépendance

Pour assurer l'indépendance de la Caisse des dépôts et consignations et de son Directeur général, le législateur de 1816 avait prévu diverses règles et coutumes statutaires protectrices. *« Ce fonctionnaire »,* expliquait ainsi DUMESNIL, *« se trouv[ait] placé par la Loi dans une situation exceptionnelle ; hors de toute influence ministérielle, il n'a rien à craindre et rien à espérer, il est l'homme de la Loi»*[429].

C'est donc des conditions de son indépendance et de compétences qu'il faut se soucier et non de la notion d'indépendance elle-même qu'il suffit d'appréhender[430]. M. de COURCEL[431], professeur de philosophie en Khâgne au lycée Henri IV, remarque qu' *« on est indépendant parce qu'on se rend indépendant. C'est là une visée, un propos, une ambition, un défi dont l'issue n'est jamais assurée ».* C'est l'ambition particulière et novatrice de la loi du 28 avril 1816[432].

Cette question des conditions de l'indépendance est, par conséquent, clairement philosophique et sociologique[433]. C'est une double indépendance, à la

---

[428]Procès-verbal du 29 mai 1847.

[429]DUMESNIL (J.), *Lois et règlements de la Caisse des dépôts et consignations dans ses rapports avec les particuliers, les offices ministériels et les administrations publiques, suivis d'un traité des offres de paiement, de la consignation et du remboursement des sommes consignées*, Paris, Videcocq, Joubert et Mme Gouillet, 1839, p. 41.

[430]Pour répondre à la thèse de M. MANSON sur *La notion d'indépendance en droit administratif* (th., Paris II : Droit) soutenue en 1995. V. aussi DEBBASCH (C.), *L'indépendance de la justice*, Mélanges L. DUBOUIS : *Au carrefour des droits*, Dalloz, 2002, p. 27.

[431]COURCEL (de) M., *Qu'est ce qu'un esprit indépendant*, Géopolitique, printemps 1998, p. 75.

[432] V. Introduction générale.

[433]MAYET (I.), *Indépendance de quelques banques centrales européennes : des principes à la pratique*, intervention au colloque tenu le 25 mars 1994 à la Faculté de Droit de Lyon 2, *op. cit*, LPA, 20 juin 1994, p. 15 ; GOUSSEAU (M.), *«Les implications d'un statut rénové de a Banque de France »,* CES, Direction des Journaux officiels, mai 1993, not. p. 20 et sqq.

fois objective - par une inamovibilité statutaire - et, subjective - par un comportement dont la prestation de serment devant la Commission de surveillance est la manifestation la plus évidente - qui est demandée à tout Directeur général de la Caisse des dépôts et consignations[434].

Cette indépendance est attestée dès 1817, lorsque DU TREMBLAY prend sa retraite. Son successeur, le Comte BEUGNOT, ministre d'Etat et membre du Conseil privé du Roi, accepte le mandat de Directeur général de la Caisse, mais refuse le traitement de Directeur général[435]. Il entend exercer son mandat gratuitement. La Commission de surveillance, à ce titre, *« se croit incapable de recevoir sa prestation de serment »*, nécessaire à sa prise de fonction, et DU TREMBLAY revient. La Commission de surveillance se retranche derrière la *« lettre de la Loi »* (de 1816), et évoque cette gratuité de fonction comme ayant *« le grave inconvénient de changer les rapports entre le Directeur général et la Commission de surveillance, d'en affaiblir la responsabilité, et d'en éloigner les hommes dont l'expérience, et les services peuvent y être les plus utiles »*[436].

Gardien de la loi qui le met en place, le Directeur général de la Caisse des dépôts et consignations doit résister aux exigences du pouvoir exécutif parce qu'il est justement l'homme de la Loi. C'est donc un *« esprit d'indépendance »*[437] qui commande la définition des fonctions de Directeur général de la Caisse des dépôts et consignations (A). En pratique, cette liberté d'esprit est encadrée par les règles statutaires générales des dirigeants d'entreprises et établissements publics (B).

A) Une indépendance d'esprit commandée

Cette indépendance d'esprit commandée par le statut particulier de la Caisse des dépôts et consignations se manifestait très aisément par des règles et coutumes protectrices accordées au Directeur général. En cascade, la perte de son inamovibilité a conduit le Directeur général à perdre de fait ou de droit ces prérogatives d'indépendance.

1) Le principe de la révocation ad nutum légalisé

La protection de l'indépendance de la Caisse des dépôts et consignations est en principe d'autant plus forte que la révocation du Directeur général exige l'intervention de la Commission de surveillance. En effet, désormais, il ne peut être mis fin aux fonctions du Directeur général de la Caisse des dépôts et consignations qu'après avis de la Commission de surveillance, qui peut décider de le rendre public, ou sur la proposition de cette commission[438].

---

[434]Réponse d'H. NALLET, ministre de la Justice, Garde des Sceaux à une question de F. d'AUBERT intitulé « *L'Etat partisan* », question au gouvernement, première séance, 17 avril 1991, JORF, AN (CR) (fonds LION archives/CDC). Plus généralement, la Cour européenne des Droits de l'Homme lie étroitement les notions d'indépendance et d'impartialité. V. CEDH, 25 février 1997, *Findlay c/ Royaume-Uni*, Rec. 1997-I, p. 281.

[435]L'article 34 de l'ordonnance du 22 mai 1816 fixait notamment le traitement annuel du Directeur général (à l'époque 20 000 francs). Ce texte a été considéré comme obsolète et a été abrogé par la partie législative du Code monétaire et financier. Il est fixé, par la suite, en considération de l'échelle indiciaire du Directeur du mouvement général des fonds au ministère des Finances. Puis, après le Second conflit mondial, ce traitement semble suivre celui d'un gouverneur de la Banque de France. V. procès-verbal du 21 mai 1948 ; procès-verbal du 19 mars 1965 et procès-verbal du 14 mai 1965.

[436]V. rapport blanc 1818.

[437]V. à ce sujet le n° 61 de la revue Géopolitique : *La liberté d'Esprit*, printemps 1998.

[438]Art. L.518-11 al. 3 du Code monétaire et financier.

Dans ces conditions, si le principe de la révocation *ad nutum* s'applique pour les fonctions des dirigeants d'entreprises et d'établissements publics[439], c'est une inamovibilité de fait qui préside aux fonctions de Directeur général de la Caisse des dépôts et consignations, dès lors qu'il est difficile pour la Commission de surveillance d'user et de justifier d'une telle prérogative. D'ailleurs, en demandant son renouvellement fin 2002 à la direction générale de l'Etablissement, M. LEBEGUE s'inscrivait dans cette démarche[440].

La seule hypothèse de révocation, liée au respect du serment prêté doit donc s'entendre strictement comme le détournement de fonds et valeurs de la caisse[441]. En effet, les circonstances qui ont précédé l'adoption de la loi de 1816 expliquent parfaitement l'idée selon laquelle le législateur de l'époque n'a envisagé avec restriction que le détournement *stricto sensu* : l'Ancien Régime et la période révolutionnaire sont émaillés de multiples exemples opérés par les officiers publics chargés de conserver et de restituer aux particuliers les sommes litigieuses qu'ils détenaient. Le *« scandale OUVRARD »* de mai 1815 était encore dans l'esprit quand NAPOLEON 1er pense à se servir des liquidités de la caisse d'amortissement de l'époque[442]. Dans ces conditions, le législateur de 1816 entendait sanctionner de tels détournements commis par le Directeur général de la Caisse des dépôts et consignations que ce soit pour son propre compte ou ceux réalisés au profit de l'Etat alors que la Foi publique lui commandait un comportement exemplaire[443].

La pratique a néanmoins montré toutes les lacunes des textes de 1816 puisque, dans le silence du statut de la Caisse des dépôts et consignations, le pouvoir de révocation a toujours appartenu à l'autorité de nomination, c'est-à-dire le pouvoir exécutif.

Tel est le cas dans « l'affaire PASQUIER » de 1848. Dans le contexte grave de crise économique et politique[444], le gouvernement provisoire de l'époque s'est tourné vers la Caisse des dépôts et consignations pour réguler le marché monétaire et bancaire. PASQUIER, Directeur général de l'Etablissement, réclame du ministre des Finances GARNIER-PAGES le respect des textes institutifs[445], alors même qu'il avait accepté quelques mois auparavant un second prêt à taux avantageux à la famille royale[446]. Jugeant inacceptables les demandes du ministre des Finances, le

---

[439]CE, 27 décembre 1989, *M. Morin*, AJDA, 1990, p. 90 note X. PRETOT.

[440]MARIETTE (D.) et PINSON (G.), *Daniel Lebègue prêt à un second mandat à la Caisse des dépôts,* La Tribune, 19 septembre 2002.

[441]Art. L.518-12 al. 1 du Code monétaire et financier.

[442]Le seul individu qui a traité avec lui est OUVRARD : l'opération constituait à substituer à la dotation de la caisse d'amortissement cinq millions de rentes à un ensemble de bois et forêts appartenant au domaine public et procurant un revenu équivalent. Un décret impérial autorise alors MOLLIEN à négocier les rentes au cours de 50 francs. L'opération présente est doublement scandaleuse : elle a été consentie au profit de personnes privées, d'une part, et, d'autre part, le prix de cession était anormalement bas. V. PRIOURET (R.), *op. cit.*, p. 29 sqq.

[443]V. Introduction générale.

[444]V. PRIOURET (R.), *op. cit.*, p. 101 sqq.

[445]Tels que le relate PASQUIER lors de la séance de la Commission de surveillance du 13 mars 1848.

[446]La famille royale fait appel, à la même époque, par deux fois à la Caisse des dépôts et consignations pour solliciter des prêts importants. Le second prêt de 3,8 millions est accordé, par exemple, moyennant un intérêt de 4,5% pour 4 ans. Pour garantir ce prêt, LOUIS-PHILIPPE hypothèque la forêt de Breteuil. Cette opération est avantageuse pour la Caisse des dépôts et consignations puisqu'elle lui permettait de percevoir un intérêt supérieur à celui que procurait la rente à la même époque (4%). Cette opération a été faite en pleine conformité avec la Commission de surveillance. La Caisse des dépôts et consignations a été cependant critiquée, parce qu'elle se révélait être aussi très avantageuse pour la famille royale, dont le prêt aurait été consenti à un taux plus élevé dans le secteur privé dans une crise financière et politique que l'on connaît.

Directeur général de la Caisse des dépôts et consignations saisit alors la Commission de surveillance, cette dernière lui donnant naturellement *quitus* de son indépendance, ayant elle-même manifesté un an auparavant son attachement aux principes constitutifs de la CDC[447]. Devant la résistance annoncée des instances dirigeantes de la Caisse des dépôts et consignations et de la Commission de surveillance, le gouvernement décrète la suppression de la Commission de surveillance et le rattachement direct de la Caisse des dépôts et consignations au ministère des Finances. PASQUIER n'a pas démissionné puisqu'il est averti de son remplacement le jour de la nomination de son successeur[448]. Il n'a pas été strictement révoqué, puisqu'il demande quinze jours après, l'ouverture de ses droits à pension de préfet[449], dont une révocation l'aurait privé. Ce qui est évident, c'est que les conditions de son départ demeurent arbitraires puisqu'il a dû attendre un an pour faire valoir ses droits à la retraite comme Directeur général de la Caisse des dépôts et consignations[450].

Il n'en reste pas moins que, vingt-cinq ans plus tard, cette affaire éveillera des échos dans la mémoire de son successeur GUILLEMOT ; se trouvant en 1873, dans une situation semblable de demandes pressantes du ministre des Finances, mais dans un contexte interne à la Caisse des dépôts et consignations - il est vrai - différent[451]. GUILLEMOT, malgré ses protestations[452], sera remplacé par DUFRAYER, lui aussi secrétaire général du ministère des Finances[453]. Il s'agissait peut-être d'une révocation déguisée.

---

[447]Procès-verbal 23 juin 1847.

[448]Une lettre de GUILLEMOT à la Commission de surveillance du 25 novembre 1848 atteste que les conditions de sa nomination et le départ précipité de PASQUIER, notamment en indiquant sa tentative de nomination *in extremis* de deux chefs de bureau au moment où il apprend son remplacement le 3 avril 1848 (document d'archives CDC/MTH).

[449] V. lettre de PASQUIER du 18 avril 1848 au ministre de l'Intérieur pour bénéficier de ses droits à la retraite de préfet de 1810 à 1818 (document archives CDC/MTH).

[450]Il ne réclame la liquidation de sa pension de Directeur général de la Caisse des dépôts et consignations qu'en février 1849. L'affaire ne sera réglée qu'en 1851. V. procès-verbaux des 3 février 1849 et 18 janvier 1851.

[451]Une impression de trouble semble latente dans les relations entre la Commission de surveillance et le Directeur général. Par ex. : procès-verbal du 26 février 1873 (lors de la discussion du budget, sur des questions d'organisation interne des bureaux, affaires dont la Commission de surveillance ne s'occupe généralement pas) ; procès-verbal du 26 février 1873 (le Président de la Commission de surveillance et le Directeur général ont des analyses différentes sur la situation financière de la Caisse des dépôts et consignations) ; procès-verbaux de mai et juin 1872 (la vérification des caisses donne lieu à des observations inhabituelles) ; procès-verbal du 28 mai 1873 (un incident avec le Trésor conduit la Commission de surveillance à exprimer ses positions sur son rôle et son indépendance et la nature de ses rapports avec le ministre des Finances et le Directeur général) ; procès-verbal du 2 juillet 1873 (examen d'une question soulevée à l'occasion d'une observation de la Cour des comptes sur un prêt sur les fonds des Caisses d'épargne par le ministre des Finances, sans aucune intervention de la Commission de surveillance).

Et pour preuve : la Commission de surveillance proteste très partialement le remplacement de GUILLEMOT. V. procès-verbal du 2 décembre 1873 en vertu d'*« une indépendance de la Caisse des dépôts, la prétention du ministre à l'égard du Directeur général ne paraît pas admissible »*. V. aussi procès-verbal du 17 décembre 1873 clôturant ce sujet.

[452]Lettre de GUILLEMOT au ministre des Finances, 28 novembre 1873 protestant de sa révocation *ad nutum* ; lettre de réponse du ministre des Finances au Président de la Commission de surveillance du 1er décembre 1873 et lettre de GUILLEMOT au Président de la Commission de surveillance du 16 décembre 1873 (document archives CDC/MTH).

[453]Décret du Président de la République *admettant Guillemot à faire valoir ses droits à la retraite et nommant DUFRAYER, conseiller d'Etat en service extraordinaire, secrétaire général du ministère des Finances à la tête de la Caisse des dépôts et consignations*, JORF, 28 novembre 1873, 1ère page.

Indépendamment de toute considération financière, ces deux « affaires » démontrent alors la vulnérabilité de la Caisse des dépôts et consignations. Son statut ne lui offre des garanties réelles d'indépendance que dans la mesure où elle se garde de tout conflit politique ouvert avec les pouvoirs publics.

« L'affaire DELATOUR » confirmera cette interprétation en 1925. En l'espèce, suite aux élections législatives de 1924 et l'arrivée de la gauche au pouvoir, le ministre des Finances CLEMENTEL s'adressa le 3 mars 1925 à la Caisse des dépôts et consignations et lui demanda de lui prêter son concours au même titre que les établissements de crédit pour faire face à une inflation galopante : l'opération consista pour la Caisse des dépôts et consignations à porter à l'escompte de la Banque de France une partie de ses bons de la Défense nationale et de souscrire avec l'argent ainsi obtenu 300 millions de bons du Trésor. DELATOUR donna satisfaction à CLEMENTEL, sans avoir consulté la Commission de surveillance[454]. Dans sa séance du 6 mars 1925, la Commission de surveillance ratifie l'opération une fois engagée. Défendu par le Directeur du mouvement général des fonds en séance de Commission, le ministre des Finances réitère sa demande à la Caisse des dépôts et consignations en lui donnant l'assurance que le fait ne se renouvellera plus[455]. La Commission de surveillance décide de subordonner l'autorisation de l'opération à l'envoi au ministre des Finances d'une lettre l'informant de l'impossibilité où se trouverait la Commission d'autoriser une nouvelle opération de cette nature : *« La Commission de surveillance considère qu'elle ne peut, sans méconnaître les règles tutélaires de son institution, effectuer des opérations qui ne sont pas commandées par les besoins de services dont elle a la charge et que justifient seules les nécessités du Trésor»* et de conclure *« tenant compte toutefois de ce que pour l'échéance actuelle, la situation ne peut plus être modifiée, la Commission de surveillance a consenti à réaliser jusqu'à concurrence de ses possibilités [...] l'opération qui lui est demandée »* ; mais la Caisse des dépôts et consignations se « *trouverait à l'avenir dans l'impossibilité de renouveler cette opération* »[456]. De fait, le 24 avril 1925, sans motivation expresse et explicite rapportée dans les procès-verbaux de Commission de surveillance[457], TANNERY, Directeur au ministère des Finances, s'installe au poste de DELATOUR comme Directeur général de la Caisse des dépôts et consignations[458]. PRIOURET[459] commente ainsi cette nomination : *« A un Directeur général qui souhaitait se tenir à l'écart des institutions nouvelles, a succédé un autre Directeur général qui réclame au contraire que l'on fasse appel à la Caisse des dépôts et consignations ».* M. YAGO[460] poursuit cette même idée : *« L'emploi des fonds de la Caisse des dépôts et*

---

[454]Cette situation n'est pas exceptionnelle et a connu de nombreux exemples : procès-verbal du 2 mai 1894 (le Président de la Commission de surveillance indique qu'à cause de la clôture de l'exercice de 1893, il a autorisé le versement au Trésor des bénéfices de 1893, avant la réunion de la Commission) ; procès-verbal du 31 août 1870 (le Directeur général transmet à la Commission de surveillance la copie d'un traité passé d'urgence avec la Banque de France pour un prêt de 40 millions de francs) ; procès-verbal du 8 novembre 1833.

[455]Procès-verbal du 1er avril 1925.

[456]Annexe du procès-verbal *préc.*

[457]Cela étant, cette cessation de fonctions, à la différence d'un non renouvellement, est une mesure prise en considération de la personne du Directeur général. Elle doit dès lors être précédée de la communication de son dossier, formalité instituée par l'art. 65 de la loi du 22 avril 1905, qui est applicable à tout agent public.

[458]Procès-verbal du 24 avril 1925.

[459]PRIOURET (R.), *op. cit.*, p. 290.

[460]YAGO (K.), *L'épargne populaire comme fonds de placement public. Rôle de la Caisse des dépôts et consignations (1919-1939)*, th., Paris X : Histoire du droit, 1996, p. 409.

consignations se soumet à l'ordre du gouvernement et à l'aide de la banque centrale ».

Le statut de l'Etablissement avait pourtant voulu écarter cette soumission[461]. L'indépendance de la Caisse des dépôts et consignations n'est dans ces conditions qu'une simple affirmation. La responsabilité du Directeur général est encourue, dès lors qu'il ne se plierait pas aux demandes formulées par le pouvoir politique. Il pourrait alors y avoir *de facto* révocabilité *ad nutum.* Ce principe de la révocabilité *ad nutum* s'applique à la Caisse des dépôts et consignations comme tous les emplois supérieurs à la discrétion du pouvoir exécutif et le Directeur général perd sa liberté de fonction[462]. L'article 14 de la loi n°94-679 du 8 août 1994[463] avalise cette pratique avec *« la vive émotion »* de la Commission de surveillance, laquelle n'a pas été officiellement consultée sur cette réforme et s'est trouvée réduite à un état d'impuissance[464]. Autrement dit, les conséquences de la réforme de 1994 sont aussi importantes que celles de la crise de 1848 : son statut ne lui offre des garanties réelles d'indépendance que dans la mesure où la CDC se garde de tout conflit, de quelque nature que ce soit, avec les pouvoirs publics[465].

Les surveillants parlementaires, dans les conditions du régime parlementaire de la Ve République, ont néanmoins défendu l'intervention de la Commission de surveillance dans le processus de révocation du Directeur général. Cette dernière, en effet, n'intervenait, à l'origine du projet, d'aucune façon dans l'initiative et la mise en œuvre de la révocation. Le projet de loi modifiée ne prévoit désormais qu'un avis simple de la Commission de surveillance en cas de révocation du Directeur général par le pouvoir exécutif. De portée limitée, cet avis n'emportera pas la décision du Président de la République : la cessation de fonctions ne présente pas, en effet, le caractère d'une sanction au regard de la loi du 11 juillet 1979 sur la motivation des actes administratifs et par conséquent ne figure pas au nombre des décisions qui doivent être motivées[466]. En revanche, s'il s'agit d'une révocation proposée par la Commission de surveillance, on croit pouvoir penser que cette cessation de fonction doit être motivée. Cette proposition, bien que subjective et provenant de la lecture des débats parlementaires de 1994, doit lier la décision du Président de la République sous peine d'être certainement, elle aussi, sans objet. C'est sans doute le sens et la gravité à donner à la distinction de ces deux hypothèses d'avis et de propositions débattues et admises en 1994.

En tout état de cause, et dans ces conditions, alors que la tutelle ne se présume pas, l'éventuelle révocation du Directeur général constitue, de fait, un important facteur de dépendance personnelle, peu compatible avec une simple autonomie de gestion de tout établissement public[467], et notamment de la Caisse des dépôts et consignations, volontairement et fondamentalement voulue indépendante en 1816.

---

[461] GRELARD (F.), *L'accommodation sociale de la Caisse des dépôts et consignations sous l'occupation et ses effets sur le moyen terme (1932-1953)*, Paris, IEP : DEA Histoire du XXe siècle, 2001, p. 15.

[462] Encore que le pouvoir de révocation dont dispose le gouvernement soit alors juridiquement limité. V. MORAND-DEVILLER (J.), *Cours de Droit administratif*, Paris, Montchrestien, 8ème éd., 2003, p. 127.

[463] GRELARD (F.), *op. cit.*, p. 15.

[464] Procès-verbal du 1er juin 1994.

[465] Sauf à relire la fable de LA FONTAINE, *Le chêne et le roseau* (I, 22) et à admettre que la bureaucratie domine le politique : un ministre passe... l'administration reste. Tout est alors affaire, pour le Directeur général, de tact et de diplomatie. L'histoire financière donne un net avantage au politique.

[466] CE, 27 décembre 1989, *préc.*

[467] DUBOIS (J.-P.), *Le contrôle administratif sur les établissements publics*, Paris, LGDJ, Bibliothèque de Droit public, t. 143, 1982, p. 252.

La réforme de 1994 avalise alors une modification considérable de la stature de Directeur général de la Caisse des dépôts et consignations.

2) Une modification considérable de la stature du Directeur général

Sans condition d'âge[468], le recrutement de haut niveau du Directeur général devait lui permettre d'exercer ses fonctions dans les meilleures conditions. Le dispositif institutionnel de 1816 n'évoque, en effet, aucune compétence particulière pour le poste de Directeur général de la Caisse des dépôts et consignations, mais la pratique semble exiger une qualification financière et bancaire reconnue. Les nominations de M. LAGAYETTE en 1992, de M. LEBEGUE en 1997 ou de M. MAYER en 2002 laisseraient penser à une telle appréciation de compétence, le premier occupant le poste de sous-gouverneur de la Banque de France à sa nomination, le second, celui d'administrateur - vice-Président de la Banque nationale de Paris, le troisième ayant été vice-Président de la Banque européenne d'investissement.

Cette dernière condition n'est pas systématique, parce qu'elle est la manifestation de l'indépendance du Directeur général et de son autorité de nomination : ce n'est donc pas l'appréciation portée sur sa compétence qui pourra faire l'objet éventuel d'un moyen d'annulation de la nomination du Directeur général à la Caisse des dépôts et consignations[469], mais sur la réalité de son indépendance[470]. Un tel recours devant le juge administratif semble être ouvert, sans pour autant être exclusif, aux membres de la Commission de surveillance chargée, selon les termes de l'article L.518-7 et -10 du Code monétaire et financier, de la surveillance de la Caisse ; et éventuellement aux membres du Parlement, sous l'autorité et la garantie desquels la Caisse des dépôts et consignations est placée[471].

Avant tout, la Commission de surveillance pourra rappeler au Directeur général les exigences des règles protectrices de la spécificité de la Caisse des dépôts et consignations. Tel est le cas en 1847, à propos de la situation des prêts faits et à faire par la Caisse des dépôts et consignations, d'une part, et d'autre part, de l'opposition à tout prêt formulée par le ministre des Finances qui ne serait pas approuvé par lui et par le ministre de l'Intérieur. La Commission de surveillance demande à *« M. le Directeur général [est invité] à conserver dans ses relations officielles avec le ministre des Finances, l'indépendance de situation qui lui a été attribuée par la loi du 28 avril 1816 et à ne pas accepter par les formes de sa correspondance, à Paris ou dans les départements, un rôle subordonné qui pourrait altérer la position légale et la confiance publique qu'il importe de conserver intactes à l'institution dont il dirige le service »*[472]. De cette lecture, il convient alors de penser que le Directeur général est d'abord le garant de son indépendance, sous

[468]Le Baron DU TREMBLAY a 71 ans quand il accède en 1816 à la direction générale de la Caisse des dépôts et consignations tandis que DEROY en a 35.

[469]Le Conseil d'Etat exerce un contrôle normal dès lors que cette condition est prévue par les textes : v. par ex. CE, 11 décembre 1987, *Syndicat des travailleurs de la recherche extra-métropolitaine*, Rec. p. 416 ; tel n'est pas le cas pour la Caisse des dépôts et consignations.

[470]Dans cette dernière hypothèse, le juge administratif exercera un contrôle restreint. V. CE, 16 mars 2001, *Société coopérative Greenpeace Energy Eg*, DA, juin 2001, p. 16, note C. M.

[471]Art L.518-2 al. 2 du Code monétaire et financier.

[472]Procès-verbal du 29 mai 1847.

l'entremise de la Commission de surveillance. Si tel n'est pas le cas, l'affaire pourra être évoquée devant le Parlement[473].

Plus globalement, force est de constater que les dirigeants de la Caisse des dépôts et consignations observent, surtout durant les trente premières années, des règles très minutieuses tant sur le plan du protocole que dans le style même des correspondances avec le ministre des Finances pour marquer, au moins symboliquement, l'indépendance de l'institution[474].

Dans cet état d'esprit, si la loi de 1816 n'édicte pas strictement un système juridique d'incompatibilités, une trop grande dépendance à l'égard du pouvoir exécutif conduirait certainement à l'annulation manifeste de la nomination.

A titre d'exemple, il n'est pas rare que le Directeur général ait eu des fonctions au sein de cabinets ministériels. C'est ainsi que DELATOUR a été détaché du Conseil d'Etat au ministère de la Marine en qualité de sous-chef du cabinet du secrétaire d'Etat le 7 janvier 1888 et a été chef adjoint du cabinet du ministre des Finances du 1er novembre 1890 au 14 décembre 1892. TANNERY avait été attaché au cabinet du ministre des Travaux publics en 1901 et a été collaborateur de POINCARE dans la campagne de redressement du franc en 1926, alors même qu'il est Directeur de la Caisse des dépôts et consignations dès 1925. Plus récemment, M. LION a été nommé Directeur général de la Caisse des dépôts et consignations en exerçant juste auparavant les fonctions de Directeur de cabinet de M. MAUROY alors Premier ministre. M. LEBEGUE a, dans le même sens, exercé les fonctions de conseiller techniques auprès du même Premier ministre. Ce sera donc la proximité, tant sur le plan personnel que professionnel, avec l'autorité politique qui sanctionnera la nomination d'un Directeur général de la Caisse des dépôts et consignations, tout en sachant aussi qu'il s'agit d'un emploi à la discrétion du Conseil des ministres.

En outre, un Directeur général de la Caisse des dépôts et consignations pouvait même occuper une fonction magistrale d'une collectivité locale. Ainsi, *« Avant de lever la séance, M. le Président J. Denais demande à la commission de bien vouloir ratifier l'autorisation qu'il a précédemment donnée à M. Watteau, Directeur général, d'accepter, le cas échéant, le mandat de maire de Dieppe. Il indique que la Caisse des dépôts et consignations, établissement autonome, étant placée sous le contrôle et la surveillance de la commission, il est normal que cette dernière soit appelée à autoriser le Directeur général à accepter un tel mandat. La commission, unanime, ratifie l'autorisation accordée par son Président à M. Watteau et félicite le Directeur général de son élection à la mairie de Dieppe »*[475]. Aujourd'hui, cette situation est impossible car interdite par le droit électoral qui rend incompatible toute fonction élective avec les fonctions de Directeurs d'entreprises publiques en général.

Pour autant, cette dépendance peut se juger en amont comme en aval de la nomination et relève plus d'un comportement personnel que juridique. C'est ainsi que bien que la carrière de M. LION présentait une expérience d'inspecteur des Finances (1961)[476], de Directeur de la construction au ministère de l'Equipement et du Logement (de 1969 à 1974) ou de délégué général de l'Union nationale des fédérations d'organismes HLM (de 1974 à 1981), sa seule direction de cabinet du

---

[473]V. *infra*, Partie I, Titre II.

[474]V. par exemple les correspondances de M. LION et de M. TRICHET, alors Directeur du Trésor (Archives CDC/fonds LION).

[475]Procès-verbal du 9 février 1951.

[476]A sa sortie de l'ENA (promotion L. Carnot). Nommé inspecteur général des finances depuis 1984.

Premier ministre Pierre MAUROY en 1981 et 1982 aurait pu caractériser un tel motif d'annulation de sa nomination à la tête de la Caisse des dépôts et consignations. La situation est différente pour MM. LAGAYETTE[477] et LEBEGUE[478] puisque, bien que le premier ait été Directeur de cabinet de M. DELORS au ministère des Finances de 1981 à 1984, et, que le second, ait été conseiller technique auprès du Premier ministre, chargé des affaires économiques et financières de 1981 à 1983, leurs carrières respectives se sont par la suite déroulées à l'extérieur de toute pression politique éventuelle. Il n'y a pas eu de passage immédiat entre le cabinet ministériel et la direction de la Caisse des dépôts et consignations.

Issu de la haute fonction publique d'Etat, les affinités politiques, administratives et amicales des dirigeants de la Caisse des dépôts et consignations et du ministère des Finances rendent plus tenaces les efforts d'indépendance du Directeur général et la défense de la spécificité de la Caisse des dépôts et consignations. On trouve ainsi, dans les mémoires de RUEFF, un témoignage particulièrement frappant de cet état d'esprit. A la fin de juin 1937, BONNET est nommé ministre des Finances du cabinet CHAUTEMPS alors qu'il est ambassadeur de France à Washington. La situation de la trésorerie française était à l'époque catastrophique. C'est dans ces conditions que RUEFF, camarade de promotion de DEROY au concours d'adjoint de l'inspection générale des Finances en 1923, demande et obtient immédiatement de ce dernier, sans l'aval de la Commission de surveillance, un concours de deux cent millions de francs de l'époque.

En tout état de cause, un tel recours juridictionnel sur le fondement du manque d'indépendance du Directeur général de la Caisse des dépôts et consignations ne semble pas pouvoir aboutir parce que le texte institutif ne prévoit pas expressément cette condition d'indépendance, à la différence de la Banque de France ou des autorités administratives indépendantes ; surtout parce qu'il s'agit d'un emploi à la discrétion du gouvernement. Seule la forme du décret pourrait éventuellement faire l'objet d'un tel recours devant le juge de l'annulation.

L'encadrement des relations entre le Directeur général de la Caisse des dépôts et consignations et les pouvoirs publics dépasse alors largement une approche juridique insuffisante[479]. La réforme de 1994 ne fait donc que légaliser un tel constat.

---

[477]Après l'Ecole polytechnique, fit partie du corps de génie maritime avant d'entrer à l'Ecole nationale d'administration et d'en sortir inspecteur des finances. Sous-directeur à l'administration centrale du ministère de l'Economie et du Budget, il dirige le cabinet de M. DELORS de 1981 à 1984, avant d'être nommé second sous-gouverneur de la Banque de France et premier sous-gouverneur en 1990. Il a été Directeur général de la Caisse des dépôts et consignations de 1992 à 1997.

[478]Administrateur civil à la direction du Trésor à sa sortie de l'ENA (promotion J. Jaurès) de 1969 à 1973, il a été attaché financier près de l'Ambassade de France au Japon de 1975 à 1976 ; chef du bureau de la balance des paiements et des changes puis chef du bureau de la trésorerie à la direction du Trésor de 1976 à 1980, il est sous-directeur en charge du service épargne et marché financier de 1980 à 1981 ; appelé par Pierre MAUROY comme conseiller technique du Premier ministre, chargé des affaires économiques et financières de 1981 à 1983, il est Directeur du Trésor de 1984 à 1987 ; en 1987, il devient administrateur Directeur général de la BNP jusqu'en 1996 et administrateur Vice-Président de la BNP jusqu'à sa nomination à la tête de la Caisse des dépôts et consignations V. CHEMINEAU (L.), *Daniel Lebègue prend la tête de la Caisse des dépôts*, La Tribune, 18 décembre 1997 ; LESER (E.), *D. Lebègue prendra la tête de la Caisse des dépôts*, Le Monde, 18 décembre 1997 ; (X.), *Daniel Lebègue : de la BNP à la Caisse des dépôts*, Le Figaro, 18 décembre 1997 ; (X.), *Daniel Lebègue gagne la Caisse des dépôts*, Libération, 18 décembre 1997.

[479]Sauf à considérer une modification substantielle du statut de la Caisse des dépôts et consignations par l'autorité ministérielle : v. par ex. l'affaire BREART DE BOISANGER dans les années 1960 (CE, 13 juillet 1962, *Bréart de Boisanger*, Rec. p. 484 et CE, 27 octobre 1961, *Bréart de Boisanger*, Rec. p. 595).

B) Une indépendance encadrée

L'article L.518-11 du Code monétaire et financier reste très lapidaire sur la nomination du Directeur général de la Caisse des dépôts et consignations : *« La Caisse des dépôts et consignations est dirigée et administrée par un Directeur général nommé pour cinq ans. Le Directeur général prête serment devant la Commission de surveillance »*. Pris à la lettre[480], cet article L.518-11 du Code monétaire et financier fixe un mode de nomination du Directeur général de la Caisse des dépôts et consignations moins prestigieux que celui des autres responsables ou dirigeants d'établissements publics, puisque la référence à un décret en Conseil des ministres n'est même pas précisée[481]. C'est donc en accoutumant les textes législatifs et réglementaires relatifs aux emplois de direction dans les établissements publics que se découvrent les conditions statutaires de nomination du Directeur général de la Caisse des dépôts et consignations[482].

Le décret de nomination du Directeur général[483] vise ainsi bien évidemment l'article 13 de la Constitution du 4 octobre 1958, l'ordonnance n°58-1136 du 28 novembre 1958 portant *loi organique concernant les nominations aux emplois civils et militaires*[484], notamment l'article 1er, 3ème alinéa, l'article L. 518-11 du Code monétaire et financier, le décret n°59-587 du 29 avril 1959 modifié par le décret n°85-334 du 6 août 1985 *relatif aux nominations aux emplois de direction de certains établissements publics, entreprises publiques et sociétés nationales* et le décret modifié du 10 juillet 1968 relatif *à l'organisation et à l'encadrement des services de la Caisse des dépôts et consignations*. Le Directeur général de la Caisse des dépôts et consignations est donc un emploi de direction pourvu en Conseil des ministres, comme la majeure partie des dirigeants d'entreprises et établissements publics[485].

---

480 Il convient néanmoins de ne pas perdre de vue les dispositions de l'ordonnance n°58-1130 *préc.*

481 On retrouve cette même lacune à propos des Directeurs des agences régionales de l'hospitalisation. V. art. L.710-19 du Code de la santé publique.

482 Le Directeur général de la Caisse des dépôts et consignations figure expressément sur la liste annexée au décret n°59-587 du 29 avril 1959 relatif *aux nominations aux emplois de direction de certains établissements publics et sociétés nationales (*JORF, 2 mai 1959, p. 4723) ; le décret n°85-834 du 6 août 1985 relatif *aux nominations aux emplois de direction de certains établissements publics, entreprises publiques et sociétés nationales et modifiant le décret n°59-587 du 29 avril 1959 modifié* (JORF, 7 août 1985, p. 9007) a refondu cette liste qui bien entendu comprend à nouveau le Directeur général de la Caisse des dépôts et consignations. Il est donc incontestable que ce dernier est nommé en Conseil des ministres en qualité de Directeur général d'un établissement public.

483 Par ex. : décret du 17 décembre 1997 portant *nomination du Directeur général de la Caisse des dépôts et consignations*, JORF, p. 18319 (nomination de M. LEBEGUE) ; décret du 19 décembre 2002 portant *nomination du Directeur général de la Caisse des dépôts et consignations*, JORF, 20 décembre 2002, p. 21223 (nomination de M. MAYER).

Cela étant, il est à noter que les visas du décret de nomination de M. LAGAYETTE à la tête de la Caisse des dépôts et consignations (JORF, 8 décembre 1992, p. 16771) se sont référés curieusement à des textes abrogés, inadéquats et caduques. C'est ainsi que l'ordonnance du 4 février 1959 a été expressément abrogée par l'article 93 de la loi du 11 janvier 1984. Le décret du 21 mars 1959 sur les emplois supérieurs a lui aussi été abrogé et remplacé par un décret du 24 juillet 1985 et ne concerne pas à proprement parler le Directeur général de la Caisse des dépôts et consignations, n'étant pas un Directeur d'administration. En effet, c'est le décret en date du 29 avril 1959 *préc.* Ce dernier texte a été modifié par le décret du 6 août 1985 *préc.* Dans ces conditions, il n'était pas indispensable de citer le statut général des fonctionnaires où la notion d'emploi supérieur à la décision du gouvernement trouve sa source. Il convenait plutôt de citer l'ordonnance du 28 novembre 1958 *préc.*

484 Ordonnance n°58-1136 du 28 novembre 1958 portant *loi organique concernant les nominations aux emplois civils et militaires*, JORF, 29 novembre 1958, p. 10687.

485 LUCHAIRE (F.), *Le Conseil constitutionnel et les nominations en Conseil des ministres*, RDP, juillet-août, 1995, p. I.

Cette durée de mandat de cinq ans, juridiquement renouvelable, mais soumise aux contingences politiques, contredit néanmoins considérablement le statut du Directeur général et la spécificité de la Caisse des dépôts et consignations. On peut désormais penser que les gouvernements appliqueront à la Caisse des dépôts et consignations le dispositif quinquennal de l'ensemble des dirigeants d'entreprises publiques[486].

Il peut être regretter ce schéma quinquennal qui subordonne le maintien en fonction du Directeur général de la Caisse des dépôts et consignations au seul pouvoir réglementaire[487] alors même que la Caisse des dépôts et consignations est placée sous l'autorité et la garantie de l'autorité législative. Une solution transactionnelle aurait pu consister à un mandat de neuf ans non renouvelable, étant entendu que la Commission de surveillance pourrait toujours proposer la révocation du Directeur général dans les conditions fixées par l'alinéa 3 de l'article L.518-11 du Code monétaire et financier. Cette solution aurait permis de moderniser, à l'image des hautes autorités indépendantes, le statut de la Caisse des dépôts et consignations, tout en sauvegardant les principes et l'originalité de l'Etablissement créé en 1816[488]. Or, cette possibilité n'a même pas été discutée à l'époque.

La Commission de surveillance ne fait alors qu'avaliser un choix politique d'un Directeur général, qui n'a qu'à formellement prêter serment devant l'instance de surveillance de la Caisse des dépôts et consignations pour s'assurer de la tradition et du texte en vigueur à l'alinéa 2 de l'article L. 518-11 du Code monétaire et financier. Le Directeur général pourra alors s'installer dans ses fonctions. Si cette prestation de serment n'avait pas lieu, le décret de nomination pourrait être annulé, car seul ce dernier texte est opposable aux tiers et doit être pris en considération pour le calcul de la durée des fonctions du Directeur général. Pour autant, il convient de penser qu'un tel recours ne puisse se faire que par une personne ayant intérêt à agir (parlementaires ou surveillants), la seule qualité d'épargnant ne semblant pas suffisante[489].

Cela étant, si la procédure de nomination du Directeur général de la Caisse des dépôts et consignations n'a pas été modifiée en 1994, on peut se demander à qui appartient, dans la réalité, la faculté de choisir le Directeur général, au-delà de l'aspect strictement formel. D'un côté, la nomination du Directeur général de la Caisse des dépôts et consignations par le seul Président de la République ou par le seul Premier ministre doit bien entendu être exclue, puisque ce déséquilibre au sein du pouvoir exécutif retentirait plus que jamais, pour l'un ou pour l'autre, sur la direction de la Caisse des dépôts et consignations. Cette hypothèse serait, par ailleurs, contraire au statut particulier de l'Etablissement, spécificité voulue volontairement pour éviter toute mainmise de l'exécutif sur les fonds confiés à la Caisse des dépôts et consignations[490]. C'est pour la même raison qu'il faut refuser,

---

[486]Le précédent de M. LAGAYETTE, et, plus encore, le non renouvellement de M. LEBEGUE alors même qu'il était *« prêt à un second mandat »,* sont clairs à ce sujet V. MARIETTE (D.) et PINSON (G.), La Tribune, 19 septembre 2002.

[487]La Caisse des dépôts et consignations n'est pas le seul cas. M. YOLKA évoque aussi les cas des Directeurs généraux de l'Administration générale de l'assistance publique de Paris, du Centre national de la cinématographie ou de l'ONIC. V. YOLKA (P.), *Le pouvoir de nomination du chef de l'Etat sous la cinquième République*, RDP, 1999, note 55, p. 733.

[488]Et en premier lieu, un retrait massif des fonds d'épargne.

[489]V. *supra*, Partie I, Titre 2.

[490]Avec le Professeur LUCHAIRE, on peut se demander si l'intervention en Conseil des ministres n'est pas une garantie de certains droits constitutionnellement protégés, garantie qui relèverait alors de la

d'un autre côté, la nomination directe par le ministre de l'Economie et des Finances. En matière bancaire, cette hypothèse n'est pas dénuée d'intérêt puisque c'est le ministre de l'Economie qui nommait les membres du conseil national du crédit et de la commission bancaire. C'est lui qui nomme encore aujourd'hui les membres du Conseil des marchés financiers[491]. Curieusement[492], c'est néanmoins sur rapport du Premier ministre et du ministre de l'Economie et des Finances qu'intervient la nomination du Directeur général de la Caisse des dépôts et consignations en Conseil des ministres[493] alors même que l'Etablissement est placé sous l'autorité et la garantie du Parlement.

Il était concevable d'admettre qu'en contrepartie du renouvellement tous les cinq ans du Directeur général, l'avis de la Commission de surveillance – et donc plus généralement celui du Parlement – soit obligatoirement requis pour la nomination de ce dernier[494]. Sur un plan juridique, le parallélisme des formes serait strictement rétabli puisque la Commission de surveillance intervient déjà dans la révocation[495]. Sur un plan plus politique, cette manière de voir est davantage en conformité, au moins, avec l'esprit des textes institutifs de 1816. C'est d'ailleurs en cela que se sont justifiés les débats suscités au Parlement et dans la presse lors de la dernière nomination directoriale[496]. Cela n'aurait pas mis en porte-à-faux la Commission de surveillance en place, qui aujourd'hui ne peut qu'avaliser silencieusement le choix du seul pouvoir exécutif[497].

Pour autant, la nécessité de donner des gages à la classe politique de 1994 et aux établissements bancaires soucieux de l'enjeu financier de la Caisse des dépôts et consignations[498] explique qu'a été retenu un système plus réglementaire que législatif en faisant la part belle au pouvoir exécutif sans tenir compte de la spécificité et de la garantie législative de la Caisse des dépôts et consignations dans l'attribution du pouvoir de nomination du Directeur général.

---

compétence législative et serait aussi en pleine conformité avec l'article 102 de la loi du 28 avril 1816. V LUCHAIRE (F.), *op. cit.*, p. VII.

[491]Art. L.622-1 du Code monétaire et financier.

[492]MARIETTE (D.), *L'avenir de la Caisse des dépôts et consignations en discussion à Bercy*, La Tribune, 18 novembre 2002.

[493]L'absence de contreseing du Premier ministre et du ministre des Finances conduirait naturellement à l'annulation du décret de nomination. V. par ex. CE, 13 mai 1988, *Louet*, Rec. p. 574.

[494]Cet avis ne pourrait être qu'un avis conforme car, on le sait, les avis conformes ne lient pas le Président de la République ; ils sont insusceptibles de recours pour excès de pouvoir (CE, 10 juillet 1995, *Bouvet*, req. n°150104). Il y aurait alors erreur de droit à s'estimer lié par ce type d'avis (CE, 7 juin 1995, *Delaunay*, Rec. p. 626). Plus généralement, v. aussi 98-396 DC, 19 février 1998, *« loi organique portant recrutement exceptionnel de magistrats de l'ordre judiciaire »*, JCP, 1998, II, 10104, note A. QUINT.

[495]V. *supra*, Partie I, Titre 2.

[496]BALLIGAND (J.-P.), question n°270 adressée à M. le ministre de l'Economie, *Caisse des dépôts et consignations*, JORF, AN, 18 décembre 2002, p. 6823 ; FABIUS (L.), question n°278 adressée à M. le Premier ministre, *nomination du Directeur général de la Caisse des dépôts et consignations*, JORF, 15 janvier 2003, p. 6899. V. aussi le 18/12/2002, intervention lors des questions au gouvernement à l'Assemblée nationale – Réponse à une question de L. FABIUS (PS), au sujet des *mouvements de personnels à la Caisse des dépôts et consignations*, www.premier-ministre.gouv.fr/fr/p.cfm?ref=37465 (recherche effectuée le 30 janvier 2003) ; MONTEBOURG (A.), question n°246 adressée à M. le Premier ministre, *Choix du Directeur général de la Caisse des dépôts et consignations*, JORF, 11 décembre 2002, p. 6365. V. aussi L. (M.), *Les changements à la direction de la Caisse des dépôts créent une controverse*, Le Monde, 11 décembre 2002 ; MARIETTE (D.), *La Caisse des dépôts et consignations mobilise l'establishment français*, La Tribune, 10 décembre 2002.

[497]A notre connaissance, le Président de Commission de surveillance ne s'est pas officiellement prononcé sur tel ou tel candidat à la succession de M. LEBEGUE à la différence par exemple de M. MARINI, surveillant représentant le Sénat ou M. BALLIGAND, ancien Président et actuellement surveillant.

[498]GOHIN (O.), *Institutions administratives*, Paris, LGDJ, Coll. Manuel, 2002, p. 37 et plus généralement MEYNAUD (J.), *Les groupes d'intérêt et l'administration en France*, RFSP, 1957, p. 573.

Le législateur aurait pu suggérer la nomination du Directeur général de la Caisse des dépôts et consignations par le pouvoir exécutif à partir d'une liste de noms présentée par les deux chambres d'un commun accord, des commissions des Finances de l'Assemblée nationale et du Sénat, voire davantage par une liste établie par la Commission de surveillance elle-même chargée de surveiller la Caisse des dépôts et consignations et d'en rendre compte chaque année au Parlement par un rapport[499]. Cette proposition[500] existe déjà pour le choix des six membres du Conseil de la politique monétaire de la Banque de France, au su du gouverneur et des deux sous-gouverneurs nommés en Conseil des ministres. L'article L.142-3 du Code monétaire et financier prévoit en effet que les six membres du Conseil de la politique monétaire de la Banque de France soient choisis sur une liste établie d'un commun accord, ou à défaut à parts égales, par le Président du Sénat, de l'Assemblée nationale et du Conseil économique et social. Cette liste comporte trois fois plus de noms que de membres à désigner, lesquels sont choisis en fonction de leur compétence et de leur expérience professionnelle dans les domaines économique, financier ou monétaire. Ils sont nommés par décret en Conseil des ministres pour une durée de neuf ans, le renouvellement du Conseil de la politique monétaire s'effectuant par tiers tous les trois ans. Cela étant, en dépit de cet encadrement assez strict, la pratique a montré que le chef de l'Etat conserve une marge de manœuvre non négligeable, comme le souligne la nomination lors du Conseil des ministres du 3 janvier 1997 de personnalités proches du Président de la République, nomination qui a suscité à l'époque de vives réactions du Président du Sénat.

Il était aussi possible de prévoir un mécanisme de confirmation parlementaire de la nomination, comme il en existe notamment aux Etats-Unis pour les administrations indépendantes. L'article L.518-2 du Code monétaire et financier plaçant la Caisse des dépôts et consignations sous l'autorité et la garantie du Parlement prendrait alors tout son sens pour que le Parlement prenne sa responsabilité politique dans cette nomination. En ce sens, pourrait être organisé un véritable débat au Parlement sur l'opportunité du choix de ce candidat. Par analogie, l'arrêté du bureau de l'Assemblée nationale, réuni le 27 novembre 2002[501], précise la procédure d'examen des candidatures à la présidence de La Chaîne Parlementaire-Assemblée nationale (LCP-AN)[502]. Les candidatures à la fonction de Président-Directeur-Général de la LCP-Assemblée nationale doivent ainsi être examinées par une délégation du Bureau de l'Assemblée nationale chargée de la communication, réunie en formation élargie. Avant audition des candidats, la délégation examine leur curriculum vitae, leur motivation et surtout leur projet pour la Chaîne parlementaire[503]. Cette délibération prend donc en compte l'expérience professionnelle des candidats, leur ambition pour la chaîne parlementaire, la qualité de leur projet, leur capacité à diriger et leur aptitude à développer des relations harmonieuses avec le Parlement. Cette délégation pourrait bien entendu être la Commission de surveillance de la Caisse des dépôts et consignations, qui semble la

---

[499]Art. L.518-7 du Code monétaire et financier.

[500]Elle existe aussi pour le choix d'une personne. V. le Président de la Commission nationale de contrôle des interceptions de sécurité est ainsi choisi sur une liste de quatre noms présentée conjointement par le Vice-Président du Conseil d'Etat et par le Premier Président de la Cour de cassation.

[501]BAN, n°15, 4 décembre 2002, p. 13.

[502]Sur le statut des chaînes parlementaires, v. Introduction générale.

[503]M. LEBEGUE, *« prêt à un second mandat »*, avait tenté de proposer un projet pour la Caisse des dépôts et consignations. V. MARIETTE (D.) et PINSON (G.), *Daniel Lebègue prêt à un second mandat à la Caisse des dépôts,* La Tribune, 19 septembre 2002.

plus compétente à examiner ces candidatures. Dans ces conditions, l'équilibre des pouvoirs instauré par le statut primitif de la Caisse des dépôts et consignations retrouverait son sens et son esprit novateur de l'époque, dans un contexte économique et financier aujourd'hui modifié[504].

En l'état du droit positif, cette réforme de 1994 altère très sérieusement, et de manière plus générale, la stature de la Caisse des dépôts et consignations.

II- Une altération majeure du statut de la CDC

Avec la réforme de 1994, la disposition selon laquelle *« la Caisse des dépôts et consignations est placée sous la surveillance et la garantie de l'autorité législative »*[505] ne peut être que vidée de son sens et la prestation de serment du Directeur général devient un acte dépourvu de justification, puisque, en réalité, c'est le gouvernement qui sera seul juge des actes du Directeur général. Au regard de l'équilibre des pouvoirs et des contrôles internes instaurés par le régime juridique particulier de la Caisse des dépôts et consignations, la modification du statut du Directeur général ne peut à l'évidence être regardée comme une simple harmonisation avec les conditions dans lesquelles sont nommés les dirigeants des entreprises publiques.

C'est donc tant un bouleversement radical dans les relations entre le Directeur général et le gouvernement (A) qu'une modification substantielle des rapports entre le Directeur général et son administration qui sont introduits par la réforme de 1994 (B).

A) Un bouleversement radical des relations entre le Directeur général et le gouvernement

La modification du statut du Directeur général touche à l'un des éléments qui, avec l'institutionnalisation d'une Commission de surveillance, confèrent à la Caisse des dépôts et consignations un statut spécifique. Dans les faits, ce n'est donc plus *« sous l'autorité et la garantie législative »* qu'est placée la Caisse des dépôts et consignations, mais bien sous la dépendance du gouvernement et du ministre des Finances que se situe le Directeur général de la Caisse des dépôts et consignations. Dés lors, *« L'avenir de la Caisse des dépôts et consignations »*[506] est défini directement par le ministère des Finances qui définira la stratégie globale de l'Etablissement. Cela valide l'idée selon laquelle le Directeur général de la Caisse des dépôts et consignations demeure un homme du pouvoir politique en place[507].

Si la nomination, en 1982, de M. LION entrait déjà dans cette logique, la nomination de M. MAYER à la tête de la direction générale de la Caisse des dépôts et consignations est encore très significative en 2002. En effet, ce changement de Directeur général marque une étape importante dans l'existence de l'institution de la

[504]C'est peut-être déjà ce sens que l'on doit trouver dans les *« instructions »* de mise en place de l'intérim du Directeur général par le Président de la Commission de surveillance AUBERGER en décembre 2002. V. COUNIS (A.), *Vers un intérim pour la Caisse des dépôts*, Les Echos, 11 décembre 2002 et procès-verbal du 16 décembre 2002.

[505]Art. L.518-16 du Code monétaire et financier.

[506]MARIETTE (D.), *L'avenir de la Caisse des dépôts et consignations en discussion à Bercy,* La Tribune, 18 novembre 2002.

[507]MARIETTE (D.), *La CDC devrait être dirigée par le candidat soutenu par Chirac*, La Tribune, 18 décembre 2002 ; LEBEGUE (D.) (propos recueillis par L. MAUDUIT et A. MICHEL), *Daniel Lebègue « déplore une politisation de la haute fonction publique »,* Le Monde, 20 décembre 2002.

rue de Lille[508]. Il est, d'un côté, nommé pour un quinquennat directorial parallèle au quinquennat politique national. De l'autre, M. LEBEGUE, Directeur général en place, avait proposé avec l'appui de personnalités politiques et bancaires, un *« projet »* pour la Caisse des dépôts et consignations et son Groupe[509], alors même que le gouvernement n'avait pas encore défini *« la feuille de route »* de M. MAYER. Ce qui surprenait donc, à l'époque, c'était autant la difficulté à trouver une personnalité incontestée pour remplacer M. LEBEGUE que celle à justifier son éviction par des simples critères professionnels. Ce non renouvellement apparaît directement, dans ces conditions, comme une mainmise du politique sur la Caisse des dépôts et consignations[510]. Il convient dès lors de se demander si la stature du Directeur général de l'Etablissement établie en 1816 pour protéger les fonds privés face au pouvoir exécutif est encore pertinente. Par ailleurs, il est convenu désormais de discuter d'une *« feuille de route »*, c'est-à-dire d'un engagement sur cinq ans d'un Directeur général désigné à la direction de la CDC pour une tâche notifiée par le gouvernement. Ainsi, M. MAYER se propose de préserver dans les cinq années à venir *« tout à la fois les intérêts patrimoniaux de l'Etat et les intérêts stratégiques des entreprises et du groupe »*[511]. En comparaison avec l'invitation de la Commission de surveillance du 29 mai 1847 selon laquelle le Directeur général devait se garder de *« conserver dans ses relations officielles avec le ministre des Finances, l'indépendance de situation qui lui a été attribuée par la loi du 28 avril 1816 »*, on est en droit de penser que le statut originel de la Caisse des dépôts et consignations est totalement dépassé et que les fonds d'épargne ne semblent plus être protégés.

Certes, il convient de penser que cette *« feuille de route »* n'a aucune valeur normative et ne peut faire l'objet d'aucune annulation contentieuse[512]. Elle semble être un simple instrument d'orientation qui établit une ligne de conduite pour le Directeur général de la Caisse des dépôts et consignations. *« Acte programmateur »*[513], cette directive n'a qu'un caractère indicatif, matériellement mais non formellement reconnue[514]. Elle a néanmoins une haute valeur politique. On retrouvait déjà cette idée quand M. LION se proposait en 1982 *« un projet pour la Caisse des dépôts et consignations »*[515]. A l'inverse, en 1997, lors de la nomination de M. LEBEGUE à la tête de la Caisse des dépôts et consignations, le ministre des Finances de l'époque lui fait part *« des orientations qui me [lui] paraissent devoir guider votre [son] action au cours de ce mandat »*[516]. Les instructions du ministre des Finances sont dans la logique de la réforme de 1994. Cette manière de voir modifie considérablement la nature des relations avec le ministre des Finances. Ce dernier considère désormais la Caisse des dépôts et consignations comme une

---

[508]ABESCAT (B.), *Caisse des dépôts. Les coulisses d'une succession*, L'Express, 16 janvier 2003.

[509]Il souhaitait notamment développer, à partir d'EULIA, un pôle de regroupement européen dans la banque d'investissement et les marchés de capitaux. Or, il avait été jugé que les capitaux publics de ses filiales empêcheraient ces partenariats.

[510]COUNIS (A.) et MABILLE (P.), *Caisse des dépôts : ultimes tractations pour la désignation du Directeur général*, Les Echos, 9 décembre 2002.

[511]MAYER (F.) (interview), *Une « feuille de route » pour les cinq ans à venir*, CDscope, n°229, avril-mai 2003, p. 4.

[512]Par analogie, CE, 20 octobre 1999, *Fédération des syndicats généraux de l'Education nationale et de la Recherche publique*, n°1148, JCP, 26 janvier 2000, obs. M.-C. ROUAULT.

[513]CHEVALLIER (F.), *Contribution à l'étude des actes directifs*, th. Paris II, 1976, p. 207.

[514]CLIQUENNOIS (M.) et LASCOMBE (M.) (préf. de P. SANDEVOIR), *Les directives : approche d'un terme juridique palingénésique*, Paris, PUF, 1979, p. 53 et p. 61.

[515]Procès-verbal du 25 mai 1983 et plus généralement archives Fonds LION.

[516]V. plus généralement procès-verbal du 14 janvier 1998.

simple entreprise publique devant suivre les objectifs de la politique gouvernementale. D'une indépendance proclamée en 1816, on passe à une simple autonomie de gestion d'une entreprise.

Cette modification des relations entre le ministre des Finances et la Caisse des dépôts et consignations a retenti sur l'équilibre interne à l'Etablissement.

B) Une modification substantielle de l'équilibre interne de la CDC

Si, sur le plan interne, la réforme de 1994 ne semble pas avoir eu légalement de conséquence particulière s'agissant des collaborateurs directs du Directeur général, elle a en réalité modifié de manière substantielle l'organisation de la direction de l'Etablissement.

Le Directeur général de la Caisse des dépôts et consignations est en effet traditionnellement assisté de cinq Directeurs dont deux Directeurs généraux adjoints et un secrétaire général, ainsi que de chefs de services qui prêtent également serment devant la Commission de surveillance[517]. Si le secrétaire général est nécessairement choisi parmi les chefs de service, les Directeurs adjoints ou les sous Directeurs de l'Etablissement, il n'est exigé, pour l'accès aux autres emplois de Directeurs, d'autres conditions que celles prévues pour les Directeurs d'administration centrale[518]. Les nominations aux emplois de Directeur sont prononcées par décret simple du Président de la République, pris sur le rapport du ministre de l'Economie et des Finances et après avis du Directeur général de la Caisse des dépôts et consignations[519]. Les chefs de services, Directeurs adjoints et sous-Directeurs sont nommés par arrêté conjoint du Premier ministre et du ministre des Finances[520]. Ces dispositions, spécialement édictées pour l'organisation et l'encadrement des services de la Caisse des dépôts et consignations, ne sont pas affectées par les dispositions à caractère général de l'article 25 de la loi du 11 janvier 1984 relative à la fonction publique de l'Etat, qui, reprenant le dispositif antérieur, renvoient à un décret en Conseil d'Etat la détermination, pour chaque administration et service, des emplois supérieurs pour lesquels les nominations sont laissées à la décision du gouvernement et sont essentiellement révocables. Au demeurant, les Directeurs de la Caisse des dépôts et consignations ne figurent pas dans l'énumération de l'article 1er du décret n°85-779 du 24 juillet 1985 portant application de l'article 25 de la loi précitée. Il en résulte que le régime juridique applicable aux Directeurs de la Caisse des dépôts et consignations procède exclusivement des textes spécifiques pris pour l'application des dispositions législatives spéciales définissant le statut de la Caisse des dépôts et consignations. Il est à souligner que la nomination des Directeurs requiert l'avis du Directeur général de la Caisse des dépôts et consignations et, par parallélisme des formes, leur révocation nécessite également cet avis. Les Directeurs de la Caisse des dépôts et consignations ne peuvent donc être en principe considérés, à la différence du Directeur général de l'Etablissement, comme révocable *ad nutum*.

Ces dispositions dérogatoires s'expliquaient par le respect du principe d'indépendance de la Caisse des dépôts et consignations et étaient cohérentes avec le

[517]Art. 2 de l'ordonnance du 22 mai 1816 modifié et art. 2 du décret n°68-632 du 10 juillet modifié.
[518]Art. 3 du décret n°74-790 du 16 septembre 1974 *modifiant le décret n°68-632 du 10 juillet 1968 relatif à l'organisation et à l'encadrement des services de la Caisse des dépôts et consignations*, JORF, 22 septembre 1974, p. 9792.
[519]Art. 3 du décret n°68-632 modifié.
[520]Art.4 du décret n°68-632 modifié.

statut du Directeur général de la Caisse avant sa réforme de 1994. Or, cette modification des conditions de nomination du Directeur général de la Caisse des dépôts et consignations a nécessairement un retentissement sur les conditions de nomination des Directeurs, qui se voyaient conférer un statut plus protecteur. Il a été donc convenu en pratique que la nomination de Directeurs à la Caisse des dépôts et consignations se fasse par la voie du simple détachement ou du contrat, dont le renouvellement est laissé à la discrétion du gouvernement[521]. A partir de là, un changement de Directeur général de l'Etablissement entraîne désormais, de fait, une nouvelle équipe de direction[522].

Bien que discutable sur un plan strictement juridique, cette situation se comprend facilement. En effet, au terme du décret n°68-632 du 10 juillet 1968 modifié, les Directeurs exercent, en ce qui concerne la gestion de l'Etablissement, les attributions qui leur sont déléguées de façon permanente par le Directeur général. Le secrétaire général assiste le Directeur général en ce qui concerne l'administration de l'Etablissement. C'est à ce titre que ce dernier remplace provisoirement le Directeur général de l'Etablissement[523]. De plus, si la modification du statut du Directeur général n'a pas formellement de conséquences sur la désignation des Présidents de C3D et CDC-Ixis, nommés par décret sur la proposition du conseil d'administration, la pratique paraît moins évidente. En effet, le Directeur général semble politiquement tenu de désigner au conseil d'administration de ces filiales des représentants conformes aux souhaits du gouvernement[524]. Cela ne peut que renforcer la dépendance envers le gouvernement du Président des principales filiales de la Caisse des dépôts et consignations (C3D, CNP, CDC-Ixis), révocable à tout moment.

Cette réforme de 1994 du statut du Directeur général de la Caisse des dépôts et consignations a fondamentalement modifié les relations que ce dernier peut avoir avec les pouvoirs publics. Elle peut désormais se définir comme une institution dont le gouvernement définit et adapte les missions, que son Directeur général met en œuvre sous le contrôle de sa Commission de surveillance. De la simple modification du statut du Directeur général, on est passé à une profonde redéfinition de l'essence de l'Etablissement de la rue de Lille volontairement souhaité indépendant en 1816. C'est donc peut-être au sein de cette Commission de surveillance que pourra être défendue cette indépendance des fonds que les pouvoirs publics lui confient et plus généralement ce qui reste de l'indépendance de son statut. En ce sens, la Commission de surveillance doit véritablement être un organisme autonome de contrôle et de protection de la Caisse des dépôts et consignations.

---

[521]Par ex. décret du 29 janvier 2003 portant *nomination d'un Directeur à la Caisse des dépôts et consignations*, JORF, 30 janvier 2003, p. 1879 ou arrêté du 6 avril 2001 *portant détachement (Caisse des dépôts et consignations)*, JORF, 18 avril 2001, p. 5964.

[522]A. (C.), *Caisse des dépôts et consignations : Francis Mayer constitue son équipe*, Les Echos, 6 mai 2003.

[523]Arrêté du 3 décembre 1997 relatif au *remplacement du Directeur général de la Caisse des dépôts et consignations*, JORF, 4 décembre 1997, p. 17501 ; arrêté du 16 décembre 2002 relatif au *remplacement du Directeur général de la Caisse des dépôts et consignations*, JORF, 17 décembre 2002. V. aussi les procès-verbaux des 3 décembre 1997 et 16 décembre 2002.

[524]V. *infra*, notamment Partie I, Titre 2.

TITRE SECOND

La Commission de surveillance, un organisme autonome de surveillance et de protection de la Caisse des dépôts et consignations

La Commission de surveillance de la Caisse des dépôts et consignations a une mission, non pas de gestion, mais de régulation et de surveillance de l'activité de la Caisse des dépôts et consignations en général[1], des attributions conférées au Directeur général en particulier[2].

La première phrase de l'article L.518-7 du Code monétaire et financier, relatif aux missions de la Commission de surveillance[3], peut à cet effet sembler redondante ; sa lecture *a contrario* est pourtant nette quant à la mission de cette Commission : elle n'administre pas la Caisse des dépôts et consignations[4]. C'est au seul Directeur général qu'incombe cette responsabilité[5]. Elle exerce aussi le contrôle permanent de la gestion de la Caisse des dépôts et consignations. A cet effet, elle doit recevoir du Directeur général le compte trimestriel *« de la situation de la Caisse des dépôts et consignations »*, qui est rendu public[6] ; elle peut aussi opérer toute vérification qu'elle juge *« utile »*[7]. En effet, à la différence d'un conseil d'administration ou d'un conseil de surveillance, elle ne prend pas de décision de gestion et n'examine l'administration et la gestion du Directeur général que de manière ponctuelle[8]. Plus généralement, la Commission de surveillance assure le suivi et la conformité du développement des activités de la Caisse des dépôts et consignations avec la spécificité de l'Etablissement : la surveillance de la Caisse des dépôts et consignations est sa raison d'être (chapitre premier).

Pour faire respecter ces équilibres économiques, politiques, financiers ou sociaux du secteur public français avec les intérêts de la Caisse des dépôts et consignations, la Commission de surveillance a des moyens juridiques étendus. Elle est dotée, d'une part, d'un pouvoir quasi réglementaire propre ayant le caractère de force obligatoire pour ceux qui concernent certains actes graves, tels l'adoption du budget[9] ou la révocation du Directeur général de l'Etablissement[10]. Elle a, d'autre part, un pouvoir de surveillance important qui se traduit dans la réalité par des prérogatives en matière d'investigation, d'injonction ou de sanction pour rechercher, prévenir ou réprimer les manquements éventuels au statut et à l'indépendance de la Caisse des dépôts et consignations. La protection de cette indépendance est la mission fondamentale de la Commission de surveillance (chapitre second).

---

[1]Art. L.518-7 du Code monétaire et financier, 1ère phrase.
[2]Art. L.518-12 du Code monétaire et financier.
[3]*« La Commission de surveillance est chargée de surveiller la Caisse des dépôts et consignations ».*
[4]Art. 849 du décret du 31 mai 1862 portant *règlement général de la comptabilité publique*.
[5]*Idem.*
[6]Art. L.518-8 du Code monétaire et financier, 1ère phrase.
[7]Art. L.518-8 du Code monétaire et financier, 2ème phrase.
[8]Procès-verbal du 24 janvier 1989.
[9]Art. L.518-12 al. 2 du Code monétaire et financier.
[10]Art. L.518-11 al. 3 du Code monétaire et financier.

CHAPITRE PREMIER – LA SURVEILLANCE DE LA CAISSE DES DEPOTS ET CONSIGNATIONS, RAISON D'ETRE DE LA COMMISSION DE SURVEILLANCE

Parce qu'elle agit en liaison avec divers partenaires et que, par elle, l'Etat pose les jalons de sa présence (section I), la Commission de surveillance contrôle la « *situation* »[11] de la Caisse des dépôts et consignations (section II).

SECTION I- La Commission de surveillance, résultat d'une union tripartite

Si la composition de la Commission de surveillance lui donne une coloration législative, il n'en demeure pas moins que la présence de représentants des grands corps de l'Etat contribue à renforcer les garanties de compétence technique de cet organe[12]. En 1816, la Commission de surveillance ne comprenait que six membres[13], parmi lesquels un pair de France, deux députés, celui des trois Présidents de chambre à la Cour des comptes désigné par le roi, le gouverneur de la Banque de France et le Président de la Chambre de commerce de Paris. Depuis 1948[14], la Commission de surveillance se compose de onze membres[15] ; aux six

---

[11]Terme employé par l'article 112 de la loi de 1816.

[12]Quand bien même la Charte de 1814 n'admettait ni incompatibilité, ni inéligibilité. V. *infra* les biographies de représentants des grands corps de l'Etat cumulant leur fonction avec un mandat parlementaire.

Les biographies sont en principe établies à partir des dossiers personnels des membres de la Commission de surveillance (1816-2003), consultés en bibliothèques de l'Assemblée nationale et du Sénat, de la Cour des comptes et du Conseil d'Etat, de la Banque de France, de la Chambre de commerce de Paris et des Caisses d'épargne.

Par ailleurs, nous avons notamment consulté les ouvrages suivants :

- ROBERT (A.), COUGNY (G.) et BOURLOTON (E.) (dir.), *Dictionnaire des Parlementaires français comprenant tous les membres des Assemblées françaises et tous les ministres français depuis le 1er mai 1789 jusqu'au 1er mai 1889 avec leurs noms, état civil, états de services, actes politiques, votes parlementaires, etc.*, Slatkine Reprints, Genève 2000, réimp. de l'éd. de 1889-1892, Bourloton : t. 1, A-CAY, 622 p. ; t. 2, CAY-FES, 640 p. ; t. 3, FES-LAV, 640 p.; t. 4, LAV-PLA, 640 p.; t. 5, PLA-ZUY, 647 p.
- MINISTERE DE L'ECONOMIE ET DES FINANCES, MINISTERE DU BUDGET. DIRECTION DU PERSONNEL ET DES SERVICES GENERAUX, *Les ministres des Finances de 1870 à nos jours*, Paris, Imprimerie nationale, 1992, 276 p.
- SALOME (L.), THIVEAUD (J.-M.) et TOYTOT (de) (A.), *1816-1986 Caisse des dépôts et consignations, Dossier CDC*, Paris, Service de l'information et de la communication internes, CDC, 1988, 326 p.
- (X.), *Gouverneur de la Banque – Conseil général – Conseil d'escompte – Conseil consultatif – 1800-1997*, Paris, éd. Banque de France, 1er janvier 2000, 109 p.
- YVERT (B.) et al., *Dictionnaire des ministres de 1789 à 1989*, Paris, Perrin, 1990, 1028 p.

Sur le phénomène des parlementaires fonctionnaires, v. MANGIN (X.), *L'introduction du régime parlementaire sous la Monarchie constitutionnelle (1814-1848)*, mémoire DEA, Théorie de l'Etat, Lille II, 1996, p. 114 et sqq.

[13]Art. 99 de la loi du 28 avril 1816.

[14]Loi n°48-103 du 17 janvier 1948 *relative à la composition de la Commission de surveillance de la caisse des dépôts et consignations*, JORF, 18 janvier 1948, p. 564 (codifié à l'article L.518-4 du Code monétaire et financier)

[15]Il faut y ajouter en fait le Président du Conseil de surveillance de la Caisse nationale des Caisses d'épargnes (CNCEP), héritier de l'ancienne Commission supérieure des Caisses d'épargnes, qui y est considéré comme membre à part entière depuis 1966 (procès-verbal du 23 septembre 1966). Toutefois, la

membres présents dès 1816, y sont ajoutés un député, deux conseillers d'Etat, deux conseillers maîtres au lieu et place d'un des trois Présidents de chambre à la Cour des comptes ainsi que le Directeur du Trésor au ministère chargé de l'Economie.

Cette évolution de la composition de la Commission de surveillance[16], tant en ce qui concerne le nombre des commissaires que leur qualité ou origine, traduit la conception fondatrice des Finances publiques au XIXe siècle et le poids contemporain de l'Etat providence. La Commission de surveillance est le relais et l'expression d'un contrôle tant politique (§1.) qu'administratif et financier (§2.) des missions conférées à la Caisse des dépôts et consignations.

§1. La Commission de surveillance, relais et expression du contrôle politique

Les membres parlementaires incarnent la légitimité élective de la Commission de surveillance (I). Leur mode d'élection reste libre de toute procédure stricte (II).

I- La représentation parlementaire, l'incarnation de la légitimité élective de la Commission de surveillance

La présence de parlementaires au sein de la Commission de surveillance fait croire que la Commission reste l'émanation du Parlement au sein de la Caisse des dépôts et consignations (A). L'institution repose en fait sur une association originale entre le pouvoir exécutif et le pouvoir législatif, laissant percevoir un élément de démocratie économique et sociale (B).

A) La Commission de surveillance comme émanation du Parlement

Apparue au XIXe siècle avec l'introduction en France du régime parlementaire[17], il semblerait que la Commission de surveillance de la Caisse des dépôts et consignations soit le premier établissement français au sein duquel ait été représenté le Parlement[18]. En effet, la Caisse des dépôts et consignations étant placée sous le sceau de la Foi publique[19] et « *de la manière la plus spéciale, sous la*

---

codification du Code monétaire et financier se faisant à droit constant, l'article 22 du code des Caisses d'épargne, reprenant le dernier alinéa de l'article 11 de la loi du 20 juillet 1895 n'a pas été modifié.

[16]Il convient de noter, pour mémoire et intérêt historique, que les modifications ayant affecté la composition de la Commission de surveillance ont été adoptées dans des circonstances troublées. V. par ex., décret du 25 mars 1848 *qui supprime la Commission de surveillance de la Caisse d'Amortissement et de la Caisse des dépôts et consignations* (Rec.Varnier, 1894, p. 44) et décret du 25 octobre 1848 relatif *à la Commission de surveillance des Caisses d'amortissement et des dépôts et consignations* (Rec.Varnier, 1894, p. 44) ou loi du 26 novembre 1941 relative *à la composition de la Commission de surveillance de la caisse des dépôts et consignations* (Rec.Varnier, 1960, p. 77), ordonnance du 21 décembre 1944 relative *à la composition de la Commission de surveillance de la caisse des dépôts et consignations* (Rec.Varnier, 1960, p. 207) et loi n°46-438 du 16 mars 1946 *portant modification de l'article 2 de l'ordonnance du 21 décembre 1944 relative à la composition de la Commission de surveillance de la caisse des dépôts et consignations* (JORF, 17 mars 1946, p. 2230).

[17]BARTHELEMY (J.), *L'introduction du régime parlementaire en France sous Louis XVIII et Charles X*, Paris, Giard & Brière, 1904 ; LAQUIEZE (A.), *Les origines du régime parlementaire en France (1814-1848)*, Paris, PUF, Léviathan, 2002.

[18]CHABORD (O.), *La représentation du Parlement dans les organismes extra-parlementaires*, Pouvoirs, n°17, 1981, p. 170.

[19]V. Introduction générale.

surveillance et la garantie de l'autorité législative[20] », il se devait que le Parlement y fût suffisamment représenté. C'est ainsi qu'au delà des parlementaires *intuitu personae*, la présence du Gouverneur de la Banque de France et du Président de la Chambre de commerce de Paris[21], membres de plein droit, et du Président du Conseil de surveillance de la Caisse nationale des Caisses d'épargne et de prévoyance, membre de droit de la Commission de surveillance, dans les conditions restrictives de la loi de 1895, contribuait à garantir cette situation univoque[22]. A l'époque, les conceptions même de l'assemblée politique parlementaire et de surveillance faisaient de la Commission de surveillance, à elle seule au moins, une Commission extra-parlementaire, au mieux l'émanation du Parlement à la Caisse des dépôts et consignations[23].

Instance d'études et de propositions, sans pouvoir prendre de décision engageant définitivement le Parlement, *« la Commission de surveillance est chargée de surveiller la Caisse des dépôts et consignations »*[24] ; ses observations ne sont pas obligatoires pour le Directeur général de la CDC[25] ; elle rend compte au Parlement *« sur la Direction morale et la situation matérielle de l'établissement* [26]». Elle est donc manifestement une Commission consultative au regard du Parlement[27]. Ce raisonnement tient essentiellement de la conception même de la pratique, en France, du régime parlementaire *« idéal »* [28].

---

[20]Art. L.518-2 al. 2 du Code monétaire et financier.

[21]Une ordonnance du 8 mars 1817 a dû préciser que le Président de la Chambre de commerce de Paris est le Président électif de cette Chambre. En effet, l'arrêté du 3 nivôse An XI (24 décembre 1802) qui rétablissait les Chambres de commerce, disposait que le préfet de Seine en était « membre né » et présidait la Chambre toutes les fois qu'il assistait aux réunions. La Chambre n'élisait alors en son sein qu'un Vice-Président.

Le 17 Germinal An XI (7 avril 1803), lors de sa première séance sous la présidence de FROCHOT, préfet de Seine, la Chambre de commerce élut VIGNON, Vice-Président. Ce titre fut porté jusqu'au 1er juin 1814, date à laquelle la Chambre manifesta sa volonté d'émancipation en procédant à l'élection d'un Président. En effet, à partir de cette époque, la présidence effective du préfet se fit extrêmement rare. Une ordonnance du 16 juin 1832 consacra alors l'élection par les Chambres de commerce de leurs Présidents et le caractère honorifique de la présidence exercée par le préfet. V. en général COTTAREL (O.) (dir. J.-L. GLENISSON), *Répertoire numérique des séries anciennes (archives collectées de 1803 à 1986)*, Archives de la Chambre de commerce et d'industrie de Paris, annexe 1, p. 481 et plus précisément SURIANO (D.), *La Chambre de commerce de Paris et ses « Présidents nés »,* Zoom CCIP, Bulletin intérieur du personnel, décembre 1977, p. 15.

Les débats entre « Président nés » et « Présidents élus » et la précision apportée par cette ordonnance du 8 mars 1817 ont été « un tournant » pour la présidence des Chambres de commerce. V. LEMERCIER (C.), *La Chambre de commerce de Paris 1803-1852. Un « corps consultatif » entre représentation et informations économiques*, EHESS (Histoire), 2001, p. 386 et dossier archives CCIP : *1817 Caisse d'amortissement (Commission de surveillance) Rappel à la chambre (février 1817).*

[22]C'est d'autant plus vrai que, de tradition, ces membres *ès qualité* avaient un mandat parlementaire.

[23]THIVEAUD (J.-M.), *Le statut de la Caisse des dépôts : tutelle parlementaire et crédit de la nation (la foi publique),* Bulletin de l'IREPP : *La Poste : vers une autonomie,* janvier 1991, p. 165.

[24]Art. L.518-7 du Code monétaire et financier.

[25]Art. L-518-9 du Code monétaire et financier.

[26]Art. L-518-10 du Code monétaire et financier.

[27]ECKERT (G.), *Droit public des affaires*, Paris, Montchrestien, coll. Focus droit, 2001, p. 43. V. aussi *infra*

[28]TOULEMONDE (G.), *Le déclin du Parlement sous la Ve République. Mythes et réalités*, Th., Lille II : Droit, 1998. Pour M. TOULEMONDE, cette référence à « l'idéal » du régime parlementaire repose sur une définition minimale de ce régime, seule possible en raison de l'absence de « théorie pure » du régime parlementaire et de la très grande diversité des expériences françaises et étrangères. Il convient alors, selon lui, de rechercher l'esprit du régime pour en tirer des conséquences juridiques. C'est cet esprit qui nous permet d'affirmer que la Commission de surveillance doit être idéalement considérée comme une Commission extra-parlementaire.

La présence prépondérante de surveillants parlementaires marque l'esprit général de la Commission de surveillance au moins dans son fonctionnement[29]. En ce sens, le représentant de la chambre haute préside tout naturellement la Commission dès 1816 : le pair de France agit comme *« commissaire du roi, au nom de la Commission devant les chambres à qui il fait rapport »*[30]. De par sa composition et son fonctionnement, la Commission de surveillance s'apparente alors à certains égards à une assemblée politique[31].

Cette contribution de la Commission de surveillance s'articule autour de la notion de surveillance, c'est-à-dire de *« l'action de veiller sur une personne ou sur une chose dans l'intérêt de celle-ci, ou de surveiller une personne pour la sauvegarde d'autres intérêts »*[32]. Ce terme doit se comprendre, d'une part, au sens d'observation et non de police, et, d'autre part, d'action morale, au sens de canalisation des plaintes évitant des explosions spontanées. CHAPTAL[33] utilise ce terme en l'associant à celui des *« Lumières », « celle des praticiens »,* de la volonté *« d'éclairer »* les pouvoirs publics par des *« renseignements »*. L'autorité politique et technique des parlementaires élus à la Commission de surveillance montre cette importance de l'expérience de praticiens[34].

Le choix du vocabulaire n'est sans doute pas le fruit du hasard et reflète une haute idée de ce qu'est la surveillance de la Commission de surveillance[35]. Bien que tentant, il doit donc être exclu de l'assimiler à un contrôle de tutelle[36]. Pour mieux cerner le concept, la jurisprudence judiciaire lui attribue parfois les qualificatifs de constante[37] ou permanente[38], suffisante[39], attentive et efficace[40], vigilante et étroite[41].

---

[29]C'est ainsi que la Commission de surveillance se réunissait traditionnellement en fonction des sessions parlementaires, à tout le moins en fonction du calendrier du travail parlementaire. V. par ex. à ce sujet, les remarques d'un surveillant parlementaire (procès-verbal du 22 novembre 1918).

[30]Art. 114 de la loi de 1816.

[31]PASSERON (S.), *L'autonomie de gestion des établissements publics nationaux*,, Paris, LGDJ, 1968, p. 156.

[32]CORNU (G.) (dir.) et Association Henri CAPITANT (avant propos de P. MALINVAUD), *Vocabulaire juridique*, Paris, PUF, 4ème éd. (mise à jour), 2003, p. 868.

[33]CHAPTAL (J.-A.), *De l'industrie française*, 1819, rééd. 1993, Paris, Imprimerie nationale, 1993 (avec une présentation de L. BERGERON), p. 61 sqq.

[34]V. biographies des membres de la Commission de surveillance. Il s'agit de manière générale de techniciens dans des domaines aussi variés que la finance, les politiques publiques locales ou l'assurance. Plus généralement, v. JOSEPH-BARTHELEMY, *Essai sur le travail parlementaire et le système des Commissions*, Paris, Delagrave, 1934, p. 10.

[35]AUDIFFRET (C.-L.-G.), *Système financier de la France*, Paris, Guillaumin, 2ème éd., revue et considérablement augmentée, 1854, t. 1, p. 165 sqq. Il convient de faire remarquer que d'AUDIFFRET a commencé sa carrière en qualité de commis à la Caisse d'amortissement et des dépôts en 1805 et qu'il a été Président de la Commission de surveillance en 1847 et 1848. V. ses *Souvenirs de ma famille et de ma carrière dédiés à mes enfants, 1787-1878*, (éd. critique présentée et annotée par M. BRUGUIERE et V. GOUTAL-ARNAL), Paris, CHEFF, 2002, p. 90 et p. 358

[36]Ce terme de tutelle ne correspond pas à la réalité du contrôle opéré par la Commission de surveillance bien que la lecture des procès-verbaux laisse percevoir que la Commission de surveillance sous les présidences MOLLIEN, ROY et d'AUDIFFRET, dirige, dans les faits, la Caisse des dépôts et consignations (et parfois jusque dans ses plus petits détails). L'augmentation des compétences et des activités de la Caisse des dépôts et consignations ne peut évidemment que faire disparaître une telle finesse de la gestion.

[37]C. Cass., civ., 1re, 13 janvier 1982, Dalloz, somm., p. 363, obs. C. LARROUMET.

[38]C. Cass., civ., 1re, 1er décembre 1998, *Mme Guyon c/ Caisse régionale du Crédit agricole*, Bull. civ., 1998, I, n°334, p. 231.

[39]C.Cass., civ., 1re, 20 mars 1990, *Société Holiday Inn c/ Société coopérative Verchenal,* JCP, G., 1990, II, 21564, note G. GOUBEAUX.

[40]C.Cass., com., 6 février 1978, Dalloz, 1979, IR, p. 276.

[41]C. Cass., civ., 1re, 26 novembre 1991, Bull. civ., I, n°337, p. 219.

Elle peut consister en une simple protestation, acte dont le degré de gravité sera fonction de l'enjeu politique et financier pour la Caisse des dépôts et consignations[42]. Cette terminologie permet alors de définir la notion de surveillance comme étant une action préventive[43] en lien direct avec la Foi publique, sceau de la Caisse des dépôts et consignations. Elle consiste à prévenir tout danger susceptible de la menacer aussi bien dans son statut que dans ses activités en général et des dépôts et consignations en particulier[44]. Confortée par les termes de contrat[45] et de pacte[46], la surveillance doit s'organiser dans *« une conception systémique de compréhension de sociétés »*[47]. Elle demande le *« bon sens »*[48], *« transparence, responsabilité et code de bonne conduite »*[49], car le système des dépôts et consignations, activités fondatrices de la Caisse des dépôts et consignations est *« un système à risques »*[50].

Cette manière de voir justifie alors logiquement la surveillance de la Caisse des dépôts et consignations par un organe collégial. Politique par enjeu démocratique, la surveillance doit être aussi la rencontre prudentielle des impératifs économiques et des expertises techniques. Cela justifie la composition de la Commission de surveillance de la Caisse des dépôts et consignations. Technique par ses membres de droit et ses magistrats, elle est politique par la représentation du Parlement. La loi ne demandant aucune qualification dans les domaines juridiques, économiques et techniques[51], c'est donc naturellement que les surveillants mettront leurs *« lumières »*, au sens précité du XIXe siècle, à la compétence de surveillance de la CDC. Dans ces conditions, elle peut être aujourd'hui un modèle de démocratie économique et sociale.

---

[42]Procès-verbal du 24 janvier 1989.

[43]Terme employé par H. CARRE, Directeur du département Economie et Finances à la Commission européenne, pour dénoncer le mécanisme entièrement laxiste du pacte de stabilité et de croissance. A partir de là, l'auteur comprend les limites éventuelles d'une théorie des Finances publiques. V. *La Souveraineté financière et fiscale. L'autonomie budgétaire et la prévision budgétaire*, conférence présidée par J.-F. BERBICOT et organisée par le GERFIP, Université Paris I, 22 janvier 2002.

[44]GHESTIN (J.) (dir.), *Traité de Droit civil. Les conditions de la responsabilité*, Paris, LGDJ, 2ème éd., 1998, p. 372.

[45]MARTINEAU-BOURGNINAUD (V.), *L'obligation contractuelle de surveillance*, LPA, 3 mai 2001, p. 4.

[46]LION (R.), *La Foi publique au tournant du siècle*, Revue des sciences morales et politiques, 1991, p. 57 ; on peut aussi y voir une référence au Pacte de stabilité et de croissance prévu par l'article 103 du TCE et la résolution du Conseil européen de Madrid des 16 et 17 juin 1997. V. ONGENA (H.), *La surveillance budgétaire après le pacte de stabilité et de croissance*, RFFP, décembre 1999, p. 57.

[47]BOUVIER (M.), *Surveillance multilatérale internationale des Finances publiques et pouvoir politique*, RFFP, Avril 2001, p. 131.

[48]*Ibidem*, p. 131.

[49]*Ibidem*, p. 134. N'est ce pas là aussi les termes commandés par la Foi publique ?

[50]Pour reprendre la terminologie de M. BOUVIER, *ibidem*, p.131 et l'esprit fondateur qui présidait en 1816 l'instauration d'une Caisse des dépôts et consignations indépendante du pouvoir exécutif (v. Introduction générale).

[51]Cela n'empêchera pas le juge d'exercer un contrôle normal sur le point de savoir si la condition de compétence est remplie (cas pour les conseils d'administration des banques nationalisées : CE, 6 mars 1987, *Confédération nationale du logement Nord-Pas-de-Calais*, Rec., p. 897) et d'apprécier par un contrôle restreint l'indépendance des membres des autorités administratives indépendantes (CE, 16 mars 2001, *Société coopérative Greenpeace Energy Eg*, DA, juin 2001, p. 16). Bien que non prévu par les textes, ce dispositif ne peut que s'appliquer pleinement à la Commission de surveillance de la Caisse des dépôts et consignations puisqu'elle surveille un établissement qui se veut indépendant.

B) La Commission de surveillance comme élément de la démocratie économique et sociale

Cette formule originale d'association des pouvoirs législatif et exécutif a servi fondamentalement de référence à la représentation du Parlement dans les organismes extra-parlementaires[52]. Il convient de citer, à ce sujet, sous la dénomination légale, la Commission de surveillance et de contrôle des publications destinées à l'enfance et à l'adolescence[53]. Composé de huit membres, dont deux députés et deux sénateurs[54], elle est chargée de signaler aux autorités publiques compétentes, dans un premier temps, les infractions à la loi et de proposer, dans un second temps, toute mesure susceptible d'améliorer les publications destinées à l'enfance et à l'adolescence[55]. Bien que non suivie en 1995, une proposition de loi[56] de création d'une Commission de surveillance ayant pour modèle celle de la Caisse des dépôts et consignations, avait été aussi évoquée par la Commission des Finances de l'Assemblée nationale pour assurer la surveillance des actifs du Crédit Lyonnais.

Pourtant, par manque d'unité et de cohérence, on a estimé, au moins au niveau de l'administration parlementaire[57], que le modèle de Commission de surveillance pourrait se fondre dans les vocables génériques de conseil d'administration ou de surveillance[58], de haut conseil[59], de conseil national[60], de comité[61] ou Commission nationale[62], voire de Commission supérieure[63]. En ce sens, les Commissions de surveillance d'établissements locaux de bienfaisance ont reçu, à partir des années 1980, l'appellation de conseil d'administration. Leurs

---

[52]CHABORD (O.), *op. cit.*, p. 170.

[53]Art. 3 de la loi n°49-956 du 16 juillet 1949 *sur les publications destinées à la jeunesse*, JORF, 19 juillet 1949, p. 7006.

[54]Art. 3 de la loi n°49-956 du 16 juillet 1949, tel qu'il résulte de l'art. 1er du décret n°66-172 du 25 mars 1966 (JORF, 27 mars 1966, p. 2477).

[55]Dans les faits, il est constaté que si de nombreux ouvrages sont bien déposés au secrétariat de la Commission, certains éditeurs s'en dispensent ou ne les remettent que bien après la mise en vente au public. Ils vident ainsi le dépôt de toute effectivité. Par ailleurs, il faut noter qu'en raison notamment de la lourdeur de la procédure, de sa lenteur et de la durée de vie de certains ouvrages qui ne dépasse pas quelque mois, nombre de ceux qui pourraient être sanctionnés ne sont déjà plus en vente lorsque l'avis est rendu. Ces ouvrages peuvent être achetés et ni le ministère de la Justice, ni celui de l'Intérieur n'ont alors le pouvoir de les faire retirer de la vente.

[56]AUBERGER (P.), *Examen de la proposition de loi (n°2007) relative à la mise en œuvre du plan de redressement du Crédit Lyonnais*, Compte rendu n°3, Commission des Finances, de l'Economie générale et du Plan, Mercredi 14 juin 1995, p. 4. On notera que M. AUBERGER est actuellement Président de la Commission de surveillance de la Caisse des dépôts et consignations. Il convient de signaler par ailleurs que les députés membres de la Commission de surveillance de la Caisse des dépôts et consignations ont été saisis de l'opportunité d'une telle création pour le Crédit lyonnais. V. procès-verbal du 5 avril 1995.

[57]SERVICES DE LA SEANCE DE L'ASSEMBLEE NATIONALE ET DU SENAT (recueil établi conjointement par), *Textes relatifs aux pouvoirs publics : Constitution, lois organiques, textes législatifs et réglementaires*, Paris, La Documentation Française, 8ème éd., 2002.

[58]Conseil de surveillance du fonds de réserve pour les retraites ; Conseil de surveillance du fonds de financement de la réforme des cotisations patronales de sécurité sociale ; Conseil de surveillance du fonds de financement de la protection complémentaire de la couverture universelle du risque maladie.

[59]Haut conseil du secteur public ; haut conseil du secteur financier public et semi-public.

[60]Conseil national du crédit et du titre ; Conseil national des assurances ; Conseil national de l'aménagement et du développement du territoire.

[61]Comité des Finances locales ; Comité de surveillance de la Caisse d'amortissement de la dette sociale.

[62]Commission nationale des aides publiques aux entreprises.

[63]Commission supérieure du crédit maritime mutuel ; Commission supérieure du service public des Postes et Télécommunications.

fonctionnements ne semblent pas avoir été éprouvés pour cela[64]. Il est vrai que notre droit positif ne connaît pas de dispositions générales sur les conditions de représentation des parlementaires ou sur les modalités d'exercice de leur participation[65]. Tout au plus, faut-il se référer aux règlements des assemblées.

Pour délimiter la notion de Commission extra-parlementaire, PIERRE[66] distingue très largement trois critères : c'est une Commission consultative placée, auprès des pouvoirs publics, composée non exclusivement, selon la loi, de parlementaires élus par leurs assemblées. Bien que cette définition a le mérite de distinguer notamment la représentation du Parlement dans un organisme extra-parlementaire de la présence de parlementaires dans d'autres organismes dont ils sont membres de droit ou pour lesquels ils ont été nommés *intuitu personae*, il n'en reste pas moins que la multiplication sous la Ve République des administrations pour lesquelles le Parlement dispose d'une représentation particulière a sensiblement modifié l'institution elle-même[67]. On a pu ainsi dire que *« la présence de parlementaires – fût-ce en nombre limité – transforme la nature technocratique de l'organisme en lui conférant un label démocratique »*[68].

Le cas de la Commission de surveillance de la Caisse des dépôts et consignations est évocateur à ce sujet. En effet, si l'on osait dire que la Commission était l'émanation du Parlement à la CDC, les préoccupations financières et les caractéristiques économiques contemporaines problématisent aujourd'hui, à elles seules, l'alliance qui doit exister entre la logique politique et la gestion prudentielle des dépôts et consignations[69].

C'est ainsi que, bien que membre de droit, le gouverneur de la Banque de France, qui, en vertu de la loi, est indépendant, fait généralement désigner un des deux sous-gouverneurs pour le représenter au sein de la Commission de surveillance[70]. Informés par la presse et le Journal officiel de sa nomination, les services de la Caisse des dépôts et consignations convoquent en principe le gouverneur de notre banque centrale pour la réunion de la Commission de surveillance qui suit immédiatement sa nomination[71]. On notera néanmoins qu'à la suite de la nomination de sous-gouverneurs, les services de la Caisse des dépôts et

---

[64]BOUDET (D.), *Le foyer d'Esquermes de 1945 à aujourd'hui*, mémoire de maîtrise : Histoire, parcours droit, 2001, Lille III, imp. EPDSAE du Nord, et plus particulièrement la note n°13 p. 16 ; plus généralement, v. art. L-714-2 du Code la santé publique.

[65]CHABORD (O.), *op.cit.*, p. 170.

[66]PIERRE (E.), *Traité de droit politique, électoral et parlementaire*, 1902, rééd. 1989 (préf. de M. AMELLER, avant propos de P. AVRIL et J. GICQUEL), Paris, Loysel, p. 116.

[67]CHABORD (O.), *op. cit.*

[68]*Ibidem*, p. 172.

[69]V. à ce sujet les conclusions du rapport de MM. NOYER-NASSE, sur *l'équilibre des Fonds d'épargne*. V. *infra* ou les motifs du projet BALLADUR (*Proposition de loi relative à la désétatisation de la Caisse des dépôts et consignations et à la suppression de ses privilèges*, Assemblée nationale, 17 avril 1989, exposée en Introduction).

[70]Si ce principe est admis légalement par la loi de 1876, il faudra attendre 1931 pour que le Gouverneur se fasse représenter. V. procès-verbal du 23 janvier 1931 ; pratique constante. V. par ex., de manière très explicite, procès-verbal du 10 octobre 1952, représentation quasiment institutionnalisée (procès-verbal du 9 août 1966 ; procès-verbal du 14 décembre 1979). Sous le régime de la pratique antérieure, v. par ex. procès-verbal du 30 janvier 1879. A partir de 1987, cet usage semble avoir été remis en cause (procès-verbal du 27 janvier 1987), au moins dans sa conceptualisation : c'est ainsi que la présentation de la Commission de surveillance dans les rapports blancs fait mention du nom du gouverneur « représenté par » (V. par ex, rapport blanc 2001, p. 3).

[71]Par ex., procès-verbal du 21 septembre 1993, M. TRICHET siégeant en qualité de Gouverneur de la Banque de France (il était présent auparavant à la Commission de surveillance en qualité de Directeur du Trésor au ministère de l'Economie. V. procès-verbal du 8 septembre 1987).

consignations correspondent en pratique avec le secrétariat général de la Banque de France pour connaître le nom du nouveau représentant du gouverneur à la Commission de surveillance. Ce dispositif statutaire de représentation est autorisé par l'article L.518-6, 5° du Code monétaire et financier[72]. Les interventions en Commission de surveillance du représentant de la Banque de France restent au demeurant techniques[73] et financières[74], rarement politiques[75]. Le caractère personnel et le prestige public du Gouverneur de la Banque de France ou de son représentant ont bien entendu toute leur importance[76].

Bien que justifiée par l'importance des ressources des fonds du Livret A que les Caisses d'épargne sont tenues de verser à la Caisse des dépôts et consignations[77], la position du représentant des Caisses d'épargne demeure par ailleurs une question délicate[78]. En effet, le dernier al. de l'article 11 de la loi du 20 juillet 1895 sur les Caisses d'épargne[79] prévoyait que *« le Président de cette Commission [la Commission supérieure des Caisses d'épargne] aura entré, avec voix délibérative, à la Commission de surveillance instituée près de la Caisse des dépôts et consignations par l'article 2 de la loi du 6 avril 1876. Il devra être convoqué à toutes les séances où il sera discuté des questions intéressant les Caisses d'épargne».* Cette disposition a été codifiée en 1952 à l'article 22, dernier al., du Code des Caisses d'épargne. En conséquence, informés par la presse de sa nomination, les services de la CDC le convoquent pour la réunion de la Commission de surveillance qui suit immédiatement sa nomination. Dans ces conditions, on pouvait donc dire qu'il y est membre de droit, mais de manière spéciale[80], puisque l'opportunité de le convoquer venait du Président de la Commission de surveillance[81]. Or, la Commission supérieure des Caisses d'épargne ayant été supprimée, le décret n°88-47 du 15 janvier 1988[82] a substitué au Président de la Commission supérieure des Caisses d'épargne le Président du conseil de surveillance de la Caisse nationale des Caisses d'épargne et de prévoyance[83]. Le dernier aliéna de l'article 22 était maintenu en vigueur[84]. Bien au delà de la difficulté juridique du parallélisme des formes qui suppose une modification législative[85], l'article L.518-3 du Code monétaire et financier[86] a entériné une pratique constante depuis 1966 selon

---

[72]Il a toujours été admis à la Banque de France que cette représentation, quand elle a lieu, revenait en pratique au premier sous-gouverneur.

[73]Procès-verbal du 2 décembre 1898.

[74]Procès-verbal du 21 octobre 1930.

[75]Présidence de la Commission de surveillance dans un cadre institutionnel particulier (d'ARGOUT de 1852 à 1857 et ROULAND de 1865 à 1870) ; présidence plus ponctuelle. V. par ex. procès-verbal du 20 mars 1917.

[76]V. par ex., procès-verbal du 20 mars 1895 ; procès-verbal du 28 janvier 1949.

[77]Art. L.221-8 du Code monétaire et financier.

[78]Procès-verbal du 8 mai 1953.

[79]Rec.Varnier, 1900, p. 23.

[80]Procès-verbal du 8 octobre 1943.

[81]Par ex. procès-verbal du 21 octobre 1921 ; procès-verbal du 20 octobre 1933 ; procès-verbal du 17 octobre 1941 ; procès-verbal du 25 novembre 1955.

[82]Décret n°88-47 du 15 janvier 1988 *modifiant l'article 22 du Code des Caisses d'épargne*, JORF, 17 janvier 1988, p. 815.

[83]Loi n°99-532 du 25 juin 1999 *relative à l'épargne et la sécurité financière*, JORF, 29 juin 1999, p. 9487.

[84]Procès-verbaux des 26 janvier et 12 avril 1988.

[85]V. procès-verbal du 19 janvier 1988.

[86]Pour être plus juste, l'article L.518-3 du Code monétaire et financier reprend sans le modifier l'article 22 du Code des Caisses d'épargne et n'ose pas, d'un point de vue rédactionnel, accorder une place identique au représentant des Caisses d'épargne. C'est tout à fait fondé puisqu'il s'agit d'une codification à droit constant. Pour autant, c'est la justification, par la Commission de codification, de l'insertion d'une disposition réglementaire dans un code législatif : *« Alinéa législatif, parce qu'il concerne la Commission*

laquelle le représentant des Caisses d'épargne a la qualité de membre à part entière de la Commission de surveillance. Cette question garde d'autant plus toute son acuité depuis l'alliance d'entreprises EULIA entre les Caisses d'épargne et la Caisse des dépôts et la récente cession de CDC-Ixis au groupe de l'Ecureuil[87].

Enfin, s'il est désormais interdit au Président de la Chambre de commerce de Paris de cumuler cette fonction avec celle de parlementaire[88], sa légitimité « géographique » au sein de la Commission de surveillance peut porter à discussion. En effet, bien que disposant d'une situation privilégiée dans le paysage économique français et européen[89], on peut se demander si la chambre parisienne est mieux à même de *« présenter des vues sur les moyens d'accroître la prospérité du commerce »*, de *« faire connaître les causes qui arrêtent le progrès »*, d'*« indiquer les ressources que l'on peut se procurer »* et de *« surveiller l'exécution des travaux publics relatifs au commerce »*[90], fonctions traditionnelles des Chambres de commerce et d'industrie[91]. On pourrait aisément estimer que le Président de l'Assemblée des chambres françaises de commerce et d'industrie (ACFCI)[92], chargé de coordonner les actions et les prises de position de Chambres de commerce et d'industrie, remplisse cette fonction de surveillance de la Caisse des dépôts et consignations. Cet établissement public, certainement plus représentatif du commerce et de l'industrie, a le mérite d'être implanté au niveau national et de

---

de surveillance de la Caisse des dépôts et consignations ». Il convient néanmoins de penser que l'objectif de la codification demeure une meilleure compréhension, en l'espèce, de la monnaie et des Finances. V. Introduction générale.

En pratique, c'est pourtant bien le cas. Ainsi, avant 1966, le Président de séance de la Commission annonçait la tenue de la réunion en présence du représentant des Caisses d'épargnes. Il en est très rarement fait mention par la suite.

[87]CONESA (E.), *Vent de fronde à la Commission de surveillance de la CDC*, La Tribune, 10 juillet 2003 ; V. aussi *infra*.

[88]98-17 I, 28 janvier 1999, *Situation du Président de la Chambre de commerce et d'industrie de Bastia (Haute-Corse) au regard du régime des incompatibilités parlementaires,* JORF, 31 janvier 1999, p.1652 ; RFDC, 2000, p. 359 , chr. R. GHEVONTIAN. On notera au surplus qu'à partir de la fin du XIXe siècle, les Présidents de chambres ne sont plus parlementaires.

[89]Première Chambre de commerce et d'industrie de France, la Chambre de commerce de Paris représente les quelques 300 000 entreprises de sa circonscription (Paris, Les Hauts de Seine, la Seine-Saint-Denis et le Val de Marne qui réalisent 18 % du PIB). V. www.ccip.fr (recherche effectuée le 10 juillet 2002)

[90]*« Chambre de commerce de Paris 1803-1953 »* (préface de J. FOUGEROLLES), ouvrage pour le cent cinquantième anniversaire de la fondation de la Chambre de commerce de Paris, Paris, Imprimerie nationale, 1953, p. 14. C'est à cette fonction que préside sa représentation au sein de la Commission de surveillance. Ce membre de droit peut pour autant avoir aussi des fonctions administratives et politiques. V par ex., présidence de la Commission (procès-verbal du 29 août 1919 ; procès-verbal du 27 janvier 1928 ; procès-verbal du 15 janvier 1932) ; procès-verbal du 1er février 1946). Les circonstances politiques particulières du régime de Vichy lui ont permis le plus souvent d'assurer la présidence de la Commission de surveillance (par ex. procès-verbal du 2 avril 1943) ; et ceci, malgré la présidence échue à partir de 1943 à LINIER, membre du Conseil national. BIENVENU-MARTIN, vieux sénateur, qui a présidé la Commission de surveillance de 1920 à 1942, BEDOUCE, député socialiste, ancien maire de Toulouse, ministre des Travaux publics du gouvernement BLUM de 1936, DENAIS, qui fut sur le *Massilia*, étaient par ailleurs considérés *personae non gratae* tandis que DAMECOUR, député, décédé durant l'été 1940, n'avait pas été remplacé. On trouvait donc naturellement autour de la table de la Commission des fonctionnaires et des magistrats, dont l'indépendance à l'égard du régime demeurait limitée. V. BARUCH (M.-O.), *Le quotidien et l'exceptionnel. Une institution dans la guerre et la Révolution nationale*, dans AGLAN (A.), MARGAIRAZ (M.) et VERHEYDE (P.) (dir.), *La Caisse des dépôts et consignations, la Seconde Guerre mondiale et le XXe siècle*, Paris, A. Michel, 2003, p. 217 sqq.

[91]Art. L.711-2 du Code du commerce.

[92]Les Chambres de commerce se sont regroupées dès 1899 dans une association des Présidents de Chambres de commerce de France. En 1964, cet organisme a fait place à l'Assemblée permanente des Chambres de commerce et d'industrie (APPCCI), organisée sous forme d'établissement public. Elle est devenue en 1990 l'ACFCI.

connaître sur ce territoire l'ensemble des problématiques commerciales et industrielles[93]. En tout état de cause, informés par la presse de sa nomination, les services de la Caisse des dépôts et consignations convoquent ce membre de droit pour la réunion de la Commission de surveillance qui suit immédiatement sa nomination[94]. Si le Président de la Chambre de commerce de Paris assiste généralement aux réunions de la Commission de surveillance, l'article L.518-3 du Code monétaire et financier lui permet toutefois de se faire représenter par un membre du bureau de la Chambre de commerce de Paris. Cette situation, qui relevait plus de l'organisation interne de la chambre consulaire que de la stricte application des textes[95], a disparu aujourd'hui[96].

Plus généralement, on a pu imaginer une ouverture de la Commission de surveillance à des membres utiles pour leurs « *lumières* » plus communément appelés les «*forces vives de la nation*». Il a ainsi été proposé, tout d'abord, d'accueillir auprès de la Commission de surveillance, le monde syndical aussi bien des patrons que des salariés[97]. Du reste, la représentativité syndicale étant mal vécue en France, cette solution pose la question du choix du ou des syndicats professionnels. De plus, la définition même de la surveillance contredirait cette possibilité de représentation, notamment en ce qui concerne le critère de la permanence. Qu'un membre de la Fédération bancaire française intègre ensuite la Commission de surveillance ne semble pas raisonnable parce que la Caisse des dépôts et consignations n'exerce pas des opérations bancaires ordinaires à titre principal. Tout au plus, le gouverneur de la Banque de France, membre de droit de la Commission de surveillance, est aussi Président de la Commission bancaire[98], cette dernière étant chargée de la surveillance du secteur bancaire et financier[99]. Il y aurait alors double emploi. Enfin, d'autres ont souhaité que soient intégrés à la Commission de surveillance des représentants des élus locaux (Association des Maires de France, Association des Régions de France,...). La Caisse des dépôts et consignations ayant traditionnellement des préoccupations de développement local[100], ce choix paraît pertinent[101]. Pourtant, cette solution ne doit pas être

---

[93]C'est ainsi par exemple que la Caisse des dépôts et consignations et cette Assemblée ont signé un protocole d'accord en juin 2003 ayant pour objet d'inciter les régions qui le souhaitent à structurer des plates-formes opérationnelles rassemblant chambres de commerce, réseaux d'accompagnement à la création d'entreprise et réseaux financiers pour faciliter le parcours des créateurs d'entreprises et leur accès à des financements appropriés. Leur action commune sera renforcée sur des territoires prioritaires : zones urbaines sensibles, zones rurales fragiles et zones en reconversion.

[94]Procès-verbal du 20 janvier 1998.

[95]Procès-verbal du 20 janvier 1909.

[96]V. par ex. avec NOEL (procès-verbal du 24 février 1881 ; procès-verbal du 3 avril 1884, procès-verbal du 23 février 1888 et procès-verbal du 30 janvier 1892), LAFONTAINE (procès-verbal du 29 janvier 1896 et procès-verbal du 18 janvier 1899) ou LESIEUR (procès-verbal du 13 février 1901 et procès-verbal du 27 janvier 1904).

Par délibération du 23 janvier 1889, la Chambre de commerce de Paris a dû formellement confirmer cette possibilité légalement admise pour désigner son Trésorier *« pour la représenter dans le sein de la Commission de surveillance »* (v. procès-verbal du 13 février 1889).

[97]Il semble exclu de proposer une représentativité de syndicats de la Caisse des dépôts et consignations, puisque ce choix assimilerait la Commission de surveillance à un conseil d'administration ou un conseil de surveillance conformément aux dispositions de la loi n°83-675 du 26 juillet 1983 relative à la *démocratisation du secteur public* (JORF, 27 juillet 1983, p. 2326) ; ce qui est exclu de par sa fonction même de surveillance.

[98]Art. L.613-3 du Code monétaire et financier.

[99]Art. L.613-1 du Code monétaire et financier.

[100]HOURTICQ (J.), *La Caisse des dépôts et consignations, banque naturelle des collectivités locales*, RA, 1965, p. 621 et, plus généralement, DALBERA (J.-L.), *Le financement des collectivités locales et le rôle des établissements de crédit depuis les lois de décentralisation*, th., Nice : Droit, 1996, *passim.*

acceptée, puisqu'elle contredirait la représentation sénatoriale déjà malmenée par les combinaisons parlementaires de bicamérisme des régimes successifs français. C'est ainsi qu'à partir de 1876 jusqu'en 1942, un sénateur présidera la Commission de surveillance[102]. A l'inverse, la IVe République qui, après avoir rejeté le bicaméralisme, avait mis en place le bicamérisme inégalitaire, refuse encore un second siège de représentant du Sénat, devenu Conseil de la République, à la Commission de surveillance. La loi de 1948[103], malgré la position positive de la Commission de surveillance[104], n'a pas été mise en harmonie avec le rôle du Sénat sous la Ve République, qui aurait dû avoir en principe un siège supplémentaire[105]. Le mode d'élection de la chambre haute et sa fonction de représentant des collectivités territoriales aurait pu être un argument supplémentaire pour la représentativité du Sénat à la Commission de surveillance[106] ; face à l'Assemblée nationale, il est en effet source de permanence[107] et, donc d'une certaine manière, un foyer indéniable de surveillance de la Caisse[108]. En revanche, sont exclus, parce que service du Premier ministre, la Délégation à l'Aménagement du territoire et à l'action régionale (DATAR) ou toute autre administration ministérielle ; leurs présences seraient, en effet, contraires au statut et à l'indépendance de la Caisse des dépôts et consignations[109], la présence du Directeur du Trésor devant rester la seule exception à ce principe[110]. Pour parfaire ces hypothèses, la Commission de surveillance pourrait judicieusement se renforcer en y intégrant deux membres du Conseil économique et social (le Président et un Vice-Président). En effet, si cette solution a le mérite de rassembler le consensus et une certaine représentativité des caractéristiques économiques et sociales actuelles à la Commission de surveillance, l'étendue de sa compétence, assez généraliste et reconnue par la Constitution aux articles 69 à 71, apporterait à la Commission de surveillance - si besoin s'en faisait sentir - l'opinion d'une assemblée assez proche du gouvernement mais participant

---

[101]V. par ex procès-verbal du 12 avril 1957, relatant une séance de la Commission dans laquelle le représentant de la haute assemblée relate le mécontentement des élus locaux suite à la réduction du volume des prêts aux collectivités locales par la Caisse des dépôts et consignations: Si le critère de subvention de l'Etat n'est plus retenu, c'est désormais un système de contingentement par département après avis motivé du préfet donnant l'ordre de priorité des prêts, qui est mis en place. La Caisse des dépôts et consignations choisirait alors le montage financier le plus adéquat.

[102]Cette présidence de la Commission de surveillance par un membre de la chambre haute montre sans ambiguïté le poids du Sénat dans la vie politique française de la IIIe République, qualifiée parfois de *« République sénatoriale »* (v. par ex, PRELOT (M.) et BOULOUIS (J.), *Institutions politiques et droit constitutionnel*, Paris, Dalloz, coll. Précis, 7ème éd., 1978, p. 609). Au-delà, la présidence exercée par un pair de France de 1816 à 1848 et de 1852 à 1870 répond au poids de la finance, des comtes, barons et marquis de la Restauration et de l'Empire.

[103]Loi n°48-103 du 17 janvier 1948, *préc.*

[104]Procès-verbal du 31 décembre 1946. On remarquera que les surveillants ont demandé aux commissaires représentant le Conseil d'Etat une étude plus approfondie de la question avant de se prononcer collégialement (procès-verbal du 20 décembre 1946).

[105]Sur cette question, v. par ex. FERRETI (R.), *Le bicamérisme de la Ve République*, LPA, 31 décembre 1999, p. 10.

[106]V. à ce sujet, 2000-431 DC, 6 juillet 2000, *Loi relative à l'élection des sénateurs*, LPA, 12 juillet 2000, p. 19, note J.-E. SCHOETTL.

[107]V. TRNKA (H.), *Professeur-sénateur,* dans Mélanges P. GELARD, *Droit constitutionnel*, Montchrestien, p. 93.

[108]Les rapports CHINAUD sont à cet égard évocateurs de ce qu'est la surveillance de la CDC, notamment en ce qui concerne la gestion des dépôts et consignations de son Directeur général.

[109]Procès-verbal du 15 mars 1935.

[110]Art. L.518-4, 7° du Code monétaire et financier.

activement à la fonction législative[111]. En tout état de cause, ce souhait engagerait la Commission de surveillance dans une véritable démocratie économique et sociale, associant techniciens et experts, politiques et financiers, à parts égales[112].

Cela étant, il convient de rappeler et faire remarquer que la composition de la Commission de surveillance est légalement et mathématiquement plus « indépendante » qu'en 1848 : le Gouverneur de la Banque de France a acquis une indépendance reconnue avec la réforme législative du statut de la Banque de France en 1993 ; les magistrats de la Cour des comptes et les membres du Conseil d'Etat se sont vus confirmer leur indépendance par le Conseil constitutionnel et la loi. De leurs côtés, la Chambre de commerce de Paris et les Caisses d'épargne se sont émancipées du pouvoir politique. A cette liste, il faut ajouter les surveillants parlementaires, dont l'immunité et les modalités internes au Parlement de représentation à la Commission de surveillance, ne peuvent que faire grandir la surveillance de la Caisse des dépôts et consignations.

II- Les modalités de la représentation parlementaire

Les textes régissant la Caisse des dépôts et consignations ne précisent pas le mode de désignation des représentants du Parlement à la Commission de surveillance. La première phrase de l'article L.518-6 du Code monétaire et financier dispose simplement que *« les nominations sont faites pour trois ans »*. En réalité, si le Sénat et l'Assemblée nationale ont une interprétation divergente de la durée du mandat de leurs représentants (A), la désignation des parlementaires surveillants semble suivre la même procédure (B).

A) La durée du mandat des représentants du Parlement à la Commission de surveillance

Assez curieusement, une circulaire du Premier ministre du 2 janvier 1993[113] fixe à ce sujet les modalités de désignation des représentants des assemblées parlementaires et précise les conditions relatives à l'échéance et à l'interruption des mandats.

1) L'échéance du mandat de surveillant parlementaire

S'agissant de l'échéance du mandat, la circulaire précitée dispose que la date de cessation de fonction est déterminée à compter, soit de la date de l'acte portant nomination du parlementaire dans l'organisme considéré, soit, s'il n'y a pas lieu à intervention d'un tel acte, de la date à laquelle l'assemblée parlementaire a

[111] Le Conseil économique et social n'est pas néanmoins une assemblée parlementaire. V. CE, 17 mai 1957, *Sieur Simonet*, cls HEUMANN, Rec. p. 315. Sur le CES, v. not. GOHIN (O.), *Institutions administratives*, Paris, Dalloz, coll. Manuel, 4ème éd., 2002, p. 172 sqq.

[112] Dans l'esprit qui a animé BLOCH-LAINE dans la rédaction d'un article intitulé *« pouvoir économique et démocratie »*, paru à la Revue de l'action populaire en avril 1961 (p. 563). V. aussi WALINE (M.), *Les résistances techniques de l'administration au pouvoir politique*, Politique et technique, 1958, p. 159.

[113] Circulaire du 2 janvier 1993 relative *aux règles d'élaboration, de signature et de publication des textes au journal officiel et à la mise en œuvre de procédures particulières incombant au Premier ministre*, JORF, 7 janvier 1993, annexe au n°5, p. 20 : *5.4 représentation des assemblées parlementaires dans différents organismes.*

désigné son représentant. Il convient de distinguer selon qu'il s'agit de l'Assemblée nationale ou du Sénat.

Ainsi, les pouvoirs de l'Assemblée nationale[114] expirant à l'ouverture de la session ordinaire qui suit son élection (élections générales ou dissolution)[115], les députés-surveillants demeurent membres jusqu'à la parution au Journal officiel de la liste des députés nouvellement élus. L'Assemblée nationale nomme généralement les députés surveillants un mois après l'ouverture de la session parlementaire. Durant cette période, la Commission de surveillance peut siéger valablement sans représentants de l'Assemblée nationale[116]. Une pratique constante veut enfin que les députés surveillants ne siègent pas trois ans comme il est prévu par les textes, mais soient au moins renouvelés pour toute la durée de la législature[117].

Le mandat des sénateurs commence, quant à lui, à l'ouverture de la session ordinaire qui suit leur élection, date à laquelle expire le mandat des sénateurs antérieurement en fonction[118]. L'élection a lieu dans les soixante jours qui précèdent la date du début du mandat des sénateurs[119]. Dans ces conditions, les nouveaux élus doivent attendre la fin du mandat de leurs prédécesseurs pour siéger à la Commission de surveillance. Néanmoins, ce cas de figure ne s'applique pas en pratique, puisqu'un sénateur renouvelable et réélu, surveillant à la Commission de surveillance, poursuit automatiquement son mandat[120]. C'est ainsi que le sénateur BONNEFOUS avait ainsi rappelé avec vigueur que son mandat au sein de la Commission de surveillance restait valable malgré un renouvellement partiel du Sénat[121]. Dans ce cas, il n'y a pas d'interruption du mandat de sorte que les dispositions de la circulaire du Premier ministre ne s'appliquent pas. A l'inverse, si le sénateur ne se représente pas ou n'est pas réélu, son mandat est alors considéré comme déjà achevé[122]. Il est à constater enfin que les sénateurs désignent ces dernières années à la Commission de surveillance de la CDC leur rapporteur général au budget ou leur Président de la Commission des Finances[123], ce qui peut montrer

---

[114]Combinaison résultant des articles L.O. 121 et 122 du Code électoral.

[115]C'est ce qui résulte d'une lettre circulaire n°13.699 de novembre 1962 émanant du secrétaire général du Premier ministre à messieurs les ministres et secrétaires d'Etat, à propos de la dissolution de cette même année. Bien que non réglementaire, cette circulaire s'applique toujours en pratique. V. dossier archives CDC (fonds G. DESMONET).

[116]A titre d'exemple, le gouvernement FABIUS a démissionné dans la semaine du 17 mars 1986 pour laisser se former le gouvernement CHIRAC II dans la semaine du 24 mars. S'est ouverte le 2 avril la 8ème législature qui a porté à la présidence de l'Assemblée nationale CHABAN-DELMAS ; le 3 avril ont été élus les bureaux et les Commissions tandis que les Présidents des Commissions ont été désignés du 4 ou 8 avril. Les députés surveillants ne sont plus mentionnés à partir de la séance de la Commission de surveillance du 23 avril. Le sénateur BONNEFOUS assure l'intérim de la présidence. Il accueille le 30 avril les surveillants nouvellement désignés par l'Assemblée. L'élection du Président peut avoir lieu (V. procès-verbaux des 23 et 30 avril 1986).

[117]Procès-verbal du 19 juin 1931.

[118]Art. L.O. 277 du Code électoral.

[119]Art. L.O. 278 du Code électoral.

[120]Interprétation constante par l'administration du Sénat de l'article 5.4.1.2.al. a. de la circulaire de 1993, pour ce qui concerne les sénateurs renouvelables et réélus, en charge d'une fonction de représentation dans un organisme extra-parlementaire, fonction dont un texte institutif précise la durée et dont la date d'expiration n'est pas encore échue. V. aussi procès-verbal du 28 septembre 1962.

[121]Installé le 28 octobre 1977, il a siégé à la Commission de surveillance jusqu'en 1986. V. procès-verbal du 28 octobre 1977, procès-verbal du 10 avril 1981 et procès-verbal du 17 avril 1984. Remarque formulée à l'occasion du renouvellement partiel du Sénat en 1983 (élections sénatoriales ne le concernant pas, appartenant à l'époque à la série C).

[122]Procès-verbal du 4 novembre 1986.

[123]MM. CHINAUD de 1989 à 1992 (procès-verbal du 14 novembre 1989), PONCELET de 1992 à 1998 (procès-verbal du 10 novembre 1992), LAMBERT de 1998 à 2002 (procès-verbal du 17 novembre 1998)

peut-être la haute estime qu'a le Palais du Luxembourg pour la « *vieille Dame de la rue de Lille* ».

2) L'interruption du mandat de surveillant parlementaire

S'agissant de l'interruption du mandat (décès, démission et en cas notamment de perte de mandat parlementaire), l'interprétation par les deux assemblées de la circulaire susvisée de 1993 ne pose pas de problème. Elle dispose qu'en l'absence de disposition expresse, deux cas de figures peuvent se présenter. Lorsque la durée du mandat est celle du mandat parlementaire, le nouveau membre est désigné pour un mandat de la durée prévue par le texte. Quand la durée est précisée, le nouveau membre est désigné pour un mandat de la durée prévue par le texte : c'est le cas précisément des termes de l'article L.518-6 du Code monétaire et financier. De plus, cet article dispose que les surveillants sont rééligibles ; rien n'empêche alors un député ou un sénateur surveillant de se présenter à sa propre succession[124].

En outre, si la Commission de surveillance ne semble pas avoir connu en pratique de décès ou de démission pour convenance personnelle de membre parlementaire en fonction[125], la perte du mandat parlementaire constitue assez souvent une cause d'interruption du mandat de représentant du Parlement à la Commission de surveillance. Il peut s'agir naturellement d'un échec aux élections parlementaires[126] et, depuis la promulgation de la Constitution de 1958, de la nomination au gouvernement[127]. Cette fonction ministérielle a d'ailleurs toujours été considérée comme incompatible avec celle de surveillant[128]. Une dissolution

---

et depuis le second semestre 2002, M. MARINI (infoSénat, n°816, 5 août 2002, p. 18). Cette situation n'est pas véritablement novatrice, mais semble résulter d'un simple usage convenu au sein de la Commission des Finances du Sénat.

[124]M. BALLIGAND a ainsi été Président de la Commission de surveillance de 1997 à 2002 et, depuis, siège à la Commission de surveillance en qualité de simple député-surveillant. M. PIERRET a été membre de la Commission de surveillance à partir de 1986 pour en devenir son Président de 1988 à 1993. Il peut y avoir aussi interruption volontaire et politique du mandat de surveillant. M. SOISSON a ainsi siégé à la Commission de surveillance en 1973 et 1974 pour en devenir son Président pendant la première cohabitation.

[125]Représentant en 1848 et en 1871, député de 1876 à 1884, GUICHARD a été membre de la Commission de surveillance de 1879 à 1882. Le Président DUCLERC en fait l'éloge quand il décède en 1884. V. procès-verbal du 20 novembre 1884.

[126]Procès-verbal du 7 juillet 1988.

[127]M. LAMBERT, Président de la Commission des Finances au Sénat, surveillant à la Commission de surveillance, a par exemple été nommé ministre délégué au Budget dans les gouvernements RAFFARIN I et II en juin 2002 et a ainsi laissé sa place à la Commission à M. MARINI, Président de la Commission des Finances du Sénat et rapporteur général du Budget. V. aussi le même cas de figure lors de la nomination de M. SOISSON dans le gouvernement CHIRAC I en juin 1974 (v. procès-verbal du 12 juillet 1974). Il convient de signaler bien entendu que toute fonction gouvernementale est en principe incompatible avec celle de surveillant de la Caisse des dépôts et consignations, originellement admise comme indépendante du pouvoir exécutif. Pour autant, le dispositif prévu à l'art. L.O. 144 du Code électoral permettant à des personnes chargées par le gouvernement d'une mission temporaire de cumuler l'exercice de cette mission avec leur mandat de député pendant une durée n'excédant pas six mois, ne rend pas incompatible cette mission avec celle de membre de la Commission de surveillance (au surplus quand il s'agit de son Président). V. procès-verbal du 10 avril 1985, mission prorogée au-delà des six mois devant s'analyser en une fonction publique non élective. Dans ce cas, il sera fait application de l'art. L.O. 142 du Code électoral. V. procès-verbal 11 septembre 1985. L'absence de définition légale de la notion de mission temporaire semble expliquer cela.

[128]Procès-verbal du 6 février 1920 ; procès-verbal du 3 février 1922. De même, c'est la qualité de membre de la Chambre haute ou de la Chambre basse qui permet d'accéder à la Commission de surveillance ; ce

prématurée de l'Assemblée nationale n'a pas en revanche de conséquences juridiques particulières au regard des modalités de désignation des membres de la Commission de surveillance élus par l'Assemblée nationale[129]. Dans ces cas d'interruption du mandat parlementaire, la nomination des parlementaires se fera, en principe, dans le mois suivant l'interruption du mandat du surveillant dont le mandat parlementaire a été interrompu[130], ou s'il y a lieu, après élections partielles.

B) La procédure de désignation des parlementaires surveillants

Le Président de la Commission de surveillance en place adresse curieusement une demande de désignation de parlementaires, membres de la Commission de surveillance au secrétaire général du gouvernement placé auprès du Premier ministre, demande par la suite transmise au ministre des Relations avec le Parlement. Ce dernier saisit, par l'intermédiaire du Président de l'Assemblée nationale ou du Président du Sénat, les assemblées procédant respectivement à l'élection de leurs membres à la Commission de surveillance. L'un et l'autre Présidents inscrivent alors cette élection à l'ordre du jour des assemblées[131].

Jusqu'en 1914, ces représentants étaient élus au scrutin secret parmi les membres ayant fait acte de candidature. C'est ainsi qu'en 1885, il a fallu trois tours de scrutin pour départager les sept candidats en compétition, à l'époque, pour les deux postes à pourvoir[132]. Au cours de sa séance du 18 février 1915, et à la suite de l'adoption du système des Commissions spécialisées, la Chambre des députés a voté, dans le cadre de son règlement intérieur, une disposition qui, périodiquement confirmée par la suite, est toujours d'actualité : pour la représentation de l'Assemblée dans les Commissions extra-parlementaires, la Commission compétente de l'Assemblée choisit des candidats « *soit parmi ses propres membres, soit parmi les autres membres de l'Assemblée* ». Dès 1915, l'habitude s'est instaurée de limiter le choix aux membres de la Commission des Finances[133].

Il convient de souligner que si les textes législatifs et réglementaires et les règlements intérieurs des assemblées ne prévoient pas systématiquement la représentation proportionnelle des groupes parlementaires pour la désignation de ces candidats, la règle de la proportionnalité semble être suivie, par principe, de 1816 à

---

n'est pas la fonction de parlementaire. Dans ces conditions, un député, membre de la Commission de surveillance, élu au Sénat, perd sa fonction de surveillant. V. procès-verbal du 1er avril 1938.

[129]Procès-verbal du 30 novembre 1962 et procès-verbal du 22 février 1963 ; procès-verbal du 15 juillet 1997.

[130]V. par ex. procès-verbal du 12 juillet 1974 relatant l'accueil du député COULAIS, suite à la nomination de M. SOISSON au gouvernement.

[131] En cas d'interruption du mandat de surveillant, c'est le Directeur général de la Caisse des dépôts et consignations qui prend l'initiative de cette demande.

[132]Il y a eu de même trois tours de scrutin en 1901 et 1909.

[133]Il n'y a eu qu'une exception à cette règle qui a joué en faveur d'IRIART d'ETCHEPARE. Il a été élu pour la première fois en 1903 à l'époque où les grandes Commissions n'existaient pas encore. Il a siégé sans interruption jusqu'en 1924, bien qu'il fût membre de la Commission des affaires extérieures et des protectorats à partir de 1915 et membre de la Commission du suffrage universel à partir de 1920. Il ne s'est pas représenté à la députation en 1924. Il faut admettre que d'IRIART d'ETCHEPARE devait certainement sa désignation à la Commission de surveillance à sa position personnelle. Député du centre gauche de 1900 à 1924, cet avocat a fait de la mutualité son domaine d'intervention et de spécialisation, à une époque où le système mutualiste se met véritablement en place. En se voyant confier la gestion de nombreux fonds mutualistes, la Caisse des dépôts et consignations n'échappe pas à ce mouvement. La présence d'IRIART d'ETCHEPARE apparaissait alors comme indispensable à la Commission de surveillance de la CDC.

1959, et, retrouvée à partir de 1997[134]. A défaut, les sièges sont répartis uniquement entre les groupes formant la majorité parlementaire. Ces configurations reflètent en fait la forme politique et constitutionnelle de la France et la force ou la faiblesse du pouvoir exécutif[135].

Plus généralement les noms des candidats retenus par les Commissions des Finances sont en principe portés à la connaissance de l'Assemblée par affichages dans les couloirs[136]. Pendant la séance au cours de laquelle figure la nomination[137], le Président de l'Assemblée concernée donne avis de cet affichage. Il peut être fait opposition à la liste des candidats une heure après cet avis. Si aucune opposition n'a été enregistrée, la désignation des candidats retenus par la Commission des Finances est entérinée et publiée au Journal officiel[138]. Aujourd'hui, la Commission des Finances désigne directement en son sein ses représentants à la Commission de surveillance. Les candidatures sont affichées et, s'il y a autant de candidats que de postes à pourvoir, les nominations prennent effet dès leur publication au Journal officiel.

S'il y a opposition, il est procédé au scrutin secret par la Commission des Finances à l'élection des représentants parmi les candidats qui se sont déclarés[139]. Cette procédure d'opposition a joué le 13 juin 1967 à l'encontre de la désignation, suivant la procédure courante, de BISSON, PAQUET et RUAIS. Il est vraisemblable que cette opposition a été motivée par le non respect de la proportionnalité. Cela étant, elle n'a été ni rédigée, ni signée par trente membres au moins de l'assemblée, disposition à l'époque prévue par le Règlement de l'Assemblée nationale. La conférence des Présidents procéderait certainement aujourd'hui à la nomination des députés surveillants, et ce conformément à l'article 26 du Règlement de l'Assemblée nationale[140]. Il est intéressant de noter qu'à l'époque, les deux parlementaires DUFFAUT et POUDEVIGNE qui ont fait acte de candidature à la suite de cette opposition, étaient tous deux membres de la Commission des Finances, ce qui ne laisse aucun doute sur la qualité de membre de cette Commission pour surveiller la Caisse des dépôts et consignations. Le scrutin qui a suivi cette opposition a conduit au renouvellement des trois parlementaires proposés initialement par la Commission des Finances[141]. Il semble que ce cas de figure soit le seul exemple de procédure d'opposition connue (au moins sous la Ve République).

Bien que théorique, on peut se demander s'il serait possible de porter, devant le Conseil d'Etat, l'acte de désignation des représentants du Parlement à la Commission de surveillance. En effet, on pourrait considérer que cette fonction de

---

[134]La Commission de surveillance comprend ainsi depuis l'été 2002 les députés AUBERGER (UMP), BALLIGAND (PS) et HERIAUD (UMP).

[135]Le cas le plus manifeste se situe certainement dans la période contemporaine lors de la seconde cohabitation de 1993 à 1997. Sont membres parlementaires de la Commission de surveillance MM. BAUDIS, DELALANDE, GRIOTTERAY ainsi que M. PONCELET. Quand il est question du remplacement de M. BAUDIS, l'Assemblée nationale désigne M. JEGOU surveillant à la Caisse des dépôts et consignations (v. *Commission de surveillance de la Caisse des dépôts et consignations (1 poste à pourvoir)*, JORF, organismes extra-parlementaires, 27 mai 1994, p. 7681).

[136]Par ex., *Commission de surveillance de la Caisse des dépôts et consignations (3 postes à pourvoir)*, JORF, Organismes extra-parlementaires, 23 juin 2000, p. 9474.

[137]Initialement cinq jours francs après l'affichage.

[138]Initialement, par un vote par assis et levé.

[139]Ceux proposés par la Commission des Finances et ceux qui ont fait acte de candidature à la suite de l'opposition.

[140]Dispositif que poursuit aussi dans ses grandes lignes l'art. 9 du Règlement du Sénat.

[141]Procès-verbal du 10 novembre 1967 ; procès-verbal du 22 février 1963.

surveillant est détachable de son activité parlementaire par analogie à la désignation d'un parlementaire au poste de *« chargé de mission »* auprès du gouvernement[142]. Pour autant, l'intérêt à agir semble difficilement justifiable pour un éventuel requérant, sauf à le soulever comme moyen d'annulation dans le cadre de contentieux de l'élection générale ou particulière à la fonction de surveillance. Parce que la Caisse des dépôts et consignations est placée *« de la manière la plus spéciale, sous la surveillance et la garantie de l'autorité législative »*[143], cette désignation doit être considérée comme un acte parlementaire, non susceptible de recours juridictionnel, car participant à la vie interne des chambres[144]. En effet, la Commission de surveillance demeure - et doit rester - de par les textes fondateurs de la Caisse des dépôts et consignations, une émanation du Parlement. La fonction de surveillant ne peut, dès lors, être considérée comme détachable de la fonction parlementaire. Ce n'est pas la fonction de membre surveillant qui donne immunité de paroles et d'actes, mais celle du mandat parlementaire[145] : toute mesure en paroles et en actes ne pourra faire l'objet à ce titre d'un recours juridictionnel, ni devant la juridiction administrative, ni devant le juge judiciaire[146]. Autrement dit, pour conclure, la fonction de surveillants parlementaires ne peut pas être détachable de leur fonction politique, parce qu'ils représentent le Parlement en son entier[147]. C'est donc un mandat théoriquement impératif[148]. Rien n'interdirait au Parlement, en ce sens, de donner des instructions ou de révoquer souverainement le surveillant[149]. Membres politiques, les surveillants parlementaires assurent aussi, en Commission de surveillance, une expertise financière et administrative.

§2. La Commission de surveillance, relais et expression de la surveillance financière et administrative

Pour assurer cette tâche, la Commission de surveillance comprend plus spécialement des membres du Conseil d'Etat et des magistrats de la Cour des comptes (I), ainsi que le Directeur du Trésor (II).

---

[142]CE, 25 septembre 1998, *M. Mégret*, RFDA, 1999, p. 345, note L. BAGHESTANI-PERREY et M. VERPEAUX.

[143]Art. L.518-2 al. 2 du Code monétaire et financier.

[144]V. art. 9 du Règlement du Sénat.

[145]Procès-verbal du 28 février 1989.

[146]CHAPUS (R.), *Droit administratif général*, Paris, Montchrestien, coll. Domat droit public, t. 1, 2001, 15ème éd., p. 967, ainsi qu'un article critique de la décision du Conseil constitutionnel n°89-262 DC de T. S. RENOUX, *Immunité et Parlementaires chargés de mission : plaidoyer pour une cause défunte*, RFDC, 1990, p. 239.

[147]V. BALLIGAND (J.-P.), question n°270 adressée à M. le ministre de l'Economie, *Caisse des dépôts et consignations*, JORF, 18 décembre 2002, p. 6823 : *« Vous me permettez, en tant qu'ancien Président de la Commission de surveillance [et actuellement surveillant], de vous poser, au nom du Parlement, au nom de la chambre des Députés, trois questions... »*

[148]V. en ce sens, l'avant propos du rapport CHINAUD n°394, p. 5 sqq.

[149]L'art. 28 du Règlement de l'Assemblée nationale prévoit à cet égard que les membres de l'Assemblée siégeant au sein des organismes extra-parlementaires doivent lui en rendre compte annuellement.

I - Les membres des juridictions administratives supérieures

Les deux membres de la Cour des comptes doivent avoir au moins le grade de conseiller-maître[150] et les deux membres du Conseil d'Etat au moins le grade de conseiller d'Etat[151] pour siéger à la Commission de surveillance de la Caisse des dépôts et consignations. Le mandat des membres du Conseil d'Etat et des magistrats financiers est normalement dit « *renouvelable* » en fin de mandat de membres de la Commission de surveillance, c'est-à-dire tous les trois ans[152]. Pourtant, cette durée

---

[150]Art. L.518-4 6° du Code monétaire et financier. L'art. 99 de la loi sur les Finances du 28 avril 1816 (Rec.Varnier, 1894, p. 1) disposait auparavant que la Cour des comptes était représentée par « *celui des trois Présidents désigné par le Roi* ». L'art.1er de la loi du 26 novembre 1941 (Rec.Varnier, 1960, p. 77) proposait deux représentants de la juridiction financière, « *un Président de chambre et un conseiller-maître* ». L'art. 2 de la loi du 17 janvier 1948 (JORF, 18 janvier 1948, p. 564) annonce la représentation actuelle de la Cour des comptes à la Commission de surveillance : « *deux membres de la cour ayant au moins le grade de conseiller-maître* ». L'habitude qui a été prise de désigner exclusivement des conseillers-maîtres n'est pas ancienne.
Sous le régime de la loi de 1946, la Cour a désigné le Président de chambre PARENT, pour succéder à LE CONTE, nommé Premier Président le 29 novembre 1946 (procès-verbal du 6 décembre 1946). Sous l'empire de la loi du 17 janvier 1948, la Cour a désigné BISSON, Président de Chambre, pour succéder à PARENT, nommé Procureur général près la Cour le 29 juillet 1948 (procès-verbal du 7 mai 1948 et procès-verbal du 15 octobre 1948). SAINT RAYMOND, Président de Chambre, a succédé en 1955 à SAVIN, conseiller-maître (procès-verbal du 22 avril 1955). MICHON a remplacé SAINT RAYMOND en 1958 (procès-verbal du 24 octobre 1958). MICHON démissionnaire pour état de santé, a été remplacé par CREPEY (procès-verbal du 13 mai 1966). Aujourd'hui, c'est à MM. RECOULES et ULMO qu'incombe la représentation de la Cour des comptes à la Commission de surveillance (procès-verbal du 15 décembre 1999).
D'une manière générale, les représentants de la Cour des comptes ont demandé leur remplacement en cas de nomination aux fonctions de Premier Président (procès-verbal du 20 octobre 1933 ; procès-verbal du 20 juillet 1945 confirmé par procès-verbal du 22 novembre 1946) ou de Procureur général près la Cour des comptes (procès-verbal du 31 juillet 1970 et procès-verbal du 12 février 1971), les conseillers-maîtres nommés Présidents de chambres ont continué à siéger au sein de la Commission de surveillance (procès-verbal du 8 décembre 1972, procès-verbal du 14 octobre 1977), à l'exception toutefois de PRIEM, qui, désigné par la Cour en 1953 (procès-verbal du 5 juin 1953) en qualité de membre de la Commission de surveillance, a demandé son remplacement en septembre 1957 lorsqu'il a été nommé Président de Chambre (procès-verbal du 13 septembre 1957 et procès-verbal du 22 novembre 1957).

[151]La présence des membres du Conseil d'Etat n'était pas prévue dans les textes de 1816. En effet, c'est en 1848, à la suite de la recomposition de la Commission de surveillance (v. *supra*) que les pouvoirs publics ont décidé de fortifier l'élément administratif au sein de la Commission par la présence de ces derniers et celle du Directeur du mouvement général des fonds au ministère des Finances. Ce n'est donc pas, contrairement à une idée répandue, un gage de l'indépendance de la Commission de surveillance qui a motivé la représentation de la haute assemblée. V. GUILLEMOT (R.), *Caisse des dépôts et consignations – Traité des consignations*, Paris, Cercles des Sociétés savantes, 1868, p. 19, note 1. Concrètement, v. par ex. décret du 24 décembre 1851 *qui fixe la composition de la Commission de surveillance des Caisses d'amortissement et des Dépôts et consignations*, Rec.Varnier, 1894, p. 46 ou décret du 27 mars 1852 relatif *à la composition de la Commission de surveillance des Caisses d'amortissement et des Dépôts et consignations*, Rec.Varnier, 1894, p. 47.
On notera par ailleurs que le texte de 1848 ne mentionne pas la catégorie de membres du Conseil d'Etat à qui échoyait la représentation de la Haute assemblée à la Commission de surveillance.
Toutefois, la pratique laissait entendre celle de conseillers d'Etat (V. procès-verbal du 14 novembre 1848 ; procès-verbal du 25 novembre 1886 ; procès-verbal du 25 février 1916). Il faudra néanmoins attendre la loi de 1948 pour que le grade de conseiller d'Etat soit juridiquement admis et que le Conseil puisse choisir ces deux membres pour le représenter à la Caisse des dépôts et consignations (procès-verbal du 10 janvier 1947, « *par analogie avec la procédure admise pour la désignation des autres membres de la Commission faisant partie des grands corps de l'Etat* »). Auparavant, cette mission incombait directement au gouvernement.
Ce sont actuellement MM. LAVONDES (procès-verbal du 8 septembre 1999) et TOUZERY (procès-verbal du 28 septembre 1994) qui représentent l'institution du Palais Royal à la Commission de surveillance.

[152]Art. L.518-6 du Code monétaire et financier.

n'est pas sans poser de questions pratiques (A). Il convient aussi d'analyser les modalités de désignations de ces membres (B).

A) La durée des mandats des représentants de la Cour des comptes et du Conseil d'Etat

Les magistrats sont en principe désignés pour trois ans. On considère traditionnellement qu'il s'agit de trois années de date à date sans prorogation possible et d'une nomination expresse.

Dans le silence des textes sur la date d'effet de la nomination ou du renouvellement, il convient de retenir la date anniversaire de la nomination ou une durée de trois ans, quelle que soit la date de désignation, même si celle-ci intervient avant ou après la date anniversaire.

En cas de nomination postérieurement au terme de la durée des fonctions exercées par le membre de la Commission de surveillance, la période d'exercice des fonctions étant achevée, il doit être constaté la vacance de la fonction entre la fin de la période de trois ans et la nomination ou le renouvellement dans les fonctions de membre de la Commission de surveillance. Dans l'hypothèse où le membre de la Commission de surveillance poursuit au-delà de la période de trois ans l'exercice de ses fonctions, il doit être considéré qu'il exerce tacitement ses fonctions.

A ce sujet, le cas contemporain le plus significatif reste celui du conseiller d'Etat de BRESSON[153], membre de la Commission de surveillance de 1975 à 1999. Il a été désigné par lettre en date du 19 juillet 1975 en remplacement de SURUN[154] dont les fonctions expiraient le 20 juillet de la même année[155]. M. de BRESSON a été nommé pour trois ans à compter du 19 juillet 1975, soit jusqu'au 19 juillet 1978.

Le Conseil d'Etat l'a, de nouveau, désigné par lettre de son Vice-Président, datée du 26 juin 1978, pour une durée de trois ans à compter du 19 juillet 1978 (soit jusqu'au 19 juillet 1981)[156], puis a renouvelé sa fonction à la Commission de surveillance par lettre du 11 août 1981[157]. Il y a donc eu une période de vacance de fonctions entre le 19 juillet et le 11 août. Pendant cette période, M. de BRESSON a pu exercer tacitement ses fonctions[158]. Le 11 août 1981 doit être retenu comme point de départ de la nouvelle durée des fonctions qui expirait le 11 août 1984. A défaut, il y aurait rétroactivité dans la nomination, ce qui n'est pas en principe juridiquement valable[159].

La Haute assemblée a, par lettre du 3 juillet 1984, renouvelé la désignation de M. de BRESSON, soit avant le terme de ses fonctions[160]. Néanmoins, le renouvellement n'a commencé qu'à compter du 11 août 1984 jusqu'au 11 août 1987. A défaut, la durée des fonctions serait en effet réduite à moins de trois ans. Le Conseil d'Etat a reconduit M. de BRESSON dans ses fonctions par lettre du 5 août

---

[153]Pour sa biographie, v. *Who's who in France 2002-2003*, p. 363. M. de BRESSON est conseiller d'Etat depuis 1972. Il a été notamment membre du Tribunal des conflits de 1981 à 1986 et Président adjoint du contentieux du Conseil d'Etat. Il a été admis à faire valoir ses droits à la retraite en 1986.

[154]Membre de la section des Finances du Conseil d'Etat, il a été surveillant à partir de 1953 (procès-verbal du 31 décembre 1953).

[155]Procès-verbal du 25 juillet 1975 et procès-verbal du 12 septembre 1975.

[156]Procès-verbal du 22 septembre 1978.

[157]Procès-verbal du 11 septembre 1981.

[158]La Commission de surveillance s'est réunie une fois. Il n'avait donc légalement aucun pouvoir, ni fondement à y intervenir (v. pourtant procès-verbal du 24 juillet 1981).

[159]CE, 30 décembre 1939, *Andrieux*, Rec. p. 1120.

[160]Procès-verbal du 11 juillet 1984.

1987[161]. Les fonctions de l'intéressé expirant le 11 août 1987, le renouvellement a néanmoins pris effet à partir de cette date jusqu'au 11 août 1990.

Par lettre du 10 août 1990, le Conseil d'Etat l'a désigné de nouveau[162]. Or, la durée des fonctions expirait le 11 août 1990. La nouvelle nomination part alors de cette date jusqu'au 11 août 1993. Le Conseil d'Etat informe le Président de la Commission de surveillance par lettre du 30 mars 1993 qu'il a renouvelé les fonctions de M. de BRESSON[163]. Les fonctions de l'intéressé expirant le 11 août 1993, le renouvellement a pris effet à cette date jusqu'au 11 août 1996.

Enfin, M. de BRESSON a été renouvelé dans sa fonction de surveillant à la Commission de surveillance jusqu'au 11 août 1999[164], date de non renouvellement de son activité à la Caisse des dépôts et consignations et de son remplacement par M. TOUZERY[165]. Cet exemple contemporain du cas de BRESSON montre tout l'empirisme de la procédure de nomination de magistrats à la Commission de surveillance ; et ce autant des membres de la Cour des comptes que du Conseil d'Etat.

L'interruption du mandat de surveillant peut aussi se produire par suite de décès en cours de mandat[166] ou de mise à la retraite du magistrat[167]. Toutefois, les représentants du Conseil d'Etat[168] et de la Cour des comptes[169] peuvent siéger en qualité de membres honoraires. Le Conseil constitutionnel considère généralement que l'honorariat ne porte pas atteinte à l'indépendance des organes représentés[170]. Par conséquent, ces dispositions s'appliquent pleinement à la Caisse des dépôts et consignations[171].

Les modalités de désignations des membres de juridictions administratives à la Commission de surveillance reflètent ce même pragmatisme.

B) Les modalités de désignation des représentants de la Cour des comptes et du Conseil d'Etat

Le mode de désignation des membres de la Cour des comptes à la Commission de surveillance est différent de celle du Conseil d'Etat.

Pour les premiers, la demande est directement envoyée au Premier Président. Ce dernier propose ses candidats qui sont officiellement désignés en chambre du conseil[172]. S'il s'agit de conseillers-maîtres honoraires, l'article L.112-9 du Code des juridictions financières demande alors obligatoirement l'avis du Premier Président.

---

[161]Procès-verbal du 8 septembre 1987.
[162]Procès-verbal du 11 septembre 1990.
[163]Procès-verbal du 20 juillet 1993.
[164]Procès-verbal du 17 avril 1996.
[165]Procès-verbal du 8 septembre 1999. La Commission de surveillance ne s'est pas réunie en août. Il n'y a donc pas de problème de représentation.
[166]Procès-verbal du 13 avril 1945.
[167]Par ex, procès-verbal du 5 janvier 1935 ; procès-verbal du 29 novembre 1893.
[168]Art. L.137-1 et R.137-1 du Code de justice administrative.
[169]Art. L.112-9 du Code des juridictions financières.
[170]93-327 DC, 19 novembre 1993, *Loi organique sur la Cour de Justice de la République*, JORF, 23 novembre 1993, p. 16141.
[171]V. par ex., le cas des deux représentants du Conseil d'Etat en 1999 (Rapport blanc 1998 *« composition de la Commission de surveillance »*) et d'un Président de Chambre à la Cour des comptes (Rapport blanc 1997 *« composition de la Commission de surveillance »*).
[172]Procès-verbal du 26 novembre 1873.

Pour les seconds, le Directeur général de la CDC s'adresse directement au Premier ministre, Président de la haute juridiction administrative[173]. Le Conseil d'Etat désigne formellement ses représentants en Assemblée générale plénière. Au préalable, le bureau de l'Assemblée, composé du Vice-Président et des Présidents de sections, a proposé les candidats à cette dernière. Il s'agit obligatoirement d'un choix porté sur des membres ayant au moins le grade de conseillers[174], éventuellement honoraires. Dans ce dernier cas, le Vice-Président du Conseil d'Etat doit en donner son agrément[175]. En tout état de cause, ce choix entériné, le Vice-Président en informe le Président de la Commission de surveillance[176].

Au plus près, ce formalisme n'est pas tenu avec une telle rigueur : leurs représentants sont le plus souvent désignés d'un commun accord et selon les procédures de courtoisie en usage Place du Palais Royal et Rue Cambon. Toutefois, les désignations des membres du Conseil d'Etat et de la Cour des comptes ne sont pas concomitantes l'une de l'autre et envers l'un et l'autre des magistrats de l'institution concernée[177]. On peut donc en conclure qu'il s'agit d'une désignation *ès qualité*, mais à titre personnel. Ils ne représentent pas à proprement parler leurs organismes juridictionnels, dont ils n'ont par ailleurs aucune instruction à recevoir[178].

Pour autant, bien qu'il ne faille faire aucune ombre sur les qualités d'indépendance et de déontologie, indispensables à tout magistrat[179], les textes institutifs et l'esprit qui Président à la création de la Caisse des dépôts et consignations impliquent que seuls soient désignés ceux des membres de ces institutions qui sont, à la date de l'élection, en service dans leur corps[180]. Cette restriction doit dès lors écarter logiquement de la participation à la Commission de surveillance les membres des juridictions qui seraient investis de responsabilités administratives les soumettant au pouvoir hiérarchique ou à la tutelle d'un ministre, voire de fonctions gouvernementales ou financières spécifiques[181]. Cette précision représente une garantie précieuse pour l'indépendance de la Commission à l'égard du pouvoir politique[182]. Elle ne peut être cependant que théorique puisqu'on connaît

---

[173]LION (R.) *Lettre de ... à M. le Premier ministre, secrétariat général du gouvernement: renouvellement d'un membre du Conseil d'Etat*, 27 juin 1988 (Fonds LION).

[174]Art. L.518-4 3° du Code monétaire et financier.

[175]Art. R.137-1 du Code de justice administrative.

[176]Par ex. procès-verbal du 20 février 1993.

[177]*A contrario*, v. par ex. procès-verbal du 4 décembre 1872 ou procès-verbal du 6 novembre 1879.

[178]Procès-verbal du 3 février 1848 et procès-verbal du 28 octobre 1966.

[179]WOLFF (G.), *Les magistrats*, RDP, 1991, p. 1641.

[180]Par analogie, 86-217 DC, 18 septembre 1986, *Loi relative à la liberté de communication*, AJDA, 1987, p. 102, note P. WACHSMANN.

[181]Tel est le cas d'un conseiller-maître nommé Vice-Président du Conseil de la concurrence V. procès-verbal du 21 septembre 1993 et procès-verbal du 3 novembre 1993.

[182]A défaut, on peut penser qu'une désignation politique puisse faire l'objet d'un recours pour excès de pouvoir sur le fondement de l'art. L.131-3 du Code de justice administrative. La situation semble plus complexe pour les magistrats de la Cour des comptes dès lors que les règles disciplinaires leur étant applicables sont fixées par un décret du 19 mars 1852, pratiquement inadaptées aujourd'hui car les sanctions qu'elles prévoient n'ont pour deux d'entre elles plus aucun sens en droit administratif : la censure et la déchéance. Reste alors à méditer sur la formule du serment qu'ils doivent prêter et dont les termes exigent l'impartialité, l'objectivité, l'indépendance, la discrétion ou le respect des droits de la défense (v. art. L.112-3 du Code des juridictions financières). Cette déontologie peut certainement conduire un magistrat à se récuser, non seulement dans les cas prévus par l'article L.731-1 du Code de l'organisation judiciaire mais aussi lorsqu'il participe au contrôle et à la surveillance d'un organisme ou service contrôlé.

toute l'indépendance garantie de fait et droit des hauts magistrats[183]. Dans ce même sens, les activités de dépôts et consignations judiciaires auraient pu justifier la présence de magistrats de la Cour de cassation au sein de la Commission de surveillance de la Caisse des dépôts et consignations. Mais, une telle présence aurait été contraire au principe de la séparation des pouvoirs[184]. Il conviendrait certainement de reconsidérer cette question afin d'harmoniser la composition de la Commission de surveillance avec les autres conseils et autorités administratives indépendantes et de donner plus de sens à l'Autorité judiciaire, gardienne de la propriété privée.

De surcroît, il faut admettre aujourd'hui qu'un conseiller-maître ou un conseiller d'Etat, désignés par leurs juridictions respectives à la Commission de surveillance et élus parlementaires, ne puissent continuer légalement à siéger en qualité de membres de leurs corps d'origine sans pouvoir siéger en qualité de parlementaires[185]. Ils n'ont pas été expressément désignés par un texte.

Au regard de l'article 6-1 de la Convention européenne des droits de l'homme, la dualité fonctionnelle qui caractérise la Cour des comptes et le Conseil d'Etat est considérée, en revanche, comme de nature à porter atteinte à l'apparence d'impartialité juridictionnelle[186]. Le Président BRAIBANT[187] résumait ainsi la présente casuistique : « *...Encore faut-il que l'administrateur ne soit pas en situation de juger ses propres actes ; même, si devenu juge, il change d'attitude et de réflexes, même s'il est capable d'assumer un tel dédoublement de la personnalité, il ne pourra jamais persuader le justiciable qu'il est totalement impartial et indépendant...* ». L'article R.137-1 du Code de justice administrative lui répond et insiste sur le fait que cette participation de magistrats administratifs soit « *compatible avec leurs fonctions au sein du Conseil d'Etat* ». A la Caisse des dépôts et consignations, les membres des juridictions administratives surveillants à la Commission de surveillance sont le plus souvent membres de la section des

[183]Consacrée dès 1807 pour les magistrats de la Cour des comptes, le Conseil constitutionnel a eu l'occasion de rappeler avec force cette indépendance dans sa décision 2001-448 DC du 25 juillet 2001 (JORF, 2 août 2001, p. 12490). Cette solution se déduit simplement de la jurisprudence antérieure qui constitutionnalise l'indépendance des juridictions administratives sur le fondement d'un principe fondamental reconnu par les lois de la République, en l'occurrence par la loi du 24 mai 1872 (80-119 DC, *Validation des actes administratifs*, GDCC n°29 et les références bibliographiques et jurisprudentielles).

[184]V. notamment les motivations de l'édit d'Henri III portant *création des Receveurs des dépôts et consignations dans tout le Royaume* du 15 juin 1578, analysé par DUMESNIL (J.), *Lois et règlements de la Caisse des dépôts et consignations dans ses rapports avec les particuliers, les offices ministériels et les administrations publiques, suivis d'un traité des offres de paiement, de la consignation et du remboursement des sommes consignées*, Paris, Videcocq, Joubert et Mme Gouillet, 1839, p. 8 sqq.

[185]L'étude des biographies des membres de la Commission de surveillance, notamment de la Cour des comptes, apporte certains exemples significatifs dans l'histoire de la CDC : DE GASCQ, pair de France, Premier Président de la Cour des comptes et membre de la Commission de surveillance de 1837 à 1842 et de 1847 à 1850 ; d'AUDIFFRET, sénateur, Premier Président de la Cour des comptes et membre de la Commission de surveillance de 1833 à 1836 et 1851 à 1858, Président de la Commission de surveillance de 1847 à 1848.

[186]MITARD (E.), *L'impartialité administrative*, AJDA, 1999, p. 478. V. aussi CE, 23 février 2000, *Société Labor Métal et autres*, n°195-715, LPA, 22 juin 2000, p. 12 : note P. FRAISSEIX, *L'apprentissage du droit à un procès équitable par les juges ordinaires français : Le cas de l'obligation d'une apparence objective d'impartialité* ; chr. M. LASCOMBE et X. VANDENDRIESSCHE, RT, novembre 2000, p. 682 : *Qui saisit ne peut juger, qui instruit ne peut juger, qui a jugé ne peut rejuger, qui a donné un avis ne peut juger* ; CEDH, 7 juin 2001, *Kress c/France*, RFDA, 2001, p. 991, obs. B. GENEVOIS et p. 1000, obs. J.-L. AUTIN et F. SUDRE.

[187]Cls G. BRAIBANT sous CE, 2 mars 1973, *Demoiselle Arbousset*, RDP, 1973, p. 1072.

Finances au Conseil d'Etat[188] pour les uns, de la première chambre à dominante financière chargée notamment du contrôle de la Caisse des dépôts et consignations pour les autres.

Cette question est d'autant plus importante qu'il est constamment admis la désignation d'un surveillant conseiller-maître comme « rapporteur du rapport au Parlement » et d'un surveillant conseiller d'Etat comme rapporteur du budget de la Caisse des dépôts et consignations. Cette répartition se fait le plus souvent à la demande de la Commission de surveillance et de son Président, les magistrats organisant librement entre eux les tâches imparties[189]. En outre, les conseillers d'Etat ou les conseillers-maîtres peuvent, en Commission de surveillance, attirer l'attention de la Direction de la Caisse des dépôts et consignations sur les réformes d'ordre législatif[190], administratif[191] ou jurisprudentiel[192]. Le Directeur général de la Caisse des dépôts et consignations peut enfin consulter ces magistrats en amont d'un dossier technique et avec des préoccupations de sécurité juridique (réforme de la caisse générale, filialisation de la CNP...). C'est dans ce sens, que, suite à la réforme de 1991 relative à la publicité des procès verbaux de la Commission de surveillance, une *« Commission restreinte »* composée des membres du Conseil d'Etat et de la Cour des comptes réalise la synthèse des comptes-rendus de procès verbaux susceptibles d'être annexés au rapport statutaire[193].

Tout détournement finalement politique de ces consultations juridiques relève alors de l'improbable tant les avis délivrés par les membres du Conseil d'Etat et de la Cour des comptes répondent à des préoccupations de techniques juridiques difficilement exploitables à des fins politiques[194]. C'est pourquoi, à ce raisonnement peuvent répondre trois argumentations. On peut tout d'abord objecter la collégialité tant des décisions juridictionnelles que des délibérations de la Commission de surveillance de la Caisse des dépôts et consignations : chaque consultation des magistrats est en effet discutée et délibérée en Commission de surveillance. Il convient ensuite de noter que les membres du Palais Royal et de la rue Cambon siégeant à la Commission de surveillance considèrent qu'ils s'expriment à titre personnel et qu'ils affirment clairement cette qualité quand il s'agit de discuter d'un dossier sensible[195]. On constatera, enfin, que les juges du Palais Royal et de la rue Cambon dissocient nettement ces dernières années - et certainement au regard de la jurisprudence européenne - leurs fonctions administratives et leurs fonctions juridictionnelles[196]. Au pis, le juge s'abstiendra de toute intervention dans l'affaire contentieuse pendante devant la juridiction[197], dès lors que son opinion est susceptible d'être rendue publique[198].

Interdire la présence de membres du Palais Royal ou de magistrats de la rue Cambon serait sans nul doute une erreur tant leur présence personnelle demeure

[188]Cela étant, les questions juridiques concernant la Caisse des dépôts et consignations sont transmises le plus souvent à la 6ème sous-section au Conseil d'Etat.
[189]Procès-verbal du 9 février 1910 ; procès-verbal du 13 octobre 1982.
[190]Procès-verbal du 4 juin 1937 ; procès-verbal du 24 février 1950.
[191]Procès-verbal du 8 mars 1918 ; procès-verbal du 4 mai 1983 ; procès-verbal du 4 janvier 1989.
[192]Procès-verbal du 2 décembre 1875 ; procès-verbal du 19 mai 1987.
[193]Procès-verbal du 21 janvier 1992.
[194]FRAISSEIX (P.), *op. cit.*, p. 17.
[195]Procès-verbal du 28 octobre 1906.
[196]Procès-verbal du 24 avril 1981.
[197]Pour une application à la Commission de surveillance, v. par ex. procès-verbal du 3 février 1848.
[198]CE, 15 octobre 1990, *Ministre de l'équipement, du logement, de l'aménagement du territoire et des transports c/ Association pour un développement harmonieux de Saint-Gilles et de sa région*, Rec., p.930.

positive pour le statut et les activités de la Caisse des dépôts et consignations[199]. Sans remettre en cause l'exclusivité de la surveillance de la CDC par la Commission de surveillance, la présence des conseillers d'Etat et des conseillers-maîtres à la Cour des comptes est complémentaire de l'activité administrative des juridictions et peut permettre une meilleure administration des différents établissements[200]. C'est ainsi que DELONCLE fait remarquer, à propos d'un projet de décret pour l'application de la loi du 22 juillet 1922 sur les retraites des agents de chemins de fer secondaires, qu'il est aussi le rapporteur au Conseil d'Etat et qu'il ne manquera pas de s'inspirer, en cette qualité, de l'avis de la Commission de surveillance[201].

En revanche, la place du Directeur du Trésor pose question, eu égard à la fonction de la Caisse des dépôts et consignations et à son indépendance affirmée.

II- Le Directeur du Trésor au ministère des Finances

Le milieu du XIXe siècle, par l'intégration du Directeur du mouvement général des fonds[202], laisse présager une remise en cause de l'indépendance de la Caisse des dépôts. En décidant de fortifier « *l'élément administratif* » et rappelant que la Caisse des dépôts et consignations méritait toute « *la confiance publique* », le ministre des Finances GOUCHAUX réintroduit et réorganise très curieusement, par décret du 25 octobre 1848, la Commission de surveillance supprimée huit mois auparavant.

Les textes, comme la philosophie politique de l'époque, n'expriment pas la portée de cette représentation. Il semble cependant que la participation de ce haut fonctionnaire financier à la Commission de surveillance semble à toute évidence s'écarter de l'esprit de la loi organique de 1816[203]. En effet, bien que fonctionnaire subordonné au ministre des Finances, le Directeur du Trésor a toujours eu une certaine autorité personnelle, au moins morale, dans l'administration active[204]. Son rôle à la Commission de surveillance sera alors marqué par cette « double casquette », tantôt acceptée, tantôt rejetée.

Pour qualifier les relations du Directeur du Trésor avec la Caisse des dépôts et consignations, M. ECK[205] souligne très justement qu'« *il s'agit d'une liaison non pas « dangereuse » mais de tout temps « avantageuse » pour le Trésor, qui a, de façon plus ou moins autoritaire, selon les époques, contraint la Caisse à lui apporter des financements considérables, lorsque la situation délabrée des Finances publiques l'exigeait, lui laissant en revanche beaucoup plus « la bride sur le coup » dans les périodes d'aisances et de Trésorerie* ». Par exemple, en quittant la Direction de la Caisse des dépôts et consignations, TANNERY déclare « *qu'une liaison intime de la Caisse des dépôts et consignations, de la Banque de France et du Trésor est souhaitée par le gouvernement* »[206]. De même, c'est bien le ministre

[199]Procès-verbal du 7 avril 1887.
[200]Procès-verbal du 20 décembre 1888.
[201]Procès-verbal du 19 janvier 1923.
[202]Avant 1940, il s'agissait du Directeur du mouvement général des fonds, simple changement de dénomination. V. QUENNOUËLLE-CORRE (L.) , *La Direction du Trésor 1947-1967 L'Etat-banquier et la croissance*, Paris, CHEFF, Etudes générales, 2000, p. 25 sqq.
[203]GUILLEMOT (R.), *op. cit.*, p. 19, note 1.
[204]V. généralement MANOU (Y.), *Une machine de pouvoir, La Direction du Trésor*, Paris, Ed. La Découverte, 1988.
[205]ECK (F.), *La Direction du Trésor*, Paris, PUF, QSJ, 1986, p. 54.
[206]Procès-verbal du 5 janvier 1935. Par ailleurs, il convient de noter que TANNERY a été Directeur de la comptabilité publique au ministère des Finances avant de devenir Directeur général de la Caisse des

de l'Economie et des Finances qui a présidé en juin 2001 la présentation de l'alliance stratégique entre la Caisse des dépôts et consignations et les Caisses d'épargne, alors même que ce projet revenait aux deux institutions financières : la politique se saisit des projets de la Caisse des dépôts et de l'Ecureuil[207].

Pour définir la liberté que lui impartit le Trésor, BLOCH-LAINE, Directeur général de la CDC de 1952 à 1967, Directeur du Trésor juste avant sa nomination à la Caisse, avait en ce sens inventé une formule, restée connue rue de Lille : « *La Caisse ne fait rien que le gouvernement désapprouve, mais elle ne fait pas tout ce qu'il demande* ». Il ajoutait ensuite : « *Elle peut faire ce que le gouvernement ne lui demande pas, à condition que ça ne lui déplaise pas* ». C'est donc dans ce contexte d'influence[208] qu'évoluera le Directeur du Trésor comme membre de la Commission de surveillance. La lecture des procès-verbaux de la Commission de surveillance ne permet pas de systématiser la place qu'occupe ce Directeur.

En fait, cette relation bilatérale avec la Caisse des dépôts et consignations en général, avec la Commission de surveillance en particulier, dépend beaucoup plus de paramètres politiques et personnels, et notamment de la personnalité des Directeurs des deux institutions[209]. Leurs relations respectives avec le pouvoir politique seront d'autant un paramètre important[210] que le triangle Banque de France/Caisse des dépôts et consignations/Bercy demeurera équilibré[211].

Pour autant, ce fonctionnaire de la Direction du Trésor a toujours eu une certaine latitude d'actions administratives et politiques[212], qui permet de conclure à son indépendance, au moins d'esprit. Son attitude personnelle sera aussi un élément non négligeable pour comprendre sa place au sein de la Commission de surveillance. En effet, le poste de Directeur du Trésor ferait de son titulaire le fonctionnaire le plus puissant de France, qualifié aussi bien de « *pièce essentielle du pouvoir de l'Etat* » que d'« *un homme du pouvoir et d'influence* »[213]. Il ne représenterait à la Commission de surveillance, ni le ministre, ni le ministère. Il serait alors membre de droit à titre d'expert, dont les connaissances financières sont le plus souvent recherchées. Le Directeur du Trésor pourra aussi consulter la Commission de surveillance sur le caractère réaliste du chiffre envisagé dans un projet de loi de Finances en ce qui concerne la rémunération de la garantie accordée par l'Etat aux fonds collectés par les Caisses d'épargne[214]. Le décret de 1848[215] motive ainsi sa présence à la Commission de surveillance dans le souci équivoque « *de coordonner*

---

dépôts et consignations pour terminer sa carrière à la Banque de France. V. aussi *infra*, les conditions de son départ de la CDC.

[207]Opinion publiée par le député BRARD, à l'époque Vice-Président de l'Assemblée et membre de la Commission de surveillance de 1997 à 2002. V. BRARD (J.-P.), *Pour un pôle financier public d'intérêt général*, La Tribune, 19 juin 2001 et BRARD (J.-P.), (propos recueillis par L. CHEMINEAU), « *La création d'une « grande financière publique » doit être débattue* », La Tribune, 14 avril 1998.

[208]BLOCH-LAINE (F.), *L'évolution du rôle de l'Etat*, RFFP, 1993, p. 7.

[209]Par ex., constat établi au fil des lectures des procès-verbaux de la Commission de surveillance de 1988 à 1992.

[210]Par ex., procès-verbal du 25 octobre 1963 et procès-verbal du 9 octobre 1964 ; procès-verbal du 31 juillet 1963 relatant des relations tendues entre le ministre des Finances et le Directeur général de la Caisse des dépôts et consignations.

[211]Procès-verbal du 5 juin 1935.

[212]Procès-verbal du 29 janvier 1896 et procès-verbal du 29 mai 1896. C'est le Directeur général de la Caisse des dépôts qui présente les projets du ministre des Finances en matière d'emprunts communaux ou le régime des obligations du Trésor. Le Directeur du Trésor ne fait pas écran entre le Directeur général et le ministre des Finances.

[213]ECK (F.), *op. cit.*, p. 28.

[214]Procès-verbal du 22 juillet 1986.

[215]Décret de 1848 préc. Il s'agissait à l'époque du Directeur du mouvement général des fonds.

les opérations de Trésorerie des deux caisses, d'une part, et celle du Trésor de l'autre ». Par analogie, Mme GUILLAUME-HOFNUNG[216] confirme dans le même sens, à propos de la COB, que le *« commissaire du gouvernement joue en réalité... un rôle d'antenne chargée de faire circuler l'information entre les deux autorités tutélaires de la bourse que sont le Trésor et la COB ; il fait connaître à la seconde, le point de vue de la première, mais ne dispose pas d'un droit de veto »*. L'article L.142-3 du Code monétaire et financier dispose également que « *le premier ministre et le ministre de l'Economie et des Finances peuvent participer sans voix délibérative aux séances du Conseil de la politique monétaire [de la Banque de France]* ». Par souci de déontologie, le Directeur du Trésor, surveillant à la Commission de surveillance, pourra alors, avec une certaine prudence, se démarquer personnellement de son ministre : il annoncera alors cette intention en séance[217].

Cela étant, le Directeur du Trésor se présente plus généralement comme un membre à part entière de la Commission de surveillance. Il participera le plus souvent personnellement à toutes les délibérations de la Commission. Il peut accepter la proposition de la Commission de surveillance avec réserve[218] ou s'abstenir[219]. Il pourra surtout élire le Président de la Commission de surveillance, bien que cette situation semble difficilement conciliable avec le statut d'indépendance de la Caisse des dépôts et consignations[220].

Dans ces conditions, sa fonction de représentant du ministère des Finances prend un relief plus particulier ces dernières années, avec les réformes souhaitées ou entreprises du ministre des Finances, le transfert d'entreprises publiques au secteur privé et l'environnement européen de plus en plus compétitif[221]. Le Directeur du Trésor, nommé et révoqué à la discrétion du gouvernement, pourra alors apparaître davantage comme un censeur directif de la politique entreprise par la Caisse, notamment en matière d'investissement et dépôts et consignations[222]. A titre d'exemples plus lointains, le ministre des Finances SADI CARNOT fait connaître le 5 décembre 1885 au Directeur général de la Caisse des dépôts qu'il a reçu « *votre lettre du 19 novembre dernier par laquelle vous me faites connaître que la Commission de surveillance a accueilli favorablement la proposition que je vous avais faite de consolider en obligations du Trésor à long terme, émises en vertu de la loi du 22 juillet 1885, une somme de 50 millions de francs...* ». Il en est de même en 1887 « *M. le Directeur général, par une lettre en date du 3 mars courant, vous m'avez fait connaître que dans sa séance du même jour, la Commission de surveillance de la Caisse des dépôts et consignations a donné son assentiment à la proposition de faire [...] emploi des fonds libres des Caisses d'épargne en obligations du Trésor [...] Vous m'avez indiqué en même temps, de vous indiquer les conditions dans lesquelles l'opération sera réalisée...* ».

---

[216]GUILLAUME-HOFNUNG (M.), *Réflexions sur la nature juridique de la Commission des opérations de bourse*, RDP, 1982, p. 1350.

[217]Par ex., à propos d'une protestation de la Commission de surveillance à l'égard d'un prélèvement sur le FRGCE qu'elle juge excessif ; v. procès-verbal du 11 juillet 1989.

[218]Procès-verbal du 24 mars 1992.

[219]Procès-verbal du 10 février 1891.

[220]Usage admis dès 1849. V. procès-verbal du 23 juin 1849.

[221]D4 (Bureau), *L'exercice par l'Etat de sa mission d'actionnaire*, Les Notes Bleues de Bercy, n°220, 16-31 décembre 2001, p. 1.

[222]JURGENSEN (P.) et LEBEGUE (D.), *Le Trésor et la politique financière*, Paris, Montchrestien, coll. Domat – Economie, 1988, p. 40 ; QUENNOUËLLE-CORRE (L.), *passim*.

Dans ce cadre, véritable *« administration d'Etat »*[223] parmi les *« vassaux »*[224] du Trésor, la Caisse des dépôts et consignations apparaît davantage comme *« une annexe du ministre des Finances »*[225], un *« satellite »*[226], une *« constellation »* de la Direction du Trésor[227], une *« caisse publique »*[228]. Plus généralement, la doctrine a pu voir dans cette fonction d'*« auxiliaire »*[229] du ministère des Finances, un organe de débudgétisation[230]. Dans ce cadre, représentant un des rouages de la politique économique du pays, la Caisse des dépôts et consignations est sous la conduite directe de la Direction du Trésor[231]. Sur un plan plus politique, le Directeur du Trésor pourra alors exercer les fonctions de *« censeur »* de la Caisse des dépôts et consignations à la Commission de surveillance. Il est sous les ordres et les directives du ministre des Finances et le représente[232]. A titre d'exemple évocateur, la Direction générale de la Caisse des dépôts et consignations a pu très curieusement proposer à la Commission de surveillance, sans que cela semble lui paraître opportun, que le Directeur du Trésor se prononce au nom de l'Etat lors de l'approbation du budget de la Caisse des dépôts et consignations[233]. Or, si cette manière de voir peut éventuellement se comprendre par souci d'une administration budgétaire plus rapide, cette démarche est contraire à l'organisation du ministère des Finances et au statut particulier de l'Etablissement[234]. Cela n'empêche pas, qu'en qualité de surveillant, le Directeur du Trésor puisse naturellement faire des remarques et observations[235].

---

[223]FLANDIN (G.), *La Caisse des dépôts et consignations. Son rôle dans la vie financière du pays*, Annales des Sciences politiques, 1902, p. 749 et 1903, p. 209.

[224]MANOU (Y.), *op. cit.*, p. 74.

[225]Discussion du budget des dépenses 1848, Chambre des députés, séance du 15 juillet 1847, Moniteur universel, 16 juillet 1847, p. 2097 ; PASSERON (S.), *L'autonomie de gestion des établissements publics nationaux,* Paris, LGDJ, 1968, p. 229.

[226]HABERER (J.-Y.), *Les fonctions du Trésor et la politique financière*, Les Cours de Droit, Paris, 1975-1976, p. 35-56 ; ECK (F.), *op. cit.*, p. 23.

[227]JURGENSEN (P.) et LEBEGUE (D.), *loc. cit.*

[228]BLOCH-LAINE (F.) et PALLEZ (G.), *Finances publiques*, Les Cours du Droit, Université de Paris – Sciences politiques, 1959-1960, fascicule I, p. 43 ; DUVERGER (M.), *Finances publiques*, Paris, PUF, Thémis, 1968, *passim* ; MA. (Ph.), *COFACE et CDC mis à contribution pour baisser le déficit de l'Etat*, Les Echos, 22-23 septembre 2000.

[229]BLOCH-LAINE (F.) et PALLEZ (G.), *op. cit.,*, fascicule IV, p. 53; BLOCH-LAINE (F.) et VOGUE (de) (P.), *Le Trésor public et le mouvement général des fonds*, Paris, PUF, 1960, *passim* ; LALUMIERE (P.), *Les Finances publiques*, Paris, A. Colin, coll. U, 9ème éd, p. 390 ; LION (R.), *L'Etat passion*, Paris, Plon, 1992, p. 66 ; RICHARD (A.), *Les Finances de l'Etat et les investisseurs institutionnels*, Pouvoirs, n°53, 1990, p. 65 ; VOGUE (de) (P.), *Finances publiques. Le Trésor et les fonctions de Trésorerie*, Les Cours du droit, 1965-1966, p. 10, p. 24 et sqq. ; GIRARD (L.), *France Télécom compte sur l'Etat pour sortir du piège de la dette*, Le Monde, 8 août 2002.

[230]DOUAT (E.), *Finances publiques. Finances communautaires, nationales, sociales et locales*, Paris, PUF, Thémis, Droit public, 1999, p. 241 ; GAUDEMET (P.-M.) et CHEMILLIER-GENDREAU (M.), *Nouveau guide des exercices pratiques pour la licence en droit. Finances publiques*, Paris, Montchrestien, 2ème éd. entièrement refondue et mise à jour, 1970, p. 283 ; HAURIOU (A.), *Droit des services publics (doctorat), Cours professé par A. HAURIOU à la Faculté de Droit de Paris : L'évolution des modes de gestion des services publics*, Paris, Cours de droit ; cours polycopié, mémoire DES, 1954-1955, p. 191 ; LALUMIERE (P.), *ibidem*, p. 229 ; LASCOMBE (M.) et VANDENDRIESSCHE (X.), *Les Finances publiques*, Paris, Dalloz, « Connaissance du Droit », 5ème éd., 2003, p. 82 ; PAYSANT (A.), *Finances publiques*, Paris, A. Colin, 5e éd., 1999, *passim.*

[231]Voir sous un régime de confusion des deux administrations : procès-verbal du 15 mai 1861 ; procès-verbal du 10 septembre 1954 ; procès-verbal du 23 mai 1975.

[232]Procès-verbal du 23 mai 1938.

[233]Procès-verbal du 22 décembre 1992.

[234]Dès lors que c'est naturellement au seul Directeur du Budget de valider, au nom du ministre des Finances le budget de la CDC.

[235]Procès-verbal du 23 novembre 1983.

Par ailleurs, adoptant le principe de la représentation de l'Etat au sein des conseils d'administration, le Directeur du Trésor se fait représenter depuis les années 1930 à chaque séance de Commission. Il s'agit le plus souvent d'un chef de service au ministère des Finances[236]. Aucun texte normatif ne prévoit pour autant cette représentation. De plus, sans être toutefois systématique, les cadres dirigeants du ministre des Finances peuvent avoir par la suite des hautes fonctions à la Caisse des dépôts et consignations, ce qui peut poser éventuellement certains risques de caractère pénal[237].

C'est pourquoi, il convient d'affirmer que la présence du Directeur du Trésor au sein de la Commission de surveillance ne correspond pas à l'esprit qui a animé le législateur de 1816[238] : depuis 1848, s'il a toujours été considéré comme primordial de coordonner les opérations de Trésorerie de la Caisse des dépôts avec celle du ministre des Finances, il importe néanmoins de maintenir un juste équilibre entre l'indépendance des membres de la Commission de surveillance et l'influence ministérielle[239]. La composition de la Commission de surveillance entend légalement répondre à cette préoccupation en associant le Parlement aux plus hautes institutions financières et administratives du pays. Leur comportement personnel et la haute estime de la *« vieille Dame de la rue de Lille »* doivent leur permettre de surveiller cet établissement avec toutes *« leurs Lumières »*, indispensables au bon fonctionnement de la Commission. En effet, cette dernière est – et doit rester – le principal relais de surveillance de la situation de la Caisse des dépôts et consignations.

SECTION II- La Commission de surveillance, relais de surveillance de la situation de la Caisse des dépôts et consignations

La Commission de surveillance est un relais de surveillance, au sens le plus complet du terme (§1). Il conviendra néanmoins de s'interroger sur l'effectivité de son action (§2).

§1. La surveillance opérée par la Commission de surveillance

L'établissement *sui generis* CDC est légalement placé sous la surveillance spéciale du Parlement[240]. Celle-ci s'exerce par la voie permanente et spécifique de la Commission de surveillance elle-même (I) et par la mise en œuvre ponctuelle des pouvoirs de contrôle général du Parlement (II).

[236]Procès-verbal du 23 janvier 1931 ; procès-verbal du 17 mai 1940 ; procès-verbal du 24 janvier 1947 ; procès-verbal du 24 novembre 1967 ; procès-verbal du 27 juin 1980 ; procès-verbal du 10 octobre 1984 ; procès-verbal du 21 juillet 1992 ; procès-verbal du 20 juin 2000.
[237]V. *infra*, Partie I, Titre 1.
[238]V. Introduction générale.
[239]PLESSE (H.), *Le contrôle financier de la Caisse des dépôts et consignations*, mémoire de DEA : Finances publiques et fiscalité, Paris II, 1977, p. 51.
[240]Art.L.518-2 al. 2 du Code monétaire et financier.

I- La surveillance spécifique et permanent de la Commission de surveillance

Si la Commission de surveillance exerce l'ensemble des prérogatives qu'elle tient de la loi, notamment en se réunissant au moins deux fois par mois[241], la lecture des textes institutifs de la Caisse des dépôts et consignations ne donne qu'une vue incomplète et finalement inexacte de sa surveillance.

La Commission de surveillance semble avoir, en pratique, toute latitude pour exercer ses missions (A). Dans ce cadre, le Président y jouit d'une place et d'un rôle d'importance dans le fonctionnement tant par l'exercice des attributions dont il est armé par les textes que par l'action politique que la fonction lui permet d'exercer (B).

A) Une grande latitude de la Commission de surveillance pour exercer ses missions

La Commission de surveillance doit, d'une part, être informée des états comptables, administratifs et financiers de la CDC et doit être, d'autre part, consultée sur les orientations stratégiques de l'établissement.

1) Une information comptable et budgétaire de la Commission de surveillance

Le Directeur général de la Caisse des dépôts et consignations doit présenter, à la Commission de surveillance, au moins deux documents : la situation mensuelle de la comptabilité de l'Etablissement[242] et, avant la fin de l'année, la situation budgétaire de ce dernier[243].

a- L'obligation générale, au moins mensuelle, de vérification de « l'état des caisses », de « la bonne tenue des écritures et tous les états administratifs »

Si on s'en tient à une interprétation restrictive des textes, la seule obligation de surveillance consiste en ce qu'il soit produit des comptes trimestriels à la Commission de surveillance[244]. Ce compte devra être rendu public[245]. Cependant,

---

[241]La Commission de surveillance se réunissait les premiers temps en fonction des sessions Parlementaires et sans périodicité parfaitement régulière ; un mois pouvait s'écouler sans aucune réunion et un autre mois avec trois réunions. En 1858, il a été décidé de tenir une réunion mensuelle le premier mercredi de chaque mois. On est passé à partir de 1880 à la fréquence actuelle de deux réunions par mois. Si elle se réunissait en principe le premier et le troisième vendredi de chaque mois (procès-verbal du 13 décembre 1918), elle a souhaité adopter en 1986 le principe d'une réunion le deuxième et le quatrième mardi de chaque mois (procès-verbal du 30 avril 1986 ; procès-verbal du 4 mai 1993). Elle peut par ailleurs organiser une réunion exceptionnelle. Elle est revenue en 1994 sur le principe de la réunion le mercredi (procès-verbal du 3 novembre 1993).

[242]Art. L.518-8 du Code monétaire et financier.

[243]Art. L.518-12 al. 2 du Code monétaire et financier.

[244]Art. L.518-8 al. 1, 1ère phrase.

[245]Art. L.518-8 al. 1, 2ème phrase.

l'article L.518-8 al. 2 du Code monétaire et financier fait obligation à la Commission de surveillance de vérifier tous les mois *« l'état des caisses, la bonne tenue des écritures et tous les états administratifs »*, tandis que l'article L.518-9 al. 2 impose au Directeur général de lui donner *« tous les documents et renseignements qu'elle juge utiles »*. Ces libellés restant imprécis, il semble que la Commission de surveillance puisse demander à disposer, au moins une fois par mois, d'une information comptable et des commentaires sur l'évolution de l'activité de la Caisse des dépôts et consignations[246].

La question qui se pose néanmoins en l'espèce est celle se savoir si la Commission de surveillance peut exiger la production de tout document[247]. En effet, il résulte de l'al. 2 de l'article L.518-9 du Code monétaire et financier que le Directeur général est tenu de communiquer à la Commission de surveillance sur simple réquisition tous les éléments et informations utiles à l'exercice de sa mission.

Sur la forme, cette disposition, qui a toujours été appréciée dans un cadre souple, n'est pas dissociable dans son interprétation des alinéas premiers des articles L.518-11 et L.518-12 du Code monétaire et financier : ces textes attribuent au seul Directeur général l'administration et la gestion de la Caisse des dépôts et consignations. La Commission de surveillance ne peut donc prendre des initiatives qui la conduiraient à se substituer au Directeur général dans ses deux fonctions de gestion et d'administration[248]. On ne pourrait alors imaginer qu'un membre de la Commission de surveillance puisse exiger directement, sans l'accord du Directeur général, un dossier ou une note financière au service de la Caisse générale ou de la Direction de la stratégie, des Finances, du contrôle de gestion et de la comptabilité (DSFC). En fait, un tel précédent nuirait durablement à l'organisation des débats en Commission de surveillance et altérerait gravement les rapports entre le Directeur général et le Président de la Commission de surveillance.

Sur le fond, cette communication de documents et renseignements ne peut avoir pour objectif que l'exercice de la surveillance de la *« situation de la Caisse des dépôts et consignations »*[249]. Cela induit que l'obligation ne s'étend pas systématiquement à la communication des dossiers et pièces de la gestion courante de la Caisse des dépôts et consignations. Les documents et renseignements sont nécessairement des éléments synthétiques[250] ou récapitulatifs[251]. Ils n'ont qu'une valeur indicative[252]. C'est ainsi que, jusqu'en 1986, les comptes présentés étaient constitués d'un tableau emplois-ressources global pour la CDC et d'un tableau d'ensemble des fonds gérés par la Caisse. Le Directeur général de l'Etablissement a informé fin 1986 la Commission de surveillance de sa décision de ne plus présenter cette vision d'ensemble de la Caisse des dépôts et consignations, mais, au contraire, dans un souci de clarification, de distinguer quatre catégories de fonds gérés par la CDC : la section générale, les fonds d'épargne, les fonds gérés par les réseaux associés et les fonds de prévoyance et d'organismes divers[253]. De plus, il a été acquis que la publication trimestrielle des comptes au JORF[254] pourrait être présentée sans visa du Président de la Commission de surveillance. La situation actuelle résulte de

---

246 Procès-verbal du 11 février 1874.
247 Procès-verbal du 3 novembre 1993.
248 Procès-verbal du 25 octobre 1899.
249 Art. L.518-8 du Code monétaire et financier.
250 Procès-verbal du 8 juin 1983.
251 Procès-verbal du 3 février 1897.
252 Procès-verbal du 24 janvier 1958 et procès-verbal du 7 février 1958.
253 Procès-verbal du 23 décembre 1986.
254 Art. L.518-8 al. 1 du Code monétaire et financier.

cette décision et de l'évolution des activités et des structures[255] : les comptes présentés tous les trimestres à la Commission de surveillance sont en cohérence avec la publication au JORF[256]. Toutefois, les comptes de la section générale et ceux des fonds d'épargne lui sont présentés en totalité (bilan, hors bilan, comptes de résultats et notes annexes). Dans cette même perspective, le Directeur général soumet à la Commission de surveillance une note de quinzaine retraçant l'évolution des ressources et des principaux placements de cette période[257], une note mensuelle présentant l'évolution des ressources et des emplois ; des états financiers présentant les comptes consolidés et certifiés de la section générale[258], et des commentaires sur la situation de la Caisse des dépôts et consignations pour chaque trimestre ou semestre[259]. S'il en était autrement, la dernière phrase de l'article 10 al. 2 non codifié de l'ordonnance du 22 mai 1816 prévoit que la Commission de surveillance puisse en référer au Premier ministre[260], par l'intermédiaire du ministre des Finances *« pour être par nous ordonné ce qu'il appartiendra »*.

Les commissaires surveillants peuvent, par ailleurs, effectuer un contrôle sur pièce et sur place, puisque la rédaction de l'article L.518-8 al. 2 et la deuxième phrase de l'al. 2 de l'article 22 de l'ordonnance du 22 mai 1816 semblent prévoir une action directive. Les conditions dans lesquelles s'effectuent les vérifications de caisses sont assez différentes de celles habituellement pratiquées, notamment par l'Inspection générale des Finances[261]. Les modalités de cette vérification, explicitées par un arrêté du 12 septembre 2000[262], s'apparentent au contrôle de gestion qu'exerce la Cour des comptes. En effet, le Caissier général, qui n'intervient pas dans toutes les opérations de l'Etablissement et qui ne tient ni la comptabilité générale, ni une comptabilité par comptes de balance, n'est pas en mesure de présenter des registres comptables à l'aide desquels, il serait possible - à partir de la position des différents comptes - de déterminer quel doit être le solde en caisse[263]. Eu égard à l'importance des fonds confiés à l'Etablissement, il ne peut s'agir alors obligatoirement que d'un contrôle sur pièces et sur place, par sondages[264] des opérations en numéraire distinguées de la comptabilité matière par nature de valeur ou type de portefeuille[265]. Cette vérification mensuelle se déroule de manière

[255]V. en annexe : tableau « *présentation et publication des comptes de la CDC* ».

[256]On pourrait se demander si la publication de tels comptes mensuels au Journal officiel présente, à ce jour, un intérêt encore spécifique. V. en comparaison, l'intervention de M. CABANNES intitulée *« la suppression de la situation hebdomadaire de la Banque de France »* lors du colloque *La sécurité financière et l'Etat* du 6 février 2004, organisé par le Centre Sécurité et Défense (Paris V) sous la direction de M. le Professeur Jacques BUISSON.

[257]Procès-verbal du 21 février 2001.

[258]Procès-verbal du 28 mars 2001.

[259]Procès-verbal du 18 septembre 2001.

[260]C'était, à l'origine, au roi.

[261]Annexe au procès-verbal du 14 juin 1963, note concernant les vérifications de la Caisse générale par un membre de la Commission de surveillance.

[262]Arrêté du 12 septembre 2000 *relatif aux décisions principales du compte de gestion et aux justificatifs des opérations du caissier général de la Caisse des dépôts et consignations*, JORF, 28 novembre 2000, p. 18895.

[263]Ainsi, si les positions en numéraire et en titres ainsi établies ne sont pas directement vérifiables, au jour de la vérification, par un rapprochement avec les chiffres de la comptabilité générale, elles présentent néanmoins de sérieuses garanties en raison de l'existence du service de contrôle (dénommé aujourd'hui DFSC). V. décision du Directeur général du 22 avril 1999 portant sur la *création de la Direction de la stratégie, des Finances, du contrôle de gestion et de la comptabilité (DSFC)*.

[264]Procès-verbal du 18 septembre 1942.

[265]Procès-verbal du 5 octobre 1945 ; procès-verbal du 27 janvier 1961.

alternative[266]. Au 31 décembre est dressé un procès-verbal de vérification annuelle de l'état des caisses et de la bonne tenue des écritures. Cette réunion traditionnelle, sans être inscrite dans les textes[267], permet à la Commission de surveillance de se rendre à la caisse générale en fin d'année[268].

Cette vérification est couplée avec l'obligation particulière de vérification budgétaire annuelle.

b- L'obligation particulière de vérification budgétaire annuelle

L'article L.518-12 du Code monétaire et financier dispose que la Commission de surveillance doit arrêter, avant la fin de l'année, l'état des dépenses administratives (EDA) de l'année suivante, avant transmission pour approbation au ministère des Finances. Depuis plusieurs années, une pratique constante veut que la Commission de surveillance doive également arrêter les dépenses hors EDA dans le cadre de la discussion budgétaire annuelle[269].

Les efforts faits depuis le début des années 1990 ont permis de passer de la présentation de l'EDA non reliée aux produits et aux résultats à celle d'un budget global d'entreprise[270]. Fondé sur un compte de résultat prévisionnel de la section générale[271] et appuyé sur des prévisions d'activités sectorielles et des prévisions de remboursements par des fonds gérés[272], un tel « *budget* » permet d'appréhender les dépenses de l'Etablissement en fonction de ses ressources et des objectifs, et, de considérer l'ensemble de son activité. Si la saisine était obligatoire, le budget du Directeur général, qui serait pris sans consultation préalable de la Commission de surveillance, serait entaché d'illégalité. Il convient néanmoins de rappeler le caractère précaire de ce document, qui, en définitive, prend trois formes successives : Le « *budget primitif* » des dépenses administratives de la caisse pour l'année suivante est examiné en décembre par la Commission de surveillance. A cet effet, elle nomme chaque année un rapporteur[273]. Ce dernier, généralement un conseiller d'Etat[274], est chargé de lui présenter plus précisément ses observations sur le projet de budget du Directeur général, avant approbation du ministre des Finances[275]. Il peut directement demander des explications et des justificatifs aux services compétents[276] et proposer des amendements à ce budget[277]. A l'inverse, le « *budget approuvé* », fixé en général en juin, résulte quant à lui des discussions entre la Direction du budget et la Direction générale de la Caisse. Contenant des

---

[266]Procès-verbal du 24 mai 1974.
[267]Procès-verbal du 14 décembre 1983.
[268]Cette séance n'est désormais plus organisée systématiquement le 31 décembre de chaque année, les progrès technologiques le permettant. V. par ex. procès-verbal du 18 décembre 2001.
[269]V. *supra*, Partie I, Titre 1.
[270]Procès-verbal du 28 novembre 1989.
[271]Rapport blanc 2001, p. 144.
[272]Dont le bilan est publié dans le rapport blanc. V. par ex. rapport blanc 2001, p. 182 sqq.
[273]Procès-verbal du 5 avril 1817 ; cela n'empêche que chaque surveillant – et donc le Directeur du Trésor – se voit adresser auparavant ce projet de budget. V. procès-verbal du 20 décembre 1912.
[274]V. *supra*, Partie I, Titre 1.
[275]Procès-verbal du 9 avril 1871.
[276]Procès-verbal du 21 novembre 1834.
[277]Procès-verbal du 23 décembre 1834.

modifications importantes[278], il n'est pas soumis à la Commission de surveillance et laisse toute latitude au ministre des Finances de s'immiscer dans la gestion interne de la Caisse des dépôts et consignations[279]. Le « *budget définitif* » intègre enfin les variations que la Caisse a rencontrées, en fonction de la conjoncture, dans l'exécution du budget approuvé[280]. Ce budget est depuis 1982 soumis pour approbation en Commission de surveillance[281].

Les progrès des systèmes comptables et du contrôle de gestion permettent par ailleurs d'établir des comptes semestriels, une prévision actualisée des résultats de l'exercice, voire depuis 1993, une procédure de certification des comptes[282].

En tout état de cause, comme pour la discussion budgétaire au Parlement, le débat sur l'EDA et le hors EDA est l'occasion pour la Commission de surveillance d'évaluer[283] *« la bonne tenue des écritures et tous les détails administratifs »*[284] de l'Etablissement et de connaître indirectement les orientations financières de la Direction générale de la Caisse des dépôts en personnel[285] ou en matériel[286]. Les textes régissant les rapports entre le Directeur général et la Commission de surveillance, corollaire de l'indépendance du Directeur général, ne constituent alors qu'un cadre relativement peu contraignant pour ce dernier, dès lors que les observations des surveillants ne sont pas obligatoires pour lui[287]. Une doctrine régissant ces rapports s'est dégagée par la pratique et a étendu le contrôle de la Commission de surveillance aux orientations stratégiques de la Caisse des dépôts et consignations.

2) Une consultation de la Commission de surveillance sur les orientations stratégiques

Depuis quelques années, la Commission de surveillance a clarifié, de son propre chef, les principes et règles servant de cadre à son fonctionnement. En effet, pour tirer les conséquences de sa fonction à l'époque actuelle et de la diversification des activités[288], des formes d'intervention et des modifications dans l'organisation du groupe, une « *résolution sur le fonctionnement de la Commission de surveillance* » du 9 juillet 1991 réexamine et reprend les attributions de la

[278] Procès-verbal du 19 décembre 1937, modifications que la Commission de surveillance est obligée d'accepter. V. procès-verbal du 12 mai 1939.

[279] Il s'agit le plus souvent de modifications limitées à caractère technique portant essentiellement sur les dépenses de personnel (par ex. procès-verbal du 22 janvier 1986) ; sur la réalité de ce contrôle du ministère des Finances.

[280] Procès-verbal du 13 septembre 1988.

[281] Procès-verbal du 22 décembre 1982 (procès-verbal de principe) avec insistance du rapporteur-surveillant et le soutien par le Président (v. procès-verbal du 12 octobre 1983). Application du dispositif sans discussion entre la Direction générale de la Caisse et la Commission de surveillance à partir du procès-verbal du 27 juin 1984.

[282] Rapport blanc 1993 : *rapport de la Commission de surveillance* p. 15/20.

[283] Et toutes les difficultés que cela comporte. V. procès-verbal du 9 décembre 1915.

[284] Art. L.518-8 al. 2 du Code monétaire et financier.

[285] Procès-verbal du 27 octobre 1962 et procès-verbal du 12 janvier 1973.

[286] Procès-verbal du 20 novembre 1841.

[287] Art. L.518-9 al. 1 du Code monétaire et financier.

[288] Au milieu des années 1980, sous la pression de la politique de régulation bancaire, la Caisse des dépôts et consignations a connu un changement de ses métiers et de ses structures par une décentralisation des responsabilités et par une politique de filialisation croissante de ses activités dissociant ses missions d'intérêt général et ses activités concurrentielles.

Commission de surveillance[289]. Simple vœu, cette motion de la Commission de surveillance peut être considérée à certains égards comme l'ébauche de son « règlement intérieur »[290]. Pour autant, si elle a le mérite de rappeler les pouvoirs et le fonctionnement de la Commission de surveillance, il n'en demeure pas moins qu'elle n'emporte qu'une conséquence politique sommaire de « *clarification* »[291] des compétences de l'assemblée[292]. Cette motion n'a aucune valeur juridique : bien que la conception du règlement intérieur ait évolué en droit local[293], en droit parlementaire[294] ou en droit privé[295], cette résolution ne peut être considérée que comme une mesure d'ordre intérieur insusceptible de recours juridictionnel[296]. C'est un acte infra-statutaire admis par la Commission de surveillance en concertation avec la Direction générale de l'Etablissement. Ne devant pas contrevenir aux dispositions impératives de la loi et aux statuts de la Caisse, le règlement intérieur de la Commission n'en précise que les règles de fonctionnement.

Dans le même sens, l'arrivée de M. AUBERGER à la présidence de la Commission de surveillance et le souhait du ministère des Finances de lancer une réflexion sur le mode de « *gouvernance* » de la Caisse des dépôts ont permis à la Commission d'adopter son « *règlement intérieur* » [297]. Au plus près, il s'agit encore d'une validation des acquis législatifs et réglementaires de la Caisse des dépôts et consignations et des missions de surveillance qui sont imparties à la Commission, le modèle et la notion de gouvernance étant juridiquement incertains[298].

En tout état de cause, la Commission de surveillance est désormais consultée sur les orientations stratégiques de la Caisse des dépôts et consignations et leurs évolutions, préalablement à leur mise en œuvre dans les domaines de la politique de placements et participations financières[299], la stratégie du groupe et des filiales[300], les politiques du groupe en matière de financement des politiques publiques locales, d'assurance, de financement du logement social, de déontologie

---

[289] Annexe au procès-verbal du 9 juillet 1991.

[290] Le vocable employé en l'espèce doit s'entendre comme règlement de fonctionnement interne à la Commission de surveillance. Ce terme avait déjà été utilisé par le commissaire du gouvernement L'HOPITAL dans l'affaire *Bergerat*, préc. (à propos d'un règlement intérieur de la Commission de surveillance approuvé par le ministre des Finances relatif au dépôt, rentes sur l'Etat au porteur à titre de cautionnement). Sa connotation était, dans ce dernier cas, trop stricte.

[291] Terme employé dans la résolution *préc.*

[292] « *Auparavant, son rôle était régi par la coutume issue d'une certaine application de la loi de 1816* ». V. CDscope, n°86, juillet-août 1990, p. 4.

[293] DELONS-DESMOULIN (C.), *Le contrôle du juge administratif sur les règlements intérieurs des assemblées locales délibérantes*, RDP, 1996, p. 843.

[294] V. de manière générale l'art. 61 de la Constitution de 1958 soumettant les règlements des assemblées au contrôle du Conseil constitutionnel. V. aussi « *Règlements de l'Assemblée nationale et du Sénat* », dans M. de VILLIERS et T.S. RENOUX, *Code constitutionnel*, Paris, Litec, 2001, p. 899.

[295] De manière générale, NEAU-LEDUC (Ph.) (préf. de T. REVET), *La réglementation de droit privé*, Paris, Litec, 1998, *passim.*

[296] En revanche, on peut penser qu'un recours en responsabilité pour défaut de surveillance pourrait engager la responsabilité de l'Etat. V. *infra.*

[297] CONESA (E.) et MARIETTE (D.), *Comment gouverner la CDC ?*, La Tribune, 14 janvier 2003.

[298] Dans ce même sens, la consécration législative des règlements intérieurs par la loi NRE. Si cette dernière lui donne une consécration législative, elle ne précise en rien les conditions dans lesquelles ce règlement peut ou doit être conçu. V. par ex., la compétence qui incombe au règlement intérieur pour préciser les règles de délibérations des conseils d'administration (art. L.225-37 du Code des sociétés et des marchés financiers) ou conseils de surveillance (art. L.225-82 du Code des sociétés et des marchés financiers) tenus en visioconférence.

[299] Selon les modalités définies lors des séances de Commission de surveillance des 28 février et 28 mars 1989 et fixées par la résolution du 3 mai 1989.

[300] Par ex., *rapport d'activité 1999 du département de l'Economie mixte à la Commission de surveillance*, septembre 2000, CDC/DDLP, DEM.

d'intervention de la Caisse des dépôts ou des activités financières nationales, européennes et mondiales[301]. A cet effet, la Commission de surveillance arrête en début de chaque année son programme prévisionnel de travail, séance ou non thématique[302], pour l'exercice à venir[303]. Ses larges modes d'intervention ne peuvent qu'être assurément flous[304]. Elle généralise ensuite la pratique de désignation d'un commissaire-rapporteur spécialement chargé de présenter en séance, par exemples le budget, l'état des frais administratifs, le calcul de la contribution volontaire, la détermination du montant du versement et du prélèvement sur le FRGCE, l'arrêté des comptes annuels et l'évolution des « ratios » de liquidité des fonds d'épargne. On a pu voir, dans ses nouvelles fonctions, une orientation de la Commission de surveillance tendant à la soumettre à la conception active des conseils d'administration ou des conseils de surveillance des sociétés à directoire et à conseil de surveillance[305]. En effet, les différentes études entreprises notamment depuis 1995[306] soutiennent dans leur ensemble que les conseils d'administration ou de surveillance des entreprises doivent plus particulièrement définir la stratégie de l'entreprise et contrôler la gestion des mandataires sociaux. La Commission de surveillance répondrait à ces critères[307], dit de *« gouvernance d'entreprise »* ou de *« corporate governance »*.

Dans cette perspective, les commissaires surveillants sont associés à la décision de politique publique prise en amont et en aval par le Directeur général et sont en mesure de l'articuler avec l'intérêt de la Caisse des dépôts et consignations. Or, l'article L.518-9 du Code monétaire et financier[308] prévoit que « *la Commission de surveillance peut adresser au Directeur général des observations* » mais d'ajouter aussitôt que celles-ci « *ne seront obligatoires pour lui* ». C'est pourquoi, si la référence actuelle au droit des sociétés peut apparaître éclairante, elle n'en demeure pas moins partiellement inadaptée[309]. En effet, l'article 1er de l'ordonnance du 24 décembre 1839, désormais codifié à l'article L.518-3 du Code monétaire et financier[310], montre bien que si la Commission de surveillance doit être saisie de tout projet réglementaire relatif aux attributions de la CDC, elle n'a pas un rôle actif comme pour les conseils d'administration ou de surveillance des grandes sociétés[311]. Les limites de comparaison les plus réelles proviennent ainsi du rôle prépondérant de la Direction générale de la Caisse des dépôts dans la gestion et l'administration des fonds et valeurs confiés à l'Etablissement. La Commission de surveillance ne

---

[301] V. *infra*, Partie II, Titre 1.

[302] Par ex., procès-verbal du 22 septembre 1982 : « *la situation des filiales de la Caisse des dépôts* ».

[303] Par ex., procès-verbal du 4 décembre 2001 : *calendrier 2002 de la Commission de surveillance.*

[304] C'est ainsi que les procès-verbaux de la Commission de surveillance relatent ces dernières années des « points » : « *point Euro* » ; « *point sur les marchés* » ; « *point sur les risques* ».

[305] V. par ex., l'introduction du Président de la Commission de surveillance du rapport rouge 1990, p. 7 : *« ambition et rigueur »*.

[306] BARBIER de La SERRE (R.), DAVID (J.-H.), JOLY (A.) et ROUVILLOIS (P.), *L'Etat actionnaire et le gouvernement des entreprises publiques*, 24 février 2003 ; BOUTON (D.), « *Pour un meilleur gouvernement des entreprises cotées* », MEDEF – AFEP-AGREF, 23 septembre 2002, www.medef.fr (recherche effectuée le 2 février 2003) ; VIENOT (M.), « *Le conseil d'administration des sociétés cotées* », juillet 1995, www.ecgi.org (recherche effectuée le 2 février 2003) ; VIENOT (M.), juillet 1999, www.ecgi.org (recherche effectuée le 2 février 2003).

[307] CONESA (E.) et MARIETTE (D.), *Comment gouverner la CDC ?*, préc.

[308] Cet article a été quelque peu modernisé par la codification. L'art. 113 de la loi de finances de 1816 disposait auparavant que « *la Commission de surveillance fera passer au Directeur général les observations qu'elle jugera convenables* ».

[309] Procès-verbal du 2 avril 1993.

[310] V. *infra*, l'analyse de cet article.

[311] Procès-verbal du 3 novembre 1993.

peut pas être assimilée à un conseil d'administration[312]. Les pouvoirs du conseil de surveillance sont plus restreints que ceux du conseil d'administration, même redéfinis par la loi NRE[313] : il est en effet spécialisé dans le contrôle de la gestion de la société par le directoire[314] : examen *a posteriori* des opérations de gestion menées par le directoire et des comptes qui les retracent, autorisations données *a priori* aux opérations définies aux articles 225-82 et 225-86 du Code des sociétés et des marchés financiers.

Or, la surveillance qu'exerce la Commission ne s'étend pas à ce type d'autorisation : les observations qu'elle peut adresser au Directeur général *« ne sont pas obligatoires pour lui »*[315]. Pour reprendre le vocabulaire du procès-verbal du 2 avril 1993, elle est simplement *« associée aux options stratégiques du groupe »*. Elle ne gère pas ; elle ne contrôle pas ; elle n'administre pas. Elle *« surveille la Caisse des dépôts et consignations »*[316]. Cet ensemble de dispositions caractérise bien le rôle strict de surveillance légalement imparti à la Commission de surveillance et les limites qui en résultent[317] : l'expertise[318] et le conseil[319]. Il s'agit d'un simple droit à l'information et à la consultation de personnalités reconnues pour leurs *« Lumières »*, rendant compte, sous le sceau de la Foi publique, au peuple français et à ses représentants[320]. Dans ce seul cadre, la fonction de Président ne peut être que d'importance.

B) Une place et un rôle d'importance pour le Président de la Commission de surveillance

Le Président de la Commission de surveillance est armé d'attributions *« quasi réglementaires »*, qui lui sont données par les textes et la pratique. Il les exerce à des fins politiques.

1) Les prérogatives du Président de la Commission de surveillance

Les prérogatives, mieux vaudrait sans doute dire l'office, du Président de la Commission de surveillance, sont pour la plupart sous-entendues plutôt qu'elles ne sont explicitées. Il s'agit, pour lui, d'assurer, dans un premier temps, des liens avec la Direction générale et la Commission de surveillance et, dans un deuxième temps, de présider fidèlement les séances de la Commission.

---

312 Art. 225-35 du Code des sociétés et des marchés financiers.
313 Loi n°2001-420 du 15 mai 2001, relative *aux nouvelles régulations économiques*, JORF, 16 mai 2001, p. 7776.
314 Art. 225-68 du Code des sociétés et des marchés financiers.
315 Art. L.518-9 al. 1 du Code monétaire et financier.
316 Art. L.518-7 al. 1 du Code monétaire et financier.
317 Procès-verbal du 25 octobre 1899 ; procès-verbal du 15 janvier 1982.
318 Procès-verbal du 11 décembre 1985.
319 Procès-verbal du 4 novembre 1986.
320 V. aussi *infra*, Introduction générale.

a- L'office du Président de la Commission de surveillance dans ses relations avec le Directeur général et les surveillants

Ce qui est écrit des Présidents des Commissions parlementaires[321], des conseils d'administration d'entreprises[322] a paru s'étendre, selon les usages, au Président de la Commission de surveillance. Le Président a des attributions précises qui ont trait à la réunion de la Commission et aux rapports avec le Directeur général. Après chaque renouvellement partiel de la Commission, la première convocation est à la diligence du Président de la Commission de surveillance. Lorsque le Directeur général le demande, il se voit conférer le pouvoir de convoquer la Commission en séance extraordinaire[323].

Dans le commun des jours, la Commission étant constituée, la convocation appartient naturellement à son Président. La lettre de convocation des surveillants rappelle l'ordre du jour, la date et l'heure qui ont été, dans leur ensemble, fixés préalablement dans un calendrier proposé par le Directeur général et approuvé par la Commission de surveillance en novembre de l'année précédente[324]. Cette lettre de convocation des membres de la Commission de surveillance est plus conventionnelle que formelle dans la mesure où il n'y a pas strictement de règlement intérieur de la Commission de surveillance. Les ordres du jour de chaque réunion sont préparés par la Direction générale et signés par le Président de la Commission de surveillance[325]. Ils comprennent notamment : l'approbation du procès-verbal et du compte-rendu de la séance précédente, la désignation d'un membre appelé à vérifier la caisse générale au cours du mois suivant et le compte-rendu de la vérification de la caisse générale du mois précédent, un point sur les marchés financiers et des questions d'actualité[326].

Plus concrètement, les réunions de la Commission de surveillance se tiennent en principe le premier et le troisième mercredi de chaque mois[327] à 17 heures, dans la salle du premier étage du siège de la Caisse des dépôts et consignations, dite « *salle de la Commission de surveillance* ». Pour autant, il peut arriver aux membres de la Commission de surveillance de demander directement au Directeur général de leur fournir une note complémentaire, un dossier, voire même poser une question[328]. En ce sens, il a été admis depuis 1993 que les surveillants puissent évoquer à tout moment toute affaire concernant la Caisse des dépôts et consignations[329]. Certains ont vu dans cette faculté d'évocation la mise en œuvre d'une responsabilité politique du Directeur général de la Caisse des dépôts et

---

[321] Art. 52 du Règlement de l'Assemblée nationale et art. 33 du Règlement du Sénat.

[322] Art. 225-51 du Code des sociétés et des marchés financiers.

[323] Par ex. procès-verbal du 17 novembre 1992.

[324] Procès-verbal du 4 décembre 2001.

[325] Procès-verbal du 29 avril 1817 et procès-verbal du 8 juillet 1986.

[326] L'inscription d'un ordre du jour complémentaire semble aller de soi en fonction des évènements économiques et politiques sans avoir été expressément prévue.

[327] A l'exception du mois d'août, où il n'y a pas traditionnellement de réunion.

[328] Procès-verbal du 29 mai 1977 ; procès-verbal du 22 février 1980 ; procès-verbal du 26 octobre 1983 ; procès-verbal du 9 mai 1990.

[329] Procès-verbal du 6 juillet 1993 ; procès verbal du 2 avril 1997 (lettre du Directeur général du 7 juillet 1997, faisant suite aux propos tenus par certains surveillants, à propos notamment de *« l'affaire des Beaux sites »*. Sur cette affaire, v. les références sous la note 185 de l'Introduction générale).

consignations, comme il en existe dans le régime parlementaire[330]. La comparaison et la sanction semblent cependant impropres et inefficaces.

De manière plus spécifique, pour les projets de budgets, de vérifications de la caisse et du portefeuille ou de rapports au Parlement sur lesquels le Directeur général devra prendre parti, des relations entre la Commission de surveillance et la Direction générale de la CDC sont dans la nature des choses. Le plus souvent, elles ont lieu, sous couvert du Président de la Commission de surveillance et du Directeur général, entre le rapporteur et des agents de la Caisse des dépôts et consignations.

La pratique veut que désormais les collaborateurs immédiats du Directeur général aient accès et parole dans la Commission[331]. Cela n'a pas été toujours le cas et cette pratique s'est développée en parallèle des nouvelles attributions de la Caisse des dépôts et consignations[332]. Si ces agents de la Caisse des dépôts et consignations doivent se retirer au moment des délibérations[333], il est admis aujourd'hui qu'ils peuvent suivre la discussion en Commission de bout en bout. S'il le juge à propos, le Directeur général vient faire, en plus de sa communication annuelle à la Commission de surveillance, une déclaration et répondre aux questions des commissaires[334]. Sa comparution est un droit pour la Commission de surveillance et un devoir pour le Directeur général[335], les observations qui en découlent ne sont pas légalement obligatoires pour lui[336]. Si le Directeur général ne prend pas l'initiative de son audition, le Président de la Commission de surveillance semble habilité pour la lui demander[337].

A l'ordinaire, les choses se passent cependant avec courtoisie et sans formalité[338]. Le Président permet donc une saine articulation des relations entre le Directeur général et la Commission de surveillance[339]. L'office du Président de la Caisse des dépôts et consignations se retrouve aussi en séance de Commission.

b- L'office du Président de la Commission de surveillance en séance de Commission

La discussion en Commission de surveillance présente des similitudes avec un débat parlementaire dans lequel le Directeur général vient défendre sa gestion et son administration[340].

Assis face à face, Direction générale et Commission de surveillance jouissent de prérogatives selon les préséances établies depuis 1816. Ils ont, les uns et les autres, un droit de parole inconditionnel et obtiennent la parole quand ils la

---

330 DELALANDE (J.-P.) (propos recueillis par P. RECLUS), « *Il faut éviter la politisation et la banalisation de la CDC* », La Tribune Desfossés, 15 juin 1994.

331 Un Président de Commission a même pu malencontreusement distinguer à ce sujet la Commission de surveillance *stricto sensu* d'une Commission réunie en « *formation élargie* » aux principaux collaborateurs du Directeur général de l'Etablissement (par ex., procès-verbal du 31 janvier 1989).

332 Procès-verbal du 5 mars 1943 ; procès-verbal du 12 janvier 1945 ; procès-verbal du 29 décembre 1950 ; systématisé à partir de 1953. V. procès-verbal des 4 et 22 décembre 1953.

333 A l'exception de l'élection du Président de la Commission de surveillance. V. très clairement par ex. procès-verbal du 7 juillet 1988. V. plus récemment procès-verbal du 4 septembre 2002.

334 Responsabilisation de la fonction directoriale notamment depuis 1982.

335 Procès-verbal du 29 avril 1977.

336 Art. L.518-9 al. 1 du Code monétaire et financier.

337 Procès-verbal du 11 février 1992.

338 Procès-verbal du 20 février 1925.

339 Procès-verbal du 9 juin 1972.

340 Art. L.518-12 du Code monétaire et financier.

demandent au Président de la Commission de surveillance. Ce dernier a trois attributions traditionnelles en séance de Commission : ouvrir la séance[341], diriger les délibérations[342], faire observer le statut de la Caisse des dépôts et consignations en général et des attributions de la Commission de surveillance en particulier[343]. Si le Président et le surveillant-rapporteur ont un droit de parole l'un et l'autre et l'un sans l'autre, une division de travail s'opère coutumièrement entre eux : au rapporteur de présenter oralement son rapport et ses observations. Le plus souvent, et par convention, le rapporteur a remis quelques jours auparavant son dossier aux membres de la Commission de surveillance pour lecture et questions éventuelles. Le Président prend la parole le cas échéant pour appuyer un rapporteur ou à propos d'un incident[344].

Plus généralement, une fois lu et discuté, le Président déclare le point adopté. Si la discussion a été tendue, il peut, de sa propre initiative[345] ou à la demande d'un surveillant[346], faire procéder à l'adoption de ce point par un vote. Même si le vote est rare, le Président a voix prépondérante en cas de partage des voix[347]. Cette virtualité contribue à asseoir son autorité[348]. Ce dernier cas est admis en cas de désaccord manifeste et tendu au sein de la Commission de surveillance ou quand la question contient une haute importance politique[349].
Cette dernière possibilité se rencontre naturellement quand il s'agit du rôle politique du Président de la Commission de surveillance.

2) Le Président de la Commission de surveillance, personnage politique

Personnage politique de par son rôle, le Président l'est avant tout, parce qu'il est désigné parmi les membres de la Commission de surveillance.

a- Le choix du Président

A la lettre de l'article L.518-5 du Code monétaire et financier, la Commission de surveillance élit son Président parmi ses membres, signe de sa liberté. Pourtant, le mode de désignation du Président de la Commission de surveillance a évolué dans le temps.

A l'origine, le Président était un pair de France nommé par le Roi sur une liste de trois candidats présentés par la Chambre des pairs. Sa nomination était faite pour trois ans et éventuellement rééligibles[350]. Supprimée par décret du 25 mars 1848, la Commission de surveillance, rétablie par décret du 25 octobre 1848, élit son Président en son sein. L'article 2 du décret du 27 mars 1852 prévoit la nomination du Président de la Commission de surveillance pour un an par le Président de la

[341]Procès-verbal du 28 janvier 1949.
[342]Procès-verbal du 19 mai 1987.
[343]Procès-verbal du 8 décembre 1869.
[344]Procès-verbal du 23 août 1871 ; *a contrario*, procès-verbal du 23 mars 1870.
[345]Procès-verbal du 27 novembre 1959.
[346]Procès-verbal du 10 février 1891.
[347]Art. L.518-5 al. 2 du Code monétaire et financier.
[348]Procès-verbal du 8 juillet 1955.
[349]Procès-verbal du 7 mai 1948.
[350]Art. 99 de la loi *sur les Finances* du 28 avril 1816.

République[351]. On peut toutefois s'interroger sur ces dispositions puisque, en fait, la présidence de la Commission de surveillance connaît une grande stabilité : le Comte d'ARGOUT a présidé ainsi la Commission de 1852 à 1865, le Baron DE LACROSSE, de 1857 à 1865 et ROULAND, de 1865 à 1870. L'article 3 de la loi du 21 juin 1871 rétablit l'élection du Président au sein de la Commission de surveillance. Ce mode de désignation est repris par l'article 3 de la loi du 6 avril 1876 codifié au Code monétaire et financier en son article L-518-5 al.1.

Bien que l'usage veuille que le Président soit un parlementaire[352], la Commission de surveillance a institué un règlement prudentiel des conditions d'éligibilité et des modalités pratiques de l'élection.

- **Des conditions prudentielles d'éligibilité**

Il ressort essentiellement, de cette absence de précisions textuelles, deux conditions prudentielles d'éligibilité à la présidence de la Commission de surveillance.

Dans un premier temps, est électeur, tout membre de la Commission de surveillance. Pourtant, en l'absence de règles particulières, seuls les commissaires présents peuvent prendre part au vote[353]. En effet, la lecture des procès-verbaux ne laisse pas transparaître de règle de quorum[354]. Plus généralement, les textes relatifs au statut de la Caisse des dépôts et consignations ne permettent pas, au regard de la politique jurisprudentielle, une représentation des membres absents par la procuration[355]. La suppléance n'étant légalement prévue que pour la représentation de la Banque de France et de la Chambre de commerce de Paris, il semble tout d'abord impossible, pour les même raisons précédemment évoquées pour la procuration, qu'un surveillant puisse se faire remplacer par un délégué titulaire ou suppléant. Cela s'avère tout particulièrement vrai pour cet acte important de l'élection du Président. Toutefois, s'agissant spécialement du Directeur du Trésor, s'il paraîtrait souhaitable qu'il fût présent[356], sa représentation par un de ses collaborateurs semble en pratique admise. S'agissant du Président du conseil de surveillance des Caisses d'épargne, s'il ne paraissait pas devoir participer à cette élection[357], sa présence de fait admise depuis 1966, puis de droit à partir de 2000, semble lui accorder le droit d'être électeur[358]. En revanche, il est exclu que le Directeur général de la Caisse des dépôts et consignations et ses collaborateurs

[351]Décret du 27 mars 1852 relatif *à la composition de la Commission de surveillance des Caisses d'amortissement et des dépôts et consignations*, Rec.Varnier, 1894, p. 47.

[352]Procès-verbal du 2 avril 1943.

[353]Application de la jurisprudence CE, 29 novembre 1967, *Election du bureau de la chambre des métiers des Alpes-Maritimes*, Rec. p. 452.

[354]Contrairement aux règles relatives aux conseils d'administration (art. 225-37 du Code des sociétés, dispositions considérées comme impératives) ou aux règles relatives aux délégations parlementaires (Art. 6 de l'ordonnance n°58-1100 du 17 novembre 1958 modifiée).

[355]Sauf si une disposition législative ou réglementaire le prévoit : CE, 15 mars 2000, *Lévy*, DA, avril 2000, p. 20, note L. T.

[356]Pour être plus juste, le Directeur du Trésor essaie d'être présent pour cet acte important qu'est l'élection du Président de la Commission de surveillance. V. procès-verbal du 22 février 1963 et procès-verbal du 8 mars 1963.

[357]En 1963, il avait été procédé à un scrutin, qui par 9 voix et une abstention, avait désigné PAQUET comme Président de la Commission de surveillance. Le procès-verbal ne mentionne pas la présence du représentant des Caisses d'épargnes.

[358]Situation néanmoins ambiguë. V. par ex. procès-verbal du 7 juillet 1988.

participent au vote. Dans ce cas, lors de l'élection, ils se retirent, puis reviennent en séance, après élection du Président[359].

Dans un second temps, tout membre de la Commission de surveillance peut être théoriquement élu Président de la Commission de surveillance. Il n'existe, en effet, aucune condition de compétence ou de nombre de mandat de surveillant à siéger pour être Président[360]. La pratique veut néanmoins que le Président de la Commission de surveillance soit titulaire d'un mandat parlementaire pour des raisons politiques et donner, ainsi, plus de poids à la Commission de surveillance face au gouvernement[361]. Cette réserve de la présidence de la Commission de surveillance est logique, eu égard à la protection particulière législative dont jouit la Caisse des dépôts et consignations[362]. On prétend même que la présidence de la Commission de surveillance doit, de tradition, appartenir à un représentant de la chambre basse. C'est ce qui s'est passé de 1848 à 1865, de 1871 à 1876 et depuis 1945. On argumente surtout cette revendication par la priorité constitutionnelle donnée à la chambre basse en matière financière. Elle est en vigueur depuis le second conflit mondial avec la mise en place du bicamérisme inégalitaire sous la IVe République et du bicaméralisme mixte sous la Ve République. A l'inverse, la place du Sénat étant considérable sous la IIIe République, un représentant de la chambre haute exerçait cette fonction de 1816 à 1848, de 1865 à 1870 et de 1876 à 1942[363].

En fait, la présidence de la Commission de surveillance, recherchée au même titre que la présidence d'une Commission parlementaire, revient en principe à une personne qualifiée et consensuelle, mais politiquement engagée dans la majorité parlementaire de l'Assemblée nationale[364]. Certains utilisent leur passage à la Commission comme tremplin politique (BUFFET[365] ou BIENVENU-MARTIN[366] et encore plus récemment, MM. SOISSON[367] et PIERRET[368]). L'élu est donc connu

---

[359]On ne sait pas si cette pratique s'applique au secrétariat de la Commission de surveillance. La logique souhaiterait qu'il se retire puisque ce dernier est aussi le secrétaire général de la Caisse des dépôts et consignations.

[360]DENAIS a été simple surveillant de la Commission de surveillance avant guerre (à partir de 1937) pour en devenir Président de 1945 à 1955. *Idem* pour M. SOISSON, membre de la Commission de surveillance en 1974 et 1975 qui devient Président de 1986 à 1988. M. PIERRET a été surveillant de 1986 à 1988 et Président de 1988 à 1993. A l'inverse, M. BALLIGAND, Président de 1997 à 2002, continue de siéger en tant que simple surveillant à partir de 2002.

[361]Bien que le Comte d'ARGOUT, Président de 1852 à 1857 et ROULAND, Président de 1865 à 1870, soient tous deux Gouverneurs de la Banque de France, ils avaient aussi un mandat de sénateur. V. plus généralement en annexe : tableau synoptique comparé des ministères, des ministres des Finances, des Présidents de la Commission de surveillance, des Directeurs généraux de la CDC et des Gouverneurs de la Banque de France (1816-2003).

[362]Procès-verbal du 2 avril 1943.

[363]L'intermède 1871-1876 est à ce titre exemplaire : le Président de la Commission de surveillance est BUFFET (et au reste, Président de l'Assemblée nationale). Il cède aussitôt sa place au sénateur DUCLERC (procès-verbal du 12 avril 1876).

[364]L'élection du député PONIATOWSKI semble faire défaut à ce principe de consensualisme, dès lors qu'il était membre, à l'époque, du cabinet du ministre des Finances et ami intime du futur Président de la République. Cette élection semble donc avoir été directement orchestrée par le ministère des Finances. V. procès-verbal du 13 octobre 1972.

[365]Ministre des Finances du 11 mai au 27 juin 1848. Il a été membre de la Commission de surveillance en 1847 et de 1870 à 1872. En qualité de représentant du Sénat, il a été le Président de la Commission de surveillance de 1873 à 1887.

[366]Ministre de l'Instruction publique, des Beaux-Arts et des Cultes (cabinets ROUVIER II et ROUVIER III 1905-1906) ; ministre de la Justice (cabinets DOUMERGUE I et VIVIANI I 1914) et ministre du Travail et de la Prévoyance sociale (VIVIANI II 1914-1915). Il a été Président de la Commission de surveillance de 1920 à 1942.

[367]Secrétaire d'Etat aux Universités en 1974 (gouvernement CHIRAC I) ; secrétaire d'Etat chargé de la Formation professionnelle en 1976 (gouvernement BARRE I) ; la même année, il a été nommé secrétaire

d'avance, dès sa désignation comme surveillant : « *M. Philippe Auberger devrait se voir confier prochainement la présidence de la Commission de surveillance de la Caisse des dépôts et consignations (CDC)* » suggérait déjà en août 2002 la presse économique, alors même que l'élection en Commission a eu lieu le 4 septembre[369]. On peut conclure que le Président de la Commission de surveillance a été quasiment désigné au préalable par la majorité parlementaire[370]. Le vote en Commission ne sert alors qu'à entériner la décision prise par le Parlement ou par ses Commissions des Finances.

- **Les modalités pratiques de l'élection du Président de la Commission de surveillance**

Si l'élection du Président de la Commission de surveillance a toujours eu lieu en pratique, elle n'est le plus souvent qu'un vote d'entérinement du choix parlementaire. Cette pratique conditionne, dès lors, la durée du mandat de Président de la Commission de surveillance.

L'article 99 de la loi de 1816 prévoyait à l'origine une désignation pour trois ans. Les textes en vigueur aujourd'hui s'abstiennent sur la durée de présidence. Il semble désormais admis que le mandat est celui d'une législature conforme à celui de l'Assemblée nationale. Le Président est alors désigné, par principe, pour cinq ans[371], sauf cas de dissolution de l'Assemblée et changement de majorité[372]. Le doyen d'âge, *« Président intérimaire »*[373] invite alors les membres surveillants à procéder à l'élection du Président. Il – ou le plus souvent un parlementaire – propose une candidature à cette fonction[374]. Cette proposition est le plus souvent adoptée *« par acclamations »*. Le candidat remercie alors les membres de la Commission de surveillance de la confiance qu'ils lui ont ainsi témoignée ; il prend la place au fauteuil de la présidence.

En fait, *« conformément aux dispositions de l'article 3 de la loi du 6 avril 1876 »*, la Commission de surveillance procède à l'élection du Président tous les trois ans, après renouvellement partiel ou total des surveillants députés, ce qui confirmerait d'ailleurs aussi cette volonté de désigner un représentant de la chambre basse. S'agissant d'un parlementaire toujours en fonction, ce renouvellement est naturellement implicite pour la Commission de surveillance[375]. Dans ces conditions,

---

d'Etat puis, à partir de 1978, ministre de la Jeunesse, des Sports et des Loisirs (gouvernements BARRE II et BARRE III). De 1988 à 1991, il est ministre du Travail, de l'Emploi et de la Formation professionnelle (gouvernement ROCARD). En 1991, il est nommé ministre de la Fonction publique et de la Modernisation administrative (gouvernement CRESSON) et en 1992, ministre de l'Agriculture et du Développement rural (gouvernement BEREGOVOY). Il a été surveillant en 1974 et 1975 et Président de la Commission de surveillance de 1986 à 1988.

368 Ministre délégué à l'Industrie, aux PME, au Commerce et à l'Artisanat de 1997 à 2002 (gouvernement JOSPIN). Il a été surveillant de 1986 à 1988 et Président de la Commission de surveillance de 1988 à 1993.

369 V. Correspondance économique, 1er août 2002 et procès-verbal du 4 septembre 2002.

370 V. en ce même sens, procès-verbal du 14 mai 1971.

371 M. PIERRET, Président de 1988 à 1993 ; M. BALLIGAND de 1997 à 2002.

372 Le mandat de DENAIS a été logiquement interrompu en 1955 ; sous la Ve République, *idem* pour COURANT en 1962 ; pour BISSON en 1981 ; M. SOISSON en 1988 et M. DELALANDE en 1997. En revanche, la dissolution de 1877 n'a eu aucune conséquence puisque le Président DUCLERC était sénateur.

373 Procès-verbal du 10 juillet 1981.

374 Procès-verbal du 7 juillet 1988 ; procès-verbal du 4 septembre 2002.

375 Procès-verbal du 4 juillet 2000.

le Président sortant met traditionnellement son mandat en jeu ; il est le plus souvent unanimement reconduit[376]. Ce procédé permet ainsi au Président de poser, en quelque sorte, la question de confiance à ses pairs sur ses vues et conceptions de la gestion de sa présidence[377] On constatera qu'il n'y a jamais eu de désaveu de Président par un vote de défiance ou de sanction au bout de son mandat. Il se peut, en revanche, qu'un Président démissionne pour des convenances personnelles ou politiques[378]. Si un Président accepte une fonction ministérielle[379], la démission sera bien entendu automatique[380]. Cela étant, un Président de Commission de surveillance peut cumuler ses fonctions de Président avec celle de Commission parlementaire[381], voire éventuellement la fonction de Président de l'Assemblée nationale ou du Sénat[382].

Ce choix quinquennal soumet totalement, par voie de conséquence, la Commission de surveillance au choix majoritaire de la chambre basse. Il aura, dès lors, les mêmes effets positifs et négatifs de la concordance ou de l'absence des majorités présidentielle et parlementaire[383]. On peut le regretter dans la mesure où le Directeur général, haut fonctionnaire nommé en Conseil des ministres, est désormais, lui aussi, soumis à un mandat quinquennal[384]. Il convient de penser que la Caisse des dépôts et consignations est désormais soumise dans son ensemble aux contingences politiques générales.

Au besoin, en cas de désaccord politique, une urne et des bulletins vierges peuvent être déposés sur la table de la salle de Commission. Dans ce cas, comme pour la désignation d'un Président de Commission parlementaire, la majorité absolue des suffrages est requise aux deux premiers tours[385]. Au troisième tour, la majorité relative suffirait. En cas d'égalité des suffrages, le plus âgé serait certainement élu[386].

Bien ou mal choisi, le Président de la Commission de surveillance peut, s'il le veut, jouer un rôle politique d'importance.

---

[376]Par ex., ont été Présidents pendant 22 ans BIENVENU-MARTIN (1920-1942) ; DUCLERC, 12 ans (1876-1888) ; ROY, 10 ans (1837-1847) ; LOURTIES, 9 ans (1911-1920) ; DE LACROSSE, 8 ans (1857-1865) ; MOLLINE, 7 ans (1819-1826) ; COURANT, 6 ans (1956-1962).

[377]V. aussi *infra*.

[378]PAQUET, Président de 1963 à 1971 ; M. BONNET, Président de 1971 à 1972 ; M. TADDEI, Président de 1981 à 1985.

[379]Procès-verbal du 7 juillet 1972.

[380] V. *supra*, le statut de parlementaire et l'incompatibilité avec une fonction ministérielle.

[381]Le Président BALLIGAND refuse néanmoins la présidence de la Commission des finances pour succéder en 1998 à M. EMMANUELLI, pris dans les affaires du financement du parti socialiste. V. « *Commission des Finances : pas de candidature pour succéder à M. Emmanuelli* », AFP, 6 janvier 1998.

[382]Procès-verbal du 31 décembre 1873.

[383]LASCOMBE (M.) et VANDENDRIESSCHE (X.), *Quinquennat ; au-delà des apparences*, Le Monde, 21 mai 2000.

[384]Une éventuelle dissolution de l'Assemblée nationale, démission ou décès du Président de la République changerait bien entendu ce schéma.

[385]Le cas le plus manifeste est l'élection de 1911 qui départage le sénateur LOURTIES du député SIEGFRIED. La lecture du procès-verbal du 28 juin 1911 laisse percevoir une certaine tension politique entre le représentant du Sénat et celui de la Chambre des députés. Cela se manifestera par la suite tout au long des séances.

[386]Ces deux dernières hypothèses ne se sont jamais déroulées.

b-Le rôle politique du Président de la Commission

Le comportement du Président de la Commission de surveillance dépend de facteurs aussi bien personnels que politiques : sa personnalité transcende le plus souvent les courants et les partis politiques[387].

Tout d'abord, son tempérament comptera beaucoup, selon qu'il est interventionniste ou réservé, impartial ou technicien. Son action sera alors différente. Elle le sera aussi quant au sens dans lequel elle s'exercera, selon que les majorités politiques à l'Assemblée nationale et à la Présidence de la République sont concordantes ou non. Son poids politique peut également jouer un rôle sur sa fonction. Il convient ainsi de penser qu'un Président de Commission de surveillance cumulant cette fonction avec la présidence d'une Commission, voire de l'Assemblée nationale, aura une position plus confortable dans les négociations éventuelles tant à l'intérieur de la Commission qu'avec les pouvoirs publics. Il convient néanmoins de penser que la fonction de Président de Commission de surveillance est « *une charge trop importante* »[388] pour qu'elle puisse être cumulée. Son action sera surtout différente en fonction des relations qu'il entretient avec le Directeur général de la Caisse des dépôts et consignations. L'exemple de juin 1937 est à cet égard assez frappant[389]. L'étude des procès-verbaux de 1986 à 1988, de 1993 à 1995 ou de 1997 à 2002, notamment dans la période 1993-1994 montre aussi une attitude autant « cohabitationniste » entre le Directeur général de la Caisse des dépôts et le Président de la Commission de surveillance que celle qui se déroulait sur le plan national. Cela étant, il convient de rappeler ici que la pensée du législateur de 1816 a été d'imiter le régime des Commissions parlementaires.

Le Président de la Commission de surveillance est ensuite l'un des acteurs du théâtre politique à la Commission. Il doit être en mesure d'exercer, en interne, une fonction de conciliation, de médiation et de transaction des surveillants, émanant de corps et fonctions différents[390]. C'est le Président de la Commission de surveillance, accompagné du Directeur général qui sur le plan externe est entendu chaque année par la Commission des Finances de chaque assemblée pour présenter le rapport au Parlement[391]. En faisant admettre au mieux par les pouvoirs publics la nécessité d'écouter la Commission de surveillance, l'attitude du Président de la Commission de surveillance, accompagnée en cas de besoin des autres

---

[387]C'est ainsi que le socialiste M. BALLIGAND, Président de la Commission de surveillance de 1997 à 2002, a « *acquis [son poste de haute lutte] contre le candidat officiel du Parti socialiste* ». V. GATEAUD (P.), *Jean-Pierre Balligand. Un œil sur la Caisse*, La Tribune, 11 mai 1999.

[388]Procès-verbal du 16 avril 1971.

[389]Procès-verbal du 4 juin 1937. La Cour des comptes estimait que les activités de la Caisse des dépôts et consignations s'étaient fortement diversifiées depuis 1816, devenant non seulement le banquier de l'Etat et des collectivités locales mais aussi le banquier de nombreuses affaires privées. Les membres n'auraient pas ainsi, selon la Cour, la compétence nécessaire pour répondre à une telle surveillance demandée par les textes institutifs de 1816. Vexé de se voir accusé d'incompétence, le Président de la Commission de surveillance, BIENVENU-MARTIN, appuyé par l'habileté et la fermeté du Directeur général DEROY, répondra à la Cour des comptes par un texte précis, efficace, courtois dans la forme, mais intransigeant sur le fond : si la Cour des comptes est naturellement qualifiée pour vérifier les comptes du Caissier général, l'opportunité et le choix des placements, l'emploi des fonds gérés, malgré l'importance de leurs montants, ne la concernent pas. Seule la Commission de surveillance est garante de l'indépendance de la Caisse. C'est un refus net et sans discussion. On n'en reparlera plus.

[390]Procès-verbal du 26 mars 1982.

[391]Art. 164 IV de l'ordonnance n°58-1374 du 30 décembre 1958 portant *loi de finances pour 1959*, JORF, 31 décembre 1958, p. 12071. On notera que cette disposition n'a pas été codifiée dans la partie législative du Code monétaire et financier.

parlementaires, peut assurer une défense de la Caisse des dépôts et consignations devant le pouvoir politique[392]. L'enjeu, qui préside à ce niveau, se place sur le terrain *« quasi-mystique »* du statut particulier de la Caisse des dépôts et consignations. Les contingences politiques sont quasiment effacées[393].

Du Président dépend enfin le sort de la surveillance de la Caisse des dépôts et consignations. Pour une pareille tâche, l'harmonie entre le Président de la Commission de surveillance et le Directeur général de la Caisse des dépôts est quasiment indispensable[394]. Il est possible que, dès son dépôt en Commission, un dossier provoque des motivations contradictoires auprès des surveillants. Certains regretteront par exemple que la Commission de surveillance n'ait pas été consultée et écoutée tandis que d'autres souhaiteront engager un débat politique[395]. Le Président de la Commission de surveillance devra alors faire preuve de persévérance et montrer tous les bénéfices financiers et médiatiques que la Caisse des dépôts et consignations pourrait en tirer. La tâche n'est pas toujours aussi difficile : ce serait davantage l'exception. Il existe en effet un quasi consensus dans la majeure partie des dossiers. Le Président recherche alors l'unanimité pour rassembler aussi bien les parlementaires que les techniciens, sans fermer la porte à une éventuelle observation de la part des uns et des autres. C'est donc en quelque sorte une fonction à plein temps, technique et politique, que d'être Président de la Commission de surveillance de la Caisse des dépôts et consignations[396].

Au-delà de la surveillance permanente de la Commission, le Parlement peut contrôler la Caisse des dépôts et consignations de manière plus ponctuelle.

II- Le contrôle général et ponctuel du Parlement

Au-delà de la désignation de représentants des deux assemblées parlementaires à la Commission de surveillance, le Parlement est obligatoirement informé des activités de la Caisse des dépôts et consignations sous la forme de la remise d'un rapport annuel de la Commission de surveillance (A). Il dispose aussi de ses moyens de contrôles habituels (B).

A) Le rapport annuel au Parlement de la Commission de surveillance

L'article L.518-10 al.1 du Code monétaire et financier prévoit que la Commission de surveillance adresse au Parlement, avant le 2 juillet, un rapport annuel *« sur la Direction morale et sur la situation matérielle de l'établissement »*

---

[392]V. par ex., les débats sur le personnel de la Caisse des dépôts et consignations en 1996 ou sur la réforme des activités bancaires de la Caisse des dépôts et consignations et de la définition de son Groupe en 2000 (v. *supra*, Partie I, Titre 1). « *J'ai été élu par l'Assemblée pour y présenter le Parlement à la Commission de surveillance. J'ai le devoir de défendre l'intérêt de la Caisse des dépôts et consignations* » s'exclamait encore au Palais Bourbon M. PIERRET lors des débats sur la réforme des Caisses d'épargnes. V. compte-rendu analytique, Assemblée nationale, 1ère séance du mardi 16 avril 1991, JORF (C. R.), p. 15.

[393]V. par ex. l'attitude du communiste BRARD de 1997 à 2002 soutenant la politique de filialisation des activités bancaires et financières de la Caisse des dépôts et consignations.

[394]V. par ex. la connivence manifeste entre M. BALLIGAND et M. LEBEGUE dans le débat relatif à l'utilisation des fonds d'épargne.

[395]V. par ex. les tensions entre MM. CHINAUD et PIERRET face à M. LION se déroulant publiquement dans les années 1990. V. par ex., A. (E.), *Caisse des dépôts : Chinaud organise le déballage,* Libération, 25 avril 1991.

[396]Procès-verbal du 16 avril 1971.

au cours de l'année expirée. Cette disposition doit être considérée comme une obligation parlementaire annuelle[397].

L'article 20-I de la loi n°91-635 du 10 juillet 1991[398] a très curieusement modifié l'article 114 de la loi sur les Finances de 1816 par un amendement parlementaire[399], véritable cavalier législatif[400]. L'architecture du rapport au Parlement est désormais affichée comme *« comprenant notamment, pour l'année considérée, les procès verbaux des séances de la Commission auxquels sont annexés les avis, motions ou résolutions qu'elle a votés, ainsi que le tableau des ressources et des emplois prévisionnels de la section générale et des sections d'épargne qui est présenté à la Commission au cours du premier semestre ».*

Si la structure du rapport semble avoir évolué dans un meilleur souci de transparence, elle ne semble pas véritablement avoir porté ses fruits. A cet égard, JOSEPH-BARTHELEMY[401] constatait déjà que *« le cérémonial annuel du dépôt du rapport du conseil de surveillance* [sic] *à la tribune de la Chambre, se déroule - j'en ai été témoin - au milieu de l'indifférence générale et sans éveiller de curiosité. Je ne suis même pas sûr qu'il ne se trouve pas de parlementaires pour sourire quelque peu ce rite suranné qui amène, dans l'enceinte parlementaire, un cortège de personnages importants et graves, introduits et reconduits solennellement par les huissiers, uniquement pour remettre au Parlement un document, que personne n'est tenté de lire. Jusqu'aux environ de 1890, le sénateur, Président le Conseil de surveillance* [sic], *demandait courtoisement à la chambre si elle désirait entendre la lecture du rapport. Mais il y avait une telle unanimité, une telle constance, et un tel élan dans la réponse négative, que la proposition cessa même d'être formulée ».* Un sondage succinct de parlementaires, établi ces trois dernières années, confirme le plus souvent leur méconnaissance de l'institution de la rue de Lille protégée pourtant par nos représentants au Parlement[402].

Ce manque d'intérêt apparent qu'en portent les parlementaires laisse supposer une inapplication manifeste mettant certainement en cause la protection légalement admise de la garantie législative accordée à l'Etablissement par la loi de 1816. Pour autant, cette réforme a permis une évolution de la structure du rapport de la Commission de surveillance au Parlement, ainsi que de son contenu.

---

[397]77-96 L, 27 avril 1977, JORF, 30 avril 1977, p. 2513, à propos d'un rapport de gestion de l'office national des forêts. A ce sujet, seuls les rapports de la Commission de surveillance de 1870 à 1878 ont fait l'objet de présentation triennale, devant prendre en considération l'incendie de la Caisse des dépôts et consignations et les incidents liés à la Commune de Paris.

[398]Loi n°91-635 du 10 juillet 1991 modifiant la loi n°83-557 du 1er juillet 1991 portant *réforme des caisses d'épargnes et de prévoyance*, JORF, 11 juillet 1991, p. 9023.

[399]A l'initiative de M. ALPHANDERY, député et surveillant à la Commission de surveillance. Sur la procédure parlementaire d'adoption de cet amendement, v. annexe III, rapport CHINAUD n°394, p. 111.

[400]Si les députés ont profité d'un projet de loi modifiant l'organisation des Caisses d'épargnes pour modifier le contenu du rapport au Parlement et discuter en séance de la légitimité de la Caisse des dépôts et consignations, il nous semble ne faire aucun doute que cet amendement est un cavalier législatif au regard de la définition même de ce terme et de la jurisprudence du Conseil constitutionnel. Le Conseil constitutionnel n'a malheureusement pas été saisi de cette loi. V. le rapport CHINAUD n°326, p. 43 sqq. V. aussi le contexte de la réforme du statut du Directeur général.

[401]JOSEPH-BARTHELEMY, *La Caisse des dépôts et consignations. Son rôle au point de vue financier, économique et social*, RPP, 1931, p. 186.

[402]Sondage effectué au gré de nos rencontres avec des parlementaires, et ce quelle que soit leur couleur politique. Par ailleurs, les exemplaires des rapports blancs de la bibliothèque de l'Assemblée nationale restent le plus souvent sans usure.

1) Une évolution structurelle du rapport au Parlement

L'élaboration du « rapport blanc » s'établit en liaison étroite avec le « rapport rouge »[403], en trois phases[404] : préparés et diffusés par le Directeur général, les rapports sont remis à leurs destinataires *« avant le 2 juillet »* de chaque année[405].

- La première phase consiste, courant janvier, pour la Direction générale de l'Etablissement, réunie en comité de Direction, à faire ses remarques et observations sur les rapports de l'exercice précédent (méthodes, contenu, forme, délais, diffusion). Il s'ensuit alors un calendrier et une méthode sur les rapports de l'exercice en cours. A ce stade, le Directeur général adopte une note de cadrage sectoriel qu'il diffuse auprès des grandes Directions de l'Etablissement[406]. Ces dernières lui présentent fin janvier des propositions d'insertion du secteur d'activités qu'elles ont en charge.

En février, est défini, conformément aux dispositions de l'article L.518-10 du Code monétaire et financier, un canevas général des deux rapports sous la forme d'un sommaire, de statistiques et de projets d'annexes. Au printemps de l'année de diffusion du rapport sont remises les contributions des différentes Directions. La Direction générale assure alors leur homogénéisation et contrôle la comptabilité des données chiffrées.

Le Directeur général approuve fin avril le projet du rapport blanc, d'une part, et remet, d'autre part, le projet de rapport rouge à l'éditeur. Il présente par ailleurs en comité de Direction le projet de communication qu'il souhaite prononcer devant la Commission de surveillance. Cette communication à la Commission de surveillance, inaugurée par le Directeur général PEROUSE[407], avait originairement pour objet de relater les activités et les résultats comptables de la CDC[408]. Elle figure désormais dans le rapport au Parlement et relate les perspectives stratégiques que le Directeur général a mis et souhaite mettre en œuvre dans l'année[409]. Plus volontariste, elle *« constitue un élément d'information apporté sous sa seule responsabilité »*. Cette communication peut être discutée[410] et le Directeur général peut la *« retoucher »*[411]. Si ce dispositif n'est pas sans rappeler la responsabilité du Premier ministre devant le Parlement, cette conception du rôle de la Commission de surveillance n'emporte véritablement aucune conséquence juridique pour le Directeur général[412]. Il s'agit simplement d'une opinion s'inscrivant dans le cadre d'une coopération interne et informelle, dépourvue de tout élément décisionnel. Ainsi, eu égard aux circonstances politiques de l'époque, PEROUSE se propose, dans le rapport au Parlement sur les opérations de l'année 1981 de faire « *un bilan et une synthèse des activités et du statut de la Caisse des dépôts et consignations* »[413].

403Procès-verbal du 29 mai 1985.
404V. en annexe, un tableau ordonné de l'élaboration des rapports blancs et rouges.
405Art. L.518-10 du Code monétaire et financier.
406V. *infra*, Partie II, Titre 2, l'organisation des Directions.
407Procès-verbal du 8 juin 1973.
408Procès-verbal du 24 mai 1974.
409Procès-verbal du 9 mai 1989. Plus clairement, v. Communication du Directeur général à la communication *sur l'exercice 2000 et les perspectives 2001*, Rapport blanc 2000, p. 13.
410Procès-verbal du 25 mai 1983.
411Procès-verbal du 19 mai 1987.
412Art. L.518-9 lu en parallèle de l'art. L.518-12 du Code monétaire et financier.
413V. aussi procès-verbal du 14 mai 1982. C'est d'autant plus vrai que PEROUSE, en fin de carrière, attendait le résultat des élections Présidentielle et législatives pour demander ses droits à la retraite. (M. LION prête d'ailleurs serment devant la Commission le 2 juin de la même année).

De manière concomitante, la Commission de surveillance désigne son « *rapporteur au rapport au Parlement* »[414]. A la mi-mai, le projet de rapport blanc est envoyé à tous les membres de la Commission de surveillance.

- Arrive alors le second temps de l'élaboration du rapport statutaire : l'examen en Commission de surveillance du projet de rapport. Cette épreuve[415] se décompose en trois temps :

Le Directeur général prend tout d'abord la parole et énonce sa « *communication à la Commission de surveillance* ».

Le « *rapporteur au rapport* », traditionnellement un surveillant représentant la Cour des comptes[416], développe ensuite ses observations sur le rapport statutaire et suggère éventuellement des modifications. Il ressort des procès verbaux de la Commission de surveillance que les variations soutenues par le rapporteur sont le plus souvent mineures. « *Je crois donc plus judicieux de limiter ma présentation à une seule recherche. Trouve-t-on dans ce rapport l'écho des problèmes que nous avons vu se présenter à nous au fil des quinzaines ? Des lecteurs moins avertis que nous le sommes y trouveraient-ils des éléments d'une information qui les éclaire sur le passé récent de notre institution, et, peut-être, sur son évolution future ?* ». Réponse positive pour le rapporteur d'alors[417], il se peut cependant que ses observations fassent l'objet de débats au sein de la Commission de surveillance. L'exemple le plus significatif demeure le rapport détaillé des opérations de 1925[418].

---

[414]Procès-verbal du 23 février 1988 ; procès-verbal du 17 janvier 2001.

[415]Inaugurée en 1975 (procès-verbal du 23 mai 1975) elle est systématisée en l'état à partir de 1981 (v. procès-verbal du 22 mai 1981).

[416]A notre connaissance, seul le rapport sur les opérations de l'année 1925 a eu pour rapporteur un conseiller d'Etat.

[417]Note GODARD, rapporteur de la Commission de surveillance, sur le projet de rapport au Parlement portant sur les opérations de l'année 1985 annexée au procès-verbal du 28 mai 1986.

[418]A cette époque, le rapporteur est le représentant de la Cour des comptes ARNAUNE. La vigueur de sa réaction remonte à la séance du 6 mars 1925. La Commission de surveillance examine pour la première fois le concours financier de la CDC au Trésor, que le Directeur général a autorisé sans avoir pris le temps de consulter ladite Commission. A cette occasion, ARNAUNE ne veut apprécier l'opération qu'au seul point de vue de la Caisse des dépôts et consignations. Selon lui, sous ce rapport, il n'y a rien à dire : le Directeur général a en effet été entretenu de la demande du ministre des Finances par le Président de la Commission de surveillance qui a donné son accord. Il a réalisé l'opération donnée dans le cadre de la délégation donnée par la Commission dans sa séance du 20 février (v. procès-verbal du 20 février 1925). De plus l'opération n'entraîne aucun changement pour la Trésorerie de la Caisse des dépôts et consignations. Les autres membres adoptent la position du surveillant-magistrat à la Cour des comptes. Ce dernier déclare cependant, lors de l'examen d'un deuxième concours de la CDC au Trésor, qu'il ne regrette pas d'avoir formulé le 6 mars des réserves quant à l'opération sus rappelée (procès-verbal du 1er avril 1925). ARNAUNE, se plaçant, cette fois, au point de vue du rôle de la Commission de surveillance, ne prend plus seulement en considération le fait que l'opération n'entraîne aucune perte pour la CDC. En effet, l'opération consistait à faire escompter par la Banque de France une certaine quantité de bons de la Défense nationale et à acquérir simultanément des bons du Trésor aux mêmes dates que les bons escomptés, ces derniers comportant le paiement immédiat d'un intérêt égal à la somme retenue pour escompte par la Banque de France. Pour autant, ARNAUNE rappelle que la Commission doit éviter que la Caisse des dépôts, soumise à des règles spécialement édictées pour protéger les fonds qui lui sont confiés, soit le banquier du Trésor : « *Il y a un mois, il s'est trouvé en présence du fait accompli ; aujourd'hui, il se trouve en présence d'un fait inéluctable* » (il conviendra d'apprécier ses propos en considération de sa qualité de représentant de la Cour des comptes à la Commission de surveillance de la Caisse des dépôts et consignations alors même que MORET, Directeur du mouvement général des Fonds de 1925 à 1928, expose encore ce même 1er avril les difficultés qu'éprouve le Trésor aux échéances de fin de mois et de trimestre). Le Directeur général de la Caisse des dépôts et consignations lui confirme en cette même séance que tous les intérêts payés seront portés aux comptes de revenus. ARNAUNE fait alors fort logiquement observer que, dans ces conditions, la Cour des comptes remarquera l'anomalie de l'opération. Il ajoute qu'il ne peut bien entendu être question de dissimuler quoi que ce soit dans les écritures. « *Mais, il ne faut pas perdre de vue qu'un rapport est fait au Parlement* » (procès-verbal du 1er

La Commission de surveillance détermine enfin le montant de la contribution volontaire, représentative de l'impôt sur les sociétés (CRIS)[419].

- Pour le 2 juillet, pour se calquer sur la présentation du rapport statutaire au Parlement, le Directeur général de la Commission de surveillance présente enfin à la presse les résultats annuels et le bilan de la Caisse des dépôts et consignations. Le rapport rouge est à cette occasion diffusé au public.

2) Un contenu élargi du rapport au Parlement

La réforme de 1991 introduit une structure législative au rapport au Parlement. Il englobe désormais des informations financières et plus politiques avec la publication notamment des procès verbaux de la Commission de surveillance.

Si le premier rapport de 1816 était rédigé sous forme de *« considérant »*, le contenu du rapport de la Commission de surveillance sur *« la Direction morale et*

---

avril 1925, préc.). DELONCLE, conseiller d'Etat-surveillant à la Commission, affirme, de son côté, que cette dernière doit se placer au point de vue de l'Etablissement. Dans ce cadre, l'opération n'a, selon lui, aucun caractère irrégulier. « *Si le contrôle ultérieur de la Cour des comptes provoquait une demande d'explications, il serait facile de montrer la régularité de ce qui a été fait* ». La Commission de surveillance, par la voie de son Président, accepte en définitive l'opération à l'unanimité, tout en marquant l'impossibilité immédiate et à venir de renouveler l'opération (il est intéressant de noter que cette proposition est initiée par ROBINEAU, Gouverneur de la Banque de France. Dans l'opération acceptée, ce n'est pas, selon ce dernier, la Caisse des dépôts qui avance les fonds, mais la banque). Lors de la présentation de son rapport sur les opérations de l'année 1925 (procès-verbal du 18 juin 1926 et procès-verbal du 22 juin 1926 : séance exceptionnelle de la Commission), ARNAUNE ne renonce pas à ses observations et estime qu'il est indispensable de relater les opérations de mars et avril 1925 dans le rapport aux Chambres. Il convient de dire, selon lui, d'une part, qu'elles ont été faites à la demande du ministère des Finances, et, d'autre part, que la Commission a décidé et fait connaître au ministre des Finances le 1er avril, en même temps qu'elle autorisait le second concours, qu'elle ne les renouvellerait pas. Selon ARNAUNE, « *la Commission de surveillance s'est trouvée en présence d'un conflit de devoir, celui de ne pas user d'une part des pouvoirs de gestion du patrimoine qui lui est confié, dans un but étranger à l'intérêt de ce patrimoine et, d'autre part, le devoir d'aider l'Etat, dans la mesure où elle le peut, à faire face à ses engagements* ». Ces deux devoirs se sont parfois opposés depuis la création de la Caisse des dépôts et consignations. Ainsi, le 13 mai 1874, un membre de la Commission de surveillance déclare que « *la question d'intérêt public doit prévaloir avant tout, dans les services que la Caisse des dépôts et consignations peut rendre* ». Il ajoute : *« la mission de la Commission de surveillance est de la maintenir dans cette règle stricte. Mais l'intérêt public est-il l'intérêt de l'Etat, l'intérêt du gouvernement ou l'intérêt des épargnants ?* » (v. procès-verbal du 13 mai 1874). ARNAUNE a ainsi choisi l'intérêt des épargnants à la seconde. On peut penser que sa qualité de magistrat, soucieux du respect des lois, n'est pas sans rapport avec une telle prise de position. Les autres membres de la Commission de surveillance s'opposent à ARNAUNE sur la présentation des opérations de mars et avril 1925 au Parlement. La Commission craint qu'il ne soit porté atteinte à la réputation de l'indépendance de l'Etablissement à l'égard du Trésor. DELONCLE exprime ainsi *« le désir que, surtout dans les circonstances actuelles, soient évités tous commentaires qui pourraient soulever des critiques »* (il fait référence à la politique de la Banque de France en 1925, qui pourrait apparaître comme une perte d'indépendance de la Banque de France et du Trésor (v. à ce sujet BLANCHETON (B.), *Le Pape et l'Empereur : la Banque de France, le Directeur du Trésor, et la politique de la France – 1914-1928*). ARNAUNE se fait alors retirer la charge du rapport par la Commission de surveillance. La phrase *« la Commission a décidé et fait connaître au ministre des Finances, le 1er avril, en même temps qu'elle autorisait la seconde de ces opérations, qu'elle ne les renouvellerait pas »*, est supprimée. TARDIT, conseiller d'Etat-surveillant, accepte de se charger de cette fonction ; le rapport, ainsi amendé, est adopté à l'unanimité. Cette affaire, même si elle paraît être une illustration d'une certaine faiblesse de la Caisse des dépôts et consignations face au Trésor, montre à nouveau la spécificité de son organisation en général et la spécificité de la Commission de surveillance. Cette affaire nous enseigne en outre que le rapport de la Commission de surveillance au Parlement est soumis à l'unanime collégialité des membres de la Commission. C'est encore le cas aujourd'hui.

V. *supra* en parallèle « *l'affaire DELATOUR* » : DELATOUR est démissionné et remplacé par TANNERY à la Direction générale de la CDC. Ce dernier est installé le 24 avril 1925 par la Commission de surveillance.

[419] V. *infra*, Partie I, Titre 1.

sur la situation matérielle » de la CDC, rédigé par la suite en termes littéraires et non articulés comme peut l'être un texte juridique[420], trouve à partir de 1991 un véritable renforcement législatif[421]. En effet, on y trouve désormais les éléments financiers, établis depuis 1983 en cohérence avec ceux présentés dans le rapport d'activité, correspondant à l'information antérieurement proposée dans le chapitre de l'ancienne version intitulé *« les états financiers »*, figurant dans les rapports antérieurs. En revanche, il a été décidé de ne plus y faire figurer les informations précédemment rassemblées dans la partie « annexes », internes au premier volume du rapport au Parlement, dans sa présentation antérieure. Il en est de même de l'ensemble des éléments qui constituaient le deuxième volume de cette ancienne présentation.

Plus précisément, on y trouve désormais la liste des placements en valeurs mobilières au 31 décembre dans les portefeuilles gérés par la Caisse des dépôts et consignations ainsi que les bilans, comptes de résultat et participations détenus au 31 décembre par CDC-Ixis, CNP et C3D. Y figurent aussi traditionnellement le détail des fonds gérés inclus dans les états financiers, ainsi que les autres fonds gérés par la Caisse pour le compte d'établissements publics et autres sociétés ou organismes. La publication d' *« un tableau des ressources et des emplois prévisionnels »* a également pour objet de permettre aux lecteurs du rapport de procéder à un exercice utile de comparaison entre les prévisions et les réalisations. Ainsi, depuis 1991, si l'information rendue publique par la Caisse des dépôts et consignations concernant ses comptes et ses éléments financiers est maintenue dans un tome premier, tant en volume qu'en précision, elle compile le rapport statutaire au Parlement comme un rapport des principales activités de la Caisse des dépôts et consignations et, en filigrane, son Groupe.

Cette diffusion pose alors la question de son utilité et de son effacement éventuel au regard du rapport d'activités de la Caisse des dépôts et consignations, rendu *« à l'intention d'un public plus large et de façon plus détaillée, de l'activité du groupe Caisse des dépôts et de son organisation »*[422]. Bien qu'un *« avertissement au lecteur »* insiste sur la non substitution du rapport statutaire, on peut dès lors se demander s'il n'y a pas double emploi. En effet, le sommaire du rapport rouge présente le groupe de la Caisse des dépôts selon cinq parties[423], plus générales, plus attrayantes et plus aérées que le rapport blanc. Le rapport statutaire distingue deux parties : d'une part l'activité et les résultats du Groupe, d'autre part les éléments financiers. Il est introduit par un rappel de la composition de la Commission de surveillance, d'un avant propos de son Président et d'une communication du Directeur général[424]. Ce n'est donc plus véritablement un rapport sur *« la Direction morale et la situation matérielle »* de la Caisse des dépôts et consignations émanant d'une entité indépendante de surveillance, comprenant surtout des éléments financiers et comptables des fonds ainsi gérés par l'Etablissement[425]. C'est

---

[420]V. en comparaison l'évolution du contenu et du style du rapport au Président de la République établi par la Cour des comptes dans DESCHEEMAEKER (C.), *op. cit.*, p. 139 sqq.

[421]L'alinéa 2 de l'article 114 de la loi de 1816 prévoyait de manière laconique l'accompagnement du rapport de tableaux. V. aussi art. 10 al. 2 de la loi du 29 décembre 1888 *portant fixation du budget général des dépenses et des recettes de l'exercice 1889*, JORF, 30 décembre 1888, p. 5574.

[422]« Avertissement au lecteur », par ex. rapport rouge 2001, p. 1.

[423]*Idem.*

[424]Reprenant les éléments essentiels de sa communication devant la Commission de surveillance.

[425]La lecture des rapports au Parlement jusqu'aux années 1980 est en effet très rébarbative comprenant une multitude de chiffres sans véritable annotation.

désormais un rapport d'activités de la Caisse parallèle au rapport rouge[426], étant entendu que seuls les destinataires ne sont en principe pas les mêmes personnes[427].

Constitue en revanche, depuis 1991, l'élément fondamental de la nouvelle architecture du rapport blanc, la publication des travaux de la Commission de surveillance. L'article 20-I de la loi du 10 juillet 1991 codifié à l'article L.518-10 al. 2 du Code monétaire et financier a en effet imposé la communication au Parlement des « *procès-verbaux de la Commission auxquels sont annexés les avis, les motions ou résolutions qu'elle a votés...* »[428]. Cette inscription dans la loi de la publication des procès verbaux de la Commission de surveillance fait suite notamment à une initiative politique de M. CHINAUD récemment prise au nom de la Commission des Finances du Sénat[429], dans un contexte politique, il est vrai, tendu.

Depuis cette époque, il est alors d'usage d'établir d'une part des comptes rendus exhaustifs des débats, d'autre part des procès-verbaux. Les premiers sont, contrairement aux strictes prescriptions législatives, à usage interne, tandis que les seconds sont publiés au rapport annuel. A cet effet, les projets de procès-verbaux sont examinés par une Commission restreinte comprenant en principe les surveillants-conseillers d'Etat et le secrétaire général de la Commission de surveillance. L'objectif officiel à atteindre par cette Commission est d'éviter la publication d'information intéressant en principe la vie des affaires et mettant en cause l'intérêt économique national tout en souhaitant garantir un équilibre entre d'une part le secret des affaires et d'autre part leur transparence, déclinaison de la Foi publique accordée à la CDC[430].

On peut se demander, en ce sens, si cette publication ne porte pas d'une part « *un discrédit sur la crédibilité de la représentation parlementaire* [en général] *au sein des organes délibératifs d'établissements ou d'entreprises publics* » et s'il ne s'agit pas d'autre part « *d'une violation grave des obligations de déontologie qui ont toujours été respectées au sein de la Commission de surveillance* »[431]. En effet, les membres de la Commission de surveillance de la Caisse des dépôts et consignations sont soumis à la loi du 6 avril 1876 codifiée relative à l'organisation de cette Commission. Ce texte ne prévoit pas, comme pour les commissaires européens, de dispositions particulières quant à leurs droits et obligations, excepté la gratuité de leurs fonctions[432]. Il a néanmoins toujours été considéré qu'ils étaient soumis à un devoir de réserve[433]. L'article 213 du Traité CE demande en ce sens aux commissaires européens de respecter « *les obligations découlant de leur charge, notamment les devoirs d'honneur et de délicatesse* »[434].

---

[426]Les rapports CHINAUD semblent confondre d'ailleurs facilement les rapports rouge et blanc.
[427]V. Introduction générale.
[428]Il s'ensuit qu'ont été publiés pour le rapport 1991 tous les procès-verbaux coïncidant avec cette année civile, sans tenir compte de la date d'entrée en vigueur de la loi, et ce conformément aux principes d'application de la loi dans le temps.
[429]Rapport CHINAUD n°298, *préc.*
[430]Sur cette distinction entre procès-verbaux et comptes rendus, v. Annexe III : *La publication des procès verbaux des séances de la Commission de surveillance,* dans Rapport CHINAUD n°394, p. 121.
[431]Communiqué de presse de M. PIERRET, Président de la Commission de surveillance de la Caisse des dépôts et consignations en date du 25 avril 1991 (fonds LION).
[432]Art. L.518-6 , dernière phrase du Code monétaire et financier.
[433]Procès-verbal du 10 janvier 1989.
[434]Pour une application récente à propos de certains membres de la Commission « SANTER » : v. Déc. du Conseil 1999 /494 /CE, CECA, Euratom du Conseil, 9 juillet 1999, relative à une *saisine de la Cour de justice du cas de M. Bangemann,* JOCE, n°L 192, 24 juillet 1999, p. 54, dans Revue Europe, octobre 1999, p. 8, note M. PIETRI.

Jusqu'à l'adoption de la loi du 17 juillet 1978 sur l'amélioration des relations entre l'administration et le public[435], les membres de la Commission de surveillance, comme tout fonctionnaire ou salarié d'une entreprise, pouvaient être considérés comme tenus d'une obligation générale de discrétion et de secret professionnel fondée sur une règle coutumière non écrite. De manière générale, l'article 6 de la loi de 1978 précitée et modifiée par l'article 7 de la loi n°2000-321 du 12 avril 2000, interdit expressément la divulgation des documents administratifs, dont la communication porterait atteinte notamment au secret des délibérations du gouvernement et des autorités responsables relevant du pouvoir exécutif, à la monnaie, au crédit public et au secret en matière commerciale et industrielle[436]. Bien qu'aucune disposition écrite particulière n'ait été prise en ce qui concerne la Caisse des dépôts et consignations, on peut penser que doivent lui être appliqués les articles 226-13 et suivants du Code pénal relatifs à la violation du secret qui sanctionnent les manquements à la loi de 1978 modifiée. Ce dispositif doit être combiné avec les prescriptions de l'article L.518-10 du Code monétaire et financier, relatives à l'annexion au rapport au Parlement des procès verbaux de la Commission de surveillance. Cela ne signifie pas que ceux-ci soient, comme d'ailleurs le rapport en sa totalité, communicables à tout moment. La loi a, en effet, réservé au Parlement la priorité dans la connaissance du rapport et des documents qui l'accompagnent, les procès verbaux de la Commission de surveillance y étant intégrés. Ce n'est dès lors qu'une fois publié officiellement, après que le Parlement en ait pris connaissance, que le rapport en son entier devient libre d'accès[437]. Ces documents doivent en effet être définitivement achevés[438].

La qualification juridique du rapport au Parlement reprend à ce stade toute son importance et son intérêt. En effet, s'il est considéré comme rapport d'un établissement public, il ne fait aucun doute que ce document est communicable dans les conditions de l'article 1er de la loi de 1978. A l'inverse, admis comme document parlementaire, il serait exclu de communication depuis l'adoption de l'article 7-2 de la loi du 12 avril 2000. Cette nouvelle rédaction de la loi de 1978 renverse en effet une position antérieure de la CADA[439].

Cette manière de voir aurait simplement le mérite de donner tout son sens à la portée de la communication du rapport de la Commission de surveillance au Parlement, telle qu'elle résulte notamment, sur un plan fonctionnel, de la réforme parlementaire de 1991. Le rapport rouge en sortirait lui aussi grandi, dès lors que tous les deux n'ont pas en principe les mêmes destinataires : l'un, plus fonctionnel, est ouvert à tout profane ; l'autre, plus professionnel et plus technique, est ouvert aux seuls parlementaires.

---

[435]Sur l'applicabilité de la loi de 1978 à la Caisse des dépôts et consignations, v. Introduction.

[436]Ils peuvent néanmoins être librement consultés dans les conditions fixées par la loi du 3 janvier 1979 sur les archives publiques à l'expiration de trente ans ou des délais spéciaux prévus par la loi. V. par ex. CE 8 avril 1994, *Ministre des Affaires étrangères c/ Mme Jobez*, AJDA, 1994, p. 679, chr. MM. TOUVET et STAHL.

[437]V. *a contrario*, les états de la mauvaise situation financière de *Concordia* (groupe allemand d'assurances qui s'est lancé dans l'immobilier et à qui la Caisse des dépôts et consignations avait apporté son soutien financier), divulgués dans la presse (DUCOS (J.-M.), *La Caisse des dépôts a perdu un milliard*, Le Parisien, 28 septembre 1998).

[438]Art.1er de la loi de 1978 modifiée.

[439]Par ex., CADA, 18 janvier 1996, *Président de l'Assemblée nationale*, n°196-006 et CADA, 23 mai 1996, *Président de l'Assemblée nationale*, n°1996-1650, dans le dixième rapport d'activités de la CADA, p. 17 (www.cada.fr, recherche effectuée le 29 juin 2002).

3) Une évolution fonctionnelle du rapport au Parlement

La remise du rapport blanc de la CDC est traditionnellement soumise au contrôle du Parlement chaque année par le Président de la Commission de surveillance et le Directeur général de la Caisse. En effet, l'article 114 de la loi de 1816, précisé par ailleurs par l'article 164-IV de l'ordonnance n°58-1374 du 30 décembre 1958[440], ordonne la présentation du Rapport au Parlement par le Président de la Commission de surveillance, en présence du Directeur général. On peut regretter que ces dispositions législatives n'aient pas été reprises en même temps par l'article L.518-20 du Code monétaire et financier, alors même que les objectifs constitutionnels sus rappelés d'une codification demeurent l'accessibilité et l'intelligibilité de la loi[441].

En outre, la loi de 1991 soumettait la présentation du rapport au Parlement « *avant la fin de la seconde session ordinaire* » alors que le texte codifié, reprenant certainement en compte la mise en oeuvre de la session parlementaire unique en 1995, prévoit une adresse du rapport statutaire « *avant le 2 juillet* ». Par conséquent, cette disposition du Code monétaire et financier ne reprend pas exactement l'esprit de la loi de 1816 modifiée tant sur la forme que sur le fond.

Cela étant, le rapport blanc de la Caisse des dépôts et consignations semble pouvoir être assimilé à l'esprit qui préside dans l'énoncé des rapports dressés chaque année par le médiateur de la République, la Banque de France et par la Cour des comptes. Cette analogie avec ces différents rapports n'est pas, en outre, dénuée d'intérêt, si l'on songe notamment aux « *rites annuels* »[442] de leurs présentations respectives devant les chambres. C'est ainsi qu'avec l'adoption de la loi du 12 avril 2000[443], le rapport du Médiateur de la République fait désormais l'objet d'une communication devant chacune des assemblées[444]. C'est encore par relation avec l'esprit qui anime la présentation du rapport au Parlement de la Caisse des dépôts et consignations que le législateur de 1993 a prévu, en ce qui concerne la Banque de France, une telle adresse parlementaire d'un rapport de l'institution monétaire française[445]. Eugène PIERRE rapporte enfin que le dépôt du rapport de la Cour des comptes sous la IIIe République s'effectuait selon le même cérémonial en vigueur que pour celui du rapport de la Commission de surveillance de l'Etablissement de la rue de Lille[446]. En ce sens, le IV de l'article 164 de l'ordonnance de 1958 précitée précise quelque lignes auparavant, consacrant la disposition relative au rapport de la

[440]Ordonnance n°58-1374 du 30 décembre 1958 *portant loi de finances pour 1959*, JORF, 31 décembre 1958, p. 12071.

[441]V. plus généralement les développements de l'Introduction à ce sujet.

[442]FOSSET (A.), question n°11189, adressée à M. le ministre d'Etat, ministre de l'Economie, des Finances et du Budget, *rapport de la Cour des comptes*, JORF, S, 2 août 1990, p. 116.

[443]Art. 26 de loi n°2000-321 du 12 avril 2000 relative *aux droits des citoyens dans leurs relations avec les administrations*, JORF, 13 avril 2000, p. 5646.

[444]Depuis l'institution du Médiateur, en 1973, les travaux de la médiature faisaient chaque année l'objet d'un rapport déposé sur le bureau de l'Assemblée nationale. Cette disposition issue de la loi DCRA s'est trouvée appliquée le 25 avril 2001 pour la première fois avec la présentation par M. STASI, Médiateur de la République, du rapport pour l'année 2000. V. BAN n°123 du 3 mai 2001, p. 7.

[445]Art. L.143-1 du Code monétaire et financier. V. aussi AUBERGER (P.) (obs. du rapporteur général), *modification au mécanisme de choix des membres du Conseil de la politique monétaire*, séance du 8 juin 1993, JORF, AN, 9 juin 1993, p. 1108 et ARTHUIS (J.) (Amendement proposé par), *Rapport au Président de la République – contrôle du Parlement*, n°54, débats au Sénat sur la Banque de France, 2 juillet 1993, JORF, S, 3 juillet 1993, p. 2102. V. encore DUPRAT (J.-P.), *L'indépendance de la Banque de France : aspects constitutionnels et européens*, LPA, 25 avril 1994, p. 9.

[446]LYON (J.) (rassemblés par), *Nouveaux suppléments au Traité de Droit politique, électoral et Parlementaire d'Eugène Pierre*, Paris, La Documentation Française, t. 1, 1984, p. 364.

Caisse des dépôts et consignations, que le rapport de la Cour des comptes « *est déposé sur le bureau des chambres par les soins du Premier Président* »[447]. Modernisé par la loi de 1967 sur la Cour des comptes et donnant toute son importance au droit public financier et à l'assistance de la Cour des comptes apportée au Parlement[448], on le retrouve dans un caractère plus général, codifié à l'article L.135-1 du Code des juridictions financières. Cette même caractéristique recouvre également depuis 1976 les rapports particuliers sur les entreprises publiques[449] ou ceux, depuis 1995, relatifs à la Sécurité sociale[450].

En ce qui concerne le rapport au Parlement émanant de la Commission de surveillance, le cérémonial en vigueur fut interrompu à la fin de la IIIe République, puis rétabli sous la présidence à la Commission de surveillance de DENAIS à partir de 1948[451]. A partir de 1956, COURANT ayant succédé à DENAIS à la Commission de surveillance, il fut fait retour au dépôt par simple annonce en séance et discuté en Commission des Finances seulement. Par analogie, le premier Président de la Cour des comptes a la faculté de donner connaissance aux Commissions des Finances et aux Commissions d'enquête du Parlement des observations de la Cour[452].

Le Président de la Commission de surveillance et le Directeur général de la Caisse des dépôts et consignations sont aujourd'hui, quant à eux, auditionnés par les seules Commissions des Finances des assemblées, rendant compte ainsi à son *« actionnaire »,* comme simples dirigeants d'une entreprise publique[453]. Le dispositif législatif de 1816 prévoyait pourtant la présentation du « rapport blanc » par la Commission de surveillance dans son ensemble et selon un *« cérémonial d'usage»*. Il était tout d'abord déposé à la Tribune, en séance publique, entre les mains du Président de l'assemblée par l'ensemble de la Commission de surveillance. Il était lu et adopté[454]. Il pouvait ensuite être l'objet de discussions au sein des Chambres et les membres de la Commission de surveillance avaient le droit de prendre la parole pour y répondre, sans pouvoir l'amender. A partir de 1863, il a été brusquement décidé au sein des chambres qu'il ne pouvait faire l'objet d'aucune discussion. Le droit de réponse des membres de la Commission de surveillance a disparu sous le second Empire et, surtout, sous la IIIe République. Cela n'empêche que peuvent s'élever des critiques contre les opérations de la Caisse des dépôts et consignations par le biais traditionnel des moyens parlementaires que sont les questions[455] et les propositions de loi modifiant l'organisation de l'Etablissement[456]. Aujourd'hui, le Président de la chambre annonce simplement en séance publique qu'il a reçu du Président de la Commission de surveillance un rapport sur les

[447]Pour un exemple de dépôt de rapport public, v. dépôt du rapport public 1996 de la Cour des comptes au Sénat, JORF, S, débats, Compte rendu intégral, séance du 26 novembre 1997, cité par DESCHEEMAEKER (C.), *op. cit.*, p. 138.
[448]V. not. art. 47 et 47-1 de la Constitution du 4 octobre 1958.
[449]Art. L.135-3 du Code des juridictions financières.
[450]Art. L.111-5 du Code des juridictions financières
[451]LYON (J.) (rassemblés par), *loc. cit.*
[452]Art. L.135-1 *préc.*
[453]V. Introduction générale.
[454]PIERRE (E.), *op. cit.*, p. 621.
[455]On ne peut pas dire qu'il y ait beaucoup de questions parlementaires à ce sujet (les questions parlementaires utilisées dans le corps du texte étant dans l'ensemble effectuées). Toutefois, on notera l'intérêt que porte ces dernières années Mme le sénateur BEAUDEAU (CRC) à l'institution (Une question par an depuis 2000).
[456]V. à titre d'exemple, la proposition BALLADUR, *préc.*

opérations de la Caisse[457]. Le droit de priorité dévolu à l'Assemblée nationale en matière financière voulait enfin que le rapport soit déposé d'abord au Palais Bourbon[458]. En tout état de cause, la remise du rapport est l'occasion d'une audition en Commission des Finances des assemblées pour le Président de la Commission de surveillance et pour le Directeur général de la Caisse des dépôts et consignations, répondant à l'un ou à l'autre parlementaire avec sérénité et débat constructif[459].

Cette audition est l'occasion au Président de la Commission de surveillance d'exposer l'activité de surveillance de la Caisse des dépôts et consignations et au Directeur général de répondre aux questions des parlementaires[460]. Il en est ainsi par exemple de l'innovation entreprise par la Commission des Finances du Sénat en 1999[461]. L'audition s'est en effet déroulée en deux temps : examen du rapport annuel et observations de la Caisse des dépôts et consignations dans ses rapports avec la Cour des comptes tout d'abord. Puis, la Commission a demandé au Premier Président de la Cour des comptes d'exposer les travaux menés par la Cour sur la CDC.

Il se peut aussi que députés et sénateurs souhaitent entendre de manière plus ponctuelle le Président de la Commission de surveillance avec/ou sans le Directeur général sur une activité ou une problématique touchant de près ou de loin la Caisse. C'est ainsi que M. MAYER, Directeur général de la Caisse des dépôts et consignations, a été dernièrement entendu par la Commission des Finances de l'Assemblée nationale sur le financement des infrastructures de transports[462].

Il ne suffit alors que de franchir un pas pour se demander si ce rapport examiné et lu par le Parlement, émanant d'une Commission extra-parlementaire, ne présenterait pas les éléments caractéristiques d'un document parlementaire[463]. A cet égard, l'impression du rapport de la Commission de surveillance tantôt par le Sénat, tantôt par l'Assemblée nationale était une tradition qui a perduré matériellement jusqu'en 1955. Il était par ailleurs inséré comme document parlementaire au sein des rapports d'informations parlementaires. Le rapport de la Commission de surveillance portait des prescriptions générales sur le statut de l'Etablissement, son organisation administrative et financière. Il en est ainsi des rapports au Parlement

[457]Par ex., dépôt d'un rapport sur les opérations de la Caisse des dépôts et consignations en 1990, JORF, AN, 2ème séance du 2 octobre 1991, p. 4097.

[458]E. PIERRE rapporte que le 24 mai 1894, par suite d'une brusque suspension des séances à la Chambre des députés, le rapport a été déposé au Sénat avant de l'avoir été à la Chambre ; il résulte d'une conférence tenue le 28 mai 1894 entre le Président de la Chambre des députés et le Président de la Commission de surveillance que ce fait a été le résultat d'une erreur qui avait déjà été commise en 1835, mais qu'il ne doit se reproduire. V. PIERRE (E.), *op.cit.*, p. 620.

[459]V. par ex., *audition de MM. Jean-Pierre Balligand, Président de la Commission de surveillance de la Caisse des dépôts et consignations, et Daniel Lebègue, Directeur général de la Caisse des dépôts et consignations*, Assemblée nationale, Commission des Finances, de l'Economie générale et du Plan, compte rendu n°56, mercredi 27 juin 2001, p. 2.

[460]V. très clairement audition de *MM. Jean-Pierre Delalande, Président de la Commission de surveillance de la Caisse des dépôts et consignations, et Philippe Lagayette, Directeur général*, Assemblée nationale, Commission des Finances, de l'Economie générale et du Plan, compte rendu n°59, mercredi 19 juin 1996.

[461]*Etablissements financiers – Audition de M. Daniel Lebègue, Directeur de la Caisse des dépôts et consignations, en présence de M. Pierre Joxe, Premier Président de la Cour des comptes, de M. François Logerot, Président de la Première chambre de la Cour des comptes, et de M. Jean Recoules, Conseiller maître à la Cour des comptes,* Commissions des Finances, du contrôle budgétaire et des comptes économiques de la Nation, mercredi 23 juin 1999.

[462]BAN n°31, 14 mai 2003, p. 19.

[463]CARCELLE (P.) et MAS (G.), *Caisse des dépôts et consignations,* Répertoire de droit public et administratif, t. 1, Dalloz, 1958, p. 251 ; (X.), *La Caisse des dépôts et consignations*, Statistiques et études financières, ministère des Finances, n°50, février 1953, p. 107.

sur les opérations des années 1931 à 1933. La Commission de surveillance y souligne à trois reprises l'emploi important de capitaux qui lui sont confiés tout en notant les limites qui peuvent découler des formes de placement utilisées à l'époque[464]. De même, le rapport blanc 2000[465] fait remarquer les préoccupations de la Commission de surveillance par les délais de mise en œuvre des projets de prêts « *nouveaux emplois des fonds d'épargne* », déjà annoncés en 1999 et définis par les pouvoirs publics en juillet 2000. Par analogie, c'est parce qu'il possède une nature et un régime bien précis, enserré dans un contexte d'énonciation singulier (le Conseil constitutionnel dans le cadre du contrôle de la loi), que « *l'objectif à valeur constitutionnelle* » possède une singularité utilisable dans un raisonnement juridique. Il serait donc alors possible, en appliquant ce raisonnement, que le rapport au Parlement, dans la cadre de la Commission de surveillance, relatif aux strictes problématiques de la Caisse des dépôts et consignations, ait une valeur normative[466].

Le rapport de la Commission de surveillance ne peut cependant pas être considéré comme une Loi[467]. En effet, le Conseil constitutionnel[468], reprenant à son compte une solution dégagée par le Conseil d'Etat[469], a déclaré l'absence de valeur normative de tout rapport annexé à la loi. Cette déclaration d'absence de valeur normative a pour conséquence que le contenu du rapport ne peut pas être utilisé comme un moyen contentieux dans l'hypothèse d'une contestation ; et en tout état de cause, ne modifiant pas l'ordonnancement juridique et bien que rendu public, il ne peut faire l'objet d'un recours en annulation[470]. On peut largement penser que le législateur de 1816 souhaitait organiser la Commission de surveillance, comme organe extra-parlementaire de surveillance de la Caisse des dépôts et consignations. Certes, ses pouvoirs à l'égard du Directeur général sont limités. Mais sa force demeure dans la publicité du rapport soumis au Parlement. La Caisse des dépôts et consignations « *se forge au Palais Bourbon et au Luxembourg* »[471]. Dans ces conditions, n'aurait-il pas été plus heureux, du point de vue du fonctionnement optimal de la démocratie économique et sociale, de renvoyer le Parlement à sa propre responsabilité en l'invitant à assumer plus ouvertement le contenu du rapport blanc ? Il ne s'agirait pas d'une simple clause de style, déclinant une quelconque Foi publique à son secours[472]. En définitive, tout dépendra du contenu du rapport de la Commission de surveillance[473].

---

[464]Rapports blancs 1932, p. 4 ; 1933, p. 7 ; 1934, p. 7.

[465]Rapport blanc 2000, p. 19.

[466]Tels que pour les documents budgétaires (les « bleus ») détaillant les crédits autorisés par la loi de finances. V. 83-164 DC, 29 décembre 1983, *Loi de finances pour 1984*, Rec. p. 71.

[467]V. le raisonnement par analogie de MM. les Professeurs DE BECHILLON et TERNEYRE dans leurs observations sous CE, 5 mars 1999, *M. Rouquette, Mme Lipietz et autres* : La nature du rapport parlementaire annexé à la loi sur le financement de la sécurité sociale, RFDA, 1999, p. 372 et au regard de la jurisprudence du Conseil constitutionnel, 76-60 DC du 8 novembre 1876, *Loi de finances pour 1976*, Rec. p. 37 et 89-268 du 29 décembre 1989, *Loi de finances pour 1990*, Rec. p. 110.

[468]2001-455 DC, *Loi de modernisation sociale*, JORF, 18 janvier 2002, p. 1053 ; 2002-460 DC, *Loi d'orientation et de programmation sur la sécurité intérieure*, 22 août 2002, AJDA, 2002, p. 1059 : J.-Y. CHEROT et J. TREMEAU.

[469]CE, 5 mars 1999, *Confédération nationale des groupes autonomes de l'enseignement public* et CE, 5 mars 1999, *Rouquette et autres*, RFDA, p. 357, cls C. MAUGUE.

[470]CE, 12 février 1993, *Mme Gaillard*, AJDA 1993, p. 665 : observations M. HECQUART-THERON. En l'espèce, le document contesté était un rapport préliminaire de la Cour des comptes.

[471]JOSEPH-BARTHELEMY, *op. cit*, RPP, 1931, p. 217.

[472]V. Introduction générale.

[473]Le Conseil constitutionnel n'avait pas hésité dans sa décision 77-92 DC, *Loi relative à la mensualisation et à la procédure conventionnelle (contre-visite médicale)*, du 18 janvier 1978 (Rec. p.21) à contrôler la loi mais aussi l'accord de branche y étant annexé. La Chambre sociale de la Cour de

Il semble qu'une évolution puisse être envisagée, à la lumière d'une jurisprudence 2002-460 DC du Conseil constitutionnel relative à l'annexe I du rapport attaché à la loi d'orientation et de programmation sur la sécurité intérieure. Cette annexe est en effet un assemblage d'orientations, à faible contenu normatif, descriptives d'une nouvelle politique en matière de sécurité. Le juge constitutionnel relève alors que les mesures législatives et réglementaires devront appliquer ces orientations afin de leur attacher des effets juridiques[474]. Cette idée pourrait intéresser le rapport de la Commission de surveillance de la Caisse des dépôts et consignations. Si les parlementaires ne semblent pas avoir estimé devoir entériner ce rapport par son annexion dans une loi, ce document présente, en effet, dès son origine, le caractère de document parlementaire[475], évoluant dans l'énoncé de simples souhaits, d'orientations de gestion de fonds et d'événements ponctuels de la vie économique et financière intéressant la Caisse des dépôts et consignations. Il pourrait alors éventuellement servir de cadre annuel de gestion de la Caisse des dépôts et consignations pour le Directeur général[476], ce dernier présentant dès sa nomination son programme de travail à l'égard de l'Etablissement. Des précautions de confidentialités pourraient être prises à cet effet, tandis que le rapport rouge serait la garantie effective de la volonté parlementaire. Le « *rapport blanc* » serait alors ce que la loi de Finances est au budget annuel, tandis que le rapport rouge serait assimilé à la loi de règlement, telle que revue par la réforme financière d'août 2001[477]. Véritablement contraignant sur un plan politique, il n'a cependant pas aujourd'hui de valeur normative. Destiné à l'information du Parlement, au même titre que le rapport économique et financier déposé dans le cadre de l'examen de la loi de Finances initiale, il ne bouleverse pas la multiplication des formes législatives[478] et n'engage pas juridiquement les parties en cause[479]. Un tel message aurait présenté l'avantage d'imposer aux représentants du peuple le devoir général de surveillance scrupuleuse de la Caisse des dépôts et consignations, comme le prescrivaient les textes de 1816.

Cette production parlementaire sans prescription juridique[480], souvent dénoncée[481], trouverait, en l'espèce, tout son mérite pour un Etablissement placé sous la garantie et la surveillance de l'autorité parlementaire. Or, le rapport de la Commission de surveillance arrivait trop tard, comme la loi de règlement clôturait l'exercice budgétaire dans l'indifférence générale du Parlement jusque dans les années 1990[482]. La date du « *2 juillet* » ne semble pas être une condition

cassation lui a donné, par la suite, valeur législative. V. C.Cass., 17 janvier 1996, *Comité d'établissement Tour Assur et autres*, Bull. civ., 1996, I, n°15, p. 10.

[474]Certainement dans la logique de sa jurisprudence relative à l'objectif constitutionnel d'intelligibilité de la loi (99-421 DC, préc.) et du principe de clarté de la loi, découlant de l'article 34 de la Constitution (2001-455 DC, 12 janvier 2002, *loi de modernisation sociale,* préc.)

[475]C'est ce qui semble en effet ressortir des débats de l'époque.

[476]Art. L.518-12 al. 1 du Code monétaire et financier.

[477]ROBERT (F.), *La rénovation des pouvoirs du Parlement*, RFFP, novembre 2001, p. 77.

[478]STEPHANE (G.), *Les annexes législatives*, RFDC, 1999, p. 819.

[479]82-142 DC, 27 juillet 1982, *Réforme de la planification*, Rec. p. 52 ; 85-196 DC, 8 août 1985, *Evolution de la Nouvelle Calédonie*, GDCC n°38. V. également les illustrations citées par M. le Professeur Guillaume DRAGO dans son ouvrage de *Contentieux constitutionnel français* (PUF, Paris, coll. Thémis, 1998, p. 421).

[480]AUBY (J.-B.), *Production juridique et prescription juridique*, RDP, 1988, p. 674 ; MATHIEU (B.), *La Loi*, Paris, Dalloz, coll. Connaissance du Droit, 1996, not. p. 105 sqq.

[481]Rapport public CE, EDCE 1991, n°43, not. p. 32 sqq.

[482]ZERDOUMI (F.), *L'efficacité de la loi de règlement sous la Vᵉ République*, Lille II, DEA Droit public général, mention droit public financier, 1999, not. p. 31 sqq.

substantielle à un intérêt parlementaire quelconque, puisqu'un dépôt hors délai serait toujours possible sans protestation et en considération de circonstances politiques et électorales. Cette indifférence générale du rapport blanc de la Commission de surveillance de la CDC par les parlementaires, est analysée simplement par DAILEY comme une source de confiance dans la gestion des dépôts et consignations par l'Etablissement de la rue de Lille[483].

Dans ces conditions, le rapport au Parlement de la Commission de surveillance ne peut être assimilé à un simple exposé fonctionnel d'entreprise, le Président de la Commission et le Directeur général de la Caisse des dépôts et consignations rendant compte à son « *actionnaire* » qu'est le Parlement. En tout état de cause, ce rapport au Parlement ne doit pas être confondu avec les rapports que la Cour des comptes doit également établir à l'usage du Parlement ou tout autre rapport émanant du Parlement[484].

Cela n'empêche que les parlementaires peuvent mettre en œuvre, si besoin s'en faisait sentir, les moyens de contrôle parlementaire habituels.

B) Les moyens habituels du contrôle parlementaire

« Placée de la manière la plus spéciale sous la surveillance et l'autorité parlementaire »[485], l'administration des dépôts et consignations est contrôlée de manière ponctuelle par le Parlement[486]. Ce contrôle parlementaire est une des manifestations du droit constitutionnel financier qui fait de nos représentants les garants de la bonne gestion des deniers publics[487].

Pour autant, cette manière de voir ne signifie pas que la Commission de surveillance a « *le monopole de l'autorité législative* » sur la Caisse des dépôts et consignations[488]. Il convient de penser que le législateur de 1816 n'entendait pas non plus proscrire la mise en œuvre, par le Parlement, des procédures traditionnelles de contrôle que les textes lui reconnaissent[489]. Cette protection particulière de la Caisse des dépôts et consignations par le Parlement souhaite simplement que le contrôle de droit commun exercé sur la Caisse des dépôts et consignations n'entre pas en contradiction avec l'autorité de surveillance qu'est la Commission[490]. C'est en ce sens qu'en plus de la représentation parlementaire à la Commission de surveillance, un responsable des relations avec le Parlement, agent appartenant directement au cabinet du Directeur général de la CDC, assure les liens entre la Direction générale de l'Etablissement, l'Assemblée nationale, le Sénat et le Conseil économique et social. Les surveillants parlementaires ont vocation par ailleurs à assurer le dialogue avec les assemblées politiques et leurs élus[491].

---

[483]DAILEY (M.), *La Caisse des dépôts et consignations,* th., Paris : Droit, 1934, p. 14.

[484]TROTABAS (L.) et COTTERET (J.-M.), LAFLANDRE (M.) (en coll.), *Droit budgétaire et comptabilité publique*, Paris, Dalloz, Précis, 5ème éd., 1995 p. 138.

[485]Art. L.518-2 al. 2 du Code monétaire et financier.

[486]Procès-verbal du 9 septembre 1818.

[487]JOSEPH-BARTHELEMY, *Précis de droit constitutionnel*, Paris, Dalloz, coll. « petits précis », 1933, p. 363.

[488]Rapport CHINAUD n°394, p. 27. V. aussi le climat politique en Commission de surveillance et au Parlement lors de « l'affaire Société générale ».

[489]DELION (A.), *Le droit des entreprises et participations publiques*, LGDJ, coll. *systèmes*, 2003, p. 129 sqq.

[490]V. *supra*, Partie 1, Titre 1, le dénouement de « l'affaire Société générale ».

[491]Par ex., procès-verbal du 30 juin 1982.

Ce n'est donc pas un contrôle au sens négatif qui doit être entendu sous le vocable de « *surveillance et de garantie législative* ». Bien au contraire, le travail parlementaire doit être en principe un outil de défense des intérêts des déposants à la Caisse des dépôts et consignations et des fonds en partie privés que la loi lui demande de gérer[492]. C'est ainsi par exemple que le Parlement a été conduit à préciser les modalités de contrôle de la Commission de vérification des comptes des entreprises publiques (CVCEP) et à exclure du champ d'application de cette dernière la Caisse des dépôts et consignations[493]. C'est également au Parlement que la politique sociale de la Caisse des dépôts et consignations a été discutée que ce soit dans le cadre du régime BETAM[494] que celle des principales filiales du Groupe[495]. A l'inverse, BRESSON fait remarquer avec surprise que « *les chambres ne peuvent refuser leur approbation à une mesure [prélèvement de six millions sur les bénéfices de la CDC], dont les résultats ont été un avantage évident [pour les caisses de l'Etat]* »[496]. On peut donc dire, encore une fois, que le droit régissant la Caisse des dépôts et consignations est un droit pragmatique se développant dans un cadre juridique essentiellement politique[497].

Dans ces conditions, le contrôle parlementaire de la Caisse des dépôts et consignations est déterminé en fonction de considérations plus politiques et économiques[498] ; et, si les chambres disposent des moyens traditionnels de contrôle de la Caisse des dépôts et consignations (questions, Commissions d'enquête,...), elles peuvent aussi utiliser des outils juridiques très complets résultants des contrôles menés par la haute juridiction financière ou par leurs organes internes respectifs, dispositifs pouvant par ailleurs compléter les travaux de la Commission de surveillance[499].

---

[492]DUMESNIL (J.), *Lois et règlements de la Caisse des dépôts et consignations dans ses rapports avec les particuliers, les offices ministériels et les administrations publiques, suivis d'un traité des offres de paiement, de la consignation et du remboursement des sommes consignées*, Paris, Videcocq, Joubert et Mme Gouillet, 1839, p. 41 sqq. *A contrario*, procès-verbal du 14 septembre 1951.

[493]Procès-verbal du 13 novembre 1964. Pour être complet, la décision du Conseil constitutionnel du 12 décembre 1967, en précisant les modalités de la compétence de la CVCEP, a donné raison au gouvernement : ce dernier proposait dans l'article 65 du projet de loi de finances pour 1969 que le ministre des Finances puisse, sur proposition ou après avis du Premier Président de la Cour des comptes et du Président de la CVCEP, de soumettre à celle-ci les sociétés où la Caisse des dépôts et consignations a plus de 50% du capital (devenu l'art. 72 de la loi du 27 décembre 1968). On a en quelque sorte une « relégalisation » de la matière. Autrement dit, le Parlement défend avec ses possibilités la Caisse des dépôts et consignations dans la mesure des techniques juridiques. V. procès-verbal du 23 octobre 1970 et procès-verbal du 25 mai 1973.

[494]V. *supra*, Partie I, Titre 1.

[495]V. *infra*, Partie II, Titre 1.

[496]BRESSON (J.), *Histoire financière de la France depuis l'origine de la monarchie jusqu'à l'année 1828*, Paris, Bureau de la gazette des chemins des fer, Cours général des actions, 1857, 3ème éd., t. 2, p. 296.

[497]THIVEAUD (J.-M.), *Le statut de la Caisse des dépôts : tutelle parlementaire et crédit de la nation (la foi publique)*, Bulletin de l'IREPP, janvier 1991, p. 171.

[498]V. les conditions de mise en œuvre de publication du relevé de constations de la Cour des comptes sur certaines opérations financières de la Caisse des dépôts et consignations, v. rapport CHINAUD n°298.

[499]Procès-verbal du 6 mars 1931.

1) La transmission au Parlement des rapports de la Cour des comptes

La Caisse des dépôts et consignations est soumise au contrôle de la Cour des comptes, prévu par le Code des juridictions financières et dont les dispositions ont été reproduites dans le Code monétaire et financier[500].

La procédure suivie par la Cour des comptes pour contrôler la gestion de la Caisse des dépôts et consignations est celle adoptée pour l'ensemble des organismes visés par les articles L.133-1 et L.133-2 du Code des juridictions financières, procédure particulière dite *« procédure entreprises publiques »* précisée par l'Instruction 595 du 1er mars 2001 du Premier Président[501]. L'article R.131-24 du Code des juridictions financières précise notamment que si « *les livres, les registres et les pièces de la comptabilité de la Caisse des dépôts et consignations ne sont pas déplacés, (...) la Cour des comptes peut en faire prendre telle communication qu'elle juge utile pour exercer les missions qui lui incombent en vertu de l'article L.111-3* » du Code des juridictions financières. La Cour établit alors un relevé des constatations provisoires qui ne deviennent définitives qu'après que le service contrôlé a fourni des réponses. Cette procédure systématique de contradiction est le plus souvent clôturée par une audition du Directeur général de la Caisse[502]. Les conclusions de la Cour font l'objet de rapports particuliers, communiqués à la Commission des Finances de chaque Assemblée, en application de la procédure prévue par l'article L.135-3 du Code des juridictions financières pour les entreprises publiques. Ces rapports portent soit sur les comptes, soit sur des aspects spécifiques de la gestion de l'Etablissement ou de ses filiales. A titre d'illustration, les rapports particuliers transmis en février 2001 au Président de la Commission des Finances de l'Assemblée nationale portaient respectivement sur les services chargés de la gestion d'organismes de retraite, sur les comptes sociaux et consolidés et les comptes des fonds d'épargne (exercices 1991-1998), sur la gestion actif-passif, et sur l'organisation informatique de la Caisse.

Compte tenu de l'importance de la Caisse des dépôts et consignations, ce contrôle, dévolu à la première chambre[503], est quasi-permanent tout au long de l'année. Si ce contrôle permanent de la Cour des comptes permet à la Caisse des dépôts et consignations une remise en cause perpétuelle de son activité, il peut apparaître comme une atteinte à l'autonomie de gestion de la Direction générale des dépôts et consignations. En effet, chaque année, cinq rapporteurs se consacrent désormais au groupe Caisse des dépôts et consignations, ce qui demande une mise à disposition constante de la part de la Caisse des dépôts et consignations de son personnel. Par ailleurs, alors que dans la première partie des années 1980, la Caisse des dépôts et consignations n'a subi aucun contrôle de la part du juge financier, elle a connu simultanément, pendant l'année 1990, treize contrôles. Ils permettent néanmoins d'assurer une réforme constante de la Caisse des dépôts et consignations, exigence de sécurité voulue par le législateur de 1816[504]. Pour autant, cet

---

[500]Art. L.518-15 du Code monétaire et financier et art. L.131-3 du Code des juridictions financières.

[501]Sur cette procédure, v. not. DELION (A.), *op. cit.*, p. 116 sqq.

[502]Procès-verbal du 13 janvier 1961.

[503]La 1ère chambre est chargée du secteur financier, ce qui inclut la gestion des participations publiques du ministère des Finances et les entreprises publiques financières (Banque de France, Caisse des dépôts et consignations et ses filiales, BDPME) ainsi que La Poste.

[504]V. Introduction générale.

engouement pour la Caisse des dépôts et consignations par la Cour des comptes s'inscrit dans une double démarche, à la fois européenne et interne, de contrôle des Finances publiques[505].

En tout état de cause, en ajoutant le membre de phrase *« outre les communications auxquelles elles peuvent donner lieu en application de l'article R.135-1 »*, le décret de codification réglementaire des juridictions financières rend désormais possible la publicité des observations de la Cour des comptes sur la gestion de la Caisse des dépôts et consignations.

Certaines conclusions peuvent alors faire l'objet de communication dans le rapport public. Cette démarche de la Cour des comptes et du ministre des Finances, contestable sur un plan strictement juridique[506], ne peut se comprendre qu'à la lumière des *« métamorphoses de la démocratie »* parlementaire[507]. Elle associe le Parlement au contrôle de la gestion publique en général, et permet à ce dernier d'exercer avec plus d'efficacité et d'expertise financière ses contrôles[508].

L'article 58-1° de la loi organique *relative aux lois de Finances* du 1er août 2001[509] prolonge ce partenariat en obligeant la Cour des comptes à répondre aux demandes d'assistance formulées par le Président et le rapporteur général de la Commission des Finances de chaque assemblée, dans le cadre de leur mission de contrôle de l'exécution du budget et des Finances publiques, qui leur est impartie par l'article 57 de la loi organique. Plus généralement, la Cour doit réaliser toute enquête demandée par les Commissions des Finances sur la gestion des services ou organismes qu'elle contrôle (art. 58-2°de la loi organique et art. L.132-4 du Code des juridictions financières). Ce contrôle peut aider le travail spécifique de certains membres des Commissions des Finances.

2) Les pouvoirs de contrôle spécifiques de certains membres des Commissions des finances

La Caisse des dépôts et consignations, en tant qu'entreprise publique, peut être, en pratique, contrôlée par le rapporteur spécial chargé du contrôle de l'ensemble des entreprises publiques, dès lors que la Commission des Finances de l'assemblée parlementaire concernée a décidé d'en désigner un. Or, le IV de l'article 164 de l'ordonnance du 30 décembre 1958 *portant loi de Finances pour 1959* vise l'ensemble des entreprises et organismes mentionnés aux articles L.133-1 à L.133-5 du Code des juridictions financières, alors même que le contrôle de la Cour sur la Caisse des dépôts et consignations, *« établissement spécial »*, est prévu par des dispositions particulières[510]. Il y a donc lieu de considérer que les pouvoirs de contrôle politiques du Parlement doivent s'étendre, *a fortiori*, à la Caisse, organisme placé *« sous la surveillance et la garantie de l'autorité législative »*, et dont la gestion des dépôts et consignations demande toute sécurité[511]. Il ne semble donc pas y avoir contradiction avec le rôle de surveillance incombant à la Commission de surveillance de la CDC. Cette interprétation est d'ailleurs confortée par celle de la Cour des comptes, qui applique, pour sa part, à la Caisse des dépôts et

[505] PELLET (R.), *La Cour des comptes*, Paris, La Découverte, Coll. Repères, 1998, p. 79 sqq.
[506] V. Introduction générale.
[507] PELLET (R.), *loc. cit.*
[508] CIEUTAT (B.), *La Cour des comptes et la réforme*, RFFP, novembre 2001, p. 116.
[509] Loi organique du 1er août 2001 relative *aux lois de finances*, JORF, 2 août 2001, p. 12480.
[510] Art. L.131-3 du Code des juridictions financières.
[511] V. Partie II, Titre 2.

consignations, la même procédure de contrôle et de transmission de ses conclusions qu'aux entreprises publiques classiques[512].

Par ailleurs, ce choix de contrôle n'est pas systématique, et varie suivant les majorités des assemblées, plus spécialement à la chambre basse. A l'Assemblée nationale par exemple, la Commission des Finances désigne chaque année, depuis 1997, un rapporteur spécial sur les comptes spéciaux du Trésor et des entreprises publiques. Celui-ci est, au demeurant, Président du Haut conseil du secteur financier public et semi-public, créé par le décret n°2000-440 du 23 mai 2000[513]. Cette instance singulière, composée de personnalités qualifiées, a ainsi préconisé, dans son rapport 2001 intitulé *« Un secteur public financier, pour quoi faire ? »*[514], l'élargissement en son temps de l'Alliance Caisse des dépôts – Caisses d'épargne à la Poste et à la CNP Assurances.

Depuis la loi du 13 juillet 2000[515], le Rapporteur général et le Président de chacune des deux Commissions des Finances peuvent également contrôler, s'ils le souhaitent, la Caisse des dépôts et consignations au titre de leurs propres pouvoirs de contrôle. A cet égard, les outils juridiques, prévus par le paragraphe IV de l'article 164 de l'ordonnance portant *Loi de Finances pour 1958*, sont extrêmement larges. Ils ont de surcroît été étendus par la loi précitée du 13 juillet 2000 et complétés par la réforme organique de la loi de Finances[516]. Ces textes prévoient des pouvoirs de contrôles sur pièces et sur place, la possibilité de lever le secret professionnel – notamment des commissaires aux comptes ou des agents des services financiers de l'Etat – ainsi que les sanctions pénales applicables en cas d'obstacle mis à l'exercice de ce droit de communication.

Cela étant, on voit mal comment, en pratique, un parlementaire pourrait *« frapper à la porte »* de la Caisse des dépôts et consignations, sans mettre à mal le dispositif de surveillance mis en place par la loi sur les Finances de 1816[517]. Force est alors de reconnaître que l'exercice de ces pouvoirs d'investigation vis-à-vis de la Caisse des dépôts et consignations par l'une des Commissions des Finances ne trouve pas véritablement à s'exercer, compte tenu de la présence permanente de quatre parlementaires au sein de la Commission de surveillance[518]. Les Commissions des Finances pourraient cependant mobiliser ces pouvoirs, notamment dans l'hypothèse où elles seraient amenées à considérer que la Commission de surveillance ne joue pas son rôle de manière satisfaisante, pour quelque raison que ce soit[519]. De même, au delà des travaux propres aux Commissions des Finances, il serait toujours possible, pour les deux assemblées, et si besoin était, de créer une Commission d'enquête ou tout autre groupe de travail sur la gestion de la Caisse des

[512]Art. L.135-3 du Code des juridictions financières.

[513]Décret n°2000-440 du 23 mai 2000 relatif au *Haut conseil du secteur financier public et semi-public*, JORF, 25 mai 2000, p. 7857, pris en application de l'art. L.640-1 du Code monétaire et financier.

[514]Rapport du Haut Conseil du secteur financier public et semi-public (avant-propos de D. BAERT, Président), *Un secteur financier public, pour quoi faire ?*, décembre 2001.

[515]Art. 28 et sqq. de la loi n°2000-656 du 13 juillet 2000 *de finances rectificatives pour 2000*, JORF, 14 juillet 2000, p. 10808.

[516]V. not. ROBERT (F.), *op. cit.*, p. 77.

[517]Par ailleurs, ces mécanismes ne sont pas mis en œuvre de manière générale par les parlementaires. On ne voit pas dès lors ce qui justifierait un tel contrôle plus particulier sur la Caisse des dépôts et consignations. V. à ce sujet l'intervention de M. BARROT lors du colloque tenu par la Société française de finances publiques tenu le 6 septembre 2000 à l'Assemblée nationale au sujet de la proposition de loi organique relative aux lois de finances déposée par M. MIGAUD.

[518]Procès-verbal du 22 février 1957.

[519]Procès-verbal du 22 janvier 1991.

dépôts et consignations[520]. En définitive, ce jugement pose tout simplement la question de la force de la surveillance exercée par la Commission de surveillance, et donc de son effectivité.

§2. L'effectivité de la surveillance exercée par la Commission de surveillance

Les évolutions de la Caisse des dépôts et consignations ne permettent plus à la Commission de surveillance de remplir avec certitude sa mission sur l'ensemble des activités de la Caisse des dépôts et consignations (I), alors même que les moyens de sanction envers le Directeur général semblent politiquement exceptionnels (II).

I- La difficulté pour la Commission de surveillance de contrôler l'ensemble des activités de la CDC

Les mutations des activités de la Caisse des dépôts et consignations tant sur le plan du droit (A) que de l'Economie générale (B) sur laquelle elle exerce sa mission, ne permettent pas à la Commission de surveillance d'assurer sa surveillance.

A) Les raisons juridiques de la difficile surveillance de la CDC

La politique de décentralisation des responsabilités au travers d'une politique de filialisation croissante des activités de la Caisse des dépôts et consignations a, tout d'abord, modifié sensiblement la mission de surveillance impartie à la Commission[521]. En ce sens, la complexité du Groupe CDC et des filiales à statuts différents ne permet pas à la Commission de surveillance de remplir efficacement sa mission et de connaître l'ensemble des activités de l'Etablissement[522].

De même, les services gérés ont leur propre organe de Direction et les lois ou règlements respectifs confiant de tels services à la gestion de la Caisse des dépôts et consignations, manquent le plus souvent de clarté quant au partage des rôles entre les organes de surveillance et la Commission de surveillance de la CDC. La création par la loi « SRU »[523] de la Caisse de garantie du logement social (CGLS) gérée par la Caisse des dépôts et consignations[524], a même conduit, à titre d'illustration, à ce que la Caisse des dépôts et consignations ne siège plus au conseil d'administration

---

[520]A notre connaissance, seul le Sénat a cru devoir entreprendre un tel contrôle plus approfondi : v. CHINAUD (R.), Rapport d'information fait au nom de la Commission des finances, du contrôle budgétaire et des comptes économiques de la Nation *sur les suites susceptibles d'être données au relevé des constatations de la Cour des comptes sur certaines opérations financières de la Caisse des dépôts et consignations*, Sénat, 24 avril 1991, n°298 et CHINAUD (R.), Rapport d'information fait au nom de la Commission des finances, du contrôle budgétaire et des comptes économiques de la Nation *sur la Caisse des dépôts et consignations*, Sénat, 9 juin 1992, n°394. V. aussi Partie I, Titre 1.

[521] V. *supra*, les motifs de la résolution de 1991.

[522]V. *infra*, Partie II, Titre 1, pour un essai de définition du groupe CDC.

[523]Loi n°2000-1208 relative *à la Solidarité et au renouvellement urbains*, JORF, 14 décembre 2000, p. 19777.

[524]L'objet de cette caisse, créée sous forme d'établissement public administratif, est d'accorder sa garantie aux organismes HLM emprunteurs non garantis par les collectivités locales et de contribuer au redressement des organismes de logement social en difficulté. Ses ressources proviennent d'une cotisation versée par les organismes HLM et les SEM, à laquelle s'ajoute le produit des emprunts.

de cette nouvelle institution. Désormais, la CGLS est administrée par un conseil composé à part égales de représentants de l'Etat, de représentants de l'Union nationale HLM et de la Fédération des SEM, ainsi que d'une personnalité qualifiée désignée par le ministre du Logement. En outre, il était traditionnellement admis que les parlementaires surveillants se partageaient les fonctions de Président de la Commission de surveillance de la CDC, des conseils de surveillance de la CNP[525] et du CLF-Dexia[526]. Il était même estimé que la Présidence du conseil de surveillance de la CNP revenait au député-surveillant en opposition politique avec le Président de la Commission de surveillance tandis que la présidence de la CAECL-Dexia revenait au dernier député-surveillant de la majorité parlementaire[527].

Or, au delà de ces textes, la représentation de la Commission de surveillance dans les conseils d'administration ou les conseils de surveillance des services gérés et des filiales du Groupe de la Caisse des dépôts n'est plus expressément prévue. En pratique, il conviendrait de penser qu'en cas de conflit, seul un refus du budget de la Caisse des dépôts et consignations ou de ses comptes consolidés puisse donner un poids à la Commission de surveillance. En tout état de cause, les membres de la Commission ne peuvent tout d'abord siéger légalement dans les conseils que s'ils ont eux-mêmes la qualité d'actionnaires, s'ils représentent une personne morale actionnaire ou encore comme censeurs. Dans ce cas, leurs voix sont purement consultatives et n'ont rien à voir, en principe, avec la Commission de surveillance. Ils ne peuvent en effet siéger en qualité de mandataires sociaux, dès lors que la Caisse des dépôts et consignations, qui n'a pas de capital, n'est pas régie par le droit des sociétés[528]. Il convient par conséquent de se demander quelle valeur et quel fondement juridique on doit donner au « reporting », qu'ils font le cas échéant, à la Commission de surveillance, s'ils ne sont pas officiellement représentants[529]. Il semblerait que ce travail ne puisse être considéré que comme informel[530]. Si ces fonctions sont rémunérées, il est ensuite bien certain que la présence des membres de la Commission de surveillance dans les conseils des filiales comme représentants officieux de la Commission ne pourrait être un moyen de contourner la règle de l'obligation de désintéressement qui impose à ces derniers d'exercer leurs fonctions gratuitement[531]. En effet, la dernière phrase de l'article L.518-6 du Code monétaire et financier est très claire : elle signifie que les membres de la Commission de surveillance, en tant que tels, ne pourront recevoir aucune rémunération, de quelque nature que ce soit (traitement, jetons de présence, honoraires...)[532]. Si l'on a été tenté de distinguer les missions de la Commission de

---

[525]Il s'agissait auparavant de la Commission supérieure de la CNP, transformé en conseil de surveillance. V. *infra*. M. PIERRET en a ainsi été le Président de 1986 à 1988 alors qu'il était dans l'opposition politique de l'époque. A l'inverse M. ALPHANDERY en était le Président tandis que DOUYERE présidait le conseil de surveillance du CLF sur la période 1988 à 1993. V. art. R.433-5 du Code des assurances désormais abrogé. Par ex., procès-verbal du 3 octobre 1991.

[526]Il s'agissait, au temps de la CAECL, d'un conseil d'administration. V. pour la nomination de son Président, l'art. 2 du décret n°66-271 du 4 mai 1966 portant *création d'une caisse d'aide à l'équipement des collectivités locales* (JORF, 5 mai 1966, p. 3604). Par ex. procès-verbal du 3 décembre 1997.

[527]Procès-verbal du 11 septembre 1981.

[528]V. Introduction générale.

[529]Procès-verbal du 23 juin 1987.

[530]Procès-verbal du 9 septembre 1986 ; procès-verbal du 24 mars 1987.

[531]Procès-verbal du 30 octobre 1981.

[532]Il n'est pas assorti de sanctions pénales en cas de défaut de désintéressement. Si l'article L.432-2 du Code pénal, applicable en la matière pour les entreprises publiques du secteur concurrentiel, n'est pas applicable à la Caisse des dépôts et consignations, le Directeur général pourrait se voir engager sa responsabilité devant la Cour de discipline budgétaire et financière sur le fondement de l'art. L.313-6 du

surveillance, prévues par les textes, des missions confiées à ses membres, il convient de penser qu'une telle distinction ne peut pas en réalité se soutenir car la surveillance de la Commission de surveillance est générale et permanente[533]. Enfin, le Code électoral dispose que sont incompatibles les fonctions de membre de conseil d'administration ou de membre de conseil de surveillance avec le mandat parlementaire[534]. Le Conseil constitutionnel a confirmé cette interprétation le 19 janvier 1996, en ce qui concerne la Société centrale pour l'équipement du territoire (SCET), filiale du Groupe CDC[535]. Ce raisonnement peut se tenir aussi pour l'autonomie accordée à certains fonds gérés par la Caisse des dépôts et consignations sous forme d'établissements publics[536], sauf à les considérer comme des organismes ne pouvant être regardés comme ayant un but lucratif au sens de l'article LO 146 du Code électoral[537].

Ces raisons laissent en définitive peu de place à la représentation de la Commission de surveillance et sont, dès lors, difficilement supportables quant à l'homogénéité de la surveillance générale de la Commission. En effet, bien que désormais l'administration de la Caisse des dépôts et consignations produise une information sur de tels organismes[538], la présence de surveillants maintenait un lien fort avec ces derniers[539]. Il a été proposé aux surveillants non parlementaires d'assurer une telle fonction sans pour autant rencontrer un enthousiasme manifeste[540]. Tout de même, deux membres de la Commission de surveillance participent au conseil d'administration de C3D et deux autres sont censeurs au conseil de surveillance de la CNP Assurances[541]. Ces fonctions reviennent le plus souvent aux surveillants, membres du Conseil d'Etat ou magistrats de la Cour des comptes.

Malgré tout, la surveillance effective de la Caisse des dépôts et consignations, en tant que groupe, semble difficile à mettre en œuvre directement. Cela peut se comprendre très facilement, eu égard à la charge de travail, mais aussi aux mutations économiques et financières de ces dernières années, deuxième raison du difficile contrôle de la Caisse des dépôts et consignations par la Commission de surveillance.

B) Les raisons économiques de la difficile surveillance de la CDC

S'il est justifié que l'Inspection générale des Finances (IGF) ait compétence sur les filiales de la Caisse des dépôts et consignations, on doit estimer une

---

Code des juridictions financières (avantage injustifié attribué à autrui en méconnaissance de ses obligations).

[533]Art. L.518-7 du Code monétaire et financier.

[534]Incompatibilité de principe édictée à l'art. LO 142 du Code électoral.

[535]95-13 I, 19 janvier 1996, *Patrick Braouzec*, JORF, 24 janvier 1996, p. 1183.

[536]V. *infra*, Partie II, Titre 2.

[537]En raison par exemple de leur objet (construction de logements dans un intérêt social), de leur non assujettissement à l'impôt sur les bénéfices industriels et commerciaux (v. 76-2-I, 13 juillet 1976, Rec. p. 71).

[538]V. *supra*, conformément à la résolution de 1991.

[539]Procès-verbal du 26 mars 1954 (procès-verbal de principe).

[540]Par ex., à propos de C3D : procès-verbal du 23 juin 1987 ; à propos de la CNP : procès-verbal du 6 juillet 1994.

[541]On notera que si trois membres de la Commission de surveillance participaient au conseil d'administration de CDC-Participations (intervention en capital investissement auprès d'entreprises), la filialisation des activités financières de la Caisse des dépôts et consignations et l'organisation du groupe CDC-Ixis ne semblent pas avoir prévu une telle représentation de la Commission.

incompatibilité de son intervention éventuelle à la Caisse des dépôts et consignations elle-même avec les missions propres incombant à la Commission de surveillance et au Parlement[542]. En effet, les contrôles de l'IGF, instrument d'intervention du ministère des Finances, portent traditionnellement tant sur la gestion des comptables et des ordonnateurs des personnes publiques que sur la gestion financière des entreprises publiques et organismes de sécurité sociale[543]. On comprendrait alors que cette intervention soit contraire au statut de la Caisse des dépôts et consignations, ce qui n'est pas lui accorder des privilèges d'un autre âge, mais assurer son crédit financier au regard de la Foi publique, tout comme le législateur a entendu garantir le crédit monétaire de la Banque de France[544].

Pourtant, conformément à l'al. 3 de l'article L.564-3 du Code monétaire et financier, l'Inspection générale des Finances peut exercer son contrôle sur la Caisse des dépôts et consignations et les services financiers de la Poste. Pour se conformer au mieux au statut de la Caisse des dépôts et consignations, « *le résultat de ses investigations [de l'Inspection générale des Finances] est porté à la connaissance de la Commission de surveillance* ». S'il s'agit essentiellement d'une disposition législative qui soumet la Caisse des dépôts et consignations à un contrôle de l'Inspection générale des Finances pour lutter contre le blanchiment des capitaux[545], on voit mal comment une intervention de l'IGF, en dehors de ce cadre, pourrait faire l'objet d'une protestation éventuelle de la Caisse des dépôts et consignations et de sa Commission de surveillance[546].

L'Etat peut naturellement confier à tout moment une mission d'audit d'un fonds géré par la Caisse des dépôts et consignations à l'IGF ou à un autre organisme (cabinet privé) dans le cadre des stipulations conventionnellement établies[547]. Toutefois, pour tenir compte de la spécificité de l'Etablissement et des relations qu'entretient le Directeur général de la Caisse des dépôts et consignations avec l'Inspection générale des Finances[548], il semble être de tradition que le contrôle de l'Inspection générale des Finances se fasse soit à la demande du Directeur général ou de la Commission de surveillance, soit après information préalable du Directeur général.

Cette intervention de l'Inspection générale des Finances et, plus généralement de tout organisme de contrôle habilité à procéder à des contrôles sur la gestion des fonds gérés par la CDC au titre de leurs missions générales de contrôle

---

[542]D'ailleurs, la Caisse des dépôts et consignations ne semble pas avoir fait l'objet de contrôle de l'Inspection générale des Finances pendant ces cent cinquante premières années. V. DUBOIS (J.-P.), *Le contrôle administratif sur les établissements publics*, Paris, LGDJ, 1982, note de bas de page, p. 159.

[543]On fera remarquer que l'Inspection générale des Finances est née, comme la Caisse des dépôts et consignations, sous la Restauration. V. la dernière étude juridique sur le sujet : LALUMIERE (P.), *L'inspection des Finances*, Paris, PUF, 1959.

[544]POMEY (M.), *Le régime juridique de la Caisse des dépôts et consignations*, RA, 1974, p. 18 ; POMEY (M.), *Le régime juridique de la Caisse des dépôts et consignations,* Droit social, 1966, p. 545.

[545]Codifiant l'article 24 de la loi n°90-614 du 12 juillet 1990 relative *à la participation des organismes financiers lutte contre le blanchiment des capitaux,* JORF, 14 juillet 1990, p. 8329.

[546]De plus, on notera – à titre peut-être anecdotique – que trois représentants du Parlement, depuis 2002, émanent du corps des Inspecteurs généraux des Finances.

[547]C'est ce qui ressort par exemple des stipulations des conventions relatives au FPCR et au fonds de soutien pour le câblage et la mise en réseau des établissements scolaires. Le cadre juridique du fonds BEI pour le capital risque, sans prévoir expressément l'intervention d'un contrôle externe à l'initiative de la Banque, fait par ailleurs obligation à la Caisse des dépôts et consignations de lui communiquer tout rapport d'audit sur la gestion des fonds.

[548]Voir s'il vient lui-même de ce grand corps ; ou si un Directeur ou un surveillant y sont aussi d'origine.

(Cour des comptes française[549] et européenne[550], Inspection générale des affaires sociales[551], Comité des examens des comptes[552], ...), doit aussi se comprendre par les mutations de la Caisse des dépôts et consignations, et en particulier de la nature et du régime juridique public des fonds gérés[553]. En effet, la décentralisation technique de la gestion de ces fonds, dans des établissements publics autonomes de la Caisse des dépôts et consignations, atténue la mission de surveillance qui incombe à la Commission de surveillance. L'examen du statut de ces fonds montre en effet que, bien que la gestion administrative appartienne le plus souvent à la Caisse des dépôts et consignations, l'organe chargé du contrôle de la gestion financière est bien entendu le conseil d'administration de l'établissement public en question[554]. Ainsi, l'organe qui est chargé de surveiller l'indépendance de gestion de ces fonds par la Caisse des dépôts et consignations, est, au fond, réduit à peu de chose. C'est ainsi que le Fonds spécial d'invalidité (FSI) est administré par l'autorité compétente de l'Etat (ministère chargé de la Sécurité sociale), assisté d'un comité comprenant des représentants de l'Etat et des principaux régimes de Sécurité sociale[555]. De même, l'article R.20-42 du Code des Postes et des Télécommunications dispose que le fonds de service universel des télécommunications (FSUT), géré par la CDC, est placé *« sous le contrôle d'un comité de trois membres présidé par un magistrat de la Cour des comptes, un membre de l'Autorité de régulation des télécommunications et un représentant de la CDC »*. Les deux fonds de capital risque (FPCR et FBEI) et le fonds pour la reconstruction et le développement des Balkans sont enfin dotés, à titre d'exemples, d'un comité d'engagement.

Au surplus, les dérégulations bancaires, entreprises dans les années 1980 dans un cadre notamment européen[556], ont fait naître de multiples autorités banalisant le monopole premier de la Commission de surveillance dans la surveillance des activités de la Caisse des dépôts et consignations. C'est le cas plus particulièrement des règlements du comité de la réglementation bancaire (CRBF) qui peuvent, en tant que besoin[557], être étendus à la Caisse des dépôts et

---

[549]Soit en vertu de l'article L.131-3 du Code des juridictions financières, soit dans le cadre plus général de son contrôle de gestion des deniers publics.

[550]Le fonds dont la BEI a confié la gestion à la Caisse des dépôts et consignations est ainsi susceptible de faire l'objet d'un contrôle par la Cour des comptes européenne en vertu de l'article 248-3 du Traité des communautés européennes. Nous n'avons pas eu connaissance d'un tel contrôle exercé sur ce fonds.

[551]V. art. 42 I al. 2 de la loi n°96-452 du 28 mai 1996 portant *diverses mesures d'ordre sanitaire, social et statutaire*, JORF, 29 mai 1996, p. 7912.

[552]Sur le fondement de l'art. R.134-14 du Code des juridictions financières.

[553]V. *supra*, Partie II, Titre 2.

[554]V. *supra*, Partie II, Titre 2.

[555]Art. L.815-3 al. 1 du Code de la sécurité sociale.

[556]PLIHON (D.), *Banques. Nouveaux enjeux, nouvelles stratégies*, La Documentation française, Economie, mise à jour sur les récentes restructurations bancaires, notamment en France, août 1999, BOISSIEU (C. de) (Dossier), *Paysage bancaire : restructuration ou cartellisation ?*, RPP, septembre/octobre 1999.

V. aussi *infra*, Partie II, Titre 1.

[557]Par ex., arrêté du 29 juin 2000 portant *homologation d'un règlement du comité de la réglementation bancaire et financière*, Bulletin officiel du ministère de l'Equipement, 30 juin 2000, p. 635 (rémunération des fonds reçus par les établissements de crédits) ; arrêté du 24 juillet 2001 portant *homologation de règlements du comité de la réglementation bancaire et financière*, JORF, 29 août 2001, p. 13799 (contrôle interne des établissements de crédit et des entreprises d'investissement) ; arrêté du 17 décembre 2001 portant *homologation de règlements du Comité de la réglementation bancaire et financière*, JORF, 20 décembre 2001, p. 20217 (compensation des chèques) ; arrêté du 26 avril 2002 portant *homologation d'un règlement du Comité de la réglementation bancaire et financière*, JORF, 4 mai 2002, p. 8303 (obligations de vigilance en matière de chèques aux fins de lutte contre le blanchiment des capitaux et le financement du terrorisme).

consignations, sans avis de la Commission de surveillance ; la Caisse n'entrant pas, par principe, dans le champ d'application de la loi bancaire[558]. Le Conseil constitutionnel[559] a estimé plus largement que la réglementation bancaire de droit commun est applicable à la Caisse des dépôts et consignations, sauf à en préciser les atténuations ou exceptions *« eu égard à leurs traits spécifiques »*.

Pour autant, par usages et nécessités pratiques consentis par la Direction générale de la Caisse des dépôts, notamment depuis 1986, les règlements du CRBF lui sont quasi-systématiquement applicables, au moins dans leur esprit. C'est en ce sens que les comptes de la section générale et les comptes consolidés du groupe CDC sont présentés depuis 1994 sous la forme applicable aux établissements de crédit[560]. Cela semble tout à fait justifié, dès lors que la législation bancaire a notamment pour ambition de renforcer la sécurité des dépôts. Le Conseil constitutionnel justifie ainsi son interprétation en rappelant que *« la Caisse des dépôts et consignations est un organisme soumis par son statut au contrôle du Parlement »*[561]. C'est donc bien par des moyens politiques que s'exerce la surveillance de la Caisse des dépôts et consignations.

Du reste, ces moyens politiques de surveillance de la Caisse des dépôts et consignations ont une efficacité limitée.

II- L'efficacité limitée des moyens politiques de surveillance du Directeur général

La Commission de surveillance n'a, à proprement parler, qu'une mission de surveillance générale, sans pouvoir de décision propre[562]. C'est peut-être ce qui rend à certains égards son action de surveillance de la Caisse des dépôts et consignations, inefficace mais spécifique.

Pour autant, en s'inspirant de la Foi publique, il est possible de présenter une typologie politique des moyens d'actions de la Commission de surveillance envers le Directeur général de la Caisse des dépôts et consignations. Au pis, à raison de l'absence ou de l'inertie de la Commission de surveillance, il conviendrait de penser que sa responsabilité puisse être engagée.

A) Essai de typologie juridique des moyens d'actions de la Commission de surveillance envers le Directeur général

Instance singulière, la Commission de surveillance exerce des missions qui n'ont pas toutes la même extension. Il convient de les distinguer selon trois espèces : information, pouvoir de proposition et d'avis, droit d'observation et de communication.

On a pu déjà dire que, dans certains cas, l'avis est obligatoire et contraignant et fait participer la Commission de surveillance à la décision finale[563].

---

[558]Art. L.518-1 al. 3 du Code monétaire et financier.

[559]83-167 DC, 19 janvier 1984, *Loi relative à l'activité et au contrôle des établissements de crédit*, Rec. p. 23, RDCC 1983-1985, p. 23 ; RDP 1986, p. 395 : chr. L. FAVOREU ; Dalloz, IR, p. 357, obs. L. HAMON.

[560]V. *supra*, Partie II, Titre 1.

[561]83-167 DC, *préc.*

[562]Art. L.518-7 et sqq. du Code monétaire et financier.

[563]Organisation statutaire de la Caisse des dépôts et consignations (art. L.518-2 al. 3 du Code monétaire et financier) et révocation du Directeur général (art. L.518-11 al. 3 du Code monétaire et financier).

Dans d'autres cas, l'avis est obligatoire, mais seulement consultatif[564]. La tradition et la pratique établissent enfin des *« avis courants »* que la Commission de surveillance est amenée à prendre lors de réunions sur les orientations stratégiques souhaitées par le Directeur général ou sur tout acte ayant une quelconque importance.

S'il n'existe aucune liste exhaustive de ces avis généraux, à l'exception des domaines énumérés en 1989 et 1991[565], on peut néanmoins présenter, devant la Commission de surveillance, le raisonnement visant à déterminer les conditions d'une situation de confiance publique - ou de Foi publique - comme comportant deux étapes : les conditions de la confiance publique sont-elles réalisées ? La Foi publique entre-t-elle en conflit avec d'autres intérêts qu'il convient de préserver ?

La première question soulève elle-même des sous-interrogations tenant à un élément objectif et un élément subjectif. L'analyse de la Commission de surveillance porte donc sur le comportement, d'une part, de l'autorité publique, et, d'autre part, du Directeur général[566]. C'est ainsi que la Commission de surveillance pourra rappeler au Directeur général de l'Etablissement qu'elle surveille, son indépendance à l'égard du pouvoir exécutif[567]. Autrement dit, la Commission de surveillance se demandera si le comportement du Directeur général est suffisamment irréprochable. La « charge de la preuve », ou plus exactement d'explications, incombera à ce dernier[568]. Il s'agira le plus souvent d'une convocation extraordinaire de la Commission de surveillance pour entendre le Directeur général[569]. Par la suite, le Directeur général en tirera les conséquences politiques, bien que il ne soit pas tenu juridiquement de démissionner[570]. Les pressions politiques sont néanmoins telles que le Directeur général de la Caisse des dépôts et consignations démissionne[571] ou peut être amené à prendre sa retraite[572].

La deuxième question demande également une balance *in concreto* entre la Foi publique et les intérêts concurrents. Si ce rôle de surveillance du Directeur général incombe de manière éminente à la Commission de surveillance, cette balance doit s'effectuer au-delà par le Parlement et le ministre des Finances. Dans ce cas, la « charge de la preuve » porte sur les pouvoirs publics qui invoquent de tels intérêts (intérêt général, financier, etc.). Au pis, la Commission de surveillance pourra alors paralyser le Directeur général en évoquant une éventuelle malversation politique, émanant du gouvernement ou du Directeur général, voire encore proposer une réforme technique ou générale dans le rapport au Parlement[573]. Autrement dit, la Commission de surveillance remet entre les mains du Parlement et de l'opinion publique une éventuelle réforme de la Caisse des dépôts et consignations. Commission de surveillance et Président de la République doivent donc se mettre

---

[564]Attributions de la Caisse des dépôts et consignations (art. L.518-3 du Code monétaire et financier) et budget (art. L.518-12 du Code monétaire et financier).
[565]V. procès-verbaux de février et mars 1989 et la résolution de 1991 *préc.*
[566]Procès-verbal du 28 juin 1847.
[567]V. *supra*, Partie I, Titre 1.
[568]Procès-verbal du 8 novembre 1988 ; procès-verbal du 7 février 1989 ou procès-verbal du 3 novembre 1993.
[569]Procès-verbal du 17 novembre 1992 (de manière implicite).
[570]*Idem.*
[571]En ce sens, la démission de M. LION en novembre 1992 a parfois été interprétée comme la simple anticipation par son auteur de possibles conflits, liés à l'avènement d'une nouvelle majorité. V. par ex. BOUVIER (M.), ESCLASSAN (M.-C.), LASSALE (J.-P.), *Finances publiques*, Paris, LGDJ, coll. Manuel, 6ème éd., 2003, p. 559.
[572]V. *supra*, Partie I, Titre 1.
[573]A titre d'illustration, v. les rapports CHINAUD *préc.*

d'accord, l'un ne pouvant agir sans l'autre. Ce dispositif rappelle étrangement les rapports entre le Président de la République et le Parlement dans un régime présidentiel.

On ne peut pour autant considérer que la Commission soit dépourvue de tout moyen d'action à l'égard du Directeur général. Indirectement, la Commission de surveillance pourrait refuser aussi le projet d'EDA, qui doit être approuvé par le ministre des Finances[574]. En l'espèce, ce sera la responsabilité politique du ministre des Finances – et donc depuis 1958 du gouvernement - qui permettra de résoudre ce conflit et de tirer ou non les conséquences de l'existence d'une confiance publique envers la Caisse des dépôts et consignations. C'est ce sens qu'il faut retenir dans les fonctions du Directeur général qualifié de *« tribun de la Plèbe »* chargé de la gestion de fonds et valeurs appartenant au peuple et à la Nation. En fait, la prise de décision doit tenir compte à la fois des probabilités des événements et des comportements adverses des différents acteurs (facteurs politique, économique, social d'une part, personnel politique et administratif du ministère des Finances et de la Commission de surveillance, d'autre part) mettant d'ailleurs en lumière les conceptions juridiques du Doyen HAURIOU relatives notamment à la théorie de l'institution.

C'est ainsi que face à BIENVENU-MARTIN, Président d'une grande autorité et installé à la tête de la Commission de surveillance depuis 1920[575], le tout jeune DEROY (âgé de 35 ans quand il accède à la Direction générale de la Caisse des dépôts et consignations en 1935) a la chance, pour ses débuts, d'avoir l'appui de TANNERY, précédemment Directeur général de la Caisse des dépôts et consignations de 1925 à 1934, qui siège à la Commission de surveillance comme gouverneur de la Banque de France[576]. Etant amis de longue date, il peut compter par ailleurs sur la fidélité de RUEFF, représentant du ministre des Finances[577].

C'est pourquoi, la Commission de surveillance n'a pas en principe à mettre en cause la responsabilité du Directeur général, sauf circonstances exceptionnelles. Cela conduirait inévitablement à sa révocation[578]. Cet acte grave et ultime, sans précédent aujourd'hui, ne semble pouvoir être rencontré que si le Directeur général assure une mauvaise gestion des fonds et valeurs dont il a la garde[579]. Il méconnaîtrait alors la Foi publique et le serment qu'il a prêté devant la Commission de surveillance[580]. En tout état de cause, gardienne du « temple » CDC, bien que le degré de moyens d'action de la Commission de surveillance soit en apparence restreinte - car politique - on peut penser que ladite Commission engagerait certainement sa responsabilité, si elle s'abstenait, en cas de circonstances exceptionnelles, d'intervenir par un acte public de défiance.

---

[574]PLESSE (H.), *op. cit.*, p. 62.

[575]Cependant, par suite de son grand âge, BIENVENU-MARTIN est souvent suppléé dans ses fonctions par DENAIS qui devait devenir Président en titre en 1945.

[576]TANNERY sera remplacé à la Banque de France après la victoire du Front populaire par E. LABEYRIE.

[577]En réalité, DEROY sut gagner très rapidement la confiance et la sympathie de la Commission de surveillance. V. not. les éloges faits à son encontre à partir de 1937, qui dépassent très largement les simples compliments habituels (par ex., rapport blanc 1937 ou rapport blanc 1938 et les déclarations unanimes de la Commission de surveillance lors de son départ pour le Crédit Foncier de France en 1945. V. procès-verbal du 2 février 1945).

[578]Art. L.518-11 al. 3 du Code monétaire et financier.

[579]Art. L.518-12 al. 1 du Code monétaire et financier.

[580]V. notamment *supra*, Introduction générale.

B) Une responsabilité éventuelle de l'Etat à raison de l'absence ou de l'inertie de la Commission de surveillance

En se fondant sur *« la nature des pouvoirs »* de surveillance, conférés à la Commission de surveillance par les textes de 1816, on peut penser que la responsabilité de l'Etat pourrait être engagée à raison de l'absence ou de l'inertie de la Commission de surveillance. En effet, la Caisse des dépôts et consignations est tout d'abord *« placée de la manière la plus spéciale, sous la surveillance et la garantie de l'autorité législative »*, à qui elle doit rapporter chaque année de *« la Direction morale et la situation matérielle »*. Et il ne fait aucun doute par ailleurs de la personnalité juridique, au moins de fait, du Parlement[581].

La Commission de surveillance présente les caractéristiques de certains organismes non personnalisés[582], qui, dans la mouvance d'une administration, apportent le concours et la voix de professionnels, les représentent auprès des pouvoirs publics, afin de les associer à la prise de décision[583]. Ainsi en est-il des autorités administratives indépendantes qui engagent la responsabilité de l'Etat en cas de défaillance dans l'exercice de leur contrôle sur les professionnels privés. En ce sens, la Commission bancaire, qui est un organisme de l'Etat dépourvu de la personnalité juridique, exerce *« une mission de surveillance des établissements de crédit »*[584] et peut prononcer des sanctions disciplinaires à l'encontre des établissements ayant méconnu leurs obligations professionnelles[585]. Selon une jurisprudence relativement ancienne, les erreurs ou carences de l'accomplissement de l'une ou de l'autre mission ne peuvent engager la responsabilité de l'Etat qu'en cas de faute lourde[586]. Le Conseil d'Etat[587] a dernièrement maintenu la condition de la faute qualifiée, non pas pour la raison qui détermine le plus souvent des choix de ce système de responsabilité, mais surtout afin d'éviter que des actions indemnitaires soient systématiquement dirigées contre l'Etat chaque fois qu'une banque ne parvient plus à remplir ses engagements[588].

---

[581] V. *supra*, Introduction générale.

[582] La lecture et l'esprit des textes institutifs de 1816 ne semblent pas lui donner la personnalité juridique. C'est une simple émanation du Parlement, le Parlement lui-même. V. THIVEAUD (J.-M.), *Le statut de la Caisse des dépôts : tutelle parlementaire et crédit de la nation (la foi publique)*, Bulletin de l'IREPP : *La Poste : vers une autonomie*, janvier 1991, p. 165. Si la question mérite son attention, c'est plus en termes d'autonomie de moyens à l'égard de la Direction générale qu'il convient de la poser.

[583] V. par analogie le refus du Conseil d'Etat de donner la personnalité morale au « comité local de concertation gaz ». V. CE, 29 juillet 2002, *SARL Delplanque*, AJDA, 2002, p. 1287, note M. CLIQUENNOIS.

[584] Art. L.513-1 et art. L.613-6 à L.613-20 du Code monétaire et financier.

[585] Art. L.613-21 et L.613-23 du Code monétaire et financier.

[586] Notamment, s'agissant de l'ancienne Commission de contrôle des banques. V. CE, 12 février 1960, *Kampmann*, Rec. p. 107 (fonction de surveillance) et CE, 29 décembre 1978, *Darmont*, AJDA, 1979, p. 45, note M. LOMBARD (fonction disciplinaire).

[587] CE, 30 novembre 2001, *Ministre de l'Economie, des Finances et de l'industrie c/ Epoux Kechichian et autres*, JCP, Entreprises et affaires, 20 décembre 2001, p. 2032 ; A. SEBAN, La responsabilité de l'Etat à raison de la surveillance des banques : maintien de la faute lourde, cls conformes sur l'arrêt, LPA, 2002, n°28, p. 7 ; CJEG, 2002, p. 380 ; J.-J. MENURET, note sous le même arrêt, JCP, G, 2002, II, 10042, p.499 ; M GUYOMARD et P. COLLIN, chr. de jurisprudence administrative : responsabilité sur le même arrêt, AJDA, 2002, p. 133 ; note A. BOURREL : La responsabilité de l'Etat du fait des carences de la Commission bancaire dans son activité de contrôle des établissements financiers, LPA, 8 novembre 2002, p. 11.

[588] Une position similaire avait été adoptée en ce qui concerne la COB dans ses attributions de surveillance des sociétés faisant publiquement appel à l'épargne. V. par ex. C.Cass., com., 9 juillet 1996, Bull. Civ., 1996, IV, n°203, p. 174 ou C.Cass., com., 4 décembre 2001, n°99-13118.

Dans ces mêmes conditions, on pourrait donc admettre que la responsabilité de l'Etat (au nom du Parlement) puisse être engagée à raison de l'absence ou de l'inertie de surveillance de la Commission de surveillance pour faute lourde[589]. Cette exigence de faute qualifiée serait subordonnée à la recherche de sa preuve, compte tenu de la complexité de la mission qui incombe à la Commission de surveillance[590]. La suppression de la Commission de surveillance en 1848 allait en ce sens, dès lors que la Commission n'a pas su anticiper la tourmente financière et le retrait massif des fonds d'épargne par leurs déposants. En outre, il convient de noter que si les juridictions montrent une certaine prudence à contrôler l'exercice du pouvoir discrétionnaire des organismes de contrôle et de tutelle[591], cela remettrait aussi en cause l'autorité même des institutions représentées à la Commission de surveillance de la Caisse des dépôts et consignations.

Cela étant, en s'appuyant sur le droit comparé[592], admettre un régime de faute simple donnerait peut-être l'image d'une protection efficace des intérêts de particuliers[593]. La protection des intérêts de l'Etablissement et de la bonne gestion des dépôts et consignations, qui en est sous-jacente, demeure cependant la mission fondamentale de la Commission de surveillance. Elle mérite donc toute la rigueur et la responsabilité de la Commission de surveillance. Ce n'est donc pas le fait d'être en opposition avec la décision prise par le gouvernement ou le Directeur général qui est de nature à engager la responsabilité de l'Etat, mais le fait de s'abstenir de prendre position[594].

Un tel manquement serait susceptible d'être attaqué devant le Conseil d'Etat par la voie du recours pour excès de pouvoir et de pleine juridiction. On ne pourrait pas invoquer la théorie de l'acte de gouvernement attaché en principe aux actes parlementaires, dès lors qu'il s'agit en l'espèce d'une part de la Commission de surveillance en sa formation collégiale et, d'autre part, de la Commission de surveillance dans son activité de surveillance. En cohérence avec le régime de la

---

[589]Notamment, s'il s'agit d'une faute de surveillance commise à l'égard d'une mauvaise gestion des fonds d'épargne. V. EYRAUD (D.), *Les relations Caisse des dépôts et consignations – Caisses d'épargnes*, Paris II : DEA Théorie et politiques monétaires, 1980, p. 26.

[590]V. de manière générale, PAILLET (M.), *La responsabilité administrative*, Paris, Dalloz, Cours Dalloz, série Droit public – Sciences politiques, 1996, p. 257.

[591]GAUDEMET (Y.), *La responsabilité de l'administration du fait de ses activités de contrôle*, Mélanges *Liber amicorum* J. WALINE : *gouverner, administrer, juger*, Dalloz, 2002, p. 561 ; CLIQUENNOIS (M.), *Essai sur la responsabilité de l'Etat du fait de ses activités de contrôle et de tutelle*, LPA, 16 août 1995, p. 4. V. aussi la note du même auteur sous CE, 6 octobre 2000, *Ministre de l'intérieur c/ Commune de Saint Florent et autres*, AJDA, 2001, p. 201.

[592]En droit anglais, la chambre des Lords a accepté que la Banque d'Angleterre puisse être responsable en dehors d'une faute intentionnelle (three Rivers DC v. Bank of England, jugements des 18 mai 2000 et 22 mars 2001). En Italie, la Corte di Cassazione a considérablement assoupli sa jurisprudence en matière de responsabilité menée contre la Commission des opérations de bourse (CONSOB) par des investisseurs qui prétendaient que cette dernière n'avait pas correctement vérifié les notes d'informations mises à la disposition du public lors d'une opération d'appel public à l'épargne (Cass. Sez. I, 3 marzo 2001 n.3132). Exemples cités par le commissaire SEBAN dans ses conclusions sous la jurisprudence du 30 novembre 2001, *préc.*

[593]CAA, Paris, 30 mars 1999, *El Shikh*, AJDA, 1999, p. 951 et CAA, Paris, 13 juillet 1999, *Groupe Dentressangle*, AJDA, 1999, p. 953.

[594]MARIETTE (D.), *L'attitude du gouvernement sur le Foncier irrite la Commission de surveillance de la CDC*, La Tribune, 24 février 1999 ou procès-verbal du 10 janvier 1996 à propos de la Caisse de garantie du logement social. On peut penser que la responsabilité de l'Etat est engagée, dès lors que la Commission de surveillance a « acté » les demandes présentes des pouvoirs publics au Directeur général de la CDC, sans que ce dernier puisse s'en défaire. V. par analogie, CE, 22 février 1987, *Société Louis Dreyfus*, Rec. p. 71 (en l'espèce, instruction par l'ONIC de demandes sur lesquelles il revient à une autorité d'Etat de décider).

faute lourde, il faut lui distinguer sa condition matérielle de sa condition fonctionnelle. C'est d'autant plus vrai que les instances communautaires n'entretiennent aucune indulgence quand l'Etat intervient dans la vie économique[595]. On peut penser en outre que le juge de l'excès de pouvoir et de pleine juridiction s'inspirerait des solutions qu'il a adoptées à propos de la CNIL[596] ou de la Commission bancaire[597] en exerçant un contrôle restreint sur cette faculté. Ainsi, l'incitation à agir est accrue par la protection de l'action à travers l'exigence de la faute lourde et par la sanction de l'inaction à travers l'admission faite de cette faute lourde[598].

C'est pourquoi, s'il ne faut pas tomber dans le travers de confondre existence d'une faute qualifiable de lourde et régime de responsabilité pour faute lourde[599], il convient néanmoins de penser que l'obligation de surveillance qui incombe à la Commission révèle plus une obligation stricte qui relève d'un régime de responsabilité objective[600], c'est-à-dire la protection de l'indépendance de la Caisse des dépôts et consignations.

---

[595]V. par ex, CJCE, aff. C-54/96, 17 septembre 1997, *Dorsch Consult Ingenieurgesellschaft mbh c/ Bundesbaugesellschaft Berlin mbH,* Rec. I- 1997, p. 4961.

[596]A propos des décisions par lesquelles la CNIL refuse de faire application de l'article 40 du Code de procédure pénale et de l'article 21 de la loi du 6 janvier 1978 (CE, 27 octobre 1999, *Solana*, Rec. p. 333).

[597]La décision que prend la Commission bancaire de s'autosaisir ou de ne pas s'autosaisir est, en ce sens, administrative, et non juridictionnelle. V. CE, 30 décembre 2002, *Mme de Rimontheil de Lombares*, DA, mars 2003, p. 38, note M. G.

[598]Par analogie, le Conseil y a répondu habilement au fond dans l'affaire *Kechichian* préc. V. FRISON ROCHE (M.-A.), *L'inaction de la Commission bancaire peut constituer une faute lourde*, Le Monde, 12 février 2002.

[599]CHAVRIER (G.), *Essai de justification et conceptualisation de la faute lourde*, AJDA, 2003, p. 1026.

[600]MARTINEAU-BOURGNINAUD (V.), *op. cit.*, p. 9 sqq.

CHAPITRE SECOND – LA PROTECTION DE L'INDEPENDANCE DE LA CAISSE DES DEPOTS ET CONSIGNATIONS, MISSION FONDAMENTALE DE LA COMMISSION DE SURVEILLANCE

La protection de l'indépendance de la Caisse des dépôts et consignations demeure, de par la loi, une mission réaffirmée et essentielle de la Commission de surveillance (Section I). Il n'en reste pas moins que la multiplication des activités de la Caisse des dépôts et consignations a sensiblement modifié les travaux de la Commission de surveillance, tant dans leurs principes que dans leur étendue.

On peut dès lors se demander si le dispositif de surveillance mis en place en 1816 est encore bien adapté au fonctionnement et à l'organisation actuelle de la Caisse des dépôts et consignations et s'il ne serait pas souhaitable, dans ces conditions, de renforcer cette surveillance prudentielle de la Commission de surveillance (Section II).

SECTION I- La protection de la Caisse des dépôts et consignations

Si la Commission de surveillance est avec certitude un relais de protection des fonds confiés à la Caisse des dépôts et consignations (§1), son corollaire évident doit être aussi la protection du statut particulier de l'Etablissement et de son Groupe d'autre part (§2).

§1. La protection des fonds de la Caisse des dépôts et consignations

On a déjà pu dire que la Caisse des dépôts et consignations reçoit et brasse des masses considérables de capitaux[601]. Pour autant, aucun texte normatif ne déterminait l'usage que la Caisse des dépôts et consignations devait en faire ; cette dernière s'est alors livrée, dans les premières années qui ont suivi sa fondation, à diverses opérations de banque[602]. Le développement des institutions de crédit a rendu moins utile son intervention dans de telles opérations, tandis que la responsabilité de la Caisse des dépôts et consignations s'est accrue en même temps que ses attributions, notamment à l'égard des fonds des Caisses d'épargne. Ainsi, choisissant en principe librement des modes d'emploi de ses fonds qui lui parait incontestable, le Directeur général de la Caisse des dépôts et consignations est seul responsable de la gestion de ces derniers, dont le capital financier est élevé[603].

Par souci de clarté, la Commission de surveillance a été amenée à distinguer, dans le cadre de sa mission, les fonds d'épargne des autres fonds gérés (I). Elle a, par ailleurs, prétendu, de manière constante, avoir un droit de regard sur l'opportunité de l'emploi des fonds par la Caisse, dès lors que les textes lui donnent pour rôle de les surveiller tant dans leur mode de gestion que dans leur placement[604]. Elle a toutefois reconnu en ce domaine un droit de regard du ministre des Finances et un « droit de choix » du Directeur général de la Caisse pour la nature des titres à

---

[601]V. Introduction générale.

[602]SALOME (L.) et al., *op. cit.*, p. 47 sqq. ; PRIOURET (R.), *op. cit.*, p. SAY (L.) et CHAILLEY (J.) (dir.), *op.cit.*, 1893, t.1, p. 294.

[603]Art. L.518-12 al. 1 du Code monétaire et financier.

[604]Art. L.518-7 et L.518-10 al. 2 du Code monétaire et financier.

acheter[605]. En tout état de cause, si la Caisse des dépôts et consignations a pour mission d'assurer, en toute sécurité, une liquidité optimale au placement des fonds que les pouvoirs publics lui confient, la Commission de surveillance en assure une surveillance générale (II).

I- Une distinction plus claire entre la gestion des fonds d'épargne et celle des fonds privés investis par la Caisse des dépôts et consignations

Alors qu'il ne reste plus que des questions de mesure, d'opportunité, de technique financière ou de prudence boursière, relevant de la seule responsabilité du Directeur général, la liberté d'appréciation de ce dernier, sous la surveillance vigilante de la Commission de surveillance, varie avec l'origine des fonds, fonds propres de la Caisse des dépôts et consignations (A) ou fonds réglementés qui lui ont été confiés (B).

A) Une liberté d'action dans la gestion des fonds propres

Les actions de la Caisse des dépôts et consignations peuvent s'effectuer sur ses fonds propres, c'est-à-dire sur le résultat net constitué par les marges et les excédents des activités pour compte propre[606], après déduction des contributions versées à l'Etat (CRIS, contribution volontaire...)[607].

La notion de fonds propres ne fait pas pour autant l'objet d'une définition qui s'appuie sur une source spécifique, sauf à se référer au droit commercial et à l'analyse financière[608]. La formule « fonds propres » n'apparaît dans la littérature officielle de l'Etablissement qu'en 1880, lors de la présentation des comptes, dans le rapport annuel pour l'exercice 1879[609].

Une conception traditionnelle les réduit aux fonds dont l'Etablissement détient le libre usage, selon la distinction qui avait été apportée, dans les années 1850, à la présentation annuelle des résultats et consistant à bien séparer *« les services propres de la Caisse »* et *« les services spéciaux »*, gérés par la CDC[610]. Cette distinction conserve encore sa valeur, puisque, à la différence de la plupart des services gérés, aucun texte n'impose juridiquement à la Caisse l'utilisation et un emploi précis des ressources propres de l'Etablissement, même si politiquement,

[605]Par ex., procès-verbal du 30 avril 1847, procès-verbal du 23 mars 1870 ; procès-verbal du 27 janvier 1819.
[606]Art. L.518-16 du Code monétaire et financier.
[607]V. *supra*, Partie I, Titre 1.
[608]BLAISE (H.), *Les fonds propres de l'entreprise*, Mélanges J. DURRUPPE : *Les activités et les biens de l'entreprise,* Paris, Litec, 1991, p. 215.
[609]Cette date s'explique par la reconstruction des archives comptables de la Caisse des dépôts et consignations après l'incendie de 1871. En effet, cet événement contraint l'Etablissement à une reconstitution de l'ensemble documentaire et comptable détruit et le conduit à une simplification. Entre 1872 et 1880, la réorganisation ne permet pas de publier annuellement les Rapports aux chambres. Les gestions de plusieurs années sont regroupées en une seule présentation, lorsque l'achèvement des comptes l'y autorise. V. rapports blancs 1870, 1871 et 1872 ; 1873, 1874 et 1875 ; 1876, 1877 et 1878. V. aussi procès-verbal du 18 mars 1874 ; procès-verbal du 24 avril 1877 et procès-verbal du 24 avril 1879. V. encore Rapport blanc 1879 et procès-verbal du 2 décembre 1880.
[610]DELATOUR (A.), *Caisse des dépôts et consignations. Caisse nationale des retraites pour la vieillesse. Caisses nationales d'assurances en cas de décès et en cas d'accidents*, Paris, Berger-Levrault, 1906, p. 87.

celui-ci doit tenir compte des suggestions ou recommandations du ministre des Finances et de la Commission de surveillance[611]. L'accroissement des excédents annuels de la Caisse des dépôts et consignations est cependant régulier à partir de la seconde guerre mondiale grâce aux plus-values en bons du Trésor et autres bons[612]. Ces bénéfices ainsi dégagés permettront à l'Etablissement d'investir pour le développement du pays, ce qui en fait alors une caisse dont les réserves sont enviées[613].

Une acceptation plus large, mais contestable, assimilerait l'ensemble des fonds gérés aux fonds propres de la CDC[614]. En effet, il est facile pour l'opinion publique de confondre fonds d'épargne, dépôts réglementés et fonds propres : tel semble être manifestement le cas en ce qui concerne aujourd'hui par exemple le Programme renouvellement urbain[615]. Pourtant, si cette thèse peut être admise en droit de la comptabilité publique, elle n'a pas, en l'état actuel du droit, à être retenue, dès lors que la Caisse des dépôts distingue plus clairement les fonds propres et les dépôts et consignations en cours de gestion (section générale) d'une part, et, d'autre part, les fonds d'épargne (sections d'épargne). Dans le même sens, on peut dire que les fonds propres de la Caisse des dépôts et consignations, issus du résultat des dépôts réglementés d'origine principalement privée, sont des fonds publics[616], et non des fonds privés[617]. Car, le produit de ce résultat appartient bien à l'établissement public, doté d'un comptable public, même spécial[618].

C'est pourquoi, quelle que soit la définition retenue, c'est la qualification de fonds publics qui mérite d'être définie. Cette notion actualise en effet la notion de deniers publics qui est maintenant peu utilisée. La qualification de fonds publics s'étend à toutes les espèces et valeurs déposées dans la caisse d'un comptable public à raison de ses fonctions, que ces valeurs appartiennent à l'organisme public ou à des tiers[619]. La Cour des comptes exerce en outre traditionnellement son contrôle sur tous les fonds (d'origine publique ou d'origine privée), lorsque leur gestion est confiée à un organisme public. Les ressources de la Caisse des dépôts et consignations, qu'il s'agisse des fonds propres ou des fonds privés réglementés, sont

---

[611]Procès-verbal du 4 juin 1837 ; procès-verbal du 18 juin 1837 ; procès-verbal du 31 janvier 1989.

[612]Investissements entrepris depuis la première guerre mondiale. V. par ex. procès-verbal du 17 octobre 1913 ; procès-verbal du 26 mars 1915 ou procès-verbal du 23 juin 1917.

[613]La Caisse des dépôts et consignations est le premier investisseur institutionnel en France. Outre la gestion du portefeuille de plus de 100 Md € détenue par les fonds d'épargne pour assurer leur rendement et leur liquidité, elle gère pour son compte propre un portefeuille de placements et d'investissements de plus de 25 Md € dont un peu moins de 10 Md € en actions. La Caisse des dépôts détient ensuite un patrimoine immobilier d'une valeur d'un peu plus de 1,3 Md €. Elle est enfin avec la CNP le premier propriétaire forestier privé de France avec un patrimoine immobilier de près de 100 000 hectares.

[614]Par ex., BLOCK (M.), *Dictionnaire de l'administration*, Paris, Berger-Levrault, 2ème éd., 1877, p. 134 ; SAY (L.) et CHAILLEY (J.) (dir.), *op.cit.*, t. 1, p. 292.

[615]Rapport vert 2000, p. 39 : une enveloppe de prêts sur fonds d'épargne est tout d'abord affectée aux Prêts Démolition Construction (aménagement de surfaces libérées). Deux enveloppes sur fonds d'épargne, dans le cadre du Prêt Projets Urbains (PPU) sont ensuite affectées au zonage de la politique de la ville (projets d'aménagement et d'urbanisme). La Caisse des dépôts et consignations a, enfin, décidé de consacrer une part de ses fonds propres au renouvellement urbain des zones fragiles.

[616]Procès-verbal du 31 janvier 1989.

[617]Quand bien même ces fonds seraient gérés en partie dans le cadre des activités concurrentielles de la Caisse des dépôts et consignations. V. 2000-436 DC, 7 décembre 20000, *Loi relative à la solidarité et au renouvellement urbains*, JORF, 14 décembre 2000, p. 19840 et plus généralement SCHOETTL (J.-E.), *Le Conseil constitutionnel et la loi relative à la solidarité et au renouvellement urbains*, AJDA, 2001, p. 18.

[618]V. *supra*, Partie I, Titre 1.

[619]Art. 11 du décret du 29 décembre 1962 portant règlement général de la comptabilité publique et art. L.518-13 du Code monétaire et financier.

donc des fonds publics ou assimilés[620] et constituent pour la Commission européenne des ressources d'Etat[621].

Par conséquent, si la Commission de surveillance est libre d'orienter les placements sur fonds propres de la Caisse des dépôts et consignations[622], elle doit tenir compte désormais de cette qualification de fait, qui les soumet notamment aux règles internes et européennes des aides publiques.

De plus, la Commission de surveillance a toujours considéré que les investissements en fonds propres doivent tout d'abord obéir en principe à une règle générale de neutralité[623]. La Caisse des dépôts et consignations finance en tant qu'actionnaire unique, le développement du groupe C3D[624] et participe au capital de nombreuses sociétés d'Economie mixte locale[625]. En tant qu'actionnaire, elle participe aussi, de manière paritaire et dans le cadre de partenariat avec d'autres organismes du secteur public financier, à des sociétés de gestion[626] et d'assurances[627]. Elle possède également de nombreuses participations dans des banques et des établissements financiers[628], ce qui lui permet par ailleurs de participer au capital de nombreuses sociétés cotées sur le marché boursier français, européen et international[629]. A cet effet, la Caisse a créé en 1985 CDC-Participations[630], une holding qui regroupe les participations dans les secteurs où elle entend intervenir durablement : tourisme et communication, immobilier d'entreprise et forêts par exemples[631].

Au total, l'ensemble des investissements en fonds propres représentait au 31 décembre 2002, un peu plus de 9 Milliards d'Euros[632]. Dans cette optique, la Commission de surveillance a pris dernièrement la décision de créer un comité consultatif chargé de *« l'aider à élaborer un cadre de référence sur toutes les questions de gouvernance concernant ses participations »*. Présidé par M.

---

[620]Durant leur gestion par la Caisse des dépôts et consignations, les dépôts réglementés d'origine privée restent à certains égards régis par le droit privé (possibilité de saisie par les créanciers du déposant par ex.).

[621]TPICE, aff. T-358/94, 12 décembre 1996, *Compagnie nationale Air France c/ Commission des CE*, Rec. p. II-2109. V. *infra*, Partie II, Titre 2.

[622]Procès-verbal du 18 janvier 1911 et procès-verbal du 23 juin 1917.

[623]Procès-verbal du 7 février 1989 ; et plus généralement DEMARIGNY F., *Les investisseurs institutionnels. Des actionnaires entre l'Etat et le marché*, IEP, 1993, vol. 1, p. 67 sq. ; p. 122 sqq.

[624]Par ex. à l'époque, participation de l'Etablissement au capital des SCI détenu en partie par la SCIC. V. procès-verbal du 13 janvier 1956.

[625]Il est certain que cet investissement dans les SEM se fait sur fonds propres de la Caisse des dépôts et consignations. Ils ne peuvent, dès lors, être qualifiés de fonds privés. V. a contrario CHAZEL (A.) et POYET (H.), *L'Economie mixte*, Paris, PUF, QSJ n°1051, 1963, p. 31 et toute l'ambiguïté de l'art. L.1521-1 du Code général des collectivités territoriales.

[626]Par ex. Sogéposte, Ecureuil-Gestion ou CDC Trésor. Ces filiales sont communes à la CDC et respectivement à La Poste, aux Caisses d'épargne et au Trésor public. Elles sont spécialisées dans la conception, la gestion et la promotion d'OPCVM distribuées par ces trois réseaux.

[627]Procès-verbal du 11 décembre 1990 : CNP Assurances.

[628]Par ex., procès-verbal du 30 mai 1947.

[629]Rapport rouge 2002, p. 12.

[630]Filiale intégrée au groupe EULIA sous le nom de CDC-Ixis Private Equity jusqu'en juin 2003, cette filiale devrait fusionner d'ici peu avec CDC PME sous le nom de CDC Entreprises.

[631]Rapport blanc 1995, p. 17/44.

[632]Dont 737 millions d'€ de participations cotées. V. rapport blanc 2001, p. 153, rapport rouge 2002, p.139.

BARBIER de la SERRE[633], ce comité est composé de membres de la communauté bancaire et industrielle et de la Commission de surveillance.

On a pu alors considérer que la Caisse des dépôts et consignations était le premier investisseur institutionnel de France représentant *« le capitalisme zinzin »*[634] à la française. Le terme d'investisseur institutionnel a été emprunté pour la première fois dans le rapport du Comité de financement du VIIème plan et dans ses annexes, sans pour autant en donner une définition satisfaisante[635]. Pourtant, si leur fonction consiste, comme pour les autres institutions financières, à assurer la liaison entre l'épargne et l'investissement, leur principale caractéristique tient au fait que ce sont eux qui prennent, en principe, librement la décision de cet emploi. Ce faisant, ils orientent une masse de capitaux, ce qui a une répercussion considérable sur l'Economie générale et sur le capitalisme financier en particulier[636]. En 1999, le Directeur général de la CDC n'a pas fait usage, par exemple, des participations de la Caisse dans la BNP, la Société générale et Paribas - 6% du capital de l'ensemble - pour arbitrer le combat engagé par le premier sur les deux autres[637]. On peut donc penser que la nature des investissements ainsi que la santé des marchés boursiers influeront sur les choix du Directeur général de la Caisse des dépôts et consignations[638], ce dernier étant le seul *« responsable de la gestion des fonds et valeurs de la Caisse »*[639]. On a pu dire également que *« l'indépendance du Directeur général, notamment en matière de fonds propres, pour lesquels il est seul juge, est la véritable mesure de l'autonomie de l'Etablissement »*[640]. Or, dans la mesure où le Directeur général n'est plus légalement inamovible[641], l'institution de la rue de Lille reste potentiellement (encore plus) un puissant levier d'intervention de l'Etat dans le capitalisme français[642]. Dans l'hypothèse où l'Etablissement de la rue de Lille serait *« contraint d'intervenir à la demande des pouvoirs publics »*[643] (Bull[644], Air Inter et Air France[645], Crédit Lyonnais[646], Société générale[647], Crédit local de France[648], Caisse nationale du Rhône[649], Alsthom[650]...), il convient de penser que la

---

[633]Qui a notamment été responsable du groupe de travail mis en place par le ministre de l'Economie, des Finances et de l'Industrie, chargé de l'élaboration d'un rapport sur l'Etat actionnaire (novembre 2002 – mars 2003).

[634]IZRAELEWICZ (E.), *Le capitalisme zinzin,* Paris, Grasset, 1999 ; RICHARD (A.), *Les Finances et les investisseurs institutionnels*, Pouvoirs, 1990, p. 65.

[635]DEMARIGNY (F.), *op. cit.*, p. 33.

[636]PONS (F.), *La Caisse des dépôts rejoue les Zorro*, Libération, 6 août 2002.

[637]SA (P.), *La Caisse des dépôts et consignations se positionne dans le paysage bancaire*, Le Monde, 31 mars 1999, p. 20.

[638]Quand bien même, on notera les sociétés cotées en fonction de critères extra financiers (politiques sociales, environnementales, relations clients...). V. Rapport blanc 2001, p. 80 et plus spécialement *« La responsabilité sociétale du groupe Caisse des dépôts*, rapport 2001, disponible sur le site Internet www.caissedesdepots.fr

[639]Art. L.518-12 al. 1 du Code monétaire et financier.

[640](X.), *Un grand établissement financier : la Caisse des dépôts et consignations*, L'Economie, 17 décembre 1953, n°425, p. 24.

[641]V. *supra*, Partie 1, Titre 1.

[642]COHEN (E.), *Un capitalisme sous tutelle*, Esprit, 3-4, mars-avril 1989, p. 46.

[643]Rapport blanc 1996, p. 34.

[644]Procès-verbal du 14 février 1954 et procès-verbal du 28 février 1954.

[645]Procès-verbal du 9 novembre 1956 et procès-verbal du 24 novembre 1994.

[646]Procès-verbal du 13 janvier 1978 ; procès-verbal du 5 février 1989.

[647]V. *supra*, Partie I, Titre 1.

[648]Procès-verbal du 1er juin 1993.

[649]Décret n°99-1214 du 30 décembre 1999 portant *modification du décret n°59-771 du 26 juin 1999 relatif à l'organisation et au fonctionnement de la Compagnie nationale du Rhône et autorisant la Caisse des dépôts et consignations à participer à son capital*, JORF, 31 décembre 1999, p. 20139.

responsabilité du Directeur général ne sera juridiquement limitée que dans la mesure où la Commission de surveillance aura pris acte de tels investissements. On peut néanmoins penser que ce débat politique dépasse largement le cadre strictement légal et juridique[651].

Cette matière semble alors échapper dans une large mesure à la surveillance de la Commission[652], la manifestation la plus contemporaine étant les débats autour de *« l'affaire Société générale »*[653]. Il semble en être autrement dans la gestion des fonds réglementés, où l'intervention de la Commission de surveillance est limitée aux simples orientations définies par les pouvoirs publics.

B) Une intervention limitée dans la gestion des fonds réglementés

Si la Caisse des dépôts gère des dépôts d'origine privée requérant une protection particulière[654], elle centralise et gère aussi, à la demande de l'Etat, une large part des dépôts d'épargne placés sur les livrets exonérés d'impôts, diffusés par les Caisses d'épargne, La Poste et les réseaux bancaires[655].

Pour autant, seules les ressources des fonds d'épargne non employées sous forme de prêts sont placées sur les marchés financiers, afin d'assurer la liquidité, la sécurité et la rentabilité des fonds gérés.

1) Les différents types d'épargne drainée

Bien que l'ouverture et la modernisation des marchés financiers aient entraîné au cours des dernières décennies l'apparition de nombreux produits financiers, les produits d'épargne réglementée restent plus populaires en France que dans l'Union européenne[656]. Il n'en demeure pas moins que l'attribution de la gestion des fonds d'épargne à la Caisse des dépôts et consignations repose sur des textes anciens, dont le premier remonte à la loi du 31 mars 1837[657]. Les textes les plus récents se contentent le plus souvent de reprendre les dispositions comprises dans ceux qui les précèdent, et, en tout état de cause, ne rentrent pas dans les modalités pratiques de la gestion[658].

---

[650]Par ex., CHAPERON (I.), COSNARD (D.) et MABILLE (P.), *L'Etat prêt à s'engager financièrement pour sauver le groupe Alsthom*, Les Echos, 5 août 2003.

[651]V. par ex. la prise de participation de la Caisse des dépôts et consignations dans le capital de la « société de transports pétroliers par pipe line » (TRAPIL) (procès-verbal du 13 mars 1953) et LENGLET (F.), *Zinzins. Les secrets de la Caisse des dépôts,* Sciences et Vie Economie, janvier 1989.

[652]La Commission de surveillance étudie le plus souvent la politique de participations et de placements des fonds de l'Etablissement sous forme de « comptes-rendus » ou « points ». V. par ex. procès-verbal du 22 novembre 1988 ; procès-verbal du 8 décembre 1992 ; procès-verbal du 15 juin 1993.

[653]V. *supra*, Partie I, Titre 1.

[654]Que sont notamment les consignations et les dépôts des notaires et des administrateurs et mandataires de justice. V. *infra*, Partie II, Titre 2.

[655]Pour être complet, la Caisse gère également de multiples fonds d'origine budgétaire. V. *infra*, Partie II, Titre 2.

[656]Rapport vert 1997, p. 21 sqq. V. aussi GRILLET-AUBERT (L.) et MPACKO-PRISO (A.), *Le poids de l'épargne réglementée en Europe*, Banque stratégie, mai 2002.

[657](X.), *Le Livret A. Une histoire de l'épargne populaire*, Paris, La Documentation française, 1999, spéc. p. 91 sq.

[658]V. à ce sujet, DUET (D.), *Les Caisses d'épargne*, Paris, PUF, QSJ, p. 43 sqq.

La Commission de surveillance semble avoir un rôle particulier de contrôle et de surveillance dans la gestion des fonds des Caisses d'épargne, au regard des articles L.518-7 et L.518-10 du Code monétaire et financier et de l'article 54 du Code des Caisses d'épargne. A cet effet, elle a souhaité s'attacher ces dernières décennies à mieux garantir la sécurité, l'indépendance et la transparence de la gestion des fonds d'épargne par la CDC[659].

Dans un premier temps, elle a veillé à l'adoption d'un certain nombre de mesures telles que la présentation des comptes séparés, la mise en œuvre d'une gestion individualisée des portefeuilles[660], une surveillance régulière des ratios d'actifs financiers[661], ainsi qu'à partir de 1991 au regroupement de l'ensemble des activités des fonds d'épargne au sein d'une structure spécifique : la Direction des fonds d'épargne[662].

Dans un second temps, la Commission de surveillance[663] a décidé de faire appel à un comité spécialisé, dit « comité des fonds d'épargne », créé en son sein, chargé d'examiner deux fois par an notamment les conditions de la collecte et le coût des fonds d'épargne, le montant des fonds d'épargne et leur rémunération, les emplois des fonds d'épargne, l'équilibre de leur gestion, les risques encourus et les modalités de constitution des réserves ainsi que les prélèvements qu'ils peuvent supporter au profit de l'Etat. Le rapport NASSE-NOYER valide ce choix en proposant la création d'un *« Comité de gouvernance des fonds d'épargne »*[664]. Pour autant, ce rapport préconise aussi un ajustement automatique des taux des fonds d'épargne sur le taux court de la Banque centrale européenne, solution que le gouvernement semble avoir adoptée en juillet dernier[665]. Or, cette architecture remet en cause la place de la Commission de surveillance et du pouvoir politique dans le processus de décision de rémunération de l'épargne réglementée en France[666]. Cette décision gouvernementale ne peut en effet se comprendre qu'en se référant à l'échelle européenne.

Ce concept d'épargne réglementée fait référence à des contextes institutionnels et historiques spécifiquement français, que le droit européen et les cultures financières et bancaires des autres Etats de l'Union semblent pour partie ignorer[667]. C'est ainsi que la définition de la notion de « réglementation » de l'épargne est le plus souvent comprise au niveau européen comme sa « défiscalisation » partielle ou totale[668]. Cette conception plus large des produits

---

[659]Procès-verbal du 27 mars 1991 ; procès-verbal du 20 octobre 1992.

[660]Procès-verbal du 11 avril 1989.

[661]Procès-verbal du 4 novembre 1986 et procès-verbal du 4 décembre 1986.

[662]Procès-verbal du 11 juin 1991.

[663]Procès-verbal du 22 octobre 1991 ; procès-verbal du 26 novembre 1991.

[664]NOYER (C.) et NASSE (P.), *Rapport sur l'équilibre des Fonds d'épargne*, www.Finances.gouv.fr (recherche effectuée le 11 février 2003).

[665]MAUDUIT (L.), *Le taux du Livret A tombe de 3 % à 2,25%*, Le Monde, 22 juillet 2003.

[666]Ce que ne semble pas désapprouver l'actuel Président de la Commission de surveillance. V. AUBERGER (P.), *La démocratie à l'épreuve des Marchés*, Paris, Economica, 2003, p. 61. La Commission de surveillance semble même avoir recommandé que la décision soit confiée au Conseil de la politique monétaire (CPM).

[667]V. rapport vert 1996, p. 71 (cas des Pays-Bas) ; rapport vert 1997, p. 71 (cas de l'Allemagne) et plus généralement rapport vert 1998, p. 71 (cas de la Suède et étude générale sur l'épargne réglementée en Europe). V. également la présentation des institutions d'épargne en Europe dans MENTRE (P.) et MERIEUX (A.), *Les institutions d'épargne en Europe et en France : Le secteur public et mutualiste*, Paris, AEF, 2002.

[668]Au Royaume-Uni, une gamme de produits « défiscalisés » est ainsi proposée par la Caisse nationale d'épargne (National Savings) qui inclut notamment les comptes d'épargne ordinaires (Ordinary Saving

bénéficiant d'une aide fiscale conduit à inclure, par exemple, dans le système bancaire français, les investissements dans les Plan d'épargne en actions (PEA), dont les plus-values sont exonérées d'impôt au bout de huit ans. A l'inverse, l'assurance vie, qui représente des encours considérables, ne peut pas être prise en compte du fait de la difficulté d'isoler les montants bénéficiant d'avantages fiscaux. Or, telle n'est pas la conception qu'il faut donner en France à la notion d'épargne réglementée[669]. Le périmètre des fonds d'épargne centralisés à la Caisse des dépôts et consignations[670] comprend en effet le premier livret des Caisses d'épargne et de prévoyance et de la Caisse nationale d'épargne (CNE), le livret supplémentaire de la CNE, les dépôts au titre du livret d'épargne populaire (LEP), du compte pour le développement industriel (CODEVI) et du livret « jeunes » des établissements de crédit et autres institutions habilitées à proposer ce produit[671]. La Caisse des dépôts et consignations centralise également les dépôts au titre des livrets et plans d'épargne de la CNE, ainsi que les dépôts au titre des plans d'épargne populaire distribués par cette dernière Caisse. Y sont gérés, enfin, les dépôts des organismes HLM[672] et les dépôts du livret bleu du Crédit mutuel[673].

Il résulte alors de la théorie juridique du dépôt irrégulier que ces fonds d'épargne réglementée, centralisés à la CDC, font de cette dernière la titulaire de ces fonds, sans pour autant en être la véritable propriétaire. C'est une simple fiction juridique[674]. En effet, ces fonds centralisés bénéficient en principe de régimes de garantie des déposants organisés par l'Etat[675]. Ils sont affectés à des emplois déterminés par ce dernier[676]. Ils sont en conséquence, et par leur nature même, exclus du champ d'application des règles de droit commun bancaire et fiscal. Dès lors, les fonds ainsi collectés ne peuvent être assimilés ni à des fonds d'Etat, ni à des fonds de la Caisse des dépôts et consignations, dont l'un ou l'autre aurait la pleine propriété[677]. Pour les qualifier, la doctrine[678] utilise le terme de deniers privés

---

Account). Aux Pays-Bas, les intérêts sur les Green Funds, qui visent à financer les investissements écologiques sont également exonérés d'impôts.

669 Cls inédites de Mme MAUGUE sous CE, 5 janvier 2000, *Association française des banques et chambre syndicale des banques populaires* (Rec. p. 1) et les débats devant la Commission européenne : 2003/216/CE, décision de la Commission du 15 janvier 2002 concernant *l'aide d'Etat mise à exécution par la République française en faveur du Crédit mutuel*, JOCE, n°L.88, 4 avril 2003, p. 39.

670 Texte de principe : art. L.221-8 du Code monétaire et financier.

671 Selon une proportion déterminée par arrêté du ministre chargé de l'Economie et des Finances.

672 Décret n°90-213 du 9 mars 1990 modifiant *le code de la construction et de l'habitation et relatif aux placements financiers des organismes HLM*, JORF, 10 mars 1990, p. 2976.

673 Art. L.221-12 al. 2 du Code monétaire et financier et art. 2 et 5 de l'arrêté du 27 septembre 1991 définissant les emplois d'intérêt général du Crédit mutuel.

674 GRUA (F.), *Le dépôt de monnaie en banque*, Dalloz, chr. 1998, p. 259 ; le déposant en perd en quelque sorte la propriété dès leur remise et ne dispose plus que d'un droit de créance.

675 A l'exception des Livrets d'épargne logement, PEL, PEP, dépôts des organismes HLM et livret bleu du Crédit mutuel. V. *supra*. V. aussi art. 80 de la loi n°2003-1311 *de finances pour 2004* du 30 décembre 2003 (JORF, 31 décembre 2003, p. 22530).

676 A l'exception des PEP distribués dans le cadre de la CNE.

677 Il résulte ainsi par exemple des dispositions législatives et réglementaires régissant la CNE que celle-ci est juridiquement distincte de l'Etat (art. L.518-26 du Code monétaire et financier). Même remarque à propos des fonds déposés par les organismes HLM. V. CE, 24 avril 1992, *Union nationale des fédérations d'organismes d'habitations à loyer modéré*, Rec. p. 191.

678 Commentaire J. FABRE sous Cour des comptes, 23 août 1834, *Ville de Roubaix*, GAJF, 4ème éd., n°29 ; FONTAINE (G.), *Principes de législation financière. La comptabilité publique*, Paris, Librairie polytechnique C. Béranger, 1905, p. 1 sq. ; GAUDEMET (P.-M.), *Deniers publics et deniers privés réglementés*, dans Dictionnaire encyclopédique de Finances publiques (dir. L. PHILIP), Economica, 1991, p. 580 ; GAUDEMET (P.-M.) et MOLINIER (J.), *Finances publiques*, Paris, Montchrestien, Domat, Droit public, 7ème éd., 1996, t. 1 : *Budget/Trésor*, p. 46 sqq. ; MAGNET (J.), *La notion de deniers publics en droit financier français*, RSF, 1974, p. 129.

réglementés, en référence au droit de la comptabilité publique[679]. Il résulte, par ailleurs, de l'interprétation donnée par la jurisprudence de la Cour des comptes, notamment en matière de gestion de fait[680], que ces fonds n'appartenant ni à l'Etat, ni à la CDC, sont confiés à la Caisse en qualité de dépositaire, son Caissier général en assurant simplement l'encaissement, la conservation et l'emploi[681]. Les juges financiers[682] ont ainsi jugé que ces deniers privés réglementés devaient être assimilés à la qualification de deniers publics et aux règles « tutélaires » de la comptabilité publique[683].

Il n'en demeure pas moins qu'ils restent la propriété des particuliers qui les ont versés et qui peuvent à tout moment demander leur restitution selon les règles du droit privé[684]. Pour autant, s'ils sont juridiquement confondus dans la caisse du Caissier général avec les autres fonds propres et gérés par la CDC[685], ils sont, sur un plan comptable, gérés dans des entités autonomes dénommées « sections d'épargne ». A chacune de ces sections comptables sont affectées les ressources et les emplois relatifs aux fonds gérés. Les fonds d'épargne constituent ainsi un sous-ensemble spécifique séparé de la « section générale ». Aucun transfert ne peut alors être opéré en principe entre les résultats de la gestion financière des fonds d'épargne et les résultats de la Caisse des dépôts, qu'il s'agisse de gains ou de pertes[686].

La Commission de surveillance a pour mission de veiller à ce que la compensation des coûts de prestations de la Caisse des dépôts n'emporte pas pour celle-ci de marge susceptible de fausser le respect des règles de marché et pratiques bancaires[687] ; comportement fautif qui peut être éventuellement sanctionné par le juge de la concurrence[688]. Or, il semble clair que la démarche entreprise par les pouvoirs publics dépolitise l'épargne réglementée pour le transférer dans une sphère strictement administrative : la Commission de surveillance, assemblée politique par vocation, perd de son influence et de son autorité de surveillance au profit de la Direction générale de la CDC et du gouvernement[689]. Il convient notamment de remarquer que la Commission de surveillance, qui a pour mission de veiller à l'utilisation de l'épargne publique en France, n'intervient même pas juridiquement dans la fixation des taux d'intérêt des Caisses d'épargne qui sont uniquement fixés par le Comité de la réglementation bancaire[690].

---

679 V. art. 1 de la loi n°128 du 25 janvier 1943 remplacé par l'art. 60-XI de la loi du 23 février 1963 et art.11 du décret du 29 décembre 1962 portant *règlement général de la comptabilité publique*.

680 MAGNET (J.), *Eléments de comptabilité publique*, Paris, LGDJ, coll. Systèmes, 5ème éd., 2001, p. 33 et MAGNET (J.), *La gestion de fait*, Paris, LGDJ, coll. Systèmes, 2ème éd., 2001, p. 61.

681 Par analogie, v. Cco, 16 juin 1944, *M. Martinès receveur spécial et M. Tharan, gérant intérimaire*, Rec. p. 83 ; CCo, 13 décembre 1949, *M. Léger, Receveur*, Rec. p. 52. V. *supra*.

682 CE, 5 mai 1882, *Ministre de l'intérieur c/ Chasteau*, cls MARGUERIE, Rec. p. 419 ; Cco, 24 mars 1955, *Sieur Stamm, médecin à Saverne*, GAJF, 1995, n°40.

683 MAGNET (J.), *op. cit.*, RSF, 1974, p. 145.

684 Dans les limites de l'art. L.518-24 al. 1 du Code monétaire et financier (déchéance trentenaire).

685 En raison du principe de l'unité de caisse.

686 Procès-verbal du 11 avril 1989.

687 Les frais engagés par la Caisse des dépôts et consignations au titre de la gestion administrative et financière des fonds d'épargne sont en ce sens, sous forme de conventions de gestion interne, refacturés aux fonds d'épargne par la section générale. Par ailleurs, à l'occasion de l'examen budgétaire annuel, la Commission de surveillance donne son avis sur les charges et les conventions de gestion déterminant le budget prévisionnel des fonds d'épargne de l'année suivante.

688 CJCE, Aff. 290/83, 30 janvier 1985, *Commission des Communautés européennes c/ République française*, Rec. p. 439.

689 Procès-verbal du 20 novembre 1953.

690 Art. L.611-12 du Code monétaire et financier.

Dans ces conditions, l'épargne réglementée confiée à la Caisse des dépôts et consignations est bien régie par les techniques du droit public parce qu'elle fait justement l'objet de réglementations spécifiques d'une part, et d'autre part, parce que la CDC fait usage, en accord avec l'Etat, de prérogatives de puissance publique dans leurs emplois.

2) Des emplois régis par les pouvoirs publics

Si les emplois des fonds d'épargne ont varié au cours de l'histoire pour accompagner les évolutions de la société française[691], ils ont toujours concerné des investissements d'intérêt général, au premier rang desquels les équipements locaux et le logement social[692]. Depuis le milieu des années 1980, le marché du financement des équipements locaux a été banalisé[693]. Il peut désormais être financé, en principe, par l'ensemble des banques, à taux de marché[694].

Des prêts, toujours financés par la CDC sur les fonds d'épargne, sont néanmoins réservés aux opérations très sociales de restructuration urbaine, de désenclavement des quartiers et d'insertion sociale. Ces financements s'inscrivent dans le cadre de la politique prioritaire pour la ville, instaurée par les pouvoirs publics nationaux et locaux et montrent toutes les limites de l'intervention de la Commission de surveillance. En effet, les pouvoirs publics interviennent soit unilatéralement par voie réglementaire, soit en application de conventions prévues par des textes[695]. L'article 19 du Code des Caisses d'épargne définit ainsi les règles d'emploi des fonds d'épargne dont la gestion est confiée à la Caisse des dépôts[696]. Après avoir énuméré les diverses catégories d'emplois librement autorisées (valeurs émises en bourse, prêts aux collectivités locales...), cet article dispose que les sommes déposées peuvent également être employées par la CDC *« en autres valeurs ou emplois autorisés par le ministre de l'Economie et des Finances »*. Les pouvoirs publics disposent ainsi d'un pouvoir direct d'intervention dans la gestion d'une partie des fonds, sur proposition de la CDC. Ils peuvent en outre modifier les règles d'emplois des fonds d'épargne par voie réglementaire[697].

---

[691](X.), *La politique des placements de la Caisse des dépôts depuis 1816*, La Semaine CDC, Document n°89-13, février 1989 ; plus spécialement, v. ALLINE (J.-P.), *La Caisse des dépôts et consignations. Son rôle, ses opérations de 1816 à 1895*, mémoire de DES : Histoire des institutions, Paris II, 1972 ; YAGO (K.), *L'épargne populaire comme fonds de placement public. Rôle de la Caisse des dépôts et consignations (1919-1939)*, th. Paris X, 1996 et les travaux d'A. FOURCAUT et de P. LANDAUER, respectivement sur *« la Caisse des dépôts et consignations et le logement social : questions en moyenne durée »* ; *« la Caisse des dépôts et consignations et le logement social. De la loi Loucheur (1928) à la guerre : un constat d'échec ? »* ; et *« La Caisse des dépôts et consignations face à la crise du logement (1945-1955) »*, dans AGLAN (A.), MARGAIRAZ (M.) et VERHEYDE (P.) (dir.), *La Caisse des dépôts et consignations, la Seconde Guerre mondiale et le XXe siècle*, Paris, A. Michel, 2003, p. 179 sqq.

[692]SALOME (L.) et al., *op. cit.*, passim ; PRIOURET (R.), *op. cit.*, passim ; VALENTINO (A.), *L'emploi des fonds des Caisses d'épargne ordinaires*, Paris, éd. de l'Epargne, 1969, p. 3 et sqq. ; MALVE (P.) et J-M. THIVEAUD (mélanges recueillis par), *Caisse des dépôts et consignations 175 ans*, REF, numéro spécial hors-série, Le Monde éditions, Paris, novembre 1991 ; Rapport annuel 2001 *Fonds d'épargne, financement du logement social et de la politique de la ville*, CDC/DFE, dit « rapport vert ».

[693]CARLES (J.), GENDRON (F.), LABIE (J.), REGOURD (S.), *Les collectivités locales et leur financement*, Paris, La Revue Banque édition, coll. CFPB, Banque ITB, 1990.

[694]V. plus généralement DALBERA (J.-L.), *Le financement des collectivités locales et le rôle des établissements de crédit depuis les lois de décentralisation*, th., Nice : Droit, 1996.

[695]V. *infra*, Partie II, Titre 2.

[696]En accord avec les art. L.512-85 et L.512-91 du Code monétaire et financier.

[697]TEFRA née HERVE (M.), *Le rôle de la Caisse des dépôts et consignations dans le financement de la construction de logements*, mémoire de DES : Sciences économiques, Université de Paris, 1969.

Par ailleurs, c'est dans le cadre d'une pratique non étayée par des dispositions textuelles qu'a été introduit le dispositif annuel, formalisé par lettres ministérielles, tendant à imposer à la CDC des règles d'emplois des fonds d'épargne ainsi que des mesures portant sur leur gestion. A l'origine, il apparaît qu'à partir d'un examen conjoint du TRE (Tableau Ressources-Emplois) prévisionnel des fonds d'épargne par les services de la CDC et du ministère, le ministre des Finances prend acte du contexte économique et de l'accord de la Commission de surveillance sur un schéma pour l'emploi des fonds d'épargne sur un exercice donné. Il résulte ainsi clairement de la lettre adressée par le ministre des Finances au Directeur général de la CDC le 9 mai 1989 qu'il y a eu, aux termes d'échanges entre la Caisse et l'Etat, un accord donné par la CDC. En revanche, pour les exercices ultérieurs, les termes des courriers du ministre sont nettement plus directifs et détaillés, la mention d'un accord préalable de la Commission de surveillance ayant disparu. Ainsi, désormais, bien que le TRE demeure le fruit d'un travail conjoint du ministère et de la CDC, c'est le ministre des Finances qui, *in fine*, arrête le dispositif. L'analogie à faire avec le statut d'indépendance de la Banque de France et de son gouverneur, ainsi que les missions de notre banque nationale[698], perd alors tout son intérêt, le Directeur général étant désormais nommé pour cinq ans renouvelable.

Pour toutes ces raisons politiques et administratives, la protection des fonds d'épargne semble donc difficilement soumise à la surveillance de la Commission, dès lors que cette dernière n'en voit qu'un aspect trop général[699]. Pour autant, ce mécanisme original de centralisation des fonds d'épargne semble bénéfique pour les épargnants et le développement économique et social du pays[700]. En effet, grâce à la ressource spécifique que constituent les fonds d'épargne, les prêts de la CDC peuvent être accordés aux coûts de la ressource et donc à des taux notablement plus bas que ceux des marchés et pour une durée très longue dont il n'existe pas d'équivalent dans le circuit financier et bancaire traditionnel.

C'est ainsi que, si la politique de l'habitat social reste de la responsabilité de l'Etat[701], l'équilibre de cette transformation de l'épargne populaire en investissement d'intérêt général repose sur un partage des responsabilités entre les différents acteurs[702] : l'Etat définit la programmation, apporte une aide à la pierre et une aide à la personne ; les organismes HLM sont autonomes et responsables de leur gestion, notamment de la politique des loyers et de la maintenance des logements, comme de la construction ; la Caisse des dépôts accorde des prêts après avoir procédé à une analyse des risques, des comptes et de la solvabilité des emprunteurs ; les collectivités locales sont alors fortement impliquées au travers de leur représentation dans les établissements publics d'HLM, des garanties qu'elles apportent aux prêts de la Caisse des dépôts et des subventions complémentaires qu'elles accordent aux programmes de logements sociaux. Ces conditions

[698]Art. L.141-1 sqq. du Code monétaire et financier.

[699]Procès-verbal du 7 février 2001 : rapport de gestion des fonds d'épargne pour le 4ème trimestre et bilan au 31 décembre 2000 de l'utilisation des produits dérivés sur les portefeuilles de la DFE ; procès-verbal du 4 juillet 2001 : résultats prévisionnels des fonds d'épargne pour l'année 2001 et première estimation du prélèvement possible au titre de 2002 ; procès-verbal du 18 septembre 2001 : fonds d'épargne : résultats au 30 juin 2001 et rapport de gestion du 1er semestre 2001.

[700]LENORMAND (A.) (Dossier réalisé par), *Du Livret A aux HLM. Transformer les HLM*, CDscope, n°135, avril 1995, p. 1.

[701]MARTY (P.-L.), *Quels modes et quelles formes d'intervention pour le financement public du logement*, RFFP, 1995, p. 171 ; LAGAYETTE (P.), *Evolution et perspectives du rôle de la Caisse des dépôts et consignations*, RFFP, 1995, p. 219.

[702]Rapport vert 2001, p. 2.

privilégiées ne sont rendues possibles que par le mécanisme de transformation massive d'une épargne liquide en prêts à très long terme par la Caisse des dépôts. Elles sont indispensables pour permettre aux organismes de logement social d'équilibrer leurs comptes, tout en restant en mesure de faire bénéficier leurs locataires de niveaux de loyers qui se situent en dessous de ceux du marché. Le mécanisme des fonds d'épargne permet alors d'assurer la construction et l'entretien du parc de logements sociaux pour un coût qui pèse faiblement sur le budget de l'Etat.

La Caisse des dépôts et consignations assure par ailleurs, sur les fonds centralisés du CODEVI, le refinancement à taux privilégiés d'établissement financiers spécialisés dans le crédit aux PME-PMI qui ne disposent pas de réseaux de collecte (Banque de développement des PME, Sociétés de développement régional...)[703].

Depuis 2000, les pouvoirs publics ont souhaité orienter un financement de nouveaux emplois d'intérêt général sur les ressources du Livret d'épargne populaire[704]. Trois domaines prioritaires étaient, à l'origine, concernés : le développement des transports urbains et régionaux ; la mise en sécurité d'infrastructures collectives de transport ; la qualité de l'environnement et la prévention des risques environnementaux. Depuis 2001, le champ de ces investissements a été ouvert aux financements des infrastructures de télécommunications de haut débit. Il convient néanmoins de rester prudent, au regard de la réglementation communautaire[705], dans l'extension des emplois des fonds d'épargne, dès lors que la doctrine établie émane d'un simple comité tripartite réunissant la Caisse des dépôts et consignations, le ministère des Finances et les ministères techniques concernés (environnement et équipement), sans l'aval de la Commission de surveillance ou des pouvoirs politiques. Dans le même sens, les domaines d'intervention des nouveaux emplois des fonds d'épargne ne sont pas très précis et semblent plus circonstanciés à une situation d'urgence économique et sociale du pays[706]. Par ailleurs, il convient de penser que les conditions des nouveaux emplois des fonds d'épargne doivent se rapprocher de celles du marché et des règles du droit de la concurrence, cette activité pouvant être remise en cause par des établissements de crédit qui estimeraient que la Caisse des dépôts et consignations bénéficie d'un avantage par rapport à eux : elle disposerait de ressources à meilleur marché, ce qui serait susceptible de constituer une aide d'Etat[707].

Malgré cela, la Caisse des dépôts et consignations conserve une part importante des fonds qui lui sont confiés pour assurer l'équilibre, la liquidité et la sécurité de ce mécanisme de transformation ; elle peut aussi les placer sur les marchés financiers. Les portefeuilles de valeurs mobilières s'élevaient au 31 décembre 2001 à un plus de 100 000 millions d'Euros, dont près de 70 % sont

---

[703]Rapport blanc 2001, p. 39 et par ex., procès-verbal du 7 février 2001.

[704]Rapport blanc 2000, p.19 ; MESTRES (J.-M.), *Fonds d'épargne. Le livret A retrouve des couleurs et le LEP de nouveaux emplois*, CDscope, n°194, septembre 2000, p. 9.

[705]Réglementation (CE) n°3604/93 du Conseil du 13 décembre 1993, *précisant les définitions en vue de l'application de l'interdiction de l'accès privilégié énoncée à l'article 104 A du traité*, JOCE, n°L 332, 31 décembre 1993, p. 4.

[706]Tel est le cas, par exemple, de la sécurité des transports qui semble comprendre la sécurité des ponts et des tunnels routiers et ferroviaires, suppression des passages à niveau.

[707]NOYER (C.) et NASSE (P.), *loc. cit.*.

constitués de titres de l'Etat français. Les fonds d'épargne détiennent ainsi un peu moins de 15% des valeurs émises par l'Etat[708].

On peut donc en conclure que la Commission de surveillance - et par voie de conséquence l'autorité politique - n'ont plus les conditions optimales pour remplir la mission de protection des fonds d'épargne qui leur était impartie. La Caisse des dépôts et consignations, dans ce système, apparaît plus comme un organe de débudgétisation, une *« banque du logement social »*[709], une *« banque des collectivités locales »*[710]. Les conclusions du rapport NASSE-NOYER semblent aller dans le même sens. Elles recommandent l'application de marges positives pour tous les prêts et l'application de la neutralité concurrentielle. Si elles conduisent à constater qu'aucune banque privée ne veut ou ne peut prendre en charge le financement de l'habitat au sens large (construction, rénovation, démolition-reconstruction), ces conclusions justifient ainsi l'intervention de la CDC dans ce domaine. En revanche, les autres prêts (PPU, PRU hors logement, nouveaux emplois...) devraient, selon le même rapport, être distribués par les réseaux bancaires, sur enveloppes déterminées par appels d'offres et refinancées par la CDC, sur le modèle du dispositif des prêts intermédiaires (PLI...).

Dans ce cadre, on peut se demander s'il ne serait pas judicieux d'élargir cette notion de fonds d'épargne aux montants drainés par les fonds de pensions, ce qui permettrait d'inclure la problématique du financement des retraites, autre métier de la CDC et de pérenniser toute la spécificité française de la transformation de l'épargne réglementée en investissement d'intérêt général[711]. Le système français pourrait même servir de modèle à une organisation similaire de transformation d'épargne au niveau européen[712], favorisant dans une certaine mesure la cohésion économique et sociale, finalité de l'Union[713].

En tout état de cause, si ce système de transformation des fonds d'épargne garde son avantage en terme d'Economie politique, il n'en demeure pas moins que les moyens de surveillance de la Commission sont écartés au profit de l'administration des Finances et de la loi du marché. Ce constat se retrouve également en ce qui concerne la politique de placement et de Trésorerie.

II- Une politique de placement et de trésorerie de la section générale et des sections d'épargne privilégiant la liquidité

Si le portefeuille de la Caisse des dépôts et consignations se composait principalement de rentes d'Etat, elle est devenue très rapidement créancière du Trésor soit en raison de son compte courant[714], soit en raison d'avances faites pour divers services. C'est ainsi qu'elle a été autorisée, à diverses époques, à faire des

[708]Rapport vert 2001 : *présentation des comptes*, p. 16. Les importantes plus-values réalisées sur les portefeuilles sont versées sur les fonds de réserve de chacun des produits d'épargne concernés afin d'assurer leur sécurité. Au-delà d'un certain seuil, l'Etat effectue chaque année des prélèvements sur ces fonds de réserve. V. *supra*, Partie 1, Titre 1.

[709]Procès-verbal du 13 décembre 1829 ; procès-verbal du 24 février 1987 ; procès-verbal du 13 novembre 1990. V. aussi *infra*.

[710]Procès-verbal du 13 juin 1956 ; procès-verbal du 23 mai 1984 ; procès-verbal du 30 avril 1986.

[711]GADBIN (D.), *Les fonds de pension obligatoires face au droit communautaire de la concurrence : des positions dominantes à préserver dans le futur marché intérieur des services financiers*, Droit social, février 2001, p. 178.

[712]CONSTANTIN (G.), *Le livret A, une utopie qui rapporte*, Urbaspress, avril 1998.

[713]V. *infra*, Partie II, Titre 2.

[714]Qui constitue un des éléments les plus importants de la dette flottante.

avances à la Légion d'honneur pour les suppléments de traitements à servir aux membres de l'ordre, pour l'établissement de la maison d'éducation d'Ecouen, pour l'acquittement de la somme due, à raison de la conversion de 1862, pour les pensions et suppléments de pension accordés aux anciens militaires de la République de l'Empire ou encore pour les suppléments des pensions allouées aux anciens militaires et marins et à leurs veuves[715].

On comprendra alors aisément que l'intervention de la Commission de surveillance est conditionnée et limitée par la politique économique de l'Etat (A). Ainsi, pour éviter d'avoir un débiteur unique, la Caisse a depuis longtemps pris l'habitude de distinguer ses participations des simples placements (B).

A) Les conditions et les limites d'intervention de la Commission de surveillance

La politique de placement est en principe décidée après consultation préalable de la Commission de surveillance ou de son Président[716]. En réalité, la pratique semble différente. En effet, les participations inférieures à 8 millions d'Euros ou pour les sociétés non cotées, inférieures à 5% du capital de l'entreprise, font tout l'objet d'une information préalable du Président et d'un simple compte-rendu à la séance de la Commission de surveillance suivant la réalisation de la participation[717].

Si les possibilités de placements en actifs financiers des fonds d'épargne étaient limitées par l'article 19 du Code des Caisses d'épargne, aux valeurs mobilières cotées sur une bourse française et aux Titres de Créances Négociables (TCN), de nouvelles règles établies en 2001 étendent ensuite le périmètre d'investissements. Désormais, les fonds d'épargne peuvent être investis en actifs financiers sur l'ensemble des marchés réglementés de l'Espace économique européen[718]. En revanche, l'achat des actions de société cotées peut être financé par la section générale et par les fonds d'épargne. La Commission de surveillance devrait alors encore plus agir dans l'instantané des marchés boursiers, ce que son fonctionnement actuel ne lui permet pas. Il est à noter enfin que les sections d'épargne gérées par la CDC n'ont pas vocation, sauf exception (cas du Crédit Foncier de France)[719], à opérer des prises de participation. Toutefois, les actions acquises à la suite d'une initiative des pouvoirs publics peuvent être affectées aux fonds d'épargne.

La Commission de surveillance est donc cantonnée dans une interprétation stricte de sa mission de surveillance et de protection des fonds confiés à la Caisse des dépôts et consignations. Elle a néanmoins réussi à développer des règles prudentielles des placements et de participations de fonds confiés ou appartenant à la Caisse des dépôts et consignations. Le total des participations prises par l'Etablissement doit ainsi être contenu dans de strictes limites quantitatives pour ne pas immobiliser à l'excès ses fonds propres. De plus, les participations ne peuvent pas représenter plus de 50% des fonds propres nets de la section générale, au sens de la réglementation bancaire. Enfin, aucune participation ne peut dépasser 5% de ces

---

[715]SAY (L.) et CHAILLEY (J.) (dir.), *op. cit.*, 1893, t. 1, p. 295.
[716]Procès-verbal du 28 février 1989.
[717]Pour l'appréciation de ces seuils de participations, les participations de la CDC (section générale) sont consolidées, s'il y a lieu, avec celle de CDC-Ixis et de C3D, dans la même entreprise.
[718]Rapport blanc 2001, p. 7.
[719]V. *supra*, Partie I, Titre 1.

mêmes fonds[720]. La Commission de surveillance reste donc malgré tout vigilante dans la surveillance des placements et des participations de la Caisse. Elle est informée annuellement de cette gestion du Directeur général. Par souci de clarté, ce dernier distingue les participations des simples placements.

B) La distinction des participations des simples placements

La politique de placement et de Trésorerie de la section générale et des sections d'épargne privilégie la liquidité et exclut donc en principe les dispositions restreignant la libre cessibilité des titres[721].

Par rapport à ces principes, les participations font figure d'exception. En effet, les instances dirigeantes de l'Etablissement distinguent les participations des simples placements par l'importance de l'investissement, le caractère moins liquide et plus durable ainsi que la participation au conseil d'administration ou de surveillance. Ce dernier critère semble devoir y être privilégié[722]. Dans ce cadre, la Caisse des dépôts et consignations motive sa participation par son organisation décentralisée, ses relations privilégiées avec les réseaux du Trésor, de la CNP, de la Poste ou des Caisses d'épargne[723]. La participation d'autres intermédiaires financiers ou de Place favorise soit le concours de la Caisse des dépôts et consignations au capital des entreprises industrielles ou commerciales, soit l'accompagnement d'une politique du groupe en vue de renforcer l'actionnariat d'entreprises françaises. On aurait pu aussi différencier les règles de détention des fonds selon leur origine. Les fonds de la section générale devraient être régis selon les règles prudentielles des banques, alors que les fonds d'épargne doivent l'être selon les règles propres aux investisseurs institutionnels[724].

Par ailleurs, la référence aux pouvoirs publics se justifie dans la mesure où ces derniers répondent en dernier recours des sections d'épargne. En effet, les gouvernements successifs ont considéré, en règle générale, que la Caisse des dépôts et consignations, comme les autres investisseurs institutionnels, doit exercer sa liberté de décision sous leur contrôle[725]. En cas de silence des pouvoirs publics, et après accord de la Commission de surveillance, le Directeur général considère que la Caisse des dépôts et consignations, si elle veut mettre sa force au service de l'intérêt général, a le devoir d'intervenir. Si tel est le cas, c'est bien sous la responsabilité directe et personnelle de son Directeur général. On est alors en droit de penser que le Directeur général de la CDC tirerait toutes les conséquences d'un désaveu de son action en ce domaine en proposant, dans une telle situation, de mettre un terme à son mandat[726]. Il s'agirait dans ce cas extrême d'assurer la pérennité du statut de la Caisse des dépôts et consignations, dispositif assimilé en considération de l'indépendance du Directeur général.

---

[720]Ce ratio de 5 % s'applique, le cas échéant, aux participations consolidées de la Caisse (Section générale), de CDC-Ixis et de C3D dans une même entreprise.
[721]Procès-verbal du 7 février 1989. V. aussi la résolution de 1991.
[722]Procès-verbal du 28 février 1989.
[723]Procès-verbal du 21 février 2001.
[724]Procès-verbal du 16 février 2000.
[725]Tel est le cas par exemple d'une demande par les pouvoirs publics d'une prise de participation dans le capital du Crédit Lyonnais, l'apport de la Caisse correspondant à un soutien en fonds propres. C'est le ministre des Finances qui annoncera ce type d'opération. V. par ex. procès-verbal du 11 avril 1989 et procès-verbal du 23 mai 1989.
[726]V. *supra*, Partie 1, Titre 1.

Cela étant, le regroupement des participations financières dans CDC-Participations à partir de 1985, puis CDC-Ixis à partir de 2000, a notablement réduit la portée de ce dispositif et toute l'étendue de surveillance de la Commission. On retrouve ce même état d'esprit dans la protection du statut de la CDC, seconde mission de la Commission de surveillance.

§2. La protection du statut de la Caisse des dépôts et consignations

Si on a pu voir que la Commission de surveillance doit être avisée de la révocation du Directeur général de la Caisse des dépôts et consignations[727], elle dispose aussi d'un pouvoir général de proposition relative aux dispositions d'application de la loi de 1816[728] et sur toutes les activités que les pouvoirs publics décident de confier à la Caisse des dépôts et consignations[729].

Cette nécessité statutaire de la Commission de surveillance s'explique par la particularité du statut fondamental de la Caisse des dépôts et consignations, «*placée de la manière la plus spéciale, sous la surveillance et la garantie de l'autorité législative*»[730]. En effet, compte tenu de la jurisprudence du Conseil d'Etat[731] et du Conseil constitutionnel[732], le statut de la Caisse des dépôts et consignations doit être regardé comme relevant de la loi, du moins en ce qui concerne ses caractéristiques principales. Ainsi en est-il assurément des principes fondamentaux de son organisation et de son fonctionnement[733]. De même en est-il de ses attributions essentielles, c'est-à-dire celles qui concernent son statut, qu'elles aient été justifiées à l'origine[734] ou modifiées ultérieurement[735].

Dans ces conditions, la protection du statut de la Caisse des dépôts et consignations demeurerait, de par la loi, une mission réaffirmée et essentielle de la Commission de surveillance (I). Il n'en reste pas moins que la multiplication des activités de la Caisse des dépôts et consignations a sensiblement modifié les travaux de la Commission de surveillance[736], tant dans son principe que dans son étendue (II).

---

[727]V. *supra*, Partie 1, Titre1.

[728]Art. L.518-2 al. 3 du Code monétaire et financier.

[729]Art. 8 de l'ord. 22 mai 1816 et art. unique de l'ordonnance du 24 décembre 1839, ce dernier texte étant codifié à l'art. L.518-3 du Code monétaire et financier.

[730]Art. L.518-2 al. 2 du Code monétaire et financier.

[731]Avis CE n°6024, 8 janvier 1952, *Commission de contrôle des opérations immobilières et nature juridique de la Caisse des dépôts et consignations*, Bulletin de la Direction des impôts – Enregistrements et du service des domaines, n°22, 30 mai 1952, p. 43 ; procès-verbal du 12 octobre 1951, p. 612 ; procès-verbal du 25 janvier 1952, p. 60 ; procès-verbal du 22 février 1952, p. 117.

[732]89-268 DC, 29 décembre 1990, *Loi de finances pour 1990*, JORF, 30 décembre 1989, p. 16498 ; Rec. p. 118 ; RFDA, 1990, p. 143 : B. GENEVOIS ; RFDC, 1990 p. 122 : L. PHILIP ; RJF, 1990, p. 127 : note X.

[733]POMEY (M.), *Le régime juridique de la Caisse des dépôts et consignations*, RA, 1974, p. 18 ; POMEY (M.), *Le régime juridique de la Caisse des dépôts et consignations*, Droit social, 1966, p. 545.

[734]Procès-verbal du 8 juillet 1966 (relations avec la Cour des comptes) ; procès-verbal du 14 novembre 1989 (régime fiscal de la CDC).

[735]CE, 25 février 1969, *Caisse nationale de Prévoyance*.

[736]Rapport blanc 1993 p. 3/3 : Evolution du rôle de la Commission de surveillance.

I- La nécessité statutaire de la Commission de surveillance dans la particularité de la CDC

Aux termes de l'article L.518-2 al. 3 du Code monétaire et financier, la Commission de surveillance dispose d'un pouvoir de proposition concernant les dispositions d'application de la loi de 1816. Tel a été le cas pour l'ordonnance du 22 mai 1816 relative *à l'administration de la Caisse des dépôts et consignations*, ainsi que pour les textes postérieurs, notamment le décret n°68-632 du 10 juillet 1968 relatif *à l'organisation et à l'encadrement des services de la Caisse des dépôts et consignations* et le décret n°70-733 du 5 août 1970 portant *règlement d'administration publique relatif au contrôle de la Cour des comptes sur la Caisse des dépôts et consignations.*

Parce que le pouvoir exécutif avait tendance à considérer la Caisse des dépôts et consignations comme un instrument à sa disposition[737], la Commission de surveillance a dû rappeler en 1839 son rôle formellement reconnu par la loi de 1816, suite à une demande écrite du ministre du Commerce de recevoir et gérer les fonds des Compagnies sur Vie (telles que les tontines)[738]. Elle exprimait, à l'époque, le vœu *« qu'aucune disposition législative ou réglementaire conférant de nouvelles attributions à la Caisse des dépôts et consignations ne soit rendue avant d'avoir été préalablement soumise à la Commission de surveillance et approuvée officiellement par le ministre des Finances »* et invitait par conséquent le Directeur général de la Caisse des dépôts et consignations à *« lui donner connaissance de toute ordonnance ou décision ministérielle qui conférerait de nouvelles attributions »* en se fondant naturellement sur les articles 110 et 111 de la loi de 1816, sur les trois ordonnances du 3 juillet 1816 *« rendues sur la proposition de la Commission de surveillance et sur le rapport du ministre des Finances »* et sur l'article 10 de l'ordonnance du 22 mai 1816. Les surveillants ont alors manifesté le souhait pratique et constant de connaître les textes fondateurs de l'Etablissement, ainsi que ceux modifiant et complétant ses activités[739], et ce conformément à l'article L.518-9 du Code monétaire et financier. En effet, si tel n'était pas le cas, les surveillants pensaient que *« La Caisse des dépôts et consignations a*[urait] *fini par se trouver simultanément sous la juridiction directe des ministères de la Justice, de la Guerre, de la Marine, de l'Intérieur, du Commerce, de l'Instruction publique et des Affaires étrangères. Point de contrôle central ni d'entente commune afin de maintenir l'harmonie entre tant de décisions diverses ; la caisse est* [serait] *devenue un établissement banal dont tout le monde a acquis le droit de disposer, même sans l'avoir consultée et sans lui notifier les injonctions auxquelles il devait obéir »*[740]. Ils poursuivent : *« Les règles à poser seraient fort simples. Pour conférer à la Caisse des attributions entièrement nouvelles, une loi paraîtrait nécessaire, ou tout au moins un règlement général sanctionné par une ordonnance royale rendue sur le rapport du ministre des Finances, car avant de s'engager dans une innovation il importe d'en bien examiner la portée. Quand il y aura lieu à procéder par assimilation ou par extension des attributions existantes, le contreseing du ministre des Finances ou tout au moins son consentement formel devrait être exigé car la Caisse des dépôts et consignations*

[737]A titre d'exemple, l'ordonnance du 12 mai 1825 contresignée par le ministre des Finances et relative à la présentation et à la vérification des comptes du Directeur général et du Caissier principal de la Caisse des dépôts et consignations, ne fait pas mention que la Commission de surveillance a été entendue.
[738]Procès-verbal du 4 novembre 1839.
[739]V. procès-verbal du 10 mars 1949 ; procès-verbal du 13 novembre 1942.
[740]Procès-verbal du 4 novembre 1839.

relève du ministre des Finances, et aucun changement ne doit être introduit dans son service sans qu'il n'en ait fait la notification à l'établissement lui même [...] ». Dans tous les cas, il *« paraîtrait convenable que la Commission de surveillance fût toujours consultée. Ses avis ne sont point obligatoires pour le gouvernement, mais puisque la loi du 28 avril 1816 l'a instituée gardienne du service de la Caisse et des intérêts publics que dessert cet établissement, on ne saurait guère se dispenser de l'entendre. [...]».* Cette réforme a été approuvée par un article unique d'une ordonnance du 24 décembre 1839, désormais codifiée à l'article L.518-3 du Code monétaire et financier. Dans ces conditions, il convient de penser que le pouvoir exécutif ne peut pas intervenir dans l'administration et les compétences de la Caisse des dépôts et consignations qu'après consultation de la Commission de surveillance.

Plus récemment, il en est de même de la volonté du gouvernement, suivie par le Parlement, d'imposer à la Caisse des dépôts et consignations le versement d'un « dividende »[741]. En effet, le dispositif envisagé par le gouvernement laissait au seul pouvoir exécutif la libre détermination du montant du prélèvement susceptible d'être opéré. Le chiffre avancé dans le fascicule budgétaire *« Voies et moyens »* est seulement estimatif et aucune procédure de fixation n'était prévue. Conformément à l'ordonnance du 24 décembre 1839 codifiée, l'avis de la Commission de surveillance devait donc être sollicité sur ce que l'on peut considérer comme un *« concours »* financier supplémentaire demandé à l'Etablissement. Cette condition générale semble obligatoire pour le gouvernement[742]. Les critiques d'ordre juridique et les observations émises par la Commission de surveillance[743] ont conduit à une modification de la procédure initiale et à l'adoption d'un amendement gouvernemental. Ce dispositif, désormais codifié à l'article L.518-16 du Code monétaire et financier répond, aux objections formulées en donnant une base légale, conforme à la nature législative du statut de l'Etablissement[744]. On peut donc faire remarquer que le recours à une disposition purement législative n'exclut cependant pas que l'avis préalable de la Commission de surveillance doive être sollicité par le ministre des Finances ou par le Directeur général de la Caisse des dépôts et consignations. A l'inverse, le dernier al. de l'article L.518-2 du Code monétaire et financier exige que l'organisation de la Caisse des dépôts et consignations soit édictée par un décret en Conseil d'Etat, pris sur proposition de la Commission de surveillance.

La Commission semble être légalement au cœur du dispositif institutionnel de l'Etablissement. C'est en tout état de cause ce qu'elle entend être et ce qu'elle revendique[745]. Pour autant, si la Commission de surveillance formule des avis, ils ne revêtent qu'un caractère formel. L'ordonnance de 1839 n'exige qu'un avis simple de la Commission de surveillance et non pas l'avis conforme. Par ailleurs, la Commission n'est ni l'auteur des actes, ni même un co-auteur[746]. On peut le

[741]On notera que les différentes retenues sur les bénéfices de la Caisse des dépôts et consignations au cours de son histoire n'ont pas été visées par l'ordonnance de 1839. Bien au contraire, l'Etat a évité toute saisine de la Commission de surveillance. V. par ex. procès-verbal du 22 décembre 1849.

[742]77-83 DC, 20 juillet 1977, *Loi modifiant l'article 4 de la loi de finances rectificative pour 1961 (obligation de service des fonctionnaires)*, RJC I, p. 50.

[743]V. not. procès-verbal du 10 octobre 1989.

[744]Statut législatif clairement constaté par le Conseil constitutionnel. V. *supra*.

[745]Procès-verbal du 9 décembre 1896 ; procès-verbal du 2 mars 1945 ; procès-verbal du 10 juillet 1953 ; procès-verbal du 27 novembre 1989. V. aussi *supra*.

[746]Procès-verbal du 4 décembre 1889 ; procès-verbal du 22 janvier 1986. V. de manière générale FERRARI (P.), *Essai sur la notion de co-auteurs d'un acte unilatéral en droit administratif français*, Recueil d'études en hommage à C. EISENMAN, Cujas, 1975, p. 215.

regretter, dès lors que la Commission de surveillance est certainement la meilleure placée au plus près des préoccupations et de la surveillance de la Caisse des dépôts et consignations et de ses activités. On aurait pu imaginer que la Commission de surveillance soit l'incontournable « légitimité matérielle » de la décision gouvernementale, laquelle assure une simple « légalité formelle ». Le seul recours envisageable, exercé par n'importe quel épargnant, serait un recours pour excès de pouvoir devant le Conseil d'Etat et ne pourrait viser qu'une décision réglementaire[747].

Cela étant, si en 1839, *«[...] cette innovation est plus importante qu'elle ne le paraît au premier coup d'œil »* [748], signe de confirmation, elle est aussi le signe d'une certaine subordination de l'Etablissement, allant à l'encontre de l'indépendance de la CDC volontairement voulue en 1816. Cette réforme de 1839, par un texte organiquement pris par le gouvernement, mais matériellement législatif, officialise en effet le ministre des Finances – et lui seul – comme interlocuteur préalable et opportun des missions confiées ou à confier à la Caisse des dépôts et consignations. Il prend alors un rôle central dans les activités de la CDC, puisque c'est lui qui saisira la Commission de surveillance pour lui soumettre les missions spécifiées à la Caisse des dépôts et consignations. A cet égard, l'exposé des motifs est encore plus instructif : *« il appartient spécialement à notre ministre des Finances et à la Commission de surveillance d'apprécier l'avantage ou l'inconvénient des nouveaux services qui peuvent être demandés à cette Caisse »*. Autrement dit, le ministre des Finances doit en principe prendre en considération l'avis de la Commission de surveillance pour apprécier l'opportunité de charger la Caisse des dépôts et consignations de nouveaux services. Dans ces conditions, les activités de la Caisse des dépôts et consignations en général sont directement sous l'influence du ministère des Finances. Il convient donc de qualifier ce nouvel état de véritable contrôle de tutelle du ministre des Finances sur la Caisse des dépôts et consignations, contrôle renforcé par le poids politique et la limitation à cinq ans du mandat du Directeur général de la Caisse des dépôts et consignations. On est alors en totale contradiction avec l'esprit du législateur organique de 1816[749], le ministre des Finances – et lui seul[750] – exerçant par le biais du Directeur du Trésor en Commission de surveillance sa tutelle sur la Caisse des dépôts et consignations.

La lettre de l'ordonnance exige également un texte réglementaire pour toutes nouvelles activités confiées à la Caisse des dépôts. De fait, c'est donc le plus souvent par décret que des missions nouvelles sont confiées à l'Etablissement et notamment la gestion de fonds divers. Cette obligation d'avoir recours à un texte réglementaire a été assouplie, puisqu'il est admis que l'Etat puisse confier à la Caisse, indépendamment même de la loi, des missions nouvelles par voie de conventions, protocoles, accords et autres textes dont le régime juridique reste le plus souvent à préciser[751]. Or, la Commission de surveillance n'a pas les moyens de contrôler l'ensemble des conventions entre la Caisse des dépôts et consignations et les pouvoirs publics, ces actes étant le plus souvent décidés ou signés bien avant qu'elle soit informée[752]. Dans ce cadre, la Commission de surveillance demeure alors fidèlement une Commission de consultations techniques et d'expertises, au

---

[747]CE, 29 juillet 1925, *Sieur Grifeuille*, Rec. p. 125.
[748]Procès-verbal du 4 novembre 1839.
[749]V. Introduction générale.
[750]Procès-verbal du 18 janvier 1899.
[751]V. *supra*, Partie II, Titre 2.
[752]V. par ex. procès-verbal du 27 novembre 1989.

service du ministre des Finances et non plus auxiliaire du Parlement. Elle sera mise le plus souvent devant le fait accompli[753], sans avoir été saisie préalablement et officiellement du projet[754].

D'une Commission volontairement parlementaire, la Commission de surveillance devient, au regard d'une jurisprudence du Conseil constitutionnel relative à l'Agence nationale pour l'amélioration de l'habitat, une simple Commission administrative au service effectif du seul ministère des Finances[755]. A l'appui, l'analogie avec le raisonnement du Conseil mérite d'être citée : *« considérant que les dispositions de l'art. 6-I [...] prévoient que les conditions de gestion et de fonctionnement de l'Agence nationale pour l'amélioration de l'habitat [...] seront fixées par un règlement d'administration publique, « après consultation de la Commission des Finances de chacune des deux assemblées »»* [...] *« Considérant que, dans la mesure où ces dispositions comportent une injonction au Gouvernement d'avoir à consulter les Commissions parlementaires ; alors que l'élaboration du texte d'application qu'elles prévoient, ne portant pas atteinte à des prérogatives législatives relatives à l'affectation de recettes à un compte spécial, relève exclusivement d'une procédure réglementaire - elles insèrent l'intervention d'une instance législative dans la mise en œuvre du pouvoir réglementaire ; qu'elles méconnaissent donc le principe ci-dessus rappelé de la séparation des compétences législative et réglementaire et sont dès lors contraire à la Constitution »*.

L'idée de décentralisation technique, déjà évoquée précédemment, prend alors ici encore toute sa force et pose la question de la compatibilité du fonctionnement de la Commission de surveillance de la Caisse des dépôts et consignations avec la réalité juridique et économique contemporaine. Ainsi, il est paradoxal qu'un établissement placé sous le contrôle du Parlement échappe largement au pouvoir législatif par le biais de renvois purs et simples à des textes non législatifs[756].

En tant qu'instrument apparent de rééquilibrage institutionnel de la Caisse des dépôts et consignations à l'égard du pouvoir exécutif, ce vœu de la Commission de surveillance est donc fait au profit du gouvernement, et non au profit du pouvoir législatif. Ainsi, le projet de loi portant *réforme de la Caisse nationale de Prévoyance*, établissement à l'époque intégré à la Caisse des dépôts et consignations, ne comporte-t-il en visa que l'article 39 de la Constitution[757]. Cela pose alors la question plus générale de l'étendue de la surveillance statutaire de la Caisse des dépôts et consignations.

II- L'étendue de la surveillance statutaire de la CDC

Le texte de 1816 complété en 1839 confirme la consultation de la Commission de surveillance toutes les fois que le pouvoir exécutif décide de confier

---

[753]V. par ex. procès-verbal du 9 décembre 1896 ; procès-verbal du 15 octobre 1948 ; procès-verbal du 20 juillet 1953.

[754]Procès-verbal du 10 juillet 1907.

[755]70-41 DC, 30 décembre 1970, *Loi de finances rectificative pour 1970*, Rec. p. 29.

[756]Rapport CHINAUD n°394, p. 31.

[757]Projet de loi n°2560 enregistré à l'Assemblée nationale le 23 janvier 1992, portant adaptation au marché unique européen de la législation applicable en matière d'assurance et de crédit. Ce projet devient la loi n°92-665 du 16 juillet 1992 portant *adaptation au marché unique européen de la législation applicable en matière d'assurance et de crédit.*

à la Caisse des dépôts et consignations de nouvelles activités. En vertu de la théorie du parallélisme des formes, il en sera alors de même, lorsqu'il s'agit de lui ôter une attribution de caractère réglementaire[758].

A l'inverse, on peut penser que, eu égard au statut particulier de la Caisse des dépôts et consignations, placée sous la surveillance et la garantie législative, la consultation préalable de la Commission de surveillance ne paraît pas requise lorsqu'il s'agit d'apporter, par la loi, des modifications aux attributions, voire au statut de la Caisse des dépôts et consignations. On semble ainsi retrouver la distinction faite à l'article 34 de la Constitution du 4 octobre 1958. Les règles concernant le régime juridique de la Caisse des dépôts et consignations sont de la compétence législative tandis que l'aménagement des conditions juridiques des activités de la CDC relève de la compétence réglementaire. Tout dépendra alors de l'intérêt manifeste que susciteront les dépôts et consignations aussi bien sur le plan parlementaire que dans le jeu politique et financier[759]. L'extension des attributions de la Caisse des dépôts et consignations sont à la discrétion du gouvernement qui n'est tenu que de la consultation *a minima* de la Commission de surveillance[760]. Il va de soi que la consultation ait lieu avant que ne soit prise la décision gouvernementale[761]. Si tel n'est pas le cas, la décision prise sera illégale avant que le texte ne soit parvenu, même si le ministre des Finances connaissait le sens et les motifs de l'avis de la Commission de surveillance[762].

Il convient de se demander, avec une certaine mesure d'inquiétude, si les modifications apportées au statut de la Caisse des dépôts et consignations ne pourraient pas se dérouler sans l'aval du Parlement (et donc de la loi).

D'un côté, la jurisprudence relative à l'article 34 de la Constitution doit, en ce qui concerne les privatisations[763], être, en effet, combinée avec les dispositions législatives spéciales des années 1986 et 1993, ainsi que le dispositif dit de *« respiration du secteur public »*[764]. Or, ce cadre permet, dans certaines hypothèses, de procéder à des privatisations sans consultation du Parlement[765] et la Caisse des

---

758DELATOUR (A.), *op. cit.*, p. 36.

759V. JOSEPH-BARTHELEMY, *op. cit.*, RPP, 1931, p. 185.

760*A contrario :* 77-83 DC, 20 juillet 1977, *Loi modifiant l'article 4 de la loi de finances rectificative pour 1961 (obligation de service des fonctionnaires)*, RJC I, p. 50.

761V. à ce sujet les débats en Commission de surveillance relatifs à la position à prendre par la Commission de surveillance sur les taux d'intérêt à servir par les Caisses d'épargnes (procès-verbal du 28 décembre 1983 ; procès-verbal du 30 décembre 1983 et procès-verbal du 11 janvier 1984) ainsi que la date de l'avis visé par le décret n°83-1189 du 30 décembre 1983 fixant *la rémunération de la garantie accordée par l'Etat aux fonds collectés par les caisses d'épargnes et de prévoyance* (JORF, 31 décembre 1983, p. 3891).

762Par analogie, v. CE, 11 mars 1991, *Masset,* Rec. p. 671.

763L'article 34 de la Constitution prévoit notamment que la loi fixe les règles concernant les nationalisations d'entreprises et « *les transferts de propriété d'entreprises du secteur public au secteur privé* ».

764A l'heure actuelle, l'ouverture de capital des sociétés filiales d'entreprises publiques est régie par les dispositions du titre III de la loi du 6 août 1986 modifiée par la loi du 19 juillet 1993. Le juge administratif contrôle, le cas échéant, que le montage filialisant une activité antérieurement exercée par une entreprise de premier rang, puis aboutissant à une ouverture majoritaire de capital de celle-ci, n'est pas entaché de détournement de pouvoir.

765Selon la jurisprudence du Conseil d'Etat (CE, 10 juillet 1972, *Air Inter*, Rec. p. 537 ; CE, 24 novembre 1978, *Syndicat national du personnel de l'énergie atomique CFDT et autres,* Rec. p. 465 ; CE, 24 novembre 1978, *Schwartz et autres*, Rec. p. 467), doit être considérée comme une entreprise publique toute entreprise industrielle, commerciale ou financière, dotée de la personnalité morale et dont des personnes publiques détiennent séparément ou conjointement plus de la moitié du capital social. La vente d'un seul élément constitué par certaines parties de l'actif suffit à caractériser un transfert de propriété d'entreprise au sens de l'article 34 de la Constitution (CE, 24 novembre 1978, *Syndicat national du* dépôts et consignations n'échappe malheureusement pas à ce dispositif[766]. L'Etat a ainsi vendu, en novembre 1991, près de la moitié de sa participation dans le Crédit local de France, filiale de la Caisse des dépôts et consignations[767].

De l'autre côté, l'évolution de la jurisprudence constitutionnelle et administrative relative à *« la création de catégories d'établissements publics »*[768]

personnel de l'énergie atomique CFDT et autres, préc.). Sont constitutifs d'une entreprise les actifs afférents à un cycle complet d'opérations susceptibles d'une exploitation autonome. Leur cession constitue dès lors une privatisation d'entreprise (cls LATOURNERIE dans les deux décisions précitées du 24 novembre 1978, AJDA, 1979, p. 84, note M. BAZEX). En revanche, si un groupe d'actifs cohérents est « transféré » à une filiale ou une société holding tout en restant dans le secteur public, il n'y a pas privatisation au sens de l'article 34 de la Constitution. Les transferts d'ensemble de moyens d'exploitation d'une entreprise publique à l'une de ses filiales ou à une autre entreprise publique ne constituent pas des privatisations (CE, 24 novembre 1978, *Schwartz et autres*, préc.). Les établissements publics peuvent donc, au regard de la Constitution, sans qu'il soit besoin d'autorisation législative, créer des sociétés filiales (au sens de l'art. L.233-1 du Code de commerce. V. aussi *infra).* Par ailleurs, le juge contrôle rigoureusement le respect du principe selon lequel la majorité du capital doit rester publique ; des dispositions réglementaires positives doivent le garantir. Ainsi, le Conseil d'Etat a jugé que, pour respecter les dispositions de l'article 34 de la Constitution, le décret du 4 mars 1976 approuvant les statuts de la COGEMA, filiale du CEA, aurait dû exiger que les participations que la COGEMA pouvait être amenée à prendre dans des sociétés privées « *soient majoritaires, ou, qu'ajoutées à d'autres apports, ces participations aient pour effet de conserver ou de donner la majorité à des capitaux appartenant à l'Etat, aux collectivités publiques, aux établissements publics ou à des entreprises du secteur public* ». La jurisprudence est en outre plus souple s'agissant des prises de participations par des entreprises publiques dans des entreprises privées qui ne se traduisent pas par des apports trop importants d'actifs (CE, 11 octobre 1985, *Syndicat général de la recherche agronomique CFDT et autres*, Rec. p. 278, à propos de l'INRA).

[766]Rapport CHINAUD n°394, p. 42.

[767]*Id.*, p. 38.

[768]Selon la jurisprudence du Conseil constitutionnel, doivent être, en effet, regardés comme entrant dans une même catégorie au sens de l'article 34, « *les établissements publics dont l'activité s'exerce territorialement sous une même tutelle administrative et qui ont une spécialité étroitement comparable* » (v. not. 79-107 DC, *op. cit.* et 79-108, *op. cit.).* Au nombre des règles constitutives d'une catégorie d'établissements publics relevant du législateur, figure la définition du cadre général de la mission de l'établissement (67-47 L, 12 décembre 1967, *Nature juridique de certaines dispositions de l'article 1er de l'ordonnance n°59-151 du 7 janvier 1959 relative à l'organisation des transports de voyageurs dans les transports parisiens*, Rec. p. 34.). Les critères de catégorie d'établissements publics, grâce auxquels le juge établit le partage entre compétence du législateur et compétence du gouvernement, sont à rechercher dans la spécialité de l'établissement, dans les principes fondamentaux de son organisation et de son fonctionnement, dans le cadre territorial de son intervention et enfin dans les règles de tutelle administrative (CE, 28 juillet 1993, *Syndicat général CFDT de la CDC,* Rec. p. 551). Par ailleurs, une jurisprudence s'est développée sur le régime applicable en cas de transformation ou de disparition d'un établissement public. Le législateur est, en vertu de l'article 34 de la Constitution, seul compétent pour supprimer une catégorie d'établissements publics (CE, 6 mars 1991, *Syndicat CGT du Crédit d'équipement des petites et moyennes entreprises (CEPME)*, Rec. p. 657 et Rec. p. 972). La notion de règles constitutives concernant la création de catégories d'établissements publics en effet était interprétée largement; ainsi la modification des attributions d'un établissement peut avoir pour effet de le transformer en catégorie nouvelle (v. *a contrario*, 66-7 FNR, 21 décembre 1966, *Proposition de loi de M. Baudis, député, telle qu'elle résulte du rapport de la Commission spéciale, concernant l'indemnisation des dommages subis par les Français rapatriés d'outre-mer*, Rec. p. 37). De même, une modification des missions d'un établissement peut justifier l'intervention du législateur, ce qui constitue une application particulière du principe du parallélisme des compétences (CE, 10 avril 1959, *Sieur Fouré-Cormeray*, Rec. p. 233). Le régime applicable à ces évolutions est différent selon que l'établissement public en cause constitue à lui seul une catégorie d'établissements publics. Dans une affaire relative au CNRS (CE, 17 juin 1985, *Syndicat national des chercheurs scientifiques et autres*, Rec. p. 185), la Conseil d'Etat a estimé que le CNRS constituait à lui seul une catégorie d'établissement public au sens de l'article 34 de la Constitution. Le décret aboutissait-il à une transformation des règles constitutives d'un établissement dont la création relève de la loi ? Si tel était le cas, le décret aurait été entaché d'incompétence pour être intervenu dans le domaine de la loi. Mais, en l'espèce, les règles essentielles du fonctionnement et de la mission du CNRS n'étaient pas modifiées de manière telle qu'il en soit résulté, soit une transformation des règles constitutives de l'établissement, soit la création d'une nouvelle catégorie d'établissements

permet l'extension ou l'élargissement des missions d'un établissement public, sans contradiction notamment avec sa spécialité[769], par de simples dispositions réglementaires[770]. Tel a été encore le cas en 1987 pour le Crédit local de France[771]. A l'époque, la Caisse nationale d'aide à l'équipement des collectivités locales (CAECL, établissement public administratif géré par la CDC), a été transformée en société de droit privé (Crédit local de France), dont le capital a ensuite été ouvert au public, par voie réglementaire. Le décret du 6 octobre 1987 modifiant les règles d'organisation et de fonctionnement de la CAECL, celle-ci a apporté ses biens, droits et obligations à une société anonyme, dont le capital, dans un premier temps, demeurait public par l'intermédiaire de l'Etat et de la Caisse des dépôts et consignations[772]. L'une des questions posées à l'époque avait été celle du transfert de passif : il convenait d'éviter que les transferts des droits et obligations de la CAECL n'entraînent l'application des clauses d'exigibilité immédiate des emprunts contractés par l'établissement public[773]. Cette transformation devait préserver une mission d'intérêt général - le financement des collectivités locales - par le recours au statut d'institution financière spécialisée.

A l'inverse, la CNP, constituée à l'origine sous la forme d'un établissement innommé gérée en totalité par la Caisse des dépôts, dont elle constituait en fait une Direction, est devenue officiellement un établissement public industriel et commercial en 1987, tout en continuant à être gérée dans ces mêmes conditions[774]. Le statut d'établissement public industriel et commercial étant jugé inadapté, la CNP a été transformée en 1992 en entreprise publique d'assurance pour faciliter son développement européen et le renforcement de ses fonds propres. L'Etat devait garder la majorité du capital de la société aux côtés de la Caisse des dépôts et consignations et d'autres établissements. Par cette réforme, l'ensemble des droits et obligations de la CNP a été transféré à une société anonyme de droit privé. L'objet spécifique de la CNP, qui est d'offrir des produits d'assurance-vie et de prévoyance, était conservé et l'établissement public correspondant disparaissait. Le législateur s'appuyait sur les précédents du GIAT et de la SEITA[775]. La nécessité du recours à

---

publics. La Caisse nationale des marchés de l'Etat, des collectivités et des établissements publics n'était pas à elle seule une catégorie d'établissements publics. Elle pouvait donc être supprimée par décret (CE, 6 mars 1991, *Syndicat CGT du Crédit d'équipement des petites et moyennes entreprises*, préc.).

[769]Ainsi, il a été considéré que le décret transformant la CNP d'établissement public administratif en établissement public industriel et commercial n'a pas eu pour effet de créer ou de supprimer une catégorie d'établissement public, « *dès lors que le décret ne modifie pas la spécialité de la Caisse et que celle-ci continue à exercer territorialement son activité sous la même tutelle administrative* ». V. CE, 28 juillet 1993, *Syndicat général CFDT de la CDC,* préc. A propos de l'Office national des anciens combattants, à qui étaient retirées certaines missions pour être exercées par le ministère, le Conseil d'Etat a par ailleurs jugé que le décret n'était pas illégal (CE, 3 mai 1995, *Syndicat général CGT-FO des personnels des services départementaux et des établissements de l'Office national des anciens combattants et victimes de guerre*, Rec. p. 615). Une modification des compétences de l'établissement pouvait être effectuée par décret, dès lors que la mission générale de l'office, telle que définie par la loi, n'était pas modifiée d'une manière générale et qu'il n'en résultait pas une transformation des règles constitutives de l'établissement ou la création d'une nouvelle catégorie d'établissements publics.

[770]CE 9 juillet 1997, *Sté Maison Ballant Brugneaux*, CJEG, 1997, p. 400 ; RFDA 1998, cls C. BERGEAL, p. 56 ; AJDA, 1998, p. 620 avec la note de F. LICHERE.

[771]Décret n°87-814 du 6 octobre 1987 modifiant *les règles d'organisation et de fonctionnement de la Caisse d'aide à l'équipement des collectivités locales*, JORF, 7 octobre 1987, p. 11679.

[772]V. *infra*, Partie II, Titre 1.

[773]La question est aujourd'hui réglée. V. procès-verbal du 6 septembre 2000 et décret n°2000-1187 du 5 décembre 2000 portant *dissolution de la caisse d'aide à l'équipement des collectivités locales et fixant les conditions d'exécution de sa liquidation*, JORF, 7 décembre 2000, p. 19401.

[774]V. *infra*, Partie II, Titre 1.

[775]V. *infra*, Partie II, Titre 1.

la loi avait été reconnue, dès lors que l'établissement public constituait à lui seul une catégorie d'établissements publics. La Constitution requiert la loi pour la création de catégories, mais aussi pour la suppression. On peut noter que déjà en 1969, lorsque l'Etat avait tenté, par la voie réglementaire, une réforme ambitieuse de la CNP qui associait à ses missions traditionnelles d'assureur sur la vie celle de gestionnaire financier, aux lieu et place de la Caisse des dépôts, des fonds sociaux provenant des caisses de retraites d'agents de l'Etat, une loi avait été jugée nécessaire. En effet, le changement de nature de la Caisse produit par cette extension avait pour effet de créer une nouvelle catégorie d'établissements publics. Le projet fût abandonné. La loi de 1992 a prévu la mise à disposition de la nouvelle société des fonctionnaires de la Caisse des dépôts qui concouraient à la gestion de l'établissement public.

Dans ces deux cas, on peut donc dire que ce sont des considérations strictement juridiques et normatives, dont découlent les modifications des activités de la Caisse des dépôts et consignations, non sa protection parlementaire, qui ont donné une telle évolution de la structure de ses dites activités. C'est ainsi que si le transfert d'activités modifie les missions de l'Etablissement de manière telle que ses règles constitutives en sont affectées (par exemple, l'ensemble de l'activité de dépositaire ou la gestion des fonds réglementés), il faudrait recourir à la loi, et cela alors même que l'établissement lui-même ne disparaîtrait pas. Ce sont de telles considérations qui ont présidé la filialisation des activités d'assurances et de Finances à propos de la CNP ou des activités bancaires et financières à propos de CDC-Ixis[776], alors que tel ne semblait pas être le cas pour les activités de marchés et de participations. En ce sens, la constitution de CDC-Participations et de CDC-Marchés[777], regroupant les activités de marché, a notamment été motivée par la nécessité d'une mise en conformité avec la directive *Service d'investissements*[778]. Il a été fait une stricte application de la jurisprudence *COGEMA* précitée. Il a donc été considéré que ces créations de filiales, exerçant des activités antérieurement placées au sein de la Caisse des dépôts et consignations, peuvent être réalisées sans intervention d'une loi ou d'un texte réglementaire[779].

On ne peut dès lors que s'interroger sur l'effectivité d'une quelconque garantie et autorité législatives sous lesquelles est légalement placée la Caisse des dépôts et consignations. C'est d'autant plus vrai que ces activités de marché sont désormais intégrées au groupe CDC-Ixis, lequel appartient, depuis peu, au groupe des Caisses d'épargne. Autrement dit, ni la Caisse des dépôts et consignations ni la Commission de surveillance ne peuvent maîtriser ces activités. Le régime juridique de la Caisse des dépôts et consignations aurait pu, en effet, laisser penser à une qualification de catégorie d'établissements publics[780], voire au moins à la compétence de principe du Parlement, duquel dépend légalement l'Etablissement[781].

Dans ce prolongement et sans pour autant l'exonérer du respect des exigences constitutionnelles[782], il eût été préférable que le statut fondamental de la Caisse, d'origine législative, ne puisse être modifié que par l'intervention du Parlement, premier garant de son indépendance. L'établissement issu de cette

[776]V. *infra*, Partie II, Titre 1.
[777]Rapport blanc 1998, p. 21 et p. 25 ; Rapport blanc 1999, p. 24
[778]PEZARD (A.), *La modernisation des activités financières en Europe*, LPA, 9 octobre 1996, p. 11.
[779]Rapport blanc 1996, p. 17.
[780]V. Introduction générale.
[781]Art. L.518-2 du Code monétaire et financier.
[782]Cls J.-C. BONICHOT, sous CE, 19 mars 1993, *Caisse des dépôts et consignations caisse nationale et prévoyance,* Rec. p. 75 ; LPA, 18 juin 1993, p. 16 ; Gaz. Pal. 1993.2, panor. adm., p. 160, JCP, IV, p. 154 1993, obs. M.-C. ROUAULT.

modification législative ne serait vraisemblablement lui-même que le premier établissement d'une nouvelle catégorie d'établissements publics. Cela ne poserait, du fait de l'intervention du législateur, aucune difficulté particulière au regard des dispositions de l'article 34 de la Constitution. Elle permettrait simplement au législateur d'assurer - s'il en décide ainsi - la pérennité des dépôts et consignations.

La question qui pouvait se poser est celle de la forme législative nécessaire à la modification statutaire de la Caisse des dépôts et consignations. Elle a été clairement résolue en 1994 : cette modification relève du seul acte de loi ordinaire[783]. En fait, toute la difficulté juridique tient essentiellement aux conditions de l'activité des dépôts et consignations originellement confiée à la Caisse des dépôts et consignations et au statut du personnel fonctionnaire de l'Etablissement. Dans ces deux seules hypothèses, le Parlement doit être au moins saisi. Le rattachement de la Caisse des dépôts et consignations au Parlement est donc remis en cause, notamment dans un régime politique dans lequel le pouvoir réglementaire tient une place considérable. Lorsque le Conseil d'Etat a affirmé que *« tout établissement public doit être techniquement rattaché à une personne morale »*[784] et que le Conseil constitutionnel fait de *« l'identité de rattachement territorial »*[785] un des critères distinctifs d'une catégorie d'établissements publics, cette question remet en cause toute la signification politique et juridique qui présidait en 1816 à la création d'un « établissement spécial » des dépôts et consignations. A ce propos, le Professeur FATOME[786] distingue trois « types » de rattachement à une collectivité territoriale (établissement public « classique », établissement public de coopération, établissement public corporatif) dont les strictes caractéristiques de dépendance vis-à-vis de la collectivité territoriale de rattachement ne peuvent s'appliquer à la Caisse des dépôts et consignations.

En fait, ce rattachement « par nature » de la Caisse des dépôts et consignations au Parlement se traduit par l'existence de « liens »[787]entre la rue de Lille et les Assemblées (parlementaires à la Commission de surveillance, présidence de fait de la Commission par un député, rapport au Parlement, audition annuelle au Parlement...). Dans ce cadre, ces liens feraient de la Caisse des dépôts et consignations un établissement public « classique »[788]. Un rattachement purement technique au ministère de l'Economie, pour les questions budgétaires et la gestion des fonds d'épargne, en ferait un établissement public type corporatif[789]. En effet, il est concevable qu'en qualité d'organe de gestion des dépôts et consignations pour le bien commun du pays, placée sous le sceau de la Foi publique et de la protection parlementaire, la Caisse des dépôts et consignations doive en elle-même être techniquement rattachée au ministère de l'Economie[790] : c'est ce que prévoient légalement l'article L.518-3 (mise en œuvre du concours de la CDC), l'article

---

[783]V. Introduction générale.

[784]Avis n°351654, Section des Finances, 16 juin 1992, *Chambre de commerce et d'industrie*, Rapport public CE, 1992, EDCE, n°44, p. 419.

[785]Pour reprendre l'expression de M. CHAPUS, v. CHAPUS (R.), *Droit administratif général*, Paris, Montchrestien, t. 1, 15ème éd., 2001, p. 384.

[786]FATOME (E.), *A propos du rattachement des établissements publics*, Mélanges J. MOREAU : *les collectivités locales*, Paris, Economica, 2002, p. 140.

[787]MOREAU (J.) (Dir.), *Droit public*, Paris, PUF, coll. Droit fondamental, 1989, p. 96.

[788]FATOME (E.), *op. cit.*, p. 140.

[789]*Idem*, p. 152.

[790]CE, 29 novembre 1991, *Crépin*, RFDA, 1992, p. 884, cls F. LAMY ; 98-17 I, 28 janvier 1999, *Situation du Président de la chambre de commerce et d'industrie de Bastia (Haute-Corse) au regard du régime des incompatibilités parlementaires*, JORF, 31 janvier 1999, p. 1652.

L.518-12 (budget de l'Etablissement) ou encore l'article L.518-14 (indemnité des préposés de la caisse, comptables du Trésor) du Code monétaire et financier.

Mais, ce rattachement se distingue de la réglementation, de la tutelle ou de la régulation[791]. Si ces termes semblent signifier dans l'opinion publique et doctrinale une forme de tutelle, ils ne sauraient cependant pas se confondre avec la relation particulière qu'implique le rattachement, même si les procédés utilisés sont identiques. *« La différence irréductible entre les deux notions tient finalement à ce que la seconde ne relève pas de la théorie de la décentralisation proprement dit... »*[792]. Qu'ils soient globaux ou ponctuels, ces rattachements de la Caisse des dépôts et consignations ne doivent pas alors emporter les mêmes conséquences que le contrôle général de tutelle. La confusion pratique des termes est donc absolument à éviter, la Caisse des dépôts et consignations étant voulue par le législateur de 1816, indépendante du pouvoir exécutif et surveillée par une Commission dite *« de surveillance »* qui doit rendre compte au seul pouvoir législatif. Il en est autrement pour les établissements publics de droit commun relevant directement de l'Etat, dès lors qu'ils relèvent en général du même pouvoir ministériel. Pour la Caisse des dépôts et consignations, tel n'est pas en principe le cas, dès lors qu'elle est placée légalement *« sous la surveillance et la garantie de l'autorité législative »*. En définitive, on retrouve encore ce droit politique régissant la Caisse des dépôts et consignations et ses activités, droit pragmatique dont les contingences doctrinales et jurisprudentielles connaissent toutes ces limites[793]. Ces deux types de rattachement ne se combinent pas toujours de la même manière dans la réalité constitutionnelle et administrative.

Il ne peut alors se traduire fondamentalement que par la haute estime et l'autorité que le Parlement assigne à sa mission de surveillance et de garantie accordée à l'Etablissement de la rue de Lille en général et à la valeur de son travail législatif en particulier[794].

Il en était ainsi de la valeur du statut de la Caisse des dépôts et consignations jusqu'à l'adoption de la loi n°2003-591 du 2 juillet 2003 *habilitant le gouvernement à simplifier le droit*[795]. En effet, omission volontaire ou simple inadvertance, le Code monétaire et financier faisait partie des cinquante-quatre ordonnances prises sur le fondement de l'article 38 de la Constitution et adoptées sous la XIème législature, qui n'avaient toujours pas été ratifiées par le Parlement[796]. Autrement dit, au-delà d'une dépossession de la compétence parlementaire, tant sur le plan du domaine que de la conception du processus de codification en général[797],

---

[791]SABLIERE (P.), *Libres propos sur les notions de réglementation, tutelle et régulation dans les rapports entre les pouvoirs publics et les entreprises publiques*, CJEG, janvier 1997, p. 1 ; sur *infra*, l'appréciation de ces notions appliquées à la Commission de surveillance.

[792]DOUENCE (J.-C.), *Rattachement des établissements publics à une collectivité territoriale*, AJDA, 1971, p. 4.

[793]V. Introduction générale.

[794]Rapport CHINAUD n°394, avant propos et p. 30.

[795]JORF, 3 juillet 2003, p. 11192. L'article 31 de cette loi ratifie notamment le Code monétaire et financier.

[796]ROJINSKY (C.), *Les ordonnances oubliées de la onzième législative*, JCP, G., 26 février 2003, p. 329. L'ordonnance n°2000-912 du 18 septembre 2000 relative à la partie législative du Code de commerce vient pour sa part d'être expressément ratifiée par l'article 50 de la loi n°2000-7 du 3 janvier 2003 (JORF, 4 janvier 2003, p. 256).

[797]Pour une critique sévère du processus de codification, v. GONOD (P.), *La simplification du droit par ordonnance* (AJDA, 2003, p. 1652), le Professeur GONOD commentant tout particulièrement la loi n°2003-591 du 2 juillet 2003 *habilitant le gouvernement à simplifier le droit.*

le statut législatif codifié de la Caisse des dépôts et consignations[798] était plus particulièrement précaire pendant plus de deux ans et demi[799]. Matériellement législatif et organiquement administratif à l'époque[800], le Code monétaire et financier était susceptible de voir sa légalité remise en cause soit par voie de recours pour excès de pouvoir, soit par le biais de l'exception d'illégalité, et cela malgré la protection parlementaire de la Caisse des dépôts et consignations. Si l'on pouvait dénier toute valeur normative à la partie législative du Code monétaire et financier, celle-ci n'en conservait pas moins, à défaut de ratification expresse ou implicite[801], une place affaiblie dans la hiérarchie des normes, puisqu'elle se voyait conférer une place infra-législative. Dans ces conditions, la protection du statut de la Caisse des dépôts et consignations par la Commission de surveillance et l'autorité parlementaire semblait, de fait, encore plus difficilement praticable et en totale contradiction avec l'esprit de *« Foi publique »* qui présidait en 1816 à la création de la Caisse des dépôts et consignations[802].

C'est pourquoi, pour répondre davantage au vœu du législateur de 1816, on peut se demander s'il ne serait pas souhaitable de renforcer fondamentalement la surveillance prudentielle de cette Commission, laissant l'autorité politique devant sa propre responsabilité.

SECTION II- Un renforcement souhaitable de la surveillance prudentielle de la Commission de surveillance

Tout un chacun s'imagine réformer le mode de fonctionnement et d'organisation de la Commission de surveillance, comme un ministre peut laisser son nom à une loi. Il n'en demeure pas moins que la Commission de surveillance est une nécessité statutaire pour la protection de la Caisse des dépôts et consignations, ce qui n'exclut pas, évidemment, certains aménagements.

S'il ne s'agit pas de transformer la Commission de surveillance de la Caisse des dépôts et consignations en véritable conseil d'administration ou conseil de surveillance, il n'en demeure pas moins que les mutations politiques et économiques lui demandent désormais une indépendance plus affirmée, tant sur le plan fonctionnel que matériel, à l'égard de la Direction générale de la Caisse des dépôts et consignations.

---

798 V. en Introduction générale le processus de codification des dispositions relatives à la CDC.

799 L'art. 34-4° de la loi n°2003-591 semble reposer cette question : « *le gouvernement est autorisé à prendre par ordonnance les mesures législatives nécessaires pour modifier et compléter* [...] *le Code monétaire et financier afin d'y inclure les dispositions de nature législative qui n'ont pas été codifiées, remédier aux éventuelles erreurs ou insuffisances de codification et y intégrer les dispositions relatives aux interdictions d'exercice des activités bancaires et financières...* » Il conviendra de penser que la Commission de surveillance devra rester plus particulièrement vigilante sur ce sujet.

800 A la lumière des procès-verbaux de ses réunions, la Commission de surveillance ne semble pas avoir discuté (en amont ou en aval) de cette codification législative, les relations avec la Commission de codification étant directement assurées par le service juridique de la CDC en accord avec la Direction du Trésor.

801 Sur cette question de ratification expresse ou implicite et les difficultés qu'elle peut comporter, v. not. 72-73 L., 27 février 1972, *Nature juridique de certaines dispositions des articles 5 et 16 de l'ordonnance, modifiée, du 17 août 1967 relative à la participation des salariés aux fruits de l'expansion des entreprises*, AJDA, 1972, p. 638, note B. TOULEMONDE ; 86-224 DC, 23 janvier 1987, *Loi transférant à la juridiction judiciaire dans le contentieux des décisions du conseil de la concurrence*, GDCC, n°41 et CE, 25 janvier 1957, *Société Etablissement Charlionnais*, Rec. p. 54 ; CE, 10 juillet 1972, *Cie Air Inter*, Rec. p. 537. Pour un exemple récent d'une ratification implicite d'une ordonnance, v. CE, 19 mars 2003, *Association des élus de montagne*, DA, mai 2003, p.15, note M. G.

802 V. Introduction générale.

C'est pourquoi, la mise en pratique de la Commission de surveillance comme véritable autorité parlementaire, sur le modèle des autorités administratives indépendantes (§1), présenterait manifestement des conséquences positives (§2).

§1. La mise en pratique de la Commission de surveillance comme véritable autorité parlementaire

Rendre efficace les pouvoirs de la Commission de surveillance (I) demande un renforcement de l'audit au sein de son administration (II).

I- Rendre efficaces les pouvoirs de la Commission de surveillance

L'examen des conditions qui ont présidé à la création de la Caisse des dépôts et consignations sous une forme institutionnelle spécifique, placée sous le sceau de la Foi publique, a montré la haute estime donnée et à donner à sa Commission de surveillance.

La Commission de surveillance, au cours du XIXe siècle et jusqu'au Premier conflit mondial, est souvent composée de personnalités politiques importantes, futurs ou anciens Président du Conseil ou ministre des Finances[803]. Elle a longtemps constitué l'un des organes essentiels de la définition des politiques financières, lorsqu'elle rassemble en son sein les principaux acteurs de la politique économique de l'Etat[804]. C'est en ce sens que la cérémonie du 31 mai 1816, relatant la prestation de serment du Directeur général de la nouvelle Caisse d'amortissement et des dépôts et consignations, a paru suffisamment importante pour être relatée dans le Moniteur Universel du 5 juin de la même année.

DU TREMBLAY, Directeur général de la Caisse des dépôts et consignations pressenti, y prononce ainsi une brève allocution : *« Messieurs,* [...] *Je serai heureux de poser les premières bases d'un établissement qui promet les plus grands succès.* [...] *N'écoutant que l'intérêt public, qui est la pensée de tous ses moments, son Excellence a fait, pour la création de cet établissement, l'abandon généreux d'une portion de ses attributions... ».* Allocution à laquelle répond le ministre des Finances CORVETTO : *« la surveillance sur les opérations de la Caisse d'amortissement* [et des dépôts et consignations] *cesse de m'appartenir. L'ancienne Caisse d'amortissement n'est plus. Celle qui la remplace, protégée par la puissance législative s'ouvre sous des auspices qui lui garantissent une destinée conforme à celle d'un Gouvernement qui a la légitimité pour base et la foi des engagements pour principe et pour règle. Nous posons aujourd'hui la première pierre d'un édifice dont l'utilité s'agrandira par le temps, et où le crédit public doit trouver dans les circonstances les plus difficiles, un refuge solide et un aliment certain ».*

Plus près de nous, à l'occasion de l'installation du Conseil de la politique monétaire en janvier 1994, le Premier ministre BALLADUR appelle l'indépendance de la Banque de France dans la définition et la mise en oeuvre de la politique monétaire[805]. L'objectif est d' *« améliorer encore l'efficacité de la politique de*

---

[803] THIVEAUD (J.-M.), *Le statut de la Caisse des dépôts : tutelle parlementaire et crédit de la nation (la foi publique)*, Bulletin de l'IREPP : La Poste : vers une autonomie, janvier 1991, p. 165.
[804] SALOME (L.) et al., *op. cit.*, p. 20.
[805] *Discours de Monsieur Edouard Balladur, Premier ministre, à l'occasion de l'installation du Conseil de la politique monétaire*, Vendredi 7 janvier 1994, Service de Presse, Premier ministre, 7 p.

stabilité des prix, de conforter la crédibilité internationale de notre monnaie et donner par la même à notre Economie, et ceci, durablement, le meilleur environnement financier possible [...] *L'indépendance de la Banque centrale est apparue comme étant au total le meilleur mode d'organisation institutionnelle et que cette conception a été retenue dans le processus de l'UEM* [...] *Sachez, Monsieur le Gouverneur, que je veillerai moi-même scrupuleusement à l'indépendance de la Banque de France, dans le respect de la loi. Vous ne devez, Madame et Messieurs, ni solliciter, ni accepter d'instructions ni du gouvernement, ni permettez-moi de le rappeler ici, de toutes autres personnes. Le pays remet en vos mains une fonction essentielle. Vous êtes de par la loi les gardiens de la monnaie. C'est une très lourde responsabilité qui vous incombe... ».*

Ces deux discours exaltent l'indépendance assurée aux deux institutions financières. Ce sentiment d'indépendance[806] doit, dans ces conditions, s'accompagner d'une émancipation à l'égard des règles de subordination et de neutralité politique[807]. Elle consiste en une large autonomie de la Commission de surveillance par un dispositif statutaire, administratif et financier, indépendant de la Caisse des dépôts et consignations. Or, à la limite de la contradiction avec le principe légal de la gratuité des fonctions de surveillant[808], la Direction de la CDC assure, depuis 1986, la prise en charge du Directeur de cabinet du Président de la Commission de surveillance et, le cas échéant, d'un attaché d'administration, ainsi que d'une secrétaire pour chaque représentant du Parlement[809]. Par ailleurs, les fonctions de secrétaire de la Commission de surveillance, au-delà de la présence du Directeur général et de ses principaux collaborateurs, sont le plus souvent assurées, depuis 1982, par le secrétaire général de la Caisse des dépôts et consignations[810]. C'est même sur proposition du Directeur général, adoptée par la Commission de surveillance, que le secrétaire est aujourd'hui assisté d'un agent de la Caisse des dépôts chargé de la retranscription des débats de la Commission.

Il conviendrait alors de militer pour un rattachement des moyens de la Commission de surveillance de la Caisse des dépôts et consignations au pouvoir législatif, sous lequel l'Etablissement est placé, *« de la manière la plus spéciale »*[811].

---

[806]PISIER (E.,) *Vous avez dit indépendantes ? Réflexions sur les AAI*, Pouvoirs, n°6, 1988, p. 71.
[807]MANSON (S.), *La notion d'indépendance en droit administratif*, th., Paris II, 1995, p. 31.
[808]Art. L.518-6 du Code monétaire et financier.
[809]Le Président de la Commission de surveillance peut par ailleurs disposer des moyens de réception de l'hôtel de Pomereu, dans le cadre de ses fonctions à la Commission de surveillance.
[810]Les fonctions de secrétaire de la Commission de surveillance ont existé de fait dès 1816 pour attester de la validité des propos des membres surveillants (procès-verbal du 7 juin 1816). En effet, le recueil Varnier mentionne que BERTHOLET assura cette mission de 1816 à 1847 (Rec. 1894, p. 585 sqq.). Toutefois, le premier texte de portée générale évoquant les fonctions de secrétaire est l'ordonnance du 13 janvier 1847 portant *organisation de l'administration des Caisses d'amortissement et des dépôts et consignations* (Rec.Varnier, 1894, p. 40), dans laquelle l'article 6 dispose notamment que « *l'un des chefs supérieurs continuera à remplir les fonctions de secrétaire de la Commission de surveillance* ». L'article 12 du décret du 30 octobre 1861 portant lui aussi *organisation de l'administration des Caisses d'amortissement et des dépôts et consignations* (Rec.Varnier, 1894, p. 63) note également que « *l'un des chefs de bureau, désigné par la Commission de surveillance remplira près d'elle les fonctions de secrétaire* ». Le secrétaire de la Commission de surveillance est invité à assister aux séances de la Commission (décision « *par minoration aux usages* » ; v. procès-verbal du 21 juillet 1871), sauf exception (procès-verbal du 26 février 1880). Par la suite, la pratique veut que le Directeur de cabinet du Directeur général (procès-verbal du 24 juin 1903 ; procès-verbal du 3 juin 1927 ; procès-verbal du 9 avril 1948) ou le secrétaire général de la Caisse des dépôts et consignations (procès-verbal du 17 janvier 1930) assure ces fonctions. En tout état de cause, le dispositif actuel de cumul des fonctions de secrétaire général de la CDC et de secrétaire de la Commission de surveillance reste un simple usage non réglementé.
[811]Art. L.518-2 al. 2 du Code monétaire et financier.

Un tel rattachement au seul pouvoir législatif aurait pour effet, à l'image du médiateur suédois ou encore des agences anglaises rattachées à leurs Parlements respectifs[812], de délier la Commission de surveillance de tout rapport financier avec la Direction générale de la Caisse des dépôts et consignations[813], puisque *« chaque assemblée jouit de l'autonomie financière »*[814].

Jouant un rôle correctif par rapport à un système d'amortissement et de dépôts et consignations, qui n'en avait pas la nécessité, la volonté de confier à une structure indépendante une telle surveillance et placée en dehors de la sphère d'influence de l'exécutif correspond à un dessein politique précis de protection de deniers confiés à l'Etablissement. Sauf à considérer que la Caisse des dépôts et consignations n'a plus durablement sa place dans l'espace public français et européen, ce geste politique serait fort et renforcerait certainement sa crédibilité. Il s'inscrit par ailleurs, non pas dans un mouvement de constitutionnalisation du droit administratif[815], mais davantage dans une « parlementarisation » du droit des institutions administratives.

La légitimité de l'indépendance de la Caisse des dépôts et consignations trouverait sa force, d'une part, dans l'adhésion incontestable du groupe social et, d'autre part, dans une dépolitisation légitimatrice d'une institution placée sous le sceau de la Foi publique. Elle ne rendrait pas pérenne l'institution de la Caisse des dépôts et consignations sous forme d'établissement spécial. Sans rendre son statut constitutionnel, cette légitimité serait simplement un gage d'indépendance dans la gestion des dépôts et consignations. A cet égard, M. HABERER[816] faisait remarquer à propos de la Banque de France : *« Dans une démocratie, toutes les composantes de la politique économique relèvent, d'une manière ou d'une autre, de la responsabilité politique. Même si l'excellente loi du 3 janvier 1973 sur la Banque de France confie à cette institution très spéciale la mission de « veiller sur » (note de bas de page n°2 le choix de ce mot imprécis, emprunté au vocabulaire constitutionnel, fut savamment négocié et prémédité par M. Giscard d'Estaing et M. Olivier Wormser) la monnaie et le crédit. [...] Elle marque aussi discrètement, à la française, la nécessaire subordination de la Banque centrale, technostructure non élue, [...], à l'autorité politique qui assure une responsabilité globale devant le Parlement et l'opinion. Mais si elle la marque avec une discrétion calculée, c'est parce qu'il est nécessaire de ne pas entamer l'autorité morale de la Banque centrale, autorité dont le ministre des Finances et de l'Economie a besoin non seulement pour lui déléguer des espaces de compétence et d'autonomie, mais aussi pour s'en servir comme partenaire et démultiplicateur de décisions techniquement difficiles et parfois*

---

[812]CANEL (G.), *L'autonomie financière des autorités administratives indépendantes au regard de leur régime financier*, mémoire, DEA de Droit public général, mention Droit public financier, Lille II, 1998, p. 26.

[813]En 2000, le budget affiché de la Commission de surveillance n'est que de 5500 € (v. EHRHART (I.), *CDC : La Commission de surveillance veut renforcer ses capacités de contrôle*, Les Echos, 29 juin 2000.

[814]Art. 7 de l'ordonnance n°58-1100 modifiée du 17 novembre 1958 relative *au fonctionnement des assemblées parlementaires*, dans Code constitutionnel, 2001, p. 894. En l'occurrence, les crédits nécessaires à la Commission de surveillance seraient délibérés par une Commission composée par les questeurs des deux assemblées et présidée par un Président de la Chambre à la Cour des comptes.

[815]VEDEL (G.), *Les bases constitutionnelles du droit administratif*, Paris, EDCE, La Documentation française, n°8, p. 21 ; théorie critiquée par EISENMANN (C.), *La théorie des bases constitutionnelles du droit administratif*, RDP 1972, p. 1345. Pour une étude de la controverse, v. not. BREEN (E.), *Le Doyen Vedel et Charles Eisenmann : une controverse sur les fondements du droit administratif*, RFDA, 2002, p. 232.

[816]HABERER (J.-Y.), *Le ministère de l'Economie et des Finances et la politique monétaire*, Pouvoirs, 1990, n°90, p. 28.

politiquement impopulaires ». Ce raisonnement, toujours d'actualité, peut s'appliquer aussi à la *« vieille Dame de la rue de Lille »*, institution qui fait *« si peu de bruit et tant de bien »*[817].

Dans ce cadre, il conviendrait aussi de renforcer le poids parlementaire de la Commission de surveillance et de la composer à l'image d'une démocratie sociale renouvelée. A cet égard, le Professeur MENY notait plus généralement que le corps social attend une administration dépolitisée[818]. Si le concept général américain de *government regulation* recouvre en ce sens des modes d'intervention dépassant la logique strictement libérale, les débats suscités autour de la loi *Nouvelles Régulations Economiques* laisserait planer l'idée novatrice de gouvernement d'entreprise[819]. A d'autres égards, les chartes constitutionnelles dans nos démocraties occidentales garantissent ainsi les droits de la propriété privée[820]. Une des caractéristiques des Commissions et agences administratives fédérales américaines[821], conçues à l'initiative du Congrès pour remplir une mission *ad hoc*, est d'être *« un bras du Congrès »*, enjeu d'influence entre les fonctions législatives, exécutives et judiciaires, et les divers groupes de pressions.

C'est pourquoi une indépendance qui ne produirait ses effets qu'à l'égard du pouvoir exécutif ne serait qu'un transfert de dépendance à l'égard d'influences politiques ou économiques[822]. A titre d'analogie, les agents et les services de la Commission européenne sont constamment *« ballottés* [sic]*»* entre la dépendance des acteurs nationaux, les lobbyings et l'autonomisation de leurs actions[823]. En ce sens, la Caisse des dépôts et consignations connaît dans son histoire une influence du pouvoir politique et financier (affaire de Saint-Domingue ou de Madagascar, politique des taux d'intérêt ou fiscalité de la Caisse par exemple), qui ont éventuellement conduit à un souhait politique de réforme ou de suppression de l'Etablissement de la rue de Lille.

Pour parfaire le système, on pourrait envisager un vote parlementaire en une seule fois des crédits de la Commission de surveillance pour plusieurs années[824], comme c'est le cas par exemple pour l'*ombudsman* suédois[825]. A chaque renouvellement de son mandat, le Président de la Commission de surveillance

---

[817]DUPIN l'aîné, cité par GUILLEMOT dans son Traité des consignations en page de garde (1868).

[818]MENY (Y.) *La corruption de la République*, Paris, Fayard, 1992, p. 66 sqq.

[819]RAPP (L.), *Les nouvelles régulations économiques*, AJDA, 2001, p. 560.

[820]V. Introduction générale.

[821]RUFFAT (M.), *Le débat sur la réglementation économique fédérale*, RFSP, 1980, p. 834.

[822]MANSON (S.), *op. cit.*, p. 165. A d'autres égards, Mme TOINET cite l'exemple de la *Federal Trade Commission* : le Congrès subordonnait le vote de son budget à la condition que ladite Commission n'effectue pas une enquête, qu'elle avait souhaité entreprendre sur les relations entre les grandes sociétés commerciales (v. *Le système politique des Etats-Unis*, Paris, PUF, col. Thémis, 1990, p. 226).

[823]LEQUESNE (C.), *La Commission européenne. Entre autonomie et dépendance*, RFSP, juin 1996, not. p. 394 à 408.

[824]Cette proposition n'est pas en contradiction avec le principe de l'annualité budgétaire. Saisi de droit de la loi organique n°2001-692 du 1er août 2001 (2001-448 DC, JORF, 2 août 2001, p. 12490), le Conseil constitutionnel a ainsi rappelé, de manière incidente, la valeur constitutionnelle de ce principe. Ce dernier peut néanmoins subir des aménagements d'importance : autorisation de programme et d'engagement (art. 8 et 15 de la LOLF), engagement par anticipation (art. 9 de la LOLF), report de crédit (art. 15 de la LOLF) par ex. v. MAHIEU (S.), *La loi organique relative aux lois de Finances du 1er août 2001*, RFFP, novembre 2001, p. 32 et LAUZE (J.), *Les grands principes du droit budgétaire d'une loi organique à l'autre*, RDP, 2001, p. 1691 ; sur un sujet plus spécifique v. CATTOIR-JONVILLE (V.), *Annualité budgétaire et financement de la défense nationale dans la doctrine publiciste sous la IIIe République (du principe d'annualité à la notion de loi de programme)*, dans ABEN (J.) et PERCHEBOIS (J.) (coord.), *Le fardeau de la sécurité. Défense et Finances publiques*, Paris, L'Harmattan, série Clichés, coll. L'esprit économique, 2003, p. 309.

[825]VERRIER (P.), *Le Médiateur, 5 ans de pratique*, RDP, 1979, p. 1104.

viendrait demander au Parlement la confiance et un « budget de surveillance ». L'avantage de voter en une seule fois les crédits de la Commission de surveillance pour plusieurs années consécutives lui permettrait de mieux apprécier ses disponibilités financières et la libérerait d'un risque de réductions budgétaires pour des raisons laissées à la seule discrétion des contingences politiques et financières[826].

En tout état de cause, quelle que soit la solution envisagée, le devoir et les obligations qui ont présidé à l'institution de la Caisse des dépôts et consignations sous forme d'établissement spécial la placent sous le sceau antique de la Foi publique et demandent probité et transparence. Dans ces conditions, sous couvert de l'opinion publique, il convient de suggérer un renforcement des méthodes privées de l'audit afin de laisser le Parlement fidèlement et simplement responsable « de la surveillance et de la garantie » de la Caisse des dépôts et consignations.

II- Pour un renforcement de l'audit au sein de l'administration de la Commission de surveillance

L'exercice vigilant par la Commission de surveillance de l'ensemble des prérogatives qui lui sont conférées par les textes régissant la Caisse des dépôts et consignations est nécessaire pour assurer l'équilibre des pouvoirs instauré par le législateur. D'une manière générale, les textes fondateurs de la Caisse des dépôts et consignations laissaient une grande latitude à la Commission de surveillance pour exercer ses missions. Il convient alors que la Commission prenne la mesure de ses prérogatives.

La Commission de surveillance a, tout d'abord, tout intérêt à se faire assister plus souvent par des personnalités extérieures[827]. A cet effet, elle peut utiliser les compétences de la Cour des comptes[828], qui est certainement, en l'état actuel du droit, la mieux à même de répondre à cette question[829] : on pense « *incontestablement* »[830] aux surveillants représentant la Cour des comptes, qui « *font par principe de l'audit de la Caisse* »[831], sans pour autant leur donner une place plus importante en Commission[832]. Les surveillants peuvent également s'appuyer sur les rapports publics ou particuliers de la Cour des comptes relatifs à la CDC[833] et demander le soutien d'auditeurs de la juridiction financière, que ce soit de manière ponctuelle[834] ou plus organisée[835].

Par ailleurs, la lecture des procès verbaux montre que la Commission de surveillance a entendu certaines personnalités extérieures, au-delà de l'audition annuelle des commissaires aux comptes[836]. Il s'agit le plus souvent de hauts fonctionnaires[837]. Il convient de noter cependant, dans un esprit certainement plus en

---

[826]BEZAT (J.-M.), *Les députés coupent les vivres au Conseil de politique monétaire de la Banque de France*, Le Monde, 21 et 22 juillet 2002.
[827]Procès-verbal du 27 janvier 1978 ; procès-verbal du 10 février 1978.
[828]Procès-verbal du 4 juin 1937.
[829]V. SINE (A.), *Réforme du budget : le volet manquant*, Le Monde, 3 février 2001.
[830]Procès-verbal du 19 janvier 2000.
[831]Procès-verbal du 5 décembre 1941.
[832]Procès-verbal du 16 février 2000.
[833]Procès-verbal du 7 février 2001.
[834]Procès-verbal du 31 décembre 1943 (vérification de la caisse générale).
[835]Procès-verbal du 27 mai 1966.
[836]Procès-verbal du 20 octobre 1999 ; procès-verbal du 18 avril 2000.
[837]Procès-verbal du 6 novembre 1890 (gouverneur général d'Algérie) ; procès-verbal du 9 mars 1892 (deux membres du Conseil d'administration du Crédit foncier de France) ; procès-verbal du 26 mai 1961

concordance avec le statut de 1816, que la Commission de surveillance a approuvé dernièrement le député GROSDIDIER pour lui confier la présidence du conseil d'orientation et de suivi des emplois du Fonds Renouvellement Urbain (FRU) de la Caisse des dépôts et consignations[838]. Il semble souhaitable que la Commission de surveillance généralise cette procédure, sans pour autant se dénaturer ou substituer sa fonction à un quelconque comité[839]. Ces personnalités extérieures ne font pas, en effet, double emploi et sont au service de la surveillance de la Caisse des dépôts et consignations par la Commission[840]. Tout au contraire, la responsabilité première de la Commission de surveillance ne perd pas de sa vivacité.

Dans ce même sens, le premier rapport VIENOT relatif au gouvernement d'entreprise recommandait dès 1995 l'examen périodique, par chaque conseil, de la question de *« l'opportunité de la création en son sein de comités d'études et notamment d'un comité de sélection des administrateurs et des mandataires sociaux, d'un comité de la rémunération et d'un comité d'audit des méthodes de procédures comptables. Si de tels comités sont créés, une réflexion particulière doit être consacrée à leur composition qui doit être de nature à garantir l'objectivité de l'instruction des affaires qu'ils examinent »*. Il ajoute que *« chaque conseil doit s'interroger sur l'équilibre souhaitable de sa composition ou de celle des comités qu'il constitue en son sein, en prenant des dispositions propres à assurer les actionnaires et le marché que ses missions sont accomplies avec l'indépendance et l'objectivité nécessaire »*. Le second rapport VIENOT de juillet 1999 confirme ce point en évoquant la possibilité pour les comités de faire appel à des non membres, mais pour faire réaliser des études techniques sur des sujets relevant de leur compétence, et après en avoir informé le Président du conseil ou le conseil et à charge d'en rendre compte à ce dernier. Par ailleurs, s'agissant des sociétés à directoire et conseil de surveillance, la loi n°66-537 du 24 juillet 1966 codifiée sur les sociétés commerciales ne laisse pas au conseil de surveillance la possibilité de désigner des membres des comités en dehors de son sein. En effet, l'article 115 al.2 du décret modifié n°67-236 *sur les sociétés commerciales* dispose que le conseil de surveillance d'une société *« peut décider la création en son sein de Commissions dont il fixe la composition et les attributions et qui exercent leurs activités sous sa responsabilité, sans que lesdites attributions puissent avoir pour objet de déléguer à une Commission les pouvoirs qui sont attribués au conseil de surveillance lui-même par la loi ou les statuts ni pour effet de réduire ou de limiter les pouvoirs du directoire »*. Le rôle de la Commission de surveillance n'est pas d'orienter les politiques stratégiques de gestion du Directeur général, mais de s'assurer que l'évolution de la Caisse des dépôts et consignations reste conforme au statut de la Caisse et aux missions qui lui incombent. C'est une surveillance sur la *« Direction morale et la situation matérielle de l'Etablissement »*[841]. Une surveillance efficace impose alors la collecte et l'analyse d'informations, de rapports prudentiels et de comptes de gestion de la Direction générale. Des travaux sur place sont nécessaires pour identifier des problèmes potentiels, ce qui peut se faire directement par les

(conseiller technique du ministère des Finances, un agent judiciaire de la Direction du Trésor et le Directeur de cabinet du ministère de la Construction).

[838]V. Bulletin quotidien du 31 octobre 2002 ; sur le FRU, v. *infra*, Partie II, Titre 2.

[839]Procès-verbal du 19 janvier 2000 et procès-verbal du 16 février 2000.

[840]Crainte de certains surveillants. V. procès-verbal du 16 février 2000 et AUBERGER (P.) (propos recueillis pas A. DRIF et E. COULOMB), « *La loi de sécurité financière n'est plus intelligible* », Banque magazine, juin 2003.

[841]Art. L.518-10 du Code monétaire et financier.

surveillants dans un contexte normatif et économique limité. Or, tel ne semble plus être le cas.

C'est pourquoi, la Commission de surveillance doit disposer des moyens adéquats et obtenir des vérifications externes indépendantes sur la qualité de gestion de la Caisse des dépôts et consignations, ce que les services de contrôle ou d'audit interne à l'Etablissement ne peuvent véritablement procurer, étant sous l'autorité administrative du Directeur général[842]. Ces personnalités extérieures à la Commission de surveillance ne doivent cependant participer aux travaux de la Commission ou de ses comités qu'en qualité d'experts : toutes dispositions doivent être prises afin qu'ils apparaissent bien comme tels, et notamment qu'ils n'aient pas voix délibérative lors des séances des comités. Par ailleurs, il convient de rappeler qu'aux termes de l'al. 5 de l'article L.225-37 du Code de commerce, les administrateurs sont tenus à la discrétion à l'égard des informations présentant un caractère confidentiel et données comme telles par le Président du conseil. Il en est de même pour toute personne appelée aux réunions du conseil. Par analogie, on pourrait appliquer ce dispositif à la Commission de surveillance. A ce sujet, le premier rapport VIENOT ajoute que *« s'agissant des informations non publiques acquises dans le cadre de ses fonctions, l'administrateur doit se considérer astreint à un véritable secret professionnel qui dépasse la simple obligation de discrétion prévue par les textes »*.

En définitive, si la mise en place à la Commission de surveillance, d'un comité d'audit ou de tout autre comité, peut être dans ce cadre envisagée, il est néanmoins important que la création de ces comités se réalise dans des conditions qui n'aient pas pour conséquence de conduire à une assimilation trop ostensible de la Commission de surveillance à un conseil d'administration ou à un conseil de surveillance. Ces outils stricts d'évaluation de la gestion de la Caisse des dépôts et consignations par le Directeur général ne doivent, en outre, réduire l'objectivité de surveillance de la Commission, et, par suite, du contrôle de son autorité de rattachement qu'est le Parlement. Il convient alors de mesurer les conséquences de l'instauration d'un tel système.

§2. Les conséquences de l'instauration d'un système de concours externe de surveillance

S'il faut bien entendu éviter les aspects négatifs d'un tel système (I), l'instauration de la Commission de surveillance sur le modèle des autorités administratives indépendantes présente d'indéniables avantages (II).

I- Les aspects négatifs à éviter

S'il fallait entendre en 1816 le terme de surveillance de la Commission comme l'institution d'une action préventive, l'assurance plus actuelle d'un pouvoir de surveillance de la Commission demande une affirmation moderne de la notion (A) ; elle pose plus clairement la question de l'habilitation de la Commission à prendre des sanctions concrètes et efficaces (B).

---

[842]Procès-verbal du 3 juin 1921 ; procès-verbal du 8 mars 1963 ; procès-verbal du 25 février 1966 ; procès-verbal du 14 avril 1978.

A) L'assurance d'un réel pouvoir de surveillance de la Commission

Il convient de penser que le choix du terme, aujourd'hui imprécis, de surveillance pour qualifier de manière significative et tautologique la mission de la Commission de surveillance est, comme pour la Banque de France[843], savamment organisé par le Législateur de 1816. Emprunté au vocabulaire juridique privatiste, on a pu le définir comme la rencontre préventive de *« Lumières »* au service de la protection de fonds privés. Il prend le sens tout à la fois d'une action de veille et d'une espèce de contrôle judiciaire de caractère administratif[844]. Cette référence apparaît aussi avec cette même idée de précaution dans la doctrine administrative à propos du fonctionnement des services publics[845]. C'est le pouvoir d'adresser des instructions et/ou des ordres de service en vue surtout d'assurer l'uniformité du fonctionnement de la Caisse des dépôts et consignations.

Dans ce cadre, cette définition pourrait convenir au rôle et aux actes de la Commission de surveillance, dès lors qu'ils n'ont, à divers degrés, qu'une valeur politique. Afin de lui assurer un réel pouvoir, il convient néanmoins de distinguer la surveillance des notions plus modernes de réglementation, de contrôle, de tutelle et de régulation, activités exercées par d'autres autorités[846].

A cet effet, appliquée à la Caisse des dépôts et consignations, la réglementation est l'ensemble des règles à caractère général édictées par les pouvoirs publics, dans le cadre défini par le législateur, afin de préciser les conditions dans lesquelles la Direction de l'Etablissement est autorisée à user des prérogatives de puissance publique, et ceci en conformité avec son statut spécifique. Or, la Commission de surveillance de la Caisse des dépôts et consignations n'a pas légalement ce pouvoir permanent et concret de réglementation. Elle a tout au plus un pouvoir de proposition[847] et d'avis[848] qui ne lient pas leurs destinataires.

En revanche la surveillance pourrait se rapprocher de la régulation, dès lors que le concept vise à introduire la stabilité dans le statut de la Caisse, à assurer la protection des dépôts et consignations, mais sans en exclure des changements. Par ailleurs, la notion de régulation désigne aussi un mode d'action publique qui dépasse les cadres classiques de la gestion publique et de la réglementation. Elément proche de la notion de réglementation, le concept de régulation comprendrait les droits d'information de la Commission de surveillance, c'est-à-dire un droit d'observation au Directeur général et un droit de communication de documents et renseignements[849]. Or, ce droit n'est pas dissociable de l'interprétation de l'article L.518-12 al. 1 du Code monétaire et financier qui attribue au Directeur général, et à lui seul, le pouvoir de gestion de l'Etablissement. Cela signifie que la Commission de surveillance, et elle seule, peut apprécier ce qui est utile pour l'exercice de sa surveillance.

---

[843]HABERER (J.-Y.), *loc. cit.*
[844]CORNU (G.), *op. cit.*, p. 794.
[845]Par ex., DUGUIT (L.), *L'Etat, les gouvernants et les agents*, Paris, A. Fontenoing, 1903, p. 458 sq. ; DUGUIT (L.), *Traité de Droit constitutionnel*, Paris, A. Fontenoing, 1911, 1ère éd., p. 536 sq. ; HAURIOU (M.), *Précis de droit administratif*, Paris, Sirey, 9ème éd., 1919, p. 165 sq. ; JEZE (G.), *Les instructions de service*, RDP 1906, p. 246 sq., JEZE (G.), *Les instructions de service*, RDP, 1911, p. 684 sq. ; JEZE (G.), *Les principes généraux du droit administratif*, Paris, Giard, 3ème éd., 1925, p. 65 sqq.
[846]SABLIERE (P.), *op. cit.*, CJEG, janvier 1997, p. 1.
[847]Art. L.518-2 al. 3 du Code monétaire et financier.
[848]Art. L.518-3 ; L.518-11 al. 2 ; L.518-12 al. 2 et L.518-16 du Code monétaire et financier.
[849]Art. L.518-9 du Code monétaire et financier.

De plus, cela indique que les pouvoirs de la Commission de surveillance, prise dans sa collégialité, recouvrent une mission générale de surveillance et non de contrôle des activités et des opérations effectuées par les services de la Caisse en exécution des décisions du Directeur général. Il ne peut s'agir ni d'un contrôle général, ni d'une quelconque tutelle sur les actes de l'administration de la Caisse. A ce sujet, l'origine du mot « contrôle » est clair : la vérification détaillée du bon fonctionnement d'un processus. Toutefois, la distinction entre le contrôle et la surveillance est difficile : la surveillance a un caractère plus général, synthétique et global. Ainsi, la Commission de surveillance peut parfois se trouver investie de véritables contrôles. A cet effet, on retrouve le terme dans la seconde phrase de l'article L.518-7 : la Commission de surveillance *« contrôle notamment la gestion du fonds de réserve et de garantie des Caisses d'épargne et de prévoyance »*. De même, l'article L.518-8 du Code monétaire et financier permet aux surveillants de demander toutes les vérifications qu'ils jugent utiles pour l'exercice de leur mission. Il s'agit également plus d'une des techniques de diagnostic que de contrôle *stricto sensu* ; la manifestation la plus évocatrice en Commission de surveillance demeurant la simple adresse de son rapport annuel au Parlement *« sur la Direction morale et la situation matérielle de l'Etablissement »*[850]. Mais sous l'influence de l'anglais « *control* », le mot français a pris le sens de « maîtrise », qui signifie pouvoir de déclencher, moduler, arrêter, régler un processus que l'on a sous sa surveillance[851]. C'est la définition même du contrôle des fonds publics en général et du contrôle non juridictionnel qu'exerce la Cour des comptes en particulier. C'est donc ce caractère ponctuel et concret qui le distingue de la stricte surveillance de la Commission de surveillance[852]. Elle ne signifie pas pour autant antinomie ; bien au contraire, il doit s'agir d'une complémentarité[853].

La notion de tutelle est quant à elle encore plus générale[854] : elle peut être définie comme l'ensemble des contrôles *a priori* et *a posteriori* exercés par les pouvoirs publics afin de vérifier que la réglementation a été convenablement appliquée par la Caisse des dépôts et consignations. La tutelle, dans un sens plus large, est aussi le pouvoir de l'Etat actionnaire, c'est-à-dire non plus le pouvoir de veiller, en toute objectivité, au respect de la réglementation que doit observer la Caisse des dépôts et consignations, mais celui de peser sur ses choix, d'orienter ses investissements, de contrôler sa stratégie de développement, de faire en sorte qu'elle soit l'instrument d'une politique. On est alors plus proche de la « mise sous tutelle » que du tutorat. Ces expressions n'ont pas en principe leur place dans l'esprit fondateur de la Caisse des dépôts et consignations et encore moins dans les débats de la Commission de surveillance. Toujours est-il que cette forme de tutelle peut également apparaître aujourd'hui comme une forme de régulation dans la mesure où elle serait le contrepoids d'une trop forte indépendance de la Caisse des dépôts et consignations, le point d'équilibre étant alors l'approbation annuelle du budget ou des activités de la CDC par le ministère de l'Economie[855], et la nomination du Directeur général tous les cinq ans en conseil des ministres[856]. La tutelle doit alors se

---

[850]Art. L.518-10 du Code monétaire et financier.

[851]BARILARI (A.), *Quelques réflexions sur le contrôle des fonds publics*, RT, février 2003, p. 83.

[852]Art. L.518-15 du Code monétaire et financier et art. L.131-3 du Code des juridictions financières.

[853]V. *supra*. Plus généralement, v. DAUTRY (P.) et LAMY (P.), *Le contrôle de la gestion publique par la Cour des comptes et par le Parlement : concurrence ou complémentarité ?*, RFFP, décembre 2002, p.119.

[854]MASPETIOL (R.) et LAROQUE (P.), *La tutelle administrative*, Paris, Sirey, 1930. RICHER (L.), *La notion de tutelle sur les personnes en Droit administratif*, RDP, 1979, p. 971 sqq.

[855]Art. L.518-12 al. 2 du Code monétaire et financier.

[856]Art. L.518-11 al. 1 du Code monétaire et financier.

comprendre comme une notion complexe difficilement identifiable[857]. A cet égard, on a pu dire que *« le ministre de l'Economie et des Finances a noué des liens complexes [avec l'institution sous tutelle], dont l'autorité est la principale, mais non la seule caractéristique »*. Et de poursuivre : *« La tutelle ou la surveillance prend des formes diverses en fonction des caractères juridiques - plus ou moins publics - de l'établissement (Caisse des dépôts et consignations, Crédit agricole, Crédit foncier de France,...). Mais ces rapports de droit ont beaucoup moins d'importance que les relations financières que leur spécialité et leur rôle économique établissent entre ces établissements et le Trésor »*[858]. Pour toutes ces raisons, le terme de tutelle semble mal adapté pour qualifier les relations entre les pouvoirs publics et la Caisse des dépôts et consignations[859]. La tutelle se distingue de la régulation qui s'impose à tous les acteurs d'un marché donné (financement des collectivités locales par exemple en ce qui concerne la Caisse des dépôts et consignations).

En réalité, tout le débat porte sur la notion de surveillance. La Commission, sur toute question qu'elle décide d'examiner, doit être à même de disposer d'une information complète et objective. C'est en ce sens que la surveillance se distingue de la régulation, activité plus ponctuelle et plus précise. Le débat porte donc sur le risque de dispersion du contrôle général et particulier de la Caisse des dépôts et consignations : Commission de surveillance, Parlement, ministre des Finances, Cour des comptes, autorités de régulation.

La variété des moyens de contrôle de la CDC est une donnée de fait et de droit qu'il convient d'agencer pour éviter justement la dispersion et la contradiction de ces types de contrôles. Deux inspirations le commandent : celle liée au caractère séculier de la Caisse des dépôts et consignations, d'une part ; celle résultant du caractère abstrait ou non du contrôle, d'autre part.

La hiérarchie des moyens de contrôle suppose que d'importantes options soient clairement prises. Il faut tout d'abord rappeler à l'Etat moderne la primauté du droit de la concurrence, qui est destiné à être la principale source de la régulation de ses activités, notamment en matière bancaire et financière[860]. Il faut ensuite veiller à ce que la légitimité de l'autorité politique de la Commission de surveillance ne soit pas malmenée. Cette dernière doit rester l'interlocuteur exclusif de la surveillance législative des dépôts et consignations. Enfin, la Caisse des dépôts et consignations étant *« placée de la manière la plus spéciale, sous la surveillance et la garantie de l'autorité législative »*[861], la volonté politique du pays doit seule en dernier lieu trancher les débats sur les orientations et l'adaptation de *« la vieille Dame de la rue de Lille »*. Ce contrôle parlementaire renvoie à la question générale des rapports entre le Parlement et la Caisse des dépôts et consignations et de l'utilité sociale de cet Etablissement.

---

[857]Il est ainsi tout à fait remarquable de constater plus généralement qu'il n'existe aucune définition juridique de la tutelle administrative sur les entreprises publiques et services publics délégués comme si le contenu de cette notion allait de soi. V. par exemple toute la difficulté pour qualifier la nature exacte des actes de tutelle sur les organismes de sécurité sociale dans les conclusions de Mme BOISSARD sous CE, 12 juin 2002, *Syndicat interdépartemental de la protection sociale Rhône-Alpes CFDT*, AJDA, 2002, p. 848 sqq.

[858]CLOSON (F.-L.) et FILIPPI (J.) (dir.), *L'Economie et les Finances. Le ministre et le ministère. L'administration centrale. Les services*, Paris, PUF, 1968, p. 5 et p. 197.

[859]Plus généralement, v. LIGNIERE (P.), *La légitimité du contrôle des services publics*, LDPA, août-septembre 2000, p. 1.

[860]AONZO (P.) et HEEM (G.), *La régulation du secteur bancaire et financier : quel mode d'organisation ? Quel rôle pour l'Etat*, RFFP, septembre 2003, p. 135 sqq.

[861]Art. L.518-2 al. 2 du Code monétaire et financier.

C'est, dans ce cadre, avec une vigilance permanente que la Commission de surveillance doit exercer sa mission d'orientation et de contrôle de la Caisse des dépôts et consignations, veillant à assurer l'indépendance de l'institution et à renforcer son utilité dans l'appui qu'elle apporte aux politiques publiques[862]. Cette notion de surveillance pose alors la question de l'habilitation qu'a la Commission de surveillance à prendre des sanctions concrètes et politiques.

B) Le problème de l'habilitation de la Commission de surveillance à prendre des sanctions concrètes et politiques

« Protéger, c'est aussi surveiller, contrôler, sanctionner ». Table ronde organisée lors des entretiens 2001 de la Commission des opérations de Bourse[863], cette formulation des définitions des fonctions d'autorités de régulation doit interpeller la mission de surveillance de la Caisse des dépôts et consignations, notamment quant à l'intensité de son action. Le Professeur CHEVALLIER[864] confirme que *« l'Autorité administrative indépendante est d'abord investie de fonctions de régulation : son rôle consiste à assurer le fonctionnement de systèmes économiques complexes, en harmonisant les points de vues et en arbitrant entre les divers intérêts en présence ».* La mise en place de ces autorités ne signifie pas une absence d'Etat et ne changerait en aucun cas la conception et la nature publique de la surveillance de la Commission.

Pour cette raison et en se référant à d'autres modèles du droit comparé, on pourrait alors évoquer ou ranger la Commission de surveillance de la Caisse des dépôts et consignations dans la catégorie des autorités administratives indépendantes[865]. En effet, dans le cadre de la coordination des procédures européennes de passation des marchés publics de services, l'article 57 du *Haushaltsgrundsätzegesetz*[866] prévoit la création en Allemagne d'une Commission fédérale de surveillance de la passation des marchés. Cette Commission vérifie la légalité des décisions des services de contrôle allemand, mais non la manière dont ces services ont établi les faits. Si l'illégalité d'une décision est établie, la Commission de surveillance enjoint au service de contrôle de prendre une nouvelle décision en tenant compte de son avis. Dans cet esprit, on pourrait se demander si la Commission de surveillance de la Caisse des dépôts et consignations ne pourrait pas jouer ce rôle auprès du Parlement. Pour autant, cette architecture – condamnée d'ailleurs par la CJCE[867] – semble aller dans une lecture trop étroite de la loi de 1816 et assimilerait la surveillance de la Caisse des dépôts et consignations aux pouvoirs de sanctions des autorités administratives indépendantes[868]. Or, si la notion

---

[862]Rapport blanc 1995, p. 1/44.

[863]7 décembre 2001 : Les entretiens de la COB 2001 – Table ronde n°2 : *protéger, c'est aussi surveiller, contrôler et sanctionner.* Synthèse des débats www.cob.fr (recherche effectuée le 8 décembre 2001).

[864]CHEVALLIER (J.), *Réflexions sur les autorités administratives indépendantes*, JCP, G., 1986, p. 35.

[865]Le Conseil d'Etat a rappelé ainsi dans son rapport annuel 2001 qu'il n'y a pas en France de régime juridique général de l'Autorité administrative indépendante et qu'il convenait de raisonner à leur propos de façon très pragmatique, autorité par autorité.

[866]Loi du 26 novembre 1993 transposant la directive 89/665CEE en droit allemand et qui a complété la loi relative au principe budgétaire, BGBI, I, p. 1828.

[867]Car encore trop proche des pouvoirs publics : v. aff. C-54/96, 17 septembre 1997, *Dorsch Consult Ingenieurgesellschaft mbH c/ Bundesbaugesellschaft Berlin mbH,* Rec. I- 1997, p. 4961.

[868]POCHARD (M.), *Autorités administratives indépendantes et pouvoir de sanction*, AJDA, 2001, n° spécial, p. 106 sqq.

de surveillance peut renvoyer à une espèce de contrôle judiciaire de caractère administratif (acte d'administration judiciaire), il semble convenir que la loi de 1816 l'entendait comme une seule action préventive fondée, sur la vigilance des surveillants. Il ne paraît donc pas y avoir de modèle européen convaincant de Commission de surveillance en général et au sein des cousines françaises de la CDC en particulier[869].

A cet égard, la Commission de surveillance de la Caisse des dépôts et consignations se rapproche davantage des Commissions de surveillance instituées en France auprès de tout établissement pénitentiaire[870]. L'article D. 184 du Code de procédure pénale précise les missions : elle *« est chargée de la surveillance intérieure de l'Etablissement pénitentiaire en ce qui concerne la salubrité, la sécurité, le régime alimentaire et l'organisation des soins, le travail, la discipline et l'observation des règlements, ainsi que l'enseignement et la réinsertion sociale des détenus ».*

« Il lui appartient de communiquer au ministre de la justice les observations, critiques ou suggestions qu'elle croit devoir formuler ».

« Elle ne peut en aucun cas faire acte d'autorité ».

Cette manière de voir semble plus en conformité avec l'esprit et les dispositions de la loi de 1816. Elle semble pour autant être une conception minimaliste de ce que sont la mission et les enjeux de la Commission de surveillance de la Caisse des dépôts et consignations. On pourrait alors se demander s'il ne serait pas judicieux d'instituer en quelque sorte un « déféré parlementaire », légalement admis, ouvert aux surveillants, sous le modèle du déféré préfectoral.

Sans remettre en cause la présentation annuelle du rapport au Parlement, un surveillant, qui estimerait contraire aux attributions statutaires de la CDC un acte de gestion du Directeur général, pourrait saisir le Parlement dans un délai de deux mois. Ce cas spécial de recours à la souveraineté nationale serait ouvert à tout surveillant, abstraction faite des articles L.518-7 1ère phrase et L.518-2 al.2 du Code monétaire et financier[871]. Cette manière de voir serait en conformité avec le dispositif de 1816 qui permettait, selon l'usage, que la Commission de surveillance se déplace en son entier au Parlement pour y déposer son rapport *« sur la Direction morale et la situation matérielle de l'Etablissement ».* Par commodité, ce recours se ferait sous forme de lettre adressée au Président des Commissions des Finances et serait publié chaque année en annexe du rapport au Parlement. Pour éviter une atteinte à la séparation des pouvoirs, il ne s'agirait nullement d'une injonction au Parlement, mais d'une simple invitation publique à ce qu'il prenne ses responsabilités. M. BALLIGAND, député surveillant depuis 1997, a ainsi réclamé en juillet dernier *« la convocation de la Commission des Finances de l'Assemblée nationale »* quant au projet de cession d'actifs par la Caisse des dépôts, *« s'insurgeant contre un éventuel prélèvement de l'Etat sur les fonds propres de la Caisse des dépôts ».* Dans cette lettre adressée au Président MEHAIGNERIE, le surveillant rappelle que *« la Caisse des dépôts et consignations n'est pas une*

---

[869]Seule la Caisse des dépôts et consignations belge dispose d'une Commission de surveillance, mais placée sous l'autorité du ministre des Finances. Elle est par ailleurs présidée par le Premier Président de la Cour des comptes belge.

[870]Art. 727 du Code de procédure pénale.

[871]Art. L.518-7 1ère phrase du Code monétaire et financier : *« La Commission de surveillance est chargée de surveiller la Caisse des dépôts et consignations »* et art. L.518-2 al. 2 : *« La Caisse des dépôts et consignations est placée, de la manière la plus spéciale, sous la surveillance et la garantie de l'autorité législative ».*

entreprise publique ordinaire, mais qu'elle est sous la tutelle du Parlement ». Le député estime que *« les interrogations suscitées par le dossier d'EULIA et de CDC-Ixis à l'Ecureuil sont légion »*. Il ne s'agirait donc pas d'une immixtion de la Commission de surveillance dans l'administration de la Caisse des dépôts et consignations, mais d'une possibilité de sanction publique de la seule gestion de la Direction générale de la Caisse des dépôts et consignations[872]. Il n'y aurait par ailleurs aucune sanction légale envers le Directeur général de la CDC.

Par analogie, l'article L.719-7 al.2 du Code de l'éducation nationale prévoit que dans le cadre du contrôle administratif des actes des universités, le recteur de l'académie, chancelier de l'université ou des universités de l'académie, *« peut saisir le tribunal administratif d'une demande tendant à l'annulation des décisions ou délibérations des autorités de ces établissements qui lui paraissent entachées d'illégalité »*. Le tribunal statue, en urgence, et le chancelier, autorité de tutelle, conserve très curieusement un pouvoir de suspension, pour trois mois ou plus, dans le cas où la mesure attaquée serait, selon lui, de nature à porter atteinte au fonctionnement de l'université placée sous son contrôle.

La procédure pourrait paraître inutile. Elle est néanmoins symbolique et développerait peut-être les responsabilités. Elle enclencherait ainsi un débat public, dont seul le Parlement pourrait prendre toutes les conséquences. *« Organisme sui generis »*[873], la Commission de surveillance trouverait certainement dans ce système d'indéniables avantages.

II- Les avantages indéniables du système

Cette conception renouvelée de la Commission de surveillance permettrait tout d'abord un traitement rapide et informel des problèmes liés au secteur public financier et à l'épargne réglementée (A), ainsi que la mise en réseau de l'ensemble des problématiques du secteur public financier (B).

A) Le traitement rapide et informel des problèmes liés au secteur public financier et à l'épargne réglementée

A l'heure où le secteur public financier réoriente ses activités et réfléchit sur ses mutations à l'aune de l'Economie mondialisée[874], la Commission de surveillance de la Caisse des dépôts et consignations, avec toute la latitude de ses missions et fonctions, peut traiter rapidement et sans formalité des problèmes et choix liés à l'épargne réglementée et au secteur public financier. En effet, on peut se demander si les réformes du secteur public financier français, en général, et de la

---

[872]Il convient d'insister sur le fait qu'il s'agit des seuls actes de gestion du Directeur général et non de la politique économique et financière du gouvernement.

[873]Intervention de M. BALLIGAND, député surveillant et membre de la Commission des Finances de l'Assemblée nationale, lors de l'*audition de M. Auberger, Président de la Commission de surveillance de la Caisse des dépôts et consignations et de M. Lebègue*, Commission des Finances, de l'Economie générale et du Plan, compte rendu n°12, 17 septembre 2002.

[874]LIPSKI (de) (X.), *La mutation des organismes publics et semi-publics de financement des investissements*, Villeneuve d'Ascq, Presses universitaires du septentrion, 2002 ; BRARD (J.-P.), THERY (N.), DEHOVE (M.), WOLF (E.), LE DUIGOU (J.-C.), MOUSSY (J.-P.), DE BOYER (J.), COMOLET (B.), WALFAREN (T.), *L'avenir du secteur financier public face à l'intégration européenne*, compte-rendu du colloque-débat tenu à l'Assemblée nationale le jeudi 5 mars 1998, Revue du financier, 3 juin 1998, p. 29 sqq.

Caisse des dépôts et consignations en particulier[875], à entreprendre ou entreprises ces dernières années ne tendent pas à une remise en cause de la fonction générale de la Commission de surveillance de la Caisse des dépôts et consignations. Dans ce cadre, l'assemblée de surveillance de la Caisse des dépôts et consignations élargie au Haut conseil du secteur financier public et semi-public[876] pourrait tout d'abord agir exclusivement dans l'intérêt de l'épargne réglementée, veillerait ensuite à l'application et au respect des lois et réglementations concernant le secteur financier public et semi-public et s'assurerait enfin de la mise en œuvre du droit économique international et européen.

A titre de comparaison, une loi luxembourgeoise du 23 décembre 1998[877] confie à une Commission de surveillance du secteur financier (CSSF) le soin de surveiller les établissements de crédit et autres professionnels du secteur financier, les organismes de placement collectif, les fonds de pension, les bourses, ainsi que les systèmes de paiement et les systèmes de règlement des opérations de titres. La CSSF a repris les compétences exercées précédemment par l'Institut monétaire luxembourgeois, devenu Banque centrale du Luxembourg au 1er juillet 1998 et a intégré les responsabilités de l'ancien Commissariat aux Bourses. Elle exerce également la surveillance des marchés d'actifs financiers. La loi lui demande enfin de participer sur le plan européen et international, aux négociations relatives au secteur financier et d'assurer la coordination de l'exécution des initiatives et mesures gouvernementales visant une expansion ordonnée des activités du secteur financier luxembourgeois.

Cette manière de voir a tout le mérite de recentrer la fonction de surveillance prudentielle exercée par l'actuelle Commission de surveillance de la Caisse des dépôts et consignations, telle que définie dans sa résolution de 1991 et de pérenniser un certain modèle de démocratie économique et sociale. La Commission de surveillance française en a la capacité et peut s'en donner les moyens politiques, administratifs et financiers. Le Parlement, dont les faiblesses de contrôle en matière économique et financière ont longtemps été dénoncées[878], retrouverait lui aussi ce rôle essentiel. Elle permet, en outre, de promouvoir en réseau la situation culturelle, historique et politique des établissements publics, organismes semi-publics et d'Economie mixte du secteur financier public et semi-public français.

B) La mise en réseau de l'ensemble des problématiques du secteur financier public et semi-public

La mise en réseau de l'ensemble des problématiques du secteur financier public et semi public demande à rechercher les institutions du secteur financier public d'une part, et semi-public, d'autre part.

On trouve généralement dans le secteur financier public à la fois la référence à une activité, laquelle doit être industrielle ou commerciale (y compris le commerce de banque ou les prestations de services d'assurance) et un régime de propriété, à savoir le contrôle majoritaire, direct ou indirect, par des personnes

---

[875]Pour un état récent de la situation, v. le rapport 2001 du Haut conseil du secteur financier public et semi-public, préc.
[876]Art. L.614-7 du Code monétaire et financier.
[877]Loi modifiée du 23 décembre 1998 portant *création d'une Commission de surveillance du Secteur financier*, http://www.cssf.lu
[878]Par ex. CLIQUENOIS (M.), *op. cit.*, Paris, Ellipses, 2001, p. 32 sqq.

morales de droit public[879]. Ainsi, les entités constituant le secteur public sont des entreprises au sens où l'entendent les comptables nationaux, c'est-à-dire que plus de la moitié de leurs recettes doivent être d'origine marchande. Cela exclut notamment les organismes de sécurité sociale, essentiellement financés par des cotisations obligatoires ou une agence dispensatrice de crédits d'origine budgétaire comme l'agence nationale de valorisation de la recherche (ANVAR). Quant à la propriété, elle résulte soit du rattachement à une collectivité publique, lorsque l'activité est exercée directement ou par l'intermédiaire d'un établissement public, soit de la composition de l'actionnariat de l'entreprise, lorsque celle-ci revêt la forme d'une société de capitaux. Cette définition recouvre des organismes dépendant de collectivités locales, comme les caisses de crédit municipal ou les sociétés de capital-risque régionales. Le secteur financier public sera, pour autant, le plus souvent entendu au sens restreint de « *contrôlé majoritairement par l'Etat* ». Les deux critères de la nature de l'activité et du régime de propriété ne font que peu de place à la forme juridique de l'entreprise. Ainsi, les comptables nationaux n'avaient pas attendu que La Poste accède à l'autonomie juridique pour la considérer, et ses services financiers avec elle, comme une entreprise[880].

Le caractère « administratif » ou « industriel et commercial » d'un établissement public n'est pas non plus déterminant dans la mesure où une telle appellation ne constitue pas une véritable qualification juridique, et encore moins une caractérisation économique de la nature de l'activité exercée. Même le statut de société commerciale n'est qu'une présomption d'appartenance au secteur marchand : la Banque de France ne l'a abandonné qu'en 1993, sans pour autant que la nature de son activité, depuis longtemps plus régalienne que commerciale, ait profondément changé à l'occasion[881]. Dans ces conditions, on conviendra d'entendre comme établissement du secteur public financier la Banque de France[882], la Caisse des dépôts et consignations, la Banque du développement des PME[883], l'Agence française de développement[884], les services financiers de la Poste[885] et la Caisse nationale de prévoyance[886].

[879]V. le rapport 2001 du Haut conseil du secteur financier public et semi-public, *préc.* ; ainsi que l'art. L.614-7 du Code monétaire et financier.

[880]CHEVALLIER (J.), *La mutation des postes et télécommunications*, AJDA, 1990, p. 667.

[881]Loi n°93-980 du 4 août 1993 modifiée par la loi n°93-1444 du 31 décembre 1993 et par la loi n°98-357 du 12 mai 1998, relative au *statut de la Banque de France*, www.banque-france.fr : analyse de la Direction des services juridiques de la Banque de France ; dispositif législatif désormais codifié au Code monétaire et financier.

[882]Quand bien même sa qualification demeure ambiguë. V. supra.

[883]La BDPME a été créée en 1997, sous forme d'établissement de crédit détenu majoritairement par l'Etat et la Caisse des dépôts et consignations pour favoriser, en partenariat avec la communauté bancaire et financière, l'accès des PME au crédit. Elle contrôle directement ou indirectement la majorité du capital du Crédit d'équipement des petites et moyennes entreprises (CEPME) et de la Société française de garantie des financements des petites et moyennes entreprises (SOFARIS), qui associent leurs moyens et leurs compétences pour favoriser l'accès au financement des PME.

[884]L'Agence française de développement (AFD) a été créée à Londres par le Général de GAULLE par l'ordonnance du 2 décembre 1941 sous le nom de Caisse centrale de la France Libre. Elle a été transformée en Caisse centrale de la France d'outre-mer par l'ordonnance du 2 février 1944, puis en Caisse centrale de coopération économique par la loi du 30 décembre 1958. Le décret n°92-1176 du 30 octobre 1992 l'a rebaptisée Caisse française de développement tout en redéfinissant ses attributions. Elle a pris la dénomination d'AFD en vertu du décret n°98-284 du 17 avril (v. Introduction). Le décret n°2000-878 du 11 septembre 2000 a adapté ses statuts à la réforme du dispositif français de coopération internationale et de l'aide publique au développement. Aux termes de l'article 1er de ses statuts annexés au décret de 1992, l'AFD est un établissement public industriel et commercial. Au regard du Code monétaire et financier, elle est une institution financière spécialisée. Elle intervient de par le monde pour son compte propre ou pour le compte de l'Etat dans l'aide publique au développement.

Le qualificatif *« semi-public »* ne renvoie certainement pas, quant à lui, à un critère de nature patrimoniale, telle que l'existence d'une participation minoritaire de l'Etat. Il ne prétend pas davantage englober l'ensemble des organismes qui, par leur statut mutualiste ou coopératif, échappent aux règles classiques de l'actionnariat capitaliste. Il a donc paru raisonnable de considérer que cette notion de *« secteur financier semi-public »* recouvrait des entreprises n'appartenant pas au secteur public stricto sensu mais auxquelles avaient été reconnues ou attribuées par la loi des missions permanentes d'intérêt général ou public, et ce, quelle que soit leur forme juridique. Répondent à cette définition les organismes de Crédit maritime mutuel[887], les Caisses d'épargne[888] et les sociétés anonymes de Crédit immobilier[889], ainsi que les institutions financières spécialisées[890] qui subsistent sans être majoritairement contrôlées par des personnes publiques.

L'expression *« secteur financier public et semi-public »* doit, par conséquent, être prise dans son acceptation la plus large, telle que l'a retenue la loi n°99-532 du 25 juin 1999 *relative à l'épargne et la sécurité financière*[891] : à côté des établissements publics et des sociétés à capitaux majoritairement publics, qui forment le secteur public stricto sensu, se trouvent différents organismes de droit privé qui se sont vus attribuer ou reconnaître des missions permanentes d'intérêt général et qui ont vocation à former un vaste et puissant pôle financier public, formé d'institutions anciennes et d'une culture commune.

Si cette manière de voir positionne la Commission de surveillance élargie comme l'une des principales autorités de surveillance du secteur financier public et semi-public, elle valide aussi la situation historique de la Caisse des dépôts et consignations comme moteur du *« pôle financier public »*[892]. La loi sur l'épargne et la sécurité financière s'inscrit dans cette perspective[893].

On a pu qualifier en interne, à la Caisse des dépôts et consignations, dans les années 80, cette redéfinition du paysage public financier de *« scénario catastrophe »*, car remettant en cause le statut spécifiquement protecteur de l'Etablissement. Or, par comparaisons, les réformes entreprises ces dernières années au Maroc, en Italie ou au Québec ont montré que les cousines de la Caisse des dépôts et consignations française ont pu et su évoluer sans pour autant reconsidérer

---

885Depuis le 1er janvier 1991, La Poste est un exploitant autonome de droit public placé sous la tutelle du ministre chargé des Postes et Télécommunications. La loi n°90-568 du 2 juillet 1990, les décrets n°90-1111 du 12 décembre 1990 portant statut de La Poste et n°90-1214 du 29 décembre 1990 relatif à son cahier des charges, en définissent le statut, le mode de fonctionnement et les missions. Elle est notamment chargée, au-delà de ses missions traditionnelles de la distribution du courrier, de la promotion du Livret A, en monopole avec les Caisses d'épargne. Si La Poste n'est pas un établissement de crédit au sens de la loi bancaire, elle est néanmoins habilitée à réaliser des opérations de Banque (art. L.518-1 du Code monétaire et financier). Cela n'empêche que la jurisprudence assimile son fonctionnement à celui d'un établissement public industriel et commercial. V. TC, 19 janvier 1998, *Union française de l'Express*, RFDA, 1998, p. 189, note B. SEILLER ; CE, 13 novembre 1998, *Syndicat professionnel des médecins de prévention de La Poste*, Rec. p. 400.

886V. Partie II, Titre 1.

887Art. L.512-68 du Code monétaire et financier.

888Art. L.512-85 du Code monétaire et financier.

889Art. L.513-1 du Code monétaire et financier renvoyant aux articles L.422-4 à L.422-4-3 du Code de la construction et de l'habitation.

890Art. L.516-1 du Code monétaire et financier.

891JORF, 29 juin 1999, p. 9487.

892BRARD (J.-P.), *Pour un pôle financier public d'intérêt général*, La Tribune, 19 juin 2001.

893BEAUDEAU (M.-C.), question n°983 adressée à M. le ministre de l'Economie, des Finances et de l'Industrie, *Haut Conseil du secteur financier public et semi-public*, JORF, S (C. R.), 7 février 2001, p. 566.

dans l'absolu leurs statuts spécifiques respectifs[894]. Ce mouvement général de banalisation du droit des personnes publiques[895], recherché parfois volontairement par ces institutions[896], n'échappe pas au développement des activités des dépôts et consignations mais désacraliserait leurs statuts respectifs au profit d'une interdépendance assurément admise ou dessinée par les pouvoirs publics.

Pour reprendre le vocabulaire de la science administrative, la Caisse des dépôts et consignations française est véritablement, ce qu'elle a toujours été, une *« administration de mission »*[897]. Assise sur la Foi publique, elle est donc invitée à être encore plus clairvoyante, plus entreprenante, plus prestigieuse, en évitant une obésité qui pourrait faire finalement sa faiblesse[898]. Dans ce cadre, le modèle français de la Caisse des dépôts et consignations, tel qu'il est défini par le statut de 1816, ne semble pas être fondamentalement remis en cause, ne serait-ce que pour des raisons économiques conjoncturelles[899]. En effet, les récentes évolutions capitalistiques du secteur financier public et semi-public, notamment au sein de la Caisse des dépôts et consignations[900], ne vont pas sensiblement modifier les rapports de force entre ces institutions, dès lors qu'elles relèvent toutes de missions de service public ou d'intérêt général[901]. La Commission de surveillance et le Parlement ont à jouer dans ce débat un rôle primordial. A ce sujet, le sénateur CHINAUD concluait ainsi son rapport[902] : *« Un tel système doit reposer sur la confiance et l'austérité, en somme, sur la « foi publique » »*.

On peut donc dire que, d'une institution politique autonome, les fondements juridiques de la Caisse des dépôts et consignations, modelés ces vingt dernières années, garantissent encore une place originale à la *« vieille Dame de la rue de Lille »* économiquement encore plus indispensable aux pouvoirs publics. Les débats suscités par la publication du rapport BARBIER de LA SERRE confirment cette place exceptionnellement à part du système de la Caisse des dépôts et consignations et de sa structure financièrement et politiquement souple[903]. Elle est

---

[894]Constats clairement établis sur leurs sites Internet respectifs.

[895]AUBY (J.-B.), *Le mouvement de banalisation du Droit des personnes publiques*, Etudes offertes à J.-M. AUBY, Dalloz, 1992, p. 3.

[896]V. l'analyse classique de RIVERO : *Existe-t-il un critère du droit administratif ?* (RDP, 1953, p. 290).

[897]CHEVALLIER (J.), *Science administrative*, Paris, PUF, Thémis Science politique, 3e éd. refondue, 2002, p. 422 sqq.

[898]Rapport CHINAUD n°394, p. 183 sqq.

[899]AUBERGER (P.) (entretien par G. PINSON), « *L'Etat ne peut se passer de la Caisse* », La Tribune, 17 septembre 2002 ; BLOCH-LAINE (F.), *La Caisse des dépôts en question*, Haute finance, Printemps 1989 ; DELALANDE (J.-P.), JEGOU (J.-J.) et PONCELET (C.), *Changer la Caisse des dépôts ? Un erreur historique*, Le Figaro, 23 juillet 1996. Ces signataires sont ou ont été membres de la Commission de surveillance ou Directeur général de la Caisse des dépôts et consignations.

[900]V. *infra*, Partie II, Titre 1.

[901]Sauf, à considérer, dans un libéralisme excessif, une privatisation générale et totale de toutes ces entreprises.

[902]*Id.*

[903]BARBIER de La SERRE (R.), DAVID (J.-H.), JOLY (A.) et ROUVILLOIS (P.), *L'Etat actionnaire et le gouvernement des entreprises publiques* (rapport à M. Francis MER, ministre de l'Economie, des Finances et de l'Industrie), 24 février 2003 ; CHAUVEAU (J.) et MABILLE (P.), *La Caisse des dépôts et consignations est candidate pour gérer le parc immobilier de l'Etat*, Les Echos, 25 avril 2003 ; THOMAS (B.) et LIGNIERES (P.), *Entreprises publiques : l'Etat va-t-il devenir un actionnaire comme les autres ?*, DA, juin 2003, p. 46.

nécessairement une *« grande financière publique »*[904], une *« centrale d'épargne »*[905] justifiant avec certitude un statut particulier pouvant être encore utile à la Nation[906].

---

[904]BRARD (J.-P.), (propos recueillis par CHEMINEAU L.), « *La création d'une « grande financière publique » doit être débattue* », La Tribune, 14 avril 1998.
[905]Rapport CHINAUD n°393, p. 85.
[906]V. Introduction générale.

CONCLUSION DE LA PREMIERE PARTIE

L'indépendance de principe, et l'autonomie de gestion qui en est le corollaire, ont été, dès 1816, justifiées, voire exigées par la nature et la diversité des tâches confiées à l'Etablissement. A l'époque, il s'agissait d'être le dépositaire et le gestionnaire légal, unique et obligatoire de ces fonds que sont les dépôts et les consignations.

C'est pourquoi, le législateur, soucieux de la Foi publique, a donné à la Caisse des dépôts et consignations un statut qui garantit l'inviolabilité des fonds qui lui sont confiés. Par la suite, c'est en raison même de ces garanties exceptionnelles que la Caisse des dépôts et consignations s'est vu confier la gestion de bien d'autres activités et fonds.

L'évolution des tâches de l'Institution, telle qu'elle est relatée dans l'ouvrage de PRIOURET[907], est intimement liée à celle de l'Etat en matière économique et financière ; ses missions se développent en même temps que l'Etat joue un rôle plus important dans la vie économique et sociale du pays et que l'interventionnisme devient la règle.

Parallèlement, il faut remarquer une relative stabilité de l'organisation même de l'Institution. Le dispositif mis en place en 1816 demeure pour l'essentiel, alors que les fonctions de la Caisse des dépôts et consignations ont considérablement varié. A raison du principe d'indépendance et du statut particulier de l'Etablissement, sa direction et sa surveillance étaient fortement dérogatoires au droit commun. L'évolution politique, le souci de la rationalisation de mécanismes traditionnels de contrôle, de la banque et de la finance ont conduit insidieusement à une remise en cause fonctionnelle de la Caisse des dépôts et consignations dans ses relations avec les pouvoirs publics.

D'une indépendance sacralisée dans la pierre de la Loi, la Caisse des dépôts et consignations est progressivement devenue une de nos institutions financières motrices du pôle public financier. Dans des conditions et des modalités économiques et sociales nationales et européennes, l'Etablissement spécial CDC est devenu Groupe public, dont les membres s'entrecroisent et se défont, à l'instar d'un puzzle.

La « *vieille Dame de la rue de Lille* » organise alors obligatoirement une interdépendance de ses actions, de ses fonctions et des membres.

---

[907]PRIOURET (R.), *La Caisse des dépôts et consignations, cent cinquante ans d'histoire financière* (postface de F. BLOCH LAINE), Paris, PUF, 1966.

DEUXIEME PARTIE

DES FONDEMENTS JURIDIQUES (RE)MODELES : L'INTERDEPENDANCE DE LA CAISSE DES DEPOTS ET CONSIGNATIONS

La codification dans le Code monétaire et financier confirme à l'aube du XXIe siècle, en son article L.518-2, la vocation bicentenaire de la Caisse des dépôts et consignations à être investie de missions d'intérêt général : l'administration des dépôts et consignations et la gestion des services relatifs aux caisses et aux fonds. Vocabulaire encore plus imprécis et général, cet article L.518-2 poursuit l'énumération des missions de la Caisse des dépôts et consignations puisque cette dernière peut se voir déléguer légalement d'autres attributions. Sans aucune autre délimitation, il conviendrait déjà de se demander quelle est la spécialité de cet établissement particulier qu'est la Caisse des dépôts et consignations. En effet, force est de constater que le vocabulaire employé est pauvre d'enseignement si l'on s'en tient à ce seul article L.518-2.

Faut-il curieusement se référer à l'alinéa 2 de l'art. L.518-1 du Code monétaire et financier consacré aux dispositions générales des établissements non soumis à la loi bancaire et reprenant l'article 143 de la loi du 15 mai 2001, relative *aux nouvelles régulations économiques*[1], pour se voir énumérer une liste des activités de la Caisse des dépôts et consignations : « *elle est plus particulièrement chargée de la gestion des dépôts réglementés et des consignations, de la protection de l'épargne populaire, du financement du logement social et de la gestion d'organismes de retraite. Elle contribue également au développement économique local et national, particulièrement dans les domaines de l'emploi, de la politique de la ville, de la lutte contre l'exclusion bancaire et financière, de la création d'entreprise et du développement durable* ». Cette énumération confirme, elle aussi, la vocation de la Caisse des dépôts et consignations, institution au service de la Nation[2].

De plus, la loi relative *aux nouvelles régulations économiques* introduit la notion de *« Groupe public »* CDC, terme dont les contours juridiques sont incertains. Ce que la loi précise simplement, c'est le lien de réciprocité dans un Groupe Caisse des dépôts de l'Etablissement spécial de 1816 et depuis les années 1950, de filiales, qu'elle a eu besoin de créer, d'absorber ou de privatiser[3]. L'ensemble de ces personnalités, de ses activités et de ses missions ne peut alors se développer que dans un lien de dépendance réciproque.

Les textes fondateurs des missions de la Caisse des dépôts et consignations de 1816 ou de 2000 ne font pas, non plus, référence aux moyens et techniques juridiques utilisés quant à la forme des missions que les pouvoirs publics confient à la Caisse des dépôts. L'article L.518-2-1 du Code monétaire et financier rappelle simplement que les nouvelles attributions doivent être légalement déléguées à l'Etablissement. Il est ainsi traditionnellement admis que ce terme générique emporte loi et règlement au sens général, en conformité avec le statut particulier de la Caisse des dépôts et consignations[4].

---

[1]Loi n°2001-420 du 15 mai 2001, relative *aux nouvelles régulations économiques*, JORF, 16 mai 2001, p. 7776.

[2]JOSEPH-BARTHELEMY, *op.cit.*, RPP, 1931, p. 185 ; LINYER (L.), *La Caisse des dépôts et consignations. Son rôle dans la vie économique, financière et sociale du pays*, Revue Politique des idées et des institutions, juin 1943, p. 162 ; (X.), *La Caisse des dépôts et consignations : un groupe au service de la Nation*, RT, « Etudes », août-septembre 1992, p. 543.

[3]RICOUR (S.), *Les filiales de la Caisse des dépôts et consignations*, mémoire de DEA : Droit public de l'économie, Paris II, 1997.

[4]Art. L.518-3 du Code monétaire et financier.

Pourtant, force est de constater que la Caisse des dépôts et consignations participe aussi à l'engouement actuel pour le procédé contractuel[5]. Le terme de conventionnalisme[6], c'est-à-dire l'existence du processus englobant l'acte contractuel *stricto sensu* mais également l'acte unilatéral négocié, semble plus approprié pour la Caisse des dépôts et consignations, en ce sens où elle utilisait déjà ce procédé depuis 1816 dans ses relations avec le ministère des Finances[7]. C'est ainsi que la Caisse des dépôts et consignations utilise, en plein accord avec les pouvoirs publics, une politique de programmation : programme du renouvellement urbain, programme PME-PMI, programme d'aménagement et de développement du territoire, programme nouvelles technologies... Les relations législatives et réglementaires entre la Caisse des dépôts et consignations et l'Etat ayant tendance à se restreindre, l'insertion des nouveaux fondements contractuels dans notre droit public semble alors enrichir les politiques publiques.

Il convient néanmoins de se demander si ce procédé ne participe pas à la normalisation des relations entre personnes publiques en général[8] et plus particulièrement à une certaine banalisation des activités de la Caisse des dépôts et consignations[9]. En effet, il est couramment admis que les pouvoirs publics ont entrepris, de manière générale, une politique de débudgétisation latente à partir de 1930, massive à partir de 1950[10]. Les missions confiées à la Caisse des dépôts et consignations se sont-elles aussi multipliées depuis notamment les années 1935[11].

Avec ses activités quantitativement nombreuses et éparses, la Caisse des dépôts et consignations se voit être un partenaire majeur sur la place française et européenne. Elle a été l'un des principaux acteurs de la prévoyance et du financement local[12], et, est encore partie prenante de la Caisse nationale de Prévoyance (CNP Assurances) et du Crédit local de France (CLF, devenu aujourd'hui Dexia), numéros uns européens dans leurs branches respectives. Elle participe enfin à la politique d'aménagement du territoire national et européen par le biais direct de ses structures internes et indirectement par sa holding Caisse des dépôts Développement (C3D)[13].

C'est pourquoi, au-delà d'une nécessaire clarification de ses compétences (titre premier), la Caisse des dépôts et consignations, placée sous le sceau de la Foi publique rénovée, est aujourd'hui un laboratoire d'une administration moderne, au service de la Nation[14] (titre second).

Titre premier : Une nécessaire clarification des compétences de la Caisse des dépôts et consignations

Titre second : La CDC, laboratoire d'une administration moderne, au service de la Nation

[5]HECQUART-THEROND (M.), *La contractualisation des actions et des moyens publics d'intervention*, AJDA 1993, p. 451 ; DOUENCE (J.-C.), *Les conventions entre personnes publiques*, Mélanges STASSINOPOULOS, Paris, LGDJ, 1974, p. 113.

[6]LEWANDOWSKI (V.), *Le contrat local de sécurité est-il un véritable contrat administratif ?*, DA, janvier 2002, p. 9.

[7]Art. L.518-14 al. 2 du Code monétaire et financier. V. aussi par ex. : Convention du 4 novembre 1819 avec le ministre des Finances portant *qu'à dater du 1er janvier 1920, l'excédent des recettes sur les dépenses effectuées par les receveurs généraux pour le compte des deux Caisses devra leur être transmis par l'intermédiaire du Trésor, qui leur en garantira la rentrée et la remise à Paris*, Rec.Varnier, 1894, p.13 ; convention du 19 décembre 1936 entre l'Etat et la Caisse des dépôts au sujet de la *conversion des prêts consentis par celle-ci*, Rec.Varnier, 1957, p. 153 ; JORF, 24 décembre 1936, p. 13302.

[8]MODERNE (F.), *L'évolution récente du droit des contrats administratifs entre personnes publiques*, RFDA, 1985, p. 1.

[9]V. *supra*, Partie II, Titre 2.

[10]Par ex., DUPRAT (J.-P.), *La débudgétisation*, RSF, 1972, p. 69.

[11]V. Introduction générale.

[12]SALOME (L.) et al., *loc. cit.* ; PRIOURET (R.), *loc. cit.*

[13]VERNAY (M.), *Caisse des dépôts – développement*, DESS Banques et Finances, Paris V, 1989.

[14]Avec un droit « mou » de la Caisse des dépôts et consignations ; V. Introduction générale.

TITRE PREMIER

Une nécessaire clarification des compétences de la Caisse des dépôts et consignations

Pendant plusieurs décennies, en dépit de l'émergence d'un droit de la concurrence, le droit positif a considéré que les entités publiques n'étaient pas réellement tenues au respect des règles de concurrence lorsqu'elles intervenaient sur le marché[15]. Cette position était fondée sur le principe de légitimité d'intervention des services publics dans le cadre de la mission qui leur est dévolue. Seul l'abus manifeste était sanctionné par les tribunaux[16]. Cette pratique a été graduellement remise en cause à la fin des années 1970 pour s'appliquer aux activités *« qui sont le fait de personnes publiques »*[17]. Aujourd'hui, si l'on en croit le rapport annuel 2002 du Conseil d'Etat, la révolution semble être achevée. «*La concurrence apparaît (...), en tant que garantie de la meilleure efficacité dans l'utilisation des ressources, être un élément de l'intérêt général*»[18]. L'Etat n'est plus gérant de secteurs compétitifs, mais devient progressivement garant de la libre concurrence[19].

Cette évolution de la législation nationale et des mentalités est évidemment fortement influencée par la mise en œuvre du droit communautaire[20] et doit être replacée dans le contexte de la libéralisation des monopoles[21]. Ce même traité condamne par ailleurs toute aide d'Etat, terme pris au sens général, susceptible de fausser la concurrence en favorisant certaines entreprises au détriment d'autres[22]. Ces dispositions ont très rapidement conduit la CJCE à sanctionner les opérateurs publics intervenant sur le marché qui bénéficiaient d'aides non autorisées ou qui adoptaient un comportement anticoncurrentiel[23]. Les recours enregistrés à partir de cette époque visaient différents Etats de la Communauté et concernaient particulièrement les activités de production ou de distribution d'énergie, les transports ainsi que le secteur des télécommunications[24]. En droit interne, des décisions de même nature ont été prises à l'initiative du Conseil de la concurrence[25]

---

[15]CHARBIT (N.), *Secteur public et droit de la concurrence*, Paris, Joly éd., 1999, p. 11.

[16]BERLIN (D.), *Les actes de puissance publique et le droit de la concurrence*, AJDA, 1995, p. 261 ; BERLIN (D.), *L'article 53 de l'ordonnance n°86-1243 : Vrais problèmes, fausses solutions*, Revue DGCCRF, n°96, mars-avril 1997, p. 52 ; CHARBIT (N.), *op. cit.*, p. 16 sqq.

[17]Art. L.410-1 du Code de commerce.

[18]Rapport public 2002, *Collectivités publiques et concurrence*, Paris, EDCE, n°53, La Documentation française, p.219.

[19]La loi n°2003-1365 du 31 décembre 2003 relative aux *obligations de service public des télécommunications et à France Télécom* (JORF, 1er janvier 2004, p. 9) est à cet égard très caractéristique. Elle prépare les conditions de la privatisation de France Télécom, mais ne la met pas en œuvre.

[20]DELOT (D.), *La soumission des autorités publiques nationales aux règles communautaires de la concurrence*, RFFP, juin 2003, p. 135 sqq.

[21]Notamment dans les secteurs des télécommunications et services postaux, d'électricité et des transports ferroviaires.

[22]Conformément au libellé de l'article 87 du Traité, la notion d'aide a reçu, depuis 1958, une interprétation large de la part de la Commission et la CJCE. Le contrôle ne s'exerce pas seulement sur les aides d'Etat, mais aussi sur celles accordées par une collectivité territoriale. Sont également concernées les aides émanant d'organismes privés ou publics dans lesquels l'Etat, un établissement public ou une collectivité locale exercent, directement ou indirectement une influence prépondérante. Cette interprétation large prévaut aussi pour les formes d'aide, qui peuvent être directes ou indirectes, être délivrées sous forme de subvention, ou par des mesures soulageant les charges financières d'une entreprise (remise de dette, par ex.). V. CHEROT (J.-Y.), *Les aides d'Etat dans les Communautés européennes*, Paris, Economica, coll. Droit des affaires et de l'entreprise, 1998, introduction ; DONY-BARTHOLME (M.), *La notion d'aide d'Etat*, Cahier de droit européen, 1993, n°3-4, p. 399.

[23]LAGET-ANNAMAYER (A.), *La régulation des services publics en réseaux. Télécommunications et électricité*, LGDJ – Bruylant, Paris – Bruxelles, 2002, p. 34 sqq.

[24]Dont les fameuses affaires C-320/91 du 19 mai 1993, *P. Corbeau* (AJDA 1993, p. 865, note F. HAMON ; Europe, juillet 1993, p. 13, note L. IDOT) et C-393/92, 27 avril 1994, *Commune d'Almeno* (CJEG 1994, cls DARMON, AJDA 1994, p. 637, note F. HAMON).

[25]Par ex., Conseil de la concurrence, *Météorologie nationale*, 13 mai 1992, BOCCRF, 4 juillet 1992, p. 224.

et la jurisprudence a même étendu ces solutions à l'Etat en qualité d'opérateur économique[26].

Dans ce contexte, les différentes autorités nationales et européennes ont été amenées à préciser les conditions dans lesquelles les entreprises publiques doivent en pratique « isoler » les activités relevant d'une logique concurrentielle pour s'assurer qu'elles respectent la libre concurrence des marchés[27]. La Commission européenne s'est montrée plus particulièrement vigilante sur le respect par les entités exerçant une activité « mixte » des règles de transparence concernant leurs financements et l'affectation de leurs coûts. Dans le même sens, le Conseil de la concurrence, dans un avis rendu à propos de l'organisation de l'activité d'EDF/GDF au regard de la concurrence, a préconisé la filialisation des activités concurrentielles (au sein d'un holding financier propre à permettre la transparence tant des relations intragroupe financier qu'entre ce dernier et l'Etablissement public actionnaire) [28].

Les instances européennes, dans la ligne de la directive *« transparence »*[29] ont eu l'occasion de définir l'isolement comptable comme *« un système comptable qui garantisse une distribution entièrement proportionnelle de tous les coûts entre les activités réservées et non réservées »* (secteur des télécommunications)[30], en tenant *« dans les comptabilités internes des comptes séparés pour chaque service relevant du secteur réservé d'une part et pour les services non réservés d'autre part, comme ils devraient le faire si les services en cause étaient effectués par des entreprises distinctes »* (secteur postal)[31]. Cette solution de la dissociation comptable a notamment été préconisée à propos du transport ferroviaire[32], des télécommunications[33], de l'électricité[34] ou du gaz[35]. Par la suite, ces règles ont été renforcées par la directive de la Commission *modifiant la directive sur la transparence* du 26 juillet 2000 visant à rendre cette transparence effective en étendant les règles de séparation des comptes, applicables aujourd'hui uniquement à certains secteurs, à l'ensemble des entreprises bénéficiant de droits spéciaux ou exclusifs ou des entreprises chargées de la gestion d'un service d'intérêt général et recevant une aide d'Etat liée à ce service[36].

Le droit communautaire impose donc au minimum une dissociation comptable entre les fonctions d'exploitation et de gestion à l'intérieur de l'opérateur

---

[26]CA, Paris, 18 mars 1993, *Société du Journal téléphoné contre ministère de l'Equipement, du Logement, des Transports et de l'Espace, Direction de la météorologie nationale*, AJDA, 1993, p. 652 avec les observations de M. BAZEX.

[27]CASSIA (P.), *Service public et droit communautaire*, LPA, 4 juillet 2002, p. 16.

[28]Avis n°94-A-15, 10 mai 1994, *diversification des activités d'EDF et de GDF au regard du droit de la concurrence*, RFDA, 1994, p. 1158.

[29]Directive 1980/723/CEE modifiée de la Commission du 25 juin 1980 relative *à la transparence des relations financières entre les Etats membres et les entreprises publiques.*

[30]Directive 97/33/CE du Parlement européen et du Conseil du 30 juin 1997 relative *à l'interconnexion dans le secteur des télécommunications en vue d'assurer un service universel et l'interopérabilité par l'application des principes de fourniture d'un réseau ouvert (ONP)*, JOCE, n°L199, 26 juillet 1997, p. 32.

[31]Directive 97/67/CE du Parlement européen et du Conseil du 15 décembre 1997 concernant *des règles communes pour le développement du marché intérieur des services postaux de la Communauté et l'amélioration de la qualité du service*, JOCE, n°L15, 21 janvier 1998, p. 4.

[32]Directive 91/440/CEE du Conseil du 29 juillet 1991 relative *au développement de chemins de fer communautaires*, JOCE, n°L 237, 24 août 1991, p. 25.

[33]Directive 97/33/CE *préc.*

[34]Directive 96/92/CE du Parlement européen et du Conseil du 19 décembre 1996 concernant *des règles communes pour le marché intérieur de l'électricité*, JOCE, n°L 27, 30 janvier 1997, p. 20.

[35]Directive 98/30/CE du Parlement européen et du Conseil du 22 juin 1998 concernant *des règles communes pour le marché intérieur du gaz nature*l, JOCE, n°L 204, 21 juillet 1998, p. 1.

[36]Directive 2000/52/CE du 26 juillet 2000 modifiant la directive 80/723/CEE, JOCE, L 193, 29 juillet 2000, p. 75.

dit « historique », et une séparation comptable entre diverses activités de tous les autres opérateurs.

Cette séparation peut aussi être organique[37]. La Caisse des dépôts et consignations a, en ce sens, entrepris ces dernières années la construction d'une véritable *« muraille de Chine »* entre ses activités concurrentielles et missions d'intérêt général[38]. Telle est manifestement la volonté officielle de la Direction générale de la Caisse des dépôts et consignations pour ce qui est de la filialisation des activités bancaires et financières. CDC-Ixis résulte du regroupement au sein d'une même entité juridique de droit commun, d'activités exercées jusqu'à présent par des départements de la Caisse des dépôts (dépositaires, services bancaires, financement structurés) et d'activités exercées par des filiales qui lui sont rattachées (gestion d'actifs financiers et immobiliers, marchés, capital-investissement)[39]. Dédiée aux institutionnels et aux grandes entreprises, CDC-Ixis, banque du Groupe Caisse des dépôts, opérationnelle depuis le 1er janvier 2001, se positionne comme un multi spécialiste dans chacun de ses trois grands pôles d'activités : marchés et financements[40], gestion d'actifs[41], services bancaires et titres[42].

Amorcée au cours des années 1980, la filialisation des activités de la Caisse des dépôts et consignations en matière d'assurances et de prévoyance d'une part et du financement des collectivités locales d'autre part dans le domaine concurrentiel relevait déjà de cette logique[43].

Avant de devenir Dexia, le Crédit local de France est en effet le fruit de l'évolution du financement des collectivités locales en France[44]. Dès le début des années soixante, les collectivités locales accroissent leurs investissements pour réaliser les aménagements urbains et les équipements de proximité. Pour répondre à leur besoin de financement, la CDC est chargée en 1966 de la gestion d'un Etablissement public administratif dénommé la Caisse d'aide à l'équipement des collectivités locales (CAECL)[45]. L'Etablissement recevait les dépôts des collectivités locales, transformait cette épargne en prêts à moyen et long terme et participait pour le compte des collectivités locales à la collecte de capitaux sur le marché financier[46]. Dans les années quatre-vingt, les lois de décentralisation, la

---

[37]Le secteur ferroviaire a été l'un des premiers secteurs à mettre en place cette exigence. V. BROUSOLLE (D.), *La création de réseau ferré de France*, AJDA, 1997, p. 456. V. aussi ce même mouvement de régulation dans les télécommunications et dans l'électricité étudié tout spécialement par A. LAGET-ANNAGET, *op. cit.* V. encore le commentaire de la loi n°2003-8 du 3 janvier 2003 de S. NICINSKI et de P. PINTAT à propos de la libéralisation du secteur gazier (AJDA, 2003, p. 223).

[38]ROBERT (A.), *op. cit.*, p. 73.

[39]BOUILLOT (I.) (éditorial de), *La DABF dans le rétroviseur (1960>2000)*, DABF Journal, n°140, novembre 2000.

[40]CDC-Ixis, par le biais notamment de sa filiale CDC-Ixis Capital Markets, propose à ses clients français, européens et internationaux une large gamme de prestations incluant l'intermédiation, le montage et l'ingénierie, ainsi que la recherche.

[41]Ce pôle regroupe ses gestions d'actifs financiers (CDC Ixis Asset Management), immobiliers (CDC-Ixis Immo) et capital investissement (CDC-Ixis Private Equity).

[42]Dans un secteur marqué par une concentration des acteurs, CDC-Ixis a opté pour un positionnement de *régional custodian* européen, dédié aux investisseurs institutionnels, aux établissements financiers, aux gestionnaires d'OPCVM et aux grandes entreprises, et appuyé sur un réseau de filiales implantées sur les différents marchés européens.

[43](X.), *ça bouge : CNP et CLF*, CDscope, n°60, novembre 1997, p. 3 ; procès-verbal du 19 mai 1987.

[44]Procès-verbal du 18 mars 1960 ; procès-verbal du 13 avril 1962 et plus généralement EVENO (P.), *Le Crédit local de France. De la CAECL à Dexia, 10 années au service du financement du cadre de vie*, Paris, éd. locale de France, 1997.

[45]HOURTICQ (J.), *La caisse d'Aide à l'équipement des collectivités locales*, RA, 1966, p. 421 ; sur les prémisses d'une caisse de crédit aux départements et aux communes, v. HOURTICQ (J.), *Une oubliée, la Caisse de Crédit aux départements et aux communes*, RA, 1975, p. 301.

[46]La CAECL disposait de deux catégories de ressources :

suppression de la tutelle financière et la banalisation des circuits financiers ont rendu nécessaire l'adaptation du mécanisme de financement des collectivités locales[47]. Son statut d'Etablissement public administratif, très contraignant sur le plan financier et comptable, ne lui permettait pas d'intervenir dans des conditions de satisfaisante égalité par rapport à ses concurrents. Le décret n°87-814[48] en modifie alors les règles d'organisation et de fonctionnement et un décret du 6 octobre 1987 autorise une prise de participation du secteur privé au capital social d'une société ainsi créée : Crédit local de France – CAECL SA[49]. Cette société de droit privé reprend l'intégralité des droits et obligations de la CAECL détenue par l'Etat qui cède 25% du capital à la Caisse des dépôts et consignations et, dès janvier 1988, 12,5% à des investisseurs institutionnels français et étrangers (banques, compagnie d'assurances, fédérations professionnelles, etc.), dont le Crédit communal de Belgique. C'est une société anonyme à directoire et conseil de surveillance. Le CLF, comme la CAECL, est un Etablissement de crédit, soumis aux obligations de la loi bancaire, et qui a été agréé en qualité d'institution financière spécialisée par le comité des Etablissements de crédit.

Dans le même temps, la Caisse nationale d'assurances (CNP), d'abord constituée sous la forme d'une Direction de la Caisse des dépôts et consignations, puis sous la forme d'Etablissement public administratif[50], a été transformée en Etablissement public industriel et commercial par un décret du 12 octobre 1987[51]. Par la suite, le statut industriel et commercial étant jugé inadapté pour faciliter son développement européen et le renforcement de ses fonds propres[52], la CNP a été transformée en société anonyme dénommée CNP Assurances relevant du Code des assurances et appartenant au secteur public[53]. La société est dotée d'un conseil de surveillance et d'un directoire. Elle est placée dans le champ d'intervention de la Commission de contrôle des assurances par laquelle s'exerce le contrôle de l'Etat sur l'ensemble de la profession d'assurance[54]. Suite à la loi de privatisation n°93-

---

- des emprunts obligataires à long terme placés soit auprès de compagnies d'assurance ou d'organismes de prévoyance, soit dans le public ;
- des dépôts de fonds effectués par les collectivités locales au moyen de fonds d'emprunts temporairement inutilisés.

[47]V. DALBERA (J.-L.), *Le financement des collectivités locales et le rôle des Etablissements de crédit depuis les lois de décentralisation*, th., Faculté de Droit de Nice, 1996.

[48]Décret n°87-814 du 6 octobre 1987 modifiant l*es règles d'organisation et de fonctionnement de la Caisse d'aide à l'équipement des collectivités locales*, JORF, 7 octobre 1987, p. 11679. V. aussi procès-verbal du 19 mai 1987 et procès-verbal du 8 septembre 1987.

[49]Décret du 6 octobre 1987 autorisant *la prise de participation du secteur privé au capital social du Crédit local de France- CAECL SA*, JORF, 7 octobre 1987, p. 1190.

[50]La CNP a été créée en 1959 au sein de la Caisse des dépôts et consignations à partir de la fusion de la Caisse nationale d'assurance en cas d'accident, dont l'origine date de 1868, et de la Caisse nationale d'assurance sur la vie, fondée en 1949, par le regroupement de la Caisse de retraite pour la vieillesse, créée en 1850, et de la Caisse nationale d'assurance en cas de décès, créée en 1868. Par conséquent, l'origine des activités exercées par la Caisse des dépôts et consignations en matière d'assurance de personnes est plus que centenaire et remonte, en fait, à la naissance en France de ce métier. V. procès-verbal du 19 décembre 1958 et plus généralement THIVEAUD (J.-M.) (dir.), *200 ans de prévoyance*, Paris, Caisse nationale de Prévoyance, 1989.

[51]V. *supra*.

[52]L'idée de la transformation de la CNP en établissement public industriel et commercial avait déjà été évoquée dans les années soixante dix, mais la Commission de surveillance avait refusé cette orientation jugée comme portant atteinte à l'intégrité du « Groupe CDC ». V. procès-verbal du 30 juin 1967.

[53]Loi n°92-665 du 16 juillet 1992 portant adaptation au marché unique européen de la législation applicable en matière d'assurance et de crédit, JORF, 17 juillet 1992, p. 9676. V. aussi BIGOT (J.) (dir.), *Traité de droit des assurances – Entreprises et organismes d'assurances*, Paris, LGDJ, 1992, p. 320 sqq. ; BIGOT (J.) (dir.), *Traité de droit des assurances*, Paris, LGDJ, 1996, 2ème éd., t. 1 : Entreprises et organismes d'assurances, p. 92 et 93.

[54](X.), *CNP Assurances : Une SA est né*, CDscope, n°113, janvier 1993, p. 4.

923 du 19 juillet 1993[55], le décret n°98-619 du 20 juillet 1998[56] a autorisé le transfert au secteur privé d'une participation minoritaire de l'Etat au capital de CNP Assurances. Au terme de cette opération, l'Etat garde la majorité du capital de la société aux côtés de la Caisse des dépôts et consignations et d'autres organismes publics. Par cette réforme, l'ensemble des droits et obligations de la CNP a ainsi été transféré à une société anonyme de droit privé. L'objet spécifique de la CNP qui est d'offrir des produits d'assurance-vie et prévoyance est conservé et l'Etablissement public correspondant disparaît[57].

Plus généralement, la filialisation ne permet pas toutefois d'écarter tout risque de distorsion de concurrence. Elle n'exclut pas la possibilité de subventions croisées entre par exemple un Etablissement tête de Groupe et ses filiales[58]. Si des fonds propres sont alloués pour des activités concurrentielles et que ces apports ont été mal estimés et réalisés, abstraction faite de toute perspective de rentabilité, ils seront considérés comme des aides d'Etat au sens de l'article 87 du Traité des Communautés[59].

Cela étant, le droit positif ne semble pas reconnaître dans sa généralité le concept de « Groupe public », notion qu'il semble nécessaire de définir au regard de la spécificité statutaire de la Caisse des dépôts et consignations (chapitre premier). Dans cet esprit, il faudra alors aussi se demander si le législateur ne s'est pas contenté de confirmer, au sens politique des termes, les compétences de la Caisse des dépôts et consignations (chapitre second).

---

[55]Loi n°93-923 du 19 juillet 1993 de *privatisation*, JORF, 21 juillet 1993, p. 10255.

[56]Décret n°98-619 du 20 juillet 1998 autorisant *le transfert au secteur privé d'une participation minoritaire de l'Etat au capital de CNP Assurances SA*, JORF, 23 juillet 1998, p. 11261.

[57]V. *infra*, not. Partie I, Titre 2, Chapitre 2.

[58]De telles pratiques peuvent être analysées tant au regard des art. L.420-1 du Code de commerce et 86 du TCE, que de l'article 92 du TCE. V. HANGHER (L.) et BUENDIA SIERRA (J.-L.), *Cross-subsidiziation and EC Law*, CML Rev., 1998, p. 90.

[59]Par ex., la Commission européenne a exigé le 8 juillet 1999 le remboursement de plus de 800 millions d'€ par la Westdeutsche Landesbank pour s'être vu accorder par le Land de Rhénanie du Nord Westphalie des fonds propres à des conditions préférentielles, ne correspondant pas au comportement d'un investisseur en économie de marché. V. GLOYENS (P.), *The landesbanks : How long can they retain competitive advantage ?*, RDAI, 2002, p. 643. V. également FELIGONDE (DE) (V.), *L'avenir de la WEstLB à nouveau débattu à Bruxelles*, Les Echos, 8 février 2000. La décision de la Commission est importante car elle pourrait être étendue à cinq autres länder (Bavière, Berlin, Hambourg, Basse-Saxe, Schleswig-Holstein). Le gouvernement allemand propose alors une modification des relations entre les banques régionales et les Länder. V. FELIGONDE (De) (V.) et MADELIN (T.), *A. Bruxelles, Gerhard Schröder ouvre une nouvelle ère pour les Landesbaken*, Les Echos, 22 novembre 2000.

CHAPITRE PREMIER - LA NECESSAIRE DEFINITION DU GROUPE PUBLIC DE LA CAISSE DES DEPOTS

La mise en place du Groupe Caisse des dépôts a été guidée par le mouvement général de dérégulation des services publics depuis les années soixante-dix (Section I). Sa réalité semble cependant plus difficile à cerner (Section II).

SECTION I- Une action guidée par le mouvement de dérégulation des services publics en Europe

Si la filialisation des activités financières et d'assurances de la Caisse des dépôts et consignations dans le domaine concurrentiel relevait de la logique européenne[60], elle était également justifiée par le souhait de développer un partenariat avec des tiers et notamment les réseaux associés, ce que ne permettait pas le seul statut public de la Caisse des dépôts et consignations[61].

Tel est le cas par exemple à propos de la CNP, dont la loi de 1992 portait *adaptation au marché unique européen de la législation applicable en matière d'assurance et de crédit*[62]. Dès 1993, une augmentation de son capital permet l'entrée de deux partenaires étrangers (la Caisse générale et de retraite *CGER* de Belgique et la *Caripolo* italienne)[63]. Au terme de la loi de privatisation du 19 juillet 1993 précitée, le secteur public conserve cependant au moins 61% du capital de la société CNP Assurances nouvellement créée. Cela étant, il convient de penser que CNP Assurances reste exclue du champ d'application de la loi n°83-675 du 26 juillet 1983 sur *la démocratisation du secteur public*, notamment si on tient compte des conditions définies à l'article 1er de la dite loi[64]. En effet, la part du capital détenue par l'Etablissement spécial CDC dans la société ne doit pas tout d'abord entrer dans le calcul de la majorité de capitaux déterminant l'application de la loi sur la démocratisation du secteur public à la CNP Assurances, dès lors que la Caisse des dépôts est en dehors de son champ d'application. Au surplus, la majorité du personnel de l'Etablissement est soumis à un régime de droit public. Il en est de même pour La Poste. En effet, elle ne peut être considérée comme *« un Etablissement public mentionné au présent article »* (art.1er -1 de la loi *sur la démocratisation du secteur public*). Le fait que La Poste soit dotée d'un conseil d'administration dont le fonctionnement est démocratisé par référence aux articles 7 à 13 de la loi *sur la démocratisation du secteur public* ne fait pas pour autant entrer l'exploitant public dans le champ de cette législation. C'est par une disposition spécifique, à savoir l'article 10 de la loi n°90-568 du 2 juillet 1990 relative *à l'organisation du service public de La Poste et des télécommunications* et non pas

---

60 LEBEGUE (D.) (Propos recueillis par G. LE SOLLEU, D. MARIETTE et A. MICHEL), *« Vers des partenariats avec de grands acteurs européens »*, La Tribune, 19 février 2001. V. aussi *infra*.

61 M. CHEROT soutient dans ce cadre de recherches de financement adapté, l'idée d'une « sociétisation des entreprises publiques », montrant ainsi toutes les limites de la formule des établissements publics. V. CHEROT (J.-Y.), *Droit public économique*, Paris, Economica, coll. *Corpusdroitpublic*, 2002, p. 319 sqq.

62 V. *supra*, not. Partie I, Titre 2, Chapitre 2.

63 V. aussi (X.), *Au-delà de ses relations privilégiées avec les Caisses d'épargne et La Poste, la CNP poursuit le développement de ses partenariats*, La Correspondance économique, 21 septembre 2000 et rapport annuel CNP, 1999, p. 14 sqq.

64 Loi n°83-675 du 26 juillet 1983 relative *à la démocratisation du secteur public*, JORF, 27 juillet 1983, p. 2326 ; Circulaire du 17 février 1984 relative à l'application de la loi n°83-675 du 26 juillet 1983 relative à la démocratisation du secteur public, JORF, 9 mars 1984, p. 2370.

au titre de l'application de la loi de 1983 sur *la démocratisation du secteur public* que sont déterminées la composition et la démocratisation du conseil d'administration de La Poste. Au surplus, la qualification d'exploitants publics, même si elle peut être rapprochée de la catégorie des Etablissements publics industriels et commerciaux[65], ne permet pas non plus de faire entrer La Poste dans le champ d'application de la loi *sur la démocratisation du secteur public.* Dans la mesure où le personnel de l'exploitant public est expressément soumis à un régime de droit public (art. 29 de la loi du 2 juillet 1990), la condition fixée au 1 de l'article 1er de la loi de 1983 n'est pas remplie. Seule la participation de l'Etat entre alors en considération dans le calcul de la majorité des capitaux déterminant l'application de la loi sur *la démocratisation du secteur public.* Or, l'Etat ne détient ni directement, ni indirectement la majorité du capital.

L'arrêté du 6 octobre 1998[66], faisant suite au décret n°98-619 autorisant le transfert au secteur privé d'une participation minoritaire de l'Etat au capital de CNP Assurances[67], fixe les modalités d'attribution des actions : 22,5 % du capital de CNP Assurances SA est introduit en bourse. Avec 40% du capital, la Caisse des dépôts et consignations devient l'actionnaire de référence. La Poste et les Caisses d'épargne détiennent respectivement 20% et 12,5% du capital, les autres partenaires 4% (Mutuelles de la fonction publique, Compagnie suisse de réassurance, particuliers, ...). L'Etat conserve 2% du capital, dont 1% provisoirement pour l'attribution d'actions gratuites au terme de dix-huit mois. Un pacte est signé entre les trois actionnaires publics (l'Etat, la Caisse des dépôts et consignations et La Poste) et les Caisses d'épargne. En septembre 2000 et conformément aux dispositions prévues par l'accord initial, les membres du pacte modifient la répartition du capital dans un souci de rééquilibrage au profit du Groupe des Caisses d'épargne. Leur participation dans CNP Assurances atteint dorénavant 18% par la cession de 3%, 2% et 0,5% du capital de la société détenu respectivement par la Caisse des dépôts et consignations, La Poste et l'Etat. Simultanément aux acquisitions mentionnées, le Groupe des Caisses d'épargne et La Poste regroupent leurs participations (18% chacune) dans une société holding, *Sopassure*, qui détient par conséquent 36% du capital[68]. Avec 37% du capital de CNP Assurances, la Caisse des dépôts et consignations reste le premier actionnaire de l'entreprise[69]. Dans ces conditions, si cet accord illustre la volonté commune des trois actionnaires publics et des Caisses d'épargne de consolider le pacte qui les lie[70], il montre aussi toutes les ambitions capitalistiques des Caisses d'épargne[71].

La philosophie générale qui présidait à la création de CDC-Ixis et de la compagnie financière EULIA avec les Caisses d'épargne allait aussi dans le sens de

---

[65]TC, 19 janvier 1998, *Union française de l'Express*, RFDA, 1999, p. 189, note B. SEILLER et CE, 13 novembre 1998, *Syndicat professionnel des médecins de prévention de La Poste et de France Télécom et autres*, RFDA, 1999, p. 262.

[66]Arrêté du 6 octobre 1998 *fixant les modalités d'attributions d'actions de CNP Assurances SA.*, JORF, 8 octobre 1998, p. 15250.

[67]Décret n°98-619 du 20 juillet 1998 autorisant *le transfert au secteur privé d'une participation minoritaire de l'Etat au capital de CNP Assurances SA*, préc.

[68]Cette société, détenue par La Poste et les Caisses d'épargnes avec respectivement 50,01% et 49,99% du capital, fait l'objet d'une gestion paritaire et appartient au secteur public.

[69]*Actualités*, RT, 2003, p. 591.

[70]Avec pour objectifs, notamment l'autonomie de gestion du directoire, l'amplification du développement des activités en France comme à l'étranger et une rémunération satisfaisante des capitaux investis par les actionnaires.

[71]MICHEL (A.) et O. (P.), *La CNP et l'Ecureuil enterrent la hache de guerre*, La Tribune, 9 novembre 2000 ; SANTI (P.), *Fin de l'imbroglio autour du capital de CNP Assurances*, Le Monde, 19 septembre 2000 ; SANTI (P.), *Les discussions entre l'Ecureuil et la CNP sont au point mort*, Le Monde, 10 août 2000 ; S. (R), *La CNP va conclure sa convention ave l'Ecureuil*, La Tribune, 21 septembre 2000.

la recherche de partenariats et d'ouvertures à de nouveaux marchés européens de leurs métiers[72]. Il y était même préconisé la prise en compte de la CNP et La Poste[73]. En effet, le niveau de compétitivité observé sur les marchés afférents aux activités de la Caisse des dépôts et consignations illustre bien la nécessité pour les opérateurs de se regrouper en vue d'obtenir une taille critique permettant de dégager une rentabilité suffisante pour assurer la pérennité de l'activité[74]. La compagnie financière EULIA constitue le troisième acteur bancaire européen. Détenue à l'origine à 50,1% par la Caisse des dépôts et consignations et à 49,9% par la Caisse nationale des Caisses d'épargne (CNCE), EULIA regroupe les activités financières concurrentielles des deux Groupes partenaires, organisées en quatre pôles : la banque d'investissement et de financement avec CDC-Ixis, la banque de détail, l'assurance et l'immobilier. EULIA a conclu des partenariats stratégiques avec la Bayerrische Landesbank, sixième banque allemande, et Sanpaolo IMI, deuxième banque italienne[75]. Or, la récente prise de contrôle d'EULIA et de CDC-Ixis[76] par les Caisses d'épargne, sur fond de politique libérale, peut menacer l'équilibre partenarial et managérial naissant pour ces activités financières[77]. A ce sujet, Mme le Sénateur BEAUDEAU a pu voir dans ces filialisations, sans véritable discussion au Parlement et à la Commission de surveillance, un démantèlement de l'Etablissement le réduisant à ses seules activités historiques[78].

La privatisation partielle du Crédit local de France par une simple décision réglementaire semble relever de la même politique. Le Conseil d'Etat confirme cependant juridiquement cette possibilité, dans la mesure où l'Etat ne détient pas la majorité du capital social de cette entreprise et, où l'exploitation du Crédit local de France ne présente pas le caractère d'un service public national ou d'un monopole de fait[79].

Dans ces conditions, le périmètre du Groupe CDC devient difficilement identifiable. Il convient dès lors de se demander quelle est la réalité juridique du Groupe public CDC, tel qu'il est énoncé dans la loi relative *aux nouvelles régulations économiques*.

SECTION II- La réalité du Groupe public CDC

Les activités de la Caisse des dépôts et consignations sont issues de la mission originelle de dépositaire légal de fonds d'origine privée que le législateur a souhaité protéger par une gestion garantissant leur entière sécurité[80]. Ces fonds, qui

---

[72]Procès-verbal du 20 juin 2001. V. plus généralement PROVOST (O.) et MORAWSKI (A.), *La Caisse des dépôts s'allie à l'italien San Paolo-IMI*, La Tribune, 1er août 2001.

[73]Rapport 2001 du Haut Conseil du secteur financier public et semi-public, *Un secteur financier public, pour quoi faire ?*

[74]CHAPERON (I.) et EHRHART (I.), *Caisse des dépôts – Ecureuil : naissance du troisième pôle bancaire français*, Les Echos, 26 juin 2001 ; CHAPERON (I.), *CDC : Jean-Pierre Balligand satisfait de l'Alliance*, Les Echos, 28 juin 2001 ; CHAPERON (I.), *La CDC et L'Ecureuil se marient pour devenir le troisième acteur financier français*, Les Echos, 14 juin 2001.

[75]Procès-verbal du 5 septembre 2001 ; procès-verbal du 19 février 2002 ; procès-verbal du 6 novembre 2002.

[76]GALLOIS (D.) et MICHEL (A.), *La Caisse nationale des Caisses d'épargne devient la troisième banque française*, Le Monde, 3 octobre 2003 ; (X.), *Groupes CDC et Caisses d'épargne : Refondation du partenariat*, CDscope, n°223, septembre 2003, p. 3.

[77]J.-O. (M.), *Le torchon brûle entre la CDC et les Caisses d'épargne*, Le Figaro, 2 décembre 2002 ; TOSSCER (O.), *L'Ecureuil la main dans la Caisse*, Le Nouvel observateur, 5 décembre 2002.

[78]BEAUDEAU (M.-C.), question n°667, adressée à M. le ministre de l'Economie, des Finances et de l'Industrie, *Réforme de la Caisse des dépôts et consignations*, JORF, S., 19 janvier 2000, p. 17.

[79]CE, 7 juillet 1995, *Union des syndicats de la Caisse des dépôts et consignations*.

[80]V. Introduction générale.

permettent de financer des investissements d'intérêt général et de venir en appui au développement local, ont également conduit la Caisse des dépôts à devenir un acteur majeur sur les marchés financiers, aujourd'hui par le biais de filiales spécialisées soumises aux conditions de marché.

Cet ensemble constituerait un *« Groupe public »* décentralisé, exerçant ses activités tant en France qu'à l'étranger, spécialement dans des domaines d'activités financières et de services qui relèvent, selon leur nature, soit de mandats publics, soit de logiques concurrentielles : gestion des fonds d'épargne sur livrets et financement du logement social, gestions sous mandat d'importants régimes de retraites, activités bancaires et financières réglementées ; appui au développement local, à la politique de la ville et au développement de l'emploi et des PME ; activités financières de banque d'investissement avec le Groupe CDC-Ixis et EULIA ; assurances de personnes avec la CNP ; services et ingénierie pour le développement des territoires avec les filiales de C3D[81].

Or, contrairement aux notions d'Etablissements publics, d'entreprises publiques ou de Groupements d'intérêt public, ce concept général de *« Groupe public »* n'existe pas jusqu'à ce jour en droit positif[82]. Le « Groupe de sociétés » est simplement défini comme l'ensemble constitué par plusieurs sociétés, ayant chacune leur existence juridique propre, mais unies entre elles par des liens divers en vertu desquels l'une d'elles, dite société mère, qui tient les autres sous sa dépendance, exerce un contrôle sur l'ensemble et fait prévaloir une unité de décision. L'apparition des Groupes est liée à la stratégie de développement des entreprises[83]. Cela semble être le cas pour le Groupe CDC et l'ajout de l'adjectif « public » rappellerait son caractère capitalistique. Or, ce simple critère mathématique, aujourd'hui dépassé, ne correspond pas à la réalité de l'Etablissement spécial CDC, qui, bien qu'exerçant éventuellement les fonctions de « société mère », n'a pas d'objet social et encore moins la forme de société.

Il existe seulement des esquisses de définitions en droit social ou financier, qui pour autant ne se recoupent pas mais correspondent simplement à leur champ d'application respectif. L'INSEE définit pour sa part le Groupe comme un ensemble d'entreprises dont plus de 50% des voix en assemblée d'actionnaires ou en conseil d'administration sont contrôlées par une autre entreprise qui, si elle-même est indépendante, est appelée « tête de Groupe »[84]. Une telle interprétation au Groupe public CDC reste à nouveau difficilement concevable et porterait notamment tort à l'esprit général de définition de la Commission de surveillance.

---

[81]V. *infra*.

[82]CHAPUS (R.), *Droit administratif général*, Paris, Montchrestien, coll. Domat droit public, t. 1, 2001, 15ème éd., p. 379. Encore que ces notions restent discutées par la doctrine et la jurisprudence et qu'il faille les identifier sous formes de faisceaux d'indices ou de typologie. V. par ex. VANDENDRIESSCHE (X.), *Typologie des entreprises publiques*, th. Lille II, Droit, 1990, plus particulièrement la conclusion générale ; ou TC, 14 février 2000, *GIP « Habitat et Interventions Sociales pour les mal-logés et les sans-abris »*, DA, mars 2000, p. 20.

[83]VANDENDRIESSCHE (X.), *op.cit*, p. 162 sqq.

[84]Depuis 1979, l'INSEE recense chaque année les groupes et les filiales à partir de son enquête « Liaisons financières entre sociétés » (LIFI). C'est ainsi qu'en 1998 (dernière enquête publiée), l'INSEE a comptabilisé 9000 groupes contrôlant 20970 entreprises de moins de 500 salariés. L'observatoire des entreprises de la Banque de France, grâce à ses propres données, ajoute à ces chiffres, d'une part, les liens financiers entre des individus et des entreprises (et non plus entre entreprises seulement), d'autre part, les entreprises contrôlées au moyen de participations indirectes à partir de holdings en « cascade ». Suivant ce calcul, l'observatoire obtient pour l'année 1996 (derniers chiffres disponibles), 8400 holdings, 35 000 entreprises têtes de groupes et 97 000 filiales. C3D et CNP Assurances y sont recensés à leur seul titre de « tête de Groupe ».

Pour toutes ces raisons, et eu égard à l'application composite de cette notion de Groupe et de filiales en droit public, la définition de Groupe public CDC (§1.) et de ses filiales (§2.) ne semble pas évidente à réaliser.

§1. L'absence de définition évidente du Groupe public CDC

Si le centre du Groupe CDC n'est pas une société de droit privé, la logique du développement de la Caisse des dépôts et consignations n'est pas uniquement déterminée par la volonté de pouvoir économique ou la recherche du profit. Il ne s'agit pas là d'un phénomène entièrement nouveau puisque le législateur avait déjà prévu lors des nationalisations de l'électricité, du gaz et du charbon un système comportant une certaine décentralisation au sein de l'ensemble énorme qui devait résulter du transfert de propriété des entreprises visées[85]. Par ailleurs, les entreprises publiques n'appartiennent pas nécessairement à des Groupes publics. Certaines d'entre elles peuvent être isolées, ne s'insérant pas dans un ensemble plus vaste et ne comportant pas de ramifications[86].

Tel est le cas du Groupe Caisse des dépôts développement (C3D), holding qui a exclusivement pour objet de détenir des participations dans quelques trois cents sociétés dont elle contrôle et oriente l'activité[87]. Cette holding publique est donc un instrument d'intervention qui ne préjuge pas du régime juridique ultérieur de l'activité filialisée[88]. A ce titre, il convient de penser, au moins dans son esprit, que C3D constitue en France un des éléments essentiels de l'économie mixte systématique. Groupe des services et d'ingénierie pour le développement des territoires, les filiales de C3D exercent les métiers de l'immobilier (Groupe SCIC), les transports urbains et interurbains (Groupe Transdev), les loisirs (Compagnie des Alpes, sa filiale Grévin et Compagnie, et VVF Vacances) et l'ingénierie des infrastructures (Groupe Egis).

Autrement dit, l'Etablissement CDC est à la tête d'un Groupe au sein duquel se trouve une holding elle-même chargée de la gestion de Groupes. Par rapport à la CDC, C3D est donc une entreprise publique de premier rang, dès lors que son capital social appartient en totalité à la Caisse des dépôts et consignations[89]. Tel ne semble pas être systématiquement le cas pour les filiales et Groupes de deuxième rang appartenant à C3D[90]. De multiples solutions sont possibles, si bien que, dans certains cas, le rang de la filiale est délicat à évaluer. La question est donc

---

[85]DELVOLVE (P.), *Droit public de l'économie*, Paris, Dalloz, Précis Droit public Science politique, 1998, p. 691.

[86]V. DELION (A.) et DURUPTY (M.), *Chronique des entreprises publiques*, RFAP, juillet-septembre 2000, p.492 : le bilan des entreprises contrôlées majoritairement par l'Etat au 1er janvier 2000.

[87]DELION (A.) et DURUPTY (M.), *op. cit.*, p. 493.

[88]VERNAY (M.), *Caisse des dépôts – développement*, DESS Banques et Finances, Paris V, 1989, p. 27.

[89]Les relations entre C3D et la Caisse des dépôts et consignations sont essentiellement financières, puisque les ressources de C3D dépendent de la société mère qu'est la CDC. Ces relations se concrétisent non seulement par le fait que le Président Directeur général de C3D est membre du comité de Direction de la Caisse des dépôts (v. *supra*), mais également et surtout par l'existence d'un document quasi-contractuel dénommé « Convention financière ». Cette convention permet à la Caisse des dépôts et consignations de savoir combien elle injecte chaque année dans les filiales par l'intermédiaire de C3D qui canalise les sommes apportées. Les résultats sont les « comptes de C3D ». Cette convention oblige alors les deux parties à un effort de précision et souligne la grande dépendance de C3D à l'égard de la CDC. V. par ex. sur une année : procès-verbal du 12 février 1986 ; procès-verbal du 8 juillet 1986 et procès-verbal du 22 juillet 1986.

[90]DELION (A.) et DURUPTY (M.), *Chronique des entreprises publiques*, RFAP, octobre-décembre 1998, p. 641.

encore plus délicate pour le Groupe CDC et ses ramifications, prises de participations et placements[91].

Il convient dès lors de réintégrer la détention du capital des filiales à leurs définitions[92]. La Direction générale de la Caisse des dépôts et consignations entend alors définir le Groupe comme comprenant l'Etablissement et toutes les filiales, y compris C3D, la CNP et EULIA. Elle l'appelle encore familièrement le *« Groupe au sens large »* en opposition au *« Groupe financier »* qui se limite aux seules filiales financières (CDC-Ixis)[93].

Pour toutes ces raisons, l'article 143 de la loi sur *les nouvelles régulations économiques* a volontairement traduit cet état strictement capitalistique, en ajoutant expressément à la notion de Groupe CDC, le caractère public. En effet, le Groupe public CDC n'est pas d'une part structuré exclusivement selon un critère de détention du capital et n'est pas d'autre part totalement libre de créer ou de supprimer des entités, dont l'Etat lui a confié la gestion (sous forme de fonds, sociétés de droit privé, associations, fondations ou d'Etablissements publics)[94].

De plus, le mode de désignation de ses dirigeants[95] et le statut d'agents publics d'une bonne partie de son personnel[96] constituent aussi des facteurs très spécifiques du Groupe. A ce sujet, il conviendra de penser qu'en l'état actuel du droit, les relations entre la CDC et la CNP Assurances ne sont pas des relations de mère à filiale. Ce n'est pas, par ailleurs, parce que la société Dexia emploie effectivement des fonctionnaires de la Caisse des dépôts et consignations mis à sa disposition, qu'elle fait partie du Groupe public CDC, mais plutôt l'inverse[97]. Les rapports de la CNP Assurances et du CLF-Dexia relèvent plus de l'union personnelle et des fruits de l'histoire[98].

Or, la notion de Groupe public a encore moins de signification juridique que le concept général de Groupe. Il n'est pas sujet de droit. Il relève davantage d'une stratégie économique et financière[99]. Sans pour autant lui donner un contenu juridique, les services de la comptabilité de la CDC l'appréhendent utilement pour en définir leurs consolidations comptables et économiques. C'est une définition strictement économique, et non juridique (I).

---

[91]V. *supra*, Partie 1, Titre 2, la définition retenue par la CDC de ses participations et des placements.

[92]DELION (A.), *Les filiales des entreprises publiques*, Droit social, 1960, p. 380 ; RAPP (L.), *Les filiales des entreprises publiques*, Paris, LGDJ, Bibliothèque de Droit public, 1983.

[93]M. BONIN préfère employer le terme de « Groupe d'argent ». V. BONIN (H.), *Les Groupes financiers français*, Paris, PUF, coll. QSJ, 1995, p. 96 sqq.

[94]V. par ex., (X.), *C3D se résout à conserver le contrôle d'Egis*, Les Echos.fr, 15 octobre 2002. Les pouvoirs publics auraient imposé une remise à plat du dossier Egis en demandant à la Caisse des dépôts et consignations de geler le processus de vente des 79% que C3D détient dans le Groupe d'ingénierie. C3D a conservé finalement la majorité au capital de la société, afin d'empêcher son démantèlement et maintenir sa nationalité française.

[95]La nomination en Conseil des ministres du Directeur général de la Caisse des dépôts et consignations pour cinq ans renforce dans les faits la dépendance des présidents des filiales majoritaires de la CDC. En effet, on peut penser que ce dernier sera tenu de désigner au conseil d'administration des filiales des représentants conformes aux souhaits du gouvernement. V. aussi art. 10 de la loi modifiée sur la démocratisation du secteur public et art.51 de la loi n°96-314 du 12 avril 1996. Par ex., RICHE (P.), *C3D, nouvel os entre Bérégovoy et Lion*, Libération, 30 novembre 1990. On peut penser aussi au départ de Mme BOUILLOT de la Direction de CDC-Ixis, cette dernière n'étant pas en accord avec la Direction de la Caisse des dépôts et consignations et le gouvernement sur l'évolution de cette structure.

[96]V. *supra*, Partie I, Titre 1.

[97]B. (S.), *Les liens se distendent encore un peu plus entre la Caisse des dépôts et Dexia*, L'Agefi, 23 septembre 2002.

[98](X.), *ça bouge : CNP et CLF*, CDscope, n°60, novembre 1987, p. 3.

[99]SIMONS (P.), *La notion de Groupe et ses conséquences*, LPA, 10 juin 1987, p. 19 et 12 juin 1987, p. 27 (suite et fin).

Le critère du bassin d'emploi reste alors une des valeurs sûres du Groupe et de sa culture d'entreprise. Milieux politiques et droit social lui donneront alors une coloration publique : c'est alors un Groupement social (II).

I- Une définition économique du Groupe public CDC

La Direction générale définit traditionnellement dans ses documents officiels le périmètre de son Groupe public CDC à partir de consolidations comptables, telles qu'elles sont dégagées en tenant compte du particularisme de la Caisse des dépôts[100] (A). On pourrait tenir compte aussi du critère fiscal pour définir le Groupe public CDC (B).

A) Le critère des consolidations comptables comme définition du Groupe public CDC

Les activités du Groupe Caisse des dépôts sont réparties en fonction de deux missions principales que sont, d'une part, la gestion des fonds sous mandat et, d'autre part, les activités directement exercées par la Section générale.

La gestion des fonds sous mandat est tout d'abord confiée à la Caisse des dépôts et consignations, selon des règles définissant la nature des prestations assurées et les conditions financières qui y sont attachées[101]. Il s'agit notamment des fonds d'épargne centralisés à la Caisse des dépôts et consignations et de la gestion des caisses de retraites.

Les activités directement exercées par la Section générale sont quant à elles des entités financières et administratives de la Caisse des dépôts et consignations qui font l'objet d'une gestion différente de celle des opérations de gestion sous mandat, tant en France qu'à l'étranger. On y retrouve notamment les activités exercées par les Groupes qui sont rattachés directement à la CDC (et notamment EULIA, les Groupes CDC-Ixis, C3D et CNP Assurances).

Seules ces activités sont considérées comme constituant un Groupe pouvant faire l'objet de comptes consolidés, établis selon les règles comptables applicables aux Etablissements de crédit[102]. L'entreprise consolidante est la Section générale ; les filiales sont intégrées globalement[103], proportionnellement[104], ou mises en équivalence[105], selon la qualification du contrôle[106].

---

[100]Rapport annuel 2002, Eléments financiers, p. 50 : notion de Groupe.

[101]V. *infra*.

[102]Art. L.511-35 à L.511-39 du Code monétaire et financier.

[103]Sont consolidées par intégration globale les entreprises contrôlées de manière exclusive, ayant un caractère financier ou une activité se situant dans le prolongement des activités du Groupe. Le contrôle exclusif est défini comme étant le pouvoir de diriger les politiques financières et opérationnelles d'une entreprise afin de tirer avantage de ses activités (détention de la majorité des droits de vote, majorité des membres des organes dirigeants pendant deux années successives, droit d'exercer une influence dominante en vertu de contrats ou de clauses statutaires).

[104]Les sociétés dans lesquelles le Groupe exerce un contrôle conjoint sont consolidées par intégration proportionnelle. Le contrôle conjoint est défini comme étant le partage du contrôle exploité en commun par un nombre limité d'associés ou d'actionnaires, de sorte que les politiques financières et opérationnelles résultent de leur accord.

[105]Les entreprises sous influence notable sont mises en équivalence. L'influence notable résulte du pouvoir de participer aux politiques financières et opérationnelles d'une entreprise, sans en détenir le contrôle.

[106]Sur les principes d'élaboration des comptes consolidés du Groupe Caisse des dépôts, v. par ex. rapport blanc 2002, p. 57. Sont exclues du périmètre les SEM et les sociétés HLM, pour lesquelles il existe des restrictions à la disponibilité du patrimoine et des bénéfices et dans le secteur de l'assurance, les OPCVM contrôlés et les sociétés transparentes ayant une activité immobilière de gestion locative, qui figurent en représentation des engagements des assurés.

A partir de ces données, le périmètre de consolidation comprend au 31 décembre 2002 la Caisse des dépôts et consignations (section générale) et 857 entités (filiales et participations directes ou indirectes)[107]. Cette distinction est néanmoins marquée par l'exclusion du périmètre de consolidation des fonds d'épargne et des caisses de retraites, traduisant ainsi la nature particulière des relations existant entre l'Etablissement et ces fonds[108].

Cette définition du Groupe CDC par de simples critères comptables et économiques trouve alors directement ses limites et ne donne qu'une vision approximative et trop large de ce qu'est le périmètre du Groupe public CDC. Il semblerait dès lors préférable de se référer à un critère beaucoup plus strict qu'est le droit fiscal.

B) Le critère fiscal comme définition du Groupe public CDC

La rigueur du droit fiscal offre, à première vue, une source plus sûre pour définir le Groupe public CDC. Pour autant, bien au-delà du particularisme fiscal de l'Etablissement[109], la multiplication des statuts des ramifications de la Caisse des dépôts et consignations ne semble pas permettre une identification claire de cet ensemble.

C'est ainsi qu'un Directeur des services fiscaux avait indiqué à une collectivité locale[110] qu'une filiale de la Caisse des dépôts et consignations, dénommée successivement « Centre d'analyse et de la mécanographie » (CAM) puis « Centre d'automatisation pour le management » (CAM), était une *« émanation »* de cette dernière et qu'elle bénéficiait *« au même titre »* d'exonérations fiscales. Elle est restée non assujettie à la taxe professionnelle pendant plus de vingt ans, ce qui bien évidemment portait un préjudice financier non négligeable à la collectivité locale.

Saisi du contentieux[111], le Conseil d'Etat estima que la décision d'assujettir cette filiale de la Caisse des dépôts et consignations à la taxe professionnelle ne comportait pas pour les services fiscaux de difficultés particulières tenant à l'appréciation de sa situation. L'activité à laquelle la société se livrait depuis sa création consistait, en effet, à l'exécution de travaux informatiques qu'elle facturait à ses clients. Elle devait être en principe considérée comme un commerce, une industrie ou une profession, au sens de l'article 1447 du Code général des impôts dans sa rédaction antérieure à la loi n°75-678 du 29 juillet 1975, puis examinée comme une activité professionnelle non salariée exercée à titre habituel, au sens de ce même article, dans sa rédaction issue de cette loi (et ce nonobstant la circonstance qu'elle ait facturé certains travaux à prix coûtant). C'est pourquoi, en s'abstenant d'assujettir à la taxe professionnelle la société, les services fiscaux ont de la sorte commis une faute de nature à engager la responsabilité de l'Etat[112].

---

[107]Rapport 2002, Eléments financiers, p. 58 (contre 795 entités au 31 décembre 2002 (v. rapport blanc 2001, p. 137). Ces variations s'expliquent notamment par l'acquisition de participations dans la société BDPME, la réorganisation des GIE informatiques et la consolidation du FCP CDC PME Croissance. Par ailleurs, des évolutions capitalistiques ont eu lieu au sein d'EULIA, du Groupe CDC Ixis et du Groupe C3D.

[108]V. *supra*, notamment Partie I, Titre 2.

[109]V. *supra*, Partie I, Titre 1.

[110]CE, 29 décembre 1997, *Commune d'Arcueil*, cls M. GOULARD, CJEG, avril 1998, p. 159.

[111]*Ibidem*.

[112]Le Conseil d'Etat se situe dans la droite ligne de la jurisprudence *Bourgeois* du 27 juillet 1990 (RFDA, 1990, cls N. CHAHID-NOURAI) qui s'attache davantage à l'appréciation des circonstances de l'espèce (refus de distinguer les opérations de détermination de créances et celles se rapportant à leur

Au-delà de cette affaire, il convient de conclure qu'en définitive, ni l'approche comptable, ni l'approche fiscale ne semblent suffisantes pour définir le Groupe public CDC. L'approche sociale et politique pourrait peut-être alors servir de critères plus sûrs pour le définir.

II- Une définition sociale du Groupe public CDC

Aux quelques 4620 agents en activité au sein de l'Etablissement de la rue de Lille, viennent s'ajouter plus d'un millier de fonctionnaires mis à la disposition des filiales de la Caisse des dépôts et consignations et en particulier auprès de Dexia, CNP Assurances et CDC-Ixis[113].

Cette perspective pourrait augurer la constitution d'un Groupe social CDC. En effet, l'article L.439-1 du Code du travail[114] définit les critères d'application de la notion de Groupe de sociétés dans le domaine du droit social au regard d'un comité de Groupe. Il s'agit de la détention de plus de la moitié du capital[115], à la disposition de la majorité des droits de vote[116], à la désignation de la majorité des membres des organes d'administration, ou à l'influence dominante en vertu d'un contrat ou de clauses statutaires[117]. Appliqués au Groupe CDC, ces critères sembleraient plus convaincants et plus facilement identifiables que ceux définis par le droit financier.

L'intervention du législateur dans la politique du personnel de la Caisse des dépôts et consignations et de son Groupe confirmerait cette manière de voir, dès lors qu'elle en est la manifestation juridique et politique la plus évidente (A). Ce dispositif semble vouloir plus précisément garantir une certaine *« paix sociale »* (B).

A) Un encadrement législatif du Groupe social CDC

Le procédé de filialisation d'activités de la CDC ne modifie aucunement ni la nature, ni le domaine de compétence propre à l'Etablissement[118]. Par conséquent, il pouvait en principe s'opérer sans formalisme particulier, et notamment sans recours à une autorisation législative, dès lors que la Caisse des dépôts et consignations conservait le contrôle des entités nouvellement constituées[119].

Pour autant, il a été jugé nécessaire de recourir à la loi, dès lors que le dispositif de filialisation avait prévu la mise à disposition aux sociétés nouvelles ainsi créées des fonctionnaires de la Caisse des dépôts qui participaient auparavant à la gestion de l'Etablissement public[120]. En effet, contrairement au dispositif prévu en 1988 pour la Caisse nationale de crédit agricole (CNCA), il ne s'agit pour le Groupe CDC que de mises à disposition de fonctionnaires. Lorsque l'Etablissement public qu'était la CNCA a été transformé en société anonyme, les fonctionnaires de la caisse ont été placés en position de détachement auprès de la société ainsi créée et ce

---

recouvrement ; comportement du fisc...). Sur cette évolution, V. BARONE (L.), *La responsabilité de l'administration fiscale : vers un régime de droit commun ?*, LPA, 31 décembre 1999, p. 4.

[113]COUNIS (A.) et GAY (P.-A.), *Voyage au sein de la Caisse des dépôts (1) Public-privé, un composé instable*, Les Echos, 16 décembre 2002. Il ne nous a pas été possible de recenser exactement le nombre de fonctionnaires mis à disposition des filiales. L'addition des chiffres votés par le Parlement laisserait supposer un nombre de 1500 agents.

[114]Cet article ne s'applique évidemment pas à l'Etablissement CDC (v. art. L.431-1 du Code de travail). On peut simplement s'en inspirer.

[115]Art. L.233-1 du Code de commerce.

[116]Art. L.233-3 du Code de commerce.

[117]Art. L.233-16 al. 2 du Code de commerce.

[118]V. *infra*, notamment Partie II, Titre 2.

[119]V. *supra*, Partie I, Titre 2.

[120]*Ibidem.*

pendant une durée de douze ans[121]. Ils sont directement gérés par le ministère des Finances. Par la suite, ces fonctionnaires concernés ont pu tous soit demander leur réaffectation au sein des administrations de l'Etat, soit conclure un contrat de travail avec la société issue de la loi du 18 janvier 1988[122], soit demander un détachement au sein de la société d'une durée maximale de douze ans[123].

Au sein du Groupe CDC, le législateur préfère généralement utiliser la voie des mises à disposition de fonctionnaires. Cela n'exclut pas le détachement ou la mise en disponibilité, selon les conditions de droit commun de la fonction publique. En effet, la définition du *« Groupe financier »*, qui comprend l'Etablissement et ses filiales dont l'activité relève du domaine bancaire et financier, s'est toujours caractérisée par la variété des statuts des agents qui y apportent leur collaboration. C'est ainsi que si la majorité du personnel de l'Etablissement de la rue de Lille est composée de fonctionnaires de l'Etat, il n'en demeure pas moins qu'il peut aussi employer des agents contractuels de droit public et des agents de droit privé depuis le vote de la loi du 28 mai 1996[124].

Ces agents collaborent par exemple aux métiers bancaires et financiers, sous forme d'affectation directe pour les métiers non filialisés (dépositaire et bancaire) et sous forme de « prestations techniques et de sous-traitance » (expertise, back offices et fonction de pilotage), pour les autres. L'article 143 II de la loi de 2001 relative aux *nouvelles régulations économiques* prévoit alors la mise à disposition pour quinze ans à CDC-Finance des fonctionnaires de l'Etat en activité dans la Direction des activités bancaires et financières (DABF)[125].

Il convient tout d'abord de constater que les fonctionnaires concernés par la mise à disposition restent rémunérés par la Caisse des dépôts et consignations et que CDC-Finance et ses filiales lui remboursent les charges correspondantes. Sur le plan statutaire, les fonctionnaires mis à disposition demeurent en position d'activité dans l'Etablissement CDC et conservent tous leurs droits (notamment à l'avancement et à la retraite). Un fonctionnaire peut enfin obtenir à tout moment sa réaffectation dans l'Etablissement. En tout état de cause, à l'issue de la période de quinze ans, tous les fonctionnaires qui n'auront pas opté pour la position de détachement, de hors cadres ou de disponibilité seront en principe réaffectés dans les services de la Caisse des dépôts et consignations.

Cette spécificité, qui ne se retrouve pas au sein de la holding C3D[126], se rapproche du dispositif prévu lors de la restructuration de la Société nationale des poudres[127], du Crédit local de France[128], du Groupement industriel des armements

---

[121]Art. 10 de la loi n°88-50 du 18 janvier 1988 relative *à la mutualisation de la caisse nationale du crédit agricole*, JORF, 19 janvier 1988, p. 879 et décret n°91-569 du 19 juin 1991 relatif *au rattachement à l'Etat des corps de fonctionnaires de la Caisse nationale de Crédit agricole, pris en application de l'article 10 de la loi n°88-50 du 18 janvier 1988 relative à la mutualisation de la Caisse nationale de crédit agricole*, JORF, 21 juin 1991, p. 8065.

[122]Ce qui emportait la perte de la qualité de fonctionnaire.

[123]Etant entendu que les intéressés avaient à tout moment la possibilité de signer un contrat de travail.

[124]V. *supra*, notamment Partie I, Titre 1.

[125]On fera remarquer que la loi promulguée permet la mise à disposition de fonctionnaires à une société appelée « CDC-Finance », et non « CDC-Ixis », qui est devenue la dénomination commerciale de CDC-Finance.

[126]V. *supra*.

[127]La loi n°70-575 du 3 juillet 1970 portant *réforme du régime des poudres et substances explosives* (JORF, 5 juillet 1970, p. 6299) a prévu la constitution d'une Société nationale des poudres. A l'issue d'une période transitoire de mise à la disposition, les fonctionnaires de la Direction des poudres devaient être soit remis à la disposition du ministre de la Défense nationale, soit recrutés par la société et dans ce cas placés dans l'une des dispositions prévues par leur statut.

[128]V. *supra*.

terrestres (GIAT)[129], de l'Imprimerie nationale ou plus encore de la réforme de la CNP[130]. Dans ce dernier cas, les fonctionnaires de l'Etat qui apportaient déjà leur collaboration à l'activité de la CNP précédemment à la réforme ont été mis à la disposition de la société pour une durée de six ans[131]. Cette mise à disposition a été reconduite dans le cadre de la loi du 2 juillet 1998[132] pour une nouvelle période de dix ans. Le texte d'application organise de manière précise les conditions d'emplois des fonctionnaires ainsi mis à la disposition et les modalités de *« retour »* à la CDC[133].

La conception qui sous-tend ces mises à disposition de fonctionnaires de l'Etat dans des sociétés de droit privé peut néanmoins laisser perplexe le politique et le juriste, dès lors que le fonctionnaire, nommé à un emploi permanent et titularisé dans un grade de la hiérarchie administrative, est, en principe, au service de la puissance publique. Il s'agirait tout au plus de garantir la *« paix sociale »* au sein du secteur public en général et au sein du Groupe CDC plus particulièrement.

B) Le Groupe public CDC, pour la « paix sociale »

Il ressort, de manière générale, des différents dispositifs législatifs relatifs à l'emploi de fonctionnaires dans des sociétés de droit privé que les notions de détachement ou de mise à disposition ainsi utilisées ne correspondent pas strictement à celles des dispositions statutaires de la fonction publique de l'Etat. Il en découlera alors nécessairement des conséquences pratiques difficiles. En effet, les fonctionnaires sont en principe susceptibles d'exercer leur activité au sein d'une filiale par les procédés classiques du statut des fonctionnaires : disponibilité, détachement, position hors cadre. L'une ou l'autre de ces situations ne peut être décidée qu'avec l'accord des intéressés.

Le détachement d'office prononcé après avis de la Commission administrative paritaire compétente ne peut par ailleurs avoir lieu qu'auprès d'une autre administration ou d'un Etablissement public. La loi de 1988 à propos de la Caisse nationale du Crédit agricole prévoyait ainsi que ses fonctionnaires seraient rattachés au ministre des Finances. La proposition *« BALLADUR »* d'avril 1989 sur *« la désétatisation de la Caisse des dépôts et consignations et la suppression de ses privilèges »* s'inspirait de ce précédent[134]. Or, il a été généralement convenu d'affirmer que des fonctionnaires de la Caisse des dépôts et consignations étaient

---

[129]La loi n°89-924 du 23 décembre 1989 a autorisé le transfert à une société nationale des établissements industriels dépendant du Groupement industriel des armements terrestres (GIAT). Tous les personnels ont été mis de plein droit à la disposition de la société à la date de la réalisation des apports. Pendant cette période transitoire, les anciens statuts son restés applicables, mais une option a été proposée aux fonctionnaires entre une affectation dans un service ou à un Etablissement du ministère de la Défense, ou de la signature d'un contrat de travail avec la société. Dans ce dernier cas, les agents ont été placés en position de détachement, mise hors cadre ou disponibilité (sans que soit opposables les dispositions limitant le nombre de détachement par corps). V. Loi n°89-924 du 23 décembre 1989 autorisant *le transfert à une société nationale des Etablissements industriels dépendant du Groupement industriel des armements terrestres (GIAT)*, JORF, 27 décembre 1989 p. 16103.

[130]La loi n°93-1419 du 31 décembre 1993 transformant l'Imprimerie nationale en société prévoit par ailleurs une solution identique à celle de la CNP (JORF, 1er janvier 1994, p. 18).

[131]V. *supra*.

[132]Loi n°98-546 du 2 juillet 1998 portant *diverses dispositions d'ordre économique et financier*, JORF, 3 juillet 1998, p. 10127.

[133]Décret n°99-791 du 9 septembre 1999 portant application de l'article 101 de la loi n°98-546 portant *diverses dispositions d'ordre économique et financier et relatif aux fonctionnaires mis à la disposition de la société CNP-Assurances SA*, JORF, 15 septembre 1999, p. 13812.

[134]BALLADUR (E.) et al., *Proposition de loi relative à la désétatisation de la Caisse des dépôts et consignations et à la suppression de ses privilèges*, Assemblée nationale, n°609, seconde session ordinaire de 1988-1989, 17 avril 1989. V. aussi Introduction.

déjà en position d'activité dans le secteur concurrentiel et que rien ne s'opposait à ce qu'ils restent dans la même position dans la filiale sous forme de mise à disposition[135]. Les contrats de travail des agents contractuels de droit public ont alors été transformés, avec leur accord, en contrat de droit privé[136].

La mise à disposition n'est pour autant admise qu'auprès d'une autre administration ou d'un organisme d'intérêt général. Cela exclut donc en principe les sociétés du secteur concurrentiel, dès lors qu'aucune spécificité ne permet de leur conférer de manière incontestable la qualification en question[137]. Or, il est très douteux que Dexia[138], CDC-Ixis et CNP Assurances remplissent une telle condition.

Par exemple, bien que CNP Assurances nourrisse des liens intimes avec le secteur public par son actionnariat en majorité publique et par son fonctionnement étroit avec les réseaux publics de distribution, l'entreprise n'exerce pas de missions de service public, mais des activités purement concurrentielles. C'est pourquoi il a fallu une autorisation du législateur pour la Caisse Nationale de Prévoyance. Les seules actions d'intérêt général relèvent du mécénat d'entreprise et se manifestent principalement par l'intermédiaire de la Fondation CNP, qui a consacré plus de 8 millions d'Euros depuis 1988 à la recherche médicale, et de l'association *Gériapa* destinée à l'aide à domicile et à l'hébergement des personnes âgées.

Quant à CDC-Ixis, c'est tout le contraire, dès lors qu'elle a vocation à être une banque d'investissement à part entière. A l'occasion de la cession de cette filiale financière de la Caisse des dépôts et consignations au Groupe des Caisses d'épargne, l'article 60 de la loi de Finances pour 2004[139] dispose que *« les dispositions des II, III, IV et V de l'article 143 de la loi n°2002-420 du 15 mai 2001 relative aux nouvelles régulations économiques demeurent applicables quelle que soit l'évolution de la répartition du capital des sociétés concernées. Elles s'appliquent également à toute société ou entité qui viendrait à reprendre tout ou partie des activités exercées par ces sociétés* [EULIA et CDC-Ixis] *»*. Autrement dit, en visant notamment la définition retenue du Groupe public CDC par la loi *sur les nouvelles régulations économiques*, le législateur assure simplement la pérennité de l'emploi des fonctionnaires mis à la disposition de CDC-Ixis. C'est peut-être aussi en cela qu'aucune observation n'a été soumise au Conseil constitutionnel à ce sujet alors même qu'il avait été saisi de la constitutionnalité de l'ensemble de la loi de Finances[140]. Il convient alors de penser que le gouvernement a volontairement extrapolé les considérations prudentes prises par le Conseil d'Etat dans son avis relatif au statut des agents de France Télécom[141], quand bien même la situation ne semblait pas transitoire pour l'exploitant public[142]. Cela peut s'expliquer par

[135]Ce qui tend aussi à confirmer *a contrario* que la Caisse des dépôts et consignations a bien des activités concurrentielles.

[136]L'art. L.122-12 al. 2 du Code du travail règle en outre les conséquences d'une modification dans la situation juridique d'un employeur sur les contrats de travail des salariés. Ces dispositions pourraient s'appliquer s'agissant des agents contractuels sous le régime des conventions collectives. En effet, au terme de la loi du 28 mai 1996 (v. Partie I, Titre 1), les agents contractuels sous le régime des conventions collectives de la Caisse des dépôts et consignations sont régis par le Code du travail. Par conséquent, l'article L.122-13 al. 2 de ce Code s'applique à ces agents. Plus généralement, V. MOUDOUDOU (P.), *Service public et changement d'employeur*, AJDA, 1996, p. 339.

[137]Avis n°355.255, 18 novembre 1993, *France Télécom (statut des agents)*, GACE, 2002 n°30, p. 305, note L. RICHER.

[138]Le juge de la privatisation en a décidé tout autant pour le Crédit local France, devenu Dexia. V. *supra*.

[139]Loi n°2003-1311 *de Finances pour 2004* du 30 décembre 2003, JORF, 31 décembre 2003, p. 22530.

[140]2003-489 DC, *Loi de Finances pour 2004,* JORF, 31 décembre 2003, p. 22636.

[141]Avis du 18 novembre 1993, *préc.*

[142]En l'espèce, les corps sont créés auprès de l'exploitant public sans détachement ou mise à disposition par l'Etat. V. aussi l'article critique de M. MELLERAY (*Fonction publique et service public : le cas de France Télécom*, AJDA, 2003, p. 2078) et la loi n°2003-1365 du 31 décembre 2003 relative *aux*

l'idéologie du procédé de filialisation prise à la Direction générale de la Caisse des dépôts et consignations : la filiale est un outil, non un moyen. Elle n'est qu'une situation transitoire au service du Groupe[143].

Enfin, si ce droit inconditionnel au retour de ces fonctionnaires à la Caisse des dépôts et consignations est législativement admis, il semblera difficile à l'Etablissement de réintégrer autant d'agents dans ses services, départements qui ne connaissent plus en principe les activités filialisées (telles les activités d'assurances ou de Finances). C'est donc encore une position trop restrictive qui ne tient pas compte de l'évolution capitalistique et de l'économie générale de ces entreprises. Ainsi, en se prononçant le 9 février 1994[144] sur la situation d'une société détenue à parts égales par deux sociétés, la Chambre sociale de la Cour de cassation met le doute sur l'économie générale de ce que pourrait être le Groupe CDC. En effet, il est couramment admis que la Caisse des dépôts et consignations - a été et - est le grand artisan de l'économie mixte en France[145] et qu'elle entend favoriser tant sur le plan national que local le partenariat[146]. Pour décider qu'une société dont le capital se répartit à égalité entre deux autres personnes morales appartient ou non à un Groupe, les juges doivent rechercher les éléments susceptibles de déterminer si l'une des sociétés dominantes exerçait le contrôle effectif de la filiale. Dans le cas d'espèce, les installations et les divers moyens de fonctionnement étaient mis paritairement à disposition des deux sociétés, la présidence était assurée à tour de rôle par chacun des deux actionnaires et les décisions du conseil d'administration prises à l'unanimité. Au regard de cette situation, la Cour de cassation a considéré qu'il n'y avait pas de société dominante et que la société ne faisait partie d'aucun Groupe. Appliquée dans son esprit au Groupe de la Caisse des dépôts et consignations, cette jurisprudence écarte de fait de nombreuses entités de la CDC. Resteraient, en particulier au sein du Groupe, C3D et l'ensemble des fonds et caisses gérés par l'Etablissement.

En définitive, la traduction factuelle de la transformation de la SEITA semble malheureusement être la seule solution à l'avenir pour le Groupe public CDC, sans qu'aucune gestion des ressources humaines générale ou relative ne puisse véritablement être mise en œuvre. En effet, lors de la transformation de la SEITA en Etablissement public industriel et commercial, un statut a été attribué aux agents par le décret du 6 juillet 1962 qui prévoyait que les personnels pouvaient, s'ils le souhaitaient, conserver la qualité de fonctionnaires tout en restant affectés dans les emplois de l'Etablissement[147]. Les autres agents étaient soumis à des règles assez proches de celles de la fonction publique. La loi du 2 juillet 1980[148] a procédé à la création d'une société dont l'Etat détient au moins les deux tiers du capital. L'article 5 de la loi prévoit en fin de compte que *« le personnel de la SEITA est régi par une convention collective. Les personnels titulaires actuellement en fonction pourront*

---

obligations de service public des télécommunications et à France Télécom (JORF, 1er janvier 2004, p. 9). Cette loi prépare les conditions de la privatisation de France Télécom, mais ne la met pas ouvertement en œuvre.

[143]V. *infra*, paragraphe 2 du présent chapitre.

[144]C. Cass., soc., 9 février 1994, *Comité d'entreprise de Naphtachimie c/ SA BP Chemicals*, Droit social, 1994, p. 255, rapport P. WAQUET : comité d'entreprise et comité de groupe dans le cas des filiales communes.

[145]CLIQUENNOIS (M.), *op. cit.*, p. 178.

[146]V. *infra*, Partie II, Titre 2.

[147]Décret n°62-766 du 6 juillet 1962 portant *statut des personnels du service d'exploitation industrielle des tabacs et des allumettes*, JORF, 11 juillet 1962, p. 6768.

[148]Loi n°80-495 du 2 juillet 1980 portant *modification du statut du Service d'exploitation industrielle des tabacs et allumettes (SEITA)*, JORF, 3 juillet 1980, p. 1651. Le dispositif législatif de 1993 n'a pas modifié cet état.

demander à rester soumis aux dispositions de l'article 3 de l'ordonnance du 7 janvier 1959 et des textes pris pour son application[149]*. Les retraites constituées en application de cette ordonnance sont garanties par l'Etat, tant en ce qui concerne leur versement que leur revalorisation »*. Le report des discussions relatives aux fonctionnaires mis à disposition de CNP Assurances confirmerait cet état[150].

L'intervention du Parlement n'a dans ces conditions pour objet essentiel que de garantir encore une fois une certaine *« paix sociale »*[151]. En procédant à ces examens, il conviendra d'affirmer que la notion de Groupe en général et de Groupe public en particulier demeure une définition statique relevant d'une simple constatation organisationnelle de la réalité du marché.

Cette notion est le résultat d'une structuration de pouvoirs et d'influences, dont les critères ne peuvent pas, au moins au sein du Groupe public CDC, être définis avec précision avec un domaine d'application circonscrit. Il faut cependant reconnaître que la Caisse des dépôts et consignations et ses filiales de premier rang forment un ensemble suffisamment homogène, fondamentalement distinct des organismes administratifs, des exploitants publics et des Etablissements publics de droit commun, qui constituent encore la dénomination de certaines entreprises publiques.

Le qualificatif *« public »* veut être pour la Caisse des dépôts et consignations un signe fort de son ancrage au secteur public financier, sans pour autant donner à son Groupe une définition géographique et spatiale étroite. Il ne semble donc pas indispensable de réformer le statut de la Caisse des dépôts et consignations ou de donner au Groupe public CDC, une définition stricte tant sur le plan formel que matériel, pourvu que les pouvoirs publics et la Direction générale de l'Etablissement disposent d'une doctrine qui inspire constamment, sous le sceau de la Foi publique, les solutions adaptées et utiles au service de la Nation[152].

Avec pragmatisme, la question de cet ancrage public mérite cependant d'être posée, dans chaque cas de filialisation, mais aussi au regard de la définition même des filiales du Groupe public CDC et de leur possible utilisation par l'Etablissement et les pouvoirs publics pour le financement de missions d'intérêt général ou pour les besoins de l'Etat.

§2. La possible utilisation des filiales de la CDC pour le financement de missions d'intérêt général ou pour les besoins de l'Etat

Admises comme un ensemble suffisamment homogène, les filiales de la Caisse des dépôts et consignations ont toujours été considérées par la Direction générale de l'Etablissement comme le prolongement de son activité (I). Par ailleurs, ces dernières peuvent être mises à contribution, sous certaines conditions, au financement de missions d'intérêt général ou pour les besoins de l'Etat (II).

I- Les filiales CDC comme prolongement de l'Etablissement

La filiale est en principe une technique de droit privé définie à l'article L.233-1 du Code de commerce : « *lorsqu'une société possède plus de la moitié du*

[149]Ordonnance n°59-80 du 7 janvier 1959 portant *réorganisation des monopoles fiscaux des tabacs et des allumettes*, JORF, 8 janvier 1959, p. 564.
[150]V. *supra*.
[151]Intervention de M. GAYMARD, à l'époque secrétaire d'Etat à la Santé et à la Sécurité sociale, lors de la discussion du projet de loi portant *DMOSSS* devant le Sénat, compte-rendu intégral, JORF, S, séance du 18 avril 1996, p. 2061.
[152]L'exemple le plus manifeste est certainement la demande des pouvoirs publics à la Caisse des dépôts et consignations de créer la SCET et la SCIC.

capital d'une autre société, la seconde est considérée pour la présente section comme filiale de la première ». Cette définition ne vise en conséquence que les rapports d'une société commerciale avec une autre société, et non les rapports entre deux personnes morales quelle que soit leur forme sociale. Cependant ce choix est largement fonction des circonstances propres à chaque entreprise et de l'idée faite du partenariat mis en œuvre (nature de l'activité, importance des investissements, nombre de participants, etc.).

Pour les entreprises publiques, ce procédé de droit privé permet en général de loger leurs activités connexes dans des structures juridiques de droit privé, leur financement s'opérant alors selon les conditions de marché. Ce fut par exemple la position recommandée par le Conseil d'Etat dans son avis concernant la diversification des activités d'EDF-GDF[153] et autorisée par l'article 44 de la loi n°2000-108 du 10 février 2000[154]. La filialisation de la SERNAM par la SNCF ou des activités mobiles de France Télécom à travers *« France Télécom mobile »* s'inscrit dans ce courant[155].

Au plus près des motivations de telles filialisations se retrouve, d'une certaine manière à la Caisse des dépôts et consignations, la filialisation des activités du financement local (CAECL-CLF), de l'assurance (CNP Assurances) et des métiers bancaires et financiers (CDC-Ixis).

Ces mécanismes de transparence sont en effet inhérents aux nouveaux modes opératoires de la régulation et des modes d'interventions publiques dans ces différents secteurs[156]. Malgré cela, il semble être impossible de définir systématiquement et strictement une notion de filiale en droit public tant que cette dernière est liée à la notion diffuse et disparate d'entreprise publique[157].

De plus, ce schéma n'englobe pas avec exactitude les motivations des dirigeants de la Caisse des dépôts et consignations, quand bien même le résultat est le même. En effet, l'engagement technique et opérationnel de la Caisse des dépôts et consignations, au travers de ses filiales, représente une rupture exceptionnelle dans son histoire. Pour la première fois, en créant la Société centrale immobilière de la Caisse des dépôts (SCIC)[158] et la Société centrale pour l'équipement du territoire (SCET)[159] dans les années cinquante, l'Etablissement intervient dans des secteurs d'activités qui ne sont pas en principe les siens. En 1958, elle fonde l'association Villages Vacances Familles afin de gérer les premiers villages de vacances qui sont construits par la SCIC dans le cadre des sociétés civiles immobilières[160]. En quelques années, la Caisse des dépôts et consignations a développé un éventail très complet d'activités techniques. Ces interventions directes dans l'économie répondent aux besoins urgents de l'époque. Précédant l'apparition d'organismes publics adéquats, la Caisse comble un vide institutionnel[161].

---

[153]Avis n°356.089, 7 juillet 1994, *spécialité des Etablissements publics (EDF-GDF)*, GACE, 2002, n°31, note C. VIGOUROUX et C. CASAS.

[154]Loi n°2000-108 du 10 février 2000 relative *à la modernisation et au développement du service public de l'électricité*, JORF, 11 février 2000, p. 2143 ; pour une application jurisprudentielle, v. CE, 11 juillet 2001, *Syndicat CGT de la société Clemessy*, CJEG, 2002, p. 539 avec les cls F. SENERS et les obs. de C. BARTHELEMY ; DA, avril 2002, p. 15 : obs. P. DELELIS, *Principe de spécialité et droit de la concurrence.*

[155]LAGET-ANNAMAYER (A.), *op. cit.*, p. 211.

[156]DUPIELLET (G.), *L'adaptation du principe de spécialité à l'évolution du secteur public*, CJEG, 1985, p. 429.

[157]RAPP (L.), *Les filiales des entreprises publiques*, Paris, LGDJ, Bibliothèque de droit public, t.144, 1984, préface P. DELVOLVE, p. XIV.

[158]PASCAL (F.) (dir.), *1954-1994. Une histoire en construction*, Paris, Groupe SCIC, 1995.

[159]ARCY (F. d'), *Structure administrative et Urbanisation : la SCET*, Paris, Berger-Levrault, 1968.

[160]SALOME (L.), *op. cit.*, p. 148.

[161]Par exemple, la DATAR n'a été créée que par le décret n°63-112 du 14 février 1963.

La création des filiales correspond à une modification importante du comportement de l'Etablissement, symbolisée par la collaboration qui s'instaure entre des techniciens et des administratifs[162]. C'est dès cette époque que pouvoir politique et administration ont pu qualifier la Caisse des dépôts et consignations d' *« administration de mission »*[163].

Ce serait donc plus des filiales « outils » que des filiales « moyens de Finances », ce qui constitue un ensemble appelé Groupe dont les contours ont toujours été incertains[164]. A ce titre, la création de la SCET en 1955 devait *« être très léger[ère] du point de vue administratif et ne développer son activité qu'en fonction des besoins qui se manifesteront, en donnant toujours à ses interventions un caractère facultatif »*[165].

Le vocabulaire plus moderne d' *« incubateur »* est repris aujourd'hui par la Direction générale de la Caisse des dépôts et consignations : *« Incubation signifie innovation et développement. Mais cela veut dire aussi « recharge » et il n'est pas exclu que l'incubateur soit rechargé, si c'est l'intérêt général, si l'opportunité se présente ou si le gouvernement nous le demande. La période d'incubation nécessite aussi un pilotage ; le plus important, c'est celui des métiers, mais il faut également un pilotage central, le plus léger et le plus stratégique possible »*.

Le Professeur VASSEUR confirme alors que ces *« sociétés faussement d'économie mixte »* sont les seuls outils offerts à l'administration pour atteindre les fins nouvelles qui sont devenues les siennes[166].

Non seulement il n'y a pas de distinction de la Caisse et de ses filiales, mais l'action de celles-ci détermine largement les mutations que connaît la *« vieille Dame de la rue de Lille »*[167]. La Direction générale de la CDC a alors pu qualifier ces structures de *« filiales techniques »*[168]. Il conviendrait certainement de considérer plus généralement ce processus interne à la Caisse des dépôts et consignations comme relevant davantage d'une externalisation avant l'heure d'activités diverses lui étant confiées. L'individualisation des fonds, sous forme d'Etablissements publics, de sociétés ou d'associations, comportait déjà ce souci de protection et de sécurité des fonds privés confiés à la Caisse des dépôts et consignations[169].

Avec la SCIC, la SCET forme aujourd'hui dans le Groupe public CDC « *les filiales historiques* » de l'Etablissement. Ce vocable n'a pas d'effet juridique ; il n'est que sentimental et politique[170]. Outil de gestion qui lui permet de déléguer certaines fonctions non stratégiques, politiques ou financières à des prestataires filialisés, le procédé de filialisation semble sémantiquement justifier à la Caisse des dépôts et consignations la mise en place de toute personnalité juridique de droit

---

[162]Témoignage oral de L. P. LEROY, ingénieur général des Ponts et Chaussées, entré à la Caisse des dépôts et consignations dans les années cinquante, dans THIVEAUD (J.-M.) et SENS-CAZENAVE (A.) (réal.), *Naissances Témoignages*, Série témoignages, février 1988, Service de l'information et de la communication internes, CDC, VHS SECAM, 32 min. V. aussi BLOCH-LAINE (F.) (Entretien avec F. CARRIERE), *Profession : Fonctionnaire*, Paris, Seuil, 1976, p. 131 sqq.

[163]V. *supra*, Introduction générale.

[164]RICOUR (S.), *op. cit.*, p. 78.

[165]V. *infra*, l'étude de la lettre du ministre des Finances.

[166]VASSEUR (M.), *L'Etat, banquier d'affaires*, Paris, Dalloz, 1962, p. 17.

[167]Confusion très claire par exemple du Professeur JEAMMAUD dans son étude sur *« la démocratisation du secteur public »*, AJDA, 1983, p. 563. Parce qu'impossible de délimiter l'Etablissement et son Groupe, on a toujours entendu les sobriquets de *« pieuvre »*, de *« colossale banque d'Etat »*... V. Introduction générale.

[168]Service information et relations publiques de la Caisse des dépôts et ses filiales, *La Caisse des dépôts et ses filiales techniques*, Paris, imprimerie nationale [s.d. 1955-1985].

[169]V. *infra*, Partie II, Titre 2.

[170]En comparaison, v. les filiales historiques de la SNCF : DUPRILOT (J.-P.), *Les filiales de la SNCF. Esquisse pour une théorie du Groupe public*, th., Lyon, 1968, p. 39 sqq.

privé qui ne soit ni l'Etablissement CDC proprement dit, ni les Etablissements publics gérés[171], mais qui se trouve placée sous sa dépendance. Ces personnalités se distinguent bien entendu des simples participations de la Caisse des dépôts et consignations, sans pour autant pouvoir donner une définition stricte de leur périmètre[172].

La Direction générale de la Caisse des dépôts et consignations distingue maintenant les *« filiales proprement techniques »* des *« filiales financières »*. Les filiales techniques servent matériellement le Groupe par une prestation prolongeant directement[173] les activités opérationnelles ou l'étude du Groupe[174] tandis que les filiales financières sont constituées dans le but d'apporter une plus value financière au Groupe CDC.

Dans le premier cas, il convient de penser par exemple à Novethic, directement rattachée à la Direction générale de l'Etablissement. Cette filiale à 100% du Groupe (60% du capital appartient à CDC Kinéon ; 20% à la CDC et 20% à CDC-Ixis) a été absorbée par CDC Kinéon, qui lui fournit son assistance logistique et technique. Elle est chargée de développer un portail d'informations et de services dédiés à la responsabilité sociale des entreprises et aux placements éthiques. Dans le même sens, Informatique CDC, filiale rattachée au secrétariat général du Groupe, est une société civile de droit privé chargée de concevoir, de développer et de gérer les systèmes d'information de la Caisse des dépôts et consignations, de CDC-Ixis, de CNP Assurances et de Dexia[175]. On peut regrouper sous cette dénomination la filiale SOLIDEC, directement rattachée à la Caisse des dépôts et consignations[176], CDC PME rattachée à DPMEI, filiale chargée de l'activité du capital-investissement et de capital-risque (fonds d'amorçage) du programme PME-PMI[177], CDC Mercure[178] ou CDC TIC[179], filiales mettant en œuvre le déploiement des technologies de l'information et de la communication de la DNTIC[180].

Ces outils permettent ainsi d'échapper largement aux règles de droit administratif et de la comptabilité publique et d'apparaître aux yeux de la concurrence comme juridiquement indépendants de la Caisse des dépôts et consignations. A ce titre, M. TADDEI, Président de la Commission de surveillance de 1981 à 1985, soulignait que *« la vocation des filiales techniques est d'exercer des activités que les collectivités locales ne peuvent ou ne veulent pas prendre en charge ; il s'agit donc, pour l'essentiel, d'opérations non permanentes et d'activités de « haut de gamme » innovantes, nécessitant, pour ceux qui les assurent un renouvellement constant des métiers »*[181].

Cela signifie aussi qu'il convient de rechercher en permanence les *« philosophies sous-jacentes »* qui président à la création de telles filiales : *« S'agit-il de compléter l'activité des administrations publiques ? S'agit-il d'intervenir dans des secteurs à risques ? Dans quelles mesures des sociétés du Groupe de la Caisse des dépôts peuvent-elles entrer en concurrence avec des entreprises privées ? »*[182].

---

[171]V. *infra*, Partie I, Titre 2.
[172]V. *supra*, Partie II, Titre 2.
[173]Procès-verbal du 30 avril 1986.
[174]Procès-verbal du 14 mars 1975.
[175]www.icdc.caissedesdepots.fr
[176]V. *supra*, Partie I, Titre 1.
[177]V. *infra*, Partie II, Titre 2.
[178]Société anonyme, développe des services Internet à l'attention de ses clients.
[179]Société anonyme, assiste les collectivités locales dans la création des espaces publics numériques cyberbases et développe le portail dédié à ces espaces.
[180]V. *infra*, Partie II, Titre 2.
[181]Procès-verbal du 25 janvier 1984.
[182]Procès-verbal du 27 octobre 1982.

Devant les cadres dirigeants du Groupe C3D, M. MAYER, Directeur général de la Caisse des dépôts et consignations, confirmait en avril 2004 que *« la situation normale pour ces entreprises quand elles sont arrivées à maturité, est que C3D n'en détienne pas une participation majoritaire. Cela ne signifie pas une sortie totale ni à n'importe quelles conditions. Ces conditions sont triples : respect des intérêts patrimoniaux de la CDC, des intérêts stratégiques des sociétés du Groupe et respect des personnels concernés ».* Plusieurs modalités sont possibles : cession[183], alliance[184], ouverture en bourse[185]. La CDC peut également passer de la majorité à la minorité forte[186].

Pour autant, se désengager n'est pas si simple[187], tant est si forte la culture de service public au sein de ces filiales techniques[188]. C'est ainsi que les conventions d'assistance technique et de mise à disposition d'un directeur liant la société Transdev, prestataire de services et filiale de C3D à une régie municipale gérant un service public industriel ou commercial, l'a fait *« participer à l'exécution d'un service public de sorte qu'il s'agit de contrats administratifs »*[189].

C'est pourquoi, quand bien même il s'agirait d'un mode de diversification des activités de la CDC au même titre que celles d'EDF-GDF, le Groupe CDC, notamment par l'intermédiaire de C3D, fournit des prestations de services aux collectivités locales[190]. La philosophie générale de la filialisation n'est donc pas originairement la même[191].

La définition du périmètre des fonctions externalisables, décidée de concert avec les pouvoirs publics, est aussi un choix de bonne gestion[192], ce qui peut encore exprimer une vision d'une administration recentrée sur ses activités prioritaires[193].

Dans le second cas, à l'inverse, les motivations qui ont présidé à la création des filiales financières se trouvent dans la spécificité du statut de la Caisse des dépôts et consignations, qui ne peut que, dans une certaine mesure, exercer des opérations bancaires et financières[194]. Il s'agit surtout d'éviter un débat inopportun sur son statut spécial érigé en 1816 et de faire fructifier les fonds de la Caisse des dépôts et consignations en toute autonomie[195]. Ce n'est pas le lien capitalistique qui

---

[183]MAYER (F.) (propos recueillis par S. FAY et A. MICHEL), « *La Caisse des dépôts et consignations vend trois filiales* », Le Monde, 21 mars 2003.

[184](X.), *La RATP et Transdev devraient s'allier dans les transports collectifs*, Le Monde, 24 janvier 2002.

[185]SANTI (P.), *La Caisse des dépôts, bras armé de l'Etat, rêve d'introduction en bourse*, Le Monde, 4 avril 2001.

[186]PALIERSE (C.), *Compagnie des Alpes : C3D conservera au moins une minorité de blocage*, Les Echos, 3 juillet 2003.

[187]CHAUVEAU (J.), DENIS (A.), PALIERSE (C.), *Voyage au sein de la Caisse des dépôts (3). C3D : se désengager, pas si simple*, Les Echos, 18 décembre 2002.

[188]BALLIGAND (J.-P.), question n°270 adressée à M. le ministre de l'Economie, *Caisse des dépôts et consignations*, JORF, 18 décembre 2002, p. 6823 ; BEAUDEAU (M.-C.), question n°1244 adressée à Mme le secrétaire d'Etat au Logement, *Déconventionnement de 60 000 logements*, JORF, S, 6 février 2002, p. 931 ; BEAUDEAU (M.-C.), question n°667, adressée à M. le ministre de l'Economie, des Finances et de l'Industrie, *Réforme de la Caisse des dépôts et consignations*, JORF, S, 19 janvier 2000, p. 17 ; LENGAGNE (G.), question adressée à M. le ministre de l'Economie, des Finances et de l'Industrie, *évolution des missions de la Caisse des dépôts et consignations,* JORF, AN, 30 juillet 2001, p. 4398. Par analogie, v. aussi DUPRILLOT (J.-P.), *op. cit.*, p. 202.

[189]TC, 27 septembre 1999, *Société Transdev.*

[190]LHORTY (C.), *Les entretiens de la Caisse des dépôts, une réflexion prospective au service du développement local*, RT, décembre 2000, p. 754.

[191]V. *supra.*

[192]LIGNIERES (P.), *Partenariats publics privés*, Paris, Litec, Finances affaires, 2000, n°124 sqq.

[193]Livre blanc sur la réforme de la Commission, COM (2000), 200, 1er mars 2000, 2 vol. (55 p. + 84 p.).

[194]VASSEUR (M.), *Droit et économie bancaire, Les opérations de banque*, 4ème éd., Paris, Les Cours de droit, 1987-1988, p. 397. V. *infra.*

[195]Procès-verbal du 27 mars 1996.

a son importance dans ce dernier cas, mais le pouvoir de Direction que peut avoir la Caisse des dépôts et consignations sur ces filiales et sur leurs investissements. Trois types de filiales CDC peuvent alors être systématisés : *« filiale d'association »*[196] (CNP Assurances), *« filiale de financement »*[197] (CDC-Ixis) et *« filiale de complaisance »* (C3D)[198].

Dans ces conditions, l'autonomie des filiales et sous-filiales n'est pas possible et la définition de « filiale », selon ce critère, perd fondamentalement son intérêt. Il convient bien entendu de penser, comme le préconise le tribunal administratif de Bastia[199], que ces filiales ne sont pas soumises au principe de spécialité des Etablissements publics. En l'espèce, si le ministre de l'Industrie pouvait empêcher EDF de conclure un contrat étranger à son objet statutaire, il ne pouvait étendre cette interdiction à une société filiale de l'entreprise électrique, qui, en raison de son statut, n'est pas soumise au principe de spécialité. Elles doivent néanmoins fonctionner selon les modalités de l'économie de marché. Elles ne peuvent ni exercer une position dominante sur un marché, ni recevoir une aide d'Etat[200].

Pour autant, ces formes juridiques de gestion privée peuvent être mises au service des impératifs d'intérêt général ou des besoins de la Caisse des dépôts et consignations et des pouvoirs publics[201].

II- Des filiales au service de missions d'intérêt général

La notion de filiale renvoie généralement à la définition de leur autonomie de gestion. A certains égards, M. DUPRILLOT a admis que, dans le prolongement de leur société mère, certaines filiales avaient des missions de service public[202] ou tout au moins des contraintes de service public[203].

Or, au sein des entreprises publiques et de la Caisse des dépôts et consignations, ces filiales peuvent faire corps avec leur société-mère, à tel point qu'il peut y avoir confusion du genre[204]. Tel est le cas précisément de l'interprétation à développer à propos d'une affaire jugée par le Tribunal de première instance des Communautés européennes et relative à une filiale de la CDC[205].

Cet arrêt fait suite à la décision n°94/662/CE de la Commission du 27 juillet 1994 concernant la souscription de CDC-Participations à des émissions d'obligations d'Air France[206]. CDC-Participations était à l'époque une société

---

[196]RAPP (L.), *Les filiales des entreprises publiques*, Paris, LGDJ, Bibliothèque de Droit public, t. 144, 1983, p. 228.
[197]*Idem*, p. 241.
[198]*Idem*, p. 218.
[199]TA, Bastia, 12 décembre 1996, *SA Cyclergie*, DA, janvier 1997, p. 18.
[200](X.), *Négociations sur la garantie consentie à CDC Ixis*, CDscope, n°219, mars 2003, p. 7 ; (A.) C., *CDC Ixis : Bruxelles somme Paris d'accélérer la fin de ses garanties publiques*, Les Echos, 22 janvier 2003. V. aussi *infra*, « la préférence de Groupe ».
[201]VALETTE (J.-P.), *Droit public économique*, Paris, Hachette sup., Les fondamentaux, 2002, p. 8.
[202]DUPRILLOT (J.-P.), *op. cit.*, p. 202.
[203]CHEROT (J.-Y.), *Financement des obligations de service public et aides d'Etat*, Europe, mai 2000, p. 4, l'exemple le plus manifeste étant certainement peut-être les entreprises postales.
[204]V. de manière générale, HERTZOG (R.), *Linéament d'une théorie des subventions*, RFFP, septembre 1988, p. 26.
[205]Aff. T-358/94, 12 décembre 1996, *Compagnie nationale Air France c/ Commission des CE*, Rec. p. II-2109.
[206]Décision 94/662/CE de la Commission du 27 juillet 1994 concernant *la souscription de CDC-Participations à des émissions d'obligations d'Air France (93/C 334/04)*, JOCE, n°L 258, 6 octobre 1994, p. 26.

anonyme de droit français détentrice de moins de 1% du capital d'Air France et filiale à 100% de la CDC.

La Commission décide à l'époque que cette souscription est *« une aide d'Etat illégale parce qu'elle a été accordée à l'entreprise en violation des dispositions de l'article 93 paragraphe 3 du traité CE. L'aide est incompatible avec le marché commun au sens de l'article 92 du traité CE et de l'article 61 de l'accord EEE »*. Suite à cette décision, la France a formé un recours devant la CJCE[207] tandis qu'Air France a introduit une demande devant le TPICE en vue d'obtenir l'annulation[208].

La Commission a alors modifié sa décision 94/662/CE[209] : la France est notamment tenue d'ordonner que cette aide soit déposée sur un compte bloqué dans le mois suivant la notification de la présente décision, et ce jusqu'à ce que les affaires C-282/94 et T-358/94 aient donné lieu à un jugement définitif ou aient été radiées des registres de la Cour de justice et du Tribunal de première instance. Selon la Compagnie aérienne, cet investissement ne pouvait pas être imputé à l'Etat, conformément à la jurisprudence traditionnelle[210], dans la mesure où la Caisse des dépôts et consignations ou sa filiale ne sont pas des organismes publics ou privés contrôlés par l'Etat tout simplement parce que leurs décisions sont prises indépendamment de toute instruction préalable ou approbation *a posteriori* de l'Etat.

Malgré son indépendance formelle, le TPICE a suivi la Commission en précisant que le comportement de CDC-Participations et de la Caisse des dépôts et consignations était imputable à l'Etat français au motif que *« ce résultat n'est pas contredit par les arguments tirés de l'autonomie juridique de la Caisse vis-à-vis des autorités politiques étatiques, de l'irrévocabilité de son Directeur général placé sous le seul contrôle d'une Commission de surveillance indépendante, du statut spécifique de la Caisse par rapport à la Cour des comptes ainsi que de son régime comptable et fiscal particulier. En effet, il s'agit là d'éléments qui relèvent de l'organisation interne du secteur public, et l'existence de règles assurant l'indépendance d'une instance publique par rapport à d'autres instances ne remet pas en cause le principe même du caractère public de cette instance. Le droit communautaire ne saurait admettre que le seul fait de créer des institutions autonomes chargées de la distribution d'aides permette de contourner les règles relatives aux aides d'Etat »*. Autrement dit, l'investissement de CDC-Participations est réalisé sous l'impulsion déterminante de son actionnaire majoritaire ; il est dans ces conditions imputable à la Caisse des dépôts et consignations et le seul fait de l'appartenance de cette dernière au secteur public le rendait finalement imputable à l'Etat.

Si la Commission semble avoir actuellement une conception moins extensive de la notion d'aide d'Etat en matière d'investissements des entreprises publiques[211], la jurisprudence *Air France* garde néanmoins toute son acuité si l'on s'en tient au cas par cas des sociétés. Dans l'affaire *Stardust*, la Cour donne des indices liés aux circonstances d'espèce et au contexte. Ces derniers permettent ou non d'imputer la décision à l'Etat. Le fait que, aux termes de dispositions statutaires ou réglementaires, la décision d'investissement ne puisse être prise sans tenir

---

[207]Aff. C-282/94, *France c/ Commission*, radiation du 17 avril 1997.

[208]Aff. T-358/94, 12 décembre 1996, préc.

[209]Décision 95/367/CE de la Commission du 15 avril 1995 *modifiant la décision du 27 juillet 1994 concernant la souscription de CDC-Participations à des émissions d'obligations d'Air France (affaire 93 C 334-04)*, JOCE, n°L219, 15 septembre 1995, p. 34.

[210]WACHSMANN (A.), *Les aides d'Etat doivent-elles encore avoir une origine étatique ? Le cas des aides versées par les entreprises publiques. A travers l'arrêt Air France/CDC*, Europe, avril 1997, p. 4 ; COMMUNIER (J.-M.), *op. cit.*, p. 23.

[211]Aff. C-482/99, 16 mai 2002, *France c/ Commission (Stardust)*, Rec. p. I-4397.

compte des exigences des pouvoirs publics demeure un exemple probant d'une telle imputabilité. Selon la CJCE, d'autres indices peuvent être examinés *« tels que, notamment l'intégration de l'ensemble public dans les structures de l'administration publique, la nature de ses activités et l'exercice de celles-ci sur le marché dans des conditions normales de concurrence avec des opérateurs privés, le statut juridique de l'entreprise, celle-ci relevant du droit public ou du droit commun des sociétés, l'intensité de la tutelle exercée par les autorités publiques sur la gestion de l'entreprise ou tout autre indice indiquant, dans le cas concret, une implication des autorités publiques ou l'improbabilité d'une absence d'implication dans l'adoption d'une mesure, eu égard également à l'ampleur de celle-ci, à son contenu ou aux conditions qu'elle comporte »*.

Nul besoin de rechercher au sein du Groupe public CDC ces indices. La lecture de la première phrase de l'article 143 de la loi sur *les nouvelles régulations économiques* codifiée à l'article L.518-1 du Code monétaire et financier est très explicite : *« La Caisse des dépôts et consignations et ses filiales constituent un Groupe public au service de l'intérêt général et du développement économique du pays. Ce Groupe remplit des missions d'intérêt général en appui des politiques publiques conduites par l'Etat et les collectivités locales et peut exercer des activités concurrentielles »*. Par conséquent, dès lors qu'une entité filialisée est sous l'autorité et le pouvoir de la Caisse des dépôts et consignations, elle peut être mise à contribution pour les besoins de l'Etablissement ou de l'Etat aux fins d'impératifs d'intérêt général, et ce dans des circonstances normales d'une économie de marché (théorie de « l'investisseur avisé dans une économie de marché »)[212].

Le juge constitutionnel français semble être en accord avec cette situation[213]. En effet, des sénateurs soutenaient à l'appui de la saisine du Conseil constitutionnel de la loi relative *à la solidarité et au renouvellement urbains* que le nouvel article L.411-5 du Code de la construction et de l'habitation tendait à soumettre les logements des filiales immobilières de la Caisse des dépôts et consignations au principe de pérennité applicable au logement social. En d'autres termes, la disposition déférée à la censure du Conseil consistait à imposer autoritairement le régime des HLM, même après expiration des conventions. Ces dernières fixaient en effet des conditions de ressources et de loyers aux logements de la SCIC dont le liste eût été dressée par arrêté, en tenant compte de l'occupation sociale, appréciée notamment à proportion du nombre de bénéficiaires de l'aide personnalisée au logement. Cet article devait être, selon les sénateurs, déclaré contraire à la Constitution, au motif qu'il porterait atteinte notamment au droit de propriété et au principe d'égalité.

Par rapport au principe d'égalité devant la loi, la SCIC serait dans une situation juridique strictement identique à celle de nombreux autres opérateurs intervenant dans le domaine du logement social ou du logement intermédiaire. Rien dans ces conditions ne justifie qu'un sort particulier soit réservé à ses filiales alors même que les autres intervenants échapperaient à celui-ci.

Par rapport au principe d'égalité devant les charges publiques, les sénateurs estimaient que ces dispositions déférées au Conseil feraient peser des obligations discriminatoires, non seulement à la SCIC, mais aussi sur la totalité des actionnaires le plus souvent privés.

Le Conseil constitutionnel répond favorablement à cette saisine en rappelant notamment que *« les logements auxquels s'applique la disposition*

---

[212]CHARBIT (N.), *op. cit.*, p. 108 ; sur la notion de l'investisseur en économie de marché, v. CHEROT (J.-Y.), *op. cit.*, Paris, Economica, coll. Droit des affaires et de l'entreprise, 1998, p. 52 sqq.
[213]2000-436 DC, 7 décembre 2000, *Loi relative à la solidarité et au renouvellement urbains*, JORF, 14 décembre 2000, p. 19840.

contestée appartiennent au Groupe de la Caisse des dépôts et consignations et sont gérés en partie dans le cadre des activités concurrentielles de cette dernière ». Il en ressort dès lors que cette disposition critiquée n'apporte pas, en l'espèce, à la réalisation de l'objectif à valeur constitutionnelle de toute personne de disposer d'un logement décent, une contribution justifiant que soit portée une atteinte aussi grave à l'économie générale de contrats légalement conclus[214].

Par suite, la disposition de l'article L.411-5 du Code de la construction et de l'habitation dans la rédaction que lui donne l'article 145 de la loi relative *à la Solidarité et au Renouvellement urbains* sera déclarée contraire à la Constitution. C'est pourquoi, la loi relative *aux nouvelles régulations économiques* apparaît, de manière générale, plus problématique que bénéfique pour le Groupe public CDC. Elle ne définit juridiquement ni le Groupe public CDC, ni ses filiales. Elle banalise la distinction apparemment claire entre missions d'intérêt général et activités concurrentielles. Les services de la Caisse des dépôts et consignations doivent alors toujours apporter la preuve que leur Groupe intervient comme un investisseur privé en économie de marché, à l'exception de droits exclusifs ou monopoles définis expressément par les pouvoirs publics. L'article L.518-1 du Code monétaire et financier ainsi codifié n'est, dans ces conditions, qu'une simple confirmation politique maladroite des compétences CDC établies depuis 1816.

---

[214]Une telle atteinte méconnaîtrait aussi la liberté découlant de l'article 4 de la Déclaration des Droits de l'Homme et du Citoyen si elle ne trouve pas sa contrepartie dans des motifs d'intérêt général en rapport avec sa gravité. V. par ex. 99-416 DC, 23 juillet 1999, loi portant *création d'une couverture maladie universelle* (RFDC, 1999, p. 809, avec une note de L. GAY) et 99-423 DC, 13 janvier 2000, *Réduction du temps de travail négocié II*, RFDC, 2000, p. 341, chr. R. GHEVONTIAN, V. BERNAUD et D. RIBES.

CHAPITRE SECOND - UNE CONFIRMATION POLITIQUE DES COMPETENCES DE LA CAISSE DES DEPOTS ET CONSIGNATIONS ETABLIES

Si les missions de la Caisse des dépôts et consignations sont définies de manière générale par les alinéas 2 et 3 de l'article 143 de la loi du 15 mai 2001 relative *aux nouvelles régulations économiques*, l'alinéa 2 de l'article 110 de la loi sur les Finances de 1816 et l'article 1er de l'ordonnance du 3 juillet 1816 relative *aux attributions de la Caisse des dépôts et consignations* prévoyaient déjà tout spécialement les missions incombant à l'Etablissement : l'administration des consignations et des dépôts et des fonds, dont la gestion lui a été confiés. De plus, l'article 8 de la loi bancaire de 1984 excluait la qualification bancaire à la Caisse des dépôts et consignations, tout en admettant curieusement la possibilité d'extension bancaire de certains règlements.

Dans ces conditions, la numérotation de ces articles lors de leurs codifications dans le Code monétaire et financier laissait prédominer trois idées : la négation de la qualification bancaire de la Caisse des dépôts et consignations (article L.518-1 al.1er, 3 et 4 du Code monétaire et financier) ; la définition selon laquelle la Caisse des dépôts et consignations a des missions générales (article L.518-1 al.2 et 3 du Code monétaire et financier) ; la précision et la confirmation des fonctions de dépôts et consignations (articles. L.518-2 et L.518-17 du Code monétaire et financier).

Dans le cadre de son Groupe, la Caisse des dépôts et consignations aurait alors des compétences propres (section I) et des compétences partagées, ces dernières pouvant être confiées à une autre personne (section II).

SECTION I- Les compétences propres de la CDC

Il est régulièrement admis que le principe de spécialité gouverne l'activité des personnes morales publiques et privées, quelle que soit d'ailleurs leur qualification[215]. Cette signification et ses exigences sont toutefois sensiblement différentes selon que ces personnes assurent une mission d'ordre administratif ou qu'elles soient des entreprises du secteur concurrentiel[216].

Pour dégager un certain principe de spécialité – s'il y a lieu[217] – de la CDC, une analyse exégétique de ces textes laisserait penser que la mission principale de la Caisse des dépôts et consignations consisterait d'un côté à la gestion des dépôts, consignations, et services qui lui ont été confiés (première partie de phrases des trois articles L.518-1 al.3, première partie de phrase, L.518-2, première partie de phrase, et L.518-17 du Code monétaire et financier). Des objectifs secondaires, d'un autre côté, seraient le développement économique local et national légalement délégué (article L.518-1 al.3, deuxième partie de phrase et article L.518-2 deuxième partie de phrase du Code monétaire et financier).

---

[215] A l'exception bien entendu nécessaire de l'Etat V. CE, 29 avril 1970, *Société Unipain*, Rec. p. 280.

[216] CHAPUS (R.), *Droit administratif général*, Paris, Montchrestien, Domat Droit public, 15ème éd., 2001, t. 1, p. 378.

[217] V. de manière générale, PANCRARIO (J.-P.), *D'un prétendu principe de spécialité des entreprises publiques*, Le Quotidien juridique, 13 novembre 1984, p. 3.

Pourtant, cette énumération ne semble pas satisfaisante, parce qu'elle ne définit en rien ce que sont les missions de la Caisse des dépôts et consignations, tant sur le fond que sur la forme.

Les missions premières de la Caisse des dépôts et consignations seraient sur le fond nettes : les consignations, les dépôts, en particulier les fonds d'épargne, le financement du logement social et la gestion d'organismes de retraite. Les missions secondaires restent relativement floues, en raison notamment des limites du droit de la concurrence[218].

Par ailleurs, une quelconque définition d'un principe de spécialité de la Caisse des dépôts et consignations semblerait déjà inutile, puisque la Caisse des dépôts et consignations demeure en perpétuelles réformes, en demandes et réponses constantes des pouvoirs publics dans l'ensemble des domaines énumérés par la loi relative *aux nouvelles régulations économiques* : le développement économique local et national, particulièrement dans les domaines de l'emploi, de la politique de la ville, de la lutte contre l'exclusion bancaire et financière, de la création d'entreprise et du développement durable[219].

Pour ce faire, elle s'appuie financièrement sur sa mission première : les dépôts et consignations, la gestion des organismes de retraite et le financement du logement social étant peu rentables[220].

C'est par conséquent en transformant ces liquidités que la Caisse des dépôts et consignations peut s'investir dans le développement économique[221].

D'un certain principe de spécialité des dépôts et consignations (§1.), mission régalienne de la Caisse, découlerait alors un principe de transformation des fonds sous-jacents que les pouvoirs publics lui confient pour le développement économique du pays (§2.).

§1. La mission régalienne de la CDC : l'administration des dépôts et consignations et la gestion des fonds, qui lui ont été confiés

Depuis sa création en 1816, la Caisse des dépôts et consignations assure la gestion de fonds pour le compte de l'Etat, pour ce qui concerne essentiellement les fonds de retraite, d'invalidité ou de prévoyance[222]. Les textes de 1816 restent néanmoins laconiques quant à la qualification et aux modes de gestion de ces fonds : la Caisse des dépôts et consignations est, en effet, chargée *« d'administrer les dépôts et les consignations, d'assurer les services relatifs aux caisses ou aux fonds dont la gestion lui a été confiée »*[223], sans aucune autre précision.

De plus, les documents qui participent aujourd'hui à la communication institutionnelle de l'Etablissement (rapports blanc et rouge, comptes de la Caisse des dépôts, publication au JORF) ne contiennent que les informations sur les fonds les

---

[218] V. *infra*, Partie II, Titre 2.
[219] On pense par exemple au programme développé par le département des nouvelles technologies de l'information et de la communication (DNTIC). V. *infra*.
[220] V. *infra*, Partie II, Titre 1.
[221] V. *supra*, Partie I, Titre 2.
[222] Art. 110 de la loi *sur les Finances du 28 avril 1816* et ordonnance du 3 juillet 1816 relative *au versement à la Caisse des dépôts et consignations des fonds de retraite des ministères, administrations et Etablissements*, Rec.Varnier, 1894, p. 170 ; la Caisse d'amortissement avait déjà reçu les fonds de retraites de certaines administrations (Poudres et salpêtres, Ponts et Chaussées, ministère de l'Intérieur par ex.), mais le dépôt à la Caisse d'amortissement n'était pas une règle générale. La Caisse des dépôts et consignations, au contraire, a été chargée en 1816 de recevoir tous les fonds de retraites constitués au moyen de retenues.
[223] Art. L.518-2 du Code monétaire et financier, confirmé en cela par l'alinéa 3 de l'article L.518-1 du présent Code.

plus importants. Cela s'expliquerait essentiellement par l'éclatement de l'attribution des gestions de fonds et des prestations y afférentes entre différents services ou branches. Ainsi, les fonds de retraite, d'invalidité, d'accidents du travail sont traditionnellement confiés à la *Branche Retraites* (BCR). Depuis la fin des années 1990, « BCR » gère également des fonds de compensation. Pour des raisons historiques ou d'opportunité, les autres fonds sont répartis dans différentes Directions de la CDC (Direction du Bancaire réglementé, Direction des financements décentralisés, Direction du dépositaire). Au plus près, cette répartition des gestions et des prestations ne résulte pas d'une organisation prédéfinie, mais d'une succession de démarches individuelles. Par ailleurs, si la *Branche Retraites* a développé une communication importante sur les fonds gérés, en particulier à travers le site Internet *Dante*[224], certains fonds ne sont pas référencés ni sur ce site, ni dans le rapport annuel de la Branche. De même, les libellés du fonds ne correspondent pas systématiquement à la dénomination officielle indiquée dans son cadre juridique. Ainsi, par exemple, la gestion du *« fonds de soutien pour le câblage et la mise en réseau des Etablissements scolaires »* porte la dénomination *« fonds éducation nationale »* ou *« fonds pour l'informatisation des Etablissements scolaires »* dans certains services de la Caisse des dépôts et consignations. Dans la culture orale, d'autres services le définiront encore sous le vocable de *« fonds Allègre »* (du nom du ministre de l'époque)[225].

Il convient peut-être d'expliquer alors ces insuffisances de recensement interne des mandats confiés à la Caisse des dépôts par la qualification ou le régime juridique univoques de ces fonds. En effet, le terme *« fonds »* peut être employé dans la dénomination d'une personne morale de droit privé : association[226] ; caisse de retraite dotée de la personnalité juridique[227] ; Etablissement public[228] ; organisme public qui, sans être doté de la personnalité juridique, jouit de l'autonomie financière ou même d'un compte où sont enregistrées des opérations de recettes ou de dépenses afférentes à une activité particulière[229].

Si certains fonds sont désignés ensuite comme tels dans la dénomination qui leur est attribuée par les pouvoirs publics[230], il a pu être constaté que la dénomination de fonds peut ne pas être explicite[231]. Par ailleurs, les intitulés des comptes ouverts par la Caisse des dépôts et consignations, dans le cadre de la gestion conventionnelle de fonds, peuvent être complétés ou précisés par des conventions conclues avec les représentants de ces fonds[232].

---

[224]www.caissedesdepots.fr/dante

[225]V. l'essai de recensement de quelques fonds confiés à la Caisse des dépôts et consignations en annexe.

[226]Le fonds de pension des élus locaux (FONPEL) est une association de prévoyance et de régime de retraites régie par la loi de 1901 et relevant du Code des assurances.

[227]Par ex., caisse de retraite du personnel sédentaire de la Compagnie générale maritime et financière (CRCGMF).

[228]Par ex. la CNRACL. Elle est un établissement public créé par l'ordonnance n°45-993 du 17 mai 1945. La Caisse nationale de retraites des agents des collectivités locales est devenue l'un des principaux régimes de retraites.

[229]Par ex. le FSPOEI. Le fonds spécial des pensions des ouvriers des établissements industriels de l'Etat a été institué par la loi du 21 mars 1928. Les décrets du 24 septembre 1965 et du 18 août 1967 ont institué un statut commun à l'ensemble des ouvriers de l'Etat et doté ceux-ci d'un régime spécifique de retraite. Pour un aperçu des activités du fonds, v. Rapport annuel 2000 Branches retraites, Caisse des dépôts et consignations, p. 22 et plus généralement v. www.cdc.retraites.fr

[230]Par ex. : le fonds de la Banque européenne d'investissement (FBEI) ; fonds commun des accidents du travail (FCAT) ; fonds de service universel des télécommunications (FSUT).

[231]Par ex. : Allocation temporaire d'invalidité des agents des collectivités locales (ATIAL) ; service de l'allocation spéciale de vieillesse (SASV).

[232]*« Conseil supérieur de la pêche » ; « Association amicale des conseillers généraux et anciens conseillers généraux du Lot et Garonne ».*

Pour autant, la définition indiquée par l'Association Henri CAPITANT sous la notice *« fonds de concours »*[233] correspond très largement à la notion utilisée par la Caisse des dépôts et consignations. Il s'agit pour elle d'une *« somme mise à la disposition d'une collectivité publique par une personne physique ou une personne morale (privée ou publique) en vue de participer à une dépense d'intérêt public assumée par cette collectivité; se traduit dans le budget par une recette suivie d'une dépense »*. On constate, en effet, que, quel que soit l'objet d'un fonds créé par une loi, un règlement ou un contrat[234], le cadre juridique de la gestion du fonds demandée à la CDC prévoit en principe *« l'ouverture d'un compte ouvert dans les écritures de la Caisse des dépôts et consignations »*. Les fonds sont aussi créés en vue d'une intervention précise, ce qui les distingue d'un simple compte courant.

A partir de là, il semble clair que l'obligation générale de déposer à la Caisse des dépôts et consignations des fonds publics ou privés est tout à fait compatible avec le droit tant interne qu'européen. En effet, le principe de l'unité de trésorerie prévu par les textes financiers exige tout d'abord que les collectivités locales et les Etablissements publics ne possèdent pas d'encaisses propres mais déposent leurs fonds libres au Trésor[235]. On aurait pu alors s'attendre à ce que l'ensemble de leurs disponibilités ne puisse être déposé qu'au Trésor public. Or la notion de fonds libres est entendue de manière large : il s'agit de *« fonds qui excèdent les besoins immédiats de la collectivité ou de l'Etablissement et, notamment, ceux qui correspondent à des dépenses prévues dans le budget mais dont l'engagement effectif est subordonné à la réalisation d'un événement futur et incertain, telle la défaillance du débiteur vis-à-vis duquel la collectivité ou l'Etablissement s'est porté caution »*[236]. Les fonds libres ne sont donc pas seulement les fonds que possède matériellement la collectivité mais aussi les fonds qu'elle devrait posséder si elle respectait pleinement le principe de l'unité de trésorerie. Les seules dérogations admises, en dehors de l'autorisation ministérielle[237], étaient prévues par voie de circulaire[238].

Les circulaires[239] autorisent des placements budgétaires qui correspondent aux placements des excédents de recettes non absorbés par les dépenses de l'exercice en cours, dans la mesure où les fonds proviennent de libéralités, de

---

[233] CORNU (G.) (dir.) et Association Henri CAPITANT (avant propos de P. MALINVAUD), *Vocabulaire juridique*, Paris, PUF, 4ème éd. (mise à jour), 2003, p. 403.

[234] V. *infra*, Partie II, Titre 2.

[235] CABANES (X.), *Le principe de l'unité de trésorerie en droit public financier*, th., Paris II, Droit, 1998.

[236] CE, 9 janvier 1995, *Préfet de la Région Rhône-Alpes*, Rec. p. 17.

[237] En l'absence de dérogation expresse accordée par le ministre des Finances, le placement de fonds disponibles provenant de la dotation affectée par un Président de Conseil régional au fonds de bonification des prêts à l'amélioration de l'habitat sur des comptes à terme ou des fonds communs de placements gérés par la Caisse des dépôts et consignations est ainsi illégal. V. CE, 26 juin 1989, *Région Nord-Pas-de-Calais*, n°173136.

[238] Cette obligation de dépôt est reprise par l'article 26 de la loi organique n°2001-692 du 1er août 2001 relative *aux lois de Finances* qui dispose dans son 3° que : *« sauf disposition expresse d'une loi de Finances, les collectivités territoriales et leurs Etablissements publics sont tenus de déposer toutes leurs disponibilités auprès de l'Etat »*. Désormais, il ne s'agit plus d'une disposition réglementaire, mais d'une loi de finances. L'article 116 de la loi n°2003-1311 *de Finances pour 2004* (JORF, 31 décembre 2003, p. 22530) prévoit en ce sens un assouplissement du régime de placement des fonds disponibles des collectivités territoriales et leurs Etablissements publics et un élargissement de la liste des fonds pouvant être placés aux recettes exceptionnelles (not. OPCVM constitués exclusivement de titres émis ou garantis par les Etats membres de l'Union européenne ou les autres Etats parties à l'accord sur l'Espace économique européen). C'est l'organe délibérant de la collectivité ou son exécutif, s'il bénéficie d'une délégation, qui sera compétent pour déroger à l'obligation de dépôt. Il y a donc beaucoup à attendre des décrets en Conseil d'Etat prévus pour l'application de ces dispositions.

[239] Et notamment celle dite *Doumer-Chautemp*, en date du 5 mars 1926. V aussi CABANNES, *op. cit.*, not. p. 204 sqq.

l'aliénation d'un élément du patrimoine ou correspondent à un excédent définitif non susceptible d'être utilisé autrement, c'est-à-dire d'être employé à réduire les charges des administrés, soit directement par l'allégement des impositions, soit indirectement par amortissement de la dette.

Les collectivités locales et Etablissements publics peuvent également procéder à des placements de trésorerie pour certaines disponibilités : il s'agit des fonds recueillis par voie d'emprunts, en vue de l'exécution de travaux lorsque leur emploi vient à être différé pour des raisons indépendantes de la volonté des collectivités territoriales qui empruntent.

Ces deux catégories de placements constituent des dérogations à l'interdiction générale de placer les fonds libres des collectivités locales en dehors du Trésor, mais demeurent dans le champ d'application de l'unité de trésorerie.

Dès lors, l'unité de trésorerie ne concerne que l'une des deux composantes des deniers publics : les valeurs de caisse ou fonds. Les valeurs de portefeuille ne sont pas concernées par l'obligation de dépôt au Trésor. A l'inverse, les valeurs d'Etat ou garanties par l'Etat doivent être déposées à la Caisse des dépôts et consignations ou auprès de ses préposés[240].

Dans ces conditions, au regard de la définition des fonds libres, il est possible de considérer que les fonds ou valeurs gérés par la Caisse des dépôts et consignations n'en sont distingués dès lors que les collectivités et Etablissements ne détiennent qu'un substrat de caisse et de réception des produits. C'est ainsi que les collectivités locales françaises, désignées comme autorité de paiement pour le versement de certains fonds communautaires aux bénéficiaires finaux, peuvent légitimement confier à la Caisse des dépôts et consignations l'autorité de gestion de tels fonds[241].

Par ailleurs, on aurait pu croire à une incompatibilité de cette fonction avec les dispositions communautaires[242] et soutenir que les textes français qui créent une obligation de dépôt de fonds au profit de la Caisse des dépôts et consignations ont pour effet de soustraire aux Etablissements de crédit européens une partie de leur clientèle à laquelle ils pourraient prétendre. Pourtant, la Commission européenne n'a pas, par analogie, mis en cause les monopoles étatiques portant sur l'Etablissement et l'entretien d'un réseau public de télécommunications, d'électricité, de gaz ou de chemins de fer[243]. En revanche, elle n'a pas admis que les droits exclusifs concédés à l'entreprise publique chargée de cet Etablissement et de cet entretien fussent de nature à justifier une restriction de prestations de services fournies par d'autres Etats membres[244].

La considération d'intérêt général de sécurité assurée aux fonds déposés à la Caisse des dépôts et consignations placés pour cela sous le sceau de la Foi publique et sous la protection du Parlement s'impose en effet aux restrictions à la libre prestation, telles qu'elles sont définies par le droit européen[245].

---

[240]Art. 175 du décret du 29 décembre 1962 portant *règlement général de la comptabilité publique*.

[241]Dans le cadre notamment du Règlement CE n°1260/1999 du Conseil du 21 juin 1999 portant *dispositions générales sur les fonds structurels*, JOCE, n°L161, 26 juin 1999, p. 1. En pratique, v. AKOKA (C.) avec C. BURLATS, P. COUDREAU et V. QUEUNIET (dossier réalisé par), *La CDC autorité de gestion*, CDscope, n°224, octobre 2003, p. 23 et sqq.

[242]Qui organisent notamment pour ce qui nous concerne le libre établissement des entreprises (art. 52 à 58 TCE), la libre prestation de services (art. 59 à 66 TCE), ainsi que la libre concurrence (art. 90 TCE).

[243]V. *supra*.

[244]V. par ex., BERGOUGNOUX (J.), BAUMSTARK (L.), JESTIN-FLEURY (N.), *Services publics en réseau : perspective de concurrence et nouvelles régulations*, Paris, Commissariat général du Plan, La Documentation française, avril 2000.

[245]V. *infra*, Partie II, Titre 2.

Les fonds qui font l'objet d'une obligation de dépôt à la Caisse des dépôts et consignations sont, pour l'essentiel, des fonds privés réglementés dont la sauvegarde importe particulièrement à l'intérêt général. Les fonds déposés par les notaires, les administrateurs ou les mandataires judiciaires ne sont pas, par exemple, la propriété des déposants ; ils leur sont remis par des particuliers, dans l'exercice de leurs missions de service public[246]. Le bon accomplissement de ces missions exige que les fonds concernés soient en parfaite sécurité et demeurent à tout moment disponibles. De même, les consignations visent à assurer le bon déroulement de certaines procédures légales ou judiciaires, en garantissant la neutralité du dépositaire et la parfaite sécurité des fonds déposés[247].

La Caisse nationale d'épargne de manière générale et les Caisses d'épargne ordinaires pour les livrets A, le Crédit Mutuel pour les livrets bleus, ont aussi obligation de confier à la Caisse des dépôts et consignations leurs fonds en raison, d'une part, de la garantie personnelle importante qu'ils représentent pour les petits épargnants[248], et, d'autre part, de leur affectation à des fins d'intérêt général[249], tel que le logement social, que répugnent à financer les Etablissements de crédits ordinaires.

Le cas de la Banque du Crédit Mutuel peut paraître, à cet égard, équivoque. Les emplois d'intérêt général, découlant de ces obligations[250], étaient définis, jusqu'en 1991, en fonction des priorités des pouvoirs publics, qui étaient multiples (prêts aux collectivités locales, prêts à certains Etablissements bancaires, prêts à long terme aux entreprises industrielles...). Un arrêté du 27 septembre 1991[251] introduit deux changements importants. En premier lieu, la totalité des encours collectés sur le livret bleu est désormais orienté vers des emplois d'intérêt général. En second lieu, ces encours sont affectés exclusivement au financement du logement social. Pour autant, l'intégralité de la collecte nouvelle comme une large part de la collecte antérieure est déposée en pratique par la Banque du Crédit Mutuel entre les mains de la Caisse des dépôts et consignations, *« banque du logement social »*. Rien ne lui interdisait pourtant d'utiliser ces sommes déposées pour financer directement certains prêts au logement social. C'est la difficulté d'assurer à cette activité un équilibre financier satisfaisant, qui a conduit la Banque du Crédit Mutuel à ne pas utiliser cette possibilité et à centraliser à la Caisse des dépôts et consignations la totalité des encours du livret bleu. Ce régime dérogatoire a été bien entendu critiqué par le milieu bancaire qui a saisi le Conseil d'Etat. Ce dernier leur a donné raison le 5 janvier 2000[252]. La Commission européenne a, en outre, considéré que les dispositions adoptées en France au titre du livret bleu comprenaient des aides d'Etat incompatibles avec le marché commun, au motif qu'elles excédaient les coûts réels

---

[246]84-182 DC, *Loi relative aux administrateurs judiciaires, mandataires liquidateurs et experts en diagnostic d'entreprise*, Rec. p. 27 ; CE, 21 octobre 1994, *Ordre des avocats à la cour de Paris*, Rec. p. 459 ; CA Paris, 3 décembre 1997, *Morand c/ Agent judiciaire du Trésor*, Dalloz, *IR*, 1998, p. 23 ; C.Cass. 1ère civ., 30 janvier 1996, *Morand c/ Agent judiciaire du Trésor*, RDP, 1997, p. 235, note J.-M. AUBY.

[247]V. *infra*, Partie II, Titre 2.

[248]Telle qu'elle résulte des débats parlementaires tenus lors de l'adoption de la loi n°91-635 du 10 juillet 1991. V. notamment compte-rendu analytique officiel, Assemble nationale, 1ère séance du mardi 16 avril 1991, Présidence de M. Pascal CLEMENT, JORF, Assemblée nationale, p. 3.

[249]Art. L.221-8 du Code monétaire et financier.

[250]Ces obligations de la Banque du Crédit mutuel ont tout d'abord été définies par un arrêté du 1er mars 1976, puis par deux arrêtés du 31 octobre 1983. Dans le cadre de ces dernières dispositions, 65% des encours et 80% des collectes nouvelles ont été affectés à des emplois d'intérêt général. Ces emplois d'intérêt général sont aujourd'hui régis par les articles L.221-12 al. 2 du Code monétaire et financier et par les articles 2 et 5 d'un arrêté du 27 septembre 1991

[251]Non publié au JORF.

[252]CE, 5 janvier 2000, *Association française des banques et chambre syndicale des banques populaires*, Rec. p. 1.

supportés par la Banque du Crédit mutuel pour sa collecte et sa gestion[253]. Dès lors, si la décision de la Commission ne remet pas en cause le livret bleu qui garde toutes ses caractéristiques (sécurité, disponibilité, rémunération nette d'impôts) et qui reste officiellement un instrument d'épargne populaire au service de l'intérêt général, elle impose en revanche à l'Etat français de récupérer auprès de la Banque du Crédit Mutuel, le montant des aides accordées sur la période 1991-1998 et de modifier le taux de rémunération des sommes collectées au titre du livret bleu[254].

Ce même raisonnement pourrait s'appliquer pour le livret A des Caisses d'épargne ordinaires. En effet, avec le rachat de la banque d'investissement CDC-Ixis, ces exigences de sécurité et d'intérêt général pourront amener le Groupe des Caisses d'épargne à faire évoluer son positionnement sur de telles missions, désormais orientées vers plus de rentabilité financière[255]. A l'inverse, il convient de penser, dans le cadre du service universel, que le Livret A de la Caisse nationale des Caisses d'épargne resterait naturellement au service du bien commun, sous couvert de la Caisse des dépôts et consignations[256].

Des considérations voisines de celles d'intérêt général peuvent être invoquées pour les fonds déposés par divers organismes de sécurité sociale (ACOSS, ORGANIC, Caisse nationale de sécurité sociale dans les mines, CANAM) ou par des caisses de retraites (CNRACL, IRCANTEC, Caisse de retraite de la Comédie française), voire par de simples particuliers (tutelles des majeurs non émancipés, enfants du spectacle) : la nature des intérêts à protéger, voire dans certains cas l'importance des sommes en jeu[257], peuvent justifier l'obligation de dépôt auprès de la Caisse des dépôts et consignations.

Dans ces conditions, la définition proposée par l'association CAPITANT dans son *Vocabulaire juridique* semble convaincante pour assimiler, au moins dans sa conception[258], les fonds gérés par la Caisse des dépôts et consignations aux fonds de concours.

Cette manière de voir a, en outre, le mérite de ne préjuger en rien de la qualification juridique du fonds, tout en prenant en compte des fonds jouissant de la personnalité juridique[259]. En effet, pour être pourvu de la personnalité morale, un

---

[253]2003/216/CE, décision de la Commission du 15 janvier 2002 concernant *l'aide d'Etat mise à exécution par la République française en faveur du Crédit mutuel*, JOCE, n°L.88, 4 avril 2003, p. 39.

[254]Il est actuellement fait appel de la décision de la Commission auprès du Tribunal de première instance de Luxembourg.

[255]Même si l'article L.512-85 du Code monétaire et financier précise : « *le réseau des caisses d'épargne remplit des missions d'intérêt général. Il participe à la mise en oeuvre des principes de solidarité et de lutte contre les exclusions. Il a en particulier pour objet la promotion et la collecte de l'épargne ainsi que le développement de la prévoyance, pour satisfaire notamment les besoins collectifs et familiaux. Il contribue à la protection de l'épargne populaire, à la collecte des fonds destinés au financement du logement social, à l'amélioration du développement économique local et régional, particulièrement dans le domaine de l'emploi et de la formation, et à la lutte contre l'exclusion bancaire et financière de tous les acteurs de la vie économique, sociale et environnementale grâce en particulier aux fonds collectés sur le livret A dont la spécificité est maintenue. Dans les conditions fixées par l'article L. 512-91, les caisses d'épargne et de prévoyance utilisent une partie de leurs excédents d'exploitation pour le financement de projets d'économie locale et sociale. Elles présentent une utilité économique et sociale spécifique au sens du présent article* ».

[256]Bien que le gouvernement semble avoir quelque intérêt à une telle évolution. V. *supra* l'étude de l'art. L.512-94 du Code monétaire et financier.

[257]Par ex. autorisation n°2197 *pour l'emploi d'enfants dans le spectacle du « Petit Prince »*, 24 octobre 2002, Recueil des actes administratifs de la Préfecture du Nord, année 2002, n°23, p. 919.

[258]LEHOUCK (M.), *Les fonds de concours*, Mémoire, DEA Droit public général, mention droit public financier, Lille II, 1999.

[259]Seuls deux fonds sont dotés, par dispositions expresses, de la personnalité juridique (le FSI par référence à l'art. 815-3-1 du Code de la sécurité sociale et le SASV en vertu de l'art. D 814-3 du Code de la sécurité sociale). Par ailleurs, deux autres fonds semblent, sans être dotés de la personnalité juridique

fonds doit relever des catégories juridiques de personnalités définies par la loi. Il ne pourrait nécessairement s'agir que d'un Etablissement public ou éventuellement d'une société à statut de droit privé (association, société...)[260].

A cet effet, la qualification d'Etablissement public peut résulter, soit d'une disposition législative ou réglementaire expresse[261], soit, quand les textes sont muets, d'une mention expresse dans les travaux parlementaires, voire dans l'exposé des motifs de la loi ou du décret[262]. En cas de silence, il convient bien entendu d'utiliser la méthode jurisprudentielle des faisceaux d'indices[263].

Certains fonds, qui ne sont pas officiellement dotés de la personnalité morale de droit public, tendent néanmoins à s'en rapprocher, car leur régime juridique est fortement teinté de droit public[264]. C'est le cas de l'IRCANTEC. Cette institution de retraite complémentaire des agents contractuels des trois fonctions publiques est légalement régie par le titre 4 du Code de la sécurité sociale mais tend à se rapprocher du statut d'Etablissement public[265]. Les fonds confiés à la Caisse des dépôts et consignations peuvent aussi bénéficier d'une personnalité morale de droit privé[266], dont la capacité juridique pourra être plus ou moins étendue[267]. Les conventions de gestion conclues par la Caisse des dépôts sont par ailleurs tout aussi imprécises sur la nature juridique des fonds gérés que les textes législatifs ou réglementaires[268].

Dans tous les autres cas, les fonds ne pourront se voir reconnaître la personnalité morale, sauf bien entendu une qualification éventuelle par le juge[269].

---

jouir de l'autonomie financière (FNAL et FNH). En effet, le juge administratif peut reconnaître à un organisme public la personnalité juridique à partir du critère de l'autonomie juridique. Cette notion peut également conditionner l'application de certaines dispositions (par ex. art. 206 du Code général des impôts qui ne s'applique qu'aux organismes de l'Etat jouissant de l'autonomie financière).

[260]A tout le moins, pourrait-il s'agir d'une personnalité *sui generis* de droit public autre que celles traditionnellement reconnues par les textes ou la jurisprudence (par ex. TC, 14 février 2000, *GIP « Habitat et interventions sociales pour les mal logés et les sans abris* ; TC, 26 novembre 1990, *Mir* ; TC, 13 juin 1997, *Société la Fontaine de Mars* ; CE, 22 mars 2000, *Syndicat national autonome du personnel de la Banque de France et autres* ; CE, avis, 9 décembre 1999, n°363-834). Ces critères jurisprudentiels pour écarter la qualification d'établissement public à la Banque de France ou au Groupement d'intérêt économique ne semblent pas cependant pouvoir s'appliquer avec clarté aux fonds gérés par la CDC, puisqu'ils ne sont pas dotés d'un capital et ils relèvent le plus souvent de la tutelle d'un ou plusieurs ministères.

[261]Par ex. la CNRACL. V. plus spécialement l'art. 6 du décret n°47-1846 du 19 septembre 1947 modifié. V. également l'art. L.135-6 du Code de la sécurité sociale.

[262]Par analogie, v. CE, 13 mai 1938, *Caisse primaire « Aide et protection »*, Rec. p. 417.

[263]V. par ex., rapport public 1999 du Conseil d'Etat, p. 81 et 82 : dans un avis de la section des Finances portant sur la nature juridique d'un fonds (non géré par la CDC) dénommé *« fonds de garantie des victimes d'actes de terrorisme et autres infractions »*, il a été *« estimé, en appliquant la méthode dite « des faisceaux d'indices » que ces fonds, dotés de la personnalité morale, étaient un organisme soumis, sous réserve d'adaptations rendues nécessaires par l'exercice de ses missions, au Règlement général sur la comptabilité publique »*.

[264]CE, 18 avril 1947, *Société de secours mutuels en cas de décès des fonctionnaires et employés de l'Institut d'assurances sociales d'Alsace et de Lorraine*, Rec. p. 150 ; CE, 10 octobre 1969, *Dame Veuve Insern*, cls G. BRAIBANT, Rec. p. 430.

[265]De manière implicite, CE, 5 février 1997, *M. Pouit*. n°116335.

[266]Tels les SICAV ou les sociétés de gestion des fonds commun de placement.

[267]Il est traditionnellement admis que les associations reconnues d'utilité publique ont une capacité juridique plus étendue que les associations déclarées. Tel est par exemple le cas des fonds de la Fondation de France, gérés par la Caisse des dépôts et consignations.

[268]Ainsi, par ex., la convention conclue avec l'Imprimerie nationale n'indique pas le régime juridique applicable à la Caisse des pensions de retraite de l'Imprimerie nationale.

[269]Certains fonds créés par l'Etat remplissent les critères retenus par les juridictions administratives pour reconnaître la personnalité morale, bien qu'ils n'en soient pas dotés par leurs textes institutifs. V. par ex., à propos du fonds de prévoyance militaire (FPM), les conclusions Braibant sous CE, 1969, *Dame Veuve Insern*, préc.

Dans les dernières décennies, les missions de l'Etablissement ont été élargies, de manière plus générale et sous-jacente, à la gestion des fonds participant à la modernisation du secteur public[270], au financement de services publics[271] ou à la mise en œuvre de politiques publiques[272] ; autrement dit du développement économique du pays.

§2. La mission sous jacente de la CDC : le développement économique du pays

En se référant à la notion de missions d'intérêt général, l'article L.518-1 et l'article L.518-2 du Code monétaire et financier entendent constituer le nouveau cadre « statutaire » de l'activité de la Caisse des dépôts et consignations, en prenant en compte notamment une dimension économique et sociale de développement.

« La Caisse des dépôts et consignations et ses filiales constituent un Groupe public au service de l'intérêt général et du développement économique du pays. Ce Groupe remplit des missions d'intérêt général en appui des politiques publiques conduites par l'Etat et les collectivités locales et peut exercer des activités concurrentielles.

Dans ce cadre, la Caisse des dépôts et consignations est plus particulièrement chargée de la gestion des dépôts réglementés et des consignations, de la protection de l'épargne populaire, du financement du logement social et de la gestion d'organismes de retraite. Elle contribue également au développement économique local et national, particulièrement dans les domaines de l'emploi, de la politique de la ville, de la lutte contre l'exclusion bancaire et financière, de la création d'entreprise et du développement durable ».

Cette validation législative des activités de la Caisse des dépôts et consignations, sous forme d'amendement balai, soutenu par les parlementaires surveillants, s'explique par le recours à la théorie de l'accessoire dans la mesure où ces activités sont considérées comme le prolongement économique et financier des dépôts et consignations, initialement confiés à la Caisse[273].

Il s'agit d'activités limitativement énumérées (I), se déclinant au seul territoire national (II).

---

[270] Par ex. le Fonds du service public de la production de l'électricité institué par l'art.5 de la loi n°2000-108 du 10 février 2000 relative *à la modernisation et au développement du service public de l'électricité* (JORF, 11 février 2000, p. 2143). V. également le Fonds de service universel des télécommunications (FSUT) régi par l'art. L.35-3, II, 2° du Code des postes et télécommunications.

[271] Par ex., le Fonds de soutien pour le câblage et la mise en réseau des Etablissements scolaires dont la gestion est définie par la circulaire n°98-133 du 22 juin 1998 relative *au développement des technologies d'information et de communication dans les enseignements du premier et second cycle* (BOEC n°27 du 2 juillet 1998) ; Fonds pour la modernisation des Etablissements de santé (FASMO) régi par la loi *de financement de la sécurité sociale pour 1988* (JORF, 23 décembre 1997, p. 18635) ; Fonds mutualisé pour l'informatique hospitalière (FMITH, régi par un arrêté du 30 septembre 1997 relatif *au transfert de disponibilités du fonds mutualisé pour l'informatique hospitalière à la Caisse des dépôts et consignations*) ; fonds pour la modernisation des cliniques privées (FMPC ; loi *de financement de la sécurité sociale pour 2000*, JORF, 30 décembre 1999, p. 19706).

[272] Par ex., Fonds pour le développement d'une politique intermodale des transports dans le massif alpin (créé par le décret n°2002-471 du 5 avril 2002 relatif *au développement d'une politique intermodale des transports dans le massif alpin*, JORF, 7 avril 2002, p. 6195) ; Fonds pour le développement de l'intermodalité dans les transports (décret n°2002-470 relatif *au fonds pour le développement de l'intermodalité dans les transports*, JORF, 7 avril 2002, p. 6194) ; Fonds de promotion pour le capital risque (Convention du 29 mai 1998 entre l'Etat, la BEI et la Caisse des dépôts et consignations) ; Fonds de réserve des retraites (art. L.135-6 du Code de la sécurité sociale) ; Fonds pour le renouvellement Urbain (Convention du 29 juin 2000 entre l'Etat et la Caisse des dépôts et consignations).

[273] V. cls C. BERGEAL sous CE, 9 juillet 1997, *Sté Maison Ballant Brugneaux*, RFDA, 1998, p. 56.

I- Un champ d'activités limitativement énumérées

La légitimité de la Caisse des dépôts et consignations à intervenir dans cette liste d'activités doit notamment se conformer à la réglementation européenne et se coordonner à la politique gouvernementale. En effet, la rédaction exhaustive des missions incombant à la Caisse des dépôts et consignations présume une aide éventuelle d'Etat (A) et renforce les liens avec l'Etat (B).

A) Une présomption simple d'aides d'Etat

Si les concepts d'aides d'Etat ou d'activités concurrentielles sont clairement définis et réglementés au niveau européen[274], la problématique d'intérêt général est plus complexe, dès lors qu'il faut distinguer les services d'intérêt général marchands des non marchands[275].

Les premiers, appelés aussi service d'intérêt économique général, appliquent les règles européennes de la concurrence, sauf s'ils bénéficient d'un régime dérogatoire nécessaire au bon accomplissement des missions. Les prestations peuvent faire l'objet d'une rémunération supérieure au coût.

Les deuxièmes, services d'intérêt général non marchands, ne sont pas en revanche concernés par les règles européennes de la concurrence. On y inclut traditionnellement les services publics régaliens et les services *« droits créances »*. Ces services peuvent être délégués par les Etats membres à des entreprises, à partir du moment où celles-ci ne rémunèrent leurs prestations qu'à concurrence des coûts occasionnés par les activités d'intérêt général ainsi conduites[276].

Dans ce cadre, le secteur public financier des différents Etats membres de la Communauté a fait l'objet d'un débat au niveau des instances européennes au cours de ces dernières années[277]. Le cas particulier des *Landesbanken* a permis d'admettre, sur un plan jurisprudentiel, l'utilisation du terme de service d'intérêt général (marchand ou non) dans la sphère financière, au-delà des secteurs tels que les transports ou la communication[278].

Il en découle que des activités financières peuvent entrer dans le champ de la réglementation applicable soit aux aides d'Etat (subventions), soit aux services d'intérêt général, soit aux services d'intérêt économique général, soit évidemment aux activités concurrentielles.

C'est pourquoi la Commission a publié le 12 novembre 2002 un *« non paper »* important sur les services d'intérêt économique général et les aides d'Etat[279] : les dérogations catégorielles au principe d'interdiction des aides d'Etat

---

[274]Par ex., Commission européenne, *Droit de la concurrence dans les Communautés européennes : explications des règles applicables aux aides d'Etat*, vol. II A, OPOCE, 1998, p. 611 sqq.

[275]SCRIVE (S.), *La notion de service d'intérêt économique général*, mémoire de DEA : Droit communautaire et international, Lille II, 1997 ; RACLET (A.), *L'encadrement des prérogatives de puissance publique nationale par le droit communautaire des affaires*, Paris II : Droit, 2000, *passim*.

[276]CHEROT (J.-Y.), *Financement des obligations de service public et aides d'Etat*, Europe, mai 2000, p. 4 ; LIGNIERE (P.) et LIMOUSIN (P.), *Mécanismes de financement et obligations de service public*, DA, février 2002, p. 40. V. plus récemment, CJCE, aff. C-53/00 22 novembre 2001, *Ferring SA et Agence centrale des organismes de sécurité sociale (ACOSS)*, DA, mai 2002, p. 34, note M. LOMBART et CJCE, aff. C-280-00, 24 juillet 2003, *Altmark Trans et Regierungspräsidium Magdeburg*, DA, octobre 2003, p. 18, note M. BAZEX et S. BLAZY.

[277]V. par ex., rapport de la Commission européenne relatif aux *« services d'intérêt économique général dans le secteur bancaire »*, présenté le 23 novembre 1998 au Conseil des ministres (www.europa.eu.int (recherche effectuée le 20 avril 1999).

[278]V. *supra*.

[279]Ce document de discussion vise à permettre un échange avec les experts des Etats membres sur les conditions de fonctionnement des SIEG à la lumière des dispositions communautaires en matière d'aides

s'appliquent aux aides aux petites et moyennes entreprises, aides aux entreprises dans les quartiers défavorisés, aides à l'emploi et à la formation, aides à finalité régionale, aides pour la protection de l'environnement et aides à la recherche-développement.

Appliquées aux activités de la Caisse des dépôts et consignations, ces définitions confirment la répartition des métiers de dépositaires et de consignataires comme activités régaliennes et les programmes d'intérêt général comme activités beaucoup moins générales[280].

Par voie de conséquence, ces programmes doivent obligatoirement justifier de leur appartenance aux services d'intérêt économique général, par opposition aux aides d'Etat et aux activités concurrentielles. C'est ainsi que si certains Etats membres (avec en tête la France) poussent à ce que le développement des PME, le financement de projets d'infrastructures et des nouvelles technologies ainsi que le développement régional entrent dans cette catégorie de services d'intérêt économique général, le débat semble néanmoins rester ouvert[281].

Pour que l'exception au principe d'interdiction des aides d'Etat prévues au profit des services publics soit applicable, l'activité doit être clairement définie et confiée explicitement par un acte de puissance publique[282]. La forme de l'aide, de même que ses objectifs, est indifférente au regard de sa qualification[283]. C'est ainsi que l'aide peut indifféremment prendre la forme d'une subvention, d'une bonification d'intérêts, d'une garantie de prêt à des conditions plus favorables que celles du marché, ou d'une prise de participation dans une entreprise sans perspectives de rentabilité suffisante[284]. Il n'est pas nécessaire par ailleurs que l'aide soit accordée par l'Etat lui-même. A ce sujet, les instances européennes ont déjà eu l'occasion plus spécifiquement de juger qu'une intervention d'une filiale de la Caisse des dépôts et consignations en faveur d'une entreprise constitue une mesure réalisée à partir des ressources étatiques[285]. Enfin, lorsque l'intervention financière envisagée par la Caisse des dépôts et consignations ne rentre pas dans le cadre d'un régime d'aides préalablement autorisé par la Commission et/ou dépasse le seuil des 100 000 €, la Caisse des dépôts et consignations doit procéder, par l'intermédiaire des services compétents de l'Etat, à la notification de la mesure auprès de la Commission européenne[286].

Pour autant, l'incompatibilité des aides d'Etat défendue avec le marché commun n'est ni absolue ni inconditionnelle. Le principe défendu par les articles 87 et suivants du Traité communautaire est ainsi tempéré par un large éventail de dérogations : les aides à caractère social octroyées aux consommateurs individuels ; les aides destinées à remédier aux dommages causés par les calamités naturelles ou par d'autres événements extraordinaires ; les aides favorisant le développement

d'Etat ainsi que les droits exclusifs ou spéciaux. Ce document n'engage pas la Commission. Il peut être demandé à la Direction général de la Concurrence.

[280] V. *infra*, Partie II, Titre 1.

[281] V. par ex. à propos du périmètre du service universel des télécommunications, HERISSON (P.), Rapport d'information fait au nom de la Commission des affaires économiques et du Plan et du Groupe d'étude *« Poste et télécommunications »* sur le bilan de la loi n°96-659 de réglementation des télécommunications, Sénat, n°273, 26 mars 2002, p. 111 et sqq.

[282] V. *infra*.

[283] KARYDIS (G.), *Le principe de « l'opérateur économique privé », critère de qualification des mesures étatiques, en tant qu'aides d'Etat, au sens de l'article 87 §1 du traité CE*, RDTE, juillet-septembre 2003, p. 389.

[284] Exemples tirés de la chronique de M. de BAECQUE publiée aux CJEG, février 2000, p. 39.

[285] V. Aff. T-358/94, 12 décembre 1996, *préc.*

[286] Règlement n°69/2001/CE du 12 janvier 2001 de la Commission du 12 janvier 2001 *concernant l'application des articles 87 et 88 du Traité CE aux aides de minimis*, JOCE, n°L10, 13 janvier 2001, p. 32.

économique des régions dans lesquelles le niveau de vie est anormalement bas ; les aides affectées à la promotion et à la réalisation d'un projet important d'intérêt européen ou à remédier à une perturbation grave de l'économie d'un Etat ; les aides dont le but est de faciliter le développement de certaines activités ou certaines régions économiques quand elles n'altèrent pas les conditions des échanges dans une mesure contraire à l'intérêt commun ; et enfin les aides destinées à promouvoir la culture et la conservation du patrimoine.

La Direction juridique de la Caisse des dépôts et consignations doit dès lors s'assurer que les services opérationnels n'utilisent pas les revenus des activités des missions d'intérêt général exercées sous forme de droits exclusifs pour financer des activités soumises à la concurrence[287]. En revanche, le financement des missions d'intérêt général de la Caisse des dépôts et consignations grâce aux revenus des activités concurrentielles est légitime. Ce système de péréquation, conforme au droit communautaire, permet d'accroître le financement des investissements d'intérêt général et d'améliorer la qualité des prestations fournies au titre des missions d'intérêt général. Par ailleurs, la Caisse des dépôts et consignations ne peut pas contracter avec une de ses filiales sans passer par un appel d'offres. Dans ses relations avec ses filiales, elle doit nécessairement se conformer aux règles des marchés publics ; une dérogation est toutefois prévue en faveur des prestations intégrées, qui échappent sous certaines conditions à l'application des dispositions relatives à la commande publique[288].

Dans l'exercice des ses *« activités concurrentielles d'intérêt général »*[289], la Caisse des dépôts et consignations doit se comporter comme un investisseur privé en économie de marché, à défaut de quoi le concours financier qu'elle pourra apporter à une entreprise sera qualifié d'aide d'Etat.

Pour déterminer si un concours imputable à l'Etat relève ou non de la qualification d'aide d'Etat, la Commission applique le critère de l'investisseur privé en économie de marché en comparant le comportement de l'Etat ou d'un organisme public à celui d'un investisseur avisé guidé par un objectif de rentabilité[290]. Toutefois, lorsqu'un financement est apporté ou garanti par l'Etat à une entreprise en difficulté financière, la Commission présume que ces mesures contiennent des éléments d'aides d'Etat qui, le cas échéant, peuvent être autorisés au titre d'aide au sauvetage ou à la restructuration[291].

En définitive, il convient donc d'affirmer une présomption simple d'aides d'Etat, les services de la Caisse des dépôts et consignations devant apporter pour chacune de ses missions, la preuve du contraire. Autrement dit, l'article 6 de la directive *« services »*[292] semble avoir juridiquement été mal traduit par le législateur français. Cet article 143 de la loi relative *aux nouvelles régulations économiques* est

---

[287]Le respect de cette exigence est en principe facilité par la séparation structurelle des activités et la tenue d'une comptabilité séparée et transparente.

[288]V. *infra*, les fameux « contrats maisons »

[289]V. *infra*, Partie II, Titre 2.

[290]La Commission apprécie normalement l'attitude de l'Etat au regard de celle d'un actionnaire de taille comparable poursuivant une politique structurelle globale ou sectorielle et guidé par des perspectives de rentabilité à plus long terme que celle d'un investisseur ordinaire. V. par ex. CJCE, aff. 303/88, 21 mars 1991, *Italie/Commission*, Rec., p. I-1433 (concernant l'aide apportée par les holdings publics italiens IRI et Finmeccanica à Alfa Roméo).

[291]V. par ex. décision de la Commission 1995/547/CE du 26 juillet 1995 portant *approbation conditionnée de l'aide accordée par la France à la banque Crédit Lyonnais*, JOCE, n°L.308, 21 décembre 1995, p. 92 ou décision de la Commission 2001/89/CE du 23 juin 1999 portant *approbation conditionnelle de l'aide accordée par la France au Crédit foncier de France,* JOCE, n°L.34, 3 février 2001, p. 36 ; montages financiers dans lesquels la Caisse des dépôts et consignations est intervenue.

[292]1992/50/CEE du Conseil du 18 juin 1992 portant *coordination des procédures de passation des marchés publics de services*, JOCE, n°L-299, 24 juillet 1992, p. 1.

bel et bien un simple amendement balai d'activités de la Caisse des dépôts et consignations et de son Groupe.

Même rédigé en termes généraux, il va de soi que cet amendement qui pensait traduire les dimensions communautaires de la politique de la concurrence, ne peut recevoir application que dans ce cadre européen déjà évoqué. Dans ces conditions, les liens entre la Caisse des dépôts et consignations et les pouvoirs publics ne peuvent qu'être renforcés, structurant une interdépendance d'écoutes et de négociations entre l'Etat et la Caisse des dépôts et consignations.

B) Un renforcement du lien avec l'Etat

Si les relations entre l'Etat et la Caisse des dépôts et consignations semblent apparemment peu contraignantes, un cadre plus formel d'échanges et de dialogue doit en pratique s'instaurer. Les liens entre l'Etat et l'Etablissement sont dès lors renforcés. En effet, la Caisse des dépôts et consignations doit coordonner ses actions en fonction des politiques gouvernementales structurées au travers de comités interministériels en général, et plus particulièrement celui dédié à l'aménagement du territoire[293].

Le programme de *Fonds Renouvellement Urbain* (FRU) impose par exemple un cadrage spécifique de plusieurs ministères, notamment du ministère de l'Economie et des Finances[294]. Le programme d'aménagement du territoire et de développement durable des territoires (PA2DT) a instauré, entre autres, une instance d'échanges entre la Caisse des dépôts et consignations et la Délégation à l'aménagement du territoire à l'action régionale (DATAR)[295]. Plus indirectement, les interventions de la Direction des petites et moyennes entreprises et de l'innovation, par l'intermédiaire de fonds gérés par des sociétés de gestion, nécessitent enfin un agrément spécifique de la Commission des opérations de bourse.

Par ailleurs, chaque Direction opérationnelle de la Caisse des dépôts et consignations gère de manière autonome ses contacts avec les différents prescripteurs de programmes[296]. Toutefois, en dehors des discussions bilatérales constitutives relatives à tel ou tel projet, la principale instance d'échanges reste la Commission de surveillance de la Caisse des dépôts et consignations, à laquelle la Direction générale présente annuellement un état d'avancement des missions d'intérêt général[297]. Dans ce cadre, le périmètre des missions d'intérêt général de la Caisse des dépôts ne peut innover qu'en considération de nouveaux programmes, que ce soit sur l'initiative de l'Etablissement ou à la demande de l'Etat[298]. De plus, les interventions au sein d'un même programme peuvent faire évoluer leur périmètre respectif. Ainsi a-t-on pu voir la déclinaison d'un programme PME-Emploi vers l'action sociale, ayant conduit à créer à partir de la Direction des PME

---

[293]Le CIADT du 9 juillet 2001 a ainsi demandé à la Caisse des dépôts et consignations d'accompagner le déploiement de l'accès au haut débit NTIC en tant qu'investisseur. Il a été décidé de créer un fonds de 230 M € sur cinq ans éventuellement complété par des prêts sur fonds d'épargne d'une durée de quinze à trente ans. On peut citer aussi le conseil interministériel de la société de l'information (CISI). Par décision du 10 juillet 2000 de ce conseil, la Caisse des dépôts et consignations accompagne la création de quatre cents cyberbases en quatre ans (2001-2004), financées sur un fonds dédié de 15, 24 M €.

[294]Art. 4 de la Convention du 8 octobre 1998 entre l'Etat et la Caisse des dépôts et consignations, *« Une nouvelle ambition pour les villes ».*

[295]Art. 1er de la Convention-cadre du 26 juillet 2000 entre la DATAR et la Caisse des dépôts et consignations, *« Appui dans la mise en œuvre de l'organisation des territoires ».*

[296]V. *infra*, Partie II, Titre 2.

[297]Procès-verbal du 9 octobre 2001 ; procès-verbal du 16 octobre 2002.

[298]Par exemple, le programme CDC/Université ou le programme Nouvelles technologies.

et de l'innovation, une Direction plus opérationnelle tournée vers les très petites entreprises et l'économie sociale[299].

Enfin, le dispositif réglementaire et législatif français, notamment dans le cadre du développement de la décentralisation, permet à la Caisse des dépôts de créer des actions spécifiques avec telle ou telle collectivité territoriale[300].

L'extension des actions menées dans le domaine international, notamment depuis fin 2000 pose cependant la question de leur validité, dès lors qu'elle n'est pas formellement inscrite dans le Code monétaire et financier.

II- Un champ d'activités limitées au territoire national

L'article L.518-1 du Code monétaire et financier précise que les missions de la Caisse des dépôts et consignations s'inscrivent dans le développement économique du pays. Toutefois, cette notion d'intérêt général ne peut exclure un intérêt général européen[301]. Or, la Caisse des dépôts et consignations tend à étendre ses activités à l'international. La Commission de surveillance a débattu le 20 juin 2000 du sujet, sans pour autant valider le principe de l'intervention internationale, ni celle des pouvoirs publics. Cela n'a pas été formellement exclu. La Commission a par la suite été informée régulièrement des transactions internationales spécifiques[302].

Estimant que le développement économique et social des territoires français s'inscrit dans un horizon européen et internationalisé, la Caisse des dépôts et consignations a développé son offre internationale de gestionnaire pour compte de tiers et d'investisseur public[303].

Dans le cadre de la nouvelle étape de la décentralisation en France et alors que l'Union européenne généralise dans ses programmes l'obligation de coopération internationale, la Caisse des dépôts et consignations, sur son initiative ou sur demande des pouvoirs publics, entend, tout d'abord, aider les collectivités à optimiser l'emploi des fonds communautaires dédiés au développement régional et au développement urbain. A ce sujet, la Caisse des dépôts et consignations développe notamment sa capacité de gestionnaire sous mandat des fonds structurels européens (URBAN, INTERREG, FEDER) et de réponse à des appels d'offres[304], tant en France qu'à l'échelle européenne en général et polonaise en particulier[305]. Par ailleurs, la Caisse des dépôts et consignations souhaite développer son offre de

---

[299]V. *infra*, Partie II, Titre 2.

[300]La Caisse des dépôts et consignations se veut être un acteur naturel de la décentralisation. V. rapport rouge 1991, p. 26. V. également les restructurations internes de la Caisse créant courant 2004 un département « financements décentralisés ».

[301]V. *infra*, Partie II, Titre 2.

[302]Par ex. procès-verbal du 19 février 2002.

[303]BURLATS (C.), *DEFP : Les pistes de l'international*, CDscope, n°215, novembre 2002, p. 27.

[304](X.), *L'Alsace choisit la CDC pour ses fonds structurels*, CDscope, n°218, février 2003, p. 7 ; FRIMAT (I.), *L'Alsace expérimente la gestion des fonds européens*, La Gazette des communes, 23 décembre 2002 ; (X.), *Poursuite de la décentralisation en France : L'Alsace gère désormais en direct les 110 millions d'€ des fonds européens de l'objectif 2*, Bulletin européen du Moniteur, 16 septembre 2002.

[305]La Caisse des dépôts et consignations a souhaité focaliser sa coopération en Pologne, qui représente les enjeux les plus importants (Premier marché et principal concurrent, 50 % du PIB des nouveaux adhérents et 50 % des fonds structurels qui lui sont alloués). V. aussi DOCQUIERT (J.), *Elargissement : les disparités régionales vont être multipliées par deux*, Les Echos, 27 janvier 2003. Plus récemment, M. MAYER a signé, en présence de Mme HERBST, à l'époque secrétaire d'Etat auprès du ministre polonais de l'Economie, du Travail et des Affaires sociales et de M. RAFFARIN, Premier ministre français, une convention cadre de coopération entre la Caisse des dépôts et consignations et la BGK (Bank Gospodarstwa Krajowego) dans les domaines du financement de l'entreprise et de la mise à niveau des infrastructures polonaises.

gestionnaire sous mandat auprès d'une nouvelle clientèle et l'adapter à leurs besoins (par ex. les universités, Etablissements publics scientifiques et techniques)[306]. Il convient de citer également le pilotage des *consortium* européens dans le cadre du sixième programme-cadre de la Communauté européenne pour des actions de recherche, de développement technologique et de démonstration contribuant à la réalisation de l'espace européen de la recherche et à l'innovation (PCRD)[307].

Dans le cadre de l'expérience nationale du renouvellement urbain, la Caisse des dépôts et consignations souhaite ensuite exercer un effet de levier pour mettre en place des fonds de capital risque et des fonds d'investissement en faveur du développement territorial européen. A cet effet, elle a négocié des partenariats avec des acteurs financiers italiens, allemands et espagnols intervenant dans le champ du développement local ainsi que leur adossement à des interventions de la Banque européenne d'investissement et des programmes communautaires[308]. On pense encore bien entendu aux homologues étrangers de la Caisse des dépôts et consignations française, telles la *Casse prestiti i depositi* italienne[309], et la Caisse des dépôts et de gestion du Maroc[310].

Pour des raisons notamment historiques et sociales, le développement économique et social de l'Afrique du Nord constitue enfin une des priorités de l'action extérieure européenne et française. Si les programmes de « mise à niveau » économique et social du Maghreb bénéficient des dons et des prêts des grands bailleurs de fonds bilatéraux, le choc commercial et ses effets induits, attendu en 2010 avec l'achèvement de la mise en œuvre des accords de libre-échange avec

---

[306]La Caisse des dépôts et consignations entend apporter une culture d'entreprise aux universités. Répondant à une demande de la conférence des Présidents des universités, la Caisse des dépôts et consignations a signé une convention de partenariat le 28 novembre 1997 ; L'Etablissement propose un échange de compétences et d'expertises dans les domaines de la modernisation financière, du pilotage des projets immobiliers et du développement des activités qui présentent un caractère marchand. V. *infra*.

[307]Règlement 2321/2002/CE du Parlement européen et du Conseil du 16 décembre 2002 relatif *aux règles de participation des entreprises, des centres de la recherche pour la mise en œuvre du sixième programme-cadre de la Communauté européenne (2002-2006)*, JOCE, n°L.355, p. 23 et règlement n°2322/2002/Euratom du Conseil du 5 novembre 2002 relatif *aux règles de participation des entreprises, des centres de la recherche pour la mise en œuvre du sixième programme-cadre de la Communauté européenne de l'énergie atomique(Euratom) (2002-2006)*, JOCE, n°L.355, p. 35. Dans ce cadre, la Commission européenne soutient deux types de projets : les réseaux d'excellence (préfiguration des grands projets européens) et les projets intégrés (réunions d'équipes autour d'objectifs de recherches précis). Ce nouveau PCRD est doté de 17 M € pour la période 2002-2006. Dans le cadre d'un premier appel à propositions, les laboratoires européens sont invités à se réunir en consortium sur un ensemble de thématiques prioritaires ; ils doivent définir un mode d'organisation, imaginer des instances de pilotage et choisir un coordonnateur administratif et financier. Or, si de nombreuses équipes françaises sont en mesure d'assurer le pilotage scientifique de tels consortiums, peu de laboratoires ont la capacité de répondre aux exigences de la Commission en matière de gestion administrative et financière des projets. Le ministère de la Recherche a donc invité les universités et les organismes de recherche à contacter la Caisse des dépôts et consignations pour réfléchir à la façon dont l'Etablissement pourrait jouer ce rôle de coordonnateur, tel qu'il est défini dans le règlement européen. Au delà des questions de la définition juridique de coordonnateur et des modalités de sa désignation, on peut se demander si la Caisse des dépôts et consignations, sans véritable légitimité universitaire de recherche, ne se trouve pas en opposition avec des organismes tels que l'agence nationale de valorisation de la recherche (ANVAR) ou l'association nationale de la recherche technique (ANRT), dont le rôle est plus spécifiquement de soutenir les efforts de recherche.

[308]LEBEGUE (D.), (propos recueillis par G. Le SOLLEU, D. MARIETTE et A. MICHEL), *« Vers des partenariats avec de grands acteurs européens »*, La Tribune, 19 février 2001 ; B. (B.), *La Caisse des dépôts lance des fonds européens*, Le Figaro, 29 novembre 2002 ; (X.), *Nouveau fonds en Europe centrale*, CDscope, n°220, avril 2003, p. 16.

[309]Le partenariat porte notamment sur des échanges d'expertises dans la gestion des équipements locaux et des opérations conjointes (le projet de liaison Lyon-Turin).

[310]La coopération entre les deux établissements concerne essentiellement, sous cette forme, le développement des PME et des retraites.

l'Union contraignent cependant les Etats du Maghreb à maîtriser leur endettement externe et interne. En complémentarité avec les coopérations bilatérales et européennes[311], la Caisse des dépôts et consignations développe le partenariat établi avec la Caisse des dépôts et de gestion du Maroc dans les secteurs du développement durable, du développement urbain et de la valorisation touristique du patrimoine[312]. De manière plus spécifique, un fonds pour la reconstruction et le développement dans les Balkans a pour objet de recueillir les diverses contributions (Etat, Caisse des dépôts et consignations, Association d'élus locaux AMF-ADR-ARF, Cités-Unies France, et autres donateurs), afin de financer des infrastructures locales et la formation des cadres et élus locaux dans les Balkans (Albanie, Macédoine, Kosovo, Monténégro et Serbie notamment)[313].

S'il ne fait aucun doute que ces métiers entrent dans les compétences séculaires de l'Etablissement, il n'en demeure pas moins que la portée spatiale de ces missions laisse à discussion. En effet, si ces activités de développement économique ne servent pas directement le pays, elles restent un prolongement des intérêts extérieurs français. La Caisse des dépôts et consignations avait déjà apporté son concours à la construction d'ambassades françaises ou étrangères ou au développement des anciennes colonies françaises et des anciens pays satellites du bloc soviétique[314]. Au travers de la SCET-coopération puis de SCET-Inter et des financements de la Caisse centrale de coopération économique, la Caisse des dépôts et consignations a ainsi participé à un grand nombre de chantiers de développement dans les domaines de l'eau, de l'environnement, de la ville, de l'industrie, des transports et de la Santé. Ces actions se sont principalement étendues en Afrique de l'Ouest, en Asie ou en Amérique latine. Cette activité s'est néanmoins brutalement arrêtée en 1987, à la suite des difficultés financières liées à des pertes importantes sur des contrats au Moyen-Orient[315]. Au sein de l'Etablissement lui-même, a existé, sous diverses formes, une Direction des affaires internationales mais qui a disparu en 1996.

Par conséquent, ce n'est pas sur le plan de la compétence et de la finance que ces activités sont critiquables. Il s'agit à nouveau de constater une mauvaise rédaction de l'article 143 de la loi sur *les nouvelles régulations économiques*, reflétant un manque de rigueur parlementaire et donc une vulnérabilité de la légitimité politique de la Caisse des dépôts et consignations. Cela peut s'expliquer par le double processus sans que l'un se soucie de l'autre : d'un côté, l'article L.518-2 a été publié fin 2000 par ordonnance portant codification à droit constant[316] ; de l'autre, la loi de 2001 sur *les nouvelles régulations économiques* se veut un texte global[317].

[311]Décret n°2000-860 du 13 septembre 2001 portant *publication de l'accord entre le gouvernement de la République française et le gouvernement du Royaume du Maroc fixant les conditions de coopération dans les domaines du soutien au développement des petites et moyennes entreprises et de l'artisanat, fait à Rabat le 11 avril 2001*, JORF, 20 septembre 2001, p. 14910.

[312](X.), *Un fonds dédié aux pays méditerranéens*, CDscope, n°221, juin 2003, p. 6.

[313]C'est ainsi que la Commission permanente du Conseil régional d'Ile de France, par délibération du 13 juillet 2000 a souhaité faire intervenir la région francilienne, dans le cadre général de ses compétences et en partenariat avec l'Etat français et la Caisse des dépôts et consignations, sur la réhabilitation du lycée agricole de Pristina au Kosovo (création d'un système centralisé de chauffage, réfection de l'électricité du bâtiment et de la plomberie sanitaire, rénovation du gymnase et du terrain de sport).

[314]Procès-verbal du 7 avril 1887 ; procès-verbal du 26 octobre 1898 et procès-verbal du 8 mai 1936. V. aussi plus généralement les procès verbaux des années 1933 et 1934.

[315]Documents archives (Archives CDC Fonds LION).

[316]V. Introduction générale.

[317]On fera ainsi peut-être remarquer que la codification des dispositions législatives de la Caisse des dépôts et consignations dans le Code monétaire et financier n'a même pas fait l'objet d'un point d'ordre du jour *a priori* ou *a posteriori* en Commission de surveillance.

Sur un plan plus juridique, le principe de spécialité, défini dans les termes des articles L.518-1 et L.518-2 du Code monétaire et financier pour la Caisse des dépôts et consignations, et dont la définition traditionnelle est habituellement une des caractéristiques des personnes morales[318], ne peut alors convenir au sens strict à l'Etablissement[319]. Certes, tant dans ses fonctions contentieuses que consultatives, le Conseil d'Etat a interprété le principe de spécialité avec une certaine souplesse. Ainsi, dans un avis du 15 juillet 1992 concernant la RATP[320], la haute juridiction administrative a admis qu'un Etablissement public industriel et commercial puisse exercer des activités qui sont *« le complément de sa mission »* et qui présentent *« un intérêt direct pour l'amélioration des conditions d'exercice de celle-ci »*. De même, dans son arrêt *Delansorme* en date du 28 décembre 1959[321], le Conseil d'Etat a précisé qu'une extension d'activités pouvait même simplement être destinée à équilibrer les comptes déficitaires de son activité publique.

Autant la première souplesse au principe de spécialité présentée ci-dessus pourrait convenir au développement international de la Caisse des dépôts et consignations, ce qui ne peut en être le cas à partir de l'hypothèse développée dans la jurisprudence *Delansorme.* C'est donc davantage la capacité de la Caisse des dépôts et consignations à créer sa compétence[322] qui est sujette à critiques que l'absence de spécialité elle-même de la Caisse ; et ce, en conséquence des missions que les pouvoirs publics lui ont toujours confié depuis 1816, activités elles-mêmes découlant de l'indépendance primordiale de la Caisse des dépôts et consignations.

Ainsi, la Caisse des dépôts et consignations se place dans la situation développée par le Professeur VANDENDRIESSCHE dans sa thèse de doctorat[323] : *« la spécialité administrative a laissé la place à la spécialité économique qui s'analyse en fait comme la possibilité pour l'entreprise publique de mettre en œuvre toute activité nécessaire à son développement économique »*. La réponse de la Caisse des dépôts et consignations au développement économique et social des territoires français à l'échelle internationale ne peut alors s'inscrire que dans la corrélation étroite à ses missions et ses principes d'intervention sur le plan national.

Solution commode, apparemment acceptée par la jurisprudence[324], la théorie de l'accessoire a pu être critiquée par la doctrine[325]. Elle met néanmoins à mal la spécialité comme principe et met en avant la logique de l'économie libérale appliquée aux activités des personnes publiques[326]. C'est ainsi qu'en vertu de la jurisprudence du 16 octobre 2000 *Cie méditerranéenne d'exploitation des services d'eau* et de l'avis *Société Jean-Louis Bernard Consultants* du 8 novembre 2000 du

[318]MICHOUD (L.), *La théorie de la personnalité morale et son application en droit français*, Paris, LGDJ, 1906. Le tome 1 contient précisément tout un chapitre sur le principe de spécialité. V. également DOUENCE (J.-C.), *La spécialité des personnes publiques en droit administratif français*, RDP, 1972, p. 752.
[319]PHILIP (L.), *Finances publiques*, Paris, Cujas, 1995, p. 158.
[320]Avis n°352.281, 15 juillet 1992, *RATP*, Rapport public CE, 1992, EDCE, n°44, p. 435.
[321]CE, 18 décembre 1959, *Delansorme*, Rec. p. 692.
[322]LINDITCH (F.), *Recherche sur la personnalité morale en droit public*, th., Toulouse I, 1991, t. 2, p. 357 sqq.
[323]VANDENDRIESSCHE (X.), *Typologie des entreprises publiques*, th., Lille II, 1990, p. 194.
[324]CE, 9 juillet 1997, *Sté Maison Ballant Brugneaux*, CJEG, 1997, p. 400 ; RFDA, 1998, cls C. BERGEAL, p. 56 ; AJDA, 1998, p. 620 avec la note de F. LICHERE.
[325]V. la note du Professeur LICHERE sous la jurisprudence de 1997 préc. ; plus généralement : DURMARQUE (Y.), *Vicissitudes du principe de spécialité des Etablissements industriels et commerciaux*, Etudes en l'honneur de P. SANDEVOIR : *service public, services publics*, L'Harmattan, 2000, p. 112.
[326]LOSCHAK (D.), *Les problèmes juridiques posés par la concurrence des services publics et des activités privées*, AJDA, 1971, p. 263.

Conseil d'Etat[327], les personnes publiques - et donc la Caisse des dépôts et consignations - peuvent se porter candidates à l'attribution de délégation de service public.

Si l'article 143 de la loi relative *aux nouvelles régulations économiques* avait pour objet de clarifier les compétences de la Caisse des dépôts et consignations, le pari n'a encore été une fois qu'une validation législative d'acquis. En ces termes, cela veut dire aussi que la Caisse des dépôts et consignations peut naturellement confier certaines de ses missions à d'autres personnes, et ce au-delà de son Groupe.

SECTION II- Les compétences partageables de la CDC

La Caisse des dépôts et consignations peut confier certaines de ses missions à une autre personne dans des conditions strictes (§1.) et selon des modalités particulières (§2.).

§1. Des conditions strictes quant à l'attribution de missions confiées à la CDC à une autre personne

L'indiscutable qualité d'organisme de droit public[328] que revêt la Caisse des dépôts et consignations ne lui permet pas de se défaire indifféremment de missions que les pouvoirs publics lui ont confiées. Ce sont des conditions, d'une part, tenant à l'objet de l'attribution (I), et, d'autre part, tenant à l'aménagement des dites attributions, qui limitent de telles délégations (II).

I- Des conditions tenant à l'objet de l'attribution

Si toutes les activités de la Caisse des dépôts et consignations ne peuvent pas être confiées à une autre personne, c'est moins la nature de l'activité de l'Etablissement que la généralité de l'attribution qui fait apparaître son illégalité : le transfert global d'activités des personnes publiques est, en effet, manifestement illégal[329] (A). C'est au regard de ces indications qu'il faut déterminer quelles seraient les activités susceptibles d'être confiées à une autre personne, et notamment en ce qui concerne les dépôts et consignations, missions premières de la CDC (B).

A) Les missions insusceptibles d'être confiées par la CDC à une autre personne

Certaines activités sont, en général et par nature, insusceptibles d'être confiées par une personne publique à une autre personne. Cela peut résulter soit de par la nature même de ces activités en question, soit en vertu d'une disposition législative expresse[330]. Parmi celles-ci, les exemples les plus caractéristiques restent

---

[327]CE, 16 octobre 2000, *Cie méditerranéenne d'exploitation des services d'eau*, RFDA, 2001, p. 106, cls C. BERGEAL et avis du 8 novembre 2000, *Société Jean-Louis Bernard Consultants*, RFDA, 2001, p. 112, cls C. BERGEAL.

[328]V. not. Introduction générale.

[329]CE, 27 mars 1995, *Chambre d'agriculture des Alpes-Maritimes*, Rec. p. 142 ; AJDA 1995, p. 921, note C. BRAUD ; CE, 12 novembre 1997, *Syndicat national des médecins du travail*, Rec. p. 900 (annulation d'un décret confiant à un organisme privé « *l'ensemble des missions du service de médecine de prévention* »).

[330]Pour une présentation générale des activités non délégables, v. C. BOITEAU, *Délégation de service public. Notion et catégorie* (mise à jour au 30 octobre 2001), Jurisclasseur Administratif, 2002, fascicule 660, p. 6.

traditionnellement ceux des activités de police[331] et du service de l'enseignement public[332].

Par suite, lorsque des textes imposent l'exercice d'une activité par une personne publique déterminée, ils peuvent empêcher celle-ci de la confier à une autre personne[333].

On pourrait alors déduire de ces solutions jurisprudentielles que les activités de dépôts et consignations ne peuvent pas être en principe confiées par la CDC à un autre organisme ou entité juridique.

Pour autant, ni aucune disposition législative ou réglementaire, ni aucune stipulation conventionnelle chargeant la Caisse des dépôts et consignations de la gestion de fonds ne lui interdisent, explicitement ou implicitement, d'en confier un élément à une autre personne, à condition qu'il s'agisse d'une activité accessoire[334].

CDC Gestion[335] assure ainsi la gestion financière de fonds de pension, tels le Préfon ou le Fonpel pour le compte de la CDC. La Société forestière conduit, quant à elle, pour le compte de la Caisse des dépôts et consignations, elle-même mandatée par l'Etat, un programme d'acquisitions et de reconstitutions, avant remise sur le marché, de forêts sinistrées par la tempête de 1999[336]. CDC Trésor, filiale de CDC Ixis Asset management, est enfin chargée de la gestion et de la promotion d'OPCVM distribués par la Caisse des dépôts et consignations et le réseau du Trésor public[337].

Plus généralement, les mêmes textes normatifs sont rédigés dans des termes soit trop généraux, soit, au contraire, de manière plus précise : gestion, gestion administrative, gestion financière, gestion administrative et financière, gestion contentieuse, gestion technique, etc.

Dans la pratique, la Caisse des dépôts et consignations retient une interprétation large des textes et assure ainsi le plus souvent l'ensemble des prestations relevant de la gestion globale d'un fonds (y compris la gestion comptable et technique).

En conséquence, le cadre juridique de ces fonds comprend rarement des dispositions sur les modalités de la gestion comptable et technique. Ainsi le décret n°73-984 du 25 septembre 1973 modifié[338] relatif *au Fonds de prévoyance militaire* énonce que la Caisse des dépôts est chargée de la *« gestion administrative et comptable »* du fonds. Or, dans les faits, l'Etablissement assure également la gestion financière du fonds. On ne peut donc déterminer très clairement, si cette gestion des placements des disponibilités du fonds de prévoyance militaire doit être rattachée à une interprétation élargie de la notion de *« gestion administrative »* ou de *« gestion comptable »*.

---

[331]Jurisprudence constante : v. par ex, CE, 17 juin 1932, *Ville de Castelnaudary*, Rec. p. 595 ; CE, 8 mars 1985, *Associations les Amis de la Terre*, RFDA, 1985, p. 363 avec les cls de M. STIRN ; CE, 1er avril 1994, *Commune de Menton*, Rec. p. 175 ou CE, 29 décembre 1997, *Commune d'Ostricourt*, Rec. p. 969. V. encore CAA Marseille, 26 juin 2003, *Compagnie générale de stationnement*, DA, décembre 2003, p. 21.

[332]Avis n°340.609, CE (section de l'intérieur), *Champ d'application et financement de la gestion déléguée*, 7 octobre 1986, GACE, 1997, p. 245.

[333]Par ex. en ce qui concerne l'enseignement (CE, 20 janvier 1978, *Syndicat de l'enseignement technique agricole*, AJDA, 1979, p. 37 avec les cls de M. DENOIX de SAINT MARC) ; en ce qui concerne les hôpitaux psychiatriques (CE, 17 mars 1989, *Syndicat des psychiatres français*, RFDA, 1991, cls M. STIRN), en ce qui concerne un service de médecine de prévention (CE, 12 novembre 1997, *Syndicat national professionnel des médecins du travail*, Rec. T. p. 900).

[334]V. HAURIOU (M.), *Précis de droit administratif et de droit public à l'usage des étudiants en licence (2e et 3e années) et en doctorat ès sciences politiques*, Paris, Sirey, 11ème éd., 1927, p. 239.

[335]CDC Gestion est une filiale de la Caisse des dépôts et consignations et de la CNP spécialisée dans l'activité de gestion pour compte de tiers. V. rapport annuel 1997 CDC Gestion, p. 2 sq.

[336]Rapport annuel 2001 CDC Ixis, p. 23.

[337]Rapport 1997 CDC Trésor, p. 1 et sqq.

[338]Décret n°73-934 du 25 septembre 1973 relatif *au fonds de prévoyance militaire*, JORF, 2 octobre 1973, p. 10638.

En outre, la CDC peut être amenée à assurer pour d'autres fonds la charge de leur secrétariat. C'est le cas du secrétariat du comité de suivi du fonds de gestion de l'allocation temporaire complémentaire des ingénieurs du contrôle de la navigation aérienne (ATC-ICNA)[339] ; du secrétariat du conseil de surveillance du fonds de cessation anticipée d'activité des travailleurs de l'amiante (FCAATA)[340] ; du secrétariat du comité du fonds spécial d'invalidité (FSI)[341] ou du secrétariat de la Commission consultative du service de l'allocation spéciale vieillesse (SASV)[342].

Par ailleurs, les articles L.518-1 al.3 et L.518-2 al.2 du Code monétaire et financier, confortés par une pratique plus flexible, emploient plus spécialement des expressions larges, dans lesquelles les mots *« gestion »* et *« gérer »* sont indifféremment utilisés pour désigner les missions de la Caisse des dépôts et consignations[343].

Reste alors à opérer, au vu de la pratique des services opérationnels, une distinction entre la gestion administrative et la gestion financière[344]. A ce sujet, l'article R.135-24 du Code de la sécurité sociale relatif au fonds de réserve des retraites, semble distinguer pour la première fois la *« gestion administrative »* de celle de *« gestion financière ».*

Pour permettre à la Caisse des dépôts et consignations d'assurer en toute indépendance la gestion administrative de ce fonds de réserve, l'article L.135-10 du Code de la sécurité sociale interdit d'ailleurs à l'Etablissement et à ses filiales de postuler à sa gestion financière[345].

C'est donc bel et bien une distinction qu'il convient de faire entre ces deux types de gestion, quand bien même la frontière entre les deux notions demeure toujours difficile à cerner. Pour ce faire, la doctrine administrative définissait de manière négative la gestion administrative en distinguant les actes d'autorité des actes de gestion[346] : lorsqu'il n'y a pas commandement (acte d'autorité), il y a gestion financière (acte de gestion). En ce sens, le langage de la comptabilité publique qualifie depuis longtemps l'exécution par les comptables publics leurs opérations financières d' « acte de gestion »[347]. Dans ces conditions, l'administration de la Fortune publique[348] peut être considérée comme constitutive de la gestion administrative[349].

« La gestion serait alors, en un sens large, « l'administration économique du pays » ; non plus celle qui emploie comme moyen la manutention de la fortune patrimoniale de l'Etat, mais celle qui a pour but le développement général de la fortune publique par le bon fonctionnement des services, par une bonne police, une bonne justice, une bonne instruction publique, une bonne diplomatie aussi bien que par de bonnes Finances. Mais bien que notre état social soit, de plus, fondé sur la richesse, bien que la chose publique nous apparaisse, de plus en plus comme une entreprise nationale, de commerce, d'industrie et de finance, je ne crois pas qu'en réalité le travail d'exécution des services publics produise uniquement un résultat

[339]Arrêté ministériel du 4 décembre 1998 fixant *les conditions d'application du décret du 4 décembre 1998 portant création du fonds de gestion de l'allocation temporaire complémentaire*, JORF, 6 décembre 1998, p. 18411.

[340]Décret n°99-247 du 29 mars 1999 relatif *à l'allocation de cessation anticipée d'activité prévue à l'article 41 de la loi de financement de sécurité sociale pour 1999*, JORF, 31 mars 1999, p. 4771.

[341]Art. L.815-3-1 et art. R.815-59 du Code de la sécurité sociale.

[342]Art. L.814-5 du Code de la sécurité sociale. Sur l'activité du SASV, v. plus spécialement, Rapport annuel 2001 SASV (sasv@caissedesdepots.fr).

[343]Par ex. les dispositions des art. L.135-6 et suiv. du Code de la sécurité sociale (à propos du Fonds de réserve des retraites).

[344]V. en annexe le tableau des principaux fonds confiés à la Caisse des dépôts et consignations.

[345]V. *supra.*

[346]V. not. LAFERRIERE (E.), *Traité de la juridiction administrative et des recours contentieux*, Paris, Berger-Levrault, 2ème éd., 1896, t. 1, p. 5.

[347]MAGNET (J.), *Eléments de comptabilité publique*, Paris, LGDJ, coll. Systèmes, 5ème éd., 2001, p. 107.

[348]La Foi publique n'étant pas éloignée de cette notion ; v. Introduction générale.

[349]MACAREL (L.-A.) et BOULATIGNIER (J.), *De la Fortune publique et de son administration*, Paris, Pourchet, t. 1, 1838, p. 4 et 5 ; t. 2, 1840, p. 505 ; LAFERRIERE (E.), *loc. cit.*

économique. Je crois qu'il contribue aussi, par la centralisation qu'il crée, à constituer et à maintenir l'unité politique du pays. Je me contente donc d'avoir indiqué un rapprochement possible pour mieux faire comprendre ma pensée, mais je n'insiste pas et je reviens simplement à cette proposition : il y a dans l'administration, tantôt un pouvoir qui s'affirme, tantôt un travail qui s'accomplit »[350].

Cette unité politique est encore, au nom d'une certaine cohésion économique et sociale de l'État[351], la justification et l'utilité de l'administration de fonds confiés à la CDC, l'Etablissement étant originairement placé sous le sceau de la Foi publique. Pour HAURIOU, il s'établit alors *« une mutuelle confiance, une bona fides »*[352].

Lors de la création du fonds de réserve des retraites, les débats reflétaient à cet égard la manifestation tant politique qu'administrative de ce résultat. L'article R.125-24 du Code de la sécurité sociale suggère ainsi légalement ce que doit être la gestion administrative du fonds de réserve des retraites, définition pouvant certainement s'entendre comme valable pour d'autres fonds.

Il doit s'agir du *« secrétariat des organes du fonds, la fourniture d'une assistance juridique, comptable et budgétaire ;* [de] *la préparation des appels d'offre en vue de la sélection des entreprises assurant la gestion de portefeuille pour le compte de tiers visées à l'art. L.135-10 ;* [de] *la gestion courante de la trésorerie du fonds qui ne peut être assurée par les entreprises mentionnées à l'alinéa précédent ;* [de] *la préparation des propositions du directoire au conseil de surveillance sur les orientations générales de la politique de placement du fonds ;* [du] *service de conservation prévu au 1° de l'art. L.312-2 du Code monétaire et financier ;* [du] *contrôle de l'exécution des mandats visés à l'art. L.135-10 »*[353].

Relèverait alors de la gestion financière tout ce qui ne concerne pas de la gestion administrative ainsi énumérée.

Dans ce cas, la gestion financière porterait sur la détermination du type de placements dont font l'objet les fonds disponibles, et sur les placements eux-mêmes. Elle comporte des décisions en matière d'investissements. Elle assure la vie des titres[354]. Ce serait un acte « pur » de gestion.

Pourtant, cette proposition ne fournit ni un critérium sensible qui nous permette de distinguer clairement dans les faits, les actes de gestion administrative des actes de gestion financière, ni une explication des effets juridiques des deux types de gestion. *« Dans quel cas les actes de l'administration doivent-ils être vus plutôt du côté du travail qui s'exécute que de la puissance qui s'affirme ? »* s'interrogeait déjà HAURIOU[355].

Ce dernier avance alors, par analogie sociologique, que le critérium de la gestion administrative (acte d'autorité) est la collaboration des administrés à l'action administrative, parce que ce concours est signe de l'accomplissement du travail d'exécution des services publics (acte de gestion)[356].

---

[350]HAURIOU (M.), *La gestion administrative. Etude théorique de Droit administratif,* Paris, Lacrose, 1899, p. 6.

[351]Au même titre à d'autres égards que la cohésion économique et sociale au niveau européen. V. LE ROY (M.), *La cohésion économique et sociale : un nouveau modèle de politique communautaire*, RMCUE, 1999, p. 383 ou GUILLERMIN (G.) et OBERDOFF (H.) (dir.), *La cohésion économique et sociale : une finalité de l'Union européenne*, Actes du colloque de Grenoble des 19, 20 et 21 octobre 1998, Paris, La Documentation française, travaux de la CEDECE, 2 vol., 2001 ; sans pour autant qu'il s'agisse d'un principe général du droit communautaire V. Aff. C-149/96, 23 novembre 1999, *Portugal c/ Conseil*, Europe, janvier 2000, p. 14, obs. F. BERROD.

[352]HAURIOU (M.), *op. cit.*, p. 12.

[353]L'art. R.135-24 al. 2 du Code de la sécurité sociale précise qu' *« une convention de l'exécution entre l'Etablissement et la Caisse des dépôts organise la gestion administrative du fonds. Elle précise notamment les différents moyens affectés par la caisse en vue de l'exercice de cette mission »*.

[354]LENORMAND (A.), *Un fonds orienté actions*, CDscope, n°221, juin 2003, p. 3.

[355]HAURIOU (M.), *op. cit.*, p. 6.

[356]*Idem*, p. 7.

Il conviendrait alors de distinguer la situation de gestion administrative légalement coordonnée par la Caisse des dépôts et consignations qui se crée par l'exécution d'un service public et qui produit des effets juridiques de droit public et l'acte de gestion financière qui est un acte séparé, constituant par lui-même un fait de gestion économique, limité dans le temps et la durée[357].

Ainsi, pour les fonds de retraite, d'invalidité et d'accident de travail, la gestion administrative désignerait l'ensemble des tâches assignées aux fonds, tels que l'instruction des dossiers, la liquidation et la mise en paiement des prestations, le prélèvement des cotisations, le calcul et le versement des charges sociales et fiscales afférentes aux prestations versées, la tenue de la situation des bénéficiaires du fonds et l'information auprès des bénéficiaires du fonds et des organismes sociaux et fiscaux.

Pour les autres fonds, la gestion administrative pourrait recouvrir notamment la gestion de prêts[358] ou le recouvrement de cotisations, de versements et de compensations[359].

Reposant sur des compétences plus précises, la gestion technique de fonds, englobée dans la gestion administrative, pourrait faire intervenir des démographes[360], des actuaires[361], des analystes financiers[362] ou des experts[363]. C'est sur le seul fondement de cette valeur ajoutée technique que repose la spécificité de cette gestion administrative.

De même, la gestion dite *« gestion comptable »* comprendrait la tenue de comptabilité des opérations du fonds et/ou l'élaboration des documents de synthèse (bilan, compte de résultats, annexes). Il s'agirait également d'une gestion administrative recouvrant exclusivement l'exécution de l'objet du fonds, c'est-à-dire la gestion opérationnelle liée au cœur de l'activité.

Enfin, la gestion des contentieux découlant de l'activité administrative de la Caisse des dépôts et consignations relèverait naturellement de la gestion strictement administrative du fonds (litiges relatifs au prélèvement de cotisations ou au recouvrement de prêts par exemple)[364].

Tout autre type de gestion relève de la gestion financière.

Dans sa globalité, cette distinction permettrait alors de penser que la généralité des termes employés par les textes ne s'oppose pas à ce que la Caisse des dépôts et consignations aménage les conditions d'exécution de la gestion dont elle est chargée. Elle ne pourrait cependant pas adopter de solutions mettant en cause les garanties au regard desquelles elle a été chargée de la gestion de fonds.

La responsabilité générale de la Caisse des dépôts et consignations est, à ce titre, maintenue. Dans cette perspective, certaines dispositions textuelles vont même jusqu'à préciser, non plus seulement les attributions de la Caisse des dépôts et consignations, mais celles de certains organes ou services qui agissent en son sein ou doivent lui rendre un avis la concernant. Il peut s'agir du Conseil d'Etat[365], du

---

[357]Le droit de la comptabilité publique distingue à ce sujet avec précision la gestion comptable de l'exercice budgétaire. Ainsi la gestion comptable doit être considérée comme l'exécution du service examiné du point de vue subjectif de la responsabilité de l'agent public tandis que l'exercice financier est l'exécution du service envisagé objectivement du point de vue de la réalisation du budget.

[358]Par ex., le Fonds de soutien pour le câblage et la mise en réseau des établissements scolaires ou le Fonds Fondation Lépine.

[359]Par ex., le Fonds du service universel des télécommunications.

[360]Par ex., les Fonds de retraite par répartition.

[361]Par ex., les Fonds de retraite provisionnés.

[362]Par ex., le Fonds capital risque.

[363]Par ex., le Fonds balkans.

[364]CE, 5 février 1997, *M. Pouit*, n°116335.

[365]Art. L.518-18 du Code monétaire et financier.

Caissier général de la Caisse des dépôts et consignations[366] ou d'un agent comptable[367].

Dans ces conditions, des éléments secondaires de la mission, impartie à la Caisse des dépôts et consignations par les pouvoirs publics, pourraient être confiés à une autre personne.

B) Les missions susceptibles d'être confiées par la CDC à une autre personne

De manière générale, le juge administratif a indiqué très clairement les missions susceptibles d'être confiées par une personne publique à une autre personne[368]. C'est ainsi par exemple que, suite à la demande du ministre de l'Equipement, relative notamment au recours éventuel du procédé de la concession pour la réalisation de nouvelles lignes de TGV, le Conseil d'Etat[369] a admis qu' *« un Etablissement public tel que la SNCF ne saurait transférer à une autre personne des éléments essentiels de la mission qui lui a été confiée, sans y avoir été préalablement autorisé par une loi et sans qu'aient été réglées par celle-ci les conséquences résultant de ce transfert sur les missions dont il conserve la charge »*[370].

En ce qui concerne la Caisse des dépôts et consignations, la distinction entre la gestion administrative et la gestion financière faite par les textes confiant à l'Etablissement la gestion de certains fonds prendrait alors tout son sens.

L'article L.135-10 du Code de la sécurité sociale précité distingue bien la gestion administrative du fonds de réserve des retraites confiée à la Caisse des dépôts et consignations elle-même, de sa gestion financière confiée par appel d'offres à des entreprises d'investissement.

Par suite, l'article R.135-24 du même Code fait référence plus précisément au Code monétaire et financier à propos de la conservation d'instruments financiers, qui fait écho, selon l'article L.211-1 du Code monétaire et financier aux termes d'*« actions et autres titres... ;* [de] *titres de créances... ;* [de] *parts ou actions d'organismes de placement collectifs,* [d'] *instruments financiers à terme ;* [voir] *tous autres instruments financiers équivalents... »*[371].

L'article L.311-2 du Code monétaire et financier place par ailleurs cette fonction de conservation parmi *« les services connexes aux services d'investissement ».*

On peut déduire, par ricochet, de l'article 6-2-1 du titre VI du règlement général du Conseil des marchés financiers que *« la tenue de compte-conservation consiste, au sens du présent règlement général, d'une part à inscrire les instruments financiers au nom de leur titulaire, c'est-à-dire à reconnaître au titulaire ses droits*

---

[366]Art. L.518-13 al. 1 du Code monétaire et financier combiné avec l'article L.131-3 du Code des juridictions financières relatif au contrôle de la Cour des comptes sur la Caisse des dépôts et consignations. V. *supra*, Partie 1, Titre 2.

[367]Art 1er (non codifié et toujours appliqué par la Cour des comptes) du décret n°84-186 du 13 mars 1984 relatif *à la conservation des valeurs confiées à la Caisse des dépôts et consignations* (JORF, 18 mars 1984, p. 870) : *« la conservation, dans un lieu situé hors de Paris ou des départements limitrophes, de tout ou partie des valeurs dont la Caisse des dépôts et consignations assure la garde, doit être confiée à un agent comptable ».*

[368]Par ex., CE Sect. TP, Avis, 10 janvier 1995, *Transports ferroviaires*, EDCE, 1995, p. 441 à propos de l'impossibilité pour la SNCF de confier à une autre personne *« la conduite et la responsabilité des études relatives à un projet de TGV »* ou CE, 29 décembre 1997, *Commune d'Ostricourt*, préc.

[369]Avis CE, AG (Sect. des TP), n°351619, 2 juillet 1992, *Construction de lignes nouvelles de TGV par la SNCF*, Rapport public CE 1992, EDCE, n°44, p. 406.

[370]La SNCF, ayant, selon l'al. 1er de l'art. 18 de la loi n°82-1153 du 30 décembre 1982 *d'orientation des transports intérieurs* (JORF, 31 décembre 1982, p. 4004), pour objet *« d'exploiter, d'aménager et de développer selon les principes du service public, le réseau ferré national, ne pourrait, sans modification législative, concéder la construction et l'exploitation de nouvelles lignes de TGV ».*

[371]Sur la notion d'instruments financiers, v. GOUTAY (P.) (en coll. avec A. DEBUSSY), *La notion d'instrument financier*, Droit et Patrimoine, n°82, mai 2000, p. 68.

sur lesdits instruments financiers, et d'autre part à conserver les avoirs correspondants, selon les modalités propres à chaque instrument financier ». Cette définition de la conservation est reprise par un arrêté du 12 septembre 2000[372] relatif aux divisions principales du compte de gestion et aux justificatifs des opérations du caissier général de la Caisse des dépôts et consignations et *« régissant l'activité de teneur de comptes-conservateur »* qu'exerce le caissier général.

Dans ces conditions, l'unité de la notion de conservation d'un texte à l'autre est confirmée, dès lors que l'article R.135-35 du Code de la sécurité sociale précité renvoie expressément, d'une part, à l'article L.311-2 du Code monétaire et financier, et, que, d'autre part, l'arrêté précité relatif à la Caisse des dépôts et consignations reprend la même définition. Il y a concordance de définition entre les deux textes.

M. GOUTAY et Melle DEBUSSY[373] ont alors établi les différents éléments d'identification de la conservation : il doit s'agir tout d'abord, selon eux, de la tenue des comptes des clients consistant à leur permettre de faire valoir leurs droits à l'égard de l'émetteur des titres. Il doit s'agir ensuite de la vérification de l'exacte adéquation entre les écritures portées aux comptes ouverts au nom des clients et les avoirs correspondants. Il doit s'agir enfin de services complémentaires, mais inhérents à l'activité de la conservation (perceptions des coupons de dividendes ou d'intérêts, réalisation d'opérations sur titres par exemple).

C'est dans ce cadre qu'il convient de déterminer si la Caisse des dépôts et consignations peut confier certaines de ses activités de conservation à une autre personne.

A cet égard, l'identification des différentes fonctions de la gestion administrative, en ce qui concerne le fonds de réserve des retraites, fait clairement apparaître que la conservation n'en est qu'un élément. Ce n'est donc pas la conservation dans son ensemble qui peut être confiée à une autre personne, mais seulement la conservation dans ses aspects techniques.

De plus, ce n'est pas pour que cette personne se substitue à la Caisse des dépôts que cette dernière lui a confié conventionnellement un rôle pour la réalisation de ses propres missions. Il s'agit, pour la Caisse, de lui permettre d'accomplir ses missions, dans les meilleures conditions de gestion, *« en bon père de famille »*. Cette personne fournit en effet à la Caisse des dépôts et consignations les moyens de cette activité ; elle ne la décharge pas de son activité. C'est la substitution d'une entreprise à l'administration de la mission que doit accomplir celle-ci qui est interdite, non l'attribution par l'administration à une entreprise de l'exécution de certaines prestations relatives à cette mission[374].

Encore faut-il observer néanmoins certaines conditions dans l'aménagement des attributions confiées par la Caisse des dépôts et consignations à une autre personne.

II- Des conditions tenant à l'aménagement des attributions

Il ressort très clairement de la jurisprudence du 27 mars 1995, *Chambre d'agriculture des Alpes maritimes*[375], que l'exercice même des attributions confiées à une autre personne que la Caisse des dépôts et consignations doit être encadré tant sur le plan de l'orientation et de la Direction que sur celui de l'impulsion et du contrôle. A ce égard, l'arrêt du Conseil d'Etat du 27 mars 1995 détermine cet encadrement à propos de la création par un département d'une association *« chargée de la mise en œuvre d'actions de développement agricole » : « Conformément à l'orientation fixée par le Conseil général [...], conduites sous sa Direction »*, la

---

[372]Arrêté du 12 septembre 2000 *relatif aux décisions principales du compte de gestion et aux justificatifs des opérations du caissier général de la Caisse des dépôts et consignations*, JORF, 28 novembre 2000, p. 18895, pris sur le fondement des articles R.131-15 à 17 du Code des juridictions financières et du décret du 13 mars 1984 préc.
[373]GOUTAY P. (en coll. avec A. DEBUSSY), *op. cit.*, p. 68.
[374] V. *supra*, Partie II, Titre 1.
[375]CE, 27 mars 1995, *Chambre d'agriculture des Alpes maritimes*, préc.

collectivité locale a *« en fait, transféré à l'association, [...] l'exercice de compétences en matière agricole qui lui appartenait en propre... »*.

Ces conditions paraissent cependant inhérentes au rôle que doit continuer à jouer *a minima* la Caisse des dépôts et consignations chargée de ses missions, *« légalement déléguées »*[376], même s'il lui est possible d'en confier certains aspects à autrui. On peut penser, à la lecture de l'arrêt, que s'il n'y avait pas eu de transfert global, les fonctions d'orientation et de Direction que conservait le Conseil général auraient paru suffisantes[377].

Par analogie dans le raisonnement, l'article 2 de la loi du 12 juillet 1985[378] dispose que le maître de l'ouvrage est le *« responsable principal de l'ouvrage »* qui *« remplit dans ce rôle une fonction d'intérêt général dont il ne peut se démettre »*. C'est à ce titre, qu' *« il lui appartient, après s'être assuré de la faisabilité et de l'opportunité de l'opération envisagée, d'en déterminer la localisation, d'en définir le programme, d'en arrêter l'enveloppe financière prévisionnelle, d'en assurer le financement, de choisir le processus selon lequel l'ouvrage sera réalisé et de conclure, avec les maîtres d'œuvre et entrepreneurs qu'il choisit, les contrats ayant pour objet les études et l'exécution des travaux »*. Cependant, il [...] *« peut confier à un mandataire l'exercice en son nom propre et pour son compte, de tout ou partie de [certaines] attributions, par une convention qui, selon l'article 5, doit comporter des stipulations relatives notamment à l'ouvrage qui fait l'objet de la convention, aux modalités du contrôle technique, financier et comptable exercé par le maître de l'ouvrage aux différentes phases de l'opération... »*[379].

Plus généralement, la convention de délégation de service public, et notamment la concession, *« n'équivaut pas à un abandon, à un délaissement »*[380] : cela explique que l'autorité concédante garde un pouvoir de contrôle lui assurant la maîtrise du service. Par voie de conséquence, l'organisation du service relève aussi de la compétence de la juridiction administrative alors même que se trouve mise en cause l'application du droit de la concurrence[381].

Ces exemples soulignent que dans tous les cas où une personne publique est chargée d'une mission définie, elle doit en conserver sous sa responsabilité propre certains aspects. Elle peut néanmoins en confier la mise en œuvre à une autre personne, selon des modalités particulières. La Caisse des dépôts et consignations ne peut échapper à ce principe.

§2. Les modalités de l'attribution par la Caisse des dépôts et consignations de certaines missions à une autre personne.

Dès lors qu'il est admis que la Caisse des dépôts et consignations peut confier certaines missions à une autre personne, la question se pose de savoir si cette personne doit elle-même appartenir au secteur public (I) et si elle doit être désignée après une procédure de mise en concurrence (II).

I- La question de l'appartenance du cocontractant au secteur public

S'il ne fait aucun doute que la Caisse des dépôts et consignations fait partie du secteur public[382], il est en revanche plus délicat de se demander si son

---

[376]Art. L.518-2 al. 1 du Code monétaire et financier.

[377]Dans l'affaire de la chambre d'agriculture des Alpes maritimes, les conditions étaient insuffisantes.

[378]Loi n°85-704 du 12 juillet 1985 relative à l*a maîtrise d'ouvrage public et à ses rapports avec la maîtrise d'œuvre privée*, dans Code administratif, Dalloz, 2003, p. 2388.

[379]Art. 3 de la loi *préc.*

[380]Cls BLUM, sur CE, 11 mars 1910, *Compagnie française des tramways*, Sirey, 1911, 3ème partie, p. 1 avec une note d'HAURIOU.

[381]TC, 6 juin 1989, *Préfet de la région Ile-de-France* (dite plus couramment, *Ville de Pamiers*), Rec. p. 293.

[382]V. *supra*, notamment Introduction générale.

cocontractant doit obligatoirement appartenir à ce secteur. En effet, appartient traditionnellement au secteur public une entreprise dès lors que la majorité de son capital est détenue par une ou plusieurs personnes publiques, directement ou indirectement, ensemble ou séparément[383].

CDC-Ixis faisait initialement partie du secteur public, dès lors que la filiale de la Caisse des dépôts et consignations était détenue à l'origine en totalité par l'Etablissement. Il en était de même pour la compagnie financière EULIA, dans laquelle la Caisse des dépôts et consignations détenait 50,1% du capital, et qui disposait elle-même de 53% du capital de CDC-Ixis. Pour autant la *« refondation du partenariat de la Caisse des dépôts et consignations et des Caisses d'épargne »*[384] conduit à se demander si l'appartenance du cocontractant de la Caisse des dépôts et consignations au secteur public n'est pas une condition stricte et obligée de toute convention.

On pourrait alors affirmer très nettement que seules les personnes appartenant au secteur public pourraient se voir confier des missions, notamment de gestion, de la Caisse des dépôts et consignations.

Certaines activités ne peuvent être en ce sens dévolues qu'à des personnes publiques ou du secteur public[385].

Il ne faut pas néanmoins confondre transfert d'actifs et transfert d'activités. Alors que le transfert d'actifs porte sur la propriété de biens, le transfert d'activités ne concerne que certaines fonctions.

Dans ces conditions, il conviendra de déterminer si le seul transfert d'activités peut être confié par la personne qui en est titulaire. C'est ainsi qu'une collectivité publique est en principe libre d'exploiter un service public elle-même, en régie, de le concéder ou de l'affermer à une entreprise. Si elle le délègue, la qualité publique ou privée de l'entreprise délégataire n'a aucune incidence sur la liberté de la collectivité publique en question[386]. Par analogie, une commune peut retenir aussi bien pour son service de l'eau une société d'économie mixte locale qu'une entreprise privée.

Plus généralement, on peut alors penser qu'une personne publique n'est pas tenue de confier à une autre personne du secteur public des activités qui ne sont pas obligatoirement, au surplus, des services publics.

Le droit des sociétés, par le jeu des contrôles, permet, en outre, d'assurer la bonne exécution des missions ainsi confiées.

Cette manière de voir permet d'apprécier la réalité juridique et la valeur factuelle de la liberté contractuelle des personnes publiques dans notre droit positif[387].

Il importe peu, en effet, de savoir si le cocontractant appartient indifféremment au secteur public ou non, au Groupe de la Caisse des dépôts ou non, si l'on considère en principe, au regard de la théorie des contrats administratifs, la convention comme un contrat de droit privé, dès lors qu'il ne s'agit pas d'une délégation de service public et que le contrat ne contient pas de clauses exorbitantes du droit commun.

En cas de changements hypothétiques dans la composition du capital du cocontractant, le service juridique de la Caisse des dépôts et consignations veillera simplement, par analogie de la jurisprudence relative aux délégations de service

[383]CE, 22 décembre 1982, *Comité central d'entreprise de la société française d'équipement pour la navigation aérienne*, Rec. p. 435 ; et plus précisément concernant le périmètre de la Caisse des dépôts et consignations, v. CE, 30 juin 1995, *Union des syndicats CGT de la caisse des dépôts et consignations*, cls J.-C. BONICHOT, CJEG, Janvier 1996, p. 23 et *« La privatisation du Crédit local de France»*, LPA, 14 février 1996, p. 8.

[384]V. *supra.*

[385]Par ex., CE, 28 mars 1990, *Commune de la Réole*, CJEG, 1990, p. 261.

[386]L'octroi de la délégation est néanmoins encadré par une obligation notamment de mise en concurrence.

[387]BRECHON-MOULENE (C.), *Liberté contractuelle des personnes publiques*, AJDA, 1998, p. 643. V. plus généralement le colloque sur la liberté contractuelle des personnes publiques organisé les 4 et 5 juin 1998 par l'AJDA, le Centre d'études et de recherches de droit public économique (Université de Paris I Panthéon-Sorbonne) et l'Association pour le droit public de l'entreprise. Les actes de ce colloque ont été publiés à l'AJDA en septembre et octobre 1998.

public[388], à ce que les conditions contractuelles, notamment de garanties techniques et financières, puissent toujours être remplies par le dit cocontractant. Si tel n'est pas le cas, la Caisse des dépôts et consignations pourrait résilier la convention en cause[389].

La question mérite cependant d'être posée au regard des règles de marchés publics, leur application pouvant éventuellement requalifier la convention en contrat de droit public.

II- La question de la mise en concurrence de l'attribution du contrat

La question de la mise en concurrence de l'attribution du contrat ne se pose que si celui-ci relève d'une qualification pour laquelle la mise en concurrence est imposée par les textes. Bien que le régime de mise en concurrence ne soit pas le même dans les deux cas, deux sortes de qualifications commandent cette solution : celle de la délégation de service public (A) et celle de marché de service (B).

A) La qualification de convention de délégation de service public

La théorie des services publics reconnaît traditionnellement le service public dans une activité d'intérêt général prise en charge par une personne publique selon un régime particulier. En ce sens, Madame le commissaire du Gouvernement DAUSSUN retenait dernièrement dans ses conclusions sous la jurisprudence du Conseil d'Etat *Rollin*[390] les trois critères traditionnels de reconnaissance d'un service public : *« mission d'intérêt général, prérogatives de puissance publique, contrôle public »*. La solution de la qualification de délégation de service public sera alors commandée par la qualification même de service public des activités en cause.

On ne pourrait douter de la qualification de service public pour ce qui est de la gestion administrative d'un fonds[391].

Par ailleurs, le gouvernement a souligné très clairement, dans ses observations en réponse dirigée devant le Conseil constitutionnel contre les dispositions confiant à la Caisse des dépôts et consignations la gestion administrative du Fonds de réserve des retraites *« que le fait de la confier à cet Etablissement public relève des modalités d'organisation du service public »*[392].

Le législateur est moins affirmatif puisque l'article L.518-1 du Code monétaire et financier précise plus prosaïquement que le Groupe de la Caisse des dépôts et consignations *« remplit des missions d'intérêt général »*. Celles-ci couvrent les missions énumérées à l'alinéa 3 : *« la gestion des dépôts réglementés et des consignations, la protection de l'épargne populaire, le financement du logement social et la gestion d'organisme de retraite »*, dont les fonds sont directement en cause dans la mission que la Caisse des dépôts et consignations confie à une autre personne.

Pour autant, la loi manifeste sans doute volontairement une réserve quant à une éventuelle qualification de mission de service public. C'est ainsi que si les deux autres critères du service public sont réunis, la qualification de service public n'est pas à exclure.

---

[388]V. not. CE, 16 octobre 2000, *Cie méditerranéenne d'exploitation des services d'eau*, RFDA, 2001, p. 106, cls C. BERGEAL et avis du 8 novembre 2000, *Société Jean-Louis Bernard Consultants*, RFDA, 2001, p. 112, cls C. BERGEAL.

[389]CE, 31 juillet 1996, *Société des téléphériques du Mont Blanc*, Rec. p. 334.

[390]CE, 27 octobre 1999, *Rollin*, RDP, 1999, p. 1855, cls M. DAUSSUN ; JCP, 26 juillet 2000, p. 1496, note V. CORNELOUP.

[391]HAURIOU (M.), o*p. cit.*, p. III.

[392]2001-450 DC, *Loi portant diverses dispositions d'ordre social, éducatif et culturel* du 1er juillet 2001, JORF, 18 juillet 2001, p. 11506.

La présence d'une personne publique l'est évidemment dès lors que la Caisse des dépôts et consignations est un Etablissement public, au moins au sens générique[393].

La question paraît en revanche plus délicate quant au critère de prérogative de puissance publique. En effet, bien que le codificateur ait confirmé la particularité de la Caisse des dépôts et consignations, le terme *« spécial »* ne s'applique dans ses formules qu'au statut de la Caisse, à son organisation, pas à son activité et aux conditions dans lesquelles elle l'exerce[394].

Du fait que la Caisse des dépôts et consignations ait un statut spécial, on ne peut alors en déduire que l'activité dont elle est chargée est soumise à un régime spécial, révélant un service public. La jurisprudence administrative a certes toujours admis sa compétence pour les litiges portant sur la gestion réglementaire de dépôts confiés à la Caisse des dépôts et consignations[395] et a considéré cette dernière comme une administration publique[396] et plus récemment comme un Etablissement public administratif[397]. Il en a été de même dans l'arrêt du 20 mai 1952, *Groupement des retraites de la Caisse de crédit municipal de Paris*[398], à propos d'une décision réglementaire du Directeur général prise en matière de retraites des agents des collectivités locales. Dans un arrêt du 10 octobre 1969[399], le Conseil d'Etat considère encore *« que les décisions par lesquelles le Directeur général de la Caisse des dépôts et consignations, à qui le décret susmentionné a confié la gestion du fonds de prévoyance militaire, accorde ou refuse une allocation sont des décisions administratives et que les litiges que lesdites décisions peuvent soulever ressortissent de la compétence de la juridiction administrative ».*

Il convient donc d'estimer sans doute que la reconnaissance de la compétence administrative, notamment pour ce qui est de la gestion confiée à la Caisse des dépôts et consignations, implique celle d'un service public.

Il n'y a pas pour autant de solution générale et uniforme, comme l'a montré en son temps et à d'autres égards le Tribunal des conflits, à propos des services publics sociaux[400]. De même qu'il existe des services publics administratifs et des services publics industriels ou commerciaux, existerait-il des services publics sociaux. Caractérisés par le *« but d'intérêt social »* que vise la collectivité publique, ces services publics sont normalement soumis au juge judiciaire dans la mesure où leur organisation et leur fonctionnement ne se distinguent pas juridiquement des organismes similaires relevant d'institutions privées. Ce n'est que par exception que le droit public pourrait retrouver son empire. Or, cette tentative ne présente aucun intérêt pratique et juridique[401] : le service public social est en principe un service public administratif, sauf s'il ne fait naître avec ses adhérents ou ses usagers que des rapports de droit privé.

Comme l'a souligné le Président BRAIBANT dans ses conclusions sous l'arrêt *Dame Veuve Insern*, à propos d'un fonds géré par la Caisse des dépôts et consignations, il faut *« rechercher cas par cas, pour les quelques cent fonds et*

---

[393]V. Introduction générale.

[394]V. Introduction générale.

[395]Par ex. CE, 26 février 1947, *Sieur Lescalié*, préc. ; CE, 18 avril 1947, *Société de secours mutuels en cas de décès des fonctionnaires et employés de l'Institut d'assurances sociales d'Alsace et de Lorraine*, Rec. p. 150.

[396]CE, 29 juin 1906, *Sieur Lurton*, préc. ; cet arrêt est néanmoins ancien et s'attache essentiellement à la personnalité juridique de la Caisse des dépôts et consignations.

[397]Cls J.-C. BONICHOT sur CE, 19 mars 1993, *Caisse des dépôts et consignations caisse nationale et prévoyance, préc.*

[398]CE, 20 mai 1952, *Groupement des retraites de la Caisse de crédit municipal de Paris*, Rec. p. 272.

[399]CE, 10 octobre 1969, *Dame Veuve Insern*, cls G. BRAIBANT, Rec. p. 430.

[400]TC, 22 janvier 1955, *Naliato*, Rec. p. 694 ; TC, 2 avril 1973, *Préfet de Paris*, Rec. p. 646 et TC, 4 juillet 1983, *Gambini*, Rec. p. 540.

[401]DE LAUBADERE (A.), *Notion et régime juridique des services publics sociaux en droit public français*, Droit social, 1959, p. 494.

caisses dont la gestion lui a été confiée [à la Caisse des dépôts et consignations], *s'ils relèvent du droit public ou du droit privé* ».

Les solutions précitées qui ont été rendues à propos de fonds relevant du droit public concernaient essentiellement les prestations qu'ils devaient verser à des ayants droit. Elles ont donc un objet limité.

La question de la gestion générale de ces fonds est différente. Elle peut concerner, non plus les allocations qu'ils doivent verser aux personnes au bénéfice desquelles ils sont constitués, mais les conditions dans lesquelles ils sont exploités. C'est leur fonctionnement interne qui est alors seulement en cause, pas leur activité au bénéfice des usagers.

Il faut procéder à une double distinction.

La première porte sur les fonds eux-mêmes. Certains d'entre eux peuvent avoir été institués par les textes en véritables services publics, en raison notamment du régime particulier qui leur est applicable.

Le libéralisme économique et le mode d'organisation sociale promu expliquent le recours à la délégation de service public aux organismes soit de droit privé[402] soit de droit public[403] ou encore à la croisée des systèmes juridiques[404].

Ce phénomène d'externalisation de services publics[405] est admis très tôt par la Direction générale de la Caisse des dépôts et consignations qui se voit confier, par volontés politiques[406] ou par accommodements juridiques[407], la gestion de fonds érigés en services publics. La Branche Retraites est ainsi présentée comme un gestionnaire institutionnel[408] au service de caisses de retraites[409], de fonds de prévoyance[410], d'allocations vieillesse et d'invalidité[411]. Elle agit dans le cadre de mandats et de règles précises[412]. La gestion effectuée pour ses mandants est clairement séparée des activités pour compte propre de la Caisse des dépôts[413].

---

[402]Des sociétés mutualistes (art. L.216-1 du Code de sécurité sociale par ex.) ; des syndicats professionnels (art. L.343 et suiv. du Code rural), des associations relevant de la loi du 1er juillet 1901 (art. 16 de la loi n°84-610 du 16 juillet 1984 relative *à l'organisation et à la promotion des activités physiques et sportives*, JORF, 17 juillet 1984, p. 2288) ; des sociétés anonymes (art. 15 de la loi n°60-808 *d'orientation agricole* du 5 août 1960, JORF, 7 août 1960, p. 7360).

[403]Par ex., la SNCF (art. 18 de la loi n°82-1153 du 30 décembre 1982 *d'orientation des transports intérieurs*, préc.).

[404]Par ex, ROQUES (F.), *La fondation d'utilité publique au croisement du droit public et du droit privé*, RDP 1990, p. 1755.

[405]LIGNIERE (P.) et BABIN (L.), *L'externalisation : au cœur des préoccupations de l'Etat*, DA, mai 2002, p. 37 et DREYFUS (J.-D.), *L'externalisation, éléments de droit public*, AJDA, 2002, p. 1214.

[406]C'est clairement le cas pour le fonds de réserve des retraites. V. Commission des affaires sociales, Sénat, 23 mai 2001 : « *La Commission des affaires sociales souhaite que le statut du fonds de réserve des retraites lui garantisse indépendance et transparence* », www.senat.fr

[407]Par ex., les motivations de création de la SCIC ou de la SCET. V. le témoignage oral précité de L. P. LEROY, ingénieur général des Ponts et Chaussées, entré à la Caisse des dépôts et consignations dans les années cinquante, dans THIVEAUD (J.-M.) et SENS-CAZENAVE (A.) (réal.), *Naissances Témoignages*, Série témoignages, février 1988, Service de l'information et de la communication internes, CDC, VHS SECAM, 32 min. V. également BLOCH-LAINE (F.) (Entretien avec F. CARRIERE), *loc. cit.* et ARCY (d') (F.), *Structure administrative et Urbanisation : la SCET*, Paris, Berger-Levrault, 1968. V. aussi *infra*.

[408]*Rapport annuel 2000*, Branche Retraites, Caisse des dépôts et consignations, p. 1.

[409]Par ex., agence nationale pour l'emploi - adhésions retraite (ANPE-AR) ; caisse nationale des retraites des agents des collectivités locales (CNRACL) ; caisse des pensions de retraite de l'imprimerie nationale (Imprimerie nat) ; caisse de retraite du personnel sédentaire des sociétés du Groupe de la compagnie générale maritime et financière relevant précédemment du personnel de la compagnie générale transatlantique et de la compagnie des messageries maritimes (CRCGMF).

[410]Par ex., Fonds de prévoyance militaire (FPM) et Fonds de prévoyance de l'aéronautique (FPA).

[411]Par ex., Fonds commun des accidents du travail agricole (FCATA) ou Fonds commun des accidents de travail (FCAT).

[412]V. *infra*, Partie II, Titre 2.

[413]V. *supra*.

Tel semble être encore le cas des fonds que les pouvoirs publics ont érigé en Etablissements publics[414], véritables *« services publics personnalisés »*[415], dont la Caisse des dépôts a le monopole légal de gestion et sur lesquels elle exerce de véritables prérogatives de puissance publique. En effet, cette dernière gère une multitude d'Etablissements publics de différentes tailles, de masses financières importantes, de personnels variables et de frais de gestion plus ou moins importants. Ces Etablissements publics interviennent dans des domaines multiples avec des objets particuliers et laisseraient entendre par voie de conséquence que la Caisse des dépôts et consignations ne puisse être elle-même qualifiée d'Etablissement public : aucun Etablissement public ne peut gérer un autre Etablissement public, en raison notamment des principes de spécialité et d'autonomie de gestion qui découlent de la définition même de cette notion[416].

Pour autant, sur un plan plus pratique, il convient de constater une diversité de situations des Etablissements gérés dans l'unité des compétences de la Caisse des dépôts et consignations. Les attributions de la Caisse des dépôts et consignations doivent s'ordonner en fonction du statut des Etablissements publics gérés et les fonctions des deux entités doivent être de ce fait plus précisément délimitées.

Le texte constitutif de ces Etablissements publics renvoie le plus souvent à une convention qui détermine les conditions de gestion administrative et financière de ceux-ci[417]. Or, cette gestion doit se concilier avec l'autonomie de l'Etablissement public incarnée par son conseil d'administration qui décide de l'affectation des ressources et définit les prestations ou les services qu'il doit offrir[418].

Au-delà, ces Etablissements publics font l'objet des contrôles traditionnels des pouvoirs publics (Etat, Cour des comptes, ministre des Finances), sous la surveillance théorique de la Commission de surveillance[419].

On peut alors s'interroger sur la teneur de la responsabilité de la Caisse des dépôts et consignations. Certains ont vu dans ce phénomène d'externalisation une fonction d'apériteur[420], dans laquelle la Caisse des dépôts et consignations aurait une autorité tutélaire sur la gestion de l'Etablissement public.

Notion empruntée au droit des assurances pour les gros risques maritimes, aériens, immobiliers et industriels[421], les Etablissements publics gérés agiraient comme mandataires de la Caisse des dépôts et consignations pour se charger des relations avec les clients[422]. Tels seraient les cas des caisses de retraites des agents publics gérées par la Caisse des dépôts et consignations et chargées des relations avec l'assuré (collecte des cotisations, tenue des comptes des affiliés et des employeurs, paiement des prestations retraites, ...)[423]. Ainsi, dès lors qu'un litige juridictionnel survient, le Directeur général de la Caisse des dépôts et consignations en prend l'ensemble de la responsabilité en assurant la défense contentieuse du

---

[414]Par exemple, le Fonds de réserve des retraites ou la CNRACL érigés en établissements publics administratifs.

[415]HAURIOU (M.), *Précis de droit administratif et de droit public à l'usage des étudiants en licence (2e et 3e années) et en doctorat ès sciences politiques*, Paris, Sirey, 11ème éd., 1927, p. 236.

[416]Il semble cependant que ce soit bien le cas par la volonté de l'activité législative qui avait confié des établissements publics – et même un établissement public industriel et commercial (la CNP) – à un établissement spécial. V. cls J.-C. BONICHOT sur CE, 19 mars 1993, *Caisse des dépôts et consignations – caisse nationale de prévoyance*, LPA, 18 juin 1993, p. 16.

[417]Par ex., art. R.135-24 al. 2 du Code de la sécurité sociale pour ce qui concerne le Fonds de réserve des retraites.

[418]V. par ex. *rapport annuel 2000*, Branche Retraites, Caisse des dépôts et consignations, p. 1.

[419]V. *supra*, Partie II, Titre 2.

[420]LANDEL (J.) et CHARRE-SERVEAU (M.), *Lexique des termes d'assurances*, Paris, L'argus éd., 2000, p. 36.

[421]LAMBERT-FAIVRE (Y.), *Droit des assurances*, Paris, Dalloz, 1998, p. 39.

[422]Par analogie, v. C.Cass., 30 septembre 2003, *Syndicat mixte pour la production de chaleur à Bondy (SMPDC)*, AJDA, 2003, p. 2205, note J.-D. DREYFUS : *« l'élément exorbitant », critère de qualification des contrats entre personnes publiques*.

[423]*Rapport annuel 2000*, Branche Retraites, Caisse des dépôts et consignations, p. 6.

dossier en cause[424]. Cette « coassurance » constitue un moyen primaire d'opérer une répartition des risques entre la Caisse des dépôts et consignations et le service géré[425].

Pour autant, la portée juridique de cette notion semble limitée à la seule sphère des assurances, et ce d'autant plus que la notion de service public est-elle aussi contestable et parfois contestée[426].

Dans ces conditions, cette fonction d'apériteur, aussi originale soit-elle, semble trop contenue pour justifier une délimitation des fonctions financière et administrative de gestion de fonds entre la Caisse des dépôts et consignations et le service en cause. D'ailleurs, d'autres fonds ne correspondent pas véritablement à un *« service public personnalisé »* tant sur un plan conceptuel que sur le plan méthodologique des faisceaux d'indices jurisprudentiels[427].

La seconde distinction, même si un fonds constitue un service public, porte sur sa gestion. Confier à une autre personne la réalisation des prestations destinées aux bénéficiaires constitue, si le fonds est lui-même un service public, une délégation de service public. Confier à une autre personne la seule gestion administrative consiste à la charger d'exécuter une activité qui est seulement un moyen d'exercer la mission du fonds et non une délégation de service public. De la même manière qu'une collectivité publique peut, pour assurer sa mission de service public d'entretien des routes, confier à une entreprise certains travaux, sans que pour autant elle lui délègue le service public de l'entretien des routes, la Caisse des dépôts et consignations doit pouvoir confier à une autre personne certains aspects de la gestion administrative de ses fonds sans pour autant lui déléguer ses propres missions de service public. Dès lors, la convention par laquelle la Caisse des dépôts et consignations confie cette gestion administrative à une autre personne n'apparaît pas comme une délégation de service public, dont la conclusion serait soumise aux règles de publicité et d'appel à candidatures imposées par la loi du 29 janvier 1993.

Elle pourrait néanmoins être qualifiée de marché public, dès lors que seule la Caisse des dépôts et consignations a la disposition de l'objet d'un tel contrat[428].

B) La qualification de marché public de service

S'il paraît difficile d'écarter la Caisse des dépôts et consignations de l'application du Code des marchés publics tant sur le fond que sur la forme[429], une analyse des textes européens permet de considérer sérieusement l'Etablissement de la rue de Lille comme un pouvoir adjudicateur.

Bien que ne figurant pas initialement dans la liste annexée à la directive 93/37 du 14 juin 1993[430], cet organisme n'échappe pas pour autant à la qualification de pouvoir adjudicateur, dès lors qu'il remplit les critères de la définition de l'article 1er b de la présente directive :

Par *« organisme de droit public », on entend tout organisme :*
- créé pour satisfaire spécifiquement des besoins d'intérêt général ayant un caractère autre qu'industriel et commercial
et

---

[424]V. *supra*, Partie I, Titre 1.

[425]V. à ce sujet, la motivation de la création du Fonds de réserve des retraites, avec impossibilité pour les filiales de la Caisse des dépôts et consignations de se porter candidates à la gestion financière.

[426]V. par ex. le numéro spécial de l'AJDA, *Le service public : unité et diversité*, 20 juin 1997.

[427] V. *supra.*

[428]Cls BLUM préc., sur CE, 11 mars 1910, *Compagnie française des tramways.*

[429]Art. 1er du Code des marchés publics. V. aussi *supra*, Partie I, Titre 1.

[430]Reprenant celle de la directive 71/305/CEE du Conseil du 26 juillet 1971, portant *coordination des procédures de passation des marchés publics de travaux* (JOCE, n°L185, 16 août 1971, p. 5) à laquelle renvoie l'art. 1er b) dernier alinéa de la directive 1992/50/CEE du Conseil du 18 juin 1992 *portant coordination des procédures de passation des marchés publics de services*, JOCE, n°L-299, 24 juillet 1992, p. 1.

- ayant la personnalité juridique
et
- dont, soit l'activité est financée majoritairement par l'Etat, les collectivités territoriales ou d'autres organismes de droit public, soit dont la gestion est soumise à un contrôle par ces derniers, soit l'organe d'administration, de Direction ou de surveillance est composé de membres dont plus de la moitié est désignée par l'Etat, les collectivités territoriales ou d'autres organismes de droit public ».

La liste annexée aux directives européennes n'est pas exhaustive[431]. Ainsi, la Caisse des dépôts et consignations a été inscrite par la suite dans la liste annexée à la directive 97/52/CE du Parlement européen et du Conseil du 13 octobre 1997 modifiant les directives 92/50, 93/36 et 93/37, sous la rubrique *« Etablissements publics nationaux à caractère administratif ».* Elle constitue bel et bien dans ces conditions un pouvoir adjudicateur au sens de la directive 92/50 précitée.

Cependant, le fait d'appartenir au Groupe public CDC, à la tête duquel l'Etablissement de la rue de Lille est qualifié de pouvoir adjudicateur, n'emporte pas automatiquement cette qualité pour toutes les filiales, ainsi que le précise la Cour de justice des Communautés dans une affaire C-44/96 du 15 janvier 1998, *Mannesmann Anlagenbau Austria AG e.a.*[432].

D'après la définition précitée de l'expression *« organisme de droit public »*, les sociétés du Groupe ayant un objet industriel ou commercial ne sont pas soumises aux directives *« marchés publics »*.

Les autres entités, en particulier les SA d'HLM du Groupe SCIC, sont susceptibles d'être considérées pour l'application des directives *« marchés publics »* comme des organismes de droit public. Elles sont donc des entités adjudicatrices au regard de leur mission d'intérêt général[433]. Si la méthode de qualification procède d'une analyse au cas par cas, la tendance observée consiste à étendre la qualité de pouvoir adjudicateur à ces sociétés lorsqu'elles ont un objet revêtant un caractère autre qu'industriel et commercial. En ce qui concerne ces trois directives, on peut donc retenir que la liste des pouvoirs adjudicateurs incluse dans la directive *« Fournitures »* sur laquelle figure la Caisse des dépôts et consignations n'est pas exhaustive et que C3D correspondrait à la définition même d'organisme de droit public. De même, il est par exemple probable qu'au sein du Groupe Transdev, certaines entreprises soient soumises à la directive *« secteurs spéciaux »* au titre de leurs activités dans les domaines du transport, s'il est établi qu'elles bénéficient de droits spéciaux. Pour autant, la holding Transdev n'étant pas directement active dans un domaine couvert par la directive 93/98, celle-ci n'est pas soumise, comme le sont certaines de ses filiales, aux règles de passation de marchés publics selon les dispositions de cette directive. Il convient de procéder à une étude au cas par cas.

Cela étant, pour ce qui est plus précisément de l'Etablissement CDC, il peut être soutenu que la notion française d'Etablissement public administratif et la conception communautaire de pouvoir adjudicateur ne soustraient pas automatiquement l'organisme en question de l'exercice d'activités industrielles et commerciales[434]. Par conséquent, les marchés que la Caisse des dépôts et consignations passe pour l'exécution de ses activités échapperaient certainement au champ d'application du droit des marchés publics. La Cour de Justice des

---

[431]Par ex., Aff. C-380/98, 3 octobre 2000, *The University of Cambridge*, Europe, décembre 2000, p. 16 : obs. Y. GAUTIER, Aff. C-223/99 et C-260/99, 10 mai 2001, *Agora Srl.*, Europe, p. 17 : note Y GAUTIER ou Aff. C-470/00 CJCE, 12 décembre 2002, *Universale-Bau*, note T. GLIOZZO, AJDA, 2003, p. 623. V. également CHEROT (J.-Y.), *Les organismes de droit public dans les directives « marchés publics »*, BJCP, mai 1999, p. 332.
[432]Rec. 1998, I, p. 73.
[433]V. en ce sens Aff. C-237/99, 1er février 2001, *Commission CE c/ République française*, DA, mars 2001, p. 14 et DA, avril 2001, p. 18, note M.-Y. BENJAMIN et lettre-circulaire du 9 mars 2001 (logement) : *marchés et contrats des organismes d'habitations à loyer modéré*, Le Moniteur, 27 avril 2001.
[434]V. la théorie française des *« Etablissements publics à double visage »*.

Communautés a clairement rejeté ce raisonnement[435]. Dès lors qu'un organisme constitue un pouvoir adjudicateur notamment en ce qu'il a été créé pour satisfaire spécifiquement des besoins d'intérêt général ayant un caractère autre qu'industriel et commercial, il est soumis aux règles de passation des marchés publics pour la totalité de son activité, y compris celle qui a un caractère industriel et commercial et qui vient en concurrence avec celle d'entreprises privées. Il est, dans ces conditions, inutile d'essayer d'établir une distinction entre les activités de la Caisse des dépôts et consignations pour faire échapper au droit des marchés publics les marchés se rapportant à ses activités industrielles et commerciales. Il suffit que la Caisse des dépôts et consignations constitue un Etablissement public administratif et/ou un pouvoir adjudicateur pour que tous ses marchés soient englobés dans la définition et le régime des marchés publics.

Les deux autres aspects de qualification de marché public de service ne paraissent pas présenter par ailleurs de difficultés, tant au regard du droit interne que du droit communautaire des marchés publics. Le contrat est, d'une part, conclu à titre onéreux, dès lors que le prestataire est rémunéré de ses prestations. Il reste à savoir s'il le sera par un prix directement payé par la Caisse des dépôts et consignations ou s'il le sera par une Commission prélevée sur les opérations qu'il réalisera. Dans les deux cas, il a une rémunération qui n'est pas tirée de redevances perçues sur des usagers. Le contrat porte, d'autre part, typiquement sur des services, dès lors qu'il ne s'agit ni de travaux, ni de fournitures, mais d'activités (la conservation et la tenue de compte-conservation, notamment). Par voie de conséquence, le contrat par lequel la Caisse des dépôts et consignations confie à une autre personne la gestion administrative de fonds dont elle a la responsabilité, paraît répondre aux définitions internes et communautaires de marché public.

Reste à savoir si les services en cause n'échappent pas au champ d'application des dispositions imposant l'appel à la concurrence. En effet, l'attribution d'un tel marché est normalement soumise aux règles de mise en concurrence imposées tant en droit interne qu'en droit communautaire.

Pour qu'il en soit autrement, il faut que ce contrat relève des exceptions que ces mêmes droits admettent. Elles jouent en fonction de la nature du contrat, de celle du cocontractant ou de l'objet du contrat.

La Direction générale de la Caisse des dépôts et consignations a estimé que l'Etablissement échapperait au Code des marchés publics par le biais de l'exception du contrat de mandat. En effet, l'article 3-7 de l'ancien Code des marchés publics soustrayait au champ d'application de celui-ci les contrats de mandat[436]. A ce sujet, l'instruction du 28 août 2001 (désormais abrogée) pour *l'application du code des marchés publics*[437] précisait que *« les spécificités du principe de représentation et le rôle particulier du mandataire qui donne au mandat un caractère intuitu personae ont conduit à l'exclusion du contrat de mandat. Le mandataire « devient » la personne publique et dispose, à ce titre, de ses prérogatives de puissance publique. Ce caractère intuitu personae du mandat et les spécificités du principe de représentation ne permettent pas d'assimiler purement et simplement un tel contrat à un simple achat de prestations de services à titre onéreux »*. Le Code des marchés publics (version 2001) revenait ainsi sur la position jurisprudentielle antérieure du Conseil d'Etat dans l'affaire *Mme Toubol-Fisher et M. Bismuth*[438], selon laquelle le

---

[435]Aff. C-44/96, 15 janvier 1998, *Mannesmann Anlagenbau Austria AG e.a.*, Rec. 1998, I, p. 73 (dans le cadre de la directive 93/97 sur les marchés publics de travaux) et Aff. C-360/96, 10 novembre 1998, *Gemeente Arnhem*, Europe, janvier 1999, p. 17, note F. GAZIN (dans le cadre de la directive 92/50 sur les marchés publics de services).

[436]LLORENS (F.) et SOLER-COUTEAUX (P.), *L'exception de mandat,* Contrats et marchés publics, avril 2002, p. 3.

[437]Point 3.3 de l'instruction du 28 août 2001 pour *l'application du code des marchés publics,* JORF, 8 septembre 2001.

[438]CE, 9 avril 1999, *Mme Toubol-Fischer et M. Bismuh*, RFDA 1999, p. 964, cls H. SAVOIE ; La Gazette des communes, 24 mai 1999, p. 52, avec les obs. de A. VENNIN ; AJDA, 1999, p. 776 et 834 : obs. P. FOMBEUR et M. GUYOMAR.

contrat de mandat serait en principe soumis au Code des marchés publics[439]. Pour confier à une autre personne la gestion administrative de fonds dont elle a la charge, par un contrat de mandat, la Caisse des dépôts et consignations n'aurait pas à appliquer les règles de passation des marchés publics imposées par la législation française[440].

Le Conseil d'Etat a cependant estimé que le contrat de mandat rémunéré ne constitue pas une catégorie particulière de marchés. Dans un arrêt du 5 mars 2003 *« Union nationale des services publics industriels ou commerciaux et autres »*[441], il a en effet annulé le 7° de l'article 3 du Code du 7 mars 2001, au motif que cette disposition de nature trop générale et absolue était incompatible avec la directive n°92/50 du 18 juin 1992 portant *coordination des procédures de passation des marchés publics de services*. Le nouveau Code des marchés publics, dans sa version du 7 janvier 2004[442], reprend à son compte cette incompatibilité et valide la jurisprudence du Conseil d'Etat du 5 mars 2003[443]. La Caisse des dépôts et consignations ne peut donc s'y soustraire.

Il pourrait néanmoins être soutenu, à la lumière de la nouvelle circulaire du 7 janvier 2004 portant *manuel d'application du Code des marchés publics*[444], que le contrat de mandat n'est pas assimilable à un marché de service et rentre ainsi dans le champ d'application des exceptions de l'article 3 du nouveau Code des marchés publics. Pourtant cette démarche doit être rejetée, dès lors que le mandat de la Caisse des dépôts et consignations a nécessairement pour objet de confier à son cocontractant le soin d'accomplir des actes juridiques en son nom et pour son compte[445].

Au nom de la spécificité du droit administratif, l'hypothèse d'un mandat original différent de son acceptation civiliste serait certes toujours possible, mais elle s'étendrait aux actes matériels[446]. Toutefois, les règles de mise en concurrence étant d'ordre public, il y a tout lieu de penser que cette exception sera d'interprétation stricte[447]. Par ailleurs, si le contrat constitue un véritable marché de services, son titulaire sera tenu de respecter la réglementation des marchés publics pour la passation de ses propres marchés. L'obligation de mise en concurrence n'est pas éludée, elle n'est que déplacée.

Mieux vaut alors se tenir aux deux exceptions expressément admises par le Code des marchés publics pour échapper au respect des obligations de publicité et de mise en concurrence ou pour bénéficier de procédures moins contraignantes. La première exception tient à la nature du cocontractant et, à ce qu'on appelle plus communément, les contrats *« in house »* (ou contrats-maison)[448]. La seconde tient à l'objet même du contrat.

---

[439]CE, 5 mars 2003, *Ordre des avocats à la Cour d'appel de Paris*, DA, mai 2003, p. 23, note A. MENEMIS.

[440]LLORENS (F.) et SOLER-COUTEAUX (P.), *Le nouveau champ d'application du Code des marchés publics*, Contrats et marchés publics, avril 2001, p. 7.

[441]CE, 5 mars 2003, *Union nationale des services industriels et commerciaux et a.*, DA, mai 2003, note A. MENEMIS ; AJDA, 2003, p. 722.

[442]Décret n°2004-15 du 7 janvier 2004 portant *Code des marchés publics*, JORF, 8 janvier 2004, p. 703 et p. 37003.

[443]On notera, à titre incident, que, pour les contrats de mandat passés avant le 6 mars 2003, une disposition permettant de considérer que leur passation n'a pas méconnu les obligations de publicité et de concurrence prévues par l'ancien Code a été insérée à l'article 77 de la loi n°2003-590 du 2 juillet 2003 *« urbanisme et habitat »* (JORF, 3 juillet 2003, p. 11176).

[444]JORF, 8 janvier 2004, p. 37031.

[445]Par ex. à propos d'un contrat de gérance : CE, 7 avril 1999, *Commune de Guilherand-Granges,* AJDA, 1999, p. 517, cls C. BERGEAL.

[446]CANEDO (M.), *Le mandat administratif*, Paris, LGDJ, Bibliothèque de droit public, t. 216, 2001, p. 558.

[447]RICHER (L.), *Le mandat au risque du droit administratif*, CJEG, 1999, p. 127.

[448]DELVOLVE (P.), *Marchés publics : les critères des « contrats- maison »*, RDUE, 2002, p. 53.

1) L'exception des contrats « in house » (ou contrats-maison)

Les contrats de prestations intégrées, appelés « contrat in house » (ou contrats-maison), sont conclus par les personnes morales de droit public soumises au Code des marchés publics. Ils sont néanmoins exclus du champ d'application dudit Code en vertu de son article 3-1°[449]. Cet article dispose, en effet, que celui-ci ne s'applique pas *« aux contrats conclus par une des personnes publiques mentionnées à l'article 2 avec un cocontractant sur lequel elle exerce un contrôle comparable à celui qu'elle exerce sur ses propres services et qui réalise l'essentiel de ses activités pour elle à condition que, même si ce cocontractant n'est pas une des personnes publiques mentionnées à l'article 2, il applique, pour répondre à ses propres besoins, les règles de passation des marchés publics prévues par le présent code »*.

Cette exception rejoint celle qu'a admise la CJCE dans sa jurisprudence *Teckal* de 1999[450], à propos des marchés de fournitures, *« dans l'hypothèse où, à la fois, la collectivité territoriale exerce sur la personne en cause un contrôle analogue à celui qu'elle exerce sur ses propres services et cette personne réalise l'essentiel de son activité avec le ou les collectivités qui la détiennent »*. La directive sur les marchés de fournitures[451] est, en revanche, *« applicable lorsqu'un pouvoir adjudicateur, telle une collectivité territoriale, envisage de conclure par écrit avec une entité distincte de lui au plan formel et autonome par rapport à lui au plan décisionnel, un contrat à titre onéreux ayant pour objet les fournitures de produits, que cette entité soit elle-même un pouvoir adjudicateur ou non »*.

Le Conseil d'Etat[452] et la Cour de Justice des Communautés[453] ont appliqué les mêmes principes pour les marchés de services relevant de la directive 92/50 du 18 juin 1992.

Dans ses conclusions très pédagogiques sous l'affaire *Teckal* précitée, M. COSMAS note que *« la directive ne s'applique pas dans le cas où le pouvoir adjudicateur recourt à ses propres ressources pour la fourniture des produits qu'il souhaite. Le droit communautaire n'oblige pas les pouvoirs adjudicateurs à respecter la procédure assurant une concurrence effective entre les intéressés dans le cas où les pouvoirs en question souhaitent se charger eux-mêmes de la fourniture dont ils ont besoin »* ; et rappelle les deux conditions strictes et cumulatives pour que l'exception puisse jouer.

Le pouvoir adjudicateur doit tout d'abord *« exercer sur l'entreprise un contrôle analogue à celui qu'il exerce sur ses propres services »*. Il n'est pas dit qu'il doit s'agir d'un contrôle identique : cela s'explique par la différenciation juridique qui existe entre les deux entités. Néanmoins, cette différenciation est réalisée, selon M. COSMAS, *« dans le cadre d'une meilleure organisation des services* [...elle est] *une forme de délégation interne, qui ne sort pas du cadre des structures administratives propres de l'institution »*. M. LEGER, sous l'affaire *Arge* précitée, confirme que les services en cause sont *« en position de dépendance, quoique organiquement distincts* [...] *la capacité de la collectivité à peser sur le fonctionnement du prestataire et l'absence d'autonomie qui en découle pour ce dernier dénient toute réalité au contrat passé entre la collectivité et le prestataire de services »*. Autrement dit, la première condition commande un contrôle effectif de la collectivité sur le prestataire, une dépendance structurelle du second par rapport au premier.

---

[449]Cet article n'a pas été modifié par la version 2004 du Code.

[450]Aff. C-107-98, 18 novembre 1998, *Teckal Srl c/ Comune di Viano et Azienda Gas-Acqua Consorzialz (AGAC) du Reggio Emilia*, Rec. I, p. 8121 ; BJCP, janvier 2000, p. 43, cls G. COSMAS et obs. Ch. M. ; jurisprudence confirmée par CE, 5 mars 2003, *Union nationale des services industriels et commerciaux et a., préc.*

[451]V. jurisprudence *Teckal* préc.

[452]CE, 20 mai 1998, *Communauté de communes de Piémont de Barr et autre*, RFDA, 1998, p. 609, cls H. SAVOIE : *L'application de la directive aux contrats entre personnes publiques*.

[453]Aff. C-94/99, 7 décembre 2000, *ARGE Gewässerschutz contre Bundesministerium für Land und Forstwitschaft*, Rec. p. I-11037.

La deuxième condition implique que l'entreprise *« réalise l'essentiel de son activité avec la ou les collectivités qui la détiennent »*. M. LEGER souligne encore qu' *« une entité n'est pas nécessairement privée de liberté d'action du seul fait que les décisions la concernant sont prises par la collectivité qui la détient, si elle peut encore exercer une part importante de son activité économique auprès d'autres opérateurs »*. Ce n'est donc plus le cas lorsque l'entreprise est en position de quasi exclusivité à l'égard et au profit de la ou des collectivités qui la détiennent. C'est, dès lors, en fonction de la définition même de l'entité à qui la Caisse des dépôts et consignations souhaite confier l'activité d'une de ses misions – et notamment, que cette entité fasse ou non partie du Groupe public – que l'Etablissement peut ou non déroger aux dispositions du droit communautaire des marchés publics[454].

Pour ce qui est des filiales dites « techniques », l'exception peut facilement jouer. Tel est le cas encore aujourd'hui des filiales détenues à 100% par la Caisse comme par exemple CDC-Mercure ou SOLIDEC SA. Dans ses conclusions sur l'arrêt *Arge* précité, l'avocat général avait rappelé que la Cour de Justice avait toujours jugé que la participation à 100% d'un Etat dans une société permettait de la considérer comme étant *« partie de l'Etat »*. Dès lors, un tel niveau de participation capitalistique serait suffisant pour démontrer la capacité de la Caisse des dépôts et consignations à peser sur le fonctionnement de la société filiale prestataire et l'absence d'autonomie qui en découle pour celle-ci afin de dénier toute réalité au contrat passé entre la CDC et la société filiale, au sens de la jurisprudence communautaire. Il conviendrait en outre que l'essentiel de l'activité de la société soit réalisé avec la Caisse des dépôts et consignations, *« à l'image d'un service interne agissant pour son institution »*.

En revanche, les filiales strictement concurrentielles ne pourront, sans éviter un contentieux[455], faire l'objet d'une telle procédure de gestion en *« contrats-maison »*. En ce sens, c'est tout particulièrement le cas pour les filiales dites « financières », telles notamment CDC-Ixis et plus encore EULIA. En effet, si la Caisse des dépôts et consignations a une position égale à celle de son partenaire privé pour les grandes orientations stratégiques de ses filiales, elle dispose d'un pouvoir de contrôle négatif par l'exercice d'un droit de veto lui permettant de s'opposer juridiquement à certaines orientations. La Caisse des dépôts et consignations n'intervient pas en revanche dans la gestion quotidienne de ses filiales.

En définitive seule la troisième hypothèse semble convaincante. Elle explique d'ailleurs, avec un recul temporel, les créations de la SCET et la SCIC et de la holding C3D.

L'évolution à la fois des structures mises en place et de l'activité de ces filiales pourrait révéler, tôt ou tard, qu'elles ne sont pas ou plus sous la dépendance de la Caisse des dépôts et consignations et qu'elles n'exercent pas l'essentiel de leurs activités pour celle-ci. Telle est la genèse de la création du Crédit local de France ou de la CNP, et, à d'autres égards, l'évolution statutaire de CDC-Ixis et d'EULIA.

L'exception relative aux *« contrats-maison »* ne peut dans ces conditions être garantie de manière absolue. Mieux vaut alors la conforter par une autre exception, notamment celle relative à l'objet du contrat.

2) L'exception tenant à l'objet du contrat

Parmi les objets dont la particularité soustrait les marchés publics aux règles de passation figurent les contrats relatifs aux services financiers. En effet, l'article 3-5° du Code des marchés publics dispose que ne s'appliquent pas les règles

---

[454]Faute de remplir ces conditions, l'UGAP doit à d'autres égards les appliquer lorsqu'elle conclut des marchés avec ses clients. V CE, 27 juillet 2001, *Coopérative de consommation des adhérents de la mutuelle assurance des instituteurs de France (CAMIF)*, Europe, février 2002, p. 22.

[455]Dans le même cadre que pour les SEM. V. par ex. LIGNIERE (P.) et LEPRON (F.), *Les contrats in house et les SEM*, DA, mai 2003, p. 42.

de passation des marchés publics aux *« contrats qui ont pour objet des emprunts ou des engagements financiers, qu'ils soient destinés à la couverture d'un besoin de financement ou de trésorerie, des services rendus relatifs à l'émission, à l'achat ou au transfert de titres et instruments financiers ».*

Cette exclusion rejoint celle de l'annexe I.A de la directive 92/50 qui, désignant parmi les services financiers, les services bancaires et d'investissement, en exclut dans une note de la catégorie 6 : les *« marchés des services financiers relatifs à l'émission, à l'achat, à la vente et au transfert des titres ou d'autres instruments financiers ».*

S'agissant de la gestion financière, elle correspond très certainement à cette catégorie. Cela n'empêche pas des appels en concurrence, dispositions juridiquement prévues par la loi ou le règlement[456].

S'agissant de la gestion administrative, la question paraît plus délicate. Il semblerait que dès lors que l'attribution, par une personne à une autre, d'une fonction de gestion administrative, et particulièrement de conservation d'instruments financiers, se rapporte elle aussi *« à l'émission, à l'achat, à la vente ou au transfert de titres ou d'autres instruments financiers »,* l'exception doive jouer.

L'article L. 321-2 du Code monétaire et financier précise à ce sujet que *« la conservation ou l'administration d'instruments financiers »* font partie des services connexes aux services d'investissement. L'article L. 622-7-II-2° du Code monétaire et financier confirme que le règlement général du Conseil du Marché financier détermine *« les conditions d'exercice, par les prestataires de services d'investissement, des services définis à l'article L.321-2 ainsi que les fonctions de compensation et de teneur de compte ».* Par référence au règlement général du Conseil des marchés financiers, un arrêté du 12 septembre 2000[457] régit dans le même sens *« l'activité de teneur de comptes-conservateur »* qu'exerce le caissier général de la Caisse des dépôts et consignations.

Par voie de conséquence, il y a de fortes présomptions à penser que la *« conservation ou l'administration d'instruments financiers »*, qui font partie des *« services connexes aux services d'instrument »*, puisse s'insérer dans les *« services financiers relatifs à l'émission, à l'achat, à la vente et au transfert des titres ou d'autres instruments financiers »*[458] et/ou dans *« les services relatifs à l'émission, à l'achat, à la vente ou au transfert de titres et instruments financiers »*[459]. On ne peut cependant complètement écarter une interprétation restrictive de ces dispositions selon laquelle les services relatifs notamment *« à l'achat ou au transfert de titres et instruments financiers »* ne couvriraient que l'activité de tenue de compte simple et non l'ensemble de l'activité de tenue de compte-conservation. Il n'en demeure pas moins qu'en toute hypothèse, l'article 3-5° du Code des marchés publics inclut nécessairement dans son champ d'application les activités de tenue de compte-conservation et qu'à ce titre, ces activités peuvent au moins partiellement être exemptées d'une mise en concurrence.

Dans ces conditions, les missions que la Caisse des dépôts et consignations souhaitent confier à une autre personne, sans obligatoirement appartenir au secteur public, relèvent de la qualification de marché public. La convention peut néanmoins être conclue sans mise en concurrence comme portant sur un objet soustrait au champ d'application du droit interne et communautaire des marchés publics.

Cette spécificité montre encore une fois toute l'ambiguïté de la Caisse des dépôts et consignations, de ses compétences et du périmètre de son Groupe. Dans ce cadre, les relations avec l'Etat ne peuvent elles aussi qu'être ambivalentes, reflétant volontairement la capacité de la Caisse des dépôts et consignations à être un véritable laboratoire des politiques publiques, au service de la Nation.

---

[456]V. par ex., art. L.135-10 du Code de la sécurité sociale *préc.* à propos du Fonds de réserve des retraites.

[457]Arrêté du 12 septembre 2000 *relatif aux décisions principales du compte de gestion et aux justificatifs des opérations du caissier général de la Caisse des dépôts et consignations, préc.*

[458]Note de la catégorie 6 de l'annexe I.A de la directive 92/50 du 18 juin 1992, *préc.*

[459]Art. 3-5° du Code des marchés publics.

TITRE SECOND

La Caisse des dépôts et consignations, laboratoire des politiques publiques au service de la Nation

Illustrant le caractère ténu de la frontière entre les actes administratifs unilatéraux et le contrat, les relations entre la Caisse des dépôts et consignations et les pouvoirs publics relèvent davantage du consensualisme que de l'autoritarisme. Cela s'explique par le caractère historique des relations entre les pouvoirs publics et la Caisse des dépôts et consignations, tout particulièrement entre son Directeur général et le ministre des Finances[1]. Par ailleurs, si les textes constitutifs de la Caisse des dépôts et consignations établissent avec certitude une indépendance de l'Etablissement, il n'en demeure pas moins qu'une concertation est tout autant établie par l'intermédiaire du pouvoir politique, représenté par la Commission de surveillance et le Parlement ou par l'intermédiaire du pouvoir administratif, représenté par le Directeur général de la CDC ou le ministère des Finances.

Une certaine collaboration entre la Caisse des dépôts et consignations et les pouvoirs publics s'est naturellement mise en place, à tel point qu'on est en droit de se demander s'il n'y a pas un mariage de raison entre l'Etat interventionniste et la Caisse des dépôts et consignations[2], avec un objectif commun : être utile au service de la Nation[3]. Ainsi, à titre d'exemple, si l'intervention de la Caisse des dépôts en matière de renouvellement urbain est explicitement demandée en 1988 par une lettre du Premier ministre ROCARD au Directeur général LION, cette officialisation, d'une part, participe à valider l'implication historique de l'Etablissement en matière de projets urbains et, d'autre part, institutionnalise une volonté politique du gouvernement de l'époque[4]. De même, le diagnostic prononcé par le ministre de l'Economie ALPHANDERY en juin 1994, selon lequel *« le manque de fonds propres est l'un des verrous qui bloque le développement des PME et l'emploi en France »*, a conduit la Caisse des dépôts et consignations à conduire un dispositif de financement des fonds propres du tissu industriel français, sous forme d'un « programme PME »[5]. BLOCH-LAINE présentait, en son temps, la Caisse des dépôts et consignations à son homologue québécois comme un instrument socialiste dans une Economie libérale[6]. Cette remarque garderait encore aujourd'hui toute son actualité.

---

[1]V. *supra*, Partie I.

[2]PRIOURET (R.), *loc. cit.*

[3]V. Introduction générale.

[4]Dans son discours d'investiture du 28 juin 1988, M. ROCARD reprend la thématique de la politique de la ville pour englober par la suite l'ancienne Commission pour le développement social des quartiers, devenu *« développement social urbain »* et le Conseil national de prévention de la délinquance et de Banlieues 89. Il en sortira une délégation interministérielle à la ville, ébauche du futur ministère de la Politique de la ville à partir de 1990 ; le nordiste Michel DELEBARRE, alors ministre de l'Equipement, du Logement, des Transports et de la Mer est nommé ministre d'Etat, chargé de la Ville, le 21 décembre de cette même année. V. aussi *infra*.

[5]V. AKOKA (C.), BURLATS (C.), LENORMAND (A.) et QUEUNIET (V.), *Des leviers pour l'emploi*, CDscope, n°226, décembre 2003, p. 12.

[6]PELLETIER (M.), *La machine à milliards. L'histoire de la Caisse de dépôt et de placement du Québec*, Montréal, éd. Québec/Amérique, 1989, p. 35.

En revanche, les relations juridiques entre l'Etat et la Caisse des dépôts et consignations semblent, au premier regard, beaucoup plus complexes associant la dénomination tantôt de lois, règlements ou décisions de justice, tantôt celles de lettres, de protocoles, d'accords, de conventions[7]. Cette ambiguïté des termes employés laisserait penser que la Caisse des dépôts et consignations est un véritable laboratoire des politiques publiques, dont l'interventionnisme financier et social dépasse totalement les cadres juridiques traditionnels (partenariat public-privé, société d'Economie mixte, groupement d'intérêt public, association, ...)[8].

Ces textes juxtaposent plus précisément des éléments réglementaires et des éléments contractuels, dont les fondements juridiques semblent curieux et incertains au regard de la théorie générale des contrats administratifs[9].

Dans ces conditions, il faudra discuter sur le fait de savoir si la Caisse des dépôts et consignations doit être considérée comme un instrument libéral des progrès de l'Etat, un auxiliaire fidèle des pouvoirs publics, un instrument au service des politiques publiques et des expérimentations[10]. C'est aussi tout le thème d'un éternel *« retour de l'Etat »*[11] qui ne doit pas rappeler qu'en dépit de la décentralisation et du rôle qu'auraient pu jouer les collectivités locales avec leurs SEM, l'Etat conserve, là aussi un puissant atout à travers l'Etablissement de la rue de Lille, actionnaire de quelques cinq cents SEM et également fort impliqué dans les politiques d'aménagement du territoire[12]. Si la promotion constitutionnelle des *« territoires »* par la révision constitutionnelle du 17 mars 2003 n'est pas douteuse et que ce redéploiement de l'action publique, dont bénéficie globalement le local, ait pour effet de modifier l'ensemble des montages juridiques, il conviendra de penser avec certitude que le constituant entend bien continuer à servir la cause de l'Etat unitaire français. La Direction générale de la Caisse des dépôts et consignations perçoit bien l'enjeu de ce mouvement sur ses activités[13].

C'est donc dans un premier temps, la mixité juridique des relations entre la Caisse des dépôts et consignations et l'Etat qu'il faudra constater (chapitre premier) pour se demander, dans un deuxième temps, si ces relations ne sont pas, en définitive, consubstantiellement contractuelles (chapitre second).

---

[7]V. annexe : *Typologie des conventions, protocoles, accords, lettres et documents assimilés reçus ou publiés et étudiés.*

[8]CABANES (A.) et ROBBES (A.), *La coopération décentralisée : comment s'extraire des contingences de l'intérêt public local ?*, AJDA, 2003, p. 593.

[9]RICHER (L.), *Droit des contrats administratifs*, Paris, LGDJ, coll. Manuel, 3ème éd., 2002, p. 13 sqq.

[10]B. (B.), *Bercy charge la Caisse des dépôts d'expérimentations*, Le Figaro, Eco, 26 juin 2003.

[11]DALBERA (J.-L.), *Le financement des collectivités locales et le rôle des établissements de crédit depuis les lois de décentralisation*, th., Nice : Droit, 1996 ; DALBERA (J.-L.), *Le retour de l'Etat sur le marché des financements locaux*, RFAP, 1997, p. 645.

[12]Art. L.518-1 du Code monétaire et financier.

[13]CDC, *Partenariat public-privé et collectivités territoriales*, Paris, La Documentation française, 2002 ; CHATRIE (I.) et UHALDEBORDE (J.-M.) (dir.), *Partenariat public – privé et développement territorial*, Paris, AEF, Le Monde éditions, Hors série 1995, 1996.

CHAPITRE PREMIER – TENANTS DE LA MIXITE JURIDIQUE DES RELATIONS CAISSE DES DEPOTS ET CONSIGNATIONS / ETAT

L'identification des relations juridiques entre la Caisse des dépôts et consignations et l'Etat ne peut qu'être difficile à appréhender, eu égard à la nature spéciale de son statut et à la complexité de son Groupe[14].

Sans nécessairement rappeler que l'Etat et la Caisse des dépôts et consignations ont bien une personnalité juridique propre[15], le critère du régime de l'acte relationnel entre la Caisse des dépôts et consignations et l'Etat semble insuffisant (Section I). Il convient alors de se demander si la nature juridique des relations de la Caisse des dépôts et consignations et de l'Etat ne repose pas sur la notion – o combien diffuse ! – d'intérêt général et sur la diversité des activités de la Caisse des dépôts et consignations, au regard notamment des principes de la libre concurrence (Section II).

SECTION I- Le critère insuffisant du régime de l'acte

La phase initiale de la recherche d'un critère juridique caractérisant les liens entre l'Etat et la Caisse des dépôts et consignations nécessite d'étudier plus précisément les termes employés par les textes législatifs ou réglementaires et les *« actes conventionnels »*. En effet, conformément au critère développé par le Professeur TRUCHET[16], selon lequel la qualification de l'acte est fondée sur son régime, l'objet de cette analyse doit permettre de révéler la volonté du législateur ou du titulaire du pouvoir réglementaire. L'acte sera, de ce fait, contractuel ou réglementaire lorsque l'autorité législative ou réglementaire l'aura qualifié comme tel[17].

Pourtant, ce premier indice ne saurait suffire à couvrir l'ensemble des espèces susceptibles de se présenter dans la pratique[18]. En l'absence ou dans le silence des textes, le critère de la qualification textuelle est supplanté par une application rénovée du critère qualitatif[19].

La recherche de la véritable nature des liens Etat/Caisse des dépôts et consignations (§1.) pourrait éventuellement nous conduire à les qualifier d'actes mixtes (§2.).

---

[14]V. *supra*, Partie II, Titre 1.

[15]Le débat semblant dépassé. V. Introduction générale.

[16]TRUCHET (D.), *Le contrat administratif, qualification juridique d'un accord de volonté,* dans CADIET (L.) (travaux coord. par), *Le droit contemporain des contrats : bilan et perspectives, actes du séminaire de l'année universitaire 1985-1986* (Centre de documentation juridique de l'Ouest), Paris, Economica, coll. travaux de recherche, 1987, p. 185.

[17]Le contrat de plan entre l'Etat et la Poste est ainsi un pur contrat administratif. V. par ex. CE, 8 janvier 1988, *Ministre chargé du plan et de l'aménagement du territoire c/ Communauté urbaine de Strasbourg*, RFDA, 1988, cls S. DAEL, p. 25. V. aussi VANDENDRIESSCHE (X.), *Typologie des entreprises publiques*, th., Lille II : Droit, 1990, p. 355 et sqq.

[18]CLIQUENNOIS (M.), *Droit public économique*, Paris, Ellipses, Universités Droit, 2001, p. 228 sqq.

[19]V. de manière générale DREYFUS (J.-D.), *Actualités des contrats entre personnes publiques*, AJDA, 2000, p. 575.

§1. La recherche de la véritable nature des liens Etat/CDC

Les relations entre l'Etat et la Caisse des dépôts et consignations dépassent, dans la mouvance de l'Economie concertée[20], le formalisme traditionnel accordé par le droit administratif général, pour se traduire par des actes plus souples et moins rigoureux que le pouvoir normatif strictement réglementaire.

C'est ainsi que les relations entre l'Etat et la Caisse des dépôts concernant le déploiement des nouvelles technologies trouvent leur fondement dans une décision prise par le Conseil interministériel pour la société de l'Information de juillet 2000 d'où il résulte que *« L'Etat et la Caisse des dépôts et consignations mobiliseront trois cents millions de francs pour soutenir l'effort des collectivités locales qui souhaiteront installer une cyberbase, et plus particulièrement celles dont les moyens sont les plus modestes et celles qui bénéficient d'un contrat de ville. L'objectif fixé est la mise en place d'un réseau de cinq cent cyberbases à la fin 2002 soit la mobilisation potentielle de deux mille emplois jeunes de formateurs multimédia ».*

La mise en œuvre de cette décision, qui ne repose pas sur un fondement légal normatif[21], est assurée par une *« convention relative à la création et à la dotation du fond pour le déploiement des cyberbases »* conclue entre l'Etat, représenté par le ministre des Finances et la Caisse des dépôts et consignations[22].

A une autre époque, la création de la Société centrale de l'équipement du territoire (SCET) à la demande officielle du ministre des Finances relevait de cette même idée[23]. Toutefois, c'est à la seule initiative du Directeur général de la Caisse des dépôts BLOCH-LAINE, dont les services ont rédigé le courrier ministériel du 1er juillet 1955 signé de PFLIMLIN, qu'est due la SCET[24]. En effet, la CDC ne souhaitant pas intervenir seule en ce domaine, cette lettre faisait état de la tâche qui incomberait aux collectivités locales en matière d'équipements et des moyens juridiques nouveaux donnés pour se grouper entre elles ou avec d'autres organismes. Elle soulignait par ailleurs la nécessité que les travaux ainsi entrepris ne le soient pas sans coordination, notamment en matière de financement, organisation que l'Etat ne désirait pas lui-même pour ne pas aller à l'encontre de la décentralisation. C'était aux établissements financiers, et en premier lieu à la Caisse des dépôts et consignations que le gouvernement souhaitait voir jouer ce rôle en liaison étroite avec le commissariat au Plan. Le ministre des Finances suggérait donc au Directeur général de la Caisse des dépôts et consignations de créer, avec d'autres établissements financiers, un organisme à cet effet[25]. C'est à la suite de cette lettre que fut créée la SCET le 28 octobre 1955[26].

---

[20]DE LAUBADERE (A.), *L'administration concertée*, Mélanges STASSINOPOULOS, Paris, LGDJ, 1974, p. 407 ; VASSEUR (M.), *Un nouvel essor du concept contractuel. Les aspects juridiques de l'Economie concertée et contractuelle*, RTDCiv., 1964, p. 5.

[21]DELVOLVE (P.), *Droit public de l'Economie*, Paris, Dalloz, 1998, p. 244 ; CE, 3 mars 1993, *Comité central d'entreprise de la SEITA*, Rec. p. 41.

[22]Convention du 21 mars 2001 conclue entre l'Etat et la Caisse des dépôts et consignations relative au *Fonds pour le déploiement des cyberbases.*

[23]Procès-verbal du 8 juillet 1955.

[24]SALOME (L.), THIVEAUD (J.-M.) et TOYTOT (de) (A.), *1816-1986 Caisse des dépôts et consignations, Dossier CDC*, Paris, Service de l'information et de la communication internes, CDC, 1988, p. 147.

[25]ARCY (F. d'), *Structure administrative et Urbanisation : la SCET*, Paris, Berger-Levrault, 1968, p. 38 sqq.

[26]Le processus de privatisation de la SCET, instituée comme holding spécialisé dans les prestations de services aux collectivités territoriales depuis 1990 et filiale de C3D, a été engagé pendant ce dernier

Il semble en être de même en ce qui concerne l'intervention de la Caisse des dépôts et consignations dans la politique de la ville mise en œuvre par le gouvernement ROCARD[27]. En effet, à l'époque, dans une lettre datée du 25 juillet 1988 signée par le Premier ministre ROCARD, la Caisse des dépôts et consignations (se) demandait de (se) faire des propositions d'intervention en accompagnement des politiques sociales prioritaires mises en œuvre par le gouvernement.

Ce projet appelé *« programme développement solidarité »* (PDS)[28], a été présenté au Premier ministre en novembre 1988, après avoir recueilli l'avis de la Commission de surveillance[29]. Par une lettre du 6 janvier 1989, M. ROCARD a répondu favorablement aux *« propositions de la Caisse des dépôts et consignations »*[30].

« L'occasion est ainsi donnée à la Caisse des dépôts, conformément à sa vocation, d'être un partenaire de premier plan de la politique menée par les pouvoirs publics pour répondre aux besoins prioritaires du pays »[31].

Ces correspondances n'ont bien entendu aucune valeur normative en l'état actuel du droit[32]. Pour la SCET, c'est bien l'acte constitutif de la société qui engendrera l'action entreprise par l'objet social de cette dernière, tandis que pour l'intervention directe de la Caisse des dépôts et consignations dans la politique de la ville, il faudra attendre la signature d'une convention[33] et la validation législative d'une telle compétence en 2001[34].

Pour leur donner valeur juridique, une publication de ces lettres, sous forme par exemple de décrets au Journal officiel, aurait pu fort bien être imaginée[35]. Pour autant, ces lettres ne mettent en place que des obligations générales de moyens et leur caractère obligatoire semblerait dépendre que des seules volontés de la Caisse des dépôts et consignations et du ministre des Finances d'orienter leurs actions dans le sens de l'intérêt général. Par conséquent, leur caractère contraignant semble être à exclure définitivement, si l'on s'en tient à l'intention de leurs auteurs[36].

---

semestre. V. MAYER (F.) (Propos recueillis par S. FAY et A. MICHEL), « *La Caisse des dépôts et consignations vend trois filiales* », Le Monde, 21 mars 2003.

[27]V. Correspondance de Michel ROCARD, Premier ministre et de Robert LION, Directeur général de la Caisse des dépôts et consignations, 25 juillet et 18 novembre 1988 : *Objectifs sociaux prioritaires*. V. également archives fonds LION.

[28]Deviendra le Programme Renouvellement Urbain (PRU) par suite des différentes conventions signées par ailleurs.

[29]Procès-verbal du 13 septembre 1988 et procès-verbal du 10 janvier 1989.

[30]Le Premier ministre a rendu public ce programme de la Caisse des dépôts, lors de l'installation du Conseil national des villes et du développement social urbain le 7 février 1989.

[31](X.), *Le programme Développement Solidarité de la Caisse des dépôts*, La Semaine CDC, Document n°89-06, février 1989.

[32]Quand bien même il n'y avait pas de relations contractuelles : CE, 8 janvier 1988, *Ministre chargé du plan et de l'aménagement du territoire c/ Communauté urbaine de Strasbourg*, RFDA, 1988, cls S. DAEL, p. 25 et quand bien même, on considérerait le Directeur général sous l'autorité du ministre des Finances. V. CE, 20 octobre 1999, *Fédération des syndicats généraux de l'Education nationale et de la Recherche publique*, n°1148, JCP, 26 janvier 2000, obs. M.-C. ROUAULT.

[33]Protocole du 6 juin 1996 entre les ministères de l'Economie, de l'aménagement du territoire, de la ville, du logement et l'UNFOHLM, *mise en œuvre du Pacte de Relance pour la* ville, Le Moniteur, 14 juin 1996, p. 354.

[34]V. *supra*, Partie II, Titre 1.

[35]Décret n°2003-163 du 28 février 2003 portant *publication de l'accord sous forme d'échanges de lettres entre le gouvernement de la République française et le gouvernement de la République italienne relatif aux modalités de réouverture dans les deux sens de la circulations aux poids lourds et autocars du tunnel sous le Mont Blanc signées à Paris et à Rome les 4 et 6 février 2003*, JORF, 1er mars 2003, p. 3631.

[36]CE, 18 décembre 2002, *Mme Duvignières*, RFDA, 2003, p. 280, cls. P. FOMBEUR.

C'est donc au regard, non pas de la situation de gestion du service en cause[37], mais de l'acte juridique lui-même qu'il conviendra d'examiner l'objet et la nature de la mission confiée par l'Etat à la Caisse des dépôts et consignations. En ce sens, l'identification d'éléments réglementaires au sein des accords CDC/Etat rend nécessaire la perspective d'un éclaircissement quant à la véritable nature juridique de ces actes.

D'ailleurs, les pouvoirs publics et la Caisse des dépôts et consignations signent des documents dont la nomination demeure équivoque : protocole[38], convention[39], convention cadre[40], convention générale[41], accord-cadre[42], …

Certains documents conventionnels (relatifs aux livrets d'épargne populaire, Livret Bleu, CODEVI ou Livret jeunes) sont au surplus classés par les services de la CDC, comme confidentiels, dès lors qu'ils s'attachent à la centralisation des produits d'épargne. Cette décision de confidentialité ne peut évidemment se comprendre qu'à la lumière des dispositions relatives à la monnaie et aux crédits énoncées à l'article 1er de la loi de 1978 modifiée.

A l'inverse, doivent être considérés comme publics les actes conventionnels de toute autre nature ne rentrant pas dans le dispositif de la loi de 1978 modifiée : on ne voit pas en quoi les conventions et autres actes contractuels relatifs aux missions que l'Etat confie à la Caisse des dépôts et consignations en tout autre domaine ne seraient pas publiquement accessibles. Par analogie, ne portent pas ainsi atteinte au secret tant financier que commercial ou industriel, la convention et le protocole financier entre la Poste et une de ses filiales[43].

Il est donc légitime de s'interroger sur la qualification réglementaire ou conventionnelle qu'il convient d'adopter pour désigner les relations entre la Caisse des dépôts et consignations et les pouvoirs publics. En effet, le critère de la qualification textuelle est fondé sur le régime de l'acte, tel qu'il lui a été octroyé par un texte législatif ou réglementaire publié.

A cet égard, cette ambiguïté mérite toute son attention à la lecture de l'alinéa 3 de l'article L.518-14 du Code monétaire et financier. Ce dernier prévoit que l'indemnité accordée aux préposés de la Caisse des dépôts et consignations soit

---

[37]HAURIOU (M.), *La gestion administrative. Etude théorique de Droit administratif*, Paris, Lacrose, 1899, p. 22 et p. 60.

[38]Par ex, protocole du 6 juin 1996 entre les ministères de l'Economie, de l'Aménagement du territoire, de la Ville, du Logement et l'UNFOHLM, *mise en œuvre du Pacte de Relance pour la* ville, Le Moniteur, 14 juin 1996, p. 354.

[39]Par ex., Convention du 4 novembre 1819 avec le ministre des Finances portant *qu'à dater du 1er janvier 1920, l'excédent des recettes sur les dépenses effectuées par les receveurs généraux pour le compte des deux Caisses devra leur être transmis par l'intermédiaire du Trésor, qui leur en garantira la rentrée et la remise à Paris*, Rec.Varnier, 1894, p. 13 ; Convention du 19 décembre 1936 entre l'Etat et la Caisse des dépôts au sujet de la *conversion des prêts consentis par celle-ci*, Rec.Varnier, 1957, p. 153 ; JORF, 24 décembre 1936, p. 13302 ; Convention du 8 octobre 1998 entre l'Etat et la Caisse des dépôts et consignations, *« Une nouvelle ambition pour les villes » ;* Convention du 29 juin 2000 entre l'Etat et la Caisse des dépôts et consignations, *sur le Renouvellement urbain*, Le Moniteur, 21 juillet 2000, p. 361 ; La lettre du gouvernement, 5 avril 2001.

[40]Par ex., Convention cadre du 26 juillet 2000 entre la DATAR et la Caisse des dépôts et consignations, *« Appui dans la mise en œuvre de l'organisation des territoires »*, www.datar.gouv.fr (recherche effectuée le 2 octobre 2000).

[41]Convention générale relative au *fonds pour l'équipement informatique des établissements scolaires du 3 septembre 1998 conclue entre l'Etat et conseil d'administration Caisse des dépôts et consignations*, BOEN, n°39, 22 octobre 1998.

[42]Accord national du 22 juin 2001 entre l'Union nationale HLM et la Caisse des dépôts sur le thème du renouvellement urbain et patrimonial, Actualités HLM, 15 juillet 2001.

[43]CE, 3 février 1992, *Ministre des Postes, des télécommunications et de l'espace*, Rec. p. 49.

réglée *« de concert »* entre le ministre chargé de l'Economie et la Commission de surveillance. Faut-il alors y entendre un acte conventionnel ou un acte unilatéral ?

Les pouvoirs publics et la Caisse des dépôts et consignations ont admis en pratique depuis 1816 le principe de l'acte réglementaire[44]. Plus récemment, il a été convenu curieusement de faire valider par un décret[45] le dispositif d'indemnités des comptables du Trésor pour leur service en qualité de préposés de la Caisse des dépôts et consignations, conventionnellement. Il va sans dire que cette manière de renvoyer à une convention le régime des taxations des préposés est l'expression d'une organisation plus souple et rendrait purement théorique l'aval politique de la Commission de surveillance[46].

Plus généralement, l'application de ces actes semble alors remise en cause à l'égard de nouvelles demandes de l'Etat, avant même qu'il y ait contrat ou que la convention reste, dans l'esprit des services de la CDC, à l'état de confidentialité.

Cette nécessité de trancher en faveur de l'un ou l'autre des deux régimes constitue traditionnellement un point d'achoppement entre la doctrine et la jurisprudence[47]. On a pu ainsi dire que la méconnaissance jurisprudentielle de la théorie de l'acte mixte[48] impliquait qu'il faille octroyer aux actes CDC/Etat, soit la nature d'actes contractuels, soit la nature d'actes réglementaires. Il convient donc désormais d'en discuter.

§2. La recherche d'une théorie des actes mixtes des liens Etat/CDC

L'étude des éléments matériels des liens entre l'Etat et la Caisse des dépôts et consignations conduirait, en principe, à constater la présence de dispositions relatives à l'organisation et au fonctionnement du service public (comme une concession, une procédure de débudgétisation législative par exemple).

Dans ce cas, constitués de clauses contractuelles et de clauses réglementaires, ces *« actes complexes »* n'en demeurent pas moins des actes réglementaires[49]. Seraient alors naturellement réglementaires toutes les clauses qui relèvent de l'organisation et du fonctionnement du service public[50] : amélioration des banlieues, renforcement des projets de territoire, taux de prêts, évaluations triennales en présence des pouvoirs publics par exemple.

---

[44]Par ex., arrêté du 8 juillet 1816 du ministre des Finances portant *fixation des taxations allouées aux préposés de la Caisse des dépôts*, Rec.Varnier, 1894, p. 10 ; arrêté du 25 avril 1910 du ministre des Finances *fixant les allocations attribuées aux préposés de la Caisse des dépôts et consignations pour les dépôts de fonds en compte-courant faits par les établissements publics ou autres établissements assimilés ainsi que par les séquestres, liquidateurs, administrateurs ou autres mandataires de justice*, Rec.Varnier, 1923, p. 46 ; arrêté du 24 juillet 1916 du ministre des Finances *fixant les taxations allouées aux préposés de la Caisse des dépôts et consignations pour le compte « Pensions de retraites pour fonds spéciaux »*, Rec.Varnier, 1923, p. 363 ; arrêté du 4 août 1923 du ministre des Finances *fixant les taxations allouées aux préposés de la Caisse des dépôts et consignations*, Rec.Varnier, 1933, p. 48.

[45]Décret n°2003-66 du 20 janvier 2003 relatif *à l'intervention des comptables du Trésor dans les activités de la Caisse des dépôts et consignations*, JORF, 25 janvier 2003, p. 1521.

[46]Il n'en demeure pas moins que la Commission de surveillance serait saisie, en vertu de l'alinéa 3 de l'article L.518-14 du Code monétaire et financier, pour pure forme. V. *supra*, Partie I, Titre 2.

[47]SINKONDO (M. H.), *La notion de contrat administratif : acte unilatéral à contenu contractuel ou contrat civil de l'administration ?*, RTDciv., 1993, p. 239.

[48]MADIOT (Y.), *Aux frontières du contrat et de l'acte unilatéral : recherches sur la notion d'acte mixte en droit public français*, Paris, LGDJ, 1971 ; ROMI (R.), *La requalification par le juge des actes négociés en actes unilatéraux*, AJDA, 1989, p. 9.

[49]CE, 23 février 1968, *Sieur Picard*, Rec. p. 131, AJDA, 1968, p. 457, obs. P. DELVOLVE.

[50]VEDEL (G.) (en coll. avec P. DELVOLVE), *Droit administratif*, Paris, PUF, Thémis, droit, 7ème éd. refondue, 1980, p. 747.

Néanmoins, le critère de la qualification textuelle apparente ne permet pas toujours d'apprécier la véritable nature des rapports entre l'Etat et la Caisse des dépôts et consignations. Intermédiaire entre le contrat et le règlement, la catégorie de l'acte mixte n'est pas reconnue par le droit positif français : ces effets sont réglementaires, mais l'acte n'en demeure pas moins contractuel.

Dans ces conditions, au nom, non pas de l'indépendance historique de la Caisse des dépôts et consignations, mais de son interdépendance d'actions, il convient de conforter cette théorie de l'acte mixte en conceptualisant les relations entre l'Etat et l'Etablissement de la rue de Lille.

Pour autant, cette doctrine ne peut pas politiquement et systématiquement s'appliquer aux liens entre l'Etat et la Caisse des dépôts et consignations, quand bien même la théorie de la détachabilité pourrait réduire plus généralement la différence entre la clause réglementaire et l'acte réglementaire[51]. En effet, l'élément réglementaire peut l'emporter totalement parce que l'acte n'est pas considéré comme conventionnellement établi : c'est l'existence même du contrat qui est nié. Il est plutôt admis par les bénéficiaires – et notamment les acteurs locaux[52]- comme un acte de service public.

Il ne peut s'agir alors, dans le cadre de la classification proposée par le Professeur RICHER[53], que de contrats d'encadrement, ces derniers ne définissant que des règles générales et ne réalisant pas par eux-mêmes une mission de service public, mais d'intérêt général. Ce type de contrat a essentiellement pour objet l'organisation d'un service public[54], la programmation d'une action administrative[55] ou la collaboration entre des personnes privées qui ne sont pas chargées d'un service public et l'administration[56].

Entreraient dans cette catégorie les conventions prises sur le fondement de l'article L.518-14 al.3 du Code monétaire et financier en ce qu'il organise le service des préposés de la Caisse des dépôts et consignations ; les conventions soumettant un programme d'action de la Caisse des dépôts en faveur de l'aménagement du territoire (Programme renouvellement urbain, programme d'appui au développement durable des territoires) et les conventions relatives aux produits d'épargne centralisés à la Caisse des dépôts et consignations. Il en serait naturellement de même pour tous les actes de gestion administrative de fonds que les pouvoirs publics confient à la Caisse des dépôts et consignations[57].

En revanche, les actions de la Caisse des dépôts et consignations à la demande de l'Etat entreprises pour le déploiement des cyberbases ou les investissements en faveur du développement des PME semblent correspondre davantage respectivement, si l'on retient cette classification de M. RICHER, à des contrats-moyens et à des contrats-buts.

---

[51]CE, 10 juillet 1996, *M. Cayzelle*, RFDA, 1997, p. 99, note P. DELVOLVE ; plus généralement sur la théorie de la détachabilité : GUERARD (S.), *La notion de détachabilité en droit administratif français*, th., Paris II, 1997.

[52](X.), *Les maires ruraux protestent*, L'Union, 22 avril 2003.

[53]RICHER (L.), *op. cit.*, p. 64.

[54]Conventions de gestion du service public ; Conventions pour la mise en œuvre de la décentralisation ; Contrats de coordination de mission de service public. V. RICHER (L.), *loc. cit.*

[55]Contrats de plan Etat-régions ; Contrat Etat-entreprises publiques ; Contrats en matière culturelle. V plus généralement MARCOU (G.), *La coopération contractuelle, la ville et le droit*, dans MARCOU (G.), RANGEON (F.), et THIEBAULT (J.-C.) (dir.), *La coopération contractuelle et le gouvernement des villes*, Paris, L'Harmattan, 1997, p. 47 sqq.

[56]Par ex., Conventions conclues entre les organismes représentatifs des professions de santé et les caisses nationales de sécurité sociale. V. RICHER (L.), *op. cit.*, p. 72.

[57]V. *supra*, Partie II, Titre 1.

Dans le premier cas, elle *« intervient en co-financement auprès des collectivités locales désireuses d'implanter sur leur territoire une ou plusieurs cyberbases »*. Cela s'apparenterait à un contrat but.

Dans le deuxième cas, cinq principes d'action du Programme PME sont clairement définis dès 1994 et semblent toujours maintenus[58]. La Caisse des dépôts et consignations intervient, tout d'abord, autant que possible indirectement, en apportant des capitaux à des organismes spécialisés déjà existants (sociétés de développement régionales, sociétés de capital-risque, instituts régionaux de participations) ou en création, qui investiront eux-mêmes dans les PME. L'Etablissement de la rue de Lille privilégie également les domaines dans lesquels l'initiative privée présente des lacunes, en veillant à ne pas se substituer à d'autres intervenants. Ses interventions s'efforcent toujours d'avoir le meilleur effet de levier possible. Elles s'effectuent, ensuite, toujours aux côtés d'investisseurs privés et aux mêmes conditions. Enfin, la Caisse des dépôts et consignations recherche une rentabilité conforme aux normes des segments du marché concerné[59]. Ce serait davantage, selon la doctrine de M. RICHER, un contrat moyen.

Pourtant, le développement des interventions de la Caisse des dépôts et consignations dans les opérations d'aménagement du territoire prend de plus en plus la forme de titres de participation, de mise à disposition de moyens humains ou nécessite l'apport de quasi fonds propres, ce qui peut alors permettre de considérer comme exhaustive la classification opérée par M. RICHER. Cette théorie a néanmoins l'avantage de présumer l'idée selon laquelle les relations entre l'Etat et la Caisse des dépôts et consignations sont naturellement en principe des contrats administratifs[60].

Les actes contractuels de la Caisse des dépôts et consignations associant des objectifs et des moyens ne peuvent assurément être déterminés par un simple critère formel. La recherche de l'intérêt général pourrait être plus convaincante.

SECTION II- Le critère éventuel de l'intérêt général

La Caisse des dépôts et consignations étant considérée comme un établissement public à part entière, le critère du service public personnalisé, entendu comme consistant en la satisfaction de l'intérêt général, permettrait de classer la nature et le régime juridique de ses activités. L'Etablissement de la rue de Lille se comportant, dans certains cas, comme une banque quasi-ordinaire, elle exercerait alors ses activités de type privé et commercial en pleine concurrence. Selon ce principe établi dit de *« la muraille de Chine »*, ses activités sont désormais totalement filialisées[61].

Toute la difficulté tient alors à ce que, à mi-chemin entre ces deux catégories, la Caisse des dépôts et consignations soit investie de certaines missions ou attributions qui, bien que susceptibles d'être exercées par un concurrent privé, apparaissent non dépourvues de tout lien avec la satisfaction de l'intérêt général ; il s'agit, en quelque sorte, d'activités concurrentielles d'intérêt général.

---

[58]V. OLLIVIER (A.) (propos recueillis par P. HENISSE et N. RENAUD), *« Le capital-risque doit pouvoir donner naissance à de futurs grands groupes »*, La Tribune, 2 avril 2003 ; OLLIVIER (A.) (Propos recueillis par H. BOULET), *Quelles missions pour CDC-PME ?*, Repreneur, 1er juillet 2003. M. OLLIVIER, qui préside depuis 1998 la filiale CDC-PME.

[59]Par ex., DUCOING (O.), *La Maison des professions lance Nord Innovation*, Les Echos, 29 avril 1999.

[60]TC, 21 mars 1983, *Union des assurances de Paris*, cls D. LABETOULLE, AJDA, 1983, p. 356.

[61]V. *supra*, Partie II, Titre 1.

En soi, il peut apparaître paradoxal d'introduire cette notion d'activités concurrentielles d'intérêt général. La confrontation peut sembler contre nature, dans la mesure où une activité d'intérêt général - parce qu'elle est exercée pour le bien public ou à l'avantage de tous - justifie la mise en place d'un régime dérogatoire, alors que la concurrence repose sur l'absence de dérogation, les entreprises pouvant, de manière libre et égale, exercer leur activité sur un marché déterminé.

Dans cette hypothèse, l'élément déterminant du raisonnement est en fait la mission d'intérêt général qui est en cause, répartissant par la même les activités de la Caisse des dépôts et consignations en deux catégories : des activités réglementées (§1.), d'une part, et des *« activités d'intérêt général concurrencées »*, d'autre part (§2.).

§1. Les activités réglementées de la CDC

Certaines activités de la Caisse des dépôts et consignations sont indiscutablement des activités d'intérêt général constitutives d'une mission de service public[62]. En effet, la mission première par excellence de la Caisse est *« d'administrer les dépôts et consignations, d'assurer les services relatifs aux Caisses ou aux fonds dont la gestion lui a été confiée »*[63].

Ce principe général d'administration est issu de l'article 110 de la loi de finances du 28 avril 1816 : *« ... les dépôts, les consignations, les services relatifs à la Légion d'honneur, à la compagnie des eaux, aux fonds de retraites, et les autres attributions (l'amortissement excepté) confiées à la Caisse actuellement existante, seront administrés par un établissement spécial sous le nom de « Caisse des dépôts et consignations » »*.

Les missions relatives à la Légion d'honneur et à la compagnie des eaux ont été retirées à la Caisse des dépôts et consignations. Par suite, d'autres fonds ou caisses ont été confiés à l'Etablissement (caisses nationales d'assurances, caisse de dotation de l'armée, caisses des offrandes nationales, caisse des chemins vicinaux...) ; certaines ont été parfois supprimées.

Dans ces conditions, restent naturellement aujourd'hui à la CDC, l'administration des consignations (I) et la confirmation plus récente de la gestion des dépôts des notaires et des auxiliaires et mandataires de Justice (AJMJ) (II).

I- Les consignations

L'exposé des motifs de l'ordonnance du 3 juillet 1816 relative *aux attributions de la Caisse des dépôts et consignations*[64] précise très clairement la motivation qui a présidé à l'attribution à la Caisse des dépôts et consignations de la réception des consignations judiciaires et administratives.

Constatant qu' *« il est notoire que la plupart des sommes sur lesquelles diverses personnes prétendent des droits opposés ou litigieux, loin d'être mises en séquestre dans une caisse des dépôts, dont l'inviolabilité puisse rassurer chacun des intéressés, restent entre les mains de débiteurs qui ne présentent aucune garantie,*

---

[62]*Un secteur financier public, pour quoi faire ?*, Rapport 2001 du Haut secteur financier public et semi-public, 2001, p. 46.

[63]Art. L.518-2 al.1, 1ère partie de phrase du Code monétaire et financier.

[64]BARROT, VATIMESNIL et YMBERT (avec les notices de), *Recueil annoté des lois, décrets, ordonnances, etc., etc., depuis le mois de juin 1789 jusqu'au mois d'août 1830*, Paris, Journal des notaires, 1837, t. 14, p. 50.

d'officiers ministériels dont les cautionnements n'ont pas pour objet de répondre de ces sommes parce qu'il n'entre pas dans leurs fonctions de les recevoir et de les garder. Ainsi la confiance publique est trompée, les dépôts sont violés ; on a vu des officiers ministériels détourner des sommes qu'ils avaient conservées contre le vœu des lois et l'intention des parties, sans qu'il y eût des moyens pour prévenir de tels abus ».

Les intérêts particuliers bénéficient ainsi *« d'une plus sûre garantie et sont sous la surveillance de la Commission qui inspecte la Caisse d'amortissement, dont les opérations touchent si directement à la facture de l'Etat »*[65].

C'est en application de ces dispositions que la Caisse des dépôts et consignations a été créée en 1816[66]. Aucun texte n'a abrogé jusqu'à ce jour le principe général posé par le texte fondateur de 1816. Bien au contraire, la loi du 28 juillet 1875 relative *aux consignations judiciaires* lui a confié les consignations de valeurs mobilières tandis que l'article 1er de l'ordonnance n°45-1849 du 18 août 1945[67] prévoit que le taux d'intérêt des consignations soit fixé par le Directeur général après avis de la Commission de surveillance[68] et l'approbation du ministre de l'Economie[69]. Ce taux a été récemment modifié[70] : il a été abaissé de 1,75% à 1,25% à compter du 1er septembre 2003[71].

Il en résulterait alors que l'ensemble des fonds versés à titre de consignation relève du monopole de la Caisse des dépôts et consignations[72]. Cela étant, il serait difficile, voire artificiel, de dresser une typologie des quelques cent vingt cas de consignations versées à l'Etablissement, tant leur recensement paraît difficile[73]. Certains cas de consignations, qui existaient à l'origine, ont en effet

---

[65] *Idem.*

[66] V. Introduction générale.

[67] Codifié à l'art. L.518-23 du Code monétaire et financier.

[68] Par ex., procès-verbal du 10 avril 1979 ; procès-verbal du 28 novembre 1975.

[69] Auparavant, le taux d'intérêt des consignations était déterminé par une loi. Il peut être prévu des exceptions à l'obligation de rémunération (par exemple, les produits de valeurs mobilières. V. art. L.518-22 du Code monétaire et financier).

[70] Arrêté du 4 août 2003 fixant *le taux d'intérêt des sommes consignées à la Caisse des dépôts et consignations*, JORF, 31 octobre 2003, p. 16804.

[71] Il s'agit de la troisième baisse consécutive depuis le 1er janvier 1998 :

- 1er janvier 1998 : 2,5% (arrêté du 31 juillet 1997 fixant *le taux d'intérêt des sommes consignées à la Caisse des dépôts et consignations*, JORF, 14 janvier 1998, p. 562) ;
- 1er août 1999 : 1,75% (arrêté du 25 juin 1999 *fixant le taux d'intérêt des sommes consignés à la Caisse des dépôts et consignations*, JORF, 28 août 1999, p. 12852) ;
- 1er septembre 2003 (arrêté du 4 août 2003, préc.).

[72] Art. L.518-19 du Code monétaire et financier.

[73] Pour en connaître les principales, le *Traité des consignations* paru en 1998 à la LGDJ distingue les consignations faites dans un intérêt privé de celles faites dans un intérêt public. Cette distinction existait de manière implicite au XIXe siècle et a été énoncée dans *« l'instruction générale sur le contentieux et les consignations »* dont la mise à jour date du 31 décembre 1984. Elle a été remplacée par le *Manuel des consignations* toujours rédigé par le service des consignations. Cette instruction à l'attention des préposés, puis le « Manuel », évoquent tous les cas de consignations de manière détaillée. V. aussi plus généralement la rubrique consignations sur le site de la Caisse des dépôts et consignations : www.caissedesdepots.fr et sur les essais de typologies des consignations V. *Traité des consignations*, 1998, p. 86 et 87 ainsi que *Caisse des dépôts et consignations – Traité des consignations*, de GUILLEMOT (Paris, Cercles des Sociétés savantes, 1868) ; *Etude historique sur les consignations antérieurement à 1816* de ROY (Paris, 1881) ; *Manuel du Service des consignations*, de HUET et VARNIER (Paris, Librairie de la Société du Recueil général des Lois et Arrêts, 1898) ; *Caisse des dépôts et consignations. Caisse nationale des retraites pour la vieillesse. Caisses nationales d'assurances en cas de décès et en cas d'accidents*, de DELATOUR, préc. ; *Lois et règlements de la Caisse des dépôts et consignations dans ses rapports avec les particuliers, les offices ministériels et les administrations*

beaucoup changé, telles les consignations de sommes ou de valeurs mobilières ordonnées par une décision de justice ou par une décision administrative[74]. Il y a également eu des créations : les consignations en matière de vente d'aéronefs frappés d'hypothèque[75] ou celles en matière de vente de navires et de bateaux frappés d'opposition[76] par exemple. La consignation en matière d'expropriation est aussi relativement récente[77].

Par ailleurs, les articles 1257 et suivants du Code civil relatifs aux consignations n'affirment à aucun moment le principe posé par la loi de 1816 et ne comportent pas de mention explicite de dépôt à la CDC. Il est vrai que ces articles du Code civil sont antérieurs à la loi de 1816.

Constitue, en outre, une opération de banque la réception de fonds du public, c'est-à-dire les fonds qu'une personne recueille de tiers, notamment sous forme de dépôts, avec le droit d'en disposer pour son propre compte à charge pour elle de les restituer. Trois conditions doivent ainsi être remplies pour constituer une opération bancaire : remise de fonds, obligation de restituer les fonds et pouvoir d'en disposer pour son propre compte. Il convient alors de constater que les deux premières sont remplies pour les consignations. En revanche, l'usage pour son propre compte exclut de les considérer comme des opérations de banque. En effet, constitue une consignation un dépôt d'une nature particulière portant sur une somme de valeur litigieuse ou somme grevée d'une affectation spéciale pour garantir la bonne exécution d'une obligation.

Cette question du monopole de la Caisse en matière de consignation a été à nouveau soulevée dernièrement par la parution du décret n°94-491 du 16 juin 1994 *relatif à la rémunération de certains services rendus par les navires des administrations civiles de l'Etat*[78]. En effet, afin de garantir la bonne exécution de l'obligation de rémunération des services qui leur sont rendus, l'alinéa 3 de l'article 3 du décret impose aux bénéficiaires potentiels la consignation préalable du montant de la rémunération auprès d' *« un comptable public de l'Etat »*, c'est-à-dire aux comptables du Trésor et non pas en qualité de préposés de la Caisse. Il paraît, en effet, difficile de soutenir que les comptables publics de l'Etat, ainsi visés, agissent en tant que préposés de la Caisse des dépôts et consignations. Si telle avait été l'intention des auteurs du décret, il aurait suffi de prévoir l'obligation de consigner sans autre précision, auquel cas il allait de soi que la consignation devrait être faite à la Caisse des dépôts et consignations[79] ou, à la rigueur, d'indiquer que la consignation devrait être effectuée auprès d'un comptable public agissant en qualité de préposé de l'Etablissement[80]. Faute d'avoir adopté l'une ou l'autre de ces deux formules, il convient de se demander si cette disposition prise par les pouvoirs publics n'écorne pas le monopole de la CDC en matière de consignations. La

---

publiques, suivis d'un traité des offres de paiement, de la consignation et du remboursement des sommes consignés, de DUMESNIL (Paris, Videcocq, Joubert et Mme Gouillet, 1939).

[74]Telle la consignation du prix de vente d'un fonds de commerce grevé d'inscriptions ou d'oppositions. V. Traité des consignations, *op. cit.*, 1998, p. 147 et sqq.

[75]Art. R.123-6 et R.123-7 du Code l'aviation civile.

[76]Décret n°67-967 du 27 octobre 1967 *portant statut des navires et autres bâtiments de mer,* JORF, 4 novembre 1967.

[77]Art R-14.65, al. 4 du Code de l'expropriation.

[78]JORF, 18 juin 1994, p. 8800.

[79]En se référant à l'art. L.518-2 du Code monétaire et financier.

[80]Art. L.518-14 du Code monétaire et financier précédemment étudié.

référence expresse des visas de ce texte au décret du 31 mai 1962 portant *règlement général sur la comptabilité publique* tend à privilégier cette interprétation[81].

Ce n'est pas chose nouvelle puisqu'un relevé succinct des cas de consignations montre que ce monopole de la Caisse des dépôts et consignations en matière de consignation n'est pas absolu en ce sens que le législateur, voire le gouvernement, peut toujours y déroger[82].

De manière générale, il en est ainsi par exemple du cautionnement des comptables publics[83], des conservateurs et receveurs-conservateurs des hypothèques en qualité de comptable public[84], des régisseurs de recettes et d'avances[85], des agents comptables des organismes de Sécurité sociale[86], des comptables ou caissiers des caisses de compensation des congés payés dans les ports[87] ou des agents comptables des caisses autonomes mutualistes[88].

Il convient de citer plus particulièrement le cautionnement des adjudicataires de droits de place communaux[89], celui d'employés et ouvriers envers leurs employeurs[90], la constitution d'une garantie par une personne morale de droit public afin d'éviter l'exécution provisoire d'un jugement[91]d'une part ou, d'autre part, d'une garantie afin d'obtenir l'exécution provisoire d'un jugement civil[92].

Il faut encore noter les cas des fonds provenant de souscriptions à des actions ou à des parts sociales de sociétés en formation et de souscriptions à des augmentations de capital[93], du solde du prix de contrats de construction de maisons individuelles en cas de réserve du maître de l'ouvrage à la réception des travaux[94],

---

[81]Alors même que quand il s'agit du caissier général de la Caisse des dépôts et consignations, il en est autrement V. *supra*.

[82]Relevé établi à partir du *Traité des consignations*, Paris, LGDJ ; document établi par la Caisse des dépôts et consignations en 1998. V. encore la proposition de loi de M. PELISSARD *tendant à instaurer une consignation des sommes dues, dans le cadre d'un marché de travaux privés, à un entrepreneur en cas de contestation sur l'exécution des travaux* (Assemblée nationale, n°538, 16 janvier 2003 (recherche effectuée le 22 avril 2003, www.assemblee-nationale.fr).

[83]Art. 2 et 5 du décret n°64-685 du 2 juillet 1964 relatif *à la constitution et à la libération du cautionnement exigé des comptables publics* (JORF, 8 juillet 1964, p. 6079). Si les comptables publics sont astreints à la constitution d'une garantie personnelle, en raison du principe de leur responsabilité pécuniaire et personnelle, sous forme de dépôt de numéraire, de rentes sur l'Etat ou d'autres valeurs du Trésor à la Caisse des dépôts et consignations, elle peut aussi être donnée par l'engagement d'une association de cautionnement mutuel agréée par le ministre des Finances et à laquelle le comptable s'affilie.

[84]Le décret n°97-2 du 3 janvier 1997 (JORF, 5 janvier 1997, p. 218) a modifié les anciennes dispositions de la loi du 21 ventôse an VII en introduisant une possibilité de remplacement du cautionnement par une adhésion à l'assurance souscrite par l'Association des conservateurs des hypothèques (AMC), agréée par le Directeur général des impôts. Depuis la réorganisation de l'agence judiciaire qui n'assure plus la gestion des dossiers des comptables, la Direction générale des impôts s'est vue confier par ailleurs la gestion de tous les cautionnements des conservateurs des hypothèques envers les tiers (v. décret n°93-635 du 25 mars 1993 modifiant les décrets du 11 août 1864 et 21 mai 1953, JORF, 28 mars 1993, p. 5354).

[85]Dispositif fourni par analogie aux comptables publics. V. art 4 à 7 du décret du 2 juillet 1964 *préc.*

[86]Art. L.122- 1 du Code de la Sécurité sociale, complété par les art R.121-2 et R.122-4 du même Code.

[87]Art. L.223-16 du Code du travail.

[88]Art. L.321-1 du Code de la Mutualité et art. 3 de l'arrêté du 26 février 1979, *fonctionnement des caisses autonomes mutualistes*, JORF, 15 mars 1979, p. 2344

[89] Art. L.2224-18 du Code général des collectivités territoriales. La Caisse des dépôts et consignations ne jouit pas d'un monopole, car le cahier des charges peut contractuellement prévoir un cautionnement ailleurs qu'à la CDC.

[90]Art. L.126-1 à 4 du Code du travail et art. R.126-1 à 5 du Code du travail. La Caisse des dépôts et consignations partage sa compétence avec les Caisses d'épargnes.

[91]Le juge précise en effet, selon le décret n°80-367 du 19 mai 1980, librement les modalités de garantie.

[92]Art. 489, 514 à 526 et 771 du Nouveau Code de procédure civile

[93]Art.225-5 du Code du commerce.

[94]Art. L.231-1 du Code de la construction et de l'habitation.

de la vente de marchandises périssables restées en souffrance dans les gares de la SNCF[95], du cautionnement relatif aux successions acceptées sous bénéfices d'inventaire[96], du cautionnement de surenchère en matière de vente d'immeubles[97], de cautionnement en matière d'usufruit[98] ou de la consignation pour obtenir l'autorisation de voyage d'un navire saisi[99].

Par ailleurs, dans la limite de ce qui a été développé précédemment, la délégation à CDC-Ixis d'une partie de la gestion des consignations de valeurs et de la mission de faire fructifier les fonds consignés montre également que le monopole de gestion à la Caisse des dépôts et consignations de tels fonds n'apparaît plus comme une condition absolue de sécurité. On peut se demander si ce transfert de gestion n'ampute pas encore un peu plus le monopole de l'Etablissement.

En définitive, la Caisse des dépôts et consignations jouit de moins en moins du monopole en matière de consignations, tant et si bien qu'il convient de se demander si l'activité de consignation et le monopole sont justifiés au regard du droit communautaire en général et de l'article 86 du Traité en particulier. En effet, cet article dispose que le droit exclusif ne peut être accordé qu'à un organisme déterminé pour l'accomplissement d'une mission de service d'intérêt général justifiant l'exclusion ou la restriction de concurrence. Tel ne serait plus le cas pour cette activité de consignataire à la Caisse des dépôts.

Pour autant, l'Etablissement de la rue de Lille a bien été investi, à l'origine, d'une mission d'intérêt général par la loi du 28 avril 1816, exigences formelles satisfaisant les impératifs communautaires[100]. Il serait en effet difficilement concevable, en vertu notamment du principe communautaire de subsidiarité, qu'une consignation[101] puisse être effectuée ailleurs qu'auprès d'une institution établie en France, connue du tribunal ordonnant la mesure et selon des mécanismes accessibles à l'ensemble des parties concernées. Une entreprise privée ne semble pas être en mesure de pouvoir répondre à de telles exigences, d'autant plus que la Caisse des dépôts et consignations bénéficie notamment pour cette activité, du service des préposés, comptable du Trésor[102].

En outre, l'exclusivité de la Caisse des dépôts et consignations en matière de consignations s'accompagne des garanties adéquates de neutralité de l'Etablissement[103], d'insaisissabilité[104] et de déchéance des sommes consignées [105],

---

[95]Art. L.133-4 du Code de commerce. La Caisse des dépôts et consignations ne jouit pas d'un monopole, la décision de justice pouvant prescrire le dépôt chez un séquestre ou le transport dans un dépôt public.

[96]La Caisse des dépôts et consignations ne jouit pas d'un monopole pour la consignation de l'art. 807 al. 1 du Code civil, le bénéficiaire pouvant remplacer la caution par un gage suffisant.

[97]Art. 2183, 2185 et 2190 du Code civil. La Caisse des dépôts et consignations ne jouit pas d'un monopole si la garantie consiste en un nantissement en argent ou en rentes sur l'Etat.

[98]Art. 601 du Code civil. L'usufruitier peut fournir des garanties équivalentes (telle une hypothèque).

[99]Art. 27 et 28 du décret n°67-967 du 27 octobre 1967 *portant statut des navires et autres bâtiments de mer*, JORF, 4 novembre 1967.

[100]V. not. les célèbres affaires 320/91 du 19 mai 1993, *P. Corbeau* (AJDA 1993, p. 865, note F. HAMON ; Europe , juillet 1993, p. 13, note L. IDOT) et 393/92 du 27 avril 1994, *Commune d'Almeno* (CJEG 1994, cls DARMON, AJDA 1994, p. 637, note F . HAMON).

[101]Par ex. dans les cas d'une candidature à une folle enchère (art. 738 de l'ancien Code de procédure civile), dans le cas de la constitution d'une garantie afin d'obtenir l'exécution provisoire d'un jugement (art. 489, 514 à 526 et 771 du nouveau Code de procédure civile et décret n°80-367 du 19 mai 1980), dans le cas de consignations ordonnées dans l'intérêt de l'Etat ou d'une administration publique par une décision de justice (art 464 et 465 du Code des douanes) ou dans le cas d'une procédure de référé fiscal dans le cadre d'une réclamation contentieuse (art. L.279 et L.277 du Livre des procédures fiscales).

[102]Art. L.518-14 du Code monétaire et financier. V. *supra*, Partie I, Titre 1.

[103]TGI de Marmande, 25 mars 1977 annexé au *Traité des consignations*, LGDJ, 1998, p. 325 : Des réserves relatives aux intérêts de créances demandés ayant été formulées sur le procès-verbal d'ordre

garanties destinées à lui permette d'inscrire son action dans l'intérêt et pour la conservation de droits de l'attributaire définitif[106] : la Caisse ne peut en particulier procéder à aucun remboursement de consignations si toutes les formalités ne sont pas réunies[107].

Il ne peut enfin exister de consignation sans texte ou décision de justice[108].

Au même titre que sa consoeur belge[109], l'activité de la Caisse des dépôts et consignations, en sa qualité de consignataire, participe ainsi, et, dans une large mesure sous le sceau de la Foi publique, à une mission d'intérêt général liée à celle de la Justice. Dans cette perspective, un minimum de consignations sera toujours versé à la Caisse des dépôts et consignations. D'ailleurs, les pouvoirs publics autorisent simplement un choix d'institutions pour le consignant. Ils ne l'obligent pas à verser leurs fonds ailleurs qu'à la Caisse des dépôts et consignations. Si ce schéma crée une position dominante de la Caisse des dépôts et consignations sur « le marché » des consignations, au sens de l'article 82 du traité instituant la

---

amiable par les vendeurs, la Caisse des dépôts et consignations a refusé tout paiement en l'absence de procès-verbal définitif. Le juge a débouté les requérants, admettant le bien-fondé des réserves.

[104]Malgré la controverse née de l'illégalité du principe posé par l'article 173 du décret 27 décembre 1985. V. CE, 9 février 2000, *Ministre de l'Economie et des finances*, Rec. p. 37 ; DA, mars 2000, p. 13 et tirant les conséquences de cette illégalité. V. C.Cass., 26 avril 2000, *Dargent/Farfelan*, RD bancaire et financier, 2000, p. 235. Par l'ordonnance du 18 septembre 2000 codifiant le droit commercial, le codificateur, dans des conditions de légalité discutables, a fait réapparaître cet article 173 du décret de 1985 sous l'art. L-627-1 du nouveau code de commerce. V. par ex. ARRIGHI DE CASANOVA (C.) et DOUVRELEUR (O.), *La codification par ordonnances. A propos du code de commerce*, JCP, G, 2001, I, p. 285. Le Conseil d'Etat a, par la suite, validé cette reprise le 27 mai 2002 (v. CE, 27 mai 2002, *Transvolver Service*, RD bancaire et financier, septembre-octobre 2002, p. 265 : obs. F.-X. L.)

[105]L'art. 43 de la loi de finances du 16 avril 1895 pose le principe de déchéance des comptes de consignations fixée à trente ans. Jusqu'à l'expiration de ce délai trentenaire, les propriétaires des sommes consignées ou leurs ayants droits conservent la faculté de les revendiquer auprès de la Caisse des dépôts et consignations selon les dispositions d'ordre général posées par l'art. 2262 du Code civil. Il convient de distinguer deux étapes dans les opérations de déchéance trentenaire :

- L'année précédant la déchéance (la 29ème), la liste des comptes à déchoir est établie par le service des consignations. Les consignations dont le montant est supérieur ou égal à 150 € sont alors publiées au JORF. Celles, dont le solde est inférieur à ce montant, sont reversées au Trésor public
- L'année suivant la déchéance (la 31ème), le solde des comptes est reversée au Trésor public par le service comptable des consignations.

Les sommes atteintes par la déchéance trentenaire sont versées annuellement au Trésor public avec les intérêts y afférents. Leur montant est calculé uniquement sur la partie numéraire de la consignation, à l'exclusion de la contre-valeur du produit de la vente du portefeuille de titres et des revenus qu'il génère. Pour une application d'une déchéance, v. notamment les travaux de Frédérik GRELARD sur *la déchéance des consignations « biens juifs »*, dans annexe 2, AGLAN (A.), MARGAIRAZ (M.) et VERHEYDE (P.) (dir.), *La Caisse des dépôts et consignations, la Seconde Guerre mondiale et la XXe siècle*, Paris, A. Michel, Histoire, *mission historique de la Banque de France*, 2003, p. 630.

[106]Malgré son ancienneté, *a contrario,* la mise en cause de l'administration de la Caisse des dépôts et consignations. V. C.Cass., 23 mars 1864, *Caisse des dépôts et consignations c/ Veuve Gavaudan*, Dalloz, 1864, I, p. 220 (le jugement n'avait pas en l'espèce reçu l'autorité de la chose jugée).

[107]Par ex., TGI de Rochefort-sur-Mer, juge de l'exécution, 6 janvier 1995 annexé au *Traité des consignations*, Paris, LGDJ, 1998, p. 321 : cette jurisprudence a été rendue à propos d'une saisie attribution, mais elle pourrait être applicable à d'autres catégories d'opposition.

De même, le remboursement de la consignation ne peut intervenir qu'en exécution d'un arrêté préfectoral prononçant l'attribution définitive de l'indemnité d'expropriation à ses bénéficiaires et faisant connaître les charges susceptibles de le grever. V. Ordonnance du tribunal de commerce de Paris du 25 juin 1975, annexé au *Traité des consignations*, 1998, p. 328.

[108]V. art. L.518-19 du Code monétaire et financier préc. ; CA Caen, 1ère ch., 20 octobre 1986, annexé au *Traité des consignations*, 1998, p. 319 et CE, 12 octobre 1994, *Département des Alpes de Haute-Provence*, Rec. p. 443.

[109]Dont l'activité demeure essentiellement celle de la consignation judiciaire. V www.treasury.fgov.be.

Communauté européenne et de l'article L.420-2 du Code de commerce, l'Etablissement de la rue de Lille ne doit naturellement pas en abuser.

Cette mission d'intérêt général est capitale pour la Caisse des dépôts et consignations dans sa fonction d'auxiliaire des professions juridiques ou de l'autorité judiciaire que sont les notaires et les auxiliaires et mandataires de justice.

II- Les dépôts des notaires et des auxiliaires et mandataires de justice

La Caisse des dépôts et consignations gère en monopole depuis peu les dépôts des auxiliaires et mandataires de justice (AJMJ)[110] et des notaires[111]. En effet, le Conseil d'Etat a été amené à se prononcer à la suite d'une demande adressée, le 26 mai 1994, au ministre de la Justice par l'Association française des banques en vue d'abroger - ou à défaut de modifier - l'arrêté du 25 août 1972 fixant la liste des établissements habilités à recevoir des fonds confiés aux notaires depuis au moins trois mois[112]. Seules trois catégories d'établissements figurent dans ce texte : la Caisse des dépôts et consignations, le service des chèques postaux et les caisses régionales du Crédit agricole.

Saisi à l'issue de la décision implicite de refus du ministre, le juge administratif a rendu un arrêt le 26 mars 1997[113]. Faisant application du droit communautaire de la concurrence, il considère que *« l'attribution à un nombre limité d'établissements financiers d'un droit exclusif à recevoir les fonds détenus par les notaires depuis moins de trois mois, justifiée par l'aptitude de ces établissements et de leurs réseaux à assurer à ces fonds une garantie obligatoire et illimitée, ne met pas lesdits établissements en situation d'exploiter une position dominante de façon abusive ; qu'ainsi les dispositions critiquées ne sont pas incompatibles avec les stipulations claires des articles 86 et 90, paragraphes 1 et 2, du traité instituant la Communauté européenne ».*

Autrement dit, le Conseil d'Etat estime que les établissements concernés bénéficient *« d'un droit exclusif à recevoir les fonds détenus par les notaires depuis moins de trois ans »*, les faisant ainsi entrer dans la catégorie des *« entreprises auxquelles ils (les Etats membres) accordent des droits spéciaux ou exclusifs »* au sens de l'article 86 - anciennement 90 - du traité CE. Il poursuit en indiquant que l'attribution de ce droit exclusif est *« justifiée par l'aptitude de ces établissements et de ces réseaux à assurer à ces fonds une garantie obligatoire et illimitée »*, ce qui

---

[110]Les AJMJ ont, en France, le statut de profession libérale en quasi-monopole. Ils assistent le ministère de la Justice :
- dans les procédures judiciaires de redressement d'entreprises, les administrateurs assistent ou parfois se substituent aux chefs d'entreprises défaillants, tandis que le mandataire représente les créanciers ;
- dans les procédures de liquidation, les mandataires se substituent complètement aux chefs d'entreprises et réalisent l'ensemble des actions en liquidation.

[111]La Caisse des dépôts et consignations avait auparavant un quasi-monopole. V. notamment décret du 2 février 1890 relatif *aux dépôts et au retrait des sommes versées par les notaires à la Caisse des dépôts et consignations*, Rec.Varnier, 1894, p. 472 ; arrêté du 25 août 1972 portant *liste des établissements habilités à recevoir les fonds confiés aux notaires depuis moins de trois mois*, JORF, 29 août 1972, p. 9284 et arrêté du 15 juin 1973 modifiant l'arrêté du 25 août 1972 fixant *la liste des établissements habilités à recevoir les fonds confiés aux notaires depuis moins de trois mois*, JORF, 15 juin 1973, p. 6325.

[112]Arrêté du 25 août 1972 portant *liste des établissements habilités à recevoir les fonds confiés aux notaires depuis moins de trois mois*, préc.

[113]CE, 26 mars 1997, *Association française des banques*, Rec. p. 110.

correspond à la mission initiale de la Caisse telle qu'elle lui a été confiée par le législateur[114].

Dès lors, utilisant les mêmes méthodes que la CJCE, le Conseil d'Etat conclut à ce que les dispositions en cause ne mettent pas la Caisse *« en situation d'exploiter une position dominante de façon abusive »*.

Cela étant, à la suite d'une plainte des principaux concurrents du Crédit agricole - les banques de l'association française des banques (AFB) ainsi que les banques populaires - la Commission européenne avait ouvert une procédure d'aides sur le dépôt des notaires au Crédit agricole en 1998[115]. En effet, la *« banque verte »* pouvait collecter ces dépôts dans les communes rurales, et, hormis une Commission d'intérêt de 1% versée aux notaires, ne devait rémunérer ces dépôts, bénéficiant de la sorte d'une ressource quasi gratuite allégeant les charges qui pèsent normalement sur l'exploitation d'une banque. La Commission, compte tenu des informations soumises par l'Etat français sur le caractère particulier de ces dépôts, notamment le caractère d'écriture publique des transactions, afférentes à ces dépôts, a considéré que la France accordait de la sorte au Crédit agricole des aides au moyen de ressources d'Etat.

Ce n'est donc pas sur le terrain de l'abus de la position dominante mais sur celui des règles relatives aux régimes des aides d'Etat que la Commission sanctionne les pouvoirs publics français : le Crédit agricole, désormais établissement de crédit banalisé, ne peut être le seul établissement bancaire concurrentiel habilité à recevoir des fonds des notaires[116].

A partir de là, étant entendu au préalable que ces fonds nécessitent une protection particulière et ne doivent en aucun cas faire l'objet de démarchage commercial[117], le monopole de la Caisse des dépôts et consignations sur le dépôt des fonds des clients des notaires a trouvé sa consécration réglementaire, option actée par la Commission européenne[118], avec la publication du décret du 30 novembre 2000[119].

Par ailleurs, bien que d'intérêt général, il apparaît plus généralement difficile de rattacher la gestion et la protection des dépôts des notaires et des auxiliaires et mandataires de justice et des consignations à la classification traditionnelle qui distingue les services publics administratifs des services publics industriels et commerciaux.

Le service public administratif se définit classiquement de manière négative en s'opposant au service public industriel ou commercial. Certains y voient même les seuls services publics, y faisant figurer en premier lieu les services régaliens de

---

[114]ROTH (A.), (propos recueillis par E. FILIBERTI), *Caisse des dépôts et consignations et notariat, un monopole dans le monopole*, Droit et patrimoine, 2001, p. 17 ; MAUGERI (V.), CDC, *pourquoi aller ailleurs*, Droit et patrimoine, 2001, p. 17.

[115]Communication de la Commission conformément à l'article 93, paragraphe 2, du traité, aux autres Etats membres et autres intéressés concernant *des aides d'Etat au Crédit agricole*, JOCE, n°C144, 9 mai 1998, p. 6.

[116]Art. L.512-47 du Code monétaire et financier.

[117]CE, 21 octobre 1994, *Ordre des avocats à la Cour de Paris*, Rec. p. 459.

[118]Décision 2000/480/CE du 8 juillet 1999 concernant *les aides accordées par la France au Groupe Crédit agricole au titre de la collecte et de la conservation des dépôts des notaires dans les communes rurales*, JOCE, n°L193, 29 juillet 2000, p. 79.

[119]Décret n°2000-1156 du 30 novembre 2000 modifiant *le décret n°45-117 du 19 décembre 1945 relatif au statut du notariat*, JORF, 1er décembre 2000, p. 19103. V. aussi G. (Q.), *Les dépôts des notaires transférés à la CDC*, La Figaro, 15 et 16 mai 1999 et QUEUNIET (V.), *Réforme des dépôts des notaires. Les exigences du monopole*, CDscope, n°191, mai 2000, p. 21.

l'Etat[120]. En revanche, un service public industriel ou commercial est un *« service qui, par sa nature, a le caractère d'un service industriel ou commercial »*[121], les services publics industriels et commerciaux étant exploités par celui qui en a la charge *« dans les mêmes conditions qu'un industriel ordinaire »*[122].

Le Conseil d'Etat a ultérieurement précisé les critères de distinction entre ces deux catégories de services publics à partir de l'objet du service, de l'origine de ses ressources, et, des modalités de son organisation et de son fonctionnement[123].

L'application de ces critères à la gestion des dépôts privés réglementés et consignations peut donner matière à discussion.

Tout d'abord, par sa variété, l'objet initial de la Caisse est susceptible de différentes qualifications[124]. En elle-même, les opérations de dépôts et avances de trésorerie ne sont pas d'une autre nature que celles exercées par n'importe quel dépositaire ou consignataire privé.

De plus, si cette activité n'est pas assurée à titre gratuit, elle n'est pas non plus source de solides profits pour l'Etablissement ; il convient donc, à ce titre, d'écarter la qualification de service public industriel ou commercial[125].

De même, l'exercice de la mission dans le cadre d'un monopole légal ne suffit pas à identifier un service public administratif. Le service public des monnaies et médailles est ainsi un service public industriel ou commercial[126].

Il n'est donc pas nécessairement aisé de qualifier les activités de gestion et de protection des dépôts réglementés de la CDC de service public administratif. En faisant application de l'article 86 - anciennement 90 - du traité CE, le Conseil d'Etat a indiscutablement écarté dans l'arrêt précité de 1997 deux qualifications : celle d'activité régalienne (par nature exclue de l'application du droit de la concurrence) et celle d'activité privée (soumise sans réserve au droit de la concurrence). En revanche, la Haute juridiction estime que les établissements visés par l'arrêté, parmi lesquels la CDC, sont des entreprises au sens communautaire du terme et que le droit exclusif qui leur est attribué ne constitue pas, à raison de la justification inhérente à sa mission, une mesure contraire aux règles du traité. Il n'y a pas lieu de s'interroger, *in concreto*, sur le caractère anticoncurrentiel des comportements et pratiques en résultant. Ce constat étant fait, on ne peut en déduire que le juge écarte pour ces activités, au regard des classifications du droit national, la qualification de service public industriel ou commercial. Il apparaît, en effet, peu probable que le Conseil d'Etat ait conçu de soumettre une activité de service public purement administratif aux règles de concurrence.

Il convient dès lors de comprendre, de toute évidence, cette activité de dépôts et consignations comme une traduction pratique de la notion communautaire

---

[120]VENEZIA (J.-C.), *Gaston Jèze et le service public*, Rev. d'histoire des Facultés de Droit, 1991, n°12, p. 91. Ce texte est issu d'une communication présentée au cours d'un colloque consacré à Gaston JEZE par l'Association Droit et Recherche de l'Université de Paris I en 1989.

[121]CE, 23 décembre 1921, *Société générale d'armement*, RDP, 1922, p. 75, cls RIVET.

[122]TC, 22 janvier 1921, *Société commerciale de l'Ouest africain*, GAJA n°39, dit « Bac d'Eloka ».

[123]CE, 16 novembre 1956, *Union syndicale des industries aéronautiques*, cls LAURENT, Dalloz, 1956, jur., p. 759. Seule une appréciation au cas par cas permet néanmoins de trancher la qualification administrative ou industrielle et commerciale du service public en cause.

[124]V. not. Introduction générale.

[125]Ne peut être qualifié d'industriel et commercial un service public assuré gratuitement (CE, 26 juillet 1930, *Benoît*, Rec. p. 130) ou dans le seul but de couvrir leurs frais (CE, 30 juin 1950, *Société Mérienne*, Rec. p. 408).

[126]CE, 9 janvier 1981, *Bouvet*, Rec. p. 4.

de service universel, noyau incompressible du service public[127]. La CDC dispose en effet d'un monopole légal ou de droits exclusifs dans l'exercice de ses activités de consignations et de dépôts. Par ailleurs, le service universel doit s'entendre comme se composant de services indispensables au lien social et au respect des libertés fondamentales qui concourent à la cohésion économique et sociale[128]. L'ensemble des dépôts réglementés et des consignations semble entrer dans cette catégorie.

A l'inverse, la question se pose autrement pour d'autres fonds dessinés à partir de prestations tendant à satisfaire des exigences particulières de clients et qui proposent des caractéristiques additionnelles à valeur ajoutée absentes dans le cadre du service universel[129]. On parlera alors d'*« activités d'intérêt général concurrencées »*.

§2. Les « activités d'intérêt général concurrencées » de la CDC

Si l'Etablissement de la rue de Lille ne semble plus avoir en son sein d'activités concurrentielles proprement dites depuis la filialisation de telles activités et la mise en place d'une véritable *« muraille de Chine »*[130], il n'en demeure pas moins que la Caisse des dépôts et consignations accomplit dans le champ de l'intérêt général des activités concurrentielles.

Ces activités, généralement sans but lucratif, offrent un service collectif, tout en étant également l'objet d'interventions par des opérateurs de statut privé qui y trouvent soit un équilibre financier suffisant, soit une entrée dans un marché plus large, soit des sous-ensembles lucratifs. Tel est le cas, en ce sens, de l'intervention de la Caisse des dépôts et consignations dans le renouvellement urbain au côté des collectivités locales, des organismes HLM, de la Poste, du Fonds d'action sociale[131], des Caisses d'allocations familiales, des sociétés de transports en commun ou des universités[132].

La Caisse des dépôts et consignations peut ensuite intervenir parce qu'elle possède les compétences et les collaborateurs (gestion des régimes de retraite) ou parce qu'elle peut jouer le rôle de *« secteur témoin »* (financement des logements pour les jeunes ou les personnes âgées par exemple). Elle intervient alors dans des conditions concurrentielles, mais avec ses propres valeurs[133]. Dans ce dernier cas, on parlera de métiers d'investisseur et de prêteur public.

---

[127] ESPUGLAS (P.), *Le service universel*, DA, décembre 2002, p. 6 ; LOMBART (M.), *Service public et service universel*, Mélanges B. JEANNEAU, Paris, Dalloz, 2002, p. 491.

[128] VALETTE (J.-P.), *Le service public à la française*, Paris, Ellipses, 2000.

[129] C'est ce point qui a conduit le Conseil d'Etat à considérer le service universel comme une notion trop restrictive. V. CE, *Service public, services publics : déclin ou renouveau ?*, Rapport public 1995, EDCE, n°46, p. 115.

[130] V. *supra*, Partie II, Titre 1.

[131] Fonds d'action sociale pour les travailleurs immigrés et leurs familles, devenu le fonds d'actions et de soutien pour l'intégration et la lutte contre les discriminations depuis la loi du 16 novembre 2001 relative à la lutte contre les discriminations.

[132] Rapport Cour des comptes *La politique de la ville*, février 2002, not. p. 55 sqq.

[133] V. Introduction générale.

I- La gestion des fonds de retraites publiques

Dès sa création, la Caisse des dépôts et consignations s'est vu confier la gestion de fonds de retraites publiques[134]. A cet égard, l'exposé des motifs de l'ordonnance du 3 juillet 1816[135] précise que *« notre sollicitude pour les fonctionnaires et employés qui se consacrent à notre service, nous a porté à rendre diverses ordonnances dont l'objet a été d'assurer des fonds de retraite dans diverses administrations. Nous n'avons pas été moins jalouses de veiller à la conservation des sommes destinées à l'acquis de cette dette sacrée, et à cet effet, les chambres ont adopté l'article 110 de la loi du 28 avril 1816 qui charge la nouvelle Caisse des dépôts et consignations de recevoir les fonds de retraite ».*

En ce sens, la Caisse des dépôts et consignations gère actuellement quatre grands régimes obligatoires de retraites par répartition[136] : la Caisse nationale de retraites des agents des collectivités locales (CNRACL), l'Institut de retraite complémentaire des agents non titulaires de l'Etat et des collectivités publiques (IRCANTEC) et le Fonds spécial des pensions des ouvriers des établissements industriels de l'Etat (FSPOEIE) et divers autres fonds, tels le Fonds de pension des élus locaux (FONPEL et la Compagnie générale maritime (CGM)[137])[138].

La Direction des retraites de la CDC (BCR) s'est vu confier dernièrement la gestion du régime de retraite additionnel des fonctionnaires[139]. Ce régime, qui a vu le jour le 1er janvier 2005, a été institué par l'article 76 de la loi n°2003-775 du 21 août 2003[140]. C'est tout d'abord un régime obligatoire pour les fonctionnaires titulaires des trois fonctions publiques : il est assis sur les primes qui ne donnent pas actuellement droit à pension, dans la limite d'un plafond de 20% du traitement indiciaire. C'est également un régime par répartition et par point : le conseil d'administration du fonds fixe chaque année la valeur d'acquisition et la valeur de service (versement) du point. C'est ensuite un régime contributif : les droits acquis sont proportionnels aux cotisations versées par les employeurs et les salariés. C'est enfin un régime provisionné : les engagements sont couverts par une réserve

---

[134]V. art. 110 préc. de la loi de finances du 28 avril 1816. V. aussi la plaquette d'informations *Depuis 1816 nous sommes gestionnaires de retraites. Chercheurs et politiques travaillent avec nous pour préparer l'avenir*, CDC, Branche retraites, non datée, multi.

[135]BARROT et al., *op. cit.*, t. 14, p. 50.

[136]V. CDscope, avril 1999, n°179, p. 40. V. aussi www.cdc.retraites.fr .

[137]Née en 1977 de la fusion de la Compagnie Générale Transatlantique et de la Compagnie des Messageries Maritimes, la Compagnie Générale Maritime assure à son personnel sédentaire une retraite à prestations définies. Dans ce cadre, la CGM gère une caisse qui verse une retraite complémentaire de celles versées par le régime général (ARRCO et AGIRC). Sa gestion est confiée depuis 1995 à la Caisse des dépôts et consignations. V. *Rapport annuel 2000*, Branche Retraite, Caisse des dépôts et consignations, p. 27 et plus généralement www.cdc.retraites.fr.

[138]V. *supra*, Partie II, Titre 1.

[139]S'il a été convenu un temps au ministère de la Fonction publique de confier cette gestion à l'administration centrale du ministère des Finances (not. le service des pensions et la Direction générale de la comptabilité publique), ce projet a été vite abandonné. Confier des tâches de gestion à des administrations centrales ne paraissait pas cohérent avec le principe de la réforme de l'Etat, selon laquelle l'administration centrale doit se concentrer sur des activités de conception et d'organisation. C'est donc tout naturellement que le ministère s'est tourné vers la Caisse des dépôts et consignations. En conclusion du XIème forum retraite, organisé par la Caisse des dépôts et consignations à Bordeaux le 7 novembre 2003, M. JUPPE, député-maire de la ville (siège de la Branche Retraites de la CDC) a ainsi annoncé : *« le Premier ministre m'a indiqué qu'il était favorable à ce que la Caisse des dépôts et consignations prenne en charge la gestion du futur régime additionnel assis sur les primes des fonctionnaires des trois fonctions publiques... ».*

[140]Loi n°2003-775 du 21 août 2003 portant *réforme des retraites*, JORF, 22 août 2003, p. 14310.

financière[141]. En tout état de cause, cette nouvelle gestion consolide l'existence, au sein de la Caisse des dépôts et consignations d'un pôle gestionnaire de référence de régimes de retraites publiques et semi-publiques.

La Caisse est également en charge de la gestion du Service de l'allocation spéciale vieillesse (SAVS)[142], ainsi que de plusieurs fonds nationaux de compensation entre les collectivités et établissements publics[143].

L'évolution récente des systèmes de retraite et de prévoyance, tant en France que dans l'Europe communautaire[144], tend vers la création de régimes dits « sur-complémentaires » qui ont vocation à compléter le régime de base et le régime complémentaire[145]. Eu égard aux montants des actifs des fonds de retraite et de prévoyance, des établissements de crédit auraient pu être amenés à revendiquer leur gestion financière. Dans un arrêt du 27 février 1997, le TPICE[146], confirmant un arrêt du Conseil d'Etat français[147], a débouté des assureurs français et européens d'une telle plainte contre la distribution par la Poste de produits d'assurances au motif qu'elle assure une présence sur l'ensemble du territoire. Si la gestion administrative du F2R est assurément une mission de service universel, la gestion de caisses de retraites publiques ressort davantage d'une prestation plus élaborée, car faisant partie d'un régime de retraites complémentaires[148]. Il ne peut pas s'agir d'un service d'intérêt général.

En revanche, le Trésor public a dû renoncer, début janvier, à faire souscrire des produits d'assurances CNP. Officiellement, cette décision s'inscrit dans la volonté du Trésor public de se consacrer pleinement à ses missions prioritaires afin d'améliorer l'efficacité de son action et la qualité du service rendu aux citoyens. En réalité, depuis la transformation de l'établissement public industriel et commercial CNP en société anonyme, l'utilisation des préposés était illégale, surtout au regard du droit communautaire, l'activité commerciale par les comptables publics disposant de prérogative publique ne pouvant être jugée que contraire aux règles européennes de la concurrence[149]. Par ailleurs, le droit bancaire, tant en droit interne qu'en droit communautaire[150], rappelle expressément que la Caisse des dépôts et consignations peut effectuer les opérations de banque prévues par les textes qui la régissent et lui ouvre la possibilité d'une extension, par arrêté du ministre chargé des Finances, de certains règlements du Comité de la réglementation bancaire rentrant dans le champ des articles 2 à 4 du décret n°84-708 du 24 juillet 1984. Dans ce cas, la Caisse des

---

[141]Si les prestations versées seront faibles dans les vingt premières années du régime, le flux de réserve (cotisations moins versement) est évalué à 1,2 milliards d'Euros pendant dix ans (soit 20 milliards d'Euros en 2020).

[142]Régi par les articles L.814-1 et 815-2 du Code de la sécurité sociale, il a succédé le 1er janvier 1994 au Fonds spécial d'allocation vieillesse. Il assure un minimum de ressources aux personnes âgées les plus démunies, exclues du système d'assurance vieillesse.

[143]Par ex., les Fonds de compensation de la cessation progressive d'activité (FCCPA) ou Fonds pour la modernisation des établissements de santé (FASMO).

[144]COURSIER (P.), *La réforme française des retraites et l'Union européenne*, Droit social, 2003, p. 983.

[145]Les régimes destinés à compléter un régime de base sont dénommés « régimes du deuxième pilier » par les autorités européennes. Les régimes du « troisième pilier » regroupent des régimes « sur complémentaires », fonctionnant à titre facultatif, sur une base individualisée.

[146]TPICE, aff. T-106/95, 27 février 1997, *FFSA c/ Commission*, Rec. TPICE, p. II-229.

[147]CE, 8 novembre 1996, *Fédération française des sociétés d'assurance*, Rec. p. 441.

[148]Cls BRAIBANT sur CE, 10 octobre 1969, *Dame Veuve Insern*, Rec. p. 430.

[149]V. *supra*, Partie I, Titre 1.

[150]Directive 2000/12/CE du Parlement européen et du Conseil du 20 mars 2000 concernant *l'accès des établissements de crédit et son exercice*, JOCE, n°L.126 du 26 mai 2000, p. 1.

dépôts et consignations utilisera le vocabulaire des métiers d'investisseur et de prêteur public.

II- Les métiers d'investisseurs et de prêteurs publics

L'alinéa 2 de l'article L.518-1 du Code monétaire et financier dispose notamment que la Caisse des dépôts et consignations peut *« effectuer les opérations de banque »* prévues par les dispositions législatives et réglementaires qui la concernent en général, et non *« des opérations de banque ».* Il semble donc qu'un texte permettant spécialement à la Caisse des dépôts et consignations d'accomplir une opération particulière[151] ne lui ouvre pas le droit de pratiquer les autres opérations de banque légalement définies aux articles 2 à 6 de la loi bancaire. Cette dérogation doit, dès lors, s'interpréter comme définissant une liste limitative des autorisations légales et réglementaires des textes régissant la Caisse des dépôts et consignations depuis sa création[152].

Cette interprétation paraît aussi conforme à l'esprit d'un texte qui vise manifestement à contrôler les métiers de banque et à n'admettre leur exercice qu'après habilitation des candidats : tout nouveau banquier doit, en effet, être légalement autorisé avant son entrée ; de même, toute nouvelle opération doit être implicitement réglementée avant et après son introduction dans la pratique[153].

Dans ces conditions, la Caisse des dépôts et consignations ne peut être considérée comme un établissement de crédit[154]. Seules les règles relatives aux réserves obligatoires, aux conditions de rémunération des fonds, aux bons des institutions et sociétés financières, à l'horodatage des ordres et à la lutte contre le blanchiment des capitaux provenant du trafic des stupéfiants lui ont été étendues[155].

Il ne s'agit pas de dire, même si une telle affirmation peut être défendue, que toute activité bancaire soit d'intérêt général. On pourrait considérer, qu'à l'instar de tout établissement de crédit, il n'y ait pas d'activité concurrentielle bancaire, au sens large du terme, exercée par la Caisse des dépôts et consignations, qui ne soit d'intérêt général, puisque la nature du banquier est ambivalente. En effet, la banque est à la fois une entreprise ordinaire, avec des objectifs de profit et de rentabilité, mais aussi une institution qui collecte l'épargne, finance les entreprises et qui peut, par là même, constituer un des leviers de la politique économique de l'Etat. A cet égard, le rapport précité intitulé *« Les services d'intérêt économique général dans le secteur bancaire »* de la Commission européenne présenté le 23 novembre 1998 au Conseil des ministres précise que *« le Traité s'appuie [...] sur le développement du marché et des politiques communes, tout en prévoyant que la Communauté et les Etats membres peuvent, au besoin, intervenir. Même si elles ne s'y limitent pas*

---

[151]Par ex., la collecte des dépôts volontaires prévue dans l'ordonnance du 3 juillet 1816. Par ailleurs, si le projet primitif du Code monétaire et financier prévoyait l'insertion de ces dispositions, le Conseil d'Etat a refusé cette codification au motif que ce texte est très vite tombé en désuétude. Au surplus, l'article 3 de cette ordonnance ne prévoyant aucun frais pour la réception et la gestion des dépôts, est susceptible d'être discuté au regard tant du droit interne que du droit communautaire de la concurrence. Néanmoins, cette non codification n'entraîne pas l'abrogation de ce texte qui reste en vigueur dans l'ordonnancement juridique, puisque la codification se fait « *à droit constant* ».

[152]A cet égard, les textes régissant antérieurement les professions de banque ne peuvent servir de référence en la matière, ayant été abrogés, pour la plupart d'entre eux, par l'article 94 de la loi du 24 janvier 1984.

[153]Par ex., CE, 25 octobre 2002, *Société Caixa Bank France*, n°247209.

[154]GAVALDA (C.) et SOUFFLET (J.), *Droit bancaire*, Paris, Litec, 4ème éd., 1999, p. 22.

[155]Il convient de remarquer que pour cette dernière application, la base légale du Règlement RCB n°91-07 du 15 février 1991 n'est pas la loi bancaire mais la loi n°90-614 du 12 juillet 1990.

nécessairement, les possibilités d'intervention des Etats membres comprennent les situations dans lesquelles les mécanismes du marché ne permettraient pas une répartition appropriée des ressources ou la fourniture de certains services à des prix abordables. Ces situations peuvent justifier l'intervention des Etats membres sur le marché, afin de réaliser certains objectifs d'intérêt général. La Commission considère que les services d'intérêt général revêtent une grande importance et sont au cœur du modèle européen de société ». Autrement dit, la banque participe à la défense de l'ordre public économique, ce qui peut justifier l'existence et le maintien d'une banque publique. L'affirmation selon laquelle toute activité bancaire est d'intérêt général est certainement défendable, mais elle ne répond véritablement pas à l'impératif d'intérêt général *stricto sensu*, c'est-à-dire à une véritable mission de service public.

Le critère de la défaillance de l'initiative privée[156], pour justifier la création de services publics, semble alors beaucoup plus clair et plus précis que celui du service d'intérêt économique général pour qualifier l'intervention de la Caisse des dépôts et consignations. En ce sens, le Conseil d'Etat reconnaît licite l'intervention locale, qui, en principe, serait illégale parce qu'elle ne respecte pas le jeu de la libre concurrence et le principe de la liberté du commerce et de l'industrie[157]. L'intervention locale est ainsi acceptée lorsque *« en raison de circonstances particulières de temps et de lieu, un intérêt public justifie l'intervention »*[158].

Les lois de décentralisation ont largement confirmé cette interprétation. Cette formule recouvre, en général, de très nombreuses situations. La notion de circonstances particulières concerne aussi bien le cas où l'initiative privée est totalement défaillante que le cas où la satisfaction de l'intérêt général est mal réalisée par l'initiative privée[159]. Dans d'autres cas, la collectivité locale intervient pour orienter les activités privées et leur servir de modèle[160].

De même, la notion d'intérêt public est interprétée très largement : la jurisprudence administrative admet l'intervention locale dans des domaines variés tels que les spectacles[161], l'alimentation[162], le logement[163], la création de camping municipal[164], la création de consultations juridiques gratuites[165]. Enfin, la jurisprudence reconnaît que les collectivités locales peuvent créer des services publics industriels complémentaires à un service existant et destinés à en assurer l'équilibre financier[166].

En renversant en quelque sorte les raisonnements précédents, on pourrait également considérer que la nature même de la Caisse des dépôts et consignations justifie l'existence de ces activités intermédiaires concurrentielles. En effet, le statut spécial, fondamentalement public de la Caisse, et la dualité des activités qui sont les siennes[167] en font un acteur économique hors du commun, même lorsqu'elle exerce des activités privées.

---

[156]CE, 20 novembre 1964, *Ville de Nanterre*, Rec. p. 563.
[157]Rapport public CE, 1999, p. 296.
[158]CE, 30 mars 1930, *Chambre syndicale du commerce de détail de Nevers*, GAJA, n°47.
[159]CE, 29 mars 1901, *Casanova*, GAJA n°8.
[160]CE, 24 novembre 1933, *Zénard*, Rec. p. 1100.
[161]CE, 21 janvier 1944, *Léoni*, Rec. p. 26.
[162]CE, 25 juillet 1986, *Commune de Mercoeur*, DA, octobre 1986, p. 2.
[163]CE, 22 novembre 1935, *Chouard et autres*, Rec. p. 1080.
[164]CE, 17 avril 1964, *Commune de Merville-Franceville*, Rec. p. 251.
[165]CE, 23 décembre 1970, *Commune de Montmagny*, Rec. p. 788.
[166]Jurisprudence *Zénard* préc.
[167]V. Introduction générale.

Ainsi, le besoin de contrôler la stratégie de l'ensemble de ces activités et la nécessité d'assurer un financement adéquat aux missions de service public exigent que certaines opérations concurrentielles bénéficient d'un régime particulier. Dans ce cas se dégagerait une catégorie intermédiaire d'activités concurrentielles, mises au service de l'intérêt général et celui de la Caisse des dépôts et consignations, dans sa fonction de Direction et de contrôle ou celui des missions de service public. Tel pourrait être le cas de la gestion financière, préalablement définie, de fonds confiés à la CDC, notamment par rapport à la gestion administrative et selon la distinction établie par le législateur en ce qui concerne le fonds de réserve des retraites[168].

En fait, la nature particulière de la Caisse des dépôts et consignations ainsi que les fonds dont elle dispose en raison de ses activités d'intérêt général exercées sous monopole légal ou droits exclusifs, ont fait de l'Etablissement un interlocuteur privilégié des personnes publiques en matière financière et bancaire.

L'une des particularités de l'activité des dépôts et consignations de la Caisse est de lui permettre de constituer un fonds sur la base duquel ont été naturellement et légitimement développées ses activités concurrentielles d'intérêt général, ce qui n'est pas exclu par ailleurs par le droit communautaire. C'est pourquoi, cette organisation regrouperait dans cette catégorie quatre types d'activités de Caisse des dépôts et consignations, étant entendu que la part d'intérêt général pourrait paraître à certains égards plus ou moins prépondérante : (1) La gestion de l'épargne défiscalisée ; (2) Le financement du logement social ; (3) La gestion de caisses de retraites ; (4) Le développement du territoire.

Cette gradation parmi les multiples activités de service public entre les missions orientées vers l'intérêt général et celles orientées vers l'intérêt privé, permet, tout d'abord, de rapprocher la notion française des services publics de la conception européenne[169]. Cela étant, elle ne correspond pas consubstantiellement à l'histoire de la Caisse des dépôts et consignations et des activités que les pouvoirs publics lui ont confiées. Si la Foi publique a toujours conféré à la Caisse des dépôts et consignations un *« droit mou »*[170], la doctrine positiviste préfère utiliser à l'heure actuelle le terme d'outils de régulation pour définir les réglementations spécifiques qui sont mises en place par les pouvoirs publics. Par analogie avec l'article 43 de la Constitution italienne du 27 décembre 1947, les pouvoirs publics peuvent réserver *« dans des buts d'utilité générale »* des services publics à des organismes *« qui ont un caractère d'intérêt général prééminent »*.

Cette gradation des activités de la Caisse des dépôts et consignations permet alors de déterminer les activités d'intérêt général qui résultent d'une défaillance de l'initiative privée et qui demeurent des activités de service public, d'une part, et, d'autre part, des activités tournées vers l'intérêt privé, qui peuvent être prises en charge par le secteur privé et qui perdent leurs activités de service public.

Elle met enfin en lumière les limites conceptuelles des notions françaises de service public administratif et de service public industriel ou commercial. En effet, il semble impossible d'affirmer que les activités précitées de gestion de l'épargne défiscalisée et des caisses de retraites, de financement du logement social ou de développement du territoire sont par nature des services publics administratifs ou des services publics industriels ou commerciaux. L'élément déterminant du

---

[168]V. *supra*, Partie II, Titre 1.

[169]Encore faut-il qu'il y ait fondamentalement divergence. V. DELACOUR (E.), *Service public et construction européenne : « La guerre des Droits » n'aura pas lieu*, LPA, 22 septembre 1997, p. 4.

[170]V. Introduction générale.

raisonnement demeure en fait le concept d'intérêt général, étant entendu que la notion juridique est difficilement identifiable[171]. Elle peut varier autour des notions d'utilité publique[172], d'utilité générale[173], d'intérêt public[174] et de service public[175]. La doctrine a pu alors recevoir des nouvelles d' *« un illustre vieillard »*[176], titubant[177].

Le commissaire du gouvernement STAHL indiquait aux termes de ses conclusions rendues sur l'arrêt du Conseil d'Etat du 29 décembre 1997 *Commune de Gennevilliers*[178], que *« la notion d'intérêt général est une notion d'une certaine plasticité, volontairement imprécise, qui permet au juge d'adapter les contours de sa jurisprudence aux aspirations et aux nécessités de son temps »*. Le Conseil constitutionnel ne peut pas, en outre, se référer à la notion d'intérêt général, dès lors qu'aucune disposition constitutionnelle n'existe dans le bloc de constitutionnalité pour s'y appuyer. Il considère néanmoins que des fins d'intérêt général peuvent primer sur certains principes de valeur constitutionnelle[179].

Par ailleurs, il existe de nombreuses dispositions législatives qui renvoient expressément à la notion d'intérêt général[180]. Cependant, de telles dispositions constituent le plus souvent des déclarations de principe n'entraînant en elles-mêmes aucune conséquence juridique.

Dès lors, le juge administratif ne se réfère à la notion d'intérêt général que pour juger de la légalité de l'action de l'administration au regard des objectifs d'intérêt général prévus par les textes dont il fait application ou quand il ne dispose d'aucun moyen de contrôle lui permettant d'assurer l'examen de la légalité des actes qui sont déférés[181]. Aussi est-il précisé, aux termes du rapport public de 1999 du Conseil d'Etat, que le degré d'exigence attaché à la notion d'intérêt général peut être considéré comme rempli dès lors qu'est *« établie la carence de l'initiative privée, y compris dans des domaines qui ne correspondent pas aux nécessités immédiates et vitales des populations, tels que la culture et les spectacles »*.

Le critère à retenir quant à une intervention de la Caisse des dépôts et consignations dans des projets d'intérêt général, sous réserve de l'autorisation du ministre des Finances, est par voie de conséquence la défaillance de l'initiative privée. Tel devrait être le cas des nouveaux emplois financés par les fonds d'épargne : politique de la ville et logement social ; développement des techniques numériques et informatiques et des infrastructures en sites propres par exemple[182].

---

[171]PONTIER (J.-M.), *L'intérêt général existe-t-il encore ?*, Dalloz, 1998, p. 327.
[172]Par ex., CE, 7 avril 1916, *Astruc*, Rec. p. 163.
[173]Par ex., CE, 11 octobre 1989, *Commune de Port Saint Louis du Rhône*, Rec. p. 184.
[174]Par ex., CE, 1er février 1956, *syndicat des exploitants de cinématographes d'Oranie*, préc.
[175]Par ex., CE, 28 juin 1963, *Narcy*, RDP, 1963, p. 1186, note M. WALINE.
[176]TRUCHET (D.), *Nouvelles récentes d'un illustre vieillard. Label de service public et statut du service public*, AJDA, 1982, p. 427.
[177]SANDEVOIR (P.), *Les vicissitudes de la notion de SPIC*, Mélanges STASSINOPOULOS, Paris, LGDJ, 1974, p. 317.
[178]CE, 29 décembre 1997, *Commune de Gennevilliers*, cls STAHL, RFDA, 1998, p. 539.
[179]V. DESWARTE (M.-P.), *L'intérêt général dans la jurisprudence du Conseil constitutionnel*, RFDC, 1993, n°13, p. 23.
[180]V. par ex. art. 1er de la loi n°96-1236 du 30 décembre 1996 sur *l'air et l'utilisation rationnelle de l'énergie*, JORF, 1er janvier 1997, p. 11 ; art. 1er de la loi n°76-629 du 10 juillet 1976 relative *à la protection de la nature*, JORF, 13 juillet 1976, p. 4203.
[181]TRUCHET (D.), *Les fonctions de la notion d'intérêt général dans la jurisprudence du Conseil d'Etat*, Paris, LGDJ, 1977.
[182]V. *supra*, Partie II, Titre 1.

Pour autant, si le rapport précité de la Commission européenne sur *« Les services d'intérêt économique général dans le secteur bancaire »* énumère les services particuliers assurés par les établissements de crédit que plusieurs Etats considèrent comme étant des services d'intérêt économique général, les instances européennes émettent aussi des réserves sur certains projets. Y sont relevés notamment le développement des PME, l'octroi ou cautionnement de crédits à l'exportation, l'octroi de prêts pour la construction de logements sociaux, les prêts aux communes, le financement de projets d'infrastructures et le développement régional.

La Commission s'interroge ainsi s'il est justifié de donner la qualification de service d'intérêt économique général à la distribution de prêts à des taux préférentiels aux PME et à l'exécution de versements publics alors même que *« les virements bancaires font (...) partie des activités bancaires normales et peuvent être effectués par tous les établissements de crédit »*. Par ailleurs, la Commission rappelle que l'accomplissement d'une mission par un seul établissement de crédit ou par quelques établissements seulement implique en tout état de cause le respect des règles du Traité.

Dans ces conditions, tout nouvel emploi des fonds gérés par la Caisse des dépôts et consignations, non validé formellement par un texte communautaire, est susceptible de faire l'objet de contestations de la part de concurrents de la Caisse[183]. Il convient alors de penser que le taux des prêts alloués par la Caisse des dépôts et consignations ne doit pas, par exemple, s'écarter de la moyenne des taux pratiqués sur le marché.

Cela étant, les *« activités concurrentielles d'intérêt général »* de la Caisse des dépôts et consignations peuvent parfaitement se concilier avec une rentabilité, intégrant par là même l'intérêt financier à l'intérêt général. Cette hypothèse contribue à renouveler la distinction traditionnelle entre droit privé et droit public[184] pour satisfaire avec plaisir la théorie du Professeur CHAPUS des activités de *« plus grand service »* et du *« plus grand profit »*[185]. La Commission de surveillance semble avoir débattu longuement de cette problématique doctrinale, notamment à partir des années 1980[186]. C'est ainsi que, si la recherche de la rentabilité de ces activités demeure une constance à la Caisse des dépôts et consignations, c'est aussi un souci de qualité de service public qui préside à l'administration et à la gestion de ces missions.

Le Doyen DEBBASCH s'inscrivait dans cette perspective en prédisant, dès 1970 que *« l'action administrative doit se trouver commandée par deux principes : l'idée de coût et du rendement optimums, les exigences de l'intérêt général »*[187].

Plus généralement, cela se vérifie encore, si l'on songe à la nécessité, pour une entreprise chargée d'un service d'intérêt économique général, d'obtenir une dérogation aux règles du droit commun de la concurrence, dans le but d'assurer la rentabilité globale de l'entreprise, entre les activités rentables et activités non

[183]V. *supra*, Partie II, Titre 1.

[184]BERNARD (S.), *La recherche de la rentabilité des activités publiques et le droit administratif*, Paris, LGDJ, Bibliothèque de droit public, n°218, not. p. 310 sqq.

[185]CHAPUS (R.), *Le service public et la puissance publique*, RDP, 1968, p. 235 ; et la controverse qu'il a pu susciter : v. AMSELEK (P.), *Le service public et la puissance publique. Réflexions autour d'une étude récente*, AJDA, 1968, p. 492.

[186]Par ex., débat suscité par un surveillant dans le procès-verbal du 19 mai 1987.

[187]DEBBASCH (C.), *Finances publiques et droit administratif*, Mélanges offert à M. le Doyen Louis TROTABAS, Paris, LGDJ, 1970, p. 115.

rentables[188]. La politique de filialisation des activités financières de la Direction des activités bancaires et financières (DABF) à CDC-Ixis est à cet égard l'exemple le plus marquant de démantèlement du cœur de *« la vieille Dame de la rue de Lille »*.

Dans ces conditions, cette nouvelle définition du service public remet en question le caractère indispensable de la Caisse des dépôts et consignations et plus généralement des organismes publics et semi-publics de financement des investissements[189].

Elle provoque également un certain malaise interne dans l'Etablissement, car cette nouvelle définition, plus économique et européenne, permet de déterminer la valeur de l'existence même de la Caisse des dépôts et consignations et donc de la légitimité de son statut. L'intérêt général n'impose pas un statut particulier[190] : par analogie, en privatisant le Crédit local de France en 1993, le législateur a déclaré que ce dernier poursuivait un but d'intérêt général[191].

A ce sujet, les pays de l'Union européenne peuvent, en termes de parts relatives dans la collecte de l'épargne, être divisés en trois groupes[192].

Les pays où les Caisses d'épargne collectent plus du tiers des dépôts. Il s'agit de l'Allemagne, de l'Autriche avec des structures comparables aux structures allemandes, de l'Espagne où les grandes Caisses d'épargne de Madrid et de Barcelone sont désormais en compétition avec les grandes banques commerciales nées de regroupements successifs (SCH et BBVA) et du Portugal où la *Caixa Geral de Depositos* cohabite avec les banques commerciales.

Les pays où les Caisses d'épargne s'intègrent au secteur privé. C'est le cas tout d'abord du Royaume-Uni, où les Caisses d'épargne ont fusionné avec la banque commerciale Lloyds-TSB et où les *« building societies »* ont été pour l'essentiel démutualisées, notamment les deux principales Halifax (désormais intégrée dans HBOS) et Abbey National. Les Caisses d'épargne irlandaises ont quant à elles intégré un groupe privé. Enfin, après dissociation entre Fondations (services d'intérêt général) et Caisses d'épargne, les Caisses d'épargne italiennes ont rejoint les grands groupes bancaires privés (essentiellement Intesa, Unicredito, SA Paolo, IMI, Capitalia) tandis que la *Cassa depositi e prestiti* négocie avec la Commission européenne une meilleure individualisation de ses différents types d'interventions.

Les pays en situation intermédiaires, tels les pays du BENELUX, ont tout d'abord vu émerger des groupes régionaux (Fortis, ING, Dexia) intégrant des Caisses d'épargne. Regroupés dans une Union nordique, les cinq pays nordiques se sont ensuite dotés de structures propres et d'une banque régionale d'investissement commune (la Banque nordique d'investissement, équivalant à la Banque européenne d'investissement). La Grèce connaît une mutation structurelle fondée sur la déréglementation et les privatisations sans connaître toutefois d'instruments d'épargne suffisamment développés. La Caisse helléniques des dépôts et de prêts est ainsi une institution publique qui sert de relais aux subventions et aux prêts du Trésor aux collectivités locales. La Caisse des dépôts et consignations française se

---

188 V. raisonnement de la CJCE, le 19 mai 1993, dans son arrêt *Paul Corbeau*, préc.

189 LIPSKI (de) (X.), *La mutation des organismes publics et semi-publics de financement des investissements*, Villeneuve d'Ascq, Presses universitaires du septentrion, 2002, p. 294. V. aussi du même auteur, *La mutation des organismes publics et semi-publics de financement des investissements*, RT, 2003, p. 599.

190 BODIGUEL (J.-L.), GARBAR (C.-A.) et SUPOIT (A.), *Servir l'intérêt général : droit du travail et fonction publique*, Paris, PUF, 2000.

191 Cité par M. PONTIER, *op. cit.*

192 MENTRE (P.) et MERIEUX (A.), *Les institutions d'épargne en Europe et en France : Le secteur public et mutualiste*, Paris, AEF, 2002.

situait aussi dans ce modèle économique avec la création de CDC-Ixis et son rapprochement des Caisses d'épargne à travers EULIA[193]. Les dernières modifications capitalistiques ébranleraient ce schéma[194].

Quand aux pays adhérents de l'Europe de l'Est, il convient de les situer dans cette catégorie intermédiaire. En effet, bien que les principales Caisses d'épargne demeurent en Hongrie et en Pologne, elles sont à l'inverse intégrées dans le groupe des Caisses d'épargne autrichiennes (ERSTE) en République tchèque et en Slovaquie.

Pour justifier l'utilité de telles institutions financières intermédiaires[195], la première condition présentée par M. CHENEVOY[196], réside dans la nécessaire liaison entre les fonds ou crédit publics que les organismes perçoivent de l'Etat et le financement des investissements qu'ils assurent. Cette liaison souligne le trait spécifique des organismes relais de l'action financière de l'Etat qui reçoivent des fonds ou crédits publics d'investissement constituant des crédits incitatifs ayant pour but d'attirer de nouveaux capitaux et de favoriser ainsi le financement complémentaire des investissements.

La présence de ces institutions rassure, sécurise ou génère l'effet de levier du montage financier projeté. A cet égard, lors du cent cinquantième anniversaire de la CDC, Michel DEBRE[197] imageait la présence de la Caisse des dépôts et consignations auprès des élus locaux comme naturelle : *« Entrons un certain jour dans l'unique grande salle d'un modeste hôtel de ville. S'y tient une réunion des maires de canton. Le débat porte sur les soucis de la vie municipale de chaque jour, chemins ou trottoirs, écoles ou maisons de retraite, adduction d'eau ou assainissement. Les devis sont étudiés, le poids des centimes supplémentaires évalué, le bénéfice des subventions de l'Etat apprécié. Mais voilà qui ne suffit pas. Il faut un prêt, et une conclusion surgit de toutes les lèvres à propos de tous les soucis : « Tournons-nous vers la Caisse des Dépôts », réalité un peu lointaine, un peu mythologique, mais vivante dans toutes les villes, dans toutes les provinces... ».*

Si elle prend différentes formes (bonifications de prêts, détachement ou mise à disposition de moyens en personnels ou en logistique, ...), la présence du Groupe de la Caisse des dépôts dans le financement de politiques publiques locales relève encore aujourd'hui de cette quasi-mythologie. Tel est le cas par exemple de sa présence dans l'Economie mixte. Si aucun texte de nature législative et réglementaire ne prévoit de manière explicite l'intervention de la Caisse des dépôts et consignations[198], rien n'interdit ce partenariat[199]. Sa participation en qualité d'Etablissement ou de Groupe public[200] est décriée[201] ou appréciée[202].

---

[193]BAYART (B.), *L'Ecureuil et la CDC signent la paix des braves*, Le Figaro, 3 octobre 2003.

[194] V. *supra*, Partie I, Titre 1, et *infra*, Conclusion générale.

[195]Ce raisonnement peut s'appliquer aussi à d'autres organismes, tel le Crédit Foncier de France. V. INCHAUSPE (M.), *Rapport fait au nom de la Commission des finances, de l'Economie générale et du Plan, sur la proposition de résolution (n°2947) de M. Jacques Guillet tendant à la création d'une Commission d'enquête sur les responsabilités des autorités de tutelle et de surveillance dans la situation du Crédit Foncier de France et les erreurs de gestion commises dans cette institution*, Assemblée nationale, n°3295, 16 janvier 1997.

[196]CHENEVOY (M.), *Les relais dans la distribution des crédits budgétaires d'investissement*, Paris, LGDJ, 1980, p. 238.

[197]*150ème anniversaire de la Caisse des dépôts et consignations*, 7 octobre 1966, Paris, Imprimerie nationale, p. 25.

[198]Procès-verbal 20 septembre 2000. En janvier 1990, le Directeur général de la CDC faisait remarquer que « *la Caisse des dépôts et consignations vit dans l'Economie mixte comme un poisson dans l'eau* ». V. aussi plaquette d'informations éditée par la Direction de l'Economie mixte de la CDC, septembre 1998 :

Pour autant, si cette première condition est importante, il n'en demeure pas moins qu'elle est insuffisante pour légitimer son caractère indispensable. Ce n'est pas parce que la Caisse des dépôts et consignations assure un rôle aujourd'hui essentiel dans le financement d'équipements collectifs (logements, autoroutes,...) qu'elle est légitime. Tout autre organisme de crédit pourrait en faire autant[203].

La seconde condition vise alors l'origine des ressources qui ont pour but de financer ces investissements[204] : ces ressources doivent être, pour M. CHENEVOY, en grande partie des revenus propres de l'organisme. Ainsi, la Caisse des dépôts et consignations dispose de quatre catégories de moyens financiers lui permettant d'établir le relais dans le financement des investissements : les réserves et les provisions, les dépôts et consignations, les ressources d'épargne ainsi que les produits de son portefeuille[205].

Dans ce cadre, la seule explication réside dans la légitimité d'un savoir-faire historique et garant d'une certaine cohésion sociale[206]. Cette légitimité pourrait être confortée en suggérant aux instances européennes la création d'une Caisse des dépôts et consignations au niveau de l'Union européenne[207]. Sur le plan statutaire, ce modèle d'institutions parastatales, reconnu par chaque Etat membre[208], est connu du droit administratif européen[209]. Par ailleurs, un tel modèle pourrait soutenir, comme le préconise la lecture de l'article 158 du Traité de la Communauté européenne, une démarche de cohésion économique et sociale européenne, dont les valeurs, reconnues dans chaque Etat, semblent difficiles à promouvoir sur l'ensemble du territoire communautaire[210]. Il pourrait enfin être un organe intermédiaire de leviers de projets transversaux européens mis en application sur une base contractuelle, au même titre que la Banque européenne d'investissement (BEI), légitimant ainsi les

---

le Groupe Caisse des dépôts partenaire des Sociétés d'Economie mixte. Au service du développement économique local.

[199]Art. L.1521-1 du Code général des collectivités territoriales ; si l'intervention d'autres personnes publiques est autorisée, elle ne semble pas manifestement être prioritaire dans l'esprit du législateur, étant entendu que le but principal de l'économie mixte est d'attirer des capitaux privés. On peut noter par ailleurs que la Caisse des dépôts et consignations participe à l'économie mixte sur fonds propres dont elle dispose librement.

[200]Notamment par le biais de la SCET, SCIC C3D et TRANSDEV.

[201]Pour une simple inquiétude, v. la position d'un surveillant, président de la FNSEM dans le procès-verbal du 11 juillet 1980 ; pour une critique plus virulente de cette intervention, v. POSOKHOW (A.), RAVARI (L.), BRENGUES (B.), LE BRIS (J.-P.), CHANLAIR (M.-C.), *Les sociétés d'économie mixte,* Revue française de comptabilité, juin 1996, p. 13.

[202]ALDEGUER (J.-P.), *L'économie mixte dans le développement local : histoire et problèmes contemporains*, Economie et humanisme, septembre-octobre 1986, p. 6.

[203]Tant sur un plan politique que juridique.

[204]CHENEVOY (M.), *op. cit.*, p. 263.

[205]V. *supra*, Partie I, Titre II.

[206]V. SALOME (L.) et al., *op. cit.*

[207]V. la postface de BLOCH-LAINE, à l'ouvrage de PRIOURET (R.), *La Caisse des dépôts et consignations, cent cinquante ans d'histoire financière.*

[208]V. le n°95 de la RFAP (juillet-septembre 2000) consacré à l'administration de l'Union européenne, et plus spécialement les travaux de J. ZILLER, *De la nature de l'administration européenne*, p. 357 et E. VOS, *Les agences et la réforme de l'administration européenne*, p. 393.

[209]KRONENBERG (V.), *La naissance d'établissements publics de l'Union européenne : réflexions à propos de l'Institut d'études de sécurité et du centre satellitaire*, Europe, mars 2002, p. 5 et ISAAC (G,) *Droit communautaire général*, Paris, Masson, 4ème éd., 1994, p. 84, ce dernier auteur qualifiant les agences communautaires d'établissements publics communautaires.

[210]CHAMPEIL-DESPLATS (V.), *Service d'intérêt économique général, valeurs communes, cohésion sociale et territoriale*, AJDA, 1999, p. 959. V. aussi GUILLERMIN (G.) et OBERDOFF (H.) (dir.), *La cohésion économique et sociale : une finalité de l'Union européenne*, Actes du colloque de Grenoble des 19, 20 et 21 octobre 1998, Paris, La Documentation française, coll. travaux de la CEDECE, 2 vol.

fonds structurels européens comme véritables enjeux de l'idée européenne. La démarche conjointe de la Caisse des dépôts et consignations française et de la Banque européenne d'investissement semble à cet égard significative : lorsque l'Etablissement de la rue de Lille s'est vu confier la gestion d'un « fonds de fonds » (600 millions de francs) provenant de la privatisation de France Télécom et qui a pour objectif de souscrire des FCPR[211] centrés sur les jeunes entreprises innovantes et de soutenir la forte expansion de ce segment du marché européen, la BEI s'est directement associée à cette initiative avec un fonds, à l'époque, de 300 millions de francs.

Pour ce faire, la Caisse des dépôts et consignations, par influence libérale du droit matériel, ne doit consubstantiellement avoir que des relations contractuelles avec l'Etat.

[211]Fonds commun de placement à risque.

CHAPITRE SECOND – DES ENGAGEMENTS CAISSE DES DEPOTS ET CONSIGNATIONS / ETAT CONSUBSTANTIELLEMENT CONTRACTUELS

Les relations entre l'Etat et la Caisse des dépôts et consignations ne peuvent se comprendre que dans un cadre consubstantiellement contractuel. En effet, à l'origine de la Caisse des dépôts et consignations, existe, selon l'expression consacrée, un « *Pacte* » de Foi et de confiance publique[212].

Pour être au plus proche des besoins et des problématiques des politiques publiques, l'action de la Caisse des dépôts et consignations ne peut alors se situer que dans un cadre volontairement souple dans ses relations avec l'Etat (section I). Ces considérations d'utilité sociale ont manifestement des conséquences pratiques fondamentales (section II).

SECTION I- Une approche volontairement souple des relations entre l'Etat et la Caisse des dépôts et consignations

Actes réglementaires par le droit, les relations entre l'Etat et la Caisse des dépôts et consignations sont par vocation contractuelles (§1.). En effet, elles ont pour objet essentiel le diagnostic des politiques publiques locales (§2.).

§1. Actes réglementaires par le droit, actes contractuels par vocation

La qualification réglementaire des liens entre l'Etat et la Caisse des dépôts et consignations est discutable (A). En effet, rien ne s'opposerait à ce que la Caisse des dépôts et consignations soit titulaire de droits au sens *« privatiste »* du terme[213]. C'est, semble-t-il, toute la vocation des relations entre l'Etat et la Caisse des dépôts et consignations. Il conviendra alors de les considérer comme contractuelles (B).

I- Le caractère discutable de la qualification réglementaire des liens Etat/CDC

La recherche d'un critère de distinction entre l'acte unilatéral et le contrat permet, en principe, d'établir un lien entre la qualification de l'acte et l'objet des obligations.

Ainsi, lorsque le Directeur général de la CDC fait appel aux comptables du Trésor *« pour effectuer dans les départements les recettes et les dépenses qui concernent la Caisse des dépôts et consignations »*, il ne s'oblige en aucune manière : il ne s'agit pas d'une délégation, mais d'une simple faculté puisque l'ordonnance de 1816 codifiée n'évoque qu'une simple possibilité[214]. Autrement dit, rien n'obligeait la Caisse des dépôts et consignations à faire appel aux comptables du Trésor pour de telles opérations et rien n'empêchait qu'elle fasse appel à un autre

---

212 V. Introduction générale.
213 DREYFUS (J.-D.), *op.cit.*, Paris, L'Harmattan, 1997, p. 193 sqq.
214 Art. L.518-14 du Code monétaire et financier.

réseau (La Poste, Caisses d'épargne). Ce concours administratif des préposés devrait donc être entendu comme un simple contrat administratif.

Pourtant, au regard de l'alinéa 4 de l'article 1384 du Code civil, la Caisse des dépôts et consignations exerce bien un pouvoir de Direction et de réglementation sur les préposés. Ces relations comportent également des éléments de droit public, tel que l'emploi d'agents publics, d'un contrôle supérieur de la Cour des comptes et d'un pouvoir hiérarchique de la Direction générale de la Caisse des dépôts et consignations. Ainsi, dès lors que les préposés, comptables du Trésor, effectuent les opérations de recettes et de dépenses sans avoir à solliciter l'autorisation préalable de la Direction de la Caisse des dépôts et consignations, ils sont directement et personnellement comptables de la Caisse des dépôts et consignations pour leurs opérations et sont responsables de leurs erreurs[215]. Il ne peut s'agir alors que d'un acte administratif unilatéral, dès lors que l'activité des préposés s'inscrit dans une mission fondamentale de la Caisse que sont les dépôts et consignations[216].

L'étude du droit positif confirmerait, à d'autres égards, cette analyse[217]. Le Conseil d'Etat affirme, en ce sens, la nature réglementaire de la convention signée par le ministre de la Culture et de la Francophonie et le Président de l'Etablissement public du grand Louvre : l'accord devait être entendu, en l'espèce, comme n'imposant des règles unilatéralement qu'à l'égard de l'établissement. Il devait être apprécié *« comme un acte unilatéral et réglementaire émanant du seul ministre »*[218].

Dans ce cadre, le taux de réciprocité des obligations que contiennent les rapports conventionnels entre l'Etat et la Caisse des dépôts et consignations sera l'élément permettant de qualifier l'acte en question. Lorsqu'une convention tend à régir les relations réciproques de ses auteurs et que le taux des parties est proportionnel à celui de l'autre, il y aura contrat. Au contraire, résultera de la seule volonté administrative, la convention qui présente une double qualité : le contrat aura pour vocation première à imposer des obligations à des individus qui sont étrangers à son élaboration ; dans un second temps, il établira unilatéralement un pouvoir supérieur au profit de ses auteurs, tout en systématisant leurs rapports réciproques. Dans cette dernière hypothèse, il y aura disproportion entre la part d'obligations respectives de chacune des parties, justifiant, dans ces conditions, le recours à la qualification unilatérale.

Préalablement systématisé par le Conseil d'Etat afin d'établir la nature juridique du contrat de plan[219] et du contrat emploi solidarité[220], le critère de la qualification textuelle permettrait alors d'affirmer, dans son ensemble, la nature contractuelle des relations entre l'Etat et la Caisse des dépôts et consignations.

Dans cette perspective, l'étude des éléments matériels et politiques ne peut que confirmer la nature volontairement contractuelle des relations entre l'Etat et la CDC.

---

[215]Cco, 25 avril 1996, *Trésorier-payeur général de l'Allier*, RFFP, chr. de comptabilité publique, p. 243 : J. MAGNET et N. ROBERT.

[216]V. *supra*, Partie I, Titre 1.

[217]Sauf à considérer les accords interprofessionnels appréciés en tout état de cause comme décisions unilatérales à caractère réglementaire : CE, 23 octobre 1973, *Valet*, Rec., p. 500.

[218]CE, 23 juin 1995, *Association de défense des Tuileries*, RFDA 1995, p. 838, cls J. ARRIGHI de CASANOVA.

[219]CE, 19 novembre 1999, *Fédération syndicaliste Force ouvrière des travailleurs des Postes et Télécommunications et Syndicat CNT-PTT* Paris, LPA, 19 septembre 2000, note P. COMBEAU. V. aussi *supra*, Partie II, Titre 1.

[220]Avis CE n°229811 et n°229810, 16 mai 2001, *Mlle Sylvie Joly c/ Préfet de Haute Garonne et Mlle Sandrine Padroza c/Préfet de Haute Garonne*, RDP, 2001, p. 1513, note M. CANEDO.

II- Des liens Etat/CDC volontairement contractuels

L'intérêt majeur de la conclusion de conventions entre les pouvoirs et la Caisse des dépôts et consignations est d'instaurer un partenariat mettant en œuvre la rencontre des acteurs sociaux, économiques et politiques européens, nationaux et locaux[221]. En effet, la Caisse des dépôts et consignations veut être comprise comme un levier et un laboratoire des politiques publiques[222].

De ce fait, l'octroi du caractère réglementaire conduirait à annihiler l'essence même du contrat qui repose sur un ensemble de relations égalitaires et non hiérarchisées entre les parties.

Milite également en faveur de l'application d'une grande prudence dans la qualification textuelle, le fait que les relations entre la Caisse des dépôts et consignations et l'Etat présenteraient un retour de la tutelle technique dans les politiques publiques, notamment locales[223]. En effet, par analogie, si le risque principal du contrat de plan est bien un retour à la centralisation, les programmes d'intérêt général de la Caisse des dépôts et consignations iraient eux aussi à l'encontre de la politique actuelle de décentralisation[224]. En effet, alors que le financement du contrat de plan est substantiellement assuré par l'Etat, entraînant la mainmise de l'autorité centrale sur la convention, seule une infime partie des programmes d'intérêt général de la Caisse des dépôts et consignations relève des versements de l'Etat. Les risques de centralisation au profit de l'Etat seraient donc, dans ces conditions, écartés.

Au-delà des apparences, cette distinction de l'acte unilatéral et du contrat, reposant sur la mesure du taux de réciprocité des obligations, reste supplétive du simple caractère textuel de l'acte en cause. Il faut bien tenir compte de la pratique juridique de la Caisse des dépôts et consignations, qui associe le plus souvent son action dans un cadre partenarial (groupement d'intérêt public, société d'Economie mixte, partenariat public-privé,...).

Une investigation complémentaire - mais non limitative - des rapports de l'Etablissement et des pouvoirs publics conforte la nature contractuelle de leurs relations dans le cadre des programmes d'intérêt général.

Typologique, la démarche consiste à répertorier les éléments contractuels de l'acte afin de souligner leur prééminence. La proportion quantitative des éléments contractuels reste supérieure à celle des éléments réglementaires. Une approche qualitative met en exergue la prépondérance des composantes contractuelles qui matérialisent l'action de la Caisse des dépôts et consignations comme auxiliaire des pouvoirs publics.

Bien qu'un programme soit, du point de vue du vocabulaire administratif, l'outil de mise en œuvre d'une politique ou d'une mission, il n'existe pourtant pas de définition formelle d'un programme d'intérêt général. Cela étant, le cadre juridique de ces programmes repose avant tout sur un ensemble de conventions avec

---

[221]Sur cette notion, V. HEMERY (V.), *Le partenariat, une notion juridique en formation*, RFDA, 1998, p. 357. V. aussi *supra*, Partie II, Titre 1.

[222](X.), *Haut débit : la CDC favorable aux partenariats public/privé*, La lettre informatique, novembre 2002 ; CDC, *Partenariat public-privé et collectivités territoriales*, Paris, La Documentation française, 2002 ; KTITAREFF (M.), *Les incubateurs publics : une passerelle entre la science et la création d'entreprises*, Les Echos, 19 mai 2003.

[223]MELLERAY (G.), *La tutelle de l'Etat sur les communes,* Paris, Sirey, Bibliothèque des collectivités locales, 1981, *passim.*

[224]V. *infra.*

différents acteurs du secteur public qui définissent certains programmes avec un niveau de précision variable.

Autour de ces conventions, d'autres accords avec l'Etat peuvent s'ajouter ou compléter certaines interventions de la Caisse des dépôts et consignations. Tel est le cas d'une convention de partenariat entre les services de la Documentation française et la Caisse des dépôts et consignations afin d'assurer la mise en œuvre du portail de l'administration française *« service public.fr »* auprès des collectivités locales et des usagers[225]. Cette démarche s'inscrit totalement dans le programme *Nouvelles Technologies de l'information* institué par la Caisse des dépôts et consignations.

D'autres interventions au titre des programmes d'intérêt général peuvent ensuite être initiées par la Caisse des dépôts et consignations elle-même qui « s'autosaisit » dès lors sans qu'il y ait de formalisation avec l'Etat. Ces interventions sont notamment mises en œuvre dans le cadre de programmes dits transversaux. C'est ainsi que la convention signée en octobre 1998 pour le Fonds renouvellement urbain précise simplement que la Caisse des dépôts et consignations renouvelle son programme PME-Emploi, dispositif entrepris dès 1994[226].

Les conventions sous-jacentes aux différents programmes sont enfin généralement conclues pour une période de trois ans, ce qui permet à la fois un contrôle des pouvoirs publics et une remise en cause éventuelle de l'action entreprise.

Il convient alors de penser qu'il n'y a contrat que dans la mesure où les parties à l'acte ont entendu s'engager par un lien juridique. Pilier du régime juridique des contrats administratifs, ce postulat n'est certainement pas contestable, mais démontre qu'un acte programmatique peut, à titre dérogatoire, secréter un engagement de nature contractuelle. Comme le rapporte le Professeur DREYFUS[227], parmi les différentes catégories d'engagements contenues dans une convention conclue entre personnes publiques, peuvent se rencontrer des engagements de résultats, de simples déclarations d'intention ou de promesses de comportement. La déclaration d'intention doit être entendue comme un engagement moral ne comportant aucune obligation juridique ; elle n'est donc pas susceptible d'engager la responsabilité de son auteur. Parallèlement, la promesse de comportement est une convention reposant sur de véritables engagements sanctionnés par le droit.

Le juge administratif admet, lui aussi, qu'un accord programmatique est contractuel lorsqu'il relève de la promesse de comportement. Dans un arrêt de section *« Association Estuaire Ecologie »* rendu le 25 octobre 1996, le Conseil d'Etat[228] estime que *« le contrat de plan n'emporte par lui-même aucune conséquence directe quant à la réalisation effective des actions ou des opérations qu'il prévoit »*. De même, dans l'arrêt *« Fédération syndicaliste FO des travailleurs des Postes et Télécommunication »*, la haute juridiction affirme la portée contractuelle du contrat de plan passé entre la Poste et l'Etat, *« à la condition que les stipulations du contrat de plan mises en cause soient de nature à léser le requérant*

---

[225]Convention de partenariat du 22 août 2002 entre l'Etat et la Caisse des dépôts et consignations relative *au site « service-public.fr »*.

[226]Convention du 8 octobre 1998 entre l'Etat et la Caisse des dépôts et consignations, *« Une nouvelle ambition pour les villes »*.

[227]DREYFUS (J.-D.), *op.cit.*, Paris, L'Harmattan, 1997, p. 126.

[228]CE, 25 octobre 1996, *Association Estuaire Ecologie*, RFDA, 1997, p. 339, cls J.-H. STAHL, note Y. MADIOT.

de façon suffisamment certaine et directe »[229]. La juridiction administrative rejette, en l'espèce, la requête, estimant que le caractère trop général des obligations prescrites par l'accord fait obstacle à la qualité à agir des agents de la Poste.

Le contrat de plan, et plus largement les accords programmatiques, peuvent alors revêtir une nature contractuelle lorsque les clauses sont suffisamment précises[230]. Il conviendrait, dans ce cas, de déterminer quelle est la nature de telle ou telle convention passée entre l'Etat et la Caisse des dépôts et consignations.

Deux qualifications principales méritent ainsi d'être envisagées pour cerner la nature des relations entre l'Etat et la Caisse des dépôts et consignations : celle de la délégation de service public et celle de mandat administratif.

En premier lieu, la qualification de délégation de service public supposerait que l'Etat confie à la Caisse des dépôts et consignations un service public dont il a la charge. Le doute est néanmoins permis. Par exemple, dans le cadre du programme NTIC de la Caisse des dépôts et consignations, le concept « cyberbase » a été défini, mis au point et expérimenté par la Caisse elle-même, et non par l'Etat. Il paraît donc difficile de considérer à la fois que ce dernier prend en charge l'entreprise visée ci-dessus et qu'il en transfère la gestion à la Caisse des dépôts et consignations.

Au demeurant, l'identification d'une délégation de service public suppose également l'octroi au cocontractant de prérogatives de puissance publique, en même temps que sa soumission à des contraintes et à un contrôle de l'autorité concédante. Il est permis de douter que la simple indication textuelle de projets locaux prioritairement éligibles et de l'existence d'un comité de suivi composé paritairement de représentants de l'Etat et de la CDC satisfasse à ces conditions (indication telle qu'énoncée, par exemple, dans les documents relatifs au Programme Renouvellement Urbain PRU, « Appui dans la mise en œuvre de l'organisation des territoires » PA2DT, Programme de Développement numérique des territoires DNTIC, Fonds pour le déploiement des « cyberbases » ; fonds pour l'équipement informatique des établissements scolaires).

La condition relative à la rémunération substantielle par les résultats de l'exploitation fait, en outre, le plus souvent défaut dans les relations entre la Caisse des dépôts et consignations et l'Etat. Dans le cadre du programme NTIC, l'intervention de la CDC consiste, par exemple, à accorder des aides aux collectivités locales et non à exploiter un service en vue d'en tirer une rémunération. Sans doute, en cas d'implantation d'une « cyberbase », la Caisse percevra-t-elle le prix de l'abonnement versé par la collectivité locale concernée. Néanmoins, rapportée au montant des aides consenties, ce prix ne constituerait certainement qu'une rémunération substantielle. Ce même raisonnement pourrait être tenu pour ce qui est de la mise en œuvre de ses programmes en faveur de l'aménagement du territoire. En revanche, la question peut se discuter dans le cadre de son programme PME. En effet, la Caisse des dépôts et consignations perçoit, en l'espèce, des revenus non négligeables qu'elle réinvestit directement sur le marché. Plus précisément, les services de la Caisse ont toujours estimé demander une rentabilité minimale leur permettant de subvenir à leur besoin quotidien de gestion de ce fonds.

En tout état de cause, en respectant à la lettre les actes conventionnels étudiés, il n'a pas été décelé de clause prévoyant une quelconque rémunération de la

[229]CE, 19 novembre 1999, *préc.*

[230]En comparaison, v. par exemple, le contrat local de sécurité (LEWANDOWSKI (V.), *Le contrat local de sécurité est-il un véritable contrat administratif ?*, DA, janvier 2002, p. 9) ou la négociation collective dans la fonction publique (POCHARD (M.), *La place donnée au contrat dans l'organisation de la fonction publique*, AJDA, 2003, p. 991).

Caisse des dépôts et consignations en contrepartie du service qu'elle serait capable de rendre à l'Etat. C'est pourquoi, la qualification de délégation de service public semble devoir être totalement écartée.

En second lieu, les relations entre l'Etat et la Caisse des dépôts et consignations pourraient alors être qualifiées de mandat administratif[231]. En effet, la notion de mandat est couramment employée par les services et documents publics de la Caisse des dépôts et consignations pour qualifier les missions confiées par l'Etat à la Caisse[232].

Pour autant, la pertinence de son utilisation offre davantage matière à discussion que celle de délégation de service public. C'est ainsi que le mandat résulte en général soit d'une investiture expresse[233], soit de la situation juridique que les textes font à la personne mandatée par l'Etat mandant[234].

Le premier critère du mandat permettrait à l'Etat d'investir la Caisse des dépôts d'une mission dite d'intérêt général[235], le cas échéant en imposant un cahier des charges. Tel est le cas par exemple du Programme Renouvellement Urbain (PRU).

Sans être expressément sollicitée par les pouvoirs publics, l'action de la Caisse des dépôts et consignations peut s'inscrire aussi dans un objectif de politique publique exprimé par l'Etat. Cela peut être le cas de son appui au capital investissement régional ou de ses projets d'investissements relatifs à la protection de l'environnement.

Le deuxième critère viserait, quant à lui, à ce que l'intervention de la Caisse des dépôts et consignations puisse pallier une défaillance ou une insuffisance de l'initiative privée.

Le principal argument en faveur de cette qualification de mandat réside alors dans l'origine des fonds destinés à une telle mission. Dans un arrêt *Dame Culard*[236], le Conseil d'Etat a, en effet, considéré qu'un établissement financier[237], chargé de mettre à la disposition de *« rapatriés de Tunisie »* des fonds de l'Etat sous forme de prêts, agissait pour le compte de ce dernier. Par suite, il a été convenu d'assimiler à un mandat cette action *« pour le compte de »*[238].

Cette qualification de mandat se heurte, cependant, à plusieurs objections tant particulières au cas de la Caisse des dépôts et consignations, que générales. Dans l'affaire *Dame Culard*, les fonds utilisés étaient en effet, clairement des fonds d'Etat. En ce qui concerne la Caisse des dépôts et consignations, leur appartenance offre davantage matière à discussion.

Par exemple, le fait que la convention relative à la création et à la dotation du Fonds pour le déploiement des « cyberbases » utilise pour désigner les fonds concernés le terme de *« dividende »* plaiderait plutôt, il est vrai, en faveur de la thèse selon laquelle il s'agit de fonds dus à l'Etat et que celui-ci accepterait d'affecter aux « fonds Cyberbase » créés. De même, le « Fonds renouvellement urbain » a été créé à la demande de l'Etat, après affectation par celui-ci de fonds prélevés sur le résultat net de l'exercice 1999 de la CDC.

---

[231]CANEDO (M.), *Le mandat administratif*, Paris, LGDJ, Bibliothèque de droit public, t. 216, 2001.
[232]Tels les rapports rouges. V. par ex le rapport rouge 2002, p. 26 sqq.
[233]TC, 16 mai 1983, *SA Compagnie toulousaine de transports publics*, Rec. p. 659.
[234]CE, 30 janvier 1931, *La Brossette & fils*, Rec. p. 123.
[235]*Un secteur financier public, pour quoi faire ?*, Rapport 2001 du Haut secteur financier public et semi-public, 2001, p. 46.
[236]CE, 18 juin 1976, *Dame Culard*, Rec. p. 319.
[237]Le Crédit Foncier de France en l'occurrence.
[238]CANEDO (M.), *passim*.

Cette analyse souffre cependant de discussion, au regard de l'article L.518-16 du Code monétaire et financier ci-dessus analysé et relatif à l'affectation du résultat de la Caisse des dépôts et consignations[239]. Ainsi, résulte-t-il des termes de la convention relative *à la création et à la dotation du Fonds pour le déploiement des cyberbases* précitée, que les ressources retenues constituent plutôt un *« dividende exceptionnel »*. Elles sont en effet prélevées sur le résultat net de la CDC, déjà amputé du « dividende » prévu à l'article L.518-16 du Code monétaire et financier. Dans le cadre du « Fonds renouvellement urbain », il semblerait même que ce prélèvement redistribué à la Caisse des dépôts et consignations n'ait pas été en pratique déplacé de la Caisse. Il est donc possible de soutenir qu'il s'agit là du type de ressources, qualifiées en pratique de *« fonds propres »* de la Caisse, mises à sa disposition pour accomplir les missions dont elle est chargée. A tout le moins, existe-t-il un doute quant à la portée de l'argument que l'on pourrait tirer de l'origine des fonds concernés[240].

A cela s'ajoute le fait que les conventions conclues entre l'Etat et la Caisse des dépôts et consignations ne spécifient pas explicitement les éléments permettant d'identifier un mandat. Il convient de rappeler à cet égard qu'en droit strict, le mandat est *« l'acte par lequel une personne donne à une autre le pouvoir de faire quelque chose en son nom et pour son compte »*[241]. Dans cette acceptation, le mandat est simplement l'acte en vertu duquel le mandataire se borne à représenter juridiquement le mandant, et sa mission *« se caractérise alors en ce qu'elle porte sur l'accomplissement d'actes juridiques par opposition à de simples actes matériels »*[242]. Le mandataire n'est donc qu'un simple représentant du mandant, lequel assume en totalité la responsabilité des actes accomplis par son mandataire à l'égard des tiers, tandis que le préposé est subordonné à son commettant[243].

Dans l'affaire *Dame Culard*, le Conseil d'Etat a d'ailleurs pris le soin de relever :

- que les prêts consentis par le Crédit Foncier de France étaient accordés sur avis favorable d'une Commission présidée par l'Ambassadeur de France ;

- que l'Etat était seul compétent pour décider des mesures à prendre à l'égard des débiteurs défaillants ;

- que la seule responsabilité encourue par l'établissement de crédit était celle pouvant résulter de l'inobservation de la convention le liant à l'Etat ;

- que cet établissement se bornait à mettre à la disposition des intéressés des fonds provenant d'un compte ouvert dans les écritures du Trésor et géré par le ministre des Finances ;

- qu'enfin l'administration se réservait à titre exclusif le contrôle de l'emploi des fonds par les emprunteurs.

En d'autres termes, le Crédit Foncier de France apparaissait, dans cette opération, comme un simple intermédiaire, totalement transparent.

Il semble que l'on ne puisse pas en dire autant, de manière générale, de l'Etablissement spécial CDC. La notion de mandat pourrait éventuellement

---

[239] V. *supra*, Partie I, Titre 1.
[240] V. *supra*, Partie II, Titre 1.
[241] Art. 1184 du Code civil.
[242] DEVES (C.), *Les contrats publics d'aménagement*, Mélanges J. MOREAU : *Les collectivités locales*, Paris, Economica, p. 95.
[243] V. *supra*, Partie I, Titre 2.

s'appliquer dans le cadre de la gestion des fonds structurels[244] et de coordonnateur du programme de recherche de la Communauté européenne[245]. A l'inverse, il ressort des termes de la convention relative *à la création et à la dotation du Fonds pour le déploiement des cyberbases*, comme de son silence sur un certain nombre de points, que c'est, tout d'abord, la Caisse des dépôts qui décide de l'octroi des aides, qu'elle gère ensuite le fonds destiné à les financer et qu'elle en contrôle encore son utilisation ; elle assume, enfin, vis-à-vis des collectivités locales les responsabilités résultant de ses engagements.

Par ailleurs, aucun terme ou mécanisme ne permet de déduire que la Caisse est généralement chargée de la fonction de représentation, ce qui est une caractéristique pratique du mandat : accomplir des actes juridiques au nom et pour le compte de. De même, le contenu de la notion mandat de droit administratif français dépasse, de très loin, la simple représentation juridique et renvoie à des situations en réalité diverses, de l'exploitation d'une plage par un syndicat d'initiative au nom d'une commune[246], à la construction d'une église par une coopérative de reconstruction dont la commune est membre[247], jusqu'à la mission du Crédit foncier de France consentant dans des conditions particulières, certains prêts[248]. Le mandataire se voit alors confier d'authentiques prestations de services[249]. A ce niveau, il semblerait impossible de justifier correctement une quelconque absence de mise en concurrence[250].

Devant la difficulté de cerner exactement ce que recouvre la notion de mandat en droit public et devant celle, sans doute encore plus grande, d'en discerner une stricte application à la Caisse des dépôts et consignations, il convient de penser que le vocabulaire utilisé rue de Lille correspond à une donnée purement politique, accessoire à un « droit mou », de relations particulières entre l'Etat et cette « vieille Dame ». Il en résulte que les « actes conventionnels » entre la Caisse des dépôts et consignations et l'Etat ne correspondraient à aucune catégorie de contrats, dont la nature et la qualification seraient dûment établies par le législateur, la jurisprudence ou la doctrine. Il s'agirait, par voie de conséquence, de conventions d'un type particulier que l'on désigne par l'expression de « conventions innommées » ou par celle de « contrats *sui generis* »[251]. Cette qualification pourrait sûrement s'appliquer aux conventions entre les pouvoirs publics et la Caisse des dépôts et consignations relatives *à la création et à la dotation du Fonds pour le déploiement des cyberbases* et celles relatives au développement local (PA2DT, PRU, ...).

---

[244](X.), *Premier mandat pour des fonds communautaires*, CDscope, n°198, février 2001, p. 7 ; (X.), *Un deuxième mandat*, CDscope, n°201, juin 2001, p. 6 ; (X.), *Nouveau mandat de gestion européen*, CDscope, n°219, mars 2003, p. 4.
[245]Règlement 2321/2002/CE du Parlement européen et du Conseil du 16 décembre 2002 relatif *aux règles de participation des entreprises, des centres de la recherche pour la mise en œuvre du sixième programme-cadre de la Communauté européenne (2002-2006)*, JOCE, n°L.355, p. 23 et règlement n°2322/2002/Euratom du Conseil du 5 novembre 2002 relatif *aux règles de participation des entreprises, des centres de la recherche pour la mise en œuvre du sixième programme-cadre de la Communauté européenne de l'énergie atomique(Euratom) (2002-2006)*, JOCE, n°L.355, p. 35 ; V. *supra*.
[246]CE, 18 décembre 1936, *Sieur Prade*, Rec. p. 1124.
[247]CE, 2 juin 1961, *Leduc*, Rec. p. 365.
[248]CE, 18 juin 1976, *Dame Culard*, préc.
[249]Ou de travaux. L'article R.321-20 du Code de l'urbanisme prévoit, par exemple, que les collectivités locales peuvent demander à des sociétés d'économie mixte de procéder *« en leur nom et pour leur compte à des études, à des acquisitions foncières, à l'exécution des travaux et à la construction d'ouvrages ou de bâtiments »*.
[250]CE, 5 mars 2003, *Union nationale des services industriels et commerciaux et a.*, DA, mai 2003, note A. MENEMIS ; AJDA, 2003, p. 722.
[251]RICHER (L.), *op. cit.*, p. 425.

En elle-même, cette circonstance n'affecte nullement la légalité de ce type de contrat car, en vertu du principe de la liberté contractuelle, les personnes publiques peuvent recourir aux formules de contrat de leur choix, sous réserve de ne pas méconnaître les règles d'ordre public[252]. Il ne servirait donc à rien de vouloir systématiser et qualifier à tout prix les conventions entre l'Etat et la Caisse des dépôts et consignations, l'objectif premier étant encore une fois d'assurer une souplesse de gestion et d'éviter ainsi toute lourdeur administrative.

En tout état de cause, il sera opportun, dans un premier temps, d'obtenir dans tous les cas, l'aval préalable de la Commission de surveillance de la Caisse des dépôts et consignations.

Une notification à la Commission européenne, au titre des règles relatives aux aides d'Etat sera, dans un deuxième temps, nécessaire dès lors que le déroulement du programme ou du projet prévoit - ou a pour effet d'apporter - un avantage, quelle que soit sa forme, à un ou plusieurs acteurs concurrentiels[253].

C'est à nouveau cette idée de levier et de laboratoire des politiques publiques qui inspire les relations entre la Caisse des dépôts et consignations et les pouvoirs publics. L'objet de ces conventions demeure le diagnostic du développement local.

§2. L'objet des conventions : le diagnostic du développement local

Considéré comme tel, le développement local constitue un facteur de consensualisme indéniable tant pour la Caisse des dépôts et consignations que pour l'Etat décentralisé. Dans le cadre de cette Economie « concertée »[254], l'objectif premier des pouvoirs publics et de la Caisse des dépôts et consignations est d'assurer une forme de partenariat général au vu des politiques publiques locales à mettre en œuvre. Il se décline traditionnellement en trois cas de figures, selon qu'il s'agisse du critère de l'auxiliaire (I), du renouvellement (II) ou de l'urgence (III).

I- Le partenariat du développement local

Cette démarche partenariale du développement local, entreprise par la Caisse des dépôts, doit comprendre selon le critère, soit du temporaire, soit du subsidiaire. Il ne s'agit pas pour la Caisse des dépôts et consignations de rester en permanence sur ce marché[255]. Bien au contraire, le développement de la notion de partenariat résulte simplement d'une sorte de révolution culturelle.

---

[252] V. à ce sujet le colloque sur la liberté contractuelle des personnes publiques organisé les 4 et 5 juin 1998 par l'AJDA, le Centre d'études et de recherches de droit public économique (Université de Paris I Panthéon-Sorbonne) et l'Association pour le droit public de l'entreprise. Les actes de ce colloque ont été publiés à l'AJDA en septembre et octobre 1998.

[253] V. *supra*, Partie II, Titre 1.

[254] BLOCH-LAINE a ainsi défini la notion d'économie concertée dans une formule qui a été souvent reprise depuis : *« L'économie concertée, c'est un régime dans lequel des représentants de l'Etat et ceux des entreprises se réunissent de façon organisée, pour échanger leurs informations, pour confronter leurs prévisions et pour, ensemble, tantôt prendre des décisions, tantôt formuler des avis à l'intention du gouvernement »*. V. aussi DE LAUBADERE (A.), *L'administration concertée*, Mélanges Stassinopoulos, Paris, LGDJ, 1974, p. 407 et VASSEUR (M.), *Un nouvel essor du concept contractuel. Les aspects juridiques de l'économie concertée et contractuelle*, RTDCiv., 1964, p. 5.

[255] AKOKA-RAMAIN (C.), LENORMAND (A.) avec C. BRUEL et C. RIPOSA, *Un levier pour les projets locaux*, CDscope, n°201, juin 2001, p. 14.

L'Etablissement de la rue de Lille entend ainsi accompagner le développement local sous forme de coopération et de partenariat[256]. Dès 1982, les lois de décentralisation ont favorisé le développement de politiques publiques concertées[257], à tel point qu'on a pu y voir une *« démarche indispensable au respect des principes du service public »*[258]. C'est dans ce cadre, aujourd'hui appuyé notamment par les récentes réformes de l'organisation décentralisée de la République et de l'expérimentation locale, que la Caisse des dépôts et consignations souhaite intervenir en tant qu'investisseur financier dans les structures de portages des projets réalisés en partenariat public-privé. Elle souhaite favoriser les domaines de l'immobilier public, des infrastructures de transports et des équipements à caractère technologique. Cette intervention se situerait ouvertement, pour la Caisse des dépôts et consignations, dans le cadre de ses missions d'intérêt général, et ceci à plus d'un titre : tout d'abord, par la nature des projets à laquelle elle s'applique (ceux dont l'utilité socio-économique est avérée) ; ensuite, par le rôle de structuration d'un marché encore peu mature, si possible en association avec d'autres acteurs financiers ; et, enfin, par la promotion à assurer d'un nouveau mode d'exercice de l'action publique. Sans que cela puisse paraître historiquement novateur[259], cela semble bien être une démarche proprement partenariale.

Les activités de la Caisse des dépôts et consignations dans le domaine du programme PME-Emploi sont, à d'autres égards, significatives de cet esprit. Elle se veut un effet de levier sur tout le territoire national[260]. Concernant le programme d'action sur les petites entreprises, la Caisse des dépôts finance par exemple des associations de prêts d'honneur (APH) et les accompagne dans le déploiement de leurs interventions. Sur les territoires fragilisés, elle développe des actions innovantes en liaison étroite avec le Programme du Renouvellement Urbain.

De même, la Caisse des dépôts et consignations a mis en œuvre un programme d'appui au développement des territoires, approuvé par la Commission de surveillance en février 1999 et faisant suite au programme expérimental de développement rural, établi en juin 1997[261]. Elle repose depuis juillet 2000 sur une convention passée avec la DATAR[262].

Cette dernière convention implique la Caisse des dépôts dans le volet territorial des contrats Plan Etat-Région, au travers notamment de son appui à l'élaboration des projets de territoire et au financement de projets. La contribution de la Caisse des dépôts y a un caractère incitatif sans obligation de mobiliser des ressources financières spécifiques. Certaines actions peuvent, par ailleurs, faire l'objet de conventions spécifiques, essentiellement au travers de protocoles établis avec les grands réseaux d'acteurs du développement local, tels que la fédération nationale des Parcs naturels régionaux ou les réseaux d'élus[263]. Elle prévoit

---

[256]CABANES (A.) et ROBBES (A.), *La coopération décentralisée : comment s'extraire des contingences de l'intérêt public local ?*, AJDA, 2003, p. 593 et HEMERY (V.), *op. cit.*, RFDA, 1998, p. 357.

[257]CHEVALLIER (J.), *Décentralisation et politiques publiques*, AJDA, n°spécial, 1992, p. 124.

[258]BRACHET (P.), *Le partenariat de service public avec usagers, élus, professionnels*, Paris, L'Harmattan, 1994, p. 5.

[259]DELELIS (P.), *Partenariat public-privé et développement local*, Collectivités territoriales – Intercommunalité, mars 2003, p. 6.

[260]AKOKA-RAMAIN (C.), LENORMAND (A.) avec C. BRUEL et C. RIPOSA, *Un levier pour les projets locaux*, CDscope, n°201, juin 2001, p. 14.

[261]Procès-verbal du 2 février 1999.

[262]Convention-cadre du 26 juillet 2000 entre la DATAR et la Caisse des dépôts et consignations, *« Appui dans la mise en œuvre de l'organisation des territoires »*, www.datar.gouv.fr (recherche effectuée le 2 octobre 2000).

[263]Par ex., (X.), *Convention AMF-CDC*, Maires de France, janvier 2003.

également la poursuite du partenariat DATAR/CDC sur le développement des villes-centres en zones de revitalisation rurale et sur les opérations transfrontalières. La démarche devient donc pluriannuelle.

II- La démarche pluriannuelle du développement local

L'idée partenariale développée dans cette démarche pluriannuelle est d'assurer un projet lourd sur un moyen ou long terme dans un jeu politique complexe[264]. Le résultat ne sera pas à première vue facile à apprécier[265].

C'est ainsi que la Caisse des dépôts et consignations s'est vue confier lors du Comité interministériel d'aménagement et du développement du territoire (CIADT) du 18 décembre 2002, la gestion et le secrétariat de l'agence pour le financement des infrastructures (AFIT). Ce fonds, doté en principe de ressources affectées de redevances domaniales et des dividendes versés par les sociétés mixtes d'autoroutes, entend ouvertement libérer les choix des contraintes de l'annualité budgétaire et souhaite donner, dans le cadre d'une structure légère, les moyens d'une vraie politique multimodale. Ce fonds est entré officiellement en fonction au 1er janvier 2005.

La Caisse des dépôts et consignations a souhaité, par ailleurs, amplifier ses interventions en fonds propres dans le secteur des petites et moyennes entreprises et doter un fonds de garantie « fonds propres » géré par la société française de garantie des financements des petites et moyennes entreprises (SOFARIS). Les interventions prennent la forme soit de prises de participations dans des entreprises de moins de 80 millions d'Euros de chiffres d'affaires, par l'intermédiaire de véhicules spécialisés, avec un effort particulier pour les entreprises en création ou en développement technologique ; soit de gestion extinctive des participations au capital de certaines sociétés de développement régional ou de leurs filiales. Ainsi, ces interventions concernent des actions d'investisseur et de garant dans les segments de marché de fonds propres des entreprises à potentiel (technique, économique et humain), dont les risques de rentabilité rendent nécessaires la stimulation et l'entraînement de l'initiative privée (capital-risque technologique[266], capital-investissement[267]). Cette action est peu connue de l'opinion publique, mais très utile au projet financier concerté.

Historiquement, cette démarche volontaire présidait déjà au programme développement solidarité (PDS), mis en œuvre à partir de 1989 dans le domaine de la politique de la ville. Deux autres programmes développement solidarité lui succédèrent en 1992 et en 1994. Puis un programme développement urbain (PDU) fut créé pour la période 1998-2000, transformé le 8 octobre 1998 en programme

---

[264]GONNET (M.) (rencontre avec le Directeur général adjoint de la Caisse des dépôts et consignations), *« Nous sommes un investisseur public de long terme et cherchons à créer un effet levier sur l'investissement privé sur des projets de territoire »*, Région Magazine, juillet 2002, p. 12.

[265]HACHACHE (N.), *Rénover les centres commerciaux en zones sensibles*, Le Moniteur, 11 mai 2001 ; LERMITUS (M.), *L'efficacité économique des investissements de développement social urbain*, Problèmes économiques, 29 mai 1996, p. 5.

[266]CHALLIOL (B.), *Le capital-risque enfièvre la région PACA*, Les Echos, 4 décembre 2000 ; DUCUING (O.), *Le Nord-Pas-de-Calais resserre ses forces dans le capital-risque*, Les Echos, 21 mai 1999 ; OLLIVIER (A.) (propos recueillis par P. HENISSE et N. RENAUD), *« Le capital-risque doit pouvoir donner naissance à de futurs grands groupes »*, La Tribune, 2 avril 2003.

[267]LENORMAND (A.), *Capital-Investissement. La CDC gestionnaire du fonds public pour le capital risque*, CDscope, n°170, juin 1998, p. 5 ; MOCCI (J.-P.), *Le programme CDC-PME a investi plus de 160 millions d'euros dans le capital investissement régional depuis 1994*, L'Agefi, 20 avril 2001.

d'appui au renouvellement urbain. Le champ d'intervention de ces programmes était vaste puisqu'il couvrait en principe à la fois les domaines de l'habitat, de l'insertion sociale et professionnelle et de l'éducation. Afin de masquer au mieux ces différents aspects, la Caisse des dépôts et consignations avait choisi de travailler dans une logique de projet, tout en se mettant à l'écoute d'une demande nouvelle, mais profondément ancrée dans la société urbaine (jeunes des banlieues, ...). Il s'agissait de mobiliser le groupe Caisse des dépôts sur six champs d'intervention : une meilleure gestion des villes, la réhabilitation des quartiers d'habitat social, l'adaptation des services de proximité, la mobilisation en faveur de l'éducation et de la formation, l'effort d'insertion sociale et professionnelle des populations en difficulté et le développement de la vie associative. Sur le plan financier, la Caisse des dépôts et consignations impliquait deux moyens d'intervention : en accord avec l'Etat, des prêts à taux privilégié, d'une part, et, d'autre part, des subventions sur ses fonds propres.

Pourtant, ces fonds de renouvellement urbain ont été progressivement structurés comme un outil de débudgétisation de sommes n'appartenant plus à la Caisse des dépôts et consignations (car versées officiellement comme « dividendes ») et ont été institutionnalisés dans le paysage administratif et financier. L'article 92 de la loi de *finances rectificatives pour 2003*[268] est à ce sujet très caractéristique. Il autorise un prélèvement de 106 millions d'Euros en 2004 sur le fonds « renouvellement urbain ». Par ailleurs, considérant sa phase d'investissement achevée en juin 2003, la loi n°2003-710 du 1er août 2003 *d'orientation et de programmation pour la ville et la rénovation urbaine*[269] l'englobe directement dans la politique étatique de cohésion sociale. Il cessera d'exister sous cette forme dans les prochains mois.

L'organisation indépendante subsidiaire de la Caisse des dépôts et consignations dans la politique de la ville a suivi trois phases : d'un laboratoire du renouvellement urbain, la Caisse des dépôts et consignations a entrepris une stricte expérimentation administrative pour devenir aujourd'hui un simple guichet de la politique urbaine gouvernementale[270]. En effet, cette loi ne fait que traduire – à tort ou à raison - une démarche quasi-réglementaire du renouvellement urbain, et plus généralement du développement local.

III- La démarche quasi réglementaire du développement local

L'article 8 de la loi précitée du 1er août 2003 *d'orientation et de programmation pour la ville et la rénovation urbaine* prévoit la participation de la Caisse des dépôts et consignations au financement du programme national de la rénovation urbaine par l'octroi de prêts sur les fonds d'épargne et par la mobilisation de ses fonds propres. Ce dispositif législatif institutionnalise la Caisse des dépôts et consignations en se fondant sur l'article L.518-1 du Code monétaire et financier et

---

[268]Loi n°2003-1312 de *finances rectificatives pour 2003* du 30 décembre 2003, JORF, 31 décembre 2003, p. 22594.

[269]Loi n°2003-710 du 1er août 2003 *d'orientation et de programmation pour la ville et la rénovation urbaine*, JORF, 2 août 2003, p. 13281.

[270]BROUANT (J.-P.), *A propos de la rénovation urbaine*, AJDA, 2003, p. 2198 ; DEMOUVEAUX (J.-P.), *La notion de renouvellement urbain*, DAUH, 2002, p. 125.

fait perdre, par suite, à l'Etablissement son caractère partenarial en lui imposant certaines obligations quasi réglementaires[271] et financières[272].

Ainsi, ces ressources financent simplement des avances aux investisseurs, des prises de participations dans les opérations de rénovations urbaines et des aides à l'ingénierie. Autrement dit, la Caisse des dépôts et consignations assure pleinement une stricte fonction de débudgétisation, non plus en qualité d'administration de mission, mais de gestion[273].

Par ailleurs, la création de l'Agence nationale de la rénovation urbaine (ANRU) pour coordonner les financements et les orienter en priorité vers des opérations de grande ampleur amplifie cet état. Concrètement, les dossiers, instruits localement et présentés à l'agence par le maire et le préfet, sont désormais examinés rapidement et en opportunité par un comité d'engagement regroupant les financeurs (représentants des ministères de la ville et de l'équipement, de l'union sociale pour l'habitat HLM, de l'agence nationale de l'amélioration de l'habitat, des partenaires sociaux et de la Caisse des dépôts et consignations), sans appui des décideurs locaux. C'est le retour du « guichet unique » administratif, sur le modèle des agences de régénération urbaine créées à la fin des années 1990 en Grande-Bretagne[274]. Cette démarche de financement peut être qualifiée d'urgence sociale politiquement et administrativement centralisée, et non plus projet[275].

De même, la convention générale relative au *fonds pour l'équipement informatique des établissements scolaires* du 3 septembre 1998 ou le protocole relatif *à l'internat* du 19 décembre 2000 conclus entre l'Etat et la CDC ne cherchent qu'à étendre une coopération administrative et financière de cette dernière. Ainsi, dans le cadre du protocole de 2000, la Caisse des dépôts et consignations se propose, dans un premier temps, *« d'apporter son appui méthodologique permettant au ministère de l'Education nationale de définir les cahiers des charges des études qu'il entend conduire »*. Elle *« apporte »*, dans un deuxième temps, *« son ingénierie portant sur le coût global et sur les plans et les procédures de financement les plus adaptés à la construction, à l'équipement et au fonctionnement de l'internat-type qui aura été défini par le ministère »*. Dans un troisième temps, elle finance *« des études conduisant à la définition du nouveau service d'internat scolaire et à l'évaluation quantitative des besoins et leur impact macro-financier »*. Elle met enfin à la disposition du ministère de l'Education nationale pendant une durée de six mois un expert chargé de la mise en œuvre des points précédents.

A s'en tenir à ces stipulations, la convention du 21 mars 2001 conclue entre l'Etat et la Caisse des dépôts et consignations relative au *Fonds pour le déploiement des cyberbases* a également pour simple objet d'autoriser la Caisse des dépôts et consignations à créer et à gérer un fonds, dont l'objet est de cofinancer à hauteur de trente à cinquante pour cent (dans la limite de 50 000 Euros) un investissement engagé par les collectivités locales désireuses d'implanter une ou plusieurs

---

[271]Cette situation est identique à celle des années 1990 où la Caisse des dépôts et consignations intervenait en urgence pour pallier certains budgets locaux. Par ex., v., DEQUEANT (J.), *Les lendemains d'Angoulême*, Le Moniteur, 1er mars 1991.

[272]L'article 92 de la loi de finances rectificatives pour 2003 prévoit que le prélèvement précité sur le fonds renouvellement urbain est affecté, à raison de 50 millions d'Euros, à l'Agence nationale pour la rénovation urbaine et, pour solde, au budget général de l'Etat. C'est, autrement dit, plus qu'une débudgétisation, c'est une ponction au profit du budget général de l'Etat.

[273]V. notamment Introduction générale.

[274]HACHACHE (N.), *Régénération urbaine à l'anglaise*, Le Moniteur, 7 novembre 2003.

[275]STERN (B.), *La Caisse des dépôts refuse d'être le SAMU du système financier*, Le Monde, 27 mars 1996.

« cyberbases » sur leur territoire. La convention tend donc à mettre en place un système d'aide aux collectivités locales, sur fonds émanant de la Caisse, en vue du développement des espaces numériques et l'accès du plus grand nombre à la société de l'information. C'est une démarche quasi-réglementaire de débudgétisation.

Sur le plan du droit, de telles aides aux collectivités territoriales (ou par leur intermédiaire à la population) seront considérées comme légales[276]. Elles ne tombent directement, ni sous le coup du régime communautaire des aides, ni sous celui du droit de la concurrence, dès lors qu'elles sont *a priori* extérieures au champ concurrentiel.

Sur un plan plus politique, ces démarches se situent dans une stricte logique de *« guichet »* financier, ce qui est peut-être regrettable pour développer des initiatives porteuses de projets locaux innovants. Pouvant mobiliser rapidement ses services, la Caisse des dépôts et consignations avait certainement un rôle plus important à assumer au service des politiques publiques locales. Pour ce faire, les conclusions d'une Commission d'expertise présidée par le conseiller d'Etat VIGOUROUX établies en novembre 1992 à la demande de la Caisse des dépôts et consignations peuvent être utiles si elles étaient suivies d'effet. Cette Commission indépendante avait pour finalité d'évaluer le programme de développement solidarité (PDS) mis en place rue de Lille. Cette instance avait constaté, à l'époque, que si la Caisse des dépôts et consignations assumait ce programme ambitieux d'aménageur, alors même que son premier métier est celui de financeur, elle n'avait déjà aucune initiative propre. Tout émanait des ministères. Elle se demandait si l'Etablissement de la rue de Lille ne devait pas jouer un rôle d'ensemblier beaucoup plus poussé des politiques de développement local. On peut se demander si cette fonction a existé et s'il ne s'agit pas d'une voie d'expérimentations justement à développer par cet Etablissement indépendant, mais mobilisé auprès des partenaires locaux.

En tout état de cause, le diagnostic du développement local admis à divers degrés à partir de conventions entre l'Etat et la Caisse des dépôts et consignations a des traductions pratiques non négligeables.

SECTION II- L'application pratique de ces principes

La mise en œuvre de ces programmes d'intérêt général a des conséquences pratiques (§1.), notamment en ce qui concerne la responsabilité encourue par l'Etablissement (§2.)

§1. La mise en œuvre des programmes d'intérêt général

La mise en œuvre des programmes est conduite à plusieurs niveaux : les Directions opérationnelles les prennent en charge (I) ; les Directions régionales constituent le maillage du réseau et assurent la relation avec les collectivités locales et les autres investisseurs et partenaires, en pilotant les projets d'investissement alors que le réseau des Directions interrégionales assure l'interface entre les Directions opérationnelles et les Directions régionales sur les métiers d'investisseur[277]. Enfin,

[276]V. art. L.518-1 du Code monétaire et financier.

[277]V. *supra*, Partie I, Titre 1.

les services fédéraux assurent des fonctions de supports, avec notamment la filiale SOLIDEC SA[278](II).

I- Le pilotage des programmes d'intérêt général par les Directions opérationnelles

Les Directions opérationnelles assurent le pilotage de l'intervention de la Caisse des dépôts et consignations dans les programmes d'intérêt général. Il s'agit de la Direction du Renouvellement urbain, de la Direction du développement local et des participations, de la Direction des nouvelles technologies de l'information et de la communication, de la Direction des PME et de l'innovation et de la Direction des très petites entreprises et de l'Economie sociale.

Elles remplissent, en général, quatre fonctions : élaborer les programmes au travers de négociations avec les pouvoirs publics ; définir la doctrine d'intervention, c'est-à-dire transformer les conventions en déterminant les critères d'intervention de la Caisse des dépôts et consignations ; participer au montage des projets, de leur sélection et de leur contractualisation ; instruire les dossiers en statuant formellement sur l'investissement dans ces dossiers au travers d'une chaîne de délégation.

Chaque Direction opérationnelle développe, plus spécifiquement, son propre organigramme et ses propres instances de pilotage. Si ces considérations ont l'avantage de la proximité et de la complémentarité des offres de politiques publiques, elles ont l'inconvénient de compliquer la transversalité des programmes.

La fonction « investisseur » des Directions opérationnelles comprend, par ailleurs, soit la gestion des participations en direct, soit le recours à une intermédiation par le biais de fonds d'investissement, de relais régionaux et de véhicules de partenariat prenant la forme d'associations. Dans le premier cas, c'est essentiellement vrai pour la Direction du Renouvellement Urbain, la Direction du développement local et des participations et la Direction des nouvelles technologies de l'information et de la communication. La Direction des PME et de l'innovation, et la Direction des très petites entreprises et de l'Economie sociale préfère recourir à l'intermédiation. Pour autant, le développement de l'intervention intermédiée reste un objectif de la Direction du développement local et des participations au travers du Fonds commun de placement à risque et de la Direction du Renouvellement urbain au travers des sociétés d'investissement régionales (SIR)[279]. On ne peut dès lors systématiser cette fonction d'investisseur, qui correspond à une véritable logique de concertation.

L'intermédiation présente, en effet, l'avantage de faciliter, d'un côté, le respect des exigences de gouvernance d'entreprise[280] et des éventuels désinvestissements de la Caisse des dépôts et consignations de projets locaux concernant de près les collectivités locales sur le terrain.

L'intermédiation permet éventuellement, d'un autre côté, de filialiser le programme en question afin de mieux appréhender leur suivi analytique, voire de recentrer la Caisse des dépôts et consignations sur sa vocation d'investisseur

---

[278]Sur la filiale SOLIDEC SA, v. *supra*, Partie I, Titre 1.
[279]Telles que prévues par l'article 89 de la loi n°2000-1208 du 13 décembre 2000 relative *à la solidarité et au renouvellement urbains* (JORF, 14 décembre 2000, p. 19777) pour exercer des activités d'investissement immobilier.
[280]Telles qu'imposées par la loi sur *les nouvelles régulations économiques*. V. RAPP (L.), *Les nouvelles régulations économiques*, AJDA, 2001, p. 560.

général. Il en est ainsi, par exemple, de la création de CDC-TIC, société anonyme dont les capitaux appartiennent en totalité à l'Etablissement public. Cette société est chargée d'assister les collectivités locales dans la création des espaces numériques « cyberbases » et de développer le portail dédié à ces espaces. Elle assure cette fonction en complément de la Direction des nouvelles technologies de l'information et de la communication. Cette dernière accompagne le développement des territoires en soutenant le développement des usages, l'élaboration des contenus et services, et, le déploiement des infrastructures dans le cadre de l'exécution des conventions du 21 mars 2001 relatives au *Fonds pour le déploiement des cyberbases* et du 25 mars 2002 relative *au Programme de Développement numérique des territoires* conclue entre la Caisse et l'Etat. Bien que cette organisation permette d'attirer d'autres investisseurs en favorisant un effet de levier, notamment dans le cadre d'une optimisation du rapport risque/rentabilité, on peut se demander si ce type de montage, dans le cas où il serait mal préparé sur le plan juridique, pourrait encourir le reproche d'une aide publique. Tel pourrait être éventuellement le cas, quand la Caisse des dépôts et consignations s'appuie sur sa filiale CDC-TIC pour développer un produit (le concept de « cyberbase »), entrant dans le champ de la concurrence.

Par ailleurs, l'intermédiation semble avoir pour inconvénient de créer un échelon supplémentaire qui traduirait une certaine distance entre, d'une part, la Caisse des dépôts et consignations avec ses missions d'intérêt général confiées par le plus haut niveau de l'Etat et, d'autre part, ses actions sur le terrain conduites par des structures dans lesquelles son rôle apparaîtrait dilué.

En tout état de cause, ces Directions opérationnelles sont soutenues par les services centraux de la Caisse des dépôts et consignations.

II- Les fonctions supports des services centraux

Si un certain nombre d'interventions, au titre des missions d'intérêt général de la Caisse des dépôts et consignations, sont conduites par les Directions opérationnelles, d'autres, nommées en « interne projets » ou « enveloppes transversaux » (A), sont gérées directement par les services centraux. Les instances fédérales sont, par ailleurs, des organes de pilotage (B) et d'évaluation (C).

A) La conduite des projets transversaux

En fonction des développements des programmes transversaux et des autres programmes d'intérêt général, les programmes transversaux peuvent être confiés à des Directions opérationnelles au fil du temps. Ainsi, le programme « cyberbase » de la Direction des nouvelles technologies de l'information de la communication (DNTIC) fut d'abord lancé comme programme transversal avant que la DNTIC ne soit créée et que ce programme passe progressivement sous sa responsabilité.

Parmi ces programmes transversaux[281] relève aujourd'hui, par exemple, le « *programme Universités* ». Répondant à une demande des Présidents des Universités, la Caisse des dépôts et consignations a signé le 28 novembre 1997 une convention de partenariat afin d'échanger des compétences et des expertises dans les domaines de la modernisation financière, du pilotage des projets immobiliers et du développement des activités qui présentent un caractère marchand tels que la formation continue et le transfert de technologie par exemple. En effet, dans le cadre

[281] Autrefois appelées « *hors programme* ».

du Plan Université 2000 et du plan « Université du troisième millénaire » (U3M), les Présidents des Universités se trouvent actuellement confrontés à de plus grandes responsabilités, notamment dans leurs relations avec les collectivités locales. Dans ce cadre, la Caisse des dépôts et consignations entend apporter ses compétences de gestion administrative et financière aux collectivités territoriales et aux établissements scientifiques.

Il peut s'agir encore de domaines d'interventions liés à des programmes d'intérêt général comme par exemple le « *plan forêt* » lié à la tempête de 1999[282] ou le mécénat de solidarité dont les préoccupations sont proches de la politique de la ville conduite par la Direction du Renouvellement Urbain. Fondé en 1990 dans le prolongement des interventions du Programme Développement Solidarité (PDS), ce programme « *Mécénat de solidarité* » veut être, tout d'abord, centré sur des actions culturelles de quartiers en lien avec la politique de la ville et de l'insertion[283] et des actions d'accompagnement du programme en faveur du développement du territoire. Par ailleurs, dans le cadre du développement international des activités de la Caisse des dépôts et consignations, le programme mécénat intervient dans le développement local (énergie renouvelable, réhabilitation du patrimoine, culture de proximité), la lutte contre l'exclusion (scolarisation des enfants, formation des adultes, accueil et resocialisation de populations en grande précarité) et la défense des droits de l'Homme. Ces interventions sont financées au travers du fonds renouvellement urbain et d'un fonds de 10 millions d'Euros créé à cet effet sous la responsabilité du Directeur général de la Caisse des dépôts et consignations. Ces deux interventions, sans faire l'objet de conventions spécifiques, font l'objet de communications auprès de la Commission de surveillance. A-t-il été ainsi présenté le 19 février 2002 à la Commission de surveillance un *« point sur la politique de mécénat de la Caisse des dépôts »*.

Les décisions sur ces projets transversaux sont généralement prises par un comité d'engagement composé en principe des responsables des programmes, du Directeur de la programmation financière et des risques, du contrôleur général et du représentant de la Direction de la stratégie, des finances, du contrôle de gestion et de la comptabilité (DSFC) ainsi que du responsable du dossier. L'accord de financement est donné par le président du comité, après consultation de ses membres. Ces crédits transversaux aux programmes d'intérêt général, relevant de prestations, de cotisations ou de subventions peuvent être déconcentrés dans les Directions régionales, par décision du comité.

Les instances fédérales sont par ailleurs des organes de pilotage.

B) Le pilotage des organes opérationnels

Les organes opérationnels sont conduits, en principe, par le comité de Direction (CODIR) et le comité de développement (CODEV).

Le premier, regroupant les responsables fédéraux de la Caisse des dépôts et consignations et des Directions opérationnelles ainsi que les Directeurs interrégionaux, traite des grands sujets d'actualité. Ils sont organisés sous forme d'un séminaire.

---

[282]Procès-verbal du 21 mars 2000.

[283]La Convention du 8 octobre 1998 entre l'Etat et la Caisse des dépôts et consignations, « *Une nouvelle ambition pour les villes* » affirme que « *le mécénat culturel de la Caisse des dépôts et consignations veillera à prolonger ses interventions au profit du développement culturel des quartiers en difficultés* ».

Rassemblant les membres concernés du CODIR, les CODEV assurent, quant à eux, l'échange d'informations et l'arbitrage des nouveaux dossiers. Ils sont régulièrement organisés pour assurer la remontée de projets à un stade préliminaire afin de valider un investissement éventuel de la Caisse des dépôts et consignations. Si un thème d'intervention est abordé à plusieurs reprises, un groupe de travail sera alors constitué pour réfléchir à une telle demande répétée. Autrement dit, il convient de penser que cette instance fixe les doctrines d'intervention de la Caisse des dépôts et consignations : recherche de « clients » potentiels, nouveaux outils, montage de dossiers atypiques. Ils ne constituent pas, pour autant, un comité général d'engagement ; ce dernier est, en effet, du seul ressort des Directions opérationnelles.

Plus spécialement, le Comité des Risques et des Résultats (CRR) peut pourtant intervenir comme comité d'engagement, quand il s'agit de projets d'investissements de plus de huit millions d'Euros et de projets internationaux d'envergure.

Ce comité est composé du Directeur général de la Caisse des dépôts et consignations, président du comité, des Directeurs opérationnels, du contrôleur général du groupe CDC et du Directeur de la stratégie, des finances, du contrôle de gestion et de la comptabilité (DSFC). Il a tout d'abord pour objet de fixer en matière de risques, les règles, les méthodes et les limites d'intervention de la Caisse des dépôts et consignations dans les programmes d'intérêt général. Il décide ensuite des actions correctives mises en œuvre suite aux dépassements de ces limites et statue sur l'allocation des fonds propres, des objectifs de rentabilité, des provisions comptables à constituer et sur le développement de nouveaux produits. Il examine enfin toutes les mesures urgentes et les dispositions nécessaires à une information de la Direction générale de la Caisse des dépôts et consignations (survenance d'événements majeurs, contentieux judiciaires éventuels, ...). Dans le cas où une transaction fait appel à une participation de plusieurs Directions opérationnelles qui sont en désaccord sur un dossier, c'est ce comité des risques et des résultats qui devient l'instance d'arbitrage des Directions. La décision d'engagement est alors prise par le président, après consultation des membres du Comité.

Instance de pilotage des organes opérationnels, les services fédéraux de la Caisse des dépôts et consignations sont aussi chargés de l'évaluation des programmes d'intérêt général.

C) L'évaluation des programmes[284]

Positionné auprès du Directeur général, sous l'autorité du Directeur de la programmation financière et des risques, le service « Evaluation des programmes d'intérêt général » s'inscrit parfaitement dans la définition du décret du 22 janvier 1990 et dans celle du rapport VIVERET[285]. L'évaluation peut être *ex ante* (programme PME-Emploi), *in itinere* (Programme Renouvellement Urbain) ou *ex post* (Programme Economie sociale et petites entreprises) ; elle peut aussi combiner les trois temps (programme en faveur du développement des territoires). La Direction générale de la Caisse des dépôts et consignations considère cette approche

[284]AKOKA (C.) avec C. BURLATS et V. QUEUNIET (dossier réalisé par), *L'évaluation permanente*, CDscope, janvier 2003, p. 12.

[285]Décret n°90-82 du 22 janvier 1990 relatif *à l'évaluation des politiques publiques (précédé du rapport au Président de la République)*, JORF, 24 janvier 1990, p. 951.

de l'évaluation sous une double dimension : *« rendre compte »* et *« aide à la décision et au pilotage »*.

Les instances d'évaluation présentent, rue de Lille, trois niveaux : une Commission d'évaluation par programme, un groupe de travail chargé du suivi et un chargé d'évaluation.

1) Une Commission d'évaluation par Programme

Une Commission d'évaluation par programme est, tout d'abord, en charge de la conduite d'évaluation. Présidée en général par une personnalité extérieure, elle est composée de deux collèges : interne à la Caisse des dépôts et consignations d'une part et externe d'autre part.

Le collège interne comprend les responsables opérationnels du projet ou du Programme concerné, les Directeurs régionaux, les autres Directions de métiers impliquées et un représentant de la Direction générale de l'Etablissement. Le collège externe comprend, quant à lui, des experts du domaine d'évaluation, des représentants d'entités externes associés au programme ou projet, des représentants de collectivités et bénéficiaires impliqués, des experts universitaires et/ou scientifiques, un représentant du Conseil national de l'Evaluation ainsi que des experts de la Commission européenne. On notera, néanmoins, avec regret qu'aucun surveillant n'est membre de droit de telles Commissions ; cela aurait pu éventuellement compléter ou soutenir le travail de surveillance qui leur incombe en Commission de surveillance. Ainsi constituée, la Commission d'évaluation entend, pour autant, présenter les qualités d'indépendance et de crédibilité. Il convient, en effet, de penser qu'elle agit en toute indépendance du « commanditaire » (c'est-à-dire la Direction opérationnelle) et des parties prenantes à la démarche d'évaluation.

La Commission d'évaluation intervient, par ailleurs, tout au long de la démarche, depuis la validation du cahier des charges jusqu'à la remise du rapport final et la proposition de recommandations. La Commission se réunit tous les cinq mois afin d'apprécier et valider les rapports intermédiaires transmis par le cabinet d'évaluateurs. Après avoir intégré tous les avis, elle rédige un rapport final et émet des recommandations qui sont proposées au « commanditaire ».

Le rapport est ensuite présenté au Directeur de programme, puis, pour les évaluations les plus importantes, au Directeur de la Caisse des dépôts et consignations. La Direction opérationnelle va intégrer les recommandations dans son plan d'activité ou expliquer pourquoi certaines ne sont pas retenues.

Un groupe de travail, composé de représentants de la Direction opérationnelle concernée, de la mission évaluation, décide enfin de l'opportunité de recourir à une démarche significative externe d'évaluation.

2) Un groupe de travail en charge du suivi opérationnel de la démarche et des travaux d'évaluation

Occupant un rôle pivot de l'évaluation, ce groupe de travail prépare, dans un premier temps, la mise en place du dispositif d'évaluation (formation de la Commission d'évaluation, définition du cahier des charges, recrutement de l'évaluateur...).

Le groupe de travail accompagne, dans un deuxième temps, l'évaluateur ou le chargé d'évaluation tout au long des travaux. Il s'assure de la qualité des travaux, de la rigueur des modes d'investigations, de la recherche de la mesure des effets et des impacts, de la transparence et de l'opérationnalité des résultats et recommandations proposés à la Commission d'évaluation.

Le groupe organise et prépare, dans un troisième temps, les réunions de la Commission d'évaluation.

3) Un chargé d'évaluation

Choisi par appels d'offres sur proposition du groupe de travail, le chargé d'évaluation est en charge de la réalisation des travaux d'évaluation.

Cette démarche d'évaluation doit être comprise comme un outil de crédibilité de la Caisse des dépôts et consignations vis-à-vis de l'extérieur mais aussi vis-à-vis d'elle-même. Par exemple, l'évaluation du programme PME-Emploi a souligné les effets de leviers sur la création d'entreprises et sur l'emploi. De même, la Direction de la stratégie et du développement des NTIC (DNTIC) a souhaité, dès sa création, une évaluation du programme pour le déploiement des « cyberbases », qui vise à apprécier à la fois le bien-fondé, la cohérence et l'efficacité du dispositif.

Cette apparence volontariste de la Caisse des dépôts et consignations démontre sa capacité à remettre en cause les actions entreprises[286]. Elle s'inscrit véritablement dans une démarche logique d'audit, susceptible d'intéresser bien entendu les opérationnels, mais aussi les membres de la Commission de surveillance[287]. Ainsi, l'évaluation du Programme développement solidarité (PDS), en février 1993, a montré que lorsque la Caisse des dépôts et consignations affirme ses priorités à la fois de façon autonome et de façon appuyée, sa capacité d'entraînement n'en est que meilleure. Plus libre de ses mouvements que bien des administrations d'Etat, la Caisse est dans son rôle en anticipant les réactions de l'Etat quand le péril pour la cohésion sociale dépasse la zone d'alerte. Pour un montant relativement modeste tant en fonds propres qu'en prêts, l'effet de levier vis-à-vis des grands opérateurs nationaux et des collectivités locales avait commencé à jouer, certes de façon limitée en proportion des capacités financières et techniques de la Caisse. Le rapport conclut que la Caisse des dépôts et consignations se doit d'être présente dans la politique de la ville, à la double condition de ne pas agir seule et d'adapter sans relâche son dispositif afin que le *« développement »* prime toujours sur le *« social »*.

C'est la haute responsabilité qu'encourt la Caisse des dépôts et consignations dans le cadre de ses missions d'intérêt général.

§2. La responsabilité encourue par la CDC dans le cadre de ses missions d'intérêt général

La nature de la responsabilité susceptible d'être encourue par la Caisse des dépôts et consignations dépend des conditions dans lesquelles la mission lui a été confiée. Ainsi, dans le cas d'un fonds confié aux termes d'une convention, la responsabilité susceptible d'être encourue par la Caisse des dépôts et consignations est de nature contractuelle (I).

---

[286]LERMITUS (M.), *op. cit.*, Problèmes économiques, 29 mai 1996, p. 5.

[287]V. *supra*, Partie I, Titre 2.

En revanche, si la gestion d'un fonds est confiée à la Caisse des dépôts et consignations aux termes de dispositions législatives ou réglementaires (II), c'est le régime de la responsabilité administrative qui est retenu, sauf quand le fond du droit est manifestement du droit privé[288]. C'est tout particulièrement le cas des consignations et dépôts judiciaires (III).

Ces régimes particuliers de responsabilités se cumulent, en outre, avec la responsabilité délictuelle des agents de la Caisse des dépôts et consignations qui auraient commis dans l'exercice de leur fonction des faits détachables ou non du service et de l'éventuelle action récursoire de l'Etablissement à leur encontre (IV).

Enfin, il convient de rappeler qu'en cas de sous-traitance de la gestion d'un fonds à une autre personne, la responsabilité du Directeur général de la Caisse des dépôts et consignations reste entière[289].

I- La responsabilité contractuelle de la CDC en sa qualité de mandataire

La Caisse des dépôts et consignations est susceptible d'engager sa responsabilité contractuelle pour toute faute commise dans le cadre de la gestion d'un fonds qui lui a été confiée aux termes d'un acte conventionnel.

A cet effet, il convient de préciser que la nature publique ou privée de la responsabilité susceptible d'être encourue découle de la nature du contrat. Ainsi, dès lors que la convention confiant à l'Etablissement la gestion d'un fonds remplit les critères du contrat administratif, le régime de responsabilité applicable est celui dégagé par la juridiction administrative.

L'action en responsabilité est en premier lieu subordonnée à l'existence d'une faute, une faute simple étant suffisante.

La responsabilité contractuelle prévaut en second lieu sur la responsabilité extracontractuelle.

Les parties peuvent prévoir dans un troisième lieu des clauses de non responsabilité au profit de l'une ou de l'autre, sous réserves de dispositions législatives contraires.

Seule la juridiction administrative est dans un quatrième lieu compétente pour connaître d'éventuelles actions.

Enfin, la prescription quadriennale est applicable au profit de l'Etat, conformément au droit commun[290]. On peut même se demander si la Caisse des dépôts et consignations n'aurait pas la faculté d'invoquer également à son profit cette prescription en tant qu'établissement public et ce d'autant plus que le caissier général a la qualité de comptable public[291]. En pratique, il ne semble pas que la Caisse ait usé de cette possibilité.

En revanche, si la convention ne remplissait pas les critères du contrat administratif, le régime de responsabilité applicable serait de droit commun.

---

[288] TC, 22 janvier 1955, *Sieur Naliato c/ l'Etat*, Rec. p. 614.

[289] V. *supra*, Partie I, Titre 1.

[290] A l'exception des créances ni fiscales, ni domaniales de l'Etat et des établissement publics nationaux pour lesquels, à défaut de texte, s'applique la prescription trentenaire de droit commun. V. CE, 30 mars 1990, *Leca*, Rec. p. 81 ; CE, 17 novembre 1999, *Giraud c/ Ministre de l'Economie et des Finances*, RT, 2000, p. 452, note M. LASCOMBE et X. VANDENDRIESSCHE.

[291] V. *supra*, Partie I, Titre 1.

II- La responsabilité de la CDC en sa qualité de gestionnaire d'un fonds confié aux termes d'une loi ou d'un décret

En ce qui concerne les fonds dont la gestion a été confiée à la Caisse des dépôts et consignations aux termes de dispositions législatives ou réglementaires, le régime de responsabilité encourue semble relever en principe de la juridiction administrative. En effet, les décisions prises par le Directeur général de la Caisse des dépôts et consignations sont qualifiées de « *décisions administratives* » ressortissant de la juridiction administrative « *dans les conditions de droit commun* »[292].

Le régime autonome de responsabilité administrative dégagé notamment par la décision *Blanco* du Tribunal des conflits en 1873[293], est alors applicable. Comme en droit privé, les conditions de mise en cause de la responsabilité doivent être réunies (existence d'un préjudice et d'une faute, lien de causalité entre la faute et le préjudice allégué). Toutefois, si le juge administratif accepte aujourd'hui de réparer les mêmes chefs de préjudices que le juge judiciaire, il en évalue le *quanta* de manière plus restrictive.

De plus, si le juge administratif considère qu'une illégalité constitue une faute, toute faute n'est pas de nature à engager la responsabilité d'une personne morale de droit public. Tel est le cas par exemple de vices de forme affectant une décision alors que la décision serait admise au fond, voire une décision qui serait partiellement fondée sur des motifs inexacts.

Au surplus, la prescription quadriennale au profit de l'Etat est peut-être applicable aussi au profit de la Caisse des dépôts et consignations.

Pour autant, une Cour administrative d'appel[294] a admis que les décisions *« se rattachant directement à la gestion d'un service mettant en œuvre une législation relevant du contentieux général de la sécurité sociale »* ne ressortent pas de sa compétence, mais des juridictions du contentieux de la sécurité sociale. En l'espèce, le fonds national de solidarité se rattache directement à la gestion d'un service mettant en œuvre une législation relevant directement du contentieux de la sécurité sociale.

Il en serait de même, par exemple, à propos de l'Institution de retraite complémentaire des agents non titulaires de l'Etat et des collectivités publiques (IRCANTEC), dès lors que le fond du droit de cette institution est de droit privé[295].

Ces considérations doivent être complétées par les principes de responsabilité encourue par la Caisse des dépôts en qualité de dépositaire judiciaire et de consignataire.

III- La responsabilité de la CDC dans son activité de consignataire

La réglementation spécifique des consignations a été posée dès la création de l'Etablissement en 1816[296]. En contrepartie de la faculté donnée au Directeur général de la Caisse des dépôts et consignations de *« décerner ou de faire décerner des contraintes contre toute personne qui, tenue (...) de verser les sommes dans*

---

[292]CE, 10 octobre 1969, *Mme Veuve Insern*, préc.
[293]TC, 8 février 1873, *Blanco*, GAJA n°1.
[294]CAA Lyon, 31 décembre 1993, *Mme Guidicelli*, n°92LY00458.
[295]V. *supra*, notamment Partie II, Titre 1.
[296]SERVICE DES CONSIGNATIONS, SERVICE JURIDIQUE ET FISCAL, MISSION HISTORIQUE, *Traité des consignations en France*, LGDJ, Paris, 1998, p. 43.

ladite caisse, sera en retard de remplir ses obligations »[297], l'article 11 de l'ordonnance du 3 juillet 1816[298] relative aux attributions de la Caisse des dépôts et consignations fixe en effet le régime de responsabilité du consignataire : *« la Caisse des dépôts et consignations sera responsable de ses préposés pour les sommes qu'ils auront reçues ».*

Par suite, l'article L.518-21 du Code monétaire et financier, tel qu'il résulte de l'article 13 de l'ordonnance du 3 juillet 1816 relative *aux attributions de la Caisse des dépôts et consignations* et du 1er alinéa de l'article 25 de la loi n°55-539 du 3 avril 1955 relative *aux comptes spéciaux du trésor pour l'année 1955*, dispose notamment que *« tous les frais et risques relatifs à la garde, conservation et mouvements des fonds consignés sont à la charge de la Caisse ».*

L'article 14 de l'ordonnance du 3 juillet 1816[299] précise que *« la Caisse des dépôts et consignations paiera l'intérêt de toute somme consignée à raison de trois pour cent par an, à compter du soixantième jour à partir de la date de la consignation jusque et non compris celui du remboursement ».*

L'article 15 de l'ordonnance du 3 juillet 1816[300] ajoute que *« les sommes consignées seront remises dans le lieu où le dépôt aura été fait, à ceux qui justifieront de leurs droits, dix jours après la réquisition de paiement au préposé de la Caisse. Les préposés qui ne satisferaient pas au paiement après ce délai seront contraignables par corps ».* C'est pourquoi, aucun remboursement de consignation ne peut être opéré si toutes les formalités régissant sa remise n'ont pas été exactement remplies. Comme ce n'est qu'à titre de séquestre ou de dépositaire administratif ou judiciaire que la Caisse des dépôts et consignations détient les sommes consignées[301], elle ne peut être déchargée qu'en cas de consentement de toutes les parties intéressées ou pour une cause jugée légitime[302].

Par voie de conséquence, la responsabilité de la Caisse est plus étendue que celle d'un dépositaire ordinaire qui n'est tenu dans aucun cas, des accidents de force majeure[303]. En revanche, la Caisse des dépôts et consignations n'est pas responsable des charges et obligations qui incombent à un consignateur en tant que tel et qui aurait omis d'accomplir.

Ces principes sur la responsabilité de la Caisse, applicables même en cas de force majeure, peuvent se révéler aujourd'hui comme théoriques, car datant d'une époque où les consignations étaient faites en monnaies titres ou billets sous la forme la plus matérielle. L'informatisation[304] paraît, en effet, avoir rendue caduques les dispositions de l'ordonnance de 1816. Toutefois, la perte des données, le détournement des fonds et le piratage informatique, même qualifiés de force majeure, n'auraient pas pour effet d'exonérer la Caisse des dépôts et consignations de sa responsabilité.

---

297 Art. L.518-20 du Code monétaire et financier.
298 Rec.Varnier, 1894, p. 153.
299 *Idem.*
300 *Idem.*
301 CA Caen, 20 octobre 1986, *préc.*
302 *Traité des consignations en France*, préc., p. 48.
303 Art. 1929 du Code civil.
304 QUEUNIET (V.), *Les consignations version an 2000*, CDscope, n°152, novembre 1996, p. 7.

IV- La responsabilité délictuelle de la CDC et de ses agents

La mise en cause de la responsabilité contractuelle, voire de la responsabilité encourue du fait des décisions administratives prises dans le cadre de la gestion d'un fonds n'exclut pas la mise en cause de la responsabilité pénale de l'Etablissement, et, sur un plan individuel, de ses agents. En effet, aux termes de l'article 121-2 du Nouveau code pénal, *« les personnes morales, notamment de droit public, sont « responsables pénalement (...) des infractions commises, pour leur compte, par leurs organes, ou représentants »*.

Cette responsabilité peut, par ailleurs, se cumuler avec la mise en cause de la responsabilité pénale des personnes physiques, auteurs ou complices des mêmes infractions. Dans ce cadre, les agents de l'Etablissement ayant commis des fautes détachables du service, constitutifs éventuellement d'infractions pénales, sont également susceptibles de faire l'objet de poursuites devant la juridiction judiciaire.

Les victimes de telles fautes personnelles détachables du service peuvent obtenir réparation de leur préjudice soit directement de l'agent, soit de la personne publique qui l'emploie. Dans ce cas, la Caisse des dépôts et consignations dispose d'une action récursoire à l'encontre de l'agent aux fins d'obtenir le remboursement des sommes qu'elle a versées à la victime soit amiablement, soit en vertu d'une décision de justice.[305].

En ce qui concerne les fautes de service de l'agent, la victime dispose d'une action à l'encontre de la seule Caisse des dépôts et consignations. En revanche, cette dernière n'a aucune action récursoire subie du fait d'une telle faute de l'agent. Elle pourrait néanmoins agir en cas de faute personnelle non détachable et selon les modalités du droit commun de la responsabilité administrative.

De ce qui précède, il convient de constater que la Caisse des dépôts et consignations bénéficie d'une responsabilité juridique à certains égards particulières échappant tant au droit commun de la responsabilité qu'au droit plus spécifique des personnes morales de droit public. C'est peut-être à nouveau une manifestation de la spécificité de l'Etablissement.

---

[305]V. généralement CE, 28 juillet 1951, *Laruelle* et *Delville*, GAJA n°76.

CONCLUSION DE LA SECONDE PARTIE

Que l'on retienne l'approche quantitative[1], qualitative[2], positiviste[3] ou celle fondée sur le régime juridique de l'acte[4], aucune ne permet de qualifier avec certitude les relations entre les pouvoirs publics et la Caisse des dépôts et consignations. La nature réglementaire de l'accord conclu se justifierait simplement au regard du concept d'intérêt général (éléments organiques de l'accord). Pour autant, les recherches de définitions, tant par la doctrine que par la jurisprudence, ne permettent pas de satisfaire totalement un juriste[5].

Ces relations découleraient de la somme des priorités de la politique gouvernementale à une époque et dans un Etat donnés : aménagement du territoire, politique de la ville, nouvelles technologies... Néanmoins, se pose, dans ce cadre, la difficulté des actes réglementaires renvoyant à un contrat. Ce caractère réglementaire des accords peut être dangereux, en laissant apparaître l'intervention de la Caisse des dépôts et consignations comme un retour indirect à la tutelle technique de l'Etat[6].

C'est pourquoi, cette ambiguïté juridique des relations entre la Caisse des dépôts et consignations et l'Etat ne peut découler que de la nature même du statut de cet Etablissement « spécial » et des fonctions que les pouvoirs publics veulent assigner au Groupe CDC. Indépendant d'esprit de par son administration, le Groupe CDC se veut être au service de la Nation. C'est donc toute la définition même de « l'interdépendance sociale » qui est mise en cause, notion politique que le juriste ne peut pas strictement définir[7].

Le Doyen DUGUIT[8] soutenait, à ce sujet, que le service public ne se conçoit que si l'accomplissement de cette activité *« est indispensable à la réalisation et au développement de l'interdépendance sociale et qu'elle est de telle nature qu'elle ne peut être réalisée complètement que par l'intervention de la force gouvernante »*. Dans son modèle d'action, la Caisse des dépôts et consignations se situerait bien dans la conception générale du Doyen de la Faculté de Droit de Bordeaux. Elle se veut être une administration de mission intervenant en subsidiarité des pouvoirs publics et des entreprises privées.

---

[1]ROLLAND (L.), *Précis de droit administratif*, Paris, Dalloz, 10ème éd., 1953, p. 54 sqq.
[2]EISENMAN (C.), *Cours de droit administratif*, Paris, LGDJ, 1982, p. 202.
[3]DE LAUBADERE (A.), MODERNE (F.), DELVOLVE (P.), *Traité des contrats administratifs*, LGDJ, 1983, t. 1, n°38.
[4]TRUCHET (D.), *op. cit.*, dans CADIET (L.), *Le droit contemporain des contrats : bilan et perspectives, actes du séminaire de l'année universitaire 1985-1986* (Centre de documentation juridique de l'Ouest), Paris, Economica, coll. travaux de recherche, 1987, p. 185.
[5]V. à ce sujet le dernier rapport 2001 du Conseil d'Etat consacré à cette notion d'intérêt général.
[6]DALBERA (J.-L.), *op. cit.*, RFAP, 1997, p. 645.
[7]Par ex., VALETTE (J.-P.), *Le service public à la française*, Paris, Ellipses, Coll. *Le droit en questions*, 2000.
[8]DUGUIT, *Les transformations du droit public*, Paris, A. Colin, 1913, p. 51.

Pour autant, le juriste a deux écueils à gérer pour parvenir à une totale compréhension de l'action de la Caisse des dépôts et consignations : l'application même de la définition de service public dans un contexte concurrentiel européen, d'une part ; la notion fonctionnelle de subsidiarité[9] appliquée à la Caisse des dépôts et consignations, d'autre part.

Les fondements juridiques de l'intervention du groupe de la Caisse des dépôts sont, dans ces conditions, difficiles à cerner et à systématiser[10]. C'est bien son esprit d'indépendance et de mobilisation que les pouvoirs recherchent quand ils font appel au Groupe CDC : il lui incombe de faire ce qui ne se fait pas ou ce qui se fait mal. Sa vocation est de combler des lacunes[11] et de redresser des situations en opérant des brèches [12], en expérimentant [13], en entraînant [14] ou en servant d'entrepreneur témoin[15].

Elle est donc indispensable au fonctionnement de l'Etat. C'est en cela qu'il convient de parler d' « interdépendance CDC ».

[9]MODERNE (F.), *Existe-t-il un principe de subsidiarité fonctionnelle ?*, RFDA, 2001, p. 563.
[10]BLOCH-LAINE (F.), *La Caisse des dépôts en question*, Haute finance, Printemps 1989.
[11]Par ex., programme d'appui au développement du territoire.
[12]Par ex., associer les collectivités locales aux marchés désintermédiés.
[13]Par ex., programme CDC/Universités.
[14]Par ex., programme Renouvellement urbain.
[15]Par ex., programme PME-Emploi.

CONCLUSION GENERALE

Cette contribution sur les fondements juridiques de la Caisse des dépôts et consignations a pour but de rappeler, selon la formule en vigueur au XIXe siècle, que « *la vieille Dame de la rue de Lille* » fait « *si peu de bruit, mais tant de bien* »[1]. Elle est d'abord un instrument politique au service de l'utilité sociale avant d'être un outil strictement juridique et financier.

Ainsi, un an après sa nomination au poste de Directeur général de la Caisse des dépôts, M. MAYER rappelait devant les cadres dirigeants du Groupe en novembre 2003, les axes stratégiques pour les prochaines années[2] : le premier d'entre eux est, pour lui, *« la gestion, en toute sécurité, de l'épargne et des retraites des Français. C'est le métier de la direction des fonds d'épargne, qui va se voir confier une mission nouvelle dans le financement des infrastructures. C'est aussi le rôle de la direction des retraites, dont les perspectives de développement seront structurantes pour l'avenir de la CDC ».* Pour le Directeur général de la Caisse des dépôts et consignations, son Etablissement doit rester *« un grand investisseur à long terme, le seul en France. Elle est d'abord l'actionnaire stratégique de CNP Assurances, le premier assureur vie en France, et de la Caisse nationale des Caisse d'épargne (CNCE), qui va devenir la troisième banque universelle française. Elle est aussi un grand investisseur en actions, notamment dans les grandes sociétés françaises cotées ».* Dans son troisième axe stratégique, le Directeur général souhaite que la Caisse des dépôts et consignations soit *« le partenaire neutre et désintéressé des collectivités locales. C'est le métier de la direction des financements décentralisés, mais aussi C3D, qui a un rôle à jouer auprès des collectivités ».* Le Groupe CDC est enfin appelé, selon lui, *« à devenir le numéro un du financement en fonds propres des PME en France ».*

Dans ce cadre, la Caisse des dépôts et consignations a toujours besoin d'affirmer, d'une part, son identité face aux critiques et choix économiques conjoncturels de l'Etat interventionniste et d'assurer, d'autre part, ses responsabilités face aux mutations économiques et financières nationales. L'essai de définition législative du groupe CDC et de ses actions par la loi du 15 mai 2001 relative *aux nouvelles régulations économiques* est à cet égard très significatif[3].

A l'heure actuelle, la question du statut spécial de la Caisse des dépôts et consignations a repris toute son acuité face à un droit européen suspicieux et à un droit bancaire soupçonneux. Si le droit européen ne préjuge en rien de la propriété de l'entreprise, les réformes énoncées ces dernières années au sein de la Caisse des dépôts et consignations doivent néanmoins respecter les règles internes et

---

[1]DUPIN l'aîné en page de garde de l'ouvrage de GUILLEMOT *Caisse des dépôts et consignations – Traité des consignations*, Paris, Cercles des Sociétés savantes, 1868.
[2](X.), *Un groupe en mouvement*, CDscope, n°226, décembre 2003, p. 3.
[3]Art.143 de cette loi codifié à l'art. L.518-1 du Code monétaire et financier.

européennes de concurrence. Cette analyse plus fonctionnelle qu'organique laisse apparaître, à toute évidence, l'inutilité d'une quelconque définition matérielle de la Caisse des dépôts et consignations comme *« établissement spécial »*. Elle doit simplement être considérée comme une institution, dont les contours sont sans cesse à renouveler. Eléments de droit public d'un côté, éléments de droit bancaire de l'autre, son organisation directoriale ou de surveillance montre toutes les limites des classifications juridiques traditionnelles.

Pour autant, l'article 60 de la loi n°2003-1311 *de finances pour 2004*[4] nous semble problématique, parce qu'en remettant en cause la définition financière du groupe CDC, il ébranle les fondements mêmes de l'Etablissement. Cet article dispose, en effet, que : *« la Caisse des dépôts et consignations verse en 2004 au budget général de l'Etat, après avis de sa Commission de surveillance, un montant représentatif de la plus value nette constatée à l'occasion de la cession de participations qu'elle détient, directement ou indirectement, dans les sociétés CDC-Ixis et Compagnie financière EULIA. Aux fins de cette cession, les dispositions des II, III, IV et V de l'article 143 de la loi n°2002-420 du 15 mai 2001 relative aux nouvelles régulations économiques demeurent applicables quelle que soit l'évolution de la répartition du capital des sociétés concernées. Elles s'appliquent également à toute société ou entité qui viendrait à reprendre tout ou partie des activités exercées par ces sociétés »*. Autrement dit, sans remettre en cause la définition formelle du groupe public CDC formulée en 2001, les pouvoirs publics décident fâcheusement en 2003 d'en vider son contenu. Un amendement de M. MARINI, sénateur et membre de la Commission de surveillance, à la loi *de finances rectificatives pour 2003*[5], publiée au Journal officiel le même jour, confirme à l'inverse le rôle de la Commission de surveillance et du Parlement concernant la Caisse nationale d'épargne et de prévoyance : *« La Commission de surveillance est saisie pour avis, préalablement à toute opération portant sur le capital de la Caisse nationale d'épargne et de prévoyance, et affectant la participation de la CDC. Elle en informe les commissions chargées des finances de l'Assemblée nationale et du Sénat »*. Cette disposition législative est apparemment loin d'être anodine, en voulant protéger des aléas budgétaires et gouvernementaux, le capital de la CNCE et, d'une certaine manière, l'épargne populaire des français : seul un débat parlementaire pourrait permettre une évolution maîtrisée et assumée de la Caisse nationale des Caisses d'épargnes.

La Caisse des dépôts et consignations abandonne ainsi au profit du groupe des Caisses d'épargne ses principales filiales financières, pourvoyeuses d'importants fonds, pour se consacrer à ses activités d'intérêt général[6]. Or, la plupart de ses missions ne lui apportent aucun bénéfice (dépôts et consignations), comportent certains risques financiers (portefeuilles boursiers, fonds propres aux PME, nouvelles technologies...) ou des résultats aujourd'hui *« désintéressés »* (financements décentralisés, C3D)[7]. On peut donc se demander comment la Caisse des dépôts et consignations, tout en maintenant une gestion équilibrée des fonds

---

[4]Loi n°2003-1311 *de finances pour 2004* du 30 décembre 2003, JORF, 31 décembre 2003, p. 22530.

[5]Cet amendement a été discuté en Commission mixte paritaire et n'a pas fait l'objet d'opposition officielle du ministre des Finances. V. loi n°2003-1312 de *finances rectificatives pour 2003* du 30 décembre 2003, JORF, 31 décembre 2003, p. 22594, codifié à l'article L.512-94 du Code monétaire et financier.

[6]Sans compter sur le fait que les Caisses d'épargnes exercent aussi des missions d'intérêt général, notamment en faveur des politiques publiques locales et sociales. V. art. L.512-85 du Code monétaire et financier.

[7]Pour reprendre les termes mêmes précités de M. MAYER.

d'épargne, assumera ces activités et sera à même de répondre aux nouvelles demandes des pouvoirs publics (immobiliers sociaux, financement des prisons, infrastructures et transports par exemple). Pour faire écho à un ouvrage paru en 1995[8], il conviendrait d'affirmer que l'Ecureuil a mangé l'ogre CDC.

On pourrait naturellement se demander comment *« la vieille Dame de la rue de Lille »* survivra à la vaste réorganisation en cours depuis l'arrivée de M. MAYER à la direction de la Caisse des dépôts et consignations. Cette contribution sur les fondements juridiques de la CDC évoque fondamentalement le danger d'une telle réforme, qui, sans dispositif législatif cohérent, conduirait inévitablement, dans les faits, à banaliser *l'imperium* institutionnel CDC sur l'autel d'une politique financière strictement conjoncturelle. Dans une hypothèse encore plus pessimiste et plus avenante où les principales missions actuellement exercées par l'établissement public CDC seraient transférées à une société holding de droit privé, on croit pouvoir dire être en présence d'un bouleversement de l'ordonnancement juridique comparable à une méconnaissance d'un principe général de droit. En effet, il ne semble pas exister de précédent relatif à la gestion intégrale d'un établissement public (tel ou tel fonds par exemple) par une société commerciale non dotée de la personnalité morale de droit public, mais régie par le droit privé et ce quelle que soit la structure de son capital social. Un tel dispositif serait en contradiction avec les principes de droit public, régissant notamment les personnes morales de droit public. Il y a donc une difficulté juridique sérieuse car, s'il est admis qu'un établissement public puisse créer des filiales de droit privé, il apparaît impossible pour une société anonyme de détenir un établissement public. On ne pourrait envisager par ailleurs que des mandats de gestion relatifs à des prestations d'ordre purement technique. La suppression de la Caisse des dépôts et consignations risquerait alors d'entraîner un véritable démantèlement par la création d'une entité spécifique placée hors de sa mouvance. Ce serait *« changer notre Etat »* juridique, mais surtout financier, tellement la Caisse des dépôts et consignations y joue un rôle fondamental et essentiel[9]. En protestant contre *« l'amalgame des intérêts économiques et de la chose publique »*, le Doyen HAURIOU, dans sa note sur l'arrêt *« Canal de Gignac »*[10] allait déjà en ce sens.

L'appartenance au groupe CDC comporte encore d'incomparables avantages, tels que son esprit d'initiative et ses importantes possibilités financières. Il ne faut ni en douter, ni en nier sa dynamique. Bien au contraire, sa spécificité peut lui permettre d'être un laboratoire de la réforme de l'Etat en France et en Europe.

S'il ne s'agit pas de limiter la Caisse des dépôts et consignations dans son passé, il convient de dire aussi que ce modèle ne doit pas perdre sa Foi ... publique, sa raison d'être. Tout au contraire, pour conserver cette confiance, la CDC doit intégrer son action dans un cadre élargi et en constante évolution, comme elle a déjà su le faire par le passé, en consolidant l'esprit qui lui a donné naissance il y a près de deux siècles : la Caisse des dépôts et consignations est l'exemple même d'un Etat propulsif associant une intervention sociale et une économie libérale[11].

---

[8]V. l'ouvrage de M. KOENIG témoignant des relations tendues entre la Caisse des dépôts et consignations et les Caisse d'épargnes dans les années 1990. V. KOENIG (M.), *L'Ogre et l'Ecureuil. Conte de faits*, Paris, Aubin Editeur, coll. Faits de sociétés, 1995.

[9]V. le titre à nouveau évocateur de l'ouvrage de PRIOURET : *La Caisse des dépôts et consignations, cent cinquante ans d'histoire financière.*

[10]TC, 9 décembre 1899, *Association syndicale du Canal de Gignac*, Sirey, 1900, 3ème partie, p. 49, note HAURIOU.

[11]ALLINE (J.-P.), *La Caisse des dépôts et consignations. Son rôle, ses opérations de 1816 à 1895*, Paris II : DES d'Histoire des institutions, 1972.

Dans cette perspective, la Caisse des dépôts et consignations doit toujours agir, selon le principe communautaire de subsidiarité, c'est-à-dire lorsque l'action ne peut être poursuivie de manière suffisante et efficace par les pouvoirs publics ; il convient en effet d'éviter autant que possible d'allonger la distance entre l'utilisateur ou le citoyen et l'instance compétente. Cette manière de voir fait irrémédiablement écho à l'essence de la Caisse des dépôts et consignations : la Foi publique. Dans son ouvrage *Le maître des horloges*[12], M. DELMAS défendait la modernité de l'action publique en s'appuyant sur les exemples américains, japonais et européens. Le magistrat de la Cour des comptes montrait notamment en quoi l'Etat pouvait favoriser la compétitivité privée et aider à renouer le contrat social. Cette analyse stimulante des relations entre Etat et marché sont, à plusieurs égards, l'image de l'action de la Caisse des dépôts et consignations faisant *« si peu de bruit, mais tant de bien »* dans notre paysage économique et social. Cette recherche a donc voulu contribuer à mettre en valeur cette *« vieille Dame »*, qui n'a véritablement pas à rougir de son action et de la confiance publique qui lui est accordée à l'approche de son deux centième anniversaire.

[12]DELMAS (P.), *Le maître des horloges. Modernité de l'action publique*, Paris, O. Jacob, 1991.

ANNEXES

Annexe 1

EXTRAITS DU LIVRE V « Les prestataires de services » du CODE MONETAIRE ET FINANCIER, tel que publié au JORF du 16 décembre 2000[1]

Chapitre VIII Les établissements et services autorisés à effectuer des opérations de banque

(...)

Section 2 La Caisse des dépôts et consignations

C. monét. fin. Art. L.518-2. - La Caisse des dépôts et consignations est un établissement spécial chargé d'administrer les dépôts et les consignations, d'assurer les services relatifs aux caisses ou aux fonds dont la gestion lui a été confiée, et d'exercer les autres attributions de même nature qui lui sont légalement déléguées.
La Caisse des dépôts et consignations est placée, de la manière la plus spéciale, sous la surveillance et la garantie de l'autorité législative.
Elle est organisée par décret en Conseil d'Etat, pris sur la proposition de la commission de surveillance.

C. monét. fin. Art. L.518-3. - Les décrets dont la mise en oeuvre exige le concours de la Caisse des dépôts et consignations sont pris sur le rapport ou avec l'intervention du ministre chargé de l'économie, après avis de la commission de surveillance.

[1]Ordonnance n°2000-1223 du 14 décembre 2000 relative *à la partie législative du Code monétaire et financier*, JORF, 16 décembre 2000, p.20004.

Sous-section 1 Commission de surveillance

Paragraphe 1 Composition

C. monét. fin. Art. L.518-4. - La commission de surveillance est composée :
1. De trois membres de l'Assemblée nationale, élus par cette assemblée ;
2. D'un membre du Sénat, élu par cette assemblée ;
3. De deux membres du Conseil d'Etat ayant au moins le grade de conseiller d'Etat, désignés par ce conseil ;
4. De deux membres de la Cour des comptes ayant au moins le grade de conseiller maître, désignés par cette cour ;
5. Du gouverneur ou de l'un des sous-gouverneurs de la Banque de France, désigné par cette banque ;
6. Du président ou de l'un des membres de la chambre de commerce de Paris, choisi par cette chambre ;
7. Du directeur du Trésor au ministère chargé de l'économie.

Le président du conseil de surveillance de la caisse nationale des caisses d'épargne et de prévoyance assiste avec voix délibérative à la commission de surveillance de la caisse des dépôts et consignations. Il doit être convoqué à toutes les séances où il est discuté de questions intéressant les caisses d'épargne.

C. monét. fin. Art.L. 518-5. - La commission de surveillance élit son président. Elle le choisit parmi ses membres.
En cas de partage des voix, la voix du président est prépondérante.

C. monét. fin. Art. L.518-6. - Les nominations sont faites pour trois ans. Les membres sortants sont rééligibles. Leurs fonctions sont gratuites.

Paragraphe 2 Missions

C. monét. fin. Art. L.518-7. - La commission de surveillance est chargée de surveiller la Caisse des dépôts et consignations. Elle contrôle notamment la gestion du fonds de réserve et de garantie des caisses d'épargne et de prévoyance ; elle arrête les sommes à prélever dans les cas de perte prévus par décret en Conseil d'Etat. Il est rendu compte de ces opérations dans un chapitre spécial du rapport annuel présenté au Parlement par la commission de surveillance, conformément à l'article L. 518-10.

C. monét. fin. Art. L.518-8. - Tous les trois mois, les commissaires surveillants entendent le compte qui leur est rendu de la situation de la Caisse des dépôts et consignations. Ce compte est rendu public.
Ils vérifient, toutes les fois qu'ils le jugent utile, et au moins une fois par mois, l'état des caisses, la bonne tenue des écritures, et tous les détails administratifs.

C. monét. fin. Art. L.518-9. - La commission peut adresser au directeur général des observations qui ne sont pas obligatoires pour lui.
Le directeur général donne à la commission de surveillance tous les documents et renseignements qu'elle juge utiles pour l'exercice de sa surveillance.

Paragraphe 3 Rapport au Parlement

C. monét. fin. Art. L.518-10. - Le rapport de la commission de surveillance sur la direction morale et sur la situation matérielle de l'établissement au cours de l'année expirée est adressé au Parlement avant le 2 juillet.
Ce rapport comprend notamment, pour l'année considérée, les procès-verbaux des séances de la commission, auxquels sont annexés les avis, motions ou résolutions qu'elle a votés, ainsi que le tableau des ressources et des emplois prévisionnels de la section générale et des sections d'épargne qui est présenté à la commission au cours du premier trimestre.

Sous-section 2 Administration de la Caisse des dépôts et consignations

Paragraphe 1 Le directeur général

C. monét. fin. Art. L.518-11. - La Caisse des dépôts et consignations est dirigée et administrée par un directeur général nommé pour cinq ans.
Le directeur général prête serment devant la commission de surveillance.
Il peut être mis fin à ses fonctions, après avis de la commission de surveillance, qui peut décider de le rendre public, ou sur proposition de cette commission.

C. monét. fin. Art. L.518-12. - Le directeur général est responsable de la gestion des fonds et valeurs de la caisse.
Il présente avant la fin de l'année à la commission de surveillance le budget de l'année suivante. Ce projet de budget, revêtu de l'avis de la commission, est soumis à l'approbation du ministre chargé de l'économie.

Paragraphe 2 Le caissier général

C. monét. fin. Art. L.518-13. - Le caissier général est responsable du maniement des fonds. Il est chargé de la recette, du paiement des dépenses, de la garde et de la conservation des valeurs. Il fournit un cautionnement dont le montant est fixé par voie réglementaire, sur la proposition de la commission.
Il prête serment devant la Cour des comptes après justification de son cautionnement au Trésor.
Il est responsable des erreurs et déficits autres que ceux provenant de la force majeure.

Paragraphe 3 Les préposés de la caisse et le concours des comptables du Trésor

C. monét. fin. Art. L.518-14. - La caisse des dépôts a des préposés pour le service qui lui est confié dans toutes les villes où siège un tribunal de grande instance.
Le directeur général peut faire appel aux comptables du Trésor pour effectuer dans les départements les recettes et les dépenses qui concernent la caisse des dépôts et consignations.
L'indemnité accordée en raison de ce service est réglée de concert entre le ministre chargé de l'économie et la commission de surveillance.

Paragraphe 4 Contrôle par la Cour des comptes

C. monét. fin. Art. L.518-15. - Le contrôle sur la Caisse des dépôts et consignations par la Cour des comptes est effectué dans le cadre de l'article L. 131-3 du code des juridictions financières.

Sous-section 3 Affectation du résultat de la Caisse des dépôts et consignations

C. monét. fin. Art. L.518-16. - La Caisse des dépôts et consignations verse chaque année à l'Etat, sur le résultat net de son activité pour compte propre après paiement d'une contribution représentative de l'impôt sur les sociétés, une fraction de ce résultat net, déterminée après avis de la commission de surveillance de l'établissement saisie par le directeur général, dans le cadre des lois et règlements fixant le statut de l'établissement.

Sous-section 4 Opérations

Paragraphe 1 Consignations et dépôts

C. monét. fin. Art. L.518-17. - La Caisse des dépôts et consignations est chargée de recevoir les consignations de toute nature, en numéraire ou en valeurs mobilières, prévues par une disposition législative ou réglementaire ou ordonnées soit par une décision de justice soit par une décision administrative.

C. monét. fin. Art. L.518-18. - Les modalités de dépôt, de conservation et de retrait des valeurs, sont fixées par décret en Conseil d'Etat.

C. monét. fin. Art. L.518-19. - Les juridictions et administrations ne peuvent autoriser ou ordonner des consignations auprès de personnes physiques et d'organismes autres que la caisse des dépôts et consignations et autoriser les débiteurs, dépositaires, tiers saisis, à les conserver sous le nom de séquestre ou autrement. Les consignations faites en infraction à ces dispositions sont nulles et non libératoires.

C. monét. fin. Art. L.518-20. - Le directeur général de la Caisse des dépôts et consignations peut décerner ou faire décerner par les préposés de la caisse des contraintes contre toute personne qui, tenue de verser des sommes dans ladite caisse ou dans celle de ses préposés, est en retard de remplir ses obligations. Il est procédé, pour l'exécution desdites contraintes, comme pour celles qui sont décernées en matière d'enregistrement, et la procédure est communiquée aux procureurs près les tribunaux.

C. monét. fin. Art. L.518-21. - Tous les frais et risques relatifs à la garde, conservation et mouvement des fonds et des valeurs mobilières consignés sont à la charge de la caisse des dépôts et consignations. Les valeurs mobilières consignées ne donnent lieu à aucun droit de garde.

C. monét. fin. Art. L.518-22. - Les sommes encaissées à titre d'arrérages, intérêts, dividendes, produits de remboursements ou négociations et autres produits quelconques de valeurs mobilières consignées ne donnent droit à aucune liquidation ni à aucun paiement d'intérêts à la charge de la caisse des dépôts et consignations, quelle que soit la date de leur encaissement.

Paragraphe 2 Rémunération des dépôts et des consignations

C. monét. fin. Art. L.518-23. - Le taux et le mode de calcul des intérêts des comptes de dépôt ouverts à la Caisse des dépôts et consignations et des sommes consignées à ladite caisse sont fixés par décision du directeur général, prise sur avis de la commission de surveillance et revêtue de l'approbation du ministre chargé de l'économie.

Paragraphe 3 Règles de déchéance

C. monét. fin. Art. L.518-24. - Les sommes déposées, à quelque titre que ce soit, à la Caisse des dépôts et consignations sont acquises à l'Etat lorsqu'il s'est écoulé un délai de trente ans sans que le compte auquel ces sommes ont été portées ait donné lieu à une opération de versement ou de remboursement, ou sans qu'il ait été signifié à la caisse des dépôts, soit la réquisition de paiement dont les modalités sont fixées par l'article 15 de l'ordonnance du 3 juillet 1816, soit l'un des actes mentionnés par l'article 2244 du code civil.

Six mois au plus tard avant l'échéance de ce délai, la Caisse des dépôts et consignations avise, par lettre recommandée, les ayants droit connus de la déchéance encourue par eux. Cet avis est adressé au domicile indiqué dans les actes et pièces qui se trouvent en la possession de la caisse, ou à défaut de domicile connu, au procureur de la République du lieu de dépôt.

En outre, la date et le lieu de la consignation, les noms, prénoms et adresses des intéressés qui n'ont pas fait notifier de réquisition de paiement dans un délai de deux mois après cet avis, sont immédiatement publiés au Journal officiel.

Les sommes atteintes par la déchéance sont versées annuellement au Trésor public avec les intérêts y afférents.

En aucun cas, la caisse des dépôts et consignations ne peut être tenue de payer plus de trente années d'intérêts, à moins qu'avant l'expiration de trente ans il n'ait été formé contre la caisse une demande en justice reconnue fondée.

Les dispositions qui précèdent sont applicables aux valeurs mobilières déposées à quelque titre que ce soit à la caisse des dépôts et consignations.

Annexe 2

Tableau de concordance

Code monétaire et financier (Partie législative)

Dispositions relatives à la Caisse des dépôts et consignations contenu au Livre V du Code monétaire et financier	Textes d'origine abrogés	Textes codifiés
Loi *sur les Finances* du 28 avril 1816	Art. 100	L.518-11
	Art. 101	L.518-11
	Art. 102 al.1er	L.518-12
	Art. 102 al.2	L.518-11
	Art.103	L.518-13
	Art.110 al.2	L.518-2
	Art.111 al.2	L.518-2
	Art.112	L.518-8
	Art.113	L.518-9
	Art.114	L.518-10
	Art.115, 2ème phrase	L.518-2

Dispositions relatives à la Caisse des dépôts et consignations contenu au Livre V du Code monétaire et financier	**Textes d'origine abrogés**	**Textes codifiés**
Ordonnance du 22 mai *contenant règlement sur l'administration de la Caisse d'amortissement et de la Caisse des dépôts et consignations créées par la loi du 28 avril 1816*	Art.8	L.518-11
	Art.10	L.518-9
	Art. 15 al.2	L.518-13
	Art.17	L.518-13
	Art.27	L.518-14
	Art.33	L.518-14
Ordonnance du 3 juillet 1816 *relative aux attributions de la Caisse des dépôts et consignations créées par la loi du 28 avril 1816*	Art. 1er	L.518-17
	Art.3	L.518-19
	Art.9	L.518-20
	Art.11 al.1er	L.518-14
	Art.13 sauf deuxième phrase	L.518-21
Ordonnance du 24 décembre 1839 *relative à la Caisse des dépôts et consignations*	Art.1er	L.518-3

Dispositions relatives à la Caisse des dépôts et consignations contenu au Livre V du Code monétaire et financier	**Textes d'origine abrogés**	**Textes codifiés**
Décret du 31 mai 1862 *portant règlement général sur la comptabilité publique*	Art.828	L.518-12
	Art.829	L.518-12
	Art.831	L.518-13
	Art.832 al.1er	L.518-13
	Art. 833	L.518-13
	Art.836	L.518-14
	Art.849	L.518-7
Loi du 28 juillet 1875 *relative aux consignations judiciaires*	Art.1er	L.518-17
	Art.2	L.518-18
Loi du 6 avril 1876 *réorganisant la Commission de surveillance des Caisses d'amortissement et des dépôts et consignations*	Art.2	L.518-4
	Art.3	L.518-5
	Art.4	L.518-6
Loi du 16 avril 1895 *portant fixation du budget général des dépenses et des recettes de l'exercice 1895*	Art.43	L.518-24

Dispositions relatives à la Caisse des dépôts et consignations contenu au Livre V du Code monétaire et financier	**Textes d'origine abrogés**	**Textes codifiés**
Décret-loi du 30 octobre 1935 *tendant à l'apurement des petits reliquats constatés dans les écritures comptables*	Art.4	L.518-24
Ordonnance du 18 août 1945 *relative aux taux d'intérêt à servir par la Caisse des dépôts et consignations aux sommes consignées*	Art.1er	L.518-23
Loi n°55-359 du 3 avril 1955 *relative aux comptes spéciaux du Trésor pour l'année 1935*	Art. 25 al.2	L.518-22
Loi n°89-935 *de finances pour 1990* du 29 décembre 1989	Art.41	L.518-16
Code des Caisses d'épargne	Art.22	L.518-4
	Art.52, 1ère phrase	L.518-7
	Art.54	L.518-7
Code des juridictions financières	L.131-3	L.518-15

Annexe 3 :

Tableau synoptique comparé des gouverneurs de la Banque de France, des ministères, des ministres des finances, des Présidents de Commission de surveillance et des Directeurs généraux de la CDC (1816-2003)[2]

[2]Sources principales :

- MINISTERE DE L'ECONOMIE ET DES FINANCES, MINISTERE DU BUDGET. DIRECTION DU PERSONNEL ET DES SERVICES GENERAUX, *Les Ministres des finances de 1870 à nos jours*, Paris, Imprimerie nationale, 1992.
- SALOME (L.), THIVEAUD (J-M.) et TOYTOT (de) (A.), *1816-1986 Caisse des dépôts et consignations, Dossier CDC*, Paris, Service de l'information et de la communication internes, CDC, 1988.
- (X.), Gouverneur de la Banque- Conseil général- Conseil d'escompte- Conseil consultatif- 1800-1997, Paris, éd. Banque de France, 1er janvier 2000.
- YVERT (B.) et al., *Dictionnaire des ministres de 1789 à 1989*, Paris, Perrin, 1990.

Régime constitutionnel	Gouverneur de la Banque de France[3]	Directeur général de la CDC[4]	Président de la Commission de surveillance[5]	Ministre des finances	Chef du cabinet ministériel[6]	Principaux événements statutaires et opérationnels CDC
						Edit d'Henri III du 15 juin 1578. Mise en place de receveurs des dépôts et consignations
						Loi du 6 frimaire An VIII créant la Caisse d'amortissement

[3] Les dates indiquées sont en principe celles de l'acte de nomination ; elles sont suivies des dernières attributions administratives.
[4]Les dates indiquées sont en principe celles de l'acte de nomination ; elles sont suivies des dernières attributions administratives.
[5]La date est celle de l'entrée en fonction du Président en Commission de surveillance.
[6]Le portefeuille ministériel, s'il y a lieu, est indiqué à la suite de l'entrée en fonction.

						Loi du 28 Nivôse An XIII sur les dépôts et Consignations
	Laffitte J. (6 avril 1814) (Régent, Gouverneur provisoire)					
Première Restauration				Louis	(13 mai 1814)	

				Louis	Talleyrand (9 juillet 1815) (Affaires étrangères)	
		Du Tremblay (29 mai 1816) (Conseiller auditeur à la Cour des comptes)	de Villemanzy (7 juin 1816) (Pair de France)	Corvetto, puis Roy[7]	Richelieu 1 (26 septembre 1815) (affaires étrangères)	**- création de la CDC par la loi sur les Finances du 28 avril 1816** - ordonnance du 22 mai 1816[8] - ordonnances du 3 juillet 1816[9]
		Pasquier (29 juillet 1818) (Maître des requêtes au CE, Préfet de la Sarthe)		Louis	Dessoles (31 décembre 1818) (Affaires étrangères)	

[7]Sera Président de la Commission de surveillance de 1837 à 1847.
[8]Contenant règlement d'administration de la Caisse d'amortissement et de la Caisse des dépôts et consignations créés par la loi du 28 avril 1816.
[9]Complétant la loi du 28 avril 1816 et confiant notamment le fonds de retraite des administrations à la Caisse des dépôts et consignations.

	Gaëte (6 avril 1820) (ancien ministre des finances)		Mollien (19 mai 1819) (Pair de France)	Roy[10]	1) Decazes (2 novembre 1819) (Intérieur) 2) Richelieu 2 (20 février 1820)	
				Villèle	Villèle (14 décembre 1821) (finances)	-Ordonnance du 27 septembre 1824 relative au prélèvement des bénéfices de la Caisse pour couvrir les dépenses d'expéditions militaire en Espagne -Ordonnance révisant l'article 22 mai 1816, disposant que le caissier est justifiable de la Cour des comptes -Ordonnance du

[10]V. note 7.

						17 avril 1825 confiant à la Caisse la liquidation de l'indemnité d'Haïti
			De Villemanzy (17 mars 1826) (Pair de France)	Roy[11]	Martignac (5 janvier 1828) (intérieur)	
				Chabrol de Crouzol, remplacé par De Montebel à partir du 19 mai 1830	Polignac (8 août 1829) (affaires étrangères)	
Monarchie de Juillet				Louis	1) du 1er août 1830 (lieutenance générale) avec le titre de Commissaires provisoires 2) ministère du 11 août 1830	
				Laffitte ; Thiers est nommé le 4	Laffitte (2 novembre	

[11] *Ibidem*

				novembre 1830 sous-secrétaire d'Etat aux finances.	1830) (finances)	
			d'Orvilliers (14 mars 1829) (Pair de France)	Louis	Casimir-Perier (13 mars 1831) (intérieur), non remplacé à sa mort le 16 mai 1832 ; Louis-Philippe se réserve la Présidence	
	Argout[12], Ministre de l'Intérieur et du Culte (4 avril 1834)			Humann	1) Soult 1 (11 octobre 1832) (Guerre) 2) Gérard (18 juillet 1834)	
				Passy	Bassano (10 novembre 1834) (intérieur)	
	Davillier (25 février 1836) (Régent)			Humann, remplacé par	1) Mortier (18 novembre 1834) (Guerre) 2) De Broglie	

[12]Président de la Commission de surveillance de 1852 à 1857.
[13]V. note 12.

				D'Argou[13] le 18 janvier 1836	(12 mars 1835) (affaires étrangères)	
				Argout[14]	Thiers 1 (22 février 1836) (Affaires étrangères)	

	Argout[15] (5 septembre 1836) (Ministre des finances)			Duchâtel	Molé 1 (6 septembre 1836) (Affaires étrangères)	Loi du 31 mars 1837 relative aux relations entre les Caisses d'épargne et la Caisse des dépôts et consignations
			Roy[16] (24 avril 1837) (Pair de France)	Lacave-Laplagne	Molé 2 (15 avril 1837) (affaires étrangères)	
				Gautier	Ministère du 31 mars 1839	

[14]*Ibidem*
[15]*Ibidem*
[16]V. note 7.

				Passy	Soult 2 (12 mai 1839)	Ordonnance du 24/12/1839 relative à la consultation de la commission de surveillance pour tout texte réglementaire concernant la CDC
				Pelet (de la Lozère)	Thiers (1er mars 1840) (Affaires étrangères)	
				Hummann, remplacé par Lacave-Laplagne le 25 avril 1842 et par Dumon le 9 mai 1847	Soult 3 (29 octobre 1840)	
			Audiffret (9 avril 1847) (Pair de France)	Dumon	Guizot (19 septembre 1847) (Affaires étrangères)	Ordonnance du 13 janvier 1847 relative à l'organisation interne de la CDC

IIème République				Goudchaux[17], puis à partir du 5 mars 1848, Garnier-Pagès	Dupont de l'Eure (24 février 1848	
				Duclerc	(11 mai 1848)	
		Guillemot (14 novembre 1848) (Conseiller d'Etat)	Goudchaux (14 novembre 1848) (Membre de l'Assemblée nationale)	Goudchaux[18], Trouvé-Chauvel puis à partir du 25 octobre 1848	Cavaignac (28 juin 1848) (Président du Conseil chargé du pouvoir exécutif)	Loi du 23 octobre 1848 rétablissant la commission de surveillance
				Passy	Odilon Barrot 1 (20 décembre 1848) (Justice)	
			Berryer (23 juin 1849) (Membre de l'Assemblée nationale)	Passy	Odilon Barrot 2 (2 juin 1849) (Justice)	
				Fould et à partir du 10 novembre 1848 Magne (sous-secrétaire d'Etat)	(31 octobre 1849)	
				Fould	(9 janvier 1851)	
				Geminy	(24/01/1851)	

[17]Président de la Commission de surveillance en 1848 et 1849.
[18]*Ibidem*

				Fould et à partir du 26/04/1851 Vuitry (Sous-secrétaire d'Etat)	(10 avril 1851)	
				Blondel puis Casabianca (23 novembre 1851)	(26 octobre 1851)	
IInd Empire			Argout (31 décembre 1851) (Gouverneur de la Banque de France, sénateur)	Fould	(3 décembre 1851)	
				Bineau	(22 janvier 1852)	
	Germiny, (10 juin 1857) (Gouverneur du CFF)		Bertrand de Lacrosse (13 juin 1857) (sénateur)	Magne	(3 février 1855)	
				Forcade la Roquette	(26 novembre 1860)	
	- Vuitry (15 mai 1863) (Président de section au CE) - Rouland[19] (28 septembre 1864)		Rouland (19 avril 1865) (Gouverneur de la Banque de France,	Fould	(14 novembre 1861)	- Décret du 30 octobre 1861 sur l'organisation de la CDC - Décret du 31

[19]Président de la Commission de surveillance de 1865 à 1870.

	(Président de section du CE)		Sénateur)			mai 1862 portant règlement général de la comptabilité publique - Loi du 14 août 1866 relative à l'organisation de la CDC
				Rouher (garde en même temps le Ministère d'Etat)	(20 janvier 1867)	
				Magne	(13 novembre 1867)	
				Magne	(17 juillet 1869)	
				Buffet, puis Segris (14 avril 1870)	Ollivier (2 janvier 1870)	
				Magne	Cousin-Montauban ou « Paliko » (10 août 1870)	

IIIe République	- Picard (5 juin 1871) (Ministre de l'intérieur, non installé) - Rouland, (maintenu) Gouverneur) (29 décembre 1871)		Buffet (28 juillet 1871) (Député)	Picard	Thiers 1 (5 septembre 1870)	
				Pouyer-Quertier	Thiers 2 (5 mars 1872)	
				de Goulard	Thiers 3 (6 mars– 7 décembre 1872 (cabinet Thiers III)	Loi du 21 juin 1871 sur composition de la Commission de surveillance
				Say	Thiers 4 (7 décembre 1872)	
				Say	Dufaure 1 (18 mai 1872) (Vice président du Conseil)[20]	

[20]Vice-président du conseil créé par décret du 1er septembre 1871.

		Dufrayer (2/12/1873) (Conseiller d'Etat)		Magne	De Broglie 1(25 mai 1873) (Vice président du Conseil)	
				Magne	De Cissey 1[21] (22 mai 1874) (Vice président du Conseil)	
				Mathieu-Bodet	De Cissey 2 (20 juillet 1874) (Vice président du Conseil)	Loi du 22 décembre 1874 sur l'organisation de la CDC
				Say	Buffet (10 mars 1875) (Vice président du Conseil)	Lois des 18 et 31 mars 1875 : conversion emprunt Morgan, par recours au compte d'emploi des fonds des caisses d'épargne de la CDC
			Duclerc (12 avril 1876)	Say	Dufaure 2 (9 mars 1876)	Loi du 6 avril 1876 sur la

[21] A également été ministre des finances sous le Second Empire, à deux reprises de 1855 à 1860 et de 1867 à 1870.

			(Sénateur)		(Justice)	réorganisation Commission de surveillance
				Say	Simon (12 décembre 1876) (Intérieur)	
				Caillaux	De Broglie 2 (17 novembre 1877) (Justice)	
				Duttilleul	Rochebouet (23 novembre 1877) (Guerre)	
				Say	Dufaure 3 (13 décembre 1877) (Justice)	
				Say	Waddington (4 février 1879) (Affaires étrangères)	
	Denormandie (18 janvier 1879) (Sénateur)			Magnin[22]	Freycinet 1 (28 décembre 1879) (Affaires étrangères)	
				Magnin	Ferry (23 septembre 1880) (Instruction	

[22]Gouverneur de la Banque de France (1881-1898) ; il est associé à la création de la caisse d'épargne postale (loi du 9 avril 1881).

					publique)	
	Magnin (18 novembre 1881) (Vice-président du Sénat)			Allain-Targé	Gambetta (14 novembre 1881) (Affaires étrangères)	
				Say	Freycinet 2 (30 janvier 1882) (Affaires étrangères)	
				Tirard	Duclerc (7 août 1882) (Affaires étrangères)	
				Tirard	Faillières (29 janvier 1883) (Intérieur)	Loi du 6 juillet 1883 relative aux relations entre la CDC et les Caisses d'épargne
				Tirard	Ferry (22 février 1883) (Instruction publique)	

				Clamageran	Brisson 1 (6 avril 1885) (Justice)	
				Sadi-Carnot	Brisson 2 (16 avril 1885)	

					(Justice)	
				Sadi-Carnot	Freycinet 3 (7 janvier 1886) (Affaires étrangères)	Loi du 20 juillet 1886 sur la transformation de la Caisse des retraites en Caisse nationale des retraites pour la vieillesse
				Dauphin	Goblet (11 décembre 1886) (Intérieur)	
				Rouvier	Rouvier 1 (30 mai 1887) (Finances)	
				Tirard	Tirard (12 décembre 1887) (Finances)	
		Labeyrie (27 mars 1888) (TPG)	Gouin (20 décembre 1888) (sénateur)	Peytral	Floquet (3 avril 1888) (Intérieur)	
				Rouvier	Tirard (22 février 1889) (Commerce et industrie)	
				Rouvier	Freycinet 4 (17 mars 1890) (Guerre)	D. 30/01 et 02/02 1890 sur les dépôts des

						notaires
				Rouvier	Loubet (27 février 1892) (Intérieur)	
				Rouvier	Ribot 1 (6 décembre 1892) (Affaires étrangères)	
				Tirard	Ribot 2 (13 décembre 1892) (Intérieur)	
				Peytral	Dupuy 1 (4 avril 1893) (Intérieur)	
				A. Burdeau	Casimir-Périer (3 décembre 1893) (Affaires étrangères)	

				Poincaré	Dupuy 2 (30 mai 1894) (Intérieur)	- Loi du 30/11/894 relative aux HBM - Loi du 7/12/1894 sur l'emprunt du ministère des

						finances (expédition de Madagascar)
		Vuarnier (11 novembre 1895) (Directeur de la comptabilité publique)		Ribot	Ribot 3 (20 janvier 1895) (Finances)	Loi du 20 juillet 1895 relative aux Caisses d'épargne
				Doumer	Bourgeois (1er novembre 1895) (Intérieur)	
	Pallain (24 décembre 1897) (CE, directeur général des douanes)			Cochery	Méline (29 avril 1896) (Agriculture)	
		Boutin (31 mai 1898) (Directeur général des contributions directes)		Peytral	Brisson 3 (28 juin 1898) (Intérieur)	
				Peytral	Dupuy 3 (1er novembre 1898) (Intérieur)	
		Delatour (22		Caillaux	Waldeck-	

		mai 1900) (Directeur des contributions indirectes au Ministère des finances)			Rousseau (22 juin 1899) (Intérieur)	
				Rouvier	Combes (7 juin 1902) (Intérieur)	
				Rouvier	Rouvier 2 (23 janvier 1905) (Finances)	
				Poincaré	Sarrien (14 mars 1906) (Justice)	

			Rouvier (16 juin 1909) (« Président du Conseil », Sénateur)	Merlou	Rouvier (17 juin 1906) (Affaires étrangères)	
				Cochery	Briand (24 juillet 1909) (Intérieur)	Loi du 5 avril 1910 relative aux retraites ouvrières et paysannes

				Klotz[23]	Briand (3 novembre 1910) (Intérieur)	
				Caillaux	Monis (2 mars 1911) (Intérieur)	
			Lourties (28 juin 1911) (Sénateur)	Klotz	Caillaux (27 juin 1911) (Intérieur)	
				Klotz	Poincaré (14 janvier 1912) (Affaires étrangères)	

				Klotz	Briand (21 janvier 1913) (Intérieur)	
				Dumont	Barthou (22 mars 1913) (Instruction publique)	
				Caillaux	Doumergue 1 (9 décembre 1913) (Affaires étrangères)	
				Renoult, dit	Doumergue 2	

[23]Sollicite inlassablement l'épargne populaire.

				René-Renoult	(17 mars 1914) (Affaires étrangères)	
				Clémentel	Ribot (9 juin 1914) (Justice)	
				Noulens	Viviani (13 juin 1914) (Affaires étrangères)	
				Ribot	Viviani (26 août 1914) (sans portefeuille)	
				Ribot	Briand (29/10/1915) (Aff. étrangères)	
				Thierry	Ribot (20 mars 1917) (Affaires étrangères)	Arrêté du 6 septembre 1917 créant la Commission de surveillance des banques coloniales
				Klotz	Painlevé (12 septembre 1917) (Guerre)	Loi du 26 octobre 1917 relançant la Caisse d'amortissement
				Klotz	Clemenceau (16 novembre 1917) (Guerre)	

	Robineau (25 août 1920) (Inspecteur général des finances, Directeur général de l'escompte à la Banque de France)		Bienvenu-Martin (20 février 1920) (Sénateur)	François-Marsal	Millerand (20 janvier 1920) (Affaires étrangères)	
				François-Marsal	Leygues (24/09/1920) (Aff. étrangères)	
				Doumer	Briand (16 janvier 1921) (Affaires étrangères)	
				de Lasteyrie du Saillant	Poincaré (15 janvier 1924) (Affaires étrangères)	
				François-Marsal	Poincaré (29 mars 1924) (Affaires étrangères)	
				François-Marsal	François-Marsal (9 juin 1924) (Finances)	

		Tannery[24] (25 février 1925) (Directeur de la comptabilité publique au Ministère des finances)		de Monzie	Herriot (3 avril 1925) (Affaires étrangères)	
				Caillaux	Painlevé (17 avril 1925) (Guerre)	
				Clémentel	Herriot (14 juin 1925)	
				Painlevé (finances) et Bonnet (Budget)	Painlevé (29 octobre 1925) (Finances)	
				Loucheur	Briand (29 novembre 1925) (Affaires étrangères)	
				Doumer	Briand (16 décembre1925) (Affaires étrangères)	
				Péret	Briand (9 mars 1926) (Affaires	Loi du 7 août 1926 portant

[24]Sera Gouverneur de la Banque de France à sa sortie de la Caisse des dépôts et consignations en 1935.

					étrangères)	création d'une caisse de gestion des bonds de la défense nationale, dont la gestion est confiée à la CDC. Poincaré reprendra intégralement ce projet.
	Moreau (26 juin 1926) (Inspecteur général des finances honoraire, Directeur général de la Banque d'Algérie)			Caillaux	Briand (23 juin 1926) (Affaires étrangères)	
				de Monzie	Herriot (19 juillet 1926) (Affaires étrangères)	
				Poincaré	Poincaré (23 juillet 1926)	Loi du 7 août 1926 : création

					(Finances)	de la caisse d'amortissement de la dette publique
				Caillaux	Clemenceau (25 octobre 1926)	
				Chéron	Poincaré (11 novembre 1928) (sans portefeuille)	
				Chéron	Briand (29 juillet 1929) (Affaires étrangères)	
	Moret (25 septembre 1930) (Premier Sous-gouverneur)			Chéron	Tardieu (3 novembre 1929) (Intérieur)	
				Dumond et Palmade (finances)	Chautemps (21 février 1930) (Intérieur)	
				Reynaud et Martin, dit Germain-Martin (Budget)	Tardieu (2 mars 1930) (Intérieur)	
				Martin, dit	Steeg	

				Germain-Martin et Palmade (Budget)	(13 décembre 1930) (Colonies)	

				Flandin et Pietri (Budget)	Laval 1 (27 janvier 1931) (Intérieur)	Loi du 28 décembre 1931 : création de la Caisse de crédit aux départements et aux communes pour le perfectionnement de l'outillage départemental et communal
				Flandin	Laval 2 (20 février 1932) (Intérieur)	
				Martin, dit Germain-Martin	Herriot (3 juin 1932)	

				et Palmade (Budget)	(Affaires étrangères)	
				Chéron	Paul-Boncour (18 décembre 1932) (Affaires étrangères)	
				Bonnet et Lamoureux (Budget)	Daladier (31 janvier 1933) (Guerre)	

				Bonnet et Gardey (Budget)	Sarraut (26 octobre 1933) (Marine)	
				Bonnet et Marchandeau (Budget)	Chautemps (26 novembre 1933) (Intérieur)	
				Pietri	Laval 3 (30 janvier 1934) (Affaires étrangères)	
				Marchandeau	Daladier (4 février 1934) (Affaires étrangères)	
				Martin, dit Germain-Martin	Flandin (9 février 1934)	
	Tannery (2 janvier 1935)			Caillaux	Bouisson (1er juin 1935)	Décret-loi du 30 octobre 1935

	(Directeur général CDC)				(Intérieur)	(régime des consignations)

		Deroy[25] (2 janvier 1935 (Directeur des contributions indirectes au Ministère des finances)		Régnier	Laval (7 juin 1935) (Affaires étrangères)	
				Régnier	Sarraut (24 janvier 1936) (Intérieur)	
	Labeyrie (6 juin 1936) (Procureur général près Cour des comptes)			Auriol[26]	Blum (4 juin 1936)	- Loi de nationalisation du 11 août 1936 – Participation de la CDC au capital de sociétés aéronautiques
	Fournier			Bonnet	Chautemps	

[25]On rappellera que DEROY, Directeur général a été chargé, par décret du 6 juin 1940, de la direction des Services du mouvement général des fonds au ministère des Finances. V. corps du texte 1ère partie.

[26]Membre de la Commission de surveillance de 1933 à 1936, Auriol sera notamment Président de la République de 1947 à 1954.

	(20 juillet 1937) (Premier sous-gouverneur)				(22 juin 1937)	

				Marchandeau	Chautemps (18 janvier 1938)	
				Blum et Spinasse (Budget)	Blum (13 mars 1938) (Trésor)	
				Marchandeau	Daladier (10 avril 1938) (Défense nationale)	
				Reynaud	Daladier (1er novembre 1938) (Défense nationale)	
				Lamoureux, puis Bouthillier à partir du 5 juin 1940	Reynaud (21 mars 1940) (Affaires étrangères)	
				Bouthillier	Pétain (16 juin 1940)	
Gouvernement de fait dit de l'Etat français (Gouvernement de Vichy)	Bréart de Boissanger (31 août 1940)			Bouthillier	Laval 1 (13 juillet 1940) (Vice-président du Conseil)	

				Bouthillier	Laval 2 (7 septembre 1940) (Vice-président du Conseil)	
				Bouthillier	Darlan 1 (26 février 1941) (Vice-président du Conseil)	
				Bouthillier	Darlan 2 (13 août 1941) (Vice-président du Conseil)	Loi du 26 novembre 1941 relative à la composition de la commission de surveillance de la CDC
			Linier (1er mai 1942) (Sénateur, membre du Conseil national)	Cathala	Laval 3 (18 avril 1942) (Chef du gouvernement)	
				Cathala	Laval 4 (17 novembre	

					1942) (Chef du gouvernement)	
				Cathala	Laval 5 (26 mars 1943) (chef du gouvernement)	
				Cathala	Laval 6 (16 mars 1944) (Chef du gouvernement)	
Gouvernement provisoire de la République	Monick (secrétaire général provisoire aux finances) (7 octobre 1944)			Mendès-France à partir du 9 novembre 1943	De Gaulle, (constitué le 3 juillet 1943, reconstitué le 9 novembre 1943), Président du Comité français de Libération nationale	
				Lepercq à parti du 4 septembre 1944	De Gaulle (16 mai 1944 à Alger, puis à Paris, à partir du 29 août 1944) (Chef du GPRF)	

		Watteau (25 janvier 1945) (Directeur de la direction des contributions directes au Ministère des finances)	Denais (30 octobre 1944) (Député)	Pleven à partir du 14 novembre1944	De Gaulle (10 septembre 1944) (Chef du GPRF)	- Ordonnance du 17 mai 1945 créant la CNRACL - Ordonnance du 18 août 1945 relatif à la fixation du taux d'intérêt des consignations
				Pleven	De Gaulle (21 novembre 1945) (Président du GPRF, élu par l'Assemblée nationale constituante)	Décret du 19 décembre 1945 concernant le dépôt des notaires pour les sommes détenues depuis plus de trois mois
				Philip	Gouin (26 janvier 1946) (Président du gouvernement provisoire, élu par l'Assemblée nationale constituante)	Loi du 16 mars 1946 relative à la composition de la commission de surveillance de CDC

				Schuman	Bidault (24 juin 1946) (Président du gouvernement provisoire, élu par la 2e Assemblée nationale constituante)	
				Philip	Blum (18 décembre 1946) (Président du gouvernement provisoire, élu par l'Assemblée nationale)	
IVe République				Schuman	Ramadier (21 janvier 1947)	Loi du 3 septembre 1947 réorganisant le financement des HBM, devenues HLM
				Mayer	Schuman (24 novembre 1948)	
				Reynaud	Marie (26 juillet 1948)	

				C. Pineau	Schuman (5 septembre 1948)	
				Queuille (puis Petsche à partir du 12 janvier 1949)	Queuille (11 septembre 1948)	
					Moch (13 octobre 1949)	
	Baumgartner (Président directeur général du Crédit national) (19 janvier 1949)				Mayer (20 octobre 1949)	
				Petsche	Bidault (28 octobre 1949)	- Décret du 16 mai 1949 de

						fusion entre la CNRV et la CNAD pour former la CNAV - Loi du 24 juin 1950 dit loi Minjoz mettant l'Etablissement principalement prêteur soit seul soit en association avec les caisses d'épargne te de prévoyance
				Petsche et Faure (Budget)	Queuille (2 juillet 1950 (Intérieur)	
				Pestche et Faure (Budget)	Pleven (12 juillet 1950)	

				Pestche et Faure (Budget)	Queuille (10 mars 1951)	

				Mayer et Courant[27] (Budget)	Pleven (11 août 1951)	
				Faure et Courant (Budget)	Faure (20 janvier 1952)	
		Bloch-Lainé (4 décembre 1952) (Directeur du Trésor)		Pinay	Pinay (8 mars 1952)	
				Bourgès-Maunoury et Moreau (Budget)	Mayer (8 janvier 1953)	
					Laniel (26 mars 1953)	
				Faure	Laniel (28 juin 1953)	
				Faure et Buron (Budget)	Mendès France 1 (19 juin 1954) (Affaires étrangères)	
				Buron	Mendès-France 2 (20 janvier 1955)	
				Pflimlin	Faure (23 février 1955)	Loi du 3 avril 1955 (régime

[27]Sera Président de la Commission de surveillance de 1956 à 1962.

						des consignations)
				Lacoste[28]	Mollet (1er février 1956)	
			Courant (9 juin 1956) (Député)	Ramadier	Mollet (14 février 1956)	
				Gaillard	Bourgès-Maunoury (13 juin 1957)	
				Pflimlin	Gaillard (6 novembre 1957)	
				Faure	Pflimlin (14 mai 1958)	
				Pinay	De Gaulle (1er juin 1958)	Loi de finances 30/12/1958 mettant fin à l'existence de la Caisse autonome de 1926
Ve République				Pinay	Debré 1 (8 janvier 1959)	
	Brunet (Président Directeur général du			Baumgartner	Debré 2 (13 janvier 1960)	Décret du 18 juillet 1959 créant la CNP

[28]Fonctionnaire des finances (enregistrement ; Caisse des dépôts et consignations, services extérieurs du Trésor)

	Crédit national) (21 janvier 1960)					
				V. Giscard d'Estaing	Debré 3 (18 janvier 1962)	
			Paquet (8 mars 1963) (Député)	V. Giscard d'Estaing	Pompidou 1 (14 avril 1962)	
		Pérouse (21 juillet 1967) (Directeur du Trésor)		Debré	Pompidou (8 janvier 1966)	- Décret du 16 mars 1966 créant la CAECL - Loi bancaire du 23 septembre 1966 - Loi du 22 juin 1967 sur la Cour des comptes
				Couve de Murville	Pompidou (31 mai 1968)	
	Wormser (Ambassadeur de France) (8 avril 1969)			F-X. Ortoli	Couve de Murville (12 juillet 1968)	Décret du 24 février 1969 refondant les statuts du CFF
			C. Bonnet (14 mai 1971) (Député)	V. Giscard d'Estaing	Chaban-Delmas (22 juin 1969)	Arrêté du 7 juin 1973 dressant la liste des établissements

						susceptibles de recevoir les fonds détenus depuis moins de trois mois par les notaires
			- Poniatowski (13 octobre 1972) (Député) - Bisson (11 mai 1973) (Député)	V. Giscard d'Estaing	P. Mesmer (6 juillet 1972)	
	Clappier (PDG Crédit national) (14 juin 1974)			J-P. Fourcade	J. Chirac 1 (27 mai 1974)	
	Genière (Premier Sous-gouverneur) (21 novembre 1979)			R. Barre et M. Durafour (Ministre délégué auprès du 1er ministre)	R. Barre 1 (27 août 1976)	
				R. Barre et Boulin (Ministre délégué auprès du Premier ministre chargé de l'Economie et des Finances)	R. Barre 2 (30 mars 1977)	
				R. Monory (Ministre	R. Barre 3 (5 avril 1978)	

				délégué auprès du Premier ministre chargé de l'Economie et des Finances)		
		R. Lion (30 mai 1982) (Directeur de cabinet du Premier Ministre P. Mauroy)	D. Taddéi (11 septembre 1981) (Député)	J. Delors	P. Mauroy 1 (22 mai 1981)	-Lois de mars 1982 sur la décentralisation - Loi du 1er juillet 1983 portant réforme du réseau des Caisses d'épargne
				J. Delors	P. Mauroy (22 mars 1983)	
	M. Camdessus (Premier Sous-gouverneur) (14 novembre 1984)		P. Sanmarco (23 octobre 1985)	Bérégovoy	L. Fabius (19 juillet 1984)	- Loi bancaire du 24 juin 1984 - Loi du 11 juillet 1985 sur le rôle de la CDC dans le domaine du financement du logement social

	J-H. Larosière de Champfeu (Directeur général du Fonds monétaire international) (16 janvier 1987)		J-P Soisson[29] (Député) (30 avril 1986)	E. Balladur	J. Chirac 2 (20 mars 1986)	
			C. Pierret[30] (Député) (7 juillet 1988)	Bérégovoy	M. Rocard (12 mai 1988)	- Loi du 12 juillet 1990 relative à la lutte contre le blanchiment des capitaux et soumettant la CDC à l'IGF - Loi de

[29]A été membre de la Commission de surveillance en 1973 et 1974.
[30]A été membre de la Commission de surveillance de 1986 à 1988 pour en devenir son Président en 1988.

						finances pour 1990 « codifiant le régime fiscal » de la CDC
		P. Lagayette (4 décembre 1992) (Premier Sous-gouverneur Banque de France)		Bérégovoy	E. Cresson (16 mai 1991)	
				M. Sapin	Bérégovoy (2 avril 1992)	
	J-C. Trichet (Directeur du Trésor) (16 septembre 1993		J-P. Delalande (Député) (4 mai 1993)		E. Balladur (29 mars 1993)	
					A. Juppé (17 mai 1995)	
		D. Lebègue (17 décembre 1997) (Administrateur, Vice-président de la BNP)	J-P. Balligand[31] (Député) (15 juillet 1997)	D. Strauss-Kahn, puis L. Fabius	L. Jospin (2 juin 1997)	- Insertion dans un Code monétaire et financier des dispositions législatives statutaires de la

[31]Président de la Commission de surveillance de 1997 à 2002, il est actuellement membre de la Commission de surveillance.

						CDC (2000) - Loi du 15 mai 2001 Nouvelles régulations économiques définissant les activités de la CDC et de son « Groupe public » - Loi du 17 juillet 2001 confiant notamment la gestion administrative du FRR à la CDC
		F. Mayer (19 décembre 2002) (Vice-président de la Banque européenne d'investissement)	P. Auberger (4 septembre 2002)	F. Mer	J-P. Raffarin (6 mai 2002)	
	C. Noyer (22 octobre 2003) (Vice-président de la Banque européenne					Loi de finances pour 2004 du 30 décembre 2003 cédant au groupe des

	d'investissement)					Caisses d'épargne CDC-Ixis et EULIA

Annexe 4

Présentation et publication des comptes de la CDC et de divers organismes gérés

	Commission de surveillance	Journal officiel de la République Française	Rapport au Parlement	Comptes de la CDC (annexe au Rapport au Parlement)	Rapport annuel d'activités
Comptes consolidés	Oui (complet) *semestriel*	Non	Oui *Annuel*	Oui *annuel*	Oui *annuel*
Comptes de la section générale	Oui (complet) *trimestriel*	Bilan uniquement *trimestriel*	Oui (complet) *annuel*	Oui (complet) *annuel*	Oui (complet) *annuel*
Comptes des fonds d'épargne	Oui (groupe) (complet) *trimestriel*	Bilan groupe uniquement *trimestriel*	Oui groupe + comptes de résultat par fonds *annuel*	Comptes du groupe + comptes de chaque fonds (recueil spécifique) *annuel*	Comptes du groupe *annuel*
Comptes des Caisses de retraite	Bilan groupe *trimestriel*	Bilan groupe *trimestriel*	Pas de bilan groupe + Bilan et compte de résultat de la CNRACL, FCATA et IRCANTEC (depuis 1995) *annuel*	Bilan groupe + Bilan et compte de résultat de chaque fonds *annuel*	Chiffres clefs (pensions, cotisations, …) (depuis 1998) *annuel*
Comptes des organismes divers	Bilan groupe *trimestriel*	Bilan groupe *trimestriel*	Rien (depuis 1995)	Bilan groupe + bilan et compte de résultat de chaque fonds *annuel*	Rien (depuis 1998)

Annexe 5

Les caissiers généraux de la Caisse des dépôts et consignations (1816 à 2004)

1816-1842 Gravier
1843-1844 Rambot
1845-1884 Daru
1884-1891 Perier
1891-1898 Bonneau
1898-1901 Allix
1901-1924 Rouxel
1924-1934 Delacout
1934-1942 Laubel
1942-1951 De Crécy

1951-1959 Dhaussy
1960-1969 Martel
1969-1975 Gensollen
1975-1984 Guélard
1984-1988 Hermary
1988-1993 Barbot
1994-1998 Barjel
1998-2000 M. Brunet
2000- M. Rossinot

Annexe 6

Calendrier comparé des rapports au Parlement (rapports blanc) et rapports d'activités de la CDC (rapports rouge) [32]

	RAPPORT AU PARLEMENT (rapport blanc)	RAPPORT D'ACTIVITES (rapport rouge)	CONFERENCE DE PRESSE
Fondements juridiques	Art. L-518-10 du Code monétaire et financier [33]		
Début janvier (Comité de direction)	• Remarques et observations sur les rapports de l'exercice précédent (méthodes, contenu, forme, délais, diffusion…) • Calendrier et méthode sur les rapports de l'exercice en cours • Note de cadrage sectoriel demandée aux directions générales		
Fin janvier	• Présentation par chaque direction générale de son secteur d'activités et proposition d'insertion		
Février	• Planning et sommaire des deux rapports (statistiques, textes nouveaux et actualités + annexes) • Remarques sur le contenu du rapport au Parlement, au regard des dispositions législatives préc.		
Mars- avril	• Remise des contributions, homogénéisation d'ensemble, contrôle de la comptabilité des données chiffrées		

[32] Tableau réalisé à partir de notes de travail prises lors de la consultation du *fonds P. Richard*, Service des Archives, CDC.

Fin avril	Remise du rapport au Parlement au Directeur général pour approbation	Remise des textes du rapport d'activités à l'éditeur	
Mai (Comité de direction)	• Présentation de la communication du Directeur général à la Commission de surveillance • Envoi du projet de rapport au Parlement au rapporteur de la Commission de surveillance		
15 mai	Envoi du rapport aux membres de la Commission de surveillance		Préparation de la conférence de presse du Directeur général
Fin mai (Commission de surveillance)	• Examen du rapport au Parlement et des observations du « rapporteur au rapport» • Communication du Directeur général • Détermination de la CRIS • Discussions		
Avant le 2 juillet	*« Le rapport de la commission de surveillance […] est adressé au Parlement avant le 2 juillet »* (L.518-10 du Code monétaire et financier).	Sortie et diffusion du rapport d'activités	Présentation à la presse des résultats annuels et du bilan de la CDC

[33]Codifiant l'art. 114 de la loi de finances du 28 avril 1816 modifié, notamment par l'article 20-I de la loi n°91-635 du 10 juillet 1991.

Annexe 7

Liste non exhaustive des fonds gérés par la Caisse des dépôts et consignations

abréviation	Intitulé du fonds	Textes fondateurs du fonds	Type de gestions confiées à la Caisse des dépôts et consignations	Personnalité juridique définie par les textes fondateurs
	Direction de la Sécurité sociale-compensation bilatérale maladie	Art. L.134-1 code de Sécurité sociale	Gestion administrative	Non
	Direction de la Sécurité sociale-compensation démographique maladie	Art. L.134-1 et L.134-2 code de Sécurité sociale	Gestion administrative	Non
	Direction de la Sécurité sociale-compensation démographique vieillesse	Art. L.134-1 et L.134-2 code de Sécurité sociale	Gestion administrative	Non
	Direction de la Sécurité sociale-compensation spécifique vieillesse	Art. L.134-1 et L.134-2 code de Sécurité sociale	Gestion administrative	Non
	Fondation Lépine	Convention CDC/fondation Lépine du 9 mai 1989 modifiée	Gestion administrative	Non

abréviation	Intitulé du fonds	Textes fondateurs du fonds	Type de gestions confiées à la Caisse des dépôts et consignations	Personnalité juridique définie par les textes fondateurs
	Fonds de soutien pour le câblage et la mise en réseau des établissements scolaires	Convention générale relative au fonds pour l'équipement informatique des établissements scolaires du 3 septembre 1998 conclue entre l'Etat et la CDC[34]	Gestion administrative et financière	Non
	Fonds du service public de la production de l'électricité	Loi n°2000-108 du 10 février 2000 relative à la modernisation et au développement du service public de l'électricité	Gestion administrative et financière	Non[35]
	Caisse de pensions de retraite de l'imprimerie nationale	Ordonnance royale du 20 août 1824	Gestion administrative	Non

[34]publiée au BOEN, n°39, 22 octobre 1998.

[35]Le Fonds du service public de la production de l'électricité ne semble pas disposer de la personnalité juridique bien qu'il soit doté d'un comité dont la mission principale est de contrôler le compte géré par la Caisse des dépôts et consignations et qu'il soit financé par des contributions versées par les opérateurs. Il ne dispose pas par ailleurs de l'autonomie financière et son organe délibérant est la Commission de régulation de l'électricité (organisé sous forme d'autorité administrative indépendante).

abréviation	Intitulé du fonds	Textes fondateurs du fonds	Type de gestions confiées à la Caisse des dépôts et consignations	Personnalité juridique définie par les textes fondateurs
	Rentes de la Mairie de Paris	Loi du 3 juillet 1941, portant réforme du régime de retraite des employés et agents départementaux, communes, établissements publics et services concédés, affermés ou en régie dépendant des collectivités locales	Gestion administrative	Non
	Fonds pour le déploiement des cyberbases	Convention du 21 mars 2001 conclue entre l'Etat et la CDC	Gestion administrative et financière	Non
	Fonds pour le développement d'une politique intermodale des transports dans le massif alpin	Décret n°2002-471 du 5 avril 2002 relatif au Fonds pour le développement d'une politique intermodale des transports dans le massif alpin	Gestion administrative	Oui
	Fonds pour le développement de l'intermodalité dans les transports	Décret n°2002-470 relatif au Fonds pour le développement de l'intermodalité dans les transports	Gestion administrative	Oui

abréviation	Intitulé du fonds	Textes fondateurs du fonds	Type de gestions confiées à la Caisse des dépôts et consignations	Personnalité juridique définie par les textes fondateurs
ANPE-AR	Agence nationale pour l'emploi-adhésion-retraite	Loi n°98-546 portant diverses dispositions d'ordre économique et financier	Gestion administrative	Non
ATC-ICNA	Fonds de gestion de l'allocation temporaire complémentaire des ingénieurs du contrôle de la navigation aérienne	Décret °98-1096 du 4 décembre 1998 portant création du fonds de gestion de l'allocation temporaire complémentaire	Gestion administrative et financière	Non
ATIACL	Allocation temporaire d'invalidité des agents des collectivités locales	Loi de finances n°59-1454 du 26 décembre 1959	Gestion administrative	Non
CNAF	Compensation des prestations familiales pour les départements d'Outre-Mer	Ordonnance n°67-706 du 21 août 1967	Gestion administrative	Non

abréviation	Intitulé du fonds	Textes fondateurs du fonds	Type de gestions confiées à la Caisse des dépôts et consignations	Personnalité juridique définie par les textes fondateurs
CNRACL	Caisse nationale de retraites des agents des collectivités locales	Ordonnance n°45-993 du 17 mai 1945 relative aux services publics des départements et des communes et de leurs établissements publics	Gestion administrative et financière	Oui[36]
CRCGMF	Caisse de retraite du personnel sédentaire des sociétés du Groupe de la compagnie générale maritime et financière relevant précédemment du personnel de la compagnie centrale transatlantique et de la compagnie des messageries maritimes	Arrêté du 10 avril 1995[37]	Gestion administrative	Oui
CRRFOM	Caisse des retraites des régies ferroviaires d'Outre-Mer	Décret n°93-1150 du 29 septembre 1993 relatif à l'Office français de coopération pour les chemins de fer et les matériels d'équipements	Gestion administrative et financière	Non

[36]Sous forme d'établissement public administratif.
[37]non publié au JORF.

abréviation	Intitulé du fonds	Textes fondateurs du fonds	Type de gestions confiées à la Caisse des dépôts et consignations	Personnalité juridique définie par les textes fondateurs
FASMO	Fonds pour la modernisation des établissements de santé	Loi n°97-1164 du 19 décembre 1997 sur le financement de la Sécurité sociale pour 1998	Gestion administrative et financière	Oui
FBEI	Fonds « Banque européenne d'investissement pour le capital risque »	Convention Etat/BEI/Caisse des dépôts et consignations du 4 décembre 1998	Gestion administrative et financière	Non
FCAATA	Fonds de cessation anticipée d'activité des travailleurs de l'amiante	Loi n°98-1194 du 19 décembre 1998 sur le financement de la Sécurité sociale pour 1999	Gestion administrative et financière	Non
FCAT	Fonds commun des accidents du travail	Loi n°42-446 du 3 avril 1942	Gestion administrative et financière	Non
FCATA	Fonds commun des accidents du travail agricole	Loi n°151 du 16 mars 1943 portant modification de la législation sur les accidents du travail en agriculture	Gestion administrative et financière	Non

abréviation	Intitulé du fonds	Textes fondateurs du fonds	Type de gestions confiées à la Caisse des dépôts et consignations	Personnalité juridique définie par les textes fondateurs
FCCFA	Fonds de compensation de fin d'activité	Loi n°96-1093 du 16 décembre 1996 relative à l'emploi dans la fonction publique et à diverses mesures d'ordre sanitaire	Gestion administrative et financière	Non
FCCPA	Fonds de compensation de la cessation progressive d'activité	Loi n°84-7 du 3 janvier 1984 relative à la cessation d'activité des fonctionnaires et des agents de l'Etat et des établissements publics à caractère administratif	Gestion financière	Non
FEH	Fonds pour l'emploi hospitalier	Loi n°94-628 du 25 juillet 1994 relative à l'organisation du temps de travail, aux recrutements et aux notations dans la fonction publique	Gestion administrative et financière	Non

abréviation	Intitulé du fonds	Textes fondateurs du fonds	Type de gestions confiées à la Caisse des dépôts et consignations	Personnalité juridique définie par les textes fondateurs
FMITH	Fonds mutualisé pour l'informatique hospitalière	Arrêté du 30 septembre 1997 relatif au transfert des disponibilités du fonds mutualisé pou l'informatique hospitalière à la Caisse des dépôts et consignations	Gestion administrative et financière	Non
FMPC	Fonds pour la modernisation des cliniques privées	Loi de financement de la Sécurité sociale pour 2000 n°99-1140 du 29 décembre 1999	Gestion administrative	Non
FNAL	Fonds national d'aide au logement	Art. L-834-1 du code de Sécurité sociale	Gestion financière	Oui[38]
FNCSFTTNC	Fonds national de compensation du supplément familial de traitement à temps non complet	Loi n°84-53 du 26 janvier 1984, portant dispositions statutaires relatives à la fonction publique territoriale	Gestion administrative et financière	Non
FNH	Fonds national de l'habitation	Art. L-351-6 du code de la construction de l'habitation	Gestion financière	Non
FONPEL	Fonds de pension des élus locaux	Loi n°92-108 du 3 février 1992	Gestion administrative	Oui[39]

[38]Institué par acte législatif, le FNAL a un objet spécifique et l'autonomie financière. Il pourrait disposer de la personnalité juridique, compte tenu de l'évolution de la jurisprudence administrative. Par ailleurs, la lecture de l'art. R.384-1 du code de Sécurité sociale confirmerait cette réponse positive car il y est prévu la signature d'une convention entre la Caisse des dépôts et consignations et le fonds.

abréviation	Intitulé du fonds	Textes fondateurs du fonds	Type de gestions confiées à la Caisse des dépôts et consignations	Personnalité juridique définie par les textes fondateurs
FPA	Fonds de prévoyance de l'aéronautique	Décret n°77-1448 du 27 décembre 1977 relative au fonds de prévoyance de l'aéronautique	Gestion administrative et financière	Non
FPCR	Fonds de promotion pour le capital risque	Convention du 29 mai 1998 entre l'Etat, la BEI et la Caisse des dépôts et consignations relative au Fonds de promotion pour le capital risque	Gestion administrative et financière	Non
FPM	Fonds de prévoyance militaire	Décret n°73-984 du 25 septembre 1973	Gestion administrative	Oui[40]
FRR	Fonds de réserve des retraites	Art. L-135 du code de Sécurité sociale	Gestion administrative	Oui[41]

[39]Créé sous forme d'association type Loi 1901 à l'initiative de l'Association des Maires de France, FONPEL bénéficie de l'agrément du Ministère de l'Economie.

[40] Le Fonds de prévoyance militaire semble disposer de la personnalité juridique dès lors qu'il dispose de l'autonomie financière, d'un patrimoine propre et d'un organe délibérant institué par l'autorité administrative (commission du FPM) (critères jurisprudentiels).

[41] Art. L.135-6 du code de la Sécurité sociale.

abréviation	Intitulé du fonds	Textes fondateurs du fonds	Type de gestions confiées à la Caisse des dépôts et consignations	Personnalité juridique définie par les textes fondateurs
FRU	Fonds pour le renouvellement urbain	Convention du 29 juin 2000 entre l'Etat et la Caisse des dépôts et consignations, sur le Renouvellement urbain[42]	Gestion administrative et financière	Non
FSI	Fonds spécial d'invalidité	Art. L.815-3-1 du code de la Sécurité sociale	Gestion financière	Non
FSPOEIE	Fonds spécial des pensions des ouvriers des établissements industriels de l'Etat	Loi du 21 mars 1928	Gestion administrative et financière	Non
FSRTI	Fons spécial pour la réinsertion des travailleurs immigrés	Loi n°84-622 du 17 juillet 1984 portant modification de l'ordonnance n°45-2658 du 2 novembre 1945 et du code du travail et relative aux étrangers séjournant en France et aux titres uniques de séjour et de travail	Gestion administrative	Non

[42] Le Moniteur, 21 juillet 2000, p.361 ; La lettre du gouvernement, 5 avril 2001.

abréviation	Intitulé du fonds	Textes fondateurs du fonds	Type de gestions confiées à la Caisse des dépôts et consignations	Personnalité juridique définie par les textes fondateurs
FSUT	Fonds de service universel des télécommunications	Art. L.35-3, II, 2° du code des postes et télécommunications[43]	Gestion administrative et financière,	Non[44]
IRCANTEC	Institution de Retraite Complémentaire des Agents Non Titulaires de l'Etat et des Collectivités publiques	Décret n°70-1277 du 23 décembre 1970 modifié	Gestion administrative et financière	Oui[45]
RAPP	Rentes de l'assistance publique	Loi du 3 juillet 1941, portant réforme du régime de retraite des employés et agents départementaux, communes, établissements publics et services concédés, affermés ou en régie dépendant des collectivités locales	Gestion administrative	Non

[43] V. MOINE (G.), *Le service universel : contenu, financement, opérateurs*, AJDA, 1997, p.246.
[44] Le FSUT ne semble pas disposer de la personnalité juridique bien qu'il soit doté d'un comité dont la mission principale est de contrôler le compte géré par la Caisse des dépôts et consignations et qu'il serait financé par des contributions versées par les opérateurs. Il ne dispose pas par ailleurs de l'autonomie financière et son organe délibérant est l'autorité de régulation des télécommunications (organisé sous forme d'autorités administratives indépendantes).
[45] Sous forme d'établissement public administratif.

abréviation	Intitulé du fonds	Textes fondateurs du fonds	Type de gestions confiées à la Caisse des dépôts et consignations	Personnalité juridique définie par les textes fondateurs
RATOCEM	Rentes d'accidents du travail des ouvriers civils des établissements militaires	Loi du 21 octobre 1919 améliorant et unifiant les régimes de retraites des ouvriers des établissements industriels de l'Etat	Gestion administrative et financière	Non
RAVGDT	Régime d'allocations viagères des gérants de débit de tabac	Décret n°63-1104 du 30 octobre 1963 relatif au régime d'allocations viagères des gérants de débit de tabac	Gestion administrative et financière	Non
RDP	Rentes du département de Paris	Loi du 3 juillet 1941, portant réforme du régime de retraite des employés et agents départementaux, communes, établissements publics et services concédés, affermés ou en régie dépendant des collectivités locales	Gestion administrative	Non

abréviation	Intitulé du fonds	Textes fondateurs du fonds	Type de gestions confiées à la Caisse des dépôts et consignations	Personnalité juridique définie par les textes fondateurs
RISP	Régime d'indemnisation des sapeurs-pompiers volontaires	Loi n°75-1258 du 27 décembre 1975	Gestion administrative et financière	Non
SASV	Service de l'allocation spéciale de vieillesse	Art. L.814-5 du code de la Sécurité sociale	Gestion administrative et financière	Oui[46]

[46]Art. D-814-13 du code de la Sécurité sociale.

Annexe 8

Typologie des conventions, protocoles, accords, lettres et documents assimilés échangés entre la CDC et les pouvoirs publics (documents reçus ou publiés et étudiés)

- Accord cadre du 20 novembre 2001 entre l'Etat et la Caisse des dépôts et consignations *« nouveaux services-emplois jeunes »*
- Accord national du 22 juin 2001 entre *l'Union nationale Hlm et la Caisse des dépôts sur le thème du renouvellement urbain et patrimonial*, Actualités HLM, 15 juillet 2001
- Convention de partenariat du 22 août 2002 entre l'Etat et la Caisse des dépôts et consignations relative *au site « service-public.fr »*
- Convention du 19 décembre 1936 entre l'Etat et la Caisse des dépôts au sujet de la *conversion des prêts consentis par celle-ci*, Rec.Varnier, 1957, p.153 ; JORF, 24 décembre 1936, p.13302
- Convention du 21 mars 2001 conclue entre l'Etat et la Caisse des dépôts et consignations relative au *Fonds pour le déploiement des cyberbases*
- Convention du 25 mars 2002 entre l'Etat français et la Caisse des dépôts et consignations relative au *Programme de Développement numérique des territoires*
- Convention du 29 juin 2000 entre l'Etat et la Caisse des dépôts et consignations, *sur le Renouvellement urbain*, Le Moniteur, 21 juillet 2000, p.361 ; La lettre du gouvernement, 5 avril 2001

- Convention du 4 novembre 1819 avec le Ministre des finances portant *qu'à dater du 1er janvier 1920, l'excédent des recettes sur les dépenses effectuées par les receveurs généraux pour le compte des deux Caisses devra leur être transmis par l'intermédiaire du Trésor, qui leur en garantira la rentrée et la remise à Paris*, Rec.Varnier, 1894, p.13
- Convention du 8 octobre 1998 entre l'Etat et la Caisse des dépôts et consignations, *« Une nouvelle ambition pour les villes »*
- Convention générale relative au *fonds pour l'équipement informatique des établissements scolaires* du 3 septembre 1998 conclue entre l'Etat et la Caisse des dépôts et consignations, BOEN, n°39, 22 octobre 1998
- Convention-cadre du 26 juillet 2000 entre la DATAR et la Caisse des dépôts et consignations, *« Appui dans la mise en œuvre de l'organisation des territoires »*, www.datar.gouv.fr (recherche effectuée le 2 octobre 2000)
- Correspondance de Michel Rocard, Premier Ministre et de Robert LION, Directeur général de la Caisse des dépôts et consignations, 25 juillet et 18 novembre 1988 : *Objectifs sociaux prioritaires*
- Lettre du 31 décembre 1987 du Ministre de l'Economie, des Finances et de la Privatisation, *Modalités de versement de la contribution volontaire de la Caisse des dépôts et consignations*
- Lettre du Premier Ministre du 28 avril 1966, *organisme chargé d'apporter aux administrations et aux collectivités l'appui technique et financier nécessaire à la réalisation des zones à urbaniser par priorité, des zones d'habitation, des zones industrielles et des opérations de rénovation urbaine*
- Protocole du 6 juin 1996 entre les ministères de l'Economie, de l'aménagement du territoire, de la ville, du logement et l'UNFOHLM, *mise en œuvre du Pacte de Relance pour la* ville, Le Moniteur, 14 juin 1996, p.354

Annexe 9
CHIFFRES CLEFS GROUPE CDC[47]

RESULTAT CDC net consolidé	1,581 Md€ dont • ETABLISSEMENT PUBLIC : 759 M€ • FILIALES : 822 M€ 1. CDC Ixis et EULIA : 518 M€ (soit 4 fois plus qu'en 2002) 2. CNP : 264 M€ 3. C3D : 100 M€

DIVIDENDE	527M€
CRIS (Contribution représentative de l'impôt sur les sociétés)	400 M€
PRELEVEMENTS FONDS D'EPARGNE[48]	932 M€

[47] Chiffres établis en moyenne à partir du rapport au Parlement 2003. Il s'agit d'ordre de grandeur montrant l'importance financière de la Caisse des dépôts et consignations dans le paysage économique et politique français.
[48] Sur les 15 dernières années, 50 Md€ ont été versés par la CDC sur les résultats dégagés par la gestion des fonds d'épargne.

PERSONNEL GROUPE Caisse des dépôts et consignations	• Groupe : 40 000 personnes • Etablissement public : 4 620 personnes (74% public et 26 % privé) • C3D : 24 026 personnes
PORTEFEUILLES	• Portefeuille valeurs mobilières : 119 Md€ dont 7,2 Md€ en actions • Portefeuille valeurs immobilières et forestières : 1,5 Md€ • Masse financière gérée par CDC Entreprise : 3,8 Md€
PRINCIPAUX DEPOTS ET CONSIGNATIONS	• Notaires et AMJ : 37 Md€ • Numéraires : 36,9 Md€ (50 000 clients) • Consignations : 2,53 Md€ (en encours moyen) • Fonds d'épargne : 218 Md€ (en encours moyen)

BIBLIOGRAPHIE

I- OUVRAGES GENERAUX, TRAITES ET MANUELS

A) GENERALITES, HISTOIRE, ECONOMIE, LITTERATURE, POLITIQUE ET FINANCE

AGLIETTA (M.) et ORLAN (A.), *La monnaie entre violence et confiance*, Paris, O. Jacob, 2002, 384 p.

AUBERGER (P.), *La démocratie à l'épreuve des Marchés*, Paris, Economica, 231 p.

BAGGE (D.) (préf. de B. MIRKINE-GUETZEVITCH et M. PRELOT), *Les idées politiques en France sous la Restauration*, Paris, PUF, Bibliothèque de la science politique, 1ère éd., 1952, 462 p.

BLANCHETON (B.), *Le Pape et l'Empereur : la Banque de France, la Directeur du Trésor, et la politique de France - 1914-1928*, Paris, A. Michel, coll. *Historique de la Banque de France*, 2001, 558 p.

BOTTENHEIM (J.), *Corvetto et son œuvre financière*, Paris, PUF, 1941, 260 p.

BRAUDEL (F.) et LABROUSSE (E.) (dir.), *Histoire économique et sociale de la France*, Partie IV, 4 vol., Paris, PUF, 1982, 1837 p.

BRESSON (J.), *Histoire financière de la France depuis l'origine de la monarchie jusqu'à l'année 1828, précédée d'une introduction sur le mode d'impôts en usage avant la révolution, suivie de considérations sur la marche du Crédit public et les progrès du système financier et d'une table analytique des noms et des matières*, Paris, Bureau de la gazette des chemins des Fer, Cours général des actions, 1857, 3ème éd., t.1, 462 p. et t.2, 404 p.

BRISSOT (J-P.), *Point de banqueroute ou lettres à un créancier de l'Etat sur l'impossibilité de la banqueroute nationale et sur les moyens de ramener le crédit et la paix*, Londres, 1ère éd., éditeur inconnu, 1787, 58 p.

CANTILLON (R.), *Essai sur la nature du commerce en général*, 1755, New York, éd. with an English translation and other material by Henary Higgs, réimp. 1964, 394 p.

CHAPTAL (J.-A.), *De l'industrie française*, 1819, rééd. 1993 (avec une présentation de L. BERGERON), Paris, Imprimerie nationale, 1993, 532 p.

CLAVIERE (R.), *De la Foi publique envers les créanciers de l'Etat*, Londres, éditeur inconnu, 1788, 184 p.

COHEN (E.), *L'ordre économique mondial : essai sur les autorités de régulations*, Paris, Fayard, 2001, 315 p.

CONDORCET (Mies de), *Mémoires sur les Monnoies,* Baudouin, 1790 dans *Mémoires et discours sur les monnaies et les finances* (éd. établie par B. COURBIS et L. GILLARD), Paris, L'Harmattan, coll. Cahiers d'économie politique. Cahiers monnaie et financement, 1994, 160 p.

DE MAISTRE (J.), *Considérations sur la France*, (présentation de P. MANENT), Bruxelles[Evry], éd. complexe[diff. PUF], coll. Historiques-Politiques, 1797 (rééd.1988), 277 p.

DE NERVO (Baron), *Le Comte Corvetto. Ministre secrétaire d'Etat des finances sous le Roi Louis XVIII. Sa vie- son temps- son ministère*, Paris, Michel Lévy, 1869, 584 p.
DELMAS (P.), *Le maître des horloges, Modernité de l'action publique*, Paris, O. Jacob, 1991, 352 p.
GUENA (Y.), *Le Baron Louis 1755-1837*, Paris, Perrin, 1999, 282 p.
HUGO (V.), *Les Châtiments* (introduction de P. ABRAHAM et illustré, en hors texte par neuf planches tirées à part d'après *« Les Châtiments »* (éd. Hugues, 1884) et *« Napoléon le Petit »* (même éditeur, 1979). Ce volume est réalisé suivant les maquettes d'A. CHEM, Paris, Club des amis du livre progressiste, 1961, 392 p.
IZRAELEWICZ (E.), *Le capitalisme zinzin,* Paris, Grasset, 1999, 283 p.
KINDLEBERGER (C.), *Histoire financière de l'Europe occidentale*, Paris, Economica, 1989, 708 p.
KOENIG (M.), *L'Ogre et l'Ecureuil. Conte de faits*, Paris, Aubin Editeur, coll. Faits de sociétés, 1995, 224 p.
LACHAPELLE (G.), *Le crédit public. Amortissements et conversions de la dette,* Paris, Berger-Levrault, 1931, 332 p.
MALLEZ (P.), *La restauration des finances françaises après 1814*, Paris, Dalloz, 1927, 294 p.
MARION (M.), *Histoire financière de la France depuis 1715*, Paris, A. Rousseau, 1925, en particulier le t. 4 : 1797-1818, XI-435 p.
MENY (Y.) *La corruption de la République*, Paris, Fayard, 1992, 351 p.
MIRABEAU (A. Vicomte de), *Dénonciation de l'agiotage au Roi et à l'assemblée des Notables*, 1787, éditeur inconnu, 143 p.
MONTESQUIEU (C-L.), *De l'Esprit des Lois* [Eloge de M. ... de MONTESQUIEU et analyse... par M. d'ALEMBERT] - Nouvelle édition revue, corrigée...augmentée, Londres, [s.n.], 1768-1791, 4 Vol., multi.
PERROT (M.) (présentation de), *Georges Sand. Politique et polémiques (1843-1850)*, Paris, Imprimerie nationale, coll. Acteurs de l'Histoire, 1997, 578 p.
PIOTET (F.) (dir.), *La Révolution des métiers*, Paris, PUF, coll. Le lien social, 2002, 366 p.
QUENNOUËLLE-CORRE (L.), *La direction du Trésor 1947-1967 L'Etat-banquier et la croissance*, Paris, CHEFF, Etudes générales, 2000, 693 p.
RIST (C.), *Histoire des doctrines relatives au crédit et à la monnaie depuis John Law jusqu'à nos jours*, Paris, Dalloz, 2ème éd. (rééd. par C. de BOISSIEU), 2002, 540 p.
RIVOIRE (J.), *Histoire de la Banque*, Paris, PUF, coll. QSJ, 1992, 125 p.
ROUSSEAU (J-J.), *Discours sur l'Economie politique* (édition, introduction et commentaire sous la dir. de B. BERNARDI), Paris, Vrin éditeur, 2002, 224 p.
SCHIFRES (M.), *La désertion des énarques. Du pantouflage en République*, Paris, Stock, 1999, 245 p.
SIMON (P.), *L'élaboration de la Charte constitutionnelle de 1814 (1er avril-4 juin 1814)*, Paris, Edouard Cornély, 183 p.
SMITH (A.), *Recherche sur la nature et les causes de la richesse des Nations* (trad. C. BAKER, C. BERNARD, D. BERTHAUD, ... [et al.] ; coord. P. JAUDEL ; avec la coll. de E. BLAN, J. BLANC, Ph. GOUTTE, ... [et al.] ; resp. scient. J-M. SERVET, Paris, Economica, 2002, 2 vol. 713 p.
STOURM (R.), *Bibliographie historique des finances de la France au XVIIIe siècle*, Paris, Guillaumin, 1895, 341 p.

THIVEAUD (J-M.), *Histoire de la finance, 1. Des origines jusqu'en 1775*, Paris, éd. P.A.U., 418 p.
VIER (J.), *Histoire de la littérature française. XVIIIe siècle*. t. 1 : *l'armature intellectuelle et morale*, A. Colin, 1965.
VOLTAIRE (F. M. AROUET dit), *Dictionnaire philosophique* dans *Œuvres complètes de Voltaire avec des remarques et des notes historiques, scientifiques et littéraires*, Paris, Baudouin, 1825-1832, 95 t., dont t.57 [M-Q], 1825, 560 p.
VÜHRER (A.), *Histoire de la dette publique en France,* Nancy, Berger-Levrault, 1886, t.1, 501 p. et t.2, 559 p.
(X.) (préf. de J. FOUGEROLLES), *« Chambre de commerce de Paris. 1803-1953 », ouvrage pour le cent cinquantenaire de la fondation de la Chambre de commerce de Paris*, Imprimerie nationale, Paris, 1953, 41 p.

B) INSTITUTIONS ADMINISTRATIVES ET DROIT PUBLIC GENERAL

ARNOULT (E.) et MONNIER (F.), *Le Conseil d'Etat. Juger, conseiller, servir*, Paris, Gallimard, Coll. *Découvertes*, 1999, 112 p.
AUBY (J-M.) et DUCOS-ADER (R.), *Grands services publics et entreprises nationales*, Paris, PUF, coll. Thémis, t.1, 1969, 370 p.
AUCOC (L.), *Conférences sur l'administration et le droit administratif*, faites à l'Ecole des Ponts et Chaussées, Paris, Dunod, t.1, 1869, 681 p. ; t.2, 1870, 540 p.; t.3, 1876, 739 p.
AVRIL (P.) et GICQUEL (J.), *Droit parlementaire*, Paris, Montchrestien, coll. Précis Domat, 2ème éd., 1996, 346 p.
BARTHELEMY (J.), *L'introduction du régime parlementaire en France sous Louis XVIII et Charles X*, Paris, Giard & Brière, 1904, 323 p.
BASTID (P.), *Les institutions politiques de la monarchie parlementaire française (1814-1848)*, Paris, Sirey, 1954, 425 p.
BAUDRY (P.), *Le service public*, Paris, Flammarion, coll. Dominos, 1997, 127 p.
BERNARD (S.), *La recherche de la rentabilité des activités publiques et le droit administratif*, Paris, LGDJ, Bibliothèque de droit public, n°218, 378 p.
BERTHELEMY (H.) et RIVERO (J.), *Cinq ans de réformes administratives (1933-1938)*, Rousseau, 1938, 308 p.
BERTHELEMY (H.), *Traité élémentaire de droit administratif*, Paris, Rousseau, 12ème éd., 1930, 1168 p.
BODIGUEL (J.-L.), GARBAR (C.-A.) et SUPOIT (A.), *Servir l'intérêt général : droit du travail et fonction publique*, Paris, PUF, 2000, 290 p.
BURDEAU (G.), *Le pouvoir politique et l'Etat - introduction à l'étude du droit constitutionnel,* Paris, Pichon et Durand-Auzias, 3ème éd., 1945, 279 p.
CALLEY (G.), *L'exploitation publique des services postaux*, Paris, LGDJ, Bibliothèque de droit public, 2002, 557 p.
CALMES (S.), *Du principe de protection de la confiance légitime en droits allemand, communautaire et français*, Paris, Dalloz, Nouvelle bibliothèque des thèses, 2001, 711 p.
CANEDO (M.), *Le mandat administratif*, Paris, LGDJ, Bibliothèque de droit public, t.216, 2001, 876 p.
CAPITANT (R.) (préf. de M. WALINE), *Ecrits constitutionnels* (choix des textes, chronologie, bibliographie et index établis par J.-P. MORELOU) Paris, Editions du CNRS, 1982, 485 p.

CHAPUS (R.), *Droit administratif général*, Paris, Montchrestien, coll. Domat droit public, t.1, 2001, 15ème éd., 1427 p.
CHEVALLIER (J.), *Sciences administratives*, Paris, PUF, coll. Thémis, 3ème éd. refondue, 2002, 633 p.
CLIQUENNOIS (M.) et LASCOMBE (M.) (préf. de P. SANDEVOIR), *Les directives : approche d'un terme juridique palingénésique*, Paris, PUF, 1979, 174 p.
COLLIARD (C.-A.) et TIMSIT (G.) (dir.), *Les autorités administratives indépendantes*, Paris, PUF, coll. Les Voies du Droit, 1988, 319 p.
CONNOIS (R.), *La notion d'établissement public en droit administratif français*, Paris, LGDJ, 1958, 244 p.
CONSTANT (B.), *Cours de politique constitutionnelle et collection des ouvrages publiés sur le gouvernement représentatif* (avec une introduction et des notes de E. LABOULAYE), 2ème éd., 1872, Paris, Guillaumin, Genève réimp. Stlatkine, 1982, t.1, 563 p. et t.2, 572 p.
CONSTANT (L.), *Le dualisme de la notion de personne morale en droit français*, Paris, LGDJ, 1966, 251 p.
COSTA (D.), *Les fictions juridiques en droit administratif*, Paris, LGDJ, Bibliothèque de droit public, t.210, 2000, 614 p.
DE CORAIL (J.-L.), *La crise de la notion juridique de service public en droit administratif français*, Paris, LGDJ, 1954, 372 p.
DELAUNAY (B.), *Le Médiateur de la République*, Paris, PUF, coll. QSJ, 1999, 126 p.
DOMERGUE (G.), *Les Marchés publics de prestations intellectuelles*, LGDJ, Bibliothèque de science administrative, t.13, Paris, 1992, 316 p.
DRAGO (G.), *Contentieux constitutionnel français*, PUF, Paris, coll. Thémis, 1998, 580 p.
DRAGO (R.) (dir.), *Quel avenir pour les entreprises publiques,* Paris PUF, Cahier des sciences morales et politiques, 2001, 73 p.
DREYFUS (J.-D.), *Contribution à une théorie générale des contrats entre personnes publiques*, Paris, L'Harmattan, 1997, 525 p.
DRUESNE (G.), *Droit et politique de la Communauté de l'Union*, Paris, PUF, Coll. Droit fondamental, 7ème éd. mise à jour, 2002, 633 p.
DUBOIS (J-P.), *Le contrôle administratif sur les établissements publics*, Paris, LGDJ, Bibliothèque de Droit public, t.143, 1982, 528 p.
DUCROCQ (Th.) et PETIT (E.), *Cours de droit administratif et de législation française des finances, avec introduction de droit constitutionnel et les principes du Droit public*, Paris, A. Fontenoing, 7ème éd., 1904, t. 5, 604 p.
DUCROCQ (Th.), *Cours de Droit administratif contenant l'exposé et le commentaire de la législation administrative dans dernier état avec la reproduction des principaux textes, dans un ordre méthodique,* Paris, E. Thorin, 5ème éd. 1877, t. 2, 736 p.
DUEZ (P.) et DEBEYRE (G.), *Traité de Droit administratif*, Dalloz, Paris, 1952, 984 p.
DUFAU (J.), *Les entreprises publiques*, Paris, éd. du Moniteur, Coll. L'actualité juridique, 1991, 357 p.
DUFOUR (G.), *Traité général de droit administratif appliqué ou exposé de la doctrine et de la jurisprudence*, Paris, Delamotte, 3ème éd., revue et considérablement augmentée, 1868-1870, 8 vol., dont t. 5, 1868, 694 p. et t. 6, 1869, 702 p.

DUGRIP (O.) et SAIDJ (L.), *Les établissements publics nationaux*, Paris, LGDJ, coll. «Systèmes», 1992, 165 p.
DUGUIT (L.), *L'Etat, les gouvernants et les agents*, Paris, A. Fontenoing, 1903, 774 p.
DUGUIT (L.), *Leçons de droit public*, Paris, Broccard, 1926, 340 p.
DUGUIT (L.), *Traité de droit constitutionnel*, Paris, Fontenoing & Cie, 2ème éd., 1921-1925, 5 vol. : t.1 : La règle de droit, le problème de l'Etat, 1921, 593 p. ; t.2 : La théorie générale de l'Etat, 1923, 719 p. ; t.3 : La théorie générale de l'Etat (suite et fin), 1923, 800 p. ; t.4 : Organisation politique de l'Etat français, 1924, 937 p. ; t. 5 : Les libertés publiques, 1925, 699 p.
DUGUIT, *Les transformations du droit public*, Paris, A. Colin, 1913, 250 p.
DUPUIS (G.), GUEDON (M-J.), CHRETIEN (P.), *Droit administratif*, Paris, A. Colin, collection U, 2000, 7ème éd., 642 p.
EISENMAN (C.), *Cours de droit administratif*, Paris, LGDJ, 1982, t.1, 786 p.
ESPLUGAS (P.), *Le service public*, 2ème éd., Dalloz, Connaissances du droit, 2002, 132 p.
FAVOREU (L.) (dir.), *Droit constitutionnel*, 5ème éd., Dalloz, Précis, Paris, 2002, 873 p.
FIALAIRE (F.), *Le droit des services publics locaux*, Paris, LGDJ, coll. « Systèmes », 1998, 187 p.
FORGE (de) (J-M.), *Les institutions administratives françaises*, Paris, PUF, 2ème éd. revue et mise à jour, PUF, 400 p.
FOUGERE L. (dir.) (préf. d'A. PARODI), *Le Conseil, son histoire à travers les documents d'époque, 1799-1974,* Paris, éd. CNRS, 1974, 1012p.
FRIEDRICH (Carl J.) (trad. d'A. MARTINIERE, S. DREYFUS, S. HOFFMANN et P. TROUVAT sous la dir. d'A BERTRAND), *La démocratie constitutionnelle* (préf. de M. PRELOT), PUF, Bibliothèque de sciences politiques : *3ème série : Les institutions politiques*, 1958, 564 p.
FRIER (P.-L.), *Précis de droit administratif*, Paris, Montchrestien, coll. Domat Droit public, 2001, 525 p.
GENTOT (M.), *Les autorités administratives indépendantes*, Paris, Montchrestien, coll. Clefs, 1991, 160 p.
GODARD (O.) (dir. ; préf. de M. LONG), *Le principe de précaution dans la conduite des Affaires publiques*, Paris, éd. de la Maison des Sciences de l'Homme , 1997, 351 p.
GOHIN (O.), *Institutions administratives*, Paris, LGDJ, Coll. Manuel, 2002, 782 p.
GUGLIEMI (G-J.) et KOUBI (G.), *Droit du service public*, Paris, Montchrestien, Domat, 2000, 581 p.
HAURIOU (A.), *Droit des services publics (doctorat), Cours professé par M. Hauriou à la Faculté de Droit de Paris : L'évolution des modes de gestion des services publics*, Paris, Cours de droit ; cours polycopié, mémoire DES, 1954-1955, 245 p.
HAURIOU (M.), *La gestion administrative. Etude théorique de Droit administratif*, Paris, Lacrose, 1899, 94 p.
HAURIOU (M.), *Précis de droit administratif et de droit public à l'usage des étudiants en licence (2e et 3e années) et en doctorat ès sciences politiques*, Paris Sirey, 8ème éd., 1914, 1032 p.
HAURIOU (M.), *Précis de droit administratif et de droit public à l'usage des étudiants en licence (2e et 3e années) et en doctorat ès sciences politiques*, Paris, Sirey, 11ème éd., 1927 , 2 fascicules, 1068 p.

HELLO (C-G.), *Du régime constitutionnel*, Paris, Pissin, 1830, 473 p.
ISAAC (G,) *Droit communautaire général*, Paris, Masson, 4ème éd., 1994, 328 p.
JEAN-PIERRE (D.), *L'éthique du fonctionnaire civil. Son contrôle dans les jurisprudences administratives et constitutionnelles françaises*, Paris, LGDJ, t.202, 1999, 547 p.
JEZE (G.), *Les principes généraux du droit administratif*, Nancy, Giard, 3ème éd. entièrement revue et considérablement augmentée, 1925, 167 p.
JOSEPH-BARTHELEMY et DUEZ (P.), *Traité de droit constitutionnel (éd. de 1933 avec la préface de F. GOGUEL)*, Paris, Economica, rééd. 1985, 955 p.
JOSEPH-BARTHELEMY, *Essai sur le travail parlementaire et le système des commissions*, Paris, Delagrave, Bibliothèque de l'institut international de droit public, 1934, 373 p.
JOSEPH-BARTHELEMY, *Précis de droit constitutionnel*, Paris, Dalloz, coll. « petits précis », 1933, 447 p.
LACHAUME (J.-F.), BOITEAU (C.) et PAULIAT (H.), *Grands services publics*, Paris, A. Colin, coll. U, 2000, 450 p.
LACHAUME (J.-F.), *Droit administratif*, Paris, PUF, coll. Thémis, 13ème éd. entièrement mise à jour, 2002, 912 p.
LAFERRIERE (E.), *Traité de la juridiction administrative et des recours contentieux*, Paris, Berger-Levrault, 2ème éd.,1896, t.1, 721 p.
LAQUIEZE (A.), *Les origines du régime parlementaire en France (1814-1848)*, Paris, PUF, Léviathan, 2002, 436 p.
LAUBADERE (de) (A.) et GAUDEMET (Y.), *Traité de droit administratif*, Paris, LGDJ, t.5 : *La fonction publique*, 12ème éd., 2000, 229 p.
LINDITCH (F) *Le droit des marchés publics*, Paris, Dalloz, coll. connaissance du Droit, 2000, 156 p.
LINDITCH (F.), *Recherche sur la personnalité morale en droit administratif*, Paris, LGDJ, Bibliothèque de droit public, t.176, 1997, 334 p.
LYON (J.) (rassemblés par), *Nouveaux suppléments au Traité de Droit politique, électoral et parlementaire d'Eugène Pierre,* t.1 : *Fin de la IIIème République 1924-1945*, Paris, La Documentation Française, 1984, 456 p.
MACAREL (L-A.) et BOULATIGNIER (J.), *De la fortune publique en France et de son Administration*, Paris, Pourchet Père et Librairie administrative de Paul Dupont et Cie, Paris, 1838-1840, 3 vols : 1) 759 p. ; 2) 614 p. 3) 690 p.
MACAREL (L-A.), *Cours d'Administration et de droit administratif*, professé à la Faculté de Droit de Paris, Librairie de jurisprudence de Plon Frères, Paris, 4 vol. dont t.2 : 1ère Partie : *Organisation et attributions des autorités administratives*, 2ème éd., corrigée et augmentée 1852, 736 p.
MADIOT (Y.), *Aux frontières du contrat et de l'acte unilatéral : recherches sur la notion d'acte mixte en droit public français*, Paris, LGDJ, Bibliothèque de droit public, t.4, 1971, 390 p.
MASPETIOL (R.) et LAROQUE (P.), *La tutelle administrative, le contrôle des administrations départementales, communales, coloniales et des établissements publics*, Paris, Sirey, 1930, 402 p.
MATHIEU (B.) et VERPEAUX (M.), *Contentieux constitutionnel des Droits fondamentaux*, Paris, LGDJ, Manuel, 2002, 791 p.
MATHIEU (B.), *La Loi*, Paris, Dalloz, Connaissance du Droit, 1996, 137 p.
MELLERAY (G.), *La tutelle de l'Etat sur les communes,* Paris, Sirey, Bibliothèque des collectivités locales, 1981, 400 p.

MICHOUD (L.), *La théorie de la personnalité morale et son application en droit français*, LGDJ, Paris, t.1 : 1ère partie : *Notion de personnalité morale. Classification et création des personnes morales*, 1906, 480 p. ; t.2 : 2ème partie : *La vie des personnes morales. Leur suppression et ses conséquences*, 1909, 548 p.
MORAND-DEVILLER (J.), *Cours de Droit administratif*, Paris, Montchrestien, 8ème éd., 2003, 857 p.
MOREAU (J.) (dir.), *Droit public*, Paris, PUF, coll. Droit fondamental, 1989, 576 p.
PAILLET (M.), *La responsabilité administrative*, Paris, Dalloz, Cours Dalloz, série Droit public- Sciences politiques, 1996, 287 p.
PASSERON (S.), *L'autonomie de gestion des établissements publics nationaux* (préf. de L. TROTABAS), Paris, LGDJ, 1968, 315 p.
PIERRE (E.), *Traité de droit politique, électoral et parlementaire*, 1902, rééd. 1989 (préf. de M. AMELLER, avant propos de P. AVRIL et J. GICQUEL), Paris, Loysel, 2 vol., 1439 p.
PLANTEY (A.), *La fonction publique, Traité général*, Paris, Litec, 2ème éd., 2001, 826 p.
PRADELLE (G. de), *Cours de droit constitutionnel*, Paris, Pedome, 1912,
PRELOT (M.) et BOULOUIS (J.), *Institutions politiques et droit constitutionnel*, Paris, Dalloz, coll. Précis, 7ème éd., 1978, 916 p.
RACLET (A.), *Droit communautaire des affaires et prérogatives de puissance publique*, Paris Dalloz, coll. Nouvelles bibliothèque de thèse, vol. 20, 2000, 555 p.
RICHER (L.), *Droit des contrats administratifs*, Paris, LGDJ, coll. Manuel, 3ème éd., 2002, 587 p.
ROLLAND (L.), *Précis de droit administratif*, Paris, Dalloz, 10ème éd., 1953, 693 p.
ROLLAND (M.), *Répétitions écrites de droit administratif français*, 2ème année, Paris, Les Cours du Droit, 1940-1941, 741 p.
SERRAND (P.), *Manuel d'institutions administratives françaises*, Paris, PUF, coll. Droit fondamental, 2002, 323 p.
SIMONET (J.-B.), *Traité élémentaire de droit public et administratif*, Paris, Cotillon, 4ème éd., 1902, 965 p.
THERON (J-P.), *Recherche sur la notion d'établissement public*, Paris, LGDJ, Bibliothèque de Droit public, t.123, 1976, 329 p.
TISSIER (T.), *Traité théorique et pratique des dons et legs aux établissements publics ou d'utilité publique, aux congrégations et communautés religieuses, aux associations syndicales, aux syndicats professionnels, aux pauvres, aux communes, aux départements, aux colonies et à l'Etat*, Paris, Dupont, t.1, 1896, p.231
TOINET (M.-F.), *Le système politique des Etats-Unis*, Paris, PUF, col. Thémis, 1990, 640 p.
TROTABAS (L.) et ISAORT (P.), *Droit public*, Paris, LGDJ, coll. Manuel, 24ème éd., 1998, 532 p.
TRUCHET (D.), *Les fonctions de la notion d'intérêt général dans la jurisprudence du Conseil d'Etat*, Paris, LGDJ, Bibliothèque de Droit public, t.125, 1977, 394 p.
VALETTE (J.-P.), *Le service public à la française*, Paris, Ellipses, Coll. *Le droit en questions*, 2000, 169 p.
VAN RAEPENBUSCH (S.), *Droit institutionnel de l'Union et des Communautés européennes*, Paris/Bruxelles, De Boeck Université, 2ème éd., 1998, 643 p.
VEDEL (G.) (en coll. avec P. DELVOLVE), *Droit administratif*, Paris, PUF, Thémis, droit, 7ème éd. refondue, 1980, 1087 p.
VIGOUROUX (C.), *Déontologie des fonctions publiques*, Paris, Dalloz, coll. « connaissance du Droit », 1995, 144 p.

WALINE (M.), *Précis de droit administratif*, Paris, Montchrestien, t.1, 1969, 610 p.

C) DROIT PUBLIC FINANCIER

ADAM (F.), FERRAND (O.) et RIOUX (R.), *Finances publiques*, Paris, Presse de Sciences Po et Dalloz, coll. amphi, 2003, 494 p.
ALLIX (E.), *Traité élémentaire de science des finances et de législation financière française*, Paris, Rousseau, 6ème éd., 1931, 5 vol., 1132 p.
AMSELEK (P.), *Le Budget de l'Etat sous la Vème République*, Paris, LGDJ, Bibliothèque de sciences financières, t.5, 657 p.
BIENVENU (J-J.) et LAMBERT (T.), *Droit fiscal*, Paris, PUF, coll. Droits fondamentaux, 3ème éd. 2003, 446 p.
BLOCH-LAINE (F.) et PALLEZ (G.), *Finances publiques*, Paris, Les Cours du Droit, 1959-1960, 4 fasc. 402 p.
BLOCH-LAINE (F.) et VOGUE (de) (P.), *Le Trésor public et le mouvement général des fonds*, Paris, PUF, Coll. Bibliothèque de Sciences économiques, 1960, 372 p.
BOUVIER (M.), ESCLASSAN (M.-C.), LASSALE (J-P.), *Finances publiques*, Paris, LGDJ, coll. Manuel, 6ème éd., 2003, 880 p.
CARLES (J.), GENDRON (F.), LABIE (J.), REGOURD (S.), *Les collectivités locales et leur financement* (Préf. de P. RICHARD), Paris, La Revue Banque édition, coll. CFPB, Banque ITB, 1990, 374 p.
COPE (J.-F.) et WERNER (F.), *Finances locales*, Paris, Economica, 3ème éd., 1997, 242 p.
COURTES (E.), *Traité théorique et pratique de Droit public, de Science financière et de Comptabilité publique,* Institut des Finances, Paris, t.1 : *Droit public et Science financière*, 6ème éd. entièrement refondue, 1934, 435 p.
CRUCIS (H-M.), *Finances publiques*, Paris, Montchrestien, coll. Focus Droit, 2003, 255 p.
DEROY (H.), *Législation budgétaire et administration financière de la France*, Paris, Centre de documentation universitaire, Ecole libre de sciences politiques, 1944-1945, 341 p.
DESCHEEMAEKER (C.), *La Cour des Comptes*, Paris, La documentation française, série Institutions, 1999, 216 p.
DI MALTA (P.), *Finances publiques 1/ Le budget*, Paris, PUF, coll. Droit fondamental, Droit financier, 1999, 470 p.
DOSIERE (R.) et GIQUEL (F.), *La commune, son budget, ses comptes. Guide pratique d'analyse financière*, Paris, Les éditions ouvrières, coll. Pouvoir local, 1983, 271 p.
DOUAT (E.), *Finances publiques. Finances communautaires, nationales, sociales et locales*, Paris, PUF, Thémis, Droit public, 1999, 523 p.
DUSSART (V.) et ESPUGLAS (P.) (études coord. par), *L'ordonnance du 2 janvier 1959 : 40 ans après*, IREDE, Presse de l'université des sciences sociales de Toulouse, 2000,
DUVERGER (M.), *Finances publiques*, Paris, PUF, Thémis, 1956, 419 p. : fasc. I : 64 p. ; fasc. II et III : 402 p. ; fasc. IV, 239 p.
DUVERGER (M.), *Finances publiques*, Paris, PUF, Thémis, 1968, 668 p.
FONTAINE (G.), *Principes de législation financière. La comptabilité de l'Etat*, Paris, Librairie Polytechnique Ch. Béranger, 1905, 286 p.

GAUDEMET (P-M.) et CHEMILLIER-GENDREAU (M.), *Nouveau guide des exercices pratiques pour la licence en droit. Finances publiques*, Paris, Montchrestien, 2ème éd. entièrement refondue et mise à jour, 1970, 351 p.
GAUDEMET (P-M.) et MOLINIER (J.), *Finances publiques*, Paris, Montchrestien, Domat, Droit public, 7ème éd., 1996, t.1 : *Budget/Trésor*, 577 p.
GIRAULT (A.), *Manuel de législation financière*, Paris, Génin, 1912
GROSCLAUDE (J.) et MARCHESSOU (P.), *Droit fiscal général*, Paris, Dalloz, coll. Cours, 4e éd., 2003, 498 p.
HABERER (J-Y.), *Les fonctions du Trésor et la politique financière*, Paris, Les Cours du droit, 1975-1976, 513 p.
JEZE (G.) et BOUCART (M.), *Eléments de la science des finances et de la législation financière*, Paris, Giard et Brière, 2ème éd., 1902, 2 vol., 1389 p.
JURGENSEN (P.) et LEBEGUE (D.), *Le Trésor et la politique financière*, Paris, Montchrestien, Domat - Economie, 1988, 669 p.
LALUMIERE (P.), *Les finances publiques*, Paris, A. Colin, coll. U, 9ème éd., 1989, 544p.
LASCOMBE (M.) et VANDENDRIESSCHE (X.), *Les finances publiques*, Paris, Dalloz, « connaissance du droit », 5ème éd., 2003, 198 p.
LAUFENBURGER (H.), *Précis d'économie et de législations financières*, Sirey, Paris, 2ème éd., 1946, t.3 : *Budget et Trésor*, 287 p.
LAUFENBURGER (H.), *Traité d'économie et de législation financières*, Paris, Sirey, 5ème éd. entièrement refondue, 1956, t.1 : *Traité économique et psychologique des finances publiques*, 364 p.
MACAREL (L-A.) et BOULATIGNIER (J.), *De la Fortune publique et de son administration*, Paris, Pourchet, t.1, 1838 ; t. 2, 1840,
MAGNET (J.), *Eléments de comptabilité publique*, Paris, LGDJ, coll. Systèmes, 5ème éd. 2001, 186 p.
MAGNET (J.), *La gestion de fait*, Paris, LGDJ, coll. Systèmes, 2ème éd., 2001, 213 p.
MARCE (V.), *Traité de la comptabilité publique*, Paris, Dalloz, 1905, 1ère éd., 928 p. (+ additifs complémentaires jusqu'à l'année 1905, 13 p.)
MARTINEZ (J-C.) et DI MALTA (P.), *Droit budgétaire: Budget de l'Etat, budgets locaux, budget de la Sécurité sociale et budget européen,* Paris, Litec, 3ème éd. entièrement refondue, 1999, 998 p.
MONTAGNIER (G.), *Principes de comptabilité publique*, Paris, Dalloz, 2ème éd., 1981, 431 p.
PAUL (M.), *Les finances publiques de A à Z*, Paris, Eska, 1998, 160 p.
PAYSANT (A.), *Finances publiques*, 5ème éd., Paris, A. Colin, Coll. U, 1999, 470 p.
PELLET (R.), *La Cour des comptes*, Paris, La Découverte, coll. Repères, 1998, 123 p.
PHILIP (L.), *Finances publiques*, Paris, Cujas, coll. Synthèse, 5ème éd. entièrement revue et refondue, 1995, 472 p.
PICARD (J.-F.), *Finances publiques*, Paris, Litec, coll. CFP, 2ème éd., 1997, 542 p.
PRADA (M.) et SONRIER (A.), *La comptabilité publique*, Paris, Berger-Levrault, coll. L'administration nouvelle, 2ème éd., 1985, 374 p.
SAIDJ. (L.), *Finances publiques*, Paris, Dalloz, coll. Cours, 4ème éd., 2003, 662 p.
STOURM (R.), *Cours de Finances : Le Budget*, Paris, Guillaumin, 4ème éd., 1900, 653 p.

TOULOUSE (J.-B.), De LEUSSE (J.-Fréd.), ROLLAND (Y.), PILLOT (X.) (préf. de R. BARRE), *Finances publiques et politiques publiques*, Paris, Economica, 1987, 650p.
TROTABAS (L.) et COTTERET (J.-M.) (avec la coll. de M. LAFLANDRE), *Droit budgétaire et comptabilité publique*, Paris, Dalloz, Précis, 5ème éd., 1995, 420 p.
VALLET (E.), *Les correspondants du Trésor*, Paris, L'Harmattan, coll. Logiques juridiques, 2003, 558 p.
VOGUE (de) (P.), *Finances publiques. Le Trésor et les fonctions de trésorerie*, Paris, Les Cours du droit, 1965-1966, 159 p.
(X.) (Préf. d'A. CHANDERNAGOR, avant propos de P. MOINOT), *La Cour des comptes*, Paris, éd. CNRS, 1984, 1191 p.

D) DROIT PRIVE GENERAL

BIGOT (J.) (dir.), (avec la coll. de J.-L. BELLANDO, M. HAGOPIAN, J. MOREAU et G. PARLEANI), *Traité de droit des assurances- Entreprises et organismes d'assurances*, Paris, LGDJ, 1992, 836 p.
BIGOT (J.) (dir.), (avec la coll. de J.-L. BELLANDO, M. HAGOPIAN, J. MOREAU et G. PARLEANI), *Traité de droit des assurances*, Paris, LGDJ, 1996, 2ème éd., t. 1 : Entreprises et organismes d'assurances, 777 p.
BLAISE (J.-B.), *Droit des affaires. Commerçants. Concurrence. Distribution*, Paris, LGDJ, coll. Manuel, 3ème éd., 2002, 605 p.
DEKEUVER-DEFOSSEZ (F.) (avec la coll. de E. BLARY-CLEMENT), *Droit commercial : activités commerciales, commerçants, fonds de commerce, concurrence, consommation*, Paris, Montchrestien, 7ème éd., 2002, 547 p.
GAUDEMET (J.), *Droit privé romain*, Paris, 2ème éd., Montchrestien, Domat privé, 2000, 429 p.
GHESTIN (J.) (dir.), *Traité de Droit civil. Les conditions de la responsabilité*, Paris, LGDJ, 2ème éd., 1998, 1226 p.
JALUZOT (B.), *La bonne foi dans les contrats. Etude comparative de droit français, allemand et japonais*, Paris, Dalloz, Nouvelles bibliothèques des thèses, 2001, 605 p.
LAMBERT-FAIVRE (Y.), *Droit des assurances*, Paris, Dalloz, coll. Précis, 1998, 837 p.
LE CANNU (P.), *Droit des sociétés*, Paris, Domat-Montchrestien, Droit privé, 2002, 955 p.
NEAU-LEDUC (Ph.) (préf. de T. REVET), *La réglementation de droit privé*, Paris, Litec, 1998, 424 p.
VIDAL (D.), *Droit des sociétés*, Paris, LGDJ, 3ème éd., 2001, 591 p.

E) INSTITUTIONS FINANCIERES ET DROIT ECONOMIQUE

1) Droit public économique et économie politique

ANDERSON (A.), *Politiques de la ville. De la zone au territoire*, Paris, Syros, coll. Territoires et développement, 1998, 285 p.
BERGOUGNOUX (J.), BAUMSTARK (L.), JESTIN-FLEURY (N.), *Services publics en réseau : perspective de concurrence et nouvelles régulations*, Paris, Commissariat général du Plan, La Documentation française, 2000, 347 p.

BRACHET (P.), *Le partenariat de service public avec usagers, élus, professionnels*, Paris, L'Harmattan, 1994, 198 p.
BRUIGUIERE (M.), *Administration et contrôle de l'économie*, Genève, Droz, 1985, 167 p.
CALAME (P.) et TALMANT (A.), *L'Etat au cœur. Le Meccano de la gouvernance*, Paris, Desclée de Brouwer, 1997, 212 p.
CATALA (N.), *L'entreprise*, Paris, Dalloz, coll. Droit du Travail, 1980, t.4, 1291 p.
CDC, *Partenariat public-privé et collectivités territoriales*, Paris, La Documentation française, 2002, 296 p.
CHALLEAT (M.) (coord. par ; avec la coll. de M. THOIN), *Les fonds structurels européens*, Paris, La Documentation française, coll. Territoires en mouvement, 2001, 96 p.
CHARBIT (N.), *Secteur et droit de la concurrence*, Paris, Joly, 1999, 135 p.
CHATRIE (I.) et UHALDEBORDE (J-M.) (dir.), *Partenariat public - privé et développement territorial*, Paris, AEF, Le Monde éditions, Hors série 1995, 1996, 398 p.
CHAZEL (A.) et POYET (H.), *L'économie mixte*, Paris, PUF, QSJ, 1963, 128 p.
CHENEVOY (M.), *Les relais dans la distribution des crédits budgétaires d'investissement*, Paris, LGDJ, 1980, 456 p.
CHENOT (B.), *Organisation économique de l'Etat*, Paris, Dalloz, 2ème éd., 1965, 544 p.
CHEROT (J-Y.), *Droit public économique*, Economica, coll. *Corpusdroitpublic*, Paris, 2002, 712 p.
CHEROT (J-Y.), *Les aides d'Etat dans les Communautés européennes*, Paris, Economica, coll. Droit des affaires et de l'entreprise, 1998, 379 p.
CLAMEN (M.), *Bruxelles au jour le jour*, Paris, La Documentation française, coll. Réflexe Europe, 1996, 150 p.
CLIQUENNOIS (M.), *Droit public économique*, Paris, Ellipses, Universités Droit, 2001, 272 p.
CLOSON (F.-L.) et FILIPPI (J.) (dir.), *L'économie et les finances. Le Ministre et le ministère. L'administration centrale. Les services*, Paris, PUF, 1968, 515 p.
COMMUNIER (J-M.), *Le droit communautaire des aides d'Etat*, Paris, LGDJ, coll. systèmes, 2000, 169 p.
COURTOIS (A.), *Manuel des fonds publics et des sociétés par actions*, Paris, Garnier Frères, 6ème éd., complètement refondue, 1874, 554 p.
DAMON (J.), *Les politiques de la ville*, Paris, La Documentation française, coll. Problèmes politiques et sociaux, n°784, 9 mai 1997, 82 p.
DATAR, *Développement universitaire et développement territorial: l'impact du plan Université 2000 (1990-1995),* Paris, La Documentation française, 1998, 206 p.
DECOCQ (A.) et DECOCQ (G.), *Droit de la concurrence interne et communautaire*, LGDJ, coll. Manuel, 2002, 578 p.
DELION (A.), *Le droit des entreprises et participations publiques*, Paris, LGDJ, coll. *systèmes*, 2003, 243p.
DELVOLVE (P.), *Droit public de l'Economie*, Paris, Dalloz, 1998, 499 p.
DEVES (C.) et BIZET (J.-F.), *Les sociétés d'économie mixte locale (SEML),* Paris, Economica, Coll. collectivités territoriales, série Droit, 1991, 299 p.
DUBOUIS (L.) et BLUMANN (C.), *Droit matériel de l'Union européenne*, Paris, Montchrestien, Coll. Domat, 2ème éd., 2001, 603 p.
DURAND (G.), *Les sociétés d'économie mixte locale*, Paris, Berger-Levrault, Administration locale, 1998, 307 p.

ECK (F.), *La direction du Trésor*, Paris, PUF, QSJ, 1986, 127 p.
ECKERT (G.), *Droit public des affaires*, Paris, Montchrestien, coll. Focus droit, 2001, 215 p.
FLOUZAT (D.), *Economie contemporaine,* Paris, PUF, Thémis, t.2 : Les phénomènes monétaires, 1979, 512 p.
FNSEM (en part. avec le Crédit local de France et Caisse des dépôts et consignations), *SEM mode d'emploi*, Paris, 1996, 135 p.
GAVALDA (C.) et PARLEANI (G.), *Droit des affaires de l'Union européenne*, Paris, Litec, 3ème éd., 1999, 442 p.
GUEDJ (A.), *Pratique du droit de la concurrence nationale et communautaire*, Paris, Litec, Affaires -Finances, 2000, 270 p.
HUBRECHT (H.-G.), *Droit public économique*, Paris, Dalloz, Cours, 1997, 366 p.
HURET (M.), *Le management financier de la restructuration des grands ensembles*, Cahiers de politique urbaine, novembre 1997, 76 p.
JEANNENEY (J-M.), *Eléments d'économie politique,* Paris, PUF, Thémis, 1974, 376 p.
KERNINON (J.), *Les cadres juridiques de l'économie mixte*, Paris, LGDJ, coll. systèmes, 2ème éd., 1994, 173 p.
KOUEVI (A.), *Les comptes spéciaux du Trésor*, Paris, LGDJ, Bibliothèque de science financière, 2000, 505 p.
LAGET-ANNAMAYER (A.), *La régulation des services publics en réseaux. Télécommunications et électricité*, LGDJ/Bruylant, Paris/Bruxelles, 2002, 546 p.
LALUMIERE (P.), *L'inspection des finances*, Paris, PUF, 1959, 228 p.
LAUFENBURGER (H.), *Enquêtes sur les changements de structure du crédit et de la banque*, Paris, Sirey, 1940, t.1 : *Les banques françaises*, 410 p.
LEROY-BEAULIEU (P.), *Traité théorique et pratique de l'économie politique*, 5ème éd. revue et augmentée, Paris, Alcan, 1910, t.3, 755 p.
LINOTTE (D.) et ROMI (R.), *Services publics et droit public économique*, Paris, Litec, 5ème éd., 2003, 535 p.
LIPSKI (de) (X.), *La mutation des organismes publics et semi-publics de financement des investissements*, Villeneuve d'Ascq, Presses universitaires du septentrion, 2002, 537 p.
MALAURIE-VIGNAL, *L'abus de position dominante*, LGDJ, coll. systèmes Droit, 2003, 186 p.
MANOU (Y.), *Une machine de pouvoir. La Direction du Trésor*, Paris, La Découverte, 1988, 318 p.
MARAIS (du) (B.), *Droit public de la régulation économique*, Paris, Dalloz, 2003, 350 p.
MARCOU (G.), RANGEON (F.), et THIEBAULT (J-C.) (dir.), *La coopération contractuelle et le gouvernement des villes*, Paris, L'Harmattan, coll. Logiques juridiques, 1997, 428 p.
MENGIN (J.) (avec la coll. de G. MASSON), *Guide du développement local et du développement social*, Paris, L'Harmattan, coll. "Logiques sociales", 1989, 164 p.
MERLIN (P.), *Les banlieues des villes françaises*, Paris, La documentation française, Notes et études documentaires, n°5073-74, 30 juin 1998, 210 p.
ORSONI (G.), *L'administration de l'économie*, Paris, LGDJ, coll. « Systèmes », 1995, 194 p.
PAUGAM (S.) (dir.), *L'exclusion l'état des savoirs*, éd. La Découverte/Textes à l'appui, Paris, 1996, 582 p.

PRUNIER (R.) et MAUREL (P.), *L'ingénierie financière dans les relations banque/Etat*, Paris, Economica-gestion CFPB, 1996, 600p.
RAPP (L.), *Les filiales des entreprises publiques*, Paris, LGDJ, Bibliothèque de Droit public, t.144, 1983, 576 p.
RAPP (L.), *Les groupes d'entreprises publiques*, Paris, PUF, coll. QSJ, 1986, 127 p.
SCHAPIRA (J.), LE TALLEC (G.), BLAISE (J.-B.) et IDOT (L.), *Droit européen des affaires*, Paris, PUF, coll. Thémis, t.2, 5ème éd. refondue, 1999, 901 p.
TRAN VAN MINH (M.), *Introduction au droit public économique, Licence 1ère année*, Paris, Les Cours du Droit, 1973-1974, 394 p.
VALENTINO (A.), *L'emploi des fonds des Caisses d'épargne ordinaires*, Paris, éd. de l'Epargne, 1969, 188 p.
VALETTE (J-P.), *Droit public économique*, Paris, Hachette sup., Les fondamentaux, 2002, 159 p.
VASSEUR (M.), *L'Etat. Banquier d'Affaires* (Préf. de J. HAMEL), Paris, Dalloz, 1962, 300 p.
(X.), *Un siècle d'habitat social. Les chemins de la solidarité, Habitat et société,* numéro hors série, édité par l'Union nationale des Fédérations d'Organismes HLM, décembre 1997, 128 p.

2) Droit bancaire

COQUELIN (M.), *Du crédit et des banques (*2ème éd. revue et annotée par M. CORCELLE-SENEUIL), Paris, Guillaumin, 1859, 456 p.
COURET (A.), PELTIER (F.), DEVEZE (J.), *Le droit bancaire*, Paris, PUF, Coll. QSJ, 1ère éd., 1994, 126 p.
DEKEUWER-DEFOSSEZ (F.), *Droit bancaire*, Paris, Dalloz, coll. Mémentos, 7ème éd., 2001, 195 p.
DOUYERE (R.), *Pour une banque différente. La modernisation des Caisses d'épargne. (rapport au Premier Ministre)*, Paris, éd. de Bercy, 1998, 173 p.
GAVALDA (C.) et SOUFFLET (J.), *Droit bancaire. Institutions - comptes - opérations - Services*, Paris, Litec, 1999, 447 p.
PLIHON (D.), *Les banques. Nouveaux enjeux, nouvelles stratégies*, Paris, La Documentation française, mise à jour sur les récentes restructurations bancaires, notamment en France, 1999, 188 p.
VASSEUR (M.), *Droit et économie bancaire, Institutions bancaires*, Paris, Les Cours du Droit, 4ème éd., 1985-1986, 1137 p.
VASSEUR (M.), *Droit et économie bancaire, Les opérations de banque*, Paris, Les Cours de droit, 4ème éd., 1987-1988, 2 Vol., 1944 p.
(X.), *Le Livret A. Une histoire de l'épargne populaire*, Paris, La Documentation française, 1999, 294 p.

3) Institutions financières, monétaires et bancaires

AUBERT, JUVIGNY (de) et MESSIN (MM.) (dir. générale des études), *La Banque de France*, Paris, Berger-Levrault, coll. L'Administration nouvelle, 1975, 254 p.
BABY (G.-G.), *La Caisse autonome d'amortissement*, Paris, Sirey, 1932, 251 p.
BANQUE DE FRANCE, *La Banque de France et la monnaie*, Paris, Banque de France, Service des analyses et statistiques monétaires de la Banque de France, Direction générale des études - Direction des études et statistiques monétaires, 1995, 209 p.

BELLIER DE LIENNE (A.), *Les institutions financières françaises,* Paris, Economica, coll. Poche appliquée, 1997, 112 p.
BIGOT (R.), *Les banques françaises au cours du XIXème. L'avènement du crédit. Sa distribution et ses instruments. Les divers types de banques. Figures de banquiers. Bibliographie,* Paris, Sirey, 1947, 304 p.
BISSON (A.), *Institutions financières et économiques en France*, Nancy, Berger-Levrault, coll. Institutions politiques d'aujourd'hui, 1960, 311 p.
BOCA (A.), *La Caisse autonome d'amortissement. Sa politique financière. Son rôle à l'égard des marchés monétaire et financier*, Paris, Sirey, 1935, 298 p.
BONIN (H.), *Les Groupes financiers français*, Paris, PUF, coll. QSJ, 1995, 128 p.
BURGARD (J-J.), CORNUT (C.) et ROBERT de MASSY (O.), *La Banque de France*, Paris, Dalloz et PFNSP, 1995, 4ème éd. revue et mise à jour, 413 p.
DUET (D.), *Les Caisses d'Epargne*, Paris, PUF, coll. QSJ, 1997, 126 p.
EVENO (P.), *Le Crédit local de France. De la CAECL à DEXIA, 10 années au service du financement du cadre de vie,* Paris, éd. locales de France, 1997, 182 p.
GASTON-BRETON (T.), *Banque de France. Deux siècles d'histoire* (Préf. de J-C. TRICHET), Paris, Le Cherche-Midi éditeur, 1999, 139 p.
LAUFENBURGER (H.), *Les banques françaises. Les changements de structure de la banque 1914 -1938*, Paris, Sirey, 1940, t.1, 399 p.
LEVY-LEBOYER (M.) (dir.), *Les Banques en Europe de l'Ouest de 1920 à nos jours*, CHEFF, Paris, 1995, 358 p.
MENTRE (P.) et MERIEUX (A.), *Les institutions d'épargne en Europe et en France : Le secteur public et mutualiste*, Paris, AEF, 2002, 333 p.
NETTER (M.) (mise à jour en collab. avec M. VERGNES), *Les institutions monétaires en France*, Paris, PUF, Coll. QSJ, 4ème éd., 1979, 127 p.
PAPADIA (F.) et SANTINI (C.), *La Banque centrale européenne, L'institution qui gouverne l'euro*, Paris, Banque éditeur, coll. Les essentiels de la Banque, 1999, 126 p.
RAMON (G.), *La Banque de France d'après les sources originales*, Paris, B. Grasset, 1929, 501 p.
SERVAIS (Cours Servais), *La Banque de France. Son histoire. Son organisation. Ses opérations. Son rôle. (Préparation aux concours de la Banque de France)*, LGDJ, Paris, 1943, 250 p.
TROTABAS (L.), *Institutions financières*, Paris, 4ème éd., Dalloz, Précis, 1962, 520p.

F) DICTIONNAIRES ET ENCYCLOPEDIES

BERNARD (Y.) et COLLI (J-C.), *Dictionnaire économique et financier*, Paris, éd. du Seuil, 6ème éd., 1996, 1412 p.
BLANCHE (A.) (dir., avec le concours de Th. YMBERT), *Dictionnaire général d'administration*, Paris, P. Dupont, nelle éd. entièrement refondue et mise au courant de la législation et de la jurisprudence, 2 vol., 1884, 1960 p.
BLOCK (M.), *Dictionnaire de l'administration*, Paris, Berger-Levrault, 2ème éd., 1877, 1856 p.
COQUELIN (M.) et GUILLAUMIN (M.) (dir.), *Dictionnaire de l'économie politique*, Paris, Guillaumin, 1852, t. 1 (A – I), 971 p. et t. 2 (J – Z), 896 p.
CORNU (G.) (dir.) et Association Henri CAPITANT (avant propos de P. MALINVAUD), *Vocabulaire juridique*, Paris, PUF, 4ème éd. (mise à jour), 2003, 951 p.

COTTAREL (O.) (dir. J.-L. GLENISSON), *Répertoire numérique des séries anciennes (archives collectées de 1803 à 1986)*, Archives de la Chambre de commerce et d'industrie de Paris, multi.
Guide LAMY, *Droit économique*, Paris, Lamy SA, Paris, octobre 1999, multi.
Guide LAMY, *Gestion et finances des Collectivités locales*, Paris, Lamy SA, Mai 1998, multi.
GUIHO (P.), BICHOT (J.), MARTIN (M-L.) (dir.), *Dictionnaire Droit, Economie, Gestion*, Lyon, éd. L'Hermès, 1994, 717 p.
LANDEL (J.) et CHARRE-SERVEAU (M.), *Lexique des termes d'assurances*, Paris, L'argus éd., 2000, 431 p.
MINISTERE DE L'ECONOMIE ET DES FINANCES, MINISTERE DU BUDGET. DIRECTION DU PERSONNEL ET DES SERVICES GENERAUX, *Les Ministres des finances de 1870 à nos jours*, Paris, Imprimerie nationale, 1992, 276 p.
NICOLAS (M.) et RODRIGUES (S.), *Dictionnaire économique et juridique des services publics en Europe*, Paris, éd. ASPE Europe, 1998, 722 p.
PAUL (M.), *Les finances publiques de A à Z, Lexique de droit budgétaire et comptabilité publique,* Paris, éd. Eska, 1997, 114 p.
PHILIP (L.) (coord. L. SAIDJ), *Dictionnaire encyclopédique de finances publiques*, Economica, Paris, 1991, t.1, 880 p. et t.2, 1647p.
ROBERT (A.), COUGNY G. et BOURLOTON (E.) (dir.), *Dictionnaire des parlementaires française comprenant tous les membres des Assemblées françaises et tous les Ministres français depuis le 1er mai 1789 jusqu'au 1er mai 1889 avec leurs noms, état civil, état de services, actes politiques, votes parlementaires, etc.*, Slatkine Reprints, Genève 2000, réimp. de l'éd. de 1889-1892, Bourloton : t.1, A-CAY, 622 p. ; t.2, CAY-FES, 640 p.; t.3, FES-LAV, 640 p. ; t.4, LAV-PLA, 640 p. ; t.5, PLA-ZUY, 647 p.
ROLAND (H.) et BOYER (L.), *Adage du Droit français*, Paris, Litec, 4ème éd., 1999, 1021 p.
SAY (L.) et CHAILLEY (J.) (dir.), *Dictionnaire des Finances,* Paris, Berger-Levrault, 1894, t.1, 1562 p. et t.2 1571 p.
SOUSI-ROUBI (B.), *Banque et bourse,* Paris, Dalloz, 4ème éd., 1997, 238 p.
(X.), *Gouverneur de la Banque- Conseil général- Conseil d'escompte- Conseil consultatif- 1800-1997*, Paris, éd. Banque de France, 1er janvier 2000, 109 p.
YVERT (B.) (dir.), *Dictionnaire des ministres de 1789 à 1989*, Paris, Perrin, 1990, 1028 p.

II- OUVRAGES GENERAUX CONSACRES AUX SYSTEMES DES DEPOTS ET CONSIGNATIONS

A) OUVRAGES PUBLIES PAR LE GROUPE CAISSE DES DEPOTS ET CONSIGNATIONS (ou en collaboration)

BARTHES (M.), *Guide pratique des services de la Caisse des dépôts et consignations*, Paris, Berger-Levrault, 1897, 107 p.
BAYLE (T.), *Table alphabétique et analytique des circulaires de la Caisse des dépôts et consignations*, Paris, Berger-Levrault, 1909, 189 p.
CHAPOUSOT (A.), *« Le temps, le nombre, la ville ». Groupe Caisse des dépôts et consignations 175 ans au service de la ville,* Paris, CDC, 1994, 153 p.
PASCAL (F.) (dir.), *1954-1994. Une histoire en construction*, Paris, groupe SCIC, 1995, 135 p.

SALOME (L.), THIVEAUD (J-M.) et TOYTOT (de) (A.), *1816-1986 Caisse des dépôts et consignations, Dossier CDC*, Paris, Service de l'information et de la communication internes, CDC, 1988, 326 p.
SERVICE DE L'INFORMATION ET DE LA COMMUNICATION INTERNES, *Les finances et la Révolution. De l'ancien Régime à la naissance de la CDC (1789-1816)*, Paris, CDC, 1989, 37 p.
SERVICE DES CONSIGNATIONS, SERVICE JURIDIQUE ET FISCAL, MISSION HISTORIQUE, *Traité des consignations en France*, Paris, LGDJ, 1998, 370 p.
SERVICE DES PROFESSIONS JURIDIQUES ET DU RESEAU DU TRESOR, *Manuel des consignations*, CDC, 1995, t.1 : *Règles et notions générales*, 276 p. ; t.2 : *A à L*, 390 p. et t.3 : *M à Z*, 719 p.
THIVEAUD (J-M.) (dir.), *Du dépôt au dépositaire*, Paris, AEF/Direction du dépositaire/MTH, 1998, 193 p.
(X.), *175 ans de Foi publique 1816-1991*, Paris, éd. Direction de la communication externe, CDC – Direction de la Communication externe, février 1992, multi.
(X.), *La Caisse d'aide à l'équipement des Collectivités locales*, CAECL, Services informations et relations publiques et de ses filiales, Paris, éd. Le Carrousel, 1976, 16 p.
(X.), *La Caisse des dépôts et consignations au XX Siècle*, 1900-2000, Institut Caisse des dépôts et Mission des Travaux historiques de la Caisse des dépôts, 2000, 29 p.

B) OUVRAGES GENERAUX CONSACRES AU GROUPE CAISSE DES DEPOTS

AGLAN (A.), MARGAIRAZ (M.) et VERHEYDE (P.) (dir.), *La Caisse des dépôts et consignations, la Seconde Guerre mondiale et le XXe siècle*, Paris, A. Michel, Histoire, *mission historique de la Banque de France*, 2003, 669 p.
ARCY (F. d'), *Structure administrative et Urbanisation : la SCET*, Paris, Berger-Levrault, 1968, 301 p.
BLANCHE (C) (rédigé par), *La Caisse des dépôts et consignations*, Paris, Ministère de l'Economie, centre de formation professionnelle et de perfectionnement, [s.d], 107 p.
BORNOT (C.), *La Caisse des dépôts et consignations. Historique, législation, fonctionnement et attributions*, Paris, P. Dupont, 1886, 67 p.
DELATOUR (A.), *Caisse des dépôts et consignations. Caisse nationale des retraites pour la vieillesse. Caisses nationales d'assurances en cas de décès et en cas d'accidents*, Paris, Berger-Levrault, 1906, 202 p.
DUMESNIL (J.), *Lois et règlements de la Caisse des dépôts et consignations dans ses rapports avec les particuliers, les offices ministériels et les administrations publiques, suivis d'un traité des offres de paiement, de la consignation et du remboursement des sommes consignées*, Paris, Videcocq, Joubert et Mme Gouillet, 1839, 457 p.
DUSART (G.), *La Caisse des dépôts et consignations*, Paris, La Documentation française, NED n°4577 - 4578, 24 juin 1980, 176 p.
FAUCHER-DEGEILH (M.-P.), *La Caisse d'aide à l'équipement des collectivités locales* (préf. de M. POURCHON), Berger-Levrault, coll. L'administration nouvelle, Paris, 1983, 356 p.
FERRIE (R), *Cours sur le Service de la Caisse des dépôts et consignations dans les trésoreries générales*, Paris, Ministère de l'Economie et des finances, Direction du

personnel et des services généraux, centre de formation et de perfectionnement, 1972, 110 p.
GUILLEMOT (R.), *Caisse des dépôts et consignations – Traité des consignations*, Cercles des Sociétés savantes, Paris, 1868, 468 p.
HUET (T.) et VARNIER (P.), *Manuel du service des consignations, précédé d'une étude sur l'organisation administrative de la Caisse des dépôts et consignations*, Paris, Lacrose, 1898, 531 p.
MALVE (P.) et THIVEAUD (J-M.) (mélanges recueillis par), *Caisse des dépôts et consignations 175 ans*, Paris, REF, Le Monde éditions, numéro spécial hors-série, novembre 1991, 670 p.
PRIOURET (R.), *La Caisse des dépôts et consignations, cent cinquante ans d'histoire financière* (postface de F. BLOCH-LAINE), Paris, PUF, 1966, 508 p.
THIVEAUD (J-M.) (dir.), *200 ans de prévoyance*, Paris, Caisse nationale de Prévoyance, 1989, 255 p.
(X.), *150ème anniversaire de la Caisse des dépôts et consignations. Allocution du Général de Gaulle, de Michel Debré,...*, Paris, Imprimerie Nationale, 1966, 37 p. V. aussi procès-verbal du 14 octobre 1966
(X.), *La Caisse des dépôts et consignations*, Paris, éd. de l'Epargne, 1961, 41 p.
(X.), *La Caisse des dépôts et consignations*, Paris, La Documentation française, NED n°3996-3, 1973, 100 p.

C) OUVRAGES CONSACRES AUX SYSTEMES ETRANGERS DE CAISSE DES DEPOTS ET CONSIGNATIONS

MECHAHOURI (M.), *« Une ambition pour le Maroc », 1959-1999,* Caisse de Dépôt et Gestion du Maroc, 57 p.
PELLETIER (M.), *La machine à milliards. L'histoire de la Caisse de dépôt et de placement du Québec*, Montréal, éd. Québec/Amérique, 1989, 330 p.

III- THESES ET TRAVAUX DE RECHERCHE

A) THESES

ALEXANDRE (J.), *Les Grands Etablissements Financier et le Trésor public de 1919 à 1941*, th., Montpellier : Droit, 1942, 271 p.
ALI-ISA (A.), *De la transformation du système d'emprunts des collectivités locales sous la Ve République*, th., Lille II : Droit, 1994, 342 p.
ALLINE (J-P.), *Le Crédit foncier de France (1852-1920), de l'«affaire» à l'«institution»,* th., Paris II : Histoire du droit, 1978, 2 Vol., 863 p. (+Notes et annexes: 285 p.)
CABANES (X.), *Le principe de l'unité de trésorerie en droit public financier*, th., Paris II : Droit, 1998, 399 p.
CHEVALLIER (F.), *Contribution à l'étude des actes directifs*, th., Paris II : Droit, 1976, 324 p.
COLLY (F.), *Les emprunts publics de l'Etat*, th., Paris I : Droit, 1982, 718 p.
DAILEY (M.), *La Caisse des dépôts et consignations,* th., Paris : Droit, 1934, 186 p.
DALBERA (J.-L.), *Le financement des collectivités locales et le rôle des établissements de crédit depuis les lois de décentralisation*, th., Nice : Droit, 1996, 450 p.

DEMARIGNY (F.), *Les investisseurs institutionnels. Des actionnaires entre l'Etat et le marché*, th., IEP Paris : sciences politiques, 1993, 2 vol., 554 p.
DRAGO (R.), *Les crises de la notion d'établissement public*, th., Paris : Droit, 1950, 286 p.
DUPLOUY (J.), *Le crédit aux collectivités locales,* th., Paris : Sciences économiques, Paris, 1967, 246 p.
DUPRILOT (J-P.), *Les filiales de la SNCF. Esquisse pour une théorie du Groupe public*, th., Lyon : Droit, 1968, 432 p.
DUSSART (V.), *L'autonomie financière des pouvoirs publics constitutionnels (Eléments pour une théorie de l'autonomie financière constitutionnelle)*, th., Lille II : Droit, 1995, 457 p.
GALATI (D), *Les actes émis par l'administration en vue du recouvrement de ses créances non fiscales et non domaniales : éléments de contentieux administratif et financier*, th., Lille II :Droit, 2001, 445 p.
GUERARD (S.), *La notion de détachabilité en droit administratif français*, th., Paris II : Droit, 1997, 2 vol., 604 p.
GOGUEL-NYEGAARD (F.), *Le rôle financier du Sénat français, essai d'histoire parlementaire*, th., Paris : Droit, 1937, 63 p.
LEGRAND (M.-L.) et MACE (J-M.), *La Société centrale immobilière de la Caisse des dépôts, Organisme témoin dans le secteur de la construction et de la gestion immobilière,* th., Paris II : Droit, 3 vol., 1977, 851 p.
LEMERCIER (C.), *La Chambre de commerce de Paris, 1803-1852. Un « corps consultatif » entre représentation et information économiques*, th., Paris : EHESS, discipline Histoire, 2001, 2 vol. (+ annexes), 1222 p.
LERIQUE (F.), *Recherches sur les aspects juridiques de la politique de la ville*, th., Lille II : Droit, 1999, 458 p.
LINDICTH (F.), *Recherche sur la personnalité morale en droit public*, th., Toulouse I : Droit, 1991, 2 vol., 657 p.
MAITROT (J-C.), *Recherches sur la notion d'autonomie financière en droit public*, th., Paris I : Droit, 1972, 311 p.
MARIE (H.), *La révision des rentes viagères*, th., Paris II : Droit, 1976, 248 p.
MANSON (S.), *La notion d'indépendance en droit administratif*, th., Paris II : Droit, 1995, 2 Vol., 507 p.
MOUGENC DE SAINT DAVID (A.), *La Caisse des dépôts et consignations. Son rôle financier et social*, th., Paris : Droit, 1910, 192 p.
MOUNIER (A.), *La Caisse des dépôts et consignations et la gestion de l'épargne populaire*, th., Bordeaux : Droit, 1919, 115 p.
POTTEAU (A.), *Recherche sur l'autonomie financière de l'Union européenne,* th. Lille II : Droit, 2002, 943 p.
RACLET (A.), *L'encadrement des prérogatives de puissance publique nationale par le droit communautaire des affaires,* Paris II : Droit, 2000, 2 vol., 644 p.
SOLANET (P.), *La Caisse des dépôts et consignations*, th. Paris : Droit, 1942, 274 p.[1]
TOULEMONDE (B.), *Les libertés et franchises universitaires en France*, th., Lille : Droit, 1971, 2 Vol., 767 p.
TOULEMONDE (G.), *Le déclin du Parlement sous la Ve République : mythe et réalités*, th., Lille II : Droit, 1998, 2 vol., 544 p.
VALLET (E.), *Les correspondants du Trésor,* th., Grenoble II : Droit, 2000, 476 p.

[1]V. aussi procès-verbal 13 novembre 1942.

VANDENDRIESSCHE (X.), *Typologie des entreprises publiques*, th., Lille II : Droit, 1990, 2 vol., 818 p.
YAGO (K.), *L'épargne populaire comme fonds de placement public. Rôle de la Caisse des dépôts et consignations (1919-1939)*, th., Paris X : Histoire du droit, 1996, 2 Vol., 429 p (+ annexes)

B) MEMOIRES ET RAPPORTS DE RECHERCHE

ALLINE (J-P.), *La Caisse des dépôts et consignations. Son rôle, ses opérations de 1816 à 1895*, Paris II : DES d'Histoire des institutions, 1972, 149 p.
BOUDET (D.), *Le foyer d'Esquernes de 1945 à aujourd'hui*, Lille III : maîtrise d'Histoire, 2001, imp. EPDSAE du Nord, 161 p.
CANEL (G.), *L'autonomie financière des autorités administratives indépendantes au regard de leur régime financier*, Lille II : DEA de Droit public général, mention Droit public financier, 1998, 84 p.
EYRAUD (D.), *Les relations Caisse des dépôts et consignations – Caisses d'épargne*, Paris II : DEA Théorie et politiques monétaires, 1980, 93 p.
GARNIER (D.), *L'indépendance de la Banque de France depuis le Traité de Maastricht*, Rennes I : DEA de Droit public, 1996, 137 p.
GRELARD (F.), *L'accommodation sociale de la Caisse des dépôts et consignations sous l'occupation et ses effets sur le moyen terme (1932-1953)*, Paris, IEP : DEA Histoire du XXe siècle, 2001, 385 p.
JACOB (S.), *L'institutionnalisation de l'évaluation des politiques publiques en France*, Paris : IEP : sociologie politique et politiques publiques, 2001, 98 p.
KIMPE (B), *Les interventions économique de la Caisse des dépôts et consignations*, Aix-Marseille III, IEP, 1991, 158 p.
LAHRAOUI (S.), *La Caisse des dépôts et consignations : hier, aujourd'hui... demain ?*, 1992, Limoges, Mémoire maîtrise : sciences économiques, 86 p.
LANOË (C.), *La construction d'un crédit public et l'apparition de la notion de garantie de l'Etat (1715-1851) ou De la confiance en l'Etat à la confiance par l'Etat*, Paris IV : maîtrise d'Histoire, 1992, 133 p.
LEHOUCK (M.), *Les fonds de concours*, Lille II : DEA Droit public général, mention Droit public financier, 1999, p.87
MANGIN (X.), *L'introduction du régime parlementaire sous la Monarchie constitutionnelle (1814-1848)*, Lille II : DEA, Droit public général, mention Théorie de l'Etat, Lille II, 1996, 121 p. (+ annexes)
MARTY (M.), *La Caisse des dépôts et consignations. Analyse bilantielle de 1816 à 1946*, Orléans : DEA, Analyse économique et financière, 1992, 79 p. (+ annexes 45 p.)
PLESSE (H.), *Le contrôle financier de la Caisse des dépôts et consignations*, Paris II, DEA : Finances publiques et fiscalité, 1977, 73 p.
RICOUR (S.), *Les filiales de la Caisse des dépôts et consignations*, Paris II : DEA, Droit public de l'économie, 1997, 75 p.
ROBERT (A.), *La Caisse des dépôts et consignations à la croisée des chemins*, Paris II : DEA, Sciences administratives, 2001, 120 p. (+ annexes)
SCRIVE (S.), *La notion de service d'intérêt économique général*, Lille II : DEA, Droit communautaire et international, 1997, 78 p.
TEFRA née HERVE (M.), *Le rôle de la Caisse des dépôts et consignations dans le financement de la construction de logements*, Paris : DES, Sciences économiques, 1969, 116 p.

TERASSE (B.), *La Caisse des dépôts et consignations et le marché monétaire*, 1978, Paris II : DEA, Théorie et politique monétaire, multi.
VERNAY (M.), *Caisse des dépôts – développement*, Paris V : DESS Banques et Finances, 1989, 95 p.
WINTER (A.), *Le rôle monétaire et financier de la Caisse des dépôts et consignations*, Paris II : DES Sciences économiques, 1975, multi.
ZERDOUMI (F.), *L'efficacité de la loi de règlement sous la Vème République*, Lille II, DEA Droit public général, mention droit public financier, 1999, 94 p.

IV- ACTES DE COLLOQUES, CONGRES ET JOURNEES D'ETUDES

Association Droit et Démocratie, *La puissance publique, l'organisation et le contrôle du marché*, Palais du Luxembourg, Paris, 22 janvier 2001, actes publiés, LPA, n°spécial, 17 septembre 2001, 40 p.
AVRIL (P.) et VERPEAUX (M.) (dir.) et CDPC/AFDC : *Les règles et principes non écrits en droit public*, 28 et 29 mai 1998, Sénat, éd. Panthéon Assas, 2000, 260 p.
CADIET (L.) (travaux coord. par), *Le droit contemporain des contrats : bilan et perspectives, actes du séminaire de l'année universitaire 1985-1986* (Centre de documentation juridique de l'Ouest), Paris, Economica, coll. travaux de recherche, 1987, 284 p.
CURAPP (colloque organisé par), *Le financement du développement local*, PUF, Paris, 1995, 208 p.
BRARD (J-P.), THERY (N.), DEHOVE (M.), WOLF (E.), LE DUIGOU (J-C.), MOUSSY (J-P.), DE BOYER (J.), COMOLET (B.), WALFAREN (T.), *L'avenir du secteur financier public face à l'intégration européenne*, compte-rendu du colloque-débat tenu à l'Assemblée nationale le jeudi 5 mars 1998, Revue du financier, 3 juin 1998, p.29
CAUDAL (S.) et SESTIER (J.-F.) (avant propos de), *Marchés publics et délégations de service public face au droit communautaire*, actes du colloque du 4 juin 1999 à l'Université Lyon III, LPA, 2 février 2000, 79 p.
CHOUSSAT (J.) (sous la présid.*), Les administrations économiques et financières à l'épreuve de la décentralisation*, Journées d'étude "Finances-Universités" de Bordeaux (CERAF), 31 mars 1994, Bordeaux, 1995, 178 p.
DECRETON (S.) (dir.) et IFSA/CRAPS (avec le concours de), *Service public et lien social*, Actes du colloque des 23 et 24 octobre 1997 tenu à l'Université de Lille II, L'Harmattan, *Logiques juridiques,* 1999, 425 p.
DENIEL (A.) (introduction de), *La comptabilité publique. Continuité et modernité. Actes du colloque tenu à Bercy les 25 et 26 novembre 1993*, Paris, CHEFF, Imprimerie nationale, 1995, 558 p.
DOMINGO (M.) (avant propos de), *Le contrôle démocratique des autorités administratives indépendantes à caractère économique)*, Actes d'un colloque organisé à l'Assemblée nationale le 26 octobre 2000 sous la dir. d'H. DE CHARETTE, Economica, 2002, 63 p.
DUTHEIL DE LA ROCHERE (J.) et VANDAMME (J.), (dir.), *Interventions publiques et droit communautaire*, colloque Paris V (CDIEC) / Bruxelles (TEPSA), Paris, Pédone, 1988, 188p.
EUROSAI, « *L'indépendance des cours des comptes en Europe* », Paris, 31 mai-3 juin 1999, actes du colloque publiés à la RFAP, avril-juin 1999, p. 205.
Faculté des sciences juridiques, des sciences économiques et de gestion de l'Université de Lyon 2 (sous le patronage du groupe de recherche en droit des

affaires et de la propriété, du centre de recherche monnaie - finance - banque et du barreau de Lyon), *L'autonomie de la Banque de France ou le réaménagement des pouvoirs monétaires*, 25 mars 1994, actes publiés, LPA, 20 juin 1994, 36 p.
GUILLERMIN (G.) et OBERDOFF (H.) (dir.), *La cohésion économique et sociale : une finalité de l'Union européenne*, Actes du colloque de Grenoble des 19, 20 et 21 octobre 1998, Paris, La Documentation française, coll. travaux de la CEDECE, 2 vol., 2001, 358 p. et 440 p.
INSTITUT CDC/DPME, *Emploi : quelles innovations ?*, Actes du colloque du 21 juin 2001, p.120
LASCOMBE (M.) et VANDENDRESSCHE (X.) (dir.) et GERAP-GREEF/SFFP/IPAG de Lille (avec le concours de), *Le Conseil d'Etat, juge financier*, colloque des 17 et 18 décembre 1999 tenu à Lille, RFFP, Juin 2000, p.7 à 167
LEBEGUE (D.) (avant propos de), *Développement des territoires : quels outils financiers pour le partenariat public-privé*, Paris, La Documentation française, Les entretiens de la Caisse des dépôts, 2003, 143 p.
MENEMENIS (A.) (introduction de), *Quel avenir pour l'autonomie des collectivités locales ?*, Paris, éditions de l'Aube, Les entretiens de la Caisse des dépôts sur le développement local, 1999, 423 p.
MENEMENIS (A.) (dir.) et GRALE-CNRS (avec le concours scientifique de), *Euro: chances et défis des territoires*, Paris, éditions de l'Aube, Les entretiens de la Caisse des dépôts sur le développement local, 1999, 206 p.
PONCELET (C.) (sous le haut patronage de), *Les enjeux du haut débit : « collectivités locales et territoires à l'heure des choix »*, Sénat/CDC, Paris, 12 novembre 2002, Les actes, Les colloques du Sénat, imprimerie du Sénat, 2003, 147 p.

V- TEMOIGNAGES

A) TEMOIGNAGES ECRITS

AUDIFFRET (Marquis d'), *Système financier de la France*, 2ème éd., revue et considérablement augmentée, Paris, Guillaumin, 1854, 3 vol. dont :
t.1 : *Examen des revenus public, du crédit de l'Etat, de sa dette et de ses moyens de libération, de la circulation des valeurs de la richesse publique, de la comptabilité publique*, 544 p.
t.3 : *Documents justificatifs. Essai sur l'organisation du Ministère des finances et autres documents*, 648 p.
AUDIFFRET (Marquis d'), *Système financier de la France*, 3ème éd., revue et augmentée, Paris, Dupont P. et Guillaumin et Cie, 1863, dont t.4 : *Développements complémentaires*, 522 p.
AUDIFFRET (Marquis d'), *Souvenirs de ma famille et de ma carrière dédiés à mes enfants, 1787-1878* (éd. critique présentée et annotée par M. BRUIGUIERE et V. GOUTAL-ARNAL), Paris, CHEFF, 2002, 629 p.
BLOCH-LAINE (F.) (Entretien avec F. CARRIERE), *Profession : Fonctionnaire*, Paris, Seuil, 1976, 254 p.
LION (R.), *L'Etat passion*, Paris, Plon, 1992, 213 p.
MOLLIEN (Comte de) (avec une notice de C. GOMEL), *Mémoire d'un ministre du trésor public 1780-1815*, Paris, Guillaumin, 1898
t.1 : 558 p.

t.2 : 611 p.
t.3 : 485 p.
VILLELE (Comte de), *Mémoires et correspondance*, Paris, Perrin et Cie, 1888, 5 tomes, dont :
t.1 : 509 p.
t.2 : 524 p.

B) TEMOIGNAGES ORAUX[2]

THIVEAUD (J-M.) et SENS-CAZENAVE (A.) (réal.), *Naissances Témoignages : L.-P. LEROY*, Série témoignages, février 1988, Service de l'information et de la communication internes, CDC, VHS SECAM, 32 min

VI- ARTICLES (DOCTRINE)

ALDEGUER (J-P.), *L'économie mixte dans le développement local: histoire et problèmes contemporains*, Economie et humanisme, septembre-octobre 1986, p.6
ALEXIS (A.), *Services publics et aides d'Etat. Evolution récente de la jurisprudence*, RDUE, 2002, p.63
ALLEMAND (F.), *La réforme de la Banque centrale européenne*, Problèmes économiques, 13 août 2003, p.17
ALLINNE (J-P.) et LESCURE (M.), *Les appareils économiques d'Etat en France au XIXe siècle,* Annales Economies, sociétés, civilisations, mars-avril 1981, A. Colin, p.280
AMSELEK (P.), *Le service public et la puissance publique. Réflexions autour d'une étude récente*, AJDA, 1968, p.492
AMSELEK (P.), *Les établissements publics sans comptable public et le principe de l'insaisissabilité des biens des personnes publiques*, JCP, I, 3236, 1986, p.16
AMSELEK (P.), *Un phénix en droit public financier. Les impositions quasi-fiscales*, Mélanges *Liber amicorum* J. WALINE : *gouverner, administrer, juger*, Paris, Dalloz, 2002, p.111
AMSELEK (P.), *Une curiosité du droit public financier : les impositions autres que fiscales ou parafiscales*, Mélanges offerts à M. WALINE : *Le juge et le Droit public*, LGDJ, 1974, t.1, p.89
AONZO (P.) et HEEM (G.), *La régulation du secteur bancaire et financier : quel mode d'organisation ? Quel rôle pour l'Etat*, RFFP, septembre 2003, p.135
ARBOUSSET (H.), *L'amiante : la création d'un fonds d'indemnisation pour canaliser « une bombe à retardement »*, RRJ, 2001, p.872
ARBOUSSET (H.), *La violation de la sincérité budgétaire : un grief plein d'avenir*, RFFP, avril 2001, p.183
ARNOULD (J.), *Les contrats de concession, de privatisation et de service « in house » au regard des règles de droit communautaires. Les « instruments de type marché » à l'épreuve du droit européen de la commande publique »*, RFDA, 2000, p 2
ARRIGHI DE CASANOVA (C.) et DOUVRELEUR (O.), *La codification par ordonnances. A propos du code de commerc*e, JCP, G, 2001, I, p.285
ARTUS (P.), *Quel est vraiment le sens de l'indépendance des banques centrales ?,* Série macroéconomie des documents de travail, Service de la recherche de la Caisse

[2]Les travaux du CHEFF ne nous ont malheureusement pas été utiles eu égard à notre sujet.

des dépôts et consignations, n°1997-10/MA, juillet 1997, Problèmes économiques, 28 janvier 1998, p.8
AUBY (J-B.), *Globalisation et décentralisation*, Mélanges B. JEANNEAU, 2002, p.563
AUBY (J-B.), *Globalisation et droit public*, Mélanges *Liber amicorum*, J. WALINE, 2002, p.135
AUBY (J-B.), *Le mouvement de banalisation du Droit des personnes publiques,* Etudes offertes à J-M. AUBY, Dalloz, 1992, p.3
AUBY (J-B.), *Les savants entrelacs du droit public et du droit privé*, DA, Mars 2000, p.3
AUBY (J-B.), *Production juridique et prescription juridique*, RDP, 1988, p.674
AUBY (J-M.), *L'interdiction de déléguer des pouvoirs d'intervention économique à des opérateurs privés*, DA, février 2003, p.3
AUCKENTHALER (F.), *L'action de concert après les lois NRE et MURCEF*, LPA, 8 novembre 2002 p.4
BAECQUE (De) (A.), *Le droit communautaire des aides d'Etat*, CJEG, février 2000, p.39
BARBE (C.), *Le rôle des comptables du Trésor, préposés de la CDC*, Traits d'Union, 1985, p.33
BARBERYE (R.), *Bilan et perspectives de la politique autoroutière française*, RT, novembre 2000, p.658
BARBERYE (R.), *Pourquoi une nouvelle réforme des Caisses d'Epargne ?,* RT, novembre 1999, p.698
BARBOT (G.), *CDC Ixis : une banque d'investissement atypique*, Banque magazine, février 2001, p.12
BARDELLI (P.), *L'intégration de la Caisse des dépôts et consignations dans le processus de création de la Monnaie*, Revue d'économie politique, 1980, p.19
BARILARI (A.), *Quelques réflexions sur le contrôle des fonds publics*, RT, février 2003, p.83
BARONE (L.), *La responsabilité de l'administration fiscale : vers un régime de droit commun ?*, LPA, 31 décembre 1999, p.4
BARTHELEMY (C.), *Le principe de spécialité appliqué à Electricité de France. Libres propos sur l'article 44 de la loi du 10 février 2000*, CJEG, 2002, p.507
BARTHELEMY (J.), *La distinction des lois constitutionnelles et des lois ordinaires sous la Monarchie de Juillet*, RDP, 1909, p.5
BAZEX (M.), *A la recherche de l'autonomie des entreprises publiques*, CJEG, 1994, p.243
BAZEX (M.), *Contrats de plan entre l'Etat et les entreprises publiques*, AJDA, 1984, p.68
BAZEX (M.), *La privatisation, stade suprême de l'interventionnisme*, RFDA, 1994, p.285
BAZEX (M.), *Les garanties d'emprunts accordées par le (et aux) personnes publiques*, RT, juin 1989, p.321
BAZEX (M.), *Vers de nouveaux modèles normatifs pour le secteur public ?,* AJDA 1990, p.659
BELL (J.), *De la nécessité d'un droit administratif*, AJDA, 1995, n° spéciale, p.99
BELORGEY (J-M.), *L'Etat entre transparence et secret*, Pouvoirs, n°97, 2001, p.25
BENOIT (J.), *La liberté d'administration locale*, RFDA, 2002, p.1065
BEQUET (L.) (avec le concours de P. DUPRE), *Caisse des dépôts et consignations*, Répertoire de Droit administratif, Paris, Dupont, 1885, p.100

BERGERES (M.-C.), *Les impositions affectées. Ou le développement d'une catégorie juridique sui generis*, LPA, 5 mars 2002, p.4
BERLIN (D.), *L'article 53 de l'ordonnance n°86-1243 : Vrais problèmes, fausses solutions*, Revue DGCCRF, n°96, mars-avril 1997, p.52
BERLIN (D.), *Les actes de puissance publique et le droit de la concurrence*, AJDA, 1995, p.259
BERTHET V. (dossier coord.), *Développement durable, développement de l'homme*, Economie & Humanisme, n°360, mars 2002, p.8
BERTHET V. (dossier coord.), *Exclusion : crise globale, solutions locales*, Economie & Humanisme, n°338, octobre 1996, p.5
BIZAGUET (A.), *L'évolution du secteur public national en France depuis 1996 : du « secteur public à la française » aux « services d'intérêt général »*, RT, octobre 2000, p.574 (1ère partie) ; et RT, novembre 2000, p.672 (2e partie)
BIZAGUET (A.), *La mutation complexe du secteur public français (1992-1997)*, RT, 1997, p.251
BIZAGUET (A.), *Les entreprises publiques locales en France. Leur évolution et leur impact économique*, RT, août-septembre 2001, p.517
BLAISE (H.), *Les fonds propres de l'entreprise*, Mélanges J. DURRUPPE : *Les activités et les biens de l'entreprise*, Litec, 1991, p.215
BLANCHETON (B.), *Histoire d'un conflit entre le Trésor et la Banque de France : l'intervention sur le marché des changes de mai-juin 1926*, RT, décembre 2002, p.750
BLANCHETON (B.), *Le Trésor et la Banque de France, acteur de la stabilisation Poincaré*, RT, novembre 2000, p.664
BLANCHON (Ch.) et BRADY (I.) (dossier établi par), *Le Trésor public et la Caisse des dépôts et consignations*, Actualités, *Lettre d'information mensuelle de la direction de la comptabilité publique*, n°5 bis, juin 1992, p.1
BLIN (C.), *L'adaptation de France Télécom à la concurrence ; conséquences des lois du 26 juillet 1996. La transformation des structures de l'entreprise*, TDP, 1998, vol.1 p.13
BLOCH-LAINE (F.), *L'évolution du rôle de l'Etat*, RFFP, septembre 1993, p.7
BLOCH-LAINE (F.), *Pouvoir économique et démocratie*, Revue de l'action populaire, avril 1961, p.563
BOISARD (S) et al., *Les entreprises publiques à statut survivance du passé ou solution d'avenir ? Quelques réflexions sur un régime juridique hybride (dossier)*, CFP, 2002, p.4
BOISSIEU (de) (C.) et al., *Paysage bancaire : restructuration ou cartellisation ?*, RPP, septembre-octobre 1999, 140 p.
BONIN (H.), *Les banques et la IVe République*, Historiens et Géographes, mars-avril 1998, p.199
BORVEAU (A.), *La Caisse des dépôts et consignations dans la vie sociale de notre pays. Son rôle dans la législation mutualiste*, Le Mutualiste de la Seine, septembre-octobre 1949, p.7
BOSSENO (C.) et NOUGARET (R.), *L'histoire au service du management de la banque*, Banque magazine, novembre 2000, p.46
BOULMIER (D.), *La crise de foi dans le cachet de la Poste*, JCP, G., 7 mai 2003, p.821
BOUVIER (M.) et ESCLASSAN (M.-C.), *Le financement de l'enseignement supérieur*, RFFP, juin 1989, p.5

BOUVIER (M.), *Surveillance multilatérale internationale des finances publiques et pouvoir politique,* RFFP, avril 2001, p.129
BOY (L.), *Réflexions sur le « droit de la régulation »*, Dalloz, Aff., 2001, p.3031
BOYANCE (P.), *Fides romana et la vie internationale, séance publique annuelle des cinq académies*, 25 octobre 1962, Brochure n°32, éd. F. Didot, Paris, 1962, p.25
BRAIBANT (G.), *Droits d'accès et droit à l'information*, Mélanges R-E. CHARLIER : *Service public et libertés*, éd. de l'Université et de l'enseignement moderne, 1981, p.703
BRANGER (J.), *L'évolution du capitalisme public*, RPP, 1959, p.326
BRARD (Y.), *Le mandat comme fondement des contrats administratifs entre personnes privées*, JCP, 1981, I, n°3032, p.26
BRAUD (C.), *La notion d' « agence » en France : réalité juridique ou mode administrative ?,* LPA, 30 août 1995, p.4
BRECHON-MOULENES (C.), *Liberté contractuelle des personnes publiques*, AJDA, 1998, p.643
BREEN (E.), *Le Doyen Vedel et Charles Eisenmann : une controverse sur les fondements du droit administratif*, RFDA, 2002, p.232
BROUANT (J-P.), *A propos de la rénovation urbaine*, AJDA, 2003, p.2198
BROUSOLLE (D.), *La création de réseau ferré de France*, AJDA, 1997, p.456
BRUNEAU (P.), *Le contrôle du Parlement sur la gestion des entreprises publiques*, RDP, 1975, p.1199
BUISSON (A.), *La Banque de France*, Revue des Deux Mondes, 1936, p.506
BUISSON (J.), *Les impositions de toutes natures : une notion dépassée ?*, LPA, n°spécial, 4 mai 1992, p.21
CABANES (A.) et ROBBES (A.), *La coopération décentralisée : comment s'extraire des contingences de l'intérêt public local ?*, AJDA, 2003, p.593
CALAMARTE-GOGUET (M.-G.), *Les établissements publics à caractère scientifique et technologique. Un cadre institutionnel pour la recherche publique*, AJDA, 2002, p.569
CAMBY (J-P.), *L'autonomie des pouvoirs publics, limites de la compétence du juge administratif (réflexions sur l'arrêt Brouant du Conseil d'Etat du 25 octobre 2002)*, RDP, 2002, p.1855
CAMBY (J-P.), *Les impositions de toutes natures : une catégorie sans critère ?*, AJDA, 1991, p.339
CARBONNIER (J.), *En l'année 1817*, Mélanges offerts à Pierre RAYNAUD, Dalloz, 1985, p.83
CARCELLE (P.) et MAS (G.), *Caisse des dépôts et consignations,* Répertoire de droit public et administratif, t.1, Dalloz, 1958, p.250
CASAS (D.), *Les personnes publiques et les règles de la concurrence : Vers l'égale concurrence ?*, CFP, avril 2001, p.15
CASSIA (P.), *Service public et droit communautaire*, LPA, 4 juillet 2002, p.4
CATTOIR-JONVILLE (V.), *Annualité budgétaire et financement de la défense nationale dans la doctrine publiciste sous la IIIe République (du principe d'annualité à la notion de loi de programme),* dans ABEN (J.) et PERCHEBOIS (J.) (coord.), *Le fardeau de la sécurité. Défense et Finances publiques*, Paris, L'Harmattan, série Clichés, coll. L'esprit économique, 2003, p.309
CAUSSE (H.), *Le principe de sûreté et le droit à la sécurité*, Gaz. Pal., 18-20 décembre 2001, p.2
CHABORD (O.), *La représentation du Parlement dans les organismes extra-parlementaires*, Pouvoirs n°17, 1981, p.170

CHAGNOLLAUD (D.), *La Haute administration au pouvoir ? Les « grands commis » de la IVème République*, Pouvoirs, n°76, 1996, p.107
CHALTIEL (F.), *La déclaration de Nice sur les services d'intérêt économique général*, RMCUE, février 2001, p.89
CHAMPEIL-DESPLATS (V.), *Service d'intérêt économique général, valeurs communes, cohésion sociale et territoriale*, AJDA, 1999, p.959
CHANUT (P.-Y), *Foi publique, utilité sociale : Un bilan de deux ans de lutte contre le démantèlement de la Caisse des dépôts et consignations*, Analyse et documents économiques, décembre 1994, p.4
CHAPUS (R.), *Le service public et la puissance publique*, RDP, 1968, p.235
CHAVRIER (G.), *Essai de justification et conceptualisation de la faute lourde*, AJDA, 2003, p.1026
CHEROT (J.-Y.), *Financement des obligations de service public et aides d'Etat*, Europe, mai 2000, p.4
CHEROT (J.-Y.), *Les organismes de droit public dans les directives "marchés publics ». La notion de « besoins d'intérêt général ayant un caractère autre qu'industriel ou commercial »*, BJCP, 1999, p.322
CHEVALLIER (J.), *Décentralisation et politiques publiques*, AJDA, n°spécial, 1992, p.124
CHEVALLIER (J.), *La mutation des postes et télécommunications*, AJDA, 1990, p.667
CHEVALLIER (J.), *La place de l'établissement public en droit administratif français*, Extraits des publications de la Faculté de droit et d'économie d'Amiens, n°3, 1972, p.5
CHEVALLIER (J.), *Réflexions sur les autorités administratives indépendantes*, JCP, G., 1986, p.35
CHEVALLIER (J.), *Régulation et polycentrisme dans l'administration française*, RA, janvier-février 1998, p.43
CHEVALLIER (J.), *Vers un droit post-moderne ? Les transformations de la régulation juridique*, RDP, 1998, p.659
CHORIN (J.), *Les établissements publics employant simultanément des personnels de droit public et de droit privé*, AJDA, 20 mai 2000, p.382
CIEUTAT (B.), *La Cour des comptes et la réforme*, RFFP, novembre 2001, p.116
CLIQUENNOIS (M.), *Essai sur la responsabilité de l'Etat du fait de ses activités de contrôle et de tutelle*, LPA, 16 août 1995, p.4
CLIQUENNOIS (M.), *Que reste-t-il des directives ?*, AJDA, 1992, p.3
COHEN (E.), *Le capitalisme sous tutelle*, Esprit, n°148-149, mars-avril 1989, p.46
COLLAS (P.), *Le « Dépeçage de l'administration – un nouveau pas : la tentative d'autonomiser la Banque de France*, Droit prospectif, Vol. 2, p.561.
COUDEVYLLE (A.), *La notion de mandat en droit administratif*, AJDA, 1979, p.7
COUDYSER (C.), *Caisse des dépôts et consignations*, Répertoire pratique de droit belge, t.5, Bruxelles, décembre 1977, p.121
COURCEL (de) (M.), *Qu'est ce qu'un esprit indépendant ?*, Géopolitique, printemps 1998, p.75
COURIVAUD (H.), *La diversification des activités d'EDF*, JCP, Entreprises, 1997, p.115
COURSIER (P.), *La réforme française des retraites et l'Union européenne*, Droit social, 2003, p.983
CREMIEUX (M.), *Le financement des infrastructures : Le rôle des investisseurs financiers*, REF, janvier 1999, p.217

CRUCIS (H-M.), *La sincérité des lois de finances. Nouveau principe du droit budgétaire,* JCP, éd. G., 12 juillet 2000, p.1359
DALBERA (J.-L.), *Le retour de l'Etat sur le marché des financements locaux*, RFAP, 1997, p.645
DAMAMME (D.) et JOBERT (B.), *La politique de la ville ou l'injonction contradictoire en politique*, RFSP, février 1995, p.1
DANO-EVENO (C.) et ORTET (J.), *La déontologie : une préoccupation permanente et majeure au Trésor public*, RT, Janvier 2000, p.3
DAUTRY (P.) et LAMY (P.), *Le contrôle de la gestion publique par la Cour des comptes et par le Parlement : concurrence ou complémentarité ?*, RFFP, décembre 2002, p.119
DE LAUBADERE (A.), *L'administration concertée*, Mélanges STASSINOPOULOS, LGDJ, 1974, p.407
DE LAUBADERE (A.), *Notion et régime juridique des services publics sociaux en droit public français*, Droit social, 1959, p.494
DEBBASCH (C.), *Finances publiques et droit administratif*, Mélanges offert à M. le Doyen Louis TROTABAS, LGDJ, 1970, p.115
DEBBASCH (C.), *L'indépendance de la justice*, Mélanges Louis DUBOUIS : *Au carrefour des droits*, Dalloz, 2002, p.27
DEBBASCH (C.), *Les formes nouvelles d'administration*, Droit prospectif, 1976, p.16
DELACOUR (E.), *Contrats publics : L'attribution d'un marché ou d'une délégation à une personne publique*, JCP, I, n°357, p.1981
DELACOUR (E.), *Service public et construction européenne : « La guerre des Droits » n'aura pas lieu*, LPA, 22 septembre 1997, p.4
DELCAMP (A.), *L'importance du travail en commission au Sénat*, Mélanges P. GELARD, Droit *constitutionnel*, Montchrestien, p.173
DELCROS (X.), *Le CSA, nouvelles institutions constitutionnelles*, AJDA, 1988, p.467
DELELIS (P.), *Partenariat public-privé et développement local*, Collectivités territoriales –Intercommunalité, mars 2003, p.6
DELION (A.) et DURUPTY (M.), *Chronique des entreprises publiques*, RFAP, juillet-septembre 1998, p.485
DELION (A.) et DURUPTY (M.), *Chronique des entreprises publiques*, RFAP, octobre-décembre 1998, p.641
DELION (A.) et DURUPTY (M.), *Chronique des entreprises publiques*, RFAP, juillet-septembre 2000, p.483
DELION (A.) et DURUPTY (M.), *Chronique des entreprises publiques*, RFAP, octobre-décembre 2000, p.651
DELION (A.) et DURUPTY (M.), *Chroniques des entreprises publiques*, RFAP, juillet-septembre 1998, p. 485
DELION (A.), *Les filiales des entreprises publiques*, Droit social, 1960, p.380
DELON-DESMOULIN (C.), *Le contrôle du juge administratif sur les règlements intérieurs des assemblées locales délibérantes*, RDP, 1996, p.843
DELOT (D.), *La soumission des autorités publiques nationales aux règles communautaires de la concurrence*, RFFP, juin 2003, p.135
DELVOLVE (P.), *La responsabilité du fait d'autrui en droit administratif*, Mélanges MARTY, Université des sciences sociales de Toulouse, 1978, p.407
DELVOLVE (P.), *Marchés publics : les critères des « contrats- maison »*, RDUE, 2002, p.53

DELVOLVE (P.), *Vers l'unification du Droit des marchés publics ?*, Mélanges R. DRAGO : *L'unité du droit*, Economica, 1996, p.225
DEMOUVEAUX (J-P.), *La notion de renouvellement urbain*, DAUH, 2002, p.125
DENOIX DE SAINT MARC (R.), *La question de l'administration contractuelle*, AJDA, 2003, p.970
DERBOULLES (L.), *La réception par le Parlement français du principe de précaution*, RRJ, 2001, p.763
DESFONDS (L.), *La notion de mesure préparatoire en droit administratif français*, AJDA, 2003, p.12
DESPORTES (F.) et LE GUHENEC (F.), *Etude : Présentation des dispositions du nouveau code pénale*, JCP, G., I 3615, p.411
DESWARTE (M.-P.), *Intérêt général, bien commun*, RDP, 1988, p.1289
DESWARTE (M.-P.), *L'intérêt général dans la jurisprudence du Conseil constitutionnel*, RFDC, 1993, n°13, p.23
DEVES (C.), *Les contrats publics d'aménagement*, Mélanges Jacques MOREAU : *Les collectivités locales*, Economica, p.95
DEVILLECHABROLLE (V.), *Un orfèvre pour les bas de laine des retraites*, Liaisons sociales, 1er décembre 2002, p.6
DIRECTION DU TRESOR (B. D4), *L'exercice par l'Etat de sa mission d'actionnaire*, Problèmes économiques, 27 février 2002, p.3
DOMEIZEL (C.), *Assurer l'avenir de la Caisse nationale de retraites des agents des collectivités locales*, CFF, avril 2000, p.10
DONY-BARTHOLME (M.), *La notion d'aide d'Etat*, Cahier de droit européen, 1993, n°3-4, p.399
DOUCHEZ (M.-H.), *Les « fonds publics »*, RDP, 1983, p.739
DOUENCE (J-C.), *La spécialité des personnes publiques en droit administratif français*, RDP, 1972, p.752
DOUENCE (J-C.), *Les conventions entre personnes publiques*, Mélanges STASSINOPOULOS, LGDJ, 1974, p.113
DOUENCE (J-C.), *Rattachement des établissements publics à une collectivité territoriale*, AJDA, 1971, p.4
DOUVRELEUR (J.) et DOUVRELEUR (O.), *Le principe d'indépendance : de l'autorité judiciaire aux autorités administratives indépendantes*, Mélanges J. ROBERT *« Libertés »*, Montchrestien, 1998, p.322
DREYFUS (J.-D.), *Actualités des contrats entre personnes publiques*, AJDA, 2000, p.575
DREYFUS (J.-D.), *Deux illustrations du "mandat "en droit administratif*, LPA, 14 janvier 2003, p.17
DREYFUS (J.-D.), *L'externalisation, éléments de droit public*, AJDA, 2002, p.1214
DREYFUS (J.-D.), *La définition légale des délégations de service public,* AJDA, 2002, p.38
DUBOUIS (L.) (dir.), *La directive sur les marchés publics de services*, RFDA, 1998, p.592
DUBOUIS (L.) *Le droit communautaire a-il un impact sur la définition du droit administratif ?*, AJDA, n° spécial, 1996, p.102
DUET (D.), *Le destin coopératif des Caisses d'épargne. Eléments pour une critique des conceptions étatistes de la situation historique des Caisses d'épargne françaises*, Cahiers pour l'histoire de l'épargne, juin 2000, p.119
DUFAU (J.), *Le « pantouflage » et le droit*, Gaz. Pal., du 30 novembre au 2 décembre 1997, p.7

DUPERON (O.), *Les portes d'entrée du service public en droit communautaire : état du droit et perspectives*, LPA, 23 juin 1999, p.9
DUPIELLET (G.), *L'adaptation du principe de spécialité à l'évolution du secteur public*, CJEG, 1985, p.429
DUPLOUY (J.), *Le redressement financier des communes ou des collectivités en difficulté,* RT, mai 2002, p.270
DUPRAT (J-P.), *L'indépendance de la Banque de France : aspects constitutionnels et européens*, LPA, 20 avril 1994, p.4 et LPA, 25 avril 1994, p.4
DUPRAT (J-P.), *La débudgétisation*, RSF, 1972, p.69
DURAND (G.), *L'établissement public économique, une nouvelle catégorie d'établissement public*, JCP, 1995, I, p.3877
DURMARQUE (Y.), *Vicissitudes du principe de spécialité des établissements industriels et commerciaux*, Etudes en l'honneur de P. SANDEVOIR : *service public, services publics*, L'Harmattan, 2000, p.112
DUROY (S.), *La remise en cause anticipée des délégations de service public*, AJDA, 2003, p.873
DURUPTY (M.) et DREYFUS (J.-D.), *Entreprises du secteur public*, Encyclopédie Dalloz, Droit commercial, octobre 2000, 44 p.
ED. FUZIER-HERMAN (dir.), *Caisse des dépôts et consignations*, dans *Répertoire général alphabétique du Droit français*, Paris L. Larose et Forcel, 1801, t. 8, p.537
EISENMANN (Ch.), *Quelques problèmes de méthodologie des définitions et de classifications en science juridique*, Archives de philosophie du droit, 1966, p.25
ELGIE (R.), *Responsabilité démocratique et indépendance de la banque centrale : La Banque centrale européenne dans une perspective historique et comparative*, RFAP, octobre-décembre 1999, p.635
ENFRUN (B.), *La Banque de France et le système européen des banques centrales*, RFAP, octobre-décembre 1999, p.623
ESPUGLAS (P.), *Le service universel*, DA, décembre 2002, p.6
EVIN (C.), *Le fonds d'action sociale a trente ans*, Hommes et Immigrations, n°1119, février 1989, p.6
FATOME (E.), *A propos de la distinction entre les établissements publics à caractère administratif et les établissements publics à caractère industriel et commercial*, Mélanges R. CHAPUS : *Droit administratif*, Montchrestien, 1992, p.171
FATOME (E.), *A propos du rattachement des établissements publics*, Mélanges Jacques MOREAU : *les collectivités locales*, Paris, Economica, 2002, p.140
FATOME (E.), MOREAU (J.) et NINU (J.-L.), *Etablissement public et service public*, AJDA, 1986, p.701
FAVOREU (L.), *Service public et Constitution*, AJDA 1997, n°spécial, p.16
FERRARI (P.), *Essai sur la notion de co-auteurs d'un acte unilatéral en droit administratif français*, Recueil d'études en hommage à Ch. EISENMAN, Cujas,1975, p.215
FERRETI (R.), *Le bicamérisme de la Vème République*, LPA, 31 décembre 1999, p.10
FLANDIN (G.), *La Caisse des dépôts et consignations. Son rôle dans la vie financière du pays*, Annales des Sciences politiques, 1902, p.749 et 1903, p.209
FORTIER (C.), *La consolidation juridique du lien fonction publique – service public*, AJDA, 20 avril 1999, p.291
FOURNIER (J.) et BRAIBANT (G.), *Pouvoirs publics : la notion d'assemblée parlementaire,* AJDA, Chr., 1957, p.270

FOURNOL (I.), *L'émergence du principe de la confiance légitime dans la jurisprudence communautaire*, RRJ, 2001-1, p.291
FOURNOL (I.), *La confiance légitime : un principe communautaire intégré aux ordres juridiques nationaux ?,* TPD, 1997-1, p.16
FOYER (J.), *Le Président de commission parlementaire*, Mélanges P. AVRIL : *La République*, Montchrestien, 2001, p.435
FRISON-ROCHE (A.), *Le droit de la régulation*, Dalloz, Aff., 2001, p.610
FROMONT (M.), *Le principe de sécurité juridique*, AJDA, 1996, n°spécial, p.178
GADBIN (D.), *Les fonds de pension obligatoires face au droit communautaire de la concurrence : des positions dominantes à préserver dans le futur marché intérieur des services financiers*, Droit social, février 2001, p. 178
GADEA (N.), *Les missions de service public dans le cadre de la loi du 10 février 2000 relative à la modernisation et au développement du service public de l'électricité*, RRJ, 2001, p.813
GAGNAIRE (F.), *Politique régionale et politique de concurrence dans la Communauté européenne*, LPA, 18 avril 2003, p.8
GALLOT (J.), *Qu'est ce que la régulation ? Contribution pour une définition*, Revue de la concurrence et de la consommation, janvier 2001, p.5
GAUDEMET (Y.), *La responsabilité de l'administration du fait de ses activités de contrôle*, Mélanges *Liber amicorum* J. WALINE : *gouverner, administrer, juger*, Dalloz, 2002, p.561
GEGOUT (Y.-L.), *Nouvelles réflexions sur les groupements d'intérêt public après la décision du Tribunal des conflits du 14 Février 2000*, LPA, n°3, 4 janvier 2001, p.5
GEIBEL (M.), *Le plus gros capitaliste du monde*, Revue de France, Janvier 1932, p.151
GINET (J-C.), *La gestion des risques financiers à la Caisse des dépôts*, Banque, 1991, p.1150
GLOYENS (P.), *The landesbanks : How long can they retain competitive advantage ?*, RDAI, 2002, p.643
GONOD (P.), *La simplification du droit par ordonnance*, AJDA, 2003, p.1652
GOUHIER (S.), *La déontologie de la sécurité sous surveillance d'une autorité administrative indépendante : une loi pour rassurer les citoyens ?*, RFDA, 2002, p.384
GOUTAY (P.) (en coll. avec A. DEBUSSY), *La notion d'instrument financier*, Droit et Patrimoine, n°82, mai 2000, p.68
GRAZIANI (G.), *Les établissements publics locaux d'enseignement et de formation professionnelles agricoles : statut et régime comptable et financier*, RT, février 2002, p.114
GRECIANO (L.), *Sur le principe de précaution en droit communautaire*, LPA, 20 mars 2001, p.4
GRIDEL (J-P.), *La personne morale en droit français*, RIDC, 1990, p.495
GROS (M.) et DEHARBE (D.), *La controverse du principe de précaution*, RDP, 2002, p.821
GRUA (F.), *Le dépôt de monnaie en banque*, Dalloz, chr., 1998, p.259
GUICHARD (M.), *La fin annoncée d'une « recette » française : les taxes parafiscales*, Droit fiscal, 2002, p.725
GUILLAUME-HOFNUNG (M.), *Réflexions sur la nature juridique de la Commission des opérations de bourse*, RDP, 1982, p.1343

GUILLENCHMIDT (de) (M.) et BONICHOT (J. C.) (dir.), avec le concours de X. LATOUR, *Jurisprudences de la Cour de justice et du Tribunal de première instance des Communautés européennes*, LPA, 11 décembre 1998, p.13
HABERER (J-Y.), *Le ministère de l'Economie et des Finances et la politique monétaire*, Pouvoirs, 1990, n°53, p. 27
HANGHER (L.) et BUENDIA SIERRA (J.-L.), *Cross-subsidiziation and EC Law*, CML Rev., 1998, p.90
HARDY (J.), *La création d'un fonds d'indemnisation des victimes de l'amiante. Article 53 de la Loi de financement de la Sécurité sociale pour 2001*, JCP, Entreprise et Affaires, 5 avril 2001, p.603
HECQUART-THEROND (M.), *La contractualisation des actions et des moyens publics d'intervention*, AJDA 1993, p.451
HEERS (M.), *La sécurité juridique en droit administratif français : vers une consécration du principe de confiance légitime ?*, RFDA, 1995, p.963
HELAND (L.), *Vers « un droit » du développement durable ?*, Economie et Humanisme, mars 2002, p.29
HEMERY (V.), *Le partenariat, une notion juridique en formation*, RFDA, 1998, p.357
HENNION-MOREAU (S.), *La notion d'entreprise en droit social communautaire*, Droit social, 2001, p.957
HERRANT (T.), *Deux siècles d'emprunts locaux*, MTF, novembre-décembre 1989, p.7
HERTZOG (R.), *Linéament d'une théorie des subventions*, RFFP, septembre 1988, p.26
HERVIEU (M.), *Les entreprises publiques. Organisation financière et contrôle*, Annales de finances publiques, n°VIII-IX, Sirey, 1949, p.80
HOURTICQ (J.), *La caisse d'Aide à l'équipement des collectivités locales*, RA, 1966, p.421
HOURTICQ (J.), *La caisse des dépôts et consignations, banque naturelle des collectivités locales*, RA, 1965, p.621
HOURTICQ (J.), *Une oubliée, la Caisse de Crédit aux départements et aux communes*, RA, 1975, p.301
JABKO (N.), *Expertise et politique à l'âge de l'Euro : la Banque centrale européenne sur le terrain de la démocratie*, RFSP, décembre 2001, p.903
JEGOUZO (Y.), *Le triomphe de la loi ?*, AJDA, éditorial, 2002, p.377
JEZE (G.), *Les instructions de service*, RDP 1906, p.246
JEZE (G.), *Les instructions de service*, RDP, 1911, p.684
JOSEPH-BARTHELEMY, *La caisse des dépôts et consignations. Son rôle au point de vue financier, économique et social*, RPP, 1931, p.185
JOYE (J.-F.), *Vers un renforcement de la valeur juridique des contrats de plan entre l'Etat et les régions ? Libre propos sur une jurisprudence récente (CAA Lyon, 12 juillet 2001, M. Amaury Nardone)*, Contrats et marchés publics, avril 2002, p.4
KADA (N.), *Emploi public et transferts de personnel*, RDP, 2002, p.847
KARYDIS (G.), *Le principe de « l'opérateur économique privé », critère de qualification des mesures étatiques, en tant qu'aides d'Etat, au sens de l'article 87 §1 du traité CE*, RDTE, juillet-septembre 2003, p.389.
KDHIR (M.), *Vers la fin de la sécurité juridique en droit français ?*, RA, 1993, p.538
KOUBI (G.), *La délibération, manifestation de volonté. Dans le droit des collectivités locales*, LPA, 12 juin 1992, p.4

KOVAR (R.), *Droit communautaire et service public : esprit d'orthodoxie ou pensée laïcisée*, RTDE, 1996, p.215 et p. 494
KOVAR (R.), *La Cour de justice et les entreprises chargées de la gestion d'un service d'intérêt économique général. Un pas dans le bon sens vers une dérégulation réglée*, Europe, juillet 1994 (1ère partie), p.1 et août-septembre 1994 (2ème partie), p.1
KRONENBERG (V.), *La naissance d'établissements publics de l'Union européenne : réflexions à propos de l'Institut d'études de sécurité et du centre satellitaire*, Europe, mars 2002, p.5
LACHAUME (J.-F.) et PAULIAT (H.), *Le droit de propriété est-il encore un droit fondamental ?*, Mélanges Philippe ARDANT, LGDJ, 1999, p.373
LAFORTUNE (M.-A.), *Les autorités indépendantes de régulation à l'épreuve des principes processuels fondamentaux dans l'exercice de leur pouvoir de sanction des manquements aux règlements du marché économique, financier et boursier*, Gaz. Pal., 23-25 septembre 2001, p.12
LAMARQUE (D.) et MILLIER (G.), *Le contrôle des fonds européens par les Chambres régionales des comptes*, AJDA, 2002, p.25
LANDBECK (D.), *La notion de sincérité en finances publiques*, RFDA, 2002, p.798
LARREY (P.), *Les nouveaux circuits budgétaires et comptables pour la gestion des fonds structurels européens*, RT, 2001, p.159
LASCOMBE (M.) et VANDENDRIESSCHE (X.), *Le contrôle parlementaire et la proposition de la loi organique du 12 juillet 2000*, RFFP, janvier 2001, p.115
LASCOMBE (M.), *La reconnaissance d'utilité publique*, RFFP, 1999, p.52
LASCOMBE (M.), *Le juge financier et les établissements publics*, Etudes en l'honneur de P. SANDEVOIR : *service public, services publics*, L'Harmattan, 2000, p.61
LAUZE (J.), *Les grands principes du droit budgétaire d'une loi organique à l'autre*, RDP, 2001, p.1691
LAVROFF (D.-G.), *Les commissions de l'Assemblée nationale sous la Ve République*, RDP, 1971, p.1429
LE MESTRE (R.), *La définition de l'entreprise du secteur public en droit communautaire,* RRJ, 1999-3, p.895
LE ROY (M.), *La cohésion économique et sociale : un nouveau modèle de politique communautaire*, RMCUE, 1999, p.383
LECLERCQ (C.), *Le financement public de l'aménagement du territoire*, RSF, 1964, p.67
LECOCQ (P.-A.), *A génie génétique et vache folle, principe sage ? Fortunes et infortunes juridiques du principe de précaution*, Etudes en l'honneur de P. SANDEVOIR : *service public, services publics*, L'Harmattan, 2000, p.168
LEDUC (G.), *La Caisse des dépôts et consignations*, Chronique sociale de France, Lyon, mars 1933, 27 p.
LEQUESNE (C.), *La Commission européenne. Entre autonomie et dépendance*, RFSP, juin 1996, p.389
LERMITUS (M.), *L'efficacité économique des investissements de développement social urbain*, Problèmes économiques, 29 mai 1996, p.5
LEROY (C.), *L'organisation et le fonctionnement des marchés financiers aux dimensions de l'Europe*, DA, janvier 1997, p. 6
LEROY (C.), *Les incidences constitutionnelles de la réforme accordant son indépendance à la Banque de France. A propos de la décision du Conseil*

constitutionnel n°93-324 DC du 3 août 1993 et de la loi n°93-1444 du 31 décembre 1993, LPA, 18 juillet 1994, p.5
LESCUYER (G.), *Les entreprises nationales et le Parlement*, RDP, 1960, p.1137
LEVOYER (L.), *La contribution du droit de l'UEM à la rénovation des finances publiques nationales*, RT, janvier 2001, p.3
LEWANDOWSKI (V.), *Le contrat local de sécurité est-il un véritable contrat administratif ?*, DA, Janvier 2002, p.9
LHOMME (B.), *Loi relative à l'épargne et à la sécurité financière*, Banque magazine, octobre 1999, p. 68
LHORTY (C.), *Les entretiens de la Caisse des dépôts, une réflexion prospective au service du développement local*, RT, décembre 2000, p.754
LIGNIERE (P.) et BABIN (L.), *L'externalisation : au cœur des préoccupations de l'Etat*, DA, mai 2002, p.37
LIGNIERE (P.) et LEPRON (F.), *Les contrats in house et les SEM*, DA, mai 2003, p.42
LIGNIERE (P.) et LIMOUSIN (P.), *Mécanismes de financement des obligations de service public*, DA, février 2002, p.40
LIGNIERE (P.), *La légitimité du contrôle des services publics*, LDPA, août-septembre 2000, p.1
LINOTTE (D.), et CANTIER (B.), *« Shadow Tolls » : le droit public français à l'épreuve des concessions à péages virtuels*, AJDA, 2000, p.863
LINYER (L.), *La Caisse des dépôts et consignations. Son rôle dans la vie économique, financière et sociale du pays*, Revue politique des idées et des institutions, Juin 1943, p.162
LION (R.), *La Foi publique au tournant du siècle*, Revue des sciences morales et politiques, 1991, p.57
LIPSKI (de) (X.), *La mutation des organismes publics et semi-publics de financement des investissements*, RT, 2003, p.599
LLORENS (F.) et SOLER-COUTEAUX (P.), *L'exception de mandat,* Contrats et marchés publics, avril 2002, p.3
LLORENS (F.) et SOLER-COUTEAUX (P.), *Le nouveau champ d'application du Code des marchés publics,* Contrats et marchés publics, avril 2001, p.7
LLORENS (F.), *Une nouvelle application du mandat en droit administratif : la délégation de maîtrise d'ouvrage public*, LPA, 27 juin 1986, p.10, 30 juin 1986 (suite), p.17 et 2 juillet 1986 (suite et fin), p.18
LOMBARD (M.), *Le nouveau statut de la Banque de France*, AJDA 1994, p.491
LOMBARD (M.), *Service public et service universel*, Mélanges B. JEANNEAU, Dalloz, 2002, p.491
LONG (M.), *Service public et réalités économiques du XIXe Siècle au droit communautaire*, RFDA, 2001, p.1161
LONGOBARDI (N.), *Autorités administratives indépendantes et position institutionnelle de l'administration publique*, RFDA, 1995, p.171 et p.383
LOSCHAK (D.), *Les problèmes juridiques posés par la concurrence des services publics et des activités privées*, AJDA, 1971, p.261
LUCHAIRE (F.), *à propos du « droit à la sûreté » : la sûreté : droit de l'homme ou sabre de M. Prud'homme ?*, RDP 1989, p.609
LUCHAIRE (F.), *Le Conseil constitutionnel et les nominations en Conseil des ministres*, RDP, juillet-août, 1995, p. I
M. (M.-C.), *La compétence du juge judiciaire pour certains litiges entre la Banque de France et ses agents*, AJDA, 2002, p.994

MAGNET (J.), *La notion de deniers publics en droit financier français*, RSF, 1974, p.129
MAHIEU (S.), *La loi organique relative aux lois de finances du 1er août 2001*, RFFP, novembre 2001, p.45
MALAURIE (P.), *Droit romain des obligations. Droit français contemporain des contrats et l'Europe d'aujourd'hui*, JCP, G, 19 juillet 2000, p.1415
MARCHAT (P.), *Le Pacte de stabilité et de croissance et l'Allemagne*, RT, 2002, p.696
MARTIN (J.), A, *A propos du maintien des contrats de travail en cas de reprise en régie d'un service public*, AJDA, 2003, p.768
MARTINEAU-BOURGNINAUD (V.), *L'obligation contractuelle de surveillance*, LPA, 3 mai 2001, p.4
MARTY (P.-L.), *Quels modes et quelles formes d'intervention pour le financement public du logement*, RFFP, 1995, p.171
MASSOT (J.), *Les ministres peuvent-ils avoir une politique du personnel ?*, AJDA, 1977, p.603
MATHIEU (B.) (études réunies et présentées par), *Le principe de sécurité juridique*, Les Cahiers du Conseil constitutionnel, n°11/2001, p.66
MATHIEU (B.), *La sécurité juridique : un produit d'importation dorénavant « made in France » (à propos des décisions 99-421 DC et 99-422 DC du Conseil constitutionnel)*, Dalloz, 27 janvier 2000, p. VII
MATTERA (A.), *Vers un code européen des marchés publics. Simplification, modernisation et clarification de la réglementation existante*, RDUE, 2000, p.523
MAUGERI (V.), *CDC, pourquoi aller ailleurs*, Droit et patrimoine, 2001, p.17
MAUGUE (C.) et MAISTRE (R.-O.), *Le décret du 1er avril 1995 sur la Comédie française : un nouveau statut pour la maison Molière*, LPA, 5 janvier 1996, p.10
MAUGUE (C.) et TERNEYRE (P.), *Achèvement (ou presque) de la transposition des Marchés publics. Commentaire de la loi du 22 janvier 1997 et des décrets du 27 février 1998*, RFDA, 1998, p.592
MAXIMILIEN (J-C.), *L'indépendance retenue de la Banque de France*, RT, 1995, p.533
MAZERES J.-A., *La théorie de l'institution chez M. Hauriou L'oscillation entre l'instituant et l'institué*, Mélanges offert à J. MOURGEON, Bruylant, 1998, p.239
MELLERAY (F.), *Fonction publique et service public : le cas de France Télécom*, AJDA, 2003, p.2078
MELLERAY (F.), *Une nouvelle crise de la notion d'établissement public. La reconnaissance d'autres personnes publiques spécialisées*, AJDA, 2003, p.711
MENEMENIS (A.), *Le champ d'application du Code des marchés publics*, BJCP, mai 2001, p.182
MESCHERIAKOFF (A.-S.), *L'autonomie des entreprises publiques. Eléments pour une théorie*, RDP, 1975, p.1575
MESTRE (J.-L.), *Les juridictions judiciaires et l'inconstitutionnalité des ordonnances royales de la Restauration au Second Empire*, RFDC, 1993, p.451
MEYNAUD (J.), *Les groupes d'intérêt et l'administration en France*, RFSP, 1957, p.573
MICHOUD (L.), *La notion de personnalité morale*, RDP, 1899, p.1 et p.193
MIGAUD (D.), *Des progrès incontestables en droit et dans la pratique du contrôle parlementaire sous la XIe législature. La Mission d'évaluation et de contrôle : un exemple parmi d'autres*, RFFP, mars 2002, p.47
MITARD (E.), *L'impartialité administrative*, AJDA, 1999, p.478

MOAVERO MILANESI (E.), *Les « services d'intérêt économique général », les entreprises publiques et les privatisations*, RDUE, 2000, p.117
MODERNE (F.), *Du droit communautaire au droit interne (à la recherche d'un fondement constitutionnel du principe de la protection de la confiance légitime)*, Mélanges Louis DUBOUIS : *Au carrefour des droits*, Dalloz, 2002, p.595
MODERNE (F.), *L'évolution récente du droit des contrats administratifs entre personnes publiques*, RFDA, 1985, p.1
MOIREAU (A.), *La caisse des dépôts et consignations*, La Revue des deux mondes, janvier 1891, p.68
MOREAU (J.), *Le principe de sécurité juridique n'est pas un principe du droit français de la responsabilité administrative*, Collectivités territoriales-intercommunalité, novembre 1999, p.4
MOREAU (J.), *Les « matières contractuelles »*, AJDA, 1998, p.747
MOUDOUDOU (P.), *Service public et changement d'employeur*, AJDA, 1996, p.339
MOYSAN (H.), *L'accessibilité et l'intelligibilité de la loi. Des objectifs à l'épreuve de la pratique normative*, AJDA, 2001, p.428
MUNOZ (R.), *La mise en place d'autorités administratives indépendantes dans le domaine des marchés publics*, RMUE, 1999, p.221
NGUYEN QUOC (V.), *L'argent public et le droit des contrats*, Mélanges R. DRAGO, *L'unité du droit*, Economica 1996, p.293
NICINSKI (S.) et PINTAT (P.), *La libéralisation du secteur gazier*, AJDA, 2003, p.223
ONGENA (H.), *La surveillance budgétaire après le pacte de stabilité et de croissance*, RFFP, décembre 1999, p.57
ORLEAN (A.), *La confiance : un concept économique ?*, Problèmes économiques, 2 mai 1995, p.7
PACTEAU (B.), *La sécurité juridique, un principe qui nous manque ?*, AJDA 1995, spécial, p.151
PANCRARIO (J.-P.), *D'un prétendu principe de spécialité des entreprises publiques*, Quotidien juridique, 13 novembre 1984, p.3
PAYNOT-ROUVILLOIS (A.), *Personnalité morale et volonté*, Droits, 1999, n°28, p.16
PEANO (M.-A.), *L'incompatibilité entre les qualités de gardien et de préposé*, Dalloz, chr. XI, 1991, p.51
PECHEUR (B.), *La modernisation des services publics*, CFP, juin 1999, p.2 (1ère partie) et juillet-août 1999 p.2 (2e partie)
PELLET (R.), *Les enjeux politiques de la décentralisation financière*, RDP, 1991, p.1351
PERDRIAU (C.), *Du contrôle des entreprises publiques par la Cour des comptes*, RT, juillet 2000, p.418
PERDRIAU (C.), *Fonctions et statut des administrateurs judiciaires*, RT, Février 2000, p.101
PEROUSE (M.), *Le rôle de l'ensemble Caisses d'épargne - Caisse des dépôts dans le système financier français*, Problèmes économiques, 28 janvier 1981, p.12
PERTEK (J.), *Statuts particuliers et droit commun du travail dans les entreprises publiques*, AJDA, 1989, p.151
PETIT (S.), *La responsabilité civile et pénale des préposés (A propos de l'arrêt Cousin de l'Assemblée plénière de la Cour de cassation du 14 décembre 2001)*, Gaz. Pal., 31 juillet et 1er août 2002, p.2

PEYRICAL (J-M.), *Les contrats de prestation entre collectivités publiques*, AJDA, 2000, p.581
PEZARD (A.), *La modernisation des activités financières en Europe*, LPA, 9 octobre 1996, p.11
PFERSMANN (O.), *Regard externe sur la protection de la confiance légitime en droit constitutionnel allemand*, RFDA, 2000, p.235
PIAM (S.), *La loi sur l'épargne et la sécurité financière : un toilettage juridique au service de l'intérêt général ?*, Dalloz, 2ème cahier, 27 janvier 1999, p.71
PIASTRA (R.), *Du pantouflage*, RDP, 2000, p.121
PICOD (F.), *Le rôle du Conseil européen dans le processus de décision*, RDP, 2002, p.1185
PIERRE-CAPS (S.), *La constitution démotique ou les mutations de la constitution au seuil du XXIe siècle*, Mélanges F. BORELLA : *Etat, Société et pouvoir à l'aube du XXIe siècle*, Presse universitaire de Nancy, 1999, p.403
PINON (X.), *La personnalité de fait des assemblées parlementaires, un cadavre bien vivant*, RDP, 2003, p.283
PISIER (E.), *Vous avez dit indépendantes ? Réflexions sur les AAI*, Pouvoirs, n°6, 1988, p.71
PLESSIS (A.), *Les rapports entre l'Etat et la Banque de France jusqu'en 1914 : Tutelle ou indépendance ?*, dans M. BRUGNIERE (et al.), *Administration et contrôle de l'économie*, Droz, Genève, 1985, p.47
PLIHON (D.), *Indépendance ou autonomie de la Banque de France ?*, Regards sur l'actualité, septembre-octobre 1994, p.3
POCHARD (M.), *Autorités administratives indépendantes et pouvoir de sanction*, AJDA, n°spécial, 2001, p.106
POCHARD (M.), *La place donnée au contrat dans l'organisation de la fonction publique*, AJDA, 2003, p.991
POMEY (M.), *Le régime juridique de la Caisse des dépôts et consignations*, RA, 1974, p.18
POMEY (M.), *Le régime juridique de la Caisse des dépôts et consignations*, Droit social, 1966, p.545
PONTIER (J-M.), *L'intérêt général existe-t-il encore ?*, Dalloz, 1998, p.327
POSOKHOW (A.), RAVARI (L.), BRENGUES (B.), LE BRIS (J-P.), CHANLAIR (M.-C.), *Les sociétés d'économie mixte*, Revue française de comptabilité, juin 1996, p.13
POULET-GIBOT LECLERC (N.), *La contractualisation des relations entre personnes publiques*, RFDA, 1999, p.551
POUTHAS (Ch.), *Les ministères de Louis-Philippe*, Revue d'histoire moderne et contemporaine, 1954, p.102
PREAT (D.), *La garantie de l'Etat à ses établissements publics : Une aide incompatible avec le marché commun ?*, LPA, 26 janvier 2000, p.4
PRETOT (X.), *Le Conseil constitutionnel et les finances publiques*, RFFP, mars 2000, p.257
PUISSOCHET (J.-P.), « *Vous avez dit confiance légitime ?* » *(le principe de confiance légitime en droit communautaire*), Mélanges G. BRAIBANT : *L'Etat de droit*, Paris, Dalloz, 1996, p.581
QUERMONNE (J.-L.), *Administration publique et science politique*, Mélanges R. CHAPUS : *Droit administratif*, Montchrestien, 1992, p.171
QUEVA (H.), *La Banque de France après la réforme de ses statuts*, Banque de France, succursale de Reims, 3 février 1994, 26 p.

RABAULT (H.), *La constitution économique de la France*, RFDC, 2000, p.707
RAINAUD (J-M.), *Le contrat administratif : volonté des partis ou Loi de service public*, RDP, 1985, p.1191
RAPP (L.), *La politique de libéralisation des services publics en Europe*, RMCUE, juin-juillet, 1995, p.352
RAPP (L.), *Les nouvelles régulations économiques*, AJDA, 2001, p.560
REILHAM (de) (G.), *Le principe de sincérité budgétaire : L'effectivité des saisines du Conseil constitutionnel à l'épreuve des rapports de la Cour des comptes sur l'exécution des loi de finances*, RFFP, juin 2002, p.203
RIALS (S.), *Essai sur le concept de monarchie limitée (autour de la charte de 1814),* Droit prospectif, 1982-2, p.263
RICCI (R.), *Les sources normatives du principe de sécurité juridique en droit public économique*, RIDE, 2000, p.301
RICHARD (A.), *Les Finances de l'Etat et les investisseurs institutionnels*, Pouvoirs, n°53, 1990, p.65
RICHER (L.), *La contractualisation comme technique de gestion des affaires publiques*, AJDA, 2003, p.973
RICHER (L.), *La notion de tutelle sur les personnes en Droit administratif*, RDP, 1979, p.971
RICHER (L.), *Le contrat de mandat au risque du droit administratif*, CJEG, 1999, p.127
RIPERT (G.), *La révision des rentes viagères*, Dalloz, 1949, chr., p.89
RIVERO (J.), *« Les principes fondamentaux reconnus par les lois de la République : une nouvelle catégorie constitutionnelle »*, Dalloz, 1972, p.265
RIVERO (J.), *Existe-t-il un critère du droit administratif ?*, RDP, 1953, p.290
ROBERT (F.), *La rénovation des pouvoirs du Parlement*, RFFP, novembre 2001, p.77
RODRIGUEZ (S.), *Services publics et droit communautaire en 2001 : De la régulation à l'évaluation ?*, Europe, février 2002, p.5
ROLLAND (L.), *La personnification des services publics (création d'offices dans les administrations centrales)*, RDP, chr. administrative, 1912, p.480
ROMANI (A-M.), *La faute et la responsabilité objective du fait d'autrui*, LPA, 29 juillet 2002, p.4
ROMI (R.), *La requalification par le juge des actes négociés en actes unilatéraux*, AJDA, 1989, p.9
ROQUES (F.), *La fondation d'utilité publique au croisement du droit public et du droit privé*, RDP 1990, p.1755
ROTH (A), (propos recueillis par E. FILIBERTI), *Caisse des dépôts et consignations et notariat, un monopole dans le monopole*, Droit et patrimoine, 2001, p.17
ROUGEAUX (J-P.), *Le statut de la Banque de France*, dans Université de Paris II, Clés pour le siècle, Dalloz, Droit et sciences politiques, information et communication, sciences économiques et de gestion, 2000, p.53
ROUX (J.), *La reconnaissance par le Conseil constitutionnel du principe fondamental reconnu par les lois de la République relatif à la justice des mineurs (A propos de la décision n°2002-461 DC du 29 août 2002)*, RDP, 2002, p.1731
ROZEC (P.), *La participation des salariés aux organes de direction de l'entreprise : aperçu des dernières évolutions législatives*, Travail et protection sociale, mai 2002, p.8

RUFFAT (M.), *Le débat sur la réglementation économique fédérale. Rationalisation ou désengagement ?*, RFSP, 1980, p.834
SABLIERE (P.), *Libres propos sur les notions de réglementation, tutelle et régulation dans les rapports entre les pouvoirs publics et les entreprises publiques*, CJEG, janvier 1997, p.1
SABOURIN (P.), *Les autorités administratives indépendantes. Une catégorie nouvelle*, AJDA, 1983, p.275
SADELEER (de) (N.), MODERNE (F.), MARKUS (J-P.), *Les principes généraux du droit permanence et renouvellement*, RFDA, 2001, p.547
SAIDJ (L.), *Recherche sur la notion de finances publiques en droit constitutionnel et financier positif*, RDP, 1982, p.1297
SALON (G.), *Gaston Jèze et la théorie générale des contrats administratifs*, Rev. Hist. Fac. Droit et Sc. Juridique, n°12, 1991, p.71
SANDEVOIR (P.), *Les vicissitudes de la notion de SPIC*, Mélanges STASSINOPOULOS, LGDJ, 1974, p.317
SANS (C.), *Le développement durable en droit interne : apparence du droit et droit des apparences*, AJDA, 2003, p.210
SAOUDI (M.), *Une nouvelle approche des relations ordonnateur – comptable. Les conventions de partenariat entre les services du Trésor et les collectivités locales*, RT, juillet 2001, p.442
SARGOS (P.), *Les principes généraux du Droit privé dans la jurisprudence de la Cour de Cassation. Les garde-fous des excès du droit,* JCP, G, I-306, 21 mars 2001, p.589
SCHOETTL (J.-E.), *Le Conseil constitutionnel et la loi relative à la solidarité et au renouvellement urbains*, AJDA, 2001, p.18
SCHULZ (P-Y.), *De la nature juridique des Chambre de commerce et d'industrie : continuité et évolution*, RDP, 1994, p.1481
SIMONS (P.), *La notion de groupe et ses conséquences*, LPA, 10 juin 1987, p.19 et 12 juin 1987, p.27 (suite et fin)
SINKONDO (M. H.), *La notion de contrat administratif : acte unilatéral à contenu contractuel ou contrat civil de l'administration ?*, RTDciv., 1993, p.239
STEPHANE (G.), *Les annexes législatives*, RFDC, 1999, p.819
SUPIOT (A.), *Les virtualités du droit communautaire : l'avenir des métiers de services publics*, CJEG, 1994, p.379
SURIANO (D.), *La Chambre de commerce de Paris et ses « Présidents nés »,* Zoom CCIP, Bulletin intérieur du personnel, décembre 1977, p.15
SUTTER (G.) et ZECKER (H.), *Les agents contractuels des services publics administratifs*, RDP, 2000, p.521
THIVEAUD (J.-M.), *1814 : La Banque de France ou la définition de son indépendance*, REF, 1992, p.246
THIVEAUD (J.-M.), *Le financement des infrastructures et de l'immobilier du début du XIXème siècle jusqu'au milieu du XXème siècle. Le siècle des bâtisseurs*, REF, 1999, p.229
THIVEAUD (J.-M.), *Le statut de la Caisse des dépôts : tutelle parlementaire et crédit de la nation (la foi publique),* Bulletin de l'IREPP : *La Poste : vers une autonomie*, janvier 1991, p.165
THOMAS (B.) et LIGNIERES (P.), *Entreprises publiques : l'Etat va-t-il devenir un actionnaire comme les autres ?*, DA, juin 2003, p.46
TIMSIT (G.), *Les deux corps du droit. Essai sur la notion de régulation*, RFAP, 1996, p.375

TOUBOUL (C.), *Existe-t-il une divergence jurisprudentielle entre la Cour de cassation et le Conseil d'Etat à propos du statut juridique de la Banque de France ?,* JCP, G, 5 juin 2002, p.1046
TOURNEPICHE (A-M.), *Les communications : instruments privilégiés de l'action administrative de la commission européenne,* RMCUE, janvier 2002, p.55
TRIANTAFYLLOU (D.), *Evolutions de la notion de concession de service public sous l'influence du droit communautaire. A l'occasion de l'arrêt du 12 décembre 1996 de la CJCE, British Telecom (Aff. C.302/94),* RMCUE, 1997, p.558
TRIANTAFYLLOU (D.), *L'encadrement communautaire du financement du service public,* RTDE, 1999, p.21
TRICOU (J.), *La loi de modernisation des activités financières,* Banque, octobre 1996, p.55
TRNKA (H.), *Professeur-sénateur,* Mélanges P. GELARD, *Droit constitutionnel,* Paris, Montchrestien, p.93
TRUCHET (D.), *Nouvelles récentes d'un illustre vieillard. Label de service public et statut du service public,* AJDA, 1982, p.427
UBAUD-BERGERON (M.), *Loi MURCEF: La définition législative des délégations de service public,* JCP, I, 125, 3 avril 2002, p.649
VAN TUONG (N.), *Le nouveau statut de la Banque de France (Loi n°93-980 du 4 août 1993),* Dalloz, 1994, com. lég., p.61
VANDENDRIESSCHE (X.), *Le transfert d'entreprises du secteur public au secteur privé : notion et compétences,* Droit social, 1987, p.703
VASSEUR (M.), *Un nouvel essor du concept contractuel. Les aspects juridiques de l'économie concertée et contractuelle,* RTDCiv., 1964, p.5
VEDEL (G.), *La loi des 16-24 août 1790 : Texte ? Prétexte ? Contexte ?,* RFDA, 1990, p.698
VENEZIA (J-C.), *Gaston Jèze et le service public,* Rev. d'histoire des Facultés de Droit, 1991, n°12, p.91
VERGE (E.) et HAMEL (J.), *Caisse des dépôts et consignations,* Nouveau répertoire Dalloz, t.1, 2ème éd., 1962, p.553
VERPEAUX (M.), *Les principes fondamentaux reconnus par les lois de la République ou les principes énoncés dans les lois des Républiques,* LPA, 14 juillet 1993 (1ère partie), p.9 et 16 juillet 1993 (2ème partie), p.6
VERRIER (P.), *Le Médiateur, 5 ans de pratique,* RDP, 1979, p.1104
VIGNERON (M.), *Résistances du droit romain aux influences hellénistiques : le cas du dépôt irrégulier,* RIDA, 1984, p.307
VOISSET (M.), *Les entreprises publiques et l'Europe,* Mélanges P. SABOURIN, 2001, p.3999
WACHSMANN (A.), *Les aides d'Etat doivent-elles encore avoir une origine étatique ? Le cas des aides versées par les entreprises publiques. A travers l'arrêt Air France/CDC,* Europe, avril 1997, p.4
WALINE (M.), *Dans quelle mesure la Comédie française relève-t-elle du droit public ?,* RDP, 1954, p.1072
WALINE (M.), *Les résistances techniques de l'administration au pouvoir politique,* Politique et technique, 1958, p.159
WATTEAU (M.), *La Caisse des dépôts et consignations et la Caisse d'amortissement,* Centre d'Etudes Supérieures de Banque, 4 juillet 1946, Conférences 1946-1947, n°1-13, dans Les cours du Droit, 1947, 26 p.

WOEHRLING (J-M.), *La France peut-elle se passer du principe de confiance légitime?*, Mélanges J. WALINE, *Liber amicorum : gouverner, administrer, juger*, Paris, Dalloz, 2002, p.749
WOLFF (G.), *Les magistrats*, RDP, 1991, p.1641
WOUTERS (J.) et VAN HEES (B.), *Les entreprises publiques et les règles européennes en matière d'aides d'Etat*, RMUE, 1999, p.35
(X.), *175e anniversaire de la Caisse des dépôts, Allocution du Président de la République*, RT, 1992, p.92
(X.), *Caisse des dépôts et consignations Exercice 1975*, Banque, juillet-août 1976, p.787
(X.), *Du bon usage du fonds de réserve des retraites*, Gestion sociale, Groupe Liaisons, 21 juillet 2000, p.1
(X.), *La Caisse des dépôts et consignations*, Statistiques et études financières, Ministère des finances, n°50, février 1953, p.106
(X.), *Le concours de la Caisse des dépôts et des Caisses d'épargne à l'équipement des collectivités locales*, RA, 1978, p.206
(X.), *Le fonds de réserve des retraites*, Liaisons sociales, n°13387, 23 avril 2001, p.1
(X.), *Le plan de développement Trésor public – CNP 1991-1993*, RT, 1991, p.179
(X.), *Les pouvoirs des contrôleurs d'Etat*, Les Notes bleues de Bercy, n°25, octobre 1993, p.1
(X.), *Les résultats de l'activité 1988 du groupe de la Caisse des dépôts*, RT, 1989, p.317
(X.), *Théorie des jeux (dossier)*, Problèmes économiques,19 février 2003, p.1
(X.), *Trésor public – Caisse nationale de prévoyance. Plan de développement 1991-1993*, RT, 1991, p.265
(X.), *Un grand établissement financier : la Caisse des dépôts et consignations*, L'Economie, 17 décembre 1953, n°425, p.24
(X.), *Visite de M. Gonnet, Directeur général adjoint du groupe CDC*, RT, vie des services, février 2001, p.146
(X.), *Les activités nouvelles de la Caisse des dépôts*, Droit social, mars 1961, p.130
YOLKA (P.), *Le pouvoir de nomination du chef de l'Etat sous la cinquième République*, RDP, 1999, p.719

VII- LEGISLATIONS INTERNES

VARNIER, commis principal, docteur en droit, a réuni, à la demande de la direction générale de la Caisse des dépôts et consignations, les lois, décrets, règlements et arrêtés concernant la CDC[3].

Ce recueil peut être utilement consulté aux services de documentation du service juridique et fiscal (SJF), de la communication et des archives de la CDC, ainsi que dans les principales bibliothèques juridiques (Cujas, Bibliothèque nationale de France…) :

---

[3] Procès-verbal du 13 décembre 1893.
Il existait auparavant un recueil auprès de la Commission de surveillance dans sa documentation interne pour garantir l'indépendance et le statut de la CDC V. procès-verbal du 4 novembre 1839 (analysé dans le corps de notre recherche V. Partie I).

Recueil des lois, décrets ordonnances, arrêtés et décisions ministériels, avis du Conseil d'Etat, concernant la Caisse d'amortissement et la Caisse des dépôts et consignations,
janvier 1805-août 1894 ainsi que les institutions qui les ont précédées, Imprimerie nationale, Paris, 1894, 630 p.

Des suppléments au recueil des lois, décrets ordonnances, arrêtés et décisions ministériels, avis du Conseil d'Etat, concernant la Caisse d'amortissement et la Caisse des dépôts et consignations ont été réalisés de 1894 à 1964:

- *août-1894-décembre 1900*, Imprimerie nationale, Paris, 1900, 239 p.
- *janvier 1901-décembre 1909*, Imprimerie nationale, Paris, 1910, 315 p.
- *janvier 1910-décembre 1922*, Imprimerie nationale, Paris, 1923, 872 p.
- *janvier 1923-décembre 1932,* Imprimerie nationale, Paris, 1933, 1373 p.
- *janvier 1933-décembre 1937,* Imprimerie Diénon, Paris, 1957, 199 p.
- *janvier 1938-décembre 1940,* Imprimerie Diénon, Paris, 1957, 220 p.
- *janvier 1941-décembre 1945,* Imprimerie Hemmerlé, Paris, 1960, 325 p.
- *janvier 1946-décembre 1948,* Imprimerie Hemmerlé, Paris, 1960, 306 p.
- *janvier 1949-décembre 1964,* CDC/MTH, Paris, sans date, 205 p.

Ces textes sont extraits, en principe, du Journal officiel.
Par commodité, il sera référencé Rec.Varnier, *suivi de l'année de publication et de la page,* les textes recensés dans cette collection. Cela nous permet par ailleurs d'assurer la continuité avec lesdits suppléments.

Par ailleurs, il a pu être utilisé le recueil établi conjointement par les Services de la séance de l'Assemblée nationale et du Sénat : *Textes relatifs aux pouvoirs publics : Constitution, lois organiques, textes législatifs et réglementaires*, Paris, La Documentation Française, 8ème éd., 2002, pagination multiple.

A) LOIS CONSTITUTIONNELLES

Loi du 10 août 1926, *complétant la loi constitutionnelle du 25 février 1875*, JORF, 11 août 1926, p.9138

B) LOIS

Loi du 31 mars 1847 relative *aux caisses d'épargne*, Rec.Varnier, 1894, p.209 et 210
Loi du 21 juin 1871 relative *à la composition de la Commission de surveillance des Caisses d'amortissement et des dépôts et consignations*, Rec.Varnier, 1894, p.81
Loi du 6 avril 1876 *qui réorganise la Commission de surveillance de la Caisse d'amortissement et de la Caisse des dépôts et consignations*, Rec.Varnier, 1894, p.82
Loi du 9 avril 1881, *qui crée une caisse d'épargne postale*, Rec.Varnier, 1894, p.405
Loi du 30 novembre 1894 relative *aux habitations à bon marché*, Rec.Varnier, 1900, p.1
Loi du 20 juillet 1895 *sur les Caisses d'épargne,* Rec.Varnier, 1900, p.23

Loi du 17 mars 1905 *relative à la surveillance et au contrôle des sociétés d'assurances sur la vie,* Rec.Varnier, 1910, p.80
Loi du 19 décembre 1907 *relative à la surveillance et au contrôle des sociétés de capitalisation,* Rec.Varnier, 1910, p.217
Loi du 21 octobre 1919 *améliorant et unifiant les régimes de retraites des ouvriers des établissements industriels de l'Etat,* JORF, 22 octobre 1919, p.11678
Loi du 5 août 1920 modifiant *la composition de la Commission supérieure des Caisses d'épargne,* Rec.Varnier, 1923, p.623
Loi du 3 juillet 1941, portant *réforme du régime de retraite des employés et agents départementaux, communes, établissements publics et services concédés, affermés ou en régie dépendant des collectivités locales,* JO de l'Etat français, 8 juillet 1941, p.2855
Loi du 26 novembre 1941 relative *à la composition de la commission de surveillance de la caisse des dépôts et consignations,* Rec.Varnier, 1960, p.77
Loi n°46-438 du 16 mars 1946 *portant modification de l'article 2 de l'ordonnance du 21 décembre 1944 relative à la composition de la commission de surveillance de la caisse des dépôts et consignations,* JORF, 17 mars 1946, p.2230
Loi n°48-102 du 17 janvier 1948 relative à la composition du conseil d'administration de la caisse autonome d'amortissement, Rec.Varnier, 1960, p.194
Loi n°48-103 du 17 janvier 1948 relative à *la composition de la commission de surveillance de la caisse des dépôts et consignations,* JORF, 18 janvier 1948, p.564
Loi n°49-956 du 16 juillet 1949 sur *les publications destinées à la jeunesse,* JORF, 19 juillet 1949, p.7006
Loi n°67-483 du 22 juin 1967 relative *à la Cour des comptes,* JORF, 23 juin 1967, p.6211
Loi n°76-629 du 10 juillet 1976 relative *à la protection de la nature,* JORF, 13 juillet 1976, p. 4203
Loi n°80-495 du 2 juillet 1980 portant *modification du statut du Service d'exploitation industrielle des tabacs et allumettes (SEITA),* JORF, 3 juillet 1980, p.1651
Loi n°82-1153 du 30 décembre 1982 *d'orientation des transports intérieurs,* JORF, 31 décembre 1982, p.4004
Loi n°83-675 du 26 juillet 1983 relative à la *démocratisation du secteur public,* JORF, 27 juillet 1983, p.2326
Loi n°84-46 du 24 janvier 1984 *relative à l'activité et au contrôle des établissements de crédit,* JORF, 25 janvier 1984, p.390
Loi n°89-924 du 23 décembre 1989 autorisant *le transfert à une société nationale des établissements industriels dépendant du Groupement industriel des armements terrestres (GIAT),* JORF, 27 décembre 1989, p.16103
Loi n°90-568 du 2 juillet 1990 relative *à l'organisation du service public de la poste et des télécommunications,* JORF, 3 juillet 1990, p.8069
Loi n°91-635 du 10 juillet 1991 modifiant la loi n°83-557 du 1er juillet 1991 portant *réforme des caisses d'épargne et de prévoyance,* JORF, 11 juillet 1991, p.9023
Loi n°92-665 du 16 juillet 1992 portant *adaptation au marché unique européen de la législation applicable en matière d'assurance et de crédit,* JORF, 17 juillet 1992, p.9676
Loi n°93-980 du 4 août 1993 modifiée par la loi n°93-1444 du 31 décembre 1993 et par la loi n°98-357 du 12 mai 1998, relative au *statut de la Banque de France,* www.banque-france.fr : analyse de la direction des services juridiques de la Banque de France

Loi n°1419 du 31 décembre 1993 relative *à l'Imprimerie nationale*, JORF, 1er janvier 1994, p.17

Loi n°94-628 du 25 juillet 1994 relative *à l'organisation du temps de travail, aux recrutements et aux notations dans la fonction publique*, JORF, 26 juillet 1994, p.10735

Loi n°94-679 du 8 août 1994 portant *diverses dispositions d'ordre économique et financier*, JORF, 10 août 1994, p.1668

Loi n°95-126 du 8 février 1995 relative *à la déclaration du patrimoine des membres du gouvernement et des titulaires de certaines fonctions*, JORF, 9 février 1995, p.2184

Loi n°96-314 du 12 avril 1996 portant *diverses dispositions d'ordre économique et financier,* JORF, 13 avril 1996, p.5707

Loi n°96-452 du 28 mai 1996 portant *diverses mesures d'ordre sanitaire, social et statutaire*, JORF, 29 mai 1996, p.7912

Loi n°96-597 du 2 juillet 1996, *relative à la modernisation des activités financières,* JORF 4 juillet 1996, p.10063

Loi n°96-1093 du 16 décembre 1996 relative *à l'emploi dans la fonction publique et à diverses mesures d'ordre sanitaire*, JORF, 17 décembre 1996, p.18512

Loi n°96-1236 du 30 décembre 1996 sur *l'air et l'utilisation rationnelle de l'énergie*, JORF, 1er janvier 1997, p.11

Loi n°98-546 du 2 juillet 1998 portant *diverses dispositions d'ordre économique et financier*, JORF, 3 juillet 1998, p.10127

Loi n°99-532 du 25 juin 1999 r*elative à l'épargne et la sécurité financière*, JORF, 29 juin 1999, p.9487

Loi n°99-1174 du 30 décembre 1999 portant *création de la Chaîne parlementaire*, JORF, 31 décembre 1999, p.19990

Loi n°2000-108 du 10 février 2000 relative *à la modernisation et au développement du service public de l'électricité*, JORF, 11 février 2000, p.2143

Loi n°2000-321 du 12 avril 2000 *relative aux droits des citoyens dans leurs relations avec les administrations*, JORF, 13 avril 2000, p.5646

Loi n°2000-1208 du 13 décembre 2000 relative *à la solidarité et au renouvellement urbains*, JORF, 14 décembre 2000, p.19777

Loi n°2001-420 du 15 mai 2001, relative *aux nouvelles régulations économiques*, JORF, 16 mai 2001, p.7776

Loi n°2001-624 du 17 juillet 2001 portant *diverses dispositions d'ordre social, éducatif et culturel*, JORF, 18 juillet 2001, p.11496

Loi n°2001-1168 du 11 décembre 2001, *portant mesures urgentes de réformes à caractère économique et financier*, JORF, 12 décembre 2001, p.19703

Loi n°2002-6 du 4 janvier 2002 relative à *la création d'établissements publics de coopération culturelle*, JORF, 5 janvier 2002, p.309

Loi n°2002-73 du 17 janvier 2002 *de modernisation sociale*, JORF, 18 janvier 2002, p.1008

Loi n°2003-590 du 2 juillet 2003 *urbanisme et habitat*, JORF, 3 juillet 2003, p.11176

Loi n°2003-591 du 2 juillet 2003 *habilitant le gouvernement à simplifier le droit*, JORF, 3 juillet 2003, p.11192

Loi n°2003-706 du 1er août 2003 de *sécurité financière*, JORF, 2 août 2003, p.13220

Loi n°2003-710 du 1er août 2003 *d'orientation et de programmation pour la ville et la rénovation urbaine*, JORF, 2 août 2003, p.13281

Loi n°2003-775 du 21 août 2003 portant *réforme des retraites*, JORF, 22 août 2003, p.14310
Loi n°2003-1365 du 31 décembre 2003 relative *aux obligations de service public des télécommunications et à France Télécom*, JORF, 1er janvier 2004, p.9

C) LOIS DE FINANCES

1) Lois de finances générales

Loi *sur les finances* du 28 avril 1816, commentée et observée par :

- RONDONNEAU et DECLE, *Loi sur les finances du 28 avril 1816 et ordonnances du Roi, sur les contributions directes, les cautionnements, l'enregistrement, le timbre, les hypothèques, la caisse d'amortissement, &c. précédées d'une table des titres, chapitres et paragraphes de la loi et des ordonnances ; et suivies d'une table alphabétique des matières, avec la Notice chronologique des Lois, Décrets et Ordonnances dont l'exécution est rappelée et maintenue par le budget, et l'indication des numéros sous lesquels on les trouve au Bulletin des lois,* De l'imprimerie royale, Paris, 1816, p.27 ;
- BARROT, VATIMESNIL et YMBERT (avec les notices de), *Recueil annoté des lois, décrets, ordonnances, etc., etc., depuis le mois de juin 1789 jusqu'au mois d'août 1830*, Journal des notaires, Paris, 1837, t.13, p. 482
- titre X, Rec.Varnier, 1894, p.1 à 3

Loi du 29 juillet 1881 portant *fixation du budget général des dépenses et des recettes de l'exercice 1882 (Caisse d'épargne postale)*, Rec.Varnier, 1894, p.410
Loi du 29 décembre 1888 *portant fixation du budget général des dépenses et des recettes de l'exercice 1889*, JORF, 30 décembre 1888, p.5574
Loi du 31 juillet 1920 portant *fixation du budget général de l'exercice 1920*, Rec.Varnier, 1923, p.613
Loi du 28 février 1934 portant *fixation du budget général de l'exercice 1934*, Rec.Varnier, 1957, p.15
Loi du 31 décembre 1941 portant *fixation du budget de l'exercice 1942*, Rec.Varnier, 1960, p.83
Loi n°89-935, *de finances pour 1990* du 29 décembre 1989, JORF, 30 décembre 1989, p.16337
Loi n°99-1172 *de finances pour 2000* du 30 décembre 1999, JORF, 31 décembre 1999, p.19914
Loi n°2001-1275 *de finances pour 2002* du 28 décembre 2001, JORF, 29 décembre 2001, p.21074
Loi n°2002-1575 *de finances pour 2003* du 30 décembre 2002, JORF, 31 décembre 2002, p.22025
Loi n°2003-1311 *de finances pour 2004* du 30 décembre 2003, JORF, 31 décembre 2003, p.22530

2) Lois de finances rectificatives

Loi n°2000-656 du 13 juillet 2000 *de finances rectificatives pour 2000*, JORF, 14 juillet 2000, p.10808

Loi n°2001-1276 de *finances rectificative pour 2001* du 28 décembre 2001, JORF, 29, décembre 2001, p.21133
Loi n°2003-1312 de *finances rectificatives pour 2003* du 30 décembre 2003, JORF, 31 décembre 2003, p.22594

3) Lois de financement de la sécurité sociale

Loi n°97-1164 du 19 décembre 1997 sur *le financement de la Sécurité sociale pour 1998*, JORF, 23 décembre 1997, p.18635
Loi n°98-1194 du 19 décembre 1998 sur *le financement de la Sécurité sociale pour 1999*, JORF, 27 décembre 1998, p.19646

D) ORDONNANCES

1) Ordonnances prises sur le fondement de l'art. 92 C

Ordonnance n°58-1374 du 30 décembre 1958 portant *loi de finances pour 1959*, JORF, 31 décembre 1958, p.12071
Ordonnance n°59-80 du 7 janvier 1959 portant *réorganisation des monopoles fiscaux des tabacs et des allumettes*, JORF, 8 janvier 1959, p.564

2) Ordonnances prises sur le fondement de l'art. 38 C

Ordonnance n°2000-1223 du 14 décembre 2000 relative *à la partie législative du Code monétaire et financier*, JORF, 16 décembre 2000, p.20004 ; annexe p.38303 ; *Rapport au Président de la République*, p.20003

3) Ordonnances issues de la Libération

Ordonnance du 5 décembre 1944 relative *aux lois et statuts qui régissent la Banque de France [désignations du directeur général de la caisse des dépôts comme conseiller (art. 1er)],* Rec.Varnier, 1960, p.199
Ordonnance du 21 décembre 1944 relative *à la composition de la commission de surveillance de la caisse des dépôts et consignations*, Rec.Varnier, 1960, p.207

4) Ordonnances royales

Ordonnance du 22 mai 1816 du roi *contenant règlement sur l'administration de la Caisse d'amortissement et de la Caisse des dépôts et consignations, créés par la loi du 28 avril 1816*,

- Rec.Varnier, 1894, p. 3
- BARROT, VATIMESNIL et YMBERT (avec les notices de), *Recueil annoté des lois, décrets, ordonnances, etc., etc., depuis le mois de juin 1789 jusqu'au mois d'août 1830*, Paris, Journal des notaires, 1837, t. 14, p.20

Ordonnance du 3 juillet 1816 relative *aux attributions de la Caisse des dépôts et consignations, créée par la loi du 28 avril 1816*,

- Rec.Varnier, 1894, p.153 à 167

- BARROT, VATIMESNIL et YMBERT (avec les notices de), *Recueil annoté des lois, décrets, ordonnances, etc., etc., depuis le mois de juin 1789 jusqu'au mois d'août 1830*, Paris, Journal des notaires, 1837, t. 14, p.50

Ordonnance du 3 juillet 1816 *qui autorise la Caisse des dépôts et consignations à recevoir les dépôts volontaires et particuli*ers,

- Rec.Varnier, 1894, p.167
- BARROT, VATIMESNIL et YMBERT (avec les notices de), *Recueil annoté des lois, décrets, ordonnances, etc., etc., depuis le mois de juin 1789 jusqu'au mois d'août 1830*, Paris, Journal des notaires, 1837, t. 14, p.56

Ordonnance du 3 juillet 1816 relative *au versement à la Caisse des dépôts et consignations des fonds de retraite des ministères, administrations et établissements*,

Rec.Varnier, 1894, p.170

- BARROT, VATIMESNIL et YMBERT (avec les notices de), *Recueil annoté des lois, décrets, ordonnances, etc., etc., depuis le mois de juin 1789 jusqu'au mois d'août 1830*, Paris, Journal des notaires, 1837, t. 14, p.58

Ordonnance du roi contenant Règlement sur l'administration de la Caisse d'amortissement et de la Caisse des dépôts et consignations créées par la Loi du 28 avril 1816, au château des Tuileries, le 22 mai 1816, dans RONDONNEAU et DECLE, *Loi sur les finances du 28 avril 1816 et ordonnances du Roi, sur les contributions directes, les cautionnements, l'enregistrement, le timbre, les hypothèques, la caisse d'amortissement, &c. précédées d'une table des titres, chapitres et paragraphes de la loi et des ordonnances ; et suivies d'une table alphabétique des matières, avec la Notice chronologique des Lois, Décrets et Ordonnances dont 'exécution est rappelée et maintenue par le budget, et l'indication des numéros sous lesquels on les trouve au Bulletin des lois,* De l'imprimerie royale, Paris, 1816, p.192

Ordonnance du roi portant nomination du Directeur général, du Directeur adjoint et du Caissier de la Caisse d'amortissement, et fixation du Traitement de ces fonctionnaires, au château des Tuileries le 29 mai 1816, dans RONDONNEAU et DECLE, *Loi sur les finances du 28 avril 1816 et ordonnances du Roi, sur les contributions directes, les cautionnements, l'enregistrement, le timbre, les hypothèques, la caisse d'amortissement, &c. précédées d'une table des titres, chapitres et paragraphes de la loi et des ordonnances ; et suivies d'une table alphabétique des matières, avec la Notice chronologique des Lois, Décrets et Ordonnances dont 'exécution est rappelée et maintenue par le budget, et l'indication des numéros sous lesquels on les trouve au Bulletin des lois,* De l'imprimerie royale, Paris, 1816, p.201

Ordonnance du 8 janvier 1817 *portant que les dépenses administratives des deux Caisses sont prélevées sur les bénéfices de la Caisse des dépôts et consignations*, Rec.Varnier, 1894, p.11

Ordonnance du 28 août 1822 relative *aux retraites des employés des deux caisses*, Rec.Varnier, 1894, p. 13

Ordonnance du 29 septembre 1824 prescrivant *le versement au Trésor public, de la somme de six millions prélevée sur les bénéfices de la Caisse des dépôts et consignations*, p. 15

Ordonnance du 12 mai 1825 relative *aux comptes annuels à présenter à la Cour des comptes par le Caissier général de la Caisse d'amortissement et de celle des dépôts et consignations ; par les receveurs généraux des finances en qualité de préposés de*

cette dernière administration ; et par le directeur général des deux établissements, Rec.Varnier, 1894, p. 16
Ordonnance du 4 août 1833 *portant établissement d'un contrôle distinct et séparé pour chacune des Caisses d'amortissement et des dépôts et consignations*, Rec.Varnier, 1894, p.26
Ordonnance du Roi du 31 mai 1838 *portant règlement général sur la comptabilité publique*, Rec.Varnier, 1894, p.33
Ordonnance du 24 décembre 1839 relative *à la Caisse des dépôts et consignations (ordonnance dont l'exécution exige son concours)*, p.38
Ordonnance du 13 janvier 1847 portant *organisation de l'administration des Caisses d'amortissement et des dépôts et consignations*, Rec.Varnier, 1894, p.40

E) DECRETS

Décret du 25 mars 1848 *qui supprime la Commission de surveillance de la Caisse d'Amortissement et de la Caisse des dépôts et consignations*, Rec.Varnier, 1894, p.44
Décret du 25 octobre 1848 relatif *à la Commission de surveillance des Caisses d'amortissement et des dépôts et consignations*, Rec.Varnier, 1894, p.44
Décret du 31 octobre 1850 *relatif aux cautionnements de divers agents comptables et non comptables ressortissant au Ministère des finances*, Rec.Varnier, 1894, p.45
Décret du 24 décembre 1851 *qui fixe la composition de la commission de surveillance des Caisses d'amortissement et des Dépôts et consignations*, Rec.Varnier, 1894, p.46
Décret du 27 mars 1852 relatif *à la composition de la commission de surveillance des Caisses d'amortissement et des Dépôts et consignations*, Rec.Varnier, 1894, p.47
Décret du 30 octobre 1861 portant *organisation de l'administration des Caisses d'amortissement et des dépôts et consignations*, Rec.Varnier, 1894, p.63
Décret du 31 mai 1862 portant *règlement général sur la comptabilité publique*, Rec.Varnier, p.68
Décret du 14 août 1866 *relatif au traitement du directeur général de la Caisse des dépôts et consignations*, Rec.Varnier, 1894, p.79
Décret du 22 décembre 1874 *modifiant les décrets du 31 octobre 1861 et du 14 août 1866 (organisation des bureaux)*, Rec.Varnier, p.82
Décret du 2 février 1890 relatif *au dépôts et au retrait des sommes versées par les notaires à la Caisse des dépôts et consignations*, Rec.Varnier, 1894, p.472
Décret du 3 février 1896 *nommant le directeur général de la Caisse des dépôts et consignations membre de droit de la Commission instituée près du ministère de l'agriculture pour répartir les fonds prélevés sur le pari mutuel en faveur des œuvres de bienfaisance*, Rec.Varnier, 1900, p.49
Décret du 1er novembre 1900, *déclarant d'utilité publique l'agrandissement de l'immeuble occupé par la Caisse des dépôts et consignations*, Rec.Varnier, 1900, p.222
Décret du 10 janvier 1907 *portant règlement d'administration publique pour l'organisation et le fonctionnement du conseil supérieur des habitations à bon marché*, Rec.Varnier, 1910, p.191
Décret du 9 mars 1910 *modifiant le décret du 30 avril 1889 sur l'organisation, le recrutement et l'avancement du personnel de la direction générale des Caisses d'amortissement et des dépôts et consignations*, Rec.Varnier, 1923, p.12

Décret du 25 mars 1911 portant *règlement d'administration publique pour l'exécution de la loi du 5 avril 1910 sur les retraites ouvrières et paysannes*, Rec.Varnier, 1923, p.58
Décret du 31 décembre 1912 concernant *l'organisation de la Caisse des dépôts et consignations*, Rec.Varnier, 1923, p.205
Décret du 17 juillet 1913 modifiant *le décret du 30 avril 1889, sur le recrutement et l'avancement du personnel de la direction générale des Caisses d'amortissement et des dépôts et consignations,* Rec.Varnier, 1923, p.228
Décret du 13 juillet 1914 relatif *à la gestion financière de la caisse autonome de retraites des ouvriers mineurs*, Rec.Varnier, 1923, p.291
Décret du 31 mars 1915 modifiant *le décret du 30 avril 1889, sur le recrutement et l'avancement du personnel des Caisses d'amortissement et des dépôts et consignations*, Rec.Varnier, 1923, p.311
Décret du 5 janvier 1917 modifiant *le décret du 30 avril 1889, sur le recrutement et l'avancement du personnel des Caisses d'amortissement et des dépôts et consignations*, Rec.Varnier, 1923, p.377
Décret du 18 janvier 1918 modifiant *le décret du 30 avril 1889, sur le recrutement et l'avancement du personnel des Caisses d'amortissement et des dépôts et consignations,* Rec.Varnier, 1923, p.420
Décret du 3 juin 1918 modifiant le décret du 30 octobre 1861, portant *organisation de l'administration des Caisses d'amortissement et des dépôts et consignations et le décret du 30 avril 1889, sur le recrutement et l'avancement du personnel des Caisses d'amortissement et des dépôts et consignations*, Rec.Varnier, 1923, p.434
Décret du 23 juin 1919 créant *un cadre supplémentaire de dames employés à la Caisse des dépôts et consignations*, Rec.Varnier, 1923, p.481
Décret du 17 juillet 1919 instituant *le régime de retraites des dames employés de la Caisse des dépôts et consignations*, Rec.Varnier, 1923, p.486
Décret du 23 mars 1920 modifiant *le décret du 30 avril 1889, sur le recrutement et l'avancement du personnel des Caisses d'amortissement et des dépôts et consignations*, Rec.Varnier, 1923, p.545
Décret du 4 juillet 1921 relatif *aux concours à ouvrir en 1921 pour les emplois de rédacteur et d'expéditionnaire à la direction générale des Caisses d'amortissement et des dépôts et consignations*, Rec.Varnier, 1923, p.683
Décret du 12 octobre 1921 modifiant *le décret du 30 avril 1889, sur le recrutement et l'avancement du personnel des Caisses d'amortissement et des dépôts et consignations*, Rec.Varnier, 1923, p.733
Décret du 28 juin 1923 modifiant le décret du 230 avril 1889 portant *organisation du personnel de la caisse des dépôts et consignations*, Rec.Varnier, 1933, p.34
Décret du 4 août 1925 *portant rattachement de la Caisse des dépôts et consignations d'Alsace Lorraine*, Rec.Varnier, 1933, p.221
Décret du 26 décembre 1925 étendant *à la Caisse des dépôts et consignations d'Alsace et de Lorraine les attributions de la Commission de surveillance des Caisses d'amortissement et des dépôts et consignations*, Rec.Varnier, 1933, p.229
Décret du 4 juillet 1926 relatif *à l'organisation des Caisses d'amortissement et des dépôts et consignations*, Rec.Varnier, 1933, p.268
Décret du 13 juillet 1926, *Organisation des Caisses d'amortissement et des dépôts et consignations,* JORF, 13 juillet 1926, p.770
Décret du 27 janvier 1927 relatif *aux traitements des agents des cadres supérieurs de la direction générale des Caisses d'amortissement et des dépôts et consignations*, Rec.Varnier, 1933, p.315

Décret du 2 mai 1927 *relatif aux traitements des expéditionnaires de la Caisse des dépôts et consignations*, Rec.Varnier, 1933, p.330
Décret du 9 août 1927 *portant fixation des traitements du personnel de la Caisse des dépôts et consignations*, Rec.Varnier, 1933, p.372
Décret du 11 mars 1928, *création d'un cadre d'actuaire à la Caisse des dépôts et consignations,* JORF, 14 mars 1928, p.2800
Décret du 8 juillet 1928 *relatif aux traitements du personnel de la Caisse des dépôts et consignations*, Rec.Varnier, 1933, p.458
Décret du 15 décembre 1928 *fixant les traitements du personnel de la Caisse des dépôts et consignations*, Rec.Varnier, 1933, p.568
Décret du 10 janvier 1929 *réorganisation du service central de la Caisse des dépôts et consignations*, JORF, 16 juin 1929, p.563
Décret du 14 septembre 1929 portant *organisation des Caisses d'amortissement et des dépôts et consignations*, Rec.Varnier, 1933, p.671
Décret du 2 juillet 1930, *Traitement du personnel de la Caisse des dépôts et consignations,* JORF, 3 juillet 1930, p.7375
Décret du 21 avril 1932 complétant *l'article 12 du décret du 4 juillet 1926 en ce qui concerne les conditions d'admission aux concours pour les emplois d'expéditionnaires ou de dames stagiaires à la Caisse des dépôts et consignations*, Rec.Varnier, p.1275
Décret du 17 janvier 1933 complétant *l'article 3 du décret du 4 juillet 1926 relatif à l'organisation de la Caisse des dépôts*, Rec.Varnier, 1957, p.1
Décret du 25 octobre 1935 *instituant le contrôle financier des offices et des établissements publics autonomes*, Rec.Varnier, 1957, p.55
Décret du 3 mai 1936 modifiant *l'organisation du personnel de la Caisse des dépôts*, Rec.Varnier, 1957, p.112
Décret du 18 mars 1938 relatif *aux cadres et traitements du personnel de la Caisse des dépôts*, Rec.Varnier, 1957, p.12
Décret du 15 avril 1940 relatif *à l'organisation et au fonctionnement du fonds national de compensation des allocations familiales pour les collectivités locales*, Rec.Varnier, 1957, p.166
Décret du 8 juin 1940 *concernant l'organisation des services de la Caisse des dépôts,* Rec.Varnier, 1957, p.183
Décret n°2601 du 21 août 1942 modifiant *le décret du 4 juillet 1926 portant règlement sur l'organisation de la caisse des dépôts et consignations*, Rec.Varnier, 1960, p.123
Décret n°45-117 du 19 décembre 1945 portant *règlement d'administration publique pour l'application du statut du notariat*, JORF, 22 décembre 1945, p.8478
Décret n°45-1056 du 24 mai 1945 portant *modification du décret du 4 juillet 1926 sur l'organisation de la caisse des dépôts et consignations,* Rec.Varnier, 1960, p.220
Décret n°45-1010 du 21 mai 1945 complétant *l'article 12 du décret du 4 juillet 1926 portant règlement sur l'organisation de la caisse des dépôts et consignations*, Rec.Varnier, 1960, p.219
Décret n°46-2180 du 8 octobre 1946 portant *règlement d'administration publique pour la fixation des effectifs du cadre d'administrateurs civils et du cadre des secrétaires d'administration de la Caisse des dépôts et consignations*, JORF, 10 octobre 1946, p.8593
Décret n°47-27 du 6 janvier 1947 fixant *les conditions d'intégration dans les cadres des administrateurs civils et des secrétaires d'administration des fonctionnaire et agents de la Caisse des dépôts et consignations*, JORF, 8 janvier 1947, p.201

Décret n°47-1846 du 19 septembre 1947 portant *règlement d'administration publique pour la constitution de la Caisse nationale de retraites prévue à l'article 3 de l'ordonnance n°45-993 du 17 mai 1945 relative aux services publics des départements et des communes et de leurs établissements publics*, JORF, 20 septembre 1947, p.9442
Décret n°48-800 du 10 mai 1948 instituant *une commission supérieure chargée d'étudier la codification et la simplification des textes législatifs et réglementaires*, JORF, 13 mai 1948, p.4627
Décret n°49-669 du 16 mai 1949 du 16 mai 1949 réunissant *la caisse nationale d'assurances en cas de décès et la caisse nationale des retraites pour la vieillesse sous le nom de caisse nationale d'assurances sur la vie*, JORF, 17 mai 1949, p.4831
Décret du 4 décembre 1952 portant *nomination du directeur général de la caisse des dépôts et consignations*, Rec.Varnier, sans date, p.63
Décret n°53-737 du 10 août 1953 *tendant à confier certaines fonctions à des magistrats honoraires de la Cour des comptes*, JORF, 14 août 1953, p.7230
Décret n°53-1227 du 10 décembre 1953 relatif *à la réglementation comptable applicable aux établissements publics nationaux à caractère administratif*, JORF, 12 décembre 1953, p.11040
Décret n°54-184 du 20 février 1954 relatif *à l'organisation et à l'encadrement des services de la Caisse des dépôts et consignations*, JORF, 21 février 1954, p.1800
Décret du 23 novembre 1954 portant *relèvement du montant du cautionnement du caissier général de la Caisse des dépôts et consignations*, JORF, 24 novembre 1954, p.10978
Décret n°55-1479 du 31 octobre 1955 fixant *pour 1956 le taux d'intérêt et le mode de placement des fonds des caisses d'épargne*, Rec.Varnier, sans date, p.104
Décret n°57-961 du 23 août 1967 relatif *à l'organisation et à l'encadrement des services de la Caisse des dépôts et consignations*, JORF, 29 août 1957, p.8439
Décret n°57-961 du 28 août 1957 relatif *à l'organisation et à l'encadrement des services de la caisse des dépôts et consignations*, Rec.Varnier, sans date, p.120
Décret n°59-442 du 21 mars 1959 portant *règlement d'administration publique et fixant les emplis supérieurs pour lesquels les nominations ont laissées à la décision du gouvernement*, JORF, 22 mars 1959, p.3410
Décret n°59-587 du 29 avril 1959 relatif *aux nominations aux emplois de direction de certains établissements publics et sociétés nationales*, JORF, 2 mai 1959, p.4723
Décret n°59-863 du 18 juillet 1959 relatif à *la suppression de la Caisse nationale sur la Vie et de la Caisse nationale d'assurance en cas d'accidents*, JORF, 19 juillet 1959, p.7166
Décret n°59-1503 du 28 décembre 1959 relatif *à l'organisation et à l'encadrement des services de la caisse des dépôts et consignations*, Rec.Varnier, sans date, p.147
Décret n°61-208 du 27 février 1961 relatif *au régime des caisses d'épargne*, Rec.Varnier, sans date, p.157
Décret n°62-766 du 6 juillet 1962 portant *statut des personnels du service d'exploitation industrielle des tabacs et des allumettes*, JORF, 11 juillet 1962, p.6768
Décret n°63-49 du 25 janvier 1963 portant *suppression et création d'emplois à la caisse des dépôts et consignations*, Rec.Varnier, sans date, p.171
Décret n°64-742 du 20 juillet 1964 modifiant et complétant *le décret n°45-117 du 19 décembre 1945 portant règlement d'administration publique pour l'application de l'ordonnance n°45-2590 du 2 novembre 1945 relative au statut du notariat*, JORF, 24 juillet 1964, p.6572

Décret n°64-685 du 2 juillet 1964 relatif *à la constitution et à la libération du cautionnement exigé des comptables publics*, JORF, 8 juillet 1964, p.6079
Décret n°65-1044 du 2 décembre 1965 *pris en application de la loi n°65-554 du 10 juillet 1965 instituant un régime d'épargne logement*, JORF, 3 décembre 1965, p.10838
Décret n°66-172 du 25 mars 1966 *modifiant la loi n°49-956 du 16 juillet 1949*, JORF, 27 mars 1966, p.2477
Décret n°66-271 du 4 mai 1966 portant *création d'une caisse d'aide à l'équipement des collectivités locales*, JORF, 5 mai 1966, p.3604
Décret n°67-967 du 27 octobre 1967 *portant statut des navires et autres bâtiments de mer*, JORF, 4 novembre 1967
Décret n°67-978 du 3 novembre 1967 modifiant *le décret n°45-117 du 19 décembre 1945 portant règlement d'administration publique pour l'application de l'ordonnance n°45-2590 du 2 novembre 1945 relative au statut du notariat*, JORF, 7 novembre 1967, p.10916
Décret n°68-632 du 10 juillet 1968 relatif à *l'organisation et à l'encadrement des services de la caisse des dépôts et consignations*, JORF, 13 juillet 1968, p.6685
Décret n°70-733 du 5 août 1970 portant *règlement d'administration publique relatif au contrôle de la Cour des comptes sur la Caisse des dépôts et consignations*, JORF, 13 août 1970, p.7677
Décret n°74-790 du 16 septembre 1974 *modifiant le décret n°68-632 du 10 juillet 1968 relatif à l'organisation et à l'encadrement des services de la Caisse des dépôts et consignations*, JORF, 22 septembre 1974, p.9792
Décret n°77-1286 portant *modification du contrôle des caisses à la Caisse des dépôts et consignations*, JORF, 26 novembre 1977, p.5540
Décret n°81-121 du 6 février 1981 portant *modification des articles 714 et 715 du code rural et relatif à l'agent comptable de la caisse nationale de crédit agricole*, JORF, 10 février 1981, p.519
Décret portant *nomination du Directeur général de la Caisse des dépôts et consignations*, JORF, 30 mai 1982, p.1744
Décret portant *nomination d'un membre du Conseil général de la Banque de France*, JORF, 30 mai 1982, p.1744
Décret n°83-386 du 11 mai 1983 *modifiant le décret du 10 juillet 1968 relatif à l'organisation et à l'encadrement des services de la Caisse des dépôts et consignations*, JORF, 15 mai 1983, p.1482
Décret n°83-1189 du 30 décembre 1983 fixant *la rémunération de la garantie accordée par l'Etat aux fonds collectés par les caisses d'épargne et de prévoyance*, JORF, 31 décembre 1983, p.3891
Décret n°84-186 du 13 mars 1984 relatif *à la conservation des valeurs confiées à la Caisse des dépôts et consignations*, JORF, 18 mars 1984, p.870
Décret du 2 juillet 1984 portant *nomination (Caisse des dépôts et consignations)*, JORF, 8 juillet 1984, p.5981
Décret n°84-768 du 24 juillet 1984 pris *pour l'application de la loi n°84-46 du 24 janvier 1984 relative à l'activité et au contrôle des établissements de crédit*, JORF, 25 juillet 1984, p.2444
Décret n°85-834 du 6 août 1985 relatif *aux nominations aux emplois de direction de certains établissements publics, entreprises publiques et sociétés nationales et modifiant le décret n°59-587 du 29 avril 1959 modifié*, JORF, 7 août 1985, p.9007

Décret n°87-814 du 6 octobre 1987 modifiant *les règles d'organisation et de fonctionnement de la Caisse d'aide à l'équipement des collectivités locales*, JORF, 7 octobre 1987, p.11679

Décret du 6 octobre 1987 autorisant *la prise de participation du secteur privé au capital social du Crédit local de France- CAECL SA*, JORF, 7 octobre 1987, p.1190

Décret n°88-47 du 15 janvier 1988 *modifiant l'article 22 du code des Caisses d'épargne*, JORF, 17 janvier 1988, p.815

Décret n°89-655 du 13 septembre 1989 relatif *aux cérémonies publiques, préséances, honneurs civils et militaires*, JORF, 15 septembre 1989, p.11648

Décret du 29 novembre 1989 portant *nomination au Conseil d'administration de la CAECL*, JORF, 1er décembre 1989, p.14885

Décret n°90-82 du 22 janvier 1990 relatif *à l'évaluation des politiques publiques (précédé du rapport au Président de la République)*, JORF, 24 janvier 1990, p.951

Décret n°90-213 du 9 mars 1990 modifiant *le code de la construction et de l'habitation et relatif aux placements financiers des organismes HLM*, JORF, 10 mars 1990, p.2976

Décret n°90-1219 modifiant *le code des Caisses d'épargne et relatifs aux fonds de réserve et de garantie de la Caisse nationale d'épargne*, JORF, 1er janvier 1991, p.24

Décret n°90-1220 du 31 décembre 1990 modifiant *le code des Caisses d'épargne et relatif à la fixation de la rémunération de la garantie accordée par l'Etat aux fonds des livrets de la Caisse nationale d'épargne définis à l'article 5 du code des Caisses d'épargne*, JORF, 1er janvier 1991, p.25

Décret n°91-160 du 13 février 1991 fixant *les conditions d'application de la loi n°90-614 du 12 juillet 1990 relative à la participation des organismes financiers à la lutte contre le blanchiment des capitaux provenant du trafic des stupéfiants*, JORF, 14 février 1991

Décret du 18 novembre 1991 autorisant *la vente d'actions du Crédit local de France*, JORF, 19 novembre 1991, p.15036

Décret du 4 juin 1992 portant *nomination au conseil de surveillance du Crédit local de France*, JORF, 11 juin 1992, p.7672

Décret n°92-1176 du 30 octobre 1992 relatif à *la Caisse française de développement*, JORF, 1er novembre 1992, p.15163

Décret portant *nomination d'un membre du Conseil général de la Banque de France*, JORF, 8 décembre 1992, p.16771

Décret du 4 décembre 1992 *portant nomination du Directeur général de la Caisse des dépôts et consignations*, JORF, 8 décembre 1992, p.16771

Décret n°93-735 du 30 mars 1993 relatif *au fonds de réserve du financement du logement*, JORF, 30 mars 1993, p.5585

Décret du 17 juin 1993 *autorisant la privatisation du Crédit local de France*, JORF, 18 juin 1993, p.8632

Décret n°93-1150 du 29 septembre 1993 relatif *à l'Office français de coopération pour les chemins de fer et les matériels d'équipements*, JORF, 9 octobre 1993, p.14133

Décret n°93-1278 du 3 décembre 1993 *sur la Banque de France*, JORF, 4 décembre 1993, p.16854

Décret du 20 décembre 1993 portant *nomination (Caisse des dépôts et consignations)*, JORF, 22 décembre 1993, p.17859

Décret n°94-491 du 16 juin 1994 relatif *à la rémunération de certains services rendus par les navires des administrations civiles de l'Etat*, JORF, 18 juin 1994, p.8800
Décret n°96-1054 du 5 décembre 1996 *pris pour l'application de l'article 51 de la loi n°96-314 du 12 avril 1996 portant diverses dispositions d'ordre économique et financier,* JORF, 8 décembre 1996, p.17933
Décret du 17 décembre 1997 portant *nomination du Directeur général de la Caisse des dépôts et consignations*, JORF, p.18319
Décret n°94-371 du 26 avril 1994 modifiant *le décret n°92-1293 du 1er décembre 1992 instituant la nouvelle bonification indiciaire dans les services de la Caisse des dépôts et consignations*, JORF, 14 mai 1994, p. 7017
Décret n°94-372 du 26 avril 1994 modifiant *le décret n°92-1293 du 1er décembre 1992 instituant la nouvelle bonification indiciaire dans les services de la Caisse des dépôts et consignations*, JORF, 14 mai 1994, p. 7017
Décret n°94-582 du 12 juillet 1994 relatif *aux conseils et aux dirigeants des établissements publics et entreprises du secteur public*, JORF, 13 juillet 1994, p.10084
Décret n°94-822 du 22 septembre 1994 *modifiant l'article 5 du décret n°93-1278 du 3 décembre 1993 sur la Banque de France*, JORF, 23 septembre 1994, p.13562
Décret n°94-850 du 30 septembre 1994 *modifiant le code des caisses d'épargne et relatif aux rapports entre les caisses d'épargne et de prévoyance et la Caisse des dépôts et consignations*, JORF, 1er octobre 1994, p.13900
Décret n°94-1082 du 15 décembre 1994 autorisant *la participation de collectivités locales au capital du Crédit local de France*, JORF, 16 décembre 1994, p.17824
Décret n°95-168 du 17 février 1995 relatif *à l'exercice d'activités privées par des fonctionnaires placés en disponibilité ou ayant cessé définitivement leurs fonctions et aux commissions instituées par l'article 4 de la loi n°94-530 du 28 juin 1994*, JORF, 19 février 1995, p.2717
Décret n°95-266 du 9 mars 1995 *modifiant et complétant le décret n°92-1293 du 1er décembre 1992 modifié instituant la nouvelle bonification indiciaire dans les services de la Caisse des dépôts et consignations*, JORF, 10 mars 1995, p.3771
Décret n°95-355 du 3 avril 1995 fixant *pour 1995 la rémunération de la garantie accordée par l'Etat aux fonds collectés par les caisses d'épargne et de prévoyance*, JORF, 5 avril 1995, p.5438
Décret du 27 avril 1995 portant *nomination du président du conseil d'administration de la caisse d'aide à l'équipement des collectivités locales*, JORF, 4 mai 1995, p.7015
Décret du 19 juin 1995 portant *nomination d'un directeur à la Caisse des dépôts et consignations*, JORF, 21 juin 1995, p.9406
Décret n°96-762 du 1er septembre 1996 *pris pour l'application de l'article 2 de la loi n°88-227 du 11 mars 1988 modifiée relative à la transparence financière de la vie politique, en ce qui concerne l'obligation de déclaration de situation patrimoniale applicable aux titulaires de certaines fonctions*, JORF, 3 septembre 1996, p.13079
Décret n°96-763 du 1er septembre 1996 relatif *à la commission pour la transparence financière de la vie politique*, JORF, 3 septembre 1996, p.13080
Décret n°98-294 du 17 avril 1998 relatif à *l'Agence française de développement*, JORF, 19 avril 1998, p.6067
Décret n°98-596 du 13 juillet 1998 relatif aux *conditions de recrutement d'agents contractuels sous le régime des conventions collectives par la Caisse des dépôts et*

consignations et aux instances de concertations propres à cet établissement, JORF, 16 juillet 1998, p.10917
Décret n°98-619 du 20 juillet 1998 autorisant *le transfert au secteur privé d'une participation minoritaire de l'Etat au capital de CNP Assurances SA*, JORF, 23 juillet 1998, p.11261
Décret n°98-951 du 26 octobre 1998 relatif *au fonds d'accompagnement social pour la modernisation des établissements de santé institué par l'article 25 de la loi n°97-116 du 19 décembre 1997 de financement de la sécurité sociale pour 1998*, JORF, 27 octobre 1998, p.16223
Décret n°98-977 du 2 novembre 1998 relatif *à la direction générale de la comptabilité publique*, JORF, 3 novembre 1998, p.16575
Décret n°98-1086 du 2 décembre 1998 portant *création du comité consultatif des taux réglementés*, JORF, 3 décembre 1998, p.18221
Décret n°98-1096 du 4 décembre 1998 portant *création du fonds de gestion de l'allocation temporaire complémentaire*, JORF, 6 décembre 1998, p.18410
Décret n°98-1221 du 29 décembre 1998 relatif *aux missions du fonds d'accompagnement social pour la modernisation des établissements de santé institué par l'article 25 de la loi n°97-1164 du 19 décembre 1997 de financement de la sécurité sociale pour 1998*, JORF, 30 décembre 1998, p.19816
Décret n°98-1223 du 29 décembre 1998 fixant *le montant de la contribution au fonds d'accompagnement social pour la modernisation des établissements de santé pour 1998 et sa répartition entre les régimes obligatoires d'assurance maladie*, JORF, 30 décembre 1998, p.19818
Décret n°99-51 du 25 janvier 1999 *modifiant le décret n°93-1278 du 3 décembre 1993 du 3 décembre 1993 sur la Banque de France*, JORF, 27 janvier 1999, p.1393
Décret n°99-247 du 29 mars 1999 relatif *à l'allocation de cessation anticipée d'activité prévue à l'article 41 de la loi de financement de la sécurité sociale pour 1999*, JORF, 31 mars 1999, p.4771
Décret n°99-675 du 2 août 1999 autorisant *la cession de la participation de la Caisse des dépôts et consignations au capital du Crédit foncier de France*, JORF, 3 août 1999, p.11649
Décret n°99-791 du 9 septembre 1999 portant *application de l'article 101 de la loi n°98-546 du 2 juillet 1998 portant diverses dispositions d'ordre économique et financier et relatif aux fonctionnaires mis à la disposition de la société CNP-Assurances SA*, JORF, 15 septembre 1999, p.13812
Décret n°99-918 du 27 octobre 1999 *modifiant l'article R.431-33 du code de la construction et de l'habitation et relatif au conseil d'administration de la Caisse de garantie du logement social*, JORF, 30 octobre 1999, p.20131
Décret n°99-1214, 30 décembre 1999 *portant modification du décret n°59-771 du 26 juin 1959 relatif à l'organisation et au fonctionnement de la Compagnie nationale du Rhône et autorisant la Caisse des dépôts et consignations à participer à son capital*, JORF, 31 décembre 1999, p.20131
Décret n°99-247 du 29 mars 1999 *relatif à l'allocation de cessation anticipée d'activité prévue à l'article 41 de la loi de financement de la sécurité sociale pour 1999*, JORF, 31 mars 1999, p.4771
Décret n°99-1214 du 30 décembre 1999 portant *modification du décret n°59-771 du 26 juin 1999 relatif à l'organisation et au fonctionnement de la Compagnie nationale du Rhône et autorisant la Caisse des dépôts et consignations à participer à son capital*, JORF, 31 décembre 1999, p.20139

Décret n°2000-165 du 28 février 2000 *relatif au cahier des charges de la Poste*, JORF, 29 février 2000, p.3183

Décret n°2000-369 du 28 avril 2000 modifiant *le décret n°93-735 du 29 mars 1993 relatif au fonds de réserve du financement du logement et le code des caisses d'épargne*, JORF, 30 avril 2000, p.6518

Décret n°2000-424 du 19 mai 2000 modifiant *le décret n°92-681 du 20 juillet 1992 relatif aux régies de recettes et aux régies d'avances des organismes publics*, JORF, 21 mai 2000, p.7687

Décret du 25 juillet 2000 portant *mutation, promotion, nomination et réintégration de trésoriers-payeurs généraux*, JORF, 26 juillet 2000, p.11505

Décret n°2000-794 du 24 août 2000 relatif au *fonds pour la modernisation des cliniques privées institué par l'article 33 de la loi n°99-1140 du 29 décembre 1999 de financement de la sécurité sociale pour 2000*, JORF, 26 août 2000, p.13110

Décret n°2000-815 du 25 août 2000 relatif *à l'aménagement et à la réduction du temps de travail dans la fonction publique d'Etat*, JORF, 29 août 2000, p.13301

Décret n°2000-860 du 13 septembre 2001 portant *publication de l'accord entre le gouvernement de la République française et le gouvernement du Royaume du Maroc fixant le conditions de coopération dans les domaines du soutien au développement des petites et moyennes entreprises et de l'artisanat, fait à Rabat le 11 avril 2001*, JORF, 20 septembre 2001, p.14910

Décret n°2000-1109 du 16 novembre 2000 *fixant pour 2000 la rémunération de la garantie accordée par l'Etat aux fonds des livrets définis à l'article 5 du code des caisses d'épargne et par la loi n°82-357 du 27 avril 1982*, JORF, 17 novembre 2000, p.18256

Décret n°2000-1156 du 30 novembre 2000 modifiant *le décret n°45-117 du 19 décembre 1945 relatif au statut du notariat*, JORF, 1er décembre 2000, p.19103

Décret n°2000-1187 du 5 décembre 2000 portant *dissolution de la caisse d'aide à l'équipement des collectivités locales et fixant les conditions d'exécution de sa liquidation*, JORF, 7 décembre 2000, p.19401

Décret n°2000-1264 du 26 décembre 2000 fixant *les conditions dans lesquelles les établissements publics à caractère scientifique, culturel et professionnel peuvent prendre des participations et créer des filiales*, JORF, 27 décembre 2000, p.20667

Décret n°2001-210 du 7 mars 2001 *portant code des marchés publics*, JORF, 8 mars 2001, p.37003

Décret n°2001-439 du 21 mai 2001 fixant *pour l'année 2001 le montant des crédits nécessaires à la rémunération de la garantie de l'Etat en application des articles 53 et 67 du code des caisses d'épargne et de l'article 7 du décret n°54-1080 du 6 novembre 1954 relatif aux caisses d'épargne du Bas-Rhin, du Haut-Rhin et de la Moselle*, JORF, 24 mai 2001, p.8256

Décret n°2001-1157 du 6 décembre 2001 relatif *au fonds du service public de la production d'électricité, pris pour l'application de l'article 5 de la loi n°2000-108 du 10 février 2000 relative à la modernisation et au développement du service public de l'électricité*, JORF, 8 décembre 2001, p.19537

Décret n°2001-1214 du 19 décembre 2001 relatif *au fonds de réserve pour les retraites institué par l'article 6 de la loi n°2001-624 du 17 juillet 2001 portant diverses dispositions relatives au fonds de solidarité vieillesse et modifiant le code de la sécurité sociale*, JORF, 21 décembre 2001, p.20306

Décret n°2001-1242 du 21 décembre 2001 relatif *au fonds pour la modernisation sociale des établissements de santé*, JORF, 23 décembre 2001, p.20478

Décret n°2002-99 du 21 janvier 2002 complétant *le décret n°84-38 du 18 janvier 1984 fixant la liste des établissements publics de l'Etat à caractère administratif prévue au 2° de l'article 3 de la loi n°84-16 du 11 janvier 1984*, JORF, 25 janvier 2002, p.1713

Décret n°2002-154 du 7 février 2002 fixant *les modalités de rémunération et de compensation des astreintes et des temps d'intervention dans le cadre d'astreinte ou de travaux exceptionnels à la Caisse des dépôts et consignations*, JORF, 10 février 2002, p.2735

Décret n°2002-237 du 20 février 2002 portant *dérogations aux garanties minimales de durée du travail et de repos applicables aux personnels de la Caisse des dépôts et consignations*, JORF, 23 février 2002, p.3470

Décret n°2002-394 du 22 mars 2002 relatif *à la composition du conseil de surveillance du fonds de réserve pour les retraites*, JORF, 24 mars 2002, p.5234

Décret n°2002-471 du 5 avril 2002 relatif au *Fonds pour le développement d'une politique intermodale des transports dans le massif alpin*, JORF, 7 avril 2002, p.6195

Décret n°2002-633 du 26 avril 2002 instituant *une commission interministérielle de coordination des contrôles portant sur les opérations cofinancées par les fonds structurels européens*, JORF, 30 avril 2002, p.7785

Décret n°2002-650 du 29 avril 2002 *modifiant le décret n°68-632 du 10 juillet 1968 relatif à l'organisation et à l'encadrement des services de la Caisse des dépôts et consignations*, JORF, 2 mai 2002, p.7913

Décret n°2002-903 du 28 mai 2002 fixant *pour l'année 2002 le montant des crédits nécessaires à la rémunération de la garantie de l'Etat en application des article 35-1, 53 et 67 du code des caisses d'épargne et de l'article 24 du décret n°8D26454 du 28 mai 1982 pris pour application de la loi n°82-357 du 27 avril 1982 portant création d'un régime d'épargne populaire*, JORF, 29 mai 2002, p.9675

Décret du 19 juin 2002 portant *nomination (Caisse des dépôts et consignations*), JORF, 21 juin 2002, p.10863

Décret du 19 décembre 2002 portant *nomination du Directeur général de la Caisse des dépôts et consignations*, JORF, 20 décembre 2002, p.21223

Décret n°2002-394 du 22 mars 2002 relatif à *la composition du conseil de surveillance du fonds de réserve pour les retraites*, JORF, p.5234

Décret n°2003-66 du 20 janvier 2003 *relatif à l'intervention des comptables du Trésor dans les activités de la Caisse des dépôts et consignations*, JORF, 25 janvier 2003, p.1521

Décret du 29 janvier 2003 portant *nomination d'un directeur à la Caisse des dépôts et consignations*, JORF, 30 janvier 2003, p.1879

Décret du 6 février 2003 portant *nomination au directoire du fonds de réserve des retraites*, JORF, 7 février 2003, p.2341

Décret n°2003-163 du 28 février 2003 portant *publication de l'accord sous forme d'échanges de lettres entre le gouvernement de la République française et le gouvernement de la République italienne relatif aux modalités de réouverture dans les deux sens de la circulations aux poids lourds et autocars du tunnel sous le Mont Blanc signées à Paris et à Rome les 4 et 6 février 2003*, JORF, 1er mars 2003, p.3631

Décret n°2003-592 du 2 juillet 2003 fixant *le taux de cotisation au Fonds de l'allocation différentielle de fin de mandat pour les élus locaux*, JORF, 3 juillet 2003, p.11216

Décret n°2003-909 du 17 septembre 2003 relatif au *Fonds national de prévention des accidents du travail et des maladies professionnelles dans la fonction publique territoriale et dans la fonction publique hospitalière*, JORF, 24 septembre 2003, p.16301

Décret n°2003-943 du 2 octobre 2003 relatif *à l'allocation différentielle de fin de mandat pour les élus locaux et modifiant le Code général des collectivités territoriales (partie réglementaire)*, JORF, 4 octobre 2003, p.16968

Décret du 22 octobre 2003 portant *nomination du gouverneur de la Banque de France*, JORF, 24 octobre 2003, p.18155

Décret n°2003-1109 du 21 novembre 2003 relatif *à l'Autorité des marchés financiers*, JORF, 23 novembre 2003, p.19904

Décret n°2004-15 du 7 janvier 2004 portant *Code des marchés publics*, JORF, 8 janvier 2004, p.703 et p.37003

F) ARRETES

Arrêté du 8 juillet 1816 *du Ministre des finances portant fixation des taxations allouées aux préposés de la Caisse des dépôts*, Rec.Varnier, 1894, p10

Arrêté du 12 mai 1825 du Ministre des finances relatif *à la reddition et au jugement des comptes de la Caisse d'amortissement et de la Caisse des dépôts et consignations*, Rec.Varnier, 1894, p.18 à 24

Arrêté du 5 décembre 1837 du Ministre des finances portant *règlement sur le service et la comptabilité des receveurs des finances, comme préposés de la Caisse des dépôts et consignations, et sur les comptes à rendre des opérations effectuées pour le compte de cet établissement*, Rec.Varnier, 1894, p.30 à 32

Arrêté du 20 décembre 1839 du Ministre des finances relatif *à l'indemnité allouée aux receveurs des finances, à partir du 1er janvier 1839, en raison du service dont ils sont chargés pour la Caisse des dépôts*, Rec.Varnier, 1894, p.37 et 38

Arrêté du 21 novembre 1848 relatif *aux pièces justificatives de recette et de dépense des comptables des finances justiciable de la Cour des Comptes*, Rec.Varnier, 1894, p. 44 et 45

Arrêté du 25 avril 1910 du Ministre des finances fixant *les allocations attribuées aux préposés de la Caisse des dépôts et consignations pour les dépôts de fonds en compte courant faits par les établissements publics ou autres établissements assimilés ainsi que par les séquestres, liquidateurs, administrateurs ou autres mandataires de justice*, Rec.Varnier, 1923, p.46

Arrêté du 24 juillet 1916 du Ministre des finances fixant *les taxations allouées aux préposés de la Caisse des dépôts et consignations pour le compte « Pensions de retraites pour fonds spéciaux »,* Rec.Varnier, 1923, p.363

Arrêté du 4 août 1923 du Ministre des *finances fixant les taxations allouées aux préposés de la Caisse des dépôts et consignations*, Rec.Varnier, 1933, p.48

Arrêté du 16 mai 1925 du Ministre des finances modifiant *l'article 2 de l'arrêté du 4 août 1923 [taxations allouées aux préposés de la Caisse des dépôts et consignations],* Rec.Varnier, 1933, p.201

Arrêté du 3 décembre 1930 du Ministre des finances relatif *aux taxations allouées pour la Caisse des dépôts et consignations aux comptables du Trésor*, Rec.Varnier, 1933, p.1120

Arrêté du 16 avril 1942 du ministre secrétaire d'Etat à 'économie nationale et aux finances et du ministre secrétaire d'Etat à l'intérieur relatif *à la gestion des titres appartenant à l'Etat, aux établissements publics et aux collectivités locales*, Rec.Varnier, p.116

Arrêté du 18 novembre 1942 fixant *les conditions de versement de l'impôt de 10% institué par l'article 6 de l'arrêté du 31 janvier 1942*, Rec.Varnier, 1960, p.140
Arrêté du 5 décembre 1946 du directeur général de la caisse des dépôts portant sur le taux d'intérêt des sommes consignées à la caisse des dépôts et consignations, Rec.Varnier, 1960, p.129
Arrêté du 6 novembre 1947 du Président du conseil des ministres et du directeur général de la caisse des dépôts relatif *à la création des commissions administratives paritaires à la caisse des dépôts*, Rec.Varnier, 1960, p.181
Arrêté du 4 janvier 1960 du ministre des finances et des affaires économiques, *délégation de signature*, Rec.Varnier, sans date, p.149
Arrêté du 1er février 1960 du ministre des finances et des affaires économiques, *délégation de signature – rectificatif au JO du 6 février 1960*, Rec.Varnier, sans date, p.172
Arrêté du 25 janvier 1962 du ministre des finances et des affaires économiques pris en application de l'ordonnance n°45-1854 du 20 août 1945 *délégation de signature*, Rec.Varnier, sans date, p.162
Arrêté du 3 janvier 1963 du ministre des finances et des affaires économiques, *délégation de signature*, Rec.Varnier, sans date, p.171
Arrêté du 4 novembre 1963 relatif au s*ervice de la Caisse des dépôts et consignations*, non publié au JORF
Arrêté du 25 août 1972 portant *liste des établissements habilités à recevoir les fonds confiés aux notaires depuis moins de trois mois*, JORF, 29 août 1972, p.9284
Arrêté du 15 juin 1973 modifiant *l'arrêté du 25 août 1972 fixant la liste des établissements habilités à recevoir les fonds confiés aux notaires depuis moins de trois mois*, JORF, 15 juin 1973, p.6325
Arrêté du 10 avril 1987 relatif *aux justifications des opérations du caissier général de la Caisse des dépôts et consignations*, JORF, 30 juin 1987, p.7019
Arrêté du 23 novembre 1988 fixant *le montant du cautionnement du caissier général de la Caisse des dépôts et consignations*, JORF, 18 janvier 1989, p.736
Arrêté n°Eco 9300008A du 23 décembre 1992, portant *réintégration dans les cadres de* l'Inspection générale des finances, non publié au JORF, 1 p.
Arrêté du 1er février 1994 portant *approbation de dispositions statutaires du Crédit local de France*, JORF, 24 mars 1994, p.4474
Arrêté du 3 juillet 1995 relatif *au cautionnement du caissier général de la Caisse des dépôts et consignations*, JORF, 25 octobre 1995, p.15568
Arrêté du 3 juillet 1995 relatif au cautionnement du caissier général de la Caisse des dépôts et consignations, JORF, 25 octobre 1995, p.15568
Arrêté du 30 septembre 1997 relatif *au transfert des disponibilités du fonds mutualisé pou l'informatique hospitalière à la Caisse des dépôts et consignations*, JORF, 26 juillet 1994, p.10735
Arrêté du 25 novembre 1997 relatif *à la fixation des cautionnements des comptables directs du Trésor et des agents huissiers du Trésor*, non publié au JORF, 2 p.
Arrêté du 31 juillet 1997 fixant *le taux d'intérêt des sommes consignées à la Caisse des dépôts et consignations*, JORF, 14 janvier 1998, p.562
Arrêté du 3 décembre 1997 relatif au *remplacement du Directeur général de la Caisse des dépôts et consignations*, JORF, 4 décembre 1997, p.17501
Arrêté du 19 décembre 1997 portant *approbation de la convention entre l'Autorité de régulation des télécommunications et la Caisse des dépôts et consignations concernant la gestion comptable et financière du fonds de service universel des télécommunications*, JORF, 22 janvier 1998, p.1027

Arrêté du 30 décembre 1997 relatif *aux taux d'intérêt des sommes versées par les notaires sur leur compte ouvert à la Caisse des dépôts et consignations*, JORF, 14 janvier 1998, p.562

Arrêté du 25 mai 1998 portant *attribution de fonctions (Caisse des dépôts et consignations)*, JORF, 31 mai 1998, p.8366

Arrêté du 2 juin 1998 modifiant *le 3 de l'article 167 de l'annexe IV au code général des impôts relatif au régime d'imposition de la Caisse des dépôts et consignations en matière d'impôt sur les sociétés*, JORF, 10 juin 1998

Arrêté du 2 novembre 1998 portant *organisation des sous-directions de la direction générale de la comptabilité publique*, JORF, 3 novembre 1998, p.16591

Arrêté du 2 novembre 1998 portant *organisation en bureaux l'administration centrale de la direction du Trésor*, JORF, 3 novembre 1998, p.16595

Arrêté du 1er juin 1999 portant *approbation de l'état des dépenses administratives de la Caisse des dépôts et consignations pour l'année 1999 et annulation de crédits au titre et l'exercice 1997*, non publié au JORF, 1 p.

Arrêté du 25 juin 1999 *fixant le taux d'intérêt des sommes consignés à la Caisse des dépôts et consignations*, JORF, 28 août 1999, p.12852

Arrêté du 17 novembre 1999 portant *nomination au conseil d'administration de la caisse de garantie du logement social*, JORF du 25 novembre 1999

Arrêté du 6 janvier 2000 relatif *au cautionnement du caissier général de la Caisse des dépôts et consignations*, JORF, 2 février 2000, p.1694

Arrêté du 7 février 2000 relatif à *la présentation des comptes annuels de la Banque de France*, JORF, 12 février 2000, p.2247

Arrêté du 4 mai 2000 portant *nomination (Caisse des dépôts et consignations)*, JORF, 16 mai 2000, p.7347

Arrêté du 5 mai 2000 portant *détachement (Inspection générale des finances)*, JORF, 16 mai 2000, p.7347

Arrêté du 19 mai 2000 relatif *aux régies de recettes, de dépenses et de titres instituées auprès de la Caisse des dépôts et consignations*, JORF, 21 mai 2000, p.7693

Arrêté du 21 mai 2000 relatif *aux régies de recettes, de dépenses et de titres instituées auprès de la Caisse des dépôts et consignations*, JORF, 21 mai 2000, p.7693

Arrêté du 29 juin 2000 portant *homologation d'un règlement du comité de la réglementation bancaire et financière*, Bulletin officiel du ministère de l'équipement, 30 juin 2000, p.635

Arrêté du 12 septembre 2000 *relatif aux décisions principales du compte de gestion et aux justificatifs des opérations du caissier général de la Caisse des dépôts et consignations*, JORF, 28 novembre 2000, p.18895

Arrêté du 30 novembre 2000 *relatif au dépôt et au retrait des sommes versées par les notaires sur leurs comptes de disponibilités courantes et sur leurs comptes de dépôts obligatoires à la Caisse des dépôts et consignations*, JORF, 1er décembre 2000, p.19110

Arrêté du 5 décembre 2000 portant *nomination (Caisse des dépôts et consignations)*, JORF, 7 décembre 2000, p.19413

Arrêté du 30 novembre 2000 relatif *au dépôt et au retrait des sommes versées par les notaires sur leurs comptes de disponibilités courantes et sur leurs comptes de dépôts obligatoires à la Caisse des dépôts et consignations*, JORF, 1er décembre 2000, p.19110

Arrêté du 2 février 2001 relatif *à l'activité de service de dépôts de fonds particuliers exercée par les trésoriers payeurs généraux*, JORF, 6 février 2001, p.2009

Arrêté du 6 février 2001 *fixant les conditions d'organisation d'un concours commun interministériel externe pour le recrutement de secrétaires administratifs d'administration centrale, du secrétariat général de la défense nationale, de l'Institut géographique national et de la Caisse des dépôts et consignations, de secrétaires administratifs d'administration centrale et des services déconcentrés du ministère de l'équipement, des transports et du logement, de secrétaires administratifs des services déconcentrés de la Caisse nationale militaire de sécurité sociale, d'assistants d'administration de la direction générale de l'aviation civile et de contrôleurs des affaires maritimes et des gens de la mer*, JORF, 15 février 2001, p.2529

Arrêté du 8 février 2001 modifiant l'arrêté du 2 novembre 1998 portant *organisation de l'administration centrale de la direction du Trésor*, JORF, 9 février 2001, p.2211

Arrêté du 12 mars 2001 *portant cessation de fonctions (Caisse des dépôts et consignations)*, JORF, 14 mars 2001, p.4074

Arrêté du 26 mars 2001 pris en application de l'article 5 du décret n°2000-794 du 2' août 2000 relatif au *fonds pour la modernisation des cliniques privées*, JORF, 19 avril 2001, p.6047

Arrêté du 5 avril 2001 portant *admission à la retraite (Caisse des dépôts et consignations)*, JORF, 19 avril 2001, p.6065

Arrêté du 6 avril 2001 *portant détachement (Caisse des dépôts et consignations)*, JORF, 18 avril 2001, p.5964

Arrêté du 13 avril 2001 *portant nomination (Caisse des dépôts et consignations)*, JORF, 18 avril 2001, p.5964

Arrêté du 13 juillet 2001 relatif *à une situation administrative (Caisse des dépôts et consignations*), JORF, 24 juillet 2001, p.11928

Arrêté du 24 juillet 2001 portant *homologation de règlements du comité de la réglementation bancaire et financière*, JORF, 29 août 2001, p.13799

Arrêté du 31 juillet 2001 portant *mise en position hors cadres (Caisse des dépôts et consignations)*, JORF, 9 août 2001, p.1244

Arrêté du 30 août 2001 *portant maintien en disponibilité, placement en détachement et mise en position hors cadre (Cour des comptes)*, JORF, 6 septembre 2001, p.14298

Arrêté du 3 septembre 2001 modifiant *l'arrêté du 6 juin 2001 fixant les modalités d'élection au conseil d'administration de la caisse nationale de retraites des agents des collectivités locales des représentants des affiliés et l'arrêté du 22 juin 2001 fixant la date de l'élection au conseil d'administration de la Caisse nationale de retraites des agents des collectivités locales des représentants des affiliés*, JORF, 4 septembre 2001, p.14183

Arrêté du 1er octobre 2001 plaçant *en position hors cadres (administrateurs civils)*, JORF, p.15876

Arrêté du 12 octobre 2001 portant *réintégration et affectation (administrateurs civils)*, JORF, p.16761

Arrêté du 13 décembre 2001 *définissant les cycles de travail à la Caisse des dépôts et consignations*, JORF, 3 mars 2002, p.4062

Arrêté du 17 décembre 2001 portant *homologation de règlements du Comité de la réglementation bancaire et financière*, JORF, 20 décembre 2001, p.20217

Arrêté du 20 décembre 2001 relatif *à une situation administrative (Caisse des dépôts et consignations)*, JORF, 1er janvier 2002, p.81

Arrêtés du 25 janvier 2002 portant *détachement (Caisse des dépôts et consignations)*, JORF, 2 février 2002, p.2227

Arrêté du 25 janvier 2002 *fixant les montants prévisionnels des contributions au fonds du service public de la production d'électricité pour l'année 2002*, JORF, 9 février 2002, p.2642

Arrêté du 28 janvier 2002 portant *nomination et titularisation (Caisse des dépôts et consignations)*, JORF, 5 février 2002, p.2352

Arrêté du 31 janvier 2002 *portant règlement sur les marchés des organismes de sécurité sociale*, JORF, 22 février 2002, p.3413

Arrêté du 7 février 2002 pris *pour l'application à la Caisse des dépôts et consignations du décret n°2000-815 du 25 août 2000 relatif à l'aménagement et à la réduction du temps de travail dans la fonction publique de l'Etat*, JORF, 10 février 2002, p.2741

Arrêté du 18 février 2002 *portant nomination (Caisse des dépôts et consignations)*, JORF, 22 mars 2002, p.5108

Arrêté du 14 février 2002 portant *détachement (Caisse des dépôts et consignations)*, JORF, 22 février 2002, p.3430

Arrêté du 19 février 2002 *fixant le montant du cautionnement du Caissier général de la Caisse des dépôts et consignations*, JORF, 1er mars 2002, p.3907

Arrêté du 26 février 2002 portant *nomination au conseil de surveillance du fonds de réserve pour les retraites*, JORF, 3 mars 2002, p.4098

Arrêté du 5 mars 2002 portant *admission à la retraite (administrateurs civils)*, JORF, 13 mars 2002, p.4582

Arrêté du 23 avril 2002 plaçant *en position hors cadres (Caisse des dépôts et consignations)*, JORF, 2 mai 2002, p.8006

Arrêté du 26 avril 2002 portant *homologation d'un règlement du Comité de la réglementation bancaire et financière*, JORF, 4 mai 2002, p.8303

Arrêté du 3 mai 2002 modifiant *l'arrêté du 1er décembre 1992 modifié fixant les conditions d'attribution de la nouvelle bonification indiciaire dans les services de la Caisse des dépôts et consignations*, JORF, 5 mai 2002, p.8616

Arrêté du 3 mai 2002 fixant *au titre de l'année 2002 le nombre d'emplois à pourvoir par le recrutement sans concours à la Caisse des dépôts et consignations, en application du décret n°2002-121 du 31 janvier 2002 relatif au recrutement sans concours dans certains corps de fonctionnaires de catégorie C dans la fonction publique de l'Etat*, JORF, 5 mai 2002, p.8622

Arrêté du 3 mai 2002 fixant *répartition entre les régimes obligatoires d'assurance maladie de la participation au fonds pour la modernisation sociale des établissements de santé pour 2002*, JORF, 5 mai 2002, p.8694

Arrêté du 3 mai 2002 fixant la répartition entre les régimes obligatoires d'assurance

Arrêté du 28 juin 2002 organisant *le contrôle financier du fonds de réserve pour les retraites*, JORF, 6 juillet 2002, p.11640

Arrêté du 12 juillet 2002 relatif *à une situation administrative (Caisse des dépôts et consignations)*, JORF, 20 juillet 2002, p.12433

Arrêté du 15 juillet 2002 *portant nomination (Caisse des dépôts et consignations)*, JORF, 17 juillet 2002, p.12201

Arrêté du 19 juillet 2002 *portant détachement (Caisse des dépôts et consignations)* JORF, 27 juillet 2002, p.12894

Arrêté du 28 août 2002 *portant intégration (Caisse des dépôts et consignations)*, JORF, 5 septembre 2002, p.14780

Arrêté du 27 septembre 2002 relatif *au budget pour l'exercice 2002 du Muséum national d'histoire naturelle*, JORF, 16 octobre 2002, p.17097

Arrêté du 21 novembre 2002 fixant *le nombre de postes offert au concours réservé, organisé en commun, pour l'accès d'agents non titulaires appartenant ou ayant appartenu au ministère de l'économie, des finances et de l'industrie ou à la Caisse des dépôts et consignations dans le corps des attachés d'administration centrale*, JORF, 29 novembre 2002, p.19649

Arrêté du 29 novembre 2002 portant *nomination et titularisation (Caisse des dépôts et consignations)*, JORF, 29 novembre 2002, p.20511

Arrêté du 16 décembre 2002 relatif *au remplacement du Directeur général de la Caisse des dépôts et consignations*, JORF, 17 décembre 2002

Arrêté du 27 décembre 2002 portant *détachement (Caisse des dépôts et consignations)*, JORF, 7 janvier 2003, p.384

Arrêté du 2 janvier 2003 relatif au *budget pour 2003 de l'agence régionale de l'hospitalisation du Nord-Pas-de-Calais*, JORF, 11 janvier 2003, p. 655

Arrêté du 14 janvier 2003 portant *admission à la retraite (Caisse des dépôts et consignations)*, JORF, 6 février 2003, p.2269

Arrêté du 4 février 2003 portant *nomination (Caisse des dépôts et consignations)*, JORF, 6 février 2003, p.2269

Arrêté du 5 février 2003 portant *nomination (administration centrale)*, JORF, 8 février 2003, p.2437

Arrêté du 4 mars 2003 portant *règlement comptable et financier de la caisse de garantie du logement locatif social*, JORF, 15 mars 2003, p.4519

Arrêté du 13 mars 2003 portant *admission à la retraite (Caisse des dépôts et consignations)*, JORF, 29 mars 2003, p.5603

Arrêté du 19 mars 2003 portant *admission à la retraite (administrateurs civils)*, JORF, 28 mars 2003, p.5521

Arrêtés du 27 mars 2003 portant *admission à la retraite (Caisse des dépôts et consignations)*, JORF, 17 avril 2003, p.6840

Arrêté du 2 avril 2003 portant *inscription à un tableau d'avancement (Caisse des dépôts et consignations)*, JORF, 18 avril 2003, p.6946

Arrêté du 3 avril 2003 portant *promotion (Caisse des dépôts et consignations)*, JORF, 18 avril 2003, p.6946

Arrêté du 10 avril 2003 portant *admission à la retraite (Caisse des dépôts et consignations)*, JORF, 24 avril 2003, p.7328

Arrêté du 4 août 2003 fixant *le taux d'intérêt des sommes consignées à la Caisse des dépôts et consignations*, JORF, 31 octobre 2003, p.16804

Arrêté du 26 août 2003 portant *approbation de la décision de la Société nationale des Chemins de fer français de céder des actions de la Compagnie nationale du Rhône à la Caisse des dépôts et consignations*, JORF, 29 août 2003, p.14760

G) CIRCULAIRES

Circulaire n°1005 (comptabilité publique, 1366 (série percepteurs), 30 juillet 1051, : *gestion des titres appartenant aux collectivités secondaires et aux établissements publics locaux*, Bulletin des services du Trésor, 8 août 1951, p.775

Circulaire du 17 février 1984 relative *à l'application de la loi n°83-675 du 26 juillet 1983 relative à la démocratisation du secteur public*, JORF, 9 mars 1984, p.2370

Circulaire du 2 janvier 1993 relatives aux *règles d'élaboration, de signature et de publication des textes au journal officiel et à la mise en œuvre de procédures particulières incombant au Premier ministre*, JORF, 7 janvier 1993
Circulaire du 20 septembre 1994 relative *aux règles applicables aux nominations des membres des conseils et dirigeants des établissements publics et entreprise du secteur public*, JORF, 25 septembre 1994, p.13637
Circulaire du 17 février 1995 *portant application du décret n°95-168 du 17 février 1995 relatif à l'exercice d'activités privées par des fonctionnaires placés en disponibilité ou ayant cessé définitivement leurs fonctions et aux commissions instituées par l'article 4 de la loi n°94-530 du 28 juin 1994*, JORF, 19 février 1995, p.2719
Circulaire du 4 septembre 1995 (logement), *Prêt à l'amélioration de la Caisse des dépôts et consignations pour la réhabilitation de logements locatifs sociaux, Non* publié au JORF, Le Moniteur, 26 janvier 1996, p.285
Circulaire n°95-91 du 13 décembre 1996 (logement), *Prêts hébergement de la Caisse des dépôts et consignations*, non publié au JORF, Le Moniteur, 26 janvier 1996, p.285
Circulaire du 29 mai 1997 relative *au rôle de l'Etat actionnaire ou tuteur des entreprises publiques*, JORF, 31 mai 1997, p.8414
Circulaire HC/EF/11 n°97-51 du 29 mai 1997, *financement de logements sociaux pouvant bénéficier de subventions de l'Etat et de prêts de la Caisse des dépôts et consignations,* Le Moniteur, 1er août 1997, p.295
Circulaire n°98-133 du 22 juin 1998, *Développement des technologies d'information et de communication dans les premier et second degrés*, BOEC, n°27, 2 juillet 1998 (www.crdp.ac-grenoble.fr) (recherche effectuée le 4 juillet 2002)
Circulaire n°99-71/UC/FB/DH du 14 octobre 1999 (Logement), *Mise en place du prêt locatif à usage social (PLUS)*, Le Moniteur, textes officiels, 22 octobre 1999
Circulaire n°99-138 du 24 septembre 1999, *Nouvelles technologies – Fonds de soutien pour le câblage et la mise en réseau des établissements scolaires*, BOEN, n°34, La Gazette des communes, 11 octobre 1999, p.18
Circulaire UHD/DH/23 n°99-73 du 18 octobre 1999 relative à la *fixation du loyer maximum des conventions des logements financés à l'aide du prêt locatif à usage social (PLUS) (article L. 351-2 du code de la construction et de l'habitation),* Le Moniteur, textes officiels, 26 novembre 1999
Circulaire n°2000-67 du 4 septembre 2000 (Economie, Ville, Logement, Outre-mer), *Utilisation des prêts renouvellement urbain,* Le Moniteur, textes officiels, 22 septembre 2000
Lettre-circulaire (Logement), *« Marchés et contrats des organismes d'habitations à loyer modéré »*, 9 mars 2001, dans Le Moniteur, 27 avril 2001, p.448
Circulaire *« mise en œuvre des contrats d'agglomération » (*Ministre de l'intérieur, Ministre de l'Equipement, des transports et du logement, ministre de l'aménagement du territoire et de l'environnement, ministre délégué à la ville), 7 juin 2001, La Gazette des communes, 25 juin 2001
Circulaire du 28 août 2002 (Direction du budget) relative à la préparation des budgets des établissements publics nationaux à caractère administratif et à caractère scientifique et technologique – année 2003, www.minefi.gouv.fr
Circulaire DGEFP n°2003/04 du 4 mars 2003, *Dispositif d'appui à la sortie du dispositif d'aides de l'Etat au titre des « emplois jeunes »*, Liaisons sociales, 4 avril 2003, p.1

Circulaire du 7 janvier 2004 portant *manuel d'application du Code des marchés publics*, JORF, 8 janvier 2004, p.37031

H) INSTRUCTIONS

Instruction du 28 août 2001 pour *l'application du Code des marchés publics,* JORF, 8 septembre 2001, p.14385

Instruction n°01-069-M95 du 1er août 2001 portant *réglementation budgétaire, financière et comptable des établissements publics nationaux à caractère industriel et commercial*, BOCP, www.finances.gouv.fr (recherche effectuée le 17 janvier 2002)

I) AVIS

Avis du comité consultatif des taux réglementés, *réunion du 20 juillet 1999*, JORF, 23 juillet 1999, p.10993

J) DECISIONS

Décision du 10 avril 1817 du Ministre des finances *portant que la production d'un quitus de la Caisse des dépôts ne saurait être exigée des receveurs généraux, ou de leurs ayants cause, avant de rembourser le cautionnement,* Rec.Varnier, 1894, p.12 (citation)

Décision du 18 mai 1817 du ministre des finances portant *que les receveurs généraux ne sont responsables envers la Caisse des dépôts et consignations qu'ils effectuent eux-mêmes. – La responsabilité de ces comptables ne s'applique pas aux remboursements que les receveurs particuliers préposés de la Caisse des dépôts effectuent effectivement*, Rec.Varnier, 1894, p.24

Décision du Ministre des finances *portant règlement relatif à la participation des ouvriers de l'administration des manufactures de l'Etat à l'institution de la Caisse nationale des retraites pour la vieillesse,* Rec.Varnier, 1900, p.21

Décision du 12 février 2001 du Directeur général de la Caisse des dépôts et consignations relative à *l'informatisation d'un traitement de gestion des ressources humaines de l'établissement public de la Caisse des dépôts et consignations*, JORF, p.3180

Décision du 31 janvier 2003 du Directeur général de la Caisse des dépôts et consignations relative *à l'information d'un traitement destiné à la gestion des participations et des mandats du groupe Caisse des dépôts et consignations*, JORF, 15 février 2003, p.2780

Décision du 1er août 2003 du Directeur général de la Caisse des dépôts et consignations *relative à l'informatisation d'un traitement dénommé ELIOS de la Caisse des dépôts et consignations*, JORF, 29 août 2003, p.14753

Décision du 2 décembre 2003 du Directeur général de la Caisse des dépôts et consignations *modifiant la décision du 6 avril 1999 relative à la mise en œuvre d'un répertoire unique des clients du service des fonds gérés de la branche caisse des retraites*, JORF, 26 décembre 2003, p.22159

K) INFORMATIONS DIVERSES

1) Banque de France

Banque de France, *situation hebdomadaire*, JORF, 23 mars 2001, p.4597
Banque de France, *situation hebdomadaire*, JORF, 12 avril 2001, p.5683
Banque de France, *situation hebdomadaire*, JORF, 27 septembre 2001, p.15312

2) Caisse des dépôts et consignations

Caisse des dépôts et consignations, *Bilan au 31 décembre 1958*, JORF, 7 mai 1959, p.4875
Caisse des dépôts et consignations, *bilan au 31 mars 1965*, JORF, 11 juin 1965, p.4853
Caisse des dépôts et consignations, *Bilans au 30 septembre 1989*, JORF, 11 janvier 1990, p.471
Caisse des dépôts et consignations, *bilan au 31 mars 1989,* JORF, 10 décembre 1989, p.15375
Caisse des dépôts et consignations, *bilan au 13 décembre 1989,* JORF, 13 décembre 1989, p.15502
Caisse des dépôts et consignations, *bilan au 31 mars 1990,* JORF, 12 octobre 1990, p. 12399
Caisse des dépôts et consignations, *bilan au 30 juin 1990,* JORF, 27 octobre 1990, p.13067
Caisse des dépôts et consignations, *bilan au 30 septembre 2000*, JORF, 4 février 2001, p.1985
Caisse des dépôts et consignations, *bilan de la CDC au 30 juin 2001 (section générale et fonds gérés)*, JORF, 25 octobre 2001, p.16836
Caisse des dépôts et consignations, *bilan de la CDC au 30 septembre 2001 (section générale et fonds gérés)*, JORF, 27 janvier 2002, p.1892

VIII- ACTIVITES PARLEMENTAIRES NATIONALES

A) DEBATS PARLEMENTAIRES

1) Débats parlementaires avant 1958

Règlement du budget 1833, Chambre des Pairs, séance du 2 juin 1837, Moniteur universel, 3 juin 1837, p.1392
Discussion du budget des dépenses 1848, Chambre des Députés, séance du 15 juillet 1847, Moniteur universel, 16 juillet 1847, p.2097

2) Assemblée nationale (depuis 1958)

BACHELOT-NARQUIN (R.), question adressée à M. le ministre de l'économie, des finances et de l'industrie, *projet de création d'une agence des PME-PMI*, JORF, AN, 27 août 2001, p.4902
BALLIGAND (J-P.), question n°270 adressée à M. le ministre de l'économie, *Caisse des dépôts et consignations*, JORF, AN, 18 décembre 2002, p.6823

BRARD (J-P.), question n°32991 adressée à M. le ministre de l'économie et des finances, *Caisse des dépôts et consignations – réserves – prélèvements de l'Etat – conséquences –logements social – financement*, JORF, AN, 11 mars 1996, p.1322
BRARD (J-P.), question n°254 adressée à M. le Ministre des PME, du commerce, de l'artisanat, des professions libérales et de la consommation, *Avenir des Caisses d'épargne*, JORF, AN, 12 décembre 2002, p.6505
FABIUS (L.), question n°278 adressée à M. le Premier ministre, *nomination du Directeur général de la Caisse des dépôts et consignations,* JORF, AN, 15 janvier 2003, p.6899 ; V. aussi le 18/12/2002, *intervention lors des questions au gouvernement à l'Assemblée nationale – Réponse à une question de L. Fabius (PS), au sujet des mouvements de personnels à la Caisse des dépôts et consignations*, www.premier-ministre.gouv.fr/fr/p.cfm?ref=37465 (recherche effectuée le 30 janvier 2003)
HAGE (G.), question n°22911, adressée à M. le ministre de l'économie, des finances et de l'industrie, *gestion par la Caisse des dépôts et consignations de caisses de retraite,* JORF, AN, 26 avril 1999, p.2501
LENGAGNE (G.), question, adressée à M. le ministre de l'économie, des finances et de l'industrie, *évolution des missions de la Caisse des dépôts et consignations,* JORF, AN, 30 juillet 2001, p.4398
LOOS (M.), question adressée à M. le ministre de l'économie, des finances et de l'industrie, *Cotation de l'Euro et indépendance de la Banque européenne*, JORF, AN 19 octobre 2000, p.6961
MONTEBOURG (A.), question n°246 adressée à M. le Premier ministre, *Choix du Directeur général de la Caisse des dépôts et consignations,* JORF, AN, 11 décembre 2002, p.6365

3) Sénat (depuis 1958)

BEAUDEAU (M.-C.), question n°667, adressée à M. le ministre de l'économie, des finances et de l'industrie, *Réforme de la Caisse des dépôts et consignations*, JORF, S., 19 janvier 2000, p.17
BEAUDEAU (M.-C.), question n°983 adressée à M. le ministre de l'économie, des finances et de l'industrie, *Haut Conseil du secteur financier public et semi-public*, JORF, S, 7 février 2001, p.566
BEAUDEAU (M.-C.), question n°30350 adressée à M. le ministre de l'économie, des finances et de l'industrie, *application de la réglementation actuelle aux GIE et GIP – modification ultérieure de la réglementation,* JORF, S., 5 avril 2001, p.117
BEAUDEAU (M.-C.), question n°1244 adressée à Mme le secrétaire d'Etat au logement, *Déconventionnement de 60 000 logements*, JORF, S, 6 février 2002, p.931
BEAUDEAU (M.-C.), question n°0105 adressée à M. le ministre de l'économie, des finances et de l'industrie, *Devenir de la Compagnie financière Eulia CDC*, JORF, S, 14 janvier 2003, p.2836
BERGE-LAVIGNE (M.), question n°14505 adressée à M. le ministre de l'économie et des finances, *situation juridique des salariés du BETAM*, JORF, S., 18 juillet 1996, p.1835
DELFAU (G.), question n°150S adressée à M. le ministre de l'économie, des finances et de l'industrie, adressée à M. le ministre de l'économie, des finances et de l'industrie, *Avenir du pôle financier public et semi-public*, JORF, S, 26 mars 2003, p.2024

FOSSET (A.), question n°11189 adressée à M. le ministre de l'économie, des finances et du budget, *Rapport de la Cour des comptes*, JORF, S, 6 juin 1991, p.1163
FOSSET (A.), question n°3910 adressée à M. le Premier Ministre, *Réforme de la Caisse des dépôts*, JORF, S., 20 janvier 1994, p.113
GIROT (P.), question n°36388 adressée à Mme le Ministre de l'emploi et de la solidarité, *Fonctionnement du Fonds de réserve des retraites (FRR),* JORF, S, 2 février 2002, p.1263
GOUTEYRON (A.), question n°6434 adressée à M. le ministre de l'économie, des finances et de l'industrie, *Détachement des personnels de la Caisse nationale de prévoyance,* JORF, S., 23 avril 1998, p.1321
HAMEL (E.), question n°7565 adressée à M. le ministre de l'économie, des finances et de l'industrie, *Réflexion menée sur l'avenir de la Caisse nationale de prévoyance (CNP),* JORF, S, 12 novembre 1998, p.3629
MATHIEU (S.), question n°14104 adressée à M. le ministre de l'économie et des finances, *Fonctionnement du Crédit foncier de France*, JORF, S., 3 octobre 1996, p.2558
MATHIEU (S.), question n°5370 adressée à M. le ministre de l'économie, des finances et de l'industrie, *Statut du personnel de la Caisse nationale de prévoyance*, JORF, S, 23 avril 1998, p.1321
MATHIEU (S.), question n°7462 adressée à M. le ministre de l'économie, des finances et de l'industrie, *avenir des fonctionnaires de la CNP*, JORF, S, 12 novembre 1998, p.3629
RENAR (Y.), question n°121 adressée à M. le ministre de l'économie, des finances et du budget, *conséquence de la création de la holding Alliance*, JORF, S, 9 janvier 2002, p.13
SCHIELE (P.), question n°3653 adressée à M. le ministre de l'économie, *Réforme de la Caisse des dépôts*, JORF, S., 17 février 1994, p.374
TAITTINGER (P.-C.), question n°4815 adressée à M. le ministre de l'économie, des finances et du budget, *Rôle de la Caisse des dépôts*, JORF, S., 27 juillet 1989, p.1143
VIAL (J-P.), question n°32777 adressée à M. le ministre de l'économie, *Perspectives relatives aux activités d'épargne concurrentielle du Trésor public*, JORF, S., 13 décembre 2001, p.3927

B) DESIGNATIONS ORGANISMES EXTRA-PARLEMENTAIRES

1) Assemblée nationale

Commission de surveillance de la Caisse des dépôts et consignations (3 postes à pourvoir), JORF, 23 juin 2000, p.9474
Commission de surveillance de la Caisse des dépôts et consignations (1 poste à pourvoir), JORF, 27 mai 1994, p.7681

2) Sénat

Commission de surveillance de la Caisse des dépôts et consignations, Sénat, informations diverses, JORF, 30 juillet 2002, p.13000

C) TRAVAUX PARLEMENTAIRES

Outre les projets ou propositions de loi et documents parlementaires relatifS à la Caisse des dépôts et consignations, nous avons plus spécialement étudiés :

1) Travaux avant 1958

Rapport au Roi, précédant la partie du compte de l'administration des finances pour l'année 1937, contenant des *développements des recettes de l'exercice 1836, produits à l'appui de la loi de règlement du budget de cet exercice*, Moniteur Universel, 3 mars 1838, p.461

Rapport fait par le citoyen Berryer, au nom du comité des finances, sur *le projet de décret relatif à la Commission de surveillance de la Caisse d'amortissement et de la Caisse des dépôts et consignations*, addition à la séance du 2 septembre 1848, Moniteur universel, 6 septembre 1848, p.2323

2) Assemblée nationale (depuis 1958)

AUBERGER (P.) (obs. du rapporteur général), *modification au mécanisme de choix des membres du Conseil de la politique monétaire*, séance du 8 juin 1993, JORF, AN, 9 juin 1993, p.1108

AUBERGER (P.), *Examen de la proposition de loi (n°2007) relative à la mise en œuvre du plan de redressement du Crédit Lyonnais*, Compte rendu n°3, Commission des finances, de l'économie générale et du plan, Mercredi 14 juin 1995

BALLADUR (E.) et ALPHANDERY (E.), *Projet de loi portant diverses dispositions d'ordre économique et financier*, n°1281, Assemblée nationale, 25 mai 1994, p.17

BALLADUR (E.), *Proposition de loi relative à la désétatisation de la Caisse des dépôts et consignations et à la suppression de ses privilèges*, Assemblée nationale, n°609, seconde session ordinaire de 1988-1989, 17 avril 1989, 7 p.

COHEN (P.) et NAYROU (H.), *Pour que le déclin des services publics ne soit pas une fatalité*, DIAN, Délégation à l'aménagement du territoire, Paris, n°2883, 2001, 133 p.

COMMISSION DES FINANCES, *article 13 : statut du Directeur général de la Caisse des dépôts et consignations*, Assemblée nationale, compte-rendu de la réunion du 7 juin 1994

Compte rendu analytique officiel, *DDOEF (suite)*, Assemblée nationale, 2ème séance du jeudi 16 juin 1994, JORF, (CR), 35 p.

Compte rendu analytique officiel, *DDOEF (suite)*, Assemblée nationale, 3ème séance du jeudi 16 juin 1994, JORF, (CR), 25 p.

Compte rendu analytique officiel, *DDOEF (suite)*, Assemblée nationale, 2ème séance du vendredi 17 juin 1994, JORF, (CR), p.12

Compte rendu analytique officiel, *DMOST*, Assemblée nationale, 2e séance du 2 mai 1996, JORF (CR), p.2788

Compte rendu analytique, *Caisse d'épargne (suite)*, Assemblée nationale, 1ère séance du mardi 16 avril 1991, JORF, (C. R.), 20 p.

Compte-rendu analytique officiel, *Caisse d'épargne (suite)*, Assemblée nationale, 1er séance du lundi 6 mai 1991, JORF, (C. R.), p.5

DELALANDE (J-P.) et GRIOTTERAY (M.) et JEGOU (J.-J.) (amendement proposé par), *après l'article 15, discussion d'un projet de loi adopté par le Sénat*

portant diverses mesures d'ordre sanitaire, social et statutaire, JORF, AN, 2e séance du 14 mars 1996, p.1675
DIEFENBACHER (M.), *Rapport au nom de la commission des finances, de l'Economie générale et du Plan sur la proposition de résolution n°502 de MM J. Barrot., P. Ollier et P. Méhaignerie, tendant à créer une commission d'enquête sur la gestion des entreprises publiques afin d'améliorer le système de prise de décision*, Assemblée nationale n°559, janvier 2003, 11 p.
INCHAUSPE (M.), *Rapport fait au nom de la commission des finances, de l'économie générale et du Plan, sur la proposition de résolution (n°2947) de M. Jacques Guillet tendant à la création d'une commission d'enquête sur les responsabilités des autorités de tutelle et de surveillance dans la situation du Crédit Foncier de France et les erreurs de gestion commises dans cette institution*, Assemblée nationale, n°3295, 16 janvier 1997, 36 p.
LEFEVRE d'ORMESSON (M.), D'AILLIERES (M.), BENARD (J.) et FAULQUIER (M.), *proposition de loi tendant à encourager les personnes retraitées à libérer leurs logements et à s'installer à la campagne*, Assemblée nationale, n°1152, réunion de plein droit du Parlement en application de l'article 16 de la constitution et 2ème session ordinaire de 1960-1961, annexe au procès-verbal de la séance du 25 avril 1961, 6 p.
PELISSARD (J.), *proposition de loi tendant à instaurer une consignation des sommes dues, dans le cadre d'un marché de travaux privé, à un entrepreneur en cas de contestation sur l'exécution des travaux*, Assemblée nationale, n°538, 16 janvier 2003 (recherche effectuée le 22 avril 2003, www.assemblee-nationale.fr)
Situation du Crédit Lyonnais, Compte rendu n°1, Commission des finances, de l'économie générale et du plan, Mardi 4 avril 1995
TREMEGE (G.) *Rapport fait au nom de la commission des finances, de l'économie générale et du plan sur le projet de loi (n°1281) portant diverses dispositions d'ordre économique et financier*, Assemblée nationale, n°1349, 8 juin 1994, 365 p.

3) Sénat (depuis 1958)

ARTHUIS (J.) (Amendement proposé par), *Rapport au Président de la République – contrôle du Parlement*, n°54, débats au Sénat sur la Banque de France, 2 juillet 1993, JORF, S, 3 juillet 1993, p.2102
CARLE (J-C.), Proposition de loi constitutionnelle n°222 *portant reconnaissance du principe de sécurité juridique dans la Constitution*, annexe au procès-verbal de la séance du 8 février 2001, Sénat, session ordinaire de 2000-2001, www.senat.fr (recherche effectuée le 27 avril 2001)
CHINAUD (R.) (Amendement présenté par), *article additionnel après l'article 9, Projet de loi Réforme des Caisses d'épargne et de prévoyance*, n°316, rapport 326, in Sénat, Service de la séance, 17 mai 1991, n°28
CHINAUD (R.), Rapport d'information fait au nom de la commission des finances, du contrôle budgétaire et des comptes économiques de la Nation *sur les suites susceptibles d'être données au relevé des constatations de la Cour des comptes sur certaines opérations financières de la Caisse des dépôts et consignations*, Sénat, 24 avril 1991, n°298, 235 p.
CHINAUD (R.), Rapport d'information fait au nom de la commission des finances, du contrôle budgétaire et des comptes économiques de la Nation *sur la Caisse des dépôts et consignations*, Sénat, 9 juin 1992, n°394, 266 p.
Compte rendu analytique officiel, *DDOEF*, Sénat, mardi 28 juin 1994, p.11

Compte rendu analytique officiel, *DMOST*, Sénat, séance du 18 avril 1996, JORF (CR), p.2011
GUIGOU (E.), *Présentation du projet de loi de financement de la sécurité sociale pour 2001*, JORF, S, séance du 14 novembre 2000, p.5987
HAENEL (H.) et plusieurs de ses collègues, *Proposition de loi constitutionnelle n°231 instaurant pour le Président de la République, pour le Président du Sénat et pour le Président de l'Assemblée nationale, une prestation de serment*, enregistré à la Présidence du Sénat le 16 février 2001, www.senat.fr
HAENEL (H.) et plusieurs de ses collègues, *Proposition de loi n°233 instaurant pour le maire, le président du conseil général et le président du conseil régional, une prestation de serment*, enregistré à la Présidence du Sénat le 16 février 2001, www.senat.fr
HAENEL (H.) et plusieurs de ses collègues, *Proposition de loi organique n°232 modifiant l'article 6 de l'ordonnance n°58-1270 du 22 décembre 1958 portant loi organique relative au statut de la magistrature*, enregistré à la Présidence du Sénat le 16 février 2001, www.senat.fr
MARINI (P.), *Nouvelles régulations économiques (*rapport présenté au nom de la commission des Finances, du contrôle budgétaire et des comptes économiques de la Nation), Première lecture, Sénat, t.1, n°5, 2000-2001, 449 p.

D) AUDITIONS DU PARLEMENT

1) Auditions à l'Assemblée nationale

Audition de *MM. Jean-Pierre Delalande, Président de la Commission de surveillance de la Caisse des dépôts et consignations, et Philippe Lagayette, Directeur général*, Assemblée nationale, Commission des finances, de l'économie générale et du plan, compte rendu n°59, mercredi 19 juin 1996, p.9
Audition de MM. Jean-Pierre Balligand, Président de la Commission de surveillance de la Caisse des dépôts et consignations, et Daniel Lebègue, Directeur général de la Caisse des dépôts et consignations, Assemblée nationale, Commission des finances, de l'économie générale et du plan, compte rendu n°59, mercredi 17 juin 1998, p.2
Audition de MM. Jean-Pierre Balligand, Président de la Commission de surveillance de la Caisse des dépôts et consignations, et Daniel Lebègue, Directeur général de la Caisse des dépôts et consignations, Assemblée nationale, Commission des finances, de l'économie générale et du plan, compte rendu n°63, mercredi 28 juin 2000, p.7
Audition de MM. Jean-Pierre Balligand, Président de la Commission de surveillance de la Caisse des dépôts et consignations, et Daniel Lebègue, Directeur général de la Caisse des dépôts et consignations, Assemblée nationale, Commission des finances, de l'économie générale et du plan, compte rendu n°56, mercredi 27 juin 2001, p.2
Audition de M. Philippe Auberger, Président de la Commission de surveillance de la Caisse des dépôts et consignations et de M. Daniel Lebègue, Assemblée nationale, Commission des finances, de l'économie générale et du plan, compte rendu n°12, 17 septembre 2002, p.2

2) Auditions au Sénat

Etablissements publics - Caisse des dépôts et consignations – conclusions du rapport annuel (audition), Commissions des finances, du contrôle budgétaire et des comptes économiques de la Nation, mercredi 1er juillet 1998, p.1
Etablissements financiers – Audition de M. Daniel Lebègue, directeur de la Caisse des dépôts et consignations, en présence de M. Pierre Joxe, Premier Président de la Cour des comptes, de M. François Logerot, Président de la Première chambre de la Cour des comptes, et de M. jean Recoules, Conseiller maître à la Cour des comptes, Commissions des finances, du contrôle budgétaire et des comptes économiques de la Nation, mercredi 23 juin 1999, p.1
Caisse des dépôts et consignations – rapport annuel – audition de M. Daniel Lebègue, Directeur général, Commissions des finances, du contrôle budgétaire et des comptes économiques de la Nation, jeudi 21 juin 2001, p.2
Audition de MM. Daniel Lebègue, Président et Charles Milhaud, vice-Président de la Compagnie financière Eulia, Commissions des finances, du contrôle budgétaire et des comptes économiques de la Nation, Mardi 12 février 2002, p.1

E) COMMUNICATIONS DU PARLEMENT

Nomination de membres d'organismes extra-parlementaires, 14 février 1963, Rec.Varnier, sans date, p.173
Nomination de membres d'organismes extra-parlementaires, 5 juin 1962, Rec.Varnier, sans date, p.166
Commission de surveillance de la Caisse des dépôts et consignations (1 poste à pourvoir), JORF, Organismes extra-parlementaires, 27 mai 1994, p.7681
Commission de surveillance de la Caisse des dépôts et consignations (3 postes à pourvoir), JORF, Organismes extra-parlementaires, 23 juin 2000, p.9474
Dépôt d'un rapport sur les opérations de la Caisse des dépôts et consignations en 1990, JORF, Assemblée nationale, 3 octobre 1991, p.4097

F) COMMUNIQUES DE PRESSE

Commission des finances, de l'Economie générale et du Plan, Assemblée nationale *Audition de M. André Chandernagor, premier Président de la Cour des comptes, sur le projet de loi de règlement pour 1988*, 30 mai 1990
Commission des affaires sociales, Sénat, 23 mai 2001 : *« La commission des affaires sociales souhaite que le statut du fonds de réserve des retraites lui garantisse indépendance et transparence »*, www.senat.fr

IX- ACTIVITES DES INSTITUTIONS EUROPEENNES

A) LES NORMES DERIVEES DU DROIT COMMUNAUTAIRE

1) Les règlements

Règlement 1260/1999/CE du Conseil du 21 juin 1999 portant *dispositions générales sur les Fonds structurels*, JOCE, n°L-161 du 26 juin 1999, p.1

Règlement 1783/1999/CE du Parlement européen et du Conseil du 12 juillet 1999 relatif *au Fonds européen de développement régional*, JOCE, n°L-213 du 13 août 1999, p.1

Règlement 69/2001/CE du 12 janvier 2001 de la Commission du 12 janvier 2001 *concernant l'application des articles 87 et 88 du Traité CE aux aides de minimis*, JOCE, n°L10, 13 janvier 2001, p.32

Règlement 2321/2002/CE du Parlement européen et du Conseil du 16 décembre 2002 relatif *aux règles de participation des entreprises, des centres de la recherche pour la mise en œuvre du sixième programme-cadre de la Communauté européenne (2002-2006)*, JOCE, n°L.355, p.23

Règlement 2322/2002/Euratom du Conseil du 5 novembre 2002 relatif *aux règles de participation des entreprises, des centres de la recherche pour la mise en œuvre du sixième programme-cadre de la Communauté européenne de l'énergie atomique(Euratom) (2002-2006)*, JOCE, n°L.355, p.35

2) Les directives

1971/305/CEE du Conseil du 26 juillet 1971, portant *coordination des procédures de passation des marchés publics de travaux ;* JOCE, n°L185, 16 août 1971, p.5

1977/780/CEE du Conseil du 12 décembre 1977 *visant à la coordination des dispositions législatives, réglementaires et administratives concernant l'accès à l'activité des établissements de crédit et son exercice*, JOCE, n°L-322 du 17 décembre 1977, p.30

1980/723/CEE de la Commission du 25 juin 1980 *relative à la transparence des relations financières entre les Etats membres et les entreprises publiques*, JOCE, n°L-195 du 29 juillet 1980, p.35

1980/767/CEE du Conseil du 22 juillet 1980 *adaptant et complétant en ce qui concerne certains pouvoirs adjudicateurs la directive 77/62/CEE portant coordination des procédures de passation des marchés publics de fournitures*, JOCE, n°L-215, 18 août 1980, p.1

1985/413/CEE de la Commission du 24 juillet 1985 *modifiant la directive 1980/723/CEE relative à la transparence des relations financières entre les Etats membres et les entreprises publiques*, JOCE, n°L-229, 28 août 1985, p.20

1986/524/CEE du Conseil du 27 octobre 1996 *modifiant la directive 1977/780/CEE en ce qui concerne la liste des exclusions permanente de certains établissements de crédit*, JOCE, n°L-309, 4 novembre 1986, p.15

1989/665/13/CEE du Conseil du 21 décembre 1989 *portant coordination des dispositions législatives, réglementaires et administratives relatives à l'application des procédures de recours en matière de passation des marchés publics de fournitures et de travaux*, JOCE, n°L-395, 30 décembre 1989, p.33

1991/440/CEE du Conseil du 29 juillet 1991 relative *au développement de chemins de fer communautaires*, JOCE, n°L 237, 24 août 1991, p.25

1992/13/CEE du Conseil du 25 février1992 *portant coordination des dispositions législatives, réglementaires et administratives relatives à l'application des règles communautaires sur les procédures de passation des marchés des entités opérant dans les secteurs de l'eau, de l'énergie, des transports et des télécommunications*, JOCE, n°L-76, 23 mars 1992, p.14

1992/50/CEE du Conseil du 18 juin 1992 *portant coordination des procédures de passation des marchés publics de services*, JOCE, n°L-299, 24 juillet 1992, p.1

1993/36/CEE du Conseil du 14 juin 1993 *portant coordination des procédures de passation des marchés publics de fournitures*, JOCE, n°L199, 9 août 1993, p.1
1993/37/CEE du Conseil du 14 juin 1993 *portant coordination des procédures de passation des marchés publics de travaux*, JOCE, n°L-199 du 9 août 1993, p.54
1993/38/CEE du Conseil du 14 juin 1993 *portant coordination des procédures de passation des marchés publics dans les secteurs de l'eau, de l'énergie, des transports et des télécommunications*, JOCE, n°L1999, 9 août 1993, p.84
1995/367/CE de la Commission du 15 avril 1995 *modifiant la décision du 27 juillet 1994 concernant la souscription de CDC-Participations à des émissions d'obligations d'Air France (affaire 93 C 334-04)*, JOCE, n°L219, 15 septembre 1995, p.34
1996/13/CE du Conseil du 11 mars 1996 *modifiant l'article 2 paragraphe 2 de la directive 1977/780/CEE en ce qui concerne la liste des exclusions permanentes de certains établissements de crédit*, JOCE, n°L-66, 16 mars 1996, p.15
1996/92/CE du Parlement européen et du Conseil du 19 décembre 1996 concernant *des règles communes pour le marché intérieur de l'électricité*, JOCE, n°L 27, 30 janvier 1997, p.20
1997/52/CE du Parlement européen et du conseil du 13 octobre 1997 *modifiant les directives 1992/50/CEE, 1993/36/CEE et 1993/37/CEE portant coordination des procédures de passation des marchés publics de services, des marchés publics de fournitures et des marchés publics de travaux respectivement*, JOCE, n°L-328, 28 novembre 1997, p.1
1998/4/CE du Parlement européen et du Conseil du 16 février 1998 *modifiant la directive 1993/38/CEE portant coordination des procédures de passation des marchés dans les secteurs de l'eau, de l'énergie, des transports et des télécommunications*, JOCE, n°L-101, 1er avril 1998, p.1
1997/33/CE du Parlement européen et du Conseil du 30 juin 1997 relative *à l'interconnexion dans le secteur des télécommunications en vue d'assurer un service universel et l'interopérabilité par l'application des principes de fourniture d'un réseau ouvert (ONP)*, JOCE, n°L199, 26 juillet 1997, p.32
1997/67/CE du Parlement européen et du Conseil du 15 décembre 1997 concernant *des règles communes pour le développement du marché intérieur des services postaux de la Communauté et l'amélioration de la qualité du service*, JOCE, n°L15, 21 janvier 1998, p.4
98/30/CE du Parlement européen et du Conseil du 22 juin 1998 concernant *des règles communes pour le marché intérieur du gaz nature*l, JOCE, n°L 204, 21 juillet 1998, p.1
2000/12/CE du Parlement européen et du Conseil du 20 mars 2000 concernant *l'accès des établissements de crédit et son exercice*, JOCE, n°L.126 du 26 mai 2000, p.1

B) AUTRES SOURCES DU DROIT COMMUNAUTAIRE

1) Les décisions

a- Les décisions du Conseil

1999/494/CE, CECA, Euratom du Conseil, 9 juillet 1999, relative à une *saisine de la Cour de justice du cas de M. Bangemann*, JOCE, n°L 192, 24 juillet 1999, p.54, dans Revue Europe, octobre 1999, p. 8 : M. PIETRI

2000/44 CE, CECA Euratom du Conseil, 1er décembre 1999, concernant le *règlement de l'affaire Bangemann*, JOCE, n°L 16, 21 janvier 2000, p.73, dans Revue Europe, mars 2000, p.10 : D. SIMON

b- Les décisions de la Commission

1983/348/CEE du 5 juillet 1983 *constatant que l'importation dénommé « Jeol-Sacanning Electrin Microscope, model JSM-35C », ne peut être faite en franchise des droits du tarif douanier commun*, JOCE, n°L188, 13 juillet 1983, p.22

1985/378/CEE du 19 décembre 1984, relative *au système français d'aides à l'industrie se présentant sous forme de prêts spéciaux pour l'investissement, de prêts aidés aux entreprises, de prêts supplémentaires de refinancement et de prêts du Fonds industriel de modernisation*, JOCE, n°L216, 13 août 1985, p.12

1994/662/CE du 27 juillet 1994 *concernant la souscription de CDC-Participations à des émissions d'obligations d'Air France*, JOCE, n°L258, 6 octobre 1994, p.26

1995/367/CE du 4 avril 1995 *modifiant la décision du 27 juillet 1994 concernant la souscription de CDC-Participations à des émissions d'obligations d'Air–France (Aff.C93/C334/04)*, JOCE, n°L219, 15 septembre 1995 ; p.34

1995/547/CE du 26 juillet 1995 portant *approbation conditionnée de l'aide accordée par la France à la banque Crédit Lyonnais*, JOCE, n°L308, 21 décembre 1995, p.92

1998/490/CE, du 20 mai 1998 concernant *les aides accordées par la France au groupe Crédit Lyonnais*, JOCE, n°L221, 8 août 1998, p.28

2000/480/CE du 8 juillet 1999 concernant *les aides accordées par la France au Groupe Crédit agricole au titre de la collecte et de la conservation des dépôts des notaires dans les communes rurales*, JOCE, n°L193, 29 juillet 2000, p.79

2000/513/CE du 8 septembre 1999 concernant *les aides accordées par la France à l'entreprise Stardust Marine*, JOCE, n°L206, 15 août 2000, p.6

2001/89/CE du 23 juin 1999 portant *approbation conditionnelle de l'aide accordée par la France au Crédit foncier de France,* JOCE, n°L.34, 3 février 2001, p.36

2003/216/CE, décision de la Commission du 15 janvier 2002 concernant *l'aide d'Etat mise à exécution par la République française en faveur du Crédit mutuel*, JOCE, n°L.88, 4 avril 2003, p. 39

2) Les communications

Communication –*Vade-mecum sur les marchés publics dans la communauté*, JOCE, n°C358, 31 décembre 1987, p.1

Communication sur *les Services d'intérêt général en Europe (SIG)*, JOCE, n°C281, 26 septembre 1996, p.3

Communication de la Commission *conformément à l'article 93, paragraphe 2, du traité, aux autres Etats membres et autres intéressés concernant des aides d'Etat au Crédit agricole*, JOCE, n°C144, 9 mai 1998, p.6

Communication de la Commission *concernant un projet de directive modifiant la directive 80/723/CEE de la Commission relative à la transparence des relations financières entre les Etats membres et les entreprises publiques*, JOCE, n°C377, 29 décembre 1999, p.2

Communication interprétative de la Commission – *Liberté de prestation de services et intérêt général dans le secteur des assurances*, JOCE n°C43, 16 février 2000, p.5

Communication sur *les Services d'intérêt général en Europe*, JOCE, n°C17, 19 janvier 2001, p.4

3) Les actes émanant du Parlement européen

Guide sur les *obligations des fonctionnaires et agents du Parlement européen*, JOCE, n°C97, 5 avril 2000, p.1, dans Revue Europe, Juin 2000, p.10 : F. KAUF GAZIN

C) JURISPRUDENCES EUROPEENNES

1) Cour européenne des Droits de l'Homme

CEDH, 25 février 1997, *Findlay c/ Royaume-Uni*, Rec. 1997-I, p.281
CEDH, 28 octobre 1998, *Perez de Rada Cavanilles c/ Espagne,* Rec. 1998-VIII, p.3242
CEDH, 7 juin 2001, *Kress c/ France*, RFDA, 2001, p.991 : obs. B. GENEVOIS et p. 1000, obs. J.-L. AUTIN et F. SUDRE

2) Cour de Justice des Communautés

Aff.19/61, 13 juillet 1962, *Manesman A. G. c/ H. A.*, Rec., p.1190
Aff. 6/64, 15 juillet 1964, *Flamino Costa c/ENEL*, Rec. p.1141, cls LAGRANGE
Aff.10/71, 14 juillet 1971, *Dame Veuve Muller*, Rec. p.723
Aff. 59/75, 3 février 1976, *Manghera*, Rec. p.91
Aff. 112/77, 3 mai 1978, *Gesellschaft mbH in Firma August Töpfer & Co., c/ Commission des Communautés européennes*, Rec. p.1019
Aff. 730/79, 17 septembre 1980, *Philip Morris*, Rec. p.2671
Aff. 290/83, 30 janvier 1985, *Commission des Communautés européennes c/ République française*, Rec. p.439
Aff. 157/84, *Maria Franscogna c/ Caisse des dépôts et consignations*, Rec. 1985, p.1739
Aff.424/85 et 425/85, 17 juin 1987, *Frico c/ Voedselvoorzienings In – en Verkoopbureau*, Rec. p.2755
Aff. 102/87, 13 juillet 1988, *République française c/ Commission des Communautés européennes*, Rec., p.4067
Aff. 303/88, 21 mars 1991, *Italie c/ Commission*, Rec., p. I-1433
Aff.41/90, 23 avril 1991, *Hofner*, RTDC, 1991, p.513, note C. BOLZE
Aff. C-313/90, 21 mars 1993, *CIRFS*, Rec. I, p.1125
Aff. 320/91, 19 mai 1993, *P. Corbeau*, AJDA, 1993, p.865, note F. HAMON ; Europe, juillet 1993, p.13, note L. IDOT
Aff.364/92, 19 janvier 1994, *SAT*, Dalloz, 1995, p.37, note G. LHULLIER
Aff. 393/92, 27 avril 1994, *Commune d'Almeno*, CJEG 1994, cls DARMON, AJDA 1994, p.637, obs. F. HAMON
Aff. C-6244-94, 16 novembre 1995, *Fédération française des sociétés d'assurance et autres c/ ministre de l'agriculture*, Dalloz, Jp, 1996, p.317, note M.-C. BERGERES
aff. C-22/94, 15 avril 1997, *The Irish Farmers Association*, Europe, juin 1997, p.13, note D. RITLENG

Aff. C-54/96, 17 septembre 1997, *Dorsch Consult Ingenieurgesellschaft mbh c/ Bundesbaugesellschaft Berlin mbh,* Rec. I, p.4961
Aff. C-44/96, 15 janvier 1998, *Mannesmann Anlagenbau Austria AG e. a.*, Rec. I, p.73
Aff. C-323/96, 17 septembre 1998, *Commission des Communautés européennes / Royaume de Belgique*, Rec. I, p. 5063
Aff. C-360/96, 10 novembre 1998, *Gemeente Arnhem*, Europe, janvier 1999, p.17: F. GAZIN ; BJCP, janvier 1999, p.155, cls A. LA PERGOLA, obs. Ch. M.
Aff. C-360/96, 10 novembre 1998, *Gemeente Arnhem et Gemeente Rheden c/ BFI holfding BV*, Rec. I, p.6821
Aff. C-107-98, 18 novembre 1998, *Teckal Srl c/ Comune di Viano et Azienda Gas-Acqua Consorzialz (AGAC) du Reggio Emilia*, Rec. I, p.8121 ; BJCP, janvier 2000, p.43, cls G. COSMAS, obs. Ch. M.
Aff.C-368/96, 3 décembre 1998, *The Licensing Authority established by the Medecines Act 1968*, Europe, Février 1999, p.16, F. GAZIN
Aff. C 306/97, *Connemara Machine Turf Co. Ltd*, 17 décembre 1998, Europe, février 1999, p. 19, note F. GAZIN
Aff. C-353/96, 17 décembre 1998, *Commission c/ Irlande*, Europe, février 1999, p. 19, note F. GAZIN
Aff. C-149/96, 23 novembre 1999, *Portugal c/ Conseil*, Europe, janvier 2000, p.14, obs. F. BERROD
Aff. C-34/98, 15 février 2000, *Commission des Communautés européennes c/ République française*, Rec. I, p.995
Aff.C-176/98, 2 décembre 1999, *Holst Italia SPA*, DA, janvier 2000, p.16
Aff., C-380/98, 3 octobre 2000, *The University of Cambridge*, Europe, décembre 2000, p.16, obs. Y. GAUTIER
Aff. C-94/99, 7 décembre 2000, *ARGE Gewässerschutz contre Bundesministerium für Land und Forstwitschaft*, Rec. I, p. 11037
Aff. C-237/99, 1er février 2001, *Commission CE c/ Rép. Française*, DA, mars 2001, p.14 et DA, avril 2001, p.18, note M.-Y. BENJAMIN
Aff. C-223/99 et C-260/99, 10 mai 2001, *Agora Srl.*, Europe, p.17, note Y GAUTIER
Aff. C-475/99, 25 octobre 2001, *Glockner*, DA, janvier 2002, p.16, obs. de M. BAZEX et S. BLAZY
Aff. 353/99, 6 décembre 2001, *P. Hautala*, Bulletin européen et international, janvier 2002, p.8
Aff. C-482/99, 16 mai 2002, *République française c/ Commission*, Rec. p.I-4397 ; DA, août-septembre 2002, p.15
Aff. C 282/99, 13 juin 2002, *Royaume des Pays-Bas / commission des Communautés européennes*, Rec. I, p.5202
Aff.C-470/99, 12 décembre 2002, *Universale-Bau AG*, DA, février 2003, p.26, note A. MENEMIS
Aff. C-53/00 22 novembre 2001, *Ferring SA et Agence centrale des organismes de sécurité sociale (ACOSS)*, DA, mai 2002, p.34, note M. LOMBART
Aff. C-280-00, 24 juillet 2003, *Altmark Trans et Regierungspräsidium Magdeburg*, DA, octobre 2003, p.18, note M. BAZEX et S. BLAZY
aff. C-11/00, 10 juillet 2003, *Commission CE c/ Banque centrale européenne*, JCP, G, 5 novembre 2003, p.1937, note E. DOUAT et A. ERRABIH

3) Tribunal de Première instance des Communautés

Aff. T-358/94, 12 décembre 1996, *Compagnie nationale Air France c/ Commission des CE*, Rec. II, p.2109
Aff. T-115/94, *Opel AUstria GmbH*, 22 janvier 1997, Europe, mars 1997, p.14
Aff. T-203/97, 6 juillet 1999, *Forvass c/ Commission*, Rec. FP, II, p.705

X- ACTIVITES D'AUTORITES NATIONALES (autres que françaises)

A) ALLEMAGNE

Loi du 26 novembre 1993 *transposant la directive 89/665CEE en droit allemand et qui a complété la loi relative au principe budgétaire*, BGBI, I, p.1828

B) BELGIQUE

Arrêté royal n°150 du 18 mars 1935 du 18 mars 1935 *coordonnant les lois relatives à l'organisation et au fonctionnement de la Caisse des dépôts et consignations* modifiée, Moniteur belge, 21 mars 1935

CA Bruxelles, 17e ch., 6 août 1992, *SA Cobefin c/ Compagnie financière Aurore international et autres*, Bulletin JOLY n°10, Sociétés, 1992, p.3

C) LUXEMBOURG

Loi modifiée du 23 décembre 1998 portant *création d'une Commission de Surveillance du Secteur financier*, http://www.cssf.lu

D) MAROC

Dahir n°1-59 du 1er Chaabane 1378 (10 février 1959) instituant une *Caisse de Dépôt et de Gestion*, B.O. n°2421, 20 mars 1959, p.524
Dahir n°1-59-420 du 7 Rejeb 1379 (6 janvier 1960) modifiant et complétant le dahir n°1-59-074 du 1er Chaabane 1378 (10 février 1959) instituant une *Caisse de Dépôt et de Gestion*, B.O. n°2471 du 4 mars 1960, p.491
Décret n°2-60-058 du 8 Chaabane 1379 (6 février 1960) relatif à l'organisation financière et comptable de la Caisse de Dépôt et de Gestion
Arrêté du Vice-Président du Conseil, Ministre des finances, *fixant le taux d'intérêt servi par la Caisse de Dépôt et de Gestion et les modalités d'emplois des fonds* de la dite Caisse du 21 août 1959, B.O., 4 septembre 1959, p.1499

Convention *entre le gouvernement du Royaume du Maroc et le Gouvernement de la République Française au sujet des dépôts et consignations effectués au Maroc*, 10 mai 1953

Rapport de la Commission de surveillance à Sa majesté le Roi sur les exercices 1959 et 1960, Imprimerie officielle, 1961, 12 p.

E) QUEBEC

Loi sur la Caisse de Dépôt et de Placement du Québec, Codification administrative, 22 octobre 1999

XI- ACTIVITES DES AUTORITES JURIDICTIONNELLES FRANCAISES

A) JURISPRUDENCES ADMINISTRATIVES

1) Conseil d'Etat

CE, 28 février 1823, *Perraud c/ La Caisse d'amortissement*, Rec. p.158
CE, 24 février 1825, *Communes de Château-Chalon et autres c/ Reverchon et consorts*, Rec. p.106
CE, 15 juin 1825, *Baudy c/ La commune de Pannecée*, Rec. p.271
CE, 8 juillet 1829, *D'Oilliamso*n, Rec. p.242
CE, 18 juillet 1838, *Faillite Courmand c/ la Caisse des dépôts et consignations et l'agent judiciaire du Trésor public*, Rec. p.413
CE, 4 mai 1843, *Héritiers Debray c/ Caisse des dépôts et consignations*, Rec. p.191
CE, 25 novembre 1852, *Baudon et Cie, c/ Caisse des dépôts et consignations*, Rec. p.504
CE, 18 décembre 1862, *Bergerat*, cls L'HOPITAL, Rec. p.814 ; procès-verbal du 8 juillet 1863
CE, 5 mai 1882, *Ministre de l'intérieur c/ Chasteau*, cls MARGUERIE, Rec. p.419
CE, 29 mars 1901, *Casanova*, GAJA n°8
CE, 29 juin 1906, *Sieur Lurton*, Rec. p.585
CE, 20 novembre 1908, *Chambre de commerce de Rennes*, Sirey, 1910, 3ème partie, p.17, note HAURIOU
CE, 11 mars 1910, *Compagnie française des tramways*, Sirey, 1911, 3ème partie, p.1, cls BLUM, note HAURIOU
CE, 3 février 1911, *Rossi*, RDP, 1911, p.684, note JEZE : *Nature juridique des circulaires ministérielles*
CE, 17 février 1911, *Goutaut et association professionnelle des employés de la Caisse des dépôts et consignations*, Rec. p.212
CE, 17 mai 1912, *Commune de Saint Méard de Gurçon,* Rec. p.566
CE, 28 juin 1912, *Coutton*, Rec. p.739
CE, 7 avril 1916, *Astruc*, Rec. p. 163
CE, 26 juillet 1918, *Lemonnier*, Rec. p.761, cls BLUM
CE, 26 juillet 1918, *Association professionnelle des employés de la Caisse des dépôts et consignations*, Rec. p. 778
CE, 28 novembre 1918, *Association professionnelle des employés de la Caisse des dépôts et consignations*, Rec. p. 858
CE, 20 juin 1919, *Brincat,* RDP, 1919, p.80, note JEZE
CE, 23 décembre 1921, *Société général d'armement*, RDP, 1922, p.75, cls RIVET
CE, 17 juillet 1925, *Association amicale du personnel de la Banque de France*, Rec. p.690
CE, 29 juillet 1925, *Sieur Griffeuille,* Rec. p.763
CE, 26 juillet 1930, *Benoît*, Rec. p.130
CE, 30 mars 1930, *Chambre syndicale du commerce de détail de Nevers*, Rec. p.583, cls ALIBERT

CE, 30 janvier 1931, *La Brossette & fils*, Rec. p.123
CE, 17 juin 1932, *Ville de Castelnaudary*, Rec. p.595
CE, 24 novembre 1933, *Zénard*, Rec. p.1100
CE, 22 novembre 1935, *Chouard et autres*, Rec. p. 1080
CE, 4 décembre 1935, *Sieur Briffa*, Rec. p.1134
CE, 7 février 1936, *Jamart*, GAJA, n°54
CE, 24 juillet 1936, *Bureau de bienfaisance de Saint-Léonard*, Rec. p.856
CE, 18 décembre 1936, *Sieur Prade*, Rec. p.1124
CE, 11 mars 1938, *Fighiéra*, Rec. p.263
CE, 1er avril 1938, *Société de l'hôtel d'Albe*, Rec. p.341
CE, 13 mai 1938, *Caisse primaire « Aide et protection »*, Rec. p.417
CE, 30 décembre 1939, *Andrieux*, Rec. p.1120
CE, 31 juillet 1942, *Sieur Monpeurt, verreries et critalleries d'Alfortville*, Rec. p.239
CE, 2 avril 1943, *Sieur Bouguen*, Rec. p.86
CE, 19 mai 1943, *Caisse des dépôts et consignations c/ Société Dumez*, Rec. p.126
CE, 21 janvier 1944, *Léoni*, Rec. p. 26
CE, 29 mars 1946, *Caisse départementale d'assurances sociales de Meurthe et Moselle*, Rec. p.100
CE, 21 octobre 1946, *Banque de France*, Rec. p.239
CE, 26 février 1947, *Sieur Lescalié*, Rec. p.78 ; procès-verbal du 16 mai 1941 et procès-verbal du 6 juin 1941
CE, 18 avril 1947, *Société de secours mutuels en cas de décès des fonctionnaires et employés de l'Institut d'assurances sociales d'Alsace et de Lorraine*, Rec. p.150
CE, 30 juillet 1949, *Caisse des dépôts et consignations*, Rec. p.400
CE, 10 mars 1950, *Sieur Dauvillier*, Rec. p.157
CE, 10 mars 1950, *Sieur Salis*, Rec. p.164
CE, 30 juin 1950, *Société Mérienne*, Rec., p.408
CE, 20 mai 1952 ; *Groupement des retraités de la Caisse du crédit municipal de Paris*, Rec. p.269
CE, 26 mai 1950, *Sieur Vouters*, Rec. p.316, cls AGID
CE, 28 juillet 1951, *Laruelle et Delville*, GAJA n°76
CE, 20 mai 1952, *Groupement des retraites de la Caisse de crédit municipal de Paris*, Rec. p. 272
CE, 19 décembre 1952, *Ville de Toulouse*, Rec. p.590
CE, 4 juin 1954, *Sieur Vingtain ; Sieur Affortit* (2 espèces), Rec. p.342, cls CHARDEAU
CE, 25 juin 1954, *Syndicat national de la meunerie du seigle*, Rec. p. 379
CE, 8 juillet 1955, *Caisse de compensation pour la décentralisation de l'industrie aéronautique*, Dalloz 1955, jur., p.597, cls CHARDEAU
CE, 26 janvier 1956, *Sieur Nègre*, Rec., p.24
CE, 8 février 1956, *Directeur général de la Caisse des dépôts et consignations*, Rec. p.67
CE, 16 mars 1956, *Sieur Garnett*, Rec. 125
CE, 16 novembre 1956, *Union syndicale des industries aéronautiques*, Dalloz, 1956, jur., p.759, cls LAURENT
CE, 25 janvier 1957, *Société Etablissement Charlionnais*, Rec. p.54
CE, 8 mars 1957, *Jalenques de Labeau*, Dalloz 1957, jur., p.378, cls. MOSSET, note De LAUBADERE
CE, 17 mai 1957, *Sieur Simonet*, Rec. p.314, cls HEUMANN

CE, 10 avril 1959, *Sieur Fouré-Cormeray*, Rec. p.233
CE, 18 décembre 1959, *Delansorme*, Rec. p.692
CE, 12 février 1960, *Kampmann*, Rec. p.107
CE, 1er juillet 1960, *Assemblée permanente des Présidents des chambres d'agriculture*, Rec. p.442
CE, 2 juin 1961, *Leduc*, Rec. p.365
CE, 6 octobre 1961, *Société Duchêne*, Rec. p.548
CE, 27 octobre 1961, *Bréart de Boisanger*, Rec. p.595
CE, 13 juillet 1962, *Bréart de Boisanger*, Rec. p.484
CE, 29 octobre 1962, *Canal, Robin et Godot*, GAJA n°84
CE, 25 janvier 1963, *Sieur Lemaresquier*, Dalloz, jur., 1963, p.333, cls KAHN
CE, 28 juin 1963, *Narcy*, RDP, 1963, p.1186, note M. WALINE
CE, 17 avril 1964, *Commune de Merville-Franceville*, Rec. p.251
CE, 15 juillet 1964, *Société Brandchaft frères*, AJDA 1964, p.554
CE, 20 novembre 1964, *Ville de Nanterre*, Rec. p.563
CE, 13 janvier 1965, *Caisse des écoles du 10e arrondissement de Paris*, AJDA 1965, p.97
CE, 29 janvier 1965, *L'Herbier*, Dalloz, 1965, p.826, note C. DEBBASCH
CE, 23 juin 1965, *Société aéronautique de recherches minières*, Rec. p.380
CE, 22 décembre 1965, *Sieur Heuzé*, Rec., p.707
CE, 29 novembre 1967, *Election du bureau de la Chambre des métiers des Alpes Maritimes*, Rec., p.452
CE, 23 février 1968, *Sieur Picard*, Rec. p. 131, AJDA, 1968, p.457, obs. P. DELVOLVE
CE, 8 mars 1968, *CCI de Nice*, Rec. p.174
CE, 6 décembre 1968, *Ministre des Armées c/ Sieur Ruffin*, RDP, 1969, p.700, cls J. RIGAUD
CE, 25 février 1969, *Caisse nationale de Prévoyance*, Inédit.
CE, 16 mai 1969, *Syndicat national du personnel des Chambres de commerce et d'industrie et autres*, Rec. p.253
CE, 23 mai 1969, *Société Distillerie Braibant*, Rec. p.264
CE, 10 octobre 1969, *Dame Veuve Insern*, Rec. p.430, cls G. BRAIBANT
CE, 15 octobre 1969, *Préfet de police c/ Sieur Schweitzer*, Rec. p.433
CE, 29 avril 1970, *Société Unipain*, Rec. p. 280
CE, 11 décembre 1970, *Crédit foncier de France*, Rec. p.750, cls BERTRAND
CE, 23 décembre 1970, *Commune de Montmagny*, Rec. p.788
CE, 5 janvier 1972, *Service d'exploitation industrielle des Tabacs et Allumettes c/ Sieur Calendini*, Rec. p.6
CE, 12 janvier 1972, *Caisse des dépôts et consignations c/ Sieur Picot*, Rec. p.33
CE, 10 mai 1972, *Caisse des dépôts et consignations c/ Dame Prochasson*, Rec. p.361
CE, 10 juillet 1972, *Cie Air Inter*, Rec. p.537
CE, 13 octobre 1972, *Caisse des dépôts et consignations c/ syndicat des cadres CGT de la caisse*, Rec. p.634
CE, 2 mars 1973, *Dlle Arbousset*, Rec. p.190, RDP 1973, p.1066, cls G. BRAIBANT
CE 23 octobre 1973 *Valet*, Rec. p. 500
CE, 27 janvier 1975, *Dame Petit c/ Caisse des dépôts et consignations*, Rec., p.58
CE, 18 juin 1976, *Dame Culard*, Rec.p.320

CE, 14 janvier 1976, *Caisse des dépôts et consignations c/ Dame Louarn*, Rec. p.973
CE, 6 octobre 1976, *Dame Durandeau*, Rec. p.806
CE, 3 novembre 1976, *Caisse des dépôts et consignations c/ Dame Sibille*, Rec. p.978
CE, 18 mars 1977, *Chambre de commerce de La Rochelle et autres*, Rec. p.153
CE, 20 janvier 1978, *Syndicat de l'enseignement technique agricole*, AJDA, 1979, p.37, cls R. DENOIX DE SAINT MARC
CE, 24 novembre 1978, *Syndicat national du personnel de l'énergie atomique CFDT et autres,* Rec. p.465
CE, 24 novembre 1978, *Schwartz et autres*, Rec. p.467
CE, 29 décembre 1978, *Darmont*, AJDA, 1979, p.45, note M. LOMBARD
CE, 9 janvier 1981, *Bouvet*, Rec. p.4
CE, 10 juillet 1981, *Retail*, Rec. p.303
CE, 15 octobre 1982, *Société anonyme « Affichage Giraudy »*, DA, novembre 1982, p.2
CE, 22 décembre 1982, *Comité central d'entreprise de la société française d'équipement pour la navigation aérienne*, Rec. p.435
CE, 18 février 1983, *Fédération nationale des syndicats d'agents généraux d'assurances*, Rec. p.71
CE, 30 mars 1984, *Caisse des dépôts et consignations c/ Mme Gaudet*, Rec. p.688
CE, 8 mars 1985, *Associations les Amis de la Terre*, RFDA 1985, p.363, cls B. STIRN
CE, 17 juin 1985, *Syndicat national des chercheurs scientifiques et autres*, Rec. p.185
CE, 11 octobre 1985, *Syndicat général de la recherche agronomique CFDT et autres*, Rec. p.278
CE, 20 décembre 1985, *Société anonyme « Etablissements Outters »,* RFDA, 1986, p.513, cls P. MARTIN
CE, 13 juin 1986, *Département de la Réunion*, Rec. p. 162
CE, 13 juin 1986, *Caisse des dépôts et consignations c/ Bressy*, Rec. p.591
CE, 25 juillet 1986, *Commune de Mercoeur*, DA, octobre 1986, p.2
CE, 17 novembre 1986, *Bernier*, Rec. p. 514
CE, 21 novembre 1986, *Caisse des dépôts et consignations c/ Ville de Paris*, Rec. p. 633
CE, 17 décembre 1986, *Société Hit TV*, AJDA, 1987, p.125
CE, 28 janvier 1987, *Caisse des dépôts et consignations*, n°57474
CE, 6 mars 1987, *Confédération nationale du logement Nord-Pas-de-Calais*, Rec. p.897
CE, 11 mai 1987, *Divier,* Rec. p.167
CE, 22 février 1987, *Société Louis Dreyfus*, Rec. p.71
CE, 30 octobre 1987, *Caisse des dépôts et consignations c/ Mme Meilland*, Rec. p.845
CE, 9 décembre 1987, *Chambre d'agriculture des Deux-Sèvres*, Rec. p.403
CE, 11 décembre 1987, *Syndicat des travailleurs de la recherche extra-métropolitaine*, Rec. p. 416
CE, 8 janvier 1988, *Ministre chargé du plan et de l'aménagement du territoire c/ Communauté urbaine de Strasbourg*, RFDA, 1988, p. 25, cls S. DAEL
CE, 20 janvier 1988, *Caisse des dépôts et consignations c/ Mme Girardi*, Rec. p. 860 et 927

CE, 13 mai 1988, *Louet*, Rec. p. 574
CE, 30 septembre 1988, *Caisse des dépôts et consignations c/ Mala*, n°73650
CE, 9 décembre 1988, *Caisse des dépôts et consignations c/ Radureau*, Rec. p. 926
CE, 23 décembre 1988, *Banque de France c/ M. Huberschwiller*, Rec. p. 464
CE, 17 mars 1989, *Syndicat des psychiatres français*, RFDA, 1991, cls B. STIRN
CE, 22 mars 1989, *Feld*, Rec., p.273
CE, 10 mai 1989, *Caisse des dépôts et consignations c/ Villetard*, n°91283
CE, 2 juin 1989, *Union autonome inter-catégorielle de la Caisse des dépôts et consignations*, Rec. p.494 et 722
CE, 6 juin 1989, *Préfet de la région d'Ile-de-France, Préfet de Paris*, Rec. p.293
CE, 16 juin 1989, *Banque de France c/ M. Huberschwiller*, RFDA 1989, p.973, cls S. DAEL
CE, 26 juin 1989, *Région Nord-Pas-de-Calais*, n°173136
CE, 11 octobre 1989, *Commune de Port Saint Louis du Rhône*, Rec. p.184
CE, 22 décembre 1989, *M. Morin*, AJDA 1990, p.90 note X. PRETOT
CE, 28 mars 1990, *Commune de la Réole*, CJEG, 1990, p.261
CE, 27 juillet 1990, *Bourgeois*, RFDA, 1990, cls N. CHAHID-NOURAI
CE, 15 octobre 1990, *Ministre de l'équipement, du logement, de l'aménagement du territoire et des transports*, n°95194
CE, 2 mai 1990, *Commune de Saint-Jean*, n°69361
CE, 25 mai 1990, *Caisse des dépôts et consignations*, Rec. p.623
CE, 15 octobre 1990, *Ministre de l'équipement, du logement, de l'aménagement du territoire et des transports c/ Association pour un développement harmonieux de Saint-Gilles et de sa région*, Rec., p.930
CE, 30 mars 1990, *Leca*, Rec. p.81
CE, 3 décembre 1990, *Ville d'Amiens*, RFDA, 1991, p.196
CE, 6 mars 1991, *Syndicat CGT du Crédit d'équipement des petites et moyennes entreprises (CEPME)*, Rec. p.657 et 972
CE, 11 mars 1991, *Masset*, Rec. p.671
CE, 29 novembre 1991, *Crépin*, RFDA, 1992, p.884, cls F. LAMY
CE, 3 février 1992, *Ministre des Postes, des télécommunications et de l'espace*, Rec. p.49.
CE, 24 avril 1992, *Union nationale des fédérations d'organismes d'habitations à loyer modéré*, Rec. p.191
CE, 21 septembre 1992, *Association des administrateurs civils du ministère de l'éducation nationale et association des administrateurs civils et inspecteurs généraux de l'éducation nationale, anciens élèves de l'école nationale d'administration*, n°96545
CE, 12 février 1993, *Mme Gaillard*, AJDA 1993, p.665, obs. M. HECQUART-THERON
CE, 19 mars 1993, *Caisse des dépôts et consignations caisse nationale de prévoyance*, Rec. p. 75, cls J-C. BONICHOT ; LPA, 18 juin 1993, p.16, cls ; Gaz. Pal. 1993.2, panor. adm., p.160, JCP, IV, 1993, p.154, obs. M.-C. ROUAULT
CE, 28 juillet 1993, *Syndicat général CFDT de la CDC*, Rec. p. 551, 573, 622 et 815
CE, 3 décembre 1993, *Association de sauvegarde du site Alma Champs de Mars*, n°139021
CE, 1er avril 1994, *Commune de Menton*, Rec. p.175
CE 8 avril 1994, *Ministre des Affaires étrangères c/ Mme Jobez*, AJDA, 1994, p.679, chr. MM. TOUVET et STAHL
CE, 25 avril 1994, *M. Lamarque*, n°966658

CE, 24 juin 1994, *M. Christian Dubourg*, n°128747 et n°128748
CE, 29 juillet 1994, *Coopérative de consommation des adhérents de la mutuelle assurance des instituteurs de France (CAMIF),* Rec. p.365
CE, 12 octobre 1994, *Département des Alpes de Haute-Provence*, Rec. p.443
CE, 21 octobre 1994, *Ordre des avocats à la cour de Paris*, Rec. p.459
CE, 9 janvier 1995, *Préfet de la Région Rhône-Alpes*, Rec. p.17
CE, 13 janvier 1995, *Chambre de commerce et d'industrie de la Vienne,* n°68117
CE, 22 février 1995, *Caisse des dépôts et consignations*, n°101137
CE, 27 mars 1995, *Chambre d'agriculture des Alpes-Maritimes*, Rec. p.142 ; AJDA 1995, p.921, note C. BRAUD
CE, 12 avril 1995, *Syndicat national des ingénieurs et techniciens de la météorologie*, Rec. p.826
CE, 3 mai 1995, *Syndicat CGT-FO des personnels des services départementaux et des établissements de l'Office national des anciens combattants et victimes de guerre*, Rec. p.615 et 827
CE, 7 juin 1995, *Delaunay*, Rec. p.626
CE, 23 juin 1995, *Ministre de la Culture et de la Francophonie c/ Association « Défense Tuileries »*, RFDA 1995, p.838 cls J. ARRIGHI de CASANOVA
CE, 30 juin 1995, *Union des syndicats CGT de la Caisse des dépôts et consignations*, Rec. p.276, cls J.-C. BONICHOT, CJEG, janvier 1996, p.23
CE, 30 juin 1995, *Caisse des dépôts et consignations*, Rec. p.280
CE, 7 juillet 1995, *Union des syndicats de la Caisse des dépôts et consignations*
CE, 6 novembre 1995, *Centre interservices de santé et de médecine du travail en entreprises*, Cls P. MARTIN, Bulletin des conclusions fiscales, 1er février 1996, p. 22
CE 15 avril 1996, *Préfet des Bouches-du-Rhône*, Rec. p.137
CE, 10 juillet 1996, *M. Cayzelle*, RFDA, 1997, p.99, note P. DELVOLVE
CE, 31 juillet 1996, *Société des téléphériques du Mont Blanc*, Rec. p.334
CE, 25 octobre 1996, *Association Estuaire Ecologie*, RFDA 1997, p.339, cls J.-H. STAHL, note Y. MADIOT
CE, 4 novembre 1996, *Association de défense des sociétés de course des hippodromes de province et autres*, Rec. p.427
CE, 8 novembre 1996, *Fédération française des sociétés d'assurance*, Rec. p.441
CE, 6 décembre 1996, *Société Lambda*, RFDA, 1997, p.173, cls D. PIVETEAU ; GAJA n°106
CE, 5 février 1997, *M. Pouit*, n°116335
CE, 17 mars 1997, *Cons. Sup. des comités mixtes à la production d'EDF-GDF*, RFDA, 1997, p.671
CE, 26 mars 1997, *Association française des banques*, Rec. p.110
CE, 11 juin 1997, *Union des syndicats CGT de la Caisse des dépôts et consignations*, n°176939
CE 9 juillet 1997, *Sté Maison Ballant Brugneaux*, CJEG, 1997, p.400 ; RFDA 1998, p. 56, cls C. BERGEAL ; AJDA, 1998, p.620, note F. LICHERE
CE, 3 novembre 1997, *Société Million et Marais*, GAJA, n°116
CE, 12 novembre 1997, *Syndicat national des médecins du travail*, Rec. p.900
CE, 24 octobre 1997, *El Alj,* n°165516, Rec. p.1012
CE, 12 novembre 1997, *Syndicat national professionnel des médecins du travail*, Rec. p.900
CE, 1er décembre 1997, *Syndicat national des affaires sanitaires et sociales*, Rec. p.453

CE, 29 décembre 1997, *Commune d'Arcueil*, CJEG, avril 1998, p.159, cls M. GOULARD
CE, 29 décembre 1997, *Commune d'Ostricourt*, Rec. p.969
CE, 29 décembre 1997, *Commune de Gennevilliers*, RFDA, 1998, p.539, cls J.-H. STAHL
CE, 7 janvier 1998, *M. Trany*, AJDA, 1998, p.445, cls R. SCHWARTZ
CE, 6 février 1998, *Tête et Association de sauvegarde de l'Ouest Lyonnais*, Rec. p.30, cls H. SAVOIE
CE, 1er avril 1998, *Union hospitalière privée*, Rec. p.114
CE, 20 mai 1998, *Communauté de communes de Piémont de Barr et autre*, Rec. p. 201, cls H. SAVOIE : *L'application de la directive aux contrats entre personnes publiques*, RFDA, 1998, p.609
CE, 13 novembre 1998, *Syndicat professionnel des médecins de prévention de La Poste et de France Télécom et autres*, RFDA, 1999, p.262
CE, 25 septembre 1998, *M. Mégret*, RFDA, 1999, p.345, note L. BAGHESTANI-PERREY et M. VERPEAUX
CE, 5 mars 1999, *Président de l'Assemblée nationale*, Rec. p.41, cls C. BERGEAL : *Le contrôle de la passation des assemblées parlementaires*, RFDA, 1999, p.333 ; JCP, G., 1999, II, 10090, note H. DESCLODURES
CE, Ass., 5 mars 1999, *M. Rouquette, Mme Lipietz et autres*, RFDA, 1999, p.257, cls C. MAUGUE : *La légalité du décret du 26 février 1998 relatif aux allocations familiales*, et p.372 : obs. D. de BECHILLON et P. TERNEYRE : *La nature du rapport parlementaire annexé à Loi sur le financement de la Sécurité sociale*
CE, 10 mars 1999, *Caisse des dépôts et consignations et Crédit local de France*, RT, 1999, p.565, chr. L. COPPIN
CE, 19 mars 1999, *Syndicat indépendant des conducteurs et contrôleurs de travaux publics,* RFDA, 1999, p.226, note C. MONIOLLE
CE, 9 avril 1999, *Mme Toubol-Fischer et M. Bismuh*, RFDA 1999, p.964, cls H. SAVOIE ; La Gazette des communes, 24 mai 1999, p.52, cls, obs. d'A. VENNIN ; AJDA, 1999, p.776 et 834, obs. P. FOMBEUR et M. GUYOMAR
CE, 2 juin 1999, *Union autonome intercatégorielle de la Caisse des dépôts et consignations*, Rec. p.494 et 722
CE, 21 juin 1999, *Commune de Volvic*, Collectivités territoriales et Intercommunalité, p.17, note L. ERSTEIN
CE, 6 octobre 1999, *Caisse des dépôts et consignations*, Rec. p.857
CE, 20 octobre 1999, *Fédération des syndicats généraux de l'Education nationale et de la Recherche publique*, n°1148, JCP, 26 janvier 2000, obs. M.-C. ROUAULT
CE, 27 octobre 1999, *Solana*, Rec. p.333
CE, 27 octobre 1999, *Rollin*, RDP, 1999, p.1855, cls M. DAUSSUN ; JCP, 26 juillet 2000, p.1496, note V. CORNELOUP
CE, 19 novembre 1999, *Fédération syndicaliste Force ouvrière des travailleurs des Postes et Télécommunications et Syndicat CNT-PTT Paris*, LPA, 19 septembre 2000, note P. COMBEAU
CE, 5 janvier 2000, *Association française des banques et chambre syndicale des banques populaires,* Rec. p.1
CE, 9 février 2000, *Ministre de l'économie et des finances*, Rec. p. 37 ; DA, mars 2000, p.13
CE, 21 février 2000, *Union autonome inter-catégorielle de la Caisse des dépôts et consignations – Syndicat Union autonome inter-catégorielle « Région parisienne »*

de la Caisse des dépôts et consignations, n°209637 ; n°209638 ; n°209654 ; n°209679 ; n°209680 ; n°209701 ; n°209702
CE, 23 février 2000, *Ferrand,* Rec. p. 81 ; RFDA, 2001, p.481, chr. M. LASCOMBE et X. VANDENDRIESSCHE
CE, 23 février 2000, *Société Labor Métal et autres*, n°195-715, LPA, 22 juin 2000, p.12, note P. FRAISSEIX : *L'apprentissage du droit à un procès équitable par les juges ordinaires français : Le cas de l'obligation d'une apparence objective d'impartialité* ; RT, novembre 2000, p.682, chr. M. LASCOMBE et X. VANDENDRIESSCHE : *Qui saisit ne peut juger, qui instruit ne peut juger qui a jugé ne peut rejuger, qui a donné un avis ne peut juger*
CE, 15 mars 2000, *Lévy*, DA, avril 2000, p.20, note L. T.
CE, 22 mars 2000, *Syndicat national autonome personnel Banque de France*, DA, avril 2000, p.20
CE, 22 mars 2000, *M. et Mme Lasaulce*, RFDA, 2001, p.354, Etude G. J. GUGLIELMI : *Habilitation unilatérale, délégation contractuelle et consistance du service public*
CE, 21 avril 2000, *Union des syndicats de la Caisse des dépôts et consignations et autres*, n°199638
CE, 16 octobre 2000, *Cie méditerranéenne d'exploitation des services d'eau (CMESE)*, RFDA, 2001, p.106, cls C. BERGEAL
CE, 17 novembre 1999, *Giraud c/ Ministre de l'Economie et des Finances*, RT, 2000, p.452, note M. LASCOMBE et X. VANDENDRIESSCHE
CE, 11 décembre 2000, *Caisse des dépôts et consignations*, n°208764
CE, 23 février 2001, *Commission des opérations de bourse*, RFDA, 2001, p.525
CE, 16 mars 2001, *Société coopérative Greenpeace Energy Eg*, DA, juin 2001, p.16
CE, 28 mars 2001, *Fédération nationale des syndicats d'agents d'assurance,* Collectivités territoriales-intercommunalité, juillet 2001, p.16, note L. ERSTEIN ; RT, 2002, p.404, chr. L. COPPIN ; Dalloz, jur., 2002, p.630, note N. CHARBIT : *La distribution par les agents du Trésor de produits d'assurance ne méconnaît pas le principe de liberté de concurrence*
CE, 30 mars 2001, *Association Vajra triomphant*, DA, Juillet 2001, p.34, note C. M.
CE, 6 avril 2001, *Le Leuch*, DA, mai 2001, p.15 ; DA, juillet 2001, p.24, note H.-M. CRUCIS
CE, 9 mai 2001, *Entreprise personnelle Transports Freymuth*, Environnement, janvier 2002, p.22, note D. DEHARBE
CE, 29 juin 2001, *Berton*, DA, août-septembre 2001, p.19, note D. P.
CE, 11 juillet 2001, *Syndicat CGT de la société Clemessy*, CJEG, 2002, p.539, cls F. SENERS, obs. C. BARTHELEMY ; DA, avril 2002, p. 15, obs. P. DELELIS : *Principe de spécialité et droit de la concurrence*
CE, 27 juillet 2001, *Jolivet*, Gaz. Pal., 31 mai et 1er juin 2002, p.33
CE, 27 juillet 2001, *Coopérative de consommation des adhérents de la mutuelle assurance des instituteurs de France (CAMIF)*, Europe, février 2002, p.22
CE, 30 novembre 2001, *Ministre de l'économie, des finances et de l'industrie c/ Epoux Kechichian et autres*, JCP, Entreprises et affaires, 20 décembre 2001, p.2032 ; LPA, 2002, n°28, p. 7, cls conformes A. SEBAN : *La responsabilité de l'Etat à raison de la surveillance des banques : maintien de la faute lourde* ; CJEG, 2002, p.380, cls ; JCP, G, 2002, II, 10042, p.499, note J.-J. MENURETT ; AJDA, 2002, p.133, chr. M. GUYOMAR et P. COLLIN ; LPA, 8 novembre 2002, p.11, note A. BOURREL : *La responsabilité de l'Etat du fait des carences de la commission bancaire dans son activité de contrôle des établissements financiers*

CE, 29 avril 2002, *Ullmann* ; DA, juin 2002, p.19, note D.P.
CE, 27 mai 2002, *Transvolver Service*, RD bancaire et financier, septembre-octobre 2002, p.265, obs. F.-X. L.
CE, 12 juin 2002, *Syndicat interdépartemental de la protection sociale Rhône-Alpes CFDT*, AJDA, 2002, p.848, cls S. BOISSARD : *La nature juridique des actes de tutelle*
CE, 22 juillet 2002, *Société MAJ Blanchisserie de Pantin*, RFDA, 2002, p.1010
CE, 29 juillet 2002, *SARL Delplanque*, AJDA, 2002, p.1287, note M. CLIQUENNOIS
CE, 30 décembre 2002, *Mme de Rimontheil de Lombares*, DA, mars 2003, p.38, note M. G.
CE, 2 octobre 2002, *Banque de France*, DA, janvier 2003, p.24, note D. P.
CE, 25 octobre 2002, *Société Caixa Bank France*, n°247209
CE, 13 novembre 2002, *Mme Distel et autres*, RFDA, 2003, p.193, chr. P. TERNEYRE
CE, 18 décembre 2002, *Mme Duvignières*, RFDA, 2003, p.280, cls. P. FOMBEUR
CE, 21 février 2003, *Fédération CFDT des syndicats de banques et sociétés financières*, DA, avril 2003, p.23, note G. L. C.
CE, 5 mars 2003, *Union nationale des services industriels et commerciaux et al.*, DA, mai 2003, note A. MENEMIS
CE, 5 mars 2003, *Ordre des avocats à la Cour d'appel de Paris*, DA, mai 2003, p.23, note A. MENEMIS
CE, 19 mars 2003, *Association des élus de montagne*, DA, mai 2003, p.15, note M. G.
CE, 29 mars 2003, *Ministre de l'emploi et de la solidarité c/ Chambre de commerce et d'industrie de Tarbes et des Hautes- Pyrénées*, DA, mars 2003, p.25

2) Cours administratives d'appel

CAA Lyon, 31 décembre 1993, *Mme Guidicelli*, n°92LY00458
CAA Lyon, 3 juin 1997, *Mme Bozonnet c/ Caisse des dépôts et consignations*, Rec. p. 887
CAA Paris, 19 mars 1998, *Caisse des dépôts et consignations*, Rec. p.1056
CAA, Marseille, 1re ch., 27 octobre 1998, *Département de l'Aube*, cls M. DUCHON-DORIS, RFDA, 1999, p.1099, obs. J.-Y. CHEROT
CAA, Paris, 30 mars 1999, *El Shikh*, AJDA, 1999, p.951
CAA, Paris, 13 juillet 1999, *Groupe Dentressangle*, AJDA, 1999, p.953
CAA Paris, 11 mai 2000, *M. Eric Habif*, RFDA 2000, p.872, cls C. LAMBERT
CAA Paris, 25 janvier 2000, *MM. Kéchichian, Hamod et autres*, n° 93PA01250 et 93PA01251
CAA Paris, 9 août 2000, *EPAD*, DA, mai 2001, p.13
CAA Lyon, 18 septembre 2000, *Caisse des dépôts et consignations c/ Sainte Marie*, RFDA, 2001, p.758
CAA Lyon, 4 décembre 2000, *Banque de France*, RFDA, 2001, p.758
CAA Bordeaux, 19 mars 2002, *Teissere*, DA, juillet 2002, p.19
CAA Paris 7 mai 2002, *Caisse des dépôts et consignations c/ Mme Galas*, n°99PA02569
CAA Nantes, 11 mai 2002 *Caisse des dépôts et consignations c/ Mme Mandereau*, n°98NT02222

CAA Marseille, 18 juin 2002, *Centre Hospitalier Antibes – Juan-les-Pins*, DA, janvier 2003, p.18, note A. MENEMIS
CAA, Nantes, 6 décembre 2002, *Ville de Laval*, AJDA, 2003, p.109
CAA Marseille, 26 juin 2003, *Compagnie générale de stationnement*, DA, décembre 2003, p.21

3) Tribunaux administratifs

TA, Versailles, 24 novembre 1961, *Sieur Saddo*, Rec. p.845
TA, Strasbourg, 13 décembre 1983, *Préfet, commissaire de la République de la Moselle*, Rec. p.576
TA, Lyon, 9 janvier 1986, *Caisse des dépôts et consignations*, Gaz. Pal. 1987.1, somm. p.62
TA, Paris, 25 mai 1994, *Chambre syndicale des sociétés d'études techniques et d'ingénierie*, cls M. PLOUVIN, CJEG, 1995, p.157
TA, Strasbourg, 8 décembre 1994, *Entreprise Freymuth c/ ministre de l'Environnement,* cls. J. POMMIER, AJDA, 1995, p.555
TA, Bastia, 12 décembre 1996, *SA Cyclergie*, DA, janvier 1997, p.18
TA, Montpellier, 26 juin 1998, *M. Lampin*, n°96-4249
TA, Bordeaux, 9 mars 2000, *Mme Laborde c/ Caisse des dépôts et consignations*, n°952209
TA, Pau, 19 décembre 2000, *Préfet des Hautes-Pyrénées*, n° 255
TA, Dijon, *Société Jean-Louis Bertrand consultants*, AJDA, 2003, p.790, cls B. HECKEL ; obs. J.-D. DREYFUS
TA Pau, 13 mai 2002, *M. Robert Claverotte*, n°99-1738

B) JURISPRUDENCES CONSTITUTIONNELLES

1) Décisions relatives à la conformité à la Constitution (art. 54 C et 61C)

70-41 DC, 30 décembre 1970, *Loi de finances rectificatives pour 1970*, Rec. p.29
71-44 DC, 16 juillet 1971, *Liberté d'association*, GDCC n°19
76-60 DC du 8 novembre 1876, *Loi de finances pour 1976*, Rec. p.37
77-83 DC, 20 juillet 1977, *Loi modifiant l'article 4 de la loi de finances rectificative pour 1961 (obligation de service des fonctionnaires*), RJC I, p.50
77-92 DC, 18 janvier 1978, *Loi relative à la mensualisation et à la procédure conventionnelle (contre-visite médical),* Rec. p.21
80-119 DC, 22 juillet 1980, *Lois portant validation d'actes administratifs*, GDCC n°29
82-142 DC, 27 juillet 1982, *Réforme de planification*, Rec. p.52
82-143 DC, 30 juillet 1982, *« Blocage des prix »*, GDCC n°33
83-162 DC des 19-20 juillet 1983, *Loi relative à la démocratisation du secteur public*, JORF, 22 juillet 1983, p.2267, RDCC 1983-1985, p.49
83-164 DC, 29 décembre 1983, *Loi de finances pour 1984*, Rec. p.71
83-167 DC, 19 janvier 1984, *Loi relative à l'activité et au contrôle des établissements de crédit*, Rec. p.23 ; RDCC 1983-1985, p.23 ; RDP 1986, p.395, chr. L. FAVOREU ; Dalloz, IR, p.357, obs. L. HAMON
84-182 DC, *Loi relative aux administrateurs judiciaires, mandataires-liquidateurs et experts d'entreprise*, Rec. p.27

84-184 DC du 29 décembre 1984, L*oi de finances pour 1985,* Rec. p. 94
85-196 DC, 8 août 1985, *Evolution de la Nouvelle Calédonie*, GDCC n°38
86-209 DC, *Loi de finances rectificatives pour 1986*, Rec. p.86
86-207 DC, 25-26 juin 1986, *Privatisations*, GDCC n°39
86-217 DC, 18 septembre 1986, *Loi relative à la liberté de communication*, AJDA 1987, p.102, note P. WACHSMANN
86-224 DC, 23 janvier 1987, *Loi transférant à la juridiction judiciaire dans le contentieux des décisions du conseil de la concurrence*, GDCC, n°41
87-232 DC, 7 janvier 1988, *Loi relative à la mutualisation de la Caisse nationale de Crédit agricole*, Rec. p.17
87-239 DC, 30 décembre 1987, *Loi de finances rectificatives pour 1987*, Rec. p.69
88-244 DC, 20 juillet 1988, *Loi d'amnistie*, Rec. p.119
88-248 DC, 17 janvier 1989, *Loi modifiant la loi n°86-1067 du 30 septembre 1986 relative à la liberté de communication,* GDCC n°42
89-256 DC du 25 juillet 1989, *Loi portant dispositions diverses en matière d'urbanisme et d'agglomérations nouvelles*, CJEG, janvier 1990, p.10, chr. B. GENEVOIS : *La soumission du régime de l'expropriation à la Constitution*
89-260 DC, 28 juillet 1989, *Loi relative à la sécurité et transparence du marché financier*, Rec. p.81
89-262 DC, 7 novembre 1990, *Loi relative à l'immunité parlementaire*, Rec. p.90 ; RFDC, 1990, p.239, note T. S. RENOUX : *Immunité et parlementaires chargés de mission : plaidoyer pour une cause défunte*
89-268 DC, 29 décembre 1990, *Loi de finances pour 1990*, JORF, 30 décembre 1989, p.16498 ; Rec. p.110 ; RFDA, 1990, p.143, obs. B. GENEVOIS ; RFDC, 1990 p.122, note L. PHILIP ; RJF, 1990, p.127, note X
90-285 DC, 28 décembre 1990, *Loi de finances pour 1991*, Rec. p.95
91-304 DC, 15 janvier 1992, *Loi modifiant la Loi du 30 septembre 1986 relative à la liberté de communication*, Rec. p.18
93-324 DC, 3 août 1993, *Banque de France*, JCP, 1993, n°22193, note N. VAN TUONG ; LPA, 4 mars 1994, p.6, chr. B. MATHIEU et M. VERPEAUX ; RFDC,1993, p.843, note P. GAIA
93-327 DC, 19 novembre 1993, *Loi organique sur la Cour de Justice de la République*, Rec. p.40
93-329 DC, 13 janvier 1994, *Loi relative aux conditions de l'aide aux investissements des établissements d'enseignements privés par les collectivités territoriales*, Rec. p.9
93-330 DC, 29 décembre 1993, *Loi de finances pour 1994*, JORF, 31 décembre 1993, p.18750
94-347 DC, 3 août 1994, *Loi portant diverses dispositions d'ordre économique et financier*, RDCC 1994, p.113 ; LPA, 1995, p.4, chr. B. MATHIEU et M. VERPEAUX ; RFDC, 1994, p.826, note J. TREMEAU
95-371 DC, *Loi de finances rectificative pour 1995*, 29 décembre 1995, RFDC, 1996, p.130, note L. PHILIP
96-375 DC, *Loi portant diverses dispositions d'ordre économique et financier*, JORF, 13 avril 1996, p.5730
96-378 DC, 23 juillet 1996, *Loi de réglementation des télécommunications*, Rec. p.107
96-385 DC, 30 décembre 1996, *Loi de finances pour 1997*, Rec. p.145
97-393 DC, 18 décembre 1997, *Loi de financement de la sécurité sociale pour 1998*, RJC, I, p.791

98-396 DC, 19 février 1998, *« loi organique portant recrutement exceptionnel de magistrats de l'ordre judiciaire »,* JCP, 1998, II, 10104, note A. QUINT
98-404 DC, 18 décembre 1998, *Limites de la rétroactivité fiscale*, GDCC, n°50
98-405 DC, 29 décembre 1998, *Loi de finances pour 1999*, Rec. p.326
99-416 DC, 23 juillet 1999, loi portant *création d'une couverture maladie universelle*, RFDC, 1999, p.809, note L. GAY
99-421 DC, *Loi portant habilitation du gouvernement à procéder, par voie d'ordonnances, à l'adoption de la partie législatives de certains codes,* 16 décembre 1999, JORF, 22 décembre 1999, p.19041
99-423 DC, 13 janvier 2000, *Réduction du temps de travail négocié II*, RFDC, 2000, p.341, chr. R. GHEVONTIAN, V. BERNAUD et D. RIBES
2000-431 DC, 6 juillet 2000, *Loi relative à l'élection des sénateurs*, LPA, 12 juillet 2000, p.19, note J.-E. SCHOETTL
2000-436 DC, 7 décembre 20000, *Loi relative à la solidarité et au renouvellement urbains*, JORF, 14 décembre 2000, p.19840
2001-446 DC, 27 juin 2001, *Loi relative à l'interruption volontaire de grossesse,* JORF, 7 juillet 2001, p.10828
2001-448 DC du 25 juillet 2001, *Loi organique relative aux finances publiques*, JORF, 2 août 2001, p.12490
2001-450 DC, *Loi portant diverses dispositions d'ordre social, éducatif et culturel*, 11 juillet 2001, JORF, 18 juillet 2001, p.11506, RJS, 2001, p.900, note X
2001-452 DC, 6 décembre 2001, *Loi portant mesures urgentes de réformes à caractère économique et financier*, JORF, 12 décembre 2001, p.19712
2001-455 DC, 12 janvier 2002, *Loi de modernisation sociale*, JORF, 18 janvier 2002, p.1052
2002-460 DC, 22 août 2002, *Loi d'orientation et de programmation sur la sécurité intérieure*, AJDA, 2002, p.1059, note J.-Y. CHEROT et J. TREMEAU
2003-473 DC, 26 juin 2003, *Loi habilitant le gouvernement à simplifier le droit*, DA, octobre 2003, note A. MENEMIS
2003-489 DC, 30 décembre 2003, *Loi de finances pour 2004,* JORF, 31 décembre 2003, p.22636.

2) Décisions rendues sur examen de fin de non-recevoir (art. 41 C)

66-7 FNR, 21 décembre 1966, *Proposition de loi de M. Baudis, député, telle qu'elle résulte du rapport de la commission spéciale, concernant l'indemnisation des dommages subis par les Français rapatriés d'outre-mer*, Rec. p.37

3) Décisions rendues sur examen de l'incompatibilité de certaines fonctions avec un mandat parlementaire

95-13 I, 19 janvier 1996, *Patrick Braouzec*, Rec. p.26
98-17 I, 28 janvier 1999, *Situation du président de la Chambre de commerce et d'industrie de Bastia (Haute-Corse),* JORF, 31 janvier 1999, p.1652 ; RFDC, 2000, p.359, chr. R. GHEVONTIAN

4) Décisions rendues sur examen des textes de forme législative (art 37 C)

59-1 L, 27 novembre 1959, *RATP*, GDCC n°5

61-14 L et 61-15 L, 18 juillet 1961, *Organisation judiciaire et Institut des hautes études d'Outre Mer*, Rec. p.38
67-47 L, 12 décembre 1967, *Nature juridique de certaines dispositions de l'article 1er de l'ordonnance n°59-151 du 7 janvier 1959 relative à l'organisation des transports de voyageurs dans les transports parisiens*, Rec. p.34
72-73 L., 27 février 1972, *Nature juridique de certaines dispositions des articles 5 et 16 de l'ordonnance, modifiée, du 17 août 1967 relative à la participation des salariés aux fruits de l'expansion des entreprises,* AJDA, 1972, p.638, note B. TOULEMONDE
77-98 L, 27 avril 1977, *Code forestier*, 27 avril 1977, JORF, 30 avril 1977, p.2513
79-107 L, 30 mai 1979, *ANVAR*, Rec. p.44
79-108 L, 25 juillet 1979, *ANPE*, JORF, 27 juillet 1979, p.1954
85- 139 L, 8 août 1985, JORF, 21 août 1985, p.9609
99-185 L, 18 mars 1999, AJDA, 1999, p.534 : note J.-E. SCHOETTL

C) JURISPRUDENCES FINANCIERES

1) Cour des comptes

Cco, 23 août 1834, *Ville de Roubaix*, GAJF, 4ème éd., n°29
Cco, 25 avril 1883, *Sieur Chasteau, chef du service des titres*, Rec. p.5
Cco, 27 février 1899, *Commune de Bonneville*, Rec. p.140
Cco, 19 novembre 1935, *Fighiéra, directeur des affaires commerciales et industrielles au ministère du commerce*, GAJF, 4ème éd., n°34
Cco, 16 juin 1944, *M. Martinès receveur spécial et M. Tharan, gérant intérimaire*, Rec. p.83
Cco, 13 décembre 1949, *M. Léger, Receveur*, Rec. p.52
Cco, *17 mars 1977, Gensollen, caissier général de la Caisse des dépôts et consignations*, Rec. p.40, GAJF, 4ème éd., n°24
Cco, 11 janvier 1990, note du Parquet n°14, Rec., p. 145
Cco, 6 mai 1993, *M. Cettour, Trésorier municipal de Nice*, Arrêt, jugements et communications des juridictions financières, JORF, 1995, p.64
Cour des comptes, 1ère chambre, 18 et 25 mars 1996, *Caissier général de la Caisse des dépôts et consignations. Exercices 1989 à 1993*, n°13218
Cco, 25 avril 1996, *Trésorier-payeur général de l'Allier*, RFFP, chr. de comptabilité publique, p.243 : J. MAGNET et N. ROBERT
Cco, 7 janvier et 1er février 1999, *Caissier général de la Caisse des dépôts et consignations*, arrêt n°21755, RT, mars-avril 2000, p.217, chr. de jurisprudence financière M. LASCOMBE et X. VANDENDRIESSCHE
Cco, 12 février 1999, *Agence comptable des services industriels de l'armement*, RT, mars-avril 2001, p.188, Chr. de jurisprudence financière M. LASCOMBE et X. VANDENDRIESSCHE
Cco, 19 juin 2000, *Caissier général de la Caisse des dépôts et consignations (exercices 1994 à 1997)*, RT, janvier 2001, p.40, chr. de jurisprudence financière M. LASCOMBE et X. VANDENDRIESSCHE

2. Cour de discipline budgétaire et financière

CDBF, 22 janvier 1992, *Cuvelier et Gonzalez, centre de formation des personnels communaux,* Rec. p.127
CDBF, 1er octobre 1997, *Institut de France*, RT, 1999, p.183

D) JURISPRUDENCES JUDICIAIRES

1) Cour de Cassation

C.Cass., 23 mars 1864, *Caisse des dépôts et consignations c/ Veuve Gavaudan*, Dalloz, 1864, I, p.220

C.Cass., 4 janvier 1865, *Receveur général de la Gironde c/ Bergerat*, Dalloz, 1865, I, p.172

C.Cass., 22 février 1893, *Caisse des dépôts et consignations c/ Demoiselle Jouenne et Lenormand*, Dalloz, 1893, I, p.235 ; procès-verbal du 8 juillet 1863 et procès-verbal du 8 mars 1893

C.Cass., 20 octobre 1913, *Caisse des dépôts et consignations c/ Liquidation de la Société des eaux du Midi*, Dalloz, 1921, I, p.33

C.Cass., com., 6 février 1978, Dalloz, 1979, IR, p.276

C.Cass., civ., 1re, 13 janvier 1982, Dalloz, somm., p.363, obs. C. LARROUMET

C.Cass., civ., 1re, 31 janvier 1990, *Caisse des dépôts et consignations*, Dalloz, 1990, IR, p.55

C.Cass., civ., 1re, 20 mars 1990, *Société Holiday Inn c/ Société coopérative Verchenal,* JCP, G., 1990, II, 21564, note G. GOUBEAUX

C.Cass., 16 mai 1990, *Société Fabien-Fabienne contre M. Marthoud*, Bull. civ., 1990, III, n°120, p.67

C. Cass., 30 mai 1990, *M. Soulier c/ M. Poulard et autres*, Bull. civ., 1990, III, n°130, p.72

C. Cass., 2e, 20 novembre 1991, *Trésorier principal d'Issoudum,* Dalloz, 1992, IR, p.10

C. Cass., civ., 1re, 26 novembre 1991, Bull. civ., 1991, I, n°337, p.219

C. Cass., soc., 9 février 1994, *Comité d'entreprise de Naphtachimie c/ SA BP Chemicals*, Droit social, 1994, p. 255, rapport P. WAQUET : comité d'entreprise et comité de groupe dans le cas des filiales communes

C. Cass., civ., 1re, 4 janvier 1995, *Office des céréales de Tunisie*, Bull. civ., 1995, I, n°6, p.5

C. Cass., soc. 22 février 1995, M. *d'Epremesnil et a. c/ France Télécom*, AJDA, 1995, p.475, note S. SALON

C.Cass., soc. 28 novembre 1995, *Caisse des dépôts et consignations et autres ; Union autonome intercatégorielle de la Caisse des dépôts et consignations et autres ; Syndicat Force ouvrière Caisse des dépôts et consignations et autres* ; n°94-60278 ; 94-60570 ; 94-60580

C. Cass., soc., 17 janvier 1996, *Comité central d'entreprise de l'UAP et autres*, n°93-20066

C.Cass., civ. 1re, 30 janvier 1996, *Morand c/ Agent judiciaire du Trésor,* RDP, 1997, p.235, note J.-M. AUBY

C.Cass., com., 9 juillet 1996, Bull. Civ., 1996, IV, n°203, p.174

C.Cass., 28 octobre 1997, *Mme Delaplanche et autres*, RJS, janvier 1998, p.8, rapport C. BARBEROT

C.Cass., 22 avril 1997, *Brénac*, Dalloz, 1997, jur., p.371, note F. DERIDA : *Redressement et liquidation judiciaires : la Caisse des dépôts et consignations transformée en « Fort Knox »*

C.Cass., 16 décembre 1997, *Association pour la défense des actionnaires minoritaires c/Président de la COB*, Dalloz, 1999, Somm., p.254, note Y.

REINHARD : *légalité de l'OPA du Crédit Foncier de France par la CDC agissant pour le compte de l'Etat*
C.Cass., 17 décembre 1997, *Caisse des dépôts et consignations*, Dalloz, 1998, IR, p.53
C. Cass., 5 mai 1998, *Filiol Goic (SCP)*, Dalloz, 1998, IR, p.151
C. Cass., civ., 1re, 1er décembre 1998, *Mme Guyon c/ Caisse régionale du Crédit agricole*, Bull. civ., I, 1998, n°334, p.231
C.Cass., 26 avril 2000, *Dargent/Farfelan*, RD bancaire et financier, 2000, p.235
C. Cass., crim., 24 mai 2000, *M. Brown et al.*, n°3534
C.Cass., com., 4 décembre 2001, n°99-13118
C.Cass., Plén., 14 décembre 2001, *Cousin*, JCP, G, 13 février 2002, p.345, note M. BILLAU : *Le préposé condamné pénalement pour avoir intentionnellement commis, fût-ce sur l'ordre du commettant, une infraction ayant porté préjudice à un tiers, engage sa responsabilité civile à l'égard de celui-ci*
C.Cass., 17 janvier 1996, *Comité d'établissement Tour Assur et autres*, Bull. civ., 1996, I, n°15, p.10
C.Cass., 30 septembre 2003, *Syndicat mixte pour la production de chaleur à Bondy (SMPDC)*, AJDA, 2003, p.2205, note J-D. DREYFUS : *« l'élément exorbitant », critère de qualification des contrats entre personnes publiques*

2) Cours d'appel

CA Paris, 3eB, 18 juin 1992, *Winterthur (SA),* Dalloz, 1993, jur., p.79
CA, Paris, 18 mars 1993, *Société du Journal téléphoné contre Ministère de l'équipement, du logement des transports et de l'espace, direction de la direction de la météorologie nationale*, AJDA, 1993, p.652, obs. M. BAZEX
CA Poitiers, 8 mars 1995, *Saint-Martin,* Dalloz, jur., p.256, note F. DERIDA : *Redressement et liquidation judiciaires : l'avis à tiers détenteur du Trésor face au super privilège des salariés*
CA Paris, 3 décembre 1997, *Morand c/ Agent judiciaire du Trésor*, Dalloz, IR, 1998, p.23
CA Paris, 8eA, 13 janvier 1998, *Receveur principal des impôts de Vitry-sur-Seine*, Dalloz, 1998, jur., p.194, note F. DERIDA : *Redressement et liquidation judiciaires : les sommes versées à la Caisse des dépôts et consignations sont saisissables entre les mains du liquidateur, tiers saisi*
CA, Paris, 15ème ch., sect. A, 4 mai 1999, *Caisse des dépôts et consignations c/ Commune de Morestel et autres*, n°1999/15862
CA, Paris, 1re ch., 7 mars 2000, *Société KPMG c/ COB*, n°1999/15862, LDPA, mai 2000, p.2, comm. M. BAZEX, C. ADAM et S. BLAZY
CA, Angers, Ch. sociale, 25 janvier 2001, *SARL Cie industrielle Mendes c/ Micholet*, n°145316
CA, Paris, 18 février 2002, *Aballéa et autres*, Bulletin Joly Bourse, septembre-octobre 2002, p.451, note L. RUET

3) Tribunaux d'instance

Tribunal d'instance de Paris 7 du 17 février 1998 relatif aux contentieux des élections professionnels, *Union autonome intercatégorielle de la Caisse des dépôts et consignations -UAI-CDC*, RG n°11-98-000044

E) JURISPRUDENCES DU TRIBUNAL DES CONFLITS

TC, 8 février 1873, *Blanco*, GAJA n°1
TC, 9 décembre 1899, *Association syndicale du Canal de Gignac*, Sirey, 1900, 3ème partie, p.49, note HAURIOU
TC, 22 janvier 1921, *Société commerciale de l'Ouest africain*, dit Bac d'Eloka, GAJA n°39
TC, 14 janvier 1935, *Thépaz*, GAJA, n°52
TC, 10 février 1949, *Guis*, Rec.p.590
TC, 22 janvier 1955, *Sieur Naliato c/ l'Etat*, Rec. p.694
TC, 2 avril 1973 *Préfet de Paris*, Rec. p.646
TC 23 janvier 1978, *Marchand*, Rec. p. 643
TC, 15 janvier 1979, *Caisse de crédit municipal de Toulon c/ Sieur Creus*, AJDA 1979, p. 33, note J.-M. PONTIER
TC, 16 mai 1983, *SA Compagnie toulousaine de transports publics*, Rec. p.659
TC, 21 mars 1983, *Union des assurances de Paris*, AJDA, 1983, p.356, cls D. LABETOULLE
TC, 4 juillet 1983, *Gambini*, Rec. p.540
TC, 13 décembre 1976, *Zaoui*, Rec. p.706
TC, 9 juin 1986, *Commune de Kinzheim*, Rec. p. 448
TC, 6 juin 1989, *Préfet de la région Ile-de-France*, dit Ville de Pamiers, Rec. p.293
TC, 18 décembre 1995, *Préfet de la région Ile-de-France, Préfet de Paris et Institut de formation pour les entreprise de la région parisienne c/ Chambre de commerce et d'industrie de Paris*, Rec. p.700
TC, 25 mars 1996, *Préfet de la région Rhône-Alpes, Préfet du Rhône et autres c/ Conseil de prud'hommes de Lyon*, Rec. p.536, cls P. MARTIN
TC, 16 juin 1997, *Société La Fontaine de Mars, M. et Mme Huet c/ Banque de France*, Rec. p.532, RFDA, 1997, p.823, cls J. ARRIGHI de CASSANOVA
TC, 19 janvier 1998, *Union française de l'Express*, RFDA, 1998, p.189, note B. SEILLER
TC, 22 juin 1998, *Agent judiciaire du Trésor c/ Raymond Miglierina*, Rec. p. 784, 819 et 1012, cls M. SAINT-ROSE ; Gaz. Pal., 2-3 avril 1999, somm., p.18
TC, 27 septembre 1999, *Société Transdev*
TC, 14 février 2000, *GIP « Habitat et Interventions Sociales pour les mal-logés et les sans-abris*, DA, mars 2000, p.20

XII- RAPPORTS ET DOCUMENTS ASSIMILES D'AUTORITES ADMINISTRATIVES FRANCAISES

A) ORDONNANCES ET AVIS DE CONSEIL D'ETAT

Outre les derniers rapports publics du Conseil, nous avons consulté :

1) Ordonnances de référés

CE, ord., 12 novembre 2001, *Commune de Montreuil-Bellay*, DA, février 2002, p.35, note M. LOMBART
CE, ord., 29 mars 2002, *SCI Stéphane et autres*, req. n°243338

2) Avis

n° 6024, 8 janvier 1952, *Commission des de contrôle des opérations immobilières et nature juridique de la Caisse des dépôts et consignations*, Bulletin de la direction des impôts -Enregistrements et du service des domaines, n°22, 30 mai 1952, p.43 ; procès-verbal du 12 octobre 1951, p.612 ; procès-verbal du 25 janvier 1952, p. 60 ; procès-verbal du 22 février 1952, p.117
n° 60.497, 6 février 1953, *Tradition républicaine*, GACE, 2ème éd., n°2, comment. B. STIRN
n° 324.507, 17 mai 1979, *Pouvoir réglementaire délégué,* GACE, 1ère éd, 1997, n°13, comment. F. CHENEAU
n° 333.160, 14 avril 1983, *Hiérarchie, tutelle et mandat*, GACE, 1997, 1ère éd., n°19, comment. T. DAL FARRA
n° 340.609, *Champ d'application et financement de la gestion déléguée*, 7 octobre 1986, GACE, 1997, p.245
n° 351619, 2 juillet 1992, *Construction de lignes nouvelle de TGV par la SNCF*, Rapport public CE 1992, EDCE, n°44, p.406
n° 351654, 16 juin 1992, *Chambre de commerce et d'industrie*, Rapport public CE, 1992, EDCE, n°44, p.419
n° 352.281, 15 juillet 1992, *RATP*, Rapport public CE, 1992, EDCE, n°44, p.435
n° 355.255, 18 novembre 1993, *France Télécom (statut des agents)*, GACE, 2ème éd., 2002, n° 30, comment. L. RICHER
n° 356.089, 7 juillet 1994, *spécialité des établissements publics (EDF-GDF),* GACE, 1997, 1ère éd., n°42, comment. C. VIGOUROUX
n° 359.964, 30 janvier 1997, *Statuts, droits, obligations, garanties des fonctionnaires et agents publics*, Rapport public CE, 1998, EDCE, n°50, p.185
n° 360-829, 23 septembre 1997, *« Fonctionnaires CDC mis à la disposition de la CNP »,* Rapport public CE, 1998, EDCE, n°50, p.196
n° 362-610, 17 septembre 1998, *Entreprise appartenant au secteur public*, GACE, 2ème éd., 2002, n°41, obs. F. ROLIN
n° 363.834, 9 décembre 1999, *Banque de France,* GACE, 2ème éd., 2002, comment. Y. GAUDEMET
n° 229811 et n°229810, 16 mai 2001, *Mlle Sylvie Joly c/ Préfet de Haute Garonne et Mlle Sandrine Padroza c/Préfet de Haute Garonne*, RDP, 2001, p.1513, note M. CANEDO
n° 24-6921, 29 juillet 2002, *Société MAJ Blanchisseries de Pantin*, LPA, 11 octobre 2002, p.17, note S. PIGNON : *L'avis du Conseil d'Etat sur le caractère administratif des marchés publics*

B) RAPPORTS, REPONSES AU PARLEMENT ET AUTRES DOCUMENTS DE LA COUR DES COMPTES

Outre les derniers rapports publics de la Cour, nous avons consulté :

1) Rapports au Président de la République

Rapport *sur l'exercice 1914*, JORF, 1920, p.61
Rapport *sur l'exercice 1936 et 1937*, Imprimerie nationale, 1938, p.121

Rapport au Président de la République suivi des réponses des administrations et des organismes intéressés : *L'intervention de l'Etat dans la crise du secteur financier*, novembre 2000, www.courdescomptes.fr, 217 p.
Rapport au Président de la République suivi des réponses des administrations et des organismes intéressés, *La Politique de la Ville*, www.courdescomptes.fr, 333 p.

2) Réponses au Parlement

Budget 1990 – Réponse à la question n°2 posée par le Sénat : *Le fonds de réserve et de garantie des Caisses d'épargne,* Rapport sur le projet de loi, adopté par l'Assemblée nationale, portant règlement définitif du budget de 1990, 1992-1993, n°17, Imprimerie nationale, p.124
Budget 1990 - Réponse à la question n°7 posée par le Sénat : *Conditions de rattachement du fonds de concours "produit de la rémunération des fonds déposés à la caisse des dépôts et consignations sur le livret A-HLM" au budget de l'urbanisme, logement et services communs*, Rapport sur le projet de loi, adopté par l'Assemblée nationale, portant règlement définitif du budget de 1990, 1992-1993, n°17, Imprimerie nationale, p.161
Budget 1992 – Réponse à la question n°1 posée par l'Assemblée nationale : *Les recettes non fiscales : les prélèvements divers,* Rapport sur le projet de loi portant règlement définitif du budget de 1992, Assemblée nationale, 1993-1994, n°1070, Imprimerie nationale, p.203

3) Référés

Référé Cco, 22 avril 1990, 1ère ch., n°5497, Rec. p.176
Référé Cco, 31 août 1992, 1ère ch., n°5802, Rec. p.236

C) RAPPORTS ET ETUDES DU CONSEIL ECONOMIQUE ET SOCIAL

MOUSSY (J-P.), *Des autorités de régulations financière et de concurrence : pour quoi ? Comment ?*, CES, Direction des Journaux officiels, janvier 2003, 113 p.
GOUSSEAU (M.), *«Les implications d'un statut rénové de la Banque de France »,* CES, Direction des Journaux officiels, mai 1993, 103 p.

D) RAPPORTS ET ETUDES D'AUTORITES ADMINISTRATIVES INDEPENDANTES

1) Le Médiateur de la République

PINAY (A.), *Rapport annuel du médiateur 1973*, Paris, La documentation française, 1974, 287 p.

2) La Commission d'accès aux documents administratifs

CADA, 18 janvier 1996, *Président de l'Assemblée nationale*, n°196-006
CADA, 23 mai 1996, *Président de l'Assemblée nationale*, n°1996-1650

CADA, 8 février 2001, demande communication *de deux analyses rétrospectives et prospectives de la situation financière de la commune de Caussade par Monsieur Bonhomme*, n°20010553-MD

3) La Commission pour la transparence financière de la vie politique

8ème Rapport (bilan d'activités de 1996 à 1998), JORF, 25 mars 1999, p.4484

4) Le Conseil de la concurrence

a- Décisions

n° 88-D-27 du 21 juin 1988 relative *à des pratiques relevées dans le secteur de la messagerie-groupage*, BOCCRF, 30 juin 1988, p.172
n° 91-D-28 du 4 juin 1991 relative *à une saisine et à une demande de mesures conservatoires présentées par MM. Moreti et Chaboy exploitant la société de fait SAM'BOAT*, BOCCRF, 5 juillet 1991, p.181
n° 91-D-51 du 19 novembre 1991 relative *au marché des programmes de télévision réservé à la diffusion sur les réseaux câblés*, BOCCRF, 11 décembre 1991, p.338
n° 96-MC-01 du 16 janvier 1996 relative *à une demande de mesures conservatoires présentée par la société EDA*, BOCCRF, 16 mars 1996, p.105
n° 96-D-10 du 20 février 1996 relative à *des pratiques mises en œuvre par France Télécom et par l'office d'annonces*, BOCCRF, 23 avril 1996, p.147
n° 96-D-80 du 10 décembre 1996 relative *aux saisines présentées à l'encontre d'Electricité de France*, BOCCRF, 6 mars 1997, p.146

b- Avis

n° 94-A-15, 10 mai 1994, *diversification des activités d'EDF et de GDF au regard du droit de la concurrence,* RFDA, 1994, p. 1158
n° 95-A-18 du 17 octobre 1995 relatif *à une demande d'avis sur les problèmes soulevés par les activités de messagerie de la SNCF au regard de la concurrence,* BOCCRF, 28 février 1996, p.73
n° 96-A-10, 25 juin 1996, *fonctionnement des services financiers de la Poste au regard du droit de la concurrence,* BOCCRF, 3 septembre 1996, p. 444
n° 97-A- 4 novembre 1997, *diversification des activités de la RATP*, Rapport 1997 du Conseil de la concurrence, p.1155

E) RAPPORT DU HAUT SECTEUR FINANCIER PUBLIC ET SEMI-PUBLIC

Les entreprises de service public, Rapport 1990, 1992, 222 p.
Un secteur financier public, pour quoi faire ?, Rapport 2001, 2001, 501 p.

F) RAPPORTS D'ETUDES DIVERSES

BARBIER de La SERRE (R.), DAVID (J.-H.), JOLY (A.) et ROUVILLOIS (P.), *L'Etat actionnaire et le gouvernement des entreprises publiques* (rapport à M. Francis Mer, Ministre de l'économie, des finances et de l'industrie), 24 février 2003

BOUTON (D.) (Rapport du groupe de travail présidé par), *« Pour un meilleur gouvernement des entreprises cotées »*, MEDEF – AFEP-AGREF, 23 septembre 2002, www.medef.fr, 28 p. (recherche effectuée le 2 février 2003)
NOYER (C.) et NASSE (P.) (Mission confiée par le ministre de l'économie, des finances et de l'industrie), *Rapport sur l'équilibre des Fonds d'épargne*, www.finances.gouv.fr, 69 p. (recherche effectuée le 11 février 2003)
ROCHET (C.) (Rapport rédigé sous la dir.), *Les établissements publics nationaux : un chantier pilote pour la réforme de l'Etat. La mise en œuvre des politiques publiques par les établissements publics nationaux. De la conception de la stratégie à l'évaluation de la politique*, Paris, La Documentation française, 2002, 86 p.
VIENOT (M.) (Rapport du groupe de travail présidé par), *« Le conseil d'administration des sociétés cotées »*, juillet 1995, www.ecgi.org, 24 p. (recherche effectuée le 2 février 2003)
VIENOT (M.) (Rapport du Comité sur le gouvernement d'entreprise présidé par), juillet 1999, www.ecgi.org, 33 p. (recherche effectuée le 2 février 2003)

XIII- DOCUMENTS CDC

A) RAPPORTS AU PARLEMENT (dits Rapports blancs)[4]

Année sur laquelle la direction morale et sur la situation matérielle de la Caisses d'amortissement et des dépôts et consignations le rapport a été rendue	Arrêté en Commission de surveillance le :	Nombre de volumes et de pages[5]
1816	17 novembre 1816	56 p
1817	23 décembre 1817	38 p.
1818	20 mars 1819	18 p.
1819	6 mars 1820	21 p.
1820	27 janvier 1821	13 p.
1821	8 février 1822	13 p.
1822	10 mars 1823	13 p.
1823	Manquant	Manquant
1824	8 mars 1825	25 p.
1825	11 avril 1826	9 p.
1826	28 mars 1827	10 p.
1827	16 avril 1828	8 p.
1828	16 mars 1829	10 p.
1829	23 septembre 1830	9 p.
1830	31 octobre 1831	8 p.
1831	Manquant	Manquant
1832	9 mars 1833	5 p.
1833	Manquant	Manquant

[4]Les collections des rapports au Parlement sont incomplètes. Le service des archives dispose de plusieurs collections qui nous ont permis d'élaborer très succinctement ce tableau.
[5]Sauf omission de notre part, les états financiers sont comptabilisés dans le nombre de page.

1834	Manquant	Manquant
1835	9 avril 1836	11 p.
1836	19 juin 1937	8 p.
1837	26 mai 1838	8 p.
1838	21 mai 1839	7 p.
1839	3 juin 1840	10 p.
1840	24 avril 1841	15 p.
1841	25 mai 1842	12 p. + 9 annexes
1842	10 juin 1843	9 p. + annexes
1843	8 juin 1844	9 p.
1844	14 juin 1845	10 p.
1845	30 mai 1846	13 p.
1846	12 juin 1847	26 p.
1847	27 janvier 1849	31 p. + 104 p.
1849	9 août 1849	35 p. + 104 p.
1849	26 juillet 1849	18 p. + 122 p.
1850	13 août 1850	13 p. + 116 p.
1851	14 juin 1852	13 p. + 120 p.
1852	27 avril 1853	21 p. + 127 p.
1853	10 mai 1854	15 p. + 119 p.
1854	21 mars 1855	17 p. + 159 p.
1855	23 avril 1856	21 p. + 180 p.
1856	29 avril 1837	24 p. + 194 p.
1857	24 avril 1858	12 p. + 195 p.
1858	27 avril 1859	17 p. + 208 p.
1859	2 mai 1860	22 p. + 248 p.
1860	15 mai 1861	24 p. + 240 p.
1861	7 mai 1862	18 p. + 226 p.
1862	25 avril 1863	21 p. + 240 p.
1863	20 avril 1864	17 p. + 264 p.
1864	10 mai 1865	18 p. + 154 p.
1865	9 mai 1866	11 p. + 138 p.
1866	29 mai 1867	9 p. + 162 p.
1867	20 mai 1868	13 p. + 173 p.
1868	14 avril 1869	10 p. + 196 p.
1869	20 avril 1870	14 p. + 201 p.
1870, 1871 et 1872	18 mars 1874	23 p. + 311 p.
1873, 1874 et 1875	24 avril 1877	20 p. + 334 p.
1876, 1877 et 1878	24 avril 1879	21 p. + 386 p.
1879	2 décembre 1880	30 p. + 156 p.
1880	29 juin 1882	23 p. + 149 p.
1881	1er décembre 1882	23 p. + 160 p.
1882	20 décembre 1833	24 p. + 168 p.
1883	5 juin 1885	23 p. + 168 p.
1884	17 juillet 1885	24 p. + 166 p.
1885	25 novembre 1886	27 p. + 168 p.
1886	25 octobre 1888	28 p. + 166 p.
1887	25 octobre 1888	30 p. + 172 p.

1888	10 avril 1889	30 p. + 168 p.
1889	3 juin 1890	200 p.
1890	20 mai 1891	190 p.
1891	18 mai 1892	236 p.
1892	24 mai 1893	214 p.
1893	2 mai 1894	232 p.
1894	1er juin 1895	212 p.
1895	20 mai 1896	26 p. + 46 p.[6]
1896	2 juin 1897	72 p.
1897	25 mai 1998	51 p.
1898	10 mai 1899	134 p.
1899	7 juin 1900	90 p.
1900	22 mai 1901	124 p.
1901	4 juin 1902	106 p.
1902	20 mai 1903	134 p.
1903	8 juin 1904	124 p.
1904	21 juin 1905	136 p.
1905	27 juin 1906	124 p.
1906	5 juin 1907	136 p.
1907	17 juin 1908	132 p.
1908	25 juin 1909	146 p.
1909	22 juin 1910	134 p.
1910	14 juin 1911	152 p.
1911	21 juin 1912	158 p.
1912	20 juin 1913	182 p.
1913	19 juin 1914	170 p.
1914	5 août 1915	200 p.
1915	18 octobre 1916	180 p.
1916	19 octobre 1917	190 p.
1917	22 novembre 1918	146 p.
1918	5 décembre 1919	176 p.
1919	23 juillet 1920	152 p.
1920	1er juillet 1921	191 p.
1921	23 juin 1922	173 p.
1922	22 juin 1923	194 p.
1923	6 juin 1924	171 p.
1924	19 juin 1925	192 p.
1925	22 juin 1926	167 p.
1926	23 juin 1927	218 p.
1927	22 juin 1928	208 p.
1928	14 juin 1929	207 p.
1929	16 juin 1930	193 p.
1930	19 juin 1931	247 p.
1931	10 juin 1932	253 p.

[6]Ce nombre de page s'explique par le dépôt d'états financiers directement au Parlement. *« Désormais, certains états seront déposés dans les archives du Sénat et de la Chambre des Députés »* (p.46 du présent rapport et p.41 du rapport 1896)

1932	16 juin 1933	265 p.
1933	15 juin 1934	283 p.
1934	21 juin 1935	279 p.
1935	24 juin 1936	297 p.
1936	18 juin 1937	294 p.
1937	17 juin 1938	321 p.
1938	16 juin 1939	311 p.
1939	6 décembre 1940	319 p.
1940	29 mai 1942	297 p.
1941	13 novembre 1942	252 p.
1942	19 novembre 1943	239 p.
1943	8 décembre 1944	219 p.
1944	14 décembre 1945	213 p.
1945	6 décembre 1946	221 p.
1946	17 octobre 1947	211 p.
1947	23 juillet 1948	285 p.
1948	8 juillet 1949	279 p.
1949	7 juillet 1950	281 p.
1950	27 juillet 1951	269 p.
1951	11 juillet 1952	269 p.
1952	10 juillet 1953	271 p.
1953	9 juillet 1954	279 p.
1954	8 juillet 1955	289 p.
1955	13 juillet 1956	287 p.
1956	12 juillet 1956	291 p.
1957	20 juin 1958	299 p.
1958	30 avril 1959	305 p.
1959	10 juin 1960	305 p.
1960	28 juillet 1961	327 p.
1961	20 juillet 1962	327 p.
1962	28 juin 1963	315 p.
1963	26 juin 1964	53 p. + 223p.[7]
1964	9 avril 1965	56 p. + 224 p.
1965	25 mars 1966	60 p. + 243 p.
1966	30 juin 1967	66 p. + 266 p.
1967	14 juin 1968	68 p. + 265 p.
1968	13 juin 1969	69 p. + 269 p.
1969	24 avril 1970	69 p. + 264 p.
1970	30 avril 1971	79 p. + 298 p.
1971	9 juin 1972	84 p.
1972	8 juin 1973	99 p.
1973	24 mai 1974	115 p.
1974	23 mai 1975	107 p.
1975	28 mai 1976	297 p.
1976	24 juin 1977	129 p.
1977	23 juin 1978	140 p. + 310 p.

[7] Désormais, le rapport comporte 2 volumes.

1978	18 mai 1979	163 p. + 269 p.
1979	23 mai 1980	166 p.
1980	22 mai 1981	171 p.
1981	14 mai 1982	183 p.
1982	25 mai 1983	197 p.
1983	23 mai 1984	220 p. + 285 p.
1984	29 mai 1985	215 p. + 276 p.
1985	28 mai 1986	210 p. + 261 p.
1986	19 mai 1987	227 p. + 267 p.
1987	26 avril 1988	196 p. + 277 p.
1988	9 mai 1989	259 p. + 279 p.
1989	29 mai 1990	t.1 : 280 p. + t.2 : 302 p.
1990	11 juin 1991	t.1 : 279 p. + t.2: 307 p.
1991	21 mai 1992[8]	t.1 : I + II ; 2/2 ; 5 p. ; 12 p. ; 34 p.; t.2 : p. V/V + p. 68/68
1992	1er juin 1993	t.1: I + II; 20/20 ; 6/6 ; 74/74 t.2: 96/96
1993	8 juin 1994	t.1 : 34/34 + 30/30 + 3/3 + 30/30 + 22/22 + 6/6 +1/1 ; t.2 : 116/116
1994	7 juin 1995	t.1 : 44 p. + 5 p. + 28 p.+ 3 p. + 27 p. + 41 p. ; t.2 : 110/110
1995	5 juin 1996	t.1 : 176 p. ; t.2 : 138 p.
1996	16 juillet 1997	t.1 : 173 p. ; t.2 : 134 p.
1997	9 juin 1998	t.1 : 159 p. ; t.2 : 100 p.
1998	2 juin 1999	t.1 : 170 p. ; t.2 : 95 p. ; t.3 : 211 p.
1999	30 mai 2000	t.1 : 227 p. ; t.2 : 105 p.
2000	30 mai 2001	t.1 : 213 p. + t.2 : 140 p.
2001	15 mai 2002	t.1 : 44 p. + t.2 :196 p +t.3:156 p.

B) RAPPORTS ANNUELS D'ACTIVITES (dits Rapports rouges)

Les activités et le rôle économique de la Caisse des dépôts en 1980, Service d'informations de la Caisse des dépôts, septembre 1981, 63 p.
Exercice 1983, CDC, Service des relations extérieures, 75 p.

[8]Conformément à l'article 20 de la loi n°91-635 du 10 juillet 1991, le rapport au Parlement fait l'objet d'une nouvelle présentation. De ce fait, le rapport au Parlement comporte deux tomes :

- le tome 1 présente, outre la préface du Président et la communication du Directeur général, le rapport établi et adopté par le Commission de surveillance. il comporte également les « principaux éléments financiers simplifiés », établis en cohérence avec ceux présentés dans le rapport d'activité ;
- le tome 2 présente les procès-verbaux des séances de la Commission de surveillance à partir de l'exercice 1991 ;
- un tome 3 peut présenter les éléments financiers en les distinguant du tome 1.

Exercice 1984, CDC, Service des relations extérieures, 87 p.
Exercice 1985, CDC, Service des relations extérieures, 84 p.
Exercice 1986, CDC, Service de la communication extérieure, 75 p.
Exercice 1987, CDC, Service de la communication extérieure, 79 p.
Exercice 1988, CDC, Service de la communication extérieure, 95 p.
Rapport annuel 1989, Groupe CDC, Communication extérieure, 103 p.
Rapport annuel 1990, Direction générale, Communication extérieure, CDC , 127 p.
Rapport annuel 1991, Direction de la communication extérieure, CDC , 120 p.
Rapport annuel 1992, CDC, Direction de la communication du Groupe, 120 p.
Rapport annuel 1993, CDC, Direction de la communication du Groupe, 95 p.
Rapport annuel 1994, CDC, Direction de la communication du Groupe, 96 p.
Rapport annuel 1995, CDC, Direction de la communication du Groupe, 92 p.
Rapport annuel 1996, CDC, Direction de la communication du Groupe, 72 p.
Rapport annuel 1997, CDC, Direction de la communication du Groupe, 64 p. + Points de repères et éléments financiers 1997
Rapport annuel 1998, CDC, Direction de la communication du Groupe, 67 p.+ éléments financiers 1998
Rapport annuel 1999, CDC, Direction de la communication du Groupe, 156 p.
Rapport annuel 2000, CDC, Direction de la communication du Groupe, 171 p
Rapport annuel 2001, CDC, Direction de la communication du Groupe, 183 p.
Rapport annuel 2002, CDC, Direction de la communication du Groupe, 152 p.

C) FONDS D'EPARGNE ET FINANCEMENT DU LOGEMENT SOCIAL ET DE LA POLITIQUE DE LA VILLE – RAPPORTS ANNUELS (dits Rapports verts)

<table>
<tr><th>Année du Rapport</th><th>Rapport proprement dit</th><th>Etudes</th><th>Présentation des comptes</th></tr>
<tr><td>1996</td><td colspan="2">82 p.</td><td>29 p.</td></tr>
<tr><td>1997</td><td>88 p.</td><td></td><td>26 p.</td></tr>
<tr><td>1998</td><td colspan="2">95 p.</td><td>27 p.</td></tr>
<tr><td>1999</td><td colspan="2">59 p.</td><td>28 p.</td></tr>
<tr><td>2000</td><td>47 p.</td><td>9 p.</td><td>31 p.</td></tr>
<tr><td>2001</td><td colspan="2">63 p.</td><td>34 p.</td></tr>
<tr><td>2002</td><td>44 p.</td><td>12 p.</td><td>Multi.</td></tr>
</table>

D) DECISIONS DU DIRECTEUR GENERAL (non publiés au JORF)

1) Arrêtés

Arrêté du Directeur général du 18 septembre 1998 relatif aux *conditions d'application des dispositions du titre I du décret n°98-596 du 13 juillet 1998*, 2 p.
Arrêté du Directeur général du 2 juin 1999 portant *organisation des services de la Caisse générale*,1 p.
Arrêté du Directeur général du 2 juin 1999 portant *réorganisation de services du secrétariat général du groupe*, 4 p.

Arrêté du Directeur général du 21 juin 1999 portant *réorganisation de la Direction des fonds d'épargne*, 7 p.
Arrêté du Directeur général du 22 septembre 1999 relatif aux *règles de bonne conduite professionnelle et personnelle – établissement public*, 8 p.
Arrêté du Directeur général du 1er février 2000 relatif à l'*organisation des activités bancaires de la Caisse des dépôts et consignations*, 3 p.
Arrêté du Directeur général du 1er février 2000 portant *création d'un service processus et organisation Groupe au sein du secrétariat général du Groupe*, 2 p.
Arrêté du Directeur général du 31 octobre 2000 relatif à l'*organisation du pôle Dépôts, Epargne et Financements Publics*, 4 p.
Arrêté du Directeur général du 20 décembre 2000 portant *création d'une régie de recettes et d'une régie de dépenses auprès de la Branche Caisse de Retraite de la Caisse des dépôts et consignations*, 5 p.
Arrêté du Directeur général du 20 décembre 2000 portant *création d'une régie de recettes et d'une régie de dépenses auprès de la Direction du Bancaire réglementé de la Caisse des dépôts et consignations*, 7 p.
Arrêtés du Directeur général du 20 décembre 2000 portant *nomination du régisseur*, 2p.

2) Circulaires

Un recueil en 8 volumes reliés rassemble les *« circulaires de la Caisse des dépôts et consignations »* ayant pour objet principal la mise en œuvre des relations avec les préposés :

- 1901-1910 : n°1110 à 172
- 1921-1930 : n°246 à 359
- 1931-1935 : n°360 à 458
- 1936-1940 : n°459 à 550
- 1941-1945 : n°551à 651
- 1946-1950 : n°652 à 845
- 1951-1955 : n°846 à 978
- 1956-1960 : n°979 à 1146

Ce document peut être consulté au Service juridique et fiscal (SJF), au Service de la Communication et au Service des Archives de la Caisse des dépôts et consignations.

De 1816 à 1900, les circulaires, bien que n'ayant qu'un intérêt historique, peuvent être consultées au service des archives de la Caisse des dépôts et consignations.

Par ailleurs, BAYLE, fondé de pouvoirs du receveur particulier des finances de Saint-Yrieix, a publié en 1909, une *table alphabétique et analytique des circulaires de la Caisse des dépôts et consignations* aux éditions Berger-Levrault. Cet ouvrage est consultable au CHEFF.

Après 1961, il semble plus difficile d'accéder à cette documentation, plus informelle et utilisant les moyens technologiques les plus modernes.

Responsabilité des préposés, n°3, comptabilité, 25 juillet 1816, 10 p.
Organisation sommaire de la Caisse des dépôts, n°1051, Administration, 23 décembre 1957, 9 p.
Circulaire Caisse des dépôts et consignations n°1218 du 10 février 1964 : *remises, commissions et taxations allouées aux préposés de la Caisse des dépôts et consignations*
Circulaire n°91-3 du 5 novembre 1991, *Responsabilité des comptables du Trésor dans leur activité de prépose de la Caisse des dépôts et consignations*
Circulaire Caisse des dépôts et consignations n°92-3 du 9 novembre 1992 : *garantie des chèques impayés, comptes de disponibilités courantes des notaires : nouvelles modalités d'application*
Règles d'utilisation des moyens de communication électronique (avec 2 annexes), Le Directeur général, 6 juillet 2000, 7 p.

3) Décisions

Décision du Directeur général *portant création d'un service en charge de la fonction Groupe,* Direction générale, pas de date [192-1992] (doc. archives R. LION)
Décision du Directeur général du 15 février 1991 portant *création du Conseil du Comité exécutif*
Décision du Directeur général du 20 avril 1999 relative aux *missions imparties au contrôleur général,* 4 p.
Décision du Directeur général du 16 avril 1999 *relative à l'informatisation du fichier des adresses et modes de règlement des personnes physiques et morales intervenant dans la gestion des pensions et des fonds de prévoyance ainsi que les paiements effectués,* JORF, 24 avril 1999, p.6111
Décision du Directeur général du 22 avril 1999 portant sur la *création de la direction de la stratégie, des finances, du contrôle de gestion et de la comptabilité (DSFC),* 5 p.

E) PROCES VERBAUX DE LA COMMISSION DE SURVEILLANCE

(Catalogues des reliures[9])

Année(s) de la reliure	Nombre d'année(s)	Chiffre(s) ou lettre(s) de volume(s)
1816-1828	13	1
1840-1847	8	1
1848-1852	5	1
1853-1854	2	manquant
1855-1858	4	1
1859-1865	7	1

9 Ont été étudiées les reliures que possède le service des archives internes de la Caisse des dépôts et consignations (sur la conservation par le service des archives des procès-verbaux de la Commission de surveillance V. plus généralement procès-verbal du 21 novembre 1924 et procès-verbal du 4 décembre 1925). Pour autant, il a été impossible de recenser le nombre total de pages des reliures, étant donné l'absence de politique générale en la matière de la part des services de la Caisse des dépôts et consignations.
A partir de 1991, les procès-verbaux sont totalement publics et disponibles dans le « rapport blanc ».

1866-1870	5	1
1871-1875	5	1
1876-1880	5	1
1881-1885	5	1
1886-1888	3	1
1889-1890	2	1
1891-1892	2	1
1893-1894	2	1
1895-1896	2	1
1897-1898	2	1
1899-1900	2	1
1901-1902	2	1
1903-1904	2	1
1905-1906	2	1
1907-1908	2	1
1909-1910	2	1
1915-1916	2	1
1917-1918	2	1
1921-1922	2	1
1923-1924	2	1
1925	1	1
1926	1	1
1927	1	1
1928	1	1
1929	1	1
1930	1	1
1931	1	1
1932	1	1
1933	1	1
1934	1	1
1935	1	1
1936	1	1
1937	1	1
1938	1	1
1939	1	1
1940	1	1
1941	1	1
1942	1	1
1943	1	1
1944	1	1
1945	1	1
1946	1	1
1947	1	1
1949	1	1
1950	1	A et B
1951	1	A et B
1952	1	A et B
1953	1	A et B

1954	1	A et B
1955	1	A, B et C
1956	1	A, B et C
1957	1	A, B et C
1958	1	A, B et C
1959	1	A, B et C
1960	1	A, B et C
1961	1	A, B, C et D
1962	1	A, B et C
1963	1	A, B et C
1963	1	A, B et C
1964	1	A, B et C
1965	1	A, B et C
1966	1	A, B et C
1967	1	A, B et C
1968	1	A, B et C
1969	1	A, B, C et D
1970	1	A, B, C et D
1971	1	A, B, C et D
1972	1	A, B, C et D
1973	1	1, 2, 3, 4 et 5
1974	1	A, B C et D
1975	1	A, B C et D
1976	1	A, B C et D
1977	1	A, B C et D
1978	1	A, B C et D
1979	1	A, B et C
1980	1	A, B C et D
1981	1	A, B C et D
1982	1	A, B C et D
1983	1	A et B
1984-1985	2	1
1986-1987	2	1
1988	1	non reliés
1989	1	non reliés
1990	1	non reliés

F) DIRECTION DE LA COMMUNICATION (CDC)

1) Le magazine CDscope[10]

A. (K.), *Un nouveau corps : Les assistants techniques*, CDscope, n°97, juillet-août 1991, p.18

A. (L.) et J-M. (M.), *Logement social, PME. L'appui aux politiques publiques*, CDscope, n°129, juillet-août 1994, p.4

[10]On trouvera principalement dans cette notice des contributions de CDscope, magazine d'informations mensuelles de l'ensemble du groupe de la Caisse des dépôts et consignations édité depuis 1983 par la direction de la communication interne. Il est consultable à la Bibliothèque nationale de France (BNF).

AKOKA (C.) avec C. BURLATS et V. QUEUNIET (dossier réalisé par), *L'évaluation permanente*, CDscope, janvier 2003, p.12
AKOKA (C.) avec C. BURLATS, P. COUDREAU et V. QUEUNIET (dossier réalisé par), *La CDC autorité de gestion*, Cdscope, n°224, octobre 2003, p.23
AKOKA (C.), BURLATS (C.), LENORMAND (A.) et QUEUNIET (V.), *Des leviers pour l'emploi*, CDscope, n°226, décembre 2003, p.12
AKOKA (C.), BURLATS (C.), LENORMAND (A.), QUEUNIET (V.) et RIPOSA (C.), *Les territoires à l'heure du numérique*, CDscope, n°213, septembre 2002, p.14
AKOKA (C.), *Les collectivités locales et le haut débit*, CDscope, n°216, décembre 2002, p.3
AKOKA-RAMAIN (C.), LENORMAND (A.) avec C. BRUEL et C. RIPOSA, *Un levier pour les projets locaux*, CDscope, n°201, juin 2001, p.14
BENOIST (G.) (propos recueillis par J.-M. MESTRES), *La CDC employeur de droit privé*, CDscope, n°149, juillet-août 1996, p.9
BURLATS (C.) et QUEUNIET (V.) avec C. RIPOSA, *Qui sont les clients du bancaire réglementé*, CDscope, n°202, juillet-août 2002, p.12
BURLATS (C.), *DEFP : Les pistes de l'international*, CDscope, n°215, novembre 2002, p.27
BURLATS (C.), LENORMAND (A.) et MESTRES (J-M.) (avec la collaboration d'A. DAFFLON, B. GEORGE et F. GRELARD), *1900-1999, La CDC dans le siècle*, CDscope, n°186, décembre 1999, p.13
BURLATS C., *La CDC sur la scène européenne*, CDscope, n°218, février 2003, p.30
GONNET (M.) (propos recueillis par J-M. MESTRES), *Accord cadre. Priorité à l'emploi*, CDscope, n°183, septembre 1999, p.5
GUY (M.-S.) (dossier réalisé par), *Insertion. Sur le chemin de l'emploi*, CDscope, n°140, octobre 1995, p.13
J.-M. (M.), *Banque-Finance. A l'heure des changements*, CDscope, n°180, mai 1999, p.9
J.-M. (M.), *Premiers pas dans l'Encyclopaedia*, CDscope n°95, mai 1991, p.18
LAGAYETTE (P.) (propos recueillis par E. GUINGAND et J-M. MESTRES), *Philippe Lagayette : propos d'arrivée*, CDscope, n°113, janvier 1993, p.4
LEBEGUE (D.) (propos recueillis par A. LENORMAND et J.-M. MESTRES), *Projet stratégique. Une étape décisive dans l'évolution du groupe*, CDscope, n°185, novembre 1999, p.4
LENORMAND (A.) (dossier réalisé par), *Du Livret A aux HLM. Transformer les HLM*, CDscope, n°135, avril 1995, p.1
LENORMAND (A.) (dossier réalisé par), *Programme d'intérêt général. Le renouvellement urbain en action*, CDscope, n°191, mai 2000, p.13
LENORMAND (A.) (interview de J-P. CREMER, directeur du réseau des directions régionales), *Une nouvelle organisation en régions*, CDscope, n°213, septembre 2002, p.8
LENORMAND (A.) et MESTRES (J.-M.) (dossier réalisé par), *Politique de la ville. Vers le renouvellement urbain,* CDscope, n°175, décembre 1998, p.13
LENORMAND (A.) et MESTRES (J-M.) (dossier CDC Ixis), *Multispécialiste de la finance*, CDscope, n°198, février 2001, p.13
LENORMAND (A.), *Alliance avec le groupe Caisse d'épargne*, CDscope, n°202, juillet-août 2002, p.3
LENORMAND (A.), *Banquier de la « Sécu »*, CDscope, n°115, mars 1993, p.16

LENORMAND (A.), *Capital-Investissement. La CDC gestionnaire du fonds public pour le capital risque*, CDscope, n°170, juin 1998, p.5
LENORMAND (A.), *De l'Alliance à Eulia*, CDscope, n°207, janvier 2002, p.3
LENORMAND (A.), *François BlochLainé nous a quittés*, CDscope, n°209, mars 2002, suppl.
LENORMAND (A.), *La CDC mobilisée pour l'Internet à haut débit*; CDscope, n°203, septembre 2001, p.3
LENORMAND (A.), *Le temps des réalisations*, CDscope, n°205, novembre 2001
LENORMAND (A.), *Projet stratégique. Au cœur des priorités de l'action publique*, CDscope, n°215, novembre 2002, p.3
LENORMAND (A.), *Un fonds orienté actions*, Cdscope, n°221, juin 2003, p.3
LENORMAND (A.), *Un pionnier de l'archivage d'échanges électroniques*, CDscope, n°201, juin 2001, p.3
MAYER (F.) (interview), *Une « feuille de route » pour les cinq ans à venir*, Cdscope, n°229, avril-mai 2003, p.4
MESTRES (J.-M.) (dossier réalisé par), *Spoliations-restitutions. De l'ombre à la lumière*, CDscope, n°188, février 2000, p.13
MESTRES (J.-M.), *Fonds d'épargne. Le livret A retrouve des couleurs et le LEP de nouveaux emplois*, CDscope, n°194, septembre 2000, p.9
MESTRES (J.-M.), *Mise sur le marché de la CNP. Dans les coulisses de l'opération*, CDscope, n°175, Décembre 1998, p.21
MESTRES (J.-M.), *Projet stratégique. L'établissement public se réorganise*, CDscope, n°194, septembre 2000, p.5
MESTRES (J.-M.), *Spoliations des biens juifs sous Vichy. La Caisse des dépôts face à son passé*, CDscope, n°177, février 1999, p.21
QUEUNIET (V.), *Géodisation : un chantier conjoint avec le Trésor*, CDscope, n°157, avril 1997, p.24
QUEUNIET (V.), *Les consignations version an 2000*, CDscope, n°152, novembre 1996, p. 7
QUEUNIET (V.), *Les habits neufs du caissier général*, CDscope, n°187, janvier 2000, p.23
QUEUNIET (V.), *Réforme des dépôts des notaires. Les exigences du monopole*, CDscope, n°191, mai 2000, p.21
QUEUNIET (V.), *Vers la pérennisation des emplois-jeunes*, CDscope, n°202, juillet-août 2002, p.26
THIVEAUD (J.-M.) (Propos recueillis par J.-M. MESTRES), *1816 : La restauration financière*, CDscope, n°127, mai 1994, p.26
VIALLON (J.-P.), *Etats-Unis : Caisses d'épargne en faillite*, CDscope, n°89, p.22
X, *A la Une, ce mois-ci. Au service de tous depuis 1816*, CDscope, n°27, novembre 1984, p.11
X, *Gros plan. EDA : Etat des dépenses administratives*, CDscope, n°31, mars 1985, p.16
X, *En ce temps là. Dans le Larousse du XIXe,* CDscope n°44, mai 1986, p.29
X, *En ce temps là. Sous les auspices de la Foi publique*, CDscope, n°47, septembre 1986, p.29
X, *En ce temps-là, La Caisse sur son 31*, CDscope, n°50, décembre 1986, p.29
X, *çà bouge : CNP et CLF*, CDscope, n°60, novembre 1987, p.3
X, *CNP Assurances : Une SA est né*, CDscope, n°113, janvier 1993, p.4

X, *Ressources humaines. De nouvelles conditions de recrutement. Un arrêté du Directeur général en application du décret du 13 juillet*, CDscope, n°174, novembre 1998, p.7
X, *Taux. Un comité consultatif pour les taux réglementés*, CDscope, n°179, janvier 1999, p.7
X, *Développement des territoires. Une convention avec la DATAR*, CDscope, octobre 2000, n°195, p.7
X, *Premier mandat pour des fonds communautaires*, CDscope, n°198, février 2001, p.7
X, *Une deuxième mandat*, CDscope, n°201, juin 2001, p.6
X, *Création d'une direction des très petites moyennes entreprises et de l'économie sociales*, CDscope, n°201, juin 2001, p.7
X, *Un nouveau fonds public pour le capital risque*, CDscope, n°202, juillet-août 2001, p.5
X, *Branche retraites. Deux nouveaux fonds en gestion*, CDscope, n°203, septembre 2001, p.5
X, *Carte des clients et des offres du groupe Caisse des dépôts et consignations*, mise à jour au 20 septembre 2001, supplément au CDscope n°204, octobre 2001, multi.
X, *Partenariat avec l'ACOSS*, CDscope, n°206, décembre 2001, p.7
X, *Mobilité individuelle. Signature du premier accord pour le groupe financier*, CDscope, n°215, novembre 2002, p.5
X, *Renouvellement urbain. Naissance de la première société d'investissement régional*, CDscope, n°215, novembre 2002, p.11
X, *service-public local en ligne*, CDscope, n°216, décembre 2002, p.5
X, *Francis Mayer, nouveau directeur général de la CDC*, CDscope, n°217 janvier 2003, p.3
X, *Verbatim : le départ de Daniel Lebègue*, CDscope, n°217 janvier 2003, p.3
X, *Vœux 2003. Trois principes d'action pour l'avenir*, CDscope, n°218, février 2003, p.3
X, *L'Alsace choisit la CDC pour ses fonds structurels*, CDscope, n°218, février 2003, p.7
X, *Négociations sur la garantie consentie à CDC Ixis*, CDscope, n°219, mars 2003, p.7
X, *Jérôme Gallot, nouveau directeur*, CDscope, n°219, mars 2003, p.6
X, *Coopération avec l'Association des maires des grandes villes de France*, CDscope, n°219, mars 2003, p.5
X, *Nouveau mandat de gestion européen*, CDscope, n°219, mars 2003, p.4
X, *Un résultat net consolidé en forte diminution*, CDscope n°229, avril-mai 2003, p.7
X, *Nouveau fonds en Europe centrale*, CDscope, n°220, avril-mai 2003, p.16
X, *Un fonds dédié aux pays méditerranéens*, CDscope, n°221, juin 2003, p.6
X, *Groupes CDC et Caisses d'épargne : Refondation du partenariat*, CDscope, n°223, septembre 2003, p.3
X, *Un groupe en mouvement*, CDscope, n°226, décembre 2003, p.3

2) Autres publications

BLICK (de) (A.), *Le Trésor, un partenaire de longue date*, DABF Journal, n°55, 15 février 1996
BOUILLOT (I.) (édito), *La DABF dans le rétroviseur (1960>2000)*, DABF Journal, n°140, novembre 2000

DIRECTION JURIDIQUE ET FISCALE, CDC, Dispositions relatives à la Caisse des dépôts et consignations, 1999, multi
LAGAYETTE (P.) (Préambule de), *Guide des relations avec les fournisseurs et prestataires de services*, CDC/SJF, 10 septembre 1996, multi.
LAGAYETTE (P.) et COCHEME (B.), *Professionnalisme et déontologie. Nos règles de comportement*, CDC/ Branche Retraites, Document non daté, 4p.
LION (R.), *Le groupe CDC vers l'An 2000 « Dix ans d'audace et de succès », les vœux du Directeur général. R Lion*, Une semaine à la CDC, n°90-02, dans la Semaine n°332, Document, Janvier 1990
LION (R.), *Rapport de la commission des finances du Sénat : premières réactions du Directeur général*, La semaine CDC, n°460, 29 juin-6 juillet 1992
THIVEAUD (J-M.), *23 décembre 1815-23 décembre 1985, Du 1er projet de loi de finances à bientôt 170 ans de Caisse des dépôts*, Une semaine à la CDC, suppl., n°86-1, janvier 1986
THIVEAUD (J-M.), *La foi publique : « la foi dans le peuple, la confiance que le peuple exige »,* La semaine CDC, n°89-18, mai 1989
X, *Depuis 1816 nous sommes gestionnaires de retraites Chercheurs et politiques travaillent avec nous pour préparer l'avenir*, CDC, Branche retraites, non datée, multi.
X, *Développement Solidarité 1992-1994*, La Semaine CDC, n°456, 1er –9 juin 1992
X, *Extraits du journal intime d'Emmanuel Corvetto, ministre des finances du roi Louis XVIII*, Une Semaine à la CDC, n°399, service de l'information et de la communication internes, 29 avril-6 mai 1991
X, *Informatique CDC : au cœur du groupe Caisse des dépôts*, Informatique CDC, septembre 1999, 8 p.
X, *La politique des placements de la Caisse des dépôts depuis 1816*, La Semaine CDC, Document n°89-13, février 1989
X, *Le programme Développement Solidarité de la Caisse des dépôts*, La Semaine CDC, Document n°89-06, février 1989

G) RAPPORTS, ENCARTS ET DOCUMENTS DE PRESENTATION DU GROUPE

X., *Programme Développement Solidarité*, Direction des services aux collectivités locales (DCL), impr. CDC, octobre 1997, 4 p.
X., *Club d'échanges universités – CDC. 1993 / 1998 : cinq ans de réflexion. Une démarche originale entre les universités et la Caisse des dépôts*, Direction des services aux collectivités locales (DCL), impr. CDC, 31 p.

H) RELEVE DES COTES (Consultations des services des archives) [11]

Côtes	Noms	Descriptif sommaire	Nombres de boîtes
9809280001 à 9809280014	Fonds B. Georges	Travaux et recherches de la mission des travaux historiques	14
9504390001 à 95043900057	Fonds Chazel,	Contrôleur général : Interventions de la Cour des comptes (dérogations pour les boîtes 2 à 7)	7
9402180051 à 9402180057	Fonds Monziol	Fonds documentaires de la Caisse générale : contrôle des comptes de la Cour des comptes	6
9004110012, 0013, 0017, 0018	Fonds Monziol	Fonds documentaires de la Caisse générale : tenue des comptes, 1968-1974 ; organisation.	4
9004110001, 0002, 0006, 0007	Fonds Monziol	Responsabilité du Caissier général, numéraire	4
9100810087, 0091, 0132	Fonds Esclache	Activités du secrétariat général, 1930-1985	3
9903970001, 0002, 0006, 0011, 0012, 0016 à 0022	Fonds Pavy	Activités du secrétariat général du PDS : mise en œuvre, axes	12
9100850001, 0002, 0004, 0009, 0011, 0013, 0020, 0021, 0022, 0054, 0063, 0064, 0065, 0068, 0072, 0075, 0076, 0077, 0078, 0079, 0083, 0110	Fonds Richard	Activités et dossiers du directeur de la direction du développement local	22
0102640010, 0011	Fonds Gamelin	Activités et dossiers du directeur du département clientèles et réseaux	2
9909090001 à 00011	Fonds G. Demonet	Arriérés des archives du secrétariat général 1816-1985	11
9301850001 à 0007, 0022 à 00025	Fonds R. Lion	Direction générale 1981-1991	10

[11]Les recherches au service des archives se sont déroulées d'avril 2001 à juillet 2002. Le secteur des archives est composé notamment de l'unité Archives historiques chargée de collecter, traiter et communiquer, en interne et en externe, les archives de direction et historiques. Les cinq archivistes de l'unité ont pour mission la conservation et la sauvegarde des archives patrimoniales de l'établissement. V. KLEIN (V.), Les archives de la Caisse des dépôts et consignations, dans AGLAN (A.), MARGAIRAZ (M.) et VERHEYDE (P.) (dir.), *La Caisse des dépôts et consignations, la Seconde Guerre mondiale et la XXe siècle*, préc., 2003, p.638.

9209400001, 2, 3, 7, 13, 23, 33	Fonds R. Lion	Direction générale 1984-1990	7
9100720002, 3, 4, 7, 10, 11, 13, 26, 31, 34, 54	Fonds R. Lion	Direction générale 1982-1988	11
9306800001, 4 à 9, 19, 23, 26, 31, 34, 36, 38, 40, 75 à 83	Fonds R. Lion	Direction générale 1982-1992	24
9404580001, 2, 5, 21, 24, 27, 33 à 36	Fonds R. Lion	Direction générale 1976-1992	10
9100720055, 0065, 0074	Fonds R. Lion	Direction générale 1982-1988	3
9701580001	Fonds Gérard Lacroix	secrétariat général – CDC-Consultants 1988-1993	1
9209190002 à 0006	Fonds J-P. Brunel	Modernisation du Groupe et du secrétariat général 1985-1991	5
9609100001, 0005, 0008, 0009, 0011	Fonds J-P. Brunel	Réorganisation de la CDC et problèmes sociaux en découlant, rapports établis à la suite des contrôle de la Cour des comptes et rapports d'audits, 1948-1990	5
Non côté	Fonds MTH	Autonomie de la Caisse des dépôts et consignations	1
9906810037	Fonds Xavier Pillot	Congrès des Caisses d'épargne	1
0105660011 à 0015, 0036 à 0040	Fonds historique	Bureau central	10
0105720004	Fonds historique	Secrétariat général	1
0102780001à 0005	Fonds historique	Bureau central	5
0105680001 à 0005	Fonds historique	Bureau central	5
0105670046 à 0050	Fonds historique	Bureau central	5

XIV- SITES INTERNET UTILISES

A) GROUPE CDC

www.caissedesdepots.fr : site du Groupe Caisse des dépôts
www.cdc.retraites.fr : site de la Branche retraites de la Caisse des dépôts et consignations
www.cdcixis.com : site de la banque d'investissement et de financement Ixis
www.cnp.fr : site de la CNP Assurances

www.cnracl.fr : site de la Caisse nationale de retraite des agents des collectivités locales
www.eulia.com : Site de la Compagnie financière Eulia
www.icdc.caissedesdepots.fr : site de la filiale technique Informatique CDC chargé notamment de développer, gérer et concevoir le système d'information du Groupe de la Caisse des dépôts.
www.scet.fr : site de la société centrale pour l'équipement du territoire
www.scicdéveloppement.fr : Le site de la SCIC-développement, filiale du groupe SCIC, donne des informations sur les sociétés de la filiale

B) CORPS CONSTITUES/ INSTITUTIONS et FINANCES

www.assemblee-nationale.fr : site de l'Assemblée nationale
www.banque-France.fr : site de la Banque de France
www.caisse-epargne.fr : site de la Caisse nationale des Caisses d'épargne
www.ccomptes.fr : site de la Cour des comptes
www.clf.fr: site du Crédit local de France
www.conseil-economique-et-social.fr : site du Conseil économique et social
www.datar.gouv.fr : site de la Délégation à l'aménagement du territoire et à l'action régionale
www.legifrance.gouv.fr : site de législations et jurisprudences françaises et européennes
www.minefi.gouv.fr : site du Ministère de l'Economie et des Finances
www.premier-ministre.gouv.fr : site des services du Premier Ministre
www.senat.fr : site du Sénat

C) ASSOCIATIONS

www.amf.assoc.fr : site de l'association des maires de France
www.comité21.org : site du comité français pour l'environnement et le développement durable
www.fsem.asso.fr : site de la fédération nationale des sociétés d'économie mixte
www.gerfip.org : site du Groupement européen de recherches en finances publiques
www.notaires.fr : site du Conseil supérieur du notariat
www.sffp.asso.fr : site de la Société française de finances publiques

D) AFFAIRES EUROPENNES

www.europa.eu.int : site des institutions de l'Union européenne
www.ecb.int : site de la banque centrale européenne (BCE)
www.bei.eu.int : site de la banque européenne d'investissement (BEI)
www.curia.eu.int : site de la Cour de Justice des Communautés européennes

E) SYSTEMES ETRANGERS DE CDC

www.cassaddpp.it : site de la *Cassa Depositi e Prestiti*
www.cdg.org.ma : site de la Caisse de Dépôt et de Gestion du Maroc
www.lacaisse.com : site de la Caisse de dépôt et placement du Québec
www.treasury.fgov.be : site de la Caisse des dépôts et consignations belge

TABLE DES MATIERES

<u>Droit à l'Harmattan</u>

PROPRIÉTÉ INTELLECTUELLE
Principes et dimension internationale
ILARDI Alfredo
Les questions liées à la protection de la propriété intellectuelle et leurs implications d'ordre théorique et pratique sont, dans l'économie globale d'aujourd'hui, d'un intérêt stratégique capital. Ce livre propose une approche didactique des mécanismes complexes de protection de la propriété intellectuelle (industrielle, littéraire et artistique), en examinant trois volets de cette protection : les principes généraux, tels qu'on les retrouve dans la plupart des législations nationales ; l'origine et l'évolution des lois nationales ; la dimension internationale des dispositions nationales correspondantes.
(Coll. L'esprit économique, série Cours Principaux, 18,50 €, 210 p.)
ISBN 2-7475-7793-7

LA COMPOSITION PÉNALE
Une première évaluation
DANET Jean, GRUNVALD Sylvie
De nouveaux modes de traitement des délits sont apparus depuis 1999. Parmi eux, la composition pénale est à la fois un mode d'évitement du procès correctionnel, un traitement en amont des poursuites et une procédure conduisant à l'exécution d'une sanction. Elle permet une meilleure gestion des flux judiciaires, tout en recherchant l'adhésion de l'auteur de l'infraction à la sanction. Cette étude révèle une grande diversité de modèles pratiques. Mais elle rencontre un incontestable succès auprès des parquets qui y recourent, comme auprès des justiciables à qui elle est proposée.
(Coll. Bibliothèques de droit, 17,50 €, 202 p.) *ISBN 2-7475-7881-X*

LES PROCÈS-VERBAUX D'INTERROGATOIRE
Rédaction et exploitation
ROUSSEL Gildas
L'interrogatoire d'un témoin ou d'un suspect constitue une étape essentielle du procès pénal. Il va influer considérablement sur l'issue de la procédure avec en filigrane l'éternelle question de l'aveu. De ce fait, les paroles de l'interrogé sont reproduites sur procès-verbal. Alors qu'auparavant seules les réponses de l'interrogé étaient retranscrites, la loi du juin 2000 modifie la nature de ces écrits en obligeant la mention des questions posées. Apparaît désormais l'influence des enquêteurs. Le monologue fait place au dialogue. Cet ouvrage étudie les mécanismes des interrogatoires au travers des procès-verbaux.
(Coll. Bibliothèque de droit, 20,50 €, 232 p.) *ISBN 2-7475-7903-4*

L'ORDRE PUBLIC EN DROIT INTERNATIONAL DE LA FAMILLE. Etude comparée France/Espagne

POILLOT PERUZZETTO Sylvaine, CADET Fabien

L'accélération mondiale des flux migratoires impose désormais au juge international de traiter de véritables "conflits de civilisations" en matière familiale. Les tribunaux se trouvent confrontés à des institutions étrangères relevant d'une conception du droit de la famille radicalement opposée à celle qui prévaut en Europe, comme par exemple la polygamie et la répudiation. Comment alors concilier deux impératifs contradictoires, le respect du droit étranger et celui des droits fondamentaux ?

(Coll. Logiques Juridiques, 31 euros, 378 p.) *ISBN 2-7475-8053-9*

LES PRISONS EN EUROPE

SNACKEN Sonja, DUNKEL Frieder

La prison en Europe se trouve à la fois dans une phase de changement et en crise. Les taux de détention ont fortement augmenté dans la plupart des pays, en particulier au cours de la dernière décennie. La surpopulation et savoir comment la réduire sont devenues un thème central de la politique pénale. La question d'une incarcération et d'un traitement respectueux de la dignité humaine demeure d'un intérêt primordial. Le présent ouvrage met en évidence les différences et les similitudes qui existent dans les pays européens, et il traite de domaines précis touchant à des groupes de détenus comme les mineurs, les femmes, les toxicomanes.

(Coll. La Justice au quotidien, 10,50 euros, 74 p.) *ISBN 2-7475-8088-1*

LA SÉCURITÉ DES SPECTACLES. Comment faire face aux risques en tant qu'organisateur de spectacles ?

Sous la direction de Bertrand PAUVERT

Promouvoir une collectivité à travers l'organisation d'un festival, d'un spectacle, n'est plus chose aisée, le souvenir de catastrophes passées ou d'accidents restant vivace dans l'esprit des organisateurs potentiels. De nombreuses questions se posent alors: qui est responsable et sur quel fondement ? Comment s'organise l'indemnisation des victimes de la manifestation ? Quelles étaient les autorités compétentes pour assurer le respect de la sécurité ? Ont-elles bien rempli leur mission ?

(Coll. Droit de la sécurité et de la défense, 17,50 euros, 200 p.)
ISBN 2-7475-8136-5

PROCÉDURES DE CONTRÔLE FISCAL. La voie de l'équilibre

LAMBERT Thierry, DRIE Jean-Claude

L'administration fiscale est traditionnellement accusée de tous les maux dans l'exercice du contrôle fiscal. Et si la réalité juridique était tout autre ? Si le droit révélait des procédures différentes évoluant dans la voie de l'équilibre entre les pouvoirs dévolus à l'administration et les garanties accordées au contribuable ? La lecture approfondie de la doctrine administrative nous livre une administration qui prône, malgré sa mission de contrôle, toujours plus de garanties en faveur du contribuable. Etonnant renversement d'une situation de pouvoir !

(Coll. Finances Publiques, 31 euros, 384 p.) *ISBN 2-7475-8087-3*

SIX ANS D'ADMINISTRATION PÉNITENTIAIRE
BOULANGER Henri
L'administration pénitentiaire est généralement peu connue en profondeur. Pour l'avoir servie pendant plus de six ans en qualité de sous-directeur l'auteur en connaît bien les difficultés et les contraintes, juridiques et matérielles. Après une vue d'ensemble de l'institution et la présentation de ses acteurs, personnels et détenus, quelques aspects de la vie pénitentiaire parmi les plus marquants nous sont exposés. Les multiples problèmes posés par les prisons, les solutions mises en oeuvre pour tenter de les résoudre sont évoqués tels que l'auteur les a vécus.
(13,20 euros, 148 p.) *ISBN 2-7475-6941-1*

LE CARACTÈRE ÉQUITABLE DE LA REPRÉSENTATION POLITIQUE
ROBBE François, DEBARD Thierry
Le choix du mode de scrutin, la fixation des conditions d'exercice du suffrage et la détermination des conditions d'accès aux mandats effectifs soulèvent des questions juridiques. En procédant à une analyse critique de la législation électorale française, cet ouvrage collectif s'efforce de mesurer la place revenant à chacun dans la préparation et le déroulement des scrutins. La question étant de savoir si tous les acteurs actuels ou potentiels du processus électif - population, électeurs, candidats - reçoivent un traitement équitable.
(Coll. Questions contemporaines, 29,50 euros, 344 p.) ISBN 2-7475-7778-3

LES SAISIES MOBILIÈRES
SOUSTELLE Philippe
La loi du 9 juillet 1991 relative aux procédures civiles d'exécution a donné de nouveaux moyens de contrainte aux titulaires d'une décision de justice inexécutée ainsi qu'aux créanciers entendant se prémunir contre un risque d'impayé. Relativement simples à engager lorsqu'on dispose d'un titre exécutoire, les saisies mobilières assurent l'effectivité des droits justiciables. Cet ouvrage présente de manière synthétique les textes et la jurisprudence applicable aux principales saisies mobilières. A cet égard, il est à jour du décret du 11 septembre 2002.
(Coll. La Justice au quotidien, 11,50 euros, 106 p.) *ISBN 2-7475-7591-8*

LES SANCTIONS EN DROIT DES ASSURANCES
PONGE Jean-Claude
Cet ouvrage a pour objet de réunir dans un même cadre des notions et des règles disparates dont le point commun est leur caractère "répressif". Généralement peu ou mal connues du plus grand nombre des assurés, elles sont difficiles à retrouver, car éparpillées parmi les manuels ou traités. En outre, leur application par les cours, spécialement par la Cour de Cassation, donne lieu à des nuances qu'il est indispensable de connaître. Cet ouvrage, illustré de nombreux exemples tirés de la jurisprudence, devrait permettre aux assurés de mieux cerner leurs obligations et, ainsi, de mieux se défendre.
(Coll. La Justice au quotidien, 11 euros, 100 p.) *ISBN 2-7475-7735-X*

L'UNITÉ DE GISEMENT

Hydrocarbures et autres matières minérales

BOUVET Jean-Pierre

Le sujet de l'unité de gisement regarde en droit international la question des gisements de substances minérales qui sont traversés par des frontières internationales. Cet ouvrage présente une analyse des cas apparus sur les cinq continents dans les territoires terrestres et dans les différentes zones maritimes. Particulièrement consacré aux hydrocarbures, il tente d'être complet pour ce qui concerne les traités internationaux sur les ressources minérales et les décisions des tribunaux internationaux, les concessions octroyées par les Etats et les accords passés entre les entreprises privées.

(Coll. Logiques Juridiques, 39 euros, 508 p.) *ISBN 2-7475-7435-0*

LE RÉGIME DES INVESTISSEMENTS DIRECTS DANS LES ZONES FRANCHES D'EXPORTATION

STERN Brigitte, RAVALOSON Johary Hasina

Un régime de zones franches d'exportation est souverainement adopté par l'Etat selon ses priorités afin d'aménager l'attractivité de son territoire au sein d'un marché mondialisé des investissements. Ce faisant, l'emprunt de la logique marchande et l'ouverture au domaine particulier du commerce international affectent l'Etat et son droit. En définitive, ce régime s'avère être un mode de soustraction des rapports d'investissements à l'ordre juridique national. Il agit de surcroît à l'intérieur des systèmes juridiques nationaux comme le cheval de Troie du libéralisme mondialisé.

(Coll. Logiques Juridiques, 27 euros, 304 p.) *ISBN 2-7475-7842-9*

LE TEMPS DANS L'INVESTIGATION PÉNALE

FOURNIER Georges, ETRILLARD Claire

Cet ouvrage souligne le rôle ambivalent que le temps joue au cours de l'investigation pénale, c'est-à-dire au cours de la recherche effectuée par les agents institutionnels pour établir la réalité dune infraction et pour en déterminer l'auteur. La prise en compte quotidienne du temps qui s'écoule par les agents d'investigations, de même que le choix politique délicat des multiples délais de procédure qui rythment la marche de l'investigation, témoignent de la difficulté à trouver un équilibre satisfaisant entre des finalités diverses et souvent contraires.

(Coll. Logiques Juridiques, 31,50 euros, 392 p.) *ISBN 2-7475-7743-0*

LA PROTECTION DU DÉBITEUR DANS LES PROCÉDURES INDIVIDUELLES D'EXÉCUTION

KUATE TAMEGHE Sylvain Sorel

Préface de Jean-Francis OVERSTAKE

Depuis quelques décennies, le réflexe s'est développé de se soucier du sort de la partie faible dans les relations qui se nouent et se dénouent entre les membres du corps social. Le sort du débiteur à l'encontre duquel ont été engagées des procédures forcées de recouvrement n'a que rarement retenu l'attention. Dans son œuvre d'harmonisation du droit des affaires, le législateur communautaire africain prend position et concilie les intérêts du créancier et du débiteur.

(Coll. Logiques juridiques, 38 euros, 460 p.) *ISBN 2-7475-7677-9*

657022 - Mai 2016
Achevé d'imprimer par

1livre.com
du rêve à la réalité !

19886420R10381

Printed in Great Britain
by Amazon